Christoph Brömmelmeyer/Martin Ebers
Mirko Sauer (Hrsg.)

Innovatives Denken zwischen Recht und Markt

Festschrift für Hans-Peter Schwintowski

 Nomos

Die Deutsche Nationalbibliothek verzeichnet diese Publikation in
der Deutschen Nationalbibliografie; detaillierte bibliografische
Daten sind im Internet über http://dnb.d-nb.de abrufbar.

ISBN 978-3-8487-4482-4 (Print)
ISBN 978-3-8452-8726-3 (ePDF)

1. Auflage 2017
© Nomos Verlagsgesellschaft, Baden-Baden 2017. Gedruckt in Deutschland. Alle Rechte, auch die des Nachdrucks von Auszügen, der fotomechanischen Wiedergabe und der Übersetzung, vorbehalten. Gedruckt auf alterungsbeständigem Papier.

Vorwort

Hans-Peter Schwintowski feiert am 23. September 2017 seinen 70. Geburtstag. Damit kann er auf eine über 30-jährige Erfolgsgeschichte in Forschung und Lehre zurückblicken, die mit der Promotion am Lehrstuhl von *Ulrich Immenga* in Göttingen (1980) begann und die ihn über Lehrstuhlvertretungen (1986-1989) in Münster, München, Tübingen und Bielefeld als Professor nach Würzburg (1990), Passau (1991) und schließlich an die Humboldt-Universität zu Berlin (1994) geführt hat. Dort übernahm er im Jahre 2000 als geschäftsführender Direktor die Leitung des Instituts für Energie- und Wettbewerbsrecht in der Kommunalen Wirtschaft e.V. (EWeRK). Für Herausgeber, Mitautoren und Verlag ist der 70. Geburtstag Anlass, *Hans-Peter Schwintowski* mit einer Festschrift als innovativen Rechtswissenschaftler, als glänzenden Lehrer und als herausragende Persönlichkeit zu ehren.

Der Titel der Festschrift „Innovatives Denken zwischen Recht und Markt" lehnt sich an den Titel seiner Habilitationsschrift an und ist in jeder Hinsicht Programm: Im intellektuellen Koordinatensystem *Hans-Peter Schwintowskis* spielt das Recht als „Entscheidungssystem für soziale Konflikte" eine Schlüsselrolle, die *Schwintowski* vor allem auf die Funktionsfähigkeit von Märkten bezieht. Die Aufgabe des Rechts besteht darin, „Marktkräften durch Wahrung von Gleichheit und Freiheit zum dauerhaften Ausgleich zu verhelfen" (1987). Erfüllt das Recht diese Aufgabe nicht, kommt es zu „Verteilungsdefiziten auf globalen Märkten" (1995). Dieser Marktbezug des Denkens verlangt die bei *Schwintowski* besonders ausgeprägte Bereitschaft zur Berücksichtigung ökonomischer Methoden und Modelle – vom Menschenbild der Neuen Institutionenökonomik (*bounded rationality*) über das *Coase*-Theorem bis hin zur *Learned-Hand*-Formel–, um Regeln zu finden, die mehr nutzen als kosten. *Schwintowski* maßt sich bei alledem aber (ganz i.S. von *von Hayek*) kein Wissen an. Er vertraut stattdessen auf das Funktionsprinzip des Wettbewerbs, gleichgültig, ob es um klassische Märkte für Energie oder für Finanzdienstleistungen geht, oder um Märkte für Regeln und Regelsysteme. Den Dialog mit anderen Disziplinen sucht *Schwintowski* übrigens auch sonst – sei es bei der Herstellung von Textverständlichkeit auf der Basis sprachwissenschaftlicher Erkenntnis, sei es bei der Konzeption sozialer Rechts- und Regelsysteme

Vorwort

auf der Folie menschlicher Gehirnstrukturen. Davon abgesehen sucht *Schwintowski* konsequent den Dialog mit der Praxis. Wie sollte man auch rechtlich überzeugende Lösungen für praktisch relevante Fragen finden, wenn man die Praxis gar nicht kennt?

Die Forschungsschwerpunkte *Hans-Peter Schwintowskis* liegen im Versicherungsrecht, im Bank- und Kapitalmarktrecht, im Vertrags- und Verbraucherrecht, im Kartell-, Energie- und Regulierungsrecht, im Handels- und Gesellschaftsrecht sowie im deutschen und europäischen Wirtschaftsrecht. Die Bandbreite seiner Interessen spiegelt sich nicht nur in dem umfangreichen Schriftenverzeichnis (s. in dieser Festschrift), sondern auch in der Betreuung von bisher 159 Doktorarbeiten aus allen diesen Themenbereichen. Besonders geprägt hat *Hans-Peter Schwintowski* das Versicherungsrecht – u.a. durch die Mitwirkung in der von *Herta Däubler-Gmelin* eingesetzten VVG-Reformkommission (2000-2004) und durch die Mitwirkung in den Beiräten des Bundes der Versicherten (1996-2014) und der Bundesanstalt für Finanzdienstleistungsaufsicht (2005-2010) sowie durch sein langjähriges Engagement im Verein zur Förderung der Versicherungswissenschaften in Berlin e.V. Er hat mit Erfolg für effektivere Informations- und Beratungspflichten, für eine angemessene Überschussbeteiligung und für mehr Produkt-, Klausel- und Kostentransparenz gekämpft. Damit hat er die Diskussionen über ein faires Rechtsregime auf liberalisierten (Lebens-)Versicherungsmärkten maßgeblich geprägt. Binnenmarkt und Mehrebenensystem der Europäischen Union sind für *Schwintowski* selbstverständlicher Bezugsrahmen aller Rechtsgebiete. Dass sich nicht alle Hoffnungen erfüllt haben, die er in die Europäische Integration gesetzt hat – etwa die Hoffnung auf ein Europäisches Zivilgesetzbuch, das „die Herzen der Bürger" Europas wirklich erreicht – hat an dieser Haltung nichts geändert und beweist nur, dass *Schwintowski* vorläufig nicht aufhören darf zu schreiben.

Ein wiederkehrendes und strukturprägendes Moment im juristischen Denken *Schwintowskis* ist die Rückbesinnung auf die das einfache Recht tragenden und ihm vorgelagerten Prinzipien. Dazu gehören vor allem die Chancengleichheit, die Prinzipien des Wettbewerbs und der Verhältnismäßigkeit, das Transparenzgebot, einschließlich der Normenklarheit und der Normenbestimmtheit, und schließlich auch die Funktionslogik der Rechtsordnung (abgeleitet aus dem Gedanken des effektiven Rechtsschutzes und dem Rechtsstaatsprinzip). *Schwintowski* sieht die Aufgabe der Rechtswissenschaft auch darin, diese Rechtsprinzipien durchzusetzen. Dogmatische Widersprüche sollen identifiziert, aufgelöst und Vorschläge für eine angemessene Umsetzung hin zu einer widerspruchsfreien Rechtsordnung unterbreitet werden. Die Ergebnisse eines solchen streng prinzipienbasierten Ansatzes sind bisweilen radikal und lassen aufhorchen. Sie bereichern den rechtswissenschaftlichen Diskurs.

Den Herausgebern bleibt der Dank dafür, ihr rechtliches Handwerk bei einem der Großen seines Fachs gelernt zu haben. Dass *Hans-Peter Schwintowski* außerdem ein genialer Koch, ein glänzender Gastgeber und ein erfolgreicher Maler und Musiker ist, gehört nicht hierher. Die Herausgeber bedanken sich bei der IDEAL Lebensversicherung a.G., dem Verein zur Förderung der Versicherungswissenschaften in Berlin e.V., dem EWeRK – Institut für Energie- und Wettbewerbsrecht in der Kommunalen Wirtschaft e.V., *Ben Schlemmermeyer* (LBD) und der *Upside Services* GmbH für die großzügige Beteiligung an den Druckkosten. Dank schulden wir auch *Vicky Wagner, Yvonne Zahn, Janka Kastner* und *Johanna Niehus* für die Betreuung und redaktionelle Bearbeitung der Manuskripte.

Die Herausgeber bedauern zutiefst, dass Hans-Peter Benöhr, der sich an dieser Festschrift beteiligt und den „Beitrag jüdischer Juristen zum Aufbau des Rechts- und Sozialstaats im 19. Jahrhundert" behandelt hat, am 22. Juli 2017 verstorben ist und das Erscheinen der Festschrift nicht mehr miterleben kann. Wir werden ihn nicht vergessen!

Berlin im Juli 2017
Christoph Brömmelmeyer, Martin Ebers, Mirko Sauer

Inhalt

Vorwort 7

I. Versicherungsrecht 17

Die wirtschaftliche Unabhängigkeit des Treuhänders in der privaten
Krankenversicherung 19
Oliver Brand

Ist das Informationsmodell gescheitert? Ein Beitrag zur De- und
Rekonstruktion versicherungsrechtlicher Informationspflichten 44
Christoph Brömmelmeyer

Informations-, Aufklärungs- und Beratungspflichten bei
Versicherungsanlageprodukten zwischen Versicherungsrecht und
Bank- und Kapitalmarktrecht 66
Philip Härle

Was lange währt, wird endlich klein: die Revision des
Versicherungsvertragsrechts in der Schweiz 79
Helmut Heiss

Vereinbarkeit der Drittwirkung gesetzlicher und vertraglicher
Risikoausschlüsse in der Kfz-Haftpflichtversicherung mit dem
Unionsrecht 99
Robert Koch

Ersetzung intransparenter Klauseln in der Lebens- und
Krankenversicherung 113
Theo Langheid

Inhalt

Transsexualität und Krankenversicherungsvertrag 131
Leander D. Loacker

Der Versicherungsfall in der Haftpflicht- und Rechtsschutzversicherung – Reichweite der Transparenzkontrolle und Auslegung der einschlägigen Klauseln nach dem Verständnis eines durchschnittlichen Versicherungsnehmers 150
Dirk Looschelders

Der Honorarversicherungsberater im Lichte des Verbraucherschutzes 171
Stephan Michaelis

Die unsichere Zukunft der Nettopolice 193
Peter Reiff

Der Stornoabzug als Maßnahme gegen das strategische Ausnutzen der Lebensversicherung gegen Einmalbeitrag 207
Doron Rubin

II. Bank- und Kapitalmarktrecht *229*

Die Regulierung von Warenderivaten nach der neuen Finanzmarktrichtlinie 231
Patrick Büscher

Bail-ins und Bail-outs im Zuge der Abwicklung von Banken in der EU 259
Christian Hofmann

Vermögenszuordnung bei Abwicklung von Oder-Konten 294
Kai-Oliver Knops

Praktische Aspekte der Marktsondierung im Rahmen von
Anleiheemissionen — 314
Christian Köhler

Die Regulatory Sandbox für FinTechs — 331
Dirk-Fabian Lange

Produktverbote für Finanzinstrumente und ihre zivilrechtlichen
Rechtsfolgen — 345
Frank Schäfer

Paralipomena zum Börsenrecht — 356
Eberhard Schwark

Die Anforderungen an eine Aussetzung nach § 8 KapMuG bei in
Frage stehender Zulässigkeit der Klage — 373
Andreas W. Tilp

III. Vertrags- und Verbraucherrecht — 389

Verbraucherschutz als Auslegungsmaxime – Ein Prinzip und seine
Grenzen — 391
Jürgen Basedow

Innovation im Vertragsrecht – Eine Skizze zu Funktionalität,
Pluralität und Dynamik — 410
Stefan Grundmann, Florian Möslein

Die digitale Wirtschaft, der Verbraucher und das Bürgerliche
Gesetzbuch — 427
Hans-W. Micklitz

„Verbraucher und Recht" – Zur Logik von Verbraucherrecht und
Verbraucherschutz — 453
Udo Reifner

Inhalt

Verbraucherschutz in der „Sharing Economy" 476
Peter Rott

Die verkannte Rechtsprechung des BGH zum entgangenen Gewinn 496
Bettina Schleicher

Brauchen wir ein neues Verbrauchsgüterkaufrecht? 518
Klaus Tonner

IV. Kartell-, Energie- und sonstiges Regulierungsrecht 545

Haftung für scheinbare Schäden? – Entwicklung des Anscheinsbeweises im Kartellschadensersatzprozess 547
Michael Bergmann

Abriss zur Änderung von Festlegungen und Genehmigungen nach dem Energiewirtschaftsgesetz 569
Martin Geipel

Verfassungswidrige Ungleichbehandlungen bei den Höchstsätzen nach der Konzessionsabgabenverordnung 578
Christian von Hammerstein, Hans Heller

Wann gilt Strom als von einer Person selbst verbraucht? 596
Christian Hampel, Sandra Flemming

Einige Bemerkungen zur europäischen Energieunion 618
Siegfried Klaue

Zur neuen Entgeltgenehmigung im Eisenbahnrecht 625
Johann Klinge

Vom Abnehmer zum Prosumer? – Zur Rolle des Verbrauchers in Zeiten von Energiewende und Digitalisierung 642
Torsten Körber

Die Integration von Stromspeicheranlagen in den Netzbetrieb – Juristische Bestandsanalyse und aktuelle Reformbestrebungen 658
Mirko Sauer

Aspekte des Kartellschadensersatzes nach der 9. GWB-Novelle 700
Andreas Weitbrecht

V. Deutsches und Europäisches Wirtschaftsrecht *723*

Die Vertretung eines Stimmrechtspools durch Organmitglieder in der Hauptversammlung 725
Gregor Bachmann

Planung statt Wettbewerb? 746
Ulrich Battis

Die Grundfreiheiten als Marktzugangsrechte. Versuch einer subjektiv-rechtlichen Rekonstruktion der Grundfreiheiten durch Einführung eines Spürbarkeitstests 761
Martin Ebers

Der Schutz von Betriebs- und Geschäftsgeheimnissen im Spannungsverhältnis mit Arbeitnehmerrechten 791
Reinhard Singer, Friedrich Preetz

Auftraggebereigenschaft im Konzern 815
Bettina Tugendreich

VI. Verschiedenes *835*

Der Beitrag jüdischer Juristen zum Aufbau des Rechts- und Sozialstaats im 19. Jahrhundert 837
Hans-Peter Benöhr

Inhalt

Rechtsschutz gegen selbst-vollziehende Rechts-Verordnungen 857
Alexander Blankenagel

Die sog. Naturschutzfachliche Einschätzungsprärogative im Lichte von Art. 19 Abs. 4 Grundgesetz – Anmerkungen zur aktuellen Rechtsprechung des Bundesverwaltungsgerichts 876
Edmund Brandt

Industrielle Rechtsdienstleistungen – Standardisierung von Recht auf hohem Niveau, 896
Stephan Breidenbach

(Straf-)rechtliche Konsequenzen schwankender Zahlen – Eine Fallstudie zu § 120 OWiG und § 184f StGB 904
Martin Heger

Das „neue" Hinterbliebenengeld des § 844 Abs 3 BGB – Versuch einer ersten Einschätzung mit rechtsvergleichenden Bezügen zum österreichischen und schweizerischen Recht 920
Christian Huber

Das außenpluralistische Umweltrecht 956
Michael Kloepfer

Ist denn alle Müh' vergeblich? Warum trotz Risikomanagement so viele Krisen nicht verhindert werden 960
Andreas Schuler

Der neue Auskunftsanspruch im Urheberrechtsgesetz –Traum oder Wirklichkeit? 976
Artur-Axel Wandtke

Schriftenverzeichnis von Hans-Peter Schwintowski 989

I.
Versicherungsrecht

Die wirtschaftliche Unabhängigkeit des Treuhänders in der privaten Krankenversicherung

Oliver Brand, Mannheim [*]

A. Einführung[1]

Hans-Peter Schwintowski auf seine Beiträge zum Versicherungsrecht zu reduzieren, würde dem vielfältigen juristischen Talent des Jubilars nicht gerecht. Indes hat er sich mit seinen viel beachteten Beiträgen auf diesem Rechtsgebiet besonders hervorgetan. Viele sehen in ihm einen aufrechten Wahrer der Belange der Versicherten. In den sozial besonders bedeutsamen Versicherungssparten der Lebens- und der Krankenversicherung hat der Gesetzgeber seit einigen Jahren daneben institutionelle Wahrnehmer der Belange der Versicherten vorgesehen, die Treuhänder i.S.d. §§ 141, 157 VAG. Insb. der Treuhänder der privaten Krankenversicherung ist durch eine vielbeachtete Entscheidung des AG Potsdam vom 18.10.2016 in den Blickpunkt des wissenschaftlichen Interesses geraten. Das Gericht untersucht darin die Voraussetzungen der Unabhängigkeit des Treuhänders, die unabdingbar für die Ausübung seines Amtes ist. Im Zentrum steht die im Gesetz nicht erwähnte sog. „wirtschaftliche Unabhängigkeit" des Treuhänders. Ihr (nachfolgend B) und ihrer zivilgerichtlichen Überprüfbarkeit (nachfolgend C) ist dieser Beitrag gewidmet. Damit ist die Hoffnung des Verfassers verbunden, das Interesse des Jubilars auf dem Gebiet der Personenversicherung einmal vom Recht der Lebensversicherung auf das Recht der privaten Krankenversicherung umlenken zu können.

---

[*] Prof. Dr. Oliver Brand, LL.M., Lehrstuhl für Bürgerliches Recht, Privatversicherungsrecht, Wirtschaftsrecht und Rechtsvergleichung, Universität Mannheim.
[1] Dieser Beitrag beruht auf einer im Erscheinen begriffenen Kommentierung des Verf. zu § 157 VAG, einem Kongressvortrag und einem Rechtsgutachten.

B. Die Unabhängigkeit des Treuhänders

I. Regelungshintergrund

In der privaten Krankenversicherung sind zwei Treuhänder bei Vertragsanpassungen beteiligt, der Prämien- (§ 157 Abs. 1 und 2 VAG) und der Bedingungstreuhänder (§ 157 Abs. 3 VAG). Die Zustimmung des Ersteren hat bei Prämienanpassungen nach § 203 Abs. 2 VVG vorzuliegen, die Zustimmung des Zweiteren bei Bedingungsanpassungen nach § 203 Abs. 3 VVG. Beide Treuhänder gemeinsam ersetzen seit der Einführung ihres Amtes im Jahre 1994 bzw. 2000 die frühere Tarif- und Bedingungsaufsicht.[2] Ihre Aufgabe ist es, die Interessen der Gesamtheit der Versicherten zu vertreten – nicht diejenigen des einzelnen Versicherten.[3] Um sicher zu stellen, dass die Treuhänder die Interessen der Versicherten auch tatsächlich vertreten, rückt § 157 VAG zu Recht die Unabhängigkeit der Treuhänder von der Führung des VU in den Mittelpunkt. Ihre Beteiligung soll sicherstellen, dass das VU die Grenzen seiner einseitigen Anpassungsrechte in Bezug auf Prämien und Bedingungen nach § 155 VAG und § 203 Abs. 2 und 3 VVG nicht ungebührlich ausschöpft.[4] Insb. die in § 157 VAG geregelten Qualifikationsanforderungen an das Amt des Treuhänders und das dort umrissene Bestellungsverfahren soll dazu führen, dass nur geeignete Personen Treuhänder werden.[5]

II. Qualifikationsanforderungen an den Treuhänder

Der Prämientreuhänder muss nach § 157 Abs. 1 S. 1 VAG zuverlässig, fachlich geeignet und von dem VR unabhängig sein. Für den Bedingungstreuhänder gelten diese Bestimmungen nach § 157 Abs. 3 VAG entsprechend.

Das Merkmal der Unabhängigkeit des Treuhänders wird vom Gesetz beispielhaft näher ausgeführt. An der Unabhängigkeit des Treuhänders soll es nach § 157 Abs. 1 S. 1 Hs. 2 VAG fehlen, wenn er einen Anstel-

---

2 *Boetius,* in: Langheid/Wandt, Münchener Kommentar zum VVG, 2. Auflage, 2017, Vor § 192 Rn. 421 ff.; *Präve,* ZfV 1994, 201; *Renger,* VersR 1994, 1257, 1258.
3 Prölss/*Präve,* 12. Auflage, 2005, § 11b Rn. 37; *Gerwins,* NVersZ 2000, 353, 359.
4 HK-VVG/*Marko,* 3. Auflage, 2015, § 203 Rn. 32.
5 Begr. ReE BT-Dr. 12/6959, 63.

lungs- oder sonstigen Dienstvertrag mit dem VR oder einem mit diesem verbundenen Unternehmen i.S.d. § 15 AktG abgeschlossen hat oder aus einem solchen Vertrag noch Ansprüche gegen das VU besitzt. Dabei kann es sich auch um Ansprüche handeln, die aus Verträgen herrühren, die selbst nicht mehr bestehen.[6] Das ergibt sich unmittelbar aus den Motiven des historischen Gesetzgebers, der mit der Regelung sicherstellen wollte, „dass auch ehemalige Mitarbeiter des betreffenden Versicherungsunternehmens als Treuhänder ungeeignet sein können".[7] Entsprechend sind mit dem Passus „noch Ansprüche besitzt" vor allem Pensionsansprüche gemeint.[8]

Generell ist, was die persönliche Unabhängigkeit anbelangt, zu prüfen, ob eine Interessenkollision besteht, welche dazu geeignet ist, den Treuhänder in seiner Entscheidungsfindung derart zu beeinträchtigen, dass er aufgrund einer engen Verknüpfung mit dem VU die Interessen der Versicherten nicht hinreichend berücksichtigt und dem VU gegenüber durchsetzt.[9] Eine solche Interessenkollision kann durch eine enge Rechtsbeziehung in Form eines Aufsichtsrats- oder Beiratsmandats, einer früheren Stellung als Vorstand des VU oder dessen leitender Angestellter, aber auch – im Falle des Bedingungstreuhänders, wenn dieser praktizierender Rechtsanwalt ist – durch eine Mandantschaftsbeziehung entstehen.[10] Hier besteht der Verdacht einer Weisungs- oder vergleichbaren Abhängigkeit. Gerade diese will § 157 Abs. 1 S. 3 VAG verhindern. Weder das VU, noch der VN sollen auf die Entscheidungsfindung des Treuhänders Einfluss nehmen können.[11] Daher kann auch eine Beschäftigung des Treuhänders als freier Mitarbeiter des VU schaden.[12] Desgleichen wird die Unabhängigkeit des Prämientreuhänders durch eine Rechtsbeziehung gefährdet, wenn seine Vergütung vom Mehrbeitrag aus einer Prämienerhöhung abhängig gemacht

---

6   A.A. FKBP/*Kaulbach*, 5. Auflage, 2012, § 12b Rn. 34; wie hier *Boetius*, PKV, § 12b VAG Rn. 25.
7   Begr. RegE, BT-Drucks. 15/1653, 22.
8   FKBP/*Kaulbach*, § 12b Rn. 34.
9   HK-VVG/*Marko*, § 203 VVG Rn. 32; *Buchholz*, VersR 2005, 866.
10 *Boetius*, PKV, § 12b VAG Rn. 27; Prölss/*Präve*, § 11b Rn. 34; HK-VVG/*Marko*, § 203 VVG Rn. 32; Langheid/Wandt/*Boetius*, VVG, § 203 Rn. 453 ff.; *Grote*, Die Rechtsstellung des Prämien-, Bedingungs- und Deckungsstocktreuhänders nach dem VVG und VAG, 2002, S. 488; *Renger*, VersR 1994, 1257, 1259; *Präve*, VersR 1995, 733, 738; *Buchholz*, VersR 2005, 866.
11 *Drews*, VersR 1996, 422, 423.
12 *Grote* (Fn. 10), S. 487.

wird, welcher er zustimmen soll.[13] Dann ist nämlich nicht mehr gewährleistet, dass der Treuhänder sorgfältig prüft, ob die Rahmenbedingungen der geplanten Prämienanpassung die Interessen der Versicherten hinreichend wahren.

III. Wirtschaftliche Unabhängigkeit

1. Zulässigkeit des Kriteriums

Nach ganz überwiegender Auffassung ist die vom Gesetz geforderte Unabhängigkeit des Prämientreuhänders auch dann gefährdet, wenn dieser wirtschaftlich von dem VU, das er prüft, abhängig ist.[14] Nur vereinzelt wird eine Prüfung der wirtschaftlichen Abhängigkeit nicht gefordert.[15]

Das Kriterium der wirtschaftlichen Unabhängigkeit ist dabei nicht selbstverständlich. Im Gesetz wird es nicht angesprochen und die BaFin hat es im Rundschreiben 3/2016 betreffend den Treuhänder zur Überwachung des Sicherungsvermögens nach §§ 128 ff. VAG, der ebenfalls „unabhängig" sein muss, nicht näher erwähnt. Dieses Rundschreiben enthält unter Ziff. B.1.3 Handreichungen zur Praxis der Aufsichtsbehörde bei der Prüfung der Unabhängigkeit des Treuhänders zur Überwachung des Sicherungsvermögens. Diese Auslegung der gesetzlichen Vorgaben durch die BaFin bindet aufgrund ihrer Rechtsnatur als Verlautbarung zwar weder Gerichte[16] noch VU.[17] Sie entfaltet aber eine faktischen Bindungswirkung[18] und ist auch für die Auslegung der vom Gesetz geforderten Unabhängigkeit des Treuhänders relevant, da nach Auffassung der VVG-Reformkommission die Anforderungen an den Treuhänder zur Überwachung des Sicherungsvermögens – trotz anderen Verhältnisses zur Aufsichtsbehörde[19] – denjenigen des Prämientreuhänders in der PKV entsprechen.[20]

---

13 Prölss/*Präve*, § 11b Rn. 34.
14 *Buchholz*, VersR 2005, 866.
15 FachanwKomm/*Staab*, 2014, § 203 Rn. 15.
16 HessVGH WM 2007, 392, 393 zu einem entsprechenden Rundschreiben für den Bankensektor.
17 *Gurlit*, ZHR 177 (2013), 862, 897.
18 *Bürkle*, VersR 2009, 866, 867; *Michael*, VersR 2010, 141, 143.
19 Dazu Bach/Moser/*Rudolph*, 5. Auflage, 2015, § 8b MB/KK, Rn. 21; *Renger*, VersR 1994, 1257 f.
20 Abschlussbericht, S. 184, zustimmend *Buchholz*, VersR 2005, 866.

Dass die BaFin in ihrem Rundschreiben 3/2016 die wirtschaftliche Unabhängigkeit nicht näher untersucht, bedeutet nicht, dass eine solche von ihr im Rahmen der Unabhängigkeit nicht geprüft wird oder generell nicht zu prüfen ist.[21] Das liegt schon daran, dass die BaFin die von ihr aufgeführten Prüfkriterien nur als Beispiele begreift, wie der einleitende Passus „z.B." zeigt. Aus der Behandlung im Rundschreiben 3/2016 geht aber hervor, dass die wirtschaftliche Abhängigkeit, die im Gesetzeswortlaut nicht angesprochen wird, vorsichtig zu prüfen und nicht vorschnell zu bejahen ist. Der Fokus der Aufsichtsbehörde liegt auf den im Gesetz genannten Beispielen für eine Abhängigkeit des Treuhänders, die institutionell bedingte Abhängigkeit i.S.d. § 157 Abs. 1 S. 1 Hs. 2 VAG.

Dennoch erscheint es zulässig und sinnvoll, § 157 Abs. 1 VAG dahingehend auszulegen, dass der Treuhänder auch wirtschaftlich nicht abhängig sein darf. Eine solche Abhängigkeit kann nämlich genau so schwer wiegen wie eine institutionelle.

2. § 319 Abs. 3 S. 1 Nr. 5 HGB als Orientierungspol

a) Grundlagen

Ist die wirtschaftliche Unabhängigkeit mithin ein zulässiges Kriterium der notwendigen Unabhängigkeit des Prämientreuhänders, ist als Nächstes zu klären, wie die wirtschaftliche Unabhängigkeit zu bemessen ist, da der Wortlaut des § 157 Abs. 1 VAG dazu nur einen indirekten Hinweis gibt. Dieser Hinweis besteht in dem Regelbeispiel des § 157 Abs. 1 S. 1 VAG. Ihm kommt maßgebliches Abgrenzungspotential zu, indem es einen „Schweretest" festlegt. Eine im Gesetzeswortlaut nicht angedeutete wirtschaftliche Abhängigkeit des Treuhänders schadet nur, wenn sie vergleichbar schwer wiegt wie die im Gesetz bezeichnete institutionelle Abhängigkeit.

Von einer wirtschaftlichen Abhängigkeit in diesem Sinne geht das Schrifttum verbreitet aus, wenn die Lebensgrundlage des Treuhänders auf der Tätigkeit für ein bestimmtes VU oder mit ihm verbundener Gesellschaften beruht.[22] Um den Begriff der Lebensgrundlage näher auszufüllen wird weiterhin häufig auf § 319 Abs. 3 S. 1 Nr. 5 HGB bzw. dessen Norm-

---

21 So aber offenbar *Voit*, VersR 2017, 727, 730.
22 Prölss/*Präve*, § 11b Rn. 35.

vorgänger, § 319 Abs. 2 S. 1 Nr. 8 HGB abgestellt, der einen Abschlussprüfer oder vereidigten Buchprüfer nicht mehr für hinreichend qualifiziert erklärt, wenn er in den letzten fünf Jahren mehr als 30 % seiner Gesamteinnahmen für die Tätigkeit bei einer von ihm zu prüfenden Gesellschaft oder bei Unternehmen erzielt hat, an denen die zu prüfende Gesellschaft mit mindestens 20 % beteiligt ist.[23]

Diese Vorschrift oder der ihr innewohnende Rechtsgedanke kann für die Auslegung des § 157 Abs. 1 VAG allenfalls im Wege der Analogie fruchtbar gemacht werden, da es für eine direkte Anwendung an einem Verweis auf § 319 HGB in den Treuhänderbestimmungen des Versicherungsaufsichtsrechts fehlt.[24] Rechtstechnisch erscheint eine Analogie oder zumindest die Entlehnung eines Rechtsgedankens möglich. Im gesellschaftsrechtlichen Schrifttum wird § 319 Abs. 3 S. 1 Nr. 5 HGB jedenfalls trotz seiner Grundrechtsrelevanz für analogiefähig gehalten.[25]

Die erforderliche Regelungslücke für eine Analogie könnte darin begründet sein, dass der Gesetzgeber durch die Ausgestaltung des § 157 Abs. 1 S. 1 Hs. 2 VAG als Regelbeispiel der Aufsichtsbehörde die Suche nach Sachverhalten aufgegeben hat, die dem ausdrücklich erwähnten Regelbeispiel der Anstellung beim VR vergleichbar sind. § 319 Abs. 3 S. 1 Nr. 5 HGB könnte ein solcher vergleichbarer Sachverhalt sein. Um die Anforderungen an den Abschlussprüfer oder vereidigten Buchprüfer auf den Prämientreuhänder übertragen zu können, müssten beide in ihrer Stellung und Aufgabe allerdings vergleichbar sein.

b) Aufgabenbereich von Treuhänder und Abschlussprüfer

Was die Stellung anbelangt, scheinen Prämientreuhänder und Abschlussprüfer sich auf den ersten Blick zu ähneln, da sie beide eine unternehmensbezogene Prüftätigkeit durchführen. Bei näherer Hinsicht offenbaren sich aber schon Unterschiede, was den Aufgabenbereich anbelangt. Dem Abschlussprüfer obliegt eine rein kontrollierende Tätigkeit. Er hat den Abschluss bestimmter Unternehmen auf seine Gesetzesmäßigkeit zu überprü-

---

23 Prölss/*Präve*, § 11b Rn. 35; Prölss/Martin/*Prölss*, 27. Auflage, § 178g Rn. 16; Römer/Langheid/*Langheid*, 4. Auflage, § 203 Rn. 7; *Drews*, VW 2002, 450, 454; *Präve*, VersR 1995, 733, 738.
24 *Voit*, VersR 2017, 727, 728.
25 Staub/*Habersack/Schürnbrand*, Großkomm. HGB, § 319 Rn. 27.

fen. Der Treuhänder i.S.d. § 157 Abs. 1, 3 VAG – gerade auch der Bedingungstreuhänder – hat dagegen einen breiteren Aktionsraum. Er wirkt im Interesse der VN an Vertragsänderungen mit und hat auf diese Entscheidungen maßgeblichen Einfluss.[26]

c) Treuhänder als natürliche Person

Auch was die Person des Abschlussprüfers bzw. Treuhänders anbelangt, fällt ein Unterschied auf: Der Prämientreuhänder i.S.d. § 157 Abs. 1 und 2 VAG muss zwingend eine natürliche Person sein.[27] Das ergibt sich nicht wörtlich aus dem Gesetz, aber sinngemäß, da nur eine natürliche Person auf ihre Zuverlässigkeit hin überprüft werden kann. Systematisch spricht gegen eine Auslegung des Gesetzes in die Richtung, dass auch juristische Personen zu Treuhändern bestellt werden können, dass dies in Fällen, in denen die Möglichkeit bestehen soll – etwa beim Abschlussprüfer nach § 319 Abs. 1 S. 1 HGB – in der Regel ausdrücklich im Gesetz angesprochen wird. Der Hinweis auf § 319 Abs. 1 S. 1 HGB zeigt bereits, dass der Abschlussprüfer auch juristische Person sein kann. Dies ist er sogar regelmäßig, wie der Gesetzgeber etwa in der Begründung zum KonTraG anerkannt hat, indem er festlegte, dass börsennotierte Aktiengesellschaften nicht von einem Einzelprüfer geprüft werden.[28]

d) Anzahl der Mandate

Ein weiterer Unterschied besteht darin, dass der Gesetzgeber für den Prämientreuhänder und den Abschlussprüfer unterschiedliche Regelungen aufgestellt hat, was die Anzahl von Parallelmandaten anbelangt. § 157 Abs. 1 S. 3 und 4 VAG begrenzt die Anzahl der Mandate, die der Prämientreuhänder innehaben darf, auf zehn. Die Zahl ist an § 100 Abs. 2 AktG

---

26 Ebenso *Buchholz*, VersR 2005, 866.
27 Anordnung VerBAV 1995, S. 338; Langheid/Wandt/*Boetius*, § 203 Rn. 525; Langheid/Rixecker/*Muschner*, § 203 Rn. 27; Prölss/*Präve*, § 11b Rn. 16 und 36; *Grote* (Fn. 10), S. 494 f.; *Buchholz*, VersR 2005, 866; *Drews*, VW 2002, 450; *Gerwins*, Der Aktuar 1996, 84; *Präve*, VersR 1995, 733, 737; *Voit*, VersR 2017, 727, 729; unklar *Sahmer*, ZfV 1996, 483, 487.
28 Begr. RegE BT-Dr. 13/9712, 28.

und die Begrenzung der Aufsichtsratsmandate angelehnt.[29] Mit der Begrenzung wollte der Gesetzgeber dem Umstand Rechnung tragen, dass der Treuhänder für seine teilweise umfangreichen Prüfungen ausreichend Zeit benötigt.[30] Schon wenn nur Anpassungsbedarf bei einem Unternehmen besteht, hat der Treuhänder eine große Zahl von Tarifen und Prämien zu prüfen. Für den Abschlussprüfer ist im HGB keine Höchstzahl von Mandaten festgelegt. Für ihn ist es eher typisch, eine Vielzahl von Gesellschaften zu prüfen.

Das führt zu einer unterschiedlichen Wirkung der 30%-Grenze, wollte man sie sowohl auf den Abschlussprüfer als auch auf den Treuhänder anwenden.[31] Bei den Abschlussprüfern, die ggf. als juristische Personen größere Prüfungskapazitäten haben als Prämientreuhänder, die natürliche Personen sein müssen, und einer großen Vielzahl von Gesellschaften als möglichen Prüfobjekten gegenüber stehen, ist das Erreichen der 30%-Schwelle ein auffälliger Sonderfall, der den Verdacht der Abhängigkeit erregt. Bei Prämientreuhändern ist dies anders. Sie stehen einer überschauber kleinen Anzahl privater Krankenversicherer gegenüber (derzeit 47[32]), welche jeweils nur einen Treuhänder bestellen können, nicht mehrere.[33] Das liegt daran, dass die Aufgaben nach § 155 VAG – die Überwachung von Prämienanpassungen und der Entnahme von RfB-Mitteln – sinnvoll nur von einer Person wahrgenommen werden können. Dazu muss der Treuhänder nämlich die Gesamtsituation des VU und seiner Versicherten in den Blick nehmen. Wäre er nur für die Prüfung einzelner Tarife zuständig, erscheint dies kaum möglich.

Dieser einzelne Treuhänder muss zudem aus einem Personenkreis stammen, der „fachlich geeignet" ist. An dieses Kriterium werden von der Aufsichtsbehörde strenge Anforderungen gestellt. Zum einen muss der Prämientreuhänder über hinreichende versicherungsmathematische Kenntnisse verfügen, die denen eines verantwortlichen Aktuars gleichen.[34] Das ist insoweit nachvollziehbar, als der Treuhänder mit dem Verantwortlichen Aktuar in der Ausübung seines Amtes auf Augenhöhe sprechen können muss. Diese theoretischen Kenntnisse müssen weiterhin durch Erfahrungen im

---

29 Begr. RegE BR-Dr. 543/03, 40.
30 *Grote* (oben N. 9), S. 480 f.; *Gerwins*, Der Aktuar 1996, 84 f.
31 Die unterschiedliche Wirkung wird auch betont von *Voit*, VersR 2017, 727, 729.
32 GDV, Statistisches Taschenbuch 2016, S. 47.
33 Prölss/*Präve*, § 12b Rn. 11; a.A. *Renger*, VersR 1994, 1257, 1259.
34 *Grote* (Fn. 10), S. 482 f.; *Gerwins*, Der Aktuar 1996, 84.

praktischen Umgang mit der Prämienkalkulation und den RfB in der privaten Krankenversicherung ergänzt werden.[35] Erfahrungen in verwandten Bereichen wie der Lebensversicherungsmathematik genügen nicht. Die amtliche Begründung nennt „vereidigte Sachverständige für die private Krankenversicherung" und „Versicherungsmathematiker bei einem VU" beispielhaft als Personen, die fachlich geeignet sind.[36] Dieses Anforderungsprofil zeigt, dass die Bestimmung einer einzelnen Person pro Unternehmen, welche diesen besonderen Qualifikationsanforderungen genügen muss, das Überschreiten der 30%-Schwelle im Umfeld eines PKV-Unternehmens deutlich wahrscheinlicher macht als bei einem Abschlussprüfer.

Man stelle sich beispielsweise vor, ein neu bestellter Prämientreuhänder übernehme das Amt, seine einzige Bestellung, bei einem großen privaten Krankenversicherer. Er überschritte dann nahezu zwangsläufig die 30%-Schwelle, da ihm durch seine Tätigkeit bei einem solchen Unternehmen, das oft hunderte von Tarifen anbietet, in aller Regel keine hinreichende Zeit bliebe, um anderweitig Beschäftigung derart zu finden, dass er die 30%-Schwelle nicht überschreitet. Große Krankenversicherungen könnten daher überhaupt keine Personen bestellen, die nicht anderweitig bereits als Treuhänder arbeiten oder eine andere Anstellung mit bedeutenden Einkünften haben, um das Überschreiten der Schwelle zu vermeiden. Das ist nicht sinnvoll, da Mehrfachmandatierungen zu Lasten der Sorgfalt der Prüfung von Änderungsverlangen des einzelnen Unternehmens gehen.

Ein Übertragen der 30%-Schwelle des § 319 Abs. 3 S. 1 Nr. 5 HGB würde, wie das vorige Beispiel zeigt, den für den Abschlussprüfer geregelten Sachverhalt von einem Ausschlusskriterium für eine außergewöhnliche Situation in seinem originären Kontext zu einem Ausschlusskriterium für den Regelfall bei der analogen Anwendung auf den Prämientreuhänder verdichten. Einer solche Änderung des Regelgehalts steht aber der Annahme einer Analogie oder der Entlehnung eines Rechtsgedankens entgegen, da der Regelungsgehalt der Norm dem Grunde nach verändert würde.

---

35 A.A. *Boetius*, PKV, § 12b VAG Rn. 30.
36 Begr. RegE BT-Dr. 12/6959, 63.

e) Lebenssituation des Treuhänders

Die Wahrscheinlichkeit, die 30%-Schwelle zu überschreiten, wird beim Prämientreuhänder weiterhin dadurch erhöht, dass er, wie oben gezeigt, eine natürliche Person sein muss. Nimmt man die Praxis der Treuhänderzustimmung und der Abschlussprüfung mit in den Blick, so fällt auf, dass die Abschlussprüfung ausschließlich von hauptberuflich aktiven Personen durchgeführt wird. Prämientreuhänder sind in der Praxis häufiger Pensionäre und Rentner. Bei denen ist aufgrund der geringeren Alterseinkünfte die Wahrscheinlichkeit, die 30%-Schwelle zu überschreiten erhöht, obwohl es sich teilweise um Personen handelt, die aufgrund ihrer Ausbildung und ihres Werdegangs besonders geeignet erscheinen, die Aufgabe des Treuhänders unabhängig wahrzunehmen. Man denke nur an den pensionierten Universitätsprofessor, den pensionierten Aufsichtsbeamten oder (mit Blick auf den Bedingungstreuhänder, für den das Unabhängigkeitserfordernis nach § 157 Abs. 3 VAG gleichermaßen gilt) den pensionierten Richter. Diese wären bei einer starren Übertragung der 30%-Schwelle häufig von vornherein als Treuhänder disqualifiziert, obwohl ihr unabhängiger Sachverstand dem Amt sicherlich nicht abträglich wäre.

f) Rechtsnatur und Inhalt des § 319 Abs. 3 S. 1 Nr. 5 HGB

Auch die Rechtsnatur des § 319 Abs. 3 S. 1 Nr. 5 HGB stimmt skeptisch, was eine Übertragbarkeit seines Regelungsgehalts anbelangt. Es handelt sich um eine unwiderlegliche Vermutung. Wer die 30%-Schwelle in dem in der Norm bezeichneten Fünf-Jahres-Zeitraum überschreitet, ist nicht unabhängig und damit nicht qualifiziert. Ausnahmen können von der Wirtschaftsprüferkammer nur befristet für Berufseinsteiger zugelassen werden.[37] Das ist eine sehr starre Norm, deren Rechtsfolge für den § 157 VAG nicht recht passt. Die Starrheit seiner Regelung kann sich § 319 Abs. 3 S. 1 Nr. 5 HGB „leisten", weil es sich – wie auch bei den anderen Vorschriften des Katalogs – um eine reine Inkompatibilitätsvorschriften handelt, die bei ihrem Vorliegen einen Abschlussprüfer von der Prüfung ausschließen. Um eine Abhängigkeitsprüfung, die eine Einzelfalluntersuchung verlangt, handelt es sich nicht. Der Begriff der Unabhängigkeit bzw. der Abhängigkeit

---

37 Staub/*Habersack/Schürnbrand*, Großkomm. HGB, § 319 Rn. 70.

findet sich in § 319 HGB überhaupt nicht. Das ist ein entscheidender rechtstechnischer Unterschied zu § 157 Abs. 1 VAG.[38]

g) Beaufsichtigung der Treuhänders

Schließlich ist zu beachten, dass der Abschlussprüfer, der sich an § 319 HGB messen lassen muss, keiner aufsichtsbehördlichen Prüfung unterliegt. Das ist beim Prämientreuhänder anders. Diese zusätzliche Beaufsichtigung spricht dafür, dass § 319 HGB in seinem Regelungsgehalt zumindest tendenziell strenger ist, da er einen Interessenausgleich ohne eine zusätzliche, der Aufsicht vergleichbare Kontrolle bewältigen muss. Die Abberufungsbefugnis in § 318 HGB entspricht nicht einer aufsichtsrechtlichen Kontrolle.

h) Zusammenfassende Würdigung

Eine Parallele zu § 319 Abs. 3 S. 1 Nr. 5 HGB bietet sich mithin nicht an, da sich die Tätigkeit eines Abschlussprüfers zu sehr von derjenigen eines Treuhänders unterscheidet, als dass eine Übertragung von Rechtsgedanken in Betracht käme. Aus § 319 Abs. 3 S. 1 Nr. 5 HGB entlehnen lässt sich allenfalls der Beobachtungszeitraum von fünf Jahren. Im Übrigen ist die wirtschaftliche Unabhängigkeit im Rahmen des § 157 autonom zu definieren.

3. Autonome Definition der wirtschaftlichen Unabhängigkeit

In der untergerichtlichen Rspr. heißt es zu einer solchen autonomen Definition der wirtschaftlichen Unabhängigkeit, dass – ohne dass es auf die starre 30-%-Grenze des § 319 Abs. 3 Nr. 5 HGB ankomme – nur dann von einer unbeeinflussten Amtsausführung des Treuhänders auszugehen sei, wenn die Vergütung seiner Tätigkeit keinen so erheblichen Anteil seines Jahreseinkommens ausmache, als dass er auf die Treuhändervergütung angewiesen sei.[39] Auffällig an diesem Definitionsversuch ist der Fokus auf

---

38 Das sieht auch *Buchholz*, VersR 2005, 866 so.
39 AG Potsdam v. 18.10.2016 – 29 C 122/16.

das Einkommen des Prämientreuhänders. Sein übriges Vermögen scheint außer Betracht zu bleiben. *Marko* versucht, dies mit zu berücksichtigen. Er hat vorgeschlagen, unabhängig vom prozentualen Anteil der Tätigkeit bei einem VU an den jährlichen Gesamteinkünften des Treuhänders im Einzelfall zu prüfen, ob noch anderweitige Einnahmequellen oder anderes Vermögen bestehen, die eine Abhängigkeit des Treuhänders ausschließen.[40]

a) Vergütung als solche

Ausgangspunkt beider Definitionsansätze ist, dass die Treuhändervergütung als solche – sofern sie angemessen ist – keine Abhängigkeit des Treuhänders begründet.[41] Dem kann man leicht zustimmen. Der Gesetzgeber ist offensichtlich nicht davon ausgegangen, dass der Treuhänder unentgeltlich tätig wird und es wäre praktisch für einen VR auch schwierig, Personen zu finden, welche die zeitaufwendige und schwierige Treuhändertätigkeit ohne Entlohnung auf sich nehmen würden.

b) Vergleichsmaßstab

Ist die Entlohnung als solche kein Hinderungsgrund für die wirtschaftliche Unabhängigkeit des Treuhänders, kann eine Gefährdung nur aus der Relation zu anderen Geldquellen herrühren, auf die der Treuhänder zugreifen kann. Die Fixierung auf das reine Einkommen des Treuhänders, die von der ersten Ansicht vorgeschlagen wird, ist letztlich § 319 Abs. 3 S. 1 Nr. 5 HGB entlehnt. Dort bilden die Einkünfte des Abschlussprüfers den Vergleichsmaßstab, allerdings nicht nur diejenigen aus der Prüfung oder der Beratung sondern allgemein aus seiner beruflichen Tätigkeit,[42] also auch Einkünfte aus eventuellen Zusatzqualifikationen wie einer Rechtsanwaltszulassung.[43] Einkünfte aus dem außerberuflichen Bereich bleiben aber au-

---

40 HK-VVG/*Marko*, § 203 Rn. 19.
41 *Grote* (Fn. 10), S. 485 f.; *Bürkle*, ZfV 2004, 14, 16; *Buchholz*, VersR 2005, 866.
42 Baumbach/Hopt/*Hopt/Merk*, HGB, § 319 Rn. 25; Haag/Löffler/*Aigner/Kahre*, HGB, 2. Auflage, 2013, § 319 Rn. 20.
43 Haufe/*Dodenhoff*, HGB Bilanz Kommentar, 7. Auflage, 2016, § 319 Rn. 69; Kölner Kommentar zum Rechnungslegungsrecht/*Müller*, § 319 Rn. 96; Koller/Kind-

ßer Betracht (z.B. Einkünfte aus Vermögensanlagen oder aus künstlerischen Tätigkeiten).[44] Da § 319 HGB ausweislich seines Abs. 1 auch juristische Personen in den Blick nimmt, ist die Orientierung an den Einkünften verständlich. Bei einer natürlichen Person, welche der Prämientreuhänder nach den Vorgaben des § 157 VAG sein muss, leuchtet eine solche Festlegung weniger ein. Eine natürliche Person kann ihren Lebensunterhalt u.U. planmäßig auch aus ihrem Vermögen oder ggf. auch aus Kapitalerträgen bestreiten, so dass jedenfalls diese Geldquellen mit den Blick zu nehmen sind. Es wäre sogar zu überlegen, ob nicht auch die Einkünfte und das Vermögen eines Ehe- oder Lebenspartners mit hinzugerechnet werden müssten, da aufgrund der bestehenden Unterhaltspflichten der Treuhänder auch daraus seinen Lebensunterhalt speisen kann. Wäre er freilich darauf zurückgeworfen, könnte das seine Unabhängigkeit bedrohen, da er dann ggf. auf ein Wohlverhalten gegenüber einem Partner angewiesen wäre und ggf. dessen Ableben fürchten müsste. Daher erscheint es angemessen, bei der Prüfung der Unabhängigkeit nur auf Mittel abzustellen, die dem Treuhänder selbst zur Verfügung stehen.

Es erscheint aber durchaus interessengerecht, einen anderen Vergleichsmaßstab als bei § 319 Abs. 3 S. 1 Nr. 5 VAG zu wählen und aus den Mitteln des Treuhänders nicht nur sämtliche Einkünfte (gleich aus welcher Quelle) in den Vergleich einzubeziehen, sondern darüber hinaus auch das Vermögen des Treuhänders. Tut man dies lautet die maßgebliche Prüffrage, ob der Treuhänder seinen gewöhnlichen Lebensunterhalt auch ohne die Bezüge aus der Treuhändervergütung bestreiten kann, er also aufgrund seines Vermögens oder anderer Einkünfte nicht auf dieses angewiesen ist, um weiter wirtschaften zu können.[45] Erst dann ist – in den Worten von *Buchholz*[46] – eine Situation erreicht, in welcher der Versicherer dem Treuhänder einen unangenehmen Nachteil in Aussicht stellen kann, den dieser nicht ohne Weiteres verkraften kann. *Buchholz* nimmt das selbst für der Fall an, wenn der Treuhänder ausschließlich auf seine Vergütung durch den VR angewiesen ist.[47] Das mag ein wenig sehr eng sein. Auch bei nicht

---

ler/Roth/Morck/*Morck*, HGB, 8. Auflage, 2015, § 319 Rn. 5; MünchKomm-HGB/*Ebke*, 3. Auflage, 2013, § 319 Rn. 69.
44 Kölner Kommentar zum Rechnungslegungsrecht/*Müller*, § 319 Rn. 96.
45 Ähnlich Langheid/Rixecker/*Muschner*, § 203 Rn. 27b; HK-VVG/*Marko*, § 203 Rn. 19; *Präve*, VersR 1995, 733, 738.
46 *Buchholz*, VersR 2005, 866.
47 *Buchholz*, VersR 2005, 866.

ausschließlicher Angewiesenheit auf eine Entlohnung durch den VR mag eine wirtschaftliche Abhängigkeit gegeben sein. Die im Einzelfall maßgeblich Schwelle wird man aber nicht weit von der ausschließlichen Abhängigkeit entfernt annehmen müssen.

Eine Ausnahme von der Einzelfall Prüfung wird man auch zulassen müssen: Ist der Treuhänder überschuldet oder hat er eine eidesstattliche Versicherung nach § 809 ZPO abgegeben, fehlt es ihm auch unabhängig von einem Vergleich der Treuhändervergütung mit seinen Gesamteinkünften und seinem Vermögen an der wirtschaftlichen Unabhängigkeit.

c) Dauer der Beschäftigung

Weiterhin ist zu fragen, ob der autonome Begriff der Unabhängigkeit in § 157 Abs. 1 S. 1 VAG dahingehend auszulegen ist, dass eine langjährige Beschäftigung als Treuhänder (ggf. in Kombination mit einer hohen Vergütung) zu einer wirtschaftlichen Abhängigkeit führen kann. Das lässt sich pauschal nicht beantworten und ist im Einzelfall näher zu untersuchen. Grundsätzlich schadet eine langfristige Bestellung als Treuhänder dessen Unabhängigkeit nicht, da es naheliegende Sachgründe für eine solche längerfristige Befassung mit der Prüfung von Prämienanpassungen gibt.[48] Im Falle einer längerfristigen Bestellung kann der Treuhänder nämlich Entwicklungen im Unternehmen und in dessen Tarifen besser berücksichtigen, den Besonderheiten der Versichertengemeinschaft des Unternehmens eher gerecht werden und wird in seiner Prüfungspraxis nicht durch ein drohendes Ende seiner Bestellung beeinflusst. Auch besteht bei einem häufigen Wechsel der Treuhänder die Gefahr des Geheimnisverrats und widersprüchlicher Entscheidungen.

Ein Vergleich mit § 319 Abs. 3 HGB, wo in der Tat eine „Rotation" der Abschlussprüfer vorgesehen ist, erscheint wiederum nicht sachgerecht, da es an einer hinreichenden Anzahl von Treuhändern, die Einzelpersonen sein müssen, für eine solche Rotation mangelt. Der VR würde regelmäßig auf einen Treuhänder wechseln müssen, der bereits für einen anderen VR tätig ist. Es scheint aber nicht zielführend, dem VR planmäßig aufzugeben, gerade nach Personen zu suchen, die bereits anderweitig mit Prüfaufgaben belastet sind. Eine langfristige Beschäftigung schadet daher der Un-

---

48 *Grote* (Fn. 10), S. 487.

abhängigkeit des Treuhänders dem Grunde nach nicht. Etwas anderes kann sich nur dann ergeben, wenn die Dauer der Beschäftigung dazu führt, dass der Treuhänder sich wirtschaftlich auf die Einkünfte aus seiner Treuhandtätigkeit verlässt. Das ist aber nach der hier vertretenen Ansicht ohnehin allgemeiner Prüfgrundsatz der wirtschaftlichen Unabhängigkeit.

IV. Ergebnis

Wann ein Treuhänder wirtschaftlich abhängig ist, muss durch autonome Auslegung des § 157 Abs. 1 VAG ermittelt werden, da sich insb. § 319 Abs. 3 S. 1 Nr. 5 HGB vom Adressatenkreis und der Normstruktur zu stark von § 157 Abs. 1 VAG unterscheidet, als dass aus dieser Norm materielle Prüfkriterien der Unabhängigkeit übernommen werden könnten. Wirtschaftlich abhängig ist ein Treuhänder aufgrund autonomer Auslegung nach dem oben Gesagten, wenn er seinen gewöhnlichen Lebensunterhalt nicht ohne die Bezüge aus der Treuhändervergütung bestreiten kann. Zu berücksichtigen sind dabei sein Vermögen und andere Einkünfte. Aus der Dauer der Beschäftigung lassen sich grundsätzlich keine Rückschlüsse auf eine Abhängigkeit ziehen.

C. Zivilgerichtliche Überprüfbarkeit der Unabhängigkeit

I. Ausgangslage und Meinungsstand

Das AG Potsdam hat die wirtschaftliche Unabhängigkeit des Treuhänders in seiner eingangs angesprochenen Entscheidung vom 18.10.2016 ausführlich geprüft. Es stellt sich indes die in Rechtsprechung und Schrifttum bisher eher kursorisch behandelte Frage, ob die Unabhängigkeit des Treuhänders überhaupt zivilgerichtlich überprüft werden kann.

Die Zivilgerichte sind dann zur Prüfung der Unabhängigkeit des Treuhänders berufen, wenn es sich dabei um eine zwingende Voraussetzung für die zivilrechtliche Wirksamkeit einer Prämienanpassung nach § 203 Abs. 2 VVG handelt. In der Kommentarliteratur wird teilweise davon ausgegangen, dass dies der Fall ist und die Unabhängigkeit des Treuhänders entsprechend von den Zivilgerichten geprüft werden darf und muss.[49] Dieser Auffassung hat sich in der Rechtsprechung offenbar das AG Potsdam angeschlossen.

Eine andere Meinungsgruppe begreift die Unabhängigkeit des Treuhänders als eine rein „formale Wirksamkeitsvoraussetzung" der Prämienanpassung.[50] Das würde bedeuten, dass sich der Prüfungsauftrag der Zivilgerichte nicht auf die Frage erstreckt, ob der Treuhänder tatsächlich unabhängig ist, sondern lediglich darauf, ob er ordnungsgemäß bestellt worden ist. Zweifel an der Unabhängigkeit des Treuhänders selbst unterliegen nach dieser Auffassung allein der Aufsichtsbehörde auf Grundlage des § 157 Abs. 2 S. 1, 3 VAG.

Eine dritte Auffassung will differenzieren. Bei sog. institutionellen Anforderungen an die Unabhängigkeit soll eine volle zivilgerichtliche Kontrolle stattfinden, da diese der Beweisführung leicht zugänglich sind. Darunter werden die Verwirklichung des Regelbeispielstatbestands der institutionellen Abhängigkeit i.S.d. § 157 Abs. 1 S. 1 Hs. 2 VAG verstanden und die wirksame Bestellung des Treuhänders.[51] Die sog. „innere Abhängigkeit", zu der auch die Frage der wirtschaftlichen Unabhängigkeit des Treuhänders zählt, soll hingegen allein von der Aufsichtsbehörde geprüft werden.

In der aufsichtsbehördlichen Praxis[52] und im Schrifttum[53] ist die Unabhängigkeit des Treuhänders teilweise auch ohne nähere Qualifikation schlicht als „Wirksamkeitsvoraussetzung" bezeichnet worden, die der VN ggf. mit Hilfe der Zivilgerichte überprüfen können muss.

II. Bezug zur Prämienanpassung

Diese Ansätze zur zivilgerichtlichen Überprüfbarkeit der Unabhängigkeit des Treuhänders sind in Bezug zu setzen zur Reichweite der gerichtlichen

---

49 Prölss/Martin/*Voit*, 28. Auflage, 2015, § 203 Rn. 25 – offenbar scheint diese Ansicht aber in VersR 2017, 727, 732 aufgegeben worden zu sein, ohne dass dies kenntlich gemacht wurde.
50 HK-VVG/*Marko*, § 203 Rn. 17; FachanwKomm/*Staab*, § 203 Rn. 15; *Grote*, S. 603; *ders.*, ZVersWiss 2002, 621, 624; *Kirscht*, VersR 2003, 1172; *Voit*, VersR 2017, 727, 732.
51 Langheid/Wandt Rn. 558.
52 Anordnung, VerBAV 1995, S. 338.
53 *Boetius*, PKV, § 203 VVG Rn. 119.

Überprüfung der Prämienanpassung. In deren Rahmen ist ja letztlich die Unabhängigkeit des Treuhänders von Belang. Erstreckt sich die Prüfung der Prämienanpassung gar nicht auf die Person des Treuhänders, dürfen Zivilgerichte dessen Unabhängigkeit auch nicht prüfen.

Auf den ersten Blick erscheint es eher fernliegend, dass die Zivilgerichte im Rahmen einer Prüfung der Rechtmäßigkeit einer Prämienanpassung nicht auch die Unabhängigkeit des Treuhänders untersuchen können. Häufig wird in Rechtsprechung[54] und Schrifttum[55] – zumeist allerdings ohne weitere Ausführungen – nämlich formuliert, die Prämienanpassung durch den VR unterliege einer „umfassenden tatsächlichen und rechtlichen Prüfung durch die Zivilgerichte". Dazu müsste dann auch die Unabhängigkeit des Treuhänders gehören. Auch die Reformkommission zum VVG ging in ihrem Abschlussbericht von der Erforderlichkeit einer zivilgerichtlichen Überprüfung der Prämienanpassung aus.[56] Aus dem Abschlussbericht folgt aber auch, dass die Forderung nach einer gerichtlichen Überprüfbarkeit lediglich bedeutet, dass die Zustimmung des Treuhänders eine gerichtliche Überprüfung der Prämienanpassung nicht ausschließt.[57] Das folgt eigentlich bereits daraus, dass der Treuhänder nicht streitentscheidend tätig werden kann und dass er seine Prüfung aufgrund eines mit dem VR abgeschlossenen Vertrages durchführt. Daher fordert schon das Verfassungsrecht, welches die Möglichkeit von Rechtsschutz gebietet, die Möglichkeit, eine Prämienanpassung tatsächlich und rechtlich durch Richterhand prüfen zu lassen.[58]

Die gerichtliche Überprüfbarkeit der Prämienanpassung ist auch Gegenstand der höchstrichterlichen Rechtsprechung gewesen. Das BVerfG hat sich in seiner Entscheidung aus dem Jahre 1999 allerdings nur dazu geäußert, dass eine solche Überprüfung stattzufinden hat, nicht wie oder in welchem Umfang diese vonstatten gehen soll. Der IV. Zivilsenat des BGH

---

54 BVerfG VersR 2000, 214; BGH VersR 2004, 991, 992.
55 *Boetius*, PKV, § 203 VVG Rn. 122; Langheid/Wandt/*Boetius*, § 203 Rn. 904; Looschelders/Pohlmann/*Reinhard*, § 203 Rn. 20; ders., VersR 2005, 489; Prölss/Martin/*Voit*, § 203 Rn. 30; Schwintowski/Brömmelmeyer/*Brömmelmeyer*, § 203 Rn. 41; Bach/Moser/*Rudolph*, § 8b MB/KK Rn. 25; a.A. *Renger*, VersR 1994, 1257 (Prüfung auf Unbilligkeit).
56 Abschlussbericht, S. 176.
57 Abschlussbericht, S. 183; so wohl auch Schwintowski/Brömmelmeyer/*Brömmelmeyer*, § 203 Rn. 41.
58 BVerfG, Beschl. v. 28.12.1999 – 1 BvR 2203/98, VersR 2000, 214, 216; *Armbrüster*, r+s 2012, 365, 376.

legt sich in seiner Entscheidung aus dem Jahre 2004 darauf fest, dass „Gegenstand der gerichtlichen Überprüfung, die regelmäßig nur mit Hilfe eines Sachverständigen erfolgen kann, sind nur die Unterlagen, die der Versicherer dem Treuhänder vorlegt hat".[59] Es ist zu erwägen, ob aus dem „nur" folgt, dass sich die gerichtliche Prüfung nicht auf die Person des Treuhänders erstreckt.[60]

Dem ist jedoch nicht so. Das „nur" des BGH bezieht sich auf den materiellen Prüfungsstoff, also die Unterlagen, welche Gegenstand der richterlichen Prüfung sind. Der Passus soll verhindern, dass der VR im Prozess Unterlagen nachschiebt, die dem Treuhänder nicht vorgelegen haben, um eine Prämienänderung noch schlüssig zu begründen.[61] Im Übrigen bleibt eine Prüfung der übrigen Anpassungsvoraussetzungen[62] und damit auch der Unabhängigkeit des Treuhänders möglich. Die Reichweite der richterlichen Prüfung der Prämienanpassung nach § 203 Abs. 2 VVG spricht mithin nicht gegen eine zivilgerichtliche Untersuchung der Unabhängigkeit des Treuhänders.

III. Aufsichtsrechtliches Kontrollinstrumentarium

Ob eine solche möglich ist und wie weit sie ggf. reicht, hängt aber weiterhin davon ab, welche Kontrollbefugnisse das Versicherungsaufsichtsrecht bezüglich der Unabhängigkeit des Treuhänders vorsieht. Erscheint das Kontrollregime lückenhaft, wäre dies ein Argument, eine umfängliche zivilgerichtliche Überprüfung der Qualifikationsvoraussetzungen des Treuhänders zuzulassen.

Der Prämientreuhänder ist als unabhängiges Schutzorgan zugunsten der Versicherten weder Teil der Aufsicht, noch deren Hilfsorgan.[63] Auch unterliegt er selbst – wie erwähnt – nicht der Versicherungsaufsicht. Die Aufsichtsbehörde kann lediglich nach Maßgabe des § 157 Abs. 2 VAG Maßnahmen ergreifen, die sich primär an die Unternehmen richten, wel-

---

59 BGH, Urt. v. 16.6.2004 – IV ZR 117/02, VersR 2004, 991, 992.
60 Das „nur" betont auch *Boetius*, PKV, § 203 VVG Rn. 123.
61 BGH, Urt. v. 16.6.2004 – IV ZR 117/02, VersR 2004, 991, 992; *Boetius*, PKV, § 203 VVG Rn. 123; Langheid/Wandt/*Boetius*, § 203 Rn. 906; HK-VVG/*Marko*, § 203 Rn. 25.
62 HK-VVG/*Marko*, § 203 Rn. 25.
63 Prölss/*Präve*, § 11b Rn. 39; *Renger*, VersR 1994, 1257, 1258.

che den Treuhänder bestellt haben. Nach § 157 Abs. 2 S. 2 VAG etwa kann die Aufsichtsbehörde verlangen, dass der VR eine andere Person zum Treuhänder ernennt, wenn Tatsachen vorliegen, aus denen sich ergibt, dass der in Aussicht genommene Treuhänder bereits zum Zeitpunkt seiner geplanten Ernennung die Anforderungen nach § 157 Abs. 1 VAG nicht erfüllt. Ein Ablehnungsverlangen der Aufsichtsbehörde bedeutet ein Verbot an den VR, die ursprünglich in Aussicht genommene Person zu ernennen, und ein Gebot, einen neuen Kandidaten zu präsentieren.

§ 157 Abs. 2 S. 3 VAG sieht vor, dass die Aufsichtsbehörde die Abberufung eines bereits ernannten Prämientreuhänders verlangen kann, wenn nach dessen Bestellung Umstände bekannt werden, die nach Abs. 1 einer Bestellung entgegenstehen würden. Mit dem Verlust einer oder mehrerer Qualifikationsvoraussetzungen verliert der Treuhänder aufsichtsrechtlich nach § 157 Abs. 2 S. 3 VAG also nicht automatisch sein Amt. Es bedarf dazu einer Abberufung durch die Aufsichtsbehörde. Der Wortlaut des Abs. 2 S. 3 („kann") macht dabei deutlich, dass der Aufsichtsbehörde grundsätzlich ein Entschließungsermessen zukommt, was die Abberufung anbelangt. Dieses wird aber häufig auf Null reduziert sein, da die Belange der Versicherten gefährdet sind,[64] wenn ein unzuverlässiger, ungeeigneter oder nicht unabhängiger Treuhänder sein Amt in der Krankenversicherung ausübt, die nach Art der Lebensversicherung betrieben wird.

Zur Prüfung der Unabhängigkeit des Treuhänders gehört auch die Prüfung der wirtschaftlichen Unabhängigkeit. Das betont die BaFin, wie erwähnt, in ihrem Rundschreiben 3/2016 zwar nicht gesondert. Dort werden aber, wie ebenfalls erwähnt, nur beispielhaft Prüfungsschwerpunkte hervorgehoben, so dass keine Befürchtung besteht, das aufsichtsrechtliche Kontrollregime könne lückenhaft sein, weil es die Frage der wirtschaftlichen Abhängigkeit gar nicht betrachte.

Aufsichtsrechtlich steht also ein effektives Kontrollregime zur Überprüfung der Unabhängigkeit des Treuhänders zum Zeitpunkt seiner Ernennung und danach zur Verfügung. Das schließt eine zivilgerichtliche Überprüfung nicht aus, zeigt aber, dass die Versicherten nicht schutzlos gestellt sind, wenn eine solche Prüfung nicht stattfindet oder sich auf eine Prüfung der formalen Wirksamkeit beschränkt.

---

64 So auch FKBP/*Kaulbach*, § 12b Rn. 40.

IV. Versicherungsvertragsrechtliche Wertungen

Die Entscheidung, wie weit die zivilgerichtliche Prüfungsbefugnis reicht, ist auf dem Gebiet des Versicherungsvertragsrechts zu suchen. Hier kommt es maßgeblich auf die Prüfungsvorgaben des § 203 VVG an.

1. Wortlaut

§ 203 Abs. 2 VVG macht das Recht des VR auf Prämienanpassung davon abhängig, dass „ein unabhängiger Treuhänder die technischen Berechnungsgrundlagen überprüft und der Prämienanpassung zugestimmt hat". Die Bedingungsqualität dieses Passus wird durch das einleitende „sofern" deutlich gemacht. Diese Wendung wird im 2008 neu kodifizierten VVG ansonsten noch in § 38 Abs. 3 S. 1 beim Zahlungsverzug mit einer Folgeprämie, beim Beginn des Versicherungsschutzes in § 51 Abs. 1, in § 120 bei der Hinweispflicht bzgl. der Folgen von Obliegenheitsverletzungen durch einen Dritten, und innerhalb der Vorschriften über die PKV in § 197 Abs. 2 bzgl. der Anrechnung von Versicherungszeiten auf die Wartezeit und in § 198 bzgl. der Gleichstellung der Adoption in der Kindernachversicherung verwandt. Jeweils wird durch das „sofern" eine Bedingung bezeichnet. Vor diesem Hintergrund ist nicht erfindlich, warum für § 203 Abs. 2 VVG etwas anderes gelten soll. Insb. ergibt sich aus den Motiven der Reformgesetzgeber von 1994 und 2008 nichts, was gegen eine Bedingungsqualität des einleitenden „sofern" spräche.

Daraus folgt, dass die Prüfung durch einen unabhängigen Treuhänder Wirksamkeitsvoraussetzung für eine Prämienanpassung nach § 203 Abs. 2 VVG ist. Das schließt eine rein aufsichtsrechtliche Qualifikation der Unabhängigkeit des Treuhänders aus und eröffnet eine zivilgerichtliche Prüfung. Über die Qualität der Wirksamkeitsvoraussetzung und damit den Umfang der zivilgerichtlichen Prüfungsbefugnis sagt das „sofern" aber nichts aus. Es kann sich sowohl um eine materielle wie um eine formelle Wirksamkeitsvoraussetzung handeln.

2. Normgeschichte

Die Normgeschichte spricht ebenfalls dafür, dass es sich bei der Frage der Unabhängigkeit des Treuhänders um eine Wirksamkeitsvoraussetzung für die Prämienanpassung handelt. Bei der Einführung des Erfordernisses der Treuhänderzustimmung im Jahre 1994 hat der Gesetzgeber nämlich die Unabhängigkeit der Treuhänders nicht als gesonderte Voraussetzung neben der Zustimmung statuiert, sondern von vornherein im Normvorgänger des heutigen § 203 VVG, dem § 178g VVG a.F., die Zustimmung eines „unabhängigen Treuhänders" gefordert.[65] Aus der knappen Begründung geht jedoch nicht hervor, in welchem Umfang die Unabhängigkeit zivilgerichtlicher Prüfung unterliegen soll.

3. Systematik

In systematischer Hinsicht ist fraglich, ob sich der Tatsache, dass § 203 Abs. 2 VVG bzgl. der Unabhängigkeit des Prämientreuhänders nicht auf § 157 Abs. 1 VAG verweist, während § 203 Abs. 2 S. 4 VVG hinsichtlich des Gegenstandes und des Inhalts der Treuhänderzustimmung § 155 VAG in Bezug nimmt, ein Hinweis betreffend den Umfang der Prüfungskompetenz der Zivilgerichte entnehmen lässt. Das ist aber nicht der Fall.[66] § 203 VVG und die §§ 155, 157 VAG bilden ein sich wechselseitig ergänzendes Regime, das die Treuhänderzustimmung bei Prämien- und Bedingungsanpassungen regelt. Der Wechselbezug wird durch mehrere Verweise im Wortlaut des § 203 VVG auf die §§ 155 ff. VAG und umgekehrt deutlich gemacht. Eine zwingende Zuweisung bestimmter Prüfungsaufgaben zur Aufsichtsbehörde oder zu den Zivilgerichten lässt sich diesem System nicht entnehmen. Aus dem Wechselbezug ergibt sich aber, dass sich die Bestimmungen auch in ihrer Auslegung ergänzen.

Insoweit ist systematisch interessant, dass § 155 Abs. 1 VAG – das aufsichtsrechtliche Pendant zu § 203 Abs. 2 VVG – formuliert, dass „In-Kraft-Setzen" einer Prämienänderung setze die Zustimmung eines unabhängigen Treuhänders voraus. Im Schrifttum ist deswegen überlegt worden, ob daraus nicht folge, dass das Recht zur Prämienanpassung bei Vorliegen der materiellen Voraussetzungen bereits vor Treuhänderzustimmung entstehe, durch die Zustimmung aber erst wirksam werde.[67] Eine solche Lesart wirkt aber gekünstelt. § 155 Abs. 1 VAG beschreibt nur in anderen Worten, was auch § 203 Abs. 2 VVG verlangt: dass eine Prämien-

---

65 Begr. RegE BT-Dr. 12/6959, 62.
66 A.A. offenbar *Voit*, VersR 2017, 727, 732.
67 So *Grote* (Fn. 10), S. 603.

änderung nur erfolgen kann, wenn zuvor der Treuhänder seine Zustimmung erklärt hat. Für die Frage der zivilgerichtlichen Überprüfbarkeit der Unabhängigkeit der Treuhänders ergibt sich aus dem abweichenden Wortlaut des § 155 Abs. 1 VAG nichts.

Etwas anders kann bzgl. § 317 BGB gelten. Dort ist das Leistungsbestimmungsrecht eines Dritten nach billigem Ermessen geregelt. *Voit* will stattdessen auf das Leistungsbestimmungsrecht einer Partei nach § 315 BGB abstellen.[68] Aufgrund der vom VAG betonten Unabhängigkeit des Treuhänders, scheint es indes näherliegen, auf den systematischen Vergleich zum vom BGB ebenfalls als neutral konzipierten Dritten i.S.d. § 317 BGB zu suchen.

Die Stellung dieses Dritten entspricht nicht exakt derjenigen des Treuhänders im Prämienanpassungsverfahren nach § 203 Abs. 2 VVG, da er den Leistungsinhalt selbst nach billigem Ermessen festlegen kann. Das geht über die Befugnisse des Treuhänders hinaus, der lediglich das ordnungsgemäße Einhalten der Anpassungsvoraussetzungen überprüfen darf. Was seine Verpflichtung zur Unabhängigkeit anbelangt, steht er aber dem Treuhänder gleich. Insoweit ist die Regelung des § 319 Abs. 1 BGB beachtlich. Sie bestimmt, dass die Leistungsbestimmung des Dritten nur dann unwirksam ist, wenn sie „offenbar" – also deutlich – unbillig ist. Unbilligkeit wird u.a. bei fehlender Neutralität angenommen.[69] Wenn aber fehlende Unabhängigkeit bei dem rechtsmächtigeren Dritten i.S.d. § 317 BGB nur schadet, wenn sie offenbar ist, so legt das nahe, dass dies bei dem weniger mächtigen Treuhänder erst recht der Fall ist und das Zivilgericht entsprechend nur eine offensichtlich fehlende Unabhängigkeit prüfen darf.

Diese Überlegung stützt in systematischer Hinsicht ein erneuter Seitenblick auf § 319 HGB. Unter B. ist zwar aufgezeigt worden, dass sich aus dieser Norm nicht viele Gedanken auf § 203 Abs. 2 VVG bzw. § 157 Abs. 1 VAG übertragen lassen. Es ist jedoch zugleich klar geworden, dass § 319 Abs. 3 HGB die im Vergleich zu § 157 Abs. 1 VAG strengere Regel ist. Rechtsfolge eines Verstoßes gegen § 319 HGB ist aber nicht, dass die Prüfung insgesamt unwirksam wäre.[70] Die Möglichkeit der Gesellschafter, den Abschlussprüfer nach § 318 HGB abzuberufen, wird als vorrangig angesehen. Vor diesem Hintergrund wäre es befremdlich, § 157 Abs. 1 VAG,

---

68 *Voit*, VersR 2017, 727, 732 f.
69 *Kleinschmidt*, Delegation von Privatautonomie auf Dritte, 2014, S. 475.
70 MünchKomm-HGB/*Ebke*, § 319 Rn. 46.

der weniger strengen Norm, eine weiterreichende Rechtsfolge zuzuordnen, als dies bei § 319 HGB, der strengeren Norm, der Fall ist. Denn auch der Treuhänder kann bei mangelnder Unabhängigkeit abberufen werden – nur eben nicht von Gesellschaftern, sondern nach § 157 Abs. 2 S. 3 VAG von der Aufsichtsbehörde. Das spricht systematisch dagegen, eine weitreichende materielle Prüfungskompetenz der Zivilgerichte zu eröffnen, weil diese schlecht die Rechtsfolge der Unwirksamkeit der Prämienanpassung wegen Fehlens der Voraussetzungen der Unabhängigkeit haben kann.

4. Sinn und Zweck

Deuten systematische Überlegungen darauf hin, dass der Prüfungsumfang der Gerichte, was die Unabhängigkeit des Treuhänders anbelangt, eher auf Fälle der offensichtlich fehlenden Unabhängigkeit beschränkt sind, so ist dieser Hinweis dennoch auf teleologischer Grundlage noch einmal zu hinterfragen. Sinn und Zweck des § 203 Abs. 2 VVG könnten gebieten, dass die Zivilgerichte die Unabhängigkeit des Treuhänders umfänglich materiell prüfen. Immerhin ist dieser an die Stelle der aufsichtsbehördlichen Vorabgenehmigung von Versicherungsbedingungen getreten, die vor 1994 die Rechte der Versicherten sicherte. Diese Aufgabe kommt nunmehr – wie beschrieben – den Treuhändern zu. Daher liegt es nahe, dass dessen Unabhängigkeit gewahrt und überwacht werden muss.

Fraglich ist aber, ob dies eine Aufgabe der Zivilgerichte ist. Der Gesetzgeber gibt in den Motiven zum VVG darauf keine Antwort. Nach Sinn und Zweck scheint eine umfängliche Prüfung der Unabhängigkeit im zivilgerichtlichen Verfahren nicht zwingend geboten, da nach dem unter III. geschilderten aufsichtsbehördlichen Verfahren bereits eine effektive Überwachung der Unabhängigkeit des Treuhänders stattfindet. Der VN ist aus dieser Prüfung auch nicht ausgeklammert, da er bei der Beschwerde bei der BaFin einlegen kann, wenn er die Unabhängigkeit des Treuhänders in Zweifel zieht. Wie sich aus der Beschwerdestatistik der BaFin ergibt,[71] wird von dem Mittel der Beschwerde auch praktisch Gebrauch gemacht, so dass es sich nicht um eine rein theoretische Abhilfe handelt.

---

71 Abzurufen unter https://www.bafin.de/DE/PublikationenDaten/Statistiken/Beschwerde/beschwerdestatistik_artikel.html;jsessionid=488E0FF7821E019D7A2B255149998126.1_cid363 (abgerufen am 7.7.2017).

Zudem ist zu Bedenken, dass eine vollumfängliche Prüfung der Unabhängigkeit vor den Zivilgerichten für den Treuhänder sehr belastend wäre, da er angesichts des unter A. herausgearbeiteten Prüfungsmaßstabs potentiell in einer großen Vielzahl von Verfahren seine persönlichen Vermögensverhältnisse offenbaren müsste.[72]

V. Ergebnis

Das spricht in Summe – vor allem unter Berücksichtigung der systematischen Erwägungen zu §§ 317, 319 BGB – dafür, dass Zivilgerichte die Unabhängigkeit des Treuhänders als Voraussetzung für eine wirksame Prämienanpassung prüfen dürfen. Diese Prüfung ist allerdings auf Fälle der offensichtlich fehlenden Unabhängigkeit beschränkt. Solche Fälle sind in Übereinstimmung mit der dritten eingangs referierten Literaturmeinung anzunehmen, wenn die institutionelle Abhängigkeit des Treuhänders in Rede steht. Die Frage der wirtschaftlichen Unabhängigkeit gehört nicht zur institutionellen Abhängigkeit und ist daher nicht von den Zivilgerichten, sondern nur durch die Aufsichtsbehörde zu überprüfen.

E. Zusammenfassung

Die hier vorgeschlagene Lösung, dass der Begriff der „wirtschaftlichen Unabhängigkeit" im Rahmen des § 157 VAG autonom auszulegen und – da nicht zur institutionellen Abhängigkeit gehörig – nicht von den Zivilgerichten zu überprüfen ist, nimmt im Reigen der vertreten Ansichten eher eine ausgleichende Mittelposition ein. Sie belässt den Zivilgerichten eine Rolle bei der Überprüfung der Unabhängigkeit des Treuhänders, ohne sie aber zu einer „Superrevision" der Aufsicht zu befördern, welcher das VAG die Überprüfung der Bestellungsvoraussetzungen der Treuhänder primär übertragen hat. Der Verfasser hofft, dass der Jubilar sich für diese Ansicht erwärmen kann oder sie zumindest seinerseits kritisch überprüfen mag. Ich wüsste wirklich gerne, ob auch *Hans-Peter Schwintowski* die wirtschaftliche Unabhängigkeit des Treuhänders nur dann als gefährdet an-

---

[72] Näher *Voit*, VersR 2017, 727, 732.

sieht, wenn dieser seinen gewöhnlichen Lebensunterhalt nicht mehr ohne die Bezüge aus der Treuhändervergütung bestreiten kann.

Ist das Informationsmodell gescheitert?
Ein Beitrag zur De- und Rekonstruktion versicherungsrechtlicher Informationspflichten

Christoph Brömmelmeyer, Frankfurt (Oder) *

> Ich glaube, die Wellen verschlingen / Am Ende Schiffer und Kahn;
> Und das hat mit ihrem Singen / Die Lore-Ley getan.[1]
> Mandated disclosure is a Lorelei,
> lurking the law-makers onto the rocks of regulatory failure.[2]

I. Einführung

Informationspflichten und Informationen sind im Informationszeitalter ubiquitär. Es gibt sie wie Sand am Meer – auch und vor allem bei Versicherungen, die im Idealfall nur aus Informationen, nämlich aus einem Leistungsversprechen bestehen, das gar nicht eingelöst zu werden braucht.[3] In Fällen wie diesen beschreiben die Informationspflichten genau genommen Informationen über Informationen und damit ein Paradoxon – das die Praxis teils auflöst, indem sie Rechte und Pflichten der Parteien vereinbart und dadurch zugleich über diese Rechte und Pflichten informiert (s. § 1 Abs. 2 VVG-InfoV). Die Effektivität der Informations-

---

* Prof. Dr. Christoph Brömmelmeyer, Lehrstuhl für Bürgerliches Recht und Europäisches Wirtschaftsrecht, Europa-Universität Viadrina Frankfurt (Oder); geschäftsführender Direktor des Frankfurter Instituts für das Recht der Europäischen Union.
1 *Heinrich Heine,* Die Heimkehr, 1823-1824, zitiert nach: Elster (Hrsg.), Heinrich Heines Sämtliche Werke, Bd. 1, 1890, S. 95 f.
2 *Ben-Shahar/Schneider,* More Than You Wanted to Know, Princeton University Press (USA), 2014, S. 4.
3 Das gilt nicht für Kapital-Lebensversicherungen, bei denen im Todes-, Erlebens- und Rückkaufsfall, d.h. in jedem Fall eine Leistung fällig wird.

pflichten ist jedoch umstritten.⁴ Die These, das Informationsmodell sei gescheitert, steht im Raum.⁵

1. Begriff und Funktion der Informationspflichten

In der Europäischen Union sind Informationspflichten Kernbestandteil des *acquis communautaire* (*Ebers*);⁶ sie finden sich vor allem in EU-Richtlinien, so dass man die Regelung in den Mitgliedstaaten auf der Folie des Europäischen Rechts auslegen und anwenden muss: Die Richtlinie 2009/138 (Solvabilität II)⁷ schreibt Informationspflichten in der Lebens- und Nichtlebensversicherung vor (Art. 183 ff.). Zusätzliche Informationen dürfen die Mitgliedstaaten (in der Lebensversicherung) nur verlangen, „wenn diese für das tatsächliche Verständnis der wesentlichen Bestandteile der Versicherungspolice ... notwendig sind."⁸ Besonderheiten bestehen bei Lebensversicherungen, die der Kapitalanlage dienen. Dort sind künftig Informationspflichten auf der Basis der PRIIP-Verordnung zu erfüllen:⁹ Die EU verlangt bei Versicherungsanlageprodukten,¹⁰ dass Kleinanlegern (vom 01.01.2018 an) vorvertraglich ein kurzes und prägnantes Basisinformationsblatt ausgehändigt wird.¹¹ Die Kommission hat am 08.03.2017 die technischen Regulierungsstandards (RTS) vorgelegt, die Form und Inhalt

---

4 *Ebers*, Rechte, Rechtsbehelfe und Sanktionen im Unionsprivatrecht, 2016, S. 801 m.w.N.
5 *Schwintowski*, in: Purnhagen/Rott (Hrsg.), Varieties of European Economic Law and Regulation, Festschrift Micklitz, 2014, S. 549.
6 *Ebers*, S. 799.
7 RL 2009/138/EG (Solvency II) v. 25.11.2009, Abl. Nr. L 335, S. 1.
8 Art. 185 Abs. 7 der RL 2009/138; EuGH, Urt. v. 29.4.2015 - Rs. C-51/13, EU-ECLI:2015:286 Rn. 20 - Nationale Nederlanden Lebensverzerkering,; s. auch: Art. 31 Abs. 3 der früheren RL 92/96/EWG des Rates v. 10.11.1992 (Dritte Richtlinie Lebensversicherung), Abl. Nr. L 360, S. 1.
9 VO (EU) Nr. 1286/2014 des Europäischen Parlaments und des Rates v. 26.11.2014 über Basisinformationsblätter für verpackte Anlageprodukte für Kleinanleger und Versicherungsanlageprodukte (PRIIP), Abl. Nr. L 352 v. 9.12.2014, S. 1.
10 Begriff: Art. 4 Nr. 2 PRIIP; im Einzelnen str.: s. nur: *Brömmelmeyer*, RuS 2016, 269 (Kapital-Lebensversicherungen als Versicherungsanlageprodukte) versus *Reiff*, VersR 2016, 1533, 1542, *ders.*, RuS 2016, 593, 60, und *Bürkle*, VersR 2017, 331.
11 S. Art. 13 Abs. 1, 6 Abs. 1, 4 Satz 1 PRIIP.

des Basisinformationsblatts im Detail festlegen.[12] Im Interesse des Binnenmarkts[13] und der Effektivität des Verbraucherschutzes[14] hat die EU außerdem die Richtlinie 2016/97 über Versicherungsvertrieb (Neufassung)[15] erlassen, die die Informationspflichten der Richtlinie 2002/92 über Versicherungsvermittlung[16] noch weiter ausbaut.[17]

In der Bundesrepublik Deutschland ist der Versicherer verpflichtet, den Versicherungsnehmer rechtzeitig (§ 7 Abs. 1 Satz 1 VVG), klar und verständlich (Satz 2) über die in der Informationspflichtenverordnung geregelten Tatbestände, insb. über seine Identität (§ 1 Abs. 1 Nr. 1 VVG-InfoV) und seine Leistung (Nr. 6 b), über den Preis (Nr. 7) und die sonstigen Rechte und Pflichten der Parteien zu informieren. Er hat außerdem ein Produktinformationsblatt zu überreichen (§ 4 Abs. 1 VVG-InfoV), das (präsumtiv) „diejenigen Informationen enthält, die für den Abschluss oder die Erfüllung des Versicherungsvertrages von besonderer Bedeutung sind".[18] Produktspezifische Informationspflichten kommen hinzu: In der Lebensversicherung hat der Versicherer u.a. über die Höhe der in die Prämie einkalkulierten Kosten (§ 2 Abs. 1 Nr. 1 VVG-InfoV), über sonstige Kosten (Nr. 2) und über „die für die Überschussermittlung und Überschussbeteiligung geltenden Berechnungsgrundätze und Maßstäbe" (Nr. 3) zu informieren.[19]

---

12 Delegierte Verordnung (EU) der Kommission vom 8.3.2017 zur Ergänzung der Verordnung (EU) Nr. 1286/2014 (PRIIP) durch technische Regulierungsstandards, C(2017) 1473 final.
13 RL 2016/97/EU, Erwägungsgrund Nr. 9.
14 RL (EU) 2016/97/EU, Erwägungsgründe Nr. 3, 10, 19, 21, 43.
15 RL (EU) 2016/97/EU des Europäischen Parlaments und des Rates v. 20.1.2016 über Versicherungsvertrieb (Neufassung), Abl. Nr. L 26 v. 2.2.2016, S. 19.
16 RL (EG) 2002/92 des Europäischen Parlaments und des Rates v. 9.12.2002 über Versicherungsvermittlung, Abl. Nr. L 9 v. 15.1.2003, S. 3.
17 Dazu: *Reiff*, VersR 2017, 1.
18 Dazu: *Römer*, VersR 2007, 618.
19 Im Einzelnen: *Brömmelmeyer*, VersR 2009, 584.

Hintergrund all dieser Informationspflichten ist das Macht-[20] und Informationsgefälle[21] zwischen Versicherer und Versicherungsnehmer. Der Informationsvorsprung des Versicherers soll ausgeglichen werden. Der Kunde soll eine informierte Entscheidung treffen können. Informations- und Beratungspflichten sind zu unterscheiden: Eine Information beschränkt sich grundsätzlich auf die (unkommentierte) Mitteilung von Tatsachen, während eine Beratung die Bewertung von Tatsachen umfasst und auf persönliche Empfehlungen unter Berücksichtigung der individuellen Lebenssituation und der Präferenzen des Kunden angelegt ist.[22]

2. Erfolgsgeheimnis der Informationspflichten

Der Erfolg der Informationspflichten, *„probably the most common regulatory technique in EU consumer law"* (*Busch*),[23] beruht auf mehreren Faktoren:[24] Die Europäische Union verfolgt eine Informationsphilosophie, weil Verbraucherschutz auf der Basis von Informationspflichten am besten mit dem Binnenmarkt (Art. 26 Abs. 2 AEUV) zu vereinbaren ist: Der EuGH hat Eingriffe in die Freiheit der Produktgestaltung bereits in *Cassis-de-Dijon* (1979)[25] beanstandet, wenn und weil Produktinformationen (*Labelling*) ein hinreichendes Maß an Verbraucherschutz gewährleisten.[26]

---

[20] EuGH, Urt. v. 19.12.2013 - C-209/12, ECLI:EU:C:2013:864 Rn. 29 - Endress, mit dem Hinweis, dass sich „der Versicherungsnehmer, da Versicherungsverträge rechtlich komplexe Finanzprodukte" seien, die große Unterschiede aufwiesen „und über einen potenziell sehr langen Zeitraum erhebliche finanzielle Verpflichtungen mit sich bringen könn[t]en, dem Versicherer gegenüber in einer schwachen Position" befinde.
[21] *Brömmelmeyer*, in: Beckmann-Matusche-Beckmann, 3. Auflage, 2015, § 42 Rn. 69; *Busch*, in: Twigg-Flesner (Hrsg.), Research Handbook on EU Consumer and Contract Law, Edward Elgar, Cheltenham UK, S. 222.
[22] *Brömmelmeyer*, VersR 2009, 584, 585; *ders.*, in: Beckmann/Matusche-Beckmann, § 42 Rn. 67.
[23] *Busch*, in: Twigg-Flesner, S. 221, 224.
[24] Dazu auch: *Busch*, in: Twigg-Flesner, S. 222 f.
[25] EuGH, Urt. v. 20.2.1979 - 120/78, Slg. 1979, 650 - Cassis-de-Dijon; s. auch: *Busch*, in: Twigg-Flesner, S. 223.
[26] Dazu auch: *Unberath/Johnston*, CMLR 2007 (44), S. 1237, 1249 („A scheme of compulsory information normally suffices to protect the consumer"); plastisch auch: *Sibony/Helleringer*, in: Alemano/Sibony (Hrsg.), Nudge and the Law, 2015, S. 209, 215 f.

Hinzu kommt die Kompatibilität der Informationsphilosophie mit den Ideen des Liberalismus und der freien Marktwirtschaft:[27] Informationspflichten greifen nur moderat in den Marktmechanismus und die individuelle Handlungsfreiheit der Marktteilnehmer ein.[28] Darüber hinaus verbürgen Informationspflichten ein hohes Maß an Konsumentensouveränität: Trifft der Verbraucher auf der Basis adäquater Informationen rationale Entscheidungen, so braucht er nicht gesondert geschützt zu werden: Paternalistische Bevormundung wird (scheinbar) durch eine Politik der Privatautonomie ersetzt, die den Konsumenten als aufgeklärten Marktbürger ernst nimmt.[29] Die Literatur[30] führt den Erfolg des Informationsmodells auch noch auf rechtspolitische Faktoren zurück: Die Einführung von Informationspflichten verursache für die EU und die Mitgliedstaaten keine unmittelbaren Kosten; die Kosten für die Unternehmen blieben entfernt und diffus.[31]

II. Dekonstruktion der Informationspflichten?

1. Effektivität der Informationspflichten

Bekanntlich stehen die Informationspflichten seit Jahren in der Kritik. Bedenken bestehen vor allem aufgrund der fehlenden Bereitschaft der Kunden, sich mit komplexen Finanzprodukten auseinander zu setzen und Texte (sorgfältig) zu lesen[32] bzw. zu verstehen.[33] Bei *Bar-Gill* und *Ben-Shahar* heißt es im Hinblick auf Informationspflichten generell: „*These diclosures are neither read nor used and they are beyond most people's understanding*".[34] Dementsprechend konstatieren *Ben-Shahar* und *Schneider*,

---

27 Ebenso: *Ben-Shahar/Schneider*, S. 56.
28 Dazu auch: *Busch*, in: Twigg-Flesner S. 222 (one of the least intrusive consumer protection instruments); ähnlich: *Loacker*, a.a.O., S. 18 (relatively gentle means of legal intervention).
29 *Ebers*, S. 800.
30 *Ebers*, a.a.O.; *Grigoleit*, in: Eidenmüller (Hrsg.), Revision des Verbraucherschutzacquis, 223, 261.
31 *Ebers*, a.a.O. der diese These aber auch in Frage stellt.
32 *Ayres/Schwartz*, Stanford Law Review 2014 (66), 545 (The No-Reading Problem in Consumer Contract Law), 546, mit dem plastischen PC-Pitstop-Beispiel.
33 *Brömmelmeyer*, VersR 2009, 584, 586.
34 *Bar-Gill/Ben-Shahar*, CMLR 2013 (50), S. 109, 110.

dass Informationspflichten ihren Regelungszweck konsequent verfehlten.[35] Fraglich ist allerdings, worin genau der Regelungszweck besteht: Käme es nur darauf an, dass der Kunde informierte Entscheidungen treffen *könnte* wenn er *wollte*, so wäre die Effektivität der Informationspflichten zu bejahen, sobald alle relevanten Informationen verfügbar wären. Dagegen käme es nicht darauf an, ob der Kunde diese Informationen auch tatsächlich abruft und bspw. bei der Produktauswahl berücksichtigt. Die Informationspflichten wären i.S. einer rein formalen Freiheitsverbürgung effektiv; sie gewährleisteten abstrakte Entscheidungsautonomie und hypothetische Konsumentensouveränität.

Kommt es stattdessen auf informierte Entscheidungen an, so sind Informationspflichten (rechtspolitisch formuliert) nur effektiv, wenn die berechtigte Erwartung besteht, dass sie in der Entscheidung des Kunden wirksam werden, der Kunde seine Entscheidung also voraussichtlich auf der Basis der ihm übermittelten Informationen treffen wird.[36] Die Beobachtung *Römers*, der in der Diskussion über den richtigen Informationszeitpunkt mitgeteilt hat, dass es keine Rolle spiele, ob der Kunde die Informationen vor oder nach Abschluss einer Lebensversicherung *nicht* lese,[37] wäre bei einer rein formalen Betrachtungsweise nur ein Bonmot – ob der Kunde die Informationen zur Kenntnis nimmt oder nicht, spielte keine Rolle –, käme bei einer materiellen, auf informierte Entscheidungen angelegten Lesart jedoch einer vernichtenden Kritik an dem Informationsregime gleich.

Besteht das Hauptanliegen der Informationspflichten darin, einen effektiven Konsumentenschutz zu gewährleisten,[38] so kann nur die materielle Lesart die richtige sein: Hätten Informationspflichten gar keinen Einfluss auf das Entscheidungsverhalten, weil der Kunde die vorgeschriebenen Informationen nicht liest bzw. liest aber nicht versteht, so stünde der Konsumentenschutz nur auf dem Papier. Hinzu kommt, dass Informationspflich-

---

35 *Ben-Shahar/Schneider*, a.a.O.
36 *Brömmelmeyer*, VersR 2009, 584; ähnlich: *Schwintowski*, S. 557.
37 *Römer*, a.a.O.
38 Dafür spricht: Begründung eines Gesetzes zur Reform des Versicherungsvertragsgesetzes, BT-Dr. 16/3945, S. 60 (Schutzbedürfnis); Begründung des Altersvorsorgeverbesserungsgesetzes (AltVerbG), BT-Dr. 17/10818, 13, 24 (im Hinblick auf *Riester*- und *Rürup*-Renten); s. auch: *Herrmann*, in: Bruck/Möller, Bd.1, §§ 1-32, 9. Aufl. 2008, § 7 Rn. 4, der nur den mündigen Verbraucher schützen will.

ten der Funktionsfähigkeit der Märkte dienen[39] und dass sie auch diese Funktion nur erfüllen können, wenn Informationen zur Kenntnis genommen und Informationsasymmetrien beseitigt werden: Seit *Akerlof* den „*Market for Lemons*" beschrieben hat,[40] ist allgemein anerkannt, dass Informationsdefizite zu Lasten aller Marktteilnehmer zu Marktversagen führen können. Setzen sich minderwertige Produkte aufgrund von Informationsasymmetrien durch, verlieren Unternehmen das Interesse an Entwicklung und Vertrieb hochwertiger Produkte. Kunden verlieren das Vertrauen in den Markt und wandern ab. Daraus folgt, dass alle Marktteilnehmer ein gemeinsames Interesse an effektiven Informationspflichten haben,[41] und dass es bei ihrer Konzeption darum gehen muss, dem Kunden nicht nur theoretisch, sondern real eine informierte Entscheidung zu ermöglichen.[42] Man kann ihn zwar nicht zu einer informierten Entscheidung zwingen. Man könnte die Informationspflichten jedoch immerhin so regeln, dass (prospektiv) die begründete Hoffnung besteht, dass der Kunde auf der Basis vorgeschriebener Informationen und individueller Präferenzen optimale Entscheidungen für das Produkt mit dem besten Preis-/Leistungsverhältnis treffen wird.[43] Folgt man den *Better Regulation Guidelines* der Kommission, müsste man den Einfluss der Informationspflichten auf das Entscheidungsverhalten anschließend (retrospektiv) überprüfen.[44] Man müsste empirisch klären, ob der Kunde die Informationen zur Kenntnis nimmt, versteht und auf dieser Basis entscheidet. Daran fehlt es jedoch meist. Die Bundesregierung hat bei Erlass der Informationspflichtenverordnung zwar mitgeteilt, dass sich die Informationspflichten „bewährt" hätten;[45] eine empirische Begründung für diese Einschätzung ist jedoch weit und breit nicht erkennbar.

---

39 Begründung eines Gesetzes zur Reform des Versicherungsvertragsgesetzes, BT-Drucks. 16/3945 v. 20.12.2006, S. 47 (unter A II 1).
40 *Akerlof*, Quaterly Journal of Econmics, 1970 (84), 488.
41 Dazu: *Loacker*, a.a.O., S. 35.
42 Dazu auch: *Ebers*, S. 803, der von einer „marktordnungsrechtlichen Funktion" der Informationspflichten spricht.
43 S. auch: *Mülbert*, ZHR 177 (2013), 160, 165 (optimale Anlegerentscheidung als Fixpunkt des Anlegerschutzrechts).
44 S. Better Regulation Guidelines v. 19.5.2015, SWD (2015) 111 final, S. (Evaluation is defined as an evidence-based judgement of the extent to which an intervention has: - Been effective and efficient ... . Dafür auch: *Loacker*, Informed Insurance Choice?, 2014, S. 252.
45 Bundesregierung, a.a.O.

2. Fehlkonstruktion der Informationspflichten?

Bei der Konzeption der Informationspflichten ist ein wirklichkeitsnahes Bild vom Informations- und Entscheidungsverhalten des Kunden, d.h. im Regelfall des Verbrauchers zugrunde zu legen.[46] Der EuGH[47] geht in ständiger Rspr. von dem Leitbild eines „normal informierte[n], angemessen aufmerksame[n] und verständige[n] Durchschnittsverbrauchers[s] aus", berücksichtigt also faktische (normal informiert) und normative Kriterien (angemessen aufmerksam). Im Hinblick auf die Etikettierung von Lebensmitteln spricht der EuGH[48] auch von einem „normal informierte[n], vernünftig aufmerksame[n] und kritischen[n] Verbraucher". Bezieht man dieses Leitbild auf die Kodifikation von Informationspflichten, so stellt sich die Frage, wie der Durchschnittsverbraucher mit Informationen umgeht, die ihm bspw. in einem Produktinformationsblatt an die Hand gegeben werden: Liest er das Produktinformationsblatt? Liest er es rechtzeitig? Liest er es sorgfältig? Liest er es vollständig? Falls er es liest, versteht er es auch? Trifft er ggf., d.h. falls er es gelesen und verstanden hat, auf dieser Basis eine rationale Entscheidung? Bei der Beantwortung dieser Frage ist man scheinbar dem Theorienstreit zwischen *Economic Analysis of Law* und *Behavioral Law and Economics* ausgeliefert: Die *Economic-Analysis* Literatur geht vereinfacht gesagt von dem Modell des *homo oeconomicus*, d.h. davon aus, dass Menschen rational handeln, indem sie über eine stabile individuelle Präferenzordnung und unter Berücksichtigung der optimalen Menge an Informationen ihren Nutzen maximieren.[49] Die Protagonisten der *Behavioral Law and Economics* halten dem insb. die beschränk-

---

46 *Loacker*, a.a.O. "more reliable" – and more realistic picture of the model recipient of information (p.251).
47 EuGH, Urt. v. 30.4.2014 - C-26/13, ECLI:EU:C:2014:282 Rn. 74 - *Kásler*, im Hinblick auf das Transparenzgebot der RL 93/13/EWG des Rates v. 5.4.1993 über missbräuchliche Klauseln in Verbraucherverträgen, Abl. Nr. L 95, S. 29; EuGH, Urt. v. 4.6.2015 - C-195/14, ECLI:EU:C:2015:361 Rn. 36 - Teekanne, im Hinblick auf das Irreführungsverbot bei der Etikettierung von Lebensmitteln, ähnlich: BGH, Urt. v. 2.4.2015 – I ZR 59/13, GRUR 2015, 1114 Rn. 20, im Hinblick auf Markenverletzungen.
48 EuGH, Urt. v. 4.6.2015 - C-195/14, ECLI:EU:C:2015:361 Rn. 42 – Teekanne.
49 *Becker*, The Economic Approach to Human Beavior, 1976, S. 14, übersetzt von und zitiert nach: *Englerth*, in: Towfigh/Petersen, Ökonomische Methoden im Recht, S. 165, 166.

te Rationalität (*bounded rationality*) des Menschen entgegen,[50] der bestimmte psychologische Fehler begeht (s. nur: *anchoring effect*).[51] Die Befürworter der Neuen Institutionenökonomik haben das Konzept begrenzter Rationalität übernommen,[52] während namentlich *Richard Posner* als Begründer der *Economic Analysis of Law*[53] an dem Konzept der Rationalität festhält[54] und *Englerth* zu Recht betont, dass die positive Ökonomie gar nicht behaupte, dass der Mensch rational handle, sondern nur, dass man seine Entscheidungen aufgrund dieser Modellannahme seriös vorhersagen könne.[55]

Die Kritik an den Informationspflichten aus dem Blickwinkel der *Behavioral Law and Economics* liegt auf der Hand:[56] Entscheidet der Mensch nicht rational sondern intuitiv (*intuiton rather than deliberation*),[57] sind Informationspflichten die wie selbstverständlich von einer überlegten Entscheidung (*deliberation rather than intuition*) ausgehen, realitätsfremd. Das heißt aber nicht, dass die Kritik an diesen Informationspflichten nur trüge, wenn man sich diese Theorie zu eigen machte. Hält man mit *Posner* an der Rationalitätsannahme fest, ändert sich zwar die Begründung (rationales Desinteresse), nicht aber die Kritik als solche: Der Durchschnittsverbraucher, der ausführliche Informationen nicht oder nur ausschnittsweise zur Kenntnis nimmt, handelt nämlich keineswegs irrational. Befasst er sich bspw. vor Abschluss einer Lebensversicherung im Detail mit den „Grundsätzen und Maßstäben der Überschussbeteiligung", so verliert er nur Zeit. Die Überschussbeteiligung ist aufgrund von Beurteilungs- und Entscheidungsspielräumen und aufgrund des Ineinandergreifens rechtlicher, mathematischer und bilanzieller Fragen so komplex, dass der Versicherungsnehmer sie ohnehin nicht nachvollziehen kann. „It is well under-

---

50 Paradigmatisch: *Jolls/Sunstein/Thaler*, Stanford Law Review 50 (1998), 1471, 1508 ff.; vgl. auch: *Englerth*, in: Towfigh/Petersen, Ökonomische Methoden im Recht, S. 165, 173 ff.
51 *Kahnemann/Tversky*, Thinking, Fast and Slow (Macmillan, 2011), S. 119.
52 Exemplarisch: *Richter/Furobotn*, Neue Institutionenökonomik, 4. Aufl. 2010.
53 *Posner*, Economic Analysis of Law, 1973.
54 Paradigmatisch: *Posner*, Fontiers of Legal Theory, Harvard University Press, Cambridge, Massachusetts, 2004, S. 252.
55 *Englerth*, in: Towfigh/Petersen, Ökonomische Methoden im Recht, S. 165, 167.
56 Im Überblick: *Sibony/Helleringer*, in: Alemano/Sibony (Hrsg.), Nudge and the Law, 2015, S. 209, 214 ff., m.w.N.
57 *Sibony/Helleringer*, in: Alemano/Sibony (Hrsg.), Nudge and the Law, 2015, S. 209, 212.

stood", heißt es bei *Wetherill*, „that consumers readily and *rationally* choose not to absorb all information on offer. Life is too short."[58]

Dementsprechend besteht auch Konsens darüber, dass die Effektivität von Informationspflichten vielfach an einem Übermaß an Informationen leidet: „Too much information can harm"![59] Ein quantitativ höheres Maß an Information führt keineswegs dazu, dass man eine informierte und damit qualitativ höherwertige Entscheidung trifft; angesichts begrenzter kognitiver Fähigkeiten des Informationsadressaten kommt es vielmehr zu einer Informationsüberlastung (*information overload*),[60] so dass der Grenznutzen zusätzlicher Informationen nicht nur abnimmt, sondern ab einer bestimmten Informationsmenge sogar negativ wird.[61]

3. Komplexität der Produkte

Die Effektivität der Informationspflichten scheitert im Einzelfall bereits an der Komplexität der Finanzprodukte, über die informiert wird. Ein Beispiel dafür ist die anteilsgebundene Lebensversicherung, die das Unternehmen *Clerical Medical* unter der Bezeichnung „*Wealthmaster Noble*" (auch) in der Bundesrepublik Deutschland angeboten hat.[62] Das Produkt blieb aufgrund der Komplexität des Kapitalanlagemanagements selbst für verständige und verantwortliche Durchschnittsverbraucher[63] ein Buch mit sieben Siegeln. Im Basisinformationsblatt für Versicherungsanlageproduk-

---

58 *Wetherill*, CMLR 2012 (49), 1279, 1294 (Hervorhebung des Verf.); grundlegend: *Stigler*, The Economics of Information, J. Pol. Econ 1961 (69), S. 213, 215 ("If the cost of search is equated to the expected marginal return, the optimum amount of search will be found").
59 Final Report of the National Consumer Council (2007), zitiert nach *Loacker*, Informed Insurance Choice?, S. 111; ; anschaulich: *Simon*, in: Greenberger (Hrsg.), Computers, Communication and the Public Interest, Baltimore 1971, S. 40: „A wealth of information creates a povertry of attention"; *van den Bergh*, in: Ott/Schäfer, Effiziente Verhaltenssteuerung und Kooperation im Zivilrecht, 1997, 77, 85; s. im Bankrecht auch: *Buck-Heeb*, WM 2014, 385 f.
60 Dazu: *Rehberg* (2002), a.a.O., S. 58 ff.
61 *Eidenmüller*, JZ 2005, 216, 218; *Fleischer*, ZeuP 2000, 772, 787 f.; *Loacker*, a.a.O., S. 114; *Ebers*, S. 801; s. auch: Begründung des Altersvorsorgeverbesserungsgesetzes (AltVerbG), BT-Dr. 17/10818, 24.
62 BGH, Urt. v. 11.7.2012 – IV ZR 164/11, NJW 2012, 3647.
63 Im Einzelnen zu der Differenzierung zwischen verletzlichem, vertrauendem und verantwortlichem Verbraucher: *Micklitz*, Gutachten A zum 69. Deutschen Juristen-

te soll es künftig ausdrücklich heißen: „Sie sind im Begriff, ein Produkt zu erwerben, das nicht einfach ist und schwer zu verstehen sein kann" (Art. 8 Abs. 3 Buchstabe b) PRIIP-Verordnung i.V.m. Art. 1 Satz 2 Buchstabe a) Delegierte Verordnung). Die Botschaft ist allerdings unklar: Der Kunde soll gewarnt werden.[64] Nur wovor und mit welcher Konsequenz? Soll er das Produkt meiden? Soll er sich einem Berater anvertrauen? Soll er das Produkt erwerben, sich später aber nicht über enttäuschte Erwartungen beschweren? Diese Fragen beantwortet die PRIIP-Verordnung nicht.

4. Beratung

Im Hinblick auf den Versicherungsvertrieb hat *Schwintowski* insb. statusbezogene Informationspflichten der Versicherungsvermittler (s. § 11 Abs. 1 VersVermV[65]) kritisiert, weil sie das *principal-agent*-Problem nicht lösten.[66] Diese Kritik ist auch nicht von der Hand zu weisen: Hat ein Versicherungsvermittler vor allem sein Provisionsinteresse im Blick, so kann er gegenläufige, d.h. mit seinen Ratschlägen unvereinbare Informationen gegenüber dem vertrauenden Verbraucher[67] gezielt relativieren, umgehen oder entkräften. Diese Erwägung spricht indes nicht *gegen* produktbezogene Informationspflichten, sondern *für* strukturelle Reformen der Versicherungsvermittlung. Die Europäische Union setzt stattdessen auf vertriebsbezogene Informationspflichten (s.o.), die den Interessenkonflikt nicht *ent-*, dafür aber das Problem des Informationsüberflusses *ver*schärfen.

5. Beseitigung der Informationspflichten?

Folgt aus der Kritik an den Informationspflichten, dass man das Informationsmodell *ad acta* legen sollte? Dafür haben sich insb. *Bar-Gill, Ben-Shahar* und *Schneider* ausgesprochen, die Informationspflichten im Grunde

---

tag, Brauchen Konsumenten und Unternehmen eine neue Architektur des Verbraucherrechts?, 2012, A 36, A 39 ff.
64 PRIIP-Verordnung, Erwägungsgrund 18.
65 Verordnung über die Versicherungsvermittlung und -beratung (Versicherungsvermittlungsverordnung – VersVermV) v. 15.5.2007, BGBl. I., S. 1967.
66 *Schwintowski*, in: Festschrift Micklitz, S. 549, 554 f.
67 *Micklitz*, a.a.O.

für ein Feigenblatt halten, das den Gesetzgeber von einer wirklich effektiven Regulierung abhält.[68] Die Information der Marktteilnehmer soll Ratings, Rankings und Reviews überlassen werden.[69] Das hieße indes, das Kind mit dem Bade auszuschütten. Man darf nicht übersehen, dass Informationspflichten auch den professionellen Marktbeobachtern und Finanzintermediären den Informationszugang erleichtern und so die Markttransparenz erhöhen.[70] Hinzu kommt, dass bestimmte Konsumenten in bestimmten Entscheidungssituationen – bspw. in Fällen, in denen ihnen kein Berater gegenübersitzt, eben doch auf vorgeschriebene Informationen zurückgreifen. Informationspflichten haben so gesehen einen Mehrwert für Märkte und Kunden; sie müssen nur sinnvoll rekonstruiert und flankiert werden.[71]

III. Rekonstruktion der Informationspflichten?

Der Europäische Gesetzgeber hat die Forderungen nach verbesserter Informationsqualität[72] bereits aufgegriffen: Die PRIIP-Verordnung setzt auf Basisinformationsblätter, d.h. auf einfache, relevante und standardisierte Informationen, die richtig und redlich, klar und verständlich sind. Die Basisinformationsblätter dürfen den Kleinanleger nicht in die Irre führen und sollen auf Fachbegriffe verzichten;[73] sie sollen nur wesentliche, kurze und prägnante Informationen erhalten.[74]

---

68 *Ben-Shahar/Schneider*, S. 184.
69 *Ben-Shahar/Schneider*, S. 183; s. auch: *Busch*, in: Twigg-Flesner, S. 228.
70 Dezidiert a.A: *Ben-Shahar/Schneider*, S. 186 ff.
71 Ebenso *Schwintowski, a.a.O.,* der das Informationsmodell zwar für gescheitert hält, die Informationspflichten aber nicht aufgeben, sondern nur um materielle Produktstandards ergänzen will (s.u.).*Schwintowski*, S. 599.
72 S. das Plädoyer von *Simony/Allemanno*, The Emergence of Behavioral Policy-Making, S.#; s. auch: *Di Porto/Rangone*, in: Alemano/Sibony (Hrsg.), Nudge and the Law, S. 29, 43 (simplification of information).
73 PRIIP-Verordnung, Erwägungsgrund Nr. 14.
74 PRIIP-Verordnung, Erwägungsgrund Nr. 15.

1. Standardisierte Informationen

Form und Inhalt vorgeschriebener Informationen werden mehr und mehr standardisiert. Das gilt nicht nur für PRIIPs, sondern auch für *Riester-* und *Rürup*-Renten: § 7 Abs. 1 AltZertG[75] verlangt seit dem 01.01.2017 ein individuelles Produktinformationsblatt, das u.a. die Produktbezeichnung, die Benennung des Produkttyps und eine kurze Produktbeschreibung enthalten muss (Nr. 1-3). Hinzu kommen müssen ggf. die Empfehlung, die Förderberechtigung zu prüfen, die Einordnung des Produkts in Chancen-Risiko-Klassen, sowie Angaben zum Preis-Leistungs-Verhältnis (Nr. 11). Dieses Produktinformationsblatt soll dem Verbraucher in gebündelter, leicht verständlicher und standardisierter Form einen Produktvergleich ermöglichen und den Wettbewerbsdruck im Hinblick auf eine möglichst geringe Kostenbelastung der angebotenen Produkte erhöhen.[76] Die Bundesregierung hat Form und Inhalt dieses (individuellen) Produktinformationsblatts in der AltvPIBV[77] sowie in einem *Design-Manual* mit über 100 Druckseiten in Form eines amtlich vorgeschriebenen Musters in allen Einzelheiten festgelegt.[78]

Die Kritik an den Bürokratiekosten[79] dieser Regulierung ist nachvollziehbar, wäre jedoch in Kauf zu nehmen, wenn standardisierte Informationen tatsächlich ein höheres Maß an Markttransparenz und Konsumentensouveränität verbürgten. *Loacker* gibt sich skeptisch und weist unter Berufung auf *Mayerhofer* daraufhin, dass schriftliche Informationsunterlagen kaum Einfluss auf das Entscheidungsverhalten des Kunden hätten;[80] stattdessen beeinflussten insb. Empfehlungen aus dem Freundes- und Bekanntenkreis sowie die Reputation des Unternehmens die Entscheidung. Kun-

---

75 Altersvorsorgeverträge-Zertifizierungsgesetz v. 26.6.2001, BGBl. I, S. 1310, zuletzt geändert durch Art. 450 der V. v. 31.8.2015, BGBl. I, S. 1474.
76 Begründung des Altersvorsorgeverbesserungsgesetzes (AltVerbG), BT-Dr. 17/10818, 13, 24.
77 Altersvorsorge-Produktinformationsblattverordnung v. 27.7.2015, BGBl. I., S. 1413, geändert durch Art. 1 der V v. 16.12.2016, BGBl. I, S. 2975.
78 Bundesministerium der Finanzen, Schreiben v. 29.6.2016 i.V.m. Anlage 1.
79 Die Bundesregierung hat diese Bürokratiekosten nicht beziffert; im Hinblick auf die Kosten der Information bei Versicherungsanlageprodukten (§ 7b VVG-E v. 18.01.2017, BR-Dr. 74/17 v. 27.01.2017, S. 31; Art. 29 Abs. 1 der RL 2016/97/EU über Versicherungsvertrieb) geht die Bundesregierung (nach meinem Eindruck: großzügig) von Mehrkosten in Höhe von 60 Mio. € p.a. aus (Begründung, BR-Dr., a.a.O).
80 *Loacker*, a.a.O.

den seien nicht bereit, standardisierte Informationen zur Kenntnis zu nehmen.[81] Der Nachweis, dass der Verbraucher schriftliche Informationen generell ignoriert, ist indes nicht geführt (s.o.). Dementsprechend ist davon auszugehen, dass einheitliche Informationen Produktvergleiche erleichtern und einen Mehrwert gegenüber unterschiedlich aufgebauten und unterschiedlich formulierten Informationsmaterialien haben.

2. Personalisierte Informationen

Informationen sind, heißt es bei *Sajko*,[82] nicht auf den individuellen Kunden zugeschnitten; sie sind vielmehr standardisiert. Das ist indes kein Naturgesetz – und trifft so pauschal auch gar nicht zu: so kann bspw. der Gesamtpreis einer Lebensversicherung (s. § 1 Abs. 1 Nr. 7 VVG-InfoV) immer nur im konkreten Einzelfall angegeben werden, weil er sich nach der Leistung im Todes- und/Erlebensfall, der Laufzeit und der Beitragshöhe richtet. Davon zu trennen ist die Idee der Personalisierung von Informationen auf der Basis von *Big Data*: Im Europäischen Verbraucherrecht hat sich *Busch* für eine Personalisierung, für einen *More Technological Approach* und für *Mass Customization of Information* auf der Basis von *Big Data* ausgesprochen.[83] Der Unternehmer sei bspw. gem. Art. 6 Abs. 1 Buchstabe s) der Richtlinie über Rechte der Verbraucher[84] verpflichtet, den Verbraucher über „die Interoperabilität digitaler Inhalte mit Hard- und Software" zu informieren.[85] *Busch* geht davon aus, dass der Betreiber eines *online-Shops* diese Informationspflicht personalisiert erfüllen kann, indem er den Rechner identifiziert, über den der Kunde bestellt, um diesen Kunden darauf hinzuweisen, dass die gekaufte Software mit diesem Rechner kompatibel ist – oder nicht. Parallel dazu verpflichtet Art. 6 Abs. 1 Buchstabe a) der Richtlinie den Unternehmer dazu, den Kunden über „die wesentlichen Eigenschaften der Waren oder Dienstleistungen" zu unterrichten. *Busch* weist darauf hin, dass der Unternehmen den Kunden (maß-

---

81 *Loacker*, S. 109.
82 *Sajko*, in: Schwintowski/Brömmelmeyer, Vor § 1 VVG-InfoV. Rn. 5.
83 *Busch*, in: Twigg-Flesner.
84 RL 2011/83/EU des Europäischen Parlaments und des Rates vom 25.10.2011 über die Rechte der Verbraucher, ABl. Nr. L 304 v. 22.11.2011, S. 64.
85 Deatils: Leitfaden der GD Justiz zur Richtlinie 2011/83/EU des Europäischen Parlaments und des Rates vom 25.10.2011 über die Rechte der Verbraucher, http://ec.europa.eu/justice/consumer-marketing/files/crd_guidance_de.pdf, S. 82.

geschneidert) über die gerade für ihn wesentlichen Eigenschaften aufklären könne, wenn er die Kaufhistorie dieses Kunden berücksichtige und ihn bspw. darauf hinweise, dass die Druckerpatrone, die er gerade kaufe, nicht zu dem Drucker passe, den er früher gekauft habe.[86]

Dieses Konzept maßgeschneiderter Informationen ist im Prinzip auf den Vertrieb von Versicherungen übertragbar. Denkbar wäre bspw., dass ein Versicherer, der eine Kfz-Haftpflicht- und Kaskoversicherung vertreibt, Kunden mit türkischem Namen gezielt darauf hinweist, dass Deckungsschutz nur im Europäischen Teil der Türkei besteht. In diesem Hinweis läge eine personalisierte Erfüllung der Informationspflichten – u.a. im Produktinformationsblatt (§ 7 Abs. 1 VVG iVm. § 4 Abs. 2 Nr. 4 VVG-InfoV). Maßgeschneiderte Informationen wie diese hätten einen Mehrwert. *Big Data* bleibt jedoch unter Datenschutzgesichtspunkten problematisch. Hinzu kommt, dass Empfehlungen leicht als Bevormundung (miss-)verstanden werden und dass die Mehrheit der vorgeschriebenen Informationen nicht personalisierbar (s. nur: § 1 Abs. 1 Nr. 1 bis 5 VVG-InfoV) bzw. ohnehin schon personalisiert ist (§ 1 Abs. 1 Nr. 6 bis 8 VVG-InfoV). Ferner ist zu berücksichtigen, dass auch der Versicherer Informationen immer nur auf der Basis eigener unvollständiger Daten und unter Beachtung des Datenschutzrechts personalisieren kann. Daher ist das Personalisierungs-Potential begrenzt.

3. Informierte Entscheidung

Die Effektivität der Informationspflichten richtet sich vor allem danach, ob die richtigen, d.h. die konkret relevanten Informationen im jeweiligen Handlungszusammenhang (Beispiel: Produktauswahl) verfügbar sind oder nicht.[87] Daraus folgt rechtspolitisch gesehen, dass es nicht um (abstrakte) Informationspflichten, sondern um informierte Entscheidungen gehen muss: Der Gesetzgeber muss die Informationspflichten präzise auf die jeweiligen Entscheidungssituationen abstimmen und berücksichtigen, dass der Mensch in der jeweiligen Entscheidungssituation nur sehr begrenzt fähig ist, Informationen zu verarbeiten.

---

86 *Busch*, in: Twigg-Flesner.
87 Siehe auch: *Sibony/Helleringer*, in: Alemano/Sibony (Hrsg.), Nudge and the Law, 2015, S. 209, 222 ("When a piece of information is reiceved, it [sic!] is at least as important as whether it is received").

a) Informationsreduktion

Bekanntlich hat *Miller* bereits im Jahre 1956, in einem Beitrag über „*The Magical Number Seven, Plus or Minus Two - Some Limits on Our Capacity for Processing Information*", nachgewiesen, dass der Mensch max. sieben Informationseinheiten (+/- 2) verarbeiten kann.[88] Das hieße, dass man den (potentiellen) Kunden bei der Produktauswahl nur über die absoluten *Key Features* des Produkts informieren kann (Produktanbieter und -bezeichnung, Leistungen, Risikoabgrenzung und Risikoausschlüsse, Prämie, Beginn und Ende). Beschränkt man sich auf diese Informationen, gewinnt der Informationswert der einzelnen Information erheblich an Bedeutung. Die Information über die Identität des Produktanbieters ist für vertrauende Verbraucher in hohem Maße relevant. Geschäftliche Bezeichnungen verdichten Informationen über Unternehmen; sie entscheiden darüber, ob sich der Kunde einem bestimmten Unternehmen mit einem bestimmten Ruf anvertrauen will oder nicht. § 1 Abs. 1 VVG-InfoV verlangt so gesehen zu Recht, dass der Versicherer seine Identität angibt (Nr. 1). Er verlangt jedoch auch, dass der Versicherer „das Handelsregister, bei dem der Rechtsträger eingetragen ist, und die zugehörige Registernummer" angibt. Bei der Produktauswahl ist diese Information entbehrlich, dürfte in diesem Handlungszusammenhang also nicht eingeblendet werden. Das heißt jedoch nicht, dass sie generell überflüssig wäre; vorstellbar ist ein anderer Handlungszusammenhang, in dem bspw. der Rechtsanwalt des Kunden Einblick in das Handelsregister nehmen will.

Einen hohen Informationswert haben u.U. auch Kennziffern wie der effektive Jahreszins bei Darlehensverträgen (§ 6 Abs. 1 PAngV, § 6 Abs. 1 AltvPIBV). Im Interesse kurzer und klarer Informationen liegt es nahe, eine Fülle von Daten in eine Formel zu gießen, eine bestimmte Kennziffer zu berechnen und dann nur noch über diese Kennziffer – bspw. über den Renditeeffekt[89] oder den *reduction-in-yield*-Faktor[90] – zu informieren. Im Bereich der Altersvorsorgeverträge sind seit Beginn der Jahres die Effektivkosten anzugeben (§ 8 Nr. 3 AltvPIBV), d.h. die Minderung der Wertentwicklung des Vertrags bis zum Beginn der Auszahlungsphase durch

---

88 *Miller*, Psychological Review, Vol. 101, No. 2, 343-352, s. auch: *Loacker*, a.a.O.
89 Rundschreiben 0597/2008 des Gesamtverbandes der Deutschen Versicherungswirtschaft vom 25.3.2008; vgl. MüKo/*Armbrüster*, § 2 VVG-InfoV, Rn. 27.
90 Dazu: *Schwintowski*, VuR 2008, 250, 254; *Ortmann*, VuR 2008, 256; ausführlich: *Sonnenberg*, Vertriebskostentransparenz bei Versicherungsprodukten, 2013, S.

Kosten in Prozentpunkten. Klarzustellen ist jedoch, dass der Informationswert solcher Kennziffern mit ihrer Einheitlichkeit und Einzigartigkeit steht und fällt. Konkurrierende Kennziffern verwirren nur.

b) Festlegung des Entscheidungsprozesses?

Bleibt die Frage, ob der Gesetzgeber den Entscheidungsprozess selbst determinieren sollte: Denkbar wäre, das Entscheidungsverhalten des Kunden als binär geordneten, d.h. im Lichte der Digitalisierung organisierten Entscheidungsprozess zu regeln, der ggf. in der analogen Realität zu imitieren wäre. Das Internet bildet das Entscheidungsverhalten des Menschen im 21. Jh. ja nicht nur ab; es prägt dieses Entscheidungsverhalten auch. Leitbild der Informationspflichten wäre nicht mehr der Kunde, der mit ausgedruckten Informationsunterlagen am Esstisch sitzt, sondern der Kunde, der am Bildschirm Kaufverträge schließt, Reisen bucht und ggf. auch Versicherungen abschließt. Die Regulierung müsste auf die Entscheidungsroutinen aufsetzen, die sich im Internet etabliert haben und auf den binären Code (0-1) zurückgehen. Denkbar wäre bspw., dass man den Kunden bei der Entscheidung für oder gegen eine Lebensversicherung zwingt, sich im Hinblick auf jeden der (sieben?) Kernbaustein i.S. eines „ja/nein" bzw. „ein/aus" zu entscheiden. Dagegen spricht jedoch nicht nur, dass der Eingriff in die individuelle Handlungsfreiheit viel zu groß wäre, sondern auch, dass solche Modelle nicht imstande wären, sämtliche Entscheidungsoptionen seriös abzubilden. Man kann individuell-konkretes menschliches Entscheidungsverhalten nur begrenzt schematisieren und in ein normatives Korsett zwängen.

IV. Komplementäre Regulierung

Informationspflichten tragen zum Konsumentenschutz und zur Funktionsfähigkeit der Märkte bei. Die Leistungsfähigkeit des Informationsmodells ist jedoch begrenzt und (unter Berücksichtigung aktueller Reformen) in Teilbereichen – bspw. im Hinblick auf die Frage der Standardisierung – ausgereizt, so dass man über einen Flankenschutz durch komplementäre Regelungen nachdenken muss.

1. Regulierung der Produkte

a) Materielle Produktstandards

Die Bedenken gegen die Effektivität von Informationspflichten sprechen u.U. dafür, die Informationspflichten durch materielle Produktstandards zu ersetzen. Denkbar wären u.a. gesetzliche Produktvorgaben, behördliche Produktkontrollen oder freiwillige Produktstandards nach dem Muster der DIN-Normen. In den USA haben sich vor allem *Thaler* und *Sunstein* für eine „*choice architecture*" nach diesem Muster ausgesprochen; die öffentliche Hand soll *plain-vanilla-nudges* d.h. einfache und preiswerte *default*-Produkte vorgeben, von denen die Kunden abweichen können wenn sie wollen (*opt-out*).[91] Parallel dazu hat auch *Schwintowski* vor kurzem für die Einführung solcher Produktstandards plädiert.[92] Es sei nicht die Hauptaufgabe des Rechts, so *Schwintowski*, den Kunden die Funktionsweise des Produkts zu erläutern; der Kunde solle keine Produkte entwickeln oder überprüfen; sämtliche darauf ausgerichteten Informationspflichten seien verfehlt. Es sei vielmehr die Hauptaufgabe des Rechts, für qualitativ hochwertige Produkte zu sorgen. Einwenden ließe sich, dass die Hauptaufgabe des Staates sicher nicht in der Konzeption von Produkten besteht; in einer Marktwirtschaft entwickeln Unternehmen Produkte, die sich am Markt durchsetzen oder nicht. Hinzu kommt, dass hoheitliche Produktstandards mit dem Binnenmarkt vereinbar, d.h. (wohl) auf Europäischer Ebene festgelegt, andererseits aber auf die jeweiligen nationalen (u.a.: steuerlichen) Besonderheiten abgestimmt sein müssten. Die Erfolgsaussichten einer solchen *choice architecture* sind schon aus diesem Grunde begrenzt.

b) Produktfreigabeverfahren

Das Produktgenehmigungs- bzw. Produktfreigabeverfahren (s. Art. 25 Abs. 1 der Richtlinie 2016/97 über Versicherungsvertrieb bzw. § 23 Abs. 1 a VVG-E) könnte dazu führen, dass komplexe Produkte, die für den Durchschnittsverbraucher undurchschaubar sind, im Massenverkehr nicht

---

91 *Thaler/Sunstein*, Nudge: Improving Decisions about Health, Wealth and Happiness, 2009, S. 81 – 100; s. auch die Kritik bei *Ben-Shaha/Schneider*, S. 192 (opt-out-of-plain vanilla als Regelfall).
92 *Schwintowski*, a.a.O.; *Möllers*, JW 2014, 136.

mehr vertrieben werden dürfen. Dann läge in der Einführung des Produktfreigabeverfahrens eine indirekte Produktregulierung: Produktfreigabeverfahren bedeutet, dass „Unternehmen, die Versicherungsprodukte zum Verkauf konzipieren, ... ein Verfahren für die interne Freigabe zum Vertrieb jedes einzelnen Versicherungsprodukts ... zu unterhalten, zu betreiben und regelmäßig zu überprüfen" haben (§ 23 Abs. 1a VVG-E). Das Produktfreigabeverfahren „muss gewährleisten, dass für jedes Versicherungsprodukt, bevor es an Kunden vertrieben wird, ein bestimmter Zielmarkt festgelegt wird." Dabei „sind alle einschlägigen Risiken für den bestimmten Zielmarkt zu bewerten. Es ist sicherzustellen, dass die beabsichtigte Vertriebsstrategie dem bestimmten Zielmarkt entspricht. Die Unternehmen stellen im Rahmen einer angemessenen Geschäftsorganisation sicher, dass die Versicherungsprodukte an den bestimmten Zielmarkt vertrieben werden. Die Unternehmen haben die Versicherungsprodukte regelmäßig zu überprüfen. Dabei haben sie ... zumindest zu beurteilen, ob das Versicherungsprodukt weiterhin den Bedürfnissen des bestimmten Zielmarkts entspricht." Man könnte diese Formulierung materiell-rechtlich auslegen und die These vertreten, dass ein für die Kunden auf dem Zielmarkt zu komplexes Produkt nicht den Bedürfnissen dieses Zielmarktes entspricht. Dagegen spricht jedoch, dass das Produktfreigabeverfahren keine inhaltlichen Prüfungsmaßstäbe für das Produkt festsetzen soll. Die Frage, ob bestimmte Produkte überhaupt auf bestimmten Märkten vertrieben werden dürfen, ist vorher, auf der Basis anderswo gesetzter materiell-rechtlicher Prüfungsmaßstäbe zu beantworten.

2. Beratung im bestmöglichen Interesse des Kunden

Europäisches Parlament und Rat betonen in den Erwägungsgründen der Richtlinie über den Versicherungsvertrieb, wie wichtig es sei, bei Versicherungsvertreibern „ein hohes Maß an [Integrität,] Professionalität und Kompetenz" sicherzustellen.[93] Berät ein solcher Versicherungsvertreiber (wie in Art. 17 Abs. 1 der Richtlinie vorgesehen) tatsächlich „stets ehrlich, redlich und professionell" sowie im bestmöglichem Interesse des Kunden, spielen Informationsdefizite in Beratungsfällen u.U. keine Rolle mehr, weil sich der Kunde ganz dem Berater anvertrauen kann. Das Thema Be-

---

93 RL 2016/97/EU, Erwägungsgrund Nr. 28.

ratung kann hier nicht vertieft werden; angesichts bisheriger Erfahrungen und nach wie vor bestehender Interessenkonflikte spricht jedoch viel dafür, dass Kunden auch künftig vielfach ohne Beratung entscheiden werden und dass sich der Kunde auch künftig nicht unbesehen auf die Empfehlungen seines Beraters wird verlassen können.

3. Materialisierung des Transparenzgebots

Die Informationspflichten sind mit einem Transparenzgebot (§ 7 Abs. 1 VVG) verknüpft, das sich mit dem Transparenzgebot in Art. 5 Satz 1 der Richtlinie (EWG) 93/13 bzw. § 307 Abs. 1 Satz 2 BGB überschneidet, wenn der Versicherer über den Inhalt der AVB informiert und diese *in uno acto* vereinbart. Das Transparenzgebot i.S. der Richtlinie ist, wie der EuGH (2014) entschieden hat, „umfassend zu verstehen", weil „das durch die Richtlinie 93/13 eingeführte Schutzsystem ... auf dem Gedanken beruht, dass der Verbraucher ... u.a. einen geringeren Informationsstand besitzt."[94] Dementsprechend verlangt der EuGH bspw. im Hinblick auf ein Fremdwährungs-Hypothekendarlehen, dass der Darlehensvertrag die Details der Umrechnung „so transparent darstellt, dass ein [normal informierter, aufmerksamen und verständiger Durchschnitts-]Verbraucher die sich daraus für ihn ergebenden wirtschaftlichen Folgen auf der Grundlage genauer und nachvollziehbarer Kriterien absehen kann."[95]

Bleibt die Frage, wie sich das Transparenzgebot auswirkt, wenn die Komplexität des Produkts so groß ist, dass auch der verständige Durchschnittsverbraucher mit dem Konstruktionsplan und der Bewertung der wirtschaftlichen Folgen überfordert wäre. Der BGH[96] hat bspw. schon vor Jahren festgestellt, dass die Überschussbeteiligung so komplex ist, „dass sie einem durchschnittlichen Kunden nicht weiter erklärt werden" könne. Daraus schließt der Bundesgerichtshof, dass kein Verstoß gegen das Transparenzgebot (§ 307 Abs. 1 Satz 2 BGB) vorliegt. Diese Entscheidung entspricht auf den ersten Blick zwar dem Rechtsgrundsatz *ultra posse ne-*

---

94 EuGH, Urt. v. 30.4.2014 - C-26/13, ECLI:EU:C:2014:282 Rn. 72 Rn. 39 - *Kásler*; s. auch: EuGH, Urt. v. 3.6.2010 - C-484/08, ECLI:EU:2010:309 Rn. 27 m.w.N.- Caja de Ahorros y Monte de Piedad de Madrid.
95 EuGH, Urt. v. 30.04.2014 - C-26/13, ECLI:EU:C:2014:282, Rn. 73, 74 – *Kásler.*
96 BGH, Urt. v. 9.5.2001 – IV ZR 121/00, VersR 2001, 841, 846; ähnlich: *Präve*, VersR 2008, 151, 153.

mo obligatur. Die Pflicht, den Klauselinhalt klar und verständlich zu formulieren, besteht eben nur „im Rahmen des nach den Umständen möglichen."[97] Klarzustellen ist jedoch, dass das zur Transparenz verpflichtete Unternehmen die Unmöglichkeit ggf. selbst zu vertreten hat. Er ist für den Konstruktionsplan des Produkts verantwortlich und hat es u.U. in der Hand, das Produkt so zu vereinfachen, dass es klar und verständlich erklärt werden kann. Diese Überlegung spricht für eine Materialisierung des Transparenzgebots: Ist die Komplexität eines Produkts vermeidbar, so ist auch die Intransparenz vermeidbar. Produkte, die aufgrund vermeidbarer Komplexität inhärent intransparent sind, gehen mit einer unangemessenen Benachteiligung des Verbrauchers einher. Das Problem der Intransparenz durch *Komplexität* lässt sich anders gewendet dadurch lösen, dass komplexe und aufgrund vermeidbarer Komplexität unverständliche Produkte bei denen ein Verstoß gegen § 7 Abs. 1 VVG und § 307 Abs. 1 Satz 2 BGB bereits vorprogrammiert ist, nicht mehr angeboten werden. Das hätte mehrere Vorteile: (1.) Komplexität erlaubt es Unternehmen u.U., die wahren Kosten eines Produkts zu verschleiern; so kommt ein Diskussionspapier des Max Planck-Instituts für Sozialpolitik und Sozialforschung (2013) zu dem Ergebnis, dass die Komplexität der Kostenstruktur bei Riester-Renten dazu führt, dass die Kostenquote zwischen 2,5 und 20% des eingezahlten Kapitals oszilliert.[98] Eine derartige Kostenstruktur wäre nicht mehr zulässig. (2.) Komplexität entsteht u.U. durch Produktinnovationen. Der Markt muss grundsätzlich darüber entscheiden, ob sich neue Produkte aufgrund ihres (besseren) Preis-/Leistungsverhältnisses durchsetzen. Das kann der Markt jedoch nur, wenn die Produkte transparent sind. (3.) Die Reduktion von Komplexität führt zu einer nachhaltigen Entlastung der Informationspflichten.

---

97 BGH, Urt. v. 25.11.2015 – VIII ZR 360/14, NJW 2016, 936, 939 Rn. 32; BGH, Urt. v. 3.6.1998 – VIII ZR 317-97, NJW 1998, 3114, 3116.
98 *Gasche* u.a., Die Kosten der Riester-Rente im Vergleich, Munich Center for the Economics of Aging (MEA) am Max-Planck-Institut für Sozialrecht und Sozialpolitik. MEA Discussion Paper 269-13; Executive Summary im Internet verfügbar unter: http://www.mea.mpisoc.mpg.de/fileadmin/files/news/Riester_Kosten_Kurz zusammenfassung.pdf.

V. Ergebnisse

Die Europäische Union hat die Europäische Integration u.a. mithilfe der Deregulierung der Versicherungsmärkte (1994) betrieben und hat die Mitgliedstaaten verpflichtet, hoheitliche Präventivkontrollen aufzugeben. Damit sich diese Deregulierung nicht zu Lasten des Konsumenten auswirkt, hat sie im Rahmen der gebotenen Re-Regulierung insb. Informationspflichten eingeführt, die sie im Laufe der Jahre immer weiter ausgebaut hat. Heute geht es nicht mehr um eine größere Informations*menge*, sondern um eine höhere Informations*qualität*. Der Gesetzgeber muss das Konzept der *Information im Handlungszusammenhang* implementieren; er muss sich an dem Leitbild realistischer Entscheidungsprozesse orientieren, und sicherzustellen, dass nur die richtigen, d.h. absolut unverzichtbaren Informationen zum richtigen Informationszeitpunkt verfügbar sind.

Hinzukommen muss eine *Materialisierung der Transparenzgebote* (Art. 5 Satz 1 der Richtlinie (EWG) 93/13; §§ 307 Abs. 1 Satz 2 BGB, 7 Abs. 1 Satz 2 VVG): Bei (Finanz-)Produkten, die aufgrund vermeidbarer Komplexität inhärent intransparent sind, kann man sich auf Verbrauchermärkten nicht darauf zurückziehen, das Transparenz nur „im Rahmen des möglichen" (s.o.) geboten ist; Produkte müssen vielmehr so einfach konstruiert sein, dass Transparenz möglich wird. Das entspricht im Ergebnis der Forderung des Präsidenten der Europäischen Aufsichtsbehörde (EIOPA), *Gabriel Bernardino*, der auf der Jahrestagung des Deutschen Vereins für Versicherungswissenschaften in Berlin (2017) klargestellt hat, dass die Produkte einfacher werden müssen.

Informations-, Aufklärungs- und Beratungspflichten bei Versicherungsanlageprodukten zwischen Versicherungsrecht und Bank- und Kapitalmarktrecht

Philip Härle, Berlin[*]

I. Einführung

Versicherungs- und Bankprodukte sowie Versicherungs- und Bankdienstleistungen stehen oftmals nicht isoliert nebeneinander, sondern sind direkt oder indirekt miteinander verbunden. Dennoch war und ist der Rechtsrahmen sehr unterschiedlich. Gesetzgebung und Rechtsprechung sind von der Dichotomie des Versicherungsrechts auf der einen Seite und des Bank- und Kapitalmarktrechts auf der anderen Seite geprägt.

Schwintowski hat sich schon frühzeitig mit Gemeinsamkeiten und Unterschieden beider Rechtsgebiete beschäftigt. Vor dem Hintergrund der Umsetzung der VVR[1] und der MiFID[2] hat *Schwintowski* im Jahr 2007 ausgeführt, dass beide Richtlinien eng auf einander bezogen sind und ihre grundlegenden Ziele und Zwecke in die gleiche Richtung gehen[3]. 10 Jahre später stehen sich die MiFID II[4] und die IDD[5] gegenüber. Anlass genug, um der Frage nachzugehen, ob sich die Regelungen zu Versicherungs- und Bankprodukten weiter angenähert haben. Von besonderem Interesse sind Versicherungsanlageprodukte, insbesondere fondsgebundene Kapitallebens- und Rentenversicherung, da sie regelmäßig Berührungspunkte zum Versicherungsrecht und Bank- und Kapitalmarktrecht aufweisen.

---

[*] Rechtsanwalt Dr. Philipp Härle, Härle & Martinovic Rechtsanwälte Partnerschaftsgesellschaft mbB.
[1] Versicherungsvermittlerrichtlinie - RL 2002/92/EG.
[2] Markets in Financial Instruments Directive - RL 2004/39/EG.
[3] *Schwintowski*, MiFID, VVR Zeit für (die) Neuorientierung bei den deutschen Finanzdienstleistern, 1. Auflage, 2007.
[4] Markets in Financial Instruments Direktive II - RL 2014/65/EU.
[5] Versicherungsvertriebsrichtlinie - RL 2016/97/EU.

Versicherungsrechtliche Informations-, Aufklärungs- und Beratungspflichten ergeben sich aus unterschiedlichen Rechtsgrundlagen. Die gesetzlichen Informationspflichten aus § 7 VVG und Beratungspflichten aus § 6 VVG hat die Rechtsprechung durch vorvertragliche Aufklärungspflichten des Versicherers ergänzt, sofern sich die Lebensversicherung bei wirtschaftlicher Betrachtung als Anlagegeschäft darstellt. Künftig werden mit der PRIIP-VO[6] und IDD Versicherungsanlageprodukte Bestandteil eines kohärenten Regelungsansatzes zum Anlegerschutz[7].

II. Kapitalanlagerechtliche Aufklärungs- und Beratungspflichten nach Maßgabe der Rechtsprechung

Der Versicherer hat nach der Rechtsprechung des Bundesgerichtshofes den Versicherungsnehmer im Rahmen der Vertragsverhandlungen vollständig über alle Umstände zu informieren, die für seinen Anlageentschluss von besonderer Bedeutung sind, wenn sich der Abschluss der Lebensversicherung bei wirtschaftlicher Betrachtung in erster Linie als ein Anlagegeschäft darstellt[8]. Der Bundesgerichtshof hat mittlerweile seine Rechtsprechung in mehreren Entscheidungen zu anteilgebundenen Lebensversicherungen und fondsgebundenen Lebensversicherungen bestätigt[9].

1. Anlagegeschäft

Der Abschluss einer Lebensversicherung stellt sich nach der Rechtsprechung des Bundesgerichtshofes als Anlagegeschäft dar, wenn die Versicherung des Todesfallrisikos gegenüber der Renditeerwartung von untergeordneter Bedeutung" ist[10]. Wann diese Voraussetzungen im Einzelnen vorliegen, ist noch nicht vollständig geklärt.

---

6 Verordnung über Basisinformationsblätter für verpackte Anlageprodukte für Kleinanleger und Versicherungsanlageprodukte - VO (EU) Nr. 1286/2014.
7 *Poelzig*, Versicherungsanlageprodukte, 13. Tag des Bank- und Kapitalmarktrechts 2016, S. 16.
8 BGH, Urt. v. 11.7.2012 - IV ZR 151/11; BGH, Urt. v. 11.7.2012 - IV ZR 164/11; BGH, Urt. v. 11.7.2012 - IV ZR 271/10.
9 BGH, Beschl. v. 26.9.2012 - IV ZR 71/11; BGH, Urt. v. 5.4.2017 - IV ZR 437/15.
10 BGH, Urt. v. 11.7.2012 - IV ZR 164/11.

Maßgeblich ist die Vorstellung des Versicherungsnehmers zum Zeitpunkt des Vertragsabschlusses[11]. Unproblematisch liegt dann ein Anlagegeschäft im Sinne der höchstrichterlichen Rechtsprechung vor, wenn der Versicherungsvertrag so gut wie kein Todesfallrisiko absichert. So hat der Bundesgerichtshof in der Entscheidung vom 11. Juli 2012 im Zusammenhang mit einer anteilsgebundenen Lebensversicherung vom Typ Wealthmaster Noble eines englischen Lebensversicherers die untergeordnete Bedeutung der Versicherung des Todesfallrisikos gegenüber der Renditeerwartung ausschließlich damit begründet, dass die garantierte Todesfallleistung nur „*101% des Rücknahmewertes von Einheiten/Anteilen*" betragen hat[12].

Wenn die Todesfallleistung unter den Gesamteinzahlungen des Versicherungsnehmers liegt, liegt ein Anlagegeschäft vor. Der Entscheidung des Bundesgerichtshofes vom 5. April 2017 lag ein fondsgebundener Lebensversicherungsvertrag zugrunde. Die Beiträge in Höhe von insgesamt 50.000 € waren in fünf Teilbeträgen einzuzahlen. Die Todesfallleistung hat 60% der Gesamteinzahlungen betragen. Anders als bei der vorgenannten Entscheidung des Bundesgerichtshofes vom 11. Juli 2012 hat der Versicherer im Todesfall das Verlustrisiko des Deckungskapitals teilweise übernommen. Der Bundesgerichtshof hat die Ausführungen des Berufungsgerichts nicht beanstandet, wonach bei der Beurteilung, ob die Todesfallleistung gegenüber der Renditeerwartung von untergeordneter Bedeutung ist, auf den Charakter, der Funktionsweise und den sonstigen Eigenheiten der angebotenen Versicherung in Verbindung mit den Informationsunterlagen des Versicherers abzustellen ist. Dabei hat der Bundesgerichtshof hervorgehoben, dass die Todesfallleistung nur 60% der Gesamteinzahlungen beträgt und deshalb davon auszugehen sei, dass sie nach den Vorstellungen des Versicherungsnehmers im Anlagezeitpunkt unter dem erwarteten Anteilswert liegen dürfte, weil er sich in erster Linie eine Vermehrung der eingezahlten Beträge erhoffte[13].

Wenn die Todesfallleistung über den Gesamteinzahlungen des Versicherungsnehmers liegt, kann ebenfalls ein Anlagegeschäft vorliegen. Der Versicherer trägt hier im Todesfall das Verlustrisiko des Deckungskapitals. Das OLG Frankfurt am Main hat mit Urteil vom 19. März 2015[14] ausge-

---

11 BGH, Urt. v. 5.4.2017 – IV ZR 437/15.
12 BGH, Urt. v. 11.7.2012 – IV ZR 164/11.
13 BGH, Urt. v. 5.4.2017 – IV ZR 437/15.
14 OLG Frankfurt, Urt. v. 19.3.2015 – 7 U 134/13.

führt, dass die vereinbarte Todesfallleistung zwar bei einem Wertverfall der Anlage den üblichen Rückkaufswert erheblich übersteigen könnte. Dies sei aber von untergeordneter Bedeutung, weil der Versicherungsnehmer keine Risikolebensversicherung abschließen möchte, sondern für seinen Einmalbeitrag eine optimale Rendite erhalten möchte. Es wäre unsinnig, eine Versicherungsleistung zu bezahlen, die darin besteht, die um ein Prozent erhöhte Prämie im Versicherungsfall zurückzuerhalten. Eine solche Versicherungsleistung könnte auch ein Sparbuch erfüllen. Die Risikokomponente ist dem Vertrag ersichtlich beigefügt, damit der Vertrag als Versicherungsvertrag aufsichtsrechtlich auch von einer Versicherungsgesellschaft angeboten werden darf; im Übrigen ist er ein rein partiarisches Rechtsverhältnis, so dass die Anlageentscheidung auch nur durch die Bedingungen, unter denen der Anleger am Ertrag teilnehmen kann, bedingt sein kann, also durch die Einzelheiten der Beitragsverwaltung und durch die Renditeaussichten.

Das OLG Nürnberg hat mit Urteil vom 27. Juni 2016 einen Lebensversicherungsvertrag als Anlagegeschäft qualifiziert, bei dem eine Todesfallleistung von 101 % der eingezahlten Beiträge vereinbart wurde[15]. Der Entscheidung lag eine fondsgebundene Lebensversicherung mit Vermögensverwaltung mit einem Einmalbeitrag in Höhe von 100.000 CHF (60.000 CHF fremdfinanziert) zugrunde. Todesfallleistung war der Geldwert in Höhe der Deckungsrückstellung, mindestens 101% der Einmalprämie. Das OLG Nürnberg führt zunächst aus, dass zwar jeder kapitalbildenden Lebensversicherung per se eine Gewinnerzielungsabsicht und damit eine Renditeerwartung innewohnt. Auch trägt hier der Versicherer im Todesfall anders als im Erlebensfall das Verlustrisiko hinsichtlich des Deckungskapitals. Diese Umstände treten jedoch im Rahmen einer Gesamtbetrachtung zurück. Folgende Umstände werden hervorgehoben:

- Der Versicherungsvertrag wurde auf unbestimmte Laufzeit geschlossen.
- Kapitalentnahmen waren jederzeit möglich.
- Hinsichtlich der Versicherungsleistung im Erlebensfall trägt der Versicherer keinerlei Risiko. Im Todesfall ist für keinen Zeitpunkt eine garantierte Ablaufleistung, auch nur im Sinne eines Kapitalerhalts, vereinbart.

---

15 OLG Nürnberg, Urt. v. 27.6.2016 – 8 U 2633/14.

- Der geleistete Einmalbeitrag war für den Versicherer erkennbar teilweise kreditfinanziert. Lebensversicherungsverträge mit kreditfinanzierten Beiträgen werden aber auf Grund des dahinter stehenden Hebelmodells typischerweise zum Zweck der Kapitalanlage abgeschlossen.
- Hochspekulative Charakter des der Versicherung zugrunde liegenden Fonds.
- Todesfallschutz gehörte nicht zu den Anlagezielen des Versicherungsnehmers.

Insbesondere bei Anlagemodellen, bei denen die Beiträge der Lebensversicherung mit einem Kredit finanziert werden, liegt ein Anlagegeschäft, bei dem die Renditeerwartung gegenüber über der Todesfallleistung im Vordergrund steht, auf der Hand. Häufig wird bei solchen Anlagemodellen zusätzlich eine Risikolebensversicherung abgeschlossen, da die Todesfallleistung der fondsgebundenen Lebensversicherung ungenügend ist.

2. *Aufklärungs- und Beratungspflichten*

Wenn der Abschluss einer kapitalbildenden Lebensversicherung sich bei wirtschaftlicher Betrachtung als Anlagegeschäft darstellt, muss der Versicherer diejenigen Pflichten erfüllen, die sich daraus ergeben, dass auch ein Versicherer entsprechend den von der Rechtsprechung entwickelten Grundsätzen zur Aufklärung bei Anlagegeschäften verpflichtet ist, den Versicherungsnehmer bereits im Rahmen der Vertragsverhandlungen über alle Umstände verständlich und vollständig zu informieren, die für seinen Anlageentschluss von besonderer Bedeutung sind.

Zu den originären Pflichten des Anbieters eines Kapitalanlageprodukts gehört eine richtige und vollständige Information über das Produkt. Dies umfasst die zutreffende Beschreibung der damit verbundenen Chancen und Risiken. Diesen Aufklärungspflichten kann der Versicherer nachkommen, wenn die schriftlichen Unterlagen eine ausreichende Darstellung der Funktion des Produkts und der mit ihm verbundenen Chancen und Risiken enthalten[16]. Ein bloßes Unterlassen weiterer bewertender Hinweise kann dann keine Verletzung der Aufklärungspflicht begründen[17].

---

16 BGH, Beschl. v. 26.9.2012 - IV ZR 71/11; BGH, Urt. v. 5.4.2017 - IV ZR 437/15.
17 BGH, Urt. v. 5.4.2017 - IV ZR 437/15.

Eine Bewertung des Anlagegeschäfts wird nur bei der Anlageberatung geschuldet. In der Entscheidung vom 5. April 2017 führt der Bundesgerichtshof aus, dass eine Anlageberatung vorliegt, wenn der Kapitalanleger selbst keine ausreichenden wirtschaftlichen Kenntnisse und keinen genügenden Überblick über wirtschaftliche Zusammenhänge hat und deshalb von seinem Vertragspartner nicht nur die Mitteilung von Tatsachen, sondern insbesondere deren – häufig auf seine persönlichen Verhältnisse zugeschnittene –fachkundige Bewertung und Beurteilung erwartet, die er, der Kapitalanleger, auch besonders honoriert. Demgegenüber hat der Anlagevermittler in der Regel für eine bestimmte Kapitalanlage im Interesse des Kapitalsuchenden und auch mit Rücksicht auf eine ihm von diesem versprochene Provision den Vertrieb übernommen, wobei der Kapitalanleger von dem Anlagevermittler in erster Linie eine Auskunftserteilung über die tatsächlichen Umstände der ins Auge gefassten Anlageform erwartet[18].

III. Informationspflichten des Versicherers nach § 7 VVG

Der Versicherer ist nach § 7 Abs. 1 Satz 1 VVG verpflichtet, dem Versicherungsnehmer rechtzeitig vor Abgabe von dessen Vertragserklärung zahlreiche Informationen mitzuteilen, die im Einzelnen in der VVG-InfoV geregelt sind. Diese Informationspflichten gelten gegenüber allen Versicherungsnehmern insgesamt und unmittelbar im Vertragsrecht[19]. Sie bestehen unabhängig davon, ob dem Vertragsabschluss eine Beratung zugrunde liegt oder nicht[20]. Informationspflichten sind generell-abstrakt, Beratungspflichten konkret-individuell, auch wenn eine scharfe Trennung oftmals nicht möglich ist[21]. Verletzt der Versicherer seine Informationspflichten, kann der Versicherungsnehmer seine Vertragserklärung widerrufen. Ferner kann dem Versicherungsnehmer gegen den Versicherer ein Anspruch auf Schadensersatz wegen Verletzung vorvertraglicher Pflichten aus §§ 280, 311 Abs. 2 BGB zustehen[22].

---

18 BGH, Urt. v. 5.4.2017 - IV ZR 437/15 unter Hinweis auf BGH, Urt. v. 15.5.2012 - VI ZR 166/11.
19 BT-Dr. 16/3945, 47.
20 Beckmann/Matusche-Beckmann/Schwintowski, Versicherungsrechts-Handbuch, 3. Auflage, 2015, § 18 Rn. 3.
21 Langheid/Rixecker/Rixecker, VVG, 5. Auflage, 2016, VVG § 6 Rn. 1.
22 BT-Dr. 16/3945, 60.

Der Versicherer hat die für das Versicherungsverhältnis geltenden Allgemeinen Versicherungsbedingungen einschließlich der Tarifbestimmungen und die wesentlichen Merkmale der Versicherungsleistung, insbesondere Angaben über Art, Umfang und Fälligkeit der Leistung des Versicherers zur Verfügung zu stellen (§ 1 Abs. 1 Nr. 6 VVG-InfoV).

Bei Lebensversicherungsverträgen, die Versicherungsschutz für ein Risiko bieten, bei dem der Eintritt der Verpflichtung des Versicherers gewiss ist, hat der Versicherer dem Versicherungsnehmer nach § 2 Abs. 1 Nr. 9 VVG-InfoV zusätzlich Informationen über die Minderung der Wertentwicklung durch Kosten in Prozentpunkten (Effektivkosten) bis zum Beginn der Auszahlungsphase zur Verfügung zu stellen.

Bei fondsgebundenen Lebensversicherungen sind Informationen über Risiken des Fonds zur Verfügung zu stellen. Das folgt aus § 1 Abs. 1 Nr. 11 VVG-InfoV, die dem Wortlaut von Nr. 2b der Anlage zu § 48b VVG a.F. und Art. 3 Abs. 1 Nr. 2c der Fernabsatzrichtlinie II[23] entspricht. Danach ist der Hinweis erforderlich, dass sich die Finanzdienstleistung auf Finanzinstrumente bezieht, die wegen ihrer *„spezifischen Merkmale oder der durchzuführenden Vorgänge mit speziellen Risiken"* behaftet sind, oder deren Preis Schwankungen auf dem Finanzmarkt unterliegt, auf die der Versicherer keinen Einfluss hat, und dass in der Vergangenheit erwirtschaftete Beträge kein Indikator für künftige Erträge sind. Die jeweiligen Umstände und Risiken sind zu bezeichnen. Ferner sind nach § 2 Abs. 1 Nr. 7 VVG-InfoV *„Angaben über die der Versicherung zugrunde liegenden Fonds und die Art der darin enthaltenen Vermögenswerte"* zur Verfügung zu stellen. Diese Vorschrift entspricht den in der Anlage D Abschnitt I Nr. 2 e) zu § 10a VAG a.F. genannten Informationen.

Es ist weitgehend unumstritten, dass §§ 1 Abs. 1 Nr. 11, 2 Abs. 1 Nr. 7 VVG-InfoV bezwecken, dem Versicherungsnehmer die Einschätzung der Chancen und Risiken der Anlage zu ermöglichen[24]. Der Versicherungsnehmer soll durch die Informationen in die Lage versetzt werden, eine eigenverantwortliche Entscheidung zu treffen. Daher sind jedenfalls solche Informationen erforderlich, die für die Beurteilung des Fonds von wesent-

---

23 RL 2002/65/EG.
24 Zu § 2 Abs. 1 Nr. 7 VVG-InfoV: vgl, Schwintowski/Brömmelmeyer/Sajkow, PK-VersR, § 2 VVG-InfoV Rn. 14; MüKo/Armbrüster, § 2 VVG-InfoV Rn. 49; Pohlmann/Schäfer, in: Looschelders/Pohlmann (Hrsg.), VVG-InfoV, § 2 VVG-InfoV, Rn. 32; Prölss/Präve § 10a Rn. 27; *Ihle*, Informationsschutz, S. 136; Biagosch/Scherer, VW 1995, 429, 434; *Präve*, VersR 2008, 151, 154.

licher Bedeutung sind. Hierzu gehören beispielsweise Informationen über Art der Fonds, die Depotbank, Anlagegrundsätze, das Ausmaß der Separierung der Kapitalanlage als Sondervermögen im Unternehmen, Zusammensetzung der Fonds, Angaben über Kosten sowie die allgemeinen und besonderen Risiken[25]. Ferner gehören hierzu Angaben über die Entwicklung der Fonds in den vergangenen Jahren. Prognosen über den zu erwartenden Rückkaufswert müssen nicht gemacht werden. Regelmäßig wird die Zurverfügungstellung eines (ordnungsgemäßen) Verkaufsprospekts des Fonds ausreichend[26], aber auch notwendig sein[27]. Darüber hinaus hat der Versicherer versicherungsspezifische Informationen zur Verfügung zu stellen, beispielsweise dass die fondsgebundene Lebensversicherung den Versicherungsschutz in Abhängigkeit der Wertentwicklung eines Sondervermögens anbietet, das Schwankungen unterworfen ist[28]. Ferner ist der Hinweis erforderlich, dass der Rückkaufswert dem jeweiligen Zeitwert entspricht, der im Voraus nicht garantiert und berechnet werden kann[29].

Die vorgenannten Vorschriften in der VVG-InfoV haben soweit ersichtlich im Hinblick auf Schadensersatzansprüche des Versicherungsnehmers gegen Versicherer in der Rechtsprechung keine wesentliche Bedeutung erlangt. Hintergrund dürfte sein, dass die Vorschriften nur wenig bestimmt sind. Ihnen lässt sich nicht entnehmen, welche konkreten Informationen erforderlich sind.

IV. Basisinformationsblätter

Anbieter von Versicherungsanlageprodukten und verpackten Anlageprodukten müssen nach Art. 5 PRIIP-VO Kleinanlegern die wesentlichen Informationen in einem Basisinformationsblatt zur Verfügung stellen[30]. Der Inhalt der Basisinformationsblätter bestimmt sich insbesondere nach Maßgabe des Art. 8 Abs. 3 PRIIPVO. Erforderlich sind unter anderem Anga-

---

25 Schwintowski/Brömmelmeyer/Sajkow, PK-VersR, § 2 VVG-InfoV Rn. 14; vgl. auch Prölss/Martin/Knappmann, § 2 VVG-InfoV, Rn. 10.
26 Prölss/Martin/Knappmann, § 2 VVG-InfoV, Rn. 10; Metz VersR 2009, 1573.
27 Pohlmann/Schäfer, § 2 VVG-InfoV, Rn. 33.
28 Schwintowski/Brömmelmeyer/Sajkow, PK-VersR, § 2 VVG-InfoV, Rn. 14.
29 Prölss/Martin/Knappmann, § 2 VVG-InfoV, Rn. 10.
30 Der Anwendungsbereich ist deutlich weiter als bei dem Basisinformationsblatt nach § 4 VVG-InfoV.

ben über die wesentlichen Anlagebedingungen und Risiken sowie ggf. Einzelheiten zu den Versicherungsleistungen.

Nach Art. 11 Abs. 2 PRIIP-VO steht dem Kleinanleger gegen den PRIIP-Hersteller und damit den Versicherer ein Anspruch auf Schadensersatz zu, wenn das Basisinformationsblatt irreführend, ungenau oder fehlerhaft ist. Allerdings muss der Kleinanleger nachweisen, dass er bei dem Erwerb des Versicherungsanlageprodukts auf das hierfür erstellte Basisinformationsblatt vertraut und aufgrund dessen einen Verlust erlitten hat.

V. Beratungspflichten nach § 6 VVG

Den Versicherer treffen nach § 6 VVG und den Versicherungsvermittler nach § 61 VVG vor dem Vertragsschluss nebeneinander Beratungspflichten. Eine Verletzung der Beratungspflicht des Versicherungsvertreters wird dem Versicherer nach § 278 BGB zugerechnet. Der Versicherer hat nach § 6 Abs. 1 Satz 1 VVG den Versicherungsnehmer nach seinen Wünschen und Bedürfnissen zu befragen und zu beraten, soweit nach der Schwierigkeit, die angebotene Versicherung zu beurteilen, oder der Person des Versicherungsnehmers und dessen Situation hierfür Anlass besteht. Der Gesetzgeber hat damit die Anlassbezogenheit aus der Rechtsprechung zum früheren Recht übernommen[31].

Die Schwierigkeit, die angebotene Versicherung zu beurteilen, kann sich aus der Komplexität des Versicherungsprodukts als Ganzes oder aus einzelnen vertraglichen Regelungen ergeben, aus der konkreten Vertragsgestaltung, etwa der Kombination verschiedener Produkte, aber auch aus der Unübersichtlichkeit der Materie und der Vielzahl von Angeboten auf dem Versicherungsmarkt, deren Unterschiede, Vor- und Nachteile der Versicherungsnehmer nicht selbstständig zu beurteilen vermag[32]. Bei der Lebensversicherung besteht regelmäßig Beratungsbedarf[33]. Besonderer Beratungsbedarf besteht, wenn mit dem Vertragsabschluss über die Risikoabsicherung hinaus eine Vermögensanlage oder Vermögensbildung angestrebt

---

31 OLG Stuttgart, Urt. v. 29.10.2012 - 7 U 201/11; Langheid/Wandt/Armbrüster, VVG § 6 Rn. 34.
32 Langheid/Wandt/Armbrüster, VVG, § 6 Rn. 34.
33 LG Düsseldorf, Urt.v. 13.6.2014 - 10 O 86/12; LG Hamburg, Urt. v. 3.6.2013 - 330 O 67/12.

wird[34]. Besonderer Beratungsbedarf besteht auch, wenn ein Lebensversicherungsvertrag mit einem Kreditvertrag verbundenen wird[35]. Da fondsgebundene Lebensversicherungen häufig als Vermögensanlage abgeschlossen werden, wird regelmäßig Beratungsbedarf anzunehmen sein.

In der Rechtsprechung sind allerdings nur wenige Entscheidungen veröffentlicht, die sich im Zusammenhang mit fondsgebundenen Lebensversicherungen mit § 6 VVG befassen. Das OLG Stuttgart[36] hat bei der anteilsgebundenen Lebensversicherung vom Typ „*Wealthmaster Noble*" eines englischen Lebensversicherers besonderen Beratungsbedarf bejaht. Bei dieser Versicherung erwirbt der Versicherungsnehmer Anteile an einem Pool, dem bestimmte Vermögenswerte zu Grunde liegen. Der besondere Beratungsbedarf ergibt sich daraus, dass diese Lebensversicherung auf dem deutschen Markt im Vergleich zu klassischen Lebensversicherungen verhältnismäßig neu ist. Die Funktionsweise der Versicherungsprodukte ist für sich genommen komplex. Darüber hinaus wurde dieser Versicherungsvertrag häufig als Baustein in bestimmte Anlagemodelle neben anderen Darlehens- und Versicherungsverträgen integriert.

VI. Aufklärungs- und Beratungspflichten bei Versicherungsanlageprodukte nach §§ 7b, 7c VVG n.F.

Aufklärungs- und Beratungspflichten dürften erheblich an Bedeutung gewinnen, wenn am 23. Februar 2018 das Gesetz zur Umsetzung der Richtlinie (EU) 2016/97 über den Versicherungsvertrieb (IDD) in Kraft tritt. In den §§ 7a, 7b und 7c VVG n.F. wird der Versicherungsnehmer in seiner Funktion als Anleger in den Blick genommen. Künftig werden Versicherungsanlageprodukte in den §§ 7a und § 7b VVG n.F. speziell geregelt.

Versicherungsanlageprodukte sind nach Art. 2 Abs. 1 Nr. 17 der Richtlinie (EU) 2016/97 Versicherungsprodukte, die einen Fälligkeitswert oder einen Rückkaufwert bieten, der vollständig oder teilweise direkt oder indirekt Marktschwankungen ausgesetzt ist. Ausgenommen sind Nichtlebens-

---

34 Langheid/Rixecker/Rixecker VVG § 6 Rn. 11; vgl. auch BGH, Urt. v. 9.7.1998 - III ZR 158/97; OLG Düsseldorf, Urt. v. 30.3.2004 - I-4 U 137/03; BK-Schwintowski, VVG, § 5 a Rn. 68; Vorbem. §§ 159-178 Rn. 49.
35 BGH, Urt. v. 9.7.1998 - III ZR 158/97; OLG Düsseldorf, Urt. v. 30.3. 2004 - I-4 U 137/03.
36 OLG Stuttgart, Urt. v. 29.10.2012 - 7 U 201/11.

versicherungsprodukte, Risikolebensversicherungen, gesetzlich anerkannte Altersvorsorgeprodukte und bestimmte betriebliche Altersversorgungsprodukte und -systeme.

Bei der Beratung im Zusammenhang mit Versicherungsanlageprodukten hat der Versicherer nach § 7c Abs. 1 Satz 1 VVG n.F. den Kunden zu explorieren. Er muss die Kenntnisse und Erfahrungen des Versicherungsnehmers im Anlagebereich in Bezug auf den speziellen Produkttyp oder den speziellen Typ der Dienstleistung (Nr. 1), die finanziellen Verhältnisse des Versicherungsnehmers, einschließlich der Fähigkeit des Versicherungsnehmers, Verluste zu tragen (Nr. 2), und die Anlageziele, einschließlich der Risikotoleranz des Versicherungsnehmers (Nr. 3) in Erfahrung bringen. Der Versicherer darf nach § 7c Abs. 1 Satz 2 VVG n.F. dem Versicherungsnehmer nur Versicherungsanlageprodukte empfehlen, die für diesen geeignet sind und insbesondere dessen Risikotoleranz und dessen Fähigkeit, Verluste zu ertragen, entsprechen. Ein Paket von Dienstleistungen oder Produkten, die gemäß § 7a VVG n.F. gebündelt sind, darf der Versicherer bei einer Anlageberatung nur empfehlen, wenn das gesamte Paket für den Kunden geeignet ist.

Der Versicherer hat stets, also auch wenn er keine Beratung leistet, nach § 7c Abs. 2 Satz 1 VVG n.F. zu prüfen, ob das Versicherungsprodukt für den Versicherungsnehmer angemessen ist. Zur Beurteilung der Zweckmäßigkeit muss der Versicherer von dem Versicherungsnehmer Informationen über seine Kenntnisse und Erfahrung im Anlagebereich in Bezug auf den speziellen Produkttyp oder den speziellen Typ der Dienstleistung erfragen. Die finanziellen Verhältnisse und Anlageziele muss der Versicherer nicht erfragen. Wird ein Paket entsprechend § 7a VVG n.F. angeboten, hat der Versicherer § 7c Abs. 2 Satz 3 VVG n.F. zu berücksichtigen, ob das Paket angemessen ist. Ist der Versicherer der Auffassung, dass das Produkt für den Versicherungsnehmer unangemessen ist, muss es den Versicherungsnehmer nach § 7c Abs. 2 Satz 4 VVG n.F. warnen. Macht der Versicherungsnehmer genannten Angaben nicht oder macht er unzureichende Angaben zu seinen Kenntnissen und seiner Erfahrung, muss ihn der Versicherer nach § 7c Abs. 2 Satz 5 VVG n.F. warnen, dass er wegen unzureichender Angaben nicht beurteilen kann, ob das in Betracht gezogene Produkt für ihn angemessen ist. Diese Warnungen können in einem standardisierten Format erfolgen.

Versicherer können, wenn sie keine Beratung leisten, Versicherungsanlageprodukte unter bestimmten Voraussetzungen auch ohne die Angemessenheitsprüfung nach § 7c Abs. 2 VVG n.F. vertreiben. Dann muss sich die Tätigkeiten auf Verträge beziehen, die ausschließlich Anlagerisiken aus Finanzinstrumenten mit sich bringen, die nicht als komplexe Finanzinstrumente im Sinne der Richtlinie 2014/65/EU gelten und keine Struktur aufweisen, die es dem Versicherungsnehmer erschwert, die mit der Anlage einhergehenden Risiken zu verstehen, oder andere nicht-komplexe Versicherungsanlagen. Weiter muss die Vertriebstätigkeit auf Veranlassung des Versicherungsnehmers erfolgen. Darüber hinaus muss der Versicherungsnehmer eindeutig darüber informiert werden, dass der Versicherer bei der Erbringung der Vertriebstätigkeit die Angemessenheit der angebotenen Versicherungsanlageprodukte nicht geprüft hat. Auch diese Warnung kann in standardisierter Form erfolgen.

Die Regelung in § 7c VVG n.F. entspricht weitgehend der Systematik in den Wohlverhaltensregelungen nach § 31 WpHG. Nach § 31 Abs. 4 WpHG ist bei der Beratung eine Geeignetheitsprüfung durchzuführen. Nach § 31 Abs. 5 WpHG ist beim beratungsfreien Geschäft eine Angemessenheitsprüfung durchzuführen. Keine Geeignetheitsprüfung oder Angemessenheitsprüfung ist beim Ausführungsgeschäft nach § 31 Abs. 7 WpHG erforderlich. Anders als bei § 7c VVG n.F. sind aber nach der Rechtsprechung die Verhaltens-, Organisations- und Transparenzpflichten der §§ 31 ff. WpHG ausschließlich öffentlich-rechtlicher Natur und wirken grundsätzlich nicht auf das zivilrechtliche Schuldverhältnis zwischen Kunde und Wertpapierdienstleistungsunternehmen ein[37]. Allerdings hat der Bundesgerichtshof entschieden, dass der Anleger zwar nicht erwarten kann, dass sich die beratende Bank im gesamten Umfang ihrer öffentlich-rechtlichen Pflichten ohne Weiteres auch im individuellen Schuldverhältnis gegenüber dem jeweiligen Anleger verpflichten will. Er kann aber voraussetzen, dass die beratende Bank die tragenden Grundprinzipien des Aufsichtsrechts beachtet[38]. Überdies bestehen jedenfalls im Hinblick auf den Inhalt der Aufklärungs- und Beratungspflichten keine wesentlichen Unterschiede zur anleger- und objektgerechten Beratung nach Maßgabe der Rechtsprechung.

---

37 BGH, Urt. v. 17.9.2013 - XI ZR 332/12.
38 BGH, Urt. v. 3.6.2014 - XI ZR 147/12, BGHZ 201, 310-323.

VII. Ergebnis

Die Regelungen über Versicherungs- sowie über Bankprodukte haben sich im Hinblick auf Versicherungsanlageprodukte weiter angenähert. Versicherungsrecht einerseits und Bank- und Kapitalmarktrecht andererseits haben mittlerweile teilweise gleiche oder ähnliche Rechtsgrundlagen. Die PRIIP-VO bestimmt für Versicherungs- und Bankprodukte einheitlich, welchen Anforderungen das Basisinformationsblatt genügen muss. Versicherungsanlageprodukte werden in § 7c VVG entsprechend den Wohlverhaltensregelungen in § 31 WpHG geregelt. Dem trägt auch die Rechtsprechung Rechnung, indem sie die Grundsätze zur Aufklärung bei Anlagegeschäften, den Anleger im Rahmen der Vertragsverhandlungen über alle Umstände verständlich und vollständig zu informieren, die für seinen Anlageentschluss von besonderer Bedeutung sind, jedenfalls auf fondsgebundene Lebensversicherungen anwendet, sofern sich die Lebensversicherung bei wirtschaftlicher Betrachtung als Anlagegeschäft darstellt.

Was lange währt, wird endlich klein: die Revision des Versicherungsvertragsrechts in der Schweiz

*Helmut Heiss, Zürich**

I. Einleitung

Das wissenschaftliche Werk des Jubilars *Hans-Peter Schwintowski* umfasst insbesondere auch rechtspolitische Arbeiten, mit denen er die deutsche Gesetzgebung nicht unerheblich beeinflusst hat. *Pars pro toto* steht seine Mitwirkung an der Gestaltung des neuen deutschen Versicherungsvertragsgesetzes im Rahmen der Kommission zur Reform des Versicherungsvertragsrechts. Deren Abschlussbericht vom 19.4.2004 folgte bereits am 23.11.2007 der Erlass des neuen Gesetzes über den Versicherungsvertrag (Versicherungsvertragsgesetz – VVG)[1], welches zum 1.1.2008 in Kraft trat.

Freilich folgte der Gesetzgeber der geballten Expertise der Kommission keineswegs wortwörtlich, sondern wich in vielen Punkten vom Kommissionsentwurf für ein neues VVG ab. Aus der Sicht der mitwirkenden Experten ist dies bedauerlich und so drückt es ein Mitglied der Kommission, *Bruno Gas* in einem Nachruf („Nekro-Logisches") auf die Kommissionstätigkeit in poetischer Form auch aus:

> „Wanderer, kommst Du nach Würzburg[2], gedenke des traurigen Schicksals,
> das dem genialen Entwurf eines neuen Gesetzes bestimmt war.
> Wohl formuliert von Experten (nach deren eigener Meinung),
> hat man es übel entstellt und verschandelt in Kraft treten lassen."[3]

---

* Prof. Dr. Helmut Heiss, LL.M., Lehrstuhl für Privatrecht, Rechtsvergleichung und Internationales Privatrecht, Universität Zürich.
1 BGBl. I 2007, 2631.
2 Würzburg war der Tagungsort der Kommission zur Reform des Versicherungsvertragsrechts.
3 *Gas*, in: *Wandt/Reif/Looschelders/Bayer* (Hrsg.), Kontinuität und Wandel des Versicherungsrechts – Festschrift für Egon Lorenz zum 70. Geburtstag, Karlsruhe 2004, S. 983 (1. Gesang, 1. Strophe).

Was war passiert? Nach *Gas* hatte die Kommission den Fehler begangen, ihren Entwurf als Word-Dokument zur Verfügung zu stellen, denn, so schreibt er,

> „Waidmannsgerecht hatten Ausschüsse, aber auch Lobby und Medien
> aufgebrochen das Word-Dokument, seiner Logik entkleidet.
> Kompromisse auf Druck von allen politischen Farben
> waren auch anderswo nötig, drum mixte man alle Reformen."[4]

Dessen ungeachtet folgt das neue deutsche VVG in systematischer Sicht, in zahlreichen Grundsatzfragen (z.B. „Quotelung") und auch in vielen Details dem Kommissionsvorschlag. Die Trauer der Kommissionsmitglieder über die „Entstellung" und „Verschandelung" dürfte also von vornherein nicht übergroß gewesen sein. Soweit sie bestand und noch besteht, mögen die nachstehenden Ausführungen zu den Entwicklungen beim Nachbarn Schweiz dem Jubilar und seinen Mitstreitern mindestens so weit Trost spenden, als sie einen noch weitaus weniger respektvollen Umgang der Politik mit Expertenvorschlägen aufzeigen werden. Kurzum: Es hätte alles noch viel schlimmer kommen können.

II. *(Vergleichende) Anmerkungen zum schweizerischen VVG 1908 und zu seiner Reformbedürftigkeit*

Das schweizerische VVG[5] ist so etwas wie eine Zwillingsschwester des alten deutschen VVG. Es erblickt am 2.4.1908 das Licht der Welt, also nur knapp zwei Monate vor dem alten deutschen VVG, welches am 30.5.1908 verabschiedet wird. Um eineiige Zwillinge handelt es sich dabei nicht, doch weisen die beiden Kodifikationen Ähnlichkeiten auf, wie es eben für Zeitgenossen auch sonst typisch ist. Beide Gesetzbücher lehnen sich unter anderem an das um 1900 gelebte Versicherungsrecht, insbesondere die von Versicherungsunternehmen gebrauchten allgemeinen Versicherungsbedingungen, an.[6] Zugleich mildern sie dieses gelebte Recht durch

---

4 *Gas*, in: Festschrift Lorenz, S. 992 (7. Gesang, 2. Strophe).
5 Bundesgesetz über den Versicherungsvertrag vom 2.4.1908, SR 221.229.1.
6 Vgl. für das schweizerische VVG: *Roelli*, Entwurf zu einem Bundesgesetze über den Versicherungsvertrag. Mit Motiven, Bern 1896 (zitiert als: *Roelli*), welcher in diesem Werk den ersten, von ihm stammenden Entwurf zum chVVG begründet und dabei ausführlich auf die damals bestehende Praxis Bezug nimmt und diese in seinen Entwurf einfließen lässt. Vgl. für das dVVG Begründung, S. 63 (zur Bedeutung

Schutzvorschriften zugunsten der Versicherungsnehmer, Versicherten, Begünstigten und auch Drittgeschädigten ab.[7] Zahlreiche dieser Schutzbestimmungen sind absolut oder doch relativ zwingend ausgestaltet, sodass eine vertragliche Abweichung zulasten der geschützten Personen unwirksam ist.[8] Beide Gesetzbücher kodifizieren damit schon früh Verbraucherschutz, freilich in einem weiten Sinne, weil nicht nur private Endverbraucher, sondern auch Unternehmer geschützt werden.

Beiden Gesetzbüchern ist außerdem gemein, dass sie von der rechtswissenschaftlichen Literatur als Meisterwerke besungen werden. Für das deutsche VVG meint 1961 kein Geringerer als *Hans Möller*, das Gesetz habe sich „vorzüglich bewährt" und zähle „zu den Meisterwerken der Gesetzgebungskunst, deren die Jahrhundertwende viele hervorgebracht hat".[9] Nicht unähnlich sagt es drei Jahre zuvor *Max Keller*, ein Schweizer Meister des Versicherungsrechts, mit Blick auf das schweizerische VVG: „Das Versicherungsvertragsgesetz darf zu den besten unserer Gesetze gezählt werden. Die Geschicklichkeit, mit der hier schwierigste Probleme und schärfste Interessenkonflikte gemeistert wurden, wie auch die klare, verständliche Sprache des Gesetzestextes sind bewunderungswürdig"[10]. Auch der schweizerische Juristentag bestätigt 1962 jedenfalls mehrheitlich diese Sichtweise.[11]

Die Kongenialität der beiden Gesetzbücher leitet *Jaeger* nicht zuletzt aus seiner Beobachtung ab, wonach das deutsche Gesetz „in der Tat in seiner Anlage und in vielen wesentlichen Zügen auf dem schweizerischen"

---

der AVB vor der Kodifikation des Versicherungsvertragsrechts siehe Begründung, S. 62 f.).

7 Vgl. für das chVVG Botschaft des Bundesrates an die Bundesversammlung zu dem Entwurfe eines Bundesgesetzes über den Versicherungsvertrag vom 2.2.1904, BBl 1904 I 241, S. 250 f. und 262 f. (zitiert als Botschaft VVG 1904). Vgl. für das dVVG Begründung, S. 63 ff.

8 Vgl. Art. 97 und 98 chVVG; im dVVG 1908 i.d.F. vor der Reform 2008 wird die (halb-)zwingende Natur bestimmter Vorschriften in einer Mehrzahl an Bestimmungen geregelt, z.B. § 15a VVG; § 34a VVG; § 42 VVG; § 48d VVG; § 68a VVG; etc.

9 *Möller*, in: Bruck/Möller (Hrsg.), VVG – Großkommentar zum Versicherungsvertragsgesetz, 9. Aufl., Berlin 2008, Einleitung Anm. 5.

10 *Keller*, Ein halbes Jahrhundert Versicherungsvertragsgesetz, SVZ 26/1958, S. 3, 4.

11 Siehe *Gauch*, Das Versicherungsvertragsgesetz: Alt und Revisionsbedürftig!, recht 1990, S. 65, 66 m.w.N.

fuße.¹² Tatsächlich verweist die Begründung zum deutschen Gesetzesentwurf im Rahmen ihrer Erörterung ausländischer Gesetzgebung pauschal auf mehrere Gesetzgebungsvorhaben, unter denen sie den Entwurf eines schweizerischen Bundesgesetzes über den Versicherungsvertrag sowie den französischen Entwurf besonders hervorhebt.¹³ Der wichtigste Unterschied zwischen den beiden Gesetzbüchern wird in der weitgehenden Abstinenz des schweizerischen Gesetzgebers, Spartenregelungen insbesondere in der Sach- und überhaupt Schadensversicherung zu treffen, erkannt, die zu der recht ausgeprägten Regulierung einzelner Sparten durch den deutschen Gesetzgeber in Kontrast steht.¹⁴

In beiden Ländern ist es der in den 60-er Jahren keimende Verbraucherschutz, der ein Bedürfnis nach einer Reform beider Meisterwerke aufkommen lässt. Befeuert wird der Schutz des Schwächeren insbesondere durch die Proklamation von Verbraucherrechten¹⁵ seitens des US-amerikanischen Präsidenten *John F. Kennedy* vom 15.3.1962.¹⁶ Im Versicherungsrecht bedeutet dies, dass bei vertraglichen (im Gegensatz zu aufsichtsrechtlichen) Regulierungsfragen weniger stark auf die betriebswirtschaftlichen Bedürfnisse der Versicherungsunternehmen als verstärkt auf die legitimen Erwartungen der Versicherungskunden geachtet wird. In diesem Licht erscheinen insbesondere Pönalisierungen des Versicherungsnehmers wegen Pflichtverletzungen („Alles-oder-nichts") als unverhältnismäßig. Umfangreiche Analysen zu derartigen Fragen hat in Deutschland seit Anfang der 90-er Jahre nicht zuletzt *Hans-Peter Schwintowski* veröffentlicht und so die Reform des Versicherungsvertragsrechts in Deutschland befördert. In der Schweiz denkt man beim Stichwort „Reformbedürftigkeit des VVG" vor allem an zwei Aufsätze von *Peter Gauch*, der erste aus 1990 zum Thema „Das Versicherungsvertragsgesetz: Alt und Revisionsbedürf-

---

12 *Jaeger*, Kommentar zum Schweizerischen Bundesgesetz über den Versicherungsvertrag vom 2. April 1908, Vierter Band, Bern 1933, Einleitung Rn. 6 (zitiert als *Jaeger*, Kommentar Roelli).
13 Begründung, S. 61 f.
14 *Jaeger*, Kommentar Roelli, Einleitung Rn. 6. Vgl. zur Regulierungstechnik des schweizerischen Gesetzgebers ferner Botschaft VVG 1904, BBl 1904 I 241, S. 158.
15 Konkret: Schutz vor Gesundheitsrisiken, vor Irreführung, Schutz der wirtschaftlichen Interessen einschließlich der Wahlfreiheit, Zugang zu Gericht und das Recht, sich zu organisieren.
16 Vgl. *John F. Kennedy*, Containing the Public Messages, Speeches, and Statements of the President, January 1 to December 31, 1962, Washington 1963, S. 235 ff.

tig!"¹⁷, der zweite aus 2002 zum Thema „Das VVG: Immer noch alt und revisionsbedürftig"¹⁸.

Den Forderungen nach einer Reform der Gesetzbücher wird immer mehr Gehör zuteil. In Deutschland setzt das Bundesministerium der Justiz am 7.6.2000 die Kommission zur Reform des Versicherungsvertragsrechts ein.¹⁹ Deren Arbeit mündet in der Publikation eines Kommissionsentwurfs für ein völlig neues VVG, obwohl die Kommission bei ihrer Arbeit nicht davon ausgegangen ist, „sie müsse das Rad noch einmal neu erfinden".²⁰ Der Gesetzesentwurf der Bundesregierung aus 2006 begründet später die Schaffung eines völlig neuen VVG wie folgt: „Den Bedürfnissen eines modernen Verbraucherschutzes wird das Gesetz nicht mehr vollständig gerecht. Um das Versicherungsvertragsrecht mit der rechtspolitischen und -tatsächlichen Entwicklung der letzten Jahrzehnte wieder in Einklang zu bringen, reichen punktuelle Änderungen oder Ergänzungen nicht aus."²¹

In der Schweiz widmet sich die Gesetzgebung zunächst dem Versicherungsaufsichtsrecht. Die Schaffung eines neuen Versicherungsaufsichtsgesetzes ist schon für die Legislaturperiode 1995 – 1999 geplant und wird durch das Bundesgesetz betreffend die Aufsicht über Versicherungsunternehmen (Versicherungsaufsichtsgesetz, VAG) vom 17.12.2004 und die hierzu ergangene Verordnung über die Beaufsichtigung von privaten Versicherungsunternehmen (Aufsichtsverordnung, AVO) vom 9.11.2005 verwirklicht. Das neue VAG tritt zum 1.1.2006 in Kraft. Mit der Neukodifikation des Versicherungsaufsichtsrechts gelingt zugleich eine Teilrevision des VVG.²² Ihr geht es vornehmlich um die Befriedigung des Handlungsbedarfes, der sich aus verbraucherschutzrechtlichen Überlegungen ergeben hat, weil mit Inkrafttreten des VAG zum 1.1.2006 die präventive Produk-

---

17 *Gauch*, Das Versicherungsvertragsgesetz: Alt und revisionsbedürftig!, recht 1990, S. 65 ff.
18 *Gauch*, Das VVG: Immer noch alt und revisionsbedürftig, HAVE 2002, S. 62 ff.
19 Abschlussbericht der Kommission zur Reform des Versicherungsvertragsrechts vom 19.4.2004, VersR-Schriftenreihe 25, 2004 (zitiert als Abschlussbericht der Kommission), S. 1.
20 Abschlussbericht der Kommission, S. 2.
21 BT-Dr. 16/3945, S. 1 und 47.
22 Änderung des Bundesgesetzes über den Versicherungsvertrag vom 17.12.2004, AS 2005, S. 5245 ff.

tekontrolle zugunsten eines stärkeren Wettbewerbs aufgegeben wurde.[23] Die damit angestrebte Produktvielfalt erhöht insbesondere das Informationsbedürfnis der Versicherungsnehmer, weswegen der Gesetzgeber in einem neu gefassten Art. 3 VVG eine Informationspflicht des Versicherers schafft, deren Verletzung gemäss Artikel 3a VVG ein Kündigungsrecht des Versicherungsnehmers nach sich zieht. Aus der Sicht des Versicherungsnehmerschutzes am bedeutendsten sind die Änderungen der Art. 4 – 8 VVG, welche die vorvertragliche Anzeigepflicht des Versicherungsnehmers betreffen.[24] Hier wird insbesondere die frühere Pönalisierung des Versicherungsnehmers eingeschränkt, indem die Leistungsfreiheit des Versicherers für die Vergangenheit nur noch greift, wenn die nicht oder unrichtig angezeigte Gefahrstatsache den Eintritt oder Umfang eines Schadens „beeinflusst" hat (Art. 6 Abs. 3 VVG). Darüberhinaus schafft der schweizerische Gesetzgeber im Rahmen der Teilrevision den Grundsatz der Unteilbarkeit der Prämie in Art. 24 VVG ab und ersetzt ihn durch einen Grundsatz der Teilbarkeit. Gemäß der Botschaft erachtet der Bundesrat zum damaligen Zeitpunkt eine weitergehende Totalrevision insbesondere angesichts der europäischen Entwicklungen als verfrüht.[25] Die Teilrevision versteht sich somit als Zwischenstation, welche eine Totalrevision auf einen späteren und unbestimmten Zeitpunkt verschiebt. Dass aber eine zeitlich nicht allzu weit entfernte Totalrevision angedacht ist, zeigt sich nicht zuletzt daran, dass noch vor Abschluss der Arbeiten am VAG und an der Teilrevision des VVG eine Expertengruppe zur Vorbereitung einer Totalrevision eingesetzt wird.[26] Der Revisionsbedarf ist damit im Grunde erkannt und anerkannt, jedenfalls wird er nicht geleugnet. Alle nachfolgenden Gesetzgebungsschritte heben den Bedarf aufs Neue hervor und begründen ihn insbesondere mit der Notwendigkeit, „vernünftigen und realisierbaren Versichertenschutz" bereitzustellen. Dieses Ziel zu erreichen erklärt schon der Expertenentwurf zur Totalrevision zu seinem

---

[23] Botschaft zu einem Gesetz betreffend die Aufsicht über Versicherungsunternehmen (Versicherungsaufsichtsgesetz, VAG) und zur Änderung des Bundesgesetzes über den Versicherungsvertrag vom 9.5.2003, BBl 2003 3789, S. 3789 (zitiert als Botschaft VVG 2003).
[24] Vgl. hierzu etwa *Brulhart*, Droit des assurances privées, Bern 2008, S. 210 ff.; *Fuhrer*, Schweizerisches Privatversicherungsrecht, Zürich 2011, S. 140 ff. (zitiert als *Fuhrer*).
[25] Vgl. Botschaft VVG 2003, BBl 2003 3789, S. 3796 und 3805.
[26] Hierzu sogleich unten III. 1.

Grundanliegen,[27] der Erläuternde Bericht zur Vernehmlassungsvorlage spricht vom „zentralen Anliegen des Entwurfs"[28] und auch die Botschaft zur Totalrevision meint, einen „vernünftigen und der heutigen Zeit angemessenen Versichertenschutz zu realisieren" sei „[e]in zentrales Anliegen" des Revisionsvorhabens.[29] An diesem Ziel ändert auch die spätere Umstellung des Gesetzgebungsvorhabens von einer Totalrevision auf eine Teilrevision nichts: der Erläuternde Bericht zur Vernehmlassungsvorlage für eine Teilrevision des VVG vom 6.7.2016 hebt hervor, die Sicherstellung eines „vernünftigen und realisierbaren Versichertenschutzes" sei ein „Grundanliegen des Versicherungsvertragsrechts".[30] Die kürzlich verabschiedete Botschaft zur Änderung des Versicherungsvertragsgesetzes wiederholt dieses Anliegen.[31]

III. Die Totalrevision: Höhenflug und Absturz[32]

1. Der Expertenentwurf

Am 11.2.2003 setzt die damalige Vorsteherin des Eidgenössischen Justiz- und Polizeidepartementes eine Expertenkommission ein und beauftragt sie mit der Ausarbeitung eines Gesetzesentwurfes samt Erläuterndem Bericht zur Totalrevision des Versicherungsvertragsrechts. Präsident der Expertenkommission wird *Anton K. Schnyder*. Am 31.7.2006 legt die Expertenkommission ihren Vorentwurf mit einem Erläuternden Bericht vor. Dieser

---

27 Erläuternder Bericht der Expertenkommission zum Vorentwurf der Gesamtrevision des Bundesgesetzes über den Versicherungsvertrag vom 31.7.2006, S. 13.
28 Erläuternder Bericht zur Vernehmlassungsvorlage zur Revision des Bundesgesetzes über den Versicherungsvertrag (VVG) vom 24.2.2009, S. 17 (zu Art. 2 VE-VVG) (zitiert als Erläuternder Bericht VE-VVG 2009).
29 Botschaft zur Totalrevision des Versicherungsvertragsgesetzes vom 7.9.2011, BBl 2011 7705, S. 7727 (zu Art. 2 E-VVG).
30 Erläuternder Bericht zur Vernehmlassungsvorlage zur Revision des Bundesgesetzes über den Versicherungsvertrag (VVG) vom 6.7.2016, S. 9 (unter Ziff. 1.2.4) (zitiert als Erläuternder Bericht VE-VVG 2016).
31 Vorabdruck Botschaft E-VVG 2017 (Teilrevision), S. 3 (unter Übersicht).
32 Vgl. dazu im Detail *Schnyder*, «Totalrevision» des VVG: Blick zurück ohne Zorn, in: *Schnyder* (Hrsg.), Versicherungsvertragsgesetz: Rückblick und Zukunftsperspektiven Referate einer Tagung vom 25. Oktober 2013 zum Scheitern der VVG-Totalrevision, unter rechtsvergleichenden Bezügen, Zürich 2015, S. 11 ff. (zitiert als *Schnyder*).

vereint nicht nur die Expertise der Kommissionsmitglieder in sich, er verwertet auch den deutschen Abschlussbericht der Kommission zur Reform des Versicherungsvertragsrechts vom 19.4.2004. Zugleich ist sein Blick, nicht zuletzt wegen der Mitgliedschaft von *Anton K. Schnyder* in der Projektgruppe „Restatement of European Insurance Contract Law", auf europäische Entwicklungen gerichtet.

Auf Einzelheiten ist angesichts der wohl nur noch historischen Bedeutung des Kommissionsentwurfs an dieser Stelle nicht weiter einzugehen. Einige im Kommissionsentwurf vorgeschlagene Neuregelungen sollen allerdings hervorgehoben werden:

- Einführung eines Widerrufsrechts des Versicherungsnehmers;[33]
- Beseitigung der Genehmigungsfiktion bei von Vereinbarungen abweichendem Policeninhalt;[34]
- Beseitigung des Alles-oder-Nichts-Prinzips;[35]
- Ausdehnung des Prinzips der Quotelung nach dem Muster des Art. 14 Abs. 2 VVG 1908 auf Obliegenheiten;[36]
- Neuregelung des Prämienzahlungsverzugs;[37]
- Regelung der vorläufigen Deckung[38] und Neuregelung der Rückwärtsversicherung[39];
- Beschränkung von Prämienanpassungsklauseln;[40]
- Neuregelung der Handänderung[41], Beendigung des Vertrages[42], Nachhaftung[43] und Verjährung[44];
- Vermittlerrecht: insbesondere Informations- und Beratungspflichten[45];

---

33 Vgl. Art. 3 VE-VVG 2006.
34 Vgl. Art. 5 Abs. 2 VE-VVG 2006.
35 Vgl. für die Anzeigepflicht Art. 10 Abs. 2 VE-VVG 2006 und für die Gefahrerhöhung Art. 35 Abs. 5 VE-VVG 2006.
36 Vgl. Art. 32 Abs. 5 VE-VVG 2006.
37 Vgl. Art. 19 VE-VVG 2006.
38 Vgl. Art. 13 VE-VVG 2006.
39 Vgl. Art. 14 VE-VVG 2006.
40 Vgl. Art. 38 VE-VVG 2006.
41 Vgl. Art. 41 VE-VVG 2006.
42 Vgl. 1. Titel: Allgemeine Bestimmungen, 5. Kapitel: Beendigung des Vertrages, Art. 40 – 47 VE-VVG 2006.
43 Vgl. Art. 46 VE-VVG 2006.
44 Vgl. 1. Titel: Allgemeine Bestimmungen, 7. Kapitel: Verjährung, Art. 55 – 56 VE-VVG 2006.
45 Vgl. Art. 57 – 58 VE-VVG 2006.

- Datenschutz und Schweigepflicht;[46]
- Schadensversicherung: Neuregelung der Koordination von schadenausgleichenden Leistungen mit Versicherungsleistungen; Neuregelung der Mehrfachversicherung;[47]
- Haftpflichtversicherung: Mitdeckung von Kosten des Rechtsschutzes[48] und allgemeines direktes Klagerecht[49];
- Obligatorische Haftpflichtversicherung: Kontrahierungszwang des Versicherers gegenüber Konsumentinnen und Konsumenten[50]; Ausschluss von Einreden[51];
- Regelungen zur Rechtsschutzversicherung;[52]
- Neuregelungen zur Lebens-[53] und zur Kranken- und Unfallversicherung[54];
- Änderung des VAG: Einführung eines Honorarsystems für Versicherungsmakler[55]; gesetzliche Verankerung des Versicherungsombudsmanns[56];
- Änderung des Obligationenrechts (OR): Einfügung eines Art. 20a OR, der eine offene Inhaltskontrolle allgemeiner Geschäftsbedingungen eröffnet[57].

---

46 Vgl. 1. Titel: Allgemeine Bestimmungen, 9. Kapitel: Datenschutz, Art. 60 – 62 VE-VVG 2006.
47 Vgl. Art. 63 ff. und 66 VE-VVG 2006.
48 Vgl. Art. 73 VE-VVG 2006.
49 Vgl. Art. 74 VE-VVG 2006.
50 Vgl. Art. 79 VE-VVG 2006.
51 Vgl. Art. 82 VE-VVG 2006.
52 Vgl. 2. Titel: Besondere Bestimmungen, 2. Kapitel: Einzelne Versicherungszweige, 3. Abschnitt: Rechtsschutzversicherung, Art. 84 – 90 VE-VVG 2006.
53 Vgl. 2. Titel: Besondere Bestimmungen, 2. Kapitel: Einzelne Versicherungszweige, 6. Abschnitt: Lebensversicherung, Art. 94 – 100 VE-VVG 2006.
54 Vgl. 2. Titel: Besondere Bestimmungen, 2. Kapitel: Einzelne Versicherungszweige, 7. Abschnitt: Kranken- und Unfallversicherung, Art. 101 – 106 VE-VVG 2006.
55 Vgl. Anhang zum VE-VVG 2006, Änderungen bisherigen Rechts, Art. 40 Abs. 3 VAG.
56 Vgl. Anhang zum VE-VVG 2006, Änderungen bisherigen Rechts, Art. 44 Abs. 1 VAG Ombudsstelle.
57 Vgl. Anhang zum VE-VVG 2006, Änderungen bisherigen Rechts, Art. 20a OR.

2. Wichtige Abweichungen in der Vernehmlassungsvorlage

a) Streichung des Art. 20a OR im VVG-VE

Die wohl wichtigste Abweichung der Vernehmlassungsvorlage vom 21.1.2009[58] vom Vorschlag der Expertengruppe besteht darin, dass er den Vorschlag eines neuen Art. 20a OR und damit die Einführung einer offenen Inhaltskontrolle von AGB fallen lässt.[59] Bis heute fehlt es daher im OR an einer entsprechenden Kontrollvorschrift. Stattdessen hat der Schweizer Gesetzgeber mit Bundesgesetz vom 17.6.2011[60] eine Neufassung von Art. 8 UWG zum 1.7.2012 in Kraft gesetzt, welche die bis zu diesem Zeitpunkt „zahnlose" Vorschrift[61] zur AGB-Kontrolle mit Leben erfüllen sollte. Allzu viel Leben dürfte der Gesetzgeber der Vorschrift indessen nicht eingehaucht haben. Die systematisch verfehlte Stellung im UWG, die Beschränkung auf Konsumentenverträge, die Anhäufung von teils überlappenden allgemeinen Rechtsbegriffen („in Treu und Glauben verletzender Weise", „erhebliches" und „ungerechtfertigtes" Missverhältnis), die mangelnde Festlegung von Referenzmaßstäben für die Kontrolle und insbesondere das Fehlen eines Klauselkatalogs nehmen der Inhaltskontrolle „neu" von vornherein die entscheidende Dynamik.[62] Hinzu kommt, dass sich schweizerische Verbraucherschutzverbände Verbandsklagen wohl nicht leisten können und daher bisher auch nicht geführt haben.[63] Gewisse Wirkung scheint aber dem Klagerecht des Bundes zuzukommen.[64]

---

58 Vernehmlassungsentwurf zur Revision des Bundesgesetzes über den Versicherungsvertrag (VVG) vom 21.1.2009.
59 Vgl. Erläuternder Bericht VE-VVG 2009, S. 101 f.
60 Änderung des Bundesgesetzes gegen den unlauteren Wettbewerb (UWG) vom 17.6.2011, AS 2011 4909.
61 Statt vieler *Fuhrer*, S. 225.
62 *Heiss,* in: *Heizmann/Loacker* (Hrsg.), UWG Kommentar, Zürich 2017 (im Druck), Art. 8 N 34 f.
63 *Heiss,* in: *Heizmann/Loacker* (Hrsg.), UWG Kommentar, Zürich 2017 (im Druck), Art. 8 N 257.
64 *Heiss,* in: *Heizmann/Loacker* (Hrsg.), UWG Kommentar, Zürich 2017 (im Druck), Art. 8 N 258.

b) Weitere bedeutende Änderungen

- Leistungsfreiheit wegen Anzeigepflichtverletzung nur wenn sich die Verletzung auf die Vertragsentscheidung auswirkt[65], der Versicherungsnehmer absichtlich oder grob fahrlässig gehandelt hat[66] und nur nach dem Grad der Kausalität;[67]
- Anwendung des Prinzips der Quotelung auch bei der Gefahrerhöhung;[68]
- Keine Regelung der Schweigepflicht;[69]
- Teilweise Relativierung des Honorarsystems für Versicherungsmakler und Positionierung der Honorarvorschrift im VVG statt VAG.[70]

3. Änderungen durch den bundesrätlichen Entwurf

Die Botschaft des Bundesrates vom 7.9.2011 folgt ebenfalls ganz weitgehend dem Expertenentwurf. Wichtige Abweichungen sind:

- Anwendung des Prinzips der Quotelung auch bei der Anzeigepflichtverletzung, die nicht dazu führt, dass der Versicherer das verwirklichte Risiko nicht gedeckt hätte;[71]
- Pflicht des Versicherungsmaklers zur Offenlegung der Provision (statt Honorarsystem).[72]

---

65 Vgl. Art. 18 Abs. 1 VE-VVG 2009.
66 Vgl. Art. 18 Abs. 2 VE-VVG 2009.
67 Vgl. Art. 18 Abs. 2 VE-VVG 2009 („soweit").
68 Vgl. Art. 46 Abs. 6 VE-VVG 2009.
69 Im 1. Titel: Allgemeine Bestimmungen, 10. Kapitel: Datenschutz, Art. 72 – 75 VE-VVG 2009, fehlen Vorschriften zur Schweigepflicht.
70 Vgl. Art. 68 VE-VVG 2009.
71 Vgl. Art. 19 Abs. 1 (Quotelung) und Abs. 3 (Leistungsfreiheit) E-VVG 2011.
72 Vgl. Art. 66 E-VVG 2011.

4. Der Absturz: Rückweisungsbeschluss des Parlaments

Mit den Rückweisungsbeschlüssen des Nationalrats aus 2012[73] und des Ständerats aus 2013[74] stürzt das Projekt einer Totalrevision ab. Diese Beschlüsse tragen mehrere Jahre Experten- und Behördentätigkeiten zu Grabe. Entsprechend groß ist die Bestürzung auf Seiten der Befürworter einer Totalrevision.[75] Ihre Vorwürfe richten sich vor allem an den Schweizerischen Versicherungsverband, der die Arbeiten, auch wenn sie nicht in jedem inhaltlichen Detail gefielen, bis unmittelbar vor der Fassung des ersten Rückweisungsbeschlusses mitgetragen habe, dann aber seine Meinung geändert hätte.[76] Der Verband begründet seine Haltung nicht zuletzt mit Kostenfolgen für die schweizerische Versicherungswirtschaft. Während die amtliche Regulierungsfolgenabschätzung noch von vergleichsweise moderaten Belastungen in Höhe von etwa 10 Millionen CHF spricht, behauptet der Verband, die Kosten würden weitaus höher liegen und könnten ohne weiteres die Summe von 1 Milliarde CHF erreichen. Auf diese Zahl berufen sich daher auch Revisionsgegner im Parlament.[77] Die Grundlagen und Berechnungen, welche dieser Zahl zu Grunde liegen, werden jedoch nicht offengelegt, sodass sie keiner Prüfung zugeführt werden können.[78] Eine neutrale Prüfung wäre freilich wünschenswert gewesen, damit die Frage der Rückweisung aufgrund einer objektivierten Einschätzung hätte gefasst werden können. Darum geht es der Politik aber nicht. Ihr Verhalten ruft ein Bonmot des deutschen Mathematikers *Gerd Bosbach* in Erinnerung: „Politiker benutzen die Statistik wie ein Betrunkener einen Laternenpfahl: nicht, um eine Sache zu beleuchten, sondern um sich daran festzuhalten".[79] Bisweilen geht es also nicht um Erkenntnis und folgerichtiges Handeln, sondern um eine Bestätigung und Absicherung von politisch gewollten Ergebnissen.

---

[73] AB 2012 N 2213.
[74] AB 2013 S. 265.
[75] Vgl. dazu etwa die Wortmeldungen im Artikel „Abbruch der VVG-Totalrevision: «Zehn Jahre Arbeit vernichtet»", plädoyer 1/2013, S. 7.
[76] Vgl. etwa Votum *Widmer-Schlumpf*, AB 2012 N 2213.
[77] Vgl. etwa Voten *Kaufmann* und *Hassler*, AB 2012 N 2204 und 2211 sowie Votum *Kuprecht*, AB 2013 S. 264.
[78] Vgl. dazu Votum *Widmer-Schlumpf*, AB 2013 S. 264.
[79] *Bosbach* im dpa-Gespräch, http://www.n-tv.de/panorama/Statistik-als-Laternenpfahl-article206195., abgerufen am 21.6.2017.

Für die Branche bringt der Absturz der VVG-Totalrevision den Vorteil, dass sie vor kostenintensiven und mühevollen Änderungen ihres Tagesgeschäfts verschont wird. Ob sich alle Branchenvertreter ungetrübt darüber freuen, steht auf einem anderen Blatt. Manch einer hält jedenfalls im persönlichen Gespräch eine größere Reform für durchaus angebracht. Vielleicht gilt, was auch in diesem Punkt *Gas*, selbst ein Branchenvertreter, zur Sichtweise der deutschen Versicherungswirtschaft dichtet; freilich bei umgekehrtem Vorzeichen, muss sich die deutsche Versicherungswirtschaft doch mit einem völlig neuen VVG anfreunden:

> „Branchenvertreter sind Meister im Klagen ohne zu leiden,
> darum beweinten ihr Schicksal sie, das sie Gewohntem beraubte,
> fragten, warum man schon ändert nach nicht einmal 100 Jahren,
> doch dass erleichtert man war, gestand man sich unter vier Augen."[80]

So oder so, das Projekt der Totalrevision ist in der Schweiz wohl auf absehbare Zeit Geschichte. Der Vorsitzende der Expertengruppe, *Anton K. Schnyder*, blickt „zurück ohne Zorn" und widmet sich – gleich wie die Mitglieder seiner Gruppe und die zuständigen Behörden – den Zukunftsperspektiven.[81]

Die Zukunftsperspektiven sind in den Rückweisungsbeschlüssen vorgezeichnet. Sie enthalten neben der Rückweisung den Auftrag, einen Vorschlag für eine Teilrevision in Einzelpunkten auszuarbeiten.[82] Dieser Vorschlag sollte unnötige Eingriffe in die Vertragsfreiheit vermeiden und nur notwendige Änderungen umfassen, wofür eine nicht abschließende, sondern demonstrative (arg.: „z.B.") Liste an Regelungspunkten angeführt wird: Einführung eines Widerrufsrechts; Regelung der vorläufigen Deckungszusage; Bewilligung der Rückwärtsversicherung; Beseitigung der konsumentenfeindlichen Genehmigungsfiktion; angemessene Verlängerung der Verjährungsfristen; ordentliches Kündigungsrecht (Verhinderung von „Knebelverträgen").[83] Bei allem solle der Schutzbereich eingegrenzt (Stichwort „Grossrisiken"),[84] sollten generell anerkannte, nicht ausle-

---

80 *Gas*, in: Festschrift Lorenz, S. 983, 993 (8. Gesang, 4. Strophe).
81 Siehe *Schnyder*, S. 11 ff.
82 Vgl. Antrag der Mehrheit Rückweisung an den Bundesrat, AB 2012 N 2203.
83 Vgl. Antrag der Mehrheit Rückweisung an den Bundesrat Ziff. 2, AB 2012 N 2203.
84 Vgl. Antrag der Mehrheit Rückweisung an den Bundesrat Ziff. 3, AB 2012 N 2203.

gungsbedürftige Begriffe verwendet[85] und solle dem elektronischen Geschäftsverkehr Rechnung getragen werden[86].

IV. Die Teilrevision: immer kleiner und immer noch unvollendet

Dem parlamentarischen Rückweisungsbeschluss folgend erarbeitet das Eidgenössische Finanzdepartement (EFD) einen neuen, inhaltlich gegenüber den Entwürfen zur Totalrevision deutlich eingegrenzten Vorschlag. Der Bundesrat eröffnet am 6.7.2016 die Vernehmlassung für eine Teilrevision der Versicherungsvertragsgesetzes (VVG).[87] Der vorgelegte Gesetzesentwurf umfasst inhaltlich alle Themen aus der Liste des parlamentarischen Rückweisungsbeschlusses, geht jedoch in einigen Punkten darüber hinaus.

Die wichtigsten Neuerungen betreffen folgende Themen:

- Einführung eines Widerrufsrechts des Versicherungsnehmers;[88]
- Beseitigung der Genehmigungsfiktion bei von Vereinbarungen abweichendem Policeninhalt;[89]
- Ausdehnung der Informationspflichten des Versicherers;[90]
- Beseitigung des Alles-oder-Nichts-Prinzips bei der Anzeigepflichtverletzung und der Gefahrerhöhung;[91]

---

85 Vgl. Antrag der Mehrheit Rückweisung an den Bundesrat Ziff. 4, AB 2012 N 2203.
86 Vgl. Antrag der Mehrheit Rückweisung an den Bundesrat Ziff. 5, AB 2012 N 2203.
87 Vgl. Medienmitteilung des Bundesrates vom 6.7.2016, https://www.efd.admin.ch/efd/de/home/dokumentation/nsb-news_list.msg-id-62552.html, abgerufen am 21.6.2017. Die Vernehmlassungsunterlagen sind elektronisch abrufbar unter https://www.efd.admin.ch/efd/de/home/dokumentation/nsb-news_list.msg-id-62552.html, abgerufen am 21.6.2017.
88 Vgl. Art. 2a – 2b VE-VVG 2016.
89 Vgl. zur Aufhebung des geltenden Art. 12 VVG Erläuternder Bericht VE-VVG 2016, S. 25 f.
90 Vgl. Art. 3 VE-VVG 2016.
91 Vgl. zur Anzeigepflicht Art. 6 Abs. 3 VE-VVG 2016 und zur Gefahrerhöhung Art. 28 Abs. 5 VE-VVG 2016.

- Einführung eines Kausalitätserfordernisses - jedoch mit Alles-oder-nichts-Prinzip - bei allen (und nicht nur bei gefahrvorbeugenden[92]) vertraglichen Obliegenheiten;[93]
- Regelung der vorläufigen Deckung[94] und Neuregelung der Rückwärtsversicherung[95];
- Definition des versicherten Gegenstandes im Sinne des versicherbaren Interesses;[96]
- Beseitigung des Art. 19 Abs. 2 VVG (betr. vertraglich vereinbartes Einlösungsprinzip bei der Erstprämie);[97]
- Verbot der einseitigen Anpassung von AVB bei Konsumentenversicherungen;[98]
- Neuregelung der Beendigung des Vertrages[99], Nachhaftung[100] und Verjährung[101];
- Schadensversicherung: Neuregelung der Koordination von schadenausgleichenden Leistungen mit Versicherungsleistungen[102]; Neuregelung der Mehrfachversicherung;[103]
- Haftpflichtversicherung: allgemeines direktes Klagerecht[104];
- obligatorische Haftpflichtversicherung: Ausschluss von Einreden[105];
- (beschränkte) Neuregelungen zur Lebensversicherung[106];
- Schutzbereich des VVG: besonders ins Auge sticht die Einfügung eines neuen Art. 98a VVG, der die Beschränkungen der Vertragsfreiheit

---

92 Vgl. Art. 29 VVG i.d.g.F.
93 Vgl. Art. 45 Abs. 1 lit. b VE-VVG 2016.
94 Vgl. Art. 9 VE-VVG 2016.
95 Vgl. Art. 10 VE-VVG 2016.
96 Vgl. Art. 16 Abs. 1 VE-VVG 2016.
97 Vgl. zur Aufhebung des geltenden Art. 19 Abs. 2 VVG: Erläuternder Bericht VE-VVG 2016, S. 28 f.
98 Vgl. Art. 35 VE-VVG 2016.
99 Vgl. I. Allgemeine Bestimmungen, 6. Abschnitt: Beendigung des Vertrags, Art. 35a – 37 VE-VVG 2016.
100 Vgl. Art. 35c VE-VVG 2016.
101 Vgl. Art. 46 Abs. 1 VE-VVG 2016.
102 Vgl. Art. 95c f. VE-VVG 2016.
103 Vgl. II. Besondere Bestimmungen, 5. Abschnitt: Koordination, Art. 95c – 96 VE-VVG 2016 sowie Art. 46b – 46c VE-VVG 2016.
104 Vgl. Art. 60a VE-VVG 2016.
105 Vgl. Art. 59 Abs. 2 VE-VVG 2016.
106 Vgl. II. Besondere Bestimmungen, 3. Abschnitt: Lebensversicherung, Art. 74 – 95 VE-VVG 2016.

nicht mehr wie die Vorschläge zur Totalrevision bei Grossrisiken im Sinne des europäischen Richtlinienrechts[107], sondern bei „professionellen Versicherungsnehmern" zurücknimmt. Hierher zählen zunächst Vorsorgeeinrichtungen und Versicherungsunternehmen. Öffentlich-rechtliche Körperschaften sowie Unternehmen werden zu professionellen Versicherungsnehmern, wenn sie ein „professionelles Risikomanagement" aufweisen.[108] Der Ansatz zur Eingrenzung der Schutzbedürftigkeit lehnt sich also an Begrifflichkeiten Kapitalanlagerechts an.

Nach Abschluss der Vernehmlassung verabschiedet der Bundesrat am 28.6.2017 die Botschaft mit Gesetzentwurf und Bericht. Dieser lehnt sich wieder enger an die „To-Do-Liste" der Rückweisungsbeschlüsse an, geht aber nach wie vor über diese hinaus.

Die wichtigsten Änderungen gegenüber dem Vernehmlassungsentwurf betreffen folgende Themen:

- keine Beseitigung des Alles-oder-Nichts-Prinzips bei der Anzeigepflichtverletzung und der Gefahrerhöhung;
- Beweislast für fehlende Kausalität der Verletzung einer vertraglichen Obliegenheit (mit Alles-oder-Nichts-Prinzip) beim Versicherten;[109]
- Kündigungsrecht des Konsumenten-Versicherungsnehmers bei rechtzeitig anzukündigender, einseitiger Anpassung von AVB (statt Verbot einseitiger Änderungen);[110]
- Keine Regelung der Nachhaftung;[111]
- Schadensversicherung: keine (inhaltliche) Neuregelung der Mehrfachversicherung, daher insbesondere keine Solidarhaftung des Versicherers bis zur Höhe der mit ihm vereinbarten Versicherungssumme;[112]

---

107 Dieser Begriff war über Art. 101b Abs. 6 VVG und Art. 14 Nr. 5 Lugano-Übereinkommen ins schweizerische Recht gekommen; ihm folgten auch die Vorschläge zur Totalrevision.
108 Vgl. Art. 98a Abs. 2 lit. e und f E-VVG 2016.
109 Vgl. Art. 45 Abs. 1 lit. b E-VVG 2017.
110 Vgl. Art. 35 E-VVG 2017.
111 Vgl. Botschaft (Vorabdruck) 2017 (Teilrevision), Ziff. 1.3., 2. Spiegelstrich.
112 Siehe Art. 71 Abs. 1 E-VVG; hierzu Botschaft (Vorabdruck) 2017 (Teilrevision), Ziff. 1.3., 9. Spiegelstrich.

- Haftpflichtversicherung: keine allgemeines, sondern auf besondere Fälle (Fehlen eines rechtlich belangbaren Versicherten; Zahlungsunfähigkeit des Versicherten) beschränktes direktes Klagerecht[113];
- obligatorische Haftpflichtversicherung: kein (genereller) Ausschluss von Einreden[114];
- Krankenversicherung: kein Ausschluss des ordentlichen Kündigungsrechts des Versicherers;[115]
- Schutzbereich des VVG: ab einer bestimmten Grösse geniesst ein Unternehmer-Versicherungsnehmer den Schutz der zwingenden Normen des VVG keinesfalls mehr[116]; darüber hinaus werden jene Unternehmer-Versicherungsnehmer und öffentlich-rechtlichen Körperschaften vom Schutz zwingenden Rechts ausgenommen, die über ein „professionelles Risikomanagement" verfügen[117].

V. Parallele Vorschläge zur Regulierung von „Versicherungsanlageprodukten"

Am 4.11.2015 verabschiedet der Bundesrat die Botschaft zum Finanzdienstleistungsgesetz (FIDLEG) und zum Finanzinstitutsgesetz (FINIG).[118] Die Regelungen des FIDLEG-Entwurfs umfassen auch den Ver-

---

113 Vgl. Art. 60 Abs. 1bis und 3 E-VVG; hierzu Botschaft (Vorabdruck) 2017 (Teilrevision), Ziff. 1.3., 11. Spiegelstrich.
114 Vgl. Botschaft (Vorabdruck) 2017 (Teilrevision), Ziff. 1.3., 10. Spiegelstrich, wo vertröstend auf eine mögliche zukünftige Regelung der Pflichtversicherung verwiesen wird; einen Vorschlag hierzu hat eine Projektgruppe im Rahmen der Schweizerischen Gesellschaft für Haftpflicht- und Versicherungsrecht (SGHVR) ausgearbeitet; siehe Pflichtversicherung, Entwurf einer gesetzlichen Regelung, HAVE Sonderheft 2012; ein Einredeausschluss besteht aber im Motorfahrzeughaftpflichtversicherungsrecht, siehe Art. 65 Abs. 2 Strassenverkehrsgesetz (SVG).
115 Siehe Art. 35a E-VVG 2017, in dem der Absatz 4 des Art. 35a VE-VVG 2016 fehlt.
116 Art. 98a Abs. 2 lit. g E-VVG 2017: Diese Regelung gilt für Unternehmen, die zwei der folgenden Kriterien erfüllen: Bilanzsumme: 20 Millionen Franken; Nettoumsatz: 40 Millionen Franken; Eigenkapital: 2 Millionen Franken.
117 Art. 98a Abs. 2 lit. e und f E-VVG 2017.
118 Medienmitteilung des Bundesrates vom 4.11.2015, https://www.efd.admin.ch/efd/de/home/dokumentation/nsb-news_list.msg-id-59331.html, abgerufen am 21.6.2017.

trieb von „rückkaufsfähigen Lebensversicherungen mit kursabhängigen Leistungen und Abfindungswerten sowie Kapitalisations- und Tontinengeschäften".[119] Diese von Versicherungsunternehmen betriebenen Geschäftsarten werden somit (mindestens partiell) als Anlagegeschäfte qualifiziert.[120] Im Grunde folgen die Vorschläge also dem EU-Recht: „Versicherungsanlageprodukte" werden speziell in der „PRIIP-Verordnung"[121] sowie (insbesondere) in den Art. 26 – 30 der neuen „Richtlinie Versicherungsvertrieb"[122] geregelt. PRIIP enthält eine sektorenübergreifende Regelung, die IDD regelt dagegen sektorenspezifisch. Für die Schweiz zeichnet sich aufgrund der im Nachgang zur Botschaft zum Finanzdienstleistungsgesetz (FIDLEG) und zum Finanzinstitutsgesetz (FINIG) stattfindenden parlamentarischen Beratungen eine ausschließlich sektorenspezifische Lösung ab. In diesem Sinne beauftragt der Bundesrat am 7.9.2016 das Eidgenössische Finanzdepartement (EFD), eine Vernehmlassungsvorlage zur Revision des VAG auszuarbeiten. Zum Inhalt der Vorlage sollen dabei insbesondere auch die im FIDLEG-Entwurf für Versicherungsunternehmen vorgesehenen Regeln über Sorgfaltspflichten bei der Erbringung von Finanzdienstleistungen gehören.[123] Diese Vernehmlassung ist für das erste oder zweite Quartal 2018 angekündigt, mit einem Erlass einer VAG-Revision ist nicht vor 2020 zu rechnen. Dem Vernehmen nach sollen neben einer Umsetzung der FIDLEG-Anliegen im Versicherungsbereich folgende Regelungsgegenstände erfasst sein: ein Sanierungsrecht für Versiche-

---

119 Vgl. Art. 3 lit. b Ziff. 6 E-FIDLEG (BBl 2015 9093, S. 9094), wonach diese Versicherungsprodukte zu den „Finanzinstrumenten" im Sinne des FIDLEG-Entwurfs zählen.
120 Vgl. Botschaft zum Finanzdienstleistungsgesetz (FIDLEG) und zum Finanzinstitutsgesetz (FINIG) vom 4.11.2015, BBl 2015 8901, S. 8943 f.
121 VO (EU) Nr. 1286/2014 des Europäischen Parlaments und des Rates vom 26.11.2014 über Basisinformationsblätter für verpackte Anlageprodukte für Kleinanleger und Versicherungsanlageprodukte (PRIIP), ABl. EU 2004 Nr. L 352/1.
122 RL (EU) 2016/97 des Europäischen Parlaments und des Rates vom 20.1.2016 über Versicherungsvertrieb (Neufassung), ABl. EU 2016 Nr. L 26/19.
123 Zum Ganzen FINMA, FINANZMARKTREGULIERUNG: HÄNGIGE VORHABEN (Stand und Ausblick per 25.1.2017), https://www.finma.ch/de/~/media/finma/dokumente/dokumentencenter/myfinma/5finma/finanzmarktregulierung-vorhaben.pdf?la=de, abgerufen am 21.6.2017.

rungsunternehmen[124]; Angleichung des Aufsichtskonzepts an jenes im Bankensektor; ggf. auch Vorschriften zum digitalen Versicherungsgeschäft und -vertrieb („InsurTech").

Aus dem Blickwinkel der VVG-Teilrevision gilt es anzumerken, dass das parallel verfolgte Projekt einer Teilrevision des VAG für den Versichertenschutz unmittelbar relevante Fragestellung betrifft, wie insbesondere die Information und Beratung der Versicherungsnehmer. Funktional betrachtet stellt die Initiative damit eine gewisse Ergänzung zur Teilrevision des VVG dar.

VI. Parallele Selbstregulierung: „Cicero"

Zur Verbesserung des Versichertenschutzes hat jüngst auch die Versicherungswirtschaft einen Beitrag der Selbstregulierung geleistet. Sie hat im Rahmen des Berufsbildungsverbands der Versicherungswirtschaft (VBV) eine Fachstelle „Cicero" (Certified Insurance Competence) geschaffen, deren Aufgabe es ist, die Fachkunde der Versicherungsberater und damit eine kompetente Versicherungsberatung sicher zu stellen.[125] Cicero stellt ein Gütesiegel zur Verfügung, das nur führen darf, wer eine Ausbildung zum Versicherungsvermittler VBV oder eine äquivalente Ausbildung genossen hat. Die Verleihung des Gütesiegels ist ausserdem an den Besuch fortlaufender Weiterbildungsveranstaltungen bei speziell akkreditierten Bildungsinstitutionen geknüpft.[126] Versicherungsvermittler, die das Gütesiegel tragen, sind in ein vom schweizerischen Versicherungsverband geführtes und öffentlich (per Internet: www.cicero.ch) zugängliches Branchenregister eingetragen.[127] Daher kann ein Kunde prüfen, ob ein bestimmter Vermittler „Cicero-Member" ist.

---

124 Vgl. Art. 267 – 296 der RL 2009/138/EG des Europäischen Parlaments und des Rates vom 25.11.2009 betreffend die Aufnahme und Ausübung der Versicherungs- und der Rückversicherungstätigkeit (Solvabilität II), ABl. EU 2009 Nr. L 335/1.
125 Vgl. hierzu https://www.cicero.ch/ueber-cicero, abgerufen am 28.6.2017.
126 Vgl. zum Ganzen: https://www.cicero.ch/gutesiegel, abgerufen am 28.6.2017.
127 Das Register ist abrufbar unter https://www.cicero.ch/berater-check, abgerufen am 28.6.2017.

VII. Ausblick

Ob und in welchem Umfang die Teilrevision des VVG Wirklichkeit werden wird, lässt sich angesichts der Erfahrungen mit den diversen, seit 2003 ausgearbeiteten Revisionsvorschlägen nicht verbindlich sagen. Eines scheint aber klar: der politische Konsens in der Schweiz wird jedenfalls keine weiterreichende Revision tragen als sie jetzt im bundesrätlichen Entwurf vom 28.6.2017 vorgeschlagen wird. Weniger oder gar nichts erscheint dagegen möglich, hat doch der Gesetzgebungsprozess eine indirekte Proportionalität von Dauer und Umfang der Revision zutage befördert: je länger die Arbeiten dauern, desto kleiner wird die Revision. Was übrig bleibt, ist im Vergleich zur ursprünglich angestrebten Totalrevision eher bescheiden, kaum mehr als ein „Facelift" eines bald 110 Jahre alten Gesetzes.

Vereinbarkeit der Drittwirkung gesetzlicher und vertraglicher Risikoausschlüsse in der Kfz-Haftpflichtversicherung mit dem Unionsrecht

Robert Koch, Hamburg[*]

I. Einleitung

Ich habe *Hans-Peter Schwintowski* noch als Student in Vorlesungen zum Kartellrecht an der Universität Göttingen kennengelernt, in denen er nach seiner Habilitation seinen akademischen Lehrer Ulrich Immenga mit viel Engagement vertrat. Ich erinnere mich gern an diese Zeit zurück und wünsche dem Jubilar zu seinem 70. Geburtstag vor allem Gesundheit und Schaffenskraft. Das Oeuvre von *Hans-Peter Schwintowski* ist beeindruckend. Im Versicherungsvertragsrecht gibt es kaum einen Bereich, mit dem er sich in seinen zahlreichen Abhandlungen nicht befasst hat. Anknüpfend an seinen Beitrag zur Deregulierung der Kfz-Versicherung[1] infolge der Umsetzung von im Wesentlichen drei Richtlinien der EG[2] möchte ich in meinem Beitrag auf die Vereinbarkeit der Drittwirkung gesetzlicher und vertraglicher Risikoausschlüsse in der Kfz-Haftpflichtversicherung mit dem Unionsrecht eingehen. Diese Problematik ist in der Literatur

---

[*] Prof. Dr. Robert Koch, Universität Hamburg, Geschäftsführender Direktor des Seminars für Versicherungswissenschaft und Direktor des Hamburger LL.M. Studiengangs Versicherungsrecht.
[1] *Schwintowski*, VersR 1994, 646.
[2] RL 92/49/EWG vom 18.6.1992 zur Koordinierung der Rechts- und Verwaltungsvorschriften für die Direktversicherung (mit Ausnahme der Lebensversicherung) sowie zur Änderung der Richtlinien 73/239/EWG und 88/357/EWG (Dritte Richtlinie Schadenversicherung) ABlEG Nr. L 288 S. 1; RL 92/96/EWG vom 10.11.1992 zur Koordinierung der Rechts- und Verwaltungsvorschriften für die Direktversicherung (Lebensversicherung) sowie zur Änderung der Richtlinien 79/267/EWG und 90/619/EWG (Dritte Richtlinie Lebensversicherung) ABlEG Nr. L 316 S. 1; RL 90/618 vom 8.11.1990 zur Änderung der Richtlinie 73/239/EWG und der Richtlinie 88/357/EWG zur Koordinierung der Rechts- und Verwaltungsvorschriften für die Direktversicherung (mit Ausnahme der Lebensversicherung), insbesondere bezüglich der Kfz-Haftpflichtversicherung ABlEG Nr. L 330 S. 44.

– zuletzt von *Franck*³ – mit Blick auf § 103 VVG erörtert worden, sie ist aber nicht auf diesen Ausschlustatbestand beschränkt. *Franck* vertritt die Ansicht, dass der Ausschluss des Versicherungsschutzes für vorsätzlich herbeigeführte Schäden mit dem Unionsrecht nicht vereinbar ist. Nach seiner Auffassung sind die einschlägigen Regelungen im Versicherungsvertragsrecht, die diese Drittwirkung statuieren, dergestalt richtlinienkonform auszulegen, dass der Ausschluss gem. § 103 VVG in der Kfz-Haftpflichtversicherung nicht gegenüber dem Geschädigten wirkt.⁴

In der Diskussion ist bislang unberücksichtigt geblieben, dass das Europäische Abkommen über die obligatorische Haftpflichtversicherung für Kraftfahrzeuge vom 20.4.1959 (sog. Straßburger Übereinkommen)⁵ Ausschlüsse, die auch gegenüber dem Geschädigten wirken, zulässt und dieser Aspekt den *BGH* in seiner Entscheidung vom 18.12.2012 zu der Feststellung veranlasst hat, dass „[d]er Ausschluss der Leistungspflicht des Kfz-Haftpflichtversicherers für vorsätzliche Schadenszufügung im Straßenverkehr ... nicht europarechtlichen Vorgaben [widerspricht]".⁶ Nachstehend soll die Diskussion um die Vereinbarkeit der Drittwirkung von Risikoausschlüssen in der Kfz-Haftpflichtversicherung mit den KH-Richtlinien, die mittlerweile durch die Richtlinie 2009/103/EG konsolidiert worden sind⁷, auf die nach § 4 KfzPflVV zulässigen Ausschlüsse erweitert (infra III.) und das Verhältnis der Richtlinien zum Straßburger Übereinkommen näher beleuchtet werden (infra IV.). Zum besseren Verständnis der Problematik wird vorab der legislatorische Rahmen kurz aufgezeigt (infra II.).

---

3 *Franck*, Der Direktanspruch gegen den Haftpflichtversicherer, 2014, S. 172 ff.; *ders.*, VersR 2014, 13, 15 ff.; *Looschelders*, VersR 2008, 1, 3; zweifelnd auch *Knappmann*, in: Prölss/Martin, Versicherungsvertragsgesetz, 29. Auflage, 2015, VVG § 117 Rn. 24.
4 Vgl. auch *Franck*, VersR 2014 13, 17.
5 BGBl. II 1965, 281.
6 Vgl. BGH, Urt. v. 18.12.2012 – VI ZR 55/12, NJW 2013, 1163, 1164.
7 RL 2009/103/EG des europäischen Parlaments und des Rates vom 16.9.2009 über die Kraftfahrzeug-Haftpflichtversicherung und die Kontrolle der entsprechenden Versicherungspflicht, ABlEG Nr. L 263 vom 7.10.2009, S. 11.

II. Legislatorischer Rahmen

1. §§ 115 Abs. 1 S. 2, 117 Abs. 3 S. 1 Alt. 2 VVG

Die zuvor beschriebene Drittwirkung von Ausschlüssen ergibt sich aus §§ 115 Abs. 1 S. 2, 117 Abs. 3 S. 1 Alt. 2 VVG. Nach diesen Vorschriften haftet der Versicherer nur im Rahmen der von ihm übernommenen Gefahr. Diese Formulierung wird nach ganz überwiegender Ansicht dahingehend verstanden, dass er gegenüber dem Dritten nur im Rahmen der vertraglich vereinbarten Leistungsbeschreibungen einschließlich aller Ausschlüsse haftet.[8] Dieses Verständnis entspricht auch dem Willen des Gesetzgebers. So heißt es in der Begründung zu § 117 Abs. 3 S. 1 VVG[9] u.a.

> „Für Risikoausschlüsse ergibt sich aus Satz 1, dass sie grundsätzlich dem Anspruch des Dritten entgegengehalten werden können, da die Leistungspflicht des Versicherers nicht weiter gehen kann als bei einem ordnungsgemäßen Versicherungsverhältnis. Aufgabe der die Versicherungspflicht anordnenden Stelle ist es, den notwendigen Umfang des zu vereinbarenden Versicherungsschutzes festzulegen und dabei zu entscheiden, ob und gegebenenfalls welche Risikoausschlüsse vereinbart werden dürfen, ohne dass dadurch der mit der jeweiligen Pflichtversicherung verfolgte Schutzzweck beeinträchtigt wird (vgl. § 114 Abs. 2 VVG-E)".

2. § 4 KfzPflVV

Die Vereinbarung von Ausschlüssen unterliegt den Beschränkungen des § 4 KfzPflVV.[10] Diese Norm regelt – nach den Vorstellungen des Verord-

---

8 Vgl. BGH, Urt. v. 15.12.1970 – VI ZR 97/69, VersR 1971, 239, 240; BGH, Urt. v. 20.6.1990 – IV ZR 298/89, BGHZ 111, 372, 374; OLG Nürnberg, Urt. v. 2.8.2013 – 5 U 562/13, RuS 2015, 542; OLG Saarbrücken, Urt. v. 4.4.2013 – 4 U 31/12 – 9, 4 U 31/12, RuS 2013, 485, 486; OLG Köln, Urt. v. 24.4.2002 – 2 U 127/01, Schaden-Praxis 2002, 301; *Beckmann*, in: Bruck/Möller, Großkommentar zum VVG, 9. Auflage, 2013, § 117 Rn. 49; *Jacobsen*, in: Feyock/Jacobsen/Lemor, Kraftfahrtversicherung, 3. Auflage, 2009, § 117 VVG Rn. 4; *Jahnke*, in: Stiefel/Maier, Kraftfahrtversicherung, 19. Auflage, 2017, § 117 VVG Rn. 20; krit. *Rubin*, in: Koch/Werber/Winter (Hrsg.) Festschrift 100 Jahre Hamburger Seminar für Versicherungswissenschaft und Versicherungswissenschaftlicher Verein in Hamburg e. V., 2016, S. 463, 470 ff.
9 BT-Dr. 173945, 89.
10 KfzPflVV vom 29.7.1994 (BGBl. I, 1837), zuletzt durch Artikel 5 der VO vom 13.1.2012 geändert (BGBl. I, 103).

nungsgebers „zum Zweck der Gewährleistung der Gleichheit des Verkehrsopferschutzes durch die Kfz-Haftpflichtversicherung" – die allein zulässigen („nur") Ausschlüsse.[11]

a) Schadensersatzansprüche gegen eine mitversicherte Person

§ 4 Nr. 1 KfzPflVV gestattet dem Versicherer, Ansprüche des VN, Halters oder Eigentümers gegen mitversicherte Personen auszuschließen, die auf den Ersatz von Sach- und reinen Vermögensschäden gerichtet sind. Der Versicherungsschutz für Personenschäden und für alle Ansprüche der übrigen Mitversicherten (z. B. Beifahrer, der im Rahmen seines Arbeitsverhältnisses mit dem VN oder mit dem Halter den berechtigten Fahrer zu seiner Ablösung oder zur Vornahme von Lade- und Hilfsarbeiten nicht nur gelegentlich begleitet, vgl. A.1.2 lit. d) AKB) gegen VN, Halter und Eigentümer muss bestehen bleiben. § 4 Nr. 1 KfzPflVV beruht auf Art. 4 Abs. 1 lit. a) Anhang I des Straßburger Übereinkommens. Von der Möglichkeit der Vereinbarung dieses Ausschlusses haben die Versicherer in A.1.5.6 AKB[12] Gebrauch gemacht.

b) Beschädigung des versicherten Fahrzeugs

§ 4 Nr. 2 KfzPflVV erlaubt dem Versicherer, Schadensersatzansprüche wegen Beschädigung, Zerstörung oder Abhandenkommens des versicherten Fahrzeugs mit Ausnahme der Beschädigung betriebsunfähiger Fahrzeuge beim nicht gewerbsmäßigen Abschleppen im Rahmen üblicher Hilfeleistung auszuschließen. Dahinter steht die Überlegung, dass gegen diese Art von Schäden Schutz durch Abschluss einer Kaskoversicherung sichergestellt werden kann. Von der Möglichkeit der Vereinbarung dieses Aus-

---

11 S. Amtliche Begründung zu § 4 des Entwurfs über den Versicherungsschutz in der Kfz-Haftpflichtversicherung (Stand. 2.2.1994), in: *Hübner/Helten/Albrecht* (Hrsg.), Festschrift Lorenz, 1994, S. 566.
12 Allgemeine Bedingungen für die Kfz-Versicherung (AKB 2015), unverbindliche Musterbedingungen des Gesamtverbandes der Deutschen Versicherungswirtschaft e.V. (Stand: Juli 2016), http://www.gdv.de/downloads/versicherungsbedingungen/allgemeine-bedingungen-fur-die-kfz-versicherung-akb-2015/.

schlusses haben die Versicherer in A.1.5.3 und A.1.5.4 AKB Gebrauch gemacht.

c) Beschädigung von beförderten Sachen

§ 4 Nr. 3 KfzPflVV gestattet dem Versicherer, Schadensersatzansprüche wegen Beschädigung, Zerstörung oder Abhandenkommens von Sachen auszuschließen, die mit dem Fahrzeug befördert werden. Gegen solche Schäden bietet die Transportversicherung Schutz. Der Ausschluss darf sich nicht auf Sachen beziehen, die Personen, die mit Willen des Halters befördert werden, üblicherweise mit sich führen oder, sofern die Fahrt überwiegend der Personenbeförderung dient, als Gegenstände des persönlichen Bedarfs mit sich führen. Von der Möglichkeit der Vereinbarung dieses Ausschlusses haben die Versicherer in A.1.5.5 AKB Gebrauch gemacht.

d) Genehmigte Rennen

§ 4 Nr. 4 KfzPflVV erlaubt dem Versicherer, Schadensersatzansprüche aus der Verwendung des Fahrzeugs bei behördlich genehmigten kraftfahrtsportlichen Veranstaltungen auszuschließen, bei denen es auf die Erzielung einer Höchstgeschwindigkeit ankommt oder bei den dazugehörigen Übungsfahrten. § 4 Nr. 4 KfzPflVV beruht auf Art. 4 Abs. 2 Anhang I des Straßburger Übereinkommens. Von der Möglichkeit der Vereinbarung dieses Ausschlusses haben die Versicherer in A.1.5.2 AKB Gebrauch gemacht.

e) Nichteinhaltung von Liefer- und Beförderungsfristen

§ 4 Nr. 5 KfzPflVV gestattet den Ausschluss von Schadensersatzansprüchen wegen Vermögensschäden durch die Nichteinhaltung von Liefer- und Beförderungsfristen. Von der Möglichkeit der Vereinbarung dieses Ausschlusses haben die Versicherer in A.1.5.3 und A.1.5.5 AKB Gebrauch gemacht.

f) Schäden durch Kernenergie

§ 4 Nr. 6 KfzPflVV erlaubt dem Versicherer, Ersatzansprüche wegen Schäden durch Kernenergie auszuschließen. Von der Möglichkeit der Vereinbarung dieses Ausschlusses haben die Versicherer in A.1.5.9 AKB Gebrauch gemacht.

3. § 103 VVG

Unberührt von diesem Katalog des § 4 KfzPflVV bleibt der Ausschluss gem. § 103 VVG für vorsätzlich und widerrechtlich herbeigeführte Schäden.[13] Dass der Ausschluss gem. § 103 VVG bestehen bleibt, folgt zum einen aus dem Verweis in § 2 Abs. 2 S. 5 PflVG auf die §§ 100 bis 124 VVG, zum anderen aus § 12 Abs. 1 Nr. 3 PflVG, der dem Geschädigten einen Anspruch gegen den Entschädigungsfonds, d. h. gegen den *Verkehrsopferhilfe e.V.*, einräumt, wenn der Haftpflichtversicherer infolge vorsätzlicher Schadensherbeiführung nicht zur Deckung verpflichtet ist.[14] Würde § 103 VVG nicht eingreifen, wäre § 12 Abs. 1 Nr. 3 PflVG überflüssig.[15] Bleibt der Ausschluss gem. § 103 VVG anwendbar, muss es auch zulässig sein, ihn zusätzlich – wie in A.1.5.1 AKB geschehen – vertraglich aufzunehmen. § 4 KfzPflVV hat somit nur abschließenden Charakter bezüglich solcher Deckungsausschlüsse, die sich nicht bereits aus dem Gesetz ergeben. Ergänzend sei darauf hingewiesen, dass Ziff. 3 Anhang II des Straßburger Übereinkommens es den Vertragsstaaten ausdrücklich gestattet, von einem Versicherten vorsätzlich verursachte Schäden von der Versicherung auszuschließen.

---

13 *Knappmann*, in: Prölss/Martin, Versicherungsvertragsgesetz, 29. Auflage, 2015, § 4 KfzPflVV Rn. 2; *Halbach*, in: Rüffer/Halbach/Schimikowski, VVG, 3. Auflage, 2015, § 4 KfzPflVV Rn. 1; *Jacobsen*, in: Feyock/Jacobsen/Lemor, Kraftfahrtversicherung, 3. Auflage, 2009, § 4 KfzPflVV Rn. 2; *Jahnke*, in: Stiefel/Maier, Kraftfahrtversicherung, 19. Auflage 2017, § 4 KfzPflVV Rn. 4; *Langheid*, in: Römer/Langheid, VVG, 2. Auflage, 2003, § 4 KfzPflVV Rn. 4.
14 *Lorenz*, VersR 1997, 349, 350.
15 Vgl. *Rubin*, in: FS 100 Jahre Hamburger Seminar für Versicherungswissenschaft, S. 476 f.

III. Unionsrechtliche Vorgaben für die Kfz-Haftpflichtversicherung

1. RL 2009/103/EG

a) Anforderungen an den Versicherungsschutz

Nach Art. 3 Abs. 1 und 4 der RL 2009/103/EG hat jeder Mitgliedsstaat alle geeigneten Maßnahmen zu treffen, um sicherzustellen, dass die Haftpflicht bei Fahrzeugen mit gewöhnlichem Standort im Inland durch eine Sach- und Personenschäden umfassende Versicherung gedeckt ist. Die nähere Ausgestaltung von Haftung und Versicherung bei Verkehrsunfällen bleibt somit Sache der Mitgliedstaaten. Diese bestimmen gem. Art. 3 Abs. 2 der RL 2009/103/EG die „Schadensdeckung sowie die Modalitäten dieser Versicherung im Rahmen der in Abs. 1 genannten Maßnahmen".

Da Unionsrecht nur verlangt, dass der Haftpflichtversicherungsschutz Sach- und Personenschäden umfasst, verstößt die durch §§ 115 Abs. 1 S. 2, 117 Abs. 3 S. 1 Alt. 1 VVG bewirkte Drittwirkung des nach § 4 Nr. 1 KfzPflVV zulässigen Ausschlusses von vornherein nicht gegen Art. 3 Abs. 1 und 4 der RL 2009/103/EG, soweit er Vermögensschäden erfasst. Soweit sich dieser Ausschluss auf Ersatzansprüche gegen mitversicherte Personen wegen Sachschäden bezieht, bestehen gegen eine Drittwirkung ebenfalls keine Bedenken, da es sich um Eigenschäden des VN, Halters und/oder Eigentümers handelt. Letzteres gilt auch für den Ausschluss von Ersatzansprüchen wegen Beschädigung, Zerstörung oder Abhandenkommens des versicherten Fahrzeugs gem. § 4 Nr. 2 KfzPflVV. Die Drittwirkung des Ausschlusses von Ansprüchen gegen den Fahrer, der den Schaden am Fahrzeug verursacht hat, ist deshalb unionsrechtlich unbedenklich. Unbedenklich ist auch die durch §§ 115 Abs. 1 S. 2, 117 Abs. 3 S. 1 Alt. 1 VVG bewirkte Drittwirkung des nach § 4 Nr. 5 KfzPflVV zulässigen Ausschlusses, da er sich nur auf Vermögensschäden bezieht.

b) Zulässige Ausschlüsse des Versicherungsschutzes

Die zulässigen Beschränkungen des Versicherungsschutzes sind in Art. 13 der RL 2009/103/EG aufgeführt. Nach Art. 13 Abs. 1 Unterabs. 1 der RL 2009/103/EG tragen die Mitgliedsstaaten dafür Sorge, dass Rechtsvorschriften oder Klauseln, die Ansprüche von bei Unfällen geschädigten Dritten ausschließen, als wirkungslos gelten, wenn sie daran anknüpfen, dass Personen das Fahrzeug geführt haben, die hierzu weder ausdrücklich noch stillschweigend ermächtigt wurden, die keinen Führerschein für das betreffende Fahrzeug besitzen oder den gesetzlichen Verpflichtungen in Bezug auf Zustand und Sicherheit des betreffenden Fahrzeugs nicht nachgekommen sind. Eine Ausnahme ist nur in Bezug auf Schäden zulässig, die durch Personen verursacht wurden, die weder ausdrücklich noch stillschweigend zum Führen des Fahrzeugs ermächtigt waren. Bei dieser Fallgruppe ist es gem. Art 13 Abs. 1 Unterabs. 2 der RL 2009/103/EG gestattet, Personen, die das Fahrzeug freiwillig bestiegen haben, vom Versicherungsschutz auszunehmen, sofern der Versicherer nachweisen kann, dass sie wussten, dass das Fahrzeug gestohlen war. Es geht also um Schäden von Fahrzeuginsassen.

Ausschlussregelungen (in Form von Subsidiaritätsabreden) sind gem. Art 13 Abs. 1 Unterabs. 3 der RL 2009/103/EG zulässig, wenn und soweit das Unfallopfer Schadensersatz von einem Sozialversicherungsträger erlangen kann. Gem. Art. 13 Abs. 2 der RL 2009/103/EG sind die Mitgliedsstaaten berechtigt, den Geschädigten in den Fällen, in denen das Fahrzeug des Schädigers gestohlen oder unter Anwendung von Gewalt erlangt wurde, über eine Entschädigungsstelle Ersatz zukommen zu lassen. Art. 13 Abs. 3 der RL 2009/103/EG untersagt gesetzliche Bestimmungen oder Vertragsklauseln, mit der ein Fahrzeuginsasse vom Versicherungsschutz ausgeschlossen wird, weil er wusste oder hätte wissen müssen, dass der Fahrer des Fahrzeugs zum Zeitpunkt des Unfalls unter dem Einfluss von Alkohol oder einem anderen Rauschmittel stand.

2. Rechtsprechung des EuGH

In der Entscheidung *Bernáldez* hat der *EuGH* erstmalig entschieden, dass Art. 3 Abs. 1 der Ersten KH-RL – der mit Art. 13 Abs. 1 der RL 2009/103/EG übereinstimmt – einer Regelung entgegensteht, nach der sich der Versicherer auf Rechtsvorschriften oder Vertragsklauseln berufen kann, um Dritten, die Opfer eines durch das versicherte Fahrzeug versuchten Unfalls sind, eine Entschädigung zu verweigern.[16] In dem dieser Entscheidung zugrunde liegenden Fall ging es um eine Ausschlussklausel, nach der der Versicherer dem Geschädigten gegenüber leistungsfrei war,

---

16 EuGH Urt. v. 28.3.1996 – C-129/94, EuGH, VersRAI 1997, 18 Rn. 20.

wenn der Unfall im Zustand der alkoholbedingten Fahruntüchtigkeit des Fahrers verursacht worden ist. Der *EuGH* hat über die Unzulässigkeit dieser konkreten Ausschlussklausel hinaus ganz allgemein festgestellt, dass ihr

„Art. 3 Abs. 1 der Ersten Richtlinie entgegen[steht], nach der sich der Versicherer auf Rechtsvorschriften oder Vertragsklauseln berufen kann, um Dritten, die Opfer eines durch das versicherte Fahrzeug verursachten Unfalls sind, eine Entschädigung zu verweigern".[17]

Zur Begründung hat der *EuGH* zum einen den Schutzzzweck der Kfz-Haftpflicht-Richtlinie angeführt, demzufolge Straßenverkehrsopfer ihren Schaden von einer Haftpflichtversicherung ersetzt bekommen sollen.[18] Zum anderen soll dadurch sichergestellt werden, dass unionsweit ein einheitliches Schutzniveau für Geschädigte von Verkehrsunfällen herrscht.[19]

Der *EuGH* hat diese Feststellungen in der Folgezeit bestätigt.[20] In der Entscheidung vom 1.12.2011 hat der *EuGH* noch einmal klargestellt, dass die in den Kfz-Haftpflicht-Richtlinien ausdrücklich genannte zulässige Ausschlussklausel als abschließend zu betrachten ist:

„33 In Bezug auf die Ansprüche, die solchen geschädigten Dritten zustehen, hat der Gerichtshof entschieden, dass Art. 3 Abs. 1 der Ersten Richtlinie einer Regelung entgegensteht, nach der sich der Versicherer auf Rechtsvorschriften oder Vertragsklauseln berufen kann, um Dritten, die Opfer eines durch das versicherte Fahrzeug verursachten Unfalls sind, Schadensersatz zu verweigern (…).
34 Der Gerichtshof hat weiter entschieden, dass Art. 2 Abs. 1 Unterabs. 1 der Zweiten Richtlinie auf diese Verpflichtung nur insoweit Bezug nimmt, als es in dieser Vorschrift um Rechtsvorschriften oder Versicherungsvertragsklauseln geht, mit denen Schäden, die Dritten aufgrund der Nutzung oder Führung von Fahrzeugen durch zum Führen des Fahrzeugs nicht ermächtigte Personen, durch Personen, die keinen Führerschein für das betreffende Fahrzeug besitzen, oder Personen, die den gesetzlichen Verpflichtungen in Bezug auf Zustand und Sicherheit des betreffenden Fahrzeugs nicht nachgekommen sind, zugefügt wurden, von der Deckung durch die Kraftfahrzeug-Haftpflichtversicherung ausgeschlossen sind (…).
35 Abweichend von dieser Verpflichtung sieht Art. 2 Abs. 1 Unterabs. 2 zwar vor, dass bestimmte Unfallopfer in Anbetracht der Situation, die sie selbst ge-

---

17 EuGH Urt. v. 28.3.1996 – C-129/94, EuGH, VersRAI 1997, 18 Rn. 20.
18 EuGH Urt. v. 28.3.1996 – C-129/94, EuGH, VersRAI 1997, 18 Rn. 18.
19 EuGH Urt. v. 28.3.1996 – C-129/94, EuGH, VersRAI 1997, 18 Rn. 19.
20 Vgl. EuGH, Urt. v. 1.12.2011 – C-422/10, VersRAl 2012, 50, Rn. 33, 38; EuGH, Urt. v. 19.4.2007 – C-356/05, NJW 2007, 2029, 2031; EuGH, Urt. v. 30.6.2005 – C-537/03, EuZW 2005, 593, 594.

schaffen haben, d. h. Personen, die das Fahrzeug, das den Schaden verursacht hat, freiwillig bestiegen haben, vom Versicherer nicht entschädigt zu werden brauchen, sofern dieser nachweisen kann, dass sie wussten, dass das Fahrzeug gestohlen war (Urteile Ruiz Bernáldez, Tz. 21, und Candolin u. a., Tz. 20), doch ist, wie der Gerichtshof bereits festgestellt hat, *eine Ausnahme von Art. 2 Abs. 1 Unterabs. 1 der Zweiten Richtlinie nur in diesem besonderen Fall zulässig* (vgl. in diesem Sinne Urteil Candolin u. a., Tz. 23)."[Hervorhebung durch den Verfasser]

Die zur Rechtslage unter der Ersten bis Dritten KH-RL ergangenen Urteile gelten auch für die RL 2009/103/EG fort, da die Regelungen inhaltlich unverändert geblieben sind. Die Geltendmachung von Ausschlüssen gegenüber dem Geschädigten ist somit nur zulässig, wenn diesbezüglich eine Ausnahme in der Richtlinie vorgesehen ist. Darüber hinaus sind keine weiteren Ausschlussklauseln im nationalen Recht zulässig.[21]

3. Folgerungen

Gemessen an diesen Vorgaben lässt sich die durch §§ 115 Abs. 1 S. 2, 117 Abs. 3 S. 1 Alt. 2 VVG statuierte Drittwirkung von gesetzlichen (§ 103 VVG) und auf der Basis von § 4 Nr. 3, § 4 Nr. 4 und § 4 Nr. 6 KfzPflVV vereinbarten vertraglichen Ausschlüssen nicht mit der RL 2009/103/EG in Einklang bringen. Die Einräumung eines Anspruchs gegen den Entschädigungsfonds im Falle einer Leistungsfreiheit gem. § 103 VVG schafft keinen gleichwertigen Ersatz für den Geschädigten, da der Entschädigungsfonds gem. § 12 Abs. 1 S. 2 PflVG nur dann haftet, wenn der Geschädigte weder von dem Halter, dem Eigentümer oder dem Fahrer des Fahrzeugs noch von einem Schadensversicherer Ersatz seines Schadens zu erlangen vermag.

Darüber hinaus verstoßen die Ausschlüsse gegen § 114 Abs. 2 S. 1 VVG. Nach dieser Vorschrift kann der Versicherungsvertrag Inhalt und Umfang der Pflichtversicherung näher bestimmen, „soweit dadurch die Erreichung des jeweiligen Zwecks der Pflichtversicherung nicht gefährdet wird und durch Rechtsvorschrift nicht ausdrücklich etwas anderes bestimmt ist". Bei einem Verstoß gegen die Zielsetzung des Unionsrechts lässt sich eine Zweckgefährdung ohne weiteres bejahen. An dieser Bewertung vermag auch der Hinweis in § 114 Abs. 2 S. 1 VVG auf Vorschriften,

---

21 Vgl. auch *Franck*, S. 172 f.; *ders.* VersR 2014 13, 16.

die ausdrücklich etwas anderes bestimmen, nichts zu ändern. Hierzu zählen zwar § 103 VVG und § 4 KfzPflVV.[22] Indessen dürften die Gerichte diesen Vorschriften keine Beachtung schenken, soweit sie im Rahmen der Anwendung von § 114 Abs. 2 S. 1 VVG mit Unionsrecht unvereinbar sind. Rechtsfolge eines Verstoßes gegen § 114 Abs. 2 S. 1 VVG ist die Nichtigkeit der vertraglichen Regelung, hier somit die auf der Grundlage von § 103 VVG und § 4 KfzPflVV vereinbarten Ausschlüsse.[23] Mit Unionsrecht vereinbar wäre in derartigen Fällen nur die Einräumung eines Regressanspruches des Versicherers gegen den VN oder die versicherte Person, wie es § 116 Abs. 1 S. 2 VVG im Fall der Leistungsfreiheit des Versicherers gegenüber dem VN gem. § 117 Abs. 1 oder 2 VVG vorsieht.[24]

IV. Verhältnis der KH-RL zum Straßburger Übereinkommen

1. Urteil des BGH vom 18.12.2012

Entgegen dem vorstehenden Befund hat der VI. Zivilsenat des *BGH* in seiner Entscheidung vom 18.12.2012 festgestellt, dass der Ausschluss der Leistungspflicht des Kfz-Haftpflichtversicherers für vorsätzliche Schadenszufügung im Straßenverkehr europarechtlichen Vorgaben nicht widerspricht. Zur Begründung verweist der *BGH* auf die im Straßburger Übereinkommen gem. Nr. 3 Anhang II den Unterzeichnerstaaten eingeräumte Möglichkeit, die von einem Versicherten vorsätzlich verursachten Schäden von der Versicherung auszuschließen.[25] Die Zulässigkeit des Ausschlusses des Direktanspruchs bei vorsätzlich herbeigeführten Versicherungsfällen

---

22 Vgl. *Beckmann,* in: Bruck/Möller, Großkommentar zum VVG, § 114 VVG Rn. 20.
23 Über diese Rechtsfolge besteht in der Literatur Einigkeit. Unterschiedliche Ansichten bestehen nur darüber, aus welcher Rechtsnorm sich diese Rechtsfolge ergibt. Vgl. die Darstellung bei *Beckmann,* in: Bruck/Möller, Großkommentar zum VVG, § 114 VVG Rn. 27 ff.; *Brand,* in: Langheid/Wandt, VVG, 2. Aufl. 2016, § 114 VVG Rn. 17; *Knappmann,* in: Prölss/Martin, § 114 VVG Rn. 2; *Huber,* in: Schwintowski/Brömmelmeye, Praxiskommentar zum Versicherungsvertragsrecht, 3. Auflage, 2017, § 114 VVG Rn. 5.
24 Vgl. EuGH, Urt. v. 28.3.1996 – C-129/94, EuZW 1996, 735 Rn. 22: „Dagegen steht Artikel 3 Absatz 1 der Ersten Richtlinie Rechtsvorschriften oder Vertragsklauseln nicht entgegen, nach denen der Versicherer in bestimmten Fällen beim Versicherten Regreß nehmen kann".
25 BGH, Urt. v. 18.12.2012 – VI ZR 55/12, NJW 2013, 1163, 1164 f.

bestehe fort.[26] Zwar gingen die Erste bis Fünfte KH-RL auf den Tatbestand der Vorsatztat nicht ausdrücklich ein. Allein der Umstand, dass es ausweislich der Präambeln dieser Richtlinien – insbesondere denen der Zweiten und der Dritten KH-Richtlinie – ihr Anliegen sei, den Deckungsumfang der Kfz-Haftpflichtversicherung in den Mitgliedstaaten der EU im Interesse der Unfallopfer möglichst umfassend auszugestalten und Ausschlussklauseln mit Wirkung gegenüber Geschädigten nur in geringem Maße zuzulassen, führt nach Ansicht des *BGH* jedoch nicht zur Unwirksamkeit des von Deutschland zuvor in zulässiger Weise erklärten Ausschlusses des Versicherungsschutzes für von einem Versicherten vorsätzlich verursachte Schäden. Nichts anderes gelte für den Ausschluss der Leistungspflicht des Versicherers im Falle des Direktanspruchs des Geschädigten in der Kfz-Haftpflichtversicherung.[27]

Folgt man diesem Begründungsansatz, wäre die durch §§ 115 Abs. 1 S. 2, 117 Abs. 3 S. 1 Alt. 2 VVG bewirkte Drittwirkung des nach § 4 Nr. 4 KfzPflVV zulässigen Ausschlusses von Ersatzansprüchen aus der Verwendung des Fahrzeugs bei behördlich genehmigten kraftfahrtsportlichen Veranstaltungen, bei denen es auf die Erzielung einer Höchstgeschwindigkeit ankommt oder den dazugehörigen Übungsfahrten, nicht unionsrechtswidrig, da er auf Art. 4 Abs. 2 Anhang I des Straßburger Abkommens zurückgeht. Die durch §§ 115 Abs. 1 S. 2, 117 Abs. 3 S. 1 Alt. 2 VVG bewirkte Drittwirkung von § 4 Nr. 3 und Nr. 6 KfzPflVV, die weder durch Art. 4 Anhang I des Straßburger Übereinkommens noch durch einen von Deutschland nach Anhang II des Straßburger Übereinkommens gemachten Vorbehalt gedeckt sind, wäre dagegen auch unter Zugrundelegung des Begründungsansatzes des *BGH* unionsrechtswidrig. Insoweit sind §§ 115 Abs. 1 S. 2, § 117 Abs. 3 S. 1 Alt. 2 VVG dergestalt richtlinienkonform auszulegen, dass die auf § 4 Nr. 3 und Nr. 6 KfzPflVV basierenden vertraglichen Ausschlüsse in der Kfz-Haftpflichtversicherung (A.1.5.5 und A.1.5.9 AKB) nicht gegenüber Geschädigten wirken.[28]

---

26 So auch OLG Koblenz, Urt. v. 12.8.2002 – 12 U 823/2001, 12 U 823/01, ZfSch 2003, 68, 69.
27 a.A. *Heitmann*, VersR 1997, 941, 942.
28 Vgl. auch *Franck,* VersR 2014 13, 17.

2. Stellungnahme und Fazit

Die vom *BGH* in seinem Urteil vom 18.12.2012 gegebene Begründung greift zu kurz, weil sie das Verhältnis von Unionsrecht und dem ins deutsche Recht transformierten Straßburger Übereinkommen unberücksichtigt lässt. Die Erste bis Fünfte KH-RL enthalten ebenso wenig wie die RL 2009/103/EG Kollisionsregeln. Art. 351 AEUV, der eine Kollisionsregel zugunsten völkerrechtlicher Abkommen enthält, findet nur auf solche Abkommen Anwendung, die vor dem 1.1.1958 oder, im Falle später beigetretener Staaten, vor dem Zeitpunkt ihres Beitritts zwischen einem oder mehreren Mitgliedstaaten einerseits und einem oder mehreren dritten Ländern andererseits geschlossen wurden. Das Straßburger Übereinkommen wurde erst im Jahre 1959 geschlossen und von *Belgien, Dänemark, Deutschland, Frankreich, Griechenland, Italien, Luxemburg, Norwegen und Schweden* unterzeichnet (später haben auch *Polen* und die *Türkei* das Abkommen unterzeichnet). Insoweit findet die Kollisionsregel nur hinsichtlich Dänemark, Griechenland und Schweden Anwendung, da diese erst später Mitgliedsstaat wurden.

In Bezug auf Deutschland ließe sich ein Vorrang des Straßburger Übereinkommens rechtstechnisch wohl nur mit einer Analogie zu Art. 351 AEUV auf Abkommen begründen, die zwar nach dem 1.1.1958 bzw. nach dem Beitritt zum E(W)G-Vertrag von Mitgliedstaaten geschlossen wurden, aber einen Sachbereich betreffen, für den die Union erst später durch Kompetenzzuwachs zuständig geworden ist. In der Literatur wird eine solche Analogie befürwortet, wenn die Kompetenzverschiebung für die Mitgliedstaaten bei Vertragsschluss objektiv nicht vorhersehbar gewesen war.[29] Letzteres dürfte hinsichtlich der KH-RL wohl zu bejahen sein. Letztlich kann die Frage der analogen Anwendbarkeit von Art. 351 AEUV und die Vereinbarkeit der nach der KfzPflVV und dem VVG zugelassenen Ausschlüsse nur vom *EuGH* im Rahmen eines Vorabentscheidungsverfahrens gem. Art. 267 AEUV geklärt werden. Sollte der *EuGH* diese Frage bejahen, stellte sich für Deutschland die Folgefrage, ob es gem. Art. 351 Abs. 2 AEUV zur Kündigung des Straßburger Übereinkommens verpflichtet ist. Verneint der *EuGH* einen Vorrang des Straßburger Übereinkommens, sind §§ 115 Abs. 1 S. 2, § 117 Abs. 3 S. 1 Alt. 2 VVG dergestalt

---

29 Vgl. z.B. *Schmallenbach,* in: Calliess/Ruffert, EUV/ AEUV, 5. Auflage, 2016, Art. 351 AEUV Rn. 8; *Lorenzmeier,* in: Grabitz/Hilf/Nettesheim, Das Recht der Europäischen Union, 60. EL Oktober 2016, Art. 351 AEUV Rn. 28.

richtlinienkonform auszulegen, dass der Ausschluss gem. § 103 VVG/ A.1.5.1 AKB sowie der auf § 4 Nr. 4 KfzPflVV basierende vertragliche Ausschluss (A.1.5.2 AKB) in der Kfz-Haftpflichtversicherung nicht gegenüber Geschädigten wirken.

Entgegen der Ansicht von *Looschelders* steht der Wille des Gesetzgebers einer richtlinienkonformen Auslegung nicht entgegen.[30] Zwar ergibt sich aus der oben zitierten Begründung zum Regierungsentwurf (supra II.1.), dass der Gesetzgeber eine Regelung erlassen wollte, nach der auch bei Pflichtversicherungen der Haftpflichtversicherer im Fall des § 103 VVG gegenüber Dritten leistungsfrei wird. Es ist jedoch sehr fraglich, ob der Gesetzgeber dabei einen möglichen Verstoß gegen die KH-RL in Erwägung gezogen hat, zumal sich seine Ausführungen nicht speziell auf die Kfz-Haftpflichtversicherung, sondern auf alle obligatorischen Haftpflichtversicherungen beziehen. In einer solchen Konstellation wird man ohne entsprechende Anhaltspunkte in den Gesetzesmaterialien dem Gesetzgeber aufgrund seiner unionsrechtlichen Umsetzungsverpflichtungen nach Art. 288 Abs. 3 AEUV und Art. 4 Abs. 3 EUV nicht unterstellen können, sich bewusst gegen eine richtlinienkonforme Auslegung von §§ 115 Abs. 1 S. 2, § 117 Abs. 3 S. 1 Alt. 2 VVG gestellt zu haben.[31]

---

30 *Looschelders,* VersR 2008 1, 3.
31 Vgl. auch *Franck,* VersR 2014 13, 17.

Ersetzung intransparenter Klauseln in der Lebens- und Krankenversicherung

Theo Langheid, Köln[*]

Den Jubilar, den es mit dieser Festschrift zu ehren gilt, und den Autor dieses Beitrags verbindet eine langjährige Bekanntschaft, die in einer denkwürdigen Begegnung in Berlin ihren Ursprung fand. Beide, durchweg unterschiedlichen Lagern – dem Verbraucherschutz der eine, dem Versicherungsschutz der andere verbunden – angehörend, kannten sich nur vom Hörensagen, waren aber noch nie persönlich aufeinander getroffen, begegneten sich nun aber anlässlich irgendeiner Seminarveranstaltung. Beide wegen anderweitiger Terminverpflichtungen zu spät für die Vorträge, aber noch zu früh für das Mittagessen erschienen, kamen allein in einer Hotellobby beim Aperitif ins Gespräch. Dieses Gespräch verlief lebhaft und fröhlich, man verstand sich auf Anhieb blendend. Als man sich dann schließlich namentlich einander vorstellte, war die Überraschung groß. So hatte man sich das Gegenüber nicht vorgestellt. Aber der gefundene Konsens wurde durch das Vorurteil nicht beeinträchtigt und als man dann in der VVG-Reformkommission wieder einander begegnete, blieben die inhaltlichen Gegensätze unverändert, aber der freundschaftliche Umgang auch. So soll es ein.

I. Das Problem

1. Intransparenz – Rechtsprechung

Mit dem Urteil vom 6.7.2016[1] hat der BGH die Klausel in § 4 Abs. 4 MB/KT 09 als intransparent verworfen. Diese Regelung befasst sich mit dem Umfang der Leistungspflicht in der Krankentagegeldversicherung. Gem. § 4 Abs. 2 MB/KT 09 darf das Krankentagegeld zusammen mit an-

---

[*] Rechtsanwalt Dr. Theo Langheid, BLD Bach Langheid Dallmayr.
[1] BGH, Urt. v. 6.7.2016 - IV ZR 44/15, NJW 2017, 388 Rn. 48; s.a. *Langheid/Müller-Frank*, NJW 2017, 364, 367.

derweitigen Krankentage- und Krankengeldern nicht das sonstige Nettoeinkommen des Versicherungsnehmers übersteigen. Nach § 4 Abs. 4 MB/KT 09 ist der Versicherer berechtigt, das Krankentagegeld unabhängig von einem bereits eingetretenen Versicherungsfall nach unten zu korrigieren, wenn er „davon Kenntnis" erlangt, „dass das Nettoeinkommen der versicherten Person unter die Höhe des dem Vertrag zugrunde gelegten Einkommens gesunken ist".

Zugleich hat der BGH die Klausel für materiell-rechtlich unbedenklich und insofern für angemessen erklärt. Die Bedenken des BGH bezogen sich allein auf die Intransparenz der Klausel im Sinne von § 307 Abs. 1 Satz 2 BGB, weil der durchschnittliche Versicherungsnehmer der Klausel in § 4 Abs. 4 MB/KT 09 nicht „mit der gebotenen Klarheit entnehmen" könne, „welcher Bemessungszeitpunkt und -zeitraum für den gebotenen Vergleich des dem Vertrag ursprünglich zugrunde gelegten mit dem gesunkenen Nettoeinkommen maßgeblich sein soll." Ferner lasse die Klausel offen, wie sich das Nettoeinkommen bei beruflich selbständigen Versicherungsnehmern zusammensetze.

Damit ist – wieder einmal – die unschöne Situation eingetreten, dass wir es mit einer Klausel zu tun haben, die inhaltlich nicht zu beanstanden war, deren äußere Gestaltung aber so unübersichtlich vorgenommen wurde, dass sie vom BGH als intransparent verworfen werden musste. Was soll nun gelten? Die materielle Regelung ist in Ordnung, ihre Darstellung aber nicht. Namentlich in Dauerverträgen wie der Kranken-, aber auch der Lebensversicherung stellt sich automatisch die Frage, ob die inhaltliche Regelung gerettet werden kann, indem sie inhaltsgleich durch eine besser formulierte Regelung ersetzt werden kann. Oder ob die Verwerfung als intransparent irgendeine Sanktion nach sich ziehen muss, etwa dergestalt, dass die Klausel nur mit einem inhaltlichen Minus ersetzt werden darf, gleichsam als Strafe für die Verwendung einer unverständlichen Klausel.

2. Inhaltsgleicher Ersatz?

Das Problem liegt also darin, ob der Versicherer die materiell unbeanstandete Klausel bei Bestandsverträgen weiter anwenden kann, nachdem er sie verbessert und transparent formuliert hat. Es stellt sich also die Frage, ob der Krankenversicherer von der besonderen gesetzlichen Regelung in § 203 Abs. 4 i.V.m. § 164 VVG in der Weise Gebrauch machen kann, dass er die fragliche Klausel kurzerhand durch eine inhaltsgleiche Klausel in transparenter Form wiederholt. Nach der gesetzlich eingeräumten Ersetzungsbefugnis darf er nämlich von der höchstrichterlichen Rechtsprechung für unwirksam erklärte Klauseln in seinen Krankenversicherungsbedingungen unter bestimmten Umständen durch wirksame Regelungen ersetzen.

Die Besonderheit des Falles liegt nun darin, dass das Gesetz nichts dazu sagt, wie mit Klauseln umzugehen ist, die materiell-rechtlich für nicht unangemessen, wohl aber für intransparent erklärt wurden. Zugespitzt läuft das auf die Frage hinaus: Gestatten die Regelungen in §§ 203 Abs. 4, 164 VVG, dass der Versicherer eine materiell nicht beanstandete Regelung durch eine inhaltsgleiche, aber transparente Klausel ersetzen darf? Erlaubt der Gesetzgeber, dass inhaltlich das Gleiche geregelt wird, nur in einer für den Versicherungsnehmer verständlicheren Form?

II. Vorgaben der §§ 203 Abs. 4, 164 VVG

Ausgangspunkt aller Überlegungen sind die Vorschriften der §§ 203 Abs. 4, 164 VVG, die sowohl für die Lebens- als auch für die Krankenversicherung die Möglichkeit schaffen, unter bestimmten Parametern für unwirksam befundene Klauseln durch wirksame Regeln zu ersetzen, und zwar nicht nur für die Zukunft, sondern eben für den gesamten Bestand.

1. Allgemeine Grundsätze

Nach § 203 Abs. 4 VVG gilt auch in der Krankenversicherung die Regelung des § 164 VVG. Danach kann ein Versicherer, wenn eine Bestimmung in Allgemeinen Versicherungsbedingungen durch höchstrichterliche Entscheidung für unwirksam erklärt worden ist, eine neue Regelung – einseitig – in die bestehenden Versicherungsverträge einfügen, wenn dies zur Fortführung des Vertrages notwendig ist oder wenn das Festhalten an dem Vertrag ohne neue Regelung für eine Vertragspartei auch unter Berücksichtigung der Interessen der anderen Vertragspartei eine unzumutbare Härte darstellen würde. Dem entspricht § 18 Abs. 2 MB/KT ohne inhaltliche Modifizierung. Der Anwendungsbereich der Vorschriften der §§ 203 Abs. 4, 164 VVG ist also prinzipiell eröffnet, weil es sich bei § 4 Abs. 4 MB/KT um eine durch höchstrichterliche Entscheidung für unwirksam erklärte Klausel handelt.

2. Notwendigkeit zur Fortführung des Vertrages

Von der Notwendigkeit der Klauselersetzung zur Fortführung des Vertrages kann allerdings nur gesprochen werden, wenn wesentliche Vertragselemente wie die Leistungspflicht des Versicherers oder Ansprüche der Parteien betroffen sind, ohne deren Regelung eine Fortführung des Vertrages verständigerweise nicht möglich ist, also eine Regelungslücke entstanden ist, die die Durchführung der gegenseitigen Leistungsversprechen beeinträchtigt.[2]

Nach der beanstandeten Regelung ist der Versicherer berechtigt, das vereinbarte Tagegeld nach unten zu korrigieren, wenn „das Nettoeinkommen der versicherten Person unter die Höhe des dem Vertrag zugrunde gelegten Einkommens gesunken ist". Das gilt unabhängig von einem bereits eingetretenen Versicherungsfall. Kann der Versicherer das nicht (mehr), liegt darin natürlich eine schwere Störung des Synallagmas. Nicht nur, dass der Versicherer mit höheren Belastungen konfrontiert wird (bei Anwendung der Klausel dürfte er selbst bei laufendem Versicherungsfall eine Korrektur nach unten vornehmen), es stellt zudem eine erhebliche Erhöhung des sog. subjektiven Risikos[3] dar, wenn ein Anreiz dahingehend geschaffen wird, durch den Versicherungsfall besser als sonst gestellt zu werden. Unter dem subjektiven Risiko versteht man einerseits die sog. Vertragsgefahr, andererseits die sog. Prämiengefahr. Während die Prämiengefahr sich auf die wirtschaftliche Situation des Versicherungsnehmers bezieht (kann er die Prämie bezahlen?), versteht man unter Vertragsgefahr das erhöhte Risiko des Versicherers, grundlos aus dem Versicherungsvertrag in Anspruch genommen zu werden, ein im Alltag und im Geschäftsverkehr nicht zu unterschätzendes Phänomen.

Ob allerdings die rückwirkende Implementation einer (transparenten) Herabsetzungsbefugnis des Versicherers zur Fortführung des Krankenversicherungsvertrages wirklich „notwendig" ist, muss bezweifelt werden. Zwar erhöht sich – wie gezeigt – durch den Wegfall des § 4 Abs. 4

---

2 Vgl. zu § 172 VVG a.F. BGH, Urt. v. 12.10.2005 - IV ZR 162/13, VersR 2005, 1670; *Boetius*, in: Langheid/Wandt, 2. Auflage, 2017, Bd. 2, § 203 Rn. 987, 988; *Wandt*, in: Langheid/Wandt, § 164 Rn. 50; *Winter*, in: Bruck/Möller, 9. Auflage, 2013, Bd. 8/1, § 164 Rn. 21 ff.; *Brambach*, in: HK-VVG, 3. Auflage, 2015, § 164 Rn. 7; zum Begriff ferner *Langheid,in:* Langheid/Rixecker, 5. Auflage, 2016, § 164 Rn. 11.
3 Dazu *Langheid, in:* Langheid/Rixecker, § 19 Rn. 33.

MB/KT das subjektive Risiko, das allein aber steht der Möglichkeit, den Vertrag durchzuführen – Leistung des Krankentagegeldes gegen Zahlung der vereinbarten Prämie – nicht entgegen. Ergo: Diese Variante der Ersetzungsbefugnis des Versicherers scheidet voraussichtlich aus.

3. Unzumutbare Härte des Festhaltens am Vertrag

Die Klauselersetzungbefugnis des § 164 Abs. 1 Satz 1 2. Alternative VVG hat – entgegen einer zuweilen geäußerten, aber unzutreffenden Ansicht[4] – nach dem Wortlaut des Gesetzes eben nicht zur Voraussetzung, dass die Klauselersetzung „zur Fortführung des Vertrages notwendig" ist (das ist die 1. Alternative der Vorschrift, s.o.), sondern allein, dass das Festhalten an dem Vertrag ohne die Ersetzung der Klausel für eine Vertragspartei (in diesem Fall den Versicherer) auch unter Berücksichtigung der Interessen der anderen Vertragspartei (des Versicherungsnehmers) eine unzumutbare Härte darstellen würde. Das ist regelmäßig dann der Fall, wenn sich durch die Unwirksamkeit der Klausel das Vertragsgefüge verschieben und eine ins Gewicht fallende Äquivalenzstörung eintreten würde.[5] Mit dieser Regelung wird das Notwendigkeitserfordernis der 1. Alternative ergänzt,[6] weil eine Vertragslücke eben zuweilen hinzunehmen ist (weil die Regelung nicht zwingend für die Vertragsfortsetzung benötigt wird), aber nicht bei Unzumutbarkeit.

Maßgeblich für die Bestimmung einer unzumutbaren Härte und des angemessenen Ausgleichs der Belange der Vertragspartner ist eine umfassende Abwägung des Gewichts der durch die Unwirksamkeit der zu ersetzenden Klausel betroffenen Interessen des Versicherers und der Interessen des von einer Klauselersetzung betroffenen Versicherungsnehmers.[7]

Der Bundesgerichtshof hat in der Entscheidung vom 6.7.2016[8] – wenn auch im Zusammenhang mit der Prüfung eines Wegfalls der Geschäftsgrundlage – offen gelassen, ob es einem Versicherer zumutbare wäre, an einem Krankentagegeldversicherungsvertrag auch ohne Leistungsanpassungsmöglichkeit festzuhalten.

---

4 *Brambach, in:* HK-VVG, a.a.O., § 164 Rn. 10.
5 *Reiff,* VersR 2013, 785, 787; *Winter, in:* Bruck/Möller, § 164 Rn. 21 ff.
6 *Langheid, in:* Langheid/Rixecker, § 164 Rn. 15.
7 Vgl. VVG-E BT-Dr. 16/3945, 100; *Wandt, in:* Langheid/Wandt, § 164 Rn. 58.
8 S.o. Fn. 1.

Gegen die Unzumutbarkeit der durch die Unwirksamkeit von § 4 Abs. 4 MB/KT für einen Versicherer eingetretenen Härte spricht im Wesentlichen, dass er in einem solchen Fall die der Höhe des versprochenen Krankentagegeldes entsprechende Prämie erhält. Allerdings ließe das unberücksichtigt, dass mit zunehmender Dauer des Verlustes an Verdienst das subjektive Risiko deutlich zunimmt und damit die Wahrscheinlichkeit, dass der Versicherungsfall „Arbeitsunfähigkeit" zu Unrecht angezeigt wird oder gegebenenfalls tatsächlich eintritt, aber Art und Ausmaß der Arbeitsunfähigkeit verlässlich nicht geprüft werden können.

Vor allem spricht für eine Klauselersetzungsbefugnis die soziale Ausgleichsfunktion der Klausel. Ungeachtet des Umstandes, dass die Krankentagegeldversicherung – derzeit – als Summenversicherung zu betrachten ist, besteht ihr sozialer Sinn in einem Ausgleich oder einer „Abfederung" tatsächlich eingetretener Verdiensteinbußen. Dafür lässt sich vor allem darauf hinweisen, dass sich aus § 4 Abs. 2 MB/KT (ungeachtet seines bloßen „Programmcharakters") das dem Versicherungsnehmer erkennbare Konzept ergibt, ausschließlich das vertraglich übernommene Risiko eines Verdiensteinbruchs durch Arbeitsunfähigkeit zu decken, nicht aber die Arbeitsunfähigkeit als Gelegenheit anzubieten, eine monetäre Besserstellung des Versicherungsnehmers nach Eintritt der Arbeitsunfähigkeit auszulösen. Davon abgesehen fällt auch ins Gewicht, dass der Bundesgerichtshof in seiner Entscheidung vom 6.7.2016 § 4 Abs. 4 MB/KT gerade nicht wegen unangemessener Benachteiligung für unwirksam erklärt hat, sondern lediglich als in zweierlei Hinsicht intransparent.[9]

Die Zulässigkeit einer Klauselersetzung, die die Transparenzbedenken des Bundesgerichtshofs berücksichtigt, also sowohl den maßgeblichen Bemessungszeitraum für das (gesunkene) Nettoeinkommen als auch dessen Bemessungsfaktoren klar und verständlich regelt, ist also zu bejahen. Gewisse Restbedenken, die aus den Wertungsspielräumen der Zulässigkeitsfaktoren „unzumutbare Härte" und „Berücksichtigung der Interessen der anderen Vertragspartei" resultieren, müssen hier nicht näher behandelt werden, denn es geht ja im Wesentlichen vordringlich um die Frage, ob die beanstandete Klausel inhaltsgleich ersetzt werden darf.

---

9 Als dem Transparenzgebot entsprechende Herabsetzungsklausel kommt der Vorschlag des PKV vom 7.11.2016 in Betracht. Maßgeblich wird allerdings sein, ob auch der Begriff des „Nettoeinkommens" in den Tarifbedingungen der Versicherer hinreichend transparent dargestellt werden kann.

III. Ersetzung intransparenter Klauseln in der Lebensversicherung

Diese Frage ist umstritten. Einige Entscheidungen des Bundesgerichtshofs aus der Vergangenheit lassen vermuten, dass die seinerzeit amtierenden Richter des BGH eine zwar materiell-rechtlich für unbedenklich erachtete Klausel in Allgemeinen Versicherungsbedingungen, die allein wegen Intransparenz für unwirksam erklärt wurde, nicht durch eine inhaltsgleiche – insbesondere also materiell wirksame – Klausel ersetzt sehen wollten, die die Transparenzvorgaben erfüllt. Es fragt sich, ob diese Auffassung auch heute noch so aufrechterhalten werden kann (ungeachtet der Frage, ob sie damals richtig war).

1. Rechtsprechung zum Zillmern

Im Jahr 2001 hat der BGH mit Urteil vom 9.5.2001[10] Klauseln in den Allgemeinen Bedingungen über die kapitalbildende Lebensversicherung der Tarifgeneration 1994 bis 2001, die die Verrechnung der Abschlusskosten mit den Beiträgen bei Beginn der Vertragslaufzeit regeln (sog. Zillmern), wegen Intransparenz für unwirksam erklärt, da sie dem Versicherungsnehmer etwaige wirtschaftliche Nachteile nicht deutlich vor Augen führten.

Zunächst jedoch betont der IV. Zivilsenat in den Entscheidungsgründen, dass die Verrechnung einmaliger Abschlusskosten ab Beginn des Vertragsverhältnisses mit Ansprüchen auf künftige Beiträge gesetzlich nicht untersagt ist. Weiter der BGH: „Im Gegenteil" setze § 65 Nr. 2 VAG a.F., wonach Höchstbeträge für das Zillmern durch Rechtsverordnung festgesetzt werden sollen, das Zillmern als grundsätzlich zulässig voraus.

Die verwendeten Klauseln zur Funktionalität der Verrechnung der Abschlusskosten mit den ersten Prämienzahlungen seien allerdings infolge von Intransparenz unwirksam, da sie dem Versicherungsnehmer nicht hinreichend verdeutlichten, dass die beschriebene Form der Zillmerung für ihn dann von wirtschaftlichem Nachteil ist – (teilweiser) Verlust der eingezahlten Prämien –, wenn er seinen Vertrag in den ersten Jahren kündigt oder beitragsfrei stellen lässt (sog. Frühstorno). Wegen eines fehlenden Warnhinweises zu den Folgen der Verrechnung verwarf der BGH die

---

10 BGH, Urt. v. 9.5.2001 - IV ZR 121/00, VersR 2001, 841; vgl. auch BGH, Urt. v. 9.5.2001 – IV ZR 138/99, VersR 2001, 839.

Klauseln, die er im Übrigen also explizit inhaltlich unbeanstandet gelassen hat, als intransparent.

Nicht zuletzt die dargestellten höchstrichterlichen Ausführungen haben die Versicherer dazu veranlasst, die bis dato nicht transparenten Klauseln im seinerzeit noch gesetzlich vorgesehenen Verfahren durch einen Bedingungstreuhänder durch gleichartige, aber für den Versicherungsnehmer nunmehr transparente Bestimmungen zu ersetzen. Der materielle – von den Bundesrichtern für angemessen und wirksam erklärte – Inhalt der Bestimmungen wurde dabei nicht verändert und den Altverträgen jetzt in transparenter Form implementiert. Da die Klauseln der Gesetzeslage entsprachen, durften sowohl die Versicherer als auch die tätig werdenden Bedingungstreuhänder annehmen, dass die Versicherungsnehmer diese von vorneherein akzeptiert hätten, wenn sie nur hinreichend transparent formuliert gewesen wären.

2. Rechtsprechung zum Treuhändern

Anders aber der BGH. Mit Urteil vom 12.10.2005[11] erklärte der IV. Zivilsenat die im Treuhänderverfahren durchgeführte Ersetzung der durch die Urteile vom 9.5.2001 (IV ZR 121/00 und IV ZR 138/99) wegen Verstoßes gegen das Transparenzgebot für unwirksam erklärten Klauseln in Allgemeinen Bedingungen der Lebensversicherung durch inhaltsgleiche Bestimmungen für unwirksam. Denn die inhaltsgleiche Ersetzung einer unwirksamen Klausel unterlaufe die gesetzliche Sanktion der Unwirksamkeit nach § 307 Abs. 1 BGB. Es sei nicht angängig, an die Stelle der unwirksamen, weil den Vertragspartner des Klauselverwenders unangemessen benachteiligenden, Klausel im Wege der ergänzenden Vertragsauslegung eine inhaltsgleiche Bestimmung zu setzen.

Diese an sich selbstverständliche Regel gelte aber auch dann, wenn die Unwirksamkeit auf einem Verstoß gegen das Transparenzgebot beruhe. Durch die Intransparenz werde der Versicherungsnehmer gehindert, seine Entschließungsfreiheit bei Eingehung des Vertrages in voller Kenntnis des Inhalts des Vertrages, insbesondere der wirtschaftlichen Nachteile, auszuüben. Diese Folgen des Transparenzmangels lassen sich nach Auffassung des BGH nicht rückwirkend damit beseitigen, dass die unwirksame in-

---

[11] BGH, Urt. v. 12.10.2005 – IV ZR 162/03, VersR 2005, 1565.

transparente Klausel durch eine materiell inhaltsgleiche transparente Klausel ersetzt wird. Dabei bleibt vollkommen unberücksichtigt, dass der durchschnittliche Versicherungsnehmer nichts dagegen haben kann und auch nichts dagegen gehabt hätte, einer Klausel zuzustimmen, deren Inhalt einerseits vom Gesetzgeber ausdrücklich akzeptiert und die andererseits von einem (durchaus kritischen) BGH ebenso ausdrücklich für inhaltlich angemessen erklärt wurde. Die Begründung, die der BGH für die Verwerfung der getreuhänderten Klausel gefunden hat, wirkt vorgeschoben; man konnte (und wollte) einfach nicht akzeptieren, dass die Versicherungswirtschaft kurzerhand den BGH beim Wort genommen hatte und die materiell für in Ordnung befundenen Klauseln in nunmehr transparenter Form, aber völlig inhaltsgleich, einfach ausgetauscht hatte. Irgendeine „Strafe" musste schon sein.

Dabei hatte das Schrifttum[12] zuvor bereits aufgezeigt, wie eine Lösung über eine ergänzende Vertragsauslegung logisch konsequent herzuleiten war. Demnach hätten die Vertragsparteien bei bloßer Intransparenz einer inhaltlich angemessenen Regelung vereinbart, an dem Inhalt der Regelung festzuhalten und den Mangel der Intransparenz für die zukünftige Durchführung ihres Vertrages zu beheben, indem sie an die Stelle der intransparenten Regelung eine inhaltsgleiche, transparente Regelung in ihren Vertrag (in die AVB) einfügten.

Dem jedoch wollten die Bundesrichter nicht folgen. Vielmehr argumentierten sie mit Blick auf das (unerwünschte) Ergebnis, dass bei inhaltsgleicher Ersetzung der Klausel die infolge Intransparenz für den Versicherungsnehmer verdeckten Nachteile letztlich dann ja Bestand hätten, was der Regelung des § 307 BGB zuwiderlaufe. Der BGH schließt „messerscharf, dass nicht sein kann, was nicht sein darf"[13] und leugnet die durch ihn selbst mit Urteilen vom 9.5.2001[14] festgestellte (Rechts-)Tatsache, dass die Klauseln zum Frühstorno materiell-rechtlich unbedenklich sind, indem er sie letztlich nicht Rechtswirklichkeit werden lassen will.

---

12 *Wandt*, VersR 2001, 1449; *Kirscht*, VersR 2003, 1072.
13 Frei nach Christian Morgenstern.
14 BGH, Urt. v. 9.5.2001 – IV ZR 121/00, VersR 2001, 841; BGH, Urt. v. 9.5.2001 - IV ZR 138/99, VersR 2001, 839.

3. Lückenschließung

a) Zeitwertberechnung

Damit aber nicht genug. Die Entscheidung des BGH vom 12.10.2005[15] ist noch in anderer Hinsicht bemerkenswert. Nachdem der IV. Zivilsenat die im Treuhänderverfahren durchgeführte Ersetzung der streitgegenständlichen Klauseln in den Allgemeinen Bedingungen der Lebensversicherung über die Berechnung der beitragsfreien Versicherungssumme und des Rückkaufswerts, den Stornoabzug und die Verrechnung der Abschlusskosten für unwirksam erklärt hat, musste die dadurch entstandene Vertragslücke geschlossen werden.

Zutreffend führt der BGH aus, dass Maßstab und Inhalt einer solchen Maßnahme nach § 306 Abs. 2 BGB zu bestimmen sind. Demzufolge richtet sich der Inhalt des Vertrages im Falle unwirksamer Bestimmungen nach den Regeln der dispositiven gesetzlichen Vorschriften.

Die Frage, ob und unter welchen Voraussetzungen die sich aus dem Wegfall einer AVB-Klausel ergebende Vertragslücke durch eine ergänzende Vertragsauslegung geschlossen werden kann, regelt § 306 BGB allerdings nicht explizit. Die Gesetzeshistorie legt jedenfalls den Schluss nahe, dass nach den Vorstellungen des Gesetzgebers des AGBG die ergänzende Vertragsauslegung zulässig sein sollte.[16]

Da aber nach höchstrichterlicher Rechtsprechung die Lücke in einem Vertrag, der durch die Unwirksamkeit einer Klausel in AGB entsteht, erst dann im Wege der ergänzenden Vertragsauslegung geschlossen werden darf, wenn konkrete gesetzliche Regelungen zur Ausfüllung der Lücke nicht zur Verfügung stehen und wenn der ersatzlose Wegfall der unwirksamen Klausel nicht zu einer angemessenen, den typischen Interessen des Klauselverwenders und des Vertragspartners Rechnung tragenden Lösung führt,[17] ist zunächst nach einer gesetzlichen Regelung zu suchen. Denn die Lückenfüllung im Wege ergänzender Vertragsauslegung ist subsidiär gegenüber einer Lösung über die Vorschriften des dispositiven Gesetzesrechts.

---

15 BGH, Urt. v. 12.10.2005 – IV ZR 162/03, VersR 2005, 1565.
16 BT-Dr. 7/5422, 5.
17 St. Rspr. BGH, Urt. v. 1.2.1984 – VIII ZR 54/83, NJW 1984, 1177; Urt. v. 3.11.1999. VIII ZR 269/98, NJW 2000, 1110; Urt. v. 4.7.2002 – VII ZR 502/99, NJW 2002, 3098.

Für die Lebensversicherungsverträge der Tarifgeneration 1994 bis 2001 und die in ihnen für unwirksam erklärten Klauseln stand mit § 176 VVG a.F. aber eine gesetzliche Ersatzregelung zur Verfügung, deren Anwendung nichts im Wege stand, außer dem Widerstand des BGH. Noch einmal zur Ausgangslage: Nach der BGH-Rechtsprechung war der (in der für unwirksam erklärten Klausel vereinbarte) Stornoabzug bei der Berechnung der beitragsfreien Versicherungssumme und des Rückkaufswerts nicht zu berücksichtigen. Ein gewisser Mindestbetrag für den Rückkaufswert durfte nicht unterschritten werden.

§ 176 VVG a.F. sah die Erstattung dieses Rückkaufswerts vor, wenn der Vertrag vor der Zeit endete. In Abs. 3 der Vorschrift wurde gesetzlich angeordnet, dass der Rückkaufswert „als Zeitwert" zu berechnen war.[18] Der BGH hat das Vorhandensein dieses dispositiven Gesetzesrechts auch durchaus gesehen, lehnte die Anwendung der gesetzlichen Ersatzregelung in § 176 VVG a.F. aber ab. Zunächst wies er darauf hin, dass eine neue mit Zustimmung des Treuhänders gefundene Klausel von einer gesetzlichen Regelung, die eine sachgerechte Lösung bieten würde, nicht abweichen dürfe.[19] Es sei aber „nicht immer einfach und klar" zu beantworten, „ob dispositives Recht eine sachgerechte Ersatzlösung" biete.[20] Sodann setzt der BGH sich mit dem Zeitwert nach § 176 Abs. 3 VVG a.F. auseinander. Dieser sei unklar, weil „auch zehn Jahre nach Inkrafttreten der Neuregelung noch nicht allgemein anerkannt" sei, wie er zu berechnen wäre. Der Rückkaufswert läge nach Ansicht von Fachleuten „unter den vereinbarten und nach den herkömmlichen Verfahren berechneten Rückkaufswerten".[21] Deswegen biete er „keine Grundlage für einen Ausgleich der durch den Transparenzmangel verursachten nachteiligen Folgen bei vorzeitiger Beendigung der Beitragszahlung".[22]

Mit anderen Worten: Die Anwendung einer vorhandenen und auch gesehenen gesetzliche Regelung wird mit der Begründung abgelehnt, dass deren Anwendung zu einem für den Verbraucher noch ungünstigeren Ergebnis geführt hätte als die Regelungen in den beanstandeten Klauseln. Das verdient sicher Beachtung: Es ist sicherlich zumindest ein sehr seltener Vorgang, dass ein Bundesgericht eine bestimmte Vertragsklausel für

---

18 S. dazu *Römer, in*: Römer/Langheid, 2. Auflage, 2003, § 176 Rn. 6.
19 BGH, Urt. v. 12.10.2005 - IV ZR 162/03, VersR 2005, 1565 Rn. 29.
20 BGH, Urt. v. 12.10.2005 - IV ZR 162/03, VersR 2005, 1565 Rn. 29.
21 BGH, Urt. v. 12.10.2005 - IV ZR 162/03, VersR 2005, 1565 Rn. 62.
22 BGH, Urt. v. 12.10.2005 - IV ZR 162/03, VersR 2005, 1565 Rn. 62.

inhaltlich angemessen, aber intransparent erklärt und anstelle der verworfenen Klausel nicht das Gesetz anwendet, weil dieses im Ergebnis ein für den Gegner des Klauselverwenders noch schlechteres wirtschaftliches Ergebnis mit sich bringen würde. Wäre es dann – so fragt sich der Beobachter – nicht besser gewesen, die Klausel so zu belassen wie sie war? Ist es mit der Gesetzesbindung der Judikative vereinbar, eine gesetzliche Regelung einfach nicht anzuwenden, nur weil deren Ergebnis als unangemessen bzw. unpassend angesehen wird?

Eines scheint sicher: Wäre schon zum Zeitpunkt der Ausgangsentscheidung die spätere Gesamtentwicklung absehbar gewesen, dann hätte der BGH in der seinerzeitigen Besetzung des IV. Senates das Zillmern nicht als intransparent verworfen. Der anschließende aufwendige Umgang mit den intransparenten Klauseln durch die Ersetzung gleichartiger neuer Klauseln unter Zustimmung der Bedingungstreuhänder hätte schlichtweg unterbleiben können. Dass diese sodann im Treuhandverfahren ausgewechselten Klauseln wiederum keinen Bestand hatten, weil der Versicherungssenat in der Besetzung des Jahres 2005 die ursprüngliche Verwendung von intransparenten Klauseln mit einer Sanktionierung der neuen Klauseln belegte, fügte dem ohnehin komplexen Vorgang noch ein Element des Unerwarteten hinzu.

b) Putativer Rückkaufswert

Nicht weniger erstaunlich als dieser Ablauf ist sodann auch das vom BGH im Jahre 2005 gefundene Ergebnis. In der Entscheidung vom 12.10.2005 hat der BGH die durch die doppelte Verwerfung der Klauseln entstandene Vertragslücke durch eine eigene Lösung gefüllt. Die Klausel und die dort geregelte Verrechnung von Abschlusskosten mit den bereits eingezahlten Prämien gänzlich zu verwerfen, hätte der Wertung des BVerfG widersprochen, dass nicht nur Individual-, sondern auch Kollektivinteressen schützenswert seien[23]. Die Position derjenigen Versicherungsnehmer, die von ihrem Recht auf Vertragsbeendigung Gebrauch machten und an einem auch bei einem sog. Frühstorno besonders hohen Rückkaufswert interessiert waren, musste mit den Interessen der verbleibenden Mitglieder des Versichertenkollektivs, die über Jahrzehnte hinweg ihre Prämien einzahl-

---

23 BVerfG, Urt. v. 26.7.2005 – 1 BvR 782/94, BVerfG, NJW 2005, 2363.

ten und die deswegen an einer möglichst niedrigen Belastung des Überschusses interessiert waren, harmonisiert, also in ein vernünftiges Maß zueinander gesetzt werden.

Der BGH, der sich gehalten sah, „die Interessen aller Beteiligten" zum Zeitpunkt „des Vertragsschlusses zusammenzuführen",[24] sah sich außerstande, die zwar materiell vom Vorgängersenat akzeptierte, aber intransparente Klausel inhaltlich einschränkungslos anzuwenden. Die gesetzliche Regelung in § 176 Abs. 3 VVG a.F. (Zeitwert) wollte er auch nicht anwenden (weil diese Regelung dem frühstornierenden Versicherungsnehmer noch weniger brachte als die vertragliche Regelung). Stattdessen hat der BGH sich dem Vorschlag der VVG-Reformkommission angeschlossen, der damals als Abschlussbericht nebst Begründung bereits vorlag.[25] Diesen Vorschlag der Reformkommission hielt der BGH „aus mehreren Gründen für vorzugswürdig. Der Vorschlag stammt von einem sachkundigen Gremium, dem Vertreter der Verbraucher, der Versicherungswirtschaft und der Wissenschaft angehörten, beruht auf aktuellen Erkenntnissen und erscheint ohne größere Schwierigkeiten durchführbar".[26] Anders als damals in § 176 Abs. 3 VVG a.F. geregelt, sollte nicht mehr der Zeitwert der Versicherung maßgeblich sein, „sondern das nach anerkannten Regeln der Versicherungsmathematik mit den Rechnungsgrundlagen der Prämienkalkulation zum Schluss der laufenden Versicherungsperiode berechnete Deckungskapital der Versicherung sein, bei einer Kündigung mindestens jedoch die Hälfte des ungezillmerten Deckungskapitals".[27]

So ist es denn vom BGH angeordnet worden und damit liegt ein Urteil des BGH vor, das weder der damaligen noch der heutigen Gesetzeslage entspricht. Denn der Vorschlag der VVG-Reformkommission ist nicht Gesetz geworden, sondern § 169 Abs. 3 Satz 1 VVG sieht vor, dass der Rückkaufswert „bei einer Kündigung des Versicherungsverhältnisses jedoch mindestens der Betrag des Deckungskapitals" sein muss, „das sich bei gleichmäßiger Verteilung der angesetzten Abschluss- und Vertriebskosten auf die ersten fünf Vertragsjahre ergibt".[28] Es entbehrt gewiss nicht einer

---

24 BGH, Urt. v. 12.10.2005 - IV ZR 162/03, VersR 2005, 1565 Rn. 58.
25 BGH, Urt. v. 12.10.2005 - IV ZR 162/03, VersR 2005, 1565 Rn. 61.
26 BGH, Urt. v. 12.10.2005 - IV ZR 162/03, VersR 2005, 1565.
27 BGH, Urt. v. 12.10.2005 - IV ZR 162/03, VersR 2005, 1565.
28 Das entspricht dem Zeitraum der „Riester"-Rente, die der BGH in dem fraglichen Urteil nicht anwenden wollte, siehe BGH, Urt. v. 12.10.2005 - IV ZR 162/03, VersR 2005, 1565 Rn. 61.

gewissen Ironie, dass die allseits für notwendig erachtete Lückenschließung der Verträge einer Lösung zugeführt wurde, die weder der damaligen noch der heutigen Gesetzeslage entspricht.[29]

IV. Konsequenzen

Was folgt aus alledem? Als Zwischenfazit kann festgehalten werden, dass bei intransparenten Klauseln die durch ihre Verwerfung entstehende Lücke durch gesetzliche Regelungen zu füllen ist, soweit solche gesetzlichen Regelungen vorhanden sind.

Es erscheint nicht möglich, an die Stelle zur Verfügung stehender gesetzlicher Regelungen im Wege der ergänzenden Vertragsauslegung die entstandene Lücke durch eine vertragliche Regelung nach Maßgabe dessen zu füllen, was die Parteien bei Vertragsabschluss wohl gewollt hätten, wenn sie die als intransparent verworfene Regelung durch eine andere Regelung zu ersetzen gehabt hätten. Denn eine solche Lückenfüllung im Wege der ergänzenden Vertragsauslegung scheidet nach Ansicht des BGH aus, wenn keine ausreichenden Anhaltspunkte dafür bestehen, welche Regelung die Parteien bei Kenntnis der Unwirksamkeit der beanstandeten Klausel vereinbart hätten. Wenn unterschiedliche Gestaltungsmöglichkeiten denkbar sind, ohne dass erkennbar ist, welche die Parteien gewählt hätten, sind die Gerichte eben nicht befugt, die Lücke durch ergänzende Vertragsauslegung zu schließen.[30]

Auch die gemachten Erfahrungen belegen, dass dieser Weg nicht gangbar ist. Es ist daher – am konkreten Beispiel von § 4 Abs. 4 MB/KT 09 – im Folgenden zu untersuchen, ob die entstandene Lücke durch dispositives Recht geschlossen werden kann. Andernfalls ist der Versicherer eben berechtigt, die für intransparent erklärte Klausel zu ersetzen.

---

29 Vgl. dazu schon *Langheid, in*: Langheid/Rixecker, § 169 Rn. 60.
30 BGH, Urt. v. 6.7.2016 – IV 44/15, BGH, VersR 2016, 1177 Rn. 48.

V. Zukunft der Krankentagegeldklauseln

1. Lückenschließung durch dispositives Recht

Ist also der Vorschrift des § 306 Abs. 2 BGB und der dazu ergangenen höchstrichterlichen Rechtsprechung folgend die bei dem Wegfall einer für unwirksam erklärten AVB-Bestimmung entstehenden Vertragslücke vorrangig durch dispositives Recht zu schließen, stellt sich die Frage, welche gesetzlichen Regelungen zur Anwendung gelangten, wenn der BGH § 4 Abs. 4 MB/KT 09 durch das Gesetz zu ersetzen hätte.

Zunächst ist festzuhalten, dass die besonderen Vorschriften der §§ 192 bis 208 VVG in der Krankenversicherung keinen Fall eines versichererseitigen Gestaltungsrechts zur Herabsetzung oder Kürzung der Versicherungsleistung regeln (anders beispielsweise in der Lebensversicherung, wo bei einer prämienfreien Versicherung § 163 Abs. 2 Satz 2 VVG den Versicherer unter den Voraussetzungen einer nicht nur vorübergehenden Änderung des Leistungsbedarfs zur Leistungsherabsetzung berechtigt).

Auch im Allgemeinen Teil des VVG finden sich keine (einschlägigen) Regelungen eines einseitigen Gestaltungsrechts für den Fall, dass das Nettoeinkommen unter die Höhe des dem Vertrag zugrunde gelegten Einkommens sinkt. Insbesondere scheidet eine Lösung über die Vorschriften der Gefahrerhöhung aus, da die §§ 23 bis 27 VVG gemäß § 194 Abs. 1 Satz 2 VVG auf die Krankenversicherung nicht anzuwenden sind. Ebenso wenig besteht ein Recht des Versicherers zur (teilweisen) Leistungskürzung nach § 28 Abs. 2 VVG. Denn die Obliegenheit des Versicherungsnehmers nach § 4 Abs. 3 MB/KT, eine Verringerung des Nettoeinkommens auf Beträge unterhalb der vereinbarten Krankentagegeldhöhe anzuzeigen, ist sanktionslos ausgestaltet (vgl. § 10 MB/KT).[31]

2. Störung der Geschäftsgrundlage

Weiter könnte eine Vertragsanpassung wegen Störung der Geschäftsgrundlage gemäß § 313 BGB in Erwägung zu ziehen sein. Allerdings wertet die Rechtsprechung Allgemeine Versicherungsbedingungen als ein in sich ge-

---

31 Vgl. *Wilmes,* in: Bach/Moser, Private Krankenversicherung, 5. Auflage, 2015, § 4 MB/KT Rn. 12; *Voit, in:* Prölss/Martin, VVG, 29. Auflage, 2015, § 4 MB/KT Rn. 17.

schlossenes Regelungswerk, bei dem daneben eine Anwendung der Lehre von der Geschäftsgrundlage nicht in Betracht kommt.[32] Die Grundlagenlehre ist subsidiär und dort nicht erforderlich, wo die Risikoverteilung bereits vertraglich geregelt ist.[33]

Der BGH lehnt eine Berücksichtigung von Störungen der Geschäftsgrundlage mit der Begründung ab, dass im Falle unwirksamer AGB § 306 BGB das Risiko der Unwirksamkeit einer Klausel dem Klauselverwender zuweist und damit das Berufen auf die Störung ausgeschlossen ist.[34]

Zusammenfassend existiert also kein dispositives Gesetzesrecht, das an die Stelle der unwirksamen Klausel treten könnte (§ 306 Abs. 2 BGB).[35] Auch die Regeln über den Wegfall der Geschäftsgrundlage sind nicht anwendbar.

3. Klauselersetzung

Im Falle einer Minderung des Nettoeinkommens unter das vertraglich zugrunde gelegte Einkommen steht also weder dispositives Recht zur Verfügung noch kann und darf die Rechtsprechung die Vertragslücke im Wege ergänzender Vertragsauslegung schließen. Damit steht einzig die Lösung über eine Klauselersetzung nach §§ 203 Abs. 4, 164 VVG offen.

Das Instrument des Ersetzungsverfahrens ermöglicht es dem Versicherer, eine höchstrichterlich für unangemessen befundene Vertragsklausel durch eine angemessene Regelung zu ersetzen. Ihm steht demnach quasi das Recht zu, sich zu irren und diesen Irrtum dann innerhalb der von §§ 164, 203 Abs. 4 VVG gesetzten Grenzen zu korrigieren. Und wie könnte er dies besser tun, als die Klausel genau in den Punkten anzupassen, die höchstrichterlich beanstandet wurden (hier also formale Transparenz- und Verständlichkeitsaspekte) und dabei den Regelungsinhalt unangetastet zu lassen, den auch das Gericht nicht zu beanstanden hatte?

---

32 OLG Karlsruhe, Urt. v. 7.12.1989 – 12 U 144/89, VersR 1990, 1340 (zu MB/KT 78).
33 *Finkenhauer*, in: MüKoBGB, 7. Auflage, 2006, § 313 Rn. 52.
34 BGH, Urt. v. 6.7.2016,– IV ZR 44/15, VersR 2016, 1177 Rn. 49.
35 Die lapidare Feststellung trifft auch der BGH, Urt. v. 6.7.2016,– IV ZR 44/15, VersR 2016, 1177 Rn. 45, allerdings ohne eine genauere Auseinandersetzung damit darzulegen.

Dann aber muss der Klauselverwender berechtigt sein, in dem Fall, dass die Klausel materiell-rechtlich für nicht unangemessen, wohl aber für intransparent erklärt wurde, die Klausel durch eine transparente, inhaltsgleiche Bestimmung zu ersetzen. Bereits der Gesetzgeber der Schuldrechtsreform hat das Transparenzgebot als eine „ganz eigenständige Prüfungskategorie" definiert.[36] Das impliziert zugleich, dass ein Verstoß gegen das Transparenzgebot eine eigenständige unangemessene Benachteiligung des Vertragspartners darstellt und dass diese unangemessene Benachteiligung wiederum vollständig durch Implementierung einer transparenten Klausel behoben werden kann.

Das früher verwandte Gegenargument, die Intransparenz der Klausel verhindere eine adäquate Entscheidung des Versicherungsnehmers in Bezug auf den Vertragsabschluss, war schon seinerzeit nicht stichhaltig und ist es heute noch immer nicht. Wenn eine Klausel inhaltlich angemessen ist, wird der vernünftige und redliche Adressat dieser Klausel in ihr keinen Grund sehen, einen für erforderlich gehaltenen Versicherungsschutz nicht abzuschließen. Die nachträgliche Herstellung der Transparenz ist notwendig, damit der Versicherungsnehmer klar und deutlich seine Rechte, aber auch die des Versicherers zur Kenntnis nehmen und zutreffend einschätzen kann.

V. Fazit

Als Fazit kann thesenhaft folgendes festgehalten werden:

1. Sowohl in der Lebens- als auch in der Krankenversicherung können für unwirksam befundene Klauseln durch wirksame Klauseln ersetzt werden.
2. Voraussetzungen sind das Erfordernis der Klausel zur Fortführung des Vertrages einer- oder eine ansonsten sich ergebende unzumutbare Härte am Festhalten des Vertrages andererseits.
3. Beide Voraussetzungen liegen dann nicht vor, wenn sich aus dem dispositiven Gesetzesrecht eine Regelung ableiten lässt, die die durch die Verwerfung der Klausel entstandene Lücke schließt.
4. Ist der Versicherer berechtigt, die Klausel einseitig durch eine wirksame Regelung zu ersetzen, dann kann er eine intransparente, materiell-

---

36 BT-Dr. 14/6040, 153.

rechtlich aber nicht zu beanstandende Klausel durch eine inhaltsgleiche, aber transparent formulierte Klausel ersetzen.

Transsexualität und Krankenversicherungsvertrag

*Leander D. Loacker, Zürich**

I. Vorbemerkung

Der Verfasser kam mit *Hans-Peter Schwintowski* erstmals in Kontakt, als dieser sich gemeinsam mit seinem Schüler *Christoph Brömmelmeyer* anschickte, ein Autorenteam für den damals neuen (in diesem Jahr in dritter Auflage erschienenen) VVG-Praxiskommentar[1] zusammenzustellen. Seither hat es immer wieder Berührungspunkte gegeben, und der Verfasser hat den nun Geehrten dabei stets als konstruktiv-kritischen, vor allem aber enorm kreativen und energiereichen Rechtswissenschaftler wahrgenommen.

Vor diesem Hintergrund und in Anbetracht der Tatsache, dass zu einem der breit gefächerten Schaffensgebiete des Jubilars spätestens seit seiner Göttinger Habilitationsschrift[2] gerade auch das Versicherungsrecht zählt, sei ihm der nachfolgende Beitrag herzlich gewidmet. Da der Abhandlungsgegenstand u.a. auch Anti-Diskriminierungsaspekte erfasst, zu denen der Geehrte sich verschiedentlich geäußert hat,[3] besteht die Hoffnung, dies möge über die von manchem gewiss als einigermaßen "exotisch" empfundene Themenwahl hinweghelfen. *Schwintowski* selbst benötigt derlei Hilfe freilich nicht. Er hat seit jeher an Problemen mit einem Bezug zu den Gedanken des Schwächeren- und Versichertenschutzes ausgeprägtes Interesse gezeigt – auch und gerade mit Blick auf die Krankenversicherung.

---

* PD, Dr. iur., Mag. iur, M.Phil., Privatdozent an der Rechtswissenschaftlichen Fakultät der Universität Zürich; Generalsekretär des globalen Forschungsprojekts Transnational Reinsurance Law; Konsulent bei mbh Rechtsanwälte, Zürich.
1 *Schwintowski/Brömmelmeyer*, Praxiskommentar zum Versicherungsvertragsrecht, 3. Auflage, 2017.
2 *Schwintowski*, Der private Versicherungsvertrag zwischen Recht und Markt, 1987.
3 Siehe aus jüngerer Zeit z.B. *Schwintowski*, VersR 2011, 164.

II. Zur Themenstellung

Gemäß der amtlichen Klassifikation zur Verschlüsselung von Diagnosen in der ambulanten und stationären Versorgung in Deutschland (ICD-10-2017-GM), gehört "Transsexualismus" zur Kategorie der "Persönlichkeits- und Verhaltensstörungen". Konkret wird die in der Kategorie F64.0 eingeordnete *Störung der Geschlechtsidentität* als der Wunsch charakterisiert, "als Angehöriger des anderen Geschlechtes zu leben und anerkannt zu werden."[4] Dieser Wunsch gehe "meist mit Unbehagen oder dem Gefühl der Nichtzugehörigkeit zum eigenen anatomischen Geschlecht einher", was zu dem Bedürfnis "nach chirurgischer und hormoneller Behandlung" führe, "um den eigenen Körper dem bevorzugten Geschlecht soweit wie möglich anzugleichen."[5]

Während Schätzungen in den 1990er Jahren noch davon ausgingen, dass rund 150.000 Menschen in Deutschland hiervon betroffen sein könnten,[6] wurde diese Annahme in den letzten Jahren massiv nach unten korrigiert: Aktuell geht die Deutsche Gesellschaft für Transidentität und Intersexualität von weniger als 7.000 Betroffenen hierzulande aus.[7] Dennoch sollen nach anderen Quellen bundesweit jährlich rund 1.500 transsexualitätsbezogene Operationen durchgeführt werden.[8] Die Daten sind also widersprüchlich.

Uneinheitlich ist auch die Begriffsverwendung,[9] insbesondere die Abgrenzung von *Transsexualität* im genannten Sinne gegenüber *Transidentität*. Ein Ansatz besteht darin, den letztgenannten Begriff als eine Art Oberbegriff zu verwenden, der das Nicht-Übereinstimmen von Anatomie und

---

4 Die internationale statistische Klassifikation der Krankheiten und verwandter Gesundheitsprobleme, 10. Revision, German Modification (ICD-10-2017-GM) ist unter www.dimdi.de/static/de/klassi/icd-10-gm im Volltext abrufbar (zuletzt abgerufen am 8.7.2017).
5 F64.0 ICD-10-2017-GM.
6 Siehe dazu *Schammler,* Transsexualität und Strafvollzug, 2008, S. 14 (dortige Fn. 27 m.w.N.).
7 Vgl. www.dgti.org/?id=166 (zuletzt abgerufen am 8.7.2017).
8 So *Graupner,* Kampf um Identität, FAS vom 10.1.2016, S. 17.
9 Zu ihr aus juristischer Perspektive *Corell,* NJW 1999, 3372, 3373 sowie zuletzt eingehend *Siedenbiedel,* Selbstbestimmung über das eigene Geschlecht, 2016, S. 32 ff.; aus medizinisch-psychologischer Perspektive *Nieder/Briken/Richter-Appelt,* Transgender, Transsexualität und Geschlechtsdysphorie, PSYCH up2date 2013, 373 ff. und *Schneider/Frister/Olzen,* Begutachtung psychischer Störungen, 3. Auflage, 2015, S. 260 f.

(empfundener bzw. sozialer) Geschlechtsidentität umschreibt.[10] Innerhalb dieser auch sog. *Transgender*-Gruppe heben sich dann jene, die die Zuordnung innerhalb eines dualen Systems der Geschlechtskategorisierung für sich ablehnen[11] von jenen ab, bei denen der Wunsch nach Angleichung zwischen Anatomie und Identität so vorherrscht, wie ihn die Definition F64.0 der ICD-10-2017-GM beschreibt. Solche – im Folgenden als *Transsexuelle* bezeichneten – Menschen stehen im Vordergrund, wenn man die bisherigen krankenversicherungsrechtlichen Gerichtsentscheidungen analysiert, da gerade das Bedürfnis nach und die Durchführung von Angleichungsmaßnahmen im Mittelpunkt der (seltenen) Rechtsstreitigkeiten stehen. Die Begriffe Transsexualität und Transsexualismus werden in diesem Beitrag synonym verwendet.

III. Gesetzliche Krankenversicherung

Obwohl sich der vorliegende Beitrag der privaten Krankenversicherung zuwendet, soll eine kurze Orientierung zur parallelen Konstellation im Bereich der gesetzlichen Krankenversicherung doch nicht fehlen. Dies umso mehr, als Transsexualität die Sozialgerichtsbarkeit wesentlich früher beschäftigt hat als die ordentlichen Zivilgerichte.

Schon im Anwendungsbereich der Reichsversicherungsordnung[12] hatte etwa das LSG Stuttgart 1981 entschieden, dass Transsexualität eine Krankheit sein könne.[13] Das Bundessozialgericht hat diese Auffassung im Jahr 1987 (ebenfalls noch mit Blick auf die RVO) bestätigt und einen Krankenpflegeanspruch bejaht.[14] Obwohl Eingriffe in funktionstüchtige Organe nach ständiger sozialgerichtlicher Rechtsprechung einer *besonderen Rechtfertigung* bedürfen,[15] hat sich an der Grundsatzentscheidung von

---

10 Dazu und zur widersprüchlichen Terminologie etwa *Groneberg*, in: Groneberg/Zehnder, Intersex, 2008, S. 83, 130.
11 Vgl. *Rebel,* Heterogenität als Chance nutzen lernen, 2011, S. 130 f.; *Groneberg,* S. 130.
12 Vgl. dazu im gegebenen Kontext insbesondere den frühen Beitrag von *Spengler,* NJW 1978, 1192 f.
13 Siehe LSG Stuttgart, Urt. v. 27.11.1981 – L 4 Kr 483/80, NJW 1982, 718 a.E; Landessozialgericht Baden-Württemberg, Urt. v. 27.11.1981 – L 4 Kr 483/80.
14 Siehe BSG, Urt. v. 6.8.1987 – 3 RK 15/86, NJW 1988, 1550, 1551.
15 Vgl. etwa BSG, Urt. v. 19.2.2003 – B 1 KR 1/02 R, NZS 2004, 140, 141 Rn. 4 – mit Blick auf die Applikation eines Magenbandes.

1987 auch im Anwendungsbereich des heutigen SGB V nichts geändert, indem für die Transsexualität eine solche besondere Rechtfertigung gerade bejaht wurde.[16] Entsprechende Angleichungsmaßnahmen stellen also ärztliche Behandlungsmethoden dar, auf die Sozialversicherte (bei Vorliegen objektiv-medizinischer Gründe) einen Rechtsanspruch gem. § 27 Abs. 1 S. 1 SGB V haben.[17]

Dieser Anspruch kann selbst dann bestehen, wenn etwa ein Mann-zu-Frau-Transsexueller zwar eine Mamma-Augmentationsplastik (Brustvergrößerung) wünscht, aber (ggf.: noch) keine Genitaltransformation.[18] Dies überzeugt[19] schon angesichts des vom BVerfG[20] als verfassungswidrig aufgehobenen Erfordernisses der Vornahme einer solchen Transformation als *Voraussetzung* für eine verwaltungsrechtliche Geschlechtsänderung gem. § 8 Transsexuellengesetz (TSG). Demgegenüber *kein Anspruch* besteht nach einer Entscheidung des BSG[21] auf eine Anpassungsmaßnahme, bei der körperliche Merkmale *beider biologischer Geschlechter* beibehalten werden sollen.

Bemerkenswert ist schließlich die in jüngster Zeit diskutierte Bedeutung der sozialgerichtlichen Transsexualitätsrechtsprechung für andere Eingriffe in den objektiv gesunden Körper. Besonders eindrücklich ist insofern das Beispiel der extrem seltenen sog. *Body Integrity Identity Disorder (BIID)* bei der Betroffene bestimmte ihrer Gliedmaßen als unerträglichen Fremdkörper resp. als entstellend empfinden und deshalb deren Amputation begehren, teilweise sogar selbst durchführen.[22] Gewisse Parallelen zum Transsexualismus sind unverkennbar, wenn hier wie dort Körperteile als vollkommen und dauerhaft unvereinbar mit der Selbstwahrneh-

---

16 Siehe insbesondere BSG, Urt. v. 28.9.2010 – B 1 KR 5/10 R, NJW 2011, 1899, 1900 a.E. (Rn. 15).
17 Vgl. BSG, Urt. v. 28.9.2010 – B 1 KR 5/10 R, NJW 2011, 1899, 1900 a.E. Rn. 15. Ferner etwa aus der jüngeren Zeit LSG Sachsen-Anhalt, Urt. v. 24.9.2013 – L 4 KR 34/12, MedR 2014, 441 und schon *Corell*, NJW 1999, 3372, 3376.
18 So entschieden in BSG, Urt. v. 11.9.2012 – B 1 KR 3/12 R, BeckRS 2012, 76104, Rn. 25.
19 Siehe in diesem Zusammenhang auch *Block*, in: BeckOGK, § 1 AGG Rn. 105.
20 Vgl. BVerfG, Beschl. v. 11.1.2011 – 1 BvR 3295/07, NJW 2011, 909; dazu *Augstein*, Transsexuellengesetz, 2012, § 5 Rn. 6 f. sowie die Anmerkung von *Grünberger*, JZ 2011, 368.
21 Siehe BSG, Urt. v. 28.9.2010 – B 1 KR 5/10 R, NJW 2011, 1899 – als Grund wird die "Regelwidrigkeit" des Ergebnisses angeführt. Dazu krit. jüngst *Reitter/Seiwerth*, SGb 2017, 126, 129.
22 Dazu nur *Reitter/Seiwerth*, SGb 2017, 126, 127 f.

mung empfunden werden. In beiden Fällen geht es unzweifelhaft längst nicht mehr um das bloße Verfolgen eines (Schönheits-)Ideals.[23] Manche Literaturstimmen tendieren daher zu der Annahme, dass künftig auch solche Fälle, d.h. konkret die Kosten für Amputation eines objektiv gesunden Körperteils von der gesetzlichen Krankenversicherung zu übernehmen sein könnten.[24] Ungeachtet erwartbarer Aufschreie in der Öffentlichkeit sprechen tatsächlich gute Gründe *für* eine im Ergebnis analoge Behandlung gegenüber den Transsexualitätskonstellationen.

Dies unterstreicht, dass die (sozial-)versicherungsrechtliche Einordnung von Transsexualismus durchaus Folgewirkungen auf andere, bisher möglicherweise weniger bekannte Krankheiten haben kann.

IV. Private Krankenversicherung

1. Diskriminierung, Leistungsanspruch, Beweislast

Vorauszuschicken ist, dass zumindest in der Vergangenheit keineswegs alle privaten Krankenversicherer transsexuelle Personen als Versicherungsnehmer akzeptiert haben. Dies erhellt ein vom OLG Frankfurt[25] entschiedener Fall aus dem Jahr 2001, in dem der beklagte Versicherer einen entsprechenden Geschäftsgrundsatz erfolgreich darlegen konnte. Seit dem Inkrafttreten des AGG verstieße eine solche generelle, nur an die versicherungsnehmerseitig empfundene Geschlechtsidentität anknüpfende Vorgehensweise nach hier vertretener Auffassung jedoch gegen das in § 19 Abs. 1 Nr. 2 AGG normierte *absolute Diskriminierungsverbot* wegen des Geschlechts. Denn obwohl der deutsche Gesetzgeber[26] die Transsexualität seinerzeit dem Merkmal der "sexuellen Identität" zugeordnet hat, welches bloß einem relativen Diskriminierungsverbot unterliegt und demnach unter den Voraussetzungen des § 20 Abs. 2 S. 2 AGG rechtfertigungsfähig ist,[27] kann Transsexualität bei unionsrechtskonformer AGG-Auslegung doch zumindest *auch* unter das Kriterium "Geschlecht" subsumiert wer-

---

23 Zum regelmäßig fehlenden Krankheitswert bei der Verfolgung eines bloßen Ideals *Reitter/Seiwerth*, SGb 2017, 126, 127 m.w.N. in der dortigen Fn. 5.
24 So etwa das Resümee von *Reitter/Seiwerth*, SGb 2017, 130.
25 OLG Frankfurt, Urt. v. 5.12.2001 – 7 U 40/01, r+s 2002, 211.
26 Vgl. BT-Dr. 16/1780, 31.
27 Vgl. allg. *Armbrüster*, Privatversicherungsrecht, 2013, Rn. 577 und 598.

den.[28] Namhafte Literaturstimmen ordnen es im gegebenen Zusammenhang *exklusiv* diesem Kriterium zu.[29]

Der EuGH betonte, dass geschlechtsumwandlungsbezogene Diskriminierungen "hauptsächlich, wenn nicht ausschließlich, auf dem Geschlecht des Betroffenen"[30] beruhen. Nachdem der Gerichtshof darüber hinaus in seinem Grundsatzurteil i.S. *Test-Achats*[31] schon die Primärrechtswidrigkeit einer (zeitlich unbeschränkten) geschlechtsbezogenen *Prämien-* und *Leistungsdifferenzierung* festgestellt hatte, spricht alles dafür, Gleiches für eine geschlechts(umwandlungs)bedingte Diskriminierung auch hinsichtlich des *Zugangs* zum Versicherungsmarkt anzunehmen.[32] Wie sonst auch steht dem jedoch nicht die versichererseitige Berücksichtigung konkreter Umstände im Vertragsschlusszeitpunkt wie etwa hinsichtlich konkreter (Vor-)Erkrankungen entgegen.[33] Lediglich das reine Abstellen auf Transsexualität als *proxy* für statistische Risikoannahmen[34], also als bloßes Stellvertretermerkmal,[35] sollte – wie im Fall der "sonstigen" geschlechtsbasierten Kalkulation – nicht zulässig sein.[36]

---

28 So zuletzt (wenngleich mit Blick auf § 1 AGG und die Frage der Benachteiligung transsexueller Bewerber) BAG, Urt. v. 17.12.2015 – 8 AZR 421/14, NZA 2016, 888, 891 Rn. 30 ff.; dem zustimmend *Fuchs in:* BeckOK BGB,§ 1 AGG Rn. 9.
29 Vgl. in versicherungsrechtlichem Zusammenhang etwa *Looschelders,* in: Looschelders/Pohlmann, VVG-Kommentar, 3. Auflage, 2017, Einleitung Rn. 49 (mit Hinweis auf die gegenteilige Ansicht in Fn. 141); *Armbrüster,* Rn. 587; *ders.,* Einleitung, in: Prölss/Martin, VVG-Kommentar, 29. Auflage, 2015, Rn. 316; ferner im allgemeinen Kontext des AGG *Thüsing, in:* MüKoBGB, § 1 AGG Rn. 57 und 88; *Block,* in: BeckOGK, § 1 AGG Rn. 153. A.A. z.B. *Bauer/Krieger,* AGG-Kommentar, 4. Auflage, 2015, § 1 Rn. 25.
30 EuGH, Urt. v. 30.4.1996 – C-13/94, NJW 1996, 2421 Rn. 20 f. – P / S and Cornwall County Council.
31 EuGH, Urt. v. 1.3.2011 – C-236/09, VersR 2011, 377 – Association Belge des Consommateurs Test-Achats ASBL; dazu etwa *Loacker,* Have 2011, 351; *Mönnich,* VersR 2011, 1092; *Ballmaier/Häußler,* EWS 2011, 280; *Lüttringhaus,* EuZW 2011, 296; *Armbrüster,* LMK 2011, 315339; *Schwintowski,* VersR 2011, 164.
32 Dazu nur *Groß, in:* BeckOGK, § 20 AGG Rn. 4.
33 Für viele *Armbrüster*, Rn. 586.
34 Vgl. etwa *Lüttringhaus,* EuZW 296, 298 und eingehend *Armbrüster,* VersR 2010, 1571, 1580.
35 Dazu *Groß, in:* BeckOGK, § 20 AGG Rn. 46.
36 Vgl. auch *Looschelders,* in: Looschelders/Pohlmann, Einleitung Rn. 49: "Ob sich die Anknüpfung an die Transsexualität als solche rechtfertigen lässt, erscheint zweifelhaft.".

Würde man demgegenüber die Transsexualität exklusiv dem Merkmal "sexuelle Identität" zuordnen, erfasste der dann einschlägige § 20 Abs. 2 S. 2 AGG zwar ebenfalls nicht nur die Prämien- bzw. Leistungsthematik, sondern auch die Vertragsabsschlussfrage,[37] doch wäre ein Argumentieren insbesondere mit statistischen Zusammenhängen dann wohl zulässig.[38]

Bei aller Verpöntheit von geschlechtsreferenziellen Stellvertretermerkmalen ist jedoch nicht zu übersehen, dass eine Anknüpfung daran bei transsexuellen Menschen keineswegs *per se* ausgeschlossen ist: Nach einem Antrag auf Änderung der Geschlechtszugehörigkeit gem. § 8 TSG ist nämlich ab der rechtskräftig stattgebenden Entscheidung i.S.d. § 10 TSG *rechtlich* die neue Geschlechtszugehörigkeit exklusiv maßgeblich,[39] mag sie auch *biologisch* unverändert geblieben sein. Aufgrund der fehlenden Veränderungen, insbesondere der genetischen Disposition, liegt insofern also durchaus eine bloße *Typisierung* vor.[40] Auswirken darf sich eine solche Typisierung hingegen infolge des *Test-Achats*-Urteils auf nach dem 21.12.2012 neu abgeschlossene Privatversicherungsverträge nicht mehr.[41] Für bereits laufende, "alte" Krankenversicherungsverträge gilt im Ergebnis dasselbe.[42]

Weitestgehend anerkannt ist, dass Transsexualität eine *Krankheit* darstellen kann, die einen Anspruch des betroffenen Versicherungsnehmers auf Ersatz der Aufwendungen für krankheitsbedingt medizinisch notwendige Heilbehandlungen zu begründen vermag.[43] Dessen ungeachtet wird im Schrifttum der Gegenwart vereinzelt vertreten, angesichts des Wandels der gesellschaftlichen Anschauungen[44] werde Transsexualität "grundsätzlich nicht mehr als Krankheit angesehen", sodass es nur ganz ausnahms-

---

37 Vgl. OLG Karlsruhe, Urt. v. 27.5.2010 – 9U 156/09, NJW 2010, 2668, 2671.
38 Dazu am Beispiel von Homosexualität und HIV-Neuinfektionsrisiken *Groß, in:* BeckOGK, § 20 AGG Rn. 58 f. Zu den Rechtfertigungsmöglichkeiten des § 20 Abs. 2 S. 2 AGG auch *Looschelders,* in: Looschelders/Pohlmann, Einleitung Rn. 46 und *Thüsing, in:* MüKoBGB, § 20 AGG Rn. 56 i.V.m. 73 f.
39 Siehe auch OLG Köln, Urt. v. 11.4.1994 – 5 U 80/93, r+s 1994, 470, 472.
40 Zu Recht hervorgehoben von *Armbrüster,* LMK 2012, 335528 a.E.
41 Ebenso etwa *Günther*, FD-VersR 2012, 334423 a.E.
42 Dazu sub. IV. 5. (a.E.).
43 Vgl. dazu etwa den Sachverhalt in KG Berlin, Urt. v. 27.1.1995 – 6 U 6696/93, r+s 1995, 393. Zuletzt BGH, Urt. v. 9.5.2012 – IV ZR 1/11, NJW 2012, 2733, 2734 (Rn. 23: "Transsexualität, die als Krankheit von Anfang an versichert war."). Ferner *Corell*, NJW 1999, 3372, 3376.
44 Siehe dazu auch hier sub. V.

weise anders liegen könne.⁴⁵ Wie eng die Ausnahme dabei umrissen sein könnte, deutet der von diesen Literaturstimmen angeführte Verweis auf das eingangs erwähnte⁴⁶ Urteil des Bundessozialgerichts aus dem Jahr 1987 an, in dem aufgrund der beim Anspruchsteller vorhandenen "transsexuellen Spannungen" u.a. auf die "extrem hohe Selbstmordgefahr" abgestellt wurde.⁴⁷ Eine solche Engführung erschiene indessen nach hier vertretener Auffassung klar verfehlt. Gesellschaftlicher Wandel und Toleranz können nicht mit dem schlichten Wegfall des individuellen Krankheits- und Beschwerdebilds gleichgesetzt werden.⁴⁸ Wenngleich gewiss jeder Fall einzeln beurteilt werden muss, sollte die Schwelle doch nicht übertrieben hoch – wie eben etwa bei einem Erfordernis akuter Suizidalität – angesetzt werden. Umgekehrt ist allzu leichtfertige Bejahung zu vermeiden.

Mit Sicherheit *nicht* gegen eine Anspruchsberechtigung spricht – für sich alleine genommen – die Tatsache, dass bei Transsexuellen "der vorhandene körperliche Zustand den *natürlichen Gegebenheiten* entspricht [...] [und es erst durch den geschlechtsangleichenden Eingriff] zu einem *anomalen körperlichen Zustand*"⁴⁹ kommt. Wie für die gesetzliche Krankenversicherung längst erkannt wurde,⁵⁰ sind nämlich gravierende, transsexualitätsbedingte Beeinträchtigungen geradezu *das* Beispiel für die Berechtigung selbst nur *mittelbarer Maßnahmen*, insbesondere zur Linderung psychischer Belastungen.⁵¹ Bei Transsexualität, als einer "die gesamte Persönlichkeit erfassende[,] tief greifende Störung mit *sowohl seelischen als auch körperlichen* Beeinträchtigungen"⁵² liegt der Nutzen sol-

---

45 So *Kalis,* in: Bach/Moser, Private Krankenversicherung, 5. Auflage, München 2015, § 1 MB/KK Rn. 50 a.E.; ihm folgend *Voit,* in: Prölss/Martin, § 192 Rn. 35.
46 Siehe sub. III sowie den Nachweis in Fn. 14.
47 Siehe BSG, Urt. v. 6.8.1987 – 3 RK 15/86, NJW 1988, 1550, 1551.
48 Deshalb ist auch gegenüber der Beurteilung von Krankheiten anhand des allgemeinen Sprachgebrauchs (wie es etwa *Muschner,* in: Langheid/Rixecker, VVG-Kommentar, 5. Auflage, 2016, § 192 Rn. 9 im Anschluss an die Rechtsprechung vorschlägt) nach hier vertretener Auffassung durchaus Zurückhaltung geboten.
49 *Kalis,* in: Bach/Moser, § 1 MB/KK Rn. 50 a.E. (Hervorhebungen hinzugefügt).
50 Siehe in jünger Zeit BSG, Urt. v. 28.9.2010 – B 1 KR 5/10 R, NJW 2011, 1899, 1900 a.E.
51 Ebenso *Reitter/Seiwerth,* SGb 2017, 126, 128.
52 BSG, Urt. v. 28.9.2010 – B 1 KR 5/10 R, NJW 2011, 1899, 1900 a.E.

cher mittelbarer Behandlungen letztlich auf der Hand.[53] Erfreulicherweise wird sie denn auch im PKV-Bereich anerkannt.[54]

Steht die Transsexualität in der für die Krankheitsbejahung erforderlichen, *objektiven Schwere*[55] einmal fest – wozu nach hier vertretener Auffassung auch den Kriterien des § 1 Abs. 1 Nr. 1-2 TSG Bedeutung zukommt – stellt sich die Frage, *welche Maßnahmen* zu den medizinisch notwendigen zu zählen sind.

Im Fall von Frau-zu-Mann-Transsexualität, bei der eine Umwandlung zum Mann angestrebt ist, wird man dazu etwa das Einsetzen einer *Phalloplastik*, die *Mastektomie* sowie die *Exstirpation der Vagina* zählen.[56] Bei Mann-zu-Frau-Transsexualität wird es etwa um die Umformung des Penis bspw. im Rahmen einer sog. *Penisinvagination* gehen. Insgesamt wird eine deutliche Annäherung an das Erscheinungsbild des jeweils anderen Geschlechts sinnvoll sein.[57] Dass operativ vorgenommene Eingriffe sich rückblickend nicht als "voller Erfolg" herausstellen mögen, tut der grundsätzlichen Anspruchsberechtigung keinen Abbruch, solange ein Erfolg "nicht zwingend von vornherein auszuschließen war".[58] Insofern gelten die allgemeinen Grundsätze.[59]

Fraglich ist, ob – wie im Bereich der gesetzlichen Krankenversicherung – geschlechtsangleichende chirurgische Eingriffe unter einer Art *Subsidia-*

---

53 Vgl. auch *Reitter/Seiwerth*, SGb 2017, 126, 128: "Es besteht Konsens, dass das divergierende Geschlechtsempfinden nicht direkt, also durch psychotherapeutische Mittel, erfolgreich behandelbar ist, chirurgische Eingriffe die Symptomatik aber nachhaltig verschwinden lassen können." Ebenso *Corell*, NJW 1999, 3372, 3377.
54 Vgl. *Voit*, in: Prölss/Martin, § 192 Rn. 53.
55 *Looschelders,* in: Looschelders/Pohlmann, Einleitung Rn. 9 a.E. setzt dafür einen "unwiderstehlichen inneren Zwang der Zugehörigkeit zum anderen Geschlecht" voraus. Ähnlich *Voit*, in: Prölss/Martin, § 192 Rn. 35: "wenn die innere Spannung zwischen dem körperlichen Geschlecht und der seelischen Identifizierung mit dem anderen Geschlecht extrem ausgeprägt ist". *Spickhoff*, in: S. Beck, Krankheit und Recht, 2017, S. 215, 224, nimmt an, dass für die Bejahung von Transsexualität als Krankheit erforderlich sei, dass "die Diskrepanz zwischen dem körperlichen und dem seelisch empfundenen Geschlecht zu psychischen oder sonstigen Folgeleiden mit Krankheitswert" führen müsse.
56 So geschehen in OLG Köln, Urt. v. 11.4.1994 – 5 U 80/93, r + s 1994, 470, 471.
57 Vgl. *Corell*, NJW 1999, 3372, 3373.
58 So OLG Köln, Urt. v. 11.4.1994 – 5 U 80/93, r + s 1994, 470, 471 a.E.
59 Vgl. etwa *Eichelberger*, in: Spickhoff, Medizinrecht, 2. Auflage, 2014, § 192 VVG Rn. 36.

ritätsvorbehalt stehen, indem sie nur als *ultima ratio*[60] in Betracht kommen, wenn andere Behandlungsmaßnahmen gescheitert sind.[61] Dies wurde für einen privaten Krankenversicherungsvertrag Mitte der 1990er-Jahre verneint.[62]

Obwohl nach h.M. die medizinische Notwendigkeit der Heilbehandlung[63] bereits vorliegt, wenn davon auszugehen ist, dass sie die Krankheit nur zu *lindern* oder ihrer *Verschlimmerung entgegenzuwirken* vermag,[64] hat es das Kammergericht Berlin hinsichtlich einer geschlechtsangleichenden Operation für nicht ausreichend erachtet, wenn von dieser allenfalls eine Verbesserung der psychosozialen Situation, aber *keine vollständige Behebung* der Krankheit zu erwarten sei.[65] Das überzeugt nicht. Aussicht auf Linderung[66] sollte auch im Fall der Transsexualität für die Bejahung der medizinischen Notwendigkeit genügen. Geschlechtsangleichende chirurgische Eingriffe[67] stellen insofern ein "hinreichend erfolgversprechendes"[68] Mittel dar. Auch am erforderlichen *Krankheitswert* bzw. *Leidensdruck* wird es bei operationsentschlossenen transsexuellen Versicherungsnehmern angesichts der damit verbundenen, offenkundig gravierendsten Konsequenzen selten mangeln, wenngleich es naturgemäß ärztlicher Begutachtung bedarf.

Im Gefolge der solcherart problematischen Entscheidung des Kammergerichts, die der Versicherungsnehmerin die Beweislast zur Ausräumung von Zweifeln an der Notwendigkeit bzw. den Erfolgsaussichten einer Geschlechtsangleichung auferlegte,[69] wurde die Bundesrepublik Deutschland

---

60 So *Reitter/Seiwerth*, SGb 2017, 126, 128 und früher etwa schon LSG Sachsen-Anhalt, MedR 2014, 441.
61 So zuletzt wiederum BSG, Urt. v. 11.9.2012 – B 1 KR 3/12 R, BSGE 111, 289 Rn. 20.
62 Siehe KG Berlin, Urt. v. 27.1.1995 – 6 U 6696/93, r+s 1995, 393, 394: "ohne Bedeutung".
63 Zu ihr etwa anschaulich *Eichelberger*, in: Spickhoff, § 192 VVG Rn. 36 ff.; *Voit*, in: Prölss/Martin, § 192 Rn. 61 ff. – jeweils m.w.N.
64 Siehe etwa BGH, Urt. v. 10.7.1996 – IV ZR 133/95, r+s 1996, 457.
65 Siehe KG Berlin, Urt. v. 27.1.1995 – 6 U 6696/93, r+s 1995, 393, 394.
66 Vgl. etwa *Muschner*, in: Langheid/Rixecker, § 192 Rn. 8a; ferner *Stormberg*, in: Beckmann/Matusche-Beckmann, Versicherungsrechts-Handbuch, 3. Auflage, 2015, § 44 Rn. 142; *Kalis*, in: Bach/Moser, § 1 MB/KK Rn. 75.
67 Zu ihnen aus medizinrechtlicher Sicht und mit Fokus auf das TSG *Deutsch/Spickhoff*, Medizinrecht, 7. Auflage, 2014, Rn. 1119 ff.
68 *Reitter/Seiwerth*, SGb 2017, 126, 128 sowie den Nachweis hier in Fn. 57.
69 Vgl. KG Berlin, Urt. v. 27.1.1995 – 6 U 6696/93, r+s 1995, 393, 394.

vom EGMR zur Zahlung von Schadensersatz verurteilt.[70] Begründend wurde vom Gerichtshof dabei vor allem ausgeführt, dass es sowohl gegen die Grundsätze eines fairen Verfahrens gem. Art. 6 Abs. 1 EMRK verstoße als auch das Recht der betroffenen Versicherungsnehmerin auf Achtung ihres Privatlebens gem. Art. 8 EMRK verletze, wenn ihr die Beweislast für die Notwendigkeit der medizinischen Behandlung auferlegt würde.[71] Da die Geschlechtsidentität "zum Intimsten des Privatlebens eines Menschen" gehöre, sei es *unverhältnismäßig,* einer «Person in einer solchen Lage die Beweislast" in der genannten Weise aufzuerlegen.[72] Im versicherungsrechtlichen Schrifttum ist die Einschätzung des EGMR weitgehend auf Ablehnung gestoßen.[73]

2. Vorvertragliche Anzeigepflichten

Noch im Geltungsbereich des VVG a.F. entschieden, aber in einer zentralen Aussage auf die heutige Rechtslage übertragbar ist eine Entscheidung des OLG Frankfurt a.M.:[74] Nach ihr stellt namentlich die *Medikation zur Erhaltung eines weiblichen Hormonstatus* nach früher erfolgter Geschlechtsanpassung einen *anzeigepflichtigen Umstand* dar. Heute wäre dies im Einzelnen anhand von § 19 i.V.m. § 194 Abs. 1 S. 3 und 4 VVG zu beurteilen.[75] Dabei würde ein Transgender-Versicherungsnehmer nach hier vertretener (Minder-)Meinung[76] aufgrund der Erfassung dieser Eigenschaft durch das Merkmal "Geschlecht" i.S.d. AGG[77] nicht verpflichtet sein, eine allgemeine Frage wie "Sind Sie trans*?" oder "Sehen Sie sich als Transgender-Persönlichkeit?" zu beantworten, da dieses Merkmal in

---

70 Vgl. EGMR, Urt. v. 12.6.2003 - 35968/98, NJW 2004, 2505 – van Kück/Deutschland.
71 Siehe EGMR, Urt. v. 12.6.2003 - 35968/98, NJW 2004, 2505, 2506 f. – van Kück/Deutschland.
72 So EGMR, Urt. v. 12.6.2003 - 35968/98, NJW 2004, 2506 a.E. – van Kück/Deutschland.
73 Siehe etwa *Voit,* in: Prölss/Martin, § 192 Rn. 35.
74 OLG Frankfurt a.M., Urt. v. 5.12.2001 – 7 U 40/01, r+s 2002, 211.
75 Dazu instruktiv etwa *Wandt,* Versicherungsrecht, 6. Auflage, 2016, Rn. 815 ff. und 1347.
76 Klar a.A. etwa *Schaer,* Modernes Versicherungsrecht, Bern 2007, § 11 Rn. 44. Anders wohl auch *Armbrüster,* in: Prölss/Martin, § 19 Rn. 81.
77 Dazu bereits sub. IV. 1.

seiner Allgemeinheit *keinen gefahrerheblichen Umstand* i.S.d. § 19 Abs. 1 S. 1 VVG darstell.[78] Anderes gilt selbstverständlich, wenn wie im Ausgangsfall nach Medikamenteneinnahme oder ärztlicher Behandlung gefragt wird, die namentlich durch eine Transsexualität bedingt sind oder wenn nach einer ärztlichen Diagnose von Transsexualismus gefragt wird (der wiederum wie eingangs gezeigt nicht mit dem Oberbegriff Transgender gleichgesetzt werden darf).

Das eben Ausgeführte impliziert, dass die zweite Kernaussage der Entscheidung, wonach der Antragsteller zu "wahrheitsgemäßen Angaben im Hinblick auf die Transsexualität"[79] verpflichtet sei, aus heutiger und hier vertretener Sicht präzisierungsbedürftig erscheint. Im Lichte der von *Test-Achats*[80] in Gang gesetzten Änderungen der Rechtslage müsste auf ganz allgemein gehaltene Fragen im obigen Sinne zugunsten von konkreten Fragen verzichtet werden, und zwar bspw. nach bereits erfolgten oder zumindest erwogenen Hormonbehandlungs- oder Geschlechtsanpassungsmaßnahmen, nach psychologisch oder psychiatrischer Betreuung, nach der spezifischen Diagnose von Transsexualismus udgl. Nur die unrichtige Beantwortung solcher konkret *krankheitsbezogenen* Fragen sollte Rechtsfolgen i.S.d. § 19 VVG zeitigen können. Denn nur Ausprägung und Folgen von Transsexualität als *Krankheit* können im Bereich der PKV auf ein legitimes Informationsinteresse des Versicherers stoßen; nicht hingegen der Umstand, ob sich der Antragsteller an sich dem einen oder anderen Geschlecht zugehörig fühlt oder nicht (*Transgender*)[81] bzw. ob er sich zwar einem anderen als seinem biologischen Geschlecht zugehörig fühlt, aber keinerlei Angleichungsmaßnahmen durchgeführt oder erwogen hat. Soweit ersichtlich, stellt ein solch restriktiver Ansatz bisher jedoch eine Einzelmeinung dar.[82]

Bis heute unverändert richtig ist die vom OLG Frankfurt a.M. getroffene Annahme im Ausgangsfall,[83] wonach das in § 5 TSG enthaltene *Offen-*

---

78 Zu AGG-bedingten Grenzen der Anzeigepflicht auch *Armbrüster*, in: Prölss/Martin, § 19 Rn. 10 und 81. Zum Ganzen (am Beispiel der Berufsunfähigkeitsversicherung auch *Neuhaus*, Berufsunfähigkeitsversicherung, 3. Auflage, 2014, Teil O Rn. 65 ff.
79 OLG Frankfurt a.M., Urt. v. 5.12.2001 – 7 U 40/01, r+s 2002, 211 – 3. Leitsatz.
80 Siehe bereits die Nachweise in Fn. 56.
81 Dazu bereits sub. II.
82 Anders etwa *Armbrüster*, in: Prölss/Martin, § 19 Rn. 81. Dezidiert a.A. auch *Schaer*, § 11 Rn. 44.
83 OLG Frankfurt a.M., Urt. v. 5.12.2001 – 7 U 40/01, r+s 2002, 211, 212.

barungsverbot nur an staatliche Organe gerichtet ist und daher nicht im Verhältnis Versicherer-Versicherungsnehmer von der Anzeigepflicht entbinden kann.[84] Letzteres gilt auch für § 10 TSG.[85] Im genannten Verhältnis bildet stattdessen das AGG die entscheidende Grenze.

3. Vorsätzliche Herbeiführung des Versicherungsfalls

Beschäftigt hat die Rechtsprechung auch die Frage, ob Transsexualität als Krankheit einer *vorsätzlichen Herbeiführung* zugänglich ist.[86] Im Bereich der Krankenversicherung ist dieser Aspekt heute auf Grundlage von § 201 VVG zu beurteilen.

Im Ausgangsfall wurde die Frage seinerzeit in überaus kritikwürdiger Weise bejaht. Abgestellt wurde auf die nicht ärztlich verordnete Selbstmedikation des (biologisch männlichen) Versicherungsnehmers mit weiblichen Sexualhormonen. Auf unzureichender medizinischer Faktengrundlage wurde gerichtlich angenommen, diese Selbstmedikation habe bei dem Versicherungsnehmer "stetig weiter zu dem Entschluss [geführt], Frau sein zu wollen und auch äußerlich so auszusehen, obwohl dies biologisch unmöglich war."[87] Ergänzend wurde die vermeintlich vorsätzliche Herbeiführung mit einer Lebenslaufanalyse abgestützt, die wohl zum Ziel hatte, die Verursachung der Krankheit[88] durch die Medikation zu dokumentieren. Dabei wurden kaum stichhaltige Argumente wie jenes herangezogen, der Versicherungsnehmer habe sich früher einmal bei der Bundeswehr beworben, "was ganz sicher kein Hinweis darauf war, daß sie sich als Frau fühlte."[89]

In Gestalt der schon erwähnten EGMR-Entscheidung i.S. *van Kück*[90] hat die dementsprechend fragwürdige Bejahung der überaus komplexen,

---

84 Siehe *Spickhoff*, in: Spickhoff, § 5 TSG Rn. 1. Zur engen Konturierung der Ausnahmen von diesem Offenbarungsverbot mit besonderem Blick auf die grundrechtlich gewährleistete informationelle Selbstbestimmung auch *Augstein*, § 5 Rn. 1.
85 *Spickhoff*, in: Spickhoff, § 5 TSG Rn. 1.
86 Vgl. KG Berlin, Urt. v. 27.1.1995 – 6 U 6696/93, r+s 1995, 393, 394 f.
87 KG Berlin, Urt. v. 27.1.1995 – 6 U 6696/93, r+s 1995, 393, 395.
88 Zum erforderlichen Verursachungsbeitrag *Rogler*, in: Rüffer/Halbach/Schimikowski, Versicherungsvertragsgesetz, 3. Auflage, 2015, § 201 Rn. 7.
89 KG Berlin, Urt. v. 27.1.1995 – 6 U 6696/93, r+s 1995, 393, 395.
90 Siehe Fn. 70.

wohl eher zu verneinenden Frage der Herbeiführbarkeit von Transsexualität schlussendlich der Bundesrepublik eine Verurteilung wegen EMRK-Verstößen beschert. Moniert wurde vom EGMR vor allem, dass das Zivilgericht nicht hätte annehmen dürfen, "es habe ausreichend Auskünfte und medizinische Sachkenntnis", um eben diese Frage zu beantworten, gerade "weil es keine endgültigen wissenschaftlichen Erkenntnisse über die Ursachen des Transsexualismus gibt und zumal darüber nicht, ob Transsexualismus rein psychisch begründet ist oder ob er mit physischen Unterschieden im Gehirn zu tun hat."[91]

Unbeeindruckt ob solcher Fundamentalkritik wird unter Verweis auf das inkriminierte Urteil bis heute in der krankenversicherungsrechtlichen Kommentarliteratur betont, der Versicherer sei gemäß § 5 Abs. 1 lit. b MB/KK leistungsfrei, wenn die spätere Geschlechtsanpassung "auf einem frei gewählten Entschluss" des Versicherungsnehmers beruht habe.[92] Begrüßenswerter Weise wird jedoch von anderen Stimmen klargestellt, dass gerade bei der Einnahme von Sexualhormonen regelmäßig weder ein Mangel an einer Krankheit nachzuweisen sein wird noch die Freiwilligkeit des entsprechenden Entschlusses angenommen werden kann.[93]

4. Gefahrerhöhung und Störung der Geschäftsgrundlage

Aufgrund der eindeutigen Anordnung des § 194 Abs. 1 S. 2 VVG sind die in den §§ 23 ff. VVG enthaltenen *Regelungen über die Gefahrerhöhung* im Bereich der privaten Krankenversicherung nicht anwendbar.[94] Im Fall eines Mann-zu-Frau-Transsexuellen hat der BGH deshalb die mit dieser Transsexualität verbundenen Gefahrerhöhungen als dem Krankenversicherer auferlegt betrachtet.[95] Risikoerhöhungen können sich dabei etwa mit Blick auf die andauernde Hormoneinnahme ergeben.[96] Damit einhergehende Mehrkosten sind als *Folge* der Krankheit "Transsexualismus"

---

91 EGMR, Urt. v. 12.6.2003 – 35968/98, NJW 2004, 2505, 2507 – van Kück/Deutschland (mit Blick auf Art. 6 Abs. 1 EMRK).
92 So *Kalis,* in: Bach/Moser, § 1 MB/KK Rn. 50 a.E.
93 So treffend *Voit,* in: Prölss/Martin, § 201 Rn. 12.
94 Dazu etwa *Loacker,* in: Schwintowski/Brömmelmeyer, § 23 Rn. 116.
95 Siehe BGH, Urt. v. 9.5.2012 – IV ZR 1/11, NJW 2012, 2733, 2734.
96 Dazu auch OLG Frankfurt, Urt. v. 5.12.2001 – 7 U 40/01, r+s 2002, 211, 212.

grundsätzlich Teil des übernommenen Risikos[97] und wären als solche selbst dann als mitversichert i.S.d. § 27 VVG zu erachten, wenn die §§ 23 ff. VVG eröffnet wären.[98] Durch geschlechtsangleichende Maßnahmen *unverändert* geblieben ist das rein genetische Risiko.[99] So wird etwa ein äußerlich dem weiblichen Geschlecht angeglichener Mann (im biologischen Sinne) keine geschlechtsbedingt höhere Lebenserwartung aufweisen usw.[100]

Ausgeschlossen muss es vor diesem Hintergrund erscheinen, die Ergreifung von mit Transsexualität in Zusammenhang stehenden Maßnahmen im Bereich der PKV durch Verwendung entsprechender AVB zur Gefahrerhöhung zu deklarieren.[101] Die gem. § 208 halbzwingende Natur des § 194 Abs. 1 S. 2 VVG stünde einer solchen Regelung zum Nachteil des Versicherungsnehmers entgegen.[102]

Zu Recht abgelehnt hat der BGH im Ausgangsfall auch die Berufung des Krankenversicherers auf eine *Störung der Geschäftsgrundlage* gem. § 313 BGB,[103] welche die Grundlage für die spezialgesetzliche Ausprägung[104] der §§ 23 ff. VVG darstellt.[105] Dies überzeugt schon deshalb, weil angesichts der im Ausschluss des § 194 Abs. 1 S. 2 VVG zum Ausdruck kommenden gesetzlichen Risikozuweisung an den Versicherer, der Raum

---

97 *Eichelberger*, in: Spickhoff, § 194 VVG Rn. 11; siehe auch *Reusch,* in. Langheid/Wandt, MüKoVVG, 2. Auflage, 2016, § 27 Rn. 278 a.
98 So BGH, Urt. v. 9.5.2012 – IV ZR 1/11, NJW 2012, 2733, 2734 a.E.; zustimmend *Eichelberger*, in: Spickhoff, § 194 VVG Rn. 11; *Loacker*, in: Schwintowski/Brömmelmeyer, § 27 Rn. 20.
99 So zu Recht *Reusch*, in. Langheid/Wandt, § 27 Rn. 20. Ebenso schon *Armbrüster,* LMK 2012, 335528 a.E.
100 Gleicher Ansicht *Forschner*, ZJS 2013, 108, 109. Freilich dürften solche statistischen Aspekte, die auf der Geschlechtszugehörigkeit basieren, ohnehin nicht mehr berücksichtigt werden – siehe EuGH i.S. *Test-Achats* (Fn. 31).
101 Dies betont zu Recht *Armbrüster,* LMK 2012, 335528 mit vergleichendem Blick auf die insofern unterschiedliche Lage bei Lebensversicherungsverträgen.
102 Siehe *Kalis,* in. Langheid/Wandt, § 194 Rn. 25; für den Bereich der allgemeinen Gefahrerhöhungsregeln *Loacker*, in: Schwintowski/Brömmelmeyer, § 23 Rn. 137.
103 Ebenso *Forschner*, ZJS 2013, 108, 109; *Armbrüster*, LMK 2012, 335528.
104 Vgl. *Reusch,* in: Langheid/Wandt, § 23 Rn. 1.
105 Besonders deutlich kommt dies durch die im Zuge der Einführung des VVG 2008 eingeführte Vertragsanpassungsmöglichkeit gem. § 25 VVG zum Ausdruck – vgl. *Loacker*, in: Schwintowski/Brömmelmeyer, § 23 Rn. 4.

für eine Berufung auf § 313 BGB fehlt.[106] Ohnehin stellte eine solche *Zumutbarkeitsprüfung* nach richtiger Auffassung in solchen Fällen trotz des missverständlichen Wortlauts des § 313 Abs. 1 BGB keinen eigenständigen Prüfungspunkt dar.[107]

5. Prämienanpassung, Tarifwechsel

Eine Besonderheit des eben diskutierten BGH-Anlassfalles bestand darin, dass der ursprünglich männliche Versicherungsnehmer nach erfolgter operativer Geschlechtsangleichung von seinem Krankenversicherer (der die damit verbundenen Kosten getragen hatte) in einen Frauentarif eingestuft wurde. Die einer solchen Einstufung heute entgegenstehende Rechtslage[108] einmal außer Acht lassend, kam hinzu, dass der Betroffene trotz Geschlechtsangleichung keinen behördlichen Antrag gem. § 8 TSG[109] auf Änderung der Geschlechtszugehörigkeit gestellt hatte und auch im günstigeren Männertarif eingestuft bleiben wollte.

Der BGH hat das Ansinnen des Krankenversicherers für unzulässig erklärt und die Position des transsexuellen Versicherungsnehmers geschützt. Die gegenteilige Ansicht der Vorinstanz[110] wurde verworfen. Dies zum Erstaunen der nicht-juristischen Beobachter, die wohl eine Entscheidung im Sinne des englischen Sprichworts "*You can't have your cake and eat it*" erwartet hätten – wer sich schon als Frau sehen will, der solle sich auch so behandeln lassen. Dementsprechend titelte die Deutsche Ärztezeitung einigermaßen erstaunt: "Auch als Frau bleibt der Mann ein Mann".[111]

---

106 Siehe *Loacker*, in: Schwintowski/Brömmelmeyer, § 23 Rn. 4. Ebenso *Forschner*, ZJS 2013, 108, 110 mit krit. Stellungnahme zu der vom BGH (Urt. v. 9.5.2012 – IV ZR 1/11, NJW 2012, 2733, 2734 a.E.) trotzdem vorgenommenen "Berücksichtigung".

107 Vgl. *Martens*, in: BeckOGK, § 313 BGB Rn. 120 mit Nachweisen auf gegenteilige Rechtsprechungsansichten in der dortigen Fn. 466.

108 Zur Pflicht, nur noch geschlechtsneutrale Tarife anzubieten, für viele *Voit*, in: Prölss/Martin, § 203 Rn. 10 und *Kalis*, in: Bach/Moser, § 204 VVG Rn. 36 ff.; *Looschelders*, in: Looschelders/Pohlmann, Einleitung Rn. 43 ff. und *Loacker/Perner*, in: Looschelders/Pohlmann, Europäisches Versicherungsvertragsrecht Rn. 62 ff. – jeweils m.w.N.

109 Dazu bereits sub. IV. 1.

110 Vgl. LG Coburg, Urt. v. 10.12.2010 – 33 S 45/10, BeckRS 2012, 13541.

111 Siehe www.aerztezeitung.de/praxis_wirtschaft/recht/article/816914/frau-bleibt-mann-mann.html (zuletzt abgerufen am 8.7.2017).

Bei nüchtern-rechtlicher Betrachtung war die Aufregung freilich unberechtigt. Denn wie der BGH überzeugend anführte, fehlte dem Krankenversicherer schlicht die *gesetzliche Anspruchsgrundlage* für eine *Änderung des Versicherungsvertrags*.[112] Da sich diese nicht aus einer (nach Vertragsschluss ergangenen[113]) behördlichen Entscheidung nach dem TSG ableiten lasse, müsse es folgerichtig ohne Belang bleiben, wenn der transsexuelle Versicherungsnehmer eine solche gar nicht erst beantragt habe.[114] Demgegenüber hatte das LG Coburg als Vorinstanz noch angenommen, die Berufung des Versicherungsnehmers auf seine mangels behördlicher Entscheidung fehlende Zugehörigkeit zum weiblichen Geschlecht im Rechtssinne sei geradezu treuwidrig.[115]

Im Übrigen kommt eine Umstufung in den Männertarif laut BGH auch nicht vor dem Hintergrund der §§ 203 Abs. 2 oder 204 VVG in Betracht: Letzterer begründet einen Anspruch nur für den *Versicherungsnehmer*, nicht aber für den Versicherer;[116] der Anwendungsbereich des ersteren[117] ist auf die Prämienanpassung *innerhalb* eines Tarifs beschränkt.[118]

Aus all dem folgt, dass bei altrechtlich zulässigen Bisex-Verträgen (von denen immer noch zahlreiche bestehen) eine während der Laufzeit des Krankenversicherungsvertrags vorgenommene Geschlechtsangleichung keine Auswirkungen auf die Tarifeinstufung haben darf.[119]

---

112 Vgl. BGH, Urt. v. 9. 5. 2012 – IV ZR 1/11, NJW 2012, 2733, 2734 (Rn. 11 ff.); ferner *Forschner*, ZJS 2013, 108.
113 Zur damit verbundenen Typisierungswirkung in demgegenüber *vorvertraglichen* Änderungsfällen nach alter Rechtslage (vor *Test-Achats*) siehe bereits sub. IV. 1.
114 BGH, Urt. v. 9. 5. 2012 – IV ZR 1/11, NJW 2012, 2733, 2734 (Rn. 15).
115 Siehe LG Coburg, Urt. v. 10.12.2010 – 33 S 45/10, BeckRS 2012, 13541; dies zu Recht energisch ablehnend *Forschner*, ZJS 2013, 109. Vielsagend für die schwierige Situation von Transsexuellen war im gegebenen Zusammenhang auch, dass der Versicherungsnehmer offenbar deshalb von einer auch rechtlichen Geschlechtsänderung abgesehen hatte, weil er seiner Ehefrau nicht zusätzlich "zumuten" wollte, rechtlich mit einer Frau verheiratet zu sein.
116 Vgl. den klaren Wortlaut der Bestimmung sowie etwa *Voit*, in: Prölss/Martin, § 204 Rn. 1. Zum im gegebenen Zusammenhang relevanten Ausschluss einer Wechselmöglichkeit von geschlechtsneutralen in geschlechtsbasierte Tarife siehe § 204 Abs. 1 S. 1 Nr. 1 VVG und dazu *Kalis,* in: Bach/Moser, § 204 VVG Rn. 35 ff.
117 Zu den Voraussetzungen der Prämienanpassung im Einzelnen *Boetius,* in: Langheid/Wandt, § 203 Rn. 738 ff.
118 BGH, Urt. v. 9.5.2012 – IV ZR 1/11, NJW 2012, 2733, 2734 Rn. 16; Siehe dazu allg. auch *Voit*, in: Prölss/Martin, § 203 Rn. 21 m.w.N.
119 Ebenso *Boetius,* in: Langheid/Wandt, § 203 Rn. 226.

Leander D. Loacker

V. Fazit

Das Thema "Transsexualität und Krankenversicherungsvertrag" zeichnet sich durch eine Reihe von noch ungeklärten oder zumindest strittigen Rechtsfragen aus. Gerichte bekommen nicht eben häufig Gelegenheit zur eingehenden Befassung mit solchen Fragen. Umso mehr ist die Wissenschaft gefordert, Stellung zu beziehen und Vorschläge zur adäquaten Anwendung versicherungsrechtlicher Tatbestände und Prinzipien zu unterbreiten – mögen diese auch (entstehungsgeschichtlich bedingt) ausschließlich der Vorstellung von *Heteronormativität* verpflichtet sein.

Der vorliegende Überblicksbeitrag legt die Vermutung nahe, dass die grundlegenden, vom EuGH initiierte Umbrüche hinsichtlich der lange als unproblematisch wahrgenommenen Anknüpfung an die – binär verstandene – Geschlechtszugehörigkeit im Privatversicherungsrecht erst den Beginn einer weiteren Entwicklung markieren könnten.[120] Denn die *Geschlechtsneutralität* ist nur eine von mehreren Aspekten, die das Thema "Transsexualität" im Versicherungskontext berührt. Gerade die *Krankheitskomponente* wirft dort ganz verschiedene Fragen auf, die sich so bei der traditionell verstandenen Geschlechterfrage nicht stellen. Auch mit Blick auf noch nicht volljährige Betroffene ("Transkinder") stellen sich zahlreiche spezielle Fragen. Darüber hinaus verdienen transgenderbezogene Fragen auch im Bereich anderer als der hier angesprochenen Personenversicherung, namentlich im Bereich der Berufsunfähigkeit stärkere Beachtung.

Entscheidungen, wie die zuletzt getroffene Dänemarks, nämlich per 1. Januar 2017 Transsexualismus von der Liste klassifizierter psychischer Leiden zu streichen,[121] haben eine nicht zu unterschätzende *Symbolkraft* und werden u.U. ähnliche Entwicklungen etwa mit Blick auf die heute vorherrschende ICD-10-2017-GM-Klassifikation zusätzlich befeuern. Das kann mit Blick auf *Stigmatisierungsaspekte* höchst sinnvoll sein. Es kann

---

120 A.A. wohl *Günther*, FD-VersR 2012, 334423 a.E., der mit Blick auf das Grundsatzurteil des BGH, Urt. v. 9.5.2012 – IV ZR 1/11, NJW 2012, 2733 zur Tarifeinstufung nach operativer Geschlechtsangleichung annimmt, dieses werde nach dem 21.12.2012 (Stichtag für die exklusive Zulässigkeit von Unisex-Policen) seine praktische Bedeutung einbüßen.

121 Vgl.www.spiegel.de/gesundheit/psychologie/daenemark-streicht-transsexualitaet-von-liste-psychischer-krankheiten-a-1128421.html (zuletzt abgerufen am 8.7.2017).

allerdings nicht darüber hinwegtäuschen, dass Krankenversicherungsschutz eine Krankheit voraussetzt. Man wird also gut beraten sein, von klassifikatorischen Schnellschüssen abzusehen und versicherungsrechtliche Folgen mitzubedenken.

Möglicherweise bestünde ein Ansatzpunkt darin, zwar (mit guten Gründen!) nicht die Trans-*Veranlagung* selbst als Krankheit anzusehen, aber dies doch in den spezifischen Fällen des diagnostizierten Transsexualismus für den *körperlichen Zustand* zu tun, welcher dem/der Transsexuellen als unerträglich erscheint. So bliebe sichergestellt, dass dieser Personengruppe jene versicherungsmäßige Unterstützung zukommt, die ihr *bis zur Herstellung des veranlagungskonformen Körperzustands* und damit bis zur Beseitigung des Krankheitsbildes gebührt.

Bei allem gilt: Wie wir insbesondere das Merkmal der Transsexualität in mittelbarer Zukunft wissenschaftlich beurteilen werden, steht noch alles andere als exakt fest. Von der Lösung konkreter Rechtsfragen wie jener im hier erörterten Versicherungsbereich befreit dies jedoch – selbst in der Zwischenzeit – nicht.

Der Versicherungsfall in der Haftpflicht- und
Rechtsschutzversicherung – Reichweite der
Transparenzkontrolle und Auslegung der einschlägigen Klauseln
nach dem Verständnis eines durchschnittlichen
Versicherungsnehmers

Dirk Looschelders, Düsseldorf*

I. Einführung

1. Begriff des Versicherungsfalls

Der Eintritt des Versicherungsfalls ist eine zentrale Voraussetzung für die Leistungspflicht des Versicherers. Die h. M. versteht in Anlehnung an die Motive zum VVG von 1908[1] darunter das Ereignis, dessen Eintritt die Leistungspflicht des Versicherers begründet.[2] Das neue VVG von 2008 formuliert in § 1 S. 1 etwas präziser, dass der Versicherer sich mit dem Versicherungsvertrag verpflichtet, „ein bestimmtes Risiko … durch eine Leistung abzusichern, die er bei Eintritt des vereinbarten Versicherungsfalles zu erbringen hat". Der Vorteil dieser Formulierung besteht darin, dass sie den Begriff des Versicherungsfalles nicht mit dem Streit über den Inhalt der Leistungspflicht des Versicherers belastet.[3] Außerdem wird durch die Bezugnahme auf den „vereinbarten Versicherungsfall" deutlich, dass

---

* Prof. Dr. Dirk Looschelders, Lehrstuhl für Bürgerliches Recht, Internationales Privatrecht und Rechtsvergleichung sowie Privatversicherungsrecht, Heinrich-Heine-Universität Düsseldorf.
1 Motive zum VVG, 1908 (Nachdruck 1963), S. 70.
2 *Schwintowski*, in: Honsell (Hrsg.), Berliner Kommentar zum VVG, 1999, § 1 Rn. 45, 53; *Looschelders*, in: Langheid/Wandt (Hrsg.), Münchener Kommentar zum VVG, Bd. 1, 2. Aufl. 2016, § 1 Rn. 31.
3 Krit. gegenüber der herkömmlichen Definition des Versicherungsfalles insoweit *Schirmer*, r+s 2003, 221, 222. Zum Streit über den Inhalt der Leistungspflicht des Versicherers: vgl. BK/*Schwintowski*, § 1 Rn. 27 ff.; *Looschelders*, Gefahrtragung als Gegenstand des Versicherungsvertrags, in: FS 100 Jahre Hamburger Seminar für Versicherungswissenschaft und Versicherungswissenschaftlicher Verein in Hamburg e.V., 2016, S. 209, 211 ff.

sich die genaue Umschreibung des Versicherungsfalles nach den Vereinbarungen der Parteien, insbesondere aus den für den Vertrag maßgeblichen AVB ergibt.[4] Besondere Probleme bereitet die Konkretisierung des Versicherungsfalles bei Passivversicherungen zum Schutz des Vermögens des Versicherungsnehmers, namentlich bei der Haftpflicht- und der Rechtsschutzversicherung.[5] In beiden Bereichen hat der Gesetzgeber auf eine abschließende Definition des Versicherungsfalles verzichtet und die Konkretisierung den vertraglichen Vereinbarungen der Parteien überlassen.[6] Die diesbezüglichen AVB-Klauseln sind sowohl bei der Haftpflichtversicherung als auch bei der Rechtsschutzversicherung mit großen Unsicherheiten behaftet und haben die Rechtsprechung daher schon oft beschäftigt.

2. Zeitliche Grenzen des Versicherungsschutzes

a) Parallelität von Allgemeiner Haftpflichtversicherung und Schadensersatz-Rechtsschutz

Für den Versicherungsnehmer hat die Definition des Versicherungsfalls große Bedeutung, da sein Versicherungsschutz davon abhängt, ob der Versicherungsfall im versicherten Zeitraum eingetreten ist.[7] Eine klare und transparente Umschreibung des Versicherungsfalls ist damit auch unter dem Aspekt des Versicherungsnehmer- bzw. Verbraucherschutzes wichtig. Der BGH verwirklicht den Schutz des Versicherungsnehmers, indem er bei der Auslegung auf die Verständnismöglichkeiten und Interessen eines

---

4   Langheid/Wandt/*Looschelders*, § 1 Rn. 31; *Armbrüster*, in: Prölss/Martin (Begr.), VVG, 29. Aufl. 2015, § 1 Rn. 166; zur Bedeutung der AVB in diesem Zusammenhang vgl. auch BK/*Schwintowski*, § 1 Rn. 45.
5   Zur systematischen Einordnung der Haftpflicht- und Rechtsschutzversicherung vgl. *Looschelders/Paffenholz*, Versicherungsvertragsrecht, 2012, Rn. 13; speziell zur Haftpflichtversicherung *Littbarski*, in: Langheid/Wandt (Hrsg.), Münchener Kommentar zum VVG, Bd. 2, 2. Aufl. 2017, Vor § 100 Rn. 148 ff.; zur Rechtsschutzversicherung *Paffenholz*, in: Looschelders/Pohlmann, VVG, 3. Aufl. 2016, § 125 Rn. 1.
6   Zur Haftpflichtversicherung Begr. RegE: BT-Dr. 16/3945, 85; BGH, Urt. v. 26.3.2014 – IV ZR 422/12, NJW 2014, 2038, Rn. 34; *Koch*, in: Bruck/Möller (Begr.), VVG, Bd. 4, 9. Aufl. 2013, § 100 Rn. 7; *Schwintowski*, Haftpflichtversicherung, in: Tamm/Tonner (Hrsg.), Verbraucherrecht, 2. Aufl. 2016, § 17 D. Rn. 25; zur Rechtsschutzversicherung Begr. RegE, BT-Dr. 16/3945, 91; *Looschelders/Paffenholz*, in: Looschelders/Paffenholz (Hrsg.), ARB, 2014, § 4 ARB 2010 Rn. 3.
7   Langheid/Wandt/*Looschelders*, § 1 Rn. 35; BK/*Schwintowski*, § 1 Rn. 45.

durchschnittlichen Versicherungsnehmers abstellt.[8] Gleichzeitig wird aber betont, dass dieser Ansatz flexibel genug ist, um eine für beide Seiten interessengerechte Auslegung zu ermöglichen.[9] Im Ausgangspunkt stellen sich die Probleme bei der interessengerechten Bestimmung des Versicherungsfalls für beide Versicherungsarten parallel dar. Besonders deutlich wird dies im Verhältnis zwischen der Allgemeinen Haftpflichtversicherung und dem Schadensersatz-Rechtsschutz nach § 2 lit. a) ARB 2010 (Ziff. 2.2.1 ARB 2012 – Stand 1.3.2016). Schadensersatz-Rechtsschutz besteht nämlich nur für die *Geltendmachung* von Schadensersatzansprüchen, soweit diese nicht auch auf einer Vertragsverletzung oder einer Verletzung eines dinglichen Rechts an Grundstücken, Gebäuden oder Gebäudeteilen beruhen; die *Abwehr* solcher Ansprüche ist in der Rechtsschutzversicherung nach § 3 Abs. 2 lit. a) ARB 2010 (Ziff. 3.2.3 ARB 2012) vom Versicherungsschutz ausgenommen, weil dieser Bereich nach § 100 VVG von der Haftpflichtversicherung abgedeckt wird.[10] Bei einem außervertraglichen Schadensfall kann daher die Situation eintreten, dass der Geschädigte für die Geltendmachung seines Schadensersatzanspruchs Rechtsschutz durch eine Rechtsschutzversicherung in Anspruch nimmt, während die Haftpflichtversicherung des Schädigers die Abwehr der möglicherweise unbegründeten Ansprüche übernimmt.

b) Kausalereignistheorie und Schadensereignistheorie

In solchen Fällen muss häufig geklärt werden, ob der Versicherungsfall schon mit dem (möglicherweise) haftungsbegründenden Verhalten des Schädigers eingetreten ist (sog. Kausalereignistheorie) oder ob es auf das Ereignis ankommt, das unmittelbar zu dem Schaden geführt hat (Schadens- oder Folgeereignistheorie). Beide Theorien werden im Laufe der Zeit von den AVB bzw. der diesbezüglichen Rechtsprechung sowohl bei der Allgemeinen Haftpflichtversicherung als auch beim Schadensersatz-

---

8 Vgl. BGH, Urt. v. 26.3.2014 – IV ZR 422/12, NJW 2014, 2038, Rn. 37; BGH, Urt. v. 30.4.2014 – IV ZR 47/13, NJW 2014, 2042, Rn. 16 f.
9 So *Wendt*, MDR 2012, 821.
10 Vgl. *Looschelders*, in: Looschelders/Paffenholz (Hrsg.), ARB, 2014, § 2 ARB 2010 Rn. 11.

Rechtsschutz zugrunde gelegt.[11] Bei der Haftpflichtversicherung folgen die aktuellen AHB der Schadensereignistheorie.[12] Maßgeblich ist die *letzte* Tatsache, die zu dem Schaden geführt hat.[13] Beim Schadensersatz-Rechtsschutz stellt § 4 Abs. 1 S. 1 lit. a) ARB 2010 dagegen nach der Kausalereignistheorie auf das *erste* Ereignis ab, durch das der Schaden verursacht wurde oder verursacht worden sein soll.[14] Nachdem der BGH die Kausalereignistheorie erheblich eingeschränkt hat, stellt Ziff. 2.4.2 ARB 2012 auf das erste Ereignis ab, *bei dem* der Schaden eingetreten ist oder eingetreten sein soll. Die ARB 2012 folgen damit wieder der Schadensereignistheorie.[15]

3. Interessenlage bei der Haftpflichtversicherung und beim Schadensersatz-Rechtsschutz

Die Parallelen zwischen der Haftpflichtversicherung und dem Schadensersatz-Rechtsschutz dürfen nicht darüber hinwegtäuschen, dass die Interessenlage in beiden Bereichen nicht einheitlich ist. Bei der Haftpflichtversicherung spricht für die Kausalereignistheorie das Interesse des Versicherungsnehmers, für Spätschaden noch nach der Beendigung des Versicherungsvertrages Deckung zu erhalten.[16] Die Schadensereignistheorie stellt dagegen sicher, dass der Versicherungsnehmer für alle nach Versiche-

---

11 Zur Entwicklung dieser Theorien in der Haftpflichtversicherung Langheid/Wandt/*Littbarski*, § 100 Rn. 110 ff.; in der Rechtsschutzversicherung *Looschelders/Paffenholz*, § 4 ARB 2010 Rn. 12, 28.
12 Vgl. Tamm/Tonner/*Schwintowski*, § 17 D. Rn. 23; Langheid/Wandt/*Looschelders*, § 1 Rn. 34. Die aktuellen AHB haben den Stand von Februar 2016. Die hier maßgebliche Klausel (Ziff. 1.1) gilt aber seit den AHB 2004.
13 BGH, Urt. v. 26.3.2014 – IV ZR 422/12, NJW 2014, 2038 Rn. 40.
14 Vgl. *Looschelders/Paffenholz*, § 4 ARB 2010 Rn. 12; *Hillmer-Möbius*, in: Schwintowski/Brömmelmeyer (Hrsg.), Praxiskommentar zum VVG, 3. Aufl. 2017, § 125 Rn. 112.
15 *Looschelders/Paffenholz*, § 4 ARB 2010 Rn. 28; *Obarowski*, in: Langheid/Wandt (Hrsg.), Münchener Kommentar zum VVG, Bd. 3, 2. Aufl. 2017, Rechtsschutz Rn. 287; Schwintowski/Brömmelmeyer/*Hillmer-Möbius*, § 125 Rn. 113. Ebenso schon § 14 Abs. 1 ARB 75; vgl. dazu Prölss/Martin/*Armbrüster*, § 4 ARB 2010 Rn. 146.
16 Hierauf abstellend BGH, Urt. v. 4.12.1980 – IVa ZR 32/80, BGHZ 79, 76, 80; vgl. auch *Lücke*, in: Prölss/Martin (Begr.), VVG, 29. Aufl. 2015, Ziff. 1 AHB Rn. 1; einschränkend *Klingmüller*, Anmerkung, VersR 1981, 421 ff.

rungsbeginn liegenden Ereignisse Versicherungsschutz hat, auch wenn der zugrunde liegende Verstoß vor Abschluss des Versicherungsvertrags erfolgt ist.[17] Die nach der Schadensereignistheorie häufiger auftretenden Deckungslücken bei Spätschaden können durch Abschluss einer neuen Haftpflichtversicherung vermieden werden.[18] Für den Versicherungsnehmer erscheint die Schadensereignistheorie daher günstiger. Für den Versicherer hat die Schadensereignistheorie den Vorteil, dass keine Rückstellungen für Spätschäden erforderlich sind.[19]

Bei der Rechtsschutzversicherung hat der Versicherer ein besonderes Interesse daran, sog. „Zweckabschlüsse" zu vermeiden.[20] Dies hat den GDV veranlasst, die den ARB 75 zugrunde liegende Schadensereignistheorie in den ARB 94-2010 durch die Kausalereignistheorie zu ersetzen.[21] Für den Versicherungsnehmer hat die letztere Theorie den Nachteil, dass sie zu einer übermäßigen Rückverlagerung des Versicherungsfalles führen kann, womit er sich in vielen Fällen dem Einwand der Vorvertraglichkeit ausgesetzt sieht.[22] Dies widerspricht den berechtigten Erwartungen des für die Auslegung maßgeblichen durchschnittlichen Versicherungsnehmers. Entgegen einer in der Literatur vertretenen Ansicht[23] kann das Problem nicht allein mit dem Kriterium der Adäquanz gelöst werden. Denn die Adäquanz lässt immer noch einen allzu weiten Rückgriff auf frühe Ursachen zu.[24] Der BGH hat daher zu Recht weitere einschränkende Kriterien entwickelt.[25] Dagegen spielt das Problem der Abdeckung von Spätschäden in der Rechtsschutzversicherung keine große Rolle.[26] Außerdem führt die Schadensereignistheorie in diesen Fällen nicht notwendig zu

---

17 Vgl. BGH, Urt. v. 27.6.1957 – II ZR 299/55, BGHZ 25, 34, 41.
18 *Klingmüller,* VersR 1981, 421, 423.
19 Vgl. *Klingmüller,* VersR 1981, 421, 422.
20 Vgl. *Plote,* in: van Bühren/Plote, ARB, 3. Aufl. 2013, § 4 ARB 2010 Rn. 6.
21 Näher dazu *Sperling,* VersR 1996, 133, 140.
22 Zur Problemstellung BGH, Urt. v. 30.4.2014 – IV ZR 47/13, BGHZ 201, 73 Rn. 16; *Looschelders/Paffenholz,* § 4 ARB 2010 Rn. 14; Langheid/Wandt/*Obarowski,* Rechtsschutz Rn. 284; *Wendt,* r+s 2014, 328, 336.
23 *Sperling,* VersR 1996, 133, 140.
24 So auch BGH, Urt. v. 25.9.2002 – IV ZR 248/01, NJW 2003, 139, 140; Prölss/Martin/*Armbrüster,* § 4 ARB 2010 Rn. 4.
25 Zu den Einzelheiten unten III. 2.
26 Vgl. van Bühren/Plote/*Plote,* § 4 ARB 2010 Rn. 10; *Schirmer,* r+s 2003, 265, 266.

unangemessenen Ergebnissen[27] und stößt daher auch insoweit auf keine durchgreifenden Bedenken.

4. Gang der weiteren Untersuchung

Im Folgenden soll die aktuelle Rechtsprechung zum Zeitpunkt des Versicherungsfalls in der Haftpflicht- und Rechtsschutzversicherung eingehender betrachtet werden. Im Vordergrund steht die besonders komplexe Rechtslage bei der Rechtsschutzversicherung. Der Beitrag ist *Hans-Peter Schwintowski* mit herzlichen Glückwünschen zum 70. Geburtstag gewidmet. Das Versicherungsrecht stellt einen wichtigen Forschungsgegenstand des Jubilars dar. Dabei hat er sich auch mit der Bestimmung des Versicherungsfalls in der Haftpflichtversicherung beschäftigt.[28] Ich hoffe daher, dass auch diese Überlegungen bei ihm auf Interesse stoßen.

II. Der Versicherungsfall in der Haftpflichtversicherung

1. Vereinbarkeit von Ziff. 1.1 AHB mit dem Transparenzgebot

In der Haftpflichtversicherung wird der Begriff des Versicherungsfalls in den für die einzelnen Formen der Haftpflichtversicherung maßgeblichen AVB nicht einheitlich definiert.[29] Bei der Allgemeinen Haftpflichtversicherung stehen aber die AHB im Vordergrund. Nach Ziff. 1.1. Abs. 1 AHB besteht Versicherungsschutz „im Rahmen des versicherten Risikos für den Fall, dass der Versicherungsnehmer wegen eines während der Wirksamkeit der Versicherung eingetretenen Schadensereignisses (Versicherungsfall), das einen Personen-, Sach- oder sich daraus ergebenden Vermögensschaden zur Folge hatte, aufgrund gesetzlicher Bestimmungen privatrechtlichen Inhalts von einem Dritten auf Schadensersatz in Anspruch genommen wird". Das Problem dieser Definition besteht darin, dass der Begriff des Schadensereignisses als solcher für den durchschnittlichen Versiche-

---

27 Vgl. etwa BGH, Urt. v. 20.10.1982 – IVa ZR 48/81, VersR 1983, 125.
28 *Schwintowski*, VuR 1998, 35 ff.
29 Vgl. Langheid/Wandt/*Littbarski*, § 100 Rn. 121 ff.

rungsnehmer nicht hinreichend klar ist.[30] Seit den AHB 2004 definiert Ziff. 1.1 Abs. 2 AHB das Schadensereignis daher als dasjenige Ereignis, „als dessen Folge die Schädigung des Dritten unmittelbar entstanden ist". Weiter wird klargestellt, dass es „auf den Zeitpunkt der Schadensverursachung, die zum Schadensereignis geführt hat", nicht ankommt.

Auch diese Formulierung ist teilweise als unklar oder intransparent angesehen worden.[31] Der überwiegende Teil geht jedoch davon aus, dass die Erläuterung der Klausel in Abs. 2 dem durchschnittlichen Versicherungsnehmer hinreichend deutlich macht, was unter dem Schadensereignis zu verstehen ist.[32] Dieser Auffassung hat sich in neuerer Zeit auch der BGH angeschlossen.[33] Nach Ansicht des Senats kann der durchschnittliche Versicherungsnehmer der Erläuterung zunächst entnehmen, dass es nicht auf den Zeitpunkt der Schadensverursachung ankommt. Auf der anderen Seite werde auch deutlich, dass das Schadensereignis zeitlich vor dem Zeitpunkt der Schädigung des Dritten liegen muss. Maßgeblich sei daher die letzte Tatsache, die den Schaden des Dritten ausgelöst habe. Dieser Lösung ist im Ergebnis zuzustimmen. Was genau die „letzte Tatsache" war, die den Schaden des Dritten ausgelöst hat, mag zwar im Einzelfall weiter zweifelhaft sein.[34] Auch eine noch so klare Formulierung kann die Notwendigkeit einer wertenden Betrachtung in Grenzfällen aber nicht überflüssig machen. Die Klausel verstößt somit nicht gegen das Transparenzgebot.

2. Kontrollfähigkeit der Definition des Versicherungsfalls

Zweifelhaft sind dagegen die Darlegungen des BGH zu der Frage, ob die Definition des Versicherungsfalls in der Haftpflichtversicherung überhaupt einer Inhalts- oder Transparenzkontrolle nach § 307 BGB unterliegt. Nach Ansicht des Senats scheiden sowohl eine Inhalts- als auch eine Transpa-

---

30 Zur Kritik vgl. *Schimikowski*, in: Rüffer/Halbach/Schimikowski (Hrsg.), Handkommentar zum VVG, 3. Aufl. 2015, Ziff. 1 AHB Rn. 14; *Schwintowski*, VuR 1998, 35, 38 f.
31 So etwa Tamm/Tonner/*Schwintowski*, § 17 D. Rn. 23 f.; desgleichen OLG Brandenburg, r+s 2013, 125, 126; *Lücke*, in: Prölss/Martin (Begr.), VVG, 28. Aufl. 2010, Nr. 1 AHB 2008 Rn. 42.
32 So Bruck/Möller/*Koch*, Ziff. 1 AHB 2012 Rn. 5; Langheid/Wandt/*Littbarski*, § 100 Rn. 119; HK-VVG/*Schimikowski*, Ziff. 1 AHB Rn. 120.
33 BGH, Urt. v. 26.3.2014 – IV ZR 422/12, NJW 2014, 2038 Rn. 36 ff.
34 Zutreffend HK-VVG/*Schimikowski*, Ziff. 1 AHB Rn. 24.

renzkontrolle aus. Mit Blick auf die Inhaltskontrolle weist der Senat darauf hin, dass die Definition des Versicherungsfalls in der Haftpflichtversicherung den unmittelbaren Gegenstand der geschuldeten Hauptleistung festlegt und damit zum Kern der Leistungsbeschreibung gehört, der sich einer inhaltlichen AGB-Kontrolle entzieht.[35] Die Transparenzkontrolle erstrecke sich zwar nach § 307 Abs. 3 S. 2 BGB auch auf das Hauptleistungsversprechen. Im konkreten Fall würde sie aber daran scheitern, dass die Klausel auch bei Intransparenz nicht für unwirksam erklärt werden könnte, weil die Unwirksamkeit von *essentialia negotii* bei Fehlen gesetzlicher Auffangregelungen entgegen dem Grundsatz der Vertragsfreiheit zur Unwirksamkeit des ganzen Vertrags führen müsste und der Versicherungsnehmer damit jeglichen Versicherungsschutz verlöre.[36]

Diese Überlegungen können nicht überzeugen.[37] Zu beachten ist zunächst, dass die Auslegung nach allgemeinen Grundsätzen der Inhalts- und Transparenzkontrolle vorgeht. Erweist die Klausel sich bei einer am Verständnis eines durchschnittlichen Versicherungsnehmers orientierten Auslegung als inhaltlich unbedenklich und transparent, kommt es auf die Kontrollfähigkeit im Hinblick auf Inhalt und Transparenz der Klausel nicht an.[38] Die Ablehnung der inhaltlichen Kontrollfähigkeit steht zudem in Widerspruch dazu, dass der BGH bei der Rechtsschutzversicherung von der inhaltlichen Kontrollfähigkeit der Definition des Versicherungsfalls ausgeht, obwohl der Gesetzgeber dort ebenfalls bewusst davon abgesehen hat, den Begriff des Versicherungsfalls zu regeln.[39] Ein sachlicher Grund für diese Differenzierung ist nicht ersichtlich.[40] Dass es für die Inhaltskontrolle keiner konkreten gesetzlichen Parallelvorschrift bedarf, hat der Jubilar schon unter Verweis auf § 9 Abs. 2 Nr. 2 AGBG (§ 307 Abs. 2 Nr. 2 BGB) hervorgehoben.[41] Denn eine unangemessene Benachteiligung kann hiernach auch daraus resultieren, dass wesentliche Rechte oder Pflichten der Parteien, die sich aus der Natur des Vertrages ergeben, in einer den Vertragszweck gefährdenden Weise eingeschränkt werden. Dabei können

---

35 BGH, Urt. v. 26.3.2014 – IV ZR 422/12, NJW 2014, 2038 Rn. 34.
36 BGH, Urt. v. 26.3.2014 – IV ZR 422/12, NJW 2014, 2038 Rn. 35.
37 Ablehnend auch *Koch*, VersR 2014, 1277 ff.
38 *Koch* VersR 2014, 1277, 1279. Zum Vorrang der Auslegung vgl. auch *Wolf/Neuner*, Allgemeiner Teil des Bürgerlichen Rechts, 11. Aufl. 2016, § 47 Rn. 45.
39 BGH, Urt. v. 30.4.2014 – IV ZR 47/13, BGHZ 201, 73 Rn. 17; VersR 2014, 1498 Rn. 19.
40 Krit. auch *Armbrüster*, NJW 2015, 1788, 1789; *Koch* VersR 2014, 1277, 1281.
41 BK/*Schwintowski*, § 1 Rn. 39.

auch die berechtigten Erwartungen des Versicherungsnehmers berücksichtigt werden.[42] Legt man die Klausel nach den Verständnismöglichkeiten eines durchschnittlichen Versicherungsnehmers aus, so wird eine unangemessene Benachteiligung aber meist zu verneinen sein.

Erhebliche Bedenken bestehen auch im Hinblick auf die Ablehnung der Transparenzkontrolle. Art. 4 Abs. 2 der Klausel-Richtlinie (RL 93/13/EG) stellt ausdrücklich klar, dass der Hauptgegenstand des Vertrages und die Angemessenheit des Verhältnisses von Leistung und Gegenleistung nur dann der Missbräuchlichkeitsprüfung entzogen sind, wenn die betreffenden Klauseln klar und verständlich abgefasst sind.[43] Der Verzicht auf die Transparenzkontrolle ist somit unionsrechtlich nicht zu rechtfertigen. Richtig ist zwar, dass die Intransparenz einer den Leistungskern betreffenden Klausel nicht dazu führen kann, dass der Versicherungsnehmer jeden Versicherungsschutz verliert. Dies lässt sich im Individualprozess jedoch durch eine teleologische Reduktion der Unwirksamkeitsfolge sicherstellen.[44] Sollte im Einzelfall gleichwohl eine Lückenfüllung erforderlich sein, so kann wie im Fall der inhaltlichen Unangemessenheit eine ergänzende Auslegung nach den berechtigten Erwartungen des Versicherungsnehmers vorgenommen werden.[45] Legt man die Klausel nach den Verständnismöglichkeiten eines durchschnittlichen Versicherungsnehmers aus, wird aber auch ein Verstoß gegen das Transparenzgebot regelmäßig zu verneinen sein.[46]

---

42 Vgl. *Koch* VersR 2014, 1277, 1281.
43 Vgl. dazu EuGH, Urt. v. 24.9.2014 – I ZR 35/11, NJW 2015, 1811 Rn. 39 ff. – Hi Hotel II.
44 So auch *Koch,* VersR 2014, 1277, 1282; vgl. auch *Bruns*, in: Langheid/Wandt (Hrsg.), Münchener Kommentar zum VVG, Bd. 3, 2. Aufl. 2017, § 307 BGB Rn. 38, wonach „bloße Intransparenz ohne inhaltliche Unangemessenheit nicht zur Unwirksamkeit des inhaltlich kontrollfreien Vertragskerns führen kann".
45 Vgl. Prölss/Martin/*Armbrüster*, § 4 ARB 2010 Rn. 6; *Koch,* VersR 2014, 1277, 1282.
46 Looschelders/*Paffenholz*, § 4 ARB 2010 Rn. 19.

III. Der Versicherungsfall in der Rechtsschutzversicherung

1. Die unterschiedlichen Definitionen des Rechtsschutzfalls nach § 4 ARB 2010

In der Rechtsschutzversicherung besteht die Besonderheit, dass es keine einheitliche Definition des Versicherungsfalles (Rechtsschutzfalles)[47] gibt.[48] § 4 Abs. 1 S. 1 ARB 2010 unterscheidet vielmehr nach den Leistungsarten des § 2 ARB 2010 zwischen drei Fallgruppen: dem Schadensersatz-Rechtsschutz nach § 2 lit. a) ARB 2010 (lit. a)), dem Beratungs-Rechtsschutz für Familien-, Lebenspartnerschafts- und Erbrecht nach § 2 lit. k) ARB 2010 (lit. b)) und den sonstigen Leistungsarten (lit. c)) . Wie bereits dargelegt,[49] weist der Schadensersatz-Rechtsschutz die deutlichsten Parallelen zur Haftpflichtversicherung auf. Der für die sonstigen Leistungsarten nach § 4 Abs. 1 S. 1 lit. c) ARB 2010 maßgebliche „verstoßabhängige" Begriff des Rechtsschutzfalls weist aber im Wesentlichen die gleiche Struktur wie der Versicherungsfall beim Schadensersatz-Rechtsschutz auf. Dies erklärt sich daraus, dass das für den Schaden ursächliche Ereignis i.S. von § 4 Abs. 1 S. 1 lit. a) ARB 2010 im Allgemeinen – d. h. mit Ausnahme der Gefährdungshaftung – in einem Verstoß gegen Rechtspflichten oder Rechtsvorschriften besteht.[50] Die folgenden Überlegungen beschränken sich auf den Rechtsschutzfall in diesen beiden Fallgruppen. Auf die Besonderheiten des Rechtsschutzfalls beim Beratungs-Rechtsschutz wird nicht eingegangen.

---

47 Die neueren ARB bezeichnen den Versicherungsfall in der Rechtsschutzversicherung als Rechtsschutzfall.
48 Vgl. Schwintowski/Brömmelmeyer/*Hillmer-Möbius*, § 125 Rn. 111.
49 Oben I. 2.
50 Vgl. BGH, Urt. v. 30.4.2014 – IV ZR 47/13, BGHZ 201, 73 Rn. 19; BGH, Urt. v. 5.11.2014 - IV ZR 22/13, VersR 2014, 1498 Rn. 20; *Wendt* r+s 2014, 328, 332 ff.

2. Der Versicherungsfall beim Schadensersatz-Rechtsschutz

a) Auslegung nach dem Verständnis eines durchschnittlichen Versicherungsnehmers

Beim Schadensersatz-Rechtsschutz besteht der Anspruch auf Rechtsschutz nach Eintritt eines Rechtsschutzfalles gemäß § 4 Abs. 1 S. 1 lit. a) ARB 2010 von dem ersten Ereignis an, durch das der Schaden verursacht wurde oder verursacht worden sein soll. Dies entspricht der Kausalereignistheorie.[51] Der BGH hat jedoch verschiedene Einschränkungen entwickelt, um eine übermäßige Rückverlagerung des Versicherungsfalls und die damit verbundene Aushöhlung des Versicherungsschutzes zu vermeiden. Methodischer Ansatz ist die Auslegung der Klausel nach dem Verständnis eines durchschnittlichen Versicherungsnehmers ohne versicherungsrechtliche Spezialkenntnisse.[52] Als ein für den Schaden kausales „Ereignis" kann danach nur eine solche Ursache angesehen werden, die von dem in Anspruch genommenen Schädiger zurechenbar gesetzt wurde und den Eintritt eines Schadens hinreichend wahrscheinlich gemacht hat.[53] Das in Frage stehende Ereignis muss außerdem einen „fassbaren Bezug" zu der Person des Versicherungsnehmers aufweisen, weil ein durchschnittlicher Versicherungsnehmer sonst nicht davon ausgehen wird, dass es für seinen Versicherungsschutz relevant ist.[54] Macht der Versicherungsnehmer gegen einen Hersteller einen Schadensersatzanspruch aus § 1 Abs. 1 ProdHaftG und § 823 Abs. 1 BGB geltend, weil er durch ein fehlerhaftes Produkt verletzt worden ist, so kommt es also nicht auf den Zeitpunkt an, zu dem das Produkt in den Verkehr gebracht worden ist.[55] Der fassbare Bezug zu dem geschädigten Versicherungsnehmer wird erst durch den Erwerb des Pro-

---

51 Vgl. oben I. 2.
52 BGH, Urt. v. 25.9.2002 – IV ZR 248/01, NJW 2003, 139, 140; BGH, Urt. v. 30.4.2014 – IV ZR 47/13; *Wendt* r+s 2014, 328, 336.
53 BGH, BGH, Urt. v. 25.9.2002 – IV ZR 248/01, NJW 2003, 139, 140; Looschelders/Pohlmann/*Paffenholz*, § 125 Rn 43.
54 Vgl. BGH, Urt. v. 30.4.2014 – IV ZR 47/13, BGHZ 201, 73 Rn. 19; BGH, Urt. v. 5.11.2014 - IV ZR 22/13, VersR 2014, 1498 Rn. 20; *Rixecker*, in: Langheid/Rixecker, VVG, 5. Aufl. 2016, § 125 Rn. 9; *Looschelders/Paffenholz*, § 4 ARB 2010 Rn. 17.
55 Hierauf abstellend aber Prölss/Martin/*Armbrüster*, § 4 ARB 2010 Rn. 12; *Münkel*, in: Rüffer/Halbach/Schimikowski (Hrsg.), Handkommentar zum VVG, 3. Aufl. 2015, § 4 ARB 2010 Rn. 3.

dukts hergestellt.[56] Außerdem wird der Zeitpunkt des Inverkehrbringens des Produkts dem Versicherungsnehmer in vielen Fällen überhaupt nicht bekannt sein.

b) Alleinige Maßgeblichkeit der Behauptungen des Versicherungsnehmers

Der durchschnittliche Versicherungsnehmer wird der Formulierung „oder verursacht worden sein soll" entnehmen, dass es bei der Bestimmung des maßgeblichen Ereignisses nicht auf die objektiven Gegebenheiten, sondern allein auf seine eigenen Behauptungen ankommt.[57] Bestreitet der Anspruchsgegner diese Behauptungen, so ändert dies nichts an dem Sachverhalt, auf den der Versicherungsnehmer seine Rechtsverfolgung stützt. Besondere Probleme bereitet in diesem Zusammenhang allerdings der Fall, dass der Anspruchsgegner sich mit einer angeblichen Pflichtverletzung des Versicherungsnehmers verteidigt, die vor dem Abschluss der Rechtsschutzversicherung eingetreten sein soll, oder mit einem Gegenanspruch wegen einer solchen Pflichtverletzung aufrechnet. Der BGH hat in einer älteren Entscheidung zu § 14 Abs. 3 ARB 75 die Auffassung vertreten, dass der Versicherungsfall auch durch ein eigenes Verhalten des Versicherungsnehmers ausgelöst werden könne. Der Einwand der Vorvertraglichkeit könne daher auch darauf gestützt werden, dass der vom Anspruchsgegner zur Aufrechnung gestellte Gegenanspruch mit einem vorvertraglichen eigenen Verstoß des Versicherungsnehmers begründet wird.[58]

Der BGH hatte dabei vor allem auf die Entstehungsgeschichte des § 14 Abs. 3 ARB 1975 abgestellt. Nach den in neuerer Zeit vom BGH entwickelten Grundsätzen für die Auslegung von AVB kommt es jedoch nicht auf die Entstehungsgeschichte der Klauseln an, weil diese einem durchschnittlichen Versicherungsnehmer in aller Regel nicht bekannt sein wird.[59] Der BGH hat daher seine frühere Rechtsprechung ausdrücklich

---

56 Hierauf abstellend *Maier*, in: Harbauer (Begr.), Rechtsschutzversicherung, 8. Aufl. 2010, § 4 ARB 2000 Rn. 20.
57 BGH, Urt. v. 30.4.2014 – IV ZR 47/13, BGHZ 201, 73 Rn. 16; OLG Düsseldorf, Urt. v. 22.7.2016 – I-4 U 213/14, VersR 2016, 1245 Rn. 16.
58 BGH, Urt. v. 14.3.1984 – IVa ZR 24/82, VersR 1984, 530, 531.
59 BGH, Urt. v. 25.9.2002 – IV ZR 248/01, VersR 2002, 1503, 1504; BGH, Urt. v. 25.2.2015 – IV ZR 214/14, NJW 2015, 1306 Rn. 15; *Pohlmann*, in:

aufgegeben und allein auf den vom Versicherungsnehmer geltend gemachten Verstoß des Anspruchsgegners abgestellt.[60] Die entspricht auch den berechtigten Erwartungen des Versicherungsnehmers, der der allgemeinen Beschreibung der Aufgaben der Rechtsschutzversicherung in § 1 ARB 2010 entnehmen wird, dass der Versicherer ihn bei der Wahrnehmung seiner rechtlichen Interessen unterstützt und daher nicht den Standpunkt des Anspruchsgegners einnehmen wird.[61]

Der BGH stützt seine neue Rechtsprechung weiter auf das Argument, der Anspruchsgegner würde es sonst in der Hand haben, dem Versicherungsnehmer allein durch die Wahl seiner Verteidigung (hier: Aufrechnung) den Rechtsschutz zu entziehen.[62] Diesem Argument ist in der Literatur entgegengehalten worden, dass ein solches (wohl zielgerichtetes) Verhalten des Anspruchsgegners in der Regulierungspraxis bislang keine Rolle gespielt habe.[63] In der Tat geht es nicht primär um den Fall, dass der Anspruchsgegner bewusst Pflichtverletzungen des Versicherungsnehmers geltend machen könnte, um diesem den Rechtsschutz zu entziehen. Der Versicherungsnehmer soll vielmehr generell nicht gewärtigen müssen, dass der Vortrag des Anspruchsgegners – gezielt oder „zufällig" – seinen Rechtsschutz entfallen lässt. Die Lösung des BGH hat im Übrigen zur Folge, dass der Versicherungsschutz auch nicht nach § 3 Abs. 2 lit. a) ARB 2010 ausgeschlossen ist, wenn der Anspruchsgegner mit einem etwaigen außervertraglichen Schadensersatzanspruch gegen den Versicherungsnehmer aufrechnet.[64] Denn die Aufrechnung ändert nichts daran, dass es dem Versicherungsnehmer nicht um die Abwehr des Schadensersatzanspruchs, sondern um die Durchsetzung eigener Ansprüche geht.

c) Zwischenresümee

Die vorstehenden Ausführungen zeigen, dass der BGH die Kausalereignistheorie bei § 4 Abs. 1 lit. a) ARB 2010 durch den Rückgriff auf das Ver-

---

Looschelders/Pohlmann (Hrsg.), VVG, 3. Aufl. 2015, Einleitung B. Rn. 47; *Wendt*, r+s 2012, 209, 211.
60 BGH, Urt. v. 25.2.2015 – IV ZR 214/14, NJW 2015, 1306 Rn. 16; *Bauer*, NJW 2016, 1490, 1492.
61 Vgl. *Felsch*, r+s 2016, 321, 332.
62 BGH, Urt. v. 25.2.2015 – IV ZR 214/14, NJW 2015, 1306 Rn. 16.
63 *Maier*, r+s 2015, 489, 492; ähnlich *Schaltke/Weidner*, r+s 2016, 225, 229.
64 BGH, Urt. v. 25.2.2015 – IV ZR 214/14, NJW 2015, 1306 Rn. 11.

ständnis des durchschnittlichen Versicherungsnehmers erheblich eingeschränkt hat. Die so verstandene Kausalereignistheorie führt der Sache nach in den meisten Fällen zu den gleichen Ergebnissen wie die Schadensereignistheorie.[65] Der GDV hat die Bestimmung des Versicherungsfalls beim Schadensersatz-Rechtsschutz in Ziff. 2.4.2 ARB 2012 dieser Rechtsprechung angepasst. Beim Schadensersatz-Rechtsschutz gilt nunmehr also wieder die Schadensereignistheorie.[66]

3. Der verstoßabhängige Rechtsschutzfall

Die gleichen Grundsätze wie beim Schadensersatz-Rechtsschutz (§ 4 Abs. 1 S. 1 lit. a) ARB 2010) gelten auch für den verstoßabhängigen Rechtsschutzfall nach § 4 Abs. 1 S. 1 lit. c) ARB 2010. Zusätzliche Probleme können aber dadurch auftreten, dass nicht nur der Aktivprozess, sondern auch der Passivprozess des Versicherungsnehmers zu bedenken ist. Diese Problematik kann beim Schadensersatz-Rechtsschutz nicht auftreten, weil es dort allein um die (aktive) Geltendmachung von Ansprüchen durch den Versicherungsnehmer geht.

a) Aktivprozesse des Versicherungsnehmers

Die neue Rechtsprechung des BGH zum verstoßabhängigen Rechtsschutz bezieht sich bislang allerdings ausschließlich auf Aktivprozesse, bei denen der Versicherungsnehmer die Rolle des Anspruchstellers bzw. Klägers hat. Der BGH stellt auch hier allein auf den Tatsachenvortrag des Versicherungsnehmers ab.[67] Zur Konkretisierung dieses Ansatzes hat der BGH ein sog. „Drei-Säulen-Modell" entwickelt. Die Annahme eines verstoßabhängigen Rechtsschutzfalles setzt danach voraus, dass das Vorbringen des Versicherungsnehmers (erstens) einen objektiven Tatsachenkern (und kein reines Werturteil) enthält, mit dem er (zweitens) den Vorwurf eines

---

65 Vgl. *Looschelders/Paffenholz*, § 4 ARB 2010 Rn. 27; *Cornelius-Winkler,* VersR 2015, 1476, 1478.
66 Vgl. oben I. 2. b).
67 BGH, Urt. v. 24.4.2013 – IV ZR 23/12, NJW 2013, 2285; vgl. auch OLG Düsseldorf, Urt. v. 22.7.2016 – I-4 U 213/14, VersR 2016, 1245 Rn. 16.; *Cornelius-Winkler,* VersR 2015, 1476, 1478 ff.

Rechtsverstoßes verbindet und auf das er (drittens) seine Rechtsverfolgung stützt.[68] Die Einwendungen des Anspruchsgegners (z. B. Anfechtung) bleiben auch hier außer Betracht. Dies gilt auch dann, wenn der Anspruchsgegner dem Versicherungsnehmer ebenfalls einen Rechtsverstoß (z. B. arglistige Täuschung) vorwirft. Maßgeblich ist wieder die Erwägung, dass der Versicherungsnehmer seinen Anspruch hieraus gerade nicht herleitet.[69] Das Gleiche gilt für den Fall, dass der Anspruchsgegner mit einem Gegenanspruch aufrechnet, den er auf einen angeblichen Verstoß des Versicherungsnehmers stützt.[70]

b) Passivprozesse des Versicherungsnehmers

Welche Auswirkungen die neue Konzeption des BGH bei Passivprozessen des Versicherungsnehmers hat, ist umstritten.[71] Praktische Bedeutung kann diese Problematik insbesondere beim Vertragsrechtsschutz (§ 2 lit. d) ARB 2010) haben. Beim Wohnungs- und Grundstücks-Rechtsschutz steht der Versicherungsnehmer ebenfalls nicht selten auf der Passivseite. Repräsentativ ist der Fall, dass der rechtsschutzversicherte Mieter sich gegen eine Räumungsklage seines Vermieters wehrt.[72] Drei Auffassungen stehen sich hier gegenüber. Teilweise wird auch in diesen Fällen allein auf den Vortrag des Versicherungsnehmers abgestellt.[73] Die Gegenauffassung stellt bei Passivprozessen allein auf die Verstöße des Versicherungsnehmers ab, auf die der Anspruchsteller (Kläger) seine Rechtsverfolgung stützt.[74] Schließlich wird dafür plädiert, die gegenseitigen Vorwürfe zu berücksichtigen.[75]

---

68 Grundlegend BGHZ 178, 346, 352 ff. = JR 2009, 460 m. Anm. *Looschelders*; zum Drei-Säulen-Modell vgl. auch *Looschelders/Paffenholz*, § 4 ARB 2010 Rn. 45; HK-VVG/*Münkel*, § 4 ARB 2010 Rn. 7; *Wendt*, r+s 2010, 221, 224.
69 Vgl. BGH, Urt. v. 25.2.2015 – IV ZR 214/14, NJW 2015, 1306 Rn. 16; *Wendt* r+s 2014, 328, 333 ff.; *Cornelius-Winkler*, NJW 2013, 3060, 3066; *Schaltke/Weidner* r+s 2016, 225.
70 BGH, Urt. v. 25.2.2015 – IV ZR 214/14, NJW 2015, 1306 Rn. 15 f.
71 Ausdrücklich offengelassen von OLG Düsseldorf, Urt. v. 22.7.2016 – I-4 U 213/14, VersR 2016, 1245 Rn. 19.
72 Vgl. *Cornelius-Winkler*, VersR 2015, 1476, 1480.
73 So *Maier*, r+s 2015, 489, 492 f.
74 So *Cornelius-Winkler*, NJW 2013, 3060, 3065; *ders.* VersR 2015, 1476, 1478 ff.; ebenso in der älteren Rechtsprechung BGH, VersR 1983, 125.
75 So *Schaltke/Weidner,* r+s 2016, 225, 229.

Der österreichische OGH hat sich in einem aktuellen Urteil vom 28.9.2016[76] zu der vergleichbaren Definition des Versicherungsfalls in Art. 2.3. österr. ARB 2011 unter eingehender Würdigung des Meinungsstands in der deutschen Literatur mit der Bestimmung des verstoßabhängigen Rechtsschutzfalls bei Passivprozessen des Versicherungsnehmers auseinandergesetzt. Gegenstand des Ausgangsverfahrens war ein Räumungsprozess gegen rechtsschutzversicherte Mieter. Nach dem Vortrag des Vermieters waren die Mieter seit 2010 – also schon vor Versicherungsbeginn am 20.9.2013 – zur Räumung der Wohnung verpflichtet, weil sein verstorbener Vater ihnen die Wohnungsnutzung im Jahre 2010 untersagt habe. Dagegen hatten die Versicherungsnehmer geltend gemacht, dass ihnen ein dingliches oder obligatorisches Gebrauchsrecht an der Wohnung zustehe, das erstmals durch die Erhebung der Räumungsklage am 17.6.2015 bestritten worden sei. Nach Ansicht des OGH ist bei einem Passivprozess das von den Versicherungsnehmern bestrittene Klagevorbringen für die Abgrenzung des Streitgegenstands – und damit auch für die zeitliche Festlegung des Versicherungsfalls – maßgeblich. Würde man allein auf den Vortrag des Versicherungsnehmers abstellen, so könnte dieser den Zeitpunkt des Versicherungsfalls durch seinen eigenen Vortrag beeinflussen, womit die Gefahr von Zweckabschlüssen bestünde.

Bei der Würdigung der Problematik ist nach der Rechtsprechung des BGH auf das Verständnis eines durchschnittlichen Versicherungsnehmers abzustellen. Dieser wird zwar die Lehre vom Streitgegenstand nicht kennen. Er wird sein Rechtsschutzbegehren aber dahingehend verstehen, dass es ihm um die Wahrnehmung seiner rechtlichen Interessen gegenüber den Vorwürfen des Anspruchstellers geht. Dass es für die zeitliche Festlegung des Versicherungsfalls auf einen eigenen Verstoß ankommen kann, wird der durchschnittliche Versicherungsnehmer daraus ableiten können, dass § 4 Abs. 1 lit. c) ARB 2010 ausdrücklich auch vom Verstoß des Versicherungsnehmers spricht. Diese Alternative wäre funktionslos, wenn es beim Passivprozess allein darauf ankäme, welchen Verstoß der Versicherungsnehmer zu seiner Verteidigung anführt. Denn der Versicherungsnehmer wird sich auch bei einem Passivprozess auf keinen eigenen Verstoß stützen. Die Anknüpfung an den Tatsachenvortrag des Klägers entspricht damit auch den berechtigten Erwartungen des Versicherungsnehmers.

---

76 OGH 7 Ob 127/16a, RdW 2017, 28.

4. Sonderfälle

a) Dauerverstöße

§ 4 Abs. 2 S. 1 ARB 2010 regelt den Fall, dass der Versicherungsfall kein punktuelles Ereignis darstellt, sondern sich über einen Zeitraum erstreckt. Solche Dauerverstöße oder „gedehnten" Versicherungsfälle[77] sind in der Rechtsschutzversicherung nicht selten. Zu denken ist an den Fall, dass die Mietsache schon im Zeitpunkt der Überlassung mangelhaft ist.[78] Im Räumungsklagen-Fall des österreichischen OGH[79] lag ebenfalls ein Dauerverstoß vor, weil die Versicherungsnehmer die Wohnung über mehrere Jahre unberechtigt genutzt haben sollen.[80] Nach § 4 Abs. 2 S. 1 ARB 2010 kommt es in diesen Fällen auf den Beginn des jeweiligen Zeitraums an. Macht der rechtsschutzversicherte Mieter einen Schadensersatzanspruch wegen anfänglicher Mängel (§ 536a Abs. 1 Alt. 1 BGB) geltend, so tritt der Versicherungsfall mit der Überlassung der Mietsache ein.[81] Im Räumungsklagen-Fall hat der OGH zu Recht dafür gehalten, dass der Dauerverstoß der unberechtigten Benutzung der Wohnung schon vor dem Beginn des Versicherungsverhältnisses eingetreten ist.[82]

b) Mehrheit von Verstößen

Sind mehrere Rechtsschutzfälle für die Interessenwahrnehmung ursächlich, so ist nach § 4 Abs. 2 S. 2 ARB 2010 der erste entscheidend. Deckung besteht also nur, wenn schon beim ersten kausalen Verstoß Versicherungsschutz gegeben war. Verstöße, die mehr als ein Jahr vor Beginn des Versicherungsschutzes eingetreten sind, bleiben aber außer Betracht, so dass für einen weiteren nach Versicherungsbeginn eingetretenen Versicherungsfall Deckung besteht. Beruht der erste Versicherungsfall auf einem Dauerverstoß, so muss der erste Verstoß ein Jahr vor Versicherungs-

---

77 Zur Terminologie vgl. *Looschelders/Paffenholz*, § 4 ARB 2010 Rn. 96.
78 HK-VVG/*Münkel*, § 4 ARB 2010 Rn. 14; Harbauer/*Maier*, § 4 ARB 2000 Rn. 105.
79 Oben III. 3. b.
80 OGH RdW 2017, 28, 29.
81 Vgl. OLG Frankfurt a.M., NVersZ 1999, 292, 293; *Schaltke/Weidner*, r+s 2016, 225, 227.
82 OGH, RdW 2017, 28, 29.

beginn beendet gewesen sein. Sofern der Dauerverstoß einen einheitlichen Versicherungsfall begründet, ist die Jahresfrist aber nicht einschlägig.[83] Dies gilt auch für den Fall, dass mehrere Verstöße aufgrund ihrer Gleichartigkeit und ihres natürlichen Handlungszusammenhangs als Dauerverstoß anzusehen sind.[84]

Bei der Anwendung des § 4 Abs. 2 S. 2 ARB 2010 ist zu beachten, dass es bei Aktivprozessen nach der neuen Rechtsprechung des BGH nur auf die Verstöße des Anspruchsgegners oder eines Dritten ankommt, aus denen der Versicherungsnehmer seinen Anspruch herleitet. Ein vom Anspruchsgegner behaupteter Verstoß des Versicherungsnehmers löst daher keinen zweiten Versicherungsfall aus. Dies hat gerade bei Ansprüchen des Versicherungsnehmers auf die Versicherungsleistung große Bedeutung. Hält der im Ausgangsprozess auf die Versicherungsleistung in Anspruch genommene Versicherer dem Versicherungsnehmer entgegen, dass er den Versicherungsvertrag nach § 22 VVG i.V.m. § 123 BGB wegen arglistiger Täuschung angefochten habe, so begründet der angebliche Verstoß des Versicherungsnehmers gegen vorvertragliche Pflichten keinen eigenständigen Versicherungsfall. Der Rechtsschutzversicherer ist also auch dann nicht zur Deckungsverweigerung berechtigt, wenn die angebliche Täuschung vor Versicherungsbeginn erfolgt ist und zwischen Versicherungsbeginn und Täuschung weniger als ein Jahr liegt.[85]

Nach der neuen Rechtsprechung des BGH reicht es auch nicht, dass der mögliche erste Verstoß adäquat kausal für die Interessenwahrnehmung ist. Das Erstereignis muss vielmehr einen rechtlichen Bezug zum Rechtsschutzbegehren des Versicherungsnehmers aufweisen. Dies entspricht dem Kriterium des „fassbaren Bezugs" zur Person des Versicherungsnehmers beim Schadensersatz-Rechtsschutz.[86] Hierfür genügt i.d.R. aber, dass die Pflichtverletzung gegenüber dem Versicherungsnehmer begangen wurde oder begangen worden sein soll.[87] Der Gesetzes- oder Pflichtenverstoß eines Dritten kann den Rechtsschutzfall allerdings nur dann zeitlich festlegen, wenn zeitgleich bereits ein vertragliches oder gesetzliches Schuldver-

---

83 Prölss/Martin/*Armbrüster*, § 4 ARB 2010 Rn. 125.
84 BGH, Urt. v. 30.4.2014 – IV ZR 47/13, BGHZ 201, 73 Rn. 23.
85 Vgl. *Wendt* r+s 2014, 328, 333 ff. (zu BGH, Urt. v. 24.4.2013 – IV ZR 29/12); *Cornelius-Winkler*, NJW 2013, 3060, 3066; HK-VVG/*Münkel*, § 4 ARB 2010, Rn. 11. 16; a.A. noch OLG Karlsruhe, VersR 2012, 987.
86 Vgl. oben III. 2. a).
87 *Wendt* r+s 2014, 328, 336.

hältnis zwischen dem Versicherungsnehmer und dem Anspruchsgegner besteht oder ansteht.[88]

Bei einer Mehrheit von Versicherungsfällen stellt Ziff. 2.4.5 ARB 2012 ebenfalls auf den ersten ab. Dabei ist aber die Jahresregelung entfallen. Für den Versicherungsnehmer hat dies den Nachteil, dass sein Versicherungsschutz auch dann entfällt, wenn der erste Verstoß über ein Jahr zurückliegt und die weiteren Versicherungsfälle innerhalb des versicherten Zeitraums eingetreten sind.[89] Da ein durchschnittlicher Versicherungsnehmer nicht damit rechnen wird, dass sein Versicherungsschutz durch zeitlich so weit zurückliegende Verstöße in Frage gestellt wird, müssen die einschränkenden Kriterien der neuen BGH-Rechtsprechung in diesen Fällen besonders sorgfältig angewendet werden. Beim Schadensersatz-Rechtsschutz wird das Problem ohnehin durch die Schadensereignistheorie entschärft.

c) Kausale Willenserklärungen und Rechtshandlungen vor Versicherungsbeginn

§ 4 Abs. 3 lit. a) ARB 2010 schließt den Versicherungsschutz auch dann aus, wenn eine vor Beginn des Versicherungsschutzes vorgenommene Willenserklärung oder Rechtshandlung den Verstoß nach Abs. 1 lit. c) ausgelöst hat. Die Bezugnahme auf Abs. 1 lit. c) macht deutlich, dass der Ausschluss nur für den verstoßabhängigen Rechtsschutzfall gilt.[90] Die Parallelität mit dem Schadensersatz-Rechtsschutz wird also durchbrochen. Allerdings hat das Problem, dass der Rechtsschutzfall durch eine Willenserklärung oder Rechtshandlung ausgelöst wird, beim Schadensersatz-Rechtsschutz ohnehin keine Bedeutung.

Der Ausschlusstatbestand des § 4 Abs. 3 lit. a) ARB 2010 soll ebenfalls verhindern, dass der Versicherungsnehmer Rechtsschutz für Streitigkeiten erhält, die aus der Zeit vor Abschluss der Rechtsschutzversicherung herrühren und beim Vertragsschluss schon „vorprogrammiert" waren.[91] Da die Klausel den Versicherungsschutz in zeitlicher Hinsicht weiter beträcht-

---

88 BGH, Urt. v. 5.11.2014 - IV ZR 22/13, VersR 2014, 1498 Rn. 20.
89 Krit. *Looschelders/Paffenholz*, § 4 ARB 2010 Rn. 106 f.; *Maier*, Neue Bedingungen in der Rechtsschutzversicherung (ARB 2012), r+s 2013, 105, 108.
90 *Looschelders/Paffenholz*, § 4 ARB 2010 Rn. 108.
91 Vgl. BGH, VersR 2005, 1684, 1685; *Wendt*, MDR 2008, 717, 718.

lich einschränkt, ist eine restriktive Auslegung geboten.[92] So dürfen die einschränkenden Kriterien des BGH beim verstoßabhängigen Rechtsschutzfall nicht durch den Rückgriff auf § 4 Abs. 3 lit. a) ARB 2010 unterlaufen werden. Bei einem Aktivprozess können daher nur solche Willenserklärungen oder Rechtshandlungen berücksichtigt werden, die der Versicherungsnehmer seinem Anspruchsgegner zur Begründung seines Anspruchs anlastet oder die nach seinem Vorbringen den Verstoß des Anspruchsgegners ausgelöst haben.[93] Der Anwendungsbereich des § 4 Abs. 3 lit. a) ARB 2010 wird hierdurch erheblich begrenzt.

Die Abgrenzung zur Mehrheit von Versicherungsfällen kann im Einzelfall Schwierigkeiten bereiten. Dem Grundsatz nach ist von einem Vorrang des § 4 Abs. 2 S. 2 ARB 2010 auszugehen. Stellt die infrage stehende Willenserklärung oder Rechtshandlung bereits einen Verstoß gegen Rechtspflichten oder Rechtsvorschriften dar, so liegt eine Mehrheit von Versicherungsfällen vor,[94] womit zugunsten des Versicherungsnehmers die Jahresfrist gilt.

d) Verspätete Geltendmachung des Anspruchs auf Rechtsschutz

Nach § 4 Abs. 3 lit. a) ARB 2010 besteht auch dann kein Versicherungsschutz, wenn der Versicherungsnehmer den Anspruch auf Rechtsschutz erstmals später als drei Jahre nach Beendigung des Versicherungsschutzes geltend gemacht hat. Es handelt sich um eine Ausschlussfrist, die darauf abzielt, die nach dem Fristablauf schwerer aufklärbaren und übersehbaren Schadensfälle von der Deckung auszunehmen.[95] Da die Klausel einem legitimen Interesse des Versicherers dient, hält sie einer Inhaltskontrolle nach § 307 BGB stand.[96] Im Interesse des sorgfältigen Versicherungsnehmers kann sich der Versicherer aber nach Treu und Glauben (§ 242 BGB) nicht auf den Fristablauf berufen, wenn den Versicherungsnehmer an der

---

92 Prölss/Martin/*Armbrüster*, § 4 ARB 2010 Rn. 132.
93 *Wendt,* r+s 2014, 328, 335; vgl. auch HK-VVG/*Münkel*, § 4 ARB 2010 Rn. 18.
94 Zutreffend insoweit OLG Karlsruhe, VersR 2012, 987, 989.
95 BGH, Urt. v. 15.4.1992 – IV ZR 198/91, VersR 1992, 819; OLG Koblenz, Urt. v. 9.3.2012 – 10 U 863/11, VersR 2013, 99, 101.
96 BGH, Urt. v. 15.4.1992 – IV ZR 198/91, VersR 1992, 819, 820 (zu § 4 Nr. 4 ARB 75).

Fristversäumung kein Verschulden trifft.[97] Ob der Versicherungsnehmer sich dabei das Verschulden seines Rechtsanwalts zurechnen lassen muss,[98] ist zweifelhaft. Da der Rechtsanwalt in der Rechtsschutzversicherung nicht als Repräsentant des Versicherungsnehmers anzusehen ist,[99] kommt nur ein Fall der Wissenserklärungsvertretung in Betracht. Hierfür ist aber erforderlich, dass der Versicherungsnehmer den Anwalt mit der Geltendmachung des Anspruchs auf Rechtsschutz gegenüber dem Versicherer betraut hat.[100]

IV. Fazit

Die vorstehenden Überlegungen haben gezeigt, dass die zeitliche Festlegung des Versicherungsfalls gerade bei der Haftpflicht- und Rechtsschutzversicherung von großer Bedeutung ist. Die Rechtsprechung verwirklicht den Versicherungsnehmerschutz durch eine am Verständnis und an den Interessen eines durchschnittlichen Versicherungsnehmers orientierte Auslegung der einschlägigen Klauseln. Dies hat zur Folge, dass die Klauseln einer Inhalts- und Transparenzkontrolle standhalten. Der Ansatz der Rechtsprechung entspricht dem Vorrang der Auslegung gegenüber der Inhaltskontrolle und erscheint auch der Sache nach legitim.[101] Bei der Rechtsschutzversicherung wird auch das berechtigte Interesse des Versicherers an der Vermeidung von Zweckabschlüssen berücksichtigt, auch wenn dieses Interesse nicht selten hinter den Interessen des Versicherungsnehmers zurücktreten muss.

---

97 BGH, Urt. v. 15.4.1992 – IV ZR 198/91, VersR 1992, 819, 820; OLG Koblenz, Urt. v. 9.3.2012 – 10 U 863/11, VersR 2013, 99, 101.
98 So LG Duisburg, r+s 1996, 273, 274; Prölss/Martin/*Armbrüster*, § 4 ARB 2010 Rn. 142.
99 Vgl. *Looschelders*, in: Beckmann/Matusche-Beckmann (Hrsg.), Versicherungsrechts-Handbuch, 3. Aufl. 2015, § 17 Rn. 83; *Wendt* r+s 2010, 221, 230; *ders.*, r+s 2012, 209, 213.
100 Allgemein zur Wissenserklärungsvertretung Versicherungsrechts-Handbuch/*Looschelders*, § 17 Rn. 116 ff.
101 Zur Legitimität einer einschränkenden Auslegung von AGB vgl. *Coester*, in: Staudinger (Begr.), BGB, Neubearb. 2013, § 307 Rn. 28.

Der Honorarversicherungsberater im Lichte des Verbraucherschutzes

Stephan Michaelis, Hamburg[*]

I. Einleitung

Es ist eine große Ehre, für den Jubilar, welcher sich nicht nur als herausragender Versicherungsrechtler hervorgetan hat, sondern vor allem auch als anerkannter Verbraucherschützer, diesen Beitrag verfassen zu dürfen. Der Jubilar war schon gelernter Versicherungskaufmann, als der Verfasser das Licht der Welt erblickte. Prof. Dr. Schwintowski war nicht nur unter anderem im Versicherungsbeirat der Bundesanstalt für Finanzdienstleistungsaufsicht eingebunden, als Berater des Bundesjustizministeriums zur Jahrhundertreform des VVG berufen, sondern er ist darüber hinaus auch aktueller Herausgeber des Praxiskommentars zum Versicherungsvertragsrecht. Hierüber lernte der Verfasser den Jubilar kennen und schätzen. Der Prof. Dr. Schwintowski/Brömmelmeyer hat sich nun mehr in der dritten Auflage zu einem bekannten und vielzitierten VVG Kommentar entwickelt. Dem Autor dieses Aufsatzes ist es daher eine Ehre, gefragt worden zu sein, ob er für den hochgeschätzten Kollegen, welcher auch als Berater für die Kanzlei Michaelis gewonnen werden konnte, einen Festschriftbeitrag verfassen zu dürfen.

Knapp zehn Jahre nach der Umsetzung der ersten Vermittlerrichtlinie[1] ist der deutsche Gesetzgeber gerade dabei, eine erneute Richtlinie[2] über den Versicherungsvertrieb in das deutsche Recht zu übertragen. Die Insurance Distribution Directive, auch kurz IDD genannt, sorgt seit einiger Zeit für reges Aufsehen unter den Versicherungsvermittlern. Die IDD-Richtlinie muss dabei bis Ende Februar 2018 in nationales Recht umge-

---

[*] Rechtsanwalt Stephan Michaelis, LL.M., Kanzlei Michaelis Rechtsanwälte, Hamburg.
[1] Richtlinie 2002/92/EG über Versicherungsvermittlung (IMD).
[2] Richtlinie (EU) 2016/97 des Europäischen Parlaments und des Rates vom 20.1.2016 über Versicherungsvertrieb.

setzt werden. Mit einer Umsetzung ist aufgrund der Bundestagswahlen im Herbst 2017 noch vorher zu rechnen.

Im November 2016 wurde durch das Bundeswirtschaftsministerium ein Referentenentwurf[3] vorgelegt, welcher nach kleineren Änderungen am 18.1.2017 von der Bundesregierung beschlossen wurde. Dieser Gesetzesentwurf sorgte in der Folge für eine kurzweilige juristische Auseinandersetzung über die grundlegenden Vermittlerstrukturen in Deutschland. Auch Prof. Dr. Schwintowski beteiligte sich an der Diskussion. In seiner Stellung als Professor für Bürgerliches Recht an der Humboldt-Universität zu Berlin veröffentlichte er ein juristisches Gutachten, welches Anlass dieser Ausarbeitung ist. Dabei bescheinigte Prof. Dr. Schwintowski dem Gesetzesentwurf eine Verfassungswidrigkeit. Dieser Vorwurf stellt sicherlich die größtmögliche Schelte dar, welche einem Gesetzgebungsorgan gegenüber erhoben werden kann.

Dabei geht der Gesetzesentwurf an einigen Stellen deutlich über die notwendigen Änderungen, welche die IDD vorsehen, hinaus. Insbesondere die kritischen Punkte der Einführung des Honorar-Versicherungsberaters, des Honorarannahmeverbotes für Versicherungsmakler sowie das Provisionsabgabeverbot finden sich in der IDD-Richtlinie überhaupt nicht wieder. Es ist hierbei vielmehr der deutsche Gesetzgeber gewesen, der auf Grundlage des Koalitionsvertrages die Stärkung der Honorarberatung fördern möchte. Dies solle zum Wohle des Verbraucherschutzes führen. Ob dies dem Gesetzgeber gelingen wird, kann lediglich die Zukunft zeigen.

II. Versicherungsvermittlung vor IDD

Die Vermittlung von Versicherungsverträgen liegt gemäß § 59 Abs. 1 VVG in den Händen des Versicherungsvertreters und des Versicherungsmaklers. Versicherungsvertreter im Sinne des § 59 Abs. 2 VVG ist, wer von einem Versicherer oder einem Versicherungsvertreter damit vertraut ist, gewerbsmäßig Versicherungsverträge zu vermitteln oder abzuschließen. Versicherungsmakler ist hingegen gemäß § 59 Abs. 2 S. 1 VVG, wer gewerbsmäßig für den Auftraggeber die Vermittlung für den Abschluss von Versicherungsverträgen übernimmt, ohne von einem Versicherer oder

---

[3] Referentenentwurf des Bundesministeriums für Wirtschaft und Energie vom 21.11.2016.

von einem Versicherungsvertreter damit betraut zu sein. Neben diesen klassischen Versicherungsvermittlern gibt es darüber hinaus auch die Figur des Versicherungsberaters, welcher in § 59 Abs. 4 VVG definiert ist. Versicherungsberater im Sinne dieses Gesetzes ist, wer gewerbsmäßig Dritte bei der Vereinbarung, Änderung oder Prüfung von Versicherungsverträgen oder bei der Wahrnehmung von Ansprüchen aus Versicherungsverträgen im Versicherungsfall berät oder gegenüber dem Versicherer außergerichtlich vertritt, ohne von einem Versicherer einen wirtschaftlichen Vorteil zu erhalten oder in anderer Weise von ihm abhängig zu sein.

Anders als die erste Vermittlerrichtlinie richtet sich die IDD nicht nur an den Versicherungsvermittler, sondern auch an Versicherungsunternehmen. Die IDD gibt hier anders noch als die IMD auch den Versicherungsunternehmen verbindliche Vorgaben bezüglich der Versicherungsvermittlung.

1. Versicherungsmakler

Wer gewerbsmäßig Versicherungsverträge vermitteln will, der bedarf der Erlaubnis. Diese Erlaubnispflicht für den Versicherungsmakler ist in § 34d Abs. 1 S. 1 GewO normiert.

a) Stellung

Der Versicherungsmakler ist jedoch weit mehr als der bloße Makler im Sinne des § 93 Abs. 1 HGB. Der klassische Handelsmakler hat es allein zur Aufgabe, die Vermittlung von Verträgen über Anschaffung oder Veräußerung von Waren oder Wertpapieren, über Versicherungen, Güterbeförderungen, Schiffsmiete oder sonstige Gegenstände des Handelsverkehrs zu übernehmen.

Zum Aufgabengebiet des Versicherungsmaklers gehört es gleichermaßen, dem Versicherungsnehmer Versicherungsverträge mit Versicherungsunternehmen zu vermitteln. Die Tätigkeit des Versicherungsmaklers im absoluten Regelfall geht dabei über die reine Vermittlung eines Versicherungsvertrages weit hinaus. Ohne an dieser Stelle bereits im Einzelnen auf die vielseitigen und umfangreichen Pflichten und Tätigkeitsbereiche des Versicherungsmaklers einzugehen, kann festgehalten werden, dass der Versicherungsmakler vor allem auch eine umfassende, der Vermittlung vorhergehende Beratung sowie in der Regel auch eine dauerhafte Betreuung des Versicherungsnehmers schuldet.[4] Alle jene Tätigkeitsaspekte des Versicherungsmaklers finden im klassischen Maklerrecht keinen Niederschlag. Nicht zuletzt deshalb ist das Versicherungsmaklerrecht völlig zu Recht vor allem auch wesentlich durch die Rechtsprechung geprägt.[5]

Der Versicherungsmakler ist treuhänderischer Sachwalter des Versicherungsnehmers.[6] Inhalt und Umfang seiner Pflichten sind durch Vertragsauslegung des Versicherungsmaklervertrages unter Berücksichtigung des Handelsbrauchs zu ermitteln. Der Vertrag begründet ein Dauerschuldverhältnis, durch das der Versicherungsmakler nicht nur zu einmaligen Bemühungen um die Beschaffung von geeignetem Versicherungsschutz, sondern auch zur anschließenden umfassenden und dauerhaften Betreuung der Interessen des Versicherungsnehmers mit der erforderlichen Beratung über Anpassung und Veränderung des Versicherungsschutzes während der gesamten Vertragslaufzeit verpflichtet wird.[7]

b) Vergütung

Die Tätigkeit des Versicherungsmaklers wird nach aktuellem Stand durch drei Möglichkeiten vergütet. Zum einen ist der absolute Regelfall, dass der Versicherungsmakler für die von ihn an einen Versicherer vermittelten Verträge eine Courtage erhält. Der Versicherungsmakler kann sich jedoch auch vom gewerblichen Versicherungsnehmer vergüten lassen (vgl. § 34d Abs. 1 Satz 3 GewO). Dies kann zum einen durch ein Vermittlerhonorar geschehen oder durch ein Beraterhonorar.

---

4 Hierzu bereits *Michaelis*, Versicherungsmaklerrecht, 2010, S. 7.
5 *Zinnert*, VersR 2000, 399 (400); *ders.* Versicherungsmakler, 1996, S. 385.
6 BGH, Urt. v. 14.6.2007 – III ZR 269/06, NJW-RR 2007, 1503; va BGH, Urt. v. 22.5.1985 – IVa ZR 190/83, BGHZ 94, 356; OLG Düsseldorf, Urt. v. 22.12.2011 – I-16 U 133/10, IHR 2013, 36.
7 *Zinnert*, S. 132; *Dörner*, in: Prölss/Martin, Versicherungsvertragsgesetz, 29. Auflage, 2015, VVG § 59 Rn. 72.

aa) Courtage

In den meisten Fällen wird der Versicherungsmakler für seine erfolgreiche Vermittlungstätigkeit vom Versicherer bezahlt. Diese Courtage vom Versicherer wird in die dem Versicherungsnehmer in Rechnung gestellte Prämie einkalkuliert („Bruttopolice"). Die Übertragung der Zahlungsverpflichtung von dem nach §§ 675 Abs. 1, 611 BGB vertraglich verpflichteten Versicherungsnehmer zur Zahlung der Vergütung auf den Versicherer setzt voraus, dass der Versicherungsmakler mit dem Versicherer eine Zahlungsvereinbarung geschlossen hat und gleichsam der Versicherungsnehmer durch seine Zahlung von möglichen (gesetzlichen) Ansprüchen des Versicherungsmaklers befreit wird. Diese Ausgestaltung findet sich in nahezu sämtlichen Versicherungsmaklerverträgen und ist von der Vertragsfreiheit der Beteiligten gedeckt, wenngleich sich diese Vergütungsstruktur sehr weit von dem – vermeintlichen – gesetzlichen Leitbild des Handelsmaklers gem. § 99 HGB bzw. §§ 675, 611, 612 BGB entfernt. Zweifel an der Rechtmäßigkeit dieser Praxis kommen nicht auf. Kritik herrscht an dieser Vergütungsform und gibt es zuweilen massig. Angeführt wird zumeist, dass diese Vergütungsstruktur intransparent sei, da der Versicherungsnehmer nicht erkennen kann, was „der Service" kostet. Provisionen und Courtagen, obwohl diese vom Versicherungsnehmer in vollem Maße (indirekt) gezahlt werden, werden für viele Produkte, also z. B. alle Sachverträge, nicht offengelegt.[8]

bb) Vermittlerhonorar (Provision)

Mit Abschluss des Geschäftsbesorgungsvertrages ist von Gesetzes wegen die Vergütung grundsätzlich vom Auftraggeber zu zahlen. Dass dies in der Praxis meist abbedungen wird, ändert nichts an der gesetzlichen Grundlage. Eine Vergütung des Versicherungsmaklers für seine Maklertätigkeit muss vom Auftraggeber bezahlt werden dürfen. Der Versicherungsmakler vereinbart hier mit dem Versicherungsnehmer, dass dieser bei Abschluss des Versicherungsvertrages selbst zur Provisionszahlung verpflichtet sein soll.[9] Der Versicherungsmakler vermittelt dem Versicherungsnehmer dann Verträge, bei denen der Versicherer keine Vermittlungskosten einberechnet

---

8 *Zinnert,* S. 284 mwN.
9 BGHZ 162, 67, 72; BGH VersR 2007, 1127.

hat (sog. „Nettopolice").[10] Die Höhe der vom Versicherungsnehmer zu zahlenden Vergütung an den Vermittler ist dabei den Parteien vorbehalten. Die Provision wird mit der erfolgreichen Vermittlung fällig. Die Pflicht zur weiteren und vollständigen Vergütung trifft den Versicherungsnehmer in der Regel auch dann, wenn der Versicherungsvertrag durch den Versicherungsnehmer frühzeitig gekündigt wird. Der „Schicksalsteilungsgrundsatz" gilt hier nicht.[11] Der Versicherungsnehmer hat hier volle Kostenkontrolle und weiß genau, wie hoch die Vergütung für die bereits vollständig erbrachte Vermittlungsleistung des Versicherungsmaklers ist.

cc) Beratungshonorar

Sofern der Versicherungsmakler an gewerbliche oder freiberufliche Kunden, also Kunden, welche keine Verbraucher sind, eigenständige Beratungsleistungen zu versicherungsrechtlichen Fragen berät, so kann er dafür ein erfolgsunabhängiges Beraterhonorar verlangen. Dieses Beraterhonorar wird im Gegensatz zur Courtage/Provision nicht nur für die Vermittlung fällig, sondern stellt eine (vermittlungs-)erfolgsunabhängige Vergütung dar. Das Beraterhonorar wird mit Erbringung der Dienstleistung fällig. Spezielle Vorgaben bezüglich der Höhe und der Ausgestaltung der Vergütungsvereinbarung bestehen neben den allgemeinen bürgerlich-rechtlichen Vorschriften nicht.

2. *Versicherungsberater*

Der Versicherungsberater wurde im Zuge der Neuregelung des Versicherungsvermittlerrechts 2007 neu in das VVG eingefügt. Versicherungsberater im Sinn dieses Gesetzes ist, wer gewerbsmäßig Dritte bei der Vereinbarung, Änderung oder Prüfung von Versicherungsverträgen oder bei der Wahrnehmung von Ansprüchen aus Versicherungsverträgen im Versicherungsfall berät oder gegenüber dem Versicherer außergerichtlich vertritt, ohne von einem Versicherer einen wirtschaftlichen Vorteil zu erhalten oder in anderer Weise von ihm abhängig zu sein. Der Versicherungsberater er-

---

10 *Dörner*, in: Prölss/Martin, VVG § 59 Rn. 84.
11 BGH, Urt. v. 20.1.2005 – III ZR 251/04, VersR 2005, 406; BGH, Urt. v. 20.1.2005 – III ZR 207/04, 2005, 404; *Dörner*, in: Prölss/Martin, VVG § 59 Rn. 86.

hält hierbei seine Vergütung ausdrücklich nicht vom Versicherer. Der Versicherungsberater arbeitet für ein vom Versicherungsnehmer zu zahlendes Beratungshonorar. Zwischen dem Versicherungsberater und dem Versicherungsnehmer liegt ein Geschäftsbesorgungsvertrag zugrunde. Je nach Inhalt dieses Vertrages kann der Versicherungsberater zu nahezu jeglichen Aufgaben rund um den Versicherungsschutz verpflichtet sein. So kann der Versicherungsberater verpflichtet sein, Risikoanalysen für den Versicherungsnehmer zu erstellen oder aber den Versicherungsnehmer bei der Abwicklung eines komplizierten und umfangreichen Versicherungsfalls gegenüber der Versicherung außergerichtlich unterstützen. Lediglich die Vermittlung von Versicherungsverträgen obliegt nicht dem Versicherungsberater. Die Vergütung des Versicherungsberaters richtet sich zum einen nach dem Rechtsanwaltsvergütungsgesetz (RVG) oder nach individuellen Honorarabsprachen mit dem Versicherungsnehmer.

III. Aussagen der IDD bezüglich der Versicherungsvermittler

Die IDD ist bemüht, das Vermittlerrecht europaweit auf einheitliche Standards zu bringen. Die Richtlinie ist dabei als Mindestharmonisierung ausgestaltet, sodass es den nationalen Gesetzgebern obliegt, strengere Regelungen zu treffen.

Die wohl in der Praxis relevanteste Neuerung ist die Einführung einer Fortbildungspflicht. Die Richtlinie beinhaltet eine Fortbildungspflicht von 15 Stunden pro Jahr. Einzelheiten hierfür sollen später in der Versicherungsvermittlerverordnung geregelt werden.

Art. 17 der IDD stellt allgemeine Grundsätze für jeden Versicherungsvertreiber dar. Nach Abs. 1 müssen alle Versicherungsvertreiber gegenüber dem Versicherungsnehmer „stets ehrlich, redlich und professionell in deren bestmöglichen Interesse handeln." Diese Regelung sorgt für einigen Sprengstoff. Diese unscheinbare Floskel, im bestmöglichen Interesse des Versicherungsnehmers zu handeln, wirft ihren Schatten erst beim zweiten Blick weit. Nach aktuellem Recht ist schon umstritten, ob der Versicherungsmakler einen bestmöglichen Rat (best advice) oder aber einen geeigneten Rat (suitable advice) schuldet. Diese Rechtsfrage wird dem Anwender nun abgenommen und für sämtliche im Versicherungsvertrieb tätigen Personen ausgeweitet. Das es hierbei zu Verunsicherungen kommen kann, wenn dem Versicherer aufgetragen wird, im bestmöglichen Interesse des Versicherungsnehmers zu handeln, leuchtet sofort ein.[12]

Die IDD äußert sich ferner zur Frage der Vergütung von Versicherungsvertreibern. Nach Art. 17 Abs. 3 IDD haben die Mitgliedstaaten sicherzustellen, dass Versicherungsvertreiber nicht in einer Weise vergütet werden, die mit ihrer Pflicht, im bestmöglichem Interesse ihrer Kunden zu handeln, kollidiert. Demnach müssen Versicherungsvertriebler jeder Art, Versicherer, Vertreter, Makler und auch Honorar-Versicherungsberater, dafür Sorge tragen, dass keine Anreize für ihn selbst oder seine Angestellten geschaffen werden könnten, einem Versicherungsnehmer eine bestimme Versicherung zu empfehlen, obwohl eine andere Versicherung den Bedürfnissen und Anforderungen des Versicherungsnehmers viel eher entsprechen würde.

Ferner hat der Versicherungsvermittler nach Art. 19 Abs. 1 lit. d) dem Versicherungsnehmer die Art der zu erhaltenen Vergütung vor Abschluss des Versicherungsvertrages mitzuteilen. Der Versicherungsvermittler muss also offenlegen, wie er vergütet wird. Die anfängliche Sorge von Versicherungsvermittlern, die Höhe der Courtage offenzulegen oder ein komplettes Verbot der Annahme von Courtagen waren daher unbegründet.

IV. Vermittler nach der „IDD-Umsetzung"

Der deutsche Gesetzgeber hat einen Gesetzesentwurf zur Umsetzung der Richtlinie (EU) 2016/87 des Europäischen Parlaments und des Rates vom 20. Januar 2016 über Versicherungsvertrieb und zur Änderung des Außenwirtschaftsgesetzes veröffentlicht. Der Entwurf sorgte für gewaltiges Aufsehen auf dem Markt der Versicherungsvermittler. Dies liegt im Besonderen daran, dass einige Regelungen deutlich über das hinausgeht, was die IDD fordert.

---

12 Ausführlicher hierzu *Reiff*, VersR 2016, 1533, 1538.

1. Versicherungsmakler

Neben den allgemeinen Regelungen, wie der Fortbildungspflicht, hat die „Umsetzung" der IDD für den Versicherungsmakler einige Neuheiten mit sich gebracht.

Die schwerwiegendste Änderung wäre sicherlich die Vergütungspflicht des Versicherungsmaklers durch den Versicherer. Nach jetziger Rechtslage kann sich der Versicherungsmakler – wie zuvor dargestellt – sowohl vom Versicherungsnehmer, in Form einer Vermittlungsprovision oder aber in Form eines Beraterhonorars, vergüten lassen. Sofern der Versicherungsmakler dem Versicherungsnehmer eine Bruttopolice vermittelt, erhält er dafür eine Courtage vom Versicherer. Lange Zeit sah es so aus, als zaubere der Gesetzgeber nun zur großen Verwunderung aller ein Honorarannahmeverbot des Versicherungsmaklers gegenüber dem Versicherungsnehmer aus dem Hut. Der Gesetzgeber war tatsächlich der Auffassung, hier mag die später folgende Kritik unter anderem schon anklingen, dass der Versicherungsmakler sich nicht mehr vom Versicherungsnehmer vergüten lassen darf, sondern ausschließlich vom Versicherer. Nur gegenüber dem „Nicht-Verbraucher", also der Gruppe der Firmenkunden, sollte die alte Ausnahme des § 34d Abs. 1 Satz 3 GewO zugunsten einer Honorarvereinbarung mit dem Firmenkunden erhalten bleiben. Die Vereinbarung einer Vermittlungsvergütung zwischen Versicherungsnehmer und Versicherungsmakler wäre somit wegen des Verstoßes gegen ein gesetzliches Verbot nach § 134 BGB unwirksam. Nach der Entwurfsbegründung sollte dies zu einem kompletten Honorarannahmeverbot für Versicherungsvermittler führen. Es sollte damit eine klare Trennung zwischen den Versicherungsvermittlern und dem Versicherungsberater gewährleistet werden. Nach Ansicht des Gesetzgebers wäre ansonsten zu befürchten, dass Vermittler für Beratungsleistungen zusätzlich noch eine „Unabhängigkeit suggerierende Honorarvereinbarung"[13] mit dem Versicherungsnehmer abschließen. Der Gesetzgeber hatte befürchtet, dass der Versicherungsnehmer dann nicht mehr zwischen Versicherungsvermittler und -berater unterscheiden könne.

Weiter wurde ein Provisionsabgabeverbot niedergeschrieben. Demnach dürfen Versicherungsvermittler künftig Versicherungsnehmern, versicherten Personen oder Bezugsberechtigten aus einem Versicherungsvertrag

---

13 Vgl. BT-Ds. 18/11627, 38.

Sondervergütungen nicht mehr gewähren oder versprechen. Gem. § 48b Abs. 2 VAG-E ist eine Sondervergütung jede unmittelbare oder mittelbare Zuwendung neben der im Versicherungsvertrag vereinbarten Leistung. Eine Ausnahme wird für geringwertige Zuwendung bis 15 Euro pro Versicherungsvertrag und Kalenderjahr gemacht. Eine Provisionsabgabe soll hingegen ferner erlaubt sein, wenn diese zur dauerhaften Leistungserhöhung oder Prämienreduzierung verwendet wird.

2. Versicherungsberater

Die wohl bedeutendste Änderung für den Versicherungsberater ist die Einführung einer Vermittlungserlaubnis. Der Versicherungsberater, welcher bisher in § 34e GewO geregelt war, ist nunmehr in § 34d Abs. 2 GewO-E eingefügt worden. Nach § 34d Abs. 2 S. 2 Nr. 3 GewO-E ist der Aufgabenbereich des Versicherungsberaters auch auf die Vermittlung und den Abschluss von Versicherungsverträgen ausgeweitet worden. Zu beachten ist hier jedoch, dass sich der Versicherungsberater lediglich vom Versicherungsnehmer vergüten lassen darf. Sofern der Versicherungsberater eine Bruttopolice vermittelt, hat er die Courtage an den Versicherungsnehmer durchzuleiten. Der Versicherungsberater soll also im Gegensatz vom Versicherungsnehmer ebenso zur Vermittlung berechtigt sein, seine Vergütung hingegen ausschließlich vom Versicherungsnehmer erhalten. Bezweckt werden soll damit eine klare Trennung zwischen der Versicherungsmaklertätigkeit und der Tätigkeit als Versicherungsberater. Der Versicherungsberater soll hierbei völlig unabhängig vom Versicherer sein. Im Ergebnis soll der Versicherungsberater dazu angehalten werden, immer bevorzugt Nettopolicen zu vermitteln. Wenngleich es am Markt vereinzelt schon Nettopolicen zu vermitteln gibt, so bleibt dennoch die Frage offen, ob aufgrund der Anzahl von 311 Versicherungsberatern die Versicherer nun vermehrt Nettopolicen anbieten werden. Für den Versicherungsberater ändern sich ansonsten lediglich Kleinigkeiten.

3. Kritik

Die „Umsetzung" der IDD bietet reichlich Angriffsfläche zur Kritik. Zum einen, da die spürbaren Änderungen sich in der IDD-Richtlinie nicht wiederfinden und zum anderen, da der Gesetzesentwurf die Rechtslage nur noch undurchsichtiger macht. Nicht umsonst hat der Jubilar in einem Gutachten die Umsetzung der IDD schon im Vorwege als verfassungswidrig eingestuft. Federführend hat der Jubilar bereits als erster die eklatanten und nicht zu rechtfertigenden Änderungen kritisiert.

a) Verfassungswidrigkeit

Der Jubilar hat in einer rechtswissenschaftlichen Stellungnahme[14] zur Provisionsbindung und Doppelberatung nach dem Gesetz zur Umsetzung der Vermittlerrichtlinie II (IDD) den Gesetzesentwurf als mit der Verfassung unvereinbar erklärt. In seinem Gesamtergebnis stellte dieser fest, dass die vom Gesetzgeber geplante Provisionsbindung des Versicherungsvermittlers, und damit auch des Versicherungsmaklers, an die Versicherungsunternehmen (§ 34d Abs. 1 S. 6 GewO-E) verfassungswidrig ist. Das totale Verbot, Honorarvereinbarungen mit den Verbrauchern zu schließen, sei der schwerstmögliche Eingriff in die Berufsausübungsfreiheit des Versicherungsmaklers.

Nach Ansicht des Jubilars gibt es auch nach Umsetzung der IDD keine Pflicht zur Doppelberatung durch den Versicherungsmakler als auch durch den Versicherer. Eine solche Pflicht würde zu Missverständnissen und Funktionsdefiziten zwischen Versicherungsunternehmen und Vermittler führen. Der Gesetzgeber dürfe in der Folge nicht wie beabsichtigt den § 6 Abs. 6 VVG teilweise streichen.

aa) Provisionsbindung des Versicherungsmaklers

Dass die Provisionsbindung in der Verbraucherberatung gegenüber den Versicherungsunternehmen in die Berufsausübungsfreiheit des Versicherungsmaklers eingreift, steht außer Frage. Mithin kommt es im Ergebnis auf eine verfassungsrechtliche Rechtfertigung dieses Eingriffes in die Berufsfreiheit an. Die vom Grundgesetz geschützte Berufsfreiheit gemäß Art. 12 Abs. 1 GG müsste nach der sogenannten neuen Verhältnismäßig-

---

14 Abrufbar unter http://www.afw-verband.de/wp-content/uploads/rechtswissenschaftliche-stellungnahme-IDD-Professor-Schwintowski.pdf (abgerufen am 12.7.2017).

keitsformel[15] noch ausreichend geschützt sein. Je intensiver die Berufsfreiheit eingeschränkt wird, desto schwerer müssen die Gründe dafür wiegen und desto strenger ist die Kontrolle des BVerfG im Rahmen des Prüfungsprogramms der Verhältnismäßigkeit.[16] Bei der Regelung von Totalverboten in Rahmen der Berufsausübungsfreiheit bedarf es zu deren Rechtfertigung nach ständiger Rechtsprechung des BVerfG vernünftige Erwägungen des Gemeinwohls.[17] Bei der Kollision zweier von verfassungsrang gegenüberstehender Rechte sind die im Wege der praktischen Konkordanz aufzulösen. Der Gesetzgeber hat im Ergebnis einen Ausgleich zu finden, welche beide Rechte in ihren größtmöglichen Bereich schützt. Dies ist dem Gesetzgeber mit dieser Regelung nicht gelungen.

Der Versicherungsmakler, welcher seinen Ursprung genauso wie sämtliche anderen Maklerberufe im klassischen Zivilmakler findet, soll es nun verwehrt sein die immerfort währende historische Möglichkeit zu erhalten, seine Vergütung vom Auftraggeber einzufordern. Dem Maklerwesen ist es immanent, dass dieser die Interessen seiner Auftraggeber zu schützen hat. Daher ist es auch folgerichtig, dass der Makler, ganz gleich ob Immobilien- oder Versicherungsmakler, zumindest auch von seinem Auftraggeber vergütet werden muss. Der Gesetzgeber schafft mit dieser Regelung eine Interessenlage, wie sie dem Verbraucherschutz nicht entsprechen sollte. Der Versicherungsmakler, Sachwalter des Versicherungsnehmers, sollte nicht alleinig auf die Vergütung durch das Versicherungsunternehmen angewiesen sein. Es wird bei dem freien Versicherungsmakler eine Abhängigkeit generiert, die den Interessen des Versicherungsnehmers zuwiderlaufen. Der Versicherungsmakler wird ab dann dazu verpflichtet sein, sämtliche Vergütungen über das Versicherungsunternehmen zu generieren. Dies birgt sicherlich die latente Gefahr, dass der Versicherungsmakler, anders als sein Leitbild, nicht mehr allein die Interessen des Versicherungsnehmers vertritt, sondern sich vor allem dem Versicherungsunternehmen zuwendet, welches die für ihn höchste Courtage zahlt. Der Versicherungsmakler, welchem es freisteht, bei unzureichender Vergütung mit dem Versicherungsnehmer eine zusätzliche Vergütungsvereinbarung zu treffen, erhält so erst einen wirtschaftlichen Anreiz, nicht mehr im bestmöglichen

---

15 BVerfG, Urt. v. 30.7.2008 – 1 BvR 3262/07, BVerfGE 121, 317, 346; BVerfG, Beschl. v. 29.6.2016 – 1 BvR 1015/15, NZM 2016, 685.
16 *Schmidt*, in: Erfurter Kommentar zum Arbeitsrecht, 17. Auflage 2017, Art. 12 GG Rn. 26.
17 Vgl. nur BVerfG, Urt. v. 11.6.1958 – 1 BvR 596/56, NJW 1958, 1035.

Interesse des Versicherungsnehmers zu handeln. Genau diese Argumentation will jedoch der Gesetzgeber dafür nutzen, das Gesetz zu begründen. Nach Auffassung des Gesetzgebers bestehe andernfalls das Risiko, dass der Versicherungsmakler für Beratungsdienstleistung zusätzlich noch eine „Unabhängigkeit suggerieren der Honorarvereinbarung" mit dem Kunden abschließt. Es ist jedoch genau diese Möglichkeit des zusätzlichen Honorars, die die Unabhängigkeit des Versicherungsmaklers von den Versicherern garantiert. Der Gesetzgeber versucht, hier Freiheit mit gesetzlichen Verboten zu erkaufen. Ohne Notwendigkeit differenziert der Gesetzgeber nicht zwischen versichererabhängigen Vertretern und gesellschaftsunabhängigen Maklern. Die Literatur und Rechtsprechung hat darüber hinaus in jahrzehntelanger Arbeit Versicherungsmakler mit einem derart strengen Haftungsmaßstab versehen, dass derjenige Versicherungsmakler, welcher nicht versicherungsunabhängig arbeitet, auf dem Markt nicht bestehen kann. Besonders nach der Umsetzung der in den IDD vorgesehenen Regelungen „stets ehrlich, redlich und professionell in deren bestmöglichen Interesse handeln", besteht keine Gefahr mehr, dass durch eine gesonderte Honorarvereinbarung mit dem Kunden eine Unabhängigkeit von Versicherungsunternehmen (und den zur Verfügung stehenden Produkten) suggeriert wird. Der Versicherungsmakler ist schlicht und einfach unabhängig von einzelnen Versicherungsunternehmen und kann nicht mit einem Versicherungsvertreter gleichgestellt oder verglichen werden. Es ist die Pflicht und Aufgabe des Versicherungsmaklers, stets im bestmöglichen Interesse des Versicherungsnehmers zu handeln und diesen unabhängig von eigenen Courtageinteressen zu beraten.

Die von der Gesetzgebung ferner angeführte Argumentation, dass die Gefahr bestünde, bei Abschluss einer Honorarvereinbarung mit einem Versicherungsmakler würde es für den Kunden zusätzlich erschwert werden, zwischen Versicherungsvermittler und Versicherungsberater zu differenzieren, schlägt nicht durch. Gemäß § 11 VersVermV ist der Versicherungsvermittler dazu verpflichtet, seine Statusinformation, mithin also auch um welchen Vermittlertypus es sich handelt, dem Versicherungsnehmer mit Aufnahme des ersten geschäftlichen Kontaktes mitzuteilen. Der Jubilar erkennt hier gleichsam vollkommen richtig, dass durch die neue Einführung eines Honorarverbotes des Versicherungsmaklers eine solche Differenzierung nicht gestärkt wird.[18] Vielmehr ist es absurd, dass, sofern

---

18 *Schwintowski*, Gutachten vom 21.03.2017, nicht veröffentlicht, S. 15.

der Versicherungsberater auch vermitteln darf, es in der Zukunft nicht zu großer Verwechslungsgefahr kommen soll. Mit der Gesetzesänderung wird der Versicherungsberater an den Versicherungsmakler angeglichen, mit dem einzigen Unterschied, dass der Versicherungsberater dazu verpflichtet ist, seine Vergütung lediglich über den Versicherungsnehmer zu generieren und dies dem Versicherungsmakler versagt werden soll. Dieser Kritik musste sich der Gesetzgeber letzten Endes beugen und hat das Honorarannahmeverbot aus dem Gesetz gestrichen.

bb) Wegfall des Beraters

Ferner ist bedauerlich, dass der Versicherungsberater im engeren Sinne nach der Umsetzung des Gesetzentwurfes „wegfällt". Der Versicherungsberater ist, Stand jetzt, ein Versicherungsfachmann, der den Versicherungsnehmer in sämtlichen Versicherungsangelegenheiten berät. Er berät dies objektiv, da er frei von einem Vermittlungsinteresse handelt. Dadurch, dass der Versicherungsberater für die Vermittlung von Versicherungsverträgen keine Vergütung beziehen durfte und darf, wird er auch nicht auf den Abschluss etwaiger Versicherungsverträge abzielen. An der Vergütungsstruktur des Versicherungsberaters ändert sich zum jetzigen Zeitpunkt nichts, ob der Versicherungsberater einen Versicherungsvertrag empfiehlt oder aber zur Beibehaltung des bisherigen Versicherungsvertrages rät.

Dem Versicherungsberater wird nun gestattet sein, Versicherungsverträge auch zu vermitteln. Aus dem bisherigen Versicherungsberater wird nun also ein weiterer Versicherungsvermittler. Die einzige Besonderheit, die dieser Vermittlertyp mit sich bringt, ist, dass dieser sich nicht vom Versicherungsunternehmen vergüten lassen darf. Weder mittelbar noch unmittelbar. Der Versicherungsberater hat also Courtagen, welche bei der Vermittlung einer Bruttopolice anfallen würden, an den Versicherungsnehmer „durchleiten" zu lassen, in der Form, dass die (eigentliche) Vermittlungsvergütung zu 80 % auf die Versicherungsprämie des Kunden angerechnet werden muss. Die verbleibenden 20% könne der Versicherer für den erhöhten Aufwand der Abwicklung erheben. Dass der früher von Vertriebsinteressen freigestellte Versicherungsberater nunmehr auch vermitteln darf, wird in der Folge dazu führen, dass jeder Versicherungsberater einen Anreiz zur Vermittlung von Versicherungen erhält. Ihm steht es nämlich frei, ein zusätzliches erfolgsabhängiges - auch pauschaliertes –Vermittlungshonorar mit dem Kunden zu vereinbaren.

Dem Versicherungsmakler wird aber die Möglichkeit genommen, dem Kunden die Vor- und Nachteile einer Nettopolice zu erläutern, da der Makler nicht in der Lage sein wird, dem Verbraucherkunden eine Nettopolice zu vermitteln. Dies bedeutet eine weitere Einschränkung des Wettbewerbs und ist damit nicht im Interesse des Verbrauchers.

Mit Erschrecken muss festgestellt werden, dass die Zielsetzung des Gesetzgebers, „die Stärkung der Honorarberatung" zu erreichen durch dieses Gesetz eher geschwächt wird. Der Gesetzgeber hat es verpasst, den Versicherungsmakler in seiner Position als unabhängiger Berater im Kundeninteresse zu stärken und klar und deutlich festzulegen, dass dieser auch die Beratung des Versicherungsnehmers – auch des Verbrauchers - gegen ein gesondertes Honorar anbieten darf, um hierdurch den Wettbewerb zu stärken. Der Großteil der unabhängigen Vermittler ist schlicht und ergreifend bereits als Versicherungsmakler tätig und die Rechtsfigur des Versicherungsberaters stellt hierbei heutzutage lediglich eine unbedeutende Randerscheinung dar. Daher ist es umso verwunderlicher, warum auf das Knowhow des Versicherungsmaklers in Versicherungsfragen nicht zurückgegriffen werden soll. Den unabhängigen Versicherungsberater, der von den durchschnittlichen Kunden (also Verbraucher) gegen Honorar beauftragt wird, wird es voraussichtlich auch in Zukunft nicht geben. Der deutsche Versicherungsnehmer ist es nicht gewohnt, zuerst eine Vergütung für die Beratung in seinen Versicherungsangelegenheiten zu zahlen. Der durchschnittliche Kunde erkennt auch nicht selbst seinen Bedarf an Versicherungslösungen, sondern dieser muss erst erläutert werden. Der englische Markt hat bereits gezeigt, dass auch dort die Kunden ein Honorarmodell der Vergütung des Beraters nicht angenommen haben. Es ist also nicht nur das Versicherungsprodukt zu beraten, sondern auch die Kosten für ein solches Produkt sind in eine Gesamtbetrachtung einzubeziehen. Hierfür bedarf es immer einer vergleichenden Betrachtung von Netto- oder Bruttoprodukt und diese Verhandlungsoption sollte in einer freien Marktwirtschaft nicht durch gesetzliche Regelungen eingeschränkt werden. Offenbar will der Gesetzgeber, dass der normale Makler keine Nettopolicen berät und reduziert die Entscheidungsoptionen für den Verbraucher auf „schwarz oder weiß". Entweder über den Versicherungsberater oder den Versicherungsmakler. Eine juristische Notwendigkeit oder ein Regelungsbedürfnis hierfür ist nicht zu erkennen, stehen doch beide Vermittlertypen uneingeschränkt im Lager des Versicherungsnehmers.

4. Offene Fragen

Neben den vielen kritischen Punkten, die man gegen die Umsetzung der IDD anführen kann, gibt es auch noch eine Reihe von Rechtsfragen, deren Klärung man sich mit der Überarbeitung des Versicherungsvermittlerrechts erhofft hatte.

a) Gleichsame Tätigkeit als Versicherungsmakler und -berater

In der Praxis ist momentan gar nicht selten, dass natürliche Personen Gesellschafter-Geschäftsführer sowohl eines Versicherungsmaklerunternehmens als auch eines Versicherungsberaters sind, um dem Verbraucher alle Vermittlungsoptionen und natürlich auch Kosten und Leistungen aufzeigen und vergleichen zu können. Einen solchen Fall hatte jüngst das OVG Berlin-Brandenburg[19] zu entscheiden.

Die Klägerin, deren Alleingesellschafter zugleich alleiniger Gesellschafter und Geschäftsführer der „R GmbH" und der „J GmbH" - zweier Versicherungsmaklergesellschaften - ist, begehrt die Erlaubnis, auch als Versicherungsberater gemäß § 34e Gewerbeordnung (GewO) unter neuer Firmierung tätig zu werden. Diese war ihr von der Beklagten versagt worden, weil die von § 34e Abs. 1 Satz 1 GewO geforderte wirtschaftliche Unabhängigkeit der Klägerin infolge der Verbindung zu den beiden Versicherungsmaklergesellschaften nicht gegeben sei.

Der Klägerin fehle es nach Ansicht des OVG Berlin-Brandenburg an der für die Zulassung als Versicherungsberater erforderlichen Unabhängigkeit im Sinne von § 34e Abs. 1 S. 1 GewO. Das OVG führt dazu aus, dass eine maßgebliche Interessenkollision zwischen dem Kundeninteresse und einem etwaigen eigenen Verdienstinteresses des Beraters durch die ihm vom Versicherungsunternehmen in Aussicht stehende Provision bei Vertragsabschluss besteht. Durch das potentiell gegebene eigene Verdienstinteresse sei die latente Gefahr einer nicht mehr neutralen und objektiven Beratung gegeben, die das Berufsbild des Versicherungsberaters jedoch kennzeichnet und ihm abverlangt wird. Ein Gewerbetreibender darf nicht in unterschiedlichen Rechtsformen oder Stellungen einerseits einer Tätig-

---

19 OVG Berlin-Brandenburg, Beschl. v. 31.3.2017 – OVG 1 N 41.15.

keit im Bereich der Versicherungsberatung und andererseits im Bereich der Versicherungsvermittlung nachgehen.

Dass dieses Urteil im Ergebnis praxisfern und (auch) den Verbraucherschutz zuwiderläuft, leuchtet sofort ein. Bereits jetzt haben die großen Versicherungsmakler neben dem Maklerunternehmen meist noch ein weiteres Versicherungsberaterunternehmen in die Konzernstruktur eingegliedert. Dies macht auch Sinn, da nur so gewährleistet werden kann, dass dem Versicherungsnehmer sämtliche Policen (Netto- und Bruttopolicen) zur Auswahl gestellt werden können, als auch der Versicherungsnehmer und der Versicherungsmakler die Vergütung letzteren frei verhandeln können.

Ob das OVG Berlin-Brandenburg diese Entscheidung auch so getroffen hätte, wäre die IDD schon umgesetzt worden, bleibt offen. Nach neuer Rechtslage dürfte der Versicherungsberater dann zwar auch vermitteln, aber eine Courtage würde er folglich nicht vom Versicherungsunternehmen erhalten, da er diese „durchzuleiten" (besser anzurechnen) hat. Die Verdienstinteressen werden sich auch in Zukunft daher nicht ändern. Der Versicherungsnehmer – hier vor allem der Verbraucher – wird auch in Zukunft nicht in der Art und Weise transparent beraten werden können, als dass dieser die Vergütung mit dem Versicherungsvermittler bzw. -berater frei verhandeln kann. Dieses Transparenzdefizit gilt es vor allem durch den Gesetzgeber zu beseitigen.

b) Haftung des Versicherungsberaters

Offen bleibt auch die Frage, wie der Haftungsmaßstab des Versicherungsberaters aussieht. Dieses insbesondere unter dem Hintergrund, dass der Versicherungsberater nunmehr auch Versicherungsverträge für den Versicherungsnehmer vermitteln darf. Der Versicherungsberater ist dem Leitbild des Versicherungsmaklers sehr ähnlich. Der Versicherungsberater soll nach der Intention des Gesetzgebers genau wie der Versicherungsmakler im Lager des Versicherungsnehmers stehen. Es wäre daher also folgerichtig, die Grundsätze der Maklerhaftung auch auf den Versicherungsberater zu übertragen. Der strenge Maßstab der Versicherungsmaklerhaftung müsste demnach auch auf die Betreuung, nicht nur allein auf die Vermittlung von Versicherungsverträgen übertragen werden. Durch den Abschluss eines Beratervertrages müsste entsprechend ein Dauerschuldverhältnis entstehen, sofern dies nicht ausdrücklich ausgeschlossen wird, bei denen den Versicherungsberater ebenso wie den Versicherungsmakler Betreuungspflichten treffen. Der Versicherungsberater hat dann - genau wie der Versicherungsmakler - dafür Sorge zu tragen und unter anderem Fristen und Verjährung zu beachten. In regelmäßigen Abständen müsste der Versicherungsberater darüber hinaus den Versicherungsschutz des Versicherungsnehmers erneut überprüfen und ggf. Anpassungen empfehlen. Für etwaige Pflichtverletzungen würde der Versicherungsberater dann genau wie der Versicherungsmakler haften. Eine Divergenz zwischen der Haftung des Versicherungsmaklers und der Haftung des Versicherungsberaters wäre aufgrund der systematischen Stellungen der Vermittlertypen systemwidrig. Die die strengen Maßstäbe aus der alten Sachwalterentscheidung, der jüngeren Ofensetzer-Entscheidung[20] sowie der Sprinkler-Entscheidung[21] müssen auf den Versicherungsberater ebenfalls angewendet werden. Sowohl § 63 VVG als auch der § 280 BGB sind auf den Versicherungsberater anzuwenden.

c) Übernahme der Bestandscourtage aus vorheriger Maklertätigkeit

Umstritten ist nach jetziger Rechtslage bereits, ob ein ehemaliger Versicherungsmakler, nachdem dieser seine Zulassung nach § 34 d Abs. 1 Gewerbeordnung verloren hat, noch weiter Anspruch auf seine Bestandsprovision hat. Die Industrie- und Handelskammern[22] sehen dies durchaus als gegeben an, wohingegen der BGH[23] dies bei Sachprovisionen mit anschließender Betreuung durch den Versicherer anders sieht.

Es wird also zu fragen sein, ob der ehemals als Versicherungsmakler tätige, aber künftig als Versicherungsberater Zugelassener, weiter die Betreuung für den Versicherungsnehmer zu leisten hat und dennoch die „alten" Vergütungen vom Versicherer beziehen darf. Dieses wird man in den allermeisten Fällen wohl zu bejahen haben, weil es der Gesetzgeber so ausdrücklich in seiner Begründung vorsieht. Dennoch sagt der Gesetzesentwurf in § 34d Abs. 2 GewO-E, dass der Versicherungsberater (grund-

---

20 BGH, Urt. v. 26.3.2014 – IV ZR 422/12, NJW 2014, 2038.
21 BGH, Urt. v. 10.3.2016 – I ZR 147/14, NJW 2016, 3366.
22 Vgl. nur https://www.ihk-lueneburg.de/produkte/unternehmensfoerderung_und_st art/gewerberechtliche_erlaubnisse/EU_Versicherungsvermittler_Richtlinie/FAQ/8 62504#titleInText20 (abgerufen am 12.7.2017).
23 BGH, Urt. v. 13.1.2005 - III ZR 238/04, VersR 2005, 550.

sätzlich) keine Zuwendungen eines Versicherungsunternehmens im Zusammenhang mit der Beratung, insbesondere auf Grund einer Vermittlung als Folge der Beratungen, annehmen darf. Der Gesetzgeber betrachtet diese Ausnahmeregelung wohl aus „Bestandsschutzinteresse" und will dem Makler einen Statuswechsel zum Berater erleichtern. Allerdings fehlt die Regelung, wie dem bestehenden Kunden nach einem Statuswechsel die „Innenvergütung" des Versicherers offenzulegen ist. Soll ein Anrechnungszwang entstehen? Oder muss sogar eine Auszahlungspflicht an den VN dann angenommen werden? Dann würde das Provisionsabgabeverbot der Branche für den Versicherungsberater zu einer Provisionsabgabepflicht werden? Auch der Versicherer muss durch diese Ausnahme dem Versicherungsberater ein Courtagekonto einrichten und ggf. auszahlen. Kann aber ferner der Versicherungsberater sich auch bestehende Altverträge in die eigene Betreuung courtagepflichtig übertragen lassen? Umfasst dies auch die Ausnahmeregelung, wohl nein. Aber es zeigt, dass viele neue Rechtsfragen entstehen, die derzeit nicht durch die gesetzlichen Neuregelungen gelöst sind.

d) Vertragsumstellung nach § 204 VVG

Ein weiterer offener Punkt ist die Befugnis und die Vergütungsstruktur bei Vertragsumstellungen nach § 204 VVG. Der Gesetzgeber hat mit Einführung des § 204 VVG dem Versicherungsnehmer in der privaten Krankenversicherung das Recht eingeräumt, bei dem gleichen Versicherer in einen anderen gleichartigen Tarif zu wechseln, ohne erworbene Rechte und Rückstellungen zu verlieren. Diese Regelung und das Prozedere der Tarifumstellung sind den meisten Versicherungsnehmern jedoch nicht bekannt, sodass es eine Vielzahl von Versicherungsmaklern und -beratern gibt, welche sich bereits auf die Tarifoptimierung im Verbraucherinteresse spezialisiert haben.

Die Vielzahl der Makler und Berater arbeitet dabei nach einem bestimmten Muster. Sie vereinbaren mit dem Versicherungsnehmer, die Einsparmöglichkeiten bei seiner privaten Krankenversicherung zu überprüfen. Zwischen der alten Prämie und der neuen Prämie ergibt sich meist eine Differenz zu Gunsten des Verbrauchers. Diese Differenz stellt die Ersparnis dar. Auf Grundlage der Ersparnis erhält der Versicherungsmakler oder -berater seine Vergütung. Meist wird vereinbart, dass sich der Makler bzw. Berater und der Versicherungsnehmer die erste Jahresersparnis teilen. Die

Vergütung bildet dann die hälftige erste Jahresprämieneinsparung, obwohl der Prämienvorteil langfristig beim Verbraucher verbleibt.

Diese Vorgehensweise hat das LG Hamburg[24] mit Urteil vom 22.03.2013 dem Versicherungsberater unterbunden. Ein Versicherungsberater, der Rechtsdienstleistungen im Zusammenhang mit einem Tarifwechsel in der privaten Krankenversicherung gem. § 204 VVG regelmäßig gegen Erfolgshonorar anbietet, verstößt gegen § 4 Abs. 2 RDGEG. Der Versicherungsberater darf genau wie der Rechtsanwalt ein Erfolgshonorar nur in geringen Ausnahmefällen vereinbaren. Aufgrund dieses Urteils ist die Mehrzahl der Tarifoptimierer in den Status des Versicherungsmaklers gewechselt. Doch auch das LG Saarbrücken[25] hat mit Urteil vom 17.05.2016 dem Versicherungsmakler eine solche Vorgehensweise untersagt. Nach dem LG Saarbrücken sei die Vereinbarung, wonach ein Versicherungsmakler Einsparmöglichkeiten im Rahmen des bestehenden Krankenversicherungsvertrags recherchieren soll (§ 204 VVG), nicht auf den Nachweis oder die Vermittlung eines Versicherungsvertrags gerichtet und daher nicht als Maklerleistung, sondern als Rechtsdienstleistung einzuordnen. Dies stellt nach Auffassung des LG Saarbrücken eine unerlaubte Rechtsberatung dar, welche vom Versicherungsmakler so nicht geleistet werden darf. Zur ausführlichen Kritik bereits[26].

Auch jetzt hat es der Gesetzgeber verpasst, eine einheitliche, dem Verbraucherschutz angemessene Lösung dem Versicherungsnehmer zu präsentieren. Nach derzeitigem Stand ist es nur den Versicherungsberater gegen gesondertes Beratungshonorar, welches auch in den Fällen zu zahlen ist, bei denen keine Einsparmöglichkeiten bestehen, möglich, die Tarifumstellung nach § 204 VVG zu beraten. Da die Versicherer grundsätzliche keine Vergütung für eine Tarifoptimierung bezahlen, wird eine solche Beratungsleistung nur erbracht werden können, wenn der Versicherungsnehmer selbst die Möglichkeit hat, eine solche Beratungsleistung einkaufen zu können. Dieses soll aber dem großen Markt der Versicherungsmakler untersagt werden und nur der Versicherungsberater soll eine solche Befugnis erhalten. Dabei wird sich der Makler sicherlich nicht gern seine Kunden von einem Mitbewerber wegnehmen lassen. Warum wird aber hier der Wettbewerb unnötig gesetzlich eingeschränkt? Es ist doch der Versicherungsmakler, der aus seiner Betreuung heraus die Versicherungsverträge

---

24 LG Hamburg, Urt. v. 22.3.2013 – 315 O 76/12, VersR 2013, 1324.
25 LG Saarbrücken, Urt. v. 17.5.2016 – 14 O 152/15, VersR 2016, 921.
26 *Michaelis*, ZfV 2016, 567.

seiner Kunden kennt und auch die anderen Produkte des Versicherers. Soll damit eine Beratungspflicht des Maklers entfallen, oder soll er zur kostenlosen Beratung verpflichtet werden? Ist dies die gesetzlich gewollte Stärkung des Verbraucherschutzes im Rahmen eines freien Wettbewerbs?

e) Grenzen des Beraterhonorars

Auch diskutiert werden wird die Vergütungshöhe des Versicherungsberaters. Gem. § 4 Abs. 1 S. 1 RDGEG gilt das Rechtanwaltsvergütungsgesetz für Versicherungsberater entsprechend. Das heißt, der Versicherungsberater hat zum einen entweder nach dem RVG oder aufgrund einer gesonderten Vergütungsvereinbarung abzurechnen. Dass die Vergütung nach dem RVG schnell für „kleine Angelegenheiten" exorbitant hoch sein kann, leuchtet ein. Wie in Zukunft der angemessene Kostenrahmen für den Versicherungsberater aussehen wird, bleibt auch nach jetzigem Stand offen. Es wäre zu begrüßen gewesen, dass der Gesetzgeber klarstellt, dass der Versicherungsberater die Art und Weise seiner Vergütung transparent offenlegen muss. Die derzeitige Vergütungsstruktur ist intransparent und verbraucherfeindlich, weil die „streitwertorientierte Abrechnung" eines Gegenstandswertes häufig nicht zum Beratungsaufwand passt. Damit würde der Versicherungsberater weit mehr an Honorar verlangen können, als es den derzeitigen Marktgegebenheiten entspricht. Die Vergütungshöhe muss sich daher an der Prämie und nicht an dem Gegenstandswert der Beratungsleistung orientieren, wenn es keine Vergütungsabreden gibt.

5. *Lösungsmöglichkeiten*

Die einfachste Lösung wäre es, den Versicherungsberater und den Versicherungsmakler zusammenzuführen. Es würde sich hierbei um einen „Versicherungsfachmann" handeln, welcher neben der Vermittlung von Versicherungen auch die Beratung von Versicherungsnehmer, auch Verbrauchern, übernehmen kann und darf. Der Versicherungsfachmann könnte dabei den Versicherungsnehmer auch gegen direkte Vergütung und damit versicherungsunabhängig - besser versichererunabhängig - vom Anfang bis zum Schadensfall beraten. Dies hätte weiter den Vorteil, dass der Versicherungsberater in seiner jetzigen Funktion wegfallen könnte. Somit hätte man anstelle von Versicherungsvertreter, Versicherungsmakler und -berater nur noch den Versicherungsvertreter und den „Versicherungsfachmann". Der Versicherungsnehmer könnte sich darüber hinaus auch aussuchen, wie er beraten werden möchte. Er könnte dann zwischen Honorar- und/oder Courtageberatung wählen. Nur wenn ein Versicherungsfachmann auch wirklich sich der gesamten möglichen Palette an Policen und Vergütungsstrukturen bedienen kann, kann der Versicherungsnehmer aus den passenden Angeboten wählen und fair und transparent vergleichen, um die gesamtwirtschaftlichen Interessen des Kunden zu befriedigen.

V. Ergebnis

Im Ergebnis lässt sich festhalten, dass die „Umsetzung" der IDD missglückt ist. Das Ziel der Stärkung der Honorarberatung geht an der tatsächlichen Praxis vorbei. Die Umsetzung beschneidet den Versicherungsmakler unangemessen in seinen Rechten und schränkt diesen darüber hinaus stark in seiner Berufsfreiheit ein. Der Gesetzgeber sollte lieber aus dem Versicherungsmakler und -berater einen einheitlichen Versicherungsfachmann gestalten. Dies würde zu mehr Verbraucherschutz, Transparenz und Wettbewerb im Sinne einer freien Marktwirtschaft führen.

Die unsichere Zukunft der Nettopolice

Peter Reiff, Trier[*]

I. Einleitung

Unter den vielen Forschungsfeldern „zwischen Recht und Markt", die *Hans-Peter Schwintowski* mit seinem „innovativen Denken" bereichert hat, nimmt das Versicherungsrecht einen gewichtigen Rang ein. Der Jubilar, der mit dieser Festschrift aus Anlass seines 70. Geburtstags geehrt wird, hat sich im Versicherungsrecht immer wieder mit den sogenannten Nettopolicen beschäftigt[1]. Als Nettopolicen werden Versicherungsprodukte bezeichnet, deren Tarife weder Provisions- oder Courtagekosten, noch damit in Zusammenhang stehende Kosten enthalten[2]. Es ist daher zu hoffen, dass die nachfolgenden Zeilen das Interesse des Jubilars finden werden. Thema des Beitrags ist nämlich die Vermittlung von Nettopolicen, deren Zukunft durch das Gesetz zur Umsetzung der Richtlinie (EU) 2016/97 des Europäischen Parlaments und des Rates vom 20. Januar 2016 über Versicherungsvertrieb und zur Änderung weiterer Gesetze vom 20. Juli 2017[3] sehr unsicher geworden ist.

Diese Eintrübung der Zukunftsaussichten der Nettopolice überrascht. Allerdings ist ihr Marktanteil jedenfalls im Privatkundengeschäft verschwindend gering. Auf dem deutschen Versicherungsmarkt ist die Bruttopolice traditionell der unangefochtene Platzhirsch. In deren Tarife sind die

---

[*] Prof. Dr. Peter Reiff, Lehrstuhl für Bürgerliches Recht, Handels- und Gesellschaftsrecht, Privatversicherungsrecht, Universität Trier.

[1] *Schwintowski*, in: Bruck/Möller, VVG, 9. Auflage, 2010, Bd. 2 § 59 Rn. 91 – 105, 125 f. und 160; *ders.*, ZfV 2011, 96 (Teil 1) und 134 (Teil 2); *ders.*, ZfV 2013, 176 (Teil 1) und 221 (Teil 2); *ders.*, ZfV 2014, 467 (Teil 1) und 508 (Teil 2); vgl. auch seine Urteilsanmerkungen NJW 2014, 1662 und VersR 2014, 49; Zu nennen ist auch die Monographie von *Icha*, Die Nettopolice, Karlsruhe 2014, eine von *Schwintowski* betreute Dissertation.

[2] *Beenken/Brühl/Schroeder/Wende*, Versicherungsvermittlung und -beratung gegen Honorar – Begriffsabgrenzung und Status quo – Mitteilungen 1/2012 des Instituts für Versicherungswissenschaft an der Universität zu Köln vom 9.1.2012, S. 7.

[3] BGBl. I, 2789; im Folgenden: Vertriebsrichtlinieumsetzungsgesetz.

an die Vermittler zu zahlenden Provisionen bzw. Courtagen einkalkuliert, so dass die von den Versicherungsnehmern zu zahlenden (Brutto-)Prämien aus der Nettoprämie und den einkalkulierten Abschlusskosten bestehen. Auf die Bruttopolice entfallen nach aktuellen Marktanteilen mehr als 99 % aller Lebensversicherungen. Dies ist umso bemerkenswerter, als der Marktanteil von 3,1 ‰ bei der Lebensversicherung immer noch dreißigmal höher ist als der bei der Krankenversicherung und der Schadensversicherung, wo er jeweils nur 0,1 ‰ beträgt[4].

Auch wenn die Nettopolice bislang nur einen minimalen Marktanteil hatte, so schienen ihre Zukunftsaussichten bis vor kurzem durchaus gut. CDU, CSU und SPD hatten nämlich in ihrem Koalitionsvertrag vom 16.12.2013 vereinbart, die Honorarberatung zu stärken[5]. Es war also seit 2014 damit zu rechnen, dass das zarte Pflänzchen Honorarberatung durch politisch motivierte Düngung in naher Zukunft kräftig wachsen werde. Dieser Zeitpunkt schien mit dem Regierungsentwurf zur Umsetzung der Richtlinie über Versicherungsvertrieb (IDD) vom 18.1.2017 gekommen zu sein. Auf dessen S. 1 heißt es nämlich, die Koalitionsvereinbarung zum Ausbau der Honorarberatung werde in der Gewerbeordnung umgesetzt[6], und ein Ausbau der Honorarberatung muss an sich eine Erhöhung des Marktanteils der Nettopolice zur Folge haben. Denn die Beratung gegen ein mit dem Kunden zu vereinbarendes und von ihm zu zahlendes Honorar setzt grundsätzlich die Vermittlung einer Nettopolice voraus. Anderenfalls müsste der Kunde für die Beratung und die Vermittlung zweimal zahlen: zum einen das mit dem Vermittler vereinbarte Honorar und zum anderen die Bruttoprämien an den Versicherer, die verteilt über die Laufzeit der Versicherung die Provision enthalten, die der Versicherer an den Vermittler für die Vermittlung der Versicherung zahlt. An diesem für den Kunden negativen Befund bei der Bruttopolice kann der Vermittler grundsätzlich

---

4 *Beenken/Wende*, Nettotarifangebot deutscher Versicherungsunternehmen, Mitteilungen 1/2016 des Instituts für Versicherungswissenschaft an der Universität zu Köln vom 19.1.2016, S. 10.
5 Deutschlands Zukunft gestalten, Koalitionsvertrag zwischen CDU, CSU und SPD für die 18. Legislaturperiode, S. 64: „Wir werden die Einführung der Honorarberatung als Alternative zu einer Beratung auf Provisionsbasis für alle Finanzprodukte vorantreiben und hohe Anforderungen an die Qualität der Beratung festlegen. Die Berufsbezeichnungen und Ausbildungsstandards der Berater auf Honorarbasis werden weiterentwickelt.".
6 BT-Dr. 18/11627,1.

nichts ändern, weil dem das bis vor kurzem umstrittene[7], mit Inkrafttreten des Vertriebsrichtlinienumsetzungsgesetzes aber in § 48b VAG gesetzlich verankerte Provisionsabgabeverbot entgegensteht.

Es ist also nach allem auf den ersten Blick sehr verwunderlich, dass man im Schrifttum verbreitet meint, das Vertriebsrichtlinieumsetzungsgesetz habe eine deutliche Schwächung der Honorarberatung und –vermittlung zur Folge[8]. Warum dies so ist und welche Aussichten die Nettopolice in der Zukunft hat, diesen Fragen will der vorliegende Beitrag auf den Grund gehen. Im Folgenden wird hierzu zunächst untersucht, wie sich der Status quo ante der Nettopolice rechtlich und tatsächlich darstellte (II.). Sodann sollen die neuen, durch das Vertriebsrichtlinieumsetzungsgesetz geschaffenen Regelungen vorgestellt werden (III.). Hieran schließen sich eine Darstellung der wesentlichen Auswirkungen dieser neuen Regelungen auf die Vermittlung von Nettopolicen im Privatkundengeschäft (IV.), eine kritische Analyse der Neuregelung (V.) und ein Fazit (VI.) an. Der Beitrag endet mit einem Ausblick (VII.)

II. Die Rechtslage vor dem Vertriebsrichtlinieumsetzungsgesetz

1. Vergütungsvereinbarungen von Versicherungsmaklern

Lange Zeit war die Vermittlung von Versicherungen mit Nettotarifen und damit zusammenhängend die Existenz von Vergütungsvereinbarungen zwischen Vermittlern und Kunden kein Thema für Rechtsprechung und Literatur. Erst in den Jahren ab 1999 beschäftigten diese Fragen zunehmend die Justiz. Einige Untergerichte hielten nun selbständige Vergütungsvereinbarungen zwischen Versicherungsmaklern und Versicherungsnehmern in der Lebensversicherung für gem. § 134 BGB nichtig, weil sie gegen das durch das VVG gewährleistete Recht des Versicherungsnehmers zur jederzeitigen Kündigung der Lebensversicherung verstießen[9]. Diese Frage war aber für die Praxis bald entschieden. Der III. Zivilsenat des BGH stellte schon 2005 klar, dass selbständige Vergütungsvereinba-

---

7 *Reiff/Köhne*, VersR 2017, 649, 658.
8 *Werber*, VersR 2017, 513, 516; *Beenken/Sandkühler*, ZfV 2017, 150; *Köhne*, ZfV 2017, 121, 123.
9 Nachweise auf diese Urteile in BGH, Urt. v. 20.1.2005 – III ZR 251/04, BGHZ 162, 67, 72 f.

rungen zwischen Maklern und ihren Kunden zulässig sind[10]. Vorformulierte Klauseln, nach denen die Pflicht zur Zahlung der Vergütung trotz Kündigung des Versicherungsvertrages fortdauere, waren danach wirksam[11]. Diese Rechtsprechung hat der III. Zivilsenat in vielen weiteren Urteilen bestätigt[12]. Sie ist in der Literatur nahezu einhellig begrüßt worden[13]. Durch die VVG-Reform zum 1.1.2008 hat sich hieran nichts geändert[14]. Nach allem kann der Versicherungsmakler, wenn er (Lebens-)Versicherungen mit Nettotarifen vermittelt, mit dem Versicherungsnehmer vereinbaren, dass er für die Vermittlung und/oder die Beratung ein Honorar erhält, das der Versicherungsnehmer auch dann weiterzahlen muss, wenn dieser die vom Makler vermittelte Lebensversicherung gekündigt hat.

Die weitere Frage, ob der Makler verpflichtet ist, den Versicherungsnehmer über die Bedeutung der Vergütungsvereinbarung bei der Vermittlung einer Nettopolice besonders aufzuklären, hat der BGH verneint. Es sei nicht Aufgabe eines Maklers, seinen Kunden über Gefahren und Nachteile des Maklervertrages aufzuklären[15]. Für diese Auffassung spricht, dass Vergütungsvereinbarungen knapp und eindeutig formuliert sind, so dass es einem durchschnittlichen Versicherungsnehmer klar sein muss, dem Vermittler das Honorar auch dann zahlen zu müssen, wenn er, der Versicherungsnehmer, die Versicherung nach kurzer Zeit wieder kündigt. Anders liegen die Dinge nur, wenn der Versicherungsnehmer wegen besonderer Umstände die Konstruktion der Trennung von Versicherung und Vergütungsvereinbarung nicht durchschaut. In Betracht kommen insoweit etwa besondere geschäftliche Unerfahrenheit oder erkennbares Fehlver-

---

10 BGH, Urt. v. 20.1.2005 – III ZR 251/04, BGHZ 162, 67 mit zust. Anm. von *Loritz*, NJW 2005, 1757; *Looschelders/Götz*, JR 2006, 65 und *Reiff*, LMK 2005, 88.
11 BGH, Urt. v. 20.1.2005 – III ZR 251/04, BGHZ 162, 67, 73 ff.
12 BGH, Urt. v. 20.1.2005 – III ZR 207/04, VersR 2005, 404; BGH, Urt. v. 19.5.2005 – III ZR 322/04, VersR 2005, 978; BGH, Urt. v. 19.5.2005 – III ZR 240/04, VersR 2005, 1144; BGH, Urt. v. 14.6.2007 – III ZR 269/06, VersR 2007, 1127; BGH, Urt. v. 18.10.2012 – III ZR 106/11, NJW 2012, 3718 Rn. 13, dort als „gefestigte Rechtsprechung des Senats" bezeichnet.
13 *Schwintowski*, in: Bruck/Möller, VVG, 9. Auflage, 2010, Bd. 2 § 59 Rn. 91 ff.; weitere Nachweise bei *Reiff*, VersR 2012, 645, 646 in Fn. 12.
14 Eingehend hierzu *Reiff*, in: Beckmann/Mansel/Matusche-Beckmann (Hrsg.) Gedächtnisschrift für Ulrich Hübner, 2012, S. 221, 225 ff.
15 BGH, Urt. v. 14.6.2007 – III ZR 269/06, VersR 2007, 1127 Rn. 11; BGH, Urt. v. 18.10.2012 – III ZR 106/11, NJW 2012, 3718 Rn. 17.

ständnis des Kunden, die beide eine Aufklärungspflicht des Maklers nach Treu und Glauben begründen können[16].

2. Vergütungsvereinbarungen von Versicherungsvertretern

Anders als bei Versicherungsmaklern war bei Versicherungsvertretern lange Zeit ungeklärt, ob sie Nettopolicen vermitteln dürfen. Schließlich hat sich aber die im Schrifttum entwickelte Ansicht durchgesetzt, dass insoweit eine Gleichbehandlung zwischen Maklern und Vertretern geboten sei, weil aus Sicht des schutzwürdigen Versicherungsnehmers insoweit keine Unterschiede bestünden[17]. Im November und Dezember 2013 haben nämlich der I. und dann der III. Zivilsenat des BGH entschieden, dass sich ein Versicherungsvertreter von seinem Kunden für die Vermittlung einer Lebensversicherung mit Nettotarif eine Vergütung versprechen lassen darf[18]. Damit war auch diese Rechtsfrage für die Praxis im Wesentlichen geklärt.

Folge dieser höchstrichterlichen Rechtsprechung ist, dass der Versicherungsnehmer zur Zahlung der vollen Vergütung an den Vertreter auch dann verpflichtet ist, wenn er die Lebensversicherung nach § 168 VVG vorzeitig kündigt. Da bei der Bruttopolice hingegen mit der Kündigung der Versicherung die Pflicht zur Prämienzahlung erlischt und darin auch die Vergütung des Versicherungsnehmers enthalten ist, kann der Versicherungsnehmer bei einer Kündigung der Lebensversicherung in den ersten Jahren nach Vertragsschluss bei einer Nettopolice deutlich schlechter stehen als bei einer Bruttopolice. Insoweit besteht zwischen einer von einem Makler und einer von einem Vertreter vermittelten Nettopolice kein Unterschied.

Bei der Frage, inwieweit der Vermittler den Versicherungsnehmer darüber aufklären muss, wie sich eine Vergütungsvereinbarung mit dem Vermittler auswirkt, wenn der Versicherungsnehmer die Lebensversicherung vorzeitig kündigt, differenziert der BGH zwischen Makler und Vertreter[19].

---

16 BGH, Urt. v. 14.6.2007 – III ZR 269/06, VersR 2007, 1127 Rn. 11.
17 *Reiff*, VersR 2012, 645, 649 ff.; *ders.*, r+s 2013, 525, 531 ff.
18 BGH, Urt. v. 6.11.2013 – I ZR 104/12, VersR 2014, 64 mit Anm. *Reiff*; BGH, Urt. v. 12.12.2013 – III ZR 124/13, VersR 2014, 240 mit Anm. *Reiff*; ebenso BGH, Urt. v. 5.6.2014 – III ZR 557/13, VersR 2014, 877 und BGH, Urt. v. 25.9.2014 – III ZR 440/13, VersR 2014, 1328.
19 Eingehend hierzu und zum Folgenden *Reiff*, in Koch/Werber/Winter (Hrsg.), Der Forschung – der Lehre – der Bildung, 100 Jahre Hamburger Seminar für Versiche-

Der Makler muss den Versicherungsnehmer insoweit grundsätzlich nicht belehren[20]. Demgegenüber trifft den Vertreter, der eine Nettopolice vermittelt, eine solche Belehrungspflicht[21]. Denn der Vertreter muss im Rahmen seiner Beratungspflicht aus § 61 VVG seinen Kunden deutlich darauf hinweisen, dass er die Vergütung des Vertreters auch dann in voller Höhe zahlen muss, wenn er die Lebensversicherung gem. § 168 VVG kündigt. Der Vertreter darf beim Versicherungsnehmer nicht als allgemein bekannt voraussetzen, dass die gesonderte Vergütungsvereinbarung sich im Fall einer vorzeitigen Kündigung nachteilig auswirken könne. Die Situation sei insoweit anders als beim Makler, weil eine solche Vergütungsabrede beim Makler dem gesetzlichen Leitbild des § 652 BGB entspreche. Die Erfüllung dieser besonderen Aufklärungspflicht bei Vermittlung einer Nettopolice muss der Vertreter nach §§ 61 Abs. 1 Satz 2, 62 VVG in Textform dokumentieren[22]. Kann der Vertreter später die entsprechende Dokumentation nicht vorlegen, so spricht eine tatsächliche Vermutung dafür, dass er den Versicherungsnehmer insoweit nicht aufgeklärt hat. Dies begründet einen Schadensersatzanspruch des Versicherungsnehmers aus § 63 VVG, den er dem Zahlungsanspruch des Vertreters gem. § 242 BGB entgegenhalten kann.

3. Zusammenfassung

Zusammenfassend ist festzuhalten: Zu Beginn des Jahres 2017, also zu dem Zeitpunkt, als der Regierungsentwurf zur Umsetzung der Vertriebsrichtlinie veröffentlicht wurde, war das lange Zeit ungeklärte Recht der Vermittlung von Nettopolicen weitgehend konsolidiert. Nach einer als gefestigt anzusehenden Rechtsprechung des BGH durften sich Versicherungsvermittler, also Makler und Vertreter, von ihren Kunden, den Versicherungsnehmern, eine Vergütung versprechen lassen, wenn sie (Lebens-)Versicherungen mit Nettotarifen vermittelten.

---

rungswissenschaft und Versicherungswissenschaftlicher Verein in Hamburg e.V., 2016, S. 281, 283 ff.
20 Siehe oben bei und in Fn. 15 und 16.
21 Hierzu und zum Folgenden BGH, Urt. v. 12.12.2013 – III ZR 124/13, VersR 2014, 240 Rn. 16 und 27; BGH, Urt. v. 5.6.2014 – III ZR 557/13, VersR 2014, 877 Rn. 14 und 24; BGH, Urt. v. 25.9.2014 – III ZR 440/13, VersR 2014, 1328 Rn. 14 und 33.
22 OLG Karlsruhe, Urt. v. 24.3.2016 – 12 U 144/15, VersR 2016, 856 mit Anm. *Reiff*.

III. Die Neuregelung des § 34d GewO

1. Provisionsvermittler

Fraglich ist, wie sich die neuen gewerberechtlichen Bestimmungen, die durch das Vertriebsrichtlinieumsetzungsgesetz eingefügt wurden und am 23.2.2018 in Kraft treten, auf die Vermittlung von Nettopolicen auswirken werden.[23] Im Zentrum steht die Vorschrift des § 34d GewO, der anders als bislang nicht nur die Rechtsstellung der Versicherungsvermittler, sondern auch die der Versicherungsberater regelt. § 34d Abs. 1 Satz 1 GewO enthält sachlich nichts Neues. Er bestimmt, dass ein *Versicherungsvermittler* eine Erlaubnis der zuständigen IHK benötigt. Nach 34d Abs. 1 Satz 2 GewO ist Versicherungsvermittler „wer

1. als Versicherungsvertreter eines oder mehrerer Versicherungsunternehmen oder eines Versicherungsvertreters damit betraut ist, Versicherungsverträge zu vermitteln oder abzuschließen, oder
2. als Versicherungsmakler für den Auftraggeber die Vermittlung oder den Abschluss von Versicherungsverträgen übernimmt, ohne von einem Versicherungsunternehmen oder einem Versicherungsvertreter damit betraut zu sein."

Vermittler sind also wie bislang zwingend entweder Makler oder Vertreter. Neu geregelt ist die Vergütung der Vermittler. Insoweit bestimmt nunmehr § 34d Abs. 1 Satz 6 GewO, dass ein Vermittler für seine Tätigkeit nur durch einen Versicherer vergütet werden darf. Die Vergütung der Vertreter und Makler ist danach also stets eine vom Versicherer zu zahlende Provision. Eine Vergütungsvereinbarung mit dem Kunden ist anders als früher grundsätzlich nicht mehr möglich. Eine Ausnahme von diesem Grundsatz, die aber nur für Makler gilt, macht § 34d Abs. 1 Satz 9 GewO. Makler dürfen danach Dritten „gegen gesondertes Entgelt" Versicherungen vermitteln oder Rechtsrat in Bezug auf Versicherungen erteilen, aber nur, wenn diese Dritten „keine Verbraucher" sind.

---

[23] Manuskriptabgabetermin war der 15.6.2017. Das Gesetz war zu diesem Zeitpunkt noch nicht verabschiedet. Der Beitrag zitiert im Folgenden die Vorschriften nach der BT-Dr. 18/11627.

2. Honorarberater

Der *Versicherungsberater* ist seit der Neuregelung in § 34d Abs. 2 GewO geregelt. § 34d Abs. 2 Satz 1 GewO enthält sachlich nichts Neues. Danach benötigt ein Versicherungsberater eine Erlaubnis der zuständigen IHK. Versicherungsberater ist nach § 34d Abs. 2 Satz 2 GewO, „wer ohne von einem Versicherungsunternehmen einen wirtschaftlichen Vorteil zu erhalten oder in anderer Weise von ihm abhängig zu sein

1. den Auftraggeber bei der Vereinbarung, Änderung oder Prüfung von Versicherungsverträgen oder beider Wahrnehmung von Ansprüchen aus Versicherungsverträgen im Versicherungsfall auch rechtlich berät,
2. den Auftraggeber gegenüber dem Versicherungsunternehmen außergerichtlich vertritt oder
3. für den Auftraggeber die Vermittlung oder den Abschluss von Versicherungsverträgen übernimmt."

Neu ist hier gegenüber § 34e GewO a.F. die Nr. 3, also dass ein Versicherungsberater für seinen Kunden die Versicherungen auch *vermitteln* oder abschließen darf. Bisher durfte er seine Kunden nur gegen Honorar beraten, er durfte aber nicht gegen Honorar vermitteln. Nunmehr darf er gegen Honorar beraten und vermitteln, aber gleichzeitig keinerlei wirtschaftlichen Vorteile von Versicherern oder Vermittlern erhalten. Die Vergütung der Versicherungsberater ist also in der Sache unverändert geblieben. § 34d Abs. 2 Satz 3 GewO bestimmt aber nunmehr explizit, dass sich der Versicherungsberater „nur durch den Auftraggeber vergüten lassen" darf. Nach § 34e GewO a.F. folgte dies allein aus dem strengen Provisionsannahmeverbot einerseits und der gewerbsmäßigen Ausübung des Berufs andererseits.

3. Trennungsgrundsatz

Nach § 34d Abs. 3 GewO dürfen Vermittler kein Gewerbe als Berater und Berater kein Gewerbe als Vermittler ausüben. Die beiden Erlaubnisse schließen sich gegenseitig aus[24]. Das heißt, dass ein Makler nicht als Berater tätig sein darf und umgekehrt. Hierdurch soll auch erreicht werden,

---

24 BT-Dr. 18/11627, 35 zu § 34d Abs. 3 GewOE.

dass die Trennung bezüglich der Vergütung nicht unterlaufen werden kann, dass also nicht ein und dieselbe Person einmal von einem Versicherer und ein anderes Mal von einem Verbraucher vergütet wird.

IV. Die Auswirkungen der Neuregelung auf die Vermittlung von Nettopolicen

Was bedeutet diese Neuregelung für die Vermittlung von Lebensversicherungen mit Nettotarifen? In Zukunft, also ab dem 23.2.2018, können nur Versicherungsberater nach § 34d Abs. 2 GewO Lebensversicherungen als Nettopolicen vermitteln. Denn nur sie dürfen nach der Neuregelung vom Kunden ein Honorar für die Vermittlung erhalten. Vermittlern hingegen ist es entgegen der bisherigen Rechtlage durch die neue Regelung des § 34d Abs. 1 Sätze 6 und 9 GewO grundsätzlich untersagt, mit Verbrauchern Honorare für die Vermittlung von Nettotarifen zu vereinbaren.

Als Folge hieraus ergibt sich: Der *Makler* darf nach Inkrafttreten der Neuregelung im Privatkundengeschäft nur noch gegen Courtage arbeiten und darf damit Verbrauchern keine Nettopolicen mehr vermitteln. Dieses Verbot ist bei Lebensversicherungen ein fast totales, weil der Versicherungsnehmer einer Lebensversicherung in aller Regel ein Verbraucher sein wird. Zugleich wird der Makler durch den Zwang zur Provisionsvergütung von den Versicherern abhängiger als bisher. Der Makler darf diese Abhängigkeit nicht einmal dann auflösen, wenn sein Kunde das wünscht. Durch § 34d Abs. 1 Satz 6 GewO, der die Vergütung des Maklers mittels Provision vorschreibt, einerseits und das Provisionsabgabeverbot des § 48b VAG andererseits sind dem Makler gegenüber Privatkunden jegliche Preisspielräume genommen. *Vertreter* dürfen – entgegen der bisherigen Rechtslage – ihren Kunden überhaupt keine Nettopolicen gegen gesondertes Entgelt mehr vermitteln, selbst wenn es sich nicht um Verbraucher handelt. Sie dürfen also überhaupt nur noch gegen Provision arbeiten.

V. Kritische Analyse der Neuregelung

Wie ist die Neuregelung zu bewerten? Aus ökonomischer Sicht schränken die Regelungen des § 34d GewO, die den Maklern im Privatkundengeschäft die Vermittlung von Versicherungen mit Nettotarifen untersagen, deren wirtschaftliche Tätigkeiten und Geschäftsmodelle ein. Dies überzeugt nicht. Die in § 34d GewO angeordnete Unterscheidung von Maklern und Beratern allein anhand der Art ihrer Vergütung erscheint fragwürdig. Die Versicherungsnehmer kennen diese Abgrenzung nicht und sie können sie auch nicht intuitiv erfassen. Die neu gezogene Grenze zwischen Versicherungsmakler und Versicherungsberater ist damit künstlicher Natur. Zudem steht zu erwarten, dass man in der Praxis Lösungen finden wird, um die strikte Grenzziehung zu überwinden. Etwa könnte man als Vermittler mit zwei Unternehmen mit zwei verschiedenen Firmen und mit zwei Geschäftsführern unter der gleichen Dachmarke sowohl als Makler als auch als Berater agieren[25]. Aus Verbraucher- und Maklersicht, aber auch aus volkswirtschaftlicher Perspektive ist diese Trennung also abzulehnen[26].

Aus rechtlicher Sicht bestehen ebenfalls große Bedenken gegen das Verbot für Vermittler, ihren Kunden Nettopolicen zu vermitteln. Sogar ohne genauere Prüfung ist die „Übergangsregelung" des § 156 Abs. 4 GewO als *verfassungswidrig* anzusehen. Danach dürfen Vertreter und Makler Vergütungen von Verbrauchern auf Grundlage eines Vertrages nur annehmen, wenn dieser vor dem 18.1.2017 geschlossen wurde. Dies heißt, dass ein Vermittler, der etwa im Mai 2017 eine Nettopolice vermittelt hat und sich hierfür im Einklang mit dem geltenden Recht eine Vergütung versprechen ließ, diese nicht mehr annehmen darf. Hieraus folgt in letzter Konsequenz, dass der Versicherungsnehmer, der die Vergütung im Juni 2017 zahlt, diese nach Inkrafttreten der „Übergangsregelung" aus § 812 Abs. 1 S. 1 Alt. 1 BGB herausverlangen kann. Ein im Mai 2017 rechtmäßig geschlossener und im Juni 2017 wirksam erfüllter Vertrag wird also mit Inkrafttreten des Gesetzes am 23.2.2018 zu einem rechtlichen Nullum. Die Gesetzesbegründung hält dies für sachgerecht, „da den Beteiligten spätestens mit dem Kabinettbeschluss über den Gesetzentwurf am 18. Januar 2017 bekannt ist, dass der Vermittler nur vom Versicherungsunternehmen Zuwendungen annehmen darf und damit *künftig* entgeltliche Vereinbarungen mit einem Verbraucher nicht mehr zulässig sind" [27]. Es ist schon erstaunlich, dass es dieser Satz bis in den Regierungsentwurf geschafft hat. Denn durch die Betonung des „künftig" verschleiert er nicht, sondern legt in dankenswerter Deutlichkeit offen, dass es sich um einen klassischen

---

25 *Reiff/Köhne*, VersR 2017, 649, 659.
26 Hierzu vertiefend *Köhne*, ZfV 2017, 121; dort auch Diskussion eines alternativen Lösungsvorschlags.
27 BT-Dr. 18/11627, 38 zu § 156 Abs. 4 GewOE (Hervorhebung nicht im Original).

und klaren Fall echter und damit verfassungswidriger Rückwirkung handelt.

Aber auch abgesehen von der klar verfassungswidrigen Regelung des § 156 Abs. 4 GewO ist die Neuregelung rechtlich zweifelhaft. Das von § 34d GewO angeordnete totale Verbot der Honorarvermittlung und Honorarberatung im Privatkundengeschäft für alle Makler und Vertreter ist ein sehr schwerwiegender Eingriff in die Privatautonomie von Vermittlern und deren Kunden. Daher ist die Vorschrift verfassungsrechtlich und unionsrechtlich jedenfalls auf den ersten Blich nicht unbedenklich ist und muss noch sorgfältig ausgelotet werden[28]. Namentlich für Makler, bei denen es dem gesetzlichen Leitbild des § 652 BGB entspricht, dass der Kunde den vollen Maklerlohn auch dann schuldet, wenn er den vermittelten Vertrag kündigt[29], ist fraglich, ob dieser schwere Eingriff des Gesetzgebers in die Berufsausübungsfreiheit der Makler den Vorgaben des Art. 12 GG und der hierzu ergangenen Rechtsprechung des BVerfG[30] standhalten kann.

Auch aus Sicht des Unionsrechts ist die Neuregelung des § 34d GewO Zweifeln ausgesetzt. Die Zweifel betreffen die Vereinbarkeit der Regelung mit der Vertriebsrichtlinie. Der Vorschlag der Europäischen Kommission von 2012 für diese Richtlinie hatte nämlich in Art. 24 Abs. 5b noch ein Provisionsverbot enthalten, wenn auch beschränkt auf Versicherungsmakler und nur bei der Vermittlung von Versicherungsanlageprodukten[31]. Diese Regelung hätte für das deutsche Vertriebsrecht einen totalen Umbruch eingeläutet. Es ist anders gekommen. Die Vertriebsrichtlinie enthält nicht zuletzt auf Drängen Deutschlands auch für Versicherungsanlageprodukte kein Provisionsverbot, sondern nur eine gegenüber „normalen" Versicherungsprodukten noch gesteigerte Provisionstransparenz[32]. Nach Art. 22 Abs. 3 der Vertriebsrichtlinie können die Mitgliedstaaten ein Provisionsverbot einführen oder beibehalten. Mit § 34d GewO führt Deutschland aber ein Provisionsgebot für nahezu alle seine Versicherungsvermittler ein.

---

28 Berechtigte Bedenken bei *Werber*, VersR 2017, 513, 516 und im Editorial von *Brömmelmeyer*, VuR 2017, 1, 2.
29 BGH, Urt. v. 20.1.2005 – III ZR 251/04, BGHZ 162, 67, 74 f.; BGH, Urt. v. 12.12.2013 – III ZR 124/13, VersR 2014, 240 Rn. 16.
30 Zuletzt konkretisiert in der Entscheidung zum „Bestellerprinzip" bei Maklerprovisionen für Wohnraummietverträge; BVerfG, Beschl. v. 29.6.2016 – 1 BvR 1015/15, NJW-RR 2016, 1349 Rn. 62 ff.
31 COM (2012) 360 final S. 65; hierzu *Werber*, VersR 2012, 1467, 1470.
32 *Brömmelmeyer*, r+s 2016, 269, 273 f.

Ein solches Verhalten könnte von der Union und den anderen Mitgliedstaaten mit einigem Recht als Affront verstanden werden. Mit anderen Worten: Der Geist der Vertriebsrichtlinie, wie er in der Flexibilitätsklausel des Art. 22 Abs. 3 zum Ausdruck kommt, erlaubt es Deutschland, sein bisheriges Provisionsmodell beizubehalten. Dieses Modell kraft gesetzlichen Zwangs auf nahezu alle Vermittler auszuweiten, auch auf solche, die bislang gegen Honorar vermittelten, ist hiervon hingegen nicht gedeckt.

Rechtspolitisch ist an der Neuregelung des § 34d GewO zu kritisieren, dass sie in Bezug auf das mit ihr verfolgte Ziel, die Stärkung der Honorarberatung, sogar kontraproduktiv ist. Das Honorarverbot für Makler trägt in Anbetracht der Größenverhältnisse – knapp 47.000 Maklern stehen nur etwa 300 Berater gegenüber – nicht zur beabsichtigten Stärkung der Honorarberatung bei[33], sondern schwächt diese sogar. Allenfalls führt die Neuregelung zu einer (überschaubaren) Erhöhung der Anzahl von Beratern, indem bislang als Makler agierende Vermittler nunmehr zu Berater werden[34]. Wer die Honorarvermittlung und die Honorarberatung wirklich stärken will, muss die Versicherer und die Makler zwingen, alle Versicherungsprodukte auch als Nettotarife anzubieten. Die Vorschläge hierfür lagen auf dem Tisch des Gesetzgebers[35].

VI. Fazit

Das Ergebnis der Untersuchung ist ernüchternd. Die Zukunft der Nettopolice ist – jedenfalls im Privatkundengeschäft – sehr unsicher. Einmal mehr muss man dem deutschen Gesetzgeber ein schlechtes Zeugnis ausstellen. Das im Koalitionsvertrag vereinbarte Ziel, die Honorarberatung zu stärken, wurde glatt verfehlt. Gleichwohl wurde ohne Not in grundrechtlich geschützte Rechtspositionen der Versicherungsmakler eingegriffen.

---

33 Am 1.4.2017 waren im Vermittlerregister insgesamt 225.805 Vermittler registriert. Hiervon waren 46.791 Versicherungsmakler und 318 Versicherungsberater.

34 Für diesen Fall bestimmt § 156 Abs. 2 GewO, dass bei der Erlaubniserteilung nach § 34d Abs. 2 Satz 1 GewO unter Vorlage einer Erlaubnisurkunde nach § 34d Abs. 1 Satz 1 GewO a.F. keine Prüfung der Zuverlässigkeit, der Vermögensverhältnisse und der Sachkunde erfolgt.

35 *Köhne*, ZfV 2017, 121, 124 ff.; grundlegend zum Anspruch auf die Netto-Police *Schwintowski*, ZfV 2014, 467 ff. und 508 ff.

VII. Ausblick

Wird es im Jahre 2020 in Deutschland einen nennenswerten Anteil von Nettopolicen im Privatkundengeschäft geben? Die Antwort auf diese Frage hängt nach dem jüngsten Paukenschlag des Gesetzgebers nicht zuletzt davon ab, ob ein von der Neuregelung in seiner Berufsausübungsfreiheit betroffener Versicherungsmakler Verfassungsbeschwerde einlegt. Würde das strikte Honorarannahmeverbot, jedenfalls soweit es Versicherungsmakler betrifft, vom Bundesverfassungsgericht für unwirksam erklärt, so könnte die Nettopolice auch im Privatkundengeschäft doch noch eine Zukunft haben.

VIII. Epilog

Das bei Einreichung des Manuskripts noch Unerwartete ist eingetreten: Der Gesetzgeber hat sich nach Manuskriptabgabe eines Besseren besonnen. § 34d Abs. 1 Satz 6 GewO des Regierungsentwurfs, der besagte, dass ein Vermittler für seine Tätigkeit nur durch einen Versicherer vergütet werden darf, wurde in der Beschlussempfehlung des Ausschusses für Wirtschaft und Energie (9. Ausschuss) vom 28. Juni 2017 ersatzlos gestrichen[36]. In der Begründung wird hierzu ausgeführt, es sei ausdrücklich gewollt, dass der Versicherungsmakler auch gegenüber Verbrauchern sowohl auf Provisions- als auch auf Honorarbasis tätig werden könne. Damit bestehe nach wie vor kein Honorarannahmeverbot für den Versicherungsmakler[37]. Diese Veränderung beruhe auf Hinweisen von Praktikern und von Verbänden, die in der Anhörung deutlich geworden seien[38]. Nach der Pressemitteilung des AfW Bundesverband Finanzdienstleistungen vom 30. Juni 2017 hat an der Änderung auch ein Gutachten von *Hans-Peter Schwintowski* großen Anteil[39].

---

36 BT-Dr. 18/1309, 38.
37 BT-Dr. 18/1309, 57 (zu § 34d Abs. 1 GewO).
38 BT-Dr. 18/1309, 56 (Fraktion der SPD).
39 Darin heißt es: Das Provisionsannahmegebot war nach Ansicht des Bundesverband verfassungswidrig, weil es einen massiven und nicht gerechtfertigten Eingriff in die Gewerbefreiheit der Versicherungsmakler darstellt. Der AfW hatte hierzu ein Rechtsgutachten von Professor Schwintowski von der Humboldt Universität Berlin erstellen lassen, das diese Auffassung nachdrücklich bestätigte; http://www.afw-verband.de/pressemitteilungen/grosser-erfolg-fuer-versicherungsmakler-

Aus all dem folgt: Die Zukunftsaussichten der Nettopolice sind dank des Einlenkens seitens des Gesetzgebers besser als noch bei Abgabe des Manuskripts zu diesem Beitrag befürchtet. Die Einführung eines Honorarannahmeverbotes für Versicherungsmakler wurde in letzter Minute verhindert. Da die vom Ausschuss gestrichene Vorschrift für alle Vermittler galt, besteht auch für Versicherungsvertreter, die Nettopolicen vermitteln, weiterhin die Möglichkeit, mit ihren Kunden Vergütungsvereinbarungen zu schließen, obwohl die Gesetzesbegründung nur die Makler erwähnt.

Damit schließt sich auf wunderbare Weise ein Kreis: Die von mir in diesem Festschriftbeitrag zum 70. Geburtstag von *Hans-Peter Schwintowski* nachdrücklich bekämpfte Vorschrift des Regierungsentwurfs wurde in letzter Sekunde gestrichen, nicht zuletzt aufgrund eines mir bislang unbekannten Rechtsgutachtens des Jubilars. Ad multos annos!

---

provisionsgebot-und-doppelberatung-verhindert-keine-ausnahmen-mehr-fuer-direktversicherer/.

Der Stornoabzug als Maßnahme gegen das strategische Ausnutzen der Lebensversicherung gegen Einmalbeitrag

Doron Rubin, Frankfurt (Oder) [*]

I. Einführung

Im Bereich der Lebensversicherung kann sich ein Spannungsfeld daraus ergeben, dass Versicherungsnehmer versuchen, im Rahmen der Investition in eine kapitalbildende Lebens- bzw. Rentenversicherung die Gegebenheiten auf dem Finanzmarkt[1] mit Blick auf die kollektiven (Ausgleichs-)Elemente in der Lebensversicherung zum eigenen Profit auszunutzen. Ein solches Vorgehen kann vor allem dann attraktiv erscheinen, wenn – wie üblich – Versicherungsnehmer, die eine Lebensversicherung mit laufender Prämienzahlungspflicht halten, und Versicherungsnehmer mit Lebensversicherungen gegen Einmalbeitrag ein Kollektiv bilden. Konkret droht ein strategisches Ausnutzen der kapitalbildenden Lebensversicherung durch Versicherungsnehmer mit Versicherungen gegen Einmalbeitrag sowohl zu Lasten der Versicherungsnehmer mit periodischen Zahlungen als auch zu Lasten der Versicherungsnehmer gegen Einmalbeitrag, die die kapitalbildende Lebensversicherung nicht nur in wirtschaftlich schwierigen Zeiten als vorübergehende Kapitalanlage nutzen wollen. Genauer aufgezeigt werden kann dies am Beispiel einer abstrakten, verhältnismäßig leicht nachvollziehbaren Rechnung, die dann auf Szenarien übertragen werden soll, die real diskutiert werden bzw. wurden (dazu unter II.). Im Anschluss an die Darstellung des rechtlichen Kontexts des strategischen Ausnutzens der Lebensversicherung ist ein Maßstab zu entwickeln, auf den mögliche Lö-

---

[*] Dr. Doron Rubin, wissenschaftlicher Mitarbeiter am Lehrstuhl für Bürgerliches Recht und Europäisches Wirtschaftsrecht (Prof. Dr. Christoph Brömmelmeyer), Europa Universität Viadrina Frankfurt (Oder).
[1] Finanzmarkt wird hier als gebräuchlicher Oberbegriff für die Segmente Kapital-, Geld-, Derivaten- und Devisenmarkt verwendet. Im Zentrum der Betrachtung wird für die Zwecke dieses Beitrags oftmals der Kapitalmarkt stehen, auf dem klassische Anlageinstrumente für längerfristige Investitionen gehandelt werden; vgl. zu den Begrifflichkeiten und der Einteilung *Lehmann, in:* MüKo-BGB, Bd. 11, 6. Aufl. 2015, Internationales Finanzmarktrecht, Rn. 24 ff.

sungsansätze hin überprüft werden können (dazu unter III.). Im Zentrum der Diskussion über Gegenmaßnahmen steht die Zulässigkeit eines Stornoabzugs. Diese Zulässigkeit kann aber angesichts des mit ihm verbundenen Problems der hinreichenden Transparenz nicht ohne Blick auf andere denkbare Gegenmaßnahmen bestimmt werden. Diese, von der Bundesanstalt für Finanzaufsicht („BaFin") oder von der Literatur ins Spiel gebrachten Gegenmaßnahmen, sollen deshalb ebenfalls untersucht werden (dazu unter IV.). Im Anschluss ist auf die Rolle und die Funktion der BaFin näher einzugehen (dazu unter V.).

II. Das strategische Ausnutzen der kapitalbildenden Lebensversicherung durch Versicherungsnehmer mit einer Lebensversicherung mit Einmalbeitrag

1. Kollektive Ausgleichselemente in der kapitalbildenden Lebensversicherung

Ob für Versicherungsnehmer ein Anreiz besteht, eine kapitalbildende Lebensversicherung abzuschließen, hängt vor allem von der zu erzielenden Verzinsung – auch in Konkurrenz zu anderen Produkten – ab. Dies gilt insbesondere dann, wenn die Zinserträge neben der Risikoabsicherung auch der Kapitalbildung dienen sollen[2]. Die Höhe der Verzinsung ist auch in der kapitalbildenden Lebensversicherung abhängig von der allgemeinen Situation an den Finanzmärkten und von der Kapitalanlagepolitik des Versicherers.

Daneben gibt es aber auch spezifische Elemente der kapitalbildenden Lebensversicherung, die gerade den Schwankungen an den Finanzmärkten und damit den Unsicherheiten der Kapitalanlagepolitik entgegenwirken sollen. Diese Elemente können als Glättungseffekte bezeichnet werden und das strategische Ausnutzen der Lebensversicherung begünstigen. Sie basieren auf der typischen Funktionsweise der Versicherung, dem Risikoausgleich im Kollektiv und in der Zeit[3]. Der Risikoausgleich im Kollektiv

---

2 Vgl. zu diesem oftmals verfolgten Zweck *Ortmann/Rubin*, in: Schwintowski/Brömmelmeyer, 3. Auflage, 2017, Vorb. § 150 Rn. 1; s. a. *Brömmelmeyer, in:* Beckmann/ Matusche-Beckmann, 3. Auflage, 2015, § 42, Rn. 5.
3 Zur typischen Funktionsweise von Versicherung grundlegend *Farny*, in: Handwörterbuch der Versicherung, Versicherungstheorie, 1988, S. 867, 869 f.

als solcher führt dazu, dass nicht allein auf den einzelnen Versicherungsnehmer und dessen Vertragsverhältnis, sondern auf die jeweiligen Vertragsverhältnisse der im Kollektiv befindlichen Versicherungsnehmer insgesamt abgestellt wird. Es findet so z. B. keine auf einen einzelnen Versicherungsnehmer individualisierte Kapitalanlage statt, der Versicherer investiert die ihm von den Versicherungsnehmern übereigneten Gelder vielmehr insgesamt gemäß seiner Kapitalanlagepolitik.

Hinzu kommen kollektiv organisierte Ausgleichsmechanismen, die zwischen den verschiedenen Versicherungsnehmer-Generationen durch Glättungen für stabile Ausschüttungen sorgen sollen[4]. Da ein Teil der Ausschüttungen nicht auf den Garantiezins, sondern auf die regelmäßig eingeräumte Überschussbeteiligung zurückgeht[5], steht oftmals diese im Mittelpunkt der Betrachtung. Ein kollektives Ausgleichsinstrument ist der Ausgleich zwischen den Versicherungsnehmern durch die gesteuerte Auflösung der für die Rückstellung für Beitragsrückerstattung (RfB) vorgesehenen Beträge. Nach § 139 Abs. 1 VAG sind die für die Versicherten bestimmten Beträge zur Auszahlung einer angemessenen Überschussbeteiligung durch Direktgutschrift oder durch das Einstellen in die Rückstellung für Beitragsrückerstattung zu leisten. In §§ 140, 145 Abs. 2, 3 VAG i.V.m. der Mindestzuführungsverordnung[6] und der RfB-Verordnung[7] ist dann vorgesehen, wie die Versicherer mit der RfB umzugehen haben, also z. B. bis zu welchen Beträgen sie den kollektiven Teil der RfB bedienen dürfen. Innerhalb gewisser Grenzen ist der Versicherer aber frei, die RfB nach Bedarf aufzulösen und die Ausschüttungen an die verschiedenen Versicherungsnehmer-Generationen stabil zu halten[8].

Ein ähnlich ausgleichend wirkender Mechanismus ist die Beteiligung der Versicherungsnehmer gemäß § 153 Abs. 3 VVG an den Bewertungsreserven. Nach Satz 1 der Norm hat der Versicherer die Bewertungsreserven jährlich neu zu ermitteln und rechnerisch auf Grundlage eines verursachungsorientieren Verfahrens zuzuordnen. Bei der Beendigung des Ver-

---

4 Vgl. *Rubin*, Das versicherungsrechtliche Interessenausgleichsprinzip, 2017, S. 52 f.
5 Das regelmäßige Entstehen von Überschüssen liegt in der Funktionsweise der Lebensversicherung bzw. den rechtlichen Vorgaben des Versicherungsvertrags- und Versicherungsaufsichtsrechts begründet, vgl. BVerfG, Urt. v. 26.7.2005 – 1 BvR 782/94, BVerfGE 114, 1, 38 f.
6 Mindestzuführungsverordnung vom 18.4.2016 (BGBl. I 2016, 831).
7 RfB-Verordnung vom 10.3.2015 (BGBl. I 2015, 300).
8 Vgl. zum Umgang mit den Mitteln aus der RfB ausführlich *Rubin*, S. 237 ff.

trags findet aber nach Satz 2 nur eine 50%ige Beteiligung an dem so ermittelten Wert statt. Im Falle eines Sicherungsbedarfs nach § 139 Abs. 4 VAG entfällt nach §§ 139 Abs. 3 i.V.m. § 153 Abs. 3 Satz 3 VVG selbst diese 50%ige Beteiligung[9]. Diese eingeschränkte Beteiligung an dem dem Versicherungsnehmer rechnerisch zustehenden Wert eröffnet ebenfalls Spielräume beim Versicherer zum Ausgleich zwischen den Versicherungsnehmern.

2. Beispielsrechnung nach *Schwintowski* zum Ausnutzen von Schwankungen in der Verzinsung von Lebensversicherungen

Schwintowski stellt anhand eines Beispiels dar, wie sich die Kündigung einer Lebensversicherung gegen Einmalbeitrag nach kurzer Zeit für die übrigen Versicherungsnehmer auswirkt[10]: Ein Versicherer habe einen Kapitalanlagebestand von 10 Mrd. Euro bei einer Nettoverzinsung von 4 % p. a. Nach einem Jahr hätte dieser Versicherer bei Berücksichtigung der Zinsen einen Kapitalanlagen-Bestand von 10,4 Mrd. Euro. Würde die Verzinsung nun auf 6 % p. a. steigen, könnte das Unternehmen freiwerdende Kapitalanlagen zu diesem Zinssatz anlegen, während die gebundenen Anlagen zu einem Zinssatz von 4 % angelegt bleiben würden. *Schwintowski* geht für seine Modell-Rechnung von 1,2 Mrd. Euro frei werdenden Kapitalanlagen aus (die zu 6 % angelegt werden), die bei gemeinsamer Betrachtung mit den gebundenen Anlagen (9,2 Mrd. Euro zu 4 % Zinsen) eine durchschnittliche Verzinsung von 4,23 % erzielen würden. Dieser Verzinsung stellt *Schwintowski* nun die Rechnung gegenüber, dass zu Beginn zusätzlich noch Einmalbeiträge in Höhe von 500 Mio. Euro zu 4 % p. a. angelegt werden würden (insgesamt also 10,5 Mrd. Euro). Diese werden von den Versicherungsnehmern nach einem Jahr wieder abgezogen, um von der dann höheren Verzinsung (6 %) zu profitieren. Die durchschnittliche Verzinsung für den Restbestand an Kapitalanlagen würde in diesem Fall nunmehr nur 4,15 % betragen. Dies liegt daran, dass die frei werdenden Mittel nicht neu zu höheren Zinsen investiert werden können, sondern zur Rückzahlung an die kündigenden Versicherungsnehmer mit Einmalbeiträgen benötigt werden. Aus dieser Rechnung folgt, dass Ein-

---

9 Vgl. zur Frage der Verfassungsmäßigkeit dieser Regelung *Rubin*, S. 259 ff.
10 Vgl. zum Folgenden *Schwintowski*, VersR 2010, 1126, 1129.

malbeiträge, die nur für einen kurzen Zeitraum in der Lebensversicherung belassen werden und dann wieder abfließen, zu Nachteilen – im Beispielsfall 0,08 % niedrigere Verzinsung – bei den anderen Versicherungsnehmern führen.

Die Berechnungen *Schwintowskis* sind zwar angreifbar, da die Zahl der frei werdenden Kapitalanlagen, die neue Verzinsung sowie die Zahl der Einmalbeiträge frei gewählt wurden. Auch ist ein Zinssprung von 2 % relativ hoch gewählt. Ungeachtet dessen kann die Beispielsrechnung den Mechanismus als solchen, der gegebenenfalls zu Vorteilen der kurzzeitigen Versicherungen gegen Einmalbeitrag zum Nachteil anderer Versicherungsnehmer führt, offenlegen.

Die Differenz zwischen der Verzinsung von Einjahresanlagen und Zehnjahresanlagen betrug im langjährigen Schnitt zwischen 2000 und 2009 nach *Schwintowski* 1,38 %, wofür er als Basis der Berechnung die von der Bundesbank jeweils zum Jahresende veröffentlichten Renditen von Bundesanleihen mit einjähriger und zehnjähriger Laufzeit gewählt hatte. Auch daraus kann ein Vorteil für die Versicherungsnehmer mit Versicherungen gegen Einmalbeitrag abgeleitet werden, da die langjährige Anlage zumindest im vorhergehenden Jahrzehnt eine höhere Verzinsung versprach.

3. Szenario „Beginnende Niedrigzinsphase"

Das strategische Ausnutzen der soeben genannten kollektiven Elemente der Lebensversicherung geriet zunächst 2010 in den Blickpunkt der BaFin und der Öffentlichkeit[11]. Im Bestand der Lebensversicherungen befanden sich zu diesem Zeitpunkt noch zahlreiche ältere, höher verzinste Anlagen[12]. Ein Versicherungsnehmer fand durch den Ausgleich im Kollektiv und die damit verbundenen Glättungen eine für die zu diesem Zeitpunkt herrschende Niedrigzinsphase attraktive Verzinsung vor. *Schwintowski* verweist auf eine seinerzeitige Nettoverzinsung von 4,2 % der deutschen Lebensversicherer im Unterschied zu der Verzinsung in Höhe von knapp 3 % bei risikofreien zehnjährigen Kapitalanlagen[13]. Kurzfristige Kapital-

---

11 Vgl. Rundschreiben der BaFin 8/2010 (VA) abrufbar unter www.bafin.de; *Schwintowski*, VersR 2010, 1126 m.w.N.
12 Vgl. *Schwintowski*, VersR 2010, 1126, 1128; *Reiff*, ZVersWiss 2012, 477, 480.
13 *Schwintowski*, VersR 2010, 1126, 1128 mit Angaben zu Quellen.

anlagen wurden demgegenüber nur mit 0,5 bis 0,8 % verzinst[14]. Der damals geltende Garantiezins von 2,25 % war damit insbesondere auch für Versicherungsnehmer, die an der Lebensversicherung als kurzfristigem Anlageprodukt interessiert waren, in der Form der Versicherung gegen Einmalbeitrag attraktiv. Dem Versicherungsnehmer stand es dabei frei, die kapitalbildende Lebensversicherung bei steigenden Zinsen zu kündigen und dann attraktivere Anlageoptionen zu wählen. Die große Kündigungswelle scheint dabei zwar ausgeblieben zu sein. Dies dürfte aber der sehr lang andauernden Niedrigzinsphase geschuldet sein, die eine Kündigung zu keinem Zeitpunkt attraktiv erscheinen ließ. Das geschilderte Szenario kann der Sache nach indes immer wieder auftreten, auch wenn hierfür zunächst die aktuelle Niedrigzinsphase (vorübergehend) überwunden werden muss.

4. Szenario „Potenzieller Zinsanstieg"

Die Deutsche Bundesbank führt in ihrem Finanzstabilitätsbericht 2016 aus, dass die von einem Anstieg des Zinsniveaus ausgehenden Risiken für Lebensversicherer (und Banken) umso stärker steigen, je länger die derzeitige Niedrigzinsphase anhält[15]. Neben weiterer Bedenken sieht die Bundesbank für die Lebensversicherer insbesondere das Risiko, dass es für Versicherungsnehmer „rational" sein kann, in einem solchen Szenario die Lebensversicherung trotz bestehender Vorteile zu kündigen[16]. In einem steigenden Zinsumfeld bedarf es nicht allzu viel Fantasie, sich attraktivere Anlageoptionen vorzustellen. Ein steigendes Zinsszenario ist derzeit auch nicht mehr so fernliegend wie noch vor einigen Monaten. Die Inflationsrate im Februar 2017 betrug 2,2 %[17]. Diese dürfte vor allem durch steigende Energiepreise verursacht sein, der Druck auf die Europäische Zentralbank

---

14 *Schwintowski*, VersR 2010, 1126, 1128 mit Angaben zu Quellen.
15 Deutsche Bundesbank, Finanzstabilitätsbericht 2016, S. 7, online abrufbar unter: www.bundesbank.de.
16 Deutsche Bundesbank, Finanzstabilitätsbericht 2016, S. 59; s. ähnlich bereits Deutsche Bundesbank, Finanzstabilitätsbericht 2015, S. 10.
17 Vgl. die Pressemitteilung Nr. 091 vom 14.03.2017 des Statistischen Bundesamts, online abrufbar unter www.destatis.de.

wird aber dennoch wachsen, den Leitzinssatz zu erhöhen[18]. Eine Erhöhung des Leitzinses hätte unweigerlich ein steigendes Zinsniveau zufolge.

Baroch Castellví versucht die drohenden Folgen an einem Beispiel aufzuzeigen[19]: Eine Rentenversicherung gegen Einmalbeitrag wird in Höhe von 100 000 Euro mit einer Ansparphase von zwölf Jahren abgeschlossen, wobei der garantierte Rückkaufswert 90 000 Euro beträgt. Der Versicherer legt den zur Sicherstellung des garantierten Rückkaufswerts erforderlichen Betrag in Höhe von 85 000 Euro – so die Annahmen bei *Baroch Castellví* – zu einem Zins von 1 % pro Jahr mit einer Laufzeit von zehn Jahren an. Würden die Zinsen nach drei Jahren um einen Prozentpunkt steigen, verringerte sich der Marktwert der Anleihen um 7 %[20]. Würde ein Versicherungsnehmer nun kündigen, so müsste nach *Baroch Castellví* der Versicherer einen Wertverlust in Höhe von ca. 5959 Euro realisieren, da er die Kapitalanlage zu einem um 7 % geringeren Wert zurückkaufen müsste.

Diese Beispielsrechnung erscheint indes nicht vollständig nachvollziehbar. So verweist *Baroch Castellví* zunächst darauf, dass das über 90 000 Euro „hinausgehende Kapital bzw. erwirtschaftete Erträge [...] in Kapitalmarktinstrumente investiert [werden], bei denen der VN das Anlagerisiko trägt". Deshalb interessiere dieser Teil in diesem Zusammenhang nicht weiter. Dieses Kapital sollte dann aber – ebenso wie die 5000 Euro Differenz zwischen 85 000 und 90 000 Euro, also insgesamt 15 000 Euro – dem Versicherer zur Verfügung stehen, um den Wertverlust der Anleihen infolge des Zinsanstiegs nach drei Jahren aufzufangen. Es ist nicht ersichtlich, weshalb der Verlust infolge einer Kündigung des Versicherungsnehmers hinsichtlich des Rückkaufswerts auf die konkrete Anlage bezogen berechnet wird, während die weiteren 15 000 Euro, die der Versicherungsnehmer an den Versicherer gezahlt hat, unberücksichtigt bleiben sollen.

---

18 Vgl. so z. B. das im Handelsblatt sinngemäß wiedergegebene Zitat vom Präsidenten der Deutschen Bundesbank, Jens Weidmann: „[D]ie EZB dürfe nicht davor zurückschrecken, ihre Geldpolitik zu straffen, sobald die Zeit dafür gekommen sei"; vgl. auch a.a.O. den Chefsvolkswirt der Postbank, Marco Bargel: „Die EZB wird unter starken Druck kommen, ihre ultralockere Geldpolitik zurückzufahren"; Artikel online abrufbar unter www.handelsblatt.de (abgerufen am 1.3.2017).
19 Vgl. zum Folgenden *Baroch Castellví*, VersR 2016, 1341 f.
20 Nach *Baroch Castellví*, VersR 2016, 1341, 1342 lässt sich der Wertverlust näherungsweise als Multiplikation aus Restlaufzeit bis zum Erreichen der zehn Jahre und Prozentsatz des Zinsanstiegs berechnen – im Beispielsfall also 1 % x 7 Jahre Restlaufzeit = 7 % Wertverlust.

Bereits auf einer vorgelagerten Ebene ist fraglich, ob tatsächlich eine solche konkrete Berechnung des Verlusts vorgenommen werden kann. Die Kapitalanlagepolitik in der Lebensversicherung erfolgt von Seiten des Versicherers wie geschildert kollektiv. Das heißt, im ersten Schritt geht es nicht um den einzelnen Versicherungsnehmer, sondern um das Funktionieren des Ausgleichs im Kollektiv. Dieser Ausgleich korreliert nur sehr mittelbar mit dem konkret kündigenden Versicherungsnehmer, Auswirkungen haben nur die Kündigungen insgesamt[21]. Der Versicherer muss sich im Rahmen seiner Kapitalanlagepolitik auch auf die kündigenden Versicherungsnehmer einstellen und entweder eben nicht nur in langfristige Kapitalanlagen investieren oder aber frei werdende Werte zur Rückzahlung verwenden; der tatsächlich bestehenden Kündigungsoption könnte der Versicherer dann bereits in seiner Kapitalanlagepolitik Rechnung tragen[22]. Er besitzt regelmäßig auch Daten darüber, mit welchen Kündigungsquoten zu rechnen ist, so dass eine angepasste Anlagepolitik möglich ist.

Diese Kritikpunkte bedeuten nun nicht, dass das strategische Ausnutzen der Lebensversicherung durch Versicherungsnehmer mit Versicherungen gegen Einmalbeitrag in diesem Szenario ausgeschlossen wäre. Deutliche Schwierigkeiten zeigen sich aber bei der Bestimmung des konkreten Vorteils des kündigenden Versicherungsnehmer sowie des spiegelbildlichen Nachteils der an der Versicherung festhaltenden Versicherungsnehmer.

III. Das strategische Ausnutzen der kapitalbildenden Lebensversicherung als Rechtsproblem

Das Sachproblem und die Schwierigkeiten einer präzisen Belegung der Nachteile sind aus der Schilderung unter II. in Grundzügen ersichtlich. Es ist in Anbetracht der Komplexität der Materie indes schwierig, eine rechtliche Handhabe gegen das strategische Ausnutzen der kapitalbildenden Lebensversicherung zu finden – aus Gründen eines fairen Interessenausgleichs sind aber Gegenmaßnahmen gegen ein solches Ausnutzen angezeigt.

---

21 *Rubin*, S. 299.
22 *Brömmelmeyer*, VersR 2014, 133, 136.

1. Zum Interessenausgleich in der Lebensversicherung

Das strategische Ausnutzen der Lebensversicherung durch die Versicherungsnehmer gegen Einmalbeitrag geht insbesondere zu Lasten derjenigen Versicherungsnehmer, die die kapitalbildende Lebensversicherung nicht als kurzzeitiges Investment sehen. Damit ist die Frage nach dem rechtlich angemessenen Ausgleich der entsprechenden Interessen gestellt[23]. Geschlossen wird ein Versicherungsvertrag zwar zwischen Versicherer und Versicherungsnehmer. Er ist damit im ersten Schritt ein gewöhnlicher zweiseitiger Vertrag. Diese Sicht wird indes dadurch in Frage gestellt, dass die typische Funktionsweise der Versicherung den Risikoausgleich im Kollektiv und in der Zeit vorsieht und deshalb auch Interessen der anderen im Kollektiv befindlichen Versicherungsnehmer zu berücksichtigen sein können. Dies ist auch die Sichtweise des Bundesverfassungsgerichts, das die Versicherungsnehmer an den mit ihren Prämienzahlungen geschaffenen Vermögenswerten, d. h. ihrem Eigentum im Sinne des Art. 14 GG, angemessen beteiligen sowie das Defizit an autonomer Interessendurchsetzung kompensieren will[24]. Zum Interessenausgleich formuliert das Gericht, dass der „für das Versicherungsrecht typisch[e] Grundgedank[e] einer Risikogemeinschaft und damit des Ausgleichs der verschiedenen, weder im Zeitablauf noch hinsichtlich des Gegenstandes stets identischen Interessen der Beteiligten" berücksichtigt werden muss[25]. Das Gericht hat damit verfassungsrechtliche Rahmenbedingungen für den Interessenausgleich zwischen den Versicherungsnehmern gesetzt, die auch der Bundesgerichtshof aufgegriffen hat[26]. Es liegt nahe, dass ein strategisches Ausnutzen der kapitalbildenden Lebensversicherung zu einer unangemessenen Beteiligung an den Vermögenswerten hinsichtlich der Versicherungsnehmer führt, die an einem langfristigen Investment interessiert sind – während die Versicherungsnehmer profitieren, die die Lebensversicherung als ein kurzfristiges Investment nutzen.

---

23 Vgl. ausführlich zu Fragen des Interessenausgleichs im Kollektiv *Rubin*, Das versicherungsrechtliche Interessenausgleichsprinzip (2017), passim – auch zur Berücksichtigung der Interessen des Versicherers.
24 BVerfG, Urt. v. 26.7.2005 – 1 BvR 782/94 u. 1 BvR 957/96, BVerfGE 114, 1, 33 ff.
25 BVerfG, Urt. v. 26.7.2005 – 1 BvR 80/95, BVerfGE 114, 73, 102 f.
26 Vgl. BGH, Urt. v. 12.10.2005 – IV ZR 162/03, BGH NJW 2005, 3559, 3564; BGH, Urt. v. 25.7.2012 – IV ZR 201/10, VersR 2012, 1149, 1154.

2. Maßstab für eine Überprüfung von Gegenmaßnahmen

Die verschiedenen Interessen müssen bei einem Tätigwerden gegen das strategische Ausnutzen der kapitalbildenden Lebensversicherung in einen Ausgleich gebracht werden. Unzulässig wären Ansätze, die zu keiner angemessenen Beteiligung des Versicherungsnehmers an den mit seinen Prämienzahlungen geschaffenen Vermögenswerten führen. Dabei ist zu bedenken, dass eine Gegenmaßnahme ungewollt auch solche Versicherungsnehmer betreffen kann, die die Lebensversicherung nicht als strategische Anlageoption nutzen, sondern aus anderen Gründen die Lebensversicherung nach verhältnismäßig kurzer Zeit kündigen wollen.

Die Begründung zum Regierungsentwurf des VVG 2008 hebt die Bedeutung des „zwingende[n] gesetzliche[n] Kündigungsrecht[s]" hervor[27]. Eine Kündigung ist jedem Versicherungsnehmer nach §§ 168 Abs. 1, 171 S. 1 VVG bei laufender Prämienzahlungspflicht jederzeit erlaubt, nach Absatz 2 gilt dies entsprechend für diejenigen Versicherungsnehmer, die eine Lebensversicherung gegen Einmalzahlung abgeschlossen haben. Die Kündigung ist nach der Begründung auch „nicht vertragswidrig", weshalb sich eine „Art unzulässige Vertragsstrafe für vertragsgemäßes Verhalten" verbiete[28]. Auf bestimmte Absichten oder Motivationen für ein als solches vertragsgemäßes Verhalten (d. h. die Kündigung) kann deshalb nicht abgestellt werden. Vielmehr muss eine objektive Anknüpfung für genau den Aspekt gefunden werden, der zum Bedürfnis des Tätigwerdens gegen die vorzeitige Kündigung einer Lebensversicherung führt.

Eine solche objektive Anknüpfung ist gewährleistet, wenn auf die aufgrund des Funktionsprinzips der Lebensversicherung entstehenden Profite bei dem kündigenden Versicherungsnehmer verwiesen wird, die unter II. dargestellt wurden. Das Profitieren von Glättungseffekten, ohne dass die Versicherungsnehmer selbst im ausreichenden Maße zu Glättungsmöglichkeiten beitragen, kann der entscheidende Anknüpfungspunkt sein. Versicherungsnehmer profitieren gerade in wirtschaftlich schwierigen Zeiten von Glättungseffekten in der Lebensversicherung. Kündigen diese Versicherungsnehmer in wirtschaftlich besseren Zeiten, entziehen sie ihre Vermögenswerte dem Ausgleich im Kollektiv. Sie partizipieren nur einseitig und bedacht auf ihren Vorteil am Grundprinzip des Modells der Lebens-

---

27 Vgl. so BT-Dr. 16/3945, 103 im Rahmen von § 169 Abs. 5 VVG (Stornoabzug).
28 BT-Dr. 16/3945, 103.

versicherung. Bei einer solchen Begründung erklärt sich auch die Unterscheidung zwischen Versicherungen gegen Einmalzahlung und solchen gegen periodischen Zahlungen. Bei letzteren werden durch die monatliche Zahlungsweise proportional zum gesamten riskierten Kapital deutlich kleinere Anteile eingesetzt als bei Versicherungen gegen Einmalbeitrag. Versicherungen mit periodischer Zahlungsweise profitieren deshalb nur in Maßen von den Glättungseffekten, während Versicherungen gegen Einmalbeitrag aufgrund des durch einmalige Zahlung deutlich höherem riskierten Volumens deutlich überproportional[29] von den Ausgleichsmechanismen im Verhältnis zur Verweildauer in der Versicherung profitieren. Auch eine solche Anknüpfung ist nicht frei von Bedenken, da die Profite in ihrem konkreten Umfang gerade schwierig zu belegen sein können und es zum Zeitpunkt der Kündigung unklar ist, ob tatsächlich solche Glättungseffekte in Zukunft eintreten würden. Der Umstand, dass letztlich pauschalisiert in die Zukunft geblickt wird, führt aber in Anbetracht der Tatsache, dass sichere Aussagen zum Zeitpunkt der frühzeitigen Kündigung unmöglich sind, nicht zwingend zur Rechtswidrigkeit eine Gegenmaßnahme.

Als Maßstab für die Bewertung von Gegenstrategien können vor diesem Hintergrund folgende Punkte dienen[30]: Zunächst ist nach der *Effektivität* der Gegenstrategie in Bezug auf die Verhinderung eines strategischen Ausnutzens zu fragen. Unter dem Stichwort der *Passgenauigkeit* der Gegenstrategie ist zu überlegen, ob tatsächlich nur die Versicherungsnehmer, die die Lebensversicherung strategisch ausnutzen, getroffen werden. Sodann ist eine Lösung nach ihrer *Transparenz* zu bewerten. Letztlich ist nach der *Intensität* der Maßnahme für die Vertragsparteien zu fragen, d. h. danach, welchen Einschränkungen sie durch die Gegenmaßnahme unterworfen werden.

---

29 Dies bedeutet nicht, dass diese auch nach absoluten Beträgen stark an den kollektiven Ausgleichsmechanismen partizipieren müssen.
30 Vgl. auch *Reiff*, ZVersWiss 2012, 477, 481, der in der (knappen) Bewertung der verschiedenen Maßnahmen die Einschränkung der Vertragsfreiheit, die Missbrauchsanfälligkeit, Kompliziertheit der Regelung und die Passgenauigkeit nennt.

IV. Bewertung des Stornoabzugs als Gegenmaßnahme unter besonderer Berücksichtigung anderer denkbarer Maßnahmen

Im Mittelpunkt der Diskussion über Maßnahmen gegen das strategische Ausnutzen der Lebensversicherung steht die Erhebung von Stornoabzügen[31]. Wie zu zeigen sein wird, ist die Erhebung des Stornoabzugs insbesondere mit Transparenzeinbußen verbunden. Deshalb sind auch verschiedene weitere Gegenstrategien zu betrachten, mit deren Hilfe Versicherer dem strategischen Ausnutzen vorbeugen könnten.

Vorab ist darauf hinzuweisen, dass ein Verzicht auf die Garantieverzinsung durch die Versicherer, wie sie in den letzten Jahren oftmals praktiziert wurde, dem strategischen Ausnutzen der kapitalbildenden Lebensversicherung stark entgegenwirkt. Das unter II. beschriebene Szenario *Beginnende Niedrigzinsphase* mit dem äußerst attraktiven Garantiezins wäre in diesem Modell nicht möglich, da kein hoher Garantiezins, an den der Versicherer sehr lange gebunden ist, versprochen wird. Probleme bei der Kapitalanlagepolitik bleiben aber bestehen, da kurzfristig frei werdendes Kapital nicht zu höheren Zinsen reinvestiert werden kann.

1. Erhebung eines angemessenen Stornoabzugs

a) Stornoabzug als Gegenmaßnahme

Die Erhebung des Stornoabzugs, der vertraglich zwischen Versicherer und Versicherungsnehmer vereinbart werden muss[32], ist eine effektive Gegenmaßnahme. Wenn der Stornoabzug an die Verweildauer in der Versicherung anknüpft und auf Lebensversicherungen gegen Einmalbeitrag beschränkt wird, werden genau die Versicherungsnehmer getroffen, die zumindest die Möglichkeit des strategischen Ausnutzens haben. Versicherungsnehmer mit periodischer Zahlungsweise werden nicht getroffen, ebenso wenig solche Versicherungsnehmer einer Versicherung mit Einmalbeitrag, die länger an ihrem Lebensversicherungsvertrag festhalten.

---

31 Vgl. zur Diskussion um den Stornoabzug als Gegenmaßnahme für das strategische Ausnutzen der Lebensversicherung *Baroch Castellví*, VersR 2016, 1341; *Rubin*, S. 299 ff.; *Brömmelmeyer*, VersR 2014, 133, 138 f.; *Grote/Thiel*, VersR 2013, 666, 670 f.; *Reiff*, ZVersWiss 2012, 477; *Schwintowski*, VersR 2010, 1126.
32 Vgl. BGH, VersR 2013, 300.

Betroffen sind zwar auch Versicherungsnehmer mit einer Versicherung gegen Einmalbeitrag, die aufgrund veränderter Lebensumstände kündigen wollen bzw. müssen. Um insofern rechtlichen Bedenken vorzubeugen sollte die Erhebung eines Stornoabzugs aus Gründen des Glättungsausgleichs ausscheiden, wenn das Zinsniveau zum Zeitpunkt der Kündigung (deutlich) niedriger liegt als das Zinsniveau zum Zeitpunkt des Vertragsschlusses. Der Eingriff in die Produktgestaltungsfreiheit der Versicherer hält sich dabei in Grenzen, da nur für Lebensversicherungen mit Einmalbeitrag und nur bei einer vorzeitigen Kündigung eine Regelung erfolgt. Einen solchen Stornoabzug transparent zu gestalten stellt sich indes schwierig dar. Die Probleme der transparenten Gestaltung wiederum weisen auch auf mögliche Probleme in Bezug auf die nach § 169 Abs. 5 VVG vorgeschriebene Angemessenheit des Stornoabzugs hin.

b) Transparenz des Stornoabzugs aus Glättungsgesichtspunkten

Den zentralen Maßstab für die Zulässigkeit der Bezifferung stellt die „leichte Verständlichkeit" dar[33]. Eine Angabe in Euro kann zwar nicht verlangt werden[34]. Die geforderte leichte Verständlichkeit kann bei der Angabe des Stornoabzugs aber ungeachtet dessen problematisch sein. Ein Stornoabzug könnte zunächst mit Blick auf den Finanzmarkt und dortiger Entwicklungen, insbesondere auf relevante Referenzzinssätze, festgelegt werden[35]. Dies wird kaum „leicht verständlich" möglich sein. Von *Schwintowski* wird – etwas konkreter - ein Zinsabschlag von 0,2 Prozentpunkten auf den ansonsten erzielten Zinssatz für jedes Jahr für angemessen gehalten, das der Versicherungsnehmer vor dem Ablauf von zehn Jahren nach Vertragsschluss kündigt[36]; *Reiff* sieht nur einen Abzug in Höhe von 0,1 Prozentpunkten pro Jahr als angemessen an[37].

---

33 *Ortmann/Rubin*, in: Schwintowski/Brömmelmeyer, 3. Auflage, 2017, § 169 Rn. 95.
34 So aber *Franz*, VersR 2008, 298, 310; *Gatschke*, VuR 2007, 447, 450.
35 *Baroch Castellví*, VersR 2016, 1341, 1343 nennt sechs Parameter, die einbezogen werden müssten.
36 *Schwintowski*, VersR 2010, 1126, 1131; hätte der Versicherungsnehmer so ohne Stornoabzug eine Verzinsung von 3,0 % erhalten, würde er im Falle einer Kündigung nach fünf Jahren in diesem Fall nur 2,0 % Zinsen erhalten.
37 *Reiff*, ZVersWiss 2012, 477, 482 f.

Ein sachgerechtes Ergebnis könnte hier Abstriche bei der Verständlichkeit erfordern[38], solange komplexe Versicherungsprodukte überhaupt am Markt angeboten werden dürfen. Die Abstriche könnten insofern zunächst mit Verweis auf die Begründung des Regierungsentwurfs legitimiert werden. Die Begründung erläutert, Zweck der Bezifferung sei, dass „der Versicherungsnehmer bei Vertragsschluss über die Höhe eines bei Kündigung drohenden Abzugs unterrichtet sein muss, wenn er dessen wirtschaftliche Bedeutung erkennen soll"[39]. Dabei geht es insbesondere darum, auszuschließen, dass der Stornoabzug in das „Ermessen des Versicherers gestellt" wird[40]. Bei Offenlegung der Berechnungsmethode unter Angabe verhältnismäßig klarer Werte könnten diesbezügliche Bedenken abgemindert werden. Auch durch gestaffelte Tabellen, die dem Versicherungsnehmer beispielhaft vor Augen führen, welche Einbußen bei vorzeitiger Kündigung drohen, könnte Bedenken hinsichtlich der Vereinbarkeit mit dem Bezifferungsgebot entgegengewirkt werden.

Letztlich bleibt indes der Befund, dass der Stornoabzug an diesem Punkt nicht vollständig transparent ausgestaltet werden kann. Hauptargument für die Einbußen hinsichtlich der Transparenz ist insofern, dass Gegenmaßnahmen aus Gründen des geforderten Interessenausgleichs überhaupt notwendig sind. Dieses Argument ist aber nur überzeugend, wenn es keine anderen Maßnahmen gibt, die ähnlich effektiv wirken (dazu sogleich unter 2.).

c) Kein Fall des Stornoabzugs: Massenkündigungen

Der Stornoabzug kann unabhängig von den eben geschilderten Bedenken nicht in jeder Konstellation als Mittel der Wahl eingesetzt werden. Wenn die Gefahr besteht, dass der Versicherer aufgrund von Massenkündigungen solcher Versicherungsnehmer mit periodischer Zahlungsweise in Schieflage zu geraten droht, kann der Versicherer nur mit der Herabsetzungsmöglichkeit des § 169 Abs. 6 VVG reagieren. § 169 Abs. 6 VVG sieht vor, dass in Ausnahmesituationen der Rückkaufswert vorübergehend herabgesetzt werden darf, wenn dies bei Berücksichtigung der Interessen-

---

[38] Skeptisch mit Blick auf das Transparenzgebot: *Brömmelmeyer*, VersR 2014, 133, 139.
[39] Begründung des RegE, BT-Dr. 16/3945, 103.
[40] Begründung des RegE, BT-Dr. 16/3945, 103.

lagen der Versicherungsnehmer und des Versicherers angemessen ist. Der Vorrang des § 169 Abs. 6 VVG folgt dabei bereits aus der Regierungsbegründung, die für die Bewältigung von Ausnahmesituationen auf diese Norm verweist[41].

2. Bewertung anderer Maßnahmen gegen das strategische Ausnutzen der Lebensversicherung

Nach der BaFin kommt neben der Erhebung von Stornoabzügen die Beschränkung der Überschussbeteiligung oder die Festlegung von Höchstbeträgen von Einmalbeiträgen pro Versicherungsnehmer oder Vertrag in Betracht[42]. *Reiff* hat darüber hinaus angedacht, das Kündigungsrecht bei Lebensversicherungen gegen Einmalbeitrag für fünf Jahre auszuschließen[43]. Daneben könnte die Zusammenfassung der Lebensversicherung gegen periodische Zahlungen und der Lebensversicherung gegen Einmalbeitrag zu einem Kollektiv verboten werden.

Vorteil einer *Festlegung von Höchstbeträge von Einmalbeiträgen* pro Versicherungsnehmer pro Vertrag ist die Transparenz; die Regelung ist einfach zu verstehen. Fraglich ist aber die Effektivität der Regelung, da unklar ist, wie hoch ein solcher Höchstbetrag zu wählen wäre. Wird dieser (zu) niedrig angesetzt, droht, dass Lebensversicherungen mit Einmalbeitrag unattraktiv werden und die Festlegung von Höchstbeträgen de facto zu einem Niedergang dieser Versicherungsform führt. Wird die Summe (zu) hoch angesetzt, wird das Grundproblem des strategischen Ausnutzen bestenfalls etwas eingedämmt. Auch passgenau ist eine solche Regelung nicht, da sie auch diejenigen Versicherungsnehmer betrifft, die tatsächlich langfristig größere Summen in die Lebensversicherung per Einmalzahlung investieren wollen. Die Regelung stellt letztlich durch die absolute Obergrenze eine relativ starke Belastung der Vertragsparteien dar, denen ein Teil ihres Handlungsspielraums genommen wird.

Die BaFin hat daneben eine *Beschränkung der Überschussbeteiligung* in zwei Varianten ins Spiel gebracht. Zum einen könnte eine zeitweise geringere laufende Überschussbeteiligung gezahlt werden. Zum anderen

---

41 BT-Dr. 16/3945, 104 nennt explizit den Fall einer unerwarteten „Welle von Kündigungen" als Anwendungsfall des § 169 Abs. 6 VVG.
42 Rundschreiben der BaFin 8/2010 (VA) abrufbar unter www.bafin.de.
43 *Reiff*, ZVersWiss 2012, 477, 481.

könnte die Schlussüberschussbeteiligung stärker an der längerfristigen Bindung des Kunden an das Unternehmen ausgerichtet werden. Vorteil eines solchen Ansatzes ist, dass mit der Orientierung der Überschussbeteiligung an der längerfristigen Bindung des Kunden eine effektive Regelung geschaffen würde. Gerade der Nutzung der kapitalbildenden Lebensversicherung als kurzfristiger Anlageoption wird entgegengewirkt. Schwächen weist diese Option dann auf, wenn eine Garantieverzinsung versprochen ist – in diesen Fällen kommt es in Niedrigzinsphasen nur noch im eingeschränkten Maße auf die Überschussbeteiligung an. Daneben ist die genaue Funktionsweise der Überschussbeteiligung in Teilen für die Versicherungsnehmer eine „Blackbox", d. h. es ist unklar, wie diese erfolgt[44]. Transparent könnte eine solche Regelung damit kaum umgesetzt werden.

Reiff schlägt den *Ausschluss des Kündigungsrechts bei Versicherungen gegen Einmalzahlungen in den ersten fünf Jahren* nach Versicherungsbeginn vor[45]. Der Ausschluss des Kündigungsrechts wäre effektiv hinsichtlich der Unterbindung eines strategischen Ausnutzens der Lebensversicherung in den ersten fünf Jahren. Transparent wäre die Regelung auch ohne weiteres. Indes würden mit einem solchen Ausschluss des Kündigungsrechts auch diejenigen Versicherungsnehmer einer Lebensversicherung mit Einmalbeitrag getroffen, die aus nicht-strategischen Gründen, z. B. aufgrund einer (unerwarteten) Veränderung der Lebensumstände, kündigen wollen. Dies könnte insofern einen unzulässigen Eingriff in die Privatautonomie darstellen, die auch das Kündigungsrecht umfasst – die Freiheit, sich von einem Vertrag wieder zu lösen. So hat der BGH bereits 1996 entschieden, dass der Ausschluss des Kündigungsrechts für zehn Jahre in AVB unzulässig sei, da er den Versicherungsnehmer unangemessen benachteilige[46]. Die Stellung der Privatautonomie im zivilrechtlichen Kon-

---

44 Vgl. die zahlreichen Urteile, die sich auch mit den Auskunftsansprüchen des Versicherungsnehmers zur Überschussbeteiligung und Rückkaufswerten auseinandersetzen und auf eine gewisse Unklarheit hindeuten – als Auswahl: BVerfG, Beschl. v. 17.2.2017 – 1 BvR 781/15, NJW 2017, 1593 (Leitsatz 3); BGH, Urt. v. 11.2.2105 – IV ZR 213/14, VersR 2015, 433, 435 f.; BGH, Beschl. v. 20.5.2015 – IV ZR 127/14, VersR 2016, 133, 135; BGH VersR 2016, 1283; BGH, Urt. v. 26.6.2013 – IV ZR 39/10, VersR 2013, 1381.
45 *Reiff*, ZVersWiss 2012, 477, 483.
46 BGH VersR 1996, 1049; ein fünfjähriger Ausschluss in AVB wurde zu dieser Zeit indes als zulässig angesehen, vgl. BGH, Urt. v. 6.12.1995 – 12 U 252/94, VersR 1996, 177, 178.

text wurde seitdem eher kontinuierlich gestärkt[47]. Allgemein stellt der Ausschluss des Kündigungsrechts für den Versicherungsnehmer einen äußerst intensiven Eingriff dar.

Vorstellbar ist darüber hinaus, Kollektive, die sich aus Lebensversicherungen gegen periodische Zahlung und solchen gegen Einmalbeitrag zusammensetzen, zu verbieten. Ein Vorteil des *Verbots eines Kollektivs aus Lebensversicherungen mit verschiedenen Zahlungsweisen* wäre, dass die Versicherungsnehmer mit periodischer Zahlungsweise vor einem strategischen Ausnutzen der Einmalzahler vollständig geschützt werden. Der Nachteil einer solchen Lösung läge indes darin, dass diejenigen Versicherungsnehmer mit Versicherungen gegen Einmalbeitrag, die die Lebensversicherung nicht strategisch ausnutzen wollen, überhaupt keinen Schutz erfahren. Entweder käme überhaupt kein Kollektiv mehr zustande, wenn ein großes Übergewicht bei den Versicherungsnehmern liegt, die die Lebensversicherung strategisch ausnutzen wollen. Oder die Versicherungsnehmer ohne strategische Ausnutzungsabsichten müssten im Unterschied zur aktuellen Situation das Risiko des Ausnutzens vollständig tragen.

3. Zwischenergebnis

In jeder Hinsicht überzeugen kann keine der diskutierten Gegenmaßnahmen. Der Stornoabzug ist aufgrund seiner Effektivität und seiner Passgenauigkeit jedoch das zielführendste Mittel, die Fokussierung der Praxis ist insofern nachvollziehbar. Die gewichtigen Abstriche bei der Transparenz müssen in Anbetracht des geforderten Interessenausgleichs hingenommen werden.

---

[47] Die diese Entwicklung maßgeblich prägende Bürgschaftsentscheidung (BVerfG, Beschl. v. 19.10.1993 – 1 BvR 567/89, VerfGE 89, 214) erging so unmittelbar vor den genannten BGH-Entscheidungen; als Beispiele der Entwicklung vgl. die Entscheidungen im Versicherungsrecht zur Überschussbeteiligung (BVerfG, Urt. v. 26.7.2005 – 1 BvR 782/94, BVerfGE 114, 1 und BVerfG, Urt. v. 26.7.2005 – 1 BvR 80/95, BVerfGE 114, 73).

V. Rolle der BaFin

Das strategische Ausnutzen der kapitalbildenden Lebensversicherung weist durch die bereits geschilderte Aufforderung der BaFin zum Tätigwerden auch eine aufsichtsrechtliche Dimension auf. Ob die Kompetenz der BaFin für ein solches Tätigwerden besteht, ist – auch mit Blick auf die VAG-Reform 2016 – zu untersuchen.

1. Zivil- oder aufsichtsrechtliche Lösung?

Eine rein zivilrechtliche Lösung der Problematik stößt hier auf Schwierigkeiten. Wäre ein Versicherungsnehmer der Auffassung, ihm stünde eine höhere Überschussbeteiligung bei Anwendung der Grundsätze über eine verursachungsorientierte Überschussbeteiligung zu, müsste er sich an das Zivilgericht wenden. Dort müsste er argumentieren, dass der Versicherer es versäumt habe, in Verträgen mit anderen Versicherungsnehmern Gegenmaßnahmen zu ergreifen, die ein grundrechtlich bedenkliches Ausnutzen der Funktionsweise von Lebensversicherung zu seinen Lasten durch andere Versicherungsnehmer verhindert hätten. Dogmatisch müsste dies in Anbetracht der verfassungsrechtlichen Anforderungen in der Pflicht des Versicherers verankert werden, für eine im Rahmen seiner Möglichkeiten nach den Vorgaben des Bundesverfassungsgerichts angemessene Überschussbeteiligung des Versicherungsnehmers zu sorgen. Neben der offensichtlich hohen Komplexität der Begründung ist fraglich, ob dem einzelnen Versicherungsnehmer über diesen zivilrechtlichen Weg tatsächlich Einfluss- und Kontrollmöglichkeiten hinsichtlich der Geschäftspolitik des Versicherers zugestanden werden sollten. Aus diesen Gründen ist es zweckmäßiger, hier über das Aufsichtsrecht Lösungen zu finden. Das Aufsichtsrecht ist weniger auf den einzelnen Versicherungsvertrag gerichtet als vielmehr auf die Funktionsweise der Lebensversicherung und die Versicherungsnehmer insgesamt[48]. Hinzu kommt, dass es sich für den einzelnen Versicherungsnehmer regelmäßig nur um einen kleinen Betrag handeln dürfte, womit eine Verfolgung seiner Interessen oftmals wirtschaftlich irrational wäre. Dies hindert nach dem Bundesverfassungsgericht explizit nicht das Entstehen einer Schutzpflicht, dem Gesetzgeber wird viel-

---

48 Vgl. zur Diskussion der Zwecke des Aufsichtsrechts *Rubin*, S. 482 ff.

mehr aufgetragen, anderweitige Lösungen als die individuelle Rechtsverfolgung durch den Versicherungsnehmer zu finden[49]. Als wirksame zivilrechtliche Lösungen kämen aber in diesen Fällen allenfalls kollektive Rechtsschutzmechanismen in Betracht, deren Einführung aus anderen Gründen oftmals kritisch gesehen wird[50].

2. Kompetenz der BaFin zur Aufforderung zur Erhebung eines Stornoabzugs

Die BaFin hat in ihrem Rundschreiben 8/2010 (VA) keine Rechtsgrundlage für ihr Handeln angegeben, womit es naheliegt, dass sie sich dem Konzept der umfassenden Missstandsaufsicht folgend auf § 81 Abs. 2 VAG a. F. (jetzt: § 298 Abs. 1 i. V. m. § 294 Abs. 2 VAG) gestützt hat.

a) Unzulässigkeit der umfassenden Missstandsaufsicht nach der VAG-Reform 2016

Die umfassende Missstandsaufsicht ist seit langem sehr umstritten[51]. Sie ist nach wie vor in §§ 298 Abs. 1 Satz 1, 2 i.V.m. 294 Abs. 2 Satz 2 VAG verankert, die der Aufsicht auftragen, neben der Einhaltung der Gesetze auch zusätzlich die Wahrung der Belange der Versicherten zu überwachen und sie dazu ermächtigt, Maßnahmen zu ergreifen, um Missstände zu vermeiden oder zu beseitigen. Damit sind auch dann Maßnahmen der BaFin möglich, wenn nicht ein Verstoß gegen eine konkret ausformulierte Norm droht oder vorliegt, sondern nach der Generalklausel „die Belange der Versicherten" allgemein zu wahren sind. Die Formulierungen in der Richtlinie 2009/138/EG weisen indes darauf hin, dass diese umfassende Missstandsaufsicht unzulässig geworden ist[52].

---

49 BVerfGE BVerfG, Urt. v. 26.7.2005 – 1 BvR 782/94, BVerfGE 114, 1, 52 f.
50 Vgl. zur Diskussion kollektiver Rechtsschutzinstrumente z. B. aus europäischer Perspektive *Brömmelmeyer* (Hrsg.), Die EU-Sammelklage, 2013.
51 Vgl. nur *Dreher/Lange*, VersR 2011, 825, 831 ff.; *Dreher*, VersR 2013, 401, 403; ders., VersR 1993, 1443; *Bähr*, Das Generalklausel- und Aufsichtssystem des VAG im Strukturwandel, 2000, S. 230 ff.; jeweils m.w.N.
52 Vgl. dazu insbesondere auch *Dreher/Lange*, VersR 2011, 825, 832.

Für ein Verbot spricht vor allem, dass die vor der Richtlinie die Aufsichtstätigkeit der Behörden der Mitgliedstaaten regelnden Bestimmungen eine Missstandsaufsicht explizit erlaubten, die Richtlinie 2009/138/EG aber von einer reinen Legalitätskontrolle ausgeht; auch die frühere Unterscheidung zwischen der Aufsicht über Erst- und Rückversicherer wird aufgegeben[53]. Für eine Unzulässigkeit spricht daneben auch, dass die Richtlinie 2009/138/EG grundsätzlich eine Vollharmonisierung anstrebt, die umfassende Missstandsaufsicht aber eine deutsche Besonderheit ist. Aus Gründen der Aufsichtskonvergenz sollte deshalb ein Aufsichtskonzept, das so nicht in anderen Ländern existiert, richtlinienwidrig sein.

b) Alternative Begründung der Kompetenz

Als Begründung für ein Tätigwerden der BaFin könnte aber die Anwendung des § 138 Abs. 2 VAG dienen. Die Norm fordert die Gleichbehandlung von Versicherungsnehmern in der Lebensversicherung hinsichtlich Leistungen und Prämien bei gleichen Voraussetzungen. Diesem Gleichbehandlungs*gebot* wohnt auch ein Gleichbehandlungs*verbot* inne – d. h. bei strukturell ungleicher Position kann auch eine Gleichbehandlung unzulässig und eine Differenzierung notwendig sein[54]. In der Situation des Abschlusses einer Lebensversicherung gegen Einmalbeitrag und der Ausnutzung der Vertragsgestaltung zu Lasten anderer Versicherungsnehmer wäre eine Gleichbehandlung nach diesen Grundsätzen gleichheitswidrig. Dem überproportionalen Profitieren von den kollektiven Ausgleichsmechanismen der Versicherungsnehmer mit Lebensversicherungen gegen Einmalbeitrag muss von Seiten des Versicherers aus Gleichheitsgründen entgegengewirkt werden, da die Versicherungsnehmer insofern unterschiedliche Voraussetzungen aufweisen. Die Kehrseite des Gleichheitssatzes, Ungleiches seiner Eigenart nach verschieden zu behandeln[55], kann hier bedeuten, einen Stornoabzug zu erheben und damit die Verschiedenheit der Sachver-

---

53 Vgl. *Dreher/Lange*, VersR 2011, 825, 832; *Bürkle*, VersR 2011, 1469, 1475.
54 Vgl. grundsätzlich zum Gleichbehandlungsverbot *Fuchs*, Das Gleichbehandlungsverbot (2014), passim sowie auf das Versicherungsrecht übertragend *Rubin*, S. 386 ff.
55 Vgl. dazu BVerfG, Beschl. v. 26.4.1988 – 1 BvL 84/86, BVerfGE 78, 104, 121; BVerfG, Beschl. v. 12.10.2010 – 1 BvL 14/09, BVerfGE 127, 263, 280 m.w.N; auf das Versicherungsrecht übertragend *Brömmelmeyer*, Der verantwortliche Aktuar, 2001, S. 183.

halte anzuerkennen. Der Vorteil des Weges über § 138 Abs. 2 VAG im Vergleich zur Begründung über das Konzept der umfassenden Missstandsaufsicht liegt darin, dass für die BaFin ein erhöhter Begründungsaufwand erforderlich wird. Sie muss darlegen, weshalb und inwiefern die Verschiedenheit der Situation der Versicherungsnehmer eine Differenzierung in der Behandlung erfordert.

VI. Ergebnis

Ein strategisches Ausnutzen der kapitalbildenden Lebensversicherung durch Versicherungsnehmer mit einer Versicherung gegen Einmalbeitragszahlung ist in verschiedenen Konstellationen denkbar. Inwiefern ein solches Ausnutzen in der Vergangenheit tatsächlich zu Problemen geführt hat, ist schwer einzuschätzen. Der auch verfassungsrechtlich geforderte angemessene Interessenausgleich im Kollektiv verlangt indes, soweit möglich Maßnahmen gegen ein solches strategisches Ausnutzen zu treffen.

Rechtlicher Grund für diese Gegenmaßnahmen ist dabei nicht die eingeschränkte Kapitalanlagepolitik, die der Versicherer aufgrund frühzeitiger Kündigungen verfolgen muss. Zwar ist zutreffend, dass im Durchschnitt langfristige Vermögensanlagen bessere Ergebnisse versprechen als kurzfristigere. Der tatsächlich bestehenden Kündigungsoption des Versicherungsnehmers muss der Versicherer indes bereits in seiner Kapitalanlagepolitik Rechnung tragen. Deshalb ist ein anderer Anknüpfungspunkt zu wählen: Versicherungsnehmer mit Einmalbeitragsversicherung, die in wirtschaftlich schwierigen Zeiten eine Lebensversicherung abschließen, profitieren besonders stark von den kollektiven Ausgleichselementen in der Lebensversicherung. Kündigen diese Versicherungsnehmer in wirtschaftlich besseren Zeiten, entziehen sie ihre Vermögenswerte dem Ausgleich im Kollektiv und partizipieren nicht im vorgesehenen Maße am Grundprinzip des Modells der Lebensversicherung.

Die Erhebung eines Stornoabzugs stellt ein effektives und passgenaues Mittel gegen das Ausnutzen der Lebensversicherung dar. Allerdings wird diese Effizienz mit deutlichen Einbußen bei der Transparenz bezahlt. Andere Maßnahmen wie der Ausschluss des Kündigungsrechts für Versicherungsnehmer mit Einmalbeitrag oder die Beschränkung der Überschussbeteiligung für solche Versicherungsnehmer sind aber entweder deutlich belastender für einen oder beide Vertragspartner, weniger effizient oder versprechen keine Gewinne mit Blick auf die Transparenz einer Regelung.

Die BaFin ist die richtige Akteurin, um auf die Erhebung von Stornoabzügen hinzuwirken. Zivilrechtlich lassen sich weder die Vereinbarung von Stornoabzügen noch sonstige Gegenmaßnahmen von den (potenziell) benachteiligten Versicherungsnehmern effektiv durchsetzen. Der Aufsicht kommt deshalb die Aufgabe zu, für den angemessenen Interessenausgleich zwischen den Versicherungsnehmern zu sorgen.

II.
Bank- und Kapitalmarktrecht

Die Regulierung von Warenderivaten nach der neuen Finanzmarktrichtlinie

Patrick Büscher, München[*]

A. Einleitung

„Goldman Sachs verdient an jeder Bierbüchse" – so betitelte der Züricher Tages-Anzeiger am 24.7.2013 seinen Artikel über Lieferengpässe auf dem Aluminiummarkt.[1] Die US-amerikanische Großbank hatte durch eine Tochtergesellschaft mit 1,5 Millionen Tonnen ein Viertel des weltweiten Angebots an Rohaluminium einlagern lassen und damit Nachfragern wie der Flugzeug- und der Getränkeindustrie entzogen. Preisanstieg und Lieferzeiten von bis zu sechzehn Monaten waren die Folge dieser künstlich herbeigeführten Verknappung.

Eine Reihe von Faktoren lassen Rohstoffmärkte besonders anfällig für Spekulationen erscheinen. Hierzu zählen vor allem die geringe Preiselastizität der Nachfrage, der unkontrollierbare Einfluss klimatischer, biologischer und geologischer Faktoren sowie unsichere politische Rahmenbedingungen in Produktionsländern. Geeignete Instrumente zur Risikoübernahme – anstelle des Hortens in Lagerstätten – sind unter anderem Indexfonds und Derivate. Bereits seit dem Altertum nutzen sowohl Produzenten als auch verarbeitendes Gewerbe und Handel Termingeschäfte auf Rohwaren zur Absicherung des Marktrisikos.[2] Die Geschichte der Rohwarenindices nahm ihren Anfang hingegen erst 1991 mit dem Goldman Sachs Commodity Index, GSCI. Gleichwohl konnten sich auf diesem Indextyp basierende Finanzinstrumente wie Optionen oder Futures und Indexfonds, die ihrerseits Rohstofffutures handeln, binnen kurzer Zeit zu einem eigenständi-

---

[*] Dr. Patrick Büscher, Rechtsanwalt, München.
[1] http://www.tagesanzeiger.ch/wirtschaft/unternehmen-und-konjunktur/Goldman-Sachs-verdient-an-jeder-Bierbuechse/story/22266065 (abgerufen am 30.6.2017).
[2] Zur Geschichte derivativer Finanzinstrumente *Schäfer*, in: Schwintowski/Schäfer, Bankrecht, 2. Auflage, 2004, § 20 Rn. 1 ff. und speziell zu Warenderivaten *Fuchs*, Der Waren-Terminhandel, seine Technik und volkswirtschaftliche Bedeutung, Leipzig 1891.

gen Marktsegment entwickeln. Und so nimmt es nicht Wunder, dass Rohwarenderivate und Rohwarenindexfonds in den Verdacht gerieten, Treiber der sog. Nahrungsmittelpreiskrise der Jahre 2007 und 2008 gewesen zu sein, während der sich die Preise für Grundnahrungsmittel wie Reis, Mais, Weizen und Sojabohnen teilweise verdreifachten.[3] Immerhin wuchs der Bruttomarktwert der weltweit OTC gehandelten Rohwarenderivate von Juni 2003 bis Juni 2008 um den Faktor 20 auf 2,209 Billionen USD.[4] Die Kontraktzahl für Commodity Futures verdoppelte sich zwischen den Jahren 2005 und 2008 auf rund 1,8 Milliarden Stück.[5] Damit einher ging ein Anstieg der von Rohstoffindexfonds gehaltenen Long-Positionen von weniger als 20 Milliarden USD im Jahre 2002 auf mehr als 250 Milliarden USD zum Ende des Jahres 2008.[6] Vermutet wurde, dass hohe Investitionsvolumina in passive Rohstofffonds zu einer spekulativen Blase der Future-Preise führten, die auf die Kassamärkte durchgeschlagen habe. Konsequenz seien erhöhte Lagerhaltung sowie ein Anstieg der Nahrungsmittelpreise, insbesondere für Endverbraucher in Schwellen- und Entwicklungsländern gewesen.[7] Ein empirischer Nachweis für diese Preisdruckhypothese, dass also zusätzlich zu Korrelation und zeitlicher Koinzidenz auch Kausalität zwischen verstärkter Nutzung von Warenderivaten und gestiegenen Nahrungsmittelpreisen besteht, ist bisher jedoch nicht gelungen.[8]

---

3 Vgl. den Food Price Index der Food and Agriculture Organization of the United Nations, FAO. Daten abrufbar unter http://www.fao.org/worldfoodsituation/foodprices index/en/ (abgerufen am 30.6.2017).
4 Bank for International Settlements (BIS), OTC derivatives market activity in the first half of 2003, S. 6 und OTC derivatives market activity in the first half of 2008, S. 6.
5 Market Voice März 2016, 2015 Annual Survey Global Derivatives Volume, S. 25.
6 *Basu/Gavin*, What Explains the Growth in Commodity Derivatives?, Federal Reserve Bank of St. Loius Review 2010, 37, 39.
7 Bekannt geworden als sog. Masters-Hypothese. *Michael W. Masters*, Testimony before the Committee on Homeland Security and Governmental Affairs. United States Senate am 20.5.2008. https://www.hsgac.senate.gov/imo/media/doc/052008Masters .pdf (abgerufen am 30.6.2017).
8 Vgl. *Bohl*, Treiben Indexfonds Agrarrohstoffpreise? Nein!, Perspektiven der Wirtschaftspolitik 2016, 155, 169 f.

Die Regulierung von Warenderivaten

B. Positionen in Warenderivaten

Dessen ungeachtet beschlossen die G20 auf ihrem Gipfel in Pittsburgh am 24./25.9.2009 in Reaktion auf „exzessive Rohstoffpreisvolatilität", Regulierung, Funktionsweise und Transparenz der Warenterminmärkte zu verbessern.[9] Als Mitglied der G20 war die Europäische Union zur Umsetzung dieses Übereinkommens verpflichtet und hat entsprechende Regelungen in der novellierten Finanzmarktrichtlinie[10] und der neuen Finanzmarktverordnung[11] (Markets in Financial Instruments Directive – MiFID II bzw. Markets in Financial Instruments Regulation – MiFIR) getroffen. Gestützt auf Prinzipien der Internationalen Organisation der Wertpapieraufsichtsbehörden (IOSCO)[12] etablieren Art. 57 und 58 MiFID II mit

- Positionslimiten,
- einer Positionsmeldepflicht und
- Positionsmanagementkontrollen

für Warenderivate nunmehr eine Instrumententrias, die, wie sich Art. 57 Abs. 1 Unterabs. 1 MiFID II entnehmen lässt, insbesondere auf die Verhinderung von Marktmissbrauch sowie geordnete Preisbildungs- und Abwicklungsbedingungen zielt.

Verzahnt sind diese drei Rechtsinstitute dergestalt, dass die Positionsmeldung den Istzustand erhebt, das Positionslimit den Sollzustand beschreibt und die Positionsmanagementkontrolle dazu dient, den Ist- mit dem Sollzustand in Einklang zu bringen. Sedes materiae bilden im europäischen Recht neben Art. 57, 58 MiFID II die nach Art. 57 Abs. 3 und 12 MiFID II ergangene Delegierte VO (EU) 2017/591[13], in der unter anderem

---

9 G20 Gipfeltreffen Pittsburgh 24./25.9.2009, Erklärung der Staats- und Regierungschefs, Statements Rn. 12 a. E.
10 RL 2014/65/EU des Europäischen Parlaments und des Rates v. 15.5.2014 über Märkte für Finanzinstrumente sowie zur Änderung der Richtlinien 2002/92/EG und 2011/61/EU (Neufassung), ABl. L 173, S. 349 ff.
11 VO (EU) Nr. 600/2014 des Europäischen Parlaments und des Rates v. 15.5.2014 über Märkte für Finanzinstrumente und zur Änderung der VO (EU) Nr. 648/2012 des Europäischen Parlaments und des Rates, ABl. L 173, S. 84 ff.
12 IOSCO Principles for the Regulation and Supervision of Commodity Derivatives Markets, Final Report v. 15.9.2011 – abrufbar unter http://www.iosco.org/library/pubdocs/pdf/IOSCOPD358.pdf (abgerufen am 30.6.2017).
13 Delegierte VO (EU) 2017/591 der Kommission v. 1.12.2016 zur Ergänzung der Richtlinie 2014/65/EU des Europäischen Parlaments und des Rates durch techni-

die Methodologie zur Bestimmung der Positionslimite festgelegt wird, sowie auf der Grundlage des Art. 58 Abs. 5 MiFID II die Durchführungsverordnung ITS 4 betreffend das technische Format der Positionsmeldeberichte.[14] Im deutschen Recht sind die §§ 54-57 WpHG[15] einschlägig, ergänzt durch die Verordnung nach § 57 Abs. 6 WpHG zur Konkretisierung der Mitteilungspflicht gegenüber der BaFin. Was ein Warenderivat i.S.d. Vorschriften ist, regelt § 2 Abs. 36 WpHG i.V.m. Art. 2 Abs. 1 Nr. 30 MiFIR. Letzterer bezieht zunächst Anhang I Abschnitt C Nr. 5-7 und 10 MiFID II ein. Kraft seines Verweises auf Art. 4 Abs. 1 Nr. 44 lit. c) MiFID II stellt Art. 2 Abs. 1 Nr. 30 MiFIR des Weiteren klar, dass auch übertragbare Wertpapiere, deren Basiswert eine Ware oder einer derjenigen des Anhang I Abschnitt C Nr. 10 MiFID II ist, als Warenderivate gelten[16], womit im Wesentlichen Optionsscheine und Zertifikate erfasst werden. Keine Warenderivate sind hingegen sog. börsengehandelte Waren (Exchange Traded Commodities – ETC).[17] Diese fallen unter den Begriff der Schuldverschreibung des Art. 4 Abs. 1 Nr. 44 lit. b) MiFID II und werden somit Gegenstand der Delegierten VO (EU) 2017/583 zu Transparenzanforderungen für Handelsplätze und Wertpapierfirmen in Bezug auf Anleihen, strukturierte Finanzprodukte, Emissionszertifikate und Derivate.[18]

---

sche Regulierungsstandards für die Anwendung von Positionslimits für Warenderivate, ABl. L 87, S. 479 ff.

14 Draft implementing technical standards on position reporting (Article 58(5) of MiFID II). Für diesen Technischen Durchführungsstandard liegt bislang jedoch nur der Final Report der ESMA auf Basis des Art. 58 Abs. 5 i.V.m. Abs. 1 Unterabs. 1 lit. a) MiFID II vom 9.2.2017 vor.

15 Paragraphen des WpHG werden zitiert i.d.F. Zweites Gesetz zur Novellierung von Finanzmarktvorschriften auf Grund europäischer Rechtsakte (Zweites Finanzmarktnovellierungsgesetz – 2. FiMaNoG) v. 23.6.2017, BGBl. 2017 I, S. 1693 ff.

16 Vgl. a. Art. 13 Abs. 2 VO (EU) 2017/591 sowie ESMA Questions and Answers on MiFID II and MiFIR commodity derivatives topics v. 7.7.2017 (ESMA70-872942901-28), Position Limits Answer 7.

17 ESMA Questions and Answers on MiFID II and MiFIR commodity derivatives topics v. 7.7.2017 (ESMA70-872942901-28), Position Limits Answer 7.

18 Delegierte Verordnung (EU) 2017/583 der Kommission v. 14.7.2016 zur Ergänzung der Verordnung (EU) Nr. 600/2014 des Europäischen Parlaments und des Rates über Märkte für Finanzinstrumente durch technische Regulierungsstandards zu den Transparenzanforderungen für Handelsplätze und Wertpapierfirmen in Bezug auf Anleihen, strukturierte Finanzprodukte, Emissionszertifikate und Derivate, ABl. L 87, S. 229 ff.

I. Nebentätigkeitsausnahme

Allerdings ist nicht jede in Warenderivatkontrakten engagierte Gegenpartei den vorgenannten Regelungen unterworfen. Denn nach Art. 2 Abs. 1 lit. j) MiFID II findet die Richtlinie keine Anwendung auf Personen, die, ohne hierdurch Kundenaufträge auszuführen, für eigene Rechnung – und sei es als Market Maker – mit Warenderivaten, Emissionszertifikaten oder Derivaten davon handeln oder die in Bezug auf die genannten Produkte für Kunden oder die Zulieferer ihrer Haupttätigkeit andere Wertpapierdienstleistungen als den Handel für eigene Rechnung erbringen. Erforderlich in beiden Fällen ist, dass es sich um eine Nebentätigkeit handelt und die Haupttätigkeit weder Wertpapierdienstleistungen noch Bankgeschäfte nach Maßgabe der RL 2013/36/EU oder Market Making verkörpert. Zudem dürfen keine hochfrequenten algorithmischen Handelstechniken zum Einsatz kommen, und die Inanspruchnahme des Nebentätigkeitsprivilegs muss der nationalen Aufsichtsbehörde einmal pro Jahr angezeigt werden. Die komplementäre Norm im deutschen Recht ist § 3 Abs. 1 Nr. 8-11 WpHG.

Wo die Grenze zwischen Neben- und Haupttätigkeit verläuft, bestimmt auf Grundlage des Art. 2 Abs. 4 MiFID II die VO (EU) 2017/592[19] mittels zweier kumulativ einzuhaltender Schwellenwerte. Der erste misst den Umfang der eigenen Handelstätigkeit einer Person je Anlageklasse im Verhältnis zum EU-weiten Transaktionsvolumen der betreffenden Anlageklasse (sog. *Trading Activity Thresholds*). Der zweite Test ermittelt die Relation zwischen dem Handel in Warenderivaten und den übrigen Geschäftsaktivitäten (sog. *Main Business Thresholds*). In beiden Fällen nicht auf die eigene Handelstätigkeit anzurechnen sind nach Art. 2 Abs. 4 Unterabs. 5 MiFID II Absicherungs- und Intragruppengeschäfte sowie die pflichtgemäße Bereitstellung von Liquidität für einen Handelsplatz. Welche Transaktionen sich im Einzelnen als Absicherungsgeschäfte qualifizieren lassen, regelt Art. 5 der VO (EU) 2017/592, der darauf abstellt, dass objektiv messbar die mit der Geschäftstätigkeit oder dem Liquiditäts- oder Finanzmanagement direkt verbundenen Risiken verringert werden. Drei Szenarien dienen der Vorschrift zur Konkretisierung ihres Zielbildes: die

---

19 Delegierte VO der Kommission vom 1.12.2016 zur Ergänzung der Richtlinie 2014/65/EU des Europäischen Parlaments und des Rates durch technische Regulierungsstandards zur Festlegung der Kriterien, nach denen eine Tätigkeit Nebentätigkeit zur Haupttätigkeit gilt, ABl. L 87, S. 492 ff.

Minderung des Effekts potenzieller Wertveränderungen in Bezug auf die Vermögenswerte einer Person, die Risikovorsorge gegen Schwankungen von Zinssätzen, Devisenkursen und ähnlichen Referenzgrößen oder die Begründung eines Sicherungszusammenhangs i.S.d. Internationalen Rechnungslegungsstandards gemäß Art. 3 IFRS-Verordnung[20].

Den auf den Gesamtmarkt bezogenen Schwellenwert gibt Art. 2 Abs. 1 der VO (EU) 2017/592 vor, der insgesamt acht Anlageklassen definiert und jeder einen Prozentwert zuordnet. Am engsten gezogen werden die Grenzen für Derivate auf Öl und Gas mit einem zulässigen Höchstwert von 3 %; bei Emissionszertifikaten und hieraus abgeleiteten Derivaten dürfen hingegen bis zu 20 % der gesamten Markthandelstätigkeit auf einen Teilnehmer entfallen, ohne dass eine Nebentätigkeit ausschiede. Der Zähler dieses Quotienten wird nach Art. 2 Abs. 2 der VO (EU) 2017/592 erhoben durch Addition der Bruttonominalwerte aller laufenden Kontrakte einer Person pro Anlageklasse, und zwar als Jahresdurchschnitt der vorangegangenen drei Jahre. Ist die Person Bestandteil einer Unternehmensgruppe, sind die Positionen aller Konzernangehörigen zu aggregieren. Weil die Handelsaktivität und nicht das Kontraktvolumen als solches beurteilt werden soll, sind von letzterem laut Art. 2 Abs. 2 Unterabs. 2 der VO (EU) 2017/592 die nach Art. 2 Abs. 4 Unterabs. 5 MiFID II privilegierten Geschäfte abzuziehen. Gleiches gilt für Kontrakte im Bestand eines Gruppenmitglieds, das als Wertpapierdienstleistungsunternehmen oder Kreditinstitut zugelassen ist. Der Nenner des auf den Gesamtmarkt bezogenen Schwellenwertes umfasst nach Art. 2 Abs. 3 der VO (EU) 2017/592 den Bruttonennwert sämtlicher handelsplatz- oder OTC gehandelten Kontrakte, an denen in der Union ansässige Personen beteiligt sind. Da für einzelne Marktteilnehmer, aber auch nationale Aufsichtsbehörden die Erhebung dieser Daten kaum möglich ist, werden sie zunächst von der ESMA im Wege einer *Opinion* gemäß Art. 29 Abs. 1 lit a) der Verordnung (EU) Nr. 1095/2010 und sodann von den Transaktionsregistern bereitgestellt.[21]

---

[20] VO (EG) Nr. 1606/2002 des Europäischen Parlaments und des Rates v. 19.6.2002 betreffend die Anwendung internationaler Rechnungslegungsstandards, ABl. L 243, S. 1 ff.

[21] Vgl. ESMA Opinion (up-date of 6 July 2017) on ancillary activity – market size calculation v. 6.7.2017 (ESMA70-156-165) sowie ESMA Final Report Draft technical standards on data to be made publicly available by TRs under Article 81 of EMIR v. 10.7.2017 (ESMA 70-151-370).

Hält die Person die Grenzen des Art. 2 der VO (EU) 2017/592 ein und ist sie damit kein großer Marktteilnehmer im Rechtssinne, wird im zweiten Schritt geprüft, ob die Geschäfte auf dem Gebiet der Warenderivate, Emissionszertifikate und Derivate davon auch im Verhältnis zu den Gesamtaktivitäten der jeweiligen Unternehmensgruppe die Einstufung als Nebentätigkeit erlauben. Geführt werden kann dieser Nachweis gemäß Art. 3 Abs. 1 der VO (EU) 2017/592 auf zwei verschiedenen Wegen. Entweder das Handelsengagement in Warenderviaten, Emissionszertifikaten und deren Derivaten unterschreitet bestimmte Schwellen in Bezug auf die gesamte Handelstätigkeit der Unternehmensgruppe (sog. *Main Business Test*) oder in Bezug auf das eingesetzte Kapital (sog. *Capital Employed Test*). Den *Main Business Test* erfüllt eine Person, wenn gemäß Art. 3 Abs. 1 S. 1 lit. a) i.V.m. Abs. 2 der VO (EU) 2017/592 die als Nebentätigkeit beabsichtigten Aktivitäten

- weniger als 10 % der gesamten Handelsaktivität,
- mehr als 10 %, aber weniger als 50 % der gesamten Handelsaktivität und zugleich weniger als die Hälfte des auf den Gesamtmarkt für jede relevante Anlageklasse formulierten Schwellenwertes des Art. 2 Abs. 1 der VO (EU) 2017/592 oder
- 50 % und mehr der gesamten Handelsaktivität und zugleich weniger als ein Fünftel dieses Schwellenwertes

ausmachen. Referenzgröße ist wiederum der Bruttonennwert der Kontrakte. Der alternative *Capital Employed Test*, der nach Anregung von Wirtschaftsverbänden Eingang in das Gesetz gefunden hat[22], verlangt, dass nicht mehr als 10 % des für die Haupttätigkeit auf Gruppenebene entfallenden Kapitals für die beabsichtigte Nebentätigkeit verwendet wird. Als Schätzer der letztgenannten Größe fungiert nach Art. 3 Abs. 5 der VO (EU) 2017/592 die Summe aus 15 % jeder Nettoposition in einem Warenderivat, Emissionszertifikat oder Derivat hiervon und 3 % der Bruttopositionen jeweils multipliziert mit dem Preis des betreffenden Finanzinstruments. Passiert eine Person die einschlägigen *Trading Activity Thresholds* und besteht den *Main Business Test* oder den *Capital Employed Test*, kann sie diesen Befund der zuständigen Aufsichtsbehörde anzeigen mit der

---

22 Vgl. die Stellungnahme der Joint Energy Associations Group ggü. der EU-Kommission vom 7.9.2016, http://bdi.eu/media/user_upload/09_2016_Gemeinsame_Stellungnahme_Joint_Energy_Associations_Group_s_view_on_MiFID_II_RTS_20.pdf (abgerufen am 29.6.2017).

Konsequenz, dass ihre Transaktionen in Warenderivaten, Emissionszertifikaten und deren Derivaten nicht mehr den Anforderungen der MiFID II unterliegen.

II. Positionslimite

Falls die Berufung auf die Nebentätigkeitsausnahme scheitert, muss sich der Derivatekontrahent Positionslimiten unterwerfen. Der Begriff des Positionslimits wird durch § 54 Abs. 1 WpHG legaldefiniert als Schwellenwert für die maximale Größe einer Position in einem an einem inländischen Handelsplatz gehandelten Warenderivat, die eine Person halten darf; zuständig, Positionslimite festzulegen, ist vorbehaltlich § 55 WpHG, der Regeln für Sachverhalte mit Auslandsbezug trifft, die BaFin.

Nach § 54 Abs. 2 WpHG sind Positionslimite dergestalt zu bestimmen, dass sie Marktmissbrauch verhindern und zu geordneten Preisbildungs- und Abwicklungsbedingungen beitragen. Letzteres ist laut § 54 Abs. 2 S. 2 WpHG gegeben, sofern das Positionslimit eine marktverzerrende Position verhindert und Konvergenz zwischen dem Preis des Warenderivats im Monat seiner Lieferung und dem Preis des Basiswertes an den einschlägigen Spotmärkten gewährleistet, ohne die dortige Preisbildung zu berühren.

Wie sich das Positionslimit für ein Warenderivat bestimmt, regelt § 56 WpHG i.V.m. der VO (EU) 2017/591. Ausgedrückt werden Positionslimite regelmäßig als absolute Zahl handelbarer Einheiten (*lots*) der betreffenden Warenderivate. Der Weg zu dieser Zahl führt über drei Stufen. Zunächst ermitteln die zuständigen Behörden empirisch, wieviel 25 % oder im Falle von Basiswerten, die für den menschlichen Verzehr bestimmte Nahrungsmittel sind, 20 % des Gesamtvolumens des jeweiligen Warenderivats repräsentieren. Diese beiden Richtwerte von 25 % und 20 % sind durch Art. 9, 11 und 13 der VO (EU) 2017/591 vorgegeben und beruhen laut Erwägungsgrund 13 S. 1 der VO (EU) 2017/591 auf Erfahrungen, die in anderen Märkten und Hoheitsgebieten gesammelt wurden. Im zweiten Schritt korrigieren die Behörden den von ihnen erhobenen Richtwert, wenn er 25 % beträgt, um bis zu 20 Prozentpunkte nach unten oder maximal 25 Prozentpunkte nach oben, bzw. ausgehend von 20 % bei Nahrungsmittelderivaten um 17,5 Prozentpunkte nach unten und 30 Prozentpunkte nach oben. Zuletzt wird der somit zwischen 2,5 % und 50 % des Gesamtvolumens fixierte relative Wert in eine absolute Zahl handelbarer Einheiten pro Warenderivat umgerechnet, an die ESMA übermittelt und dort veröffentlicht.

1. Richtwerte

Die Methodologie der auf das Gesamtvolumen bezogenen Richtwerte ist in Art. 9-13 der VO (EU) 2017/591 niedergelegt. Eine einheitliche Bemessungsgrundlage fehlt gleichwohl, denn das Gesetz unterscheidet, ob ein Warenderivat

- bar abgerechnet oder physisch erfüllt wird,
- eine kontinuierliche Lieferung des Basiswertes über einen festgelegten Zeitraum vorsieht,
- verbrieft ist oder nicht und

ob sich das Positionslimit auf den sog. Spot-Monat oder andere Monate bezieht, so dass im Ergebnis mit der lieferbaren Menge (*deliverable supply*), den offenen Kontraktpositionen (*open interest*), der Anzahl der Wertpapiere (*number of securities*) und den Einheiten des Basiswertes (*units of the underlying*) vier Größen als Bemessungsgrundlage des Richtwertes eines Positionslimits in Betracht kommen. Weil nach Art. 57 Abs. 3 MiFID II für jedes Warenderivat zwei Positionslimite gelten sollen, eines für den Spot-Monat und eines für die anderen Monate, sind auch zwei Richtwerte pro Derivat zu erheben. Spot-Monat meint laut Art. 2 Abs. 2 der VO (EU) 2017/591 denjenigen einen Monat umfassenden Zeitraum, der dem Fälligkeitszeitpunkt eines Warenderivatekontrakts mit der kürzesten Restlaufzeit vorausgeht. Art. 2 Abs. 3 VO (EU) 2017/591 bezeichnet mit den anderen Monaten alle Zeitpunkte, die nicht im Spot-Monat liegen.[23] Einen eigenen und auch engeren Rahmen für das Positionslimit im Spot Month vorzusehen, liegt nahe, weil in diesem Monat die physische Belieferung der Kontrakte ansteht und dementsprechend die Preis-Absatz-Funktion des Basiswertes besonders elastisch reagiert.[24]

---

[23] Bzw. Zeitpunkten; die Begrifflichkeit „Monat" reflektiert zwar eine Marktusance, ist aber gleichwohl irreführend, da lediglich zu unterscheiden ist zwischen dem Positionslimit für den nächstfälligen Kontrakt und demjenigen für alle übrigen Kontrakte.

[24] Dass die übrigen Monate neben dem Spot Month einem einheitlichen Richtwert unterliegen, ist opportun, aber nicht zwingend. Alternativ wären Limite für alle

Für den Spot-Monat ist der Richtwert des betreffenden Warenderivats gemäß Art. 9 Abs. 1 der VO (EU) 2017/591 eine Funktion der lieferbaren Menge, in allen anderen Monaten ausweislich Art. 11 Abs. 1 der VO (EU) 2017/591 abhängig von den offenen Kontraktpositionen. Auch diese Differenzierung leuchtet ein, denn allein im Spot-Monat wird der Basiswert umgeschlagen, während die übrigen Monate der jeweilige Angebots- oder Nachfrageüberhang als Summe der nicht glattgestellten Positionen kennzeichnet.

Beide Male liegt der Richtwert bei 25 % der jeweiligen Bemessungsgrundlage und wird nach den gleichlautenden Art. 9 Abs. 2 und Art. 11 Abs. 2 der VO (EU) 2017/591 in handelbaren Einheiten angegeben. Wenn Warenderivate zu betrachten sind, deren Basiswert ein für den menschlichen Verzehr bestimmtes Nahrungsmittel ist und deren offene Kontraktpositionen mehr als 50.000 handelbare Einheiten betragen, senkt Art. 9 Abs. 4 der VO (EU) 2017/591 abweichend von deren Art. 9 Abs. 1 den Richtwert von 25 % auf 20 % der lieferbaren Menge für den Spot-Monat.

Zur Ermittlung der lieferbaren Menge eines Warenderivats stellen die zuständigen Behörden fest, mit welcher Menge des Basiswertes die aus einem Warenderivat resultierenden Lieferpflichten erfüllt werden könnten und ziehen hierzu nach Art. 10 der VO (EU) 2017/591 den Durchschnitt der monatlichen Menge über die vorangegangenen zwölf Monate heran. Die offenen Kontraktpositionen bestimmen sich gemäß Art. 12 der VO (EU) 2017/591 als über alle maßgeblichen Handelsplätze aggregierte Summe der handelbaren Einheiten eines Warenderivats zu einem gegebenen Zeitpunkt.

Eine Ausnahme von der Zuordnungsregel in Art. 9 und 11 der VO (EU) 2017/591, wonach für die Richtwerte des Spot-Monats die lieferbare Menge und für die übrigen Monate die offenen Kontraktpositionen maßgeblich sind, trifft Art. 13 Abs. 1 der VO (EU) 2017/591. Denn handelt es sich um ein bar abgerechnetes Warenderivat i.S.d. Anhang I Abschnitt C Nr. 10 MiFID II, dem aber keine Ware in lieferbarer Menge zugrundeliegt, treten für den Richtwert des Spot-Monats die offenen Kontraktpositionen an Stelle der lieferbaren Menge.[25] Nicht mehr in handelbaren Einheiten ange-

---

Monate (all month limit), für jeden einzelnen Monat (single month limit) oder für den Verfallmonat (expiry month limit) denkbar.

[25] Einzelheiten zu Art. 13 Abs. 1 der VO (EU) 2017/591 sind ESMA Questions and Answers on MiFID II and MiFIR commodity derivatives topics v. 7.7.2017 (ESMA70-872942901-28), Position Limits Answer 10 zu entnehmen.

geben wird der Richtwert in Fällen des Art. 13 Abs. 2 und 3 der VO (EU) 2017/591. Für verbriefte Warenderivate gilt ein Richtwert ausgedrückt in Stücken des jeweiligen Wertpapiers; Einheiten des Basiswertes sind maßgeblich, wenn ein Warenderivat vorliegt, dessen Kontrakte eine kontinuierliche Lieferung des Basiswertes über einen festgelegten Zeitraum vorsehen.

2. Bestimmung konkreter Limite

Einzurichten ist ein Positionslimit gemäß § 54 Abs. 1 WpHG und Art. 57 Abs. 4 MiFID für jedes einzelne Warenderivat, das an einem Handelsplatz gehandelt wird. Lässt sich ein und dasselbe Warenderivat an mehr als einem Handelsplatz handeln, muss dieser Umstand bereits bei Ermittlung des jeweiligen Richtwertes berücksichtigt werden. Wann zwei an unterschiedlichen Handelsplätzen gehandelte Warenderivate als identisch gelten, regelt Art. 5 der VO (EU) 2017/591 und hebt dabei auf die Ausgestaltung der Vertragsbedingungen und die Möglichkeit der handelsplatzübergreifenden Glattstellung von Positionen ab.[26]

Nachdem die zuständige Aufsichtsbehörde einen Richtwert pro Warenderivat bestimmt hat, setzt sie auf dieser empirischen Basis das konkrete Positionslimit gemäß den Vorgaben der Art. 14-21 der VO (EU) 2017/591 fest. Laut Art. 9 lit. a) der VO (EU) 2017/591 müssen sich Positionslimite in einem Intervall von 5 % bis 35 % der Bemessungsgrundlage, also der lieferbaren Menge, offenen Kontraktpositionen, begebenen Wertpapiere oder Einheiten des Basiswertes bewegen. Für Nahrungsmittelderivate i.S.d. Art. 9 Abs. 4 der VO (EU) 2017/591 liegt das zulässige Positionslimit geschuldet dem niedrigeren Richtwert von 20 % gemäß Art. 9 lit. b) der VO (EU) 2017/591 zwischen 2,5 % und 35 % der jeweiligen Bemessungsgrundlage.

Zudem greifen Sonderregeln für illiquide Märkte gemäß Art. 15 Abs. 1 der VO (EU) 2017/591. Belaufen sich die offenen Kontraktpositionen über einen Zeitraum von drei aufeinanderfolgenden Monaten, sei es im Spot-Monat oder in den anderen Monaten, auf nicht mehr als 10.000 handelbare Einheiten, ist ein Positionslimit von 2.500 lots festzusetzen. Ent-

---

26 Vgl. a. ESMA Questions and Answers on MiFID II and MiFIR commodity derivatives topics v. 7.7.2017 (ESMA70-872942901-28), Position Limits Answer 12.

sprechend beträgt das Positionslimit fix 2,5 Millionen Wertpapiere, wenn im Falle verbriefter Warenderivate das Emissionsvolumen 10 Millionen Stücke nicht übersteigt. In diesen Fällen kann es also sein, dass die offenen Kontraktpositionen oder das Emissionsvolumen kleiner sind als das Positionslimit und daher selbst eine Person, die 100 % des Warenderivats hält, das Positionslimit nicht verletzt.

Bei offenen Positionen von maximal 20.000 lots bzw. höchstens 20 Millionen begebenen Wertpapieren kann die Behörde ein Ermessen zwischen 5 % und 40 % der handelbaren Einheiten respektive Stücke ausüben. Ist der den Markt limitierende Faktor hingegen personeller Natur, muss die Behörde abschließend Art. 19 Unterabs. 1 Nr. 2 der VO (EU) 2017/591 beachten. Hiernach liegt das zulässige Positionslimit in allen Monaten zwischen 5 % und 50 %, falls die durchschnittliche Anzahl der Marktteilnehmer weniger als zehn oder diejenige der Market Maker weniger als drei beträgt. Sofern die Kriterien von Art. 15 Abs. 1 und Art. 19 Unterabs. 1 Nr. 2 der VO (EU) 2017/591 in einem Markt zusammentreffen, genießt Art. 15 Abs. 1 der VO (EU) 2017/591 aufgrund seiner engeren Rechtsfolge Vorrang.

Welchen Betrag das Limit innerhalb einer Spanne exakt zugewiesen bekommt, richtet sich nach den in Art. 16-20 der VO (EU) 2017/591 genannten Variablen und deren normativen Einfluss auf den Schwellenwert. Kurze Laufzeiten, Restriktionen der lieferbaren Menge, ein großes Volumen offener Positionen (auch im Verhältnis zur lieferbaren Menge) sowie eine hohe Anzahl Marktteilnehmer verpflichten die Behörde gemäß Art. 16 Nr. 1, Art. 17, 18 Nr. 1 und 2, Art. 19 Unterabs. 1 Nr. 1 der VO (EU) 2017/591 zur Absenkung des Positionslimits. Umgekehrt ist der Grenzwert laut Art. 16 Nr. 2 und Art. 18 Nr. 3 der VO (EU) 2017/591 anzuheben, wenn ein Warenderivat viele unterschiedliche Fälligkeitstermine aufweist oder die lieferbare Menge die offenen Positionen deutlich übersteigt. Die weiteren Marktcharakteristika, die geeignet sind, Einfluss auf das Positionslimit nehmen, bestimmt Art. 20 der VO (EU) 2017/591, der u.a. die Verderblichkeit der Ware, deren Transportmethoden, saisonale Schwankungen oder den Lebenszyklus des Basiswertes nennt. Im letzten Schritt prüft die Behörde nach Art. 21 der VO (EU) 2017/591, ob das von ihr beabsichtigte Positionslimit zu korrigieren ist, weil das betreffende Warenderivat oder deren Basiswert einer übermäßigen Preisvolatilität unterliegt, die mittels einer Anpassung des Positionslimits effektiv gemindert werden könnte.

3. Verfahrensfragen

Bevor sie ein Positionslimit nach § 54 Abs. 1, 3 oder 5 WpHG festlegt, unterrichtet die BaFin gemäß § 54 Abs. 4 WpHG die ESMA. Verlangt diese binnen zwei Monaten nach Erhalt der Mitteilung eine Korrektur des beabsichtigten Positionslimits, darf die BaFin gleichwohl das von ihr ursprünglich vorgesehene Positionslimit einrichten und muss lediglich gegenüber der ESMA begründen, warum sie ihre Entscheidung beibehält. Nach § 54 Abs. 4 S. 2 a.E. WpHG hat in diesen Fällen lediglich eine entsprechende Bekanntmachung auf der Internetseite der BaFin zu erfolgen. Auch die ESMA veröffentlicht ihre Stellungnahme gemäß Art. 57 Abs. 5 S. 3 bzw. Abs. 13 Unterabs. 2 S. 3 MiFID II im Internet. Ist das Positionslimit schließlich bestimmt, leitet die BaFin dessen Einzelheiten an die ESMA weiter, die wiederum nach Art. 57 Abs. 10 Unterabs. 2 MiFID II eine im Internet verfügbare und regelmäßig aktualisierte Datenbank für sämtliche ihr von den nationalen Aufsichtsbehörden zugemeldeten Positionslimite unterhält.

Gemäß Art. 57 Abs. 7 MiFID II überprüft die ESMA mindestens einmal jährlich, inwieweit die von den zuständigen nationalen Aufsichtsbehörden festgesetzten Positionslimite mit der Berechnungsmethodologie des Art. 57 Abs. 3 MiFID II im Einklang stehen, also der auf dieser Ermächtigungsgrundlage basierenden VO (EU) 2017/591 entsprechen. Dabei hat die ESMA zu gewährleisten, dass Warenderivate, die i.S.d. Art. 57 Abs. 6 MiFID II auf Handelsplätzen mehrerer Hoheitsgebiete gehandelt werden, einem einheitlichen Positionslimit unterworfen sind. Sollte ein Positionslimit die Grundsätze des Art. 57 Abs. 3 MiFID II verletzen, ergreift die ESMA gemäß Art. 57 Abs. 5 Unterabs. 2 MiFID II Aufsichtsmaßnahmen nach Art. 17 der VO (EU) Nr. 1095/2010.

In grenzüberschreitenden Sachverhalten richtet sich die für das Positionslimit zuständige Behörde laut § 55 WpHG in Umsetzung von Art. 57 Abs. 6 MiFID II nach dem Ort des größten Handelsvolumens in dem betreffenden Warenderivat. Wann an mehreren Märkten im Rechtssinne *dasselbe* Derivat gehandelt wird und nach welchen Grundsätzen die maßgeblichen Volumina zu ermitteln sind, bestimmt wiederum Art. 5 der VO (EU) 2017/591. Die Bemessungsgrundlage für das Handelsvolumen bildet der Umfang offener Positionen oder bei verbrieften Warenderivaten die Anzahl gehandelter Wertpapiere. Ist die BaFin zentrale zuständige Behörde, weil das größte Volumen eines Derivats an einem deutschen Handelsplatz umgeschlagen wird, teilt sie nach § 55 Abs. 2 WpHG den zuständigen Aufsichtsbehörden der übrigen Handelsplätze das von ihr beabsichtigte Positionslimit vorab mit. Verlangt eine dieser Behörden innerhalb von zwei Monaten, eine Änderung des vorgeschlagenen Positionslimits und kommt die BaFin dem nicht nach, übermittelt sie ihre begründete Entscheidung der ESMA, die nach Art. 19 der VO (EU) Nr. 1095/2010 die Meinungsverschiedenheiten zwischen den beteiligten nationalen Behörden beilegt. Analog ist nach § 55 Abs. 3 WpHG zu verfahren, wenn die BaFin Einwände gegen das intendierte Positionslimit der ausländischen zentralen zuständigen Behörde erhebt.

Die Änderung eines Positionslimits sieht § 54 WpHG in zwei Konstellationen vor. Bei erheblichen Veränderungen auf dem Markt des betreffenden Warenderivats, beispielsweise in Bezug auf die lieferbare Menge, die Anzahl oder das Volumen offener Kontraktpositionen, muss die BaFin nach § 54 Abs. 5 S. 1 WpHG die von ihr gesetzten Positionslimite anpassen. Gemäß § 54 Abs. 5 S. 2 WpHG stützt sie sich dabei auf Angaben der Handelsplatzbetreiber, die sie über erhebliche Änderungen auf ihren Märkten zu unterrichten haben. Ab wann eine Marktänderung erheblich ist, lassen § 54 Abs. 5 WpHG und seine europarechtliche Grundlage Art. 57 Abs. 4 Unterabs. 2 MiFID II jedoch offen. § 54 Abs. 3 WpHG dagegen eröffnet der BaFin die Möglichkeit, befristet auf sechs Monate ab Veröffentlichung des neuen Grenzwertes auf der Internetseite der Bundesanstalt ausnahmsweise und wenn dies unter Berücksichtigung der Liquidität sowie im Interesse einer geordneten Funktionsweise des Marktes in dem betreffenden Warenderivat geboten, d.h. verhältnismäßig im engeren Sinne ist, die gemäß § 54 Abs. 1 und 2 WpHG berechneten Positionslimite zu verschärfen. § 54 Abs. 3 und Abs. 5 WpHG unterscheiden sich also in dreifacher Hinsicht. § 54 Abs. 3 WpHG gewährt der Aufsichtsbehörde Entschließungsermessen, während aus § 54 Abs. 5 WpHG eine gebundene Entscheidung ergeht. Andererseits ist das Auswahlermessen nach § 54 Abs. 3 WpHG doppelt gebunden, weil das neue Positionslimit befristet und strenger als der ursprüngliche Grenzwert zu sein hat, wohingegen § 54 Abs. 5 WpHG eine dauerhafte Korrektur des Positionslimits auslöst und auch dessen Anhebung erlaubt.

Als personale Allgemeinverfügung greift das Positionslimit ab seiner Bekanntmachung, d.h. der Veröffentlichung in der ESMA-Datenbank gemäß Art. 57 Abs. 10 Unterabs. 2 MiFID II bzw. derjenigen auf der Interseite der BaFin in Fällen des § 54 Abs. 3 WpHG. Den normativen Geltungsanspruch des Positionslimits begründet § 54 Abs. 1 WpHG, indem er von der „maximalen Größe einer Position [...], die eine Person halten darf" spricht. Zu berücksichtigen sind Positionslimite nach § 56 Abs. 1 S. 1 WpHG von allen natürlichen und juristischen Personen sowie Personenvereinigungen. § 9 Abs. 2 WpHG erstreckt die Befugnisse der BaFin zur Durchsetzung eines Positionslimits auf „jedermann". Laut § 1 Abs. 2 S. 1 Nr. 2 WpHG greifen die §§ 54-57 WpHG in Umsetzung des Art. 57 Abs. 14 MiFID II auch für im Ausland vorgenommene Handlungen und Unterlassungen, sofern sie sich auf ein Warenderivat beziehen, das an einem inländischen Marktplatz gehandelt wird. Ein von der zuständigen nationalen Aufsichtsbehörde festgesetztes Positionslimit gilt also gegenüber jeder Person, die Warenderivate innerhalb des räumlichen Geltungsbereichs der Europäischen Union hält. Mithin sind auch in Drittstaaten ansässige Positionsinhaber berührt, die selbst Kontrakte an europäischen Marktplätzen handeln oder über Wertpapierdienstleistungsunternehmen mit Sitz in der Europäischen Union handeln lassen.

4. Bestimmung des Positionswertes

Position i.S.d. §§ 54-56 WpHG und Art. 57 MiFID II bezeichnet bezogen auf ein Warenderivat den Anspruch auf oder die Verpflichtung zur Lieferung einer Menge des Basiswertes, definiert als das Produkt aus Anzahl und handelbarer Einheit (*lot*). Letztere bestimmt Art. 9 Abs. 2 VO (EU) 2017/591 im Zusammenhang mit der Methodologie für Positionslimite als die von dem Handelsplatz, worüber das Warenderivat gehandelt wird, „verwendete Handelseinheit, die einer standardisierten Menge der zugrundeliegenden Ware entspricht". Sofern bezogen auf ein Warenderivat keine handelbare Einheit definiert ist, tritt an ihre Stelle die Einheit (*unit*), in der die Ware üblicherweise quantifiziert wird.[27] Wie sich die Größe einer Position, also der normative Istzustand, bemisst, regelt § 56 WpHG i.V.m. Art. 3, 4, 6-8 der VO (EU) 2017/591 und Art. 57 Abs. 1 und 4 MiFID II. Hiernach ergibt sich die Position im Rechtssinne als Netto-Position, die von einer Person und ihr zugerechneter Personen in einem handelsplatzgehandelten Warenderivat und diesem gleichwertigen OTC-Derivaten gehalten wird. Den ersten Term dieser gesetzlichen Summenfunktion beschreibt

---

27 Vgl. Art. 13 Abs. 3 VO (EU) 2017/591. Für Energieprodukte ohne empirisch nachweisbaren Marktstandard schlägt ESMA Questions and Answers on MiFID II and MiFIR commodity derivatives topics v. 7.7.2017 (ESMA70-872942901-28), Position Limits Answer 2 vor, die handelbare Einheit zu modellieren.

Art. 57 Abs. 1 MiFID II, der Position als Netto-Position definiert. Deren Berechnung wird in Art. 3 der VO (EU) 2017/591 konkretisiert. Ausgangspunkt ist die Brutto-Position, die pro Warenderivat aus den aggregierten Positionen besteht, die eine Person in

- dem betreffenden handelsplatzgehandelten Warenderivatkontrakt,
- diesem nach Art. 5 der VO (EU) 2017/591 rechtlich identischen Produkten und
- wirtschaftlich gleichwertigen OTC-Kontrakten

hält. Durch Optionen verkörperte Positionen sind mit ihrem Delta-Wert zu multiplizieren und auf diese Weise in Festgeschäfte (*futures*) umzurechnen.[28] Äquivalenz zu einem handelsplatzgehandelten Warenderivat weisen OTC-Kontrakte auf, die gemäß Art. 6 der VO (EU) 2017/591 identischen Kontraktspezifikationen und Vertragsparametern unterliegen. Dabei ändern Unterschiede in den Spezifikationen für die Größe der Kontrakteinheiten, um weniger als einen Kalendertag abweichende Fälligkeitstermine sowie verschiedene Vorkehrungen zur Minderung von Nachhandelsrisiken, beispielsweise auf dem Gebiet des Clearing, an der wirtschaftlichen Gleichwertigkeit nichts. Diese Toleranzen erscheinen plausibel, weil anderenfalls der Emittent oder Inhaber eines bislang rein OTC gehandelten Warenzertifikats die Gleichwertigkeit mit einem handelsplatzgehandelten Produkt dadurch ausschließen könnte, dass er sein Derivat bewusst nicht in den Handel an der Börse einbezieht. Sollte das als äquivalent erkannte bilaterale Geschäft in Einheiten seines Basiswertes quantifiziert sein, muss eine Umrechnung in die handelbaren Einheiten des börslichen Produkts erfolgen, damit beide Kontrakte in die Gesamtposition eingehen können.[29]

Bei Derivategeschäften, die auf Handelsplätzen in Drittstaaten geschlossen werden, stellt sich die Frage, ob diese Transaktionen als gleichwertige OTC-Kontrakte positionswirksam oder -neutral sind, da Art. 5 der VO (EU) 2017/591 nur an Handelsplätzen innerhalb der Europäischen Union umgesetzte Derivate als „dieselben Warenderivate" wie das Referenzprodukt des Positionslimits zu qualifizieren vermag. Im Gegensatz zu dem Regime der Handelsplatzpflicht für Derivate, das mit Art. 28 Abs. 4 MiFIR eine entsprechende Vorschrift enthält, fehlen Art. 57 MiFID II Re-

---

28 ESMA Questions and Answers on MiFID II and MiFIR commodity derivatives topics v. 7.7.2017 (ESMA70-872942901-28), Position Limits Answer 9.
29 ESMA Questions and Answers on MiFID II and MiFIR commodity derivatives topics v. 7.7.2017 (ESMA70-872942901-28), Position Limits Answer 3.

geln zur Bewertung von Handelsplätzen in Drittstaaten. Gleichwohl sollen nach Auffassung der ESMA drei kumulative Kriterien genügen, damit eine in einem Drittstaat belegene Einrichtung als Handelsplatz i.S.d. Art. 57 MiFID II gilt:[30]

- Das Handelssystem ist multilateral, d.h. erlaubt die Interaktion einer Vielzahl von Kaufinteressenten mit einer Vielzahl potentieller Verkäufer;
- es hat ein Zulassungsverfahren nach Maßgabe der rechtlichen Rahmenbedingungen des Drittstaates durchlaufen und
- unterliegt laufender Beaufsichtigung und Überwachung durch eine nationale Aufsichtsbehörde, die dem *Multilateral Memorandum of Understanding* der *IOSCO concerning Consultation and Cooperation and the Exchange of Information (MMoU)*[31] beigetreten ist.

Erfüllt ein Handelsplatz diese Voraussetzungen, sind über ihn abgeschlossene Transaktionen keine OTC-Geschäfte i.S.d Art. 57 Abs. 6 MiFID II i.V.m. Art. 6 der VO (EU) 2017/591 mit der Konsequenz, dass die jeweiligen Kontrakte bei Berechnung der Position in einem Warenderivat unberücksichtigt bleiben.

Durch Saldierung (*Netting*) der Kauf- und Verkaufspositionen (*long/short positions*) in den drei Produktkategorien des Art. 3 der VO (EU) 2017/591 ergibt sich die vorläufige Netto-Position einer Person. Dass die Verrechnung inverser Brutto-Positionen gestattet wird, ist im Lichte des hiermit verbundenen Marktrisikos geboten. Denn Kreditinstitute, die als Kommissionär oder Clearing-Mitglied im Kundenauftrag handeln, können jede selbst eröffnete Position mittels eines spiegelbildlichen, d.h. wirtschaftlich gegenläufigen Derivategeschäfts (sog. *Back to Back Trades*) neutralisieren[32], wenngleich nicht notwendigerweise i.S.e. rechnerischen 1-zu-1-Beziehung. Da das Marktrisiko in diesen Fällen Null ist, sollte auch die auf das Positionslimit anrechenbare Größe Null betragen, was durch die Möglichkeit, Netto-Positionen anzusetzen, gewährleistet wird.

---

30 ESMA Opinion, Determining third-country trading venues for the purpose of position limits under MiFID II v. 31.5.2017 (EMSA70-156-112) Rn. 11.
31 https://www.iosco.org/library/pubdocs/pdf/IOSCOPD386.pdf (abgerufen am 30.6.2017).
32 Auch unechte Glattstellung genannt im Gegensatz zur echten Glattstellung, bei der wirtschaftlich gegenläufige Transaktionen rechtlich eliminiert werden, beispielsweise im Wege des Close-out-Netting oder der Portfoliokompression.

Ist der Positionsinhaber das Mutterunternehmen einer Gruppe i.S.v. Art. 2 Abs. 1 Nr. 34 MiFID II i. V. m. Art. 2 Nr. 11 der RL 2013/34/EU, hat es die eigene Netto-Position nach Art. 4 Abs. 1 der VO (EU) 2017/591 mit denjenigen der Tochterunternehmen zu verrechnen, sofern sich wie im Regelfall seine Konzernleitungsbefugnis auf diese Positionen erstreckt.[33] Dementsprechend nicht einbezogen werden gemäß Art. 4 Abs. 2 der Verordnung (EU) 2017/591 Positionen, die von einem OGAW-Investmentfonds eingegangen wurden, sofern dessen Mutterunternehmen oder dasjenige der zuständigen Kapitalverwaltungsgesellschaft keinerlei Einfluss auf das Eröffnen, Halten oder Schließen dieser Positionen besitzt. Haben Mutter und Tochter Netto-Positionen unterschiedlichen Typs inne, also eine Kauf- und eine Verkaufsposition, verringert sich die Netto-Position des Mutterunternehmens mit der Konsolidierung. Die Netto-Position der Tochtergesellschaft bleibt gesondert bestehen; d.h., der Verstoß gegen das Positionslimit kann neben der Mutter gleichzeitig auch die Tochter treffen.

Der nach Art. 3 Abs. 3 der VO (EU) 2017/591 und § 56 Abs. 3 WpHG mögliche Abzug von Positionen, die behördlich anerkannt gemäß Art. 7 der VO (EU) 2017/591 objektiv messbar direkt mit der Geschäftstätigkeit des Positionsinhabers verbundene Risiken nach Art. 8 der VO (EU) 2017/591 verringern (sog. *Hedging-Ausnahme*), ist allein „nichtfinanziellen Stellen" i.S.d. Art. 2 Abs. 1 der VO (EU) 2017/591 vorbehalten und kommt für Kreditinstitute somit nicht in Betracht.[34] Dieser Ansatz entspricht der Regelung in Art. 10 Abs. 3 EMIR und ist deshalb nach Erwägungsgrund 21 MiFID II geboten. Da laut Art. 3 Abs. 3 der VO (EU) 2017/591 und § 56 Abs. 3 WpHG der Hedging-Ausnahme unterfallende Transaktionen kein Bestand der aggregierten Gesamtposition werden, können sie nicht zur Saldierung von Kauf- und Verkaufspositionen eingesetzt werden.[35] Eine Saldierung von Positionen aus dem Referenzprodukt des Positionslimits mit solchen aus identischen handelsplatzgehandelten oder gleichwertigen OTC-Kontrakten muss hingegen zulässig sein, um Kom-

---

33 Vgl. Erwägungsgrund 4 S. 2 der VO (EU) 2017/591.
34 Damit unterscheidet sich das europäische Recht von der Definition der *Bona fide hedging transactions and positions for excluded commodities* seitens der CFTC in 17 C.F.R § 1.3(z). Vgl. auch *Vester*, MiFID II/MiFIR: Überblick über die Auswirkungen auf den Derivatehandel, RdF 2015, 92 (98).
35 ESMA Questions and Answers on MiFID II and MiFIR commodity derivatives topics v. 7.7.2017 (ESMA70-872942901-28), Position Limits Answer 11.

missionäre und Clearing-Mitglieder in die Lage zu versetzen, eine Position entsprechend ihrem Marktrisiko zu berechnen. Pro handelsplatzgehandeltem Warenderivat gilt ein Positionslimit für den Spot-Monat und eines für die anderen Monate, weshalb auch zwei Netto-Positionen zu bestimmen sind, was Art. 3 Abs. 4 der VO (EU) 2017/591 noch einmal klarstellt. Schließlich ist zu beachten, dass Netto-Kaufpositionen wie Netto-Verkaufspositionen dem Positionslimit unterliegen.[36]

5. Aufsichtsbehördliche Sanktionen

Ein Positionslimit verletzt, wessen Position in dem betreffenden Warenderivat das behördlich festgesetzte Positionslimit um wenigstens eine Einheit, und sei es nur untertägig,[37] übersteigt. Für die Überwachung der Positionslimite sind neben der BaFin und der ESMA auch die Betreiber der Handelsplätze zuständig. Präventiv kann die BaFin nach § 6 Abs. 3 S. 2 Nr. 3 WpHG von jedermann Angaben über Volumen und Zweck einer mittels Warenderivats eingegangenen Position oder offenen Forderung einholen. § 6 Abs. 6 S. 1 Nr. 3 und S. 2 WpHG ermächtigen die Behörde, nachdem ein Positionslimit überschritten oder einer hierauf bezogenen Anordnung der Bundesanstalt zuwidergehandelt wurde, zwecks Verhinderung weiterer Verstöße für einen Zeitraum von bis zu zwei Jahren oder auch dauerhaft die Einstellung der verletzungsursächlichen Verhaltensweisen zu verlangen und deren Wiederholung zu verhindern. In Konkretisierung der Ermächtigungsgrundlage des § 6 Abs. 6 S. 1 Nr. 3 WpHG ist die BaFin aus § 9 Abs. 2 WpHG befugt, die Möglichkeit eines jeden Marktteilnehmers, Positionen in Warenderivaten zu begründen, einzuschränken, sofern dies zur Durchsetzung der §§ 54-57 WpHG erforderlich wird. Zudem begeht laut § 120 Abs. 8 Nr. 4 und 5 WpHG eine Ordnungswidrigkeit, wer mindestens leichtfertig ein von der BaFin oder einer ausländischen Aufsichtsbehörde festgesetztes Positionslimit überschreitet.

---

36 Vgl. ESMA Questions and Answers on MiFID II and MiFIR commodity derivatives topics v. 7.7.2017 (ESMA70-872942901-28), Position Limits Answer 6.
37 ESMA Questions and Answers on MiFID II and MiFIR commodity derivatives topics v. 7.7.2017 (ESMA70-872942901-28), Position Limits Answer 1.

Subsidiär ist die ESMA nach Art. 45 Abs. 1 MiFIR i.V.m. Art. 9 Abs. 5 der VO (EU) Nr. 1095/2010 ermächtigt,

- von jeder Person Informationen über die von ihr eingegangene Position oder seine offenen Forderungen einzuholen,
- nach Auswertung dieser Informationen, die Person aufzufordern, Maßnahmen zum Abbau ihrer Position oder offenen Forderung zu treffen und zuletzt
- die Möglichkeit einer Person zum Abschluss von Warenderivatkontrakten einzuschränken.

Laut Art. 45 Abs. 9 MiFIR genießen die Maßnahmen der ESMA Vorrang gegenüber solchen der nationalen Aufsichtsbehörden. Damit die ESMA ihre Befugnisse ausüben kann, müssen allerdings gemäß Art. 45 Abs. 2 MiFIR zwei Voraussetzungen gegeben sein. Zum einen wendet sich die Maßnahme im Einklang mit den Zielen des Art. 57 Abs. 1 MiFID II gegen eine Gefahr für die ordnungsgemäße Funktionsweise und die Integrität der Finanzmärkte oder für die Stabilität des Finanzsystems der Union. Zum anderen hat mindestens eine zuständige Behörde nur unzureichende Maßnahmen ergriffen, um dieser Gefahr zu begegnen, oder ist untätig geblieben. Ob beide Kriterien erfüllt sind, prüft die ESMA nach Art. 45 Abs. 2 Unterabs. 1 i.V.m. Abs. 10 Unterabs. 1 lit. a) MiFIR anhand des Katalogs in Art. 22 Abs. 1 und der Grundsätze des Art. 22 Abs. 4 der VO (EU) 2017/565. Diese Kriterien sind jedoch nicht an Positionslimite gekoppelt, weshalb die ESMA auch Maßnahmen gegen Personen verhängen kann, die jedes Positionslimit einhalten. Auf Rechtsfolgenseite verlangt Art. 45 Abs. 3 MiFIR, dass die von der ESMA beabsichtigte Maßnahme der abzuwehrenden Gefahr signifikant begegnet oder die Möglichkeiten der nationalen zuständigen Behörde zur Gefahrenabwehr signifikant verbessert und zudem weder das Risiko der Aufsichtsarbitrage birgt, was durch Art. 22 Abs. 3 der VO (EU) 2017/565 näher ausgeführt wird, noch unverhältnismäßige Nachteile für die Effizienz der Finanzmärkte mit sich bringt. Falls Energiegroßhandelsprodukte oder Nahrungsmittelderivate betroffen sind, hat die ESMA vorher die ACER[38] bzw. die für den Vollzug der VO (EG) Nr. 1234/2007 zuständige Behörde (im Regelfall das Landwirtschaftsmi-

---

[38] Agency for the Cooperation of Energy Regulators (Agentur für die Zusammenarbeit der Energieregulierungsbehörden), für den Vollzug der REMIT zuständige europäische Aufsichtsbehörde.

nisterium) zu konsultieren. Weitere Verfahrensfragen regeln die Art. 45 Abs. 4-8 MiFIR.

Die operative Verantwortung dafür, dass ein Positionslimit eingehalten wird, liegt hingegen in nahezu wörtlicher Wiedergabe von Art. 57 Abs. 8-10 MiFID II nach § 54 Abs. 6 WpHG bei den Betreibern der Handelsplätze für Warenderivate. § 54 Abs. 6 S. 1 WpHG verlangt von ihnen, „Verfahren zur Überwachung der Einhaltung der nach §§ 54 Abs. 1-5, 55 WpHG festgelegten Positionslimits" einzurichten und spezifiziert hiermit zugleich qua Legaldefinition den von Art. 57 Abs. 8 S. 1 MiFID II verwendeten Begriff der Positionsmanagementkontrollen. Nach § 54 Abs. 6 S. 2 WpHG sind diese vom Handelsplatzbetreiber transparent und diskriminierungsfrei auszugestalten. Des Weiteren müssen die Positionsmanagementkontrollen das Ob und Wie ihrer Anwendung festlegen, nach Art und Zusammensetzung der unterworfenen Marktteilnehmer differenzieren und deren Nutzung der zum Handel zugelassenen Warenderivatkontrakte Rechnung tragen. Konkret haben die Handelsplatzbetreiber nach § 54 Abs. 6 S. 3 WpHG sicherzustellen, dass sie berechtigt sind, von jeder Person

- die offenen Kontraktpositionen zu überwachen,
- hierzu notwendige Informationen über die eingegangenen Positionen zu erhalten,
- die zeitweilige oder dauerhafte, ggf. teilweise, Auflösung einer Position zu verlangen und
- zu fordern, zeitweilig Liquidität nach vorgegebenen Parametern eigens zu dem Zweck in den Markt zurückfließen zu lassen, die Auswirkungen einer großen oder gar marktbeherrschenden Position abzumildern.

Falls ein Adressat dem Gebot, seine Position zu reduzieren oder aufzugeben, nicht nachkommt, muss der Handelsplatzbetreiber zudem über geeignete Zwangsmittel verfügen. Weil die genannten Befugnisse dem Betreiber des Handelsplatzes nicht von Gesetzes wegen zustehen, agiert er nicht als Beliehener, sondern muss privatrechtliche Vereinbarungen treffen. Die erforderliche Verhandlungsmacht besitzt der Handelsplatzbetreiber jedoch allein gegenüber seinen Mitgliedern und Teilnehmern. Nach dem auch im Verwaltungsrecht geltenden Grundsatz „impossibilium nulla est obligatio" ist also lediglich dieser Personenkreis von § 54 Abs. 6 S. 3 WpHG berührt und die Vorschrift entsprechend teleologisch zu reduzieren. Darüber hinaus kann der Handelsplatzbetreiber die gesetzlich vorgesehenen einseitigen Maßnahmen zur Auflösung oder Verringerung einer Position nur ergreifen, wenn er selbst als zentrale Gegenpartei Vertragspartei geworden ist. Im Ergebnis beschränkt sich die Verpflichtung aus § 54 Abs. 6 S. 3 WpHG für den betroffenen Betreiber eines Handelsplatzes also darauf, die entsprechenden Überwachungs-, Informations- und Eingriffsrechte in seine Handelsbedingungen aufzunehmen.

III. Positionsmeldungen

Für die Positionsmeldungen in Warenderivaten unterscheiden die einschlägigen § 57 WpHG und Art. 58 MiFID II zwischen zwei Meldesträngen je nach dem, ob die positionsbegründenden Transaktionen auf einem Handelsplatz i.S.d. MiFID II oder außerhalb geschlossen wurden.

1. Pflichten der Derivatekontrahenten

Ersterenfalls haben Handelsplatzmitglieder und -teilnehmer nach § 57 Abs. 1 S. 1 WpHG dem Handelsplatzbetreiber einmal täglich ihre eigenen Positionen wie auch die Positionen ihrer Kunden, der Kunden dieser Kunden bis hin zum Endkunden in den Warenderivaten des jeweiligen Handelsplatzes zu melden. Tangiert sind also sämtliche Glieder der Kommissionsgeschäftskette beginnend mit dem Kommittenten in Person des Endkunden, über seine Bank – die Kommissionärin – bis hin zur letzten Zwischenkommissionärin, die in ihrer Funktion als Mitglied des Handelsplatzes mit dessen zentraler Gegenpartei das Ausführungsgeschäft der Kommission schließt. Damit die Mitglieder und Teilnehmer der Handelsplätze ihre Verpflichtung erfüllen können, müssen ihnen gemäß § 57 Abs. 1 S. 2 WpHG die notwendigen Informationen von sämtlichen vorgelagerten Personen der Meldekette übermittelt werden. Um Mehrfachzählungen zu vermeiden und zwecks Wahrung des Bankgeheimnisses ist die Meldepflicht jedoch auf solche Positionen zu beschränken, die der Meldepflichtige selbst hält oder die durch ein (Zwischen-) Kommissionsgeschäft erzeugt wurden, an denen er als Kontrahent beteiligt war.[39]

Auch wenn § 57 Abs. 1 WpHG hierzu keine Angaben macht, ist naheliegend, dass die an den Handelsplatzbetreiber zu meldenden Eigen- und

---

39 Stellungnahme der Deutschen Kreditwirtschaft v. 28.10.2016 zum Referentenentwurf eines 2. FiMaNoG, S. 14.

Kundenpositionen analog Art. 3 Abs. 1 der VO (EU) 2017/591 Netto-Positionen darstellen, Gruppensachverhalte hingegen außer Betracht bleiben. Einzelheiten werden jedoch erst der auf Grundlage von § 57 Abs. 6 WpHG zu erlassenden VO des Bundesministeriums der Finanzen, das die Ermächtigung auf die BaFin übertragen kann, zu entnehmen sein, in der konkrete Bestimmungen über Inhalt, Art, Umfang, Form der Mitteilung nach § 57 Abs. 1 WpHG einschließlich der technischen Ausgestaltung der Meldestrecke zu treffen sind. Raum für eine solche mitgliedstaatliche VO besteht, da der für die Mitteilungspflicht aus § 57 Abs. 1 WpHG maßgebliche Art. 58 Abs. 1 Unterabs. 1 lit. b) MiFID II nicht durch einen Technischen Durchführungsstandard flankiert wird.

Ganz entfallen kann die Meldung qua teleologischer Reduktion des § 57 Abs. 1 WpHG in Fällen des Art. 15 Abs. 1 lit. c) der VO (EU) 2017/591, wenn das Ausgabevolumen 2,5 Millionen Wertpapiere nicht übersteigt und somit die Verletzung des Positionslimits ausgeschlossen ist. Hier genügt die einmalige Meldung durch den Handelsplatzbetreiber oder den Zentralverwahrer zum Valutatag, dass nicht mehr als 2,5 Millionen Teilschuldverschreibungen ausgegeben wurden.[40]

Kommt das Warenderivategeschäft jenseits eines Handelsplatzes zustande, unterliegt das beteiligte Wertpapierdienstleistungsunternehmen der Meldepflicht des § 57 Abs. 4 WpHG vorausgesetzt, die Transaktion hätte mit selbem Inhalt auch an einem Handelsplatz begründet werden können, oder sie ist einem Handelsplatzkontrakt wirtschaftlich gleichwertig. Wann dieses Äquivalenzverhältnis i.S.d. § 57 Abs. 4 S. 1 WpHG besteht, ist wie im Rahmen des § 56 Abs. 2 WpHG und Art. 57 Abs. 1 MiFID II nach Art. 57 Abs. 12 lit. c) i.V.m. Art. 58 Abs. 2 MiFID II der Definition des Art. 6 der VO (EU) 2017/591 zu entnehmen. Den Gegenstand der Meldung bilden identisch zu § 57 Abs. 1 WpHG die vollständigen Positionen innerhalb der Kommissionskette bis hinab zum Endkunden mit entsprechender Mitwirkungspflicht aller Kunden gegenüber dem Wertpapierdienstleistungsunternehmen nach § 57 Abs. 4 S. 2 Nr. 3 S. 2 WpHG.[41] Bei einem Emissionsvolumen von bis zu 2,5 Millionen Wertpapieren wird die

---

40 ESMA Questions and Answers on MiFID II and MiFIR commodity derivatives topics v. 7.7.2017 (ESMA70-872942901-28), Position Reporting Answer 9.
41 Die Verortung dieser allgemeinen Regel in § 57 Abs. 4 S. 2 Nr. 3 WpHG dürfte ein Redaktionsversehen darstellen. Plausibel ist die Vorschrift allein als § 57 Abs. 4 S. 3 WpHG.

Meldung entsprechend der für § 57 Abs. 1 WpHG gefundenen Regel auf den Handelsplatzbetreiber oder Zentralverwahrer verlagert.

In seinem sachlichen Anwendungsbereich geht § 57 Abs. 4 WpHG jedoch über § 57 Abs. 1 WpHG hinaus. Denn zusätzlich zu Warenderivaten werden Emissionszertifikate und Derivate auf Emissionszertifikate einbezogen. Art. 58 Abs. 5 Unterabs. 4 MiFID II stellt klar, dass für diese Produkte die Meldung nach § 57 Abs. 4 WpHG bzw. Art. 58 Abs. 2 MiFID II nicht von den Pflichten aus der Richtlinie über den Handel mit Treibhausgasemissionszertifikaten[42] dispensiert wird. Den Empfänger der Aufstellung bestimmt § 57 Abs. 4 S. 2 WpHG danach, wo der Schwerpunkt des Handels liegt. Bei Warenderivaten, Emissionszertifikaten und Derivaten hiervon, die in erheblichem Volumen nur an inländischen Handelsplätzen gehandelt werden, ist die Meldung nach § 57 Abs. 4 S. 2 Nr. 1 WpHG an die BaFin zu richten. Werden erhebliche Volumina nur an einem Handelsplatz eines anderen Mitgliedstaates oder Vertragsstaates des EWR-Abkommens umgeschlagen, tritt gemäß § 57 Abs. 4 S. 2 Nr. 2 WpHG die jeweils zuständige Behörde des einschlägigen ausländischen Handelsplatzes als Adressat der Meldung ein. Sofern signifikante Umsätze an Handelsplätzen in mehr als einem Mitgliedstaat oder EWR-Vertragsstaat feststellbar sind, meldet das Wertpapierdienstleistungsunternehmen gemäß § 57 Abs. 4 S. 2 Nr. 3 WpHG an die zentrale zuständige Behörde i.S.d. § 55 WpHG oder der entsprechenden Regelung im Falle von Emissionszertifikaten bzw. davon abgeleiteten Derivaten. Empfangszuständige Behörde ist also zumindest bei Warenderivaten die für das Positionslimit zuständige Stelle, weshalb die in Art. 57 Abs. 10 Unterabs. 2 MiFID II vorgesehene Datenbank der ESMA insoweit auch Aufschluss gibt, wohin nach § 57 Abs. 4 S. 2 Nr. 2 und 3 WpHG zu melden ist. Eine vergleichbare Fundstelle der empfangszuständigen Behörde für Geschäfte in Emissionszertifikaten und Derivaten auf Emissionszertifikate nennt das Gesetz hingegen nicht.

Was genau zu melden ist, spezifiziert auf Feldebene die Durchführungsverordnung ITS 4[43]. Dort wird zu regeln sein, inwieweit das Wertpapierdienstleistungsunternehmen die in Art. 3 und 4 der VO (EU) 2017/591

---

42 RL 2003/87/EG des Europäischen Parlaments und des Rates v. 13.10.2003 über ein System für den Handel mit Treibhausgasemissionszertifikaten in der Gemeinschaft und zur Änderung der RL 96/61/EG des Rates, ABl. L 275, S. 32 ff.

43 Draft implementing technical standards on position reporting (Article 58(5) of MiFID II. Für diesen Technischen Durchführungsstandard liegt bislang jedoch nur

vorgesehene Saldierung, Aggregation und Konsolidierung im Rahmen der Meldung selbst vornehmen darf oder nach Kauf- und Verkaufspositionen, Gruppenmitgliedern und den einbezogenen identischen oder gleichwertigen Produkten unterschiedene Bruttodaten an die Behörde zu liefern hat.

Darüber hinaus soll die Meldung laut § 57 Abs. 4 S. 1 WpHG derjenigen nach Art. 26 MiFIR oder Art. 8 REMIT entsprechen und gemäß Art. 58 Abs. 4 Unterabs. 3 MiFID II Positionen, die objektiv messbar der Verringerung unmittelbar mit einer Geschäftstätigkeit in Zusammenhang stehender Risiken dienen, kenntlich machen. Dass § 57 Abs. 4 WpHG anders als § 57 Abs. 2 WpHG zu diesem Erfordernis schweigt, ist im Wege richtlinienkonformer Auslegung zu korrigieren. Wegen des Bezugs auf Art. 26 MiFIR hat die Abgabe der Positionsmeldung mit einem Tag Versatz also am Ende folgenden Geschäftstages zu ergehen.

2. Pflichten der Handelsplatzbetreiber

Die Handelsplatzbetreiber sind ebenfalls zu zweierlei verpflichtet. § 57 Abs. 2 S. 1 WpHG verlangt von ihnen, Positionen zu aggregieren und wöchentlich je einzelnem Warenderivat, Emissionszertifikat und Derivat mit Basiswert Emissionszertifikat eine Aufstellung zu veröffentlichen sowie an die BaFin und die ESMA zu übermitteln, in der gemäß § 57 Abs. 2 S. 2 WpHG enthalten sind die Anzahl der Kauf- und Verkaufspositionen aufgeschlüsselt nach den Personenkategorien des § 57 Abs. 2 S. 4 WpHG, d.h. Wertpapierdienstleistungsunternehmen sowie Kreditinstitute, Investmentvermögen, sonstige Finanzinstitute und sonstige kommerzielle Unternehmen, die prozentuale Verteilung der Positionen über diese Personenkategorien und zuletzt Änderungen seit dem letzten Bericht. Einzelheiten, insbesondere zu Format und Inhalt einzelner Meldefelder, regelt wiederum die auf Art. 58 Abs. 5 i.V.m. Abs. 1 Unterabs. 1 lit. a) MiFID II gestützte Durchführungsverordnung ITS 4. Darüber hinaus hat die Aufstellung laut § 57 Abs. 2 S. 3 WpHG Positionen, die objektiv messbar unmittelbar mit einer Geschäftstätigkeit zusammenhängende Risiken verringern, gesondert auszuweisen. Eingeschränkt wird die Publizität aus § 57 Abs. 2 S. 1 WpHG durch ein quantitatives Kriterium in § 57 Abs. 2 S. 6 WpHG, wo-

---

der Final Report der ESMA auf Basis des Art. 58 Abs. 5 i.V.m. Abs. 1 Unterabs. 1 lit. a) MiFID II v. 9.2.2017 vor.

nach die Veröffentlichungs- und Übermittlungspflicht nur für solche Produkte gilt, bei denen die personen- und mengenbezogenen Mindestschwellenwerte des Art. 83 der MiFID-II-Durchführungsverordnung (EU) 2017/565 überschritten sind.

Neben dieser auch *Commitment of Traders Report* genannten[44] Veröffentlichung hat der Betreiber eines Handelsplatzes, an dem Warenderivate, Emissionszertifikate oder auf Emissionszertifikate bezogene Derivate gehandelt werden, für solche Produkte laut § 57 Abs. 3 WpHG einmal täglich eine vollständige Aufstellung der Positionen aller Mitglieder und Teilnehmer des Handelsplatzes sowie deren Kunden an die BaFin zu übermitteln. Anders als im Rahmen von § 57 Abs. 1 WpHG sind die Positionen der Kunden der Kunden bis hin zum Endkunden nicht Gegenstand der Meldung nach § 57 Abs. 3 WpHG. Für Warenderivate liegen die entsprechenden Daten den Handelsplatzbetreibern als Empfänger der Meldung aus § 57 Abs. 1 WpHG zwar vor. Jedoch erfasst diese Vorschrift keine Emissionszertifikate und deren Derivate. Zudem fehlt es ausweislich des Wortlauts sowohl von § 57 Abs. 3 WpHG als auch des hierdurch umgesetzten Art. 58 Abs. 1 Unterabs. 1 lit. b) MiFID II an der Befugnis der Handelsplätze, die Positionskette in Emissionszertifikaten und deren Derivaten bis auf den Endkunden zu verfolgen, geschweige denn, publik zu machen. Endkunden von Emissionszertifikaten und deren Derivaten muss die BaFin also im Bedarfsfall über die allgemeine Ermächtigung aus § 6 Abs. 3 S. 2 Nr. 2 WpHG ermitteln.

Damit sind die Handelsplatzbetreiber imstande, die für § 57 Abs. 3 WpHG notwendigen Informationen aus dem Meldewesen des Art. 26 MiFIR zu generieren. Mangels Ermächtigung für einen Technischen Standard, der die Pflicht aus Art. 58 Abs. 1 Unterabs. 1 lit. b) MiFID II konkretisiert, regelt die VO nach § 57 Abs. 6 WpHG auch die Details der Meldung aus § 57 Abs. 3 WpHG.

Zusätzlich zu ihrer Funktion als potentieller Verordnungsgeber gemäß § 57 Abs. 6 S. 2 WpHG und gesetzlicher Adressat der Berichte nach § 57 Abs. 2-4 WpHG kann die BaFin in kritischen Marktsituationen per Allgemeinverfügung anordnen, dass Meldungen i.S.d. § 57 Abs. 1, 3 und 4 WpHG mehrmals am Tag erfolgen. Diese in § 57 Abs. 5 WpHG niedergelegte Ermächtigung ist vom europäischen Recht gedeckt, weil nach Art. 58 Abs. 1 Unterabs. 1 lit. b), Abs. 2 und 3 MiFID II der Aufsichtsbehörde

---

44 Vgl. Art. 1 ITS 4.

mindestens einmal täglich berichtet wird. Sofern der nicht näher ausgeführte Rechtsbegriff der „kritischen Marktsituationen" durch die Rechtsverordnung nach § 57 Abs. 6 S. 1 Nr. 1 WpHG seine notwendige Konkretisierung erfährt, erfüllt § 57 Abs. 5 WpHG auch das Bestimmtheitsgebot des Art. 20 Abs. 3 GG. Abgerundet werden die aufsichtsbehördlichen Befugnisse, Informationen über Positionen in Warenderivaten einzuholen, durch § 6 Abs. 3 S. 2 Nr. 3 WpHG, der die BaFin ermächtigt, von jedermann Angaben über Volumen und Zweck einer mittels eines Warenderivats eingegangenen Position oder offenen Forderung zu verlangen. Die Rolle der ESMA hingegen beschränkt sich nach Art. 58 Abs. 1 lit. a) a.E. MiFID II darauf, die ihr von den Handelsplätzen übermittelten Commitment of Traders Reports an zentraler Stelle zu veröffentlichen. Diesbezügliche Einzelheiten normiert der auf Grundlage der Ermächtigung in Art. 58 Abs. 7 MiFID II erlassene Technische Durchführungsstandard ITS 5[45].

C. Fazit

Ist die Erläuterung der Normen über Positionslimite und -meldungen nunmehr abgeschlossen, kann deren Bewertung vorgenommen werden. Zunächst sieht sich der Gesetzgeber mit dem Vorwurf konfrontiert, die Regulierung von Warenderivaten ohne empirische Evidenz ins Werk gesetzt zu haben. Ob und inwieweit Warenderivate ursächlich für Preissteigerungen in Grundnahrungsmitteln zeichnen, ist weiterhin ungeklärt. Da andererseits eine solche Kausalität nicht a priori verneint werden kann, wird man die Art. 57, 58 MiFID II jedoch als von der legislatorischen Einschätzungsprärogative gedeckt ansehen müssen. Zweifelhaft ist auch, auf welcher Faktenbasis die Richtwerte für Positionslimite gefunden wurden. Der Hinweis in Erwägungsgrund 13 S. 1 der VO (EU) 2017/591, es handele sich um auf anderen Märkten und in anderen Hoheitsgebieten gewonnene Erfahrungswerte, erscheint dürftig im Vergleich zu dem methodischen Aufwand, der beispielsweise bei der Bestimmung handelsplatzpflichtiger Derivate i.S.d. Art. 28 MiFIR oder der Schwellenwerte für die systematische Internalisierung nach den Art. 14 ff. MiFIR betrieben wird.

---

45 Draft implementing technical standards on the format and timing of weekly position reports (Article 58(7) of MiFID II). Auch dieser technische Durchführungsstandard existiert aktuell lediglich im Stadium des Final Report der ESMA v. 11.12.2015.

Unbedingt zu begrüßen ist jedoch, dass sich Kreditinstitute und Wertpapierdienstleistungsunternehmen weder auf die Nebentätigkeitsausnahme nach Art. 2 Abs. 1 lit. j) MiFID II noch auf das Hedgingprivileg des Art. 7 der VO (EU) 2017/591 berufen können. Denn diese Marktteilnehmer sollten mit sämtlichen ihrer Transaktionen in Warenderivaten, Emissionszertifikaten und deren Derivaten der MiFID II unterstellt sein. Andererseits fragt sich, warum Unternehmen der Realwirtschaft Warenderivate nur im Rahmen der Nebentätigkeitsausnahme und OGAW-Verwaltungsgesellschaft diese Produkte nach Art. 8 Abs. 5 der RL 2007/16[46] überhaupt nicht handeln dürfen, Kreditinstitute jedoch ausweislich Art. 356 Abs. 1 CRR und mangels Verbot in § 3 KWG berechtigt sind, ihre Position in Warenderivaten ergänzende Geschäfte mit Agrarerzeugnissen einzugehen.[47]

Kritisch zu sehen ist überdies die grundsätzliche Zuständigkeit der nationalen Aufsichtsbehörden für die konkrete Bestimmung einzelner Positionslimite, da hiermit die Gelegenheit zur Aufsichtsarbitrage gegeben wird. Ein eindeutiges Fazit unter die Regulierung von Warenderivaten in der überarbeiteten Finanzmarktrichtlinie MiFID II fällt mithin schwer, zumal zum jetzigen Zeitpunkt. Im Ergebnis bleibt festzuhalten: Die nächste Nahrungsmittelpreiskrise wird kommen, ob mit Positionslimiten für Warenderivate oder ohne.

---

46 RL 2007/16/EG der Kommission v. 19.3.2007 zur Durchführung der Richtlinie 85/611/EWG des Rates zur Koordinierung der Rechts- und Verwaltungsvorschriften betreffend bestimmte Organismen für gemeinsame Anlagen in Wertpapieren (OGAW) im Hinblick auf die Erläuterung gewisser Definitionen, ABl. L 79, S. 11 ff.
47 Vgl. hierzu a. BT-Drucks. 17/5934 v. 25.5.2011, S. 3.

Bail-ins und Bail-outs im Zuge der Abwicklung von Banken in der EU

*Christian Hofmann, Singapur**

I. Die erreichten Regulierungsfortschritte im Überblick

Die turbulenteste Phase der Finanz- und Staatsverschuldungskrise ist überstanden, doch das Thema Bankenrettung hat nicht an praktischer Bedeutung verloren, wenn sich die öffentliche und wissenschaftliche Diskussion auch längst anderen Themen, vor allem dem Fintech und Regtech zugewandt hat. Weltweit schreiten die Reformbemühungen fort,[1] und keine andere Region hat diese stärker voran getrieben als Europa.

Dieser Fortschritt ist aus der Not geboren, denn Europa wurde von der Finanzkrise schwer getroffen und hat mit seinen kollabierenden Staatshaushalten und Jahren ökonomischer Stagnation jedem Versuch, die Krise kleinzureden und weiter blind auf die Selbstheilungskräfte des Finanzsektors und die Allmacht der Finanzaufseher zu vertrauen, die Grundlage entzogen. Was vor der Finanz- und Staatsschuldenkrise politisch undenkbar war, ist Wirklichkeit geworden: Die EU-Staaten haben die Vorgaben des Baseler Ausschusses für Bankenaufsicht und des Financial Stability Board zum Großteil im Verordnungswege umgesetzt und zudem die Bankaufsicht im Euroraum zentralisiert.[2]

---

* Asst. Prof. Dr. iur. habil. Christian Hofmann, LL.M. (NYU), LL.M. (NUS), National University of Singapore.
1 Zu Kanada siehe *Peihani,* Crisis Management and Orderly Resolution of Banks in Canada and Internationally: a Perspective on Reforms and Challenges, NUS CBFL working paper v. 4.3.2016. Zu den Entwicklungen in Asien *Chen/Godwin/Ramsay*, Cross-Border Resolution in Bank Resolution: a Framework for Asia, Singapore Journal of Legal Studies (SJLS) 2016, 1-28.
2 Für einen Überblick über die zentralisierte Aufsicht und das einheitliche Abwicklungsregime in den Euroländern siehe *Avgouleas/Arner*, The Eurozone debt crisis and the European banking union: "Hard choices", "intolerable dilemmas" and the question of sovereignty, International Lawyer 2017, Vol. 50.1 (50th Anniversary Edition); *Ferrarini/Chiarella,* Common Banking Supervision in the Eurozone: Strengths and Weaknesses, ECGI Law Working Paper Nr. 223/2013 (August 2013);

Der größte Respekt gebührt Europa jedoch dafür, das Thema Restrukturierung und Abwicklung von notleidenden Finanzinstituten so offensiv angegangen zu haben. Die besonderen Herausforderungen, die mit Bankinsolvenzen einhergehen, wurden vor Ausbruch der globalen Finanzkrise im Wesentlichen ignoriert.[3] Die USA gehörten zu den wenigen Ländern, die ein speziell auf Banken zugeschnittenes Abwicklungsverfahren besaßen, wenn auch mit allzu rudimentären Regelungen und reformbedürftig.[4] In der EU beschränkte sich die einschlägige Richtlinie auf Zuständigkeitsfragen und beauftragte den Heimatstaat der insolventen Banken mit der EU-weiten Abwicklung, auf grenzüberschreitender Basis jedoch nur für rechtlich unselbständige Zweigstellen, nicht für im Ausland inkorporierte Tochtergesellschaften.[5]

Das hat sich mit Erlass der EU-Richtlinie zur Sanierung und Abwicklung von Finanzinstituten, kurz BRRD,[6] grundlegend geändert. Die EU-Staaten verfügen nun über das detaillierteste Abwicklungsregime, insbesondere die Eurostaaten, in denen die Mechanismen zum Umgang mit Problembanken vereinheitlicht sowie die Zuständigkeit auf eine neu geschaffene Behörde, das Single Resolution Board, übertragen wurden. Dieser in der Eurozone geltende Single Resolution Mechanism[7] folgt inhaltlich den Vorgaben der BRRD, d.h. das materielle Recht ist größtenteils mit

---

Wymeersch, The Single Supervisory Mechanism or 'SSM', Part One of the Banking Union, European Corporate Governance Institute (ECGI) - Law Working Paper Nr. 240/2014; *Ferran/Babis,* The European Single Supervisory Mechanism, Journal of Corporate Law Studies 2013, 255.

3 Zum Ablauf eines gewöhnlichen Insolvenzverfahrens im Vergleich zu einem auf Finanzinstitute zugeschnittenen Abwicklungsverfahren siehe *Ringe,* Bail-in between Liquidity and Solvency, University of Oxford Legal Research Paper Series Nr. 33/2016 (Stand 1/2017), S. 6 f.

4 Näher *Patrikis,* Striking Changes in US Banking Supervision and Regulation, in: Giovanoli/Devos (Hrsg.), International Monetary and Financial Law: The Global Crisis, Oxford University Press 2010, Rn. 9.37-9.40; *Jackson/Skeel,* Dynamic Resolution of Large Financial Institutions, Harvard Business Law Review 2012, 435, 439. In 2010 wurde dieses Regime unter dem Dodd-Frank Wall Street Reform and Consumer Protection Act (Dodd-Frank Act), Pub. L. No. 111-203, 124 Stat. 1376 (2010), ausgebaut und zählt nun zu den modernsten auf der Welt.

5 RL 2001/24/EC vom 4.4.2001, ABl. EG 2001 L 125/15.

6 RL 2014/59/EU vom 15.5.2014, ABl. EU 2014 L 173/190.

7 VO (EU) Nr. 806/2014 vom 15.7.2014, ABl. EU 2014 L225/1 („SRM-Verordnung").

dem der BRRD identisch.⁸ Wegen ihrer EU-weiten Geltung (und daher höheren Überzeugungskraft in Drittstaaten)⁹ sollen im Folgenden die Regeln der BRRD zugrunde gelegt werden.

Es steht außer Frage, dass es noch vieler Reformen bedarf, bis das neue EU-Regime passende Antworten auf alle mit dem komplexen Thema verbundenen Fragen geben kann – und auf einige der aktuell nicht ausreichend gelösten Probleme soll in diesem Beitrag eingegangen werden. Doch die Auseinandersetzung mit dem Thema ist in Europa ehrlicher als in anderen Finanzzentren, die zwar hohe Bereitschaft zur Umsetzung der Baseler Vorgaben im Bereich Eigenkapital und Liquidität zeigen,¹⁰ bei der Abwicklung aber auf längst überwunden geglaubte Phrasen vertrauen und mitunter darauf verweisen, dass die Probleminstitute alle aus Amerika und Europa stammen und daher nur dort eine Lösung notwendig sei. Ein allzu übergreifendes Restrukturierungs- und Abwicklungsregime werde von den Märkten missverstanden und könne gefährliche Unsicherheiten auslösen.¹¹ Eine Umsetzung der Vorgaben des Financial Stability Board (FSB) ist zwar in allen seinen Mitgliedstaaten zu erwarten, aber eben nicht notwendigerweise gleichermaßen beherzt wie in der EU.

Die in der Vergangenheit praktizierten Lösungen, entweder eine von den Aufsichtsbehörden unterstützte Übernahme des strauchelnden durch ein gesundes Institut oder eine Rettung mit Geldern aus dem öffentlichen

---

8 Siehe BE 18 der SRM-Verordnung (Fn. 7): „In Anbetracht des Ziels, für gleiche Wettbewerbsbedingungen im gesamten Binnenmarkt zu sorgen, steht diese Verordnung im Einklang mit der RL 2014/59/EU. Deshalb werden hier die Regeln und Grundsätze der genannten Richtlinie an die Besonderheiten des einheitlichen Abwicklungsmechanismus angepasst (...)".

9 Die Eurozone wird als Ganzes (nicht notwendigerweise aber ihre einzelnen Mitgliedstaaten) in Asien verbreitet als ein außer Kontrolle geratenes Währungsexperiment wahrgenommen. Da Detailkenntnisse regelmäßig fehlen, wird die EU als starker Wirtschaftsraum, die Eurozone hingegen als kränkelnder Währungsraum begriffen. Dass die Wirtschaftskraft der EU zum Großteil von der Eurozone aufgebracht wird, ist häufig unbekannt.

10 Zu diesen Vorgaben siehe Basel Committee on Banking Supervision (BCBS), Basel III: A Global Regulatory Framework for More Resilient Banks and Banking Systems (Dec 2010, rev. June 2011). Im Detail zu den Baseler Liquiditätsvorgaben *Hartlage*, The Basel III Liquidity Coverage Ratio and Financial Stability, Mich. L. Rev. 453 (2012).

11 Der Autor kann sich dabei keineswegs auf offizielle Stellungnahmen stützen, doch ist auffällig, dass derartige Argumente von Seiten der Finanzindustrie in Asien im informellen Dialog häufig vorgebracht und von Regulierungsseite nicht mir der in Europa anzutreffenden Präzision widerlegt werden.

Haushalt, funktionieren jedenfalls in den großen Finanzzentren nicht mehr. Großbanken sind als Übernahmekandidaten ungeeignet, vor allem in Situationen mit allgemeinen Markteintrübungen, Liquiditätsengpässen und Vermögenswertabschreibungen, die den gesamten Finanzsektor betreffen. Staatliche Intervention verzerrt den Wettbewerb, setzt falsche Anreize, belastet die unbeteiligte Allgemeinheit und kann sich bei Großbanken wiederum als schlicht unmöglich erweisen.[12]

Auch ist das mitunter betonte Vertrauen in rein vertragliche Bail-in-Mechanismen unrealistisch hoch. *Contingent Capital*, etwa in Form von Cocos,[13] vermag die Bilanz eines Finanzinstituts zu verbessern, doch sind die Volumina so gering, dass es im Falle einer wirklichen Bankenkrise nur in Kombination mit großangelegten, von den Behörden durchgesetzten Bail-ins sowie Zuführung neuen Kapitals und Liquiditätshilfe zum Erfolg kommen kann.

Eben dies leistet, wie im Folgenden dargestellt, der europäische Rechtsrahmen, jedenfalls im Ansatz. Denn obwohl die EU-Staaten infolge der großen Reformen der letzten Jahre gut dafür gerüstet sind, ihre Problembanken so umzustrukturieren, dass von ihnen keine konkreten systemischen Gefahren mehr ausgehen, durchkreuzen doch politische Bedenken die Abwicklungsbemühungen. Das aktuelle Beispiel der italienischen Bank *Montei dei Paschi* zeigt, dass neben einem modernen Rechtsrahmen auch der Wille vorhanden sein muss, unpopuläre Maßnahmen durchzusetzen.[14] Es ist nach wie vor einfacher, die abstrakte Gruppe der Steuerzahler zu belasten, als konkrete Gläubiger zum Schuldenschnitt zu zwingen. Darin liegt die wohl größte Schwäche des neuen Systems, nicht in den im Folgenden aufzuzeigenden Abstimmungsschwierigkeiten an den Schnittstellen von Bail-in, Bail-out und Liquiditätshilfen.

---

12 Dazu auch *Ringe,* University of Oxford Legal Research Paper Series Nr. 33/2016 (Stand 1/2017), S. 8.
13 Zu Coco-Bonds generell und im Zusammenhang mit dem neuen EU-Regime siehe *Schillig,* Resolution and Insolvency of Banks and Financial Institutions (Oxford University Press 2016), Rn. 11.05-11.07.
14 Zu Montei dei Paschi siehe *Reuters* vom 23.12.2016: Italian government rides to rescue of stricken bank Monte dei Paschi; *Unmack,* Italy's Monte dei Paschi bail-in is a bailout vom 23.12.2016, Reuters online; *Quaglia,* The Italian Banking System - Monte dei Paschi's Scandal and the Euro Area's Sovereign Debt Crisis, Italian Politics 2014, 216.

II. Die Abwicklungsinstrumente der BRRD und grenzüberschreitende Koordination

Die BRRD dient zuvörderst dem Ziel, die wesentlichen Schlüsselmerkmale des *Financial Stability Board* umzusetzen,[15] darunter die Vorgabe an alle Finanzinstitute, den Resolutionsbehörden einen Resolutionsplan, gebräuchlicherweise *living will* genannt, vorzulegen und beständig zu aktualisieren. Hinzu treten die vier zentralen Abwicklungsinstrumente, die von den Abwicklungsbehörden angewandt werden, namentlich die Unternehmensveräußerung, das Brückeninstitut, die Ausgliederung von Vermögenswerten und das Bail-in-Instrument, zu finden in den Art. 37-44 BRRD.[16]

Im Zuge der Anwendung dieser Instrumente kann die Behörde die Unternehmensleitung absetzen, Vermögenswerte und Verbindlichkeiten auf andere Rechtssubjekte transferieren, vor allem die systemisch relevanten Teile einer Bank auf ein Brückeninstitut (*bridge bank*) übertragen oder das Institut von toxischen Vermögenswerten (*toxic assets*) und Verbindlichkeiten befreien, indem diese auf eine Auffanggesellschaft (*bad bank*) übertragen werden.

Konzeptionell neu[17] und (in der Theorie) erfolgsversprechend ist das Bail-in, mit dem Anteilsinhaber in der Insolvenzhierarchie herabgestuft, ihre Anteile zusammengelegt oder für ungültig erklärt werden können sowie Gläubiger einen Schuldenschnitt oder die Umwandlung ihrer Forderungen in Eigenkapital hinnehmen müssen. Auf diesen Mechanismus wird sich die folgende Diskussion konzentrieren (unter III 1).

Vorab sei jedoch darauf hingewiesen, dass sich die BRRD im Ansatz auch des wichtigen Problems der Koordination der Abwicklungsbehörden

---

15 Financial Stability Board, Key Attributes of Effective Resolution Regimes for Financial Institutions vom 15. Oktober 2014.
16 Die Abwicklungsbehörden setzen diese Werkzeuge ein, wenn das Institut oder die zuständige Aufsichtsbehörde einen Antrag stellt. Die Abwicklungsbehörde kann jedoch auch auf eigene Initiative tätig werden, Art. 81 BRRD. Zu den Abwicklungsvoraussetzungen siehe Art. 32 und 33 BRRD.
17 Das Phänomen des Schuldenschnitts ist selbstverständlich alles andere als neu. Keine Sanierung und Restruktuierung kommt ohne Schuldenschnitte aus. Neu ist jedoch der Mechanismus, dass eine Behörde diesen Schuldenschnitt anordnen kann und, wie zu erörtern sein wird, sogar anordnen muss, es also nicht darauf ankommt, dass sich die Gläubiger (in zähen Verhandlungen) zu einem Schuldnerlass bereit finden.

untereinander annimmt. Die von der G-20 beschlossene Kooperation der Abwicklungsbehörden in Abwicklungskollegien (*Crisis Management Groups* – CMGs) wurde in der Bestimmung umgesetzt, dass alle Mitgliedsstaaten in Abwicklungskollegien zusammen geschlossen sein müssen, deren Leitung die Behörde des Mitgliedstaats übernimmt, in dem das Finanzinstitut seinen Hauptsitz (*place of primary establishment*) hat. Die Koordination innerhalb der CMGs wird außerdem von der European Banking Authority (EBA) unterstützt.[18] Für die Mehrheit der EU-Staaten, nämlich alle Mitglieder der Eurozone, ist diese Vorgabe allerdings von geringer Bedeutung, da ihre Finanzinstitute ohnehin der Zuständigkeit der Brüsseler Abwicklungsbehörde (*Single Resolution Board*) unterliegen, die ihre Entscheidung in Abstimmung mit EZB und EU-Kommission trifft.

Wichtiger und lediglich rudimentär angedacht ist die wesentlich schwierigere Zusammenarbeit mit Behörden in Drittländern, insbesondere in den Fällen, in denen die Finanzinstitute ihren Hauptsitz in Drittländern haben.[19]

Die BRRD bestimmt dazu, dass Abwicklungskollegien dann einzurichten sind, wenn diese Drittstaateninstitute in mindestens zwei Mitgliedstaaten als bedeutend erachtete Zweigstellen unterhalten. Diese sollen dann wie die EU-internen Kollegien operieren. Da es keine automatische EU-interne Leitbehörde gibt, da es ja an einem Hauptsitzstaat in der EU fehlt, muss eine der mitgliedsstaatlichen Behörden zur Leitbehörde ernannt werden.[20] Das wird in den meisten Fällen das SRB sein, sofern der Schwerpunkt der Tätigkeit des Drittstaateninstituts im Euro-Raum liegt.

Die besondere Herausforderung besteht darin, dass sich die Koordination wegen Drittstaatenbeteiligung viel schwieriger gestaltet als in EU-internen Szenarien und dass Kooperationspläne in guten Zeiten zwar entworfen werden können, in der aktuellen Krise sich aber das Problem fehlender Rechtsdurchsetzbarkeit stellt. Letzteres Problem tritt natürlich (in geringerer Intensität) immer, also auch in den Fällen auf, in denen der Hauptsitz in einem EU-Staat liegt, da die systemisch relevanten Banken

---

18 Art. 88 Abs. 2 lit. h BRRD in Verbindung mit Art. 19 VO (EU) Nr. 1093/2010, ABl. EG 2010 L331/12 ('EBA-Verordnung').
19 Detailliert hierzu *Davies,* in: Haentjens/Wessels (Hrsg.), Research Handbook on Crisis Management in the Banking Sector (Edward Elgar Publishing 2015), 11. Kapitel = Oxford Legal Studies Research Paper No. 89/2014, S. 25.
20 Siehe Art. 89 Abs. 3 BRRD.

auch außerhalb der EU tätig sind und keine Weltbehörde existiert, die die national zuständigen Behörden auf Linie bringen könnte.[21]

III. Der neue Ansatz: Bail-in von Anteilseignern und Gläubigern

1. Interessenlage

Das Abwicklungsregime der BRRD dient dazu, die anderenfalls unvermeidlichen Alternativen Liquidation oder Bail-out zu vermeiden. Die Liquidation eines Finanzinstituts ist mit den generell aus einer Unternehmenszerschlagung resultierenden Nachteilen verbunden. Hinzu treten die besonderen Risiken, die sich aus dem fragilen Geschäftsmodell der Banken ergeben und zu Problemen anderer Finanzinstitute sowie Verwerfungen im gesamten Finanzsektor führen können. Der unkontrollierte Kollaps eines Finanzinstituts kann zu erheblichen Abschreibungen in den Bilanzen anderer Finanzdienstleister, die mit dem Probleminstitut in Geschäftsverbindung stehen, führen. Schlimmer noch wiegen aber die Verwerfungen an den Märkten, die dazu tendieren, von Problemen eines Instituts auf die Labilität der gesamten Branche zu schließen. Dies kann zum Abzug sämtlicher kurzfristiger Verbindlichkeiten führen, was jede Bank wegen des Prinzips der Bruchteilsreserven (*fractional reserves*) in die Knie zwingt. Der hierdurch typischerweise auch ausgelöste Preisverfall von Finanztiteln betrifft neben dem Bankensektor auch die Fondsbranche, da sinkende Kurse zu Panikverkäufen der Investoren, dadurch ausgelösten Liquiditätsengpässen und wiederum Verkäufen von Finanzprodukten durch die Investmentfonds führen.

Während der Finanzkrise (und vielfach auch davor) griffen Regierungen daher zur zweiten, ebenfalls hochgradig suboptimalen Alternative, dem staatsfinanzierten Bail-out. Es handelt sich dabei um die Praxis, dem Kriseninstitut vom Steuerzahler finanzierte Hilfe in Form von Eigenkapital zuzuführen. Die Nachteile und Gefahren liegen auf der Hand. Für Investoren führten Bail-outs in den Krisenjahren zu dramatischer Willkür. Die von ihnen bewusst eingegangenen Risiken realisierten sich entweder nicht in adäquater Weise, weil ihre Anteile nur verwässert wurden, oder sie wurden auf einen Schlag enteignet, ohne dass auch nur der Versuch un-

---

[21] Näher dazu *Hofmann*, Global Systemically Important Banks (GSIBs): Operating Globally, Regulated Nationally? Journal of Business Law 2017, 155, 162-177.

ternommen worden wäre, ihre Verluste auf die Beträge zu begrenzen, die bei einem regulären Insolvenzverfahren angefallen wären.[22]

Mehr noch werden Vertragsgläubiger, die sich bewusst auf das Solvenzrisiko einlassen, durch Bail-outs bevorzugt. Statt im Liquidationsverfahren bestenfalls quotal befriedigt zu werden, verbleibt ihnen ihr Anspruch in voller Höhe. Die Folge ist Sorglosigkeit, die den im Wirtschaftsverkehr so wichtigen Mechanismus der Überwachung durch Marktteilnehmer (*private monitoring*) aushebelt, wodurch die Entscheidungsträger der von Bail-outs begünstigten Finanzinstitute zu übertriebener Risikofreudigkeit angehalten werden, also ein *moral hazard* erzeugt wird. Auch wird der Wettbewerb verzerrt, da diese Institute zu weitaus günstigeren Konditionen Schulden eingehen können als ihre von faktischer Bail-out-Garantie nicht erfasste Konkurrenz.[23]

Demgegenüber zieht das Bail-in Anteilseigner wie auch Gläubiger zur Verantwortung. Anteilseigner können herabgestuft werden, oder ihre Anteile werden zusammengelegt oder eingezogen.[24] Gläubiger werden einem Schuldenschnitt oder einer Novation unterworfen, die ihre Forderungen in Anteilsrechte umwandelt (*debt to equity swap*). Auf die Zustimmung der Betroffenen kommt es in beiden Fällen nicht an. Im Anwendungsbereich der BRRD gilt auch, dass Gläubiger[25] wie Anteilsinhaber durch das Bail-in finanziell nicht schlechter gestellt werden dürfen als bei Durchführung eines regulären Insolvenzverfahrens. Für die Gläubiger entspricht das der internationalen Praxis (*no creditor worse off*),[26] für die Anteilseigner ist es unüblich, aber dem Umstand geschuldet, dass sich der europäische Gesetzgeber gegen eventuelle verfassungsrechtliche Bedenken absichern wollte.

---

22 Als abschreckendes Beispiel dient das Vorgehen der deutschen Bundesregierung in der HRE-Krise und das billigende Urteil des OLG München, Beschl. v. 15.12.2014 – Kap 3/10, NZG 2015, 399.
23 *Ringe*, University of Oxford Legal Research Paper Series Nr. 33/2016 (Stand 1/2017), S. 8.
24 *Schillig*, Resolution and Insolvency of Banks and Financial Institutions (Oxford University Press 2016), Rn. 11.10.
25 Das Prinzip des *no creditor worse off* begrenzt den Verlust für jeden Gläubiger auf die Folgen, die er in einem regulären Insolvenzverfahren hätte hinnehmen müssen, und findet sich in Art. 34 Abs. 1 lit. g BRRD.
26 Siehe etwa zur Rechtslage in den USA *Jackson/Skeel*, Harvard Business Law Review 2012, 435, 443.

2. Ablauf des Bail-ins

Alle Abwicklungsmechanismen folgen dem Primat, die systemisch relevanten Teile des Instituts zu erhalten. Das Brückeninstitut und die Ausgliederung von Vermögenswerten erreichen diese Ziel im Wege der Trennung der systemisch relevanten von den irrelevanten oder weniger relevanten Operationen. Die geringsten Kosten für die Gesellschaft verursacht eine Lösung, die das Überleben der Bank selbst sichert, ohne dass neues Eigenkapital in erheblichen Mengen beigesteuert werden muss. Ein solcher Neustart für die Bank ist möglich, wenn ihre bilanzielle Überschuldung beseitigt und die Liquiditätsengpässe überwunden werden.

Über ein Bail-in ist ersteres möglich, sofern die Unterbilanz moderate Züge aufweist. Letzteres ist hingegen weder durch ein Bail-in noch im Wege der übrigen drei Abwicklungsmechanismen zu erreichen. Hier müssen zusätzliche Maßnahmen ergriffen werden, und das stets, da Liquiditätsengpässe immer zu erwarten sind, wenn die Solvenz eines Instituts in Frage steht (dazu noch unter VI.). Tatsächlich stellt das neue Regime mit seinen Mechasimen zur Rekapitalisierung und Liquiditätshilfe solche bereit (dazu unter IV.), die von den herkömmlichen (zum *lending of last resort* bzw. zu ELA unter VI. 2.) und im Zuge der Staatsschuldenkrise entwickelnden Instituten flankiert werden (zum European Stability Mechanism unter IV. 4.).

a) Bail-in der Eigenkapitalgeber

Um die Hierarchie der Verlusttragungsregeln aufrecht zu erhalten, müssen zunächst die Eigenkapitalgeber herangezogen werden. Dieses Prinzip ist in der BRRD verankert.[27] Es gilt als Grundsatz, dass die Anteilseigner die ersten Verluste tragen.[28] Außerdem müssen die Hierarchien unter den verschiedenen Tranchen des Eigenkapitals berücksichtigt werden: Common Equity Tier1 (CET1)-Kapital trägt die ersten Verluste bzw. wird stärker in Anspruch genommen als Additional Tier 1 (AT1)- und Tier2 (T2)-Kapital.[29]

---

27 Art. 37 Abs. 2 in Verbindung mit den Details in Art. 47 BRRD.
28 Art. 60 Abs. 1 lit. a BRRD.
29 Dabei gilt, dass T2-Kapital schon dann zu Tier1-Kapital umgewandelt wird, wenn die Bank unter die Eigenkapitalvorgaben (*capital requirements* und *debt-to-equity*

b) Schuldenschnitt

Auf die Inanspruchnahme der Eigenkapitalgeber folgt der Schuldenschnitt. Dabei stellen sich Fragen, die einem gewöhnlichen Insolvenzverfahren ähnlich sind. So muss auf Besicherungen und Gläubigerkategorien Rücksicht genommen werden. Eine weitere und äußerst schwierige Problematik tritt hinzu: Da es sich bei Finanzinstituten, vor allem Banken, um ganz besondere Schuldner handelt, muss die Entscheidung, welche Gläubigergruppen einem Schuldenschnitt unterworfen werden können, mit besonderer Bedacht getroffen werden. Schuldenschnitte dürfen solche Gläubiger nicht über Gebühr belasten, deren Verluste als sozialschädlich gelten. Hierzu zählen vor allem Einlagen von Privathaushalten und Gehaltsforderungen von Angestellten. Außerdem ist darauf zu achten, dass weitere Ansteckungseffekte vermieden werden. Reputationsverluste, die andere Banken und möglicherweise der ganze Finanzsektor durch die Probleme eines Instituts erleiden, sind gefährlich und können einen *run*, d.h. den panikartigen Abzug aller fälligen Verbindlichkeiten auslösen.

Problematisch sind daher Sichteinlagen und in ständig steigendem Ausmaße revolvierende, teils unbesicherte, teils im Wege von Repos besicherte Kurzzeitkredite.[30] Zum einen besteht stets die Gefahr, dass der bloße Verdacht, andere Banken könnten ebenfalls von Solvenzproblemen betroffen sein, zu einer Massenflucht von Liquidität führt, die den ganzen Bank- und Finanzsektor erfassen kann. Gläubiger reagieren sensibel auf jedes Gerücht und starten ein Wettrennen, wenn sie befürchten, dass die Abwicklungsbehörde einen Schuldenschnitt anordnen wird.

Zum anderen tritt die reelle Gefahr hinzu, dass ein andere Finanzinstitute treffender Schuldenschnitt eine Kettenreaktion bewirkt. Da Schuldenschnitte üblicherweise in einem schwierigen Marktumfeld stattfinden, liegt die Befürchtung nicht fern, dass andere Banken und sonstige Finanzintermediäre ebenfalls bereits finanziell angeschlagen sind, so dass ein Schuldenschnitt auch diese in die Nähe einer Insolvenz bringen kann.

---

ratios) fällt, was im Regelfall schon vor dem Insolvenzfall eintreten dürfte, siehe *Schillig,* Resolution and Insolvency of Banks and Financial Institutions (Oxford University Press 2016), Rn. 9.27 und 11.25-11.26.

30 Zum "interbank lending" und "wholesale funding market" siehe *Dalhuisen,* Dalhuisen On Transnational, Comparative, Commercial, Financial and Trade Law, Band 3 (Hart Publishing 6. Aufl. 2016), Rn. 1.1.5; *Judge,* The First Year: The Role of a Modern Lender of Last Resort, 116 Colum. L. Rev. 2016, 843, 853.

Die BRRD reagiert auf diese Bedenken mit einer Reihe von Ausnahmen zum Bail-in von Gläubigern. Durch Einlagensicherung[31] gedeckte Einlagen sind vom Bail-in ausgenommen,[32] außerdem besicherte Forderungen,[33] so dass alle Repo-gestützen Darlehen ausgenommen sind, sowie alle kurzfristig fälligen Verbindlichkeiten gegenüber allen anderen der BRRD unterworfenen Instituten.[34] Um ein Übergreifen der Probleme auf die Einlagensicherungssysteme zu verhindern, sind alle diesen geschuldeten Zahlungen ausgenommen. Gleiches gilt für aus treuhänderischen Rechtsverhältnissen resultierende Schulden[35] und Finanzprodukte, die treuhänderisch für die Inhaber von Anteilen an Investmentfonds gehalten werden.[36] Die oben schon angesprochene Sozialunverträglichkeit bedingt es, dass die Ansprüche der Arbeitnehmer ausgenommen sind.[37] Da auch die Zahlungsströme nicht zum Erliegen kommen dürfen, werden aus Zahlungsvorgängen stammende Ansprüche, die innerhalb von 7 Tagen fällig werden, ebenfalls verschont.[38]

Diese vielen Ausnahmen engen die Gruppe der potentiell betroffenen Forderungen erheblich ein. Dem Schuldenschnitt unterworfen sind vor allem unbesicherte und längerfristige Forderungen, auf die keine Ausnahmen für Privateinlagen Anwendung finden.[39] Solche Forderungen werden im Wesentlichen von Finanzinstituten gehalten, die keine den Banken ähnliche Finanzintermediation betreiben und daher nicht den banktypischen Liquiditäts-, Ausfall- und Fälligkeitsrisiken unterliegen.[40] Dies sind Pensi-

---

31 RL (EU) 2014/49/EU vom 16.4.2014 on deposit guarantee schemes (text with EEA relevance), ABl. EU 2014 L 173/149.
32 Art. 34 Abs. 1 lit. h BRRD.
33 Art. 44 Abs. 2.
34 Art. 44 Abs. 2 lit. e in Verbindung mit der Definition des Instituts in Art. 2 Abs. 1 Nr. 23 BRRD.
35 Art. 44 Abs. 2 lit. d.
36 Art. 44 Abs. 2 lit. c.
37 Art. 44 Abs. 2 lit. g (i).
38 Art. 44 Abs. 2 lit. f.
39 *Schilling*, Resolution and Insolvency of Banks and Financial Institutions (Oxford University Press 2016), Rn. 11.17.
40 Zu den Risiken, die aus dem Bankgeschäft der liquidity, credit and maturity transformation resultieren, siehe *Gabilondo*, in: Haentjens/Wessels (Hrsg.), Research Handbook on Crisis Management in the Banking Sector (Edward Elgar Publishing 2015) = FIU Legal Studies Research Paper Series Nr. 14-32 (Stand Dezember 2014), S. 24-26.

onsfonds, Versicherungsgesellschaften und andere Typen institutioneller Anleger.[41]

Diese zwar aus guten Gründen gerechtfertigte, aber lange Liste der ausgenommenen Forderungen wirft das offensichtliche Problem auf, dass sie die Ausnahme schon in die Nähe der Regel rückt und es nur im Ausnahmefall zum Bail-in einer Forderung kommt. Die für einen Schuldenschnitt zur Verfügung stehenden Verbindlichkeiten machen daher nur einen geringen Anteil an den Gesamtschulden aus. Das muss im Sinne von Sozialverträglichkeit und Vermeidung von Ansteckung hingenommen werden, zugleich bedarf es aber einer Antwort auf die Gefahr, dass der Schuldner die Volumina zur Verfügung stehender Forderungen beeinflusst und im Wege der Vertragsgestaltung noch weiter nach unten korrigiert.

Gläubiger, die einen Bail-in zu befürchten haben, reagieren auf diese Gefahr mit Preisaufschlägen. Das führt zu einem Anreiz für das Schuldnerinstitut, Verbindlichkeiten so auszugestalten, dass sie von den Ausnahmen erfasst werden.[42] Um das zu verhindern und sicherzustellen, dass ein Bail-in Wirkung zeigt, müssen die Abwicklungsbehörden sicherstellen, dass jedes Institut einen Mindestprozentsatz seiner Verbindlichkeiten in Form von Eigenkapital und bail-in-fähigen Schulden aufweist. Die BRRD spricht hier von Mindestanforderungen an Eigenmittel und berücksichtigungsfähige Verbindlichkeiten.[43] Diese Mindestanforderungen werden von den Abwicklungsbehörden anhand der Parameter Größe, Geschäftsmodell, Refinanzierungsmodell und Risikoprofil des Instituts festgelegt.[44]

Über diese gesetzlichen Ausnahmen hinaus gehend können die Abwicklungsbehörden weitere anordnen, also vom Gesetz erfasste Gläubiger im Einzelfall verschonen. Mit diesen Ausnahmen soll insbesondere den Gefahren begegnet werden, dass die oben angesprochene Ansteckung ausgelöst oder die Aufrechterhaltung der Kernfunktionen des Bankgeschäfts durch das Bail-in gefährdet wird. Des Weiteren geht es um Fälle, in denen ein Bail-in in der knappen Zeit, innerhalb derer die Behörde für eine Lö-

---

41 *Schillig*, Resolution and Insolvency of Banks and Financial Institutions (Oxford University Press 2016), Rn. 11.53.
42 Vgl. *Schillig* Resolution and Insolvency of Banks and Financial Institutions (Oxford University Press 2016), Rn 11.14.
43 Art. 45 und BE 79 f. BRRD.
44 Art. 45 Abs. 6 lit. d BRRD. Zu den weiteren Gesichtspunkten siehe die übrigen Besttimmungen in Art. 45 BRRD. Zur Umsetzung siehe z.B. die Bestimmung der Bank of England, vom 8.11.2016 unter http://www.bankofengland.co.uk/publications/Pages/news/2016/082.aspx.

sung der schwelenden Krise sorgen muss, nicht realisierbar ist, oder ein Bail-in gar widersinnig erscheint, wenn die wirtschaftliche Gesamtbilanz ohne Bail-in besser ausfällt.[45] Hierbei ist daran zu erinnern, dass ein Bail-in regelmäßig nicht als isolierte Maßnahme erfolgt, sondern Bestandteil eines größeren Restrukturierungsvorgangs wird, der die Anwendung anderer Abwicklungsmechanismen einschließt.

Zu bedenken ist aber auch, dass die Regelausnahmen den Ansteckungsgefahren bereits Rechnung tragen und dass zudem der neue bankregulatorische Ansatz in der EU (in Übereinstimmung mit weltweiten Bemühungen) dahin geht, durch makroökonomische Analysen Ansteckungsgefahren besser voraussehen und deren Entstehung schon weit im Vorfeld einer Bankenkrise eindämmen zu können. Gerade der SSM[46] sollte durch bessere Datenauswertung verhindern können, dass allzu pauschal Ausnahmen vom Prinzip des Bail-in notwendig werden.

IV. Rekapitalisierung und Bail-outs

1. Kapital- und Liquiditätsbedarf angeschlagener Institute

Gerade aufgrund der soeben dargestellten breiten Ausnahmen vom Prinzip des Schuldenschnitts besteht die realistische Sorge, dass die Abschreibungen, die zur bilanziellen Überschuldung geführt haben, vom Schuldenschnitt nicht aufgefangen werden können. Auch ist die Beseitigung einer Unterbilanz keineswegs ausreichend, um den Fortbestand des Bankgeschäfts zu garantieren, denn Banken unterliegen strengen Eigenkapitalquoten. Eine Bankenrettung bzw. die Aufrechterhaltung der systemisch relevanten Teile des Bankgeschäfts kann in vielen Fällen ohne Zufluss frischen Eigenkapitals nicht gelingen. In der schwierigen Situation, in der sich ein von Insolvenz bedrohtes Finanzinstitut befindet, sind neue Eigenkapitalgeber jedoch schwer zu finden. Im Ernstfall kann schnelle und beträchtliche Hilfe nur von dem im Folgenden dargestellten Bail-out-Mechanismen erwartet werden.

---

45 Die vollständige Liste der möglichen Ausnahmen findet sich in Art. 44 Abs. 3 BRRD.
46 Errichtet durch VO (EU) Nr. 1024/2013, ABl. EU 2013 L 287/63.

2. Mitgliedstaatliche Eigenkapitalzufuhr

Der europäische Gesetzgeber war sich dieses Problems durchaus bewusst und hat Bail-outs nicht kategorisch ausgeschlossen, wendet sich jedoch im Prinzip gegen die Praxis der frühen Krisenjahre (2007-2010), mit vollem Risiko für den öffentlichen Haushalt und damit die Steuerzahler das Füllhorn über den Banken auszugießen. Vielmehr sieht die BRRD im Regelfall eine Kombination von vorherigen Bail-ins und nachfolgenden Bail-outs vor, um Investoren und Gläubiger an den Verlusten zu beteiligen und daher an den Risiken, die sie bewusst eingegangen sind, festzuhalten.

Die Richtlinie sieht zwei Arten staatlicher Hilfe vor, die als staatliche Stabilisierungsinstrumente bezeichnet werden.[47] Sie bestehen aus dem ‚Instrument der staatlichen Eigenkapitalunterstützung' und dem ‚Instrument der vorübergehenden staatlichen Übernahme'. Die staatliche Eigenkapitalunterstützung erlaubt es dem öffentlichen Sektor, in Eigenkapital des Instituts zu investieren.[48] Bei der vorübergehenden staatlichen Übernahme wird das Institut vorübergehend in staatliche Eigentümerschaft überführt.[49]

Beide Wege sind von hohen Voraussetzungen abhängig. Sie erfordern, dass die Mitgliedstaaten zuvor „die übrigen Abwicklungsinstrumente so umfassend wie möglich erwogen und eingesetzt" haben.[50] Außerdem muss der Mitgliedstaat feststellen, dass allein durch die Anwendung der Abwicklungsintrumente Gefahren für die Finanzstabilität oder für das öffentliche Interesse nicht beseitigt werden können, wobei im Falle der Gefahren für das öffentlichen Interesse hinzukommen muss, dass zuvor Liquiditätshilfe durch die Zentralbank (dazu unter VI. 2.) gewährt wurde. Im Fall der staatlichen Eigentümerschaft muss außerdem hinzukommen, dass das Institut zuvor bereits eine staatliche Eigenkapitalunterstützung erhalten hat, aber dennoch in der aktuellen Notlage das öffentliche Interesse nicht alleine durch die Anwendung von Abwicklungsinstrumenten gewahrt werden kann.[51]

Dem viel betonten Schwur der Politik, die Folgen der Fehler des Finanzsektors nie wieder allein oder überwiegend den Steuerzahlern aufbür-

---

47 Art. 56 BRRD.
48 Art. 57 Abs. 1 BRRD.
49 Art. 58 BRRD.
50 Art. 56 Abs. 3 BRRD.
51 Art. 56 Abs. 4 lit. a-c BRRD.

den zu wollen,[52] dient das Erfordernis, dass die Anteilseigner und Gläubiger zuvor einen Beitrag zur Sanierung des Instituts geleistet haben müssen. Dieser muss mindestens 8% der gesamten Verbindlichkeiten (bestehend aus Fremd- und Eigenkapital[53]) des Instituts betragen.[54] Außerdem muss der Vorgang als staatliche Beihilfe durch die EU genehmigt werden.[55]

Allerdings besteht auch eine Möglichkeit, den Zwang, Abwicklungsmechanismen zu bevorzugen und zunächst ein Bail-in herbeizuführen, zu vermeiden. Die Anwendung aller bisher beschriebenen Mechanismen setzt einen Abwicklungsfall voraus. Dieser besteht, wenn ein Institut auszufallen droht.[56] Diese Voraussetzung liegt vor, wenn Zahlungsunfähigkeit, Unterbilanz oder Entzug der Banklizenz, die an die Einhaltung der speziell für Banken bestehenden Kapitalvorschriften geknüpft ist, drohen.[57] Außerdem wird der Abwicklungsfall ausgelöst, wenn ein Institut „außerordentliche finanzielle Unterstützung aus öffentlichen Mitteln" benötigt, also ein Bail-out erforderlich wird.[58]

In Ausnahme dazu – und hier wird es für die Vermeidung von bail-ins relevant – liegt kein die ordentlichen Mechanismen auslösender Abwicklungsfall vor, wenn die Finanzhilfe (d.h. das Bail-out) dazu dient, die Finanzstabilität zu wahren und eine schwere Störung der Volkswirtschaft abzuwenden. Die BRRD spricht hier von einer außerordentlichen finanziellen Unterstützung im Wege einer als Vorsichtsmaßnahme durchgeführten Rekapitalisierung.[59]

---

52 Z.B. enthalten in BE 31 BRRD.
53 Die BRRD verwendet den Begriff der Eigenmittel, womit jedoch Eigenkapital gemeint ist, das aus Kernkapital und Ergänzungskapital (Tier1 und Tier2 Capital) im Sinne von Art. 92-98 der VO (EU) 575/2013, ABl. EU 2013 L176/1, besteht, siehe Art. 2 Nr. 1(38) BRRD i.V.m. Art 4(1)(118) VO 575/2013.
54 Art. 37(10)(a) BRRD.
55 Art. 37(10)(b) BRRD.
56 Art. 32 Abs. 1 lit. a BRRD.
57 Art. 32 Abs. 4 lit a-c BRRD.
58 Art. 32 Abs. 4 lit d BRRD.
59 Siehe dazu in BE 41 BRRD: „Außerdem sollte die Gewährung einer außerordentlichen finanziellen Unterstützung aus öffentlichen Mitteln nicht eine Abwicklung auslösen, wenn ein Mitgliedstaat als Vorsichtsmaßnahme eine Kapitalbeteiligung an einem Institut — einschließlich bei Instituten, die in öffentlichem Eigentum stehen — übernimmt, das seine Kapitalanforderungen erfüllt. Dies kann beispielsweise der Fall sein, wenn von einem Institut aufgrund des Ergebnisses eines szenariobasierten Stresstests oder eines gleichwertigen, von Behörden auf Makroebene

Solche außerordentlichen Unterstützungsmaßnahmen sind auf folgende Mittel begrenzt: der Staat garantiert (1) Liquiditätshilfen, die von den Zentralbanken gewährt werden (dazu unter VI. 2.), oder (2) neu vom Institut emittierte Verbindlichkeiten. Als dritte außerordentliche Maßnahme darf der Mitgliedstaat dem Institut auch Eigenkapital zuführen oder dessen Kapitalinstrumente kaufen, wenn (in beiden Fällen) der hierfür geleistete Preis oder die vereinbarten Bedingungen das Institut nicht begünstigen (d.h. die Bedingungen müssen sich an denen eines echten Verkehrsgeschäfts ausrichten) und zudem das Institut nicht unter den anderen den Abwicklungsfall auslösenden Schwierigkeiten leidet (d.h. Zahlungsausfall, Unterbilanz oder Lizenzverlust).[60] Alle diese Maßnahmen setzen wiederum beihilferechtliche Genehmigungen durch die EU voraus.[61]

Dieser letzte Fall stellt das Einfallstor für staatliche Hilfen unter Vermeidung des unbeliebten und daher politisch gescheuten Bail-ins dar. Die Vorschriften der BRRD betonen, dass es sich lediglich um eine präventive und zeitlich begrenzte Maßnahme handeln darf, dass sie verhältnismäßig zu den Konsequenzen der ernsthaften Verwerfungen sein muss und nicht dazu dienen darf, die Verluste des Instituts auszugleichen. Stattdessen darf die Kapitalzufuhr nur dazu dienen, Kapitallücken, die von Stresstests aufgedeckt wurden, zu schließen. Außerdem wird erneut betont, dass es sich um ein solventes Institut handeln muss.[62]

Im Ergebnis ist dieser Weg nur für den Fall vorgesehen, dass ein Stresstest Kapitalbedarf aufdeckt, dieser jedoch nicht an den Märkten gedeckt werden kann. Damit handelt es sich vordergründig um einen eher harmlosen Fall der Unterkapitalisierung, aber die weitere Voraussetzung, dass die staatliche Hilfe nötig sein muss, die Finanzstabilität zu wahren oder eine schwere Störung der Volkswirtschaft abzuwenden, korrigiert diesen Eindruck dahin, dass trotz der Solvenz des Instituts eine dramatische Gefährdungslage vorliegen muss. Rigoros angewandt, stellen diese Voraussetzun-

---

    durchgeführten Tests, der eine Anforderung einschließt, die darauf ausgerichtet ist, die Finanzstabilität im Kontext einer Systemkrise zu bewahren, verlangt wird, sich neues Kapital zu beschaffen, das Institut jedoch nicht in der Lage ist, sich privat auf dem Markt Kapital zu beschaffen. Ein Institut sollte nicht nur auf der Grundlage, dass eine außerordentliche finanzielle Unterstützung aus öffentlichen Mitteln vor Inkrafttreten dieser Richtlinie gewährt wurde, als ausfallend oder wahrscheinlich ausfallend betrachtet werden".

60 Art. 32 Abs. 4 lit. d i-iii BRRD.
61 Art. 32 Abs. 4 lit d. S. 1 nach iii BRRD.
62 Art. 32 Abs. 4 lit. d S. 2-3 nach iii BRRD.

gen hohe Hürden für außerordentliche staatliche Unterstützungsmaßnahmen dar. Vor allem das Solvenzkriterium verhindert, dass die eigentlich vorgesehenen Abwicklungsinstrumente umgangen werden. Eigentlich dürfte diese Ausnahme daher nur ein Schattendasein führen, aber praktisch gesehen steht zu befürchten, dass sie zum Regelfall wird, wie das oben (unter I) erwähnte Beispiel der Bank Montei dei Paschi nahelegt. Von den Mitgliedstaaten ist nicht unbedingt – z. B. im Hinblick auf anstehende Wahlen – überragende Disziplin zu erwarten, doch in der Eurozone besteht zumindest Hoffnung, dass sich das SRB mit der Zeit zu einer unabhängigen und über die Ziele der BRRD (bzw. des SRM) wachenden Institution entwickelt.

3. Eigenkapitalzufuhr durch Abwicklungsfinanzierungsmechanismen

Staatlich finanzierte Bail-outs sind nicht nur wegen ihrer negativen Externalitäten problematisch. In der Eurozone kommt als weiterer Aspekt hinzu, dass das neue Abwicklungsregime auch den fatalen Teufelskreis aus Schwierigkeiten im Finanzsektor und Staatsverschuldung zu durchbrechen sucht. Ein Bail-out im Sinne einer mit Geldern des öffentlichen Haushalts eines Mitgliedsstaates durchgeführten Rekapitalisierung kann die Staatsverschuldung so in die Höhe treiben, dass ein Verlust des Vertrauens an den Märkten in die Zahlungsfähigkeit des Staates und damit letztlich ein Zahlungsausfall droht.

Aus diesem Grunde wächst weltweit die Überzeugung, dass die faktische Rekapitalisierungslast im Notfall nicht dem Heimatstaat des finanziell angeschlagenen Finanzinstituts aufgebürdet werden sollte. Der Finanzsektor beruht auf hochgradig insolvenzanfälligen, mit negativen Externalitäten und Ansteckungsgefahr verbundenen Geschäftsmodellen. Daher soll die Rekapitalisierungslast für einzelne Finanzinstitute der Gesamtheit der Finanzwirtschaft im Sinne einer Mischung aus Ausfallversicherung und Solidarhaftung auferlegt werden. Den Ausgangspunkt für diese sektorspezifischen Finanzierungsmechanismen bilden wiederum die Schlüsselattribute des FSB, die jedoch in diesem Punkt ausgesprochen rudimentär ausfallen,[63] und in der Umsetzung dieses Konzepts ist die EU wiederum viel

---

63 Financial Stability Board, Key Attributes of Effective Resolution Regimes for Financial Institutions vom 15. Oktober 2014, Rn. 6.1-6.5.

weiter als andere Regionen. Die Finanzwirtschaft soll fortlaufend in einen Fonds einbezahlen, der im Notfall zur Rettung von Finanzinstituten bereit steht.

Die sektor-spezifischen Notversorgungstöpfe tragen den Namen Abwicklungsfinanzierungsmechanismen (Resolution Financing Arrangements). Jeder Mitgliedstaat ist verpflichtet, einen solchen einzurichten,[64] doch die Eurostaaten haben ihre nationalen Mechanismen mit Schaffung des Einheitlichen Abwicklungsfonds (Single Resolution Fund, SRF) zu einem gemeinsamen Fonds zusammengelegt. Die Zielvorgabe lautet, dass ein Mindestbetrag von 1% aller durch Einlagensicherung abgedeckten Einlagen im Zuständigkeitsbereich eines Mitgliedstaates vom Finanzsektor aufgebracht und für Rettungsmaßnahmen zur Verfügung stehen muss.[65]

Die Banken bezahlen in diesen Fonds auf der Basis ihrer Verbindlichkeiten als Berechnungsgrundlage ein. Dabei werden das Eigenkapital und die gedeckten Einlagen von den Verbindlichkeiten abgezogen,[66] letztere deshalb, weil für sie durch Einlagensicherungssysteme bereits Vorsorge betrieben wird (zum Verhältnis der beiden Sicherungsmechanismen unter V.). Die Risikogeneigtheit des Institus wird berückichtigt[67] und auf deren Grundlage die Höhe der einmal jährlich geschuldeten Zuwendungen an den Fonds berechnet.[68] Nicht der gesamte Beitrag muss im Wege eines tatsächlichen Vermögenstransfers geleistet werden. Die Banken dürfen bis zu 30% im Wege unwiderruflicher und „in vollem Umfang durch Sicherheiten mit niedrigem Risiko" abgesicherter Zahlungsverpflichtungen, die im Ernstfall aktiviert werden können, leisten.[69]

Die Mittel des Fonds bestehen aus den unmittelbar zur Verfügung stehenden, von der Kreditwirtschaft ex ante geleisteten jährlichen Beiträgen sowie den im Ernstfall aktivierbaren Zahlungsverpflichtungen. Hinzu treten ex post-Beiträge, die eingefordert werden, wenn die verfügbaren Mittel unzureichend sind. Ihre Berechnung erfolgt auf der gleichen Grundlage wie die der ex ante-Beiträge.[70] Dabei ist zu bedenken, dass – wie oben

---

64 Art. 100 BRRD.
65 Dieses Ziel soll bis zum 31.12.2024 erreicht sein, siehe Art. 102 Abs. 1 BRRD.
66 Art. 103 Abs. 2 BRRD.
67 Dazu die Kriterien in Art. 103 Abs. 7 BRRD.
68 Art. 103 Abs. 1 BRRD.
69 Art. 103 Abs. 3 BRRD.
70 Art. 104 Abs. 1 BRRD.

schon angesprochen – Institute von finanziellen Schwierigkeiten häufig dann erfasst werden, wenn sich das Marktumfeld eintrübt oder gar eine Finanz- und Wirtschaftskrise droht oder ausgebrochen ist. Gerade weil andere Institute in dieser Situation oftmals ebenfalls betroffen sind, muss die Ansteckungsgefahr besonders ernst genommen werden, und nicht nur das Bail-in, sondern auch das sektorfinanzierte Bail-out kann hierzu einen bedrohlichen Beitrag liefern, insbesondere wenn ex post-Beiträge vom Kreditsektor eingefordert werden. Deshalb sieht die BRRD vor, dass die Beitragspflicht generell hinausgeschoben werden kann, wenn es zu Liquiditätsengpässen oder Solvenzproblemen bei den Beitragspflichtigen kommen könnte.[71] Problematisch daran ist, dass die Wahrscheinlichkeit, dass dringender Kapitalbedarf und Beitragsausfälle zusammen treffen, gerade in einer akuten Krise gewaltig steigt. Daher ist es den Finanzierungsmechanismen gestattet, sich von dritter Seite mit weiteren Mitteln einzudecken.[72] Als Kreditgeber kommen dabei der gesamte Finanzsektor und die Finanzierungsmechanismen der anderen EU-Staaten in Betracht.[73] Die Richtlinie verpflichtet alle Mitgliedstaaten dazu, ihre Finanzierungsmechanismen zur Kreditvergabe und –aufnahme zu autorisieren.[74]

Was sich nach den bisherigen Ausführungen als stimmige Alternative zu einem staatlichen Bail-out präsentiert, wird durch Vorgaben verwässert, mit denen die Verwendungsmöglichkeiten der von den Finanzierungsmechanismen bereit gestellten Mittel eingeschränkt werden. Die BRRD wendet sich gegen die Gefahr, dass ein moral hazard durch einen anderen ersetzt wird, indem ein sektorspezifisches Bail-out an die Stelle eines staatlichen tritt und damit die falschen Anreize für Management, Eigenkapitalgeber und Gläubiger erhalten bleiben. Das ist verständlich; zweifelhaft ist jedoch, ob sie hierzu den richtigen Ansatz wählt.

Die Lösung der Richtlinie besteht zum einen darin, den Beitrag, den die Finanzierungsmechanismen an das notleidende Institut leisten, der Höhe nach zu begrenzen. Er darf 5% der gesamten Passiva nicht überschreiten.[75] Zum anderen werden (klassische) Bankenrettungen mit dem Geld der Finanzierungsmechanismen untersagt. Deren Mittel dürfen nicht direkt zur Rekapitalisierung oder zum Ausgleich erlittener Verluste eingesetzt wer-

---

71 Art. 104 Abs. 2 BRRD.
72 Art. 105 BRRD.
73 Art. 105 f. BRRD.
74 Art. 106 Abs. 1 (Kreditaufnahme) und Abs. 2 (Kreditvergabe) BRRD.
75 Art. 44 Abs. 5 lit. b BRRD.

den.⁷⁶ Sie dienen vielmehr vornehmlich dazu, die Liquiditätsprobleme des Instituts zu überwinden,⁷⁷ den Erwerb von Vermögensgegenständen der Bank zu unterstützen⁷⁸ oder ein Brückeninstitut oder eine Zweckgesellschaft, auf die typischerweise die systemisch relevanten Teile der Bank übertragen werden, zu kapitalisieren⁷⁹. Keiner dieser Verwendungszwecke hilft jedoch dabei, das hier beschriebene Kernproblem zu lösen, wonach ein Institut ohne Rekapitalisierung nicht weiter betrieben werden kann.⁸⁰ Vor allem die Möglichkeit, Darlehen an das Institut zu vergeben, erhöht die Fremdverbindlichkeiten und verschlechtert damit das Verhältnis von Fremd- zu Eigenkapital (debt-to-equity ratios). Eine solche Kreditvergabe kann als zusätzliche Maßnahme helfen, wenn die Kredite langfristig zugesagt sind, da hierdurch den bankaufsichtsrechtlichen Vorgaben aus dem *net stable funding ratio* (mitunter strukturelle Liquiditätsquote ganannt) Rechnung getragen werden kann.⁸¹ Außerdem entlastet sie die Zentralbanken, was hier im Ergebnis begrüßt wird (siehe unten VI. 2.). Grundvoraussetzung für den Erfolg dieser Liquiditätshilfen ist aber zunächst eine Verbesserung der Eigenkapitalsituation.

Doch es gibt eine weitere Verwendungsmöglichkeit, die (etwas) erfolgsversprechender ist. Die Finanzierungsmechanismen können herangezogen werden, wenn die Abwicklungsbehörden entscheiden, Gläubiger zu verschonen, insb. wegen systemischer Gefahren, die von einem Bail-in ausgehen können (oben III. 2. b).⁸² Hinzu treten die Voraussetzungen, dass andere Gläubiger die vom Bail-in verschonten Positionen nicht übernehmen müssen⁸³ und trotz der Ausnahmen die Verbindlichkeiten um mindestens 8% vermindert wurden (zu dieser Voraussetzung auch schon unter 2.).⁸⁴

---

76 Art. 101 Abs. 2 BRRD.
77 Im Wege der Vergabe von Darlehen an das abzuweickelnde Institut, ein Brückeninstitut oder eine Zweckgesellschaft, Art. 101 Abs. 1 lit. b BRRD.
78 Art. 101 Abs. 1 lit. c BRRD.
79 Art. 101 Abs. 1 lit. d BRRD.
80 Im Übrigen auch nicht die weiteren drei Verwendungsmöglichkeiten in Art. 101 Abs. 1 lit. a, e und g BRRD.
81 Zum "net stable funding ratio" siehe Bank for International Settlements, BCBS Consultative Document Basel III: The Net Stable Funding Ratio vom 11.4.2014; *Davies*, Liquidity Safety Nets for Banks, 13 J. of Corp. L. Stud. 2013, 287, 293.
82 Art. 101 Abs. 1 lit. f BRRD.
83 Art. 44 Abs. 4 BRRD.
84 Art. 44 Abs. 5 lit. a BRRD.

Was nun die Art des Ausgleichs der Abwicklungsfinanzierungsmechanismen für den Ausfall des Gläubiger-Bail-ins angeht, drückt sich die Richtlinie kryptisch aus, indem sie von „Beitragsleistungen an das in Abwicklung befindliche Institut anstelle der Herabschreibung oder Umwandlung der Verbindlichkeiten bestimmter Gläubiger" spricht.[85] Gemeint sein können nur Beiträge zum Eigenkapital des Instituts, denn Darlehen würden lediglich im Wege höherer Fremdverbindlichkeiten die Bilanz weiter aufblähen und keine Kompensation dafür bieten, dass es durch die Entscheidung der Behörde nicht zu einer Entlastung durch eine Abschreibung von Verbindlichkeiten gekommen ist. Damit stimmt es überein, dass an anderer Stelle die Rede davon ist, dass die Finanzierungsmechanismen „Anteile oder andere Eigentumstitel oder Kapitalinstrumente des in Abwicklung befindlichen Instituts ... erwerben (können), um das Institut ... zu rekapitalisieren".[86]

Insgesamt ist die Konzeption der Verwendungsmöglichkeiten der Mittel der Finanzierungsmechanismen problematisch. Der Kapitalisierungsfunktion der Finanzierungsmechanismen sollten keine kategorischen Grenzen gesetzt werden. Die BRRD stellt geringere Hürden für ein „klassisches" Bail-out auf, also ein solches durch staatliche Finanzmittel, als für eine Rekapitalisierung durch die sektor-spezifischen Finanzierungsmechanismen. Dabei ist es offensichtlich, dass der Finanzsektor vor den Steuerzahlern zur Rettung einzelner Unternehmen der Finanzbranche in Anspruch genommen werden sollte. Neben Darlehensgewährungen sollten daher auch Rekapitalisierungen in jedem Fall möglich sein, allerdings nur in Kombination mit (möglichst weitgehenden) Bail-in und stets prioritär zu einem staatlichen Bail-out, das wirklich nur als letzter Ausweg zur Anwendung kommen sollte. Der Gefahr, dass sich die Institute auf diese Rettungsoption allzu sehr verlassen, kann besser begegnet werden als bei staatlichen Bail-outs, denn hier sind die potentiellen Profiteure zugleich die Beitragszahler. Diese Doppelfunktion jedes angeschlossenen Instituts verspricht effizienteres private monitoring und damit eine effektive Disziplinierungsfunktion.

Natürlich wird es Jahre dauern, bis die Volumina der Finanzierungsmechanismen zur Kapitalisierung notleidender Institute ausreichen werden. Realistischerweise werden sie nie alleine ausreichen, um eine Großbank

---

85 Art. 101 Abs. 1 lit. f BRRD.
86 Art. 44 Abs. 4 in Kombination mit Art. 46 Abs. 1 und 101 Abs. 1 lit. f BRRD.

zu retten. Sie bilden jedoch einen wichtigen Beitrag, der in Kombination mit Bail-ins, staatlicher Unterstützung und ggf. Zuwendungen durch den ESM (dazu sogleich) einen Kollaps vermeiden hilft und das desaströse alles-oder-nichts-Prinzip aus chaotischer Liquidation oder vollem staatlichem Bail-out vermeidet.

4. Eigenkapitalzufuhr durch den ESM

Der Europäische Stabilitätsmechanismus (ESM) ist bekannt für seine Finanzhilfen an hoch verschuldete Eurostaaten, die in diese finanzielle Notlage unter anderem dadurch gerieten, dass sie den Finanzsektor in der Finanzkrise stützten. Um die Abwärtsspirale aus hoch verschuldetem öffentlichem Sektor und insolventen Finanzinstituten zu durchbrechen, wurden die Kompetenzen des als Rettungsmechanismus für die Eurozone geschaffenen ESM erweitert und seine Resourcen für Bankenrettungen zur Verfügung gestellt.

Der ESM kann Kreditinstitute[87] und Finanzholdinggesellschaften[88] in ESM-Mitgliedstaaten, also den Staaten der Eurozone, nun auch direkt finanziell unterstützen.[89] Allerdings sind nur ESM-Mitglieder antragberechtigt, so dass der Mitgliedstaat für das in seinem Hoheitsgebiet belegene Institut um Finanzhilfe ersuchen muss, doch die finanziellen Folgen daraus treffen nunmehr das Institut, d.h. der Mitgliedstaat verschuldet sich nicht (wie in der Vergangenheit) beim ESM. Allerdings kann der Mitgliedstaat von den Förderungsbedingungen betroffen sein, denn der ESM legt sein Rettungsprogramm unter Auflagen auf, die sich auf das Institut selbst beziehen können, daneben aber auch auf das Umfeld, in dem dieses operiert. Der ESM kann seine Förderung daher von einem finanz- oder volkswirtschaftlichen Reformprogramm abhängig machen.[90] Er erstellt zusammen mit dem geförderten Institut, dem antragstellenden Mitgliedstaat und nach Konsultation mit der EZB und der zuständigen Abwicklungsbehörde einen Restrukturierungsplan. Dieser soll gewährleisten, dass die ESM-Mittel die

---

87 Definiert in Art. 4 Abs. 1 Pkt. 1 VO (EU) Nr. 575/2013.
88 Definiert in Art. 4 Abs. 1 Pkt. 20 VO (EU) Nr. 575/2013..
89 Board of Governors of the European Stability Mechanism, ESM Guideline on Financial Assistance for the Direct Recapitalization of Institutions of 8 December 2014, Art. 1 Abs. 1 (fortan ESM-Guideline).
90 ESM-Guideline Art. 1 Abs. 4.

Überlebensfähigkeit des Instituts sichern.[91] Außerdem wird das Institut der Aufsicht durch die EZB unterworfen, wenn es bislang durch die nationale Aufsichtsbehörde überwacht wurde.[92]

Da der ESM die Gesamtheit der Euromitglieder und daher den staatlichen Sektor repräsentiert, müssen die Förderbedingungen wiederum dem Grundsatz Rechnung tragen, dass ein staatliches Bail-out nur subsidiär und daher nach Ausschöpfung der Abwicklungsmechanismen und weitest möglichem Bail-in zur Anwendung kommen darf. Damit stimmt es überein, dass ESM-Hilfen einen Beitrag der Anteilseigner und Gläubiger voraussetzen, und zwar in Gleichlauf mit der BRRD in Höhe von 8% der Verbindlichkeiten des Instituts (dazu oben 2. und 3.)[93] sowie einen Beitrag der Abwicklungsfinanzierungsmechanismen in Höhe von 5% der Verbindlichkeiten (dazu oben 3.).[94]

Auch darf der ESM ein Institut nur fördern, wenn es die Kapitanforderungen nicht erfüllt (oder zukünftig nicht erfüllen wird), der dadurch entstehende Kapitalbedarf nicht durch Privatinvestoren (bestehende Anteilseigner oder neue Investoren) gedeckt weden kann, Bail-ins alleine unzureichend sind, um die Kapitallücke auszugleichen, und es sich um ein systemrelevantes Institut handelt, sei es im antragstellenden Mitgliedstaat oder der gesamten Eurozone.[95] Die Finanzhilfe des ESM muss unverzichtbar zur Sicherstellung der Finanzstabilität in der Eurozone oder den Mitgliedstaaten sein.[96]

Da hinter dem ESM als Geldgeber und Garanten die Mitgliedstaaten der Eurozone stehen und diese (bislang jedenfalls noch) keine Transfergemeinschaft darstellen, wird dem Grundsatz der primären finanziellen Verantwortung des Heimatstaats Rechnung getragen. Die Haushaltslage des Mitgliedstaates muss so angespannt sein, dass eine Rekapitalisierung durch den Staat die Nachhaltigkeit der Staatsfinanzen oder den Zugang zur Marktfinanzierung gefährden würde.[97]

---

91 ESM-Guideline Art. 4 Abs. 5.
92 ESM-Guideline Art. 4 Abs. 2.
93 ESM-Guideline Art. 8 Abs. 3(i).
94 Zu diesen Voraussetzungen auch: *Goodhart/Avgouleas,* A Critical Evaluation of bail-ins as bank recapitalisation mechanisms, SSRN Research Paper vom 11.8.2014, S. 5.
95 Zu allen Kriterien ESM-Guideline Art. 3 Abs. 1 lit. a.
96 ESM-Guideline Art. 3 Abs. 2 lit. b.
97 ESM-Guideline Art. 3 Abs. 2 lit. a.

Schließlich dürfen Fördermittel nur bereit gestellt werden, um eine Restrukturierung zu unterstützen, die das Überleben des Instituts sichern soll, nicht aber im Falle seiner Abwicklung.[98] Hier zeigt sich ein generelles terminologisches Problem in der deutschen Version der BRRD, die den zentralen Begriff *resolution* mit Abwicklung übersetzt. Abwicklung ist aber eigentlich das *winding-up*, das die ESM-Richtlinie verwendet. *Winding-up* bedeutet Abwicklung im insolvenzrechtlichen Sinne, mit deren Ende die rechtliche Existenz des Instituts endet, während *resolution* die gesamte Bandbreite der von der BRRD zur Verfügung gestellten Mechanismen einschließt, die eine Abwicklung i.e.S. gerade vermeiden und stattdessen das Überleben des Instituts oder jedenfalls seiner systemrelevanten Teile sichern wollen.

Übersetzt man beide Begriffe mit Abwicklung, ergibt sich der scheinbare Widerspruch, dass ESM-Förderung zwar in Verbindung mit Abwicklungsmechanismen, aber nicht zur Abwicklung des Instituts gewährt werden darf. Gemeint ist aber folgendes: ESM-Mittel dürfen nur an das Institut gewährt werden, wenn es selbst überleben soll, sowie zusätzlich an Brückeninstitute oder Zweckgesellschaften (*bridge bank* oder *asset management vehicle*), wenn die von diesen gehaltenen Vermögenswerte vom Institut stammen, das selbst zur Gewährleistung seines Überlebens vom ESM gefördert wird.[99] Soll das Ausgangsinstitut hingegen im insolvenzrechtlichen Sinne abgewickelt werden, darf der ESM diesen Vorgang nicht unterstützen, da es sich nicht um eine Rettungsaktion, sondern um die Entlastung der Insolvenzgläubiger handeln würde.

Die Finanzhilfen des ESM führen nicht zu einer Kreditgewährung, sondern Rekapitalisierung des Instituts mit hartem Kernkapital (CET1) oder anderen Eigenkapitalkomponenten.[100] Ihre Wirkung entspricht daher der eines klassischen staatlichen Bail-outs, und eben dies soll der ESM zur Entlastung des Mitgliedstaates auch leisten. Die oben für die Abwicklungsfinanzierungsmechanismen kritisierten überbordenden Beschränkungen vermeidet das ESM-Regelwerk, was seiner Zielsetzung entspricht, die hier geübte Kritik an der Konzeption der Abwicklungsfinanzierungsmechanismen aber verstärkt. Die primäre Rekapitalisierungsverantwortung

---

98 ESM-Guideline Art. 2 Abs. 3.
99 ESM-Guideline Art. 10 Abs. 2 lit. c spricht von „bridge banks and asset management vehicles", wobei es sich um Brückeninstitute und Zweckgesellschaften im Sinne von Art. 42 BRRD handelt.
100 ESM-Guideline Art. 10 Abs. 1, 2. CET1 ist definiert in der VO (EU) 575/2013.

verlagert sich zwar vom Mitgliedstaat auf den ESM, damit aber wird die eigentliche Zielsetzung der Abwicklungsfinanzierungsmechanismen, die der Vermeidung von staatlichen Bail-outs und einer stärkeren Eigenverantwortung des Finanzsektors inklusive Aktivierung privater Selbstüberwachungsmechanismen, aber konterkariert. Diese müssen zwar einen Beitrag von 5% der Verbindlichkeiten der Instituts geleistet haben, bevor der ESM rekapitalisieren darf, doch erstens kann es sich dabei um Darlehen und damit Fremdkapital handeln, und zweitens können schlichte 5% ein zu geringer Beitrag sein, um eine Verlagerung vom staatlichen auf den privaten Sektor zu bewirken. Die oben geforderte Ausweitung der Finanzierungsmöglichkeiten und stärkere Verantwortung der Abwicklungsfinanzierungsmechanismen muss daher auch im Hinblick auf das Engagement des ESM erfolgen. Eine Rekapitalisierung sollte primär durch die Abwicklungsfinanzierungsmechanismen erfolgen, bei finanziell schwächeren Eurostaaten sekundär durch den ESM und tertiär (im Rahmen seines verbliebenen finanziellen Spielraums) durch den Mitgliedstaat selbst.

V. Das Verhältnis von Bail-ins und Bail-outs zu Einlagensicherungssystemen

Moderne Abwicklungsregime sind nicht als Alternative zu Einlagensicherungssystemen, sondern als Ergänzung zu diesen gedacht.[101] Einlagensicherungssysteme dienen dazu, die Einlagen von Privathaushalten bis zu festgelegten Kappungsgrenzen gegen den Zahlungsausfall von Einlageninstituten abzusichern, und das nicht nur im Interesse der Begünstigten.[102] Aus systemischen Gründen ist geboten, einem anderenfalls einsetzenden (und aus Sicht des einzelnen Einlegers sogar rationalen) *run* auf die kontoführenden Stellen entgegen zu wirken, der zum Abzug der Sichteinlagen

---

101 Daher zumindest missverständlich *Chen/Godwin/Ramsay*, Cross-Border Resolution in Bank Resolution: a Framework for Asia, Singapore Journal of Legal Studies (SJLS) 2016, 1, 18, die einen Konflikt andeuten und daraus wohl auf ein Exklusivitätsverhältnis schließen wollen.
102 Die Einlagensicherungssysteme in den EU-Staaten gehen auf die RL 2014/49/EU, ABl. EU 2014 L 173/149, zurück. Zur Verschmelzung der nationalen auf ein gemeinsames Einlagensicherungssystem im Euroraum als dritte Säule der Bankenunion siehe die Nachweise oben in Fn. 2.

und wegen des Prinzips der *fractional reserves* zur Eskalation von Liquiditätsengpassen zu Insolvenzen führen würde.[103]

Demgegenüber widmen sich Abwicklungsregime dem Problem, dass Finanzintermediäre, vor allem Banken, nicht wie sonstige Unternehmen in einem Standardverfahren liquidiert werden können. Einlagensicherungssysteme und Abwicklungsregimes sind daher sich ergänzende Regulierungsmaßnahmen, die gerade erst in Kombination den vielfältigen (systemischen) Gefahren des Kredit- und sonstigen Finanzgewerbes zu begegnen vermögen.

Diese Parallelexistenz beider Mechanismen bedeutet jedoch auch, dass diese aufeinander abgestimmt werden müssen, wenn eine Abwicklung einen Fall betrifft, der auch die Einlagensicherung berührt. Das ist bei einem Bail-in der Fall, da zwar generell die Gläubiger der Bank zu einem Schuldenschnitt gezwungen werden, hiervon jedoch die gedeckten, also gerade die von der Einlagensicherung erfassten Einlagen ausgenommen sind (siehe oben III. 2. b). Hat die Anwendung der Abwicklungsmechanismen Erfolg, so dass die systemisch relevanten Teile der Bank, also auch die Einlagen bis zur Höhe ihrer Absicherung, überleben, wird der Sicherungsfall vermieden und das Einlagensicherungssystem nicht in Anspruch genommen. Würde ein Versicherungsfall eintreten, würden dessen Kosten das Einlagensicherungssystem treffen, insb. wenn die Bank abgewickelt würde.

Daraus folgt, dass sich das Einlagensicherungssystem an den Kosten des Abwicklungsverfahrens beteiligen muss. Die BRRD ordnet an, dass das Einlagensicherungssystem in der Höhe „haftet", in der die Einleger als Gläubiger des Instituts zum Schuldenschnitt beigetragen hätten, wenn sie nicht vom Bail-in ausgenommen wären.[104] Diese „Haftung" ist auf den Betrag begrenzt, den die Einlagensicherung ausbezahlt hätte, wenn das Institut im Wege einer gewöhnlichen Insolvenz abgwickelt worden wäre,[105] was wiederum dem Prinzip des „no creditor worse off" (oben III. 1.) entspricht.

Wie dieser (mit „Haftung" misdenominierte) Ausgleich praktisch von Statten geht, wird von der Richtlinie nur rudimentär beantwortet. Die Zah-

---

103 *Lastra,* Central Bank Independence and Financial Stability, 18 Revista de Estabilidad Financiera (2010), 49, 63.
104 Art. 109 Abs. 1 lit. a BRRD.
105 Art. 109 Abs. 1 BRRD.

lung muss bar erfolgen,[106] doch zur Rechtsnatur der Zuwendung und deren Empfänger schweigt sie sich aus. Diese Fragen führen zu folgenden Erwägungen:

- Nehmen wir an, dass die Zuwendung an die Bank erfolgt, wofür immerhin spricht, dass der Schuldenschnitt zu einem Freiwerden von den gegen sie gerichteten Forderungen und daher wirtschaftlich zu einem der Barzahlung entsprechenden wirtschaftlichen Ergebnis geführt hätte. Würde diese Leistung des Einlagensicherungssystems ein Darlehen darstellen, würde sich an der Hauptproblematik, der Unterbilanz der Bank, nichts ändern. Auch würde das Einlagensicherungssystem mit dieser Gestaltung nicht an die Stelle der geschonten Einleger treten, die als Gläubiger der Bank eigentlich einen Schuldenschnitt hinnehmen müssten. Sie würden entweder zu Eigenkapitalgebern werden oder ihre Forderungen abgeschrieben oder reduziert werden, so dass sich in jedem Falle aus Sicht der Bank das Verhältnis von Eigen- zu Fremdkapital verbessern würde. Umgekehrt verhielte es sich bei einem Darlehen. Das spricht dafür, dass das Einlagensicherungssystem Eigenkapital beisteuern muss. Unproblematisch ist aber auch das nicht, denn damit wird ein Einlagensicherungssystem zum Anteilsinhaber einer Bank, was Fragen aufwirft. Wie soll dieses nicht auf Teilnahme am Wirtschaftsverkehr ausgerichtete System seine Stimme ausüben? Oder soll es etwa keine Beteiligung an der Bank erhalten, denn im Versicherungsfalle hätte es auch nur ausbezahlt, ohne hierfür einen Gegenwert zu erhalten, während es nun über Anteile verfügen soll, die einen Gegenwert besitzen? Gegen eine kompensationslose Zuwendung spricht aber aus Sicht der Bank, dass diese etwas erhielte, was wiederum ihr nicht zusteht, nämlich eine Barzuwendung ganz ohne Gegenleistung, während ein Bail-in der Einleger zu einem debt-to-equity-swap geführt hätte. Zwar wäre die Bank im Versicherungsfalle in Höhe der Leistung des Einlagensicherungssystems von ihren Einlageforderungen frei geworden, das aber im Liquidationsstadium, während sie nun fortbesteht, so dass die Situation an einem Bail-in, nicht an einer Kompensation an die Einleger im Falle eines kompletten Zahlungsausfalls zu messen ist.
- Statt an die Bank könnte die Zahlung auch an die Einleger erfolgen, die dann in gleicher Höhe ihre Einlageforderungen verlieren würden, aber das würde zu einem Verlust der Kunden führen, auf die die Bank

---

106 Art. 109 Abs. 3 BRRD.

zur Fortführung ihres Gewerbes angewiesen ist. Auch eine Zahlung an dasjenige Rechtssubjekt, das in Ergänzung zum Bail-in einen Beitrag zum Eigenkapital leistet (die Abwicklungsfinanzierungsmechanismen, den Mitgliedstaat oder den ESM), könnte wertungsmäßig nicht funktionieren. Hierdurch würde dieser Geldgeber durch eine Zahlung ohne Gegenleistung ohne ersichtlichen Grund bereichert. Alternativ müssten die vom Kapitalgeber für sein Bail-out erhaltenen Anteile an dem Institut an das Einlagensicherungssystem weiter gereicht werden, was aber wiederum die schon angesprochene Problematik aufwerfen würde, dass ein Einlagensicherungssystem nicht zum Anteilseigner taugt.

Eine Version ganz ohne Unstimmigkeiten existiert nicht, Die wenigsten Folgeprobleme verspricht jedoch in der Tat der Weg, den die Richtlinie in ihrer Knappheit indiziert: eine Barzahlung an die Bank ganz ohne Gegenleistung.

VI. Liquiditätshilfe durch Zentralbanken

Das Geschäftsmodell der Banken basiert auf dem Prinzip der Liquiditätstranformation. Kurzfristig abrufbare Verbindlichkeiten, vor allem Sichteinlagen, bilden die Finanzierungsbasis für Vermögenswerte mit längerer Zuteilungsreife, vor allem Kreditforderungen, aber auch Finanztitel. Banken reduzieren ihren Bestand an Bargeld und hochliquiden, d.h. schnell und ohne Verluste in Bargeld transformierbaren Finanztiteln, auf das Minimum dessen, was im normalen Geschäftsbetrieb zur Auszahlung abgerufener Verbindlichkeiten notwendig ist.[107] Falls im Einzelfall höherer Liquiditätsdeckungsbedarf besteht, kann dieser regelmäßig über den Interbankenkreditmarkt (*interbank lending market*) und überhaupt an den Märkten durch Kurzzeitkredite (*wholesale lending market*) gedeckt werden.[108]

Das ändert sich, wenn entweder die Märkte generell verunsichert sind oder die Solvenz des betroffenen Instituts in Frage steht. Das Abwicklungsverfahren sieht für letzteren Fall die oben (IV. 3.) besprochenen Kre-

---

107 Zu diesem Prinzip der „fractional reserves" siehe den Nachweis in Fn. 103 und zu den hierauf abzielenden Baseler Vorgaben zum Liqudity Coverage Ratio in Fn. 10.
108 Zum „interbank lending" oben die Nachweise in Fn. 30.

dite der Abwicklungsfinanzierungsmechanismen vor. Weitaus wichtiger aber sind die Liquiditätsfazilitäten und die Notfallliquiditätshilfe, besser bekannt als Emergency Lending Assistant (ELA), der Zentralbanken, die im Folgenden besprochen werden.

1. Liquiditätsprogramme als Bestandteil der Geldpolitik

Die expansive Geldpolitik des Eurosystems ist in aller Munde. Der Finanzsektor in der Eurozone wird seit Ausbruch der Finanzkrise im Euroraum (2008) mit nie dagewesenen Volumina an Liquidität geflutet, was der Rat der EZB stets mit geldpolitischen Gründen (gestörte Transmission der Geldpolitik zur Bekämpfung deflationärer Tendenzen) begründet.[109] Die damit verbundenen rechtlichen Fragen, die auch den EuGH beschäftigt haben, sollen hier nicht erörtert werden.[110] Es genügt ein knapper Überblick über die Wirkung dieser geldpolitischen Maßnahmen auf das Liquiditätsmanagement der Banken.

Banken müssen sich in Zeiten konventioneller Geldpolitik hauptsächlich über die Märkte finanzieren, da die Zentralbanken Liquidität nur in begrenztem Maße bereit stellen, in der Eurozone vor allem durch volumenmäßig begrenzte Kredite, die im Bieterverfahren an Banken vergeben werden.[111] Gehen die Zentralbanken jedoch dazu über, unkonventionelle Geldmarktpolitik zu betreiben, können die Banken weitaus größere Volumina über die Liquiditätsfazilitäten erhalten, im Extremfall sogar ihren gesamten Bedarf an Krediten darüber decken, wenn die Zentralbanken die

---

109 Zu den einzelnen geldpolitischen Offenmarktgeschäften des Eurosystems (Anleihekaufprogrammen) siehe Decision of the European Central Bank of 14 May 2010 on establishing a securities markets programme, ABl. EU 2010 L124/8 (ECB/2010/5); European Central Bank, Asset Purchase Programmes; European Central Bank, Economic Bulletin Issue 1/2015. Im Überblick auch Hofmann, Greek Debt Relief, Oxford Journal of Legal Studies (OJLS) 2017, 1, 10 f. Zur Begründung des EZB-Rats mit Transmissionsschwierigkeiten a.a.O., S. 12-14.
110 Zu diesen *Hofmann*, OJLS 2017, 1, 11-30.
111 Zu den Kreditverfahren siehe ECB, The Financial Risk Management of the Eurosystem's Monetary Policy Operations (Europäische Zentralbank July 2015), S. 11-32. Speziell zum Bieterverfahren ECB, The Implementation of Monetary Policy in the Eurozone – General Documentation on Eurosystem Monetary Policy Instruments and Procedures (Europäische Zentralbank Feb 2011), S. 31-41.

Märkte komplett ersetzen, wie es zum Höhepunkt der Finanzkrise vornehmlich in den USA und in ganz Europa der Fall war.

In der Eurozone können Banken seit einigen Jahren Kredite von unbegrenzter Höhe und mit Laufzeiten bis zu 3 Jahren von den Zenralbanken des Eurosystems erhalten.[112] Zudem ist das Eurosystem an den Finanzmärkten als Käufer von Finanztiteln, vor allem Staatsanleihen, aktiv.[113] Das alles führt nicht nur zu einer enormen Ausweitung der Geldmenge, sondern eliminiert das Liquiditätsproblem der Banken. Solange diese die Kriterien für Offenmarktgeschäfte des Eurosystems erfüllen, können sie beim Eurosystem ihren Bedarf an (billigem) Geld abdecken.

Nur solvente Banken, die adäquate Sicherheiten bereit stellen können, haben Zugang zu den Kreditfazilitäten des Eurosystems.[114] Zumeist wird die Sicherheitsbestellung über eine Rückkaufvereinbarung (Repos) abgewickelt.[115] Bei Verkäufen von Finanztiteln an das Eurosystem findet keine solche Rückabwicklung statt; die Finanztitel verbleiben dauerhaft im Eigentum der Zentralbanken im Austausch gegen Gutschrift des Kaufpreises auf dem Einlagenkonto (reserve account) der Bank bei der erwerbenden Zentralbank.

Banken, die mit unvorhergesehenen Abflüssen liquider Mittel konfrontiert sind, haben daher keine Schwierigkeiten, sich Zentralbankgeld zu beschaffen, solange sie über Finanztitel verfügen, die auf der Liste zugelassener Sicherheiten stehen. Hier aber stellt sich ein Problem für die in Abwicklung befindlichen Institute. Sie erfüllen diese Voraussetzungen regelmäßig nicht mehr, insbesondere weil sie längst über ihre Finanztitel mit höherer Liquidität und Bonität verfügt haben.

2. Emergency Liquidity Assistance

Solchen Banken bietet das in Europa (im Euroraum und in Großbritannien) als Emergency Liquidity Assistance (ELA) bezeichnete Institut des

---

112 ECB, The Financial Risk Management of the Eurosystem's Monetary Policy Operations (Europäische Zentralbank Juli 2015), S. 11.
113 Siehe die Nachweise in Fn. 109.
114 ECB, The Financial Risk Management of the Eurosystem's Monetary Policy Operations (Europäische Zentralbank Juli 2015), S. 12.
115 Ausführlicher dazu *Hofmann,* Central bank collateral and the Lehman collapse, CapMLJ 2011, 456.

lending of last resort Liquiditätshilfe.[116] Wie der Name sagt, dient dieser Notmechanismus den Banken als letzte Zuflucht, wenn sie andernorts kein Geld mehr erhalten können.[117] Das wird natürlich gerade in den hier besprochenen Fällen relevant, da, wie mehrfach betont, Banken mit Solvenzproblemen kaum noch Zugang zu den Finanzmärkten besitzen und das Vertrauen der Anleger verlieren.

ELA wirft viele rechtliche und geldpolitische Fragen auf. In der Eurozone fühlt sich das Eurosystem für die Liquiditätsversorgung der Banken im Rahmen allgemeiner geldpolitischer Maßnahmen zuständig, nicht aber für ELA, das daher den einzelnen dem Eurosystem angehörenden nationalen Zantralbanken überlassen wird.[118] Die jeweilige nationale Zentralbank trägt damit das Ausfallrisiko der Empfängerbank alleine, so dass die finanziellen Folgen die Bilanz des Eurosystems nicht belasten. Geldpolitisch wichtiger noch ist, dass die mit der unausweichlichen Absenkung der Vergabebedingungen verbundene negative Signalwirkung nicht das gesamte Eurosystem, sondern (nur) die individuelle Zentralbank trifft. In Zeiten expansiver Geldmarktpolitik haben um ELA ersuchende Banken deswegen keinen Zugang zu den Liquiditätsfazilitäten, die das Eurosystem bereitstellt, weil sie die Bedingungen zur Teilnahme an den Offenmarktgeschäften nicht erfüllen, vor allem die zwingend vorgesehenen Kreditsicherheiten nicht bereit stellen können.

Andere Zentralbanken, z.B. das US-amerikanische Federal Reserve System (Fed) und die Bank of England (BoE) reagieren hierauf mit einem

---

116 Siehe zu den Details EZB, ELA Procedures (the procedures underlying the Governing Council's role pursuant to art. 14.4 of the ESCB-/ECB Statute with regard to the provision of ELA to individual credit institutions), abrufbar unter https://www.ecb.europa.eu/pub/pdf/other/201402_elaprocedures.en.pdf?10-cc0e926699a1984161dc21722ca841.

117 Das Konzept des Lending of Last Resort geht wesentlich zurück auf *Walter Bagehot* und seine Schrift 'Lombard Street: A Description of the Money Market' von 1873. Diese stützt sich auf das Werk von *Henry Thornton* 'The Paper Credit of Great Britain' aus dem Jahr 1802. Zu den Bedingungen, die eine Bank generell erfüllen muss, um Lending of Last Resort zu erhalten (Bagehot-Kriterien), siehe *Campbell/Lastra,* Revisiting the Lender of Last Resort, Banking & Fin. L. Rev. 2008-09, 453, 465.

118 Dies geht zurück auf Art. 14 Abs. 4 des Statuts des Europäischen Systems der Zentralbanken und der EZB (Protokoll 4) (kurz ESZB-/EZB-Statut), ABl. EU 2012 C 326/230.

abgestuften System von Liquiditätsfazilitäten.[119] Primäre Fazilitäten wenden sich an Banken, deren Solvenz außer Frage steht und die Sicherheiten an Vermögenswerten mit geringem Ausfallrisiko (und entsprechend gutem Rating) bestellen können. Für die sekundären Fazilitäten werden diese Standards abgesenkt, um auch den Problembanken Liquiditätshilfe bieten zu können.

Mit der strikten Abspaltung von ELA von den Geldmarktgeschäften kann das Eurosystem diese problematischsten aller Fälle auf die nationale Ebene abwälzen.[120] Dafür kommen durchaus rechtliche Argumente in Betracht, denn dass ein strikt auf Preisstabilität verpflichtetes System dazu ermächtigt ist, ein rein der Finanzstabilität dienendes Institut wie ELA anzubieten, ist nicht offenichtlich.[121] Doch solche Fragen lenken vom Kern der Thematik ab. Die sich für das Abwicklungsregime stellende Frage lautet, ob ELA zur Bankenrettung taugt oder durch die neu geschaffenen Abwicklungsmechanismen obsolet geworden ist. Die BRRD und ELA-Bestimmungen schweigen sich (bislang) zum Verhältnis von Abwicklungsmechanismen und ELA aus.

Zu dieser wenig diskutierten Frage wird die Ansicht vertreten, dass Zentralbanken generell und das Eurosystem im Besonderen eine stärkere Rolle bei der Rettung von Banken übernehmen sollten.[122] Dafür spricht, dass die Finanzkraft der Zentralbanken rechtlich unbegrenzt ist, da Zen-

---

119 Zu den Fazilitäten der Fed siehe Federal Reserve System, Report Pursuant to Section 129 of the Emergency Economic Stabilization Act of 2008: Asset-Backed Commercial Paper Money Market Mutual Fund Liquidity Facility (Sep 2008); *Carlson/Wheelock,* The Lender of Last Resort: Lessons from the Fed's First 100 Years 32-36, (Fed. Res. Bank of St. Louis Working Paper No. 56B, Nov 2012 and rev. Feb 2013). Zur Bank of England siehe The Bank of England's Sterling Monetary Framework (updated June 2015); *Plenderleith,* Review of the Bank of England's Provision of Emergency Liquidity Assistance in 2008-09 (Oct. 2012). Zu beiden auch *Campbell/Lastra,* 24 Banking & Fin. L. Rev. 2008-09, 453.

120 Dazu kritisch *Schoenmaker,* What kind of stability for Europe?, in: Goodhart (Hrsg.), Which Lender of Last Resort for Europe? (Central Bank Publications 2000), 215, 218 f.

121 Zum Primat der Preisstabilität Art. 127 Abs. 1 AEUV und wortgleich Art. 2 ESZB-/EZB-Statut. Siehe auch die Aufgaben des Eurosystems in Art. 127 Abs. 2 AEUV und die rechtlich schwer einzuordnende Bestimmung in Art. 127 Abs. 5 AEUV. Zum Ganzen *Steinbach,* The Lender of Last Resort in the Eurozone, 53 CMLR 361 (2016).

122 *Gordon/Ringe,* Bank Resolution in the European Banking Union: A Transatlantic Perspective on What it Would Take', Columbia Law Review 2015, 1297; zustim-

tralbanken auch bei Überschuldung nicht liquidiert werden, daher unbegrenzt Geld schöpfen, an Banken verleihen und Ausfallrisiken übernehmen können. Sie sind sogar in einer besseren Situation als Staaten, für die als rechtliche Schranken zwar nur die als „Schuldenbremse" bezeichneten und in der Verfassung vereinbarten Schuldenobergrenzen existieren, die jedoch dem faktischen Limit unterliegen, dass ihr Staatshaushalt nicht durch kreiertes Geld, sondern durch Schuldenaufnahme finanziert ist.[123] Wer nicht die globale Leitwährung stellt und damit faktisch unbegrenzt an den Finanzmärkten Geld aufnehmen kann, stößt an die Grenzen der finanziellen Leistungsfähigkeit, wenn fällige Rückzahlungen nicht durch Steuereinnahmen und neue Schulden gedeckt werden können.

Doch auch für Zentralbanken gibt es faktische Grenzen der finanziellen Leistungsfähigkeit. Um das Vertrauen in die Währung zu erhalten, ist eine Zentralbank gehalten, die Geldmenge nicht zu stark auszuweiten und ihre Bilanz in Ordnung zu halten, also keine massiven Verluste zu erleiden (woran auch der Staat interessiert ist, da Gewinne nur aus Überschüssen und bei intaktem Kapital ausgeschüttet werden).[124] Die Zentralbanken der EU, also vor allem auch das Eurosystem, sind besonders streng auf geldpolitische Maßnahmen beschränkt und dürfen diese nicht fiskalpolitischen Zielen unterordnen oder gar im Interesse fiskalpolitischer Ziele ihre eigenen Finanzen und die von ihnen emittierte und verwaltete Währung Risiken aussetzen, was sich aus dem Verbot der monetären Staatsfinanzierung (Art. 123 AEUV) ableiten lässt.

Gegen Liquiditätshilfen für Banken in einem Stadium, in dem die Abwicklungsmaßnahmen der BRRD Anwendung finden, sprechen auch die gleichen Gründe, die einem staatlichen Bail-out entgegen stehen. Die Kosten der Rettungsmaßnahme trägt die Allgemeinheit, was bei unabhängigen (Art. 130 AEUV) Zentralbanken besonders problematisch ist, da ihre Legitimation durch und Verantwortlichkeit gegenüber dieser Allgemeinheit allenfalls höchst indirekt besteht. Solche Argumente mögen in einer akuten Krise, die mit erheblichen Gefahren für die Finanzstabilität verbunden

---

mend *Schillig* Resolution and Insolvency of Banks and Financial Institutions (Oxford University Press 2016), Rn 12.35.
123 Dafür sorgt in der EU schon das Verbot der monetären Staatsfinanzierung (Art. 123 AEUV).
124 Zu den Grundsätzen und Gefahren ECB, The financial risk management of the Eurosystem's Monetary Policy Operations 5 (Juli 2015), S. 5; *Goodhart*, Myths about the Lender of Last Resort, International Finance 1999, 339, 343.

ist, zurückzutreten haben, aber im Gefüge aller Maßnahmen des neuen Abwicklungsregimes sollte Liquiditätshilfe primär von den Abwicklungsfinanzierungsmechanismen geleistet werden, und Banken mit Solvenzproblemen sollten erst dann Zugang zu ELA (sowie überhaupt zu den Kreditfazilitäten der Zentralbanken) erhalten, wenn ihre Rekapitalisierung durch die Märkte, den Heimatstaat, den ESM und wiederum die Abwicklungsfinanzierungsmechanismen sichergestellt und daher das Ausfallrisko der Zentralbanken drastisch reduziert ist.

VII. Zusammenfassung der Ergebnisse

Mit der BRRD unternehmen die EU-Staaten einen ernsthaften Versuch, die Stakeholders im Finanzsektor zur Veranwortung zu ziehen, wenn sich die von ihnen eingegangenen Risiken realisieren, und die implizite Garantie eines staatlichen Bail-outs aufzukündigen. Dazu dient vor allem der Abwicklungsmechanismus Bail-in, mit dem sich die Rechtsposition von Eigenkapitalgebern und Gläubigern verschlechtert, z.B. indem erstere ihre Beteiligung an Finanzunternehmen (teilweise) verlieren und letztere einem Schuldenschnitt unterworfen werden.

Da jedoch aus durchaus berechtigten Gründen etliche Forderungen vom Bail-in ausgenommen sind, ist dessen Wirkung begrenzt und ersetzt eine staatlich finanzierte Intervention zur Rettung der systemisch-relevanten Teile eines Kreditinstituts nur dann, wenn die Unterbilanz (ausnahmsweise) wenig ausgeprägt ist. In allen anderen Fällen sorgt das neue Regime immerhin dafür, dass eine Rettung nicht ganz ohne Beteiligung der Anteilsinhaber und vor allem Gläubiger von Statten geht.

Doch existieren Wege, auf denen die als Grundvoraussetzung einer jeden staatlichen Rekapitalisierung angeordneten Mindestanforderungen an ein vorheriges Bail-in ausgehebelt werden können. Was als absolute Ausnahme angedacht ist, kann leicht zur Regel werden, wenn Politiker der Meinung sind, dass steuerfinanzierte Bail-outs die Wählerschaft weniger erzürnen als Schuldenschnitte, die etwa Privathaushalte als Inhaber von Unternehmensanleihen oder Einlageguthaben oberhalb der durch die Einlagensicherungssysteme garantierten Deckungsgrenze treffen würden. Sollte sich dies bewahrheiten – und erste Bewährungstests aus Italien weisen in diese Richtung –, so müssten die Ausnahmen durch engere Voraussetzungen eingeschränkt oder ganz gestrichen werden.

Die Notwendigkeit staatlicher Bail-outs wird auch dadurch eingeschränkt, dass der Finanzsektor stärker in die Verantwortung genommen wird. Die BRRD verlangt die Errichtung eines Abwicklungsfinanzierungsmechanimus genannten Fonds, in den alle ihrem Abwicklungsregime angeschlossenen Institute einbezahlen müssen, was Züge einer Notfallversicherung wie auch einer Solidarhaftung trägt. Problematisch daran ist, dass dieser Fonds primär Liquiditätshilfe leisten soll. Zwar ist unterstützenswert, dass hierdurch die Zentralbanken (teilweise) der Rolle eines *lenders of last resort* für dem Anwicklungsregime unterworfene und damit hochgradig finanziell angeschlagene Institute enthoben werden. Hinzu treten muss jedoch eine primäre Verantwortung dieser Fonds für die Rekapitalisierung der Institute, da anderenfalls wiederum nur der staatliche Sektor diese Rolle übernehmen kann. In diesem Punkt muss die BRRD nachgebessert und eine entsprechende Rekapitaliserungsverantwortung deutlich festgeschrieben werden.

Schließlich ist es begrüßenswert, dass der ESM Institute direkt rekapitalisieren und damit dem jeweiligen Heimatstaat des Instituts beispringen kann, um dessen finanziellen Kollaps zu vermeiden. Die Richtlinien für Rekapitalisierung durch den ESM sind gut durchdacht, da sie auf die Beteiligung der Stakeholders Wert legen, die Situation des Mitgliedsstaats berücksichtigen und auf eine Verbesserung der Rahmenbedingungen hinwirken. Lediglich das hier kritisierte Verhältnis zu den Abwicklungsfinanzierungsmechanimen wird nicht adressiert und sollte im Sinne einer primären Verantwortlichkeit dieser sektorspezifischen Fonds (bzw. des SRF) beantwortet werden.

Vermögenszuordnung bei Abwicklung von Oder-Konten

Kai-Oliver Knops, Hamburg[*]

Gemeinschaftskonten[1] spielen in der Praxis eine wichtige Rolle.[2] Im privaten Sektor waren Gemeinschaftskonten früher vor allem zwischen Eheleuten oder Familienangehörigen üblich, bei denen jeder Mitinhaber allein über das Konto verfügungsberechtigt ist (sog. Oder-Konten).[3] Heute achten Partner viel mehr auf ihre finanzielle Unabhängigkeit und Trennung der Finanzen. Angesichts steigender Konten- und Postenpreise erlebt das Gemeinschaftskonto allerdings derzeit offensichtlich eine gewisse Renaissance. Gerade im Alter werden häufig bestehende Einzelkonten aufgelöst und in einem gemeinsamen Konto zusammengeführt. Auch nutzen zuweilen Interessen- und Wohngemeinschaften diese Kontoart. Gemeinschaftskonten werden oft auch von Freiberuflern genutzt; ebenso von Unternehmen, die sich für ein Projekt zusammengetan haben.[4] In allen diesen Fällen endet mit einer (beruflichen) Trennung, Ehescheidung oder dem Tod eines Kontoinhabers diese Kontoverbindung nicht automatisch; vielmehr entbrennt oft erst dann zum Teil erbitterter Streit über ein auf dem Konto noch vorhandenes Guthaben oder über zwischenzeitliche größere Verfügungen zugunsten nur einer Partei. In der Rechtsprechung und Literatur wird oft pauschal eine Gesamtgläubigerschaft oder Bruchteilsgemeinschaft zwischen den Kontomitinhabern angenommen und das Guthaben

---

[*] Prof. Dr. Kai-Oliver Knops, Lehrstuhl für Zivil- und Wirtschaftsrecht, insb. Bank-, Kapitalmarkt- und Verbraucherrecht, Universität Hamburg.
[1] Siehe dazu ausf. *Schwintowski,* BankR, 4. Auflage, 2014, § 6 Rn. 11 ff.
[2] *Bork,* Zahlungsverkehr in der Insolvenz, 2002, S. 10 m.w.N. Gesamtzahlen von derartigen Konten in Deutschland sind nicht bekannt. Weder die Deutsche Bundesbank noch die Bundesanstalt für Finanzdienstleistungsaufsicht erheben zu Gemeinschaftskonten Statistiken; nicht anders sieht es offensichtlich bei den großen Verbänden der Kreditwirtschaft aus.
[3] *Rütten,* Mehrheit von Gläubigern, 1989, S. 206; Hadding, WM-FG Hellner, 1994, S. 4 f.
[4] Allerdings liegt ein Gemeinschaftskonto nicht vor, wenn die Personen vertretungsberechtigt für eine Gesellschaft ein Konto eröffnen, womit die Gesellschaft Inhaberin eines Einzelkontos wird (Derleder/Knops/Bamberger-*Hucke,* Dt. u. eur. Bank- u. KapialmarktR, 3. Auflage, 2017, § 43 Rn. 1).

entsprechend den Im-Zweifel-Regelungen der §§ 428, 742 BGB geteilt. Mit dieser Handhabung wird den Absprachen oder berechtigten Interessen der Parteien, die überhaupt erst zu einem gemeinsamen Konto geführt haben, oft nicht hinreichend entsprochen.

Im Folgenden soll zunächst für das Verständnis der Funktionsweise und der Bankenpraxis kurz auf das Außenverhältnis der Kontoinhaber zur Bank eingegangen werden, dann aber vor allem das Verhältnis der Kontoinhaber untereinander in Bezug auf die Vermögenszuordnung näher betrachtet werden. Da es ausschließlich um abzuwickelnde Konten mit vorhandenem Guthaben geht, bleiben Überlegungen zu Insolvenzfällen außen vor. Gleiches gilt für Zugriffe Dritter auf das Konto. Praktisch relevant sind zudem Umwandlungen von Oder- zu Und-Konten, die nach den Vertragsbedingungen oft einseitig möglich sind. Angesichts der zum Teil diffizil zu ermittelnden Rechtsfolgen und der damit verbundenen, erheblichen wirtschaftlichen Folgen stehen möglicherweise bestehenden Aufklärungs- und Warnpflichten bei der Begründung derartiger Konten am Schluss der Betrachtung.

I. Oder-Konten

Zahlungskonten i.S.d. §§ 675 c ff. BGB, die zur Ausführung von Zahlungsvorgängen dienen, können bei Banken von mehreren Zahlungsdienstnutzern gemeinsam eingerichtet oder bisherige Einzelkonten entsprechend umgewandelt werden. Von Gemeinschaftskonten spricht man, wenn zwei oder mehr natürliche oder juristische Personen Kontoinhaber und damit Gläubiger oder Schuldner der Bank sind.[5] Für die Wahl des Kontomodells ist entscheidend, wie die Verfügungsberechtigung geregelt werden soll, also ob alle nur gemeinsam verfügen dürfen oder jeder einzeln. Seit Einführung der AGB-Banken und AGB-Sparkassen 1993 ist den allgemeinen Geschäftsbedingungen nicht mehr zu entnehmen, was gelten soll, wenn die Vereinbarung der Parteien nicht eindeutig ist. Damit kommt dem konkreten Inhalt des Kontoeröffnungsvertrages, der die Rechte und Pflichten der Parteien formularmäßig festlegt, die entscheidende Bedeu-

---

5 *Bork*, S. 10 m.w.N. Gesamtzahlen von derartigen Konten in Deutschland sind nicht bekannt. Weder die Deutsche Bundesbank noch die Bundesanstalt für Finanzdienstleistungsaufsicht erheben hierzu Statistiken; nicht anders sieht es bei den großen Verbänden der Kreditwirtschaft aus.

tung zu[6], hilfsweise den Umständen, die zur der Einrichtung des gemeinsamen Kontos geführt haben. Allerdings geben die einschlägigen Formulare der Kreditwirtschaft hierüber unzweideutig Auskunft und unterscheiden sich hierzu wie auch hinsichtlich der übrigen Vertragsbedingungen nur unwesentlich.

Von sog. Oder-Konten spricht man, wenn jeder Inhaber kraft (formularmäßiger) Abrede über das gemeinschaftliche Konto allein verfügungsberechtigt ist. Solche Abreden kommen als Girokonto, Festgeldeinlage, Depotverhältnis oder Sparkonto vor.[7] In Formularen privater Banken ist von der Eröffnung eines Gemeinschaftskontos oder –depots mit Einzelverfügungsberechtigung („Oder-Konto") schon in der Überschrift die Rede und die Verfügungsberechtigung findet sich in dem weiteren Vertragstext beispielhaft wie folgt: „Jeder Konto-/Depotinhaber darf über die Konten/ Depots ohne Mitwirkung aller Konto-/Depotinhaber verfügen und zu Lasten der Konten/Depots alle mit der Konto-Depotführung im Zusammenhang stehenden Vereinbarungen treffen, sofern nicht nachstehend etwas anderes geregelt ist:". [8] Im Sparkassenbereich lauten konkrete Formulierungen etwa: „Einzelverfügungsberechtigung der Kontoinhaber: Sind mehrere Personen Kontoinhaber, so ist jede von ihnen berechtigt, über das Kontoguthaben sowie einen eingeräumten Kreditrahmen zu verfügen und das Konto bei entsprechender Duldung durch die Sparkasse auch darüber hinaus in Anspruch zu nehmen (geduldete Überziehungen). Jeder Kontoinhaber haftet auch für solche Verbindlichkeiten, die durch Verfügungen eines anderen Mitkontoinhabers oder eines Bevollmächtigten über das Konto entstanden sind. Dies gilt auch für Kontoüberziehungen in einem der Kontoverbindung angemessenen Rahmen".[9]

---

[6] Derleder/Knops/Bamberger-*v.Plehwe*, Hdb. z. dt. u. europ. Bankrecht, 2. Auflage, 2009, § 19 Rn. 20 m.zahlr.w.N.

[7] Derleder/Knops/Bamberger-*Hucke*, Dt. u. eur. Bank- u. KapialmarktR, 3. Auflage, 2017, § 43 Rn. 2.

[8] Siehe das Muster bei Schimansky/Bunte/Lwowski-*Hadding/Häuser*, BankR-Hdb., 5. Auflage, 2017, Anh. 1 zu § 35. Danach folgen Regelungen zu Kreditverträgen und Kontoüberziehungen, Termingeschäften, Vollmachten und zur Auflösung der Konten.

[9] Formular Kombivertrag Privatgirokonto (Fassung Dezember 2016).

1. Außenverhältnis

Durch die Abrede im Oder-Konto ist jeder Kontoinhaber im Verhältnis zur Bank als Zahlungsdienstleister berechtigt, alleine und ohne Zustimmung oder Mitwirkung des anderen Inhabers, ganz oder teilweise über das auf dem Konto befindliche Guthaben zu verfügen.[10] Unstreitig ist, dass die Kontoinhaber durch die Kontoeröffnung und -führung eine Einzelverfügungsbefugnis[11] hinsichtlich des gesamten Kontoguthabens erlangen.

Umstritten ist hingegen die Charakterisierung der Stellung der Kontoinhaber schlechthin. Nach der h.M. sollen diese Gesamtgläubiger nach § 428 BGB[12] sein.[13] Dies ist keine rein akademische Frage, sondern determiniert im Außenverhältnis der Kontomitinhaber mit der Bank und zu anderen Gläubigern die Festlegungen zur Abtretbarkeit und Pfändbarkeit des Guthabens, zu den Ansprüchen bei Überziehungen oder im Falle der Insolvenz etc., was hier nicht näher vertieft werden soll. Gegen die Annahme einer Gesamtgläubigerschaft im Außenverhältnis zur Bank spricht schon, dass sich diese gerade in Abkehr von § 428 BGB nicht aussuchen kann, an wen sie das Guthaben auszahlt; vielmehr hat sie an den jeweils die Auszahlung fordernden Kontoinhaber zu leisten oder auf dessen Anweisung an einen Dritten.[14] Damit ist schon die Grundtatbestand zur Gesamtgläubi-

---

10 *Bork*, S. 12; *Hadding*, WM-FG Hellner, 1994, S. 4 f.
11 BGH, Urt. v. 31.3.2009 – XI ZR 288/08, NJW 2009, 2054 Rn. 13 m. zahlr. w. N. aus Rspr. u. Lit.; , s. dazu die Anm. *Hadding*, WuB I C 3 Sonderkonto 1.09, der zu Recht auf die bis dahin bestehenden Divergenzen in der Rechtsprechung des BGH zur Bruchteilsgemeinschaft an einer Forderung (Gläubigermehrheit nach § 432 BGB) hinweist.
12 Spiegelbildlich zum kreditorischen Kontostand soll im Falle eines debitorischen Kontostandes für alle Kontoinhaber eine gesamtschuldnerische Haftung (§ 427 BGB) entstehen, mit der Folge, dass alle Vertragspartner der Bank für deren Anspruch als Gesamtschuldner in voller Höhe einzustehen haben.
13 KG BankArch. 1937/38, 435; BVerwG, Urt. v. 26.9.1958 – IV C 160.56, WM 1958, 1510; BGH, Urt. v. 8.7.19855 – II ZR 16/85, BGHZ 95, 185, 187; OLG Nürnberg, Beschl. v. 16.1.2002 – 5 W 4355/01, WM 2003, 243, 244; OLG Nürnberg, Urt. v. 24.11.1960 – 2 U 158/60, NJW 1961, 510 f.; OLG Koblenz, Urt. v. 17.7.1990 – 3 U 15/88, NJW-RR 1990, 1385; RGRK-Fischer, 11. Auflage, 1960, § 428 Anm. 4; *Gernhuber*, WM 1997, 645 f.; ablehnend *Meier*, AcP 205 (2005), 858, 874 ff. Entsprechend dem jeweilig verfolgten Konzept ergeben sich Unterschiede zu Fragen der Abtretung und Pfändbarkeit, Ansprüchen bei Überziehungen oder im Falle der Insolvenz.
14 Schimansky/Bunte/Lwowski-*Hadding/Häuser*, BankR-Hdb., 5. Auflage, 2017, § 35 Rn. 7 m.w.N.

gerschaft nicht erfüllt, was allerdings entweder ohne Begründung für belanglos erklärt wird[15] oder zur Annahme einer „gesamtgläubigerähnlichen" oder „modifizierten" Gemeinschaftsberechtigung führt.[16] Dann aber bleibt zum einen unsicher, welche Abweichungen im Einzelnen bestehen, was der Rechtssicherheit abträglich ist und auch rechtsdogmatisch unbefriedigend bleibt. Zum anderen fragt sich dann, ob die gesetzlichen Regelungen überhaupt noch Anwendung finden können.[17] Denn wenn der Schuldner nur an einen und nicht auch an den anderen Gesamtgläubiger mit befreiender Wirkung leisten konnte, liegt offensichtlich gar keine Gesamtgläubigerschaft vor.[18] Auch bei Vorliegen einer lediglich unechten Gesamtgläubigerschaft sollen die §§ 428 ff. BGB überhaupt keine Anwendung finden.[19]

Soweit der BGH in früheren Entscheidungen davon spricht, dass die alleinige Verfügungsmacht auf eigener Forderungsinhaberschaft beruhe,[20] geht es der Sache nach nur um das Außenverhältnis zur Bank. Viel näher hätte es allerdings angesichts der genannten Charakterisierung als „Vereinbarung wechselseitiger Vertretungsmacht" gelegen, auf eine (lediglich) wechselseitige Ermächtigung der Kontoinhaber gem. § 185 BGB zu rekurrieren[21], vor allem weil die Forderung, also das verfügbare Guthaben nur ein einziges Mal besteht und eben nicht mehrfach in der Hand jedes Kontomitinhabers liegt. In der Tat kann man diese „künstliche Vervielfältigung (…) separater Forderungen"[22] auch als fundamentale Kritik an der althergebrachten Auffassung zur Gesamtgläubigerschaft insgesamt begreifen,[23] was aber auch zeigt, dass diese Vorstellung über eine Gesamtgläubiger-

---

15 Siehe *Canaris*, Bankvertragsrecht, Stand: 1.4.1988 Rn. 225.
16 KG, Urt. v. 3.11.1975 – 12 U 1269/75, NJW 1976, 807; OLG Dresden, Urt. v. 21.2.2001 – 18 U 1948/00, WM 2001, 1148, 1149; *Selb*, Mehrheiten von Gläubigern und Schuldnern, 1984, § 16 I 3a.
17 Siehe dazu *Rütten*, S. 208 f.
18 BGH, Urt. v. 11.7.1979 – VIII ZR 215/78, juris-Rn. 13; vgl. a. MüKoBGB/*Bydlinski*, 7. Auflage, 2017, § 428 Rn. 4; a.A. BeckOGK-*Kreße*, BGB, Stand: 1.5.2017, § 428 Rn. 16 m.w.N.
19 *Warneyer*, BGB, Bd. 1, 1. Auflage, 1923, Komm. zu § 428. Vgl. auch die zahlreichen Nachweise bei *Rütten*, S. 169 Fn. 128.
20 BGH, Urt. v. 8.7.1985 – II ZR 16/85, BGHZ 95, 185, 187; BGH, Urt. v. 4.3.1959 – V ZR 181/57, BGHZ 29, 364; BGH, Urt. v. 30.10.1990 – XI ZR 352/89, WM 1990, 2067, 2068; BGH, Urt. v. 29.4.1986 – IX ZR 145/85, WM 1986, 841, 843.
21 *K. Schmidt*, Festschrift Hadding, 2004, S. 1093, 1110.
22 *K. Schmidt*, Festschrift Nobbe, 2009, S. 187, 190.
23 Siehe Staudinger/*Noack*, 13. Bearb. 2005, § 428 Rn. 24.

schaft jedenfalls auf das Innenverhältnis der Kontomitinhaber, die sich mittels des Kontos lediglich wechselseitig zur Verfügung ermächtigen, offenbar nicht passt.[24]

2. Innenverhältnis

In den Eröffnungsverträgen wird nur das Verhältnis der Kontomitinhaber zu der Bank geregelt. Sowohl die Inhaberschaft des Kontos als auch die Regelungen der Verfügungsberechtigung betrifft ausschließlich das Außenverhältnis zur Bank als Schuldner[25], womit aber noch nichts über das Verhältnis der Kontoinhaber zueinander gesagt ist. Im Innenverhältnis beruht die Einräumung einer alleinigen Verfügungsberechtigung jedes Inhabers auch lediglich auf einer (gegenüber der Bank erklärten) Vereinbarung wechselseitiger Vertretungsmacht[26] und zwar zur Verfügung wie über ein Konto des anderen. Die Einzelverfügungsbefugnis bezieht sich dabei auf positive Kontensalden, also den kreditorischen Kontostand.[27] Eine Vermögenszuordnung wird damit nicht verbunden und zwar erst recht nicht für den Fall der Auflösung des Kontos; beides bleibt nach der Formularpraxis der Kreditwirtschaft bewusst offen.[28] Ebenso wie im Außenverhältnis Kontoinhaberschaft und Gläubigerstellung auseinanderfallen können[29], bedeutet die Mitinhaberschaft und Verfügungsberechtigung keineswegs,

---

24 Weitere Einwände gegen die Gesamtgläubigerschaft bei MüKoBGB/*K. Schmidt*, 7. Auflage, 2017, § 741 Rn. 55 m.zahlr.w.N.; insgesamt dagegen wiederum Schimansky/Bunte/Lwowski-*Hadding/Häuser*, BankR-Hdb., 5. Auflage, 2017, § 35 Rn. 5a.
25 BGH, Urt. v. 18.10.1994 – XI ZR 237/93, BGHZ 127, 229; BGH, Beschl. v. 26.9.1985 – III ZR 171/84, WM 1986, 35; Schimansky/Bunte/Lwowski-*Hadding/Häuser*, BankR-Hdb., 5. Auflage, 2017, § 35 Rn. 1.
26 BGH, Urt. v. 22.1.1991 – XI ZR 111/90, WM 1991, 313; Palandt-*Sprau*, 76. Auflage, 2017, § 675 f. Rn. 23.
27 BGH, Urt. v. 30.10.1990 – XI ZR 352/89, WM 1990, 2067, 2068; BGH, Urt. v. 19.4.2000 – XII ZR 62/98, NJW 2000, 2347, 2348; Derleder/Knops/Bamberger-*Hucke*, Dt. u. eur. Bank- u. KapialmarktR, 3. Auflage, 2017, § 43 Rn. 4.
28 So schon *Hansen*, Die Rechtsnatur von Gemeinschaftskonto und –depot, 1967, S. 4 ff. und *Rütten*, S. 206.
29 Schimansky/Bunte/Lwowski-*Hadding/Häuser*, BankR-Hdb., 5. Auflage, 2017, § 35 Rn. 1 m.w.N.

dass einem Mitinhaber auch das Guthaben ganz oder zu einem bestimmten Umfang zusteht.[30]

a) Hälftige Aufteilung des Guthabens?

Mit den soeben genannten Ergebnissen hätte es sein Bewenden haben und bei Auseinandergehen insbesondere vorhandene Guthaben nach den Regeln der §§ 812 ff. BGB verteilt werden können. Doch werden nach der bislang h.M. entsprechend der Charakterisierung des Außenverhältnisses die §§ 428 ff. BGB auch als passende Normen für das Innenverhältnis der Kontomitinhaber bei Oder-Konten untereinander angesehen, speziell § 430 BGB als maßgebliche Regelung für deren Innenausgleich.[31] Diejenigen, die für das Verhältnis der Mitinhaber das Recht der Bruchteilsgemeinschaft für anwendbar halten, kommen über die Vermutung gleicher Anteile nach § 742 BGB zu einem fast gleichen Ergebnis.[32] Dem kann insgesamt nicht gefolgt werden:

Die h.M. kann nicht einmal ansatzweise, denn überzeugend erklären, wie der einzahlende Kontoinhaber im Innenverhältnis sein „Alleineigentum" an dem Guthaben, also die Inhaberschaft an der Forderung verloren haben soll und ein „Miteigentum", also ein gleichrangiges Recht an dem Guthaben, wenn auch nur zur Hälfte, bei dem anderen Kontoinhaber entstanden sein soll, also, wieso er von dem nach wie vorhandenen, von ihm alleine eingebrachten Guthaben wegen der Anwendung des § 430 BGB die Hälfte an den anderen Kontoinhaber verlieren soll. Soweit hierzu angeführt wird, dass der auf das Konto Einzahlende i.d.R. im Voraus wisse, dass es zur hälftigen Teilung der Einlage komme und er sich schon mit Einrichtung des Oder-Kontos zu einer auch intern wirkenden Mitberechtigung des Kontomitinhabers bekannt habe[33], ist dem entgegenzuhalten, dass der typische Nutzer eines solchen Kontos nichts von der Regelung

---

30 Ebenso *Einsele*, Festschrift Nobbe, 2009, S. 27, 46.
31 BGH, Urt. v. 25.2.1997 – XI ZR 321/95, NJW 1997, 1434 Rn. 8; BGH, Urt. v. 29.11.1989 – IV b ZR 4/89, NJW 1990, 705; OLG Nürnberg, Beschl. v. 16.1.2002 – 5 W 4355/01, WM 2003, 243, 244; OLG Köln, Urt. v. 14.12.1999 – 15 U 79/99, WM 2000, 2485; KG, Urt. v. 3.11.1975 – 12 U 1269/75, NJW 1976, 807.
32 MüKoBGB/*K. Schmidt*, 7. Auflage, 2017, § 741 Rn. 55 m.w.N. Vgl. zum Oder-Depot BGH Urteil vom 25. Februar 1997 – XI ZR 321/95 –, juris-Rn. 10,.
33 So *Canaris*, Bankvertragsrecht, Stand: 1.4.1988 Rn. 225.

des § 430 BGB weiß, ihm nicht einmal bewusst wird, dass er mit dem Oder-Konto eine Gesamtgläubigerschaft oder Bruchteilsgemeinschaft auch im Innenverhältnis bilden soll und somit auch nicht von einer Parallelwertung in der Laiensphäre ausgegangen werden kann. Vielmehr wird er die Vorstellung haben, dass zwar der Mitinhaber über das von ihm auf das Konto bewirkte Guthaben zu dem vorgesehenen Zweck (wie etwa bei Ehegatten die laufenden Kosten und die des täglichen Bedarfs zu decken) verfügen kann, keineswegs aber, dass das Kapital auch ohne Verfügung allein mit der Einbringung nun dem anderen zur Hälfte gehört und diese bei Auflösung des Kontos an ihn alleine fließen soll.

Vor allem gibt es in aller Regel weder eine Vereinbarung über eine Schenkung noch stellt die Einrichtung eines Oder-Kontos den Vollzug einer solchen an den anderen Kontoinhaber dar.[34] Auch eine dauerhafte Zuwendung an den anderen ohne Verbrauch der Einlage zu dem vorgesehenen Zweck wurde nie abgesprochen; eine schlichte Teilung widerspricht damit häufig den offenkundigen Interessen der Parteien. Die Einräumung einer Berechtigung zur Verfügung über einen Gegenstand oder einer Forderung führt ohne Anordnung von Gesetzes wegen oder besonderer Abrede keinesfalls zu einer Änderung der Eigentumszuordnung selbst. Rechtsgeschäftliche Abreden über die Übertragung von Forderungen oder Guthaben bestehen vor oder bei der Einrichtung eines Oder-Kontos aber zumeist nicht. Allein aus der Wahl eines, von mehreren möglichen Kontogestaltungen (Oder-Konto anstatt (ggf. auch wechselseitiger) Vollmacht am Einzelkonto) lässt sich keinesfalls der Rückschluss ziehen, die Parteien hätten die Eigentumszuordnung gegenwärtiger wie aller zukünftiger Forderungen allein durch den Zufluss auf dem Konto ändern wollen. Vielmehr handelt es sich bei einem Zahlungskonto[35] doch lediglich um die Einrichtung eines Zahlungsdienstes zur Verwaltung und Abwicklung von Zahlungsströ-

---

34 Hessisches Finanzgericht Urt. v. 25.4.1991 – 10 K 10197/85, BeckRS 1991, 7210, beck-online; BeckOK BGB/*Litzenburger*, 42. Ed. 1.2.2017, § 2301 Rn. 3, vgl. auch *Eichel* MittRhNotK 1975, 614. Ebenso KG, Urt. v. 3.11.1975 – 12 U 1269/75, NJW 1976, 807 auf die *Canaris* (o. Fn. 33) selbst entscheidend rekurriert.
35 Gem. § 1 Abs. 3 ZAG ist ein Zahlungskonto ein auf den Namen eines oder mehrerer Zahlungsdienstnutzer lautendes und der Ausführung von Zahlungsvorgängen dienendes Konto, das die Forderungen und Verbindlichkeiten zwischen dem Zahlungsdienstnutzer und dem Zahlungsdienstleister innerhalb der Geschäftsbeziehung buch- und rechnungsmäßig darstellt und für den Zahlungsdienstnutzer dessen jeweilige Forderung gegenüber dem Zahlungsdienstleister bestimmt.

men, genauer um eine in Kontenform geführte Rechnungslegung einer Bank für einen Bankkunden, die dessen Geschäftsverkehr und dessen daraus sich ergebende Gesamtposition mit der Bank dokumentiert.[36]

Die Begründung einer Gesamtgläubigerschaft für das Konto im Guthaben auch im Innenverhältnis unter Maßgabe des Halbteilungsgrundsatzes bedürfte also einer rechtsgeschäftlichen Grundlage und nicht lediglich einer aus praktischen Erwägungen geleiteten Annahme.[37] Dahingehende Willenserklärungen geben die Kontomitinhaber schon nicht gegenüber der Bank ab. Vor allem ist von einer Vermögensübertragung oder dem Verlust der Einlage auf die Hälfte weder ausdrücklich in dem Eröffnungsantrag der Bank die Rede noch darin irgendwie konkludent zu erblicken.[38] Es geht lediglich um die Einräumung einer Verfügungsberechtigung; nicht mehr und nicht weniger. Im Übrigen ist der Vertrag über die Einrichtung des Kontos ein zweiseitiger Vertrag zwischen der Bank auf der einen Seite und den Kontoinhabern auf der anderen Seite. Der Eröffnungsvertrag ist aber kein dreiseitiger Vertrag und regelt nicht das Verhältnis der Kontomitinhaber untereinander. Auch dieses wird in den Formularen bewusst nicht geregelt.[39] Daher kommt es allein auf Abreden zwischen den Kontomitinhabern an. Wenn es solche tatsächlich gibt, sind diese maßgebend. Zivilrechtlich müsste dann bei dem Verfügenden ein deutlich zum Ausdruck kommender Wille bestehen, dem anderen Kontoberechtigten (unentgeltlich) einen bestimmten Teil seiner Kontoeinlage zuzuwenden, was überdies auch noch – soweit erforderlich – formgültig geschehen müsste und bevor der „Begünstigte" Zugriff auf das Konto nimmt.[40]

Fehlen solche konkreten Abreden, verbleibt es hinsichtlich der Eigentums- und Vermögenszuordnung der Kontozuflüsse bei dem status quo und es kommt darauf an, wer welche Beträge auf das Konto transferiert

---

36 Gabler Wirtschaftslexikon, Stichwort: Bankkonto, http://wirtschaftslexikon.gabler. de/ Archiv/4246/bankkonto-v11.html.
37 Von einer Gesamtgläubigerschaft kann schon steuerrechtlich nur ausgegangen werden, wenn eine entsprechende ausdrückliche gesetzliche Regelung vorliegt (BFHE 137, 146 f.). Ohne entsprechende Vereinbarungen der Parteien kann dies naturgemäß auch für die Innengesellschaft nicht angenommen werden.
38 Mit der Einzahlung auf ein Konto als eine Einlage und Verwahrung unbarer Mittel bei der Bank durchaus vergleichbar ist das Einlegen von Werten in ein Bankschließfach. Dadurch ändert sich die Eigentumszuordnung ebenfalls nicht, auch nicht wenn es sich um ein gemeinsames Schließfach handelt.
39 So schon *Hansen*, S. 4 ff. und *Rütten*, S. 206.
40 So vollkommen zu Recht MüKoBGB/*Bydlinski*, 7. Auflage, 2016, § 430 Rn. 4.

hat. Deswegen ist für die Anwendung der §§ 428 ff. BGB im Innenverhältnis kein Platz, vor allem auch, wenn behauptet wird, dass die Gläubiger auch dann im Innenverhältnis im Zweifel zu gleichen Anteilen berechtigt seien, wenn das Guthaben ausschließlich aus Mitteln eines Gläubigers stammt.[41] Damit eignet sich § 430 BGB noch nicht einmal als Reserveregelung für den Innenausgleich der Kontomitinhaber.[42] Denn dies würde voraussetzen, dass dies dem mutmaßlichen Willen der Parteien entsprochen hätte oder aus übergreifenden Rechtsgründen notwendig ist. Das aber ist in aller Regel gerade nicht der Fall, sondern in vielen Fällen grob unbillig: Wenn dazu keine rechtliche oder wenigstens sittliche Verpflichtung besteht, aus welchem Grund sollte ein Gläubiger gerade wenn keine Vereinbarung mit dem anderen besteht, die Hälfte des von ihm eingebrachten Vermögens an diesen verlieren? Nur weil ein Zahlungsdienst gemeinsam genutzt wird? Die Eigentumsordnung wird so geradezu auf den Kopf gestellt und die den §§ 812 ff. BGB zugrundeliegenden Gerechtigkeitserwägungen ohne jeden Grund vollständig beiseite geschoben. § 430 BGB passt mithin auf das Innenverhältnis von Zahlungsdienstenutzern ohne konkrete Abrede darüber überhaupt nicht.

b) Im Zweifel nicht!

Hinzu kommt, dass bei der in der Rechtspraxis nahezu vorbehaltlos zu beobachtenden Anwendung des § 430 BGB der Regelungsintention der Norm widersprochen wird. Zunächst setzt die Anwendung voraus, dass gemäß § 428 S. 1 BGB ein Kontomitinhaber (Gesamtgläubiger) von der Bank (Schuldner) eine Auszahlung des Guthabens an sich oder an einen Dritten (Leistung) erhalten hat und die Bank dadurch auch gegenüber den anderen Kontomitinhabern entsprechend befreit wird. Der Ausgleichsanspruch entsteht also erst, wenn ein Gesamtgläubiger einen höheren Anteil an der Gesamtleistung erhalten hat als ihm im Innenverhältnis zusteht;[43] ein der Erfüllung vorgelagerter Mitwirkungs- oder Befreiungsanspruch,

---

41 KG, Urt. v. 3.11.1975 – 12 U 1269/75, NJW 1976, 807; OLG Karlsruhe, Urt. v. 14.12.1989 – 11 U 75/89, FamRZ 1990, 629, 630; OLG Köln Urt. v. 18.3.1987 – 11 U 167/86, FamRZ 1987, 1139.
42 Ebenso MüKoBGB/*Bydlinski*, 7. Auflage, 2016, § 430 Rn. 4.
43 - oder der Schuldner in entsprechender Höhe durch die Gesamtwirkung eines anderen Ereignisses befreit wird -.

wie dies für die Gesamthand vertreten wird, kommt hier nicht in Betracht.[44] Für die gerechte Teilung eines auf dem Konto noch befindlichen Guthabens ist die Norm also gar nicht einschlägig.

Eine Ausgleichung zu gleichen Teilen darf nur stattfinden, soweit keine hinreichenden Tatsachen oder Umstände vorliegen, die etwas anderes bestimmen. § 430 ist also lediglich subsidiärer Maßstab wie beim Gesamtschuldnerinnenausgleich nach § 426 Abs. 1 S. 1 BGB,[45] also ultima ratio.[46] Zwar müsste im Prozess der Gegner der von der Vermutungswirkung begünstigten Partei eine Gestaltung des Innenverhältnisses darlegen und gegebenenfalls beweisen, welches eine andere als die vom Gesetz vermutete hälftige Beteiligung der beiden Inhaber des Oder- Girokontos ergibt[47] - soweit man die Norm denn überhaupt für anwendbar hält. Abweichendes kann sich nach allgemeiner Meinung aus dem Gesetz, aus Vereinbarungen der Gesamtgläubiger, aus sonstigen für das Rechtsverhältnis relevanten Umständen,[48] aus der Natur der Sache[49] oder auch Gründen der Billigkeit[50] ergeben:

aa) Gesetz

Einschlägige gesetzlich normierte Fälle der Gesamtgläubigerschaft sind selten; erst recht Normen zu bestimmten Aufteilungsquoten. Neben § 2151 Abs. 3 S. 2 BGB ist hier noch SGX § 177 zu nennen.

---

44 BeckOGK-*Kreße*, BGB, Stand: 1.5.2017, § 430 Rn. 4 m.w.N.
45 Soergel-*Gebauer*, § 430 Rn. 4.
46 *Rüßmann* in: Herberger/Martinek/Rüßmann u.a., jurisPK-BGB, 8. Auflage, 2017, § 430 BGB, Rn. 9.
47 BGH, Urt. v. 29.11.1989 – IV b ZR 4/89, FamRZ 1990, 370, 371.
48 OLG Düsseldorf, Beschl. v. 8.4.1982 – 18 W 11/82, FamRZ 1982, 607, 608; OLG Köln, Beschl. v. 5.6.1982 – 4 WF 84/82, FamRZ 1982, 944, 945; Soergel-*Gebauer*, BGB, 13. Auflage, 2010, § 430 Rn. 4.
49 Schlechtriem/*Schmidt-Kessel*, SchuR AT, 6. Auflage, 2005, Rn. 875. Zu § 426 Abs. 1 BGB, Urt. v. 3.2.2010 – XII ZR 53/08, NJW 2010, 868 Rn. 9.
50 Zu § 741 BGB: RG, Urt. v. 25.6.1942 – II 25/42, RGZ 169, 232, 239 u. Soergel/*Hadding*, 13. Auflage, 2012, § 741 Rn. 1.

bb) Vertrag und Zweck

Im Innenverhältnis gilt primär das Vereinbarte.[51] Detaillierte Abreden von Kaufleuten oder unternehmerisch Handelnden bei Eröffnung oder Umschreibung eines Einzelkontos auf ein Gemeinschaftskonto sind üblich und klären, wem welcher Betrag (meist anhängig von der eigenen Leistung zur Erlangung dieser Mittel) zusteht, wer in welchem Verhältnis bei Inanspruchnahme durch Dritte einzustehen und wie die Aufteilung bei Auflösung des Kontos – auch hinsichtlich etwaiger Kosten - zu erfolgen hat. Solche detaillierten Vereinbarungen zwischen Privatpersonen kommen praktisch nicht vor. Allerdings treffen sie häufig ausdrücklich oder konkludent grundständige Vereinbarungen über die Verwendung des Kontos, insbesondere Zweckabreden. Diese sind aber meistens nicht oder nur unzureichend dokumentiert und damit im Streitfall oft nicht zu beweisen. Vor allem schriftlich fixierte Parteivereinbarungen über das Guthaben als solches gibt es – abgesehen von einer beruflichen Nutzung eines Gemeinschaftskontos – oft nicht; erst recht nicht für den Fall des Auflösung des Kontos infolge Scheidung, Trennung oder Tod.

Einer ausdrücklichen Abrede bedarf es aber auch nicht, da sich der Aufteilungsmaßstab auch durch stillschweigende Vereinbarung sowie durch Auslegung, auch durch ergänzende Auslegung, ergeben kann. Dabei ist auf die gesamten Umstände, die zum Vertragsschluss geführt haben und die beteiligten Interessen der Parteien zurückzugreifen.[52] Nach allgemeiner Meinung ist beim Gesamtschuldnerausgleich neben dem Inhalt auf den Zweck des zwischen den Beteiligten bestehenden Rechtsverhältnisses zu rekurrieren.[53] Erstaunlicherweise soll dies im Rahmen der Anwendung des § 430 BGB für den speziellen Fall der Oder-Konten nicht gelten,[54] wofür aber auch keine hinreichende Begründung gegeben wird. Der BGH rekurriert für seine pauschale Behauptung allein auf das Verhältnis von Ehegatten, bei denen „mannigfache, dem Außenstehenden unbekannt bleibende

---

51 MüKoBGB/*Karsten Schmidt*, 7. Auflage, 2017, BGB § 741 Rn. 55.
52 Soergel-*Gebauer*, BGB, 13. Auflage, 2010, § 430 Rn. 4 i.V.m. § 426 Rn. 18.
53 Für den spiegelbildlichen Gesamtschuldnerinnenausgleich siehe RG, Urt. v. 22.2.1916 – III 355/15, RGZ 88, 128; RG, Urt. v. 29.5.1905 – VI 441/04, RGZ 61, 56; BGH, Urt. v. 10.11.1983 – IX ZR 34/82, WM 1983, 1386 und WM 928, 929; BGH, Urt. v. 14.10.1987 – I Vb ZR 80/86, FamRZ 1988, 596, 597; Soergel-*Gebauer*, § 426 Rn. 17.
54 BGH, Urt. v. 29.11.1989 – IV b ZR 4/89, NJW 1990, 705.

Motive" denkbar seien, aber spezielle Fälle, etwa „für den Fall der Verhinderung oder des Todes des einen Ehegatten dem anderen die Legitimation zu erleichtern". Das ist aber sicher keine tragfähige Begründung dafür, den Zweck von Oder-Konten für jedwede andere Mitinhaber für unbeachtlich zu erklären, kommt es doch immer darauf an, welche Vorstellungen die Parteien gehabt haben. So wird schon allein aus dem Umstand, dass die Parteien nicht lediglich eine Vollmacht an einem Einzelkonto eines Teils, sondern ein gemeinsames Oder-Konto gewählt haben, geschlossen, dass dem weitergehende Vorstellungen hinsichtlich der Einräumung einer Verfügungsbefugnis zugunsten des anderen Teils auch im Innenverhältnis zugrunde gelegen haben müssen und zwar insbesondere hinsichtlich der Einzahlungen.[55]

cc) Einzelumstände, insbes. erbrachte Leistungen

Zur Natur der Sache gehört die besondere Gestaltung des tatsächlichen Geschehens.[56] Dazu gehören die Umstände des Falls,[57] insbesondere, für welche Zwecke die Verfügungen getätigt worden sind, die Häufigkeit des Zugriffs wie auch Verfügungen über ungewöhnlich hohe Beträge[58] sowie die Höhe der dadurch bedingten und auch noch vorhandenen Vermögensmehrungen.[59] Hinzu kommen als Kriterien die Einkommens- und Vermögensverhältnisse der Beteiligten überhaupt,[60] etwaige Beteiligungsverhältnisse[61] sowie - je nach Anspruch- auch das Maß der Verursachung und Anteil der Schuld.[62] Für die Bewertung des Innenverhältnisses kann auch die – seit 2008 in Umsetzung des Geldwäschegesetzes notwendige - Festlegung des wirtschaftlich Berechtigten eine Rolle spielen.

---

55 Siehe KG, Urt. v. 3.11.1975 – 12 U 1269/75, NJW 1976, 807, wobei dann aber im Folgenden doch ein Anspruch aus § 430 BGB bejaht wird.
56 Zuletzt BGH, Beschl. v. 20.5.2015 – XII ZB 314/14, NJW-RR 2015, 897 Rn. 17; BGH, Urt. v. 25.3.2015 – XII ZR 160/12, WM 2015, 917 Rn. 27 und BGH, Urt. v. 6.10.2010 – XII ZR 10/09, FamRZ 2011, 25 Rn. 17 m.w.N.
57 Vgl. BGH, Urt. v. 17.5.1983 – IX ZR 14/82, BGHZ 87, 265.
58 Siehe OLG Zweibrücken, Urt. v. 27.2.1990 – 7 U 159/89, NJW 1991, 1835; Hirsch, SchuR AT, 10. Auflage, 2017, Rn. 1316.
59 OLG Sachsen-Anhalt, Urt. v. 24.11.2006 - 10 U 32/06, juris-Rn. 72.
60 OLG Sachsen-Anhalt, Urt. v. 24.11.2006 - 10 U 32/06, juris-Rn. 72..
61 OLG Köln, Urt. v. 26.8.1994 – 19 U 194/93, NJW 1995, 1685.
62 Vgl. BGH, Urt. v. 29.6.1972 – VII ZR 190/71, BGHZ 59, 97.

Ferner wichtig sind die Art und der Umfang der beiderseits erbrachten Leistungen.[63] Nach der h.M. soll die Vermutung gleicher Anteile nicht schon dann widerlegt sein, wenn das Guthaben nur aus Mitteln eines Beteiligten stammt,[64] wofür aber eine Begründung nicht angeführt wird.[65] Im Gegensatz dazu kommt die Auslegungsregel des § 742 BGB nicht zur Anwendung, wenn Unterlagen für einen anderen Maßstab vorhanden sind,[66] wozu etwa Kontoauszüge gehören, mittels derer sich die Anteile von Bruchteilseigentümern genau bestimmen lassen. Sicher falsch ist es daher auch im Falle des § 430 BGB, die Herkunft der Mittel für vollkommen bedeutungslos[67] zu erklären. Das deckt weder die Norm, die bloße Hilfsregel[68] ist, noch die Rechtsprechung des BGH; auch wäre dies nicht sachgerecht, da es bei der Auseinandersetzung der Kontomitinhaber im Innenverhältnis keinen überzeugenden Grund gibt, der eine Außerachtlassung rechtfertigen würde. Gerade dafür bleibt die Herkunft der Mittel ein wichtiges Kriterium.[69] Eine anderweitige Bestimmung i. S. des § 430 BGB liegt vielmehr nahe, wenn feststeht, welche Summen von den einzelnen Kontoberechtigten stammen.[70] Vor allem wenn der Einlage des einen Kontomitinhabers keine Gegenleistung des anderen gegenübersteht oder gestanden hat, spricht dies dafür, die interne Verteilung bei Auflösung nach der Herkunft des Geldes vorzunehmen.[71] Ebenso ist für einzelne, beson-

---

63 Soergel-*Gebauer*, § 430 Rn. 5.
64 BGH, Urt. v. 29.11.1989 – IV b ZR 4/89, m. Anm. *Engau*, EWiR 1990, 665 f. u. *Christoffel*, WuB I C 3 Sonderkonto 3.90; OLG Köln, Urt. v. 18.3.1987 – 11 U 167/86, FamRZ 1987, 1139; MüKoBGB/*K. Schmidt*, 7. Auflage, 2017, § 741 Rn. 55, § 742 Rn. 5;.
65 Der BGH (o. Fn. 62) verweist ohne Begründung auf Canaris, Bankvertragsrecht, 2. Auflage, 1981, Rn. 225, der wiederum ohne Begründung auf KG Urt. v. 3.11.1975 – 12 U 1269/75, NJW 1976, 807 verweist, wo ebenfalls keine Begründung gegeben wird und bemerkenswert ist, dass sich der formulierte Leitsatz in der Entscheidung selbst nicht wiederfindet und in dieser Allgemeinheit auch nicht von den angeführten Gründen gedeckt wird.
66 RG, Urt. v. 25.6.1942 – II 25/42, RGZ 169, 232, 239.
67 Aus der Rechtsprechung so wohl nur OLG Düsseldorf, Urt. v. 27.1.1999 – 11 U 67-98, FamRZ 1999, 1504.
68 Palandt-*Grüneberg*, 76. Auflage, 2017, § 430 Rn. 2.
69 BGH, Urt. v. 10.8.2005 – XII ZB 97/02, FamRZ 2005, 1667; 2000, 2347; Erman-*Böttcher*, BGB, 14. Auflage, 2014, § 430 Rn. 4; *Rütten*, S. 215 f.; zurückhaltend aber bejahend *Körner*, JuS 2008, 64, 67 u. OLG Stuttgart Urt. v. 29.5.2001 – 12 U 263/2000, BeckRS 2007, 13255.
70 OLG Frankfurt, Beschl. v. 27.2.2015 – 5 UF 51/12, NJW-RR 2012, 902, 903.
71 *Medicus*, JuS 1980, 697, 802; *Gernhuber*, WM 1997, 645, 655.

ders hohe Zuflüsse zu entscheiden, wenn der beabsichtigte Zweck des Oder-Kontos schon mit vorhandenen Mitteln erreicht wurde, nun aber das Konto aufgelöst werden soll. Solche „Sonderzuweisungen" müssen dann anders behandelt werden als die (vergangenen) laufenden Zuflüsse wie etwa aus dem Einkommen, Versicherungen oder Renten. Auch kann es darauf ankommen, wer den Zufluss auf das Gemeinschaftskonto veranlasst hat und mit welcher Intention. Insbesondere auch die (dann erst erfolgten) Abflüsse von Oder-Konten können Indizien über das wahre Motiv liefern. Ohnehin sind nach allgemeiner Meinung missbräuchliche Verfügungen gesondert zu behandeln. Solche sind etwa gegeben, wenn ein Mitinhaber – ohne Absprache mit dem anderen – Beträge von dem Oder-Konto auf ein ihm allein zustehendes Konto überweist.[72]

dd) Billigkeit

Stellt sich heraus, dass eine Gleichteilung wegen besonderer, gegen sie sprechender Umstände der Sachlage nicht gerecht wird, dann sind die diesen Umständen entsprechende Teile zu ermitteln und es ist nicht etwa schon deshalb auf die Gleichteilung zurückzukommen, weil die anderweitige genaue Festlegung auf Schwierigkeiten stößt und zu keinem zuverlässigen Ergebnis führt.[73] In solchen Fällen erfolgt die Schätzung des Anteilverhältnisses nach Billigkeit.[74] Der Geltendmachung von Ausgleichsansprüchen kann schließlich ein Einwand aus Treu und Glauben entgegenstehen. Ohnehin kommen je nach Fallgestaltung auch Ansprüche aus Delikt[75] und Kondiktionsansprüche, auch wegen Zweckverfehlung, in Betracht.[76]

---

[72] *Canaris*, Bankvertragsrecht, Stand: 1.4.1988 Rn. 225.
[73] Siehe RG, Urt. v. 25.6.1942 – II 25/42, RGZ 169, 232, 239.
[74] Palandt-*Sprau*, 76. Auflage, 2017, § 742 Rn. 1.
[75] *Derleder*, NJW 1980, 545, 550 f.
[76] Vgl. VG Düsseldorf, Gerichtsbescheid vom 10.2.2017 – 21 K 13110/16 –, juris-Rn. 34, und ausf. *Roßmann* in: Handbuch Familienvermögensrecht, 2. Auflage, 2015, Kapitel 2 Rn. 706 ff.

II. Umwandlung in ein Und-Konto

Rechtsgeschäfte oder rechtsgeschäftliche Handlungen, die das gesamte Vertragsverhältnis betreffen, setzen, wenn sich aus dem Vertrag nichts anders ergibt, ein Handeln auch des jeweils anderen voraus. Deswegen ist es richtig, dass ein Oder-Konto grundsätzlich nicht durch einseitige Erklärung nur eines Mitinhabers in ein Und-Konto umgewandelt werden kann.[77] Allerdings sehen dies die Formulare der Kreditwirtschaft schon seit vielen Jahren mit expliziten Klauseln vor, wobei es hinsichtlich der Konformität mit den §§ 305 ff. BGB keine ernsthaften Zweifel geben kann,[78] mindern sich doch durch die fortan nur gemeinsam wirksamen Verfügungen die Risiken etwa eines Missbrauch nun für alle Mitinhaber.[79] Mit der Umwandlung in ein Und-Konto ist, soweit keine Gesamthandsgemeinschaft[80] vorliegt,[81] eine Gemeinschaft nach Bruchteilen im Sinne der §§ 741ff. BGB entstanden.[82] Hinsichtlich der Bruchteilsgemeinschaft ist für die Parteien das Auseinandersetzungsguthaben gemäß den §§ 738 ff. BGB zu ermitteln,[83] wobei hinsichtlich der Hilfsregel des § 742 BGB wiederum die soeben zu § 430 BGB genannten Maßstäbe gelten.

III. Aufklärungs- und Warnpflichten

Bei der Einrichtung von Gemeinschaftskonten wird meist die Wahl des Kontomodells ohne vorhergehende Beratung getroffen; häufig steht im Vordergrund, dass für die Belange der Beteiligten eine Bankverbindung für alle ausreichend ist. Mehr als der grobe Unterschied hinsichtlich der

---

77 *Schwintowski*, BankR, 3. Auflage, 2011, § 6 Rn. 19 m.w.N.
78 Schimansky/Bunte/Lwowski-*Hadding/Häuser*, BankR-Hdb., 5. Auflage, 2017, § 35 Rn. 15a m.w.N.; vgl. auch OLG Celle, Beschl. v. 2.8.1995 – 3 W 65/93, WM 1995, 1871.
79 *Einsele*, Festschrift Nobbe, 2009, S. 27, 46.
80 Beispiele hierfür sind Gesellschaften bürgerlichen Rechts, eheliche Gütergemeinschaften und Erbengemeinschaften.
81 BGH, Urt. V. 30. 10.1990 – XI ZR 352/89 –, juris-Rn. 14,; Erman-*v. Westphalen*, BGB, 14. Auflage, 2014, § 675f BGB, Rn. 58.
82 BGH, Urt. v. 30.10.1990 – XI ZR 352/89, NJW 1991, 420; BGH, Beschl. v. 12.1.1987 – II ZR 99/86, WM 1987, 318; OLG Hamburg, Urt. v. 22.2.1999 – 8 U 144/99, NZG 2000, 785; Erman-*Böttcher*, 14. Auflage, 2014, § 432 Rn. 10.
83 Zum gegenwärtigen Anteilsrecht LG Oldenburg, Beschl. v. 4.11.1982 – 5 T 384/82, ZIP 1982, 1433.

Verfügungsberechtigung (gemeinsam oder einzeln) wird in aller Regel nicht erörtert.

In der Rechtsprechung[84] und Literatur[85] wird es – meist explizit für das viel risikoreichere Oder-Konto - rundweg abgelehnt, dass die Bank die Kunden zu beraten, aufzuklären oder wenigstens auf besondere Gefahren hinsichtlich der Errichtung eines Gemeinschaftskontos hinzuweisen hätte. Dagegen spricht zunächst ganz allgemein, dass es sich dabei nicht um einen juristisch leicht zu durchschauenden Vorgang handelt.[86] Oft wird den Zielen und Zwecken der Parteien gerade im privaten Bereich bereits mit Erteilung einer Bankvollmacht entsprochen, durch die es nicht zu einer Vermögensänderung kommt, gleichwohl aber alle Zahlungen, die etwa zur Lebensführung nötig sind, auch durch einen Dritten und nicht nur durch den Kontoinhaber selbst veranlasst werden können. Vollkommen zu Recht wird daher in der Literatur schon seit den 1970er-Jahren entgegen der damaligen Rechtsprechung[87] gefordert, die Kunden über die vorhandenen Möglichkeiten und rechtlichen Vor- und Nachteile zumindest in groben Zügen aufzuklären.[88] Zu erläutern und zumindest anzugeben sind die spezifischen Gefahren, die von einer Begründung eines gemeinschaftlichen Kontos ausgehen können. So haften die Kontoinhaber bei einem „Oder-Konto" als Gesamtschuldner (§§ 421 ff. BGB). Dies führt bei jedem debitorischen Kontostand dazu, dass jeder Mitkontoinhaber gegenüber der Bank dafür einzustehen hat. Dies gilt sowohl bei der Inanspruchnahme eines Dispositionskredites (§ 504 BGB), eines Überziehungskredites (§ 505 BGB) als auch bei einer lediglich geduldeten Überziehung.[89] Die gemeinsame Haftung der Kontoinhaber führt auch dazu, dass in das Kontogutha-

---

[84] OLG Oldenburg, Urt. v. 6.2.1987 – 6 U 127/86, WM 1987, 554, 555; WM 1987, 88; s.a. OLG Düsseldorf, Urt. v. 5.11.1995 – 16 U 19/95, WM 1996, 949, 952; OLG Köln, Urt. v. 1.7.1980 – 15 U 245/79, ZIP 1980, 979.

[85] Schimansky/Bunte/Lwowski-*Hadding/Häuser*, BankR-Hdb., 5. Auflage, 2017, § 35 Rn. 6 a.E.; *Gernhuber*, WM 1997, 645, 650.

[86] *Canaris*, Bankvertragsrecht, 2. Auflage, 1981, Rn. 117.

[87] OLG Köln, Urt. v. 1.7.1980 – 15 U 245/79, ZIP 1980, 979, 980 f.; OLG Nürnberg, Urt. v. 24.11.1960 – 2 U 158/60, NJW 1961, 510, 511.

[88] *Canaris*, Bankvertragsrecht, 1. Auflage, 1975, 2. Auflage, 1981, Rn. 117; *Liesecke*, WM 1975, 296; aus jüngerer Zeit *Lenkaitis/Messing*, ZBB 2007, 364, 370 f.

[89] Allerdings darf die Überziehung den Rahmen des „Banküblichen" nicht sprengen (OLG Köln, Urt. v. 7.10.1998 – 5 U 88/89, WM 1999, 1003, 1004), was zu einer schwierigen Prüfung im Einzelfall führen kann (i.E. Derleder/Knops/Bamberger-*v.Plehwe*, Hdb. z. dt. u. europ. Bankrecht, 2. Auflage, 2009, § 19 Rn. 22).

ben aus Titeln vollstreckt werden kann, die sich nur gegen einen der Mitkontoinhaber richten; auf eine abweichende schuldrechtliche Vereinbarung zwischen den Kontoinhabern komme es dabei grundsätzlich nicht an.[90] Der Mitinhaber eines Oder-Kontos soll gegenüber dem vollstreckenden Gläubiger des anderen Kontomitinhabers im Vollstreckungsverfahren also weder einwenden können, das Guthaben stehe ihm im Innenverhältnis alleine zu noch sich auf die gesetzliche Vermutung der §§ 430 oder 742 BGB berufen können.[91] Ein Interventionsrecht wird dem Mitinhaber so von der h.M. durchweg abgeschnitten.[92] Bei kreditorischem Kontostand birgt die uneingeschränkte Dispositionsbefugnis jedes Kontoinhabers das Verlustrisiko des Kontomitinhabers über den verfügten Betrag, das auch nicht durch nachträgliche widersprechende Gegenweisungen des anderen Mitinhabers neutralisiert werden kann.[93] Eine nicht unerhebliche Gefahr besteht zudem darin, dass die Bank mit befreiender Wirkung an einen der Kontomitinhaber leisten kann und der andere dann auf einen Ausgleichsanspruch gegen den Empfänger angewiesen ist und insoweit das Insolvenzrisiko trägt.[94]

Insgesamt erweist sich ein Oder-Konto damit gerade für vermögende oder solvente Personen als unter Umständen sehr nachteilig. Auch wenn die Einräumung alleiniger Verfügungsmacht für einen Dritten sowohl bei der bloßen Bevollmächtigung als auch durch die Formularpraxis der Kreditwirtschaft beim Gemeinschaftskonto jederzeit einseitig widerruflich ist, kann die Mitinhaberschaft des dann entstehenden Und-Kontos nur durch eine gemeinsame Vereinbarung aller Kontoinhaber mit der Bank aufgehoben werden.[95] Der eigentliche Nachteil des Oder-Kontos gegenüber der Kontovollmacht besteht aber in der Annahme einer Gesamtgläubigerschaft der Mitinhaber auch im Innenverhältnis. Gerade im familiären Zusammenhang zwischen Eheleuten oder Partnern von Lebensgemeinschaften, aber auch gegenüber anderen Familienangehörigen und Verwandten bestehen oft massive Beweisprobleme hinsichtlich einer anderen Gestaltung und Aufteilung als nach der Hilfsregel des § 430 BGB. Dies gilt vor allem in

---

90 BGH, Urt. v. 24.1.1985 – I ZR 201/82, BGHZ 93, 315, 320 f.
91 OLG Nürnberg, Beschl. v. 16.1.2002 – 5 W 4355/01, WM 2003, 243, 244.
92 Wieczorek/Schütze/*Spohnheimer*, ZPO, 4. Auflage, 2014, § 771 Rn. 14 m.w.N.
93 Derleder/Knops/Bamberger-*Hucke*, Dt. u. eur. Bank- u. KapialmarktR, 3. Auflage, 2017, § 43 Rn. 5 m.w.N.
94 BGH, Urt. v. 31.3.2009 – XI ZR 288/08 –, juris-Rn. 15.
95 Im Einzelnen Staudinger/*Looschelders*, 13. Bearb. 2017, § 428 Rn. 21 m.w.N.

der Krise, bei Trennung oder auch bei Tod eines Mitinhabers. Dann kommt es für den Einlegenden allein durch die nach der h.M. angenommenen Rechtswirkungen des Oder-Kontos bei dessen Auflösung unter Umständen plötzlich zu einem hälftigen Verlust aller seiner Einlagen an den anderen Mitinhaber. Das kann kein normaler Zahlungsdienstenutzer vorher übersehen, weswegen er über die spezifischen Risiken des Oder-Kontos gegenüber denen bei Erteilung einer bloßen Kontovollmacht von der Bank als professionellem Anbieter zumindest informiert werden muss, besser noch eine Erläuterungspflicht wie beim Verbraucherkredit nach § 491a Abs. 3 BGB vorgesehen werden sollte.

IV. Ergebnisse

1. Das Oder-Konto gibt dem Mitinhaber die Berechtigung wie ein Eigentümer über das von dem anderen eingebrachte Guthaben zu verfügen. Weder liegt in der Eröffnung eines Oder-Kontos eine Schenkung an den Kontomitinhaber noch in der Einbringung von Geldmitteln in ein laufendes Oder-Konto.
2. Mit der Begründung des Oder-Kontos wird dem Kontomitinhaber nicht nur eine Verfügungsberechtigung über das auf dem Konto vorhandene Guthaben eingeräumt, sondern auch zur Inanspruchnahme eines eingeräumten oder geduldeten Kredits in üblicher Höhe.
3. Die Verfügungsberechtigung jedes Kontomitinhabers ist inhaltlich gebunden an bestehende Abreden mit den anderen Kontomitinhabern und in Ermangelung solcher, an dem Zweck der Einrichtung des Gemeinschaftskontos, der durch Auslegung zu ermitteln ist.
4. Vorhandenes Guthaben ist nicht pauschal nach den lediglich subsidiär geltenden Hilfsregeln der §§ 430, 742 BGB, sondern nach Auswertung der Kontoauszüge zu bewerten.
5. Sämtliche ein- und herausgezahlten Beträge, die den Abreden der Parteien, hilfsweise dem ermittelten Einrichtungszweck des Kontos im üblichen Umfang entsprachen, sind nicht zu berücksichtigen.
6. Der Höhe nach besondere Zuflüsse stehen, soweit dem die Parteiabreden, hilfsweise dem Einrichtungszweck nicht entgegenstehen, allein dem Einlegenden zu.
7. Der Höhe nach besondere Abflüsse, die nicht von den Parteiabreden, hilfsweise dem Einrichtungszweck gedeckt sind, müssen zugunsten der

anderen Kontomitinhaber zurückgeführt oder in Anrechnung gebracht werden.
8. Die Beweislast für den Anteil der eingebrachten Einlagen und die zweckgemäße Verwendung der Kontomittel trägt jeder Kontomitinhaber selbst.

Praktische Aspekte der Marktsondierung im Rahmen von Anleiheemissionen

*Christian Köhler, Frankfurt am Main**

I. Einführung

Seit dem 3. Juli 2016 ist das deutsche und europäische Insiderrecht auf eine neue Grundlage gestellt. Die Marktmissbrauchsverordnung (596/2014/EU – "MAR") löste die Marktmissbrauchsrichtlinie (2003/6/EG) aus dem Jahr 2003 ab und ist seither in den Mitgliedstaaten unmittelbar anwendbares Recht. Das Verbot der Marktmanipulation und das Insiderrecht wurden einer umfassenden Revision unterzogen. Erstmals wird auch die Marktsondierung (*Market Sounding*) geregelt und damit die Frage, welche Anforderungen Emittenten und Banken einhalten müssen, um potentiellen Investoren bereits *vor* Bekanntgabe einer Wertpapiertransaktion ausgewählte Informationen zu übermitteln, ohne ggf. das Verbot der Weitergabe von Insiderinformation zu verletzen.[1]

Nach alter Rechtslage und Marktpraxis wurden Informationen oft im Rahmen eines sog. *Wallcrossings* an ausgewählte Marktteilnehmer erst nach Abschluss von Vertraulichkeits- und Nichthandelsvereinbarungen weitergegeben mit der Folge, dass diese Investoren im Rahmen der späte-

---

* Rechtsanwalt Dr. Christian Köhler, LL.M. (Cornell), M. Sc., Frankfurt am Main.
1 Beispiele für Marktsondierung sind nach Erwägungsgrund 33 der MAR (596/2014/EU): "Situationen, in denen ein Unternehmen auf der Verkäuferseite Gespräche mit einem Emittenten über ein mögliches Geschäft führt und beschließt, das Interesse potenzieller Anleger abzuschätzen, um die Bedingungen festzulegen, unter denen das Geschäft zustande kommt; wenn ein Emittent beabsichtigt, die Begebung eines Schuldtitels oder eine zusätzliche Kapitalerhöhung anzukündigen, und sich das Unternehmen auf der Verkäuferseite an wichtige Investoren wendet und ihnen die vollständigen Geschäftsbedingungen mitteilt, um eine finanzielle Zusage für die Beteiligung an dem Geschäft zu erhalten; oder wenn die Verkäuferseite anstrebt, eine große Menge von Wertpapieren im Auftrag eines Anlegers zu veräußern und das potenzielle Interesse anderer möglicher Anleger an diesen Wertpapieren abschätzen will".

ren Transaktion oft nicht mehr zur Verfügung standen.² Nach der MAR ist die Offenlegung von Information im Rahmen der Marktsondierung hingegen dann zulässig, wenn umfassende Dokumentations- und Verhaltenspflichten eingehalten werden. Obschon der europäische Gesetzgeber den Marktteilnehmern mit den Regelungen zur Marktsondierung verlässliche Regelungen an die Hand geben wollte, hat die derzeitige Ausgestaltung in der Marktpraxis zu einer gewissen Verunsicherung geführt, die auch die Vorgehensweise bei Anleiheemissionen beeinflussen kann.

II. Konzeptionelle Grundlagen der Marktsondierung

Im Rahmen einer Wertpapieremission kann es für die Emittentin oder die emissionsbegleitenden Banken sinnvoll sein, bereits vor öffentlicher Bekanntgabe der geplanten Transaktion ausgewählte Informationen an potentielle Investoren weiterzugeben, um mit der Rückmeldung die Erfolgsaussichten oder die Konditionsgestaltung verlässlich abschätzen zu können. Dies findet insbesondere in volatilen Marktphasen, bei fehlenden Marktreferenzwerten oder bei schwieriger Equity Story der Emittentin statt.³ Die weitergegebene Information ist dabei nicht selten Insiderinformation, die dem Verbot der unrechtmäßigen Offenlegung von Insiderinformation (Art. 14 lit. c. MAR) unterliegt.⁴

Gemäß Art. 14 lit. c in Verbindung mit Art. 10 Abs. 1 MAR ist es verboten, Insiderinformationen gegenüber anderen Personen offen zu legen, es sei denn, die Offenlegung erfolgt "im Zuge der normalen Ausübung der Beschäftigung oder eines Berufs oder der normalen Erfüllung von Aufgaben". Werden die Verhaltens- und Dokumentationspflichten im Rahmen der Marktsondierung (Art. 11 Abs. 3 und 5 MAR) eingehalten, so wird die Offenlegung von Insiderinformation so behandelt, als sei sie im Zuge der normalen Ausübung der Beschäftigung oder eines Berufs oder der normalen Erfüllung von Aufgaben erfolgt (Art. 11 Abs. 4 MAR). Diese Systematik spricht dafür, dass Art. 11 MAR eine gesetzlich geregelte Ausnahme⁵

---

2 Entsprechende Regelungen fanden sich vor Inkrafttreten der MAR im französischen Règlement générale und im britischen Code of Market Conduct; vgl. auch *Zetzsche*, AG 2016, 610, Fn. 3 und 4 m.w.N.
3 Vgl. auch Erwägungsgrund 32 der MAR (596/2014/EU).
4 Vgl. Erwägungsgrund 34 der MAR.
5 Vgl. auch Erwägungsgrund 35 der MAR.

(genauer: *Safe Harbor*[6] im Rahmen der Ausnahme) vom Verbot der unzulässigen Offenlegung von Insiderinformation ist.

In Übereinstimmung mit diesem Befund stellt Erwägungsgrund 35 der MAR ausdrücklich klar, dass Marktteilnehmer, die die Verhaltens- und Dokumentationspflichten nach Art. 11 MAR nicht einhalten, nicht automatisch Insiderinformationen unzulässig offenlegen. Sie könnten sich eben nur nicht auf diese Ausnahme vom Verbot der unzulässigen Offenlegung berufen. Deshalb ist denkbar, dass Sondierungshandlungen, in deren Rahmen Insiderinformationen weitergegeben werden, auch dann nicht gegen das Offenlegungsverbot des Art. 14 lit. c MAR verstoßen (weil sie "im Zuge der normalen Ausübung der Beschäftigung oder eines Berufs oder der normalen Erfüllung von Aufgaben" erfolgten), wenn die Anforderungen gemäß Art. 11 MAR nicht eingehalten wurden.

Die Konzeption des Art. 11 MAR als Safe Harbor im Rahmen der Ausnahme vom Verbot der unzulässigen Offenlegung von Insiderinformation könnte den Rechtsanwender verleiten zu meinen, Anknüpfungspunkt für die weiteren Pflichten im Rahmen der Marktsondierung sei die Insiderrelevanz der offenzulegenden Information. Konsequenterweise bestünden dann für Fälle, in denen keine Insiderinformation weitergegeben wird, keine weiteren Verhaltens- oder Dokumentationspflichten.

Demgegenüber knüpft die MAR an die *Handlung der Marktsondierung* (Investorenansprache) selbst an. Dies folgt schon aus dem Wortlaut des Art. 11 Abs. 1 MAR ("Übermittlung von Informationen") sowie des Art. 11 Abs. 5 und Abs. 2 MAR ("sämtliche Informationen"). Folglich sind die Anforderungen an Sondierungshandlungen (Art. 11 Abs. 3 und 5 MAR) auch dann beachtlich, wenn keine Insiderinformation im Rahmen der Marktsondierung weitergegeben wird. Mit diesem weiten Anwendungsbereich will der europäische Gesetzgeber sicherstellen, dass auch in solchen Fällen die Weitergabe von Information dokumentiert (und für Aufsichtsbehörden nachvollziehbar) wird, in denen beispielsweise erst nach Weitergabe an den potentiellen Investor die Information zur Insiderinformation wird oder die Information im Zeitpunkt der Weitergabe zwar nicht aus Sicht des offenlegenden Marktteilnehmers, aber des Sondierungsempfängers Insiderinformation ist.

---

6 Dazu ausführlich *Singhof*, ZBB 2017, 193 (204).

III. Übersicht zu Verhaltens- und Dokumentationsanforderungen

Die Verhaltens- und Dokumentationspflichten im Rahmen der Marktsondierung ergeben sich für den offenlegenden Marktteilnehmer[7] (*Disclosing Market Participant,* "*DMP*") sowohl aus der MAR selbst, als auch aus der begleitenden delegierten Verordnung (2016/960/EU – die *"Delegierte Verordnung"*) sowie einer Durchführungsverordnung (2016/959/EU). Der offenlegende Marktteilnehmer hat vor Beginn der Marktsondierung zu beurteilen und zu dokumentieren, ob die offenzulegende Information Insiderinformation ist (Art. 11 Abs. 3 MAR). Diese Beurteilung ist zu begründen, zu aktualisieren und auf Anfrage der zuständigen Aufsichtsbehörde zu übermitteln.

Da die MAR an die *Handlung der Marktsondierung* selbst anknüpft, hat der offenlegende Marktteilnehmer – so die MAR ausdrücklich[8] – Aufzeichnungen über sämtliche Informationen zu führen, die im Rahmen der Marktsondierung übermittelt wurden. Dies umfasst auch Informationen, die keine Insiderinformationen sind. Folglich unterscheiden sich die Informationen, die an den Sondierungsempfänger (*Person Receiving Market Sounding,* "*MSR*") vor der Marktsondierung zu übermitteln sind (sog. *Standardsatz*) danach, ob Insiderinformation offengelegt wird[9] (Art. 3 Abs. 3 der Delegierten Verordnung). Neben dem Standardsatz sind für jede Marktsondierung die Personen mit Name, Datum und Uhrzeit zu dokumentieren, die eine Marktsondierung erhalten haben. Auch solche Marktteilnehmer, die keine Marktsondierung wünschen, sind zu dokumentieren. Die Marktsondierung selbst darf mündlich, bei persönlichen Zusammenkünften, telefonisch, durch Videotelefonie sowie schriftlich, per E-Mail, Fax oder andere elektronische Mitteilungen erfolgen. Die Aufzeichnungen sind für einen Zeitraum von mindestens fünf Jahren aufzubewahren (Art. 11 Abs. 8 MAR).[10] Diese Aufbewahrungspflicht betrifft sowohl Emittenten, als auch die emissionsbegleitenden Banken.

---

7 Zum personellen Anwendungsbereich siehe unten Ziff. 4, lit. a).
8 Art. 11 Abs. 5 u. Abs. 2 MAR.
9 Vgl. auch die Muster im Anhang der Delegierten Verordnung.
10 Ausführlich zu den Pflichten des offenlegenden Marktteilnehmers und des Sondierungsempfängers *Zetzsche*, AG 2016, 610, 614 ff.

Marktsondierung

Offenlegender Marktteilnehmer (*Disclosing Market Participant* – "DMP")

- Bewertet, ob die offenzulegende Information Insiderinformation ist (*Art. 11 Abs. 3 MAR*)
- Holt die Zustimmung der MSR zum Erhalt von Insiderinformationen ein (*Art. 11 Abs. 5 MAR*)
- Informiert MSR vom Verbot der Nutzung sowie des Versuchs der Nutzung dieser Informationen (z.B. Erwerb/Veräußerung von Finanzinstrumenten sowie Stornierung/Änderung eines bereits erteilten Auftrags)
- Setzt die MSR davon in Kenntnis, dass er mit der Zustimmung verpflichtet wird, die Vertraulichkeit der Informationen zu wahren
- Setzt den MSR so rasch wie möglich von dem Ende der Eigenschaft als Insiderinformationen in Kenntnis (sog. *Cleansing* – Art. 11 Abs. 6 MAR)
- Führt Aufzeichnungen über sämtliche weitergeleiteten Informationen und deren Bewertung als Insiderinformationen.
  - Umfang wird durch Standardsatz – abhängig davon, ob Insiderinformation vorliegt – bestimmt, vgl. VO (EU) 2016/960
  - Format bestimmt VO (EU) 2016/959
- Aufzeichnungen sind mind. 5 Jahre lang aufzubewahren

Sondierungsempfänger (*Person Receiving Market Sounding* – "MSR")

- MSR nimmt selbst die Einschätzung vor, ob eine Insiderinformationen vorliegt oder ob keine Insiderinformationen mehr vorliegt. (*Art. 11 Abs. 7 MAR*)
- Der MSR darf keine Insidergeschäften vornehmen (*Art. 8 MAR*) und darf die Insiderinformation nicht offenlegen (*Art. 10 MAR*)
- Weitere Vorgaben durch ESMA-Leitlinien (*ESMA/2016/1477*):
  - Die internen Abläufe sind entsprechend der Art und des Umfangs des Geschäfts zu organisieren
  - Das verantwortliche Personal muss entsprechend geschult werden
  - Es ist dem DMP mitzuteilen, ob weitere Marktsondierungen erwünscht sind
  - Liegt eine Insiderinformation vor, sind Emittenten und Finanzinstrumente zu identifizieren, die von der Information betroffen sein könnten.
  - Bestätigung von Protokollen und Aufzeichnungen
  - Über die Abläufe sind Aufzeichnungen zu führen, um nachzuweisen, dass Art. 8 und Art. 10 MAR eingehalten wurden
  - Aufzeichnungen sind mind. 5 Jahre lang aufzubewahren

Auf Anfrage der BaFin müssen DMP und/oder MSR die Aufzeichnungen zur Verfügung stellen.

Spiegelbildlich hat auch der Sondierungsempfänger gemäß Art. 11 Abs. 7 MAR eigenverantwortlich eine Einschätzung vorzunehmen, ob er im Rahmen der Marktsondierung eine Insiderinformation erhalten hat und diese Einschätzung regelmäßig zu überprüfen. Weitere Vorgaben werden durch Leitlinien der ESMA gesetzt (ESMA/2016/1477 – die *"Leitlinien"*). Demnach hat der Sondierungsempfänger die internen Abläufe entsprechend der Art und des Umfangs seines Geschäfts zu organisieren. Er muss verantwortliches Personal schulen und dem offenlegende Marktteilnehmer mitteilen, ob weitere Marktsondierungen erwünscht sind. Liegt eine Insiderinformation vor, sind Emittenten und Finanzinstrumente zu identifizieren, die von der Information betroffen sein könnten. Über die Abläufe im Rahmen der Marktsondierung sind Aufzeichnungen zu führen, die ebenfalls fünf Jahre aufzubewahren sind.

In jedem Fall bestehen für offenlegende Marktteilnehmer und Sondierungsempfänger umfassende Verhaltens- und Dokumentationspflichten und zwar unabhängig von der Frage, ob im Rahmen der Marktsondierung Insiderinformation offengelegt wird oder nicht. Es ist zu beachten, dass die Verhaltens- und Dokumentationspflichten jeden offenlegenden Marktteilnehmer und Sondierungsempfänger einzeln treffen.[11] In Begebungskonsortien können Verhaltens- und Dokumentationspflichten daher nicht schuldbefreiend delegiert werden.

IV. Fragestellungen im Anwendungsbereich

Ansatz für die Marktsondierung ist die Sondierungshandlung selbst. Deshalb haben Emittenten und Emissionsbegleiter großes Interesse daran, rechtssicher beurteilen zu können, welche Handlungen Marktsondierung sind und wer ab wann verpflichtet ist.

Marktsondierung ist gemäß Art. 11 Abs. 1 MAR definiert als *"Übermittlung von Informationen vor der Ankündigung eines Geschäfts an einen oder mehrere potenzielle Anleger, um das Interesse von potenziellen Anlegern an einem möglichen Geschäft und dessen Bedingungen wie seinem Umfang und seiner preislichen Gestaltung abzuschätzen"*.

---

11 Vgl. der Wortlaut des Art. 11 Abs. 1 MAR ("oder").

1. Personeller Anwendungsbereich

Personell knüpft die Marktsondierung an offenlegende Marktteilnehmer an (Art. 11 Abs. 1 MAR). Offenlegende Marktteilnehmer sind gem. Art. 3 Abs. 1 Nr. 32 MAR die in Art. 11 Abs. 1 MAR genannten Personen auf der Angebotsseite einer Transaktion sowie die in Art. 11 Abs. 2 MAR genannten Erwerbsinteressent im Rahmen einer Übernahme.

Offenlegende Marktteilnehmer sind zunächst der *Emittent* selbst (Art. 11 Abs. 1 lit. a MAR). Die Marktsondierung ist auf sämtliche Emittenten anwendbar, deren Wertpapiere an einem geregelten Markt, multilateralen Handelssystem ("MTF") oder – ab dem 3. Januar 2018 mit Inkrafttreten der MiFID II/MiFIR – einem organisierten Handelssystem ("OTF") gehandelt werden. Insbesondere ist nicht erforderlich, dass der Emittent seine Zustimmung zur Einbeziehung der Wertpapiere in den Handel des MTFs oder OTFs gegeben hat. Ein entsprechender Zustimmungsvorbehalt – wie in Art. 17 Abs. 1, Art. 18 Abs. 7 oder Art. 19 Abs. 4 MAR vorgesehen – ist in Art. 11 MAR nicht enthalten. Dadurch kann sogar ein Drittstaatenemittent, dessen Wertpapiere ohne sein Wissen in einem europäischen MTF einbezogen wurden, verpflichtet sein, die Regeln der Marktsondierung einzuhalten, um Investorenansprachen vor Bekanntgabe der Transaktion durchzuführen.

Darüber hinaus wird der Zweitanbieter eines Finanzinstruments erfasst, der "das betreffende Finanzinstrument in einer Menge oder mit einem Wert anbietet, aufgrund derer bzw. dessen sich das Geschäft vom üblichen Handel unterscheidet, wobei es außerdem auf einer Verkaufsmethode beruht, die auf der Vorabbewertung des potenziellen Interesses möglicher Anleger beruht". Darunter fallen jedenfalls Inhaber wesentlicher Beteiligungen, wobei Wesentlichkeit schon dann vorliegen soll, wenn durch das Angebot ein merklicher Liquiditätseffekt im Markt wahrscheinlich ist.[12] Erfasst sind auch Anbieter am Sekundärmarkt für Finanzinstrumente, die 'block trades' durchführen wollen.

Unklar war kurzzeitig, ob Emissionsbegleiter als Zweitanbieter von Finanzinstrumenten einzuordnen sind. Der Begriff des Zweitanbieters ist weder in der Verordnung, noch in den technischen Standards der ESMA näher definiert. Der Wortlaut impliziert ein vorheriges Angebot, das nicht

---

[12] *Zetzsche*, AG 2016, 610, 612; ähnlich für 'block trades', *ESMA (Hrsg.)*, Final Report 2015/1455, Rn. 69.

notwendigerweise öffentlich erfolgen muss. Der Emittent seinerseits ist indes nicht Erstanbieter der Wertpapiere, da sie regelmäßig im Rahmen des Emissionsprozesses erst zur Entstehung gelangen. Auch der weitere Wortlaut ("sich das Geschäft vom übrigen Handel unterscheidet") impliziert, dass bereits marktmäßiger Handel stattfindet. Daher sollten Emissionsbegleiter nicht als Zweitanbieter zu qualifizieren sein. Jedenfalls sind sie aber "Dritte, der im Auftrag oder für Rechnung" des Emittenten handelt (Art. 11 Abs. 1 lit. d MAR).

Art. 11 Abs. 1 lit. d MAR erfasst Dritte, die im Auftrag oder für Rechnung einer unter lit. a bis c genannten Person handeln. Das Tatbestandsmerkmal "für Rechnung" verweist auf eine wirtschaftliche Verknüpfung (z.B. Treuhand), "in Auftrag" verweist auf eine rechtliche Beziehung.[13] An die erforderliche rechtliche Beziehung sind nur geringe Anforderungen zu stellen. Die ESMA bezieht sich auf ein schriftliches oder mündliches Verlangen (*request*) desjenigen, zu dessen Gunsten die Marktsondierung erfolgt.[14] Folglich muss die geplante Marktsondierung beispielsweise im Mandatsvertrag (*Mandate Letter*) nicht ausdrücklich geregelt sein, obwohl dies aus Gründen der Rechtssicherheit für die Beteiligten oft empfehlenswert ist. Bereits die bloße Ausschreibung eines Auftrags durch die Emittentin dürfte die geringen Anforderungen durch die ESMA bereits erfüllen.

Art. 11 Abs. 1 lit. d MAR scheidet jedoch dann aus, wenn der Dritte – ohne mandatiert worden zu sein – auf eigene Initiative potentielle Investoren anspricht (sog. *Independent Fishing*), um beispielsweise auf Grundlage der Rückmeldungen der Emittentin eine Wertpapieremission vorzuschlagen.[15] In dieser Konstellation fehlt es an einem Auftrag, da dieser ggf. erst künftig geschlossen wird.

2. Sachlicher Anwendungsbereich

Die Marktsondierung muss in sachlicher Hinsicht im Zusammenhang mit Finanzinstrumenten stehen. Dies folgt nicht direkt aus Art. 11 MAR, sondern einerseits aus dem Anwendungsbereich der MAR selbst. Die MAR verweist mit Art. 2 Abs. 1 MAR für den Begriff der Finanzinstrumente auf

---

13 *Zetzsche*, AG 2016, 610, 612.
14 *ESMA*, Final Report 2015/1455, Rn. 66.
15 *ESMA*, Final Report 2015/1455, Rn. 67.

die Definition der MiFID II (2014/65/EU). Dort werden in Anhang I, Abschnitt C Finanzinstrumente aufgezählt, zu denen auch Wertpapiere (z.B. Schuldverschreibungen) zählen. Andererseits weist Erwägungsgrund 34 der MAR darauf hin, dass "die Möglichkeit, finanziell vom Handel auf der Grundlage von Insiderinformationen, die im Rahmen einer Marktsondierung weitergegeben wurden, zu profitieren, nur dann gegeben, wenn ein Markt für das Finanzinstrument, das Gegenstand der Marktsondierung ist, oder für ein verbundenes Finanzinstrument vorhanden ist."

Art. 2 Abs. 1 lit. a bis c MAR erfasst Finanzinstrumente, die die an einem geregelten Markt, multilateralen Handelssystem (MTF) oder – ab dem 3. Januar 2018 mit Inkrafttreten der MiFID II/MiFIR – einem organisierten Handelssystem (OTF) zugelassen sind oder gehandelt werden. Folglich müssen die Finanzinstrumente zum Zeitpunkt der Marktsondierung bereits emittiert sein. Dies erfasst beispielsweise sog. *Tap Issues*, wenn die ausstehenden Schuldverschreibungen zum Handel zugelassen sind.

Daneben erfasst Art. 2 Abs. 1 lit. a bis c MAR auch Finanzinstrumente, für die ein Antrag auf Zulassung zum Handel auf einem geregelten Markt oder MTF gestellt wurde. Diese Tatbestandsvariante dürfte beispielsweise für Emittenten bedeutsam werden, die bislang noch keine Wertpapiere (weder Aktien, noch Schuldverschreibungen) emittiert haben. In diesem Fall ist der Zeitpunkt der Antragstellung auf Zulassung zum geregelten Markt bzw MTF entscheidend.

Besonders praxisrelevant ist der Tatbestand des Art. 2 Abs. 1 lit. d MAR. Demnach werden auch Finanzinstrumente erfasst, die (noch) nicht unter lit. a bis c fallen, deren Kurs oder Wert jedoch von dem Kurs oder Wert eines unter lit. a bis c genannten Finanzinstruments abhängt oder sich darauf auswirkt. Bemerkenswerterweise erfordert der Tatbestand – anders als bei der Qualifikation als Insiderinformation (Art. 7 MAR) – keine Wesentlichkeit des Kurseinflusses.

Anleiheemittenten, die bislang lediglich gelistete Aktien emittiert haben, sind von diesem Tatbestand nicht erfasst, wenn und soweit der künftige Anleihekurs nicht mit dem Aktienkurs korreliert. Bei einfachen (*Plain Vanilla*) Anleihen sollte typischerweise keine hinreichende Konnexität nachweisbar sein, sofern sich die Emittentin in der Marktwahrnehmung nicht in wirtschaftlichen Schwierigkeiten befindet. Anders kann dies jedoch bei Emissionen im sog. *High Yield*-Bereich sein, wenn die Schuldverschreibungen wirtschaftlich näher am Eigenkapital stehen. Schon ein einfacher Nachrang zu sonstigen Verbindlichkeiten in den Anleihebedingungen kann eine hinreichende Konnexität zum Aktienkurs herstellen.

Haben Anleiheemittenten bereits andere (noch ausstehende) gelistete Anleihen emittiert, wird typischerweise eine hinreichende Konnexität zwischen den Kursen der ausstehenden Anleihen vorliegen, sodass auf die zu emittierenden Anleihen Art. 11 MAR anwendbar ist.

3. Zeitlicher Anwendungsbereich

Der zeitliche Anwendungsbereich der Marktsondierung (das "Sondierungsfenster") ist in der MAR nicht ausdrücklich geregelt. Aus der Definition der Marktsondierung ("Übermittlung von Informationen *vor* der Ankündigung eines Geschäfts [...], *um das Interesse* von potenziellen Anlegern *an einem möglichen Geschäft* [...] *abzuschätzen*) lassen sich jedoch Rückschlüsse auf den Beginn und das Ende einer Marktsondierung ableiten.

Der Beginn des Sondierungsfensters lässt aus dieser Formulierung nicht direkt entnehmen. Einen Anhaltspunkt bietet aber die immanente Erforderlichkeit eines zeitlichen Zusammenhangs zur Emission. Die Emissionsplanung muss ein hinreichend konkretes Entwicklungsstadium erreicht haben. Daraus ergibt sich zwar kein trennscharfes Kriterium, es ist jedoch hilfreich, um anhand von Indizien den Beginn der Anwendbarkeit zu bestimmen. Ein möglicher Anhaltspunkt für den zeitlichen Zusammenhang kann die Auftragsvergabe an die Emissionsbegleiter sein. Dies wird für Emissionsbegleiter regelmäßig den maßgeblichen Anknüpfungspunkt für das Sondierungsfenster darstellen. Der Zeitpunkt kann sich – insbesondere für Emittenten – weiter nach Vorne verlagern, wenn intern bereits konkrete Emissionspläne gefasst wurden. Hierfür können (müssen aber nicht) Gremienbeschlüsse hinreichendes Indiz bieten.

Das Ende des Sondierungsfensters wird insbesondere durch die Ankündigung des Geschäfts markiert. Der Begriff der öffentlichen Ankündigung wird in der MAR nicht weiter erläutert. Für die Ankündigung werden auch keine formalen Merkmale vorgegeben. Dem Wortlaut und dem Zweck der Vorschrift zufolge zielen Sondierungshandlungen darauf ab, die Konditionsgestaltung der Transaktion abschätzen zu können. Enthält eine öffentliche Bekanntmachung bereits die konkreten Konditionen, kann eine Ankündigung vorliegen. Unproblematisch liegen diese Voraussetzungen beim typischen "Deal Announcement" vor, das Nominalbetrag, Währung, Preisspanne, Stückelung, ggf. Sicherheitenbeschreibung sowie „Use of Proceeds", etc. enthält.

Dennoch können auch zeitlich weiter vorgelagerte öffentliche Bekanntmachungen, die die Voraussetzungen eines "Deal Announcements" nicht erfüllen, als „Ankündigung" zu qualifizieren sein. Dies setzt voraus, dass es keine unveröffentlichte Insiderinformation gibt und die Bekanntmachung sämtliche Informationen enthält, die im Rahmen der Investorenansprache kommuniziert werden sollen. Mit anderen Worten dürfen angesprochene Investoren keine zusätzliche (unveröffentlichte) Information erhalten. Soll ein vorläufiger Prospekt, eine Präsentation oder ein Term Sheet-Entwurf an Investoren übermittelt werden, ist sicherzustellen, dass zuvor sämtliche darin enthaltenen Informationen veröffentlicht wurden, um eine Marktsondierung auszuschließen. Bemerkenswerterweise enthält ein bei Anleiheprogrammen veröffentlichter Basisprospekt (inkl. Nachträge dazu) typischerweise sämtliche relevanten Informationen (bis auf die Preisinformationen) und ist regelmäßig öffentlich verfügbar.

Das Ende des Sondierungsfensters kann auch ohne Ankündigung erreicht werden. Dies ist beispielsweise dann denkbar, wenn die Investorenansprachen nicht mit der Absicht, das Interesse an einem möglichen Geschäft abzuschätzen, erfolgt, sondern – zeitlich nachgelagert – bereits dem Abschluss von Geschäften dient. In diesem Sinne unterscheidet die ESMA in ihrem Final Report zwischen Investorenansprache, um "Interesse abschätzen" auf der einen Seite und der Ansprache, um ein „Geschäft abzuschließen" auf der anderen Seite.[16] Investorenansprachen nach "Öffnung der Bücher", d.h. innerhalb der Angebotsfrist, auf die sich die Emissionsbeteiligten geeinigt haben, dürften nach allgemeiner Praxiserfahrung regelmäßig mit dem Ziel eines konkreten Geschäftsabschlusses erfolgen.[17] Dies legt eine (widerlegbare) Vermutung nahe, dass Kommunikation nach Öffnung der Bücher mit dem Ziel eines Geschäftsabschlusses erfolgt und daher keine Sondierungshandlung i.S.v. Art. 11 MAR vorliegt.

Bei der geplanten Emission von Geldmarktinstrumenten (*Commercial Paper*) sollten die Pflichten zur Marktsondierung regelmäßig nicht anwendbar sein, da diese Schuldverschreibungen regelmäßig nach kurzer Planungsphase begeben werden und daher die Investorenansprache im Re-

---

16 *ESMA*, Final Report 2015/1455, Rn. 70.
17 *Schantz*, in: Schwintowski, Handbuch Bankrecht, 4. Auflage, 2014, § 22 Rn. 68.

gelfall bereits mit dem Ziel erfolgen wird, eine Übernahmeverpflichtung des angesprochenen Investors zu erhalten.

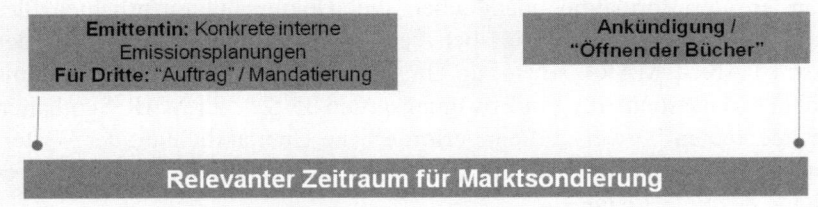

V. Besondere praktische Fragestellungen

1. Geltung der Grøngaard und Bang- Grundsätze im Rahmen einer Marktsondierung

Vor Inkrafttreten der MAR galt das Offenlegungsverbot von Insiderinformationen gemäß § 14 WpHG a.F., welches wiederum auf Art. 3 lit. a der Insiderrichtlinie (89/592/EWG) zurückging. Zur Auslegung dieser Vorschrift hatte der EuGH in seinem *Grøngaard und Bang*-Urteil[18] entschieden, dass die Weitergabe von Insiderinformation nur dann gerechtfertigt sei, wenn sie für die Ausübung einer Arbeit oder eines Berufs oder für die Aufgabenerfüllung unerlässlich ist.[19] Strittig bleibt, ob dieses ungeschriebene Erfordernis der Unerlässlichkeit einer Weitergabe auch im Rahmen von Art. 10 MAR anwendbar bleibt und damit als zusätzliches Erfordernis neben die Verhaltens- und Dokumentationspflichten des Art. 11 MAR tritt.

In der Literatur sind die Meinungen geteilt. Ein Teil verlangt zusätzlich nach wie vor die Unerlässlichkeit der Informationsweitergabe.[20] Argumentiert wird vor allem mit dem Ausnahmecharakter der Art. 10 Abs. 1

---

18 EuGH, Urt. v. 22.11.2005 – C-384/02, NZG 2006, 60 ff. – Grøngaard.
19 EuGH, Urt. v. 22.11.2005 – C-384/02, NZG 2006, 60, 61 – Grøngaard.
20 *Poelzig*, NZG 2016, 528, 534 f.; *Veil*, ZBB 2014, 85, 92; *Moloney*, European Securities and Capital Markets Law, 3. Auflage, 2014, S. 725 f; zum Kommissionsentwurf der MAR bereits *Veil/Koch*, WM 2011, 2297, 2300; *Kiesewetter/Parmentier*, BB 2013, 2371, 2373.

und Art. 11 Abs. 4 MAR[21] sowie der fehlenden ausdrücklichen Änderung der Auslegungspraxis durch den europäischen Gesetzgeber.[22]

Die besseren Argumente sprechen allerding dafür, dass die Weitergabe von Insiderinformation nicht über die Dokumentationspflichten des Art. 11 MAR hinaus unerlässlich sein muss. Schon der Wortlaut des Art. 10 Abs. 1 MAR[23] sowie die Umschreibung des Pflichtenprogramms bei der Marktsondierung in Erwägungsgrund 35 S. 1 zur MAR[24] enthalten gerade keinen Verweis auf eine erforderliche Unerlässlichkeit der Weitergabe, obschon der europäische Gesetzgeber Kenntnis von der Rechtsprechung des EuGH hatte.[25]

Auch teleologische Argumente sprechen eher gegen eine Anwendung des Kriteriums der Unerlässlichkeit. Zweck der Marktsondierung ist es gerade, Marktteilnehmern rechtssichere Voraussetzungen an die Hand zu geben, bei deren Einhaltung eine Weitergabe von Insiderinformationen als "im Zuge der normalen Ausübung der Beschäftigung oder eines Berufs oder der normalen Erfüllung von Aufgaben" erfolgt (Art. 11 Abs. 4 MAR). Dieser Zweck würde unterlaufen, wenn man das zusätzliche Kriterium der Unerlässlichkeit auch für die Ausnahme der Marktsondierung für erforderlich hält. Die Anwendung der *Grøngaard und Bang*-Grundsätze würde eine Marktsondierung nämlich praktisch unmöglich machen:[26] Die Marktsondierung zielt darauf ab, das Interesse von potentiellen Anlegern an einem möglichen Geschäft abzuschätzen. Eine Situation, in der die Marktsondierung unerlässlich ist, erscheint daher kaum denkbar. Dies würde dem eindeutigen Willen[27] des europäischen Gesetzgebers entgegen stehen, die Praxis der Marktsondierung zu stärken.[28] Aus diesen Gründen muss die Weitergabe von Insiderinformation im Rahmen der Marktsondierung

---

21 *Poelzig*, NZG 2016, 528, 535; *Veil*, ZBB 2014, 85, 91 f.
22 *Poelzig*, NZG 2016, 528, 534 f.; *Veil*, ZBB 2014, 85, 91 f.
23 *Tissen*, NZG 2015, 1254, 1256.
24 "Die Offenlegung von Insiderinformationen durch eine Person sollte als rechtmäßig betrachtet werden, wenn sie im Zuge der normalen Ausübung ihrer Arbeit oder ihres Berufes oder der normalen Erfüllung ihrer Aufgaben handelt".
25 *Zetzsche*, NZG 2015, 817, 820; *ders.* in: AG 2016, 610, 613; *Singhof*, ZBB 2017, 193 (202).
26 *Tissen*, NZG 2015, 1254, 1255; *Zetzsche*, AG 2016, 610, 613; vgl. zu Sondierungen bei Übernahmeangeboten: *Krause*, CCZ 2014, 248, 254.
27 Erwägungsgrund 32 der MAR.
28 *Krause*, CCZ 2014, 248, 254; *Tissen*, NZG 2015, 1254, 1255.

nicht über die Verhaltens- und Dokumentationspflichten des Art. 11 MAR hinaus unerlässlich sein.

ESMA und BaFin haben sich zu dieser Frage nach derzeitigem Stand noch nicht offiziell geäußert.

2. Privatplatzierungen

Die Regelungen zur Marktsondierung können auch auf Privatplatzierungen anwendbar sein.[29] Bei einer Privatplatzierung findet eine öffentliche Ankündigung des Geschäfts regelmäßig nicht statt, sodass dadurch ein Ausschluss der Vorschriften zur Marktsondierung ausscheidet. Um die Anwendbarkeit der Vorschriften zur Marktsondierung dennoch abzuwenden, sollten die Investoren nicht zum Zwecke der Interessenabschätzung an einem möglichen Geschäft, sondern mit dem Ziel eines Geschäftsabschlusses angesprochen werden. Diese Absicht muss sich nachprüfbar in der Anfrage manifestiert haben. Der Nachweis fällt leicht, wenn am Ende des Gesprächs der Investor eine Übernahmeverpflichtung eingeht und diese dokumentiert wird. Problematisch kann der Nachweis werden, wenn die Verhandlungen länger andauern und mit einem Kommunikationswechsel verbunden sind. Während die letzten Nachrichten vor Geschäftsabschluss durchaus diese Absicht des offenlegenden Marktteilnehmers erkennen lassen können, könnten die ersten Kommunikationswechsel aus Sicht der BaFin je nach Ausgestaltung noch eher auf das Ziel der Interessenabschätzung hindeuten. Da offenlegende Marktteilnehmer ex ante nicht sicher beurteilen können, ob jeder Investor bereits nach einmaliger Ansprache ein Geschäft abschließt, ziehen sie sich nach derzeitiger Markterfahrung darauf zurück, bereits von Anfang an die Verhaltens- und Dokumentationsregelungen der Marktsondierung einzuhalten.

3. Roadshows

Auf Roadshows können die Regelungen zur Marktsondierung anwendbar sein. Roadshows, welche in offenkundiger Verbindung mit einer geplanten Anleiheemission stehen ("Deal related"-Roadshows), sollten regelmäßig

---

29 *ESMA*, Final Report 2015/1455, Rn. 71; *Singhof*, ZBB 2017, 193 (196).

in den Anwendungsbereich der Marktsondierung fallen, da sie bezwecken, das Interesse potentieller Investoren an einer möglichen Emission zu wecken und abzuschätzen. Schwieriger, weil einzelfallabhängig, ist diese Frage im Falle einer Roadshow zu beurteilen, die in keinem offenkundigen Zusammenhang mit einer geplanten Anleiheemission steht ("Non-deal related" Roadshow). Regelmäßige Emittenten könnten möglicherweise glaubhaft dokumentieren, dass die Roadshow einen bloß allgemeinen Unternehmensbezug (z.B. im Zusammenhang mit der Veröffentlichung der Quartalszahlen) und damit keinen Bezug zu einer möglichen Transaktion aufweist. Oft wird in diesem Fall ohnehin eine Frist von zwei bis vier Wochen zwischen der Roadshow und der Bekanntgabe einer Transaktion liegen.[30] Bei der Roadshow ist insbesondere die Wortwahl vor, während und nach der Präsentation entscheidend. Schon der allgemeine Hinweis, dass eine Emission künftig folgen könnte, sollte unterbunden werden. Auch hier sollten offenlegende Marktteilnehmer zum eigenen Schutz die Kommunikation im Zusammenhang mit der Roadshow dokumentieren und in jedem Fall die Weitergabe von Insiderinformation vermeiden.

4. Rechtsfolgen bei Verstoß gegen die Vorschriften zur Marktsondierung

Die Vorschriften zur Marktsondierung stellen nach hier vertretener Auffassung einen *Safe Harbor* im Rahmen der Ausnahme gemäß Art. 10 Abs. 1 MAR vom Verbot der unzulässigen Offenlegung von Insiderinformation (Art. 14 lit. c MAR) dar. Ist der Anwendungsbereich der Marktsondierung eröffnet, aber werden die Verhaltens- und Dokumentationsanforderungen (Art. 11 Abs. 3 und 5 MAR) nicht eingehalten, so können sich Emittenten oder Emissionsbegleiter nicht auf Art. 11 Abs. 4 MAR berufen.

Wurde im Rahmen der Marktsondierung Insiderinformation weitergegeben, so ist nicht ausgeschlossen, dass die Weitergabe dennoch "im Zuge der normalen Ausübung der Beschäftigung oder eines Berufs oder der normalen Erfüllung von Aufgaben" erfolgte. Sofern diese Ausnahme nicht verfügbar ist, liegt ein Verstoß gegen Art. 14 lit. c MAR vor.

Wurden im Rahmen der Marktsondierung keine Insiderinformationen weitergegeben, sind die Rechtsfolgen allein für die Nichteinhaltung der

---

30 *Singhof*, ZBB 2017, 193 (199).

Verhaltens- und Dokumentationspflichten (Art. 11 Abs. 3 und 5 MAR) fraglich. Die MAR selbst sowie das WpHG sehen hier soweit ersichtlich keine straf- oder ordnungsrechtlichen Sanktionen vor. Möglich erscheinen lediglich verwaltungsrechtliche Sanktionen der BaFin (§ 6 WpHG).

Gemäß § 6 Abs. 6 Nr. 2 WpHG kann die BaFin bei einem Verstoß gegen Vorschriften der MAR die Einstellung der den Verstoß begründenden Handlungen verlangen. Darüber hinaus kann die BaFin insbesondere den Verstoß unter Nennung der beteiligten Personen auf ihrer Internetseite veröffentlichen (§ 6 Abs. 9 WpHG) sowie unter weiteren Voraussetzungen ein zeitlich beschränktes Berufsverbot gegen beteiligte Personen aussprechen (§ 6 Abs. 8 WpHG).

Fraglich ist, ob die bloße Nichteinhaltung der Verhaltens- und Dokumentationsvorschriften als "Verstoß" im Sinne des § 6 Abs. 6 Nr. 2 WpHG gewertet werden kann. Die besseren Gründe sprechen dagegen. Der Wortlaut des § 6 Abs. 6 Nr. 2 WpHG verweist auf Verstöße gegen Art. 4 sowie Art. 14 bis 21 MAR. Art. 11 MAR wird ausdrücklich nicht genannt. Obschon die Aufzählung nicht abschließend ist, indiziert sie, welchen Unrechtsgehalt der deutsche und europäische Gesetzgeber verwaltungsrechtlich sanktionieren wollte. So sind neben Insiderhandels- und Offenlegungsverbot (Art. 14 MAR), der ad hoc-Pflicht (Art. 17 MAR) und der Pflicht zum Führen von Insiderverzeichnissen (Art. 18 MAR) die Kernpflichten des Insiderrechts erfasst, die den Normadressaten allesamt zwingende Verpflichtungen auferlegen und das Vorliegen von Insiderinformation voraussetzen. Die Vorschriften zur Marktsondierung dagegen stellen nach hier vertretener Auffassung einen *Safe Harbor* im Rahmen der Ausnahme gemäß Art. 10 Abs. 1 MAR vom Verbot der unzulässigen Offenlegung von Insiderinformation (Art. 14 lit. c MAR) dar und sind daher nicht obligatorisch.[31] Zudem knüpft Art. 11 MAR an die Handlung der Marktsondierung selbst an. Die Weitergabe von Insiderinformation wird nicht vorausgesetzt. Daher ist der Unrechtsgehalt bei bloßer Nichteinhaltung der Verhaltens- und Dokumentationspflichten (Art. 11 Abs. 3 und 5 MAR) mit der Verletzung der übrigen, aufgezählten Insidervorschriften nicht vergleichbar.

---

31 Vgl. Erwägungsgrund 35 der MAR.

VI. Zusammenfassung

- Die Vorschriften zur Marktsondierung stellen nach hier vertretener Auffassung einen *Safe Harbor* im Rahmen der Ausnahme gemäß Art. 10 Abs. 1 MAR vom Verbot der unzulässigen Offenlegung von Insiderinformation (Art. 14 lit. c MAR) dar.
- Die MAR knüpft für diesen Safe Harbor grundsätzlich an die Sondierungshandlung (Investorenansprache) selbst an, um auch Situationen zu erfassen, in denen sich eine weitergegebene Information erst in der Rückschau (*ex post*) als Insiderinformation darstellt. Folglich sind die Verhaltens- und Dokumentationspflichten der Marktsondierung auch dann beachtlich, wenn im Rahmen der Investorenansprache keine Insiderinformationen weitergegeben werden. Aufgrund dieses weiten Anwendungsbereichs und den mit der Marktsondierung einhergehenden umfassenden Verhaltens- und Dokumentationspflichten versuchen Emittenten und Emissionsbegleiter, den Ablauf von Anleiheemissionen so zu strukturieren, dass sie nicht in den Anwendungsbereich der Marktsondierung fallen.
- Emittenten und Emissionsbegleiter können die Verhaltens- und Dokumentationspflichten unter der Marktsondierung insbesondere über den sachlichen und zeitlichen Anwendungsbereich des Art. 11 MAR mittels einer durchdachten Emissionsplanung ausschließen. Es verbleiben indes Rechtsunsicherheiten, da die Aufsichts- und Marktpraxis derzeit zwar in Ansätzen erkennbar, aber noch nicht gefestigt ist.

Die Regulatory Sandbox für FinTechs

*Dirk-Fabian Lange, Berlin**

FinTechs sind seit einigen Jahren in aller Munde. Sie sind das Bindeglied zwischen der eher konservativen Finanzbranche und der quirligen Startup-Szene. Wie keine Neuerung zuvor wirbeln sie das Selbstverständnis der etablierten Finanzinstitute durcheinander und versprechen Wachstumschancen und technische Innovationen. Gleichzeitig fürchtet die Bankenbranche die neue Konkurrenz, die ihr langfristig erhebliche Marktanteile abnehmen könnte.

Der Begriff FinTech – kurz für Finanztechnologie – ist ein Sammelbegriff für in der Finanzwirtschaft zur Anwendung kommende, meist onlinebasierte Technologien. Er bezeichnet aber auch junge Unternehmen der Finanzbranche, die sich technologische Neuerungen zunutze machen, um neue Vertriebswege für Finanzprodukte- und Dienstleistungen zu eröffnen oder um Finanzdienstleistungen einfacher, kostengünstiger oder kundefreundlicher zu erbringen. FinTechs sind häufig eigenständige innovative Startups. Aber auch etablierte, große Unternehmen gründen zunehmend FinTechs oder kooperieren mit diesen, um sich für die Digitalisierung des Finanzsektors zu wappnen.[1]

Eine große Herausforderungen für FinTechs – jedenfalls für solche, die nicht an einer etablierten Geschäftsbank angedockt sind[2] – stellt die starke Regulierung der Finanzmärkte dar, die in Europa zu den am stärksten re-

---

* Rechtsanwalt Dr. Dirk-Fabian Lange, Berlin.
1 Handelsblatt: Warum sich Banken und Investoren auf FinTechs stürzen, Artikel vom 25.9.2015. Abrufbar unter: http://www.handelsblatt.com/finanzen/banken-versicherungen/commerzbank-deutsche-bank-und-co-warum-sich-banken-und-investoren-auf-fintechs-stuerzen/12370682.html (Stand: 18.6.2017).
2 Gruenderszene.de: Die Deutsche Bank macht ernst – und integriert reihenweise FinTech-Angebote (Niklas Wirminghaus), Artikel vom 20.4.2016. Abrufbar unter: https://www.gruenderszene.de/allgemein/deutsche-bank-digitalfabrik-startup-kooperationen (Stand: 24.6.2017).

gulierten Wirtschaftssektoren[3] überhaupt gehören.[4] Die britische Finanzmarktaufsicht versucht sich seit dem Jahr 2016 mit der „Regulatory Sandbox" an einer Lösung dieses Problems. Die Regulatory Sandbox kann als eine Art „Tageszulassung" für den Finanzmarkt betrachtet werden: Ausgewählten Unternehmen wird für einen Zeitraum von wenigen Monaten die Ausübung erlaubnispflichtiger Tätigkeiten gestattet. Sie benötigen hierfür nicht die üblicherweise erforderlichen aufsichtsrechtlichen Lizenzen, ihre Geschäftstätigkeit wird von der Finanzmarktaufsicht aber streng überwacht. Den am britischen Sandbox-Verfahren teilnehmenden FinTechs werden zudem feste Ansprechpartner bei der Aufsichtsbehörde zugeteilt, die die Unternehmen in regulatorischen Fragen beraten. Das Sandbox-Verfahren dient der Erprobung von Geschäftsmodellen unter Realbedingungen. Nach Ende des Sandboxverfahrens analysieren das teilnehmende FinTech und die Marktaufsichtsbehörde gemeinsam Erfolg und Misserfolg des Probelaufs und das FinTech entscheidet, ob es – unter Erfüllung der üblichen Zulassungsvoraussetzungen – seine Dienstleistungen weiterhin am Markt anbietet.

Die britische Politik erhofft sich durch die Regulatory Sandbox vor allem eine Stärkung des boomenden FinTech-Sektors. Aber auch die Finanzmarktaufsicht soll profitieren: Durch die enge Begleitung der am Sandbox-Verfahren teilnehmenden FinTechs erhält die Marktaufsicht Einblicke in das Innenleben der beaufsichtigten Unternehmen und kann so Fehlentwicklungen und Gefahren frühzeitig erkennen. Die strenge Überwachung der am Sandbox-Verfahren teilnehmenden FinTechs soll eine Gefährdung von Verbraucherinteressen und marktmissbräuchliches Verhaltens der teilnehmenden Unternehmen ausschließen.

Die nachfolgenden Zeilen beleuchten zunächst das Phänomen FinTech und die regulatorischen Herausforderungen, denen sich FinTechs gegenübersehen. Anschließend wird das britische Sandbox-Verfahren vorgestellt und ausgelotet, ob ein vergleichbares System auch in Deutschland unge-

---

3 Staatssekretariat für internationale Finanzfragen (SIF): Finanzmarktregulierung und -Aufsicht. Online-Artikel: Abrufbar unter: https://www.sif.admin.ch/sif/de/home/themen/finanzmarktregulierung-und--aufsicht.html (Stand: 23.6.2017).
4 Center for Financial Studies, House of Finance/Goethe-Universität Frankfurt: CFS-Umfrage: Finanzplatz Frankfurt soll im Umgang mit FinTechs eine stärkere Rolle spielen (Pressemitteilung). Abrufbar unter: https://www.ifk-cfs.de/fileadmin/images/CFS_Index/2016/PM-Index-Q1-2016_Fintech_dtsch.pdf (Stand: 24.6.2017).

setzt werden könnte. Der Beitrag schließt mit einem gesamteuropäischen Ausblick auf den Bereich der FinTech-Regulierung.

I. FinTechs – der nicht mehr ganz neue Hype am Finanzmarkt

Die Tätigkeiten von FinTechs erstreckt sich auf praktisch alle Geschäftsfelder des traditionellen Bank- und Versicherungsgeschäfts: Vom online-Banking über die Erbringung von Versicherungsdienstleistungen, die Vergabe von Kleinkrediten, Abwicklungen im Zahlungsverkehr oder den Wertpapierhandel und die Depotverwaltung ist praktisch kein Geschäftsfeld von der digitalen Revolution ausgenommen. Ein wichtiger Trend ist auch die automatisierte Anlageberatung – „robo advice" genannt – die nach der Eingabe konkreter Anlageziele und Risikoprofile mittels eines Algorithmus Anlagevorschläge erstellt.[5] Durch die aufstrebende FinTech-Konkurrenz sehen sich die etablierten Geschäftsbanken zunehmend bedroht: Einer Einschätzung der Unternehmensberatung McKinsey zufolge könnten Banken etwa 30 bis 40 Prozent ihrer Erträge an die neuen Wettbewerber verlieren.[6] Da gleichzeitig klassische Ertragsquellen wie das Kredit- und Anlagegeschäft immer weniger abwerfen, wird sich die Bankenbranche der digitalen Revolution stärker stellen müssen als bisher.

FinTechs sind – dies impliziert bereits der Name – technologiegetrieben. Das heißt, sie setzen innovative Techniken ein, um über Online-Plattformen standardisierte Finanzprodukte und -dienste an Konsumenten zu verkaufen. FinTechs stellen folglich die technologische Vermittlung von Finanzprodukten- und Dienstleistungen in den Mittelpunkt ihrer Tätigkeit. Etablierte Finanzdienstleister setzten dagegen bisher eher auf behutsame Evolution und Insellösungen: Sie versuchen, durch das Offerieren zusätzlicher Online-Dienste oder Apps die neuen Möglichkeiten der Digitalisierung zu nutzen, ohne ihr häufig über Jahrzehnte gewachsenes Geschäftsmodell grundlegend zu ändern. Auf die Dauer wird das nicht reichen. Die

---

5 FAZ, Der Roboter als Anlageberater (Gerald Braunberger), Artikel vom 12.6.2014. Abrufbar unter: http://www.faz.net/aktuell/finanzen/meine-finanzen/sparen-und-geld-anlegen/robo-advice-der-roboter-als-anlageberater-12969006.html (Stand: 18.6.2017).
6 McKinsey & Company; FinTech – Herausforderung und Chance. Wie die Digitalisierung den Finanzsektor verändert (März 2016). Abrufbar unter: https://www.mckinsey.de/files/160425_fintechs.pdf (Stand: 19.6.2017).

technische Transformation wird über punktuelle Insellösungen hinausgehen müssen, wollen Banken ein Abwandern ihrer zunehmend digital orientierten und preisbewussten Kundschaft an die aufstrebende Startup-Konkurrenz unterbinden.

Wer am Ende die Nase vorn haben wird – die innovativ vorangehenden FinTech-Startups oder die langsameren aber dafür ungleich finanzkräftigeren etablierten Geschäftsbanken – ist heute offen. Während sich insbesondere Großbanken schwertun, ihre Produkte, IT-Ausstattung und Innovationsprozesse den Erfordernissen der Digitalisierung anzupassen, kämpfen Startups häufig mit mangelndem banking-Know-how und der strengen Regulierung des Finanzsektors. So ist es möglich, dass letzten Endes die hierzulande – jedenfalls im Zusammenhang mit der Erbringung von Finanzdienstleistungen – kaum wahrgenommenen US-Technologiekonzerne die großen Gewinner der digitalen Revolution am Finanzmarkt sein werden: Sie verfügen über enorme Kapazitäten und Kenntnisse der im FinTech-Bereich essentiellen Big-Data-Nutzung. Zudem sind diese Unternehmen hochinnovativ, verfügen über stabile Kundenbasen und können auf fast unerschöpfliche Kapitalreserven zurückgreifen, um fehlendes banking-Know-how einzukaufen. Im Jahr 2015 haben sich Apple, Amazon, Google, Intuit und PayPal zur Financial Innovation Coalition (FIN) mit dem Ziel zusammengeschlossen, den Zahlungs- und Handelsverkehr technologisch umfassend zu modernisieren.[7] Vor diesem Hintergrund ist der von Bill Gates bereits im Jahr 1994 geäußerte Aussage *„Banking is necessary, Banks are not"* als ernst zu nehmende Kampfansage an die Finanzindustrie zu verstehen. Gut möglich also, dass die künftige Hauptwettbewerber der etablierten Großbanken nicht in London, Frankfurt oder Berlin, sondern in Redmond, Cupertino, oder in Mountain View ansässig sein werden.

Die FinTech-Branche wächst rasant. Im Jahr 2016 verzeichnete sie weltweit Investitionen in Höhe von 17,4 Milliarden US-Dollar – 11% mehr als im Vorjahr. Dabei zogen die in China getätigten Investitionen ($ 7,7 Milliarden) erstmals an denen der USA ($ 6,2 Milliarden) vorbei. Auf dem dritten Platz folgte Großbritannien mit Gesamtinvestitionen in Höhe

---

[7] Der BankBlog: Internet-Giganten verbünden sich im Banking (Hansjörg Leichsenring). Abrufbar unter: https://www.der-bank-blog.de/internet-giganten-verbuenden-sich-im-banking/digital-banking/20286/ (Stand: 20.6.2017).

von $ 783 Millionen[8]. Deutschland liegt weltweit auf dem vierten Platz hat aber gute Chancen, die gegenwärtig etwas schwächelnden Briten mittelfristig zu überholen.[9]

II. FinTechs und Regulierung

FinTechs arbeiten in einer hochregulierten Branche. Soweit sie hierzulande in erlaubnispflichtigen Bereichen agieren, müssen sie die gleichen aufsichtsrechtlichen Vorgaben einhalten, wie die etablierten Finanzinstitute. In Deutschland ist fast jede gewerbliche Tätigkeit im Finanzsektor erlaubnispflichtig. Je nach Geschäftstätigkeit kann sich die Pflicht zur Beantragung einer solchen BaFin-Lizenz aus dem Kreditwesengesetz (KWG), dem Zahlungsdiensteaufsichtsgesetz (ZAG) oder dem Kapitalanlagegesetzbuch (KAGB) ergeben. Auch Tätigkeiten von Unternehmen, die auf den ersten Blick wenig mit Finanzdienstleistungen zu tun haben – etwa Dienstleister, die für Pizza- Lieferdienste oder Reiseanbieter Zahlungen entgegennehmen, werden regelmäßig nach dem ZAG erlaubnispflichtig sein.[10] Entsprechendes kann – abhängig von der konkreten Ausgestaltung des Geschäftsmodells – für Anbieter von Crowding-Plattformen gelten.

Die Erbringung von Bankgeschäften, Finanzdienstleistungen oder Zahlungsdiensten ohne die dafür notwendige Lizenz kann gravierende Folgen haben: Neben der Strafanordnung des § 54 KWG bzw. § 31 ZAG drohen Unterlassungsklagen von Konkurrenzunternehmen sowie zivilrechtliche Inanspruchnahme durch Kunden, denen aus einer unerlaubt erbrachten Dienstleistungen Schaden zugefügt wurden. Für FinTechs ist die Einhaltung der hohen regulatorischer Anforderungen eine der größten Herausfor-

---

8 Forbes: Global FinTech VC Investment Soars in 2016 (Lawrence Wintermeyer) Artikel vom 17.2.2017. Abrufbar: unter:
(https://www.forbes.com/sites/lawrencewintermeyer/2017/02/17/global-fintech-vc-investment-soars-in-2016/#f39e6cd2630c (Stand: 18.6.2017).
9 Fintechranking.com: Germany Can Soon Beat the UK in Terms of Fintech. Artikel vom 20.2.2017. Abrufbar unter: Investmenthttp://fintechranking.com/2017/02/20/trend-germany-can-soon-beat-the-uk-in-terms-of-fintech-investment/ (Stand: 18.6.2017); BaFin, FinTechMarkt in Deutschland (Seite 18). Abrufbar unter: http://www.bundesfinanzministerium.de/Content/DE/Standardartikel/Themen/Internationales_Finanzmarkt/2016-11-21-Gutachten-Langfassung.pdf?__blob=publicationFile&v=1 (Stand: 18.6.2017).
10 Vgl. LG Köln, Urt. v. 29.9.2011 – 81 O 91/11, WM 2012, 405.

derungen überhaupt. Die BaFin hat daher Ende 2016 eine Projektgruppe mit dem Ziel gegründet, die Entwicklungen am FinTech-Markt „zu beobachten und zu prüfen, ob die BaFin ihre Prozesse angesichts der Fortentwicklung der Digitalisierung anzupassen hat".[11]

III. Die Regulatory Sandbox in Großbritannien

Während man in Deutschland noch „prüft und beobachtet", sind Politik und Finanzmarktaufsicht in Großbritannien schon weiter: Bereits im Jahr 2015 erklärte der damalige britische Schatzkanzler George Osborne, London zum globalen Zentrum für FinTechs machen zu wollen.[12] Kurz darauf rief die britische Finanzmarktaufsicht, die Financial Conduct Authority (FCA), die *Regulatory Sandbox* für FinTechs ins Leben. Zweck dieser Einrichtung ist es, FinTechs erste Schritte in den Finanzmarkt zu ermöglichen, ohne sie sogleich allen regulatorischen Anforderungen dieses Marktes zu unterwerfen. So sollen FinTechs ihre Geschäftsmodelle zu überschaubaren Kosten unmittelbar am Markt testen – allerdings unter Aufsicht der FCA, die so Verbraucherschutz und Produktsicherheit gewährleisten und selbst Erfahrung mit der Beaufsichtigung von FinTechs sammeln will.

Im Juli 2016 nahm die Regulatory Sandbox mit einer aus achzehn FinTechs bestehenden Kohorte den Betrieb auf. Darunter waren ein Anbieter für grenzüberschreitende Zahlungsdienste in digitalen Währungen (BitX), ein Unternehmen, das Technologien für bargeldlose Notfallüberweisungen entwickelt (DISC Holdings Limited), ein Dienstleister, der Web-basierte IPO-Lösungen anbieten will (Issufy) aber auch die Großbanken Lloyds Banking Group und HSBC, die verstärkt Web-basierte Beratungs- und Kontenverwaltungsdienste entwickeln.[13] Die Bewerbungsfrist für eine Teilnahme an der zweiten Kohorte endete im Januar 2017. Dieses Mal ha-

---

11 BaFin; FinTechs: Junge IT-Unternehmen auf dem Finanzmarkt (Wiebke Danker). Artikel vom 15.1.2016. Abrufbar unter: https://www.bafin.de/SharedDocs/Veroeffentlichungen/DE/Fachartikel/2016/fa_bj_1601_fintechs.html (Stand: 18.6.2017).
12 Financial Times: Osborne wants London to be 'global centre for fintech (Peter Campbell) Artikel vom 11.11.2015. Abrufbar unter: https://www.ft.com/content/1f24a25e-886f-11e5-90de-f44762bf9896.
13 Financial Conduct Authority: Financial Conduct Authority unveils successful sandbox firms on the second anniversary of Project Innovate. Pressemitteilung, 7.11.2016. Abrufbar unter: https://www.fca.org.uk/news/press-releases/financial-c

ben sich 77 Unternehmen um eine Teilnahme beworben[14] – Das Interesse der Finanzdienstleister an diesem Instrument ist also durchaus groß.

Für eine Teilnahme an der Financial Sandbox können sich Unternehmen bewerben, die noch über keine Lizenz zur Erbringung von Finanzdienstleistungen verfügen. Teilnehmende Firmen durchlaufen zunächst einen vereinfachten, auf ihr Geschäftsmodell zugeschnittenen Registrierungsprozess bei der FCA. Dementsprechend erfolgt im Sandbox-Verfahren eine temporäre Finanzmarktzulassung auch nur für die konkret mit der FCA abgestimmte Tätigkeit. Nach Abschluss des Sandbox-Verfahrens sollen teilnehmende Unternehmen aber die üblichen Zulassungsvoraussetzungen erfüllen und dann auch eine reguläre Finanzmarktzulassung erhalten.[15] Das vereinfachte Zulassungsverfahren spart Kosten durch eine temporäre und von der FCA überwachte Absenkung von Zulassungsvoraussetzungen.

Auf diese Weise soll FinTechs der Eintritt in den hochregulierten Finanzmarkt erleichtert werden. Für Anbieter von Zahlungsdienstleistungen und von E-Money-Dienstleistern gibt es abweichende Zulassungsverfahren. Eine Vollbanklizenz wird im Sandboxverfahren nicht erteilt.

Die Regulatory Sandbox bietet teilnehmenden Unternehmen drei Vorteile: Zum Ersten erfolgt der Markteintritt und die Testphase unter enger Abstimmung und Beratung der FCA, so dass regulatorische Anforderungen bei der Produkt- und Dienstleistungsentwicklung von Beginn an berücksichtigt werden (guidance). Zweitens kann die FCA teilnehmende Unternehmen temporär von der Erfüllung einzelner Regulierungsanforderungen befreien (waivers). Drittens können sich teilnehmende Unternehmen darauf verlassen, dass die FCA im Regelfall nicht gegen ihre Geschäftstätigkeit einschreiten wird (no enforcement).[16]

Das Sandbox-Verfahren steht nur innovativen Konzepten offen; vor einer Zulassung müssen Interessenten die FCA von der Neuartigkeit ihres Modells überzeugen. Auch muss das beabsichtigte Geschäftsmodell auf

---

onduct-authority-unveils-successful-sandbox-firms-second-anniversary (Stand: 22.6.2017).
14 Christopher Woolard: Innovating for the future: the next phase of Project Innovate. Rede, gehalten am 10.4.2017 auf der Innovate Finance Global Summit. Abrufbar unter: https://www.fca.org.uk/news/speeches/innovating-future-next-phase-project-innovate /(Stand: 22.6.2017).
15 Financial Conduct Authority; Regulatory sandbox, November 2015, Ziffer 3.8.
16 Financial Conduct Authority; Regulatory sandbox, November 2015, Ziffer 3.13.

den britischen Finanzmarkt zugeschnitten sein und Verbrauchern einen echten Mehrwert bieten. Schließlich prüft die FCA vor einer Zulassung eines Bewerbers, ob das Sandbox-Verfahren für das betreffende Geschäftsmodell tatsächlich regulatorische Erleichterungen bringt und ob es bereits so weit gereift ist, dass es praktisch erprobt werden kann.[17]

Ein wichtiges Anliegen der FCA ist der Schutz von Verbraucherinteressen. Bei der Überwachung der Geschäftstätigkeit von Sandbox-Unternehmen wird daher ein besonderes Augenmerk auf den Verbraucherschutz gelegt. So soll durch engmaschige Kontrollen eine Schädigung von Kunden der Sandbox-Unternehmen von vornherein ausgeschlossen werden. Sollte es doch zu Schadensfällen kommen, können Sandbox-Unternehmen von ihren Kunden auf Schadensersatz in Anspruch genommen werden. Die FCA legt bereits bei Zulassung eines Unternehmens zum Sandboxverfahren unter Berücksichtigung der Schadensgeneigtheit der beabsichtigten Tätigkeit fest, welchem Haftungsregime das Unternehmen unterworfen wird. Möglich ist hier eine Haftung nach allgemeinen Grundsätzen bis hin zu einer verschärften Haftung, bei der das betreffende Unternehmen nachweisen muss, über ausreichende finanzielle Ressourcen zur Kompensierung möglicher Schadensersatzansprüche seiner Kunden zu verfügen.[18]

Die Aufnahme von Unternehmen in die Regulatory-Sandbox vollzieht sich in mehreren Schritten: Am Anfang des Sandbox-Verfahrens steht ein Bewerbungs- und Auswahlprozess: Sandbox-Aspiranten reichen bei der FCA eine Bewerbung ein, in der die beabsichtigte Dienstleistung beschrieben und die Eignung des Projekts für das Sandbox-Verfahren dargestellt wird. Anschließend teilt die FCA dem Bewerber einen Ansprechpartner zu, der dem Unternehmen während des Sandbox-Verfahrens beratend zur Seite steht. In einen dritten Schritt erarbeiten FCA und das Sandbox-Unternehmen den regulatorischen Rahmen für das Verfahren. Es werden ein auf das jeweilige Unternehmen abgestimmtes Aufsichtskonzept entwickelt, Test-Parameter und Zielmarken bestimmt und individuelle Sicherheitsvorkehrungen festgelegt, um eine Gefährdung von Kundeninteressen auszuschließen. Anschließend beginnt die bis zu sechsmonatige Testphase, während derer das Sandbox-Unternehmen seine Dienstleistung unter der Aufsicht der FCA und zu den zuvor festgelegten Bedingungen am Markt anbietet. Am Ende der Testphase erstellt das Sanbox-Unternehmen einen

---

17 Financial Conduct Authority; Regulatory sandbox, November 2015, Ziffer 3.4.
18 Financial Conduct Authority; Regulatory sandbox, November 2015; Ziffern 3.14-3.18.

Report, den die FCA prüft. Sodann entscheidet das Unternehmen, ob es seine Dienstleistung auch außerhalb der Sandbox anbieten will und die hierfür erforderliche reguläre Zulassung beantragt.

IV. Von Eimerchen und Schippchen: Die Skepsis der BaFin

Das erklärte Ziel des britischen Sandbox-Verfahrens ist die Senkung von Markteintrittsbarrieren für junge, innovative Unternehmen der FinTech-Branche. Dadurch soll der Markt belebt, der Wettbewerb angekurbelt und die Entwicklung eines vielversprechenden Wirtschaftszweigs gefördert werden. Positive Auswirkungen hat die Sandbox aber auch für die FCA; durch eine enge Zusammenarbeit mit den Sandbox-FinTechs – jeden Sandbox-Teilnehmer wird ein Mitarbeiter der FCA zur Seite gestellt, der das Unternehmen während der Sandbox-Phase berät – erhält die Behörde Einblicke in die Arbeitsweisen der beaufsichtigten Unternehmen und ein Gespür für die regulatorischen Schwierigkeiten, mit denen diese Unternehmen zu kämpfen haben. Dies ermöglicht der FCA, ihre Aufsichtspraxis entsprechend anzupassen und dort, wo Risiken sichtbar werden, genauer hinzuschauen. Das Sandbox-System hat inzwischen weltweit Nachahmer gefunden; Singapur, Australien, Hongkong, Kanada, Thailand, die Schweiz, Malaysia, Russland und Bahrain haben vergleichbare Regulierungsmodelle eingeführt oder für die nahe Zukunft angekündigt.[19] In Großbritannien selbst hat die Aufsichtsbehörde für die Gas- und Elektrizitätswirtschaft, *Ofgem*,[20] die Einführung einer Regulatory Sandbox für den Energiesektor angekündigt.[21]

---

19 ETHNews: Regulatory Sandboxes: A Practice For Innovation That Is Trending Worldwide (Dan Cummings) Artikel vom 1.3.2017. Abrufbar unter: https://www.ethnews.com/regulatory-sandboxes-a-practice-for-innovation-that-is-trending-worldwide (Stand: 18.6.2017).
20 Ofgem = Office of Gas and Electricity Markets.
21 OfGem: Request for expressions of interest in a 'regulatory sandbox'. Open Letter vom 6.2.2017. Abrufbar unter: https://www.ofgem.gov.uk/system/files/docs/2017/02/open_letter_regulatory_sandbox_6_february_2017.pdf (Stand: 18.6.2017);The Young Foundation: Innovating for innovation: The rise of the regulatory sandbox. Online-Artikel vom 10.3.2017. Abrufbar unter: http://youngfoundation.org/social-innovation-investment/innovating-innovation-rise-regulatory-sandbox/ (Stand: 18.6.2017).

Trotz dieser unbestreitbaren Erfolge stößt die Idee eines „regulatorischen Sandkastens" jedenfalls bei der deutschen Finanzmarktaufsicht auf unverhohlene Ablehnung; BaFin- Präsident *Felix Hufeld* erklärte in seiner Neujahrsansprache 2016 wörtlich:

> „Medien und FinTech-Branche fordern hin und wieder, dass wir Start-ups in regulatorischen Fragen unter die Arme greifen. Warum baut die BaFin keinen Sandkasten, in dem die Unternehmen ihre innovativen Geschäftsideen erst einmal auf Erfolgstauglichkeit testen können, bevor sie eine Erlaubnis beantragen? Weil sie das Mandat dazu nicht hat – und zwar aus gutem Grund: Das Sandkastenmodell birgt Interessenkonflikte. Wie verhält sich eine Aufsicht, wenn ein FinTech, das sie zuvor in ihrem Sandkasten umsorgt hat, seine Kunden nicht so behandelt, wie es sollte? Wenn Sie *mich* fragen: Dialog? Ja – und zwar fortlaufend und engagiert. Als Aufsicht Eimerchen und Schippchen bereitstellen? Nein. Das kann nicht die Rolle der Aufsicht sein, da ist schon der Markt gefragt. Unsere Art der Förderung sieht anders aus: Aufsicht trägt dazu bei, dass Kunden auch einem FinTech vertrauen können. Damit ist sie auch ein Qualitätssigel, das manche FinTechs übrigens durchaus so einsetzen."[22]

Sicher ist auch eine partielle Lockerung des Finanzmarktrechts nicht ohne Risiken. Nach den Erfahrungen der Finanzmarktkrise, die nicht unwesentlich auf regulatorische Fehlleistungen zurückzuführen ist, erscheint eine gesunde Skepsis gegenüber derartigen Vorhaben durchaus angebracht. Die Gleichgültigkeit, die der oberste deutsche Finanzmarktaufseher einer erfolgreichen aufsichtsrechtlichen Innovation eines europäischen Partners entgegenbringt, ist allerdings schon bemerkenswert. Zumal sich die Aufsichtsbehörden in Bern, Montreal,[23] und Singapur – um nur einige Nachahmer des Sand-Box-Verfahrens zu nennen – keineswegs zu Schade sind, FinTechs „Eimerchen und Schippchen" bereitzustellen.

Die launige Äußerung *Hufelds* legen die Vermutung nahe, dass man sich bei der BaFin mit dem Konzept einer Regulatorischen Sandbox bislang nicht ernsthaft befasst hat. Es geht nicht darum, FinTechs regulatorische Beinfreiheit zu Lasten von Verbrauchern zu gewähren; Wesensmerkmal eines seriösen Sandbox-Regimes ist die Absteckung eines klaren re-

---

22 Rede von Felix Hufeld, Präsident der BaFin, am 12. Januar 2016 in Frankfurt am Main (Neujahrspresseempfang der BaFin 2016), Abrufbar unter: https://www.bafin.de/SharedDocs/Veroeffentlichungen/DE/Reden/re_160112_neujahrspresseempfang_p.html (Stand: 18.6.2017).

23 Die kanadische Finanzmarktaufsicht *Canadian Securities Administrators (CSA)* ist ein Zusammenschluss der insgesamt dreizehn regionalen kanadischen Finanzmarktaufsichtsbehörden. Die CSA betreibt seit dem Jahr 2004 ein Sekretariat in Montreal; https://www.securities-administrators.ca/aboutcsa.aspx?id=92.

gulatorischen Rahmens, eine enge Überwachung eines jeden an diesem Verfahren teilnehmenden Unternehmens und die jederzeitige Befugnis der Marktaufsicht, Teilnehmer, die gegen Vorgaben der Aufsicht verstoßen oder Verbraucherinteressen gefährden, aus der Sandbox auszuschließen. Interessenkonflikte muss das Sandbox-Verfahren ebenfalls nicht mit sich bringen, solange die Betreuung von FinTechs und die Marktaufsicht strikt voneinander getrennt werden. So handhabt es auch die britische FCA.[24]

Recht hat *Hufeld* mit seinem Hinweis, die BaFin habe nicht das Mandat, FinTechs aus eigener Machtvollkommenheit von der Anwendbarkeit aufsichtsrechtlicher Vorgaben zu befreien. Soweit das Finanzmarktrecht eine Befreiung einzelner Unternehmen von regulatorischen Vorgaben vorsieht – etwa in den §§ 46[25] und 51[26] WpHG – betrifft dies eng gefasste und klar umrissene Ausnahmetatbestände. Eine regulatorische Sandbox, in der einzelne Unternehmen nach Ermessen der BaFin von der Anwendung finanzmarktrechtlicher Vorschriften temporär befreit werden könnten, ist in Deutschland de lege lata nicht möglich. Da das Finanzmarktrecht einer der am stärksten europäisierten Rechtsbereiche ist,[27] sind auch die Möglichkeiten des deutschen Gesetzgebers, diese Rechtslage zu ändern, begrenzt. Eine Suspendierung europarechtlicher Vorschriften durch die nationalen Aufsichtsbehörden kann – aufgrund des Anwendungsvorrangs des Europarechts – der nationale Gesetzgeber nicht beschließen. Eine deutsche Sandbox könne teilnehmende Unternehmen folglich nur von einer Beachtung solchen Vorschriften befreien, die nicht auf europarechtlichen Vorgaben fußen. Der große Ansturm von FinTechs auf die Sandbox der FCA – die, jedenfalls solange Großbritannien Mitglied der Europäischen Union ist, ebenfalls keine europarechtlichen Vorschriften suspendieren kann – zeigt aber, dass für FinTechs schon eine Befreiung von nationalen Vorschriften attraktiv sein kann. Gleichwohl sollte sich der deutsche Gesetzgeber um ein abgestimmtes Vorgehen mit der europäischen Ebene bemühen.

---

24 The FintechTimes: FCA Innovation Boss Issues Complacency Warning. Abrufbar unter: http://thefintechtimes.com/fca-innovation-boss-issues-complacency-warning/ (Stand: 18.6.2017).
25 = § 29a WpHG a.F.
26 = 30f WpHG a.F.
27 Zu der europarechtlichen Prägung des Kapitalmarktrechts vgl. *Lutter/Bayer/Schmidt*, Europäisches Unternehmens- und Kapitalmarktrecht, 5. Auflage, 2012, § 17, S. 233.

V. Die Entwicklungen auf europäischer Ebene und Ausblick

Die Europäische Kommission hat im November 2016 eine interne Task Force für Finanztechnologien eingesetzt.[28] Zudem veröffentlichte die Europäische Kommission kürzlich ein *Consultation Document*, mit dem es Finanzmarktakteure auffordert, ihre Erwartungen an eine europäische FinTech-Regulierung zu formulieren.[29] Gefragt wird in diesem Konsultationspapier auch, ob – speziell für transnational operierende FinTechs – eine europäische Sandbox geschaffen werden sollte.[30] Diese Aktivitätsentfaltung der EU-Kommission zeigt, dass man sich in Brüssel der Bedeutung und des Potentials einer die besonderen Bedürfnisse von FinTechs berücksichtigenden Gesetzgebung bewusst ist.

Bereits im November 2016 hat die European Banking Federation (EBF) in einem Positionspapier ihre Vorstellungen einer europäischen FinTech-Sandbox skizziert.[31] Danach sollte die Europäische Kommission eine europäische Sandbox grob konzeptionalisieren. Dabei einbezogen werden sollen die auf EU-Ebene thematisch betroffenen Aufsichtsbehörden – also die ESMA,[32] die EBA[33] und die EIOPA.[34] In einem zweiten Schritt sollen sich nach Vorstellung der EBF die nationalen Aufsichtsbehörden über auf nationaler Ebene bewährte Regulierungsmodelle für FinTechs austauschen. In einem dritten Schritt könnte dann eine EU-Sandbox stehen, so dass FinTechs in allen Mitgliedsstaaten vergleichbare rechtliche Rahmen-

---

28 European Commission; European Commission sets up an internal Task Force on Financial Technology; https://ec.europa.eu/digital-single-market/en/blog/european-commission-sets-internal-task-force-financial-technology (Stand: 29.5.2017).
29 European Commission: Consultation Document Fintech: A more competitive and innovative European financial sector. Abrufbar unter: http://ec.europa.eu/info/sites/info/files/2017-fintech-consultation-document_en_0.pdf (Stand: 31.5.2017).
30 European Commission: Consultation Document Fintech: A more competitive and innovative European financial sector, S. 17.
31 European Banking Federation: INNOVATE. COLLABORATE. DEPLOY. The EBF vision for banking in the Digital Single Market. Abrufbar unter: http://www.ebf-fbe.eu/wp-content/uploads/2016/11/EBF-vision-for-banking-in-the-Digital-Single-Market-October-2016.pdf (Stand: 12.6.2017).
32 ESMA = European Securities and Markets Authority (Europäische Wertpapier- und Marktaufsichtsbehörde).
33 EBA= European Banking Authority (Europäische Bankenaufsicht).
34 EIOPA = European Insurance and Occupational Pensions Authority (Europäische Aufsichtsbehörde für das Versicherungswesen und die betriebliche Altersversorgung).

bedingungen vorfinden („level playing field"). Ein europäisches Sandbox-Verfahren sollte nach Vorstellungen der EBF klare Auf- und Teilnahmekriterien für potentielle Teilnehmer formulieren. Festgelegt werden sollten bspw. Kriterien zur Bestimmung von Erfolg oder Misserfolg getesteter Modelle, Zielmarken, Testparameter, Datenschutzvorschriften, Risikobestimmungsverfahren und Exit-Strategien für eventuelle Ausschlüsse einzelner Teilnehmer aus der Sandbox. Schließlich sollten nach Auffassung der EBF die Geschäftsmodelle potentieller Teilnehmer vor einer Zulassung zum Sandbox-Verfahren einer ethischen Überprüfung unterzogen werden. Zudem sollen nur wirklich neuartige, innovative Geschäftsmodelle Zugang zu einer EU-FinTech-Sandbox erhalten. Das Zulassungsverfahren zur Sandbox sollte klar und transparent strukturiert, die Umsetzung der Sandbox-Regeln streng überwacht und Verstöße strikt geahndet werden. Der Umfang von im Rahmen des Sandbox-Verfahrens entfalteter Geschäftstätigkeit ist nach Vorstellung der EBF dergestalt zu beschränken, dass Risiken für das Finanzsystem und für Verbraucher weitgehend vermieden werden.[35]

Die vorstehend beschriebenen Vorschläge der EBF sind recht allgemein gehalten. Sie sind eher Diskussionsvorschlag, als konkrete Handlungsempfehlung. Dennoch kann das EBF-Konzept die Entwicklung einer Regulatory Sandbox auf europäischer Ebene voranbringen. Bedenkenswert erscheint vor allem der Vorschlag eines Austausches der Aufsichtsbehörden der Mitgliedsstaaten über FinTech-Regulierungen. Auf diese Weise könnten die in den Mitgliedsstaaten – namentlich in Großbritannien – bereits vorliegenden Erfahrungen in die Entwicklung einer europäischen FinTech-Regulierung – und möglicherweise auch einer EU-Regulatory-Sandbox – einfließen. Auch wenn eine Beteiligung der Briten an einem solchen Austausch ungewiss ist – Stichwort Brexit – sollten jedenfalls die kooperationswilligen EU-Mitgliedsstaaten ihre Zusammenarbeit intensiv koordinieren und auf eine europaweit einheitliche FinTech-Regulierung hinarbeiten. Eine solch einheitliche Regulierung kann FinTechs, deren Geschäftsmodelle häufig länderübergreifend konzeptioniert sind, die Entwicklung enorme erleichtern.[36]

---

35 European Banking Federation, ebenda, S. 29.
36 *Stein/Aggarwa*, The Complex Regulatory Landscape for FinTech (World Economic Forum/Georgetown University), 2016, S. 29, abrufbar unter: http://www3.weforum.org/docs/WEF_The_Complex_Regulatory_Landscape_for_FinTech_290816.pdf.

Merkmal einer europäischen Regulatory Sandbox muss – diesbezüglich scheint auch in der FinTech-Branche große Einigkeit zu bestehen – eine sorgfältige Auswahl und Überwachung aber auch eine engagierte Begleitung der teilnehmenden Unternehmen durch die zuständigen Aufsichtsbehörden sein. Zudem ist sicher zu stellen, dass Sandbox-Unternehmen keine Verbraucher schädigen oder systemische Risiken verursachen. Letzteres wird auch über eine quantitative Begrenzung der im Rahmen des Sandboxverfahrens zulässigen Geschäftstätigkeit gewährleisten werden können.

Eine europäische Regulatory Sandbox, die einerseits junge innovative FinTechs in der Gründungphase unterstützt und in regulatorischer Hinsicht entlastet, andererseits aber auch Verbraucherinteressen schützt und einer Gefährdung der Marktstabilität entgegenwirkt, kann einen beachtlichen Beitrag zur Entwicklung europäischer Finanzmärkte leisten. Die Wachstumschancen, die eine innovative FinTech-Gesetzgebung bietet, sollten die Europäer nicht ungenutzt lassen.

Produktverbote für Finanzinstrumente und ihre zivilrechtlichen Rechtsfolgen

*Frank Schäfer, Düsseldorf**

I. Die Diskussion um die Einführung von Produktinterventionsrechten

Produktverbote i.S.v. Verboten der Herstellung oder des Vertriebs oder der Vermarktung oder des Verkaufs von bestimmten Produkten sind der Rechtsordnung nicht grds. unbekannt. So gilt z.B. für Arzneimittel i.e.S. ein grds. Zulassungsgebot, für Tabakprodukte bestimmte Werbeverbote oder im Bereich der Schusswaffen ein Verbot des Verkaufs an Personen, die keinen Waffenschein besitzen. Letztlich stellt auch bereits § 1 Abs. 6 KAGB mit dem Verbot des Vertriebs von Spezial-AIF an Privatanleger ein Produktverbot dar. Für Finanzprodukte wurde die Einführung von Verboten seit der Erkenntnis diskutiert, dass höchst toxische Finanzprodukte aus den USA in Form von CDOs und CSOs eine weltweite Finanzkrise ausgelöst hatten.[1] So schlug etwa die EU-Kommission im Oktober 2011 im Rahmen der Überarbeitung der MiFID I vor, die Möglichkeit von Produktverboten einzuführen.[2] Die sich hierzu kritisch äußernden und vor einem übermäßigen Paternalismus warnenden Stimmen[3] haben sich gegen den Zeitgeist nicht durchsetzen können. Dementsprechend steht den nationalen (BaFin) und europäischen (ESMA, EBA und EIOPA) Aufsichtsbehörden inzwischen ein wahres Arsenal von Verbotsmöglichkeiten zur Verfügung (dazu sub II). Es bedarf keiner hellseherischen Fähigkeiten für die Vorhersage, dass früher oder später von den Behörden von diesen Möglichkeiten Gebrauch gemacht werden wird. Die meisten Ermächtigungsgrundlagen regeln Eingriffe (nur) aus Sicht des öffentlich-rechtlichen (Auf-

---

* RA Prof. Dr. Frank A. Schäfer, LL.M. (UCLA), Sernetz • Schäfer Düsseldorf.
1 Vgl. Michael Lewis, The Big Short, 2010.
2 Vgl. Vorschlag für eine Richtlinie des Europäischen Parlaments und des Rates über Märkte für Finanzinstrumente, COM/2011/ 0656 final – 2011/0298 (COD).
3 Vgl. insb. *Zimmer*, JZ 2014, 714, 721 f.; *Grigoleit*, ZHR 177, 2013, 264, 302 ff.; *Cahn/Müchler*, BKR 2013, 45, 47 ff.

sichts-)Rechts und vernachlässigen die zivilrechtlichen Rechtsfolgen (dazu sub IV). Deren Diskussion befindet sich erst im Anfangsstadium.[4]

II. Überblick über die Ermächtigungsgrundlagen für Verbote von Finanzinstrumenten

1. § 37g WpHG (BMF)

Seit 2002 ermächtigt § 37g WpHG das Bundesministerium der Finanzen – wegen Art. 80 Abs. 2 Var. 4 GG i.V.m. Art. 83 GG: mit Zustimmung des Bundesrates –, durch Rechtsverordnung „Finanztermingeschäfte zu verbieten oder zu beschränken, soweit dies zum Schutz der Anleger erforderlich ist". Wohl nicht zu Unrecht wurden Zweifel an der verfassungsrechtlich notwendigen Bestimmtheit der Verordnungsermächtigung geäußert.[5] Das BMF hat bisher von der Ermächtigung noch keinen Gebrauch gemacht.

Als einzige der geltenden Verbotsnormen regelt § 37g Abs. 2 WpHG auch die zivilrechtlichen Rechtsfolgen eines Verbotsverstoßes durch die Anordnung der Nichtigkeit des verbotenen Finanztermingeschäfts mit Erstreckung der Nichtigkeitsfolge auf Sicherheiten, Schuldanerkenntnisse, Aufträge zur Durchführung solcher Geschäfte und Vereinigungen zum Zwecke des Abschlusses solcher Geschäfte.[6] § 37g WpHG wird vom WpHG i.d.F.d. 2. FiMaNoG unverändert fortgesetzt als § 100 WpHG n.F.

2. § 4b WpHG (BaFin)

Durch das Kleinanlegerschutzgesetz[7] wurde mit Wirkung zum 10. Juli 2015 § 4b WpHG im Vorgriff auf die ab 3. Januar 2018 geltende VO (EU) Nr. 600/2014 über Märkte für Finanzinstrumente[8] (MiFIR) eingeführt. An-

---

4 Vgl. insb. *Buck-Heeb*, BKR 2017, 89 ff.; *Ehlers*, WM 2017, 420, 426 f.
5 Vgl. *Jung*, in: Fuchs, WpHG, 2. Aufl., 2016, § 37g Rn. 10; *Mülbert/Assmann*, in: Assmann/Schneider, WpHG, 6. Aufl., 2012, § 37g Rn. 3.
6 Vgl. ausführlich *Zimmer*, in: Schwark/Zimmer, KMRK, 4. Aufl., 2010, § 37g WpHG, Rn. 8; *G. Roth*, in KölnKomm. WpHG, 2. Aufl., 2014, § 37g Rn. 7 ff.
7 BGBl. I 2015, 1114.
8 ABl. EU Nr. L 173, S. 84 vom 12.6.2014.

ders als § 4a WpHG, der die BaFin „nur" zu vorübergehenden Handelsverboten oder -aussetzungen auf dem Sekundärmarkt ermächtigt, ermächtigt § 4b WpHG die BaFin zu einem dauerhaften Einschreiten auf dem Primärmarkt, also dem Verbot oder der Beschränkung des Vertriebs, der Vermarktung und des Verkaufs von Finanzinstrumenten[9] und strukturierten Einlagen,[10] ohne jedoch bestimmte Handlungsformen vorzugeben.

Voraussetzung für ein Einschreiten der BaFin ist nach § 4b Abs. 2 WpHG, dass Tatsachen die Annahme rechtfertigen, dass allgemein im Hinblick auf ein Produkt oder eine Tätigkeit Bedenken für den Anlegerschutz oder Gefahren für das ordnungsgemäße Funktionieren und die Integrität der Finanz- oder Warenmärkte oder für die Stabilität des gesamten Finanzsystems oder eines Teiles desselben bestehen, oder dass ein Derivat negative Auswirkungen auf den Preisbildungsmechanismus in den zugrundeliegenden Märkten hat, und dass die Maßnahmen geeignet, erforderlich und verhältnismäßig sind.[11] § 18 VermAnlG erstreckt die Ermächtigung des § 4b WpHG zudem ausdrücklich auch auf Vermögensanlagen i.S.v. § 1 Abs. 2 VermAnlG, um auch die grds. bereits durch § 2 Abs. 2b WpHG als Finanzinstrumente erfassten Vermögensanlagen abzudecken, die von § 2 Abs. 2b WpHG vom Begriff der Finanzinstrumente ausgenommen sind. § 4b WpHG enthält keine Regelung der zivilrechtlichen Rechtsfolgen des Verstoßes eines Emittenten oder Vertreibers gegen ein Verbot der BaFin. Im Gesetzgebungsverfahren war vom Bundesrat angeregt worden, eine ausdrückliche Nichtigkeit – wie bei § 37g WpHG – nach § 134 BGB anzuordnen oder ein Rücktrittsrecht des Anlegers vorzusehen.[12] Dies wurde jedoch unter Verweis auf die Rechtssicherheit abgelehnt.[13]

Durch das 2. FiMaNoG wird § 4b WpHG als § 15 WpHG n.F. fortgeführt. Er ermächtigt die BaFin als national zuständige Behörde zur Ausübung der durch Art. 42 VO (EU) Nr. 600/2014 (MiFIR) vorgesehenen Ermächtigung zur Produktintervention unter den dort genannten Voraussetzungen unter Beibehaltung der – rein nationalen – Erstreckung auf Vermögensanlagen i.S.v. § 1 Abs. 2 VermAnlG. Eine zusätzliche Erweiterung

---

9 Vgl. Definition in § 2 Abs. 2b WpHG.
10 Vgl. Definition in § 2 Abs. 11 WpHG.
11 Vgl. *Bouchon/Mehlkopp*, in: Fuchs, WpHG, 2. Aufl. 2016, § 4b Rn. 13 ff.; *Möllers/Kastl*, NZG 2015, 849, 853 ff.; *Bröker/Machunsky*, BKR 2016, 229 ff.; *Ehlers*, WM 2017, 420, 423 ff.
12 BT-Dr. 638/14, 20.
13 Stellungnahme der BReg., BT-Dr. 18/3994, 81 (zu Nr. 19).

enthält § 15 WpHG n.F. insofern, als die darin normierten Befugnisse der BaFin gegenüber jedermann gelten und nicht nur gegenüber den Emittenten der in Art. 1 Abs. 2 MiFIR genannten Finanzinstrumente. Erfasst werden daher – über die MiFIR hinausgehend – auch sog. „freie Finanzvermittler" oder der „Direktvertrieb".[14]

3. § 4 Abs. 3l WpHG (BaFin)

Durch Artt. 2, 17 Abs. 2 des 1. FiMaNoG[15] wurde mit Wirkung zum 31. Dezember 2016 § 4 Abs. 3l WpHG eingeführt. Gemäß dieser Norm überwacht die BaFin die Einhaltung der Ge- und Verbote der VO (EU) Nr. 1286/2014 über die Basisinformationsblätter für verpackte Anlageprodukte für Kleinanleger und Versicherungsanlageprodukte[16] (PRIIP-VO).[17] Die erstmalige Anwendung der PRIIP-VO wurde jedoch auf den 1. Januar 2018 verschoben,[18] so dass die Regelung des § 4 Abs. 3l WpHG zumindest im Jahre 2017 ins Leere geht, soweit man nicht die Auffassung vertreten wollte, dass der deutsche Gesetzgeber implizit die Geltung der PRIIP-VO mit angeordnet hat.[19] Weder die MiFIR noch die deutsche Umsetzungsnorm regeln die zivilrechtlichen Folgen eines Vorstoßes gegen ausgesprochene Produktverbote.

§ 4 Abs. 3l WpHG wird durch das zweite FiMaNoG als § 10 WpHG n.F. fortgeführt. Er ermächtigt die BaFin als national zuständige Behörde zur Ausführung der Ge- und Verbote der PRIIP-VO, soweit Wertpapierdienstleistungsunternehmen betroffen sind, weshalb § 10 nach seinem Abs. 1 S. 2 WpHG n.F. vorbehaltlich der Normen der GewO, § 5 Abs. 6a KAGB, § 308a VAG und § 47 KWG gilt.

---

14 Vgl. RegBegr., BT-Dr. 18/10936, 228.
15 BGBl. I 2016, 1514.
16 ABl. EU Nr. L 352, S. 1 vom 9.12.2014.
17 Zu den Eingriffsvoraussetzungen von Art. 42 MiFIR vgl. *Cahn/Müchler*, BKR 2013, 45, 46 ff.; *Busch*, WM 2017, 409, 415 ff.; *Klingenbrunn*, WM 2015, 316, 318 ff.
18 ABl. EU Nr. L 354, S. 35 vom 23.12.2016.
19 Dies wird jedoch – soweit ersichtlich – bisher nicht vertreten, insb. auch nicht von der BaFin. Die Frage erledigt sich mit Ablauf des Jahres 2017.

4. Weitere Ermächtigungsgrundlagen: § 6 Abs. 2 S. 5 WpHG n.F., § 47 KWG, § 5 Abs. 6a KAGB, § 308a VAG (BaFin)

Wie in dem vorstehend bereits angesprochenen § 4 Abs. 31 WpHG (bzw. § 10 WpHG n.F.) wurde die BaFin durch das 1. FiMaNoG auch als national zuständige Behörde zur Durchsetzung der Ge- und Verbote der PRIIP-VO gegenüber Instituten i.S.d. KWG (§ 47 KWG), gegenüber Versicherungsunternehmen (§ 308a VAG) und gegenüber Kapitalverwaltungsgesellschaft (§ 5 Abs. 6a KAGB) ermächtigt. Die Vorschriften der §§ 47 KWG, 308a VAG und 5 Abs. 6a KAGB sind inhaltlich identisch mit § 4 Abs. 31 WpHG (bzw. § 10 WpHG n.F.) und enthalten dementsprechend keine zivilrechtlichen Regelungen für Verstöße gegen von der BaFin insoweit erlassene Produktverbote.

§ 6 Abs. 2 S. 5 WpHG n.F. enthält zusätzlich eine Ermächtigung der BaFin, im Falle von Verstößen gegen das neu eingeführte Produktfreigabeverfahren nach § 80 Abs. 9 WpHG n.F. den Vertrieb oder den Verkauf von Finanzinstrumenten oder strukturierten Einlagen „auszusetzen". Wie die anderen Ermächtigungsnormen für Produktverbote enthält auch diese Norm keine Regelung der zivilrechtlichen Folgen von Verstößen gegen die „Aussetzungsmaßnahme".

5. Ermächtigung der ESMA, EBA und EIOPA zu Produktverboten

a) Artt. 40, 41 MiFIR i.V.m. Art. 69 MiFID II

Nach Art. 40 MiFIR kann die ESMA für Finanzinstrumente[20] und nach Art. 41 MiFIR kann die EBA für strukturierte Einlagen[21] vorübergehend die Vermarktung, den Vertrieb oder den Verkauf von Finanzinstrumenten bzw. strukturierten Einlagen oder eine Form der Finanztätigkeit oder -praxis verbieten oder beschränken. Gegenüber einer entsprechenden Tätigkeit der BaFin ist diese Ermächtigung nach Art. 40 Abs. 2 Satz 1 lit. c) MiFIR bzw. Art. 41 Abs. 2 S. 1 lit. c) MiFIR jedoch subsidiär. Die BaFin darf noch keine Maßnahmen ergriffen haben, „um der Bedrohung zu begegnen,

---

20 Vgl. Definition in Art. 2 Abs. 1 Nr. 9 MiFIR: Verweis auf Art. 4 Abs. 1 Nr. 15 MiFID II.
21 Vgl. Definition in Art. 2 Abs. 1 Nr. 23 MiFIR: Verweis auf Art. 4 Abs. 1 Nr. 43 MiFID II.

oder die [von der BaFin] ergriffenen Maßnahmen werden der Bedrohung nicht gerecht".[22] Zivilrechtliche Regelungen von Verstößen gegen Verfügungen der ESMA bzw. EBA sehen Artt. 40, 41 MiFIR nicht vor.

b) Artt. 15, 16 PRIIP-VO

Soweit es sich um ein Versicherungsanlageprodukt i.S.v. Art. 4 Nr. 2 PRIIP-VO handelt, ermächtigen Artt. 15, 16 PRIIP-VO die EIOPA zu einem vorübergehenden Verbot bzw. einer vorübergehenden Beschränkung der Vermarktung, des Vertriebs oder des Verkaufs oder einer Art der Finanztätigkeit oder -praxis unter vergleichbaren Bedingungen[23] wie bei Finanzinstrumenten oder strukturierten Einlagen. Auch insoweit ist die Ermächtigung der EIOPA nach Art. 16 Abs. 2 S. 1 lit c) PRIIP-VO jedoch subsidiär zu den Maßnahmen der BaFin (in ihrer Funktion als Versicherungsaufsicht). Wie bei den bereits dargestellten Normen enthält auch Art. 16 PRIIP-VO keine Regelung der zivilrechtlichen Folgen von Verstößen gegen Verbote oder Beschränkungen.

III. Bisher ergangene Produktverbote

Subsumiert man – wie dies Art. 42 Abs. 1 lit. b) MiFIR oder Art. 16 Abs. 1 S. 1 lit. b) PRIIP-VO tun – unter dem Begriff der Produktverbote auch ein Verbot einer Finanztätigkeit oder -praxis, so waren die ersten Produktverbote die im Gefolge der Finanzmarktkrise am 15. September 2008 ergangenen Leerverkaufsverbote. Am 19./21. September 2008 verkündete die BaFin eine Allgemeinverfügung mit dem Verbot von Leerverkäufen in Aktien von elf Banken und Versicherungen, gestützt auf § 4 Abs. 1 WpHG a.F. Rechtsstreitigkeiten zwischen der BaFin und Teilnehmern des Finanzmarktes über das per Allgemeinverfügung erlassene Verbot von Leerverkäufen sind trotz der zweifelhaften Ermächtigungsgrundlage nicht bekannt geworden.

---

22 Zu den weiteren Eingriffsvoraussetzungen vgl. *Busch*, WM 2017, 409, 418 ff.; *Cahn/Müchler*, BKR 2013, 45, 47 ff.
23 Vgl. dazu Delegierte VO (EU) 2016/1904 zur Ergänzung der VO (EU) Nr. 1286/2014 im Hinblick auf die Produktintervention, ABl. EU Nr. L 295, S. 11 v. 29.10.2016.

Eine tragfähige Ermächtigungsgrundlage wurde jedoch erst durch das „Gesetz zur Vorbeugung gegen missbräuchliche Wertpapier- und Derivategeschäfte" vom 21. Juli 2010 mit Einfügung von § 4a WpHG a.F. sowie §§ 30h - 30j WpHG a.F. eingeführt. Seit 1. November 2012 gilt ohnehin die VO (EU) 236/2012[24] mit einem unmittelbar geltenden Verbot ungedeckter Leerverkäufe von Aktien sowie von Staatsanleihen von EU-Mitgliedsstaaten und CDS auf solche Staatsanleihen (vgl. Artt. 12 bis 14 VO). Zweck dieser EU-VO ist die Verhinderung exzessiver Preisbewegungen, die die Stabilität des Finanzsystems beeinträchtigen und zu Nachteilen für den Finanzmarkt führen können. Darüber hinaus sehen Artt. 20 bis 23 LeerverkaufsVO eine Ermächtigung der national zuständigen Behörden zum weitergehenden Verbot von Leerverkäufen vor und Art. 28 LeerverkaufsVO eine Ermächtigung der ESMA.[25]

Im August 2014 verbot die britische Finanzmarktaufsicht FCA den Verkauf, die Vermittlung sowie die Werbung für Contigent Convertible Bonds[26] (CoCos) an Privatkunden.[27] Mangels hinreichender Ermächtigungsgrundlage bei gleichgelagerter Einschätzung der Risiken der CoCo-Bonds und anderer Hybridanleihen[28] von Banken oder Versicherungen äußerte die BaFin am 1. Oktober 2014 den „Wunsch", dass CoCo-Bonds nicht an Privatanleger vertrieben werden.[29]

Am 28. Juli 2016 startete die BaFin eine Anhörung zu einer Allgemeinverfügung gemäß § 4b Abs. 1 WpHG bezüglich sog. „Bonitätsanleihen" (= Credit Linked Notes). Im Rahmen der Anhörung kündigte die BaFin ihre Absicht an, die Vermarktung, den Vertrieb und den Verkauf von Bonitätsanleihen an Privatkunden i.S.d. § 31a Abs. 3 WpHG zu untersagen.[30] Zum Erlass der Allgemeinverfügung kam es jedoch nicht, da die Zertifikatebranche im Rahmen einer freiwilligen Selbstverpflichtung zusagte, Credit Linked Notes nicht mehr an Privatkunden zu vertreiben.

Nach Durchführung einer Anhörung im Dezember 2016 erließ die BaFin am 8. Mai 2017 eine Allgemeinverfügung gemäß § 4b Abs. 1

---

24 Über Leerverkäufe und bestimmte Aspekte von Credit Default Swaps (CDS), ABl. EU Nr. L 86, S. 1 vom 24.03.2012.
25 Vgl. Überblick bei *Schäfer*, in: Assmann/Schütze, Hdb. KapitalanlageR, 4. Aufl., 2015, § 21 m.w.N.
26 Vgl. dazu *Nodoushani*, WM 2016, 589 ff.
27 Vgl. dazu *Klingenbrunn*, WM 2015, 316 ff.
28 Vgl. zu Katastrophenanleihen *Fest*, ZBB 2016, 301 ff.
29 Vgl. *Tophoven/Yoo/Becker*, in: BaFin-Journal 10/2014, S. 9 ff.
30 Vgl. BaFin-Journal 8/2016, S. 28 f.

WpHG bezüglich sog. „Contracts for Difference" (CFDs). Deren Vermarkung, Vertrieb und Verkauf an Privatkunden i.S.d. § 31a Abs. 3 WpHG wurde insoweit untersagt, als die finanziellen Differenzgeschäfte für den Privatkunden eine Nachschusspflicht begründen können. Die von der BaFin gesetzte Frist für die Umsetzung dieser Beschränkung läuft bis 10. August 2017. Eine zeitliche Beschränkung enthält die Allgemeinverfügung nicht.[31]

Bei den Leerverkaufsverboten war der Zweck sehr deutlich die „Verhinderung exzessiverer Preisbewegungen, die die Stabilität des Finanzsystems beeinträchtigten und zu Nachteilen für den Finanzmarkt führen konnten". Dies hat sich bei den CoCo-Bonds, Bonitätsanleihen und CFDs deutlich verändert. Zielrichtung ist hier der Anlegerschutz und die Verhinderung von Interessenkonflikten bei dem Vertrieb dieser Produkte an Privatanleger.

IV. Zivilrechtliche Rechtsfolgen von Verstößen gegen Produktverbote

1. Nichtigkeit gemäß § 134 BGB?

Als einzige der in Abschnitt II. behandelten Ermächtigungsnormen ordnet § 37g Abs. 2 WpHG die Nichtigkeit von Rechtsgeschäften an, die gegen eine auf § 37g Abs. 1 WpHG gestützte Rechtsverordnung verstoßen. Damit stellt sich die Frage, ob auch ein Verstoß gegen andere von der BaFin ausgesprochene Produktverbote, die sich auf eine der vorgenannten Ermächtigungsgrundlagen stützen, einen Verstoß gegen ein „gesetzliches Verbot" i.S.v. § 134 BGB darstellt.

Der Begriff des Gesetzes i.S.d. § 134 BGB soll sich mit dem des Art. 2 EGBGB decken.[32] Nach Art. 2 EGBGB ist Gesetz i.S.d. BGB „jede Rechtsnorm". Hierunter fallen Gesetze im formellen Sinne einschließlich Staatsverträgen und landesrechtlichen Gesetzen, aber auch Rechtsverordnungen und ggf. berufsständische Satzungen.[33] Die BaFin erlässt Verbote auf Basis der genannten Ermächtigungsgrundlagen regelmäßig in Form von Allgemeinverfügungen. Eine Allgemeinverfügung ist nach § 35 Satz 2

---

31 Vgl. BaFin, VBS 7-Wp 5427-2016/0017 vom 8. Mai 2017.
32 Vgl. nur *Ellenberger*, in: Palandt, BGB, 76. Aufl., 2017, § 134 Rn. 2.
33 Vgl. ausführlich *Armbrüster*, in: MüKoBGB, 7. Aufl., 2015, § 134 Rn. 30 ff. m.w.N.; BGH, Urt. v. 25.6.2014 – VIII ZR 244/13, NJW 2014, 3016.

VwVfG „ein Verwaltungsakt, der sich an einen nach allgemeinen Merkmalen bestimmten oder bestimmbaren Personenkreis richtet oder die öffentlich-rechtliche Eigenschaft einer Sache oder ihrer Benutzung durch die Allgemeinheit betrifft". Ähnlich den Satzungen privatrechtlicher Verbände oder den Richtlinien berufsständischer Organisationen[34] ist eine Allgemeinverfügung damit kein „Gesetz" i.S.v. § 134 BGB.[35] Konsequenterweise hat daher der Bundesrat im Rahmen seiner Stellungnahme zum Gesetzentwurf des Kleinanlegerschutzgesetzes[36] angeregt, die Nichtigkeit von gegen eine Allgemeinverfügung verstoßenden Rechtsgeschäften ausdrücklich anzuordnen, da „ein unter Verstoß gegen entsprechende Anordnungen zustande gekommenes Rechtsgeschäft auf zivilrechtlicher Ebene wirksam" ist. In Ermangelung einer derartigen Anordnung steht daher fest, dass ein Verstoß gegen Allgemeinverfügungen der BaFin die Wirksamkeit des Rechtsgeschäftes unbeeinträchtigt lässt.[37]/[38]

2. Schadensersatz gemäß §§ 280, 311 BGB wegen fehlerhafter Anlageberatung?

Soweit die BaFin oder eine europäische Behörde ein Produktverbot verhängt hat, wird man davon ausgehen dürfen, dass im Rahmen einer Anlageberatung darauf hinzuweisen ist, dass das Produktverbot besteht und dass ein Vertragsabschluss hiergegen verstoßen würde. Regelmäßig wird man von einem Anleger, insbesondere von einem Privatanleger, nicht erwarten können, dass ihm Produktverbote bekannt sind, insbesondere dann nicht, wenn sie Produkte betreffen, die ihm unverändert angeboten oder empfohlen werden.

Im Falle des Abschlusses eines Anlageberatungsvertrages wird man daher typischerweise von einer fehlerhaften Anlageberatung ausgehen können, wenn der Anlageberater nicht unter Hinweis auf das Produktverbot

---

34 Vgl. zu diesen *Sack/Seibl*, in: Staudinger, BGB, 2011, § 134 Rn. 28 f.
35 Vgl. ausführlich zum Gesetzesbegriff von § 134 BGB *Beater*, AcP 197 (1997), 505 ff.
36 BT-Dr. 638/14, 20.
37 Ebenso *Buck-Heeb*, BKR 2017, 89, 94; *Cahn/Müchler*, BKR 2013, 45,54; *Klingenbrunn*, WM 2015, 316, 321 f.; *Bröker/Machunsky*, BKR 2016, 229, 231; *Ehlers*, WM 2017, 420, 426.
38 Zu der Frage, ob Verfügungen von ESMA/EBA/EIOPA Verbotsgesetze i.S.v. § 134 BGB darstellen können, vgl. *Klingenbrunn*, WM 2015, 316, 321.

den Abschluss eines entsprechenden Vertrages ablehnt.[39] Man wird daher gar nicht darauf rekurrieren müssen, dass ein solches Produkt „in jedem Fall ungeeignet ist",[40] da dies im Einzelfall nicht zutreffen muss und daher eine unzulässige Verallgemeinerung darstellte.

Nach der Rechtsprechung des XI. Senats des BGH begründet eine fehlerhafte Anlageberatung die widerlegliche Vermutung der Kausalität zwischen Pflichtverletzung und Schaden, so dass der Anlageberater beweisen muss, dass der Anleger die Kapitalanlage auch bei zutreffender Beratung erworben hätte.[41] Im Rahmen des Schadensersatzanspruchs kann der Anleger die Rückabwicklung des verbotswidrigen Geschäfts verlangen.

Wurde kein Beratungsvertrag abgeschlossen, z.B. weil das Geschäft beratungsfrei erfolgte, entfällt der Schutz des Anlegers durch den Beratungsvertrag. Auch bei einem beratungsfreien Geschäft kann dem Vertragspartner jedoch nicht nur aufsichtsrechtlich eine Angemessenheitsprüfung gem. § 31 Abs. 5 WpHG, sondern auch zivilrechtlich eine Warnpflicht obliegen. Zwar kommen Warnpflichten nur in Ausnahmefällen in Betracht und setzen grundsätzlich voraus, dass der Anleger die Risiken des von ihm beabsichtigten Geschäfts erkennbar nicht überschaut. Letzteres wird man jedoch bei der Nachfrage nach einem verbotenen Produkt in der Regel annehmen müssen. Eine solche Warnpflicht wird man bei von der BaFin ausgesprochenen Produktverboten annehmen müssen. Da es sich bei Produktverboten schon aufgrund der Voraussetzungen für das Eingreifen der jeweiligen Ermächtigungsgrundlagen um komplexe Finanzprodukte oder strukturierte Einlagen handeln wird, ist diese – zivilrechtliche – Warnpflicht durchaus gerechtfertigt. Auf diese Weise wird auch bei einem beratungsfreien Geschäft ein Schutz des Anlegers erreicht, der dem bei einem Beratungsvertrag vergleichbar ist.

3. Schadensersatz gemäß § 823 Abs. 2 BGB i.V.m. Produktverbot?

In Fällen, in denen kein vertraglicher Schadensersatzanspruch wegen fehlerhafter Anlageberatung oder Verletzung einer Warnpflicht besteht, stellt sich die Frage, ob der Abschluss eines gegen ein Produktverbot verstoßenen zivilrechtlichen Vertrags einen Schadensersatzanspruch gemäß § 823

---

39 Ebenso *Buck-Heeb,* BKR 2017, 89, 94 f.
40 So aber *Bröker/Machunsky,* BKR 2016, 229, 232.
41 BGH, Urt. v. 8.5.2012 – XI ZR 262/10, WM 2012, 1337.

Abs. 2 BGB begründen könnte. Schutzgesetze könnten insoweit jeweils die Ermächtigungsgrundlagen für die Allgemeinverfügungen der BaFin sein oder die Allgemeinverfügungen selbst. Zu Recht weist *Buck-Heeb*[42] darauf hin, dass die Ermächtigungsnormen als solche keine Schutzgesetze sein können, da sie selbst keine Ge- oder Verbote enthalten, sondern lediglich Behörden dazu ermächtigen, entsprechende Ge- oder Verbote zu erlassen. Daher scheiden richtigerweise die Ermächtigungsnormen als Schutzgesetze i.S.d. § 823 Abs. 2 BGB aus. Mangels Ge- oder Verbotsqualität kommt es daher nicht darauf an, ob eine Einstufung als Schutzgesetz grundsätzlich in Betracht zu ziehen wäre.[43]

Die Allgemeinverfügungen der BaFin können grundsätzlich Schutzgesetze i.S.d. § 823 Abs. 2 BGB sein.[44] Auf der Basis der Lehre vom „gestreckten Verbotstatbestand" erscheint es nicht ausgeschlossen, Gesetze und Verwaltungsakte miteinander kombiniert als Schutzgesetze zu qualifizieren.[45] Insoweit wäre es jedoch zu weitgehend, jede Allgemeinverfügung, die auf einer der hier erörterten Ermächtigungsgrundlagen beruht, generell als Schutzgesetz zu qualifizieren. Dies schon deshalb, weil ein Teil der Ermächtigungsgrundlagen ausdrücklich dem Schutz der Funktionsfähigkeit der Finanzmärkte und daher nicht dem – für die Anerkennung eines Schutzgesetzes – erforderlichen Individualschutz dient. Zudem muss die Einzelregelung nach ständiger Rechtsprechung zur Anerkennung als Schutzgesetz „im Lichte des haftungsrechtlichen Gesamtsystems als tragbar erscheinen".[46] Insoweit wird zu berücksichtigen sein, dass z.B. Art. 11 PRIIP-VO einen von einem Produktverbot unabhängigen Schadensersatzanspruch gewährt. Hiermit müsste die Qualifizierung als Schutzgesetz in Einklang stehen.

Grundsätzlich erscheint es damit nicht ausgeschlossen, dass im Einzelfall eine Allgemeinverfügung als Schutzgesetz i.S.d. § 823 Abs. 2 BGB qualifiziert werden kann. Abstrakt-generelle Aussagen sind insoweit jedoch schwer möglich.[47]

---

42 *Buck-Heeb*, BKR 2017, 89, 95.
43 Gegen Schutzgesetzqualität auch *Cahn/Müchler*, BKR 2015, 45, 55; *Bröker/Machunsky*, BKR 2016, 229, 232 in Fn. 36; *Klingenbrunn*, WM 2015, 316, 323.
44 *Sprau*, in: Palandt, § 823 BGB Rn. 57; *Wagner*, in: MüKoBGB, 7. Auflage, 2017, Rn. 493 ff. m.w.N.
45 Vgl. BGH, Urt. v. 26.2.1993 – V ZR 74/92, NJW 1993, 1580, 1581 f.; BGH, Urt. v. 27.9.1996 – V ZR 335/95, NJW 1997, 55.
46 Vgl. nur BGH, Urt. v. 19.2.2008 – XI ZR 170/07, NJW 2008, 1734, 1736 m.w.N.
47 Vgl. auch *Buck-Heeb*, BKR 2017, 89, 95.

Paralipomena zum Börsenrecht

Eberhard Schwark, Berlin[*]

Der geschätzte Fakultätskollege, den diese Festschrift ehren soll, lässt sich, alles in allem genommen, als ein „vir rerum novarum cupidus" charakterisieren. An neuen gesellschaftlichen, wirtschaftlichen, rechtlichen, ja menschlichen Entwicklungen auf mannigfachen Gebieten interessiert, entwickelt er dazu Ideen, konkrete Vorschläge oder gibt methodische Hinweise. Mehr Rechtswissenschaftler dieser Art würden Forschung und Lehre an deutschen Hochschulen gut tun. Die folgenden Bemerkungen, die sich kritisch mit einigen Fragen des heutigen Börsen- und Wertpapierwesens befassen, mögen deshalb, so ist zu hoffen, die Aufmerksamkeit des Jubilars finden.

I. Die hybride Rechtskonstruktion der deutschen Börsen

Die deutschen Börsen sind nach einer in der Weimarer Zeit begründeten Lehre[1] keine privatrechtlich organisierten Veranstaltungen der Handelsteilnehmer,[2] sondern (teil)rechtfähige Anstalten des öffentlichen Rechts. Anstaltszweck ist der Betrieb des Handelsplatzes Börse. Dieser Betrieb umfasst neben der Zulassung von Personen und Handelsgegenständen die Organisation regelmäßig stattfindender Börsenveranstaltungen[3] und des Handelsablaufs mit dem Ziel, Börsenpreise zu ermitteln. Träger der Anstalt sind jedoch nicht die Bundesländer, sondern die von ihnen mit der öffentlichen Aufgabe des Betriebs einer Börse beliehenen sog. Börsenträger. Sie stellen den Börsen die erforderlichen finanziellen, personellen und

---

[*] Prof. (em.) Dr. Eberhard Schwark, Humboldt-Universität zu Berlin.
[1] Von *Göppert,* Das Recht der Börsen, Ein Beitrag zum Verwaltungsrecht, 1932, S. 50 ff.
[2] So noch *Nußbaum,* in: Kommentar zum Börsengesetz, 1910, § 1 Anm. IV, 4; *Max Weber,* ZHR 43, 128; *Anschütz,* VerwA 11, 159 ff.
[3] A.A. *Hammen,* in: Grundmann/Kirchner/Raiser/Schwintowski/Weber/Windbichler (Hrsg.), Festschrift Schwark, 2009, S. 389, 394, der dies für eine Aufgabe des Börsenträgers hält.

sachlichen Mittel zur Verfügung, damit diese den Anstaltszweck erfüllen können.

Mit der im internationalen Börsenwesen singulären dualen Rechtskonstruktion, die unter der Oberaufsicht des Staates private Träger und öffentlich-rechtliche Börsen miteinander verknüpft, können die deutschen Börsen gut leben; sie wird bis heute von ihnen verteidigt. Tatsächlich bietet sie der Börse und ihren Funktionsträgern, vor allem aber dem Börsenträger erheblich Vorteile.

Die Börse genießt angesichts der Pflichten des beliehenen Trägerunternehmens eine finanzielle Existenzgarantie, die auch den Anspruch auf Mittel zur angemessenen, vor allem technischen Fortentwicklung des Börsenbetriebs umfasst. Die anstaltsrechtliche Konstruktion der Börse erlaubt es zugleich den Funktionsträgern der Börse, insbesondere der Geschäftsführung und dem, einem Aufsichtsrat in der AG vergleichbaren Börsenrat, ihre gesamte Tätigkeit als im öffentlichen Interesse stattfindend zu deklarieren und sich qua Gesetz von der im Kapitalgesellschaftsrecht bestehenden Haftung für Pflichtverletzungen freizustellen (§§ 12 Abs. 6, 15 Abs. 8 BörsG).

Der Börsenträger verfügt in entsprechender Anwendung des Auftragsrechts[4] über die Gebühren, die die Anstalt Börse für ihre Nutzung erhält. Darüber hinaus erhebt er privatrechtliche Entgelte für technische Einrichtungen, z.B. ein elektronisches Handelssystem, auf der Grundlage von Verträgen mit den Handelsteilnehmern, deren Höhe die Börsengebühren um ein Vielfaches übersteigt[5] und deren Höhe von der staatlichen Aufsicht nicht kontrolliert wird. Der Börsenträger ist ferner bei Fusionen und Kooperationen mit anderen Börsen sowie bei der Auslagerung von Börsenfunktionen relativ frei. Der Börse ist nur Gelegenheit zur Stellungnahme zu geben (§ 12 Abs. 2 S. 5 BörsG); verhindern kann sie sie nicht.

Börse und Börsenträger können so die jeweiligen Vorteile ihrer Rechtsform nutzen, wobei die Herrschaft über die Finanzen und über gesellschaftsrechtliche, die Börse unmittelbar tangierende Strukturmaßnahmen dem Börsenträger ein entscheidendes Gewicht vermittelt. *Peter Nobel* gelangt deshalb, exemplifiziert an der Deutsche Börse AG, zu dem Schluss, in Deutschland besitze der Börsenträger nicht nur die Aktiva der Börse, sondern er sei auch *faktisch* der Leiter der Börse.[6]

---

4 *Hammen,* in: Festschrift Schwark, S. 389, 395.
5 *Hammen,* in: Festschrift Schwark, S. 389, 393.
6 *Nobel/Sauerwein,* in: Festschrift Schwark, S. 587, 595.

Nicht zuletzt die Diskrepanz zwischen Realität und rechtlicher Lage zwingt zu der Überlegung, ob die derzeitige rechtliche Konstruktion der deutschen Börsen, ungeachtet aller rechtlichen Vorteile der Beteiligten, sich von der tatsächlichen Entwicklung und dem ordnungspolitisch Gebotenen so weit entfernt hat, dass sie schlechthin nicht mehr hinnehmbar ist.

Zunächst zur tatsächlichen Entwicklung. Die deutschen Börsen waren bis weit in die Nachkriegszeit hinein anstaltsrechtlich geprägt. Industrie- und Handelskammern oder Börsenvereine fungierten als ihre Träger; die Handelsteilnehmer der Börse waren zugleich deren Mitglieder, so dass außergewöhnliche Investitionen von den Trägern ggf. durch Erhöhung der Mitgliedsbeiträge finanziert werden konnten. Im Übrigen sollte, wie es in der Begründung zum Entwurf eines Gesetzes zur Änderung des Börsengesetzes von 1975 heißt, die Gebührenordnung des Börsenvorstandes „umfassend" die Finanzierung der Börsen sicherstellen.[7] Daraus ergab sich zugleich eine Bindung der Börsennutzungsgebühren an das Äquivalenz- und Kostendeckungsprinzip des öffentlichen Rechts. Die Situation änderte sich grundlegend, als die Funktion des Börsenträgers an allen deutschen Börsen durch Aktiengesellschaften, bzw. im Falle der Stuttgarter Börse durch eine GmbH, übernommen wurde, die Handelsteilnehmer nicht mehr zugleich Anteilseigner des nunmehr gewinnorientierten Trägers waren und die kostenträchtige Elektronisierung des Börsenhandels so stark zunahm, dass die Börsen heute der Sache nach im Wesentlichen ein Computer-Netzwerk sind, das Orders elektronisch zusammenführt.[8] Die hohen privatrechtlichen Entgelte des Börsenträgers traten danach in den Vordergrund; der Gesetzgeber erkannte sie mit dem FRUG als „in Übereinstimmung mit der derzeitigen Rechtspraxis" an, auch soweit sie sich auf Dienstleistungen innerhalb des Börsenbetriebs bezogen.[9]

Rechtlich hat sich mit dieser Anerkennung der normativen Kraft des Faktischen eine Verschiebung vom die Börse prägenden Anstaltsrecht zu einer Finanzierungshoheit und zugleich entscheidenden Machtstellung des Trägers vollzogen. Die „kunstvolle Umgehung öffentlich-rechtlicher Be-

---

[7] *Beyer-Fehling/Bock,* Die deutsche Börsenreform und Kommentar zur Börsengesetznovelle, 1975, S. 205.
[8] Zur Entwicklung *Hammen,* in: Festschrift Schwark, S. 389, 392; *Nobel/Sauerwein,* in: Festschrift Schwark, S. 587, 588.
[9] S. Begründung des Regierungsentwurfs des Finanzmarktrichtlinie-Umsetzungsgesetzes (FRUG), BT-Dr. 16/4028, 84.

schränkungen im Gebührenwesen"[10] hat die Börsenanstalt wesentlicher Kompetenzen beraubt und zugleich die privatwirtschaftliche Struktur der Börsen in der Person ihrer Träger in den Vordergrund gerückt.

Tatsächlich entspricht diese, für den Finanzierungsbereich angesprochene Entwicklung durchaus der Philosophie der EG-Finanzmarktrichtlinie (MiFID I), die durch das FRUG von 2007 umgesetzt wurde. Es sollte der unternehmerischen Entscheidung obliegen, zentrale Handelsstellen für Finanzinstrumente zu eröffnen und diese in Form eines geregelten Marktes, eines MTF oder eines Internalisierungssystems zu organisieren.[11] Der Markt sollte entscheiden, welche Form der Markteinrichtung wirtschaftlichen Erfolg hat und welche nicht.[12] Eine solche freie unternehmerische Entscheidung lässt das deutsche Recht der Börsenanstalt aber nicht zu. Denn die Erlaubnis, eine Anstalt, sei sie rechtsfähig oder nicht, zu betreiben, liegt nach den dogmatischen Grundregeln des Verwaltungsrechts im Ermessen der zuständigen staatlichen Behörde, ihrer sog. *Organisationsgewalt*.[13] Der die unternehmerische Freiheit garantierende Art. 12 GG ist deshalb nicht anwendbar; eine Bedürfnisprüfung ist nicht ermessensfehlerhaft. Diese nun einmal nicht wegzuleugnende Konsequenz steht im Widerspruch zum marktwirtschaftlichen Grundprinzip. Sie qualifiziert die Börse als *Marktamt* und nicht als Marktteilnehmer. Und man muss schon weit zurückgehen, um ähnliche Verhältnisse im Wirtschaftsleben anzutreffen, etwa zum Octroisystem des 17. Jahrhunderts, als die Handelskompanien, die Vorläufer der AG, regelmäßig öffentlich-rechtlichen Charakter besaßen oder – etwas jünger – zur Bankenkonzession im KWG, die bis 1961 eine Bedürfnisprüfung vorsah, die aber inzwischen ausdrücklich untersagt ist.[14]

Anstalten haben, wie alle Hoheitsträger, öffentliche Aufgaben zu erfüllen. Worin die öffentliche Aufgabe von Marktplätzen, auf denen in Konkurrenz zu nicht börslichen Handelsplätzen, Geschäfte in Finanzinstrumenten betrieben werden, bestehen soll, bleibt jedoch unerfindlich. Wenn von Befürwortern des deutschen dualen Systems auf die umfassende An-

---

10 So treffend *Köndgen,* in: Schneider/Hommelhoff/Schmidt (Hrsg.), Festschrift Lutter, 2000, S. 1401, 1413 f.
11 Durch die MiFID II von 2014 ist das OTF hinzugetreten (Art. 20 MiFID II).
12 So bereits *Hopt/Rudolph/Baum,* Börsenreform, 1997, S. 405.
13 *Schwark/Zimmer (Beck),* Kapitalmarktrechtskommentar (KMRK), 4. Aufl. 2010, § 4 BörsG, Rn. 4 m.w.N.
14 Durch die 1. Bankenrechtskoordinierungsrichtlinie der EG, Art. 3 Abs. 3 lit. a.

staltsaufsicht verwiesen wird, die Fehlentwicklungen im Börsenbetrieb besonders effizient entgegenwirken könne,[15] wird auf ein Accidens rekurriert, das eine öffentliche Aufgabe nicht begründen kann. Auch Märkte und Messen unterliegen behördlicher Aufsicht, ohne dass die Veranstaltung selbst dadurch zur Anstalt des öffentlichen Rechts würde. Davon geht offensichtlich auch die MiFID II aus, die in ihrem Titel III für geregelte Märkte zwar eine eingehende behördliche Aufsicht vorsieht, daraus aber keine Konsequenzen für deren rechtliche Struktur ableitet. Wie sollte sie auch? Denn nachdem auch Österreich 1999 eine ausschließlich privatrechtliche Organisationsform der Börse eingeführt hat, ist es zu einer Alleinstellung der deutschen Börsen im europäischen Börsenreigen gekommen.[16]

Auch die letzte Finanzkrise, hervorgerufen durch einen allzu liberalisierten Finanzsektor, spreche gegen eine weitere Privatisierung im Börsenwesen, die ein funktionierendes Public-Private-Modell beseitigen würde. Für unser Thema lässt sich dieser Hinweis jedoch nicht verwerten. Denn systemische Risiken können von Börsen nur ausgehen, wenn der Handel oder die Abwicklung von Geschäften in Finanzinstrumenten für längere Zeit ausfällt. Dafür kann es technische Gründe geben, die sich beheben lassen, oder Gründe, die in der wirtschaftlichen Situation einzelner Emittenten begründet sind und deshalb nicht zum Ausfall des gesamten Handels führen. Im Extremfall greift die Einstellung des gesamten Handels durch die Geschäftsführung der Börse Platz (§ 25 Abs. 1 BörsG), die aber nicht Anlass, sondern Auswirkung einer systemischen Krise an anderer Stelle ist.

Schließlich wird vorgebracht, nationale Interessen des Finanzplatzes Deutschland würden über das Vehikel der öffentlichen Anstalt besser abgesichert als bei einer insgesamt privatrechtlichen Organisation. Dieses vor allem von Gegnern internationaler Fusionsvorhaben der Deutsche Börse AG benutzte (wohlfeile) Argument mag insofern zutreffend sein als die derzeitige Rechtskonstruktion der deutschen Börsen neben vielen anderen Gründen dazu beigetragen hat, dass zahlreiche Fusionspläne der

---

15 Dazu und zu anderen Argumenten eingehend *Kümpel,* Bank- und Kapitalmarktrecht, 3. Aufl. 2010, Rn. 17.378 ff.; *ders.* WM 1997, 1917 ff.
16 S. *Segna,* Die Rechtsform deutscher Wertpapierbörsen – Anmerkungen zur Reformdiskussion, Arbeitspapier Nr. 75, S. 3 (www.jura.uni-frankfurt.de) und bereits *Hopt/Rudolph/Baum,* S. 593 ff.

Deutsche Börse AG scheiterten.[17] Es dient aber offensichtlich nur als Vehikel für protektionistische Vorstellungen. Finanzpolitik mit nationalem Impetus lässt sich jedoch nicht nur mit dem EU-Recht *nicht* vereinbaren. Es gehört auch nicht in ein Unternehmensrecht, sondern allenfalls in ein Gesetz, das nationale Interessen aus strategischen Gründen sichert. In der Sache widerspräche eine solche Abschottung der durch den zunehmenden Wettbewerb mit außerbörslichen Handelsplätzen geforderten Konzentration auch der geregelten Börsenmärkte durch weitere Zusammenschlüsse.

Es spricht mithin alles dafür, die schon heute dominante Stellung des kapitalgesellschaftlichen Börsenträgers durch Beseitigung seines öffentlich-rechtlichen Annexes zu legalisieren und auch in Deutschland durch eine einheitliche Börsengesellschaft des privaten Rechts zu ersetzen.[18]

II. Zur Relevanz der empirischen Kapitalmarktforschung

Im Börsenwesen sind Rechtstatsachen und rechtliche Beurteilung, sei es durch Rechtsnormen oder durch die Rechtsprechung, besonders eng miteinander verknüpft. Nur die Kenntnis der oft recht komplizierten Handelsvorgänge, der Ausgestaltung der Finanzinstrumente, der Preisbildung an den Börsen und der Wettbewerbslage auf den börslichen und außerbörslichen Märkten ebnet den Weg zu zutreffender rechtlicher Bewertung und Regelung. Ohne diese Basis hängen die juristische Dogmatik und darauf fußende Gerichtsentscheidungen allzu leicht in der Luft.[19]

Die folgenden Bemerkungen konzentrieren sich auf das (fehlerhafte) Zusammenspiel beider Betrachtungsweisen und die dabei auftretenden Konflikte anhand des besonders signifikanten Beispiels des freiwilligen Delisting und seiner Behandlung durch die Rechtsprechung. Sie beschränken sich auf das reguläre vollständige Delisting, um das es in § 39 Abs. 2 S. 3 Nr. 1 BörsG geht, umfasst also auch den Fall des sog. Downgrading,

---

17 Vgl. die Übersicht bei *Nobel/Sauerwein,* in: Festschrift Schwark, S. 587, 596 f.
18 Ebenso *Köndgen,* ZHR 2000, 648, 653; *ders.* in: Festschrift Lutter, S. 1401, 1413 ff.; *Claussen,* in: Häuser/Hammen/Hennrichs (Hrsg.), Festschrift Hadding, 2004, S. 779, 798 ff.; *Mues,* Die Börse als Unternehmen, 1999, S. 166, 229 ff; *Merkt,* 64. DJT 2002, Bd. I Gutachten, S. G 81 ff.; *Schwark,* WM 1997, 293, 301 f. und bereits *Hopt/Rudolph/Baum,* S. 402.
19 Vgl. die treffenden Hinweise von *Coing,* in: Biedenkopf/Coing/Mestmäcker (Hrsg.), Festschrift Kronstein, 1967, S. 1 auf diese Grundüberzeugung von Kronstein.

bei dem der Emittent in den Freiverkehr wechselt. Die Formen des sog kalten Delisting,[20] das ein Going Private auf Grund von gesellschaftsrechtlichen Strukturmaßnahmen bezeichnet, bleibt außen vor, weil dort aktien- oder umwandlungsrechtliche Vorschriften den Schutz der Minderheit absichern.

Auf die Unzulänglichkeiten im Spannungsfeld von Rechtswissenschaft und Rechtstatsachenforschung beim freiwilligen Delisting ist bereits vor allem von *Bayer* und *Hoffmann* wiederholt hingewiesen worden.[21] Eine neue Studie, vorgelegt von *Wessels* und *Röder,*[22] lässt es jedoch angezeigt erscheinen, auf dieses Skandalon erneut den Blick zu richten.

Beginnen wir mit der Rechtsprechung: Im Macrotron-Urteil[23] erklärte der BGH den Minderheitenschutz, den BörsG und Börsenordnungen seinerzeit boten, für unzureichend. Aus Anlegerschutzgründen bedürfe es bei freiwilligem Rückzug vom regulierten Markt der Börse der Trias „Hauptversammlungsbeschluss", „Pflichtangebot an die Minderheitsaktionäre" und „Überprüfungsmöglichkeit des Abfindungsangebots im Spruchstellenverfahren". Das Defizit im börsenrechtlichen Anlegerschutz wurde prominent mit dem Argument begründet, unmittelbar nach Bekanntwerden des Delisting trete ein erheblicher Rückgang des Kursniveaus ein.[24] Auf empirische Belege verzichtete das Gericht großzügig; die einzige zitierte Literaturstelle[25] gibt nur die Auffassung eines – zugegebenermaßen – mit dem Börsenwesen recht vertrauten Juristen wieder.

Obwohl der BGH den Weg über ein Downgrading in einem obiter dictum in seine Entscheidung einschloss,[26] führten gespaltene Literaturreaktion und einige OLG-Entscheidungen eine Dekade später zum Urteil des BVerfG vom 11. Juli 2012.[27] Es verwarf die Begründung von Macrotron unter Hinweis auf die falsch verstandene DAT/Altana-Entscheidung,[28] ließ aber offen, ob der Schutz des Aktieneigentums eine andere Beurteilung rechtfertigen könnte, wenn mit dem Widerruf des Listing regelmäßig ein

---

20 Dazu *Schwark/Zimmer* (Heidelbach), KMRK, 4. Aufl. 2010, § 39 BörsG, Rn. 41 ff.
21 *Bayer/Hoffmann,* AG 2013, R 371; *dies.* AG 2014, R 3; *dies.* AG 2015, R 55; *Bayer,* ZIP 2015, 853 ff.; *ders.* ZpPW 2015, 163, 194 f.
22 S. *Wessels/Röder,* Corporate Finance (CF) 2016, 357.
23 BGH, Beschl. v. 19.11.2002 - X ZB 23/01, WM 2003, 533.
24 BGH, Beschl. v. 19.11.2002 - X ZB 23/01, WM 2003, 533, 536.
25 Nämlich *Schwark/Leiser,* ZHR 1977, 739, 762.
26 BGH, Beschl. v. 19.11.2002 - X ZB 23/01, WM 2003, 533, 535.
27 BVerfG, Urt. v. 11.7.2012 – 1 BvR 3142/07, BVerfGE 132, 99.
28 BVerfG, Beschl. v. 27.4.1999 – 1 BvR 1613/94, BVerfGE 100, 289.

Kursverfall einträte.[29] Abgesehen davon, dass es nicht auf den Widerruf sondern auf den Zeitpunkt des Antrags des Delisting ankommt, stützte sich das Gericht in diesem entscheidenden Punkt vornehmlich auf eine Stellungnahme des Deutschen Aktieninstituts e. V. (DAI) vom Oktober 2010.[30] Sie war unter Verwertung einer früheren Studie und aufgrund eigener Untersuchungen zu dem Ergebnis gelangt, ein erheblicher Kursrückgang als Reaktion auf ein angekündigtes Delisting lasse sich nicht nachweisen; vielmehr komme es oft auch zu positiven Kursreaktionen. Auf die methodischen Defizite der Studie des DAI ist wiederholt hingewiesen worden.[31] Ihre Aussagekraft leidet vor allem darunter, dass ihr Delistings zugrunde liegen, die während des Regimes der Macroton-Trias erfolgten. Da während dieser Zeit ein gerichtlich überprüfbares Pflichtangebot zur Verfügung stand, war ein erheblicher Kursrückgang eher unwahrscheinlich.

Gleichwohl hat sich der BGH in seiner Frosta-Entscheidung,[32] nachdem er das „gesellschaftsrechtliche Hilfsangebot" des BVerfG[33] insgesamt verwarf, wiederum auf die von *Heldt* und *Roye* wiedergegebene[34] fragwürdige Studie des DAI gestützt. Sie dient ihm als Begründung dafür, dass der Anleger sich bei einem freiwilligen Börsenrückzug des Emittenten wirtschaftlich nicht schlechter stehe als bei einem Barabfindungsgebot.[35] So zeugte eine unzureichende empirische Kapitalmarktforschung fortwirkendes „Unglück".[36] Es kam zu einer steigenden Anzahl von Delistings und Downlistings in den Freiverkehr, zumal die führende deutsche Wertpapierbörse FWB auf der börsenrechtlichen Schiene nur eine Frist

---

29 BVerfG, Urt. v. 11.7.2012 – 1 BvR 3142/07, BVerfGE 132, 99, Rn. 68.
30 Vgl. die Wiedergabe der Untersuchung des DAI bei *Heldt/Royé,* AG 2012, 660, 667 ff.
31 S. *Bayer/Hoffmann,* AG 2013 R 371; *dies.,* AG 2014 R 3; *Karami/Schuster,* Eine empirische Analyse des Kurs- und Liquiditätseffekts auf die Ankündigung eines Börsenrückzugs am deutschen Kapitalmarkt im Lichte der „Frosta" Entscheidung des BGH, 2015; die Studie ist abrufbar unter http://hbfm.link/350; dazu auch *Karami/Schuster,* CF 2016, 106, 110 ff.
32 BGH, Beschl. v. 8.10.2013 – II ZB 26/12, DB 2013, 2672 ff.
33 BVerfG, Urt. v. 11.7.2012 – 1 BvR 3142/07, ZIP 2012, 1402, Rn. 80 ff.
34 S. *Heldt/Royé,* AG 2012, 660, 667 f.
35 BGH, Beschl. v. 8.10.2013 – II ZB 26/12, WM 2013, 2213, 2216.
36 So *Habersack,* JZ 2014, 147, 148 zum Frosta-Beschluss.

von höchstens sechs Monaten zwischen Ankündigung des Delisting und seinem Vollzug vorsah.[37]

Die kontroverse auf die Frosta-Entscheidung folgende Debatte in der rechtswissenschaftlichen Literatur soll hier nicht weiter interessieren. Auch nicht die auf Druck von vielen Seiten, vor allem der Aktionärsverbände, bald nach „Frosta" eingeleitete gesetzgeberische Initiative, die zu einer Neuregelung des freiwilligen Delisting führte[38] und den Börsenrückzug wiederum zugunsten der Minderheitsaktionäre erschwerte. Von Interesse ist jedoch die Reaktion der empirischen Kapitalmarktforschung auf die Frosta-Entscheidung, deren Ergebnisse und die Frage, ob sie den Gesetzgeber beeinflusst hat und ob sie Hinweise de lege ferenda geben kann.

Tatsächlich haben die ökonomischen Vertreter der Kapitalmarktforschung auf den Frostra-Beschluss und die danach signifikante Zunahme von Delistings mit einer Reihe von Event-Studien reagiert. Solche Studien dienen dazu, die Auswirkungen unternehmensspezifischer Ereignisse auf die Marktpreise bzw. Renditen der von den jeweiligen Unternehmen emittierten Aktien zu untersuchen.[39] Sie reichen von einer methodisch ganz unzureichenden Studie der Solventis-Wertpapierhandelsbank, die zu Kursabschlägen im Delisting-Fall von durchschnittlich 25% mit Ausschlägen bis zu 80% gelangte,[40] über die Ereignisstudien von *Karami/Schuster, Doumet/Limbach/Theißen, Aders/Muxfeld/Lill* und *Pilsl/Knoll*[41] bis zu der methodisch und sachlich sehr überzeugende Eventstudie von *Wessels* und *Röder* aus dem Jahre 2016.[42]

Auf diese letztere lohnt es sich, einen Blick zu werfen. Die Verfasser legen ihrer Studie das reguläre freiwillige Delisting i. S. des § 39 BörsG zugrunde. Downlisting oder der Rückzug vom Freiverkehr werden nicht erfasst. Als Eventereignis wird die erstmalige Ankündigung des Delisting nach Tag und Uhrzeit, regelmäßig eine Ad-hoc-Mitteilung, gewählt. Bei

---

37 § 46 Abs. 2 BörsO FWB; Überblick über alle Börsenordnungen bei *Roßkopf,* ZGR 2014, 487, 490.
38 § 39 BörsG n. F., eingeführt durch das Gesetz zur Umsetzung der Transparenzrichtlinie-Änderungsrichtlinie, BGBl I 2015, S. 2029.
39 *Karami/Schuster,* CF 2016, 106, 109.
40 Kritisch dazu *Bayer/Hoffmann,* AG 2015 R 55,57; *Karami/Schuster,* CF 2016, 106, 108.
41 Eine Übersicht über die unterschiedliche Basis dieser Untersuchungen und ihre Ergebnisse geben *Karami/Schuster,* CF 2016, 106, 108 ff; *Wessels/Röder,* CF 2016, 357, 358 f.; zur Studie von *Pilsl/Knoll,* DB 2016, 181, 183 ff.
42 Vgl. die Darstellung der Studie bei *Wessels/Röder,* CF 2016, 357, 359 ff.

Ermittlung der Differenz zwischen Kurs vor und nach Ankündigung legen die Verfasser eine Periode von 750 Handelstagen vor Beginn der Eventperiode fest. Damit reduzieren sie den Einfluss der Marktentwicklung auf ihre Ergebnisse. Die Aussagekraft der Studie wird ganz erheblich dadurch erhöht, dass die Untersuchung in eine Pre-Frosta-Periode und eine Post-Frosta-Periode unterteilt wird. Erstere reicht von Anfang 2003 bis zum 7.10.2013, letztere vom 7.10.2013 bis zum 30.4.2015, umgreift mithin die Periode des fehlenden gesellschaftsrechtlichen und geringen börsenrechtlichen Anlegerschutzes. Die Studie kommt zu dem Ergebnis, dass sich bereits in der Pre-Frosta-Periode ein signifikanter Ankündigungseffekt feststellen lässt, der sich in der Post-Frosta-Periode erheblich erhöht. Die Minderheitsaktionäre seien in der zweiten Periode deutlich benachteiligt worden.[43] Auch die Ergebnisse für die Pre-Frosta-Periode weichen von Untersuchungen, die dem BVerfG und dem BGH vorlagen, ab. Hätten sie zur Verfügung gestanden, wäre es möglicherweise schon damals zu anderen Entwicklungen gekommen.

Auch dem Bundesministerium der Finanzen ist die unzureichende Erforschung der rechtstatsächlichen Lage beim Delisting nicht verborgen geblieben. Es hat deshalb dazu im Februar 2015 eine empirische Studie ausgeschrieben.[44] Ein Auftrag wurde aber nicht vergeben, weil vermutlich der politische Druck zu einer alsbaldigen Änderung des § 39 BörsG zwang. Diese musste dann wiederum ohne Bezugnahme auf überzeugendes empirisches Material erfolgen und geht möglicherweise da und dort über die gebotene Erschwerung zugunsten des Schutzes der Minderheitsaktionäre hinaus. Denn ebenso wie nach marktwirtschaftlichen Prinzipien der Marktzugang tunlichst erleichtert werden sollte, gilt dies auch für den Exit als parallele unternehmerische Entscheidung. Der neue § 39 BörsG gilt, wie die BaFin nochmals ausdrücklich festgestellt hat,[45] auch für das Downlisting in den börslichen Freiverkehr, sofern nicht an einem anderen regulierten Markt die Zulassung zum Handel aufrechterhalten wird (sog. Teildelisting).[46] Ob die auch bei Rückzug in ein Freiverkehrssegment mit

---

43 *Wessels/Röder,* CF 2016, 357, 362.
44 „Untersuchung der Kursverläufe von Aktien beim Rückzug von der Börse nach der Frosta-Entscheidung des BGH unter dem Aspekt des Anlegerschutzes.".
45 BaFin Journal v. 15. 1 2016, Delisting: Börsengesetz – Abfindungsangebot als Voraussetzung (Autor: Oliver Klepsch, BaFin).
46 Ebenso *Koch/Harnos,* NZG 2015, 729, 731.

erhöhten Transparenzanforderungen (sog. qualifizierter Freiverkehr)[47] geboten ist, bedarf weiterer empirischer Forschung. Sollte sich herausstellen, dass in der Post-Frosta-Periode dort keine erhebliche Kursdifferenz infolge eines Downlisting eingetreten ist, wäre eine Gesetzesänderung angezeigt.

III. Börsenpreisqualität versus Wettbewerb von Marktplätzen

1. Die Fragmentierung der Märkte

Für Investoren in Wertpapiere ist die Preisqualität von entscheidender Bedeutung. Lange Zeit war es unstreitig, dass sich durch eine punktuelle Zusammenfassung von Angebot und Nachfrage, eine Marktzentralisierung, die für die Investoren günstigsten Preise erzielen ließen.[48] *Hoppmann* hat die Börse deshalb als idealen Wettbewerbsmarkt bezeichnet.[49] Durch den an ihr konzentrierten Handel in homogenen Gütern werde echter Leistungswettbewerb ohne Diskriminierung der Marktteilnehmer erreicht. Die Zentralisierung des Handels führt zudem zur größtmöglichen Liquidität des Marktes. Sie spiegelt sich in seiner Markttiefe wieder, d.h. einer großen Zahl von Orders am Markt, die die Ausführung aller Orders ermöglicht, seiner Marktbreite, die eine Ausführung nahe am bestehenden Marktpreis sichert, der Schnelligkeit der Ausführung der Orders und der elastischen Reaktion auf kurzfristige Orderungleichgewichte. Diese Faktoren tragen zu einer geringen Volatilität der Preisentwicklung und zu engen Bid-Ask-Spreads bei.

Das Auftreten multilateraler Handelssysteme und systematischer Internalisierer und ihre Legitimation durch das EU-Recht hat zu einer Fragmentierung der Handelsplätze geführt.[50] Darüber hinaus hat der Sektor des sogen. Dark Trading, das außerhalb gesetzlich geregelter Handelseinrich-

---

47 Z.B. M:Access der Börse München; das in diesem Zusammenhang häufig genannte qualifizierte Freiverkehrssegment der FWB „Entry-Standard" ist allerdings eingestellt und durch das KMU-Segment Scale ersetzt worden, das wieder geringere Anforderungen stellt.
48 Eingehend dazu *Sölter,* in: 10 Jahre Kartellgesetz, 1968, S. 459, 475 ff.
49 WuW 1966, 97 ff.
50 Nicht zur *Fragmentierung,* sondern zu einem kaum wettbewerbsbeschränkenden Effekt durch *Segmentierung* dürften die neuen Handelskategorien des OTF und des KMU-Wachstumsmarktes führen. Gleiches gilt für bereits in der Vergangen-

tungen über sog. Dark Pools stattfindet, stark zugenommen. Das wirft die Frage auf, ob die damit verbundene Verengung der Umsätze an *einem* Marktplatz zur Verschlechterung der Qualität von Preisen und zur Ausweitung der Bid-Ask-Spreads führt.

Diese Frage ist ein bevorzugtes Untersuchungsfeld der empirischen Kapitalmarktforschung. Leider sind die bisherigen Ergebnisse nicht sehr ermutigend. Zum Teil wird darauf hingewiesen, durch die entwickelte Informations- und Kommunikationstechnik würden Nachteile der Fragmentierung weitgehend aufgehoben; es könne aber keine eindeutige Antwort darauf gegeben werden, ob durch die Konkurrenz mehrerer Markteinrichtungen der Bid-Ask-Spread verengt oder ausgeweitet werde.[51] Während Nachteile für institutionelle Investoren weitgehend ausgeschlossen werden, ließen sich höhere Transaktionskosten für private Anleger trotz der sich im Wettbewerb ergebenden niedrigeren Kommissionskosten nicht ausschließen.[52]

Seit einiger Zeit hat sich auch die SEC des Problems der Marktfragmentierung angenommen.[53] Das einschlägige Paper der SEC stellt 24 Untersuchungen finanzwissenschaftlicher Autoren aus jüngerer Zeit zur Problematik der Fragmentierung vor, davon 7 aus dem Geltungsbereich der MiFID. Unterschieden wird zwischen offener Fragmentierung (visible fragmentation) und verdeckter Fragmentierung (dark fragmentation). Eine Mehrzahl der Autoren, die die „dark fragmentation" untersuchen, stellt fest, dass diese bei signifikantem Volumen zu höheren Transaktionskosten und einer weniger effizienten Preisbildung führt.[54] Die Dark Pools werden uns also noch beschäftigen müssen. An dieser Stelle interessanter sind die Konsequenzen der sichtbaren Fragmentierung. Die Papers europäischer Wissenschaftler kommen hier zu dem Ergebnis, dass die Fragmentierung sich nicht generell negativ auf die Preiseffizienz auswirke. Sie tue dies

---

heit gegründete Spezialbörsen z.B. für Termingeschäfte. Zur Segmentierung vgl. auch *Köndgen,* in: Festschrift Lutter, S. 1401, 1405.

51 *Hopt/Rudolph/Baum,* S. 272; zum Streitstand der ökonomischen Diskussion eingehend *Mutschler*, Internalisierung der Auftragsausführung im Wertpapierhandel, 2007, S. 72 ff.,93 ff.

52 *Hopt/Rudolph/Baum,* S. 285.

53 Staff paper v. 7. 10. 2013 „Equity Market Structure Literature View, Part I: Market Fragmentation".

54 Staff paper v. 7. 10. 2013 „Equity Market Structure Literature View, Part I: Market Fragmentation, S. 10; Gegenstimmen S. 11.

aber, wenn die Fragmentierung ausgeprägt sei[55] oder wenn die Marktkapitalisierung einer Aktie niedrig sei. Erhöhte Fragmentierung beeinträchtige bei smaller stocks die Markttiefe.[56]

Der EU-Kommission selbst waren, als sie den Vorschlag der MiFID I vorlegte, die Auswirkungen durchaus bewusst, die sich aus der Zulassung und Entwicklung unterschiedlicher Markteinrichtungen neben den Börsen ergeben könnten. Denn, so heißt es in der Begründung des Entwurfs der MiFID I,[57] Liquidität und effiziente Kursbildung seien die wichtigsten Merkmale von Wertpapiermärkten und eine Abwanderung der Orders von den geregelten Börsenmärkten in großem Umfang würde die Repräsentativität der an diesen Märkten erzielten Kurse infrage stellen. Die Kommission verfolgt diesen Ansatz jedoch nicht weiter. Sie beruft sich auf Untersuchungen, die eine Gefahr durch die neue Vielfalt verneinen[58] und kommt zu dem Postulat, ein voll entfalteter europäischer Finanzbinnenmarkt erfordere ein Regelungsumfeld, das die Konkurrenz unterschiedlicher Handelssysteme erlaube.[59] Umfassende empirische Untersuchungen, die allein die legislatorische Basis für tiefgreifende Veränderungen bilden können, sucht man dagegen vergebens.

Die inzwischen gewonnenen Erkenntnisse und Erfahrungen einer signifikanten Ausdünnung der Börsenumsätze in Aktien machen deutlich, dass die Position der Kommission einseitig wettbewerbsideologisch geprägt war. Diese Position griff zudem schon damals zu kurz. Sie stellte den Wettbewerb der Handelseinrichtungen in den Vordergrund und vernachlässigte das höherrangige Ziel: die Gewährleistung von Marktpreisqualität. Ein für die Anleger günstigster Preis wird nämlich eher durch den Wettbewerb von möglichst vielen Anbietern und Nachfragern an der Handelseinrichtung *selbst* erzielt. Wettbewerbstheoretisch gesprochen stehen sich also Anbieterwettbewerb der Handelseinrichtungen und Wettbewerb der Anbieter und Nachfrager *an* der Börse gegenüber. Wenn die Preisqualität das für die Investoren das im Vordergrund stehende Gut darstellt, ist im

---

55 *Degryse/de Jong/van Kervel*, The impact of dark trading and visible fragmentation on market quality, working paper, 2013; *Fioravanti/Gentile*, The impact of market fragmentation in European Stock Exchanges, working paper, 2011.
56 *Degryse/de Jong/van Kervel*; *Gresse*, Effects of lit and dark trading venue competition on liquidity: the MiFID experience, working paper, 2012.
57 ABl. EG C 71 E/69.
58 Vor allem auf der Untersuchung von *Stoll*, Journal of Applied Corporate Finance, 1993, 89, 95.
59 ABl. EG C 71 E/69.

Konfliktfall der Wettbewerb *an* der Handelseinrichtung als vorrangig gegenüber dem Wettbewerb dieser Einrichtungen anzusehen.[60] Das schließt nicht aus, dass neben der Preisqualität im engeren Sinne die rasche Durchführung der Orders, geringe Erfüllungs- und Abwicklungskosten, leicht zugängliche Information über die Marktverhältnisse u.a.m. in die Gesamtbetrachtung einzubeziehen sind. Verglichen mit der Qualität der Kurse spielen sie aber, jedenfalls für das breite Anlegerpublikum, eine marginale Rolle. Die Qualität der Preise ist deshalb aus ökonomischer Sicht auch als „öffentliches Gut" charakterisiert worden.[61]

2. Dark Trading

Mit Dark Trading bezeichnen wir Handelsvolumina oder Liquidität, die nicht auf geregelten Plattformen i. S. von Titel III der MiFID II, also den Börsen, MTF einschließlich der OTF und der KMU-Wachstumsmärkte, oder systematischen Internalisierern generiert werden. Ein Dark Pool ist eine elektronische Handelsplattform, auf der, anders als z.B. bei Xetra, keine Information über die aktuelle Orderlage stattfindet. Das heißt Volumen und Limits der Kauf- und Verkaufsorders sind nicht einsehbar; die Orders werden anonym eingegeben. Dark Pools sind mithin nicht zur Vorhandelstransparenz, sondern nur zur Nachhandelsinformation über Volumen, Kurse und Zeitpunkt des Abschlusses der Geschäfte verpflichtet (Art. 20 Abs. 2, 21 Abs. 2 MiFIR). Die Betreiber solcher Pools erheben zumeist keine Transaktionsgebühren. Sie finanzieren sich über den Spread, über den die Gebühren verdeckt finanziert werden.

Dark Trade hat inzwischen ein sehr hohes Volumen erreicht. Nach einer Untersuchung für das Jahr 2013 anhand von 328 deutschen Aktien entfielen bei den DAX-Werten knapp 37% der Umsätze auf den Xetra-Handel, 63% wurden über unregulierte Kanäle, meist Dark Pools, abgewickelt. Bei den Nicht-DAX-Werten sollen es 34% gegenüber 66% gewesen sein.[62] Für Europa wurden als Dark Trades fast 40% des Handelsvolumens großer

---

60 Näher dazu *Schwark,* in: Fuchs/Schwintowski/Zimmer, Festschrift Immenga, 2004, S. 723, 728 ff.
61 Vgl. *Hopt/Rudolph/Baum,* S. 259 ff. m. w. N. und einer eigenen differenzierten Stellungnahme.
62 Siehe Die Welt v. 10.9.2014 („Dark Pools, die dunkle Nebenwelt der Aktienmärkte") unter Bezugnahme auf Angaben von Close Brothers Seidler.

europäischer Börsen, bei einigen der wichtigsten Standardindizes, u.a. dem DAX, sogar 50% bezeichnet.[63] Für die aktuelle Lage dürften sich keine wesentlichen Änderungen ergeben haben.

Das neue EU-Recht sucht durch die Einbeziehung des Freiverkehrs unter das Regime des MTF und vor allem durch eine weite Definition der systematischen Internalisierung (Art. 4 Nr. 20 MiFID II) den Handlungsspielraum von Dark Pools einzuengen und sie so den erhöhten Transparenzanforderungen für MTF bzw. systematische Internalisierer[64] zu unterwerfen. Soweit aber eine Qualifikation als systematischer Internalisierer ausscheidet, wird weiterhin auf eine Vorhandelstransparenz verzichtet.[65]

Die Bezeichnung Dark Trade hat einen negativen Klang. Zu Unrecht. Es hat auch in der Vergangenheit stets nicht regulierten Handel in Form des Over-the-Counter-Handels (OTC) und des Telefonverkehrs gegeben. Auch der deutsche Freiverkehr gehörte vor Überführung in ein MTF dazu, wurde allerdings der börslichen Vor- und Nachhandelstransparenz unterstellt. Es gab und gibt gute Gründe dafür, den Blockhandel und den sogen. Eisberghandel außerhalb relativ enger Märkte abzuwickeln. Dark Trading wird heute jedoch weit darüber hinaus genutzt. Dazu hat die technische Entwicklung des elektronischen Handels, seine im Prinzip weltweite Zugänglichkeit und nicht zuletzt die Zunahme des Hochfrequenzhandels beigetragen. Diese neue Dimension erlaubt es Retail- und Großanlegern heute, die Preisinformationen der Börsen als Referenzpreise zu nutzen, diese Handelsplätze gleichzeitig zu umgehen und sich dadurch in die kommode Position eines Trittbrettfahrers zu begeben. Umgekehrt werden die aktuellen Informationen des Dark-Trade-Sektors den transparenten regulierten Märkten vorenthalten. Es ist aber keineswegs gesund, wenn ein ganz erheblicher Teil des Aktienhandels im Dunklen verschwindet.

3. Was ist zu tun?

a) Not tun zunächst weitere empirische Untersuchungen, die nicht nur zwischen Visible und Dark Trades differenzieren, sondern beispielsweise auch die Spreads einbeziehen, die sich außerhalb der Handelszeit des Xe-

---

63 FAZ v. 4.2.2011 unter Bezugnahme auf Angaben des Londoner Verbandes der Chartered Financial Analysts (CFA).
64 Zur systematischen Internalisierung s. Art. 14 Abs. 1, 15 Abs. 1, 18 Abs. 1 MiFIR.
65 So ausdrücklich Erwägungsgrund 22 der MiFIR.

tra-Systems ergeben, um zu prüfen, ob sie gerechtfertigt erscheinen (z.B. in Anbetracht von overnight-Risiken) oder eine bloße Folge der Fragmentierung der Handelseinrichtungen sind. Interessant wären auch Untersuchungen, die Spreads und Volatilität der Kurse *vor* Liberalisierung der Handelsplätze mit der heutigen Situation vergleichen und strukturelle Konsequenzen aufdrängen könnten.

b) Für den Investor ist die Transparenz der am Markt gebotenen Preise für Kauf- und Verkaufsorders von entscheidender Bedeutung. Das geltende Recht sieht sie als bevorzugtes Mittel an, um einer für den Investor nachteiligen Fragmentierung des Wertpapierhandels zu begegnen. Preisdifferenzen an den unterschiedlichen Handelsstellen kann der Investor jedoch nur nutzen, wenn er zu einem exakten Zeitpunkt deren Angebote kennt. Für den professionellen Investor ist das kein Problem. Er ist über Bildschirme zeitgleich mit allen infrage kommenden Plätzen verbunden. Anders der Privatanleger: ihm fehlt der zeitgleiche Überblick über den Gesamtmarkt. Hilfreich wäre deshalb ein Informationssystem, das dem Anleger sämtliche Angebote am Markt gleichzeitig anzeigt. Dass dies technisch machbar ist, belegt das US-amerikanische Intermarket Trading System (ITS).[66] Es verbindet landesweit börsliche und außerbörsliche Angebote. Ein solches allgemein zugängliches Consolidated Tape, das über eine real-time Transparenz auch die Over-the-Counter-Offerten umfasst, würde die Entscheidungsgrundlage für Investoren wesentlich verbessern und könnte zu einer erhöhten Zentralisierung des Handels beitragen.

c) Die Kanalisierung des Ordervolumens auf die Handelsplätze erfolgt heute durch die Wertpapierhändler bei fehlender anderweitiger Weisung nach dem Prinzip der kundengünstigsten Ausführung, der sogen. best execution (Art. 27 MiFID II). Auf dem Wege der Best Execution wird deshalb faktisch entschieden, welches geregelte Handelssystem, MTF oder welcher systematische Internalisierer den Orderfluss bevorzugt auf sich zieht. Die Best Execution-Regel ist nach geltendem Recht mithin der übergeordnete, unmittelbar wirkende Regulator, der zur Zentralisierung oder Fragmentierung des Handels führt. Die Wertpapierfirma kann nun nicht für jede einzelne Order den günstigsten Ausführungsplatz auswählen; der Aufwand dafür wäre zu hoch. Vielmehr stellt sie in zeitlichen Abständen eine Rangordnung auf, in die Preis, Kosten, Gebühren, Geschwindigkeit und Wahrscheinlichkeit der Auftragsausführung, gewichtet nach Ermessen des

---

[66] Dazu näher *Schwark*, in: Festschrift Immenga, S. 723, 733 f.

Wertpapierhändlers, eingestellt werden. Für Privatanleger stehen der Preis des Finanzinstruments und die Kosten im Vordergrund (Art. 27 Abs. 1 S. 3 MiFID II). Fallen, wie z. B. bei der Berliner Tradegate Exchange,[67] keine offenen Kosten an, erhalten solche Plätze einen Vorsprung vor anderen. Im Interesse der Zentralisierung des Handels sollten solche nur scheinbaren Vorteile, die über einen höheren Spread zu erwirtschaften sind, von Gesetzes wegen vernachlässigt werden. Entscheidend für Privatanleger sollten vielmehr die günstigsten An- und Verkaufsangebote sein, die sich in einem engeren Spread ausdrücken.

d) Ob aufgrund solcher Vorschläge neue Marktstrukturen entstehen würden, die zu einer Rückführung des Handels auf wenige Handelsplätze führen, ist nicht sicher. Wenn nicht, ist die Entwicklung der Börsen sorgfältig zu beobachten. Wenn die Market Maker dort aufgrund einer weiteren Austrocknung des Marktes nicht mehr in der Lage sind, Kurse zu angemessenen Bedingungen zu stellen, so dass von einer ordnungsgemäßen Preisbildung an der Börse nicht mehr die Rede sein kann, wären gesetzgeberische Eingriffe geboten. Denn die Preise des Xetra-Systems dienen weiterhin als Referenzpreise für den gesamten außerbörslichen Handelsverkehr. Auf ihre, auf einen breiten und liquiden Markt gestützte Preisbildung kommt es deshalb an. Sind diese Bedingungen nicht mehr gegeben, könnten Einschränkungen des außerbörslichen Eigenhandels der Wertpapierhändler und/oder eine Beschränkung des dark trading auf große Volumina geboten sein. Art. 27 Abs. 5 MiFID II sieht zwar weiterhin[68] eine ausdrückliche Zustimmung des Kunden vor, wenn die Aufträge außerhalb der Börse oder eines MTF durchgeführt werden sollen. Das hat jedoch, wie die exponentielle Zunahme des OTC-Handels zeigt, keine Konzentration auf die geregelten Märkte bewirken können.

---

[67] Die Tradegate Exchange besteht als eine vom Land Berlin genehmigte Börse neben der Berliner Wertpapierbörse. Ihre Handelszeiten erlauben vor allem auch einen vor- und nachbörslichen Handel an der Börse.

[68] Ebenso das bisherige Recht, siehe § 32a Abs. 5 S. 2 WpHG a.F.

Die Anforderungen an eine Aussetzung nach § 8 KapMuG bei in Frage stehender Zulässigkeit der Klage

*Andreas W. Tilp, Kirchentellinsfurt**

I. Einleitung

Im Wintersemester 1987/88 lernte ich den Jubilar kennen und schätzen. Als damals junger Jura-Student verfolgte ich mit großem Interesse seine Vorlesung zum Wertpapierrecht an der Eberhard Karls Universität in Tübingen. Rasch diskutierten wir zu Rechtsfragen des damals noch als exotisch zu bezeichnenden Kapitalanlagerechts. Der Jubilar war es auch, der mir dann dabei half, meinen ersten Fachaufsatz zu publizieren.[1] Fortan begleitete mich der Jubilar auf allen wichtigen Stationen meines Lebens. Daher möchte ich ihm in großer Dankbarkeit vorliegenden Beitrag widmen.

Aus gegebenem Anlass setze ich mich mit der Frage auseinander, welche Anforderungen an eine Aussetzung nach § 8 KapMuG zu stellen sind wenn einerseits fest steht, dass das Ergebnis eines Ausgangsverfahrens von den Feststellungszielen eines bereits veröffentlichten Vorlagebeschlusses grundsätzlich abhängen kann, andererseits aber das Vorliegen einzelner Prozessvoraussetzungen in Frage steht. Ist die Prüfung aller Prozessvoraussetzungen, mithin die vorherige Bejahung der Zulässigkeit der Klage, eine Voraussetzung für die Aussetzung des Prozesses?

Bevor ich mich dem Prüfungsmaßstab des Prozessgerichts im Einzelnen zuwende, sei der praktische Hintergrund skizziert: Bedeutung hat diese Frage vor allem deshalb, weil in immer mehr kapitalmarktrechtlichen Rechtsstreitigkeiten vor deutschen Gerichten institutionelle Anleger aus dem Ausland aktiv werden, und zwar auch zahlenmäßig in einem bislang so noch nicht da gewesenen Ausmaß. Deutschland ist dabei für ausländische Investoren nicht nur aufgrund ihrer Betroffenheit in aktuellen Massenschadensfällen wie dem Fall „VW-Dieselgate" (Hauptvorwurf ist vor

---

* Rechtsanwalt Andreas W. Tilp, TILP Rechtsanwaltsgesellschaft mbH, Kirchentellinsfurt.
1 *Tilp*, DB 1989, 2365.

allem der Verstoß gegen Ad-hoc-Pflichten) in den Fokus gerückt. Zwar hat sich der Justizstandort Deutschland als Schauplatz für solche Rechtsstreitigkeiten trotz Schaffung des KapMuG weiterhin nicht zu einem attraktiven Forum entwickelt,[2] obwohl seine Stärkung ausdrücklich eines der mit dem KapMuG verfolgten Ziele des Gesetzgebers war.[3] Gleichwohl kam es zur deutlichen Belebung des deutschen Justizstandortes, jedoch verursacht durch Entwicklungen im Ausland. Der *US Supreme Court* entschied nämlich im Jahre 2010 in der Sache Morrison/NAB,[4] dass *§ 10(b) Securities Exchange Act of 1934* nicht (mehr) auf Kapitalmarktdelikte ohne US-Bezug anwendbar ist.[5] Hierzu gehören gerade die Fälle, in welchen der den Kapitalmarkt schädigende Emittent seinen Sitz außerhalb der USA hat und die betroffenen Wertpapiere an Börsen außerhalb der USA gehandelt werden. Die Folge ist, dass geschädigte Investoren ihre Schadensersatzansprüche seitdem vermehrt in Opt-in-Jurisdiktionen außerhalb der USA verfolgen (müssen), in Deutschland und weltweit, meist am Sitz des jeweiligen Emittenten. Ohne diese restriktivere US-Rechtsprechung hätten etwa im Fall „VW-Dieselgate" viele institutionelle Investoren, wie vor der Morrison-Entscheidung üblich, auf den Justizstandort USA und den Erfolg einer *Class Action* gebaut, statt zügig[6] und zahlreich[7] in Deutschland klageweise aktiv zu werden.

So sehen sich aktuell deutsche Gerichte auch mit Klagen hunderter ausländischer institutioneller Investoren aus aller Welt konfrontiert, für die mit dem KapMuG ein verfahrensrechtliches Instrument zur Bündelung in einem Massenverfahren zur Verfügung steht. Zum Vergleich: Im Fall Deutsche Telekom, für dessen Bewältigung das KapMuG im Jahr 2005 (BGBl. I, 2437) geschaffen wurde, klagte lediglich ein einziger institutio-

---

2 Kritisch zur Erreichbarkeit dieses Ziels: *Halfmeier/Rott/Feess*, Kollektiver Rechtsschutz im Kapitalmarktrecht: Evaluation des Kapitalanleger-Musterverfahrensgesetzes, 1. Aufl., 2010, S. 82.
3 BT-Dr. 15/5091, 16 f.; vgl. auch *Reuschle*, WM 2004, 966, 973.
4 *Morrison v. Nat'l Austl. Bank Ltd.*, 130 S. Ct. 2869 (U.S. 2010).
5 *Schiefer/Tilp/Wilske/Obel*, AGORA – Morrison v. National Australia Bank, DAJV-NL 2010, 116 ff.
6 Eine Rolle spielten hier auch Unsicherheiten in Hinblick auf die Verjährungsfristen für Ansprüche nach §§ 37b, 37c WpHG aufgrund fehlender Überleitungsvorschriften nach einer Änderung des Verjährungsrechts, hierzu siehe *Druckenbrodt*, NJW 2015, 3749 ff.; *Tilp/Weiss*, WM 2016, 914 ff.; *Asmus/Moini*, WM 2016, 1626 ff.
7 Per Juni 2017 klagen allein vor dem Landgericht Braunschweig über 1.000 institutionelle Anleger gegen die Volkswagen AG.

neller Investor, welcher seine Klage alsbald zurücknahm.[8] Seitdem hat sich viel getan. Die zahlenmäßig beträchtliche Rechtsverfolgung durch ausländische Investoren stellt die Funktionsfähigkeit des KapMuG nunmehr auf ein Neues auf den Prüfstand.

Bei ausländischen institutionellen Klägern bestreitet die Beklagtenseite regelmäßig die Rechts- und Parteifähigkeit, die Vertretungsbefugnis der Vollmachtunterzeichner und vieles mehr, was ich – ohne dies zu werten – unter dem Stichwort „Formalitäten" zusammenfassen möchte. Die konkret genannten Punkte betreffen allesamt Fragen der Zulässigkeit einer Klage. Die Prüfung dieser Fragen kann – wenn man sich vor Augen führt, dass Dokumente und Rechtsfragen aus den unterschiedlichsten Rechtsordnungen eine Rolle spielen – für die Beteiligten, Parteien und Gerichte, sehr aufwendig sein. Vor dem soeben geschilderten Hintergrund stellt sich die Frage, ob ein Prozessgericht die Zulässigkeit jeder einzelnen Klage vorab vollumfänglich zu prüfen hat, oder aber ein Ausgangsverfahren trotz streitiger Zulässigkeit nach § 8 KapMuG aussetzen kann. Welcher Maßstab ist seitens des Prozessgerichts anzulegen? Diese Fragestellung soll im Folgenden näher untersucht werden.

Hierzu ist zunächst die grundsätzliche Funktion der Vorschrift (II.) sowie im Anschluss der Umgang mit ihr durch die Rechtsprechung (III.) zu erläutern. Auf dieser Grundlage sollen Grund und Grenzen eines Ermessensspielraums bei in Frage stehender Zulässigkeit untersucht werden (IV.), bevor die Schlussfolgerungen zu ziehen sind (V.).

II. Die Zwangswirkung und Scharnierfunktion des § 8 KapMuG

Den Ausgangspunkt der Überlegungen zu der hier interessierenden Frage bildet § 8 Abs. 1 S. 1 KapMuG, und dort wiederum der Terminus *„Abhängigkeit"*. Das Kriterium der Abhängigkeit i.S.d. Vorschrift fungiert als Türöffner für das Musterverfahren, es hat mit den Worten von *Kruis* eine *„Scharnierfunktion"*[9] zwischen dem Ausgangsverfahren des Prozessgerichts (Landgericht) einerseits und dem Musterverfahren vor dem Oberlandesgericht andererseits.

---

8 *Tilp*, in: Blaurock/Bornkamm/Kirchberg (Hrsg.), Festschrift für Achim Krämer, 2009, S. 331, 333.
9 *Kruis,* in: KK-KapMuG, 2. Auflage, 2014, § 8 Rn. 1.

Das Prozessgericht hat von Amts wegen all diejenigen Ausgangsverfahren auszusetzen, bei denen die Entscheidung des Rechtsstreits von den geltend gemachten Feststellungszielen eines Musterverfahrens abhängt bzw. abhängen kann.[10] Die (potenzielle) Abhängigkeit ist damit das entscheidende Kriterium, an welchem die Aussetzungsentscheidung auszurichten ist. Sofern die Abhängigkeit bejaht wird, ist auszusetzen und der Kläger eines Ausgangsverfahrens wird in der Folge Beteiligter des Musterverfahrens, und zwar als Beigeladener (§ 9 Abs. 1 Nr. 3 KapMuG), soweit er nicht zum Musterkläger (§ 9 Abs. 1 Nr. 1 KapMuG) bestimmt wird.

Ob ein Kläger oder Beklagter am Musterverfahren teilnehmen oder das eigene Ausgangsverfahren ohne ein zwischengeschaltetes Musterverfahren fortführen möchte, spielt keine Rolle. Ein Kläger wird zwangsweise Beteiligter des Musterverfahrens, wenn und soweit die Voraussetzungen für die Aussetzung des Ausgangsverfahrens vorliegen.[11]

Im Musterverfahren wird sodann über die Feststellungsziele entschieden, also über das Vorliegen oder Nichtvorliegen anspruchsbegründender oder anspruchsausschließender Voraussetzungen und/oder Rechtsfragen (§ 2 Abs. 1 S. 1 KapMuG).

Den rechtspraktischen Grund hinter dieser gesetzgeberischen Entscheidung zur zwangsweisen Aussetzung ohne Rücksichtnahme auf den Willen der Parteien lieferte der Fall Deutsche Telekom. Das KapMuG diente nicht zuletzt dazu, die durch diesen Fall ausgelöste Prozesslawine zu kanalisieren.[12] So waren in etwa 2.650 Klagen von ca. 17.000 Klägern vor dem Landgericht Frankfurt am Main anhängig, wobei der Gesamtstreitwert (lediglich) ca. 100 Millionen € betrug.[13] Das (alte) KapMuG erhielt von mancher Seite daher durchaus treffend den Beinamen „*Lex Telekom*".[14] Mittels der Einführung des KapMuG und der damit verbundenen Ermöglichung einer Aussetzung vieler Ausgangsverfahren sollte das Landgericht Frankfurt am Main in diesem konkreten Fall entlastet werden. Zum Zwe-

---

10 BT-Dr. 17/8799, 20.
11 Anzumerken bleibt, dass der Kläger die Klage innerhalb eines Monats ab Zustellung des Aussetzungsbeschlusses zurücknehmen kann, so dass er sich in diesem Falle nicht an den Kosten des Musterverfahrens zu beteiligen hat, vgl. § 8 Abs. 3 KapMuG.
12 *Tilp*, in: Festschrift Krämer, S. 331, 333.
13 Mittlerweile übersteigen die kumulierten Zinsansprüche dieser Klagen den Gesamtstreitwert aus den kumulierten Einzelstreitwerten.
14 Börsenzeitung vom 11.8.2010, Nummer 152, 2 (Beitrag von Axel Halfmeier).

cke der Verfahrensbündelung hatte der Gesetzgeber ein geeignetes Kriterium zu entwickeln, nach dessen Maßgabe zu entscheiden ist, welche Verfahren auszusetzen sind und welche nicht. Das Kriterium der Abhängigkeit hat diese Funktion inne.

Die Abhängigkeit als Aussetzungsvoraussetzung fand bereits in § 7 KapMuG a.F., der ursprünglichen Fassung des KapMuG aus dem Jahr 2005, Verwendung. In der Regierungsbegründung zum KapMuG a.F. wurde der Begriff der Abhängigkeit trotz geäußerter Bedenken des Bundesrats im Gesetzgebungsverfahren[15] nicht näher erläutert, wenn man einmal davon absieht, dass jedenfalls bereits entscheidungsreife Verfahren nach dem Willen des Gesetzgebers nicht ausgesetzt werden sollten.[16] In der Praxis und ihrem Umgang unter dem Regime des ursprünglichen KapMuG zeigte sich alsbald, dass sich gerade das Verfahren um die Aussetzung zu einem Zeit und Ressourcen in Anspruch nehmenden Nadelöhr gestaltete. In der Folge wurden denn auch *„Zweifel an der Effektivität des Gesetzes"* geäußert.[17]

Im Zuge der KapMuG-Reform im Jahr 2012 nahm der Gesetzgeber den empirischen Befund zum Anlass, den Gerichten eine praxisgerechtere und pauschalierende Beurteilung der für die Aussetzung in Betracht kommenden Verfahren zu ermöglichen. So findet sich im Referentenentwurf zum neuen KapMuG statt des Begriffs der Abhängigkeit eine Formulierung, die sprachlich weiter gefasst ist. Ein Verfahren sollte hiernach ausgesetzt werden, wenn die Feststellungsziele den Streitgegenstand des zugrundeliegenden Rechtsstreits *„betreffen"*.[18] Diese Formulierung wurde letztlich nach zwischenzeitlicher Kritik von Befürwortern[19] und Gegnern[20] verworfen und es wurde am Begriff der Abhängigkeit festgehalten. Nicht aber wurde damit die Idee begraben, das Verfahren rund um die Aussetzung zu pauschalieren. Beleg hierfür ist die Regierungsbegründung zu § 8 KapMuG, wo in Kenntnis der Aussetzungsproblematik – und anders als noch in der Regierungsbegründung zum alten KapMuG – ausdrücklich

---

15 BT-Dr. 15/5091, 43: „Eine zweifelsfreie Klärung im weiteren Gesetzgebungsverfahren erscheint unabdingbar.".
16 BT-Dr. 15/5091, 24 f.
17 So der am Landgericht Frankfurt am Main mit dem Telekom-Verfahren betraute Richter *Wösthoff*, in: Bamberger Verbraucherrechtstage 2009, S. 96, 98.
18 Referentenentwurf des Bundesministeriums der Justiz für ein Gesetz zur Reform des Kapitalanleger-Musterverfahrensgesetzes v. 21.7.2011, 7.
19 So bspw. *Schneider/Heppner*, BB 2011, 2947, 2948.
20 So bspw. *Rotter*, VuR 2011, 443, 446 f.

auch auf den Prüfungsmaßstab Bezug genommen und klar gestellt wird, dass die Abhängigkeit lediglich abstrakt zu beurteilen ist.[21] Es genügt hiernach, *„wenn die Entscheidung des Rechtsstreits von den Feststellungszielen mit hinreichender Wahrscheinlichkeit abhängen kann."*[22] Den Gerichten wird diesbezüglich ein *„Beurteilungsspielraum"* eingeräumt.[23]

III. Rezeption durch die Rechtsprechung

Keine Änderung brachte die Novellierung des KapMuG dagegen in Hinblick auf den Umgang mit entscheidungsreifen Verfahren: Nach der Rechtsprechung des BGH hat die Aussetzung eines Verfahrens trotz Bezugs zum im Vorlagebeschluss beschriebenen Lebenssachverhalt sowohl nach § 7 KapMuG a.F. als auch nach § 8 KapMuG dann zu unterbleiben, *„wenn die Sache ohne weitere Beweiserhebungen und ohne Rückgriff auf die Feststellungsziele eines Musterverfahrens entscheidungsreif ist."*[24] Ist eine Klage wegen anderweitiger Rechtshängigkeit oder Rechtskraft einer zuvor ergangenen Entscheidung unzweifelhaft unzulässig, ist sie entscheidungsreif und darf damit nicht ausgesetzt werden.[25] Auch sofern eine Klage evident unbegründet ist, etwa im Falle unzweifelhafter Verjährung, ist die Klage entscheidungsreif und darf ebenfalls nicht ausgesetzt werden.[26] Der BGH verwendet für das Abhängigkeitskriterium im Hinblick auf die Zulässigkeit und Begründetheit dabei keine unterschiedlichen Maßstäbe, sondern ein und denselben. In mehreren Entscheidungen zur Frage der Aussetzung entscheidungsreifer Fälle hat der BGH die Unzweifelhaftigkeit der Unzulässigkeit bzw. Unbegründetheit der Klagen betont.[27] Entscheidende Bedeutung gewinnt für den BGH damit die *Evidenz* der Ent-

---

21 BT-Dr. 17/8799, 20.
22 BT-Dr. 17/8799, 20.
23 BT-Dr. 17/8799, 20.
24 BGH, Beschl. v. 25.2.2016 – III ZB 74/15, AG 2016, 465, 466; BGH, Beschl. v. 28.1.2016 – III ZB 88/15, WM 2016, 403, 404; BGH, Beschl. v. 2.12.2014 – XI ZB 17/13, NJW-RR 2015, 299, 300; BGH, Beschl. v. 16.6.2009 – XI ZB 33/08, WM 2009, 1359, 1361.
25 BGH, Beschl. v. 2.12.2014 – XI ZB 17/13, NJW-RR 2015, 299, 300.
26 BGH, Beschl. v. 28.1.2016 – III ZB 88/15, WM 2016, 403, 404; BGH, Beschl. v. 24.3.2016 – III ZB 75/15, Rn. 14 f.
27 BGH, Beschl. v. 28.1.2016 – III ZB 88/15, WM 2016, 403, 404; BGH, Beschl. v. 2.12.2014 – XI ZB 17/13, NJW-RR 2015, 299, 300.

scheidungsreife. Die dahinter stehende Überlegung ist, dass sowohl im Falle evident unzulässiger als auch im Falle evident unbegründeter Klagen das Musterverfahren keine weiteren für das Ausgangsverfahren relevanten Erkenntnisse bringen kann.

Abseits evident entscheidungsreifer Klagen hat sich dagegen der Maßstab zu Gunsten eines weiten Ermessensspielraums verschoben. Zu § 7 KapMuG a.F. verlangte der BGH noch, dass nur dann auszusetzen ist, wenn feststeht, dass es auf den Ausgang des Musterverfahrens im Ausgangsverfahren auch tatsächlich ankommt.[28] Im Hinblick auf Verfahren, welche dem Regime des neuen KapMuG unterliegen und bei denen nicht feststeht, ob ihr Ausgang vom Musterverfahren abhängt, hat der BGH den vom Reformgesetzgeber 2012 gelockerten Maßstab bislang zwar nur benannt, ohne dass es hierauf in den zu entscheidenden Fällen aber angekommen wäre.[29] Gleichwohl lässt sich daraus schließen, dass der BGH den großzügigeren Maßstab des § 8 KapMuG billigt. Auch die obergerichtliche Rechtsprechung vertritt unter Betonung des in den Gesetzesmaterialien festgehaltenen Willens des Reformgesetzgebers für § 8 KapMuG ein weiteres Begriffsverständnis als dies noch unter § 7 KapMuG a.F. der Fall war. Es reicht demnach aus, dass das Ausgangsverfahren von den Feststellungszielen des Musterverfahrens abhängen *kann*. Nach wohl überwiegender Ansicht bedarf es auch keiner vollen Schlüssigkeitsprüfung. So könne die Schlüssigkeitsprüfung *„nur insofern einer Aussetzung entgegenstehen, als im Einzelfall bei Annahme einer Bejahung aller Feststellungsziele der Klägerseite und Unterstellung aller insofern behaupteten Tatsachen ein Anspruch unter keinen Umständen bestehen kann".*[30] Auf dieser Grundlage ist dann über die Frage der Abhängigkeit zu befinden.

Was aber ist mit Klagen, bei denen die Zulässigkeit in Frage steht, auf der Ebene der Begründetheit aber eine Abhängigkeit (bei Unterstellung

---

28 BGH, Beschl. v. 11.9.2012 – XI ZB 32/11, WM 2012, 2146, 2147.
29 BGH, Beschl. v. 25.2.2016 – III ZB 74/15, AG 2016, 465, 466; BGH, Beschl. v. 28.1.2016 – III ZB 88/15, WM 2016, 403, 404.
30 OLG Frankfurt, Urt. v. 27.1.2014 – 23 W 120/13 Rn. 7 f.; vgl. auch OLG München, Beschl. v. 27.8.2013 – 19 U 5140/12, WM 2013, 2131, 2132; OLG München, Beschl. v. 18.9.2013 - 19 W 1442/13 (n.v.) lässt „kursorische Prüfung" genügen; trotz gelockerten Maßstabs eine vollständige Prüfung befürwortend OLG Celle, Beschl. v. 20.2.2017 – 13 W 68/16 (Kart), MDR 2017, 600; wie OLG Celle auch *Kruis,* in: KK-KapMuG, 2. Auflage, 2014, § 8 Rn. 29.

der Zulässigkeit) von den Feststellungszielen eines Musterverfahrens sicher besteht?

Hier möchte das OLG München[31] zwischen Fragen der Zulässigkeit und Fragen der Begründetheit unterscheiden und damit unterschiedliche Maßstäbe im Hinblick auf das Kriterium der Abhängigkeit i.S.d. § 8 KapMuG anlegen. Zwar meint das OLG München, dass dem Prozessgericht in Hinblick auf die Schlüssigkeit einer Klage ein Ermessen in Hinblick auf die Aussetzungsentscheidung verbleibe.[32] Klagen, welche lediglich potentiell, nicht aber evident unschlüssig sind, sollen infolge des vom Gesetzgeber eingeräumten Beurteilungsspielraums daher ausgesetzt werden können. Dieser Ermessensspielraum reduziere sich aber, soweit die Zulässigkeit der Klage im Raum stehe. Zur Begründung dieser Differenzierung führt das Gericht aus: *„Bei einer Unzulässigkeit der Klage spielen Fragen der Begründetheit mit sämtlichen Anspruchsvoraussetzungen und Rechtsfragen keine Rolle mehr."*[33] Der Ermessensspielraum habe sich dabei an der Bedeutung und Komplexität des Zulässigkeitsproblems zu orientieren, so dass bei schwierigen Fragen eine Entscheidung gemäß § 280 ZPO angezeigt sei, auch um hierdurch die Möglichkeit einer umfassenden Nachprüfung im Rechtsmittelzug zu ermöglichen.[34]

Während die Auffassung des OLG München bei *Kruis* auf Zustimmung stößt,[35] befürwortet *Halfmeier* auch bei in Frage stehender Zulässigkeit einen Ermessensspielraum, da dem Zweck des KapMuG, die Gerichte in Massenverfahren zu entlasten und die Verfahrenseffizienz zu fördern, nicht Genüge getan werde, wenn das Prozessgericht in jedem Einzelfall die Zulässigkeit vollumfänglich zu prüfen hätte.[36] Welche Auffassung ist vorzugswürdig?

---

31 OLG München, Beschl. v. 18.9.2013, 19 W 1442/13 (n.v.).
32 OLG München, Beschl. v. 18.9.2013, 19 W 1442/13 (n.v.).
33 OLG München, Beschl. v. 18.9.2013 - 19 W 1442/13 (n.v.).
34 OLG München, Beschl. v. 18.9.2013 - 19 W 1442/13 (n.v.).
35 *Kruis,* in: KK-KapMuG, 2. Auflage, 2014, § 8 Rn. 1.
36 *Halfmeier,* in: Prütting/Gehrlein, ZPO, 9. Auflage, 2017, § 8 KapMuG Rn. 3.

IV. Grund und Grenzen eines Ermessensspielraums

1. Gesetzessystematik und Telos

Zur Beantwortung der Frage sind zunächst die Systematik und der Sinn und Zweck des KapMuG in den Blick zu nehmen.

Das Kriterium der Abhängigkeit spielt im KapMuG nicht nur bei der Frage der Aussetzung eine Rolle, sondern schon *vor* Beginn eines Musterverfahrens, nämlich bei der Frage, ob ein gestellter Musterverfahrensantrag zulässig ist (§ 3 Abs. 1 Nr. 1 KapMuG). Die Abhängigkeit ist dort eines von mehreren Kriterien. Neben diesen Kriterien ist im Rahmen der Zulässigkeitsprüfung eines Musterverfahrensantrags vom Prozessgericht zusätzlich auch zu prüfen, ob die allgemeinen Prozessvoraussetzungen erfüllt sind.[37] Nur zulässige Klagen sollen demnach geeignet sein, ein Musterverfahren mittels Erreichen des Quorums auf den Weg zu bringen. Ist ein Vorlagebeschluss aber bereits einmal in der Welt, kommt es für die Einleitung eines Musterverfahrens auf die Zulässigkeit anderer Klagen, welche denselben Lebenssachverhalt betreffen, nicht an. Das Musterverfahren findet auf jeden Fall statt.

Während der Gesetzgeber in der Begründung zu § 3 KapMuG die allgemeinen Prozessvoraussetzungen als Voraussetzung benennt,[38] sucht man einen solchen Hinweis in der Begründung zu § 8 KapMuG dagegen vergeblich. Vor diesem Hintergrund steht es mit der Gesetzessystematik in Einklang, im Rahmen der Prüfung zur Aussetzung keine vollumfängliche Einzelfallprüfung aller Prozessvoraussetzungen zu verlangen, sondern auch in Hinblick auf offene Zulässigkeitsfragen einen Ermessensspielraum walten zu lassen, jedenfalls soweit die betroffenen Verfahren nicht evident unzulässig sind.

In systematischer Hinsicht ist schließlich auch ein Vergleich zu Massenverfahren angezeigt, welche allein nach den allgemeinen Regeln der ZPO von den Instanzgerichten zu bewältigen sind. Wie weit reicht in diesen Fällen der Spielraum der Gerichte? Bei der Verfahrensgestaltung von Massenverfahren allein auf Grundlage des Verfahrensrechts der ZPO befürwortet der BGH einen *„weiten Gestaltungsspielraum"* der befassten

---

37 BT-Dr. 17/8799, 17.
38 BT-Dr. 17/8799, 17.

Gerichte.[39] Danach ist es sachgerecht, wenige „*Musterverfahren* "[40] bzw. Pilotverfahren auszuwählen und diese vorrangig zu betreiben, um über die ganze Fallbreite zu entscheiden, wobei es in Hinblick auf zurückgestellte Verfahren auf das Vorliegen der Voraussetzungen nach § 148 ZPO nicht ankommt.[41] Zur Begründung führt der BGH an, dass auf diese Weise Rechtsfragen von zentraler Bedeutung verfahrensübergreifend und prozessökonomisch geklärt werden können.[42] Hinter diesem Ansatz zur Verfahrensgestaltung auf Basis der ZPO stecken also im Wesentlichen dieselben Überlegungen, die den Gesetzgeber zur Einführung des KapMuG bewogen haben. Auch soweit das KapMuG als prozessuales Werkzeug nicht zur Verfügung steht, ist es aus prozessökonomischen Gründen demnach – und zu Recht – angezeigt, Musterverfahren unter gleichzeitiger Zurückstellung anderer Verfahren zu führen. Müsste in einem Massenschadensfall hingegen zunächst in allen Verfahren die Zulässigkeit festgestellt werden, könnte die Führung eines Pilotverfahrens spürbar beeinträchtigt werden. Dies wäre nicht verfahrenseffizient. Für die Verfahrensgestaltung bei Klagen, die von den Feststellungszielen eines Musterverfahrens abhängen und bei denen nur die Zulässigkeit in Frage steht, sollte dann aber auch kein strengerer Maßstab gelten als unter dem alleinigen Regime der ZPO. Es wäre widersprüchlich, wenn bei der Aussetzungsentscheidung nach § 8 Abs. 1 S. 1 KapMuG strengere Maßstäbe angelegt werden müssten, als dies bei der Frage der Zurückstellung von Verfahren in Massenschadensfällen der Fall ist, die allein den Regeln der ZPO unterliegen. Dies gilt umso mehr, als – wie gesehen – der Gesetzgeber mit der KapMuG-Reform 2012 klarstellte, dass den Gerichten bei der Aussetzungsentscheidung ein *„Beurteilungsspielraum"* verbleiben soll.

Ihre Bestätigung findet diese Ansicht im Sinn und Zweck des KapMuG. Die Zwecksetzung des KapMuG ist vorrangig geprägt von dem Ziel, eine Vielzahl von Verfahren in Massenschadensfällen zu bündeln, um den Fortgang dieser Verfahren im Wege der Verfahrenskonzentration insgesamt zu

---

39 BGH, Urt. v. 12.2.2015 – III ZR 141/14, WM 2015, 564, 566 f.
40 Außerhalb des Anwendungsbereichs des KapMuG fand und findet dieser Begriff des Öfteren Verwendung, freilich ohne dass hiermit Musterverfahren nach Maßgabe des KapMuG gemeint sind.
41 BGH, Urt. v. 12.2.2015 – III ZR 141/14, WM 2015, 564, 567.
42 BGH, Urt. v. 12.2.2015 – III ZR 141/14, WM 2015, 564, 567.

vereinfachen und zu beschleunigen, sowie die Justiz zu entlasten.[43] Könnte gerade bei schwierigen Fragen zur Zulässigkeit einer Klage oder einer Vielzahl von Klagen mit einer ebenso großen Zahl an individuellen Zulässigkeitsfragen eine Aussetzung merklich verzögert werden, hätte dies u.U. beträchtliche Konsequenzen für die Prozessökonomie zur Folge. So müssen Beigeladene bei späterem Hinzutreten zu einem bereits laufenden Musterverfahren dieses zwar in der Lage annehmen, in der es sich im Zeitpunkt der Aussetzung des von ihnen geführten Rechtsstreits befindet (§ 14 KapMuG). Allerdings können diese Beigeladenen sich von der Bindungswirkung eines Musterentscheids nach Maßgabe des § 22 Abs. 3 KapMuG (in Anlehnung an § 68 ZPO) befreien. Je länger ein Ausgangsverfahren vor dessen Aussetzung also fortgeführt wird, umso eher kommt es zu der unerwünschten Folge, dass Fragen, die Gegenstand des Musterverfahrens sind, in den Ausgangsverfahren erneut aufgegriffen und gegebenenfalls sogar divergierend beantwortet werden müssten. Um dies zu verhindern, böte es sich für das zuständige OLG in solchen Fällen zwar an, mit dem Beginn des Musterverfahrens abzuwarten, um auf diesem Wege die Reichweite des Musterverfahrens auf möglichst viele Ausgangsverfahren zu erstrecken. Doch diese Maßnahme hätte gerade auch eine Verzögerung für die Parteien des Musterverfahrens zur Folge, würde also gerade nicht zur Verfahrensbeschleunigung beitragen.

Der Beschluss des OLG München, wonach sich der Ermessensspielraum des Prozessgerichts reduzieren soll, soweit die Zulässigkeit in Frage steht und wonach insbesondere bei schwierigen offenen Fragen zur Zulässigkeit nicht auszusetzen, sondern im Wege des § 280 ZPO zu verfahren sei, überzeugt daher nicht. Die wesentliche Zweck- und Zielsetzung des KapMuG, die Verfahrenseffizienz, verlangt, dass den Prozessgerichten auch dort ein Ermessensspielraum zuteil wird, wo die Zulässigkeit der Klage in Frage steht. Grundsätzlich muss gelten: Wenn eine Klage bei Unterstellung des Vorliegens individueller Voraussetzungen ohne Zweifel von den Feststellungszielen abhängt, die Klärung individueller Fragen aber sehr aufwendig ist und ein Musterverfahren anläuft, sollte ein Prozessgericht grundsätzlich von der Möglichkeit Gebrauch machen dürfen, die Klärung dieser Fragen auf die Zeit nach Beendigung des Musterverfahrens zu vertagen, und zwar unabhängig davon, ob es sich um Fragen

---

43 BT-Dr. 15/5091, 16 f.; im Gesetzentwurf der Bundesregierung zur Reform des KapMuG wurde abermals die Beschleunigung des Verfahrens und Entlastung der Justiz in den Vordergrund gestellt, vgl. BT-Dr. 17/8799, 15.

der Zulässigkeit oder um Fragen der Begründetheit handelt. Der Rechtsprechung des BGH zur Nichtaussetzung evident entscheidungsreifer Klagen liegt schließlich die Überlegung zugrunde, dass die Entscheidung ohne Weiteres möglich ist und deswegen – ganz gleich ob infolge Unzulässigkeit oder infolge Unbegründetheit – nicht von dem Musterverfahren abhängen kann. Umgekehrt leuchtet es nicht ein, bei nicht evident entscheidungsreifen Klagen Unterschiede zwischen in Frage stehender Zulässigkeit und Begründetheit zu machen, es sei denn dies ist aus anderen Gründen, etwa des Vorrangs der Zulässigkeit vor der Begründetheit, ausnahmsweise geboten.

2. Zum Vorrang der Zulässigkeit vor der Begründetheit

Es stellt sich zunächst die Frage, ob die Zulässigkeit nicht aus Gründen des Vorrangs vor der Begründetheit vorab einer vollumfänglichen Prüfung bedarf. Der Erlass eines Sachurteils setzt bekanntlich voraus, dass die Klage zulässig ist. Schon wegen der Reichweite der Rechtskraft kann eine möglicherweise unzulässige Klage nicht als *jedenfalls* unbegründet abgewiesen werden.[44] Insofern hat die Zulässigkeitsprüfung nach ständiger Rechtsprechung grundsätzlich *„absoluten Vorrang"* vor der Begründetheitsprüfung.[45] Die Entscheidungsreife in der Sache bedingt die Zulässigkeit der Klage, sodass aus diesem Stufenverhältnis heraus die grundsätzlich vorrangige Prüfung der Zulässigkeit auch geboten ist. Es wäre nicht zielführend, zur Begründetheit einer Klage aufwendig zu verhandeln, nur um später womöglich festzustellen, dass die Klage als unzulässig hätte abgewiesen werden müssen – und sich damit die Verhandlung zur Sache letztlich als gänzlich überflüssig erweist. Dieser grundsätzliche Vorrang der Zulässigkeit zwingt gleichwohl nicht dazu, die Zulässigkeit einer Klage vor einer Aussetzungsentscheidung vollumfänglich zu prüfen, dies schon deswegen nicht, weil keinerlei Grundsatz existiert, der besagt, dass über die Zulässigkeit einer Klage vorab zu entscheiden wäre.[46] Auch abseits des KapMuG existieren zahlreiche Beispiele, die dies belegen, so et-

---

44 BGH, Urt. v. 19.6.2000 – II ZR 319/98, NJW 2000, 3718, 3719 f.
45 BGH, Urt. v. 19.6.2000 – II ZR 319/98, NJW 2000, 3718, 3719 f.
46 Ausführlich *Laubinger*, „...jedenfalls ist die Klage unbegründet" – Zur Prüfungsreihenfolge von Zulässigkeit und Begründetheit, in: Geis/Winkler/Bickenbach, Festschrift für Hufen, 2015, 609 ff.

wa die Möglichkeit, des Bundesverfassungsgerichts, nach § 93b BVerfGG Verfassungsbeschwerden unter Offenlassung der Zulässigkeit als unbegründet abzulehnen.[47] Darüber hinaus sei auf § 280 ZPO verwiesen, eine Kann-Vorschrift, die ihrerseits nur ein prozessökonomisches Werkzeug an die Hand gibt, wenn und soweit sich eine Vorabentscheidung anbietet. Im Übrigen können auch Zulässigkeitsfragen Gegenstand eines Musterverfahrens sein, so z.B. zu § 32b ZPO.

Eine vollumfängliche Zulässigkeitsprüfung ist nach dem Vorgesagten weder zwingend erforderlich noch geboten. Etwas anderes würde sich dann ergeben, wenn eine Aussetzungsentscheidung einer Sachentscheidung gleich stünde. In diesem Fall ginge die Zulässigkeitsprüfung zwingend vor. Mit der Aussetzung als solcher ist aber keine Sachentscheidung verbunden. Und auch das mit dem Musterverfahren befasste Oberlandesgericht trifft mit Erlass des Musterentscheids keine Sachentscheidung in Hinblick auf die ausgesetzten Ausgangsverfahren. Die Sachentscheidung bleibt stets dem Prozessgericht nach Abschluss des Musterverfahrens vorbehalten. Vor diesem Hintergrund besteht keinerlei Gefahr, dass *Sach*entscheidungen unter gleichzeitiger Offenlassung der Zulässigkeit getroffen werden, wenn Verfahren ausgesetzt werden.

3. Schutzwürdige Interessen

Zwingende Gründe gegen eine Aussetzung können sich auch aus schutzwürdigen Parteiinteressen ergeben. Eine Aussetzung darf vor dem Hintergrund des verfassungsrechtlichen Grundsatzes effektiven Rechtsschutzes nicht vorschnell erfolgen.[48] Eine Aussetzung, zumal zwangsweise, gerät umso mehr mit dem Gebot effektiven Rechtsschutzes in Konflikt, je offenkundiger ein Verfahren auf anderem Wege hätte schneller und günstiger geführt werden können. Nach einem womöglich Jahre dauernden Musterverfahren können insbesondere erhebliche Beweisschwierigkeiten auftreten.[49] Diese Schwierigkeiten treffen vor allem den Kläger, trägt dieser doch nach den allgemeinen Regeln grundsätzlich die Darlegungs- und Be-

---

47 Weitere Beispiele zu Durchbrechungen bei *Laubinger*, in: Festschrift Hufen, S. 609, 613 ff.
48 BGH, Beschl. v. 8.4.2914 – XI ZB 40/11, NJW-RR 2014, 758, 760.
49 BGH, Beschl. v. 16.6.2009 – XI ZB 33/08, WM 2009, 1359, 1360 f.; BGH, Beschl. v. 11.9.2012 – XI ZB 32/11, WM 2012, 2146, 2147.

weislast. Insofern ist in Hinblick auf die Gewährleistung effektiven Rechtsschutzes vor allem das Klägerinteresse in den Blick zu nehmen, weil es der Kläger ist, den der Zeitablauf am meisten beeinträchtigt.

Einem Beklagten ist es umgekehrt insbesondere nicht zuzumuten, Verfahren führen zu müssen, in welchen Klagen offensichtlich unzulässig oder unbegründet sind. Die BGH-Rechtsprechung zu evident entscheidungsreifen Klagen trägt diesem Gesichtspunkt Rechnung, indem in solchen Fällen eine Aussetzung zu unterbleiben hat und die Klagen abzuweisen sind. In Verfahren, in welchen die Zulässigkeit aber offen ist und bei Unterstellung der Zulässigkeit eine Abhängigkeit der Entscheidung von den Feststellungszielen des Musterverfahrens gegeben ist, dringt das Interesse eines Beklagten an schnellerer Klärung hingegen nicht durch. Denn in einer solchen Konstellation ist gerade nicht klar, ob das Ausgangsverfahren auf absehbare Zeit überhaupt zur Entscheidungsreife gebracht werden kann, wenn man sich dazu entschließt, zur Zulässigkeit weiter zu verhandeln. Dies könnte es nur, soweit sich eine Klage im Fortgang des Ausgangsverfahrens als (unheilbar) unzulässig herausstellt. Ein solches Ergebnis wird man wohl als Ausnahme von der Regel ansehen dürfen.

Abschließend stellt sich die Frage, ob nicht die Prüfung der Rechts- und Parteifähigkeit ausländischer Nicht-EU-Rechtsgebilde jedenfalls zum Zwecke der Sicherung eines etwaigen Kostenerstattungsanspruchs eines Beklagten angezeigt ist, wenn man unterstellt, dass sich die Vollstreckung solcher Ansprüche im Ausland als schwierig erweisen kann. Hiergegen spricht wiederum, dass Kosten bereits zu Beginn eines Verfahrens, mit der Mandatierung von Prozessvertretern, entstehen. Eine vorgezogene Prüfung diverser Sachurteilsvoraussetzungen wäre insoweit kein taugliches Mittel, um diese Gefahr zu beseitigen. Um der Gefahr effektiv zu begegnen, bietet es sich vielmehr an, auf die gängigen Mittel der ZPO zurückzugreifen, namentlich die §§ 110 ff. ZPO, welche es erlauben, klagenden Parteien eine Prozesskostensicherheit zur Sicherung etwaiger Kostenerstattungsansprüche abzuverlangen, um auf diese Weise den Beklagten zu schützen.

V. Schlussfolgerungen

Unter Berücksichtigung tangierter Parteiinteressen sprechen Entstehungsgeschichte, Systematik und Sinn und Zweck des KapMuG für einen weiten Ermessensspielraum der Prozessgerichte in Hinblick auf die Frage, wie mit Klagen zu verfahren ist, bei denen die Zulässigkeit in Frage steht. In Einklang mit dem gesetzgeberischen Willen ist es für die Aussetzung eines Ausgangsverfahrens notwendig, aber auch ausreichend, wenn die Entscheidung der Klagen von dem Ausgang des Musterverfahrens abhängen kann. Das Prozessgericht hat einen weiten Spielraum, der es ihm erlaubt, auch solche Verfahren auszusetzen, in denen die Zulässigkeit in Frage steht, solange kein Fall der offensichtlichen Unzulässigkeit oder Unbegründetheit der Klage vorliegt.

III.
Vertrags- und Verbraucherrecht

Verbraucherschutz als Auslegungsmaxime – Ein Prinzip und seine Grenzen

Jürgen Basedow, Hamburg*

A. Einleitung

Vor 30 Jahren, als *Hans-Peter Schwintowski* seine Habilitationsschrift veröffentlichte, war der Begriff des Verbrauchers zwar in der Rechtspolitik und Literatur schon anzutreffen, dagegen noch nicht im deutschen Gesetzesrecht. Das AGB-Gesetz von 1976 betraf die Verwendung von AGB schlechthin. Es sah lediglich für den kaufmännischen Verkehr Ausnahmen von spezifischen Klauselverboten vor; die Klauselverbote kamen danach unter Umständen auch anderen Personen als Verbrauchern zugute, z.B. Freiberuflern oder Landwirten.[1] Im EU-Recht hatte die Richtlinie über den Widerruf von Haustürgeschäften 1985 erstmalig im Kontext des Privatrechts den Begriff des Verbrauchers zur Abgrenzung ihres eigenen Anwendungsbereichs verwendet;[2] doch vermied ihn der deutsche Gesetzgeber bei der Umsetzung im Haustürwiderrufsgesetz und bezog sich stattdessen auf näher definierte „Kunden".[3] Im Versicherungswesen, dem *Schwintowski* seine Schrift widmete, war es üblich, vom „Jedermanngeschäft"

---

* Prof. Dr. Dr. h.c. mult. *Jürgen Basedow*, LL.M. (Harvard Univ.), Direktor am Max-Planck-Institut für ausländisches und internationales Privatrecht und Professor an der Universität Hamburg.

1 Gesetz zur Regelung des Rechts der Allgemeinen Geschäftsbedingungen (AGB-Gesetz) vom 9.12.1976, BGBl. I, 3317.

2 Richtlinie des Rates vom 20.12.1985 betreffend den Verbraucherschutz im Falle von außerhalb von Geschäftsräumen geschlossenen Verträgen (85/577/EWG), ABl. 1985 L 372/31; diese Richtlinie ist aufgegangen in der Richtlinie über Verbraucherrechte: RL 2011/83/EU des Europäischen Parlaments und des Rates vom 25.10.2011 über die Rechte der Verbraucher, zur Abänderung der RL 93/13/EWG des Rates und der RL 1999/44/EG des Europäischen Parlaments und des Rates sowie zur Aufhebung der RL 85/577/EWG des Rates und der RL 97/7/EG des Europäischen Parlaments und des Rates, ABl. 2011 L 304/64.

3 Gesetz über den Widerruf von Haustürgeschäften und ähnlichen Geschäften vom 16.1.1986, BGBl. I 1986, 122.

oder von „Massenrisiken" zu sprechen;[4] damit wurden jenseits der Konsumenten auch weitere Personen in den Kreis der Geschützten einbezogen.

Mittlerweile hat sich das Privatrecht, ja vielleicht die Rechtsordnung insgesamt, von Grund auf strukturell verändert. Der Verbraucherschutz ist heute ein institutionalisiertes Politikfeld. In der Europäischen Kommission ist ihm eine eigene Generaldirektion gewidmet und in der deutschen Regierung eines der klassischen Ministerien: das Bundesministerium der Justiz und für Verbraucherschutz. Eine wahre Flut von Rechtsakten der EU hat sich über die nationalen Rechtsordnungen ergossen. Im deutschen BGB haben die Zentralbegriffe von Verbraucher und Unternehmer gesetzliche Definitionen erhalten (§§ 13 f.), und die Schuldrechtsreform hat das Verbraucherrecht 2002 zum großen Teil in das BGB integriert. Auch *Hans-Peter Schwintowski,* dem diese Gedanken in langjähriger kollegialer Freundschaft gewidmet sind, hat sich dem Verbraucherrecht verschrieben; er ist Mitherausgeber einer der maßgeblichen Fachzeitschriften, nachdem wir zusammen über viele Jahre den Konsumentenschutz im Versicherungswesen thematisiert und gefördert haben.[5]

Privatrechtlicher Verbraucherschutz bezieht sich auf das Ungleichgewicht zwischen Unternehmern und Verbrauchern; daher liegt es nahe, dem Konsumenten durch den Erlass zwingender Normen unveräußerliche Mindestrechte einzuräumen.[6] Vor dem Hintergrund einer ansonsten liberalen Privatrechtsordnung haben sie fast zwangsläufig einen punktuellen Problemzugriff, so dass insgesamt der Eindruck einer fragmentarischen Rechtsordnung entsteht. Je dichter der Teppich der Fragmente wird, desto näher liegt es freilich, in ihnen den Ausdruck eines allgemeinen Rechtsprinzips zu sehen, das sich dann wiederum anzubieten scheint für Zwecke weiterer Gesetzgebung sowie als Auslegungshilfe und zur Lückenfüllung. Vom Gesetzgeber soll hier nicht weiter die Rede sein; an Differenzierung führt für ihn kein Weg vorbei.[7]

---

4 So *Schwintowski*, Der private Versicherungsvertrag zwischen Recht und Markt, 1987, S. 195.
5 Siehe einerseits die im Nomos-Verlag, Baden-Baden, erscheinende Zeitschrift Verbraucher und Recht, andererseits die Versicherungswissenschaftlichen Studien, hrsg. von *Basedow/Schwark/Schwintowski* und gefördert vom Bund der Versicherten, 1994.
6 Diesen Gedanken billigt im Ansatz auch *Wagner*, ZEuP 2010, 243, 248 f., der jedoch auf S. 260 ff. die Notwendigkeit einer stärkeren Differenzierung erläutert.
7 Siehe *Wagner,* ZEuP 2010, 243, 260 ff.

Aber wie steht es mit der Rechtsanwendung? Ist der Verbraucherschutz eine allgemeine Maxime der Auslegung? Wenn ja, wo sind ihre Grenzen? Diesen beiden Fragen sind die folgenden Überlegungen gewidmet. Wie schon bei der Entwicklung des gesetzlichen Verbraucherschutzes kommt dabei der europäischen Rechtsentwicklung die Führungsrolle zu. Denn es war der Europäische Gerichtshof, der die maßgeblichen Weichenstellungen für die Auslegung des Verbraucherschutzrechts vorgenommen hat.

B. Verbraucherschutz als Auslegungsgrundsatz

I. Ein allgemeiner Grundsatz?

Die Auffassungen darüber, ob es einen Auslegungsgrundsatz „*in dubio pro consumente*" geben kann, gehen in der Literatur auseinander. Sie werden durchweg unter Rückgriff auf das primäre Unionsrecht begründet. Einerseits spricht das in Art. 114 Abs. 3 und 169 AEUV[8] sowie in Art. 38 ChGrR[9] verankerte Ziel des Verbraucherschutzes für eine generelle Ausrichtung der Unionstätigkeit in diesem Sinne,[10] und auch die Querschnittsklausel des Art. 12 AEUV legt eine generelle Berücksichtigung des Verbraucherschutzes nahe.

Was die wissenschaftliche Diskussion betrifft, so findet sich zwar im Draft Common Frame of Reference keine ausdrückliche Auslegungsnorm zugunsten der Verbraucher; doch mag mancher die ausdrückliche Hervorhebung der teleologischen Auslegung bzgl. des Verbraucherrechts in diesem Sinne verstehen.[11] Für das europäische Versicherungsrecht legen die Principles of European Insurance Contract Law (PEICL) in ihrer Auslegungsvorschrift dagegen ausdrücklich fest, dass die Anwendung der übli-

---

8 Vertrag über die Arbeitsweise der Europäischen Union, konsolidierte Fassung in ABl. 2016 C 202/47.
9 Charta der Grundrechte der Europäischen Union, ABl. 2016 C 202/389.
10 So *Rösler*, RabelsZ 71, 2007, 495 , 518.
11 Siehe *von Bar/Clive/ Schulte-Nölke/u.a.* (Hrsg.), Principles, Definitions and Model Rules of European Private Law – Draft Common Frame of Reference (DCFR), 2009; Artikel I-1:102 betrifft die Interpretation der Rules und stellt die teleologische Auslegung in Abs. 1 besonders heraus.

chen Interpretationsmethoden u.a. „den angemessenen Schutz der Versicherungsnehmer zu fördern" habe.[12]

Gegen die Schlussfolgerungen aus dem Primärrecht spricht die Diktion von Art. 38 ChGrR: „Die Politik der Union stellt ein hohes Verbraucherschutzniveau sicher". Diese Aufforderung richtet sich nicht an Gerichte, sondern ersichtlich an die Politik. Gleiches gilt für Art. 114 Abs. 3 AEUV: „Die Kommission geht in ihren Vorschlägen ... in den Bereichen ... Verbraucherschutz von einem hohen Schutzniveau aus."[13] Art. 169 Abs. 1 AEUV erklärt zwar den Verbraucherschutz zu einem Politikfeld der Union; auch hier sind freilich eher die Rechtssetzungsorgane der EU als der Gerichtshof die Adressaten. Ermächtigt wird die EU im Übrigen nur dazu, „einen Beitrag" zu leisten. Eine – neben Art. 114 AEUV – eigenständige Handlungsgrundlage sieht Art. 169 Abs. 2 b) nur für „Maßnahmen zur Unterstützung, Ergänzung und Überwachung der Politik der Mitgliedstaaten" vor; dies ist nicht mehr als eine Annexkompetenz zu deren Politik.[14] Schließlich geht es bei Art. 12 AEUV um die Berücksichtigung des Verbraucherschutzes bei der „Festlegung und Durchführung der anderen Unionspolitiken und -maßnahmen", d.h. vielleicht um Verkehrspolitik oder Wettbewerbspolitik, aber gerade nicht um die Verbraucherpolitik selbst, außerdem wohl auch nicht um Rechtsanwendung.[15] Keine dieser Bestimmungen eignet sich zur Ableitung eines allgemeinen unionsrechtlichen Auslegungsgrundsatzes zugunsten der Verbraucher.[16]

---

[12] Siehe *Basedow/Birds/Clarke/Cousy/Heiss/Loacker* (Hrsg.), Principles of European Insurance Contract Law (PEICL), 2. ed., 2016, deutsche Übersetzung, S. 480, Art. 1:104.

[13] Vgl. EuGH, Urt. v. 25.10.2005 – C-350/03, ECLI:EU:C:2005:637, Rn. 61 – *Schulte*, wonach sich Art. 95 Abs. 3 EG, jetzt Art. 114 Abs. 3 AEUV sich an die Gemeinschaftsorgane im Rechtsetzungsverfahren richtet.

[14] Siehe schon *Basedow*, in: Due/Lutter/Schwarze (Hrsg.), Festschrift Everling, 1995, S. 49, 60 ff.; *Krebber*, in: Calliess/Ruffert (Hrsg.), EUV-AEUV – Kommentar, 5. Auflage, 2016, Art. 169 AEUV Rn. 3: „"...den Verbraucherschutzpolitiken der Mitgliedstaaten nachgeordnet." Kritisch zur Berufung auf Art. 169 Abs. 1 AEUV als Auslegungsmaxime siehe *Peter Bydlinski*, (Österreichisches) Recht der Wirtschaft 2017, 13 – 15.

[15] Siehe *Reich/Micklitz*, in: Reich/Micklitz/Rott/Tonner (Hrsg.), European Consumer Law, 2. Auflage, S. 6, 29.

[16] So *Riesenhuber*, EU-Vertragsrecht, 2013, S. 29, § 2-19; nach EuGH, Urt. v. 25.10.2005 – C-350/03, ECLI:EU:C:2005:637, Rn. 61 – *Schulte* „könnte [Art. 114 Abs. 3 AEUV] allenfalls als Kriterium für die Auslegung der Richtlinie dienen." Doch hat sich der Gerichtshof dieser Bezugnahme bei der Auslegung der

Aber wird ein solcher *allgemeiner* Auslegungsgrundsatz benötigt? Was wäre damit gewonnen? Eine Zweifelsregelung für die Interpretation kommt nur zum Zug, wenn auch nach Anwendung der üblichen Auslegungsmethoden noch Zweifel bleiben. So sieht es die ständige Rechtsprechung zu § 305c Abs. 2 BGB, der Umsetzungsbestimmung zu der Zweifelsregelung des Art. 5 S. 2 der europäischen Klauselrichtlinie.[17] Ein solcher allgemeiner Auslegungsgrundsatz wäre folglich nur subsidiär. Im konkreten Streitfall geht es vor Gericht um die Auslegung spezifischer Normen; nur sie werden dem Gerichtshof gemäß Art. 267 AEUV zur Auslegung vorgelegt. Es kommt also viel eher darauf an, ob sich diesbezüglich ein *normspezifischer* Auslegungsgrundsatz *pro consumente* feststellen lässt. Wer die Frage so zuspitzt, wird häufig schon mit dem allgemeinen Auslegungskanon zu einer klärenden Lösung gelangen.

II. Teleologische Auslegung einzelner Rechtsakte durch den EuGH

Der Gerichtshof wendet bekanntlich die gleichen Methoden an, wie wir sie auch aus den nationalen Rechtsordnungen kennen: Am Anfang steht die grammatikalische oder Textauslegung; hinzu treten Argumente aus Kontext bzw. Systematik, aus der Gesetzgebungsgeschichte und aus dem Zweck einer Vorschrift.[18] Der Zweck wird bei europäischen Rechtsakten häufig in den Erwägungsgründen verdeutlicht, auf die der Gerichtshof regelmäßig als Auslegungshilfe Bezug nimmt. Im Bereich des Verbraucherrechts heben die Erwägungsgründe durchweg auch den Schutz des Verbrauchers als Ziel des Gesetzgebers hervor. Wo dies geschieht, wird die Auslegung zugunsten des Verbrauchers folglich Teil der teleologischen Auslegung und steht im Rang nicht hinter, sondern gleichauf mit den anderen Auslegungsmethoden. Für die Interpretation der betreffenden

---

Richtlinienbestimmungen im konkreten Fall gerade nicht bedient und sich für deren enge Interpretation ausgesprochen.

17 RL 93/13/EWG des Rates vom 5.4.1993 über missbräuchliche Klauseln in Verbraucherverträgen, ABl. 1993 L 95/29; siehe BGH, Urt. v. 17.2.2011 – III ZR 35/10, NJW 2011, 2122 Rn. 10; BAG, Urt. v. 24.1.2013 - 8 AZR 965/11, NJW 2013, 2138 Rn. 29; weitere Nachweise bei *Basedow,* in: MüKoBGB, Bd. 2, 7. Auflage, 2016, § 305c Rn. 29.

18 Siehe dazu fast lehrbuchartig Schlussanträge der GA *Trstnjak,* C-404/06, ECLI:EU:C:2007:682, Erw. 50 – 59.

Rechtsakte ist dieser Weg zu einer *normspezifischen* Auslegungsmaxime zugunsten des Verbrauchers also zumindest von gleichem Gewicht.

1. Haustürgeschäfte. – Einige Beispiele aus der Rechtsprechung des Gerichtshofs können diese Schlussfolgerung verdeutlichen und untermauern. In der Rechtssache *Heininger* ging es um die Anwendung der *Richtlinie über Haustürgeschäfte*[19] auf ein durch Grundschuld gesichertes Darlehen. Die beklagte Bank hielt die Richtlinie wegen der Ausnahme für Immobiliengeschäfte in Art. 3 Abs. 2 a) für unanwendbar. Der Gerichtshof hielt dem entgegen, dass Ausnahmen eng auszulegen seien, dass der fragliche Darlehensvertrag nur „an ein Recht an einer Immobilie *anknüpft*",[20] dass „Verbraucher ... mit der Haustürgeschäfterichtlinie geschützt werden sollen" und dass der „Schutz ... nicht dadurch entbehrlicher [wird], dass der Kreditvertrag durch ein Grundpfandrecht abgesichert wird."[21] Den Schutzzweck entnahm der Gerichtshof den wörtlich zitierten Begründungserwägungen 4 und 5 der Richtlinie.[22]

Ähnlich argumentierte der Gerichtshof im Falle der *Crailsheimer Volksbank*: Nach ihrer Behauptung setzte das Widerrufsrecht gemäß der Richtlinie voraus, dass die Haustürsituation des Geschäftsabschlusses nicht nur objektiv gegeben, sondern der Bank zurechenbar sein müsse. Diese im Richtlinientext nicht enthaltene Voraussetzung wies der Gerichtshof wiederum unter Berufung auf den Verbraucherschutzzweck der Richtlinie zurück.[23]

2. Verbrauchsgüterkauf. – Die Begründungserwägungen der *Richtlinie über den Verbrauchsgüterkauf* betonen den Bestand von Mindestrechten der Verbraucher für das Funktionieren des Binnenmarkts;[24] auf das Bedürfnis für den Schutz der Verbraucher gehen sie nur indirekt durch den pauschalen Verweis auf das Erfordernis eines hohen Verbraucherschutzni-

---

19 Siehe oben Fn. 2.
20 EuGH, Urt. v. 13.12.2001 - C-481/99, ECLI:EU:C:2001:684, Rn. 31 f. – *Heininger* (Hervorhebung durch den Verfasser).
21 EuGH, Urt. v. 13.12.2001 - C-481/99, ECLI:EU:C:2001:684, Rn. 33 f. – *Heininger*.
22 EuGH, Urt. v. 13.12.2001 - C-481/99, ECLI:EU:C:2001:684, Rn. 27 – *Heininger*.
23 EuGH, Urt. v. 25.10.2005 – C-229/04, ECLI:EU:C:2005:640, Rn. 43 und 3 – *Crailsheimer Volksbank* (Hinweis auf Begründungserwägung 5 der Richtlinie).
24 RL 1999/44/EG des Europäischen Parlaments und des Rates vom 25.5.1999 zu bestimmten Aspekten des Verbrauchsgüterkaufs und der Garantien für Verbrauchsgüter, ABl. 1999 L 171/12; siehe die Begründungserwägungen 2 – 6.

veaus gemäß Art. 114 Abs. 3 AEUV (früher: Art. 95 Abs. 3 EG) ein.[25] Im Fall *Quelle* hatte die Käuferin eines Herdes ca. 18 Monate nach Lieferung irreparable Schäden festgestellt und Ersatzlieferung verlangt. Die *Quelle AG* kam der Forderung nach, verlangte jedoch für die lange Nutzung des alten Herdes Nutzungsersatz. Dies war nach Auffassung der Kundin mit ihrem Recht auf „unentgeltliche Ersatzlieferung" gemäß Art. 3 Abs. 3 der Richtlinie unvereinbar. Der Gerichtshof folgte dieser Einschätzung und bezog sich auf den Zweck der Richtlinie, einen Beitrag zur Erreichung eines hohen Verbraucherschutzniveaus zu leisten. Ihn leitete er aus der ersten oben erwähnten Begründungserwägung ab sowie aus Art. 8 Abs. 2, d.h. dem Charakter der Richtlinie als Mindestharmonisierung.[26]

Auch im Falle *Gebr. Weber* ging es um die Auslegung des Begriffs der „unentgeltlichen Ersatzlieferung". Das Unternehmen hatte einem Kunden Fliesen geliefert, deren Mängel sich erst nach Verlegung zeigten. Der Kunde verlangte Ersatzlieferung und Übernahme der Kosten für die Entfernung der defekten Fliesen sowie für den Einbau der neuen Fliesen. Die Kostenübernahme lehnte *Gebr. Weber* ab; sie sei von der Pflicht zur „unentgeltlichen Ersatzlieferung" nicht umfasst. Unter anderem stützt sich das Urteil des Gerichtshofs zugunsten des Kunden wiederum auf den in der ersten Begründungserwägung verankerten Zweck der Richtlinie, den Verbraucher zu schützen.[27]

3. Zahlungsdienste. – Die *Richtlinie über Zahlungsdienste im Binnenmarkt* verpflichtet die Anbieter solcher Dienste, also vor allem Kreditinstitute, zu Informationen, die dem Kunden im Falle eines Rahmenvertrages wie etwa eines Girovertrages „in Papierform oder auf einem anderen dauerhaften Datenträger" mitzuteilen sind; gegenüber Verbrauchern ist diese Pflicht unabdingbar.[28] Die österreichische *BAWAG PSK Bank* verwendete eine Vertragsklausel, wonach Kunden des E-Banking entsprechende Mitteilungen „per Post oder durch Abrufbarkeit oder Übermittlung elektronisch im Wege des [BAWAG-]E-Bankings" erhalten. Der Gerichtshof hielt

---

25 Siehe Begründungserwägung 1 der Richtlinie, vorige Fn.
26 EuGH, Urt. v. 17.4.2008 - C-404/06 – *Quelle*, ECLI:EU:C:2008:231, Rn. 36.
27 EuGH, Urt. v. 16.6.2011 - C-65/09 und 87/09 – *Gebr. Weber*, ECLI:EU:C:2011:396, Rn. 55.
28 Siehe Art. 30 Abs. 1 Satz 2 und 41 Abs. 1 der RL 2007/64/EG des Europäischen Parlaments und des Rates vom 13. November 2007 über Zahlungsdienste im Binnenmarkt, zur Änderung der RL 97/7/EG, 2002/65/EG, 2005/60/EG und 2006/48/EG sowie zur Aufhebung der RL 97/5/EG, ABl. 2007 L 319/1.

diese Klausel für richtlinienkonform, wenn die fragliche Website die dauerhafte Einsichtnahme des Kunden über eine angemessene Dauer sowie die unveränderte Wiedergabe der Information ermöglicht und einseitige Änderungen durch den Anbieter ausschließt. Zur Bekräftigung wies der EuGH auf den in Erwägungsgründen 21 und 22 genannten Zweck der Richtlinie hin, nämlich den „Schutz der Zahlungsdienstnutzer und insbesondere der Verbraucher."[29]

4. Fahrgastrechte. – Von Interesse ist schließlich die *Verordnung über Fahrgastrechte im Eisenbahnverkehr*[30] und der Fall *ÖBB-Personenverkehr*.[31] Dort ging es um die Frage, ob Fahrgäste die pauschale Verspätungsentschädigung gemäß Art. 17 auch beanspruchen können, wenn der Verspätung höhere Gewalt, ein Eigenverschulden des Fahrgasts oder ein anderer derjenigen Umstände zugrunde liegt, die in Art. 32 der Einheitlichen Rechtsvorschriften CIV als Haftungsausnahmen aufgelistet sind.[32] Auf die ER/CIV verweist die Verordnung bzgl. der Schadensersatzansprüche des Fahrgasts, nicht aber bei der pauschalen Verspätungsentschädigung, die sich als Anteil des Fahrpreises nach der Länge der Verspätung berechnet.

Die Begründungserwägungen 1 bis 3 der Verordnung betonen den Schutz der Nutzerrechte als Zweck der Verordnung und stellen ausdrücklich die Verbindung zum allgemeinen Verbraucherschutz her. Demgemäß argumentiert Generalanwalt *Jääskinen*, dass die Verordnung „im Falle einer Mehrdeutigkeit diesem Ziel entsprechend auszulegen [ist]" und lehnt eine Haftungsausnahme der höheren Gewalt sowie die anderweitige Analogie zu Art. 32 ER/CIV ab.[33] Der Anspruch auf pauschale Verspätungsentschädigung dürfe nicht eingeschränkt werden. Der Gerichtshof stimmt im Ergebnis zu. Das Urteil zitiert zwar bei der Präsentation des Unions-

---

29 EuGH, Urt. v. 25.1.2017 - C-375/15 – *BAWAG PSK BANK*, ECLI:EU:C:2017:38, Rn. 44 – 45.
30 VO (EG) Nr. 1371/2007 des Europäischen Parlaments und des Rates vom 23.10.2007 über die Rechte und Pflichten der Fahrgäste im Eisenbahnverkehr, ABl. 2007 L 315/14.
31 EuGH, Urt. v. 26.9.2013 - C-509/11, ECLI:EU:C:2013:613 - *ÖBB-Personenverkehr*.
32 Die meisten Vorschriften der ER/CIV, darunter auch Art. 32 sind in Anhang I der VO 1371/2007, oben Fn. 30, abgedruckt.
33 Schlussanträge des GA *Jääskinen*, C-509/11, ECLI:EU:C:2013:167, Rn. 35 f. und 39 ff. - *ÖBB Personenverkehr*.

rechts ebenfalls die erwähnten Begründungserwägungen,³⁴ beruft sich dann aber nicht darauf. Es hebt vielmehr den dogmatischen Unterschied zwischen der Verspätungsentschädigung, die eine Minderung darstelle, und Schadensersatzleistungen hervor,³⁵ der eine entsprechende Anwendung der ER/CIV nicht zulasse; außerdem beruft es sich auf die Vorarbeiten zur Verordnung, bei denen vom Parlament vorgeschlagene Haftungsausnahmen vom Rat wieder gestrichen worden seien.³⁶

III. Fazit

Die Liste der Beispielsfälle ließe sich leicht verlängern, doch erlauben die hier referierten Urteile schon ein hinreichend deutliches Fazit. In verbraucherrechtlichen Fällen zieht der Gerichtshof in aller Regel den Gesichtspunkt des Verbraucherschutzes als Topos heran. Die Ableitung stützt sich dabei nicht auf allgemeine Erwägungen wie die oben genannten primärrechtlichen Normen als solche; sie finden nur Erwähnung, wenn in einer Begründungserwägung des auszulegenden Rechtsakts auf sie verwiesen wird. Wie sich aus dem Rekurs auf die Erwägungsgründe des jeweiligen Rechtsakts ergibt, geht es dem Gerichtshof durchgehend um eine *normspezifische* Auslegungsmaxime des Verbraucherschutzes, die als Zweck des Rechtsakts in die Begründung eingebracht wird.

Bemerkenswert ist auch, dass diese Bezugnahme in allen hier referierten Entscheidungen der zusätzlichen Abstützung eines schon anderweitig begründeten und strukturierten Ergebnisses zugunsten des Verbrauchers dient; im Falle ÖBB unterbleibt im Urteil sogar ein unmittelbarer Hinweis auf Verbraucherschutzziele, obwohl sie das Urteil zusätzlich getragen hätten. Die Ausführungen beginnen durchgehend mit dem Wortlaut und werden zum Teil ergänzt durch Hinweise auf das Verhältnis zu ähnlichen Vorschriften sowie auf Vorarbeiten; die Bezugnahme auf die in den Erwägungsgründen des Rechtsakts erwähnte Zweckbestimmung steht erst am Ende. Oft wird diese Bezugnahme auch nicht als tragender Grund formuliert; stattdessen heißt es, dass das zuvor dargelegte Auslegungsergebnis im Einklang mit dem Zweck des Verbraucherschutzes stehe, wie er sich aus den Erwägungsgründen ergebe.

---

34 EuGH, Urt. v. 26.9.2013 – C-509/11, ECLI:EU:C:2013:613, Rn. 5.
35 EuGH, Urt. v. 26.9.2013 – C-509/11, ECLI:EU:C:2013:613, Rn. 38 – 41.
36 EuGH, Urt. v. 26.9.2013 – C-509/11, ECLI:EU:C:2013:613, Rn. 43 – 45.

Aus alledem lässt sich schließen, dass ein allgemeiner und übergreifender Auslegungsgrundsatz, der in Zweifelsfällen den Ausschlag zugunsten des Verbrauchers gibt, nicht besteht. Dass daraus Nachteile für Verbraucher entstehen, ist nicht ersichtlich. Denn für jeden Rechtsakt zum Verbraucherrecht wird sich aufgrund der Erwägungsgründe eine normspezifische Auslegungsmaxime zugunsten der Verbraucher konstruieren lassen. Außerhalb des Verbraucherrechts, also beispielsweise im Insolvenzrecht, ist eine Auslegung zugunsten des Verbrauchers zwar denkbar, wenn im konkreten Fall ein Verbraucher beteiligt ist und eine Ungleichgewichtslage vorliegt. Doch lässt sich kaum begründen, warum eine bestimmte Norm von allgemeiner Geltung in diesem Fall anders auszulegen ist als bei Beteiligung von Parteien gleichen Gewichts.

C. Verbraucherschutz und andere Auslegungsgrundsätze

I. Widerstreitende Auslegungsgrundsätze

Jeder Auslegungsgrundsatz, gleich ob allgemeiner oder normspezifischer Art, ist seiner Natur nach weit und unbestimmt. Er weist der Auslegung eine Richtung, mehr nicht. Er existiert auch nicht allein, sondern trifft auf andere Grundsätze, die ebenfalls Bedeutung für die Auslegung spezifischer Rechtsnormen erlangen können. Im Bereich des Verbraucherrechts ist an die Grundsätze der Vertragsfreiheit,[37] der Verhältnismäßigkeit,[38] der Rechtssicherheit,[39] von Treu und Glauben[40] etc. zu denken. Sie alle haben im Unionsrecht schon Anerkennung gefunden. Manchmal verstärken sie der Tendenz nach die Schlüsse, die aus dem Ziel des Verbraucherschutzes gefolgert werden, manchmal wirken sie aber auch in eine andere Rich-

---

37 Siehe *Basedow*, European Review of Private Law 16, 2008, 901 – 923; inzwischen sieht der Gerichtshof die Vertragsfreiheit in der unternehmerischen Freiheit verankert, die von Art. 16 der Charta der Grundrechte, oben Fn. 9, mit primärrechtlichem Rang ausgestattet wurde, siehe EuGH, Urt. v. 18.7.2013 - C-426/11, ECLI:EU:C:2013:521, Rn. 32.
38 Dieser Grundsatz ist für „die Maßnahmen der Union", also im Legislativbereich, primärrechtlich verankert in Art. 5 Abs. 4 EUV, ist aber darüber hinaus ein allgemeiner Grundsatz des Unionsrechts, siehe *Harbo*, European Law Journal 16, 2010, 158 – 185.
39 Siehe *Basedow*, ZEuP 1996, 570.
40 *Stempel*, Treu und Glauben im Unionsprivatrecht, 2016.

tung. Hier stellt sich die Frage nach den Grenzen der Auslegung zugunsten des Verbrauchers. Die widerstreitenden Grundsätze sind im Lichte des konkreten Falles gegeneinander abzuwägen[41] und, wie es der Gerichtshof im Hinblick auf den Konflikt zwischen unternehmerischer Freiheit und Verbraucherschutz festgestellt hat, in ein „angemessenes Gleichgewicht" zu bringen.[42]

Ein Grundsatz ganz anderer, verfassungsrechtlicher Art ist zu beachten, wo die Grenzen des auslegungsfähigen Wortlauts erreicht sind. Worte sind das Vehikel der Kommunikation zwischen Gesetzgeber und Rechtsanwender. In einem auf Gewaltenteilung basierenden System wie der Europäischen Union ist es die Sprache, mit der der Gesetzgeber dem Richter den Willen des Volkes zur Zuweisung von Rechten, Pflichten und Risiken in Wirtschaft und Gesellschaft mitteilt. Gerade bei jungen Rechtsakten kommt dem Wortlaut daher hohe Bindungswirkung zu; die Bindung an den Text und damit die grammatikalische Auslegung sind hier Ausdruck des Grundsatzes der Gewaltenteilung. Historischer Wille des Gesetzgebers, Zweck des Gesetzes und objektiver Wortlaut konvergieren. Erst mit zunehmendem Alter des Rechtsakts können sie wieder auseinander driften.

Es ist letztlich Sache des Europäischen Gerichtshofs, den Widerstreit gegenläufiger Auslegungsprinzipien im konkreten Fall zu entscheiden. Einige Urteile des Gerichtshofs sollen im Folgenden auf die Problematik dieser Aufgabe hinweisen und zeigen, ob und wie der Gerichtshof sie meistert.

II. Rechtsprechung zum Zusammenwirken der Auslegungsgrundsätze

1. Treu und Glauben. – Verbraucher können ihre unabdingbaren Rechte auch strategisch zu ihrem eigenen Vorteil nutzen. Beispielsweise können sie ihre Reisekosten senken, indem sie selbst eine Verspätung des gewählten Verkehrsmittels provozieren und den Fahr- oder Flugpreis im Anschluss ganz oder zum Teil zurückfordern. Sie können sich auch bei einem zeitlich gebundenen Bedarf, zum Beispiel einem Sportereignis, vor dem fraglichen Termin mit der benötigten Ware, etwa einem TV-Gerät mit

---

41 Siehe *Hartkamp*, RabelsZ 2011, 241, 256; *Metzger*, RabelsZ 2011, 845, 879.
42 EuGH, Urt. v. 31.1.2013 - C-12/11, ECLI:EU:C:2013:43 – *McDonagh / Ryanair*, Rn. 62.

Großbildschirm, per Distanzgeschäft beliefern lassen und danach von ihrem Widerrufsrecht Gebrauch machen; die ihnen dadurch entstehenden Kosten liegen im Allgemeinen unter denen, die für die Miete des betreffenden Objekts während dieser Zeit angefallen wären. Der Gerichtshof begegnet solchen Strategien bislang ohne klares Konzept.

Im Falle *ÖBB-Personenverkehr* wollte das Unternehmen in den AGB eine Haftungsausnahme für den Fall vorsehen, dass die Zugverspätung auf das Verschulden des Reisenden zurückzuführen ist; die Vereinbarkeit dieser Ausnahme mit der VO 1371/2007 stand in Frage. Die Vorlagefrage des nationalen Gerichts ging dahin, ob Art. 32 Abs. 2 ER/CIV, der eine solche Haftungsausnahme vorsieht, auf die Regelung der pauschalen Verspätungsentschädigung gemäß Art. 17 der VO 1371/2007 analog angewendet werden kann.[43] Generalanwalt und Gerichtshof beschränkten sich ganz auf die – ebenfalls gestellte – Frage einer Haftungsausnahme bei höherer Gewalt und gingen auf diesen Teil der Vorlagefrage nicht ein. Wie erwähnt, qualifizierte der Gerichtshof die Verspätungsentschädigung durch Fahrpreiserstattung als eine Form der Minderung und sah deshalb keine Basis für die entsprechende Anwendung von Art. 32 Abs. 2 ER/CIV.[44]

Dieser dogmatische Ansatz mag zutreffen, weil eine verspätete Ankunft den Wert der Beförderung für viele Reisende tatsächlich verringert und insofern das Äquivalenzinteresse berührt. Doch erübrigt er nicht die Antwort auf die Frage, ob das Recht auf Fahrpreiserstattung dem Reisenden auch bei Eigenverschulden zusteht. Denn auch Minderung kann im Allgemeinen nicht verlangt werden, wenn der oder die Berechtigte den Mangel kennt oder ihn sogar selbst zu vertreten hat.[45] Der Gerichtshof hätte folglich auch von seinem Ansatz her die Frage nach der rechtlichen Beurteilung im Falle des Eigenverschuldens beantworten müssen. Da er eine Analogie zu Art. 32 ER/CIV ablehnte, hätte er einen anderen Weg zu dem einzig sachgerechten Ergebnis finden müssen, nämlich dass einen Anspruch auf pauschale Verspätungsentschädigung nicht hat, wer die Verspätung selbst verschuldet hat. Ein solches Verhalten ist rechtsmissbräuchlich

---

43 Siehe schon oben bei Fn. 30 ff. im Text; es ist bemerkenswert, dass die Vorlagefrage gemäß Rn. 27 des Urteils deutlich weiter gefasst ist als die in den Schlussanträgen des Generalanwalts *Jääskinen* wiedergegebene Fassung, Rn. 20, oben in Fn. 33.
44 Siehe oben bei Fn. 35.
45 Vgl. Art. 2 Abs. 3 der Verbrauchsgüterkaufrichtlinie 1999/44/EG, oben Fn. 24.

oder treuwidrig und stellt einen Verstoß gegen Treu und Glauben dar; ein solcher Hinweis fehlt in dem Urteil.

Thematisiert wurde das strategische Verhalten von Verbrauchern dagegen in den Schlussanträgen der Generalanwältin *Trstnjak* im Falle *Pia Messner*. Frau *Messner* hatte ein gebrauchtes Notebook über das Internet gekauft, keine korrekte Widerrufsbelehrung erhalten und den Kaufvertrag nach 11 Monaten widerrufen; der Lieferant verlangte Nutzungsentschädigung. Die Generalanwältin führte als erstes näher aus, dass dieses Begehren mit der Fernabsatzrichtlinie[46] unvereinbar sei und ging dann auf das Vorbringen der Kommission ein, wonach eine Ware u.U. „für einen speziellen Anlass im Fernabsatz bestellt und nach der anlassbezogenen Benutzung unter Widerruf des Vertrages wieder zurückgeschickt wird."[47]

Die Generalanwältin würdigte ein solches Verhalten als „Missbrauch Einzelner".[48] Eine Begründung für ihr Unwerturteil fehlt; sie liegt vermutlich im außerrechtlichen Bereich, nämlich in der plausiblen Annahme, dass ein solches Verhalten, wenn es denn Schule macht, früher oder später das Angebot auf dem betreffenden Markt zu Lasten aller Beteiligten, auch aller Verbraucher, spürbar verteuern oder ganz ersticken muss. Es gehört demgemäß auch bei Verbrauchern zur erforderlichen Geschäftsmoral, solche Handlungen zu unterlassen. Zwar erkennt die Generalanwältin an, dass es für solche Fälle eine Handhabe geben müsse, überlässt sie jedoch „allgemeinen zivilrechtlichen Regelungen, insbesondere dem jeweiligen nationalen Bereicherungsrecht."[49] Das Konditionsrecht knüpft freilich nicht an außerrechtliche Unwerturteile an. Grund für die Pflicht zur Herausgabe des Erlangten ist vielmehr schlicht das Fehlen oder der Wegfall des rechtlichen Grundes der Leistung. An einem Rechtsgrund für die Leistung fehlt es allerdings in *allen* Fällen eines Widerrufs; bei diesem Ansatz müsste ein Verbraucher nach Widerruf des Geschäfts also *immer* Nutzungsersatz zahlen, was die Generalanwältin aber gerade ablehnt.

---

46 RL 97/7/EG des Europäischen Parlaments und des Rates vom 20.5.1997 über den Verbraucherschutz bei Vertragsabschlüssen im Fernabsatz, ABl. 1997 L 144/19, aufgegangen in der Richtlinie über Verbraucherrechte, oben Fn. 2.
47 Schlussanträge der GA *Trstnjak*, C-489/07, ECLI:EU:C:2009:98, Rn. 88 ff. – *Messner*.
48 Siehe Schlussanträge und dort die Überschrift der GA *Trstnjak*, C-489/07, ECLI:EU:C:2009:98, Rn. 88 und Rn. 91 - *Messner*.
49 Schlussanträge der GA *Trstnjak*, C-489/07, ECLI:EU:C:2009:98, Rn. 91 - *Messner*.

Es leuchtet eher ein, wenn der Gerichtshof in diesem Zusammenhang auf Grundsätze „wie den von Treu und Glauben" verweist, die gerade auch außerrechtliche Wertungen in sich aufzunehmen geeignet sind und eine Einzelwürdigung bzw. die Herausbildung von Fallgruppen erlauben.[50] Auch diese im Urteil nur angedeutete Schranke wird vom Gerichtshof freilich als eine solche des nationalen Rechts gesehen, nicht als eine Schranke des EU-Rechts.

2. *Verhältnismäßigkeit.* – In dem schon oben referierten Fall *Gebr. Weber*[51] betrug der Kaufpreis für die fehlerhaften Fliesen 1.382,27 €; die Kosten für deren Ausbau und die Montage der Ersatzfliesen beliefen sich auf 5.830,57 €, also rund das Vierfache. Umfasse die Pflicht des Verkäufers zur „unentgeltlichen Ersatzlieferung" auch diese hohen Kosten, oder unterliegt die Erstattungspflicht einer Verhältnismäßigkeitsschranke? Die Richtlinie über den Kauf von Verbrauchsgütern unterscheidet sich von anderen Rechtsakten des Verbraucherrechts dadurch, dass sie die Verhältnismäßigkeit als Schranke der Rechtsbehelfe schon selbst erwähnt, siehe Art. 3 Abs. 3.

Freilich betrifft diese Schranke nach der Auslegung des Gerichtshofs nur die Wahl des Verbrauchers zwischen Nachbesserung und Ersatzlieferung, sog. relative Verhältnismäßigkeit.[52] Wenn wie im Falle der schon eingebauten Fliesen die Nachbesserung ausscheidet und nur noch Ersatzlieferung als einziger unter den vorrangigen Rechtsbehelfen möglich bleibt, kommt eine Anwendung von Art. 3 Abs. 3 nicht in Betracht. Dann kann also die Ersatzlieferung nach Auffassung des Gerichtshofs nicht aus Gründen der absoluten Unverhältnismäßigkeit verweigert werden; denn die Ersatzlieferung habe nach dem Willen des Unionsgesetzgebers Priorität vor Minderung und Vertragsauflösung.

Um eine Pflicht des Verkäufers zum Ersatz unverhältnismäßiger Kosten im Zusammenhang mit der Ersatzlieferung auszuschließen, gestattet der Gerichtshof jedoch eine Beschränkung der Kostenerstattung auf einen Betrag, der „dem Wert, den das Verbrauchsgut hätte, wenn es vertragsgemäß wäre, und der Bedeutung der Vertragswidrigkeit angemessen ist."[53] Aus-

---

50 EuGH, Urt. v. 3.9.2009 - C-489/07, ECLI:EU:C:2009:502, Rn. 26 – *Messner*.
51 Siehe oben Fn. 27.
52 EuGH, Urt. v. 16.6.2011 - C-65/09 und 87/09 – *Gebr. Weber*, ECLI:EU:C:2011:396, Rn. 70 f.
53 EuGH, Urt. v. 16.6.2011 - C-65/09 und 87/09 – *Gebr. Weber*, ECLI:EU:C:2011:396, Rn. 74.

gangspunkt für die Festlegung der Beschränkung durch den nationalen Richter ist folglich der reine Warenwert der Kaufsachen.[54] Es verdient Hervorhebung, dass damit neben dem richtlinienimmanenten Verhältnismäßigkeitsgrundsatz des Art. 3 Abs. 3 ein weiteres, in der Richtlinie nicht erwähntes Verhältnismäßigkeitsprinzip herangezogen wird, das aber gleichfalls dem Unionsrecht angehört – sonst könnte der Gerichtshof es nicht interpretieren – und das zu einer eigenen Rechtsfolge führt, die konkret zu bemessen Sache des nationalen Gerichts ist.

3. Gleichbehandlung. – Die Familie *Nelson* hatte einen Flug mit der *Deutschen Lufthansa* von Lagos nach Frankfurt gebucht, der wegen eines Defekts am Flugzeug und der Notwendigkeit, ein Ersatzflugzeug aus Frankfurt nach Lagos zu schicken, erst 25 Stunden später durchgeführt werden konnte. Die *Nelsons* verlangten daraufhin pauschale Ausgleichsleistung gemäß der Verordnung über Fluggastrechte,[55] doch wurde ihre Forderung von der *Lufthansa* zurückgewiesen.[56] Die Verordnung unterscheidet drei Formen der Leistungsstörung: die Nichtbeförderung (Art. 4), die Annullierung eines Fluges (Art. 5) und Verspätungen oberhalb bestimmter Schwellenwerte (Art. 6); in jeder dieser Vorschriften werden bestimmte Unterstützungsleistungen der Fluggesellschaft vorgeschrieben. Dann heißt es in Art. 7: „Wird auf diesen Artikel Bezug genommen", so erhält der Passagier eine finanzielle Ausgleichsleistung von näher festgelegter Höhe; eine Bezugnahme auf „auf diesen Artikel" findet sich für die Nichtbeförderung in Art. 4 und für die Annullierung in Art. 5, aber nicht für Verspätungen in Art. 6.

Gleichwohl hat der Gerichtshof der Familie *Nelson* den verlangten Ausgleichsanspruch zuerkannt. In der Begründung weist das Urteil zunächst daraufhin, dass keine Bestimmung der Verordnung explizit den Passagieren einen Anspruch auf Ausgleichsleistung im Falle der Verspätung einräumt, wohl aber für den Fall, dass sie von einer Flugannullierung und der

---

54 Vgl. *Micklitz/Reich*, in: Reich/Micklitz/Rott/Tonner, oben Fn. 15, S. 165, 182.
55 VO (EG) Nr. 261/2004 des Europäischen Parlaments und des Rates vom 11.2.2004 über eine gemeinsame Regelung für Ausgleichs- und Unterstützungsleistungen für Fluggäste im Fall der Nichtbeförderung und bei Annullierung oder großer Verspätung von Flügen und zur Aufhebung der VO (EWG) Nr. 295/91, ABl. 2004 L 46/1.
56 EuGH, Urt. v. 23.10.2012 - C-581/10 und C- 629/10, ECLI:EU:C:2012:657 – *Nelson*; mit diesem Urteil bestätigte die Große Kammer das frühere Urteil der dritten Kammer, EuGH, Urt. v. 19.11.2009 - C-402/07 und C-432/07, ECLI:EU:C:2009:716 – *Sturgeon*.

damit verbundenen Verspätung ihrer Ankunft am Zielort vorher nicht rechtzeitig unterrichtet wurden.[57] Darin sieht der Gerichtshof eine Ungleichbehandlung verschiedener Fälle der Verspätung, die mit dem unionsrechtlichen Grundsatz der Gleichbehandlung unvereinbar sei, ohne dass es eine objektive Rechtfertigung dafür gebe. Deshalb könnten Fluggäste bei Flügen mit großer Verspätung nicht anders behandelt werden als in den geschilderten Annullierungsfällen.[58] Zusätzlich verweist der Gerichtshof auf das in Erwägungsgrund 1 der Verordnung explizierte Ziel eines hohen Schutzniveaus für Passagiere.[59]

Man wird gegen diese Entscheidung, was ihr *Ergebnis* betrifft, kaum etwas einwenden können. Die gleichen Erwägungen, die in den 1990er Jahren für die Einführung der pauschalen Ausgleichsleistung im Falle der Überbuchung von Linienflügen sprachen, gelten ebenso für die meisten Flugverspätungen. Betriebswirtschaftliches Optimierungsstreben der Fluggesellschaften und Flughafenunternehmen führt zu überaus kurzen Standzeiten (*turn-around times*) an den Zielflughäfen und in den Spitzenverkehrszeiten zu einer extremen Abkürzung der Zeitfenster für Starts und Landungen (*slots*), so dass schon kleine Abweichungen des tatsächlichen vom geplanten Verkehrsablauf in der Kumulierung zu großen Verspätungen führen können. Drohende Ausgleichsleistungen erhöhen die Kosten der Verkehrsunternehmen und entziehen ihrem Kalkül möglicherweise den Boden. Die Passagiere, die unter Verspätungen zu leiden haben, erhalten wenigstens eine finanzielle Entschädigung und können *à la longue* vielleicht größere Pünktlichkeit erwarten. Das Verkehrssystem insgesamt wird dadurch leistungsfähiger.

Problematisch ist freilich die *Begründung* des Gerichtshofs. Die VO 261/2004 hat, obwohl sie in der Sache lediglich einen früheren Rechtsakt, nämlich die VO 295/91, abgeändert hat, ein zweijähriges Gesetzgebungsverfahren durchlaufen, in dem fast alle Regelungen mehrfach verändert wurden und die Kommission sogar einen geänderten Vorschlag vorlegte. Man darf auch annehmen, dass fast alle Angehörigen der EU-Gesetzgebungsorgane die Probleme der Flugverspätungen aus eigener Anschauung

---

57 EuGH, Urt. v. 23.10.2012 - C-581/10 und C- 629/10, ECLI:EU:C:2012:657, Rn. 29 f. – *Nelson*; dazu näher Art. 5 Abs. 1 c) der VO 261/2004, oben Fn. 55.
58 EuGH, Urt. v. 23.10.2012 - C-581/10 und C- 629/10, ECLI:EU:C:2012:657, Rn. 33, 37 – *Nelson*.
59 EuGH, Urt. v. 23.10.2012 - C-581/10 und C- 629/10, ECLI:EU:C:2012:657, Rn. 9, 72 und 74 – *Nelson*.

bestens kennen. Gleichwohl hat der Gesetzgeber in Art. 6 VO 261/2004 im Zusammenhang mit der Verspätung nicht auf die Regelung der Entschädigung in Art. 7 verwiesen. Mehr noch: Er hat eine Gesetzgebungstechnik verwendet, die man als eine Form der Enumerierung ansehen kann, eine positive Aufzählung der Fälle einer Entschädigung, die für andere Fälle einen Gegenschluss zwingend nahelegt. Wie von manchen kritischen Stimmen hervorgehoben, gab es weder einen Auslegungsspielraum noch die Möglichkeit einer Analogie.[60]

Der Gerichtshof hätte das Ergebnis auch anders begründen können. So hätte er den Grundsatz der Gleichbehandlung nicht als Auslegungshilfe, sondern zur Prüfung der Gültigkeit der fraglichen Vorschriften der Verordnung heranziehen können. Immerhin hatte der englische *High Court* eine Vorlagefrage entsprechend formuliert,[61] und es steht außer Frage, dass es sich bei dem Grundsatz der Gleichbehandlung gleicher Sachverhalte um ein vorrangiges Prinzip des primären Unionsrechts handelt.[62] Freilich ist der Gleichheitsgrundsatz im Privatrecht dünnes Eis; ein Gericht, das sich mit dieser Begründung über geltendes Gesetzesrecht hinwegsetzt, wird unter der Last von Folgeprozessen bald einbrechen. Denn die Lebensverhältnisse sind so außerordentlich vielgestaltig, dass es ohne Differenzierungen im Recht nicht geht. Wenn der Gesetzgeber ähnliche Sachverhalte bewusst unterschiedlich geregelt hat, darf sich der Gerichtshof darüber nur in eklatanten Fällen, etwa bei einem Grundrechtsverstoß hinwegsetzen. Sonst verletzt er einen ganz anderen Grundsatz, nämlich den der Gewaltenteilung.

Im Falle *Nelson* wäre eine andere und weniger geräuschvolle Begründung zielführend gewesen: Der Begriff der „Annullierung" eines Fluges ist in Art. 2 (l) VO 261/2004 als „Nichtdurchführung eines geplanten Fluges" so unbestimmt definiert, dass man sich fragen kann, wann eine Ver-

---

60 Die Entscheidung Nelson hat in der Literatur ein erhebliches Echo gefunden, siehe kritisch *Staudinger*, in: Staudinger/Keiler (Hrsg.), Fluggastrechte-Verordnung – Handkommentar, 2016, Art. 2, Rn. 52 f.; *Maruhn*, ebd., Art. 6 Rn. 12 ff.: „Entscheidung ist ... kaum nachzuvollziehen; siehe auch *Prassl/Bobek*, in: *Bobek/Prassl* (Hrsg.), Air Passenger Rights – Ten Years on, 2016, S. 1, 19, jeweils m.w.N.
61 EuGH, Urt. v. 23.10.2012 – C-581/10 und C-629/10, ECLI:EU:C:2012:657, Rn. 26, Frage 2 – *Nelson*.
62 Siehe schon EuGH, Urt. v. 14.12.2004 – C-210/03 (*Swedish Match ./. Secretary of State for Health*), ECLI:EU:C:2004:802, Rn. 70; EuGH, Urt. v. 19.11.2009 – C-402/07 und C-432/07, ECLI:EU:C:2009:716, Rn. 48 – *Sturgeon*; EuGH, Urt. v. 1.3.2011 – C-236/09 – *Test-Achats*, ECLI:EU:C:2011:100, Rn. 28.

spätung in eine faktische Annullierung umschlägt. Jedenfalls kann eine mehrstündige Verspätung schon als Annullierung verstanden werden und begründet damit den Ausgleichsanspruch gemäß Art. 5 (1) (c) und Art. 7. Privatrechtlich versierte Richter wären vielleicht eher diesen Weg gegangen; die europäischen Richter mit ihrer ganz überwiegend öffentlich-rechtlichen Prägung greifen statt zum Florett der Gesetzesauslegung offenbar lieber zu den schweren Waffen allgemeiner Grundsätze.

D. Zusammenfassende Würdigung

Der Verbraucherschutz ist eine starke Triebfeder der EU-Gesetzgebung im Bereich des Privatrechts. Er ist deshalb aber noch kein dominantes *generelles* Auslegungsprinzip. Die Rechtsprechung lässt vielmehr erkennen, dass der Gerichtshof die verbraucherschützende Zielsetzung jeweils aus dem auszulegenden Rechtsakt, insbesondere aus dessen Begründungserwägungen, folgert und daraus einen *normspezifischen* oder *rechtsaktspezifischen* Auslegungsgrundsatz ableitet.

Die Funktion dieses normspezifischen Auslegungsgrundsatzes liegt in aller Regel in einer nachträglichen Bestätigung eines aus Wortlaut, Systematik und Entstehungsgeschichte abgeleiteten Ergebnisses. Nach der Positionierung des Verbraucherschutzarguments am Ende der Urteilsbegründungen zu urteilen, kommt diesem Argument nur selten die eigentlich tragende Bedeutung zu.

Der Auslegungsgrundsatz des Verbraucherschutzes weist der Interpretation nur eine Richtung; die konkreten Auslegungsergebnisse folgen erst aus einer umfassenderen Betrachtung, bei der auch andere Grundsätze zum Tragen kommen. Die Bezugnahme auf sie ist in der europäischen Rechtsprechung zwar gang und gäbe, doch wirkt sie häufig wie zufällig, so als habe der Gerichtshof gerade kein schlagkräftigeres Argument.

Was Herkunft, Rolle und Gewicht dieser anderen Grundsätze betrifft, so zeichnet sich in der Rechtsprechung des Gerichtshofs keine einheitliche Linie ab. Manche dieser Grundsätze werden als solche des Unionsrechts zur Geltung gebracht, andere als solche des nationalen Rechts der Mitgliedstaaten qualifiziert. Manche verstärken tendenziell den Verbraucherschutz, andere sind gegenläufiger Natur. Manche werden ausführlich diskutiert, andere sind dem Gerichtshof nur eine fast beiläufige Erwähnung wert.

In vielen Urteilen wird eine Schwäche des Vorabentscheidungsverfahrens deutlich: Die Vorlagefragen richten sich naturgemäß auf die Auslegung einzelner Rechtsakte; sie sind wegen des fragmentarischen Charakters der EU-Gesetze sehr differenziert und speziell. Allgemeine Grundsätze kommen in den Rechtsakten selten vor und werden demgemäß von den vorlegenden Gerichten und Verfahrensbeteiligten kaum adressiert. Sie gleichwohl anzusprechen ist Sache der Generalanwälte und Berichterstatter des Gerichtshofs, die dies je nach ihrem Format und Interesse tun oder lassen.

Bemerkenswert ist schließlich noch das vollständige Fehlen ökonomischen Denkens in den ausgewerteten Schlussanträgen und Urteilen. Sie betreffen allesamt Märkte, und die Marktteilnehmer – Unternehmen und auch Verbraucher – suchen auf den Märkten jeweils ihren eigenen Vorteil. In der Rechtswissenschaft der europäischen Länder dringen deshalb ökonomische Argumente seit längerem vor. Auch für den Gerichtshof bestünde durchaus Anlass, über Kosten und Nutzen des zwingenden Verbraucherschutzrechts sowie über die von ihm vermittelten Anreize nachzudenken; daraus könnten sich von Fall zu Fall Schlussfolgerungen für eine enge oder weite Auslegung von Vorschriften ergeben. Doch kommt dergleichen beim Gerichtshof praktisch nicht vor.

Innovation im Vertragsrecht – Eine Skizze zu Funktionalität, Pluralität und Dynamik

Stefan Grundmann, Florenz/Berlin und Florian Möslein, Marburg[*]

I. Einleitung und Thema

Der Jubilar ist ein neugieriger Mensch. Das „klassische Innovationsgebiet" seiner Generation hat er in dem umfangreichsten wissenschaftlichen Lehrbuch deutscher Sprache über vier Auflagen dargestellt, das Bankrecht – einschließlich des Kapitalmarktrechts.[1] Ein „klassisches Innovationsgebiet" ist das Bankrecht – gerade für die letzten Jahrzehnte des 20. und die Ersten des 21. Jahrhunderts allzumal: Hier wurde zum ersten Mal gedacht, dass Verträge heutzutage sehr häufig in Netzwerken gebündelt werden, außerdem, wie dann die Rückabwicklung zu erfolgen hat.[2] Der Jubilar ist ein neugieriger Mensch, der sich gerne auch weit hinaus wagt, auch zu weit – und wegen einem dieser Vorstöße auch einen schweren Skandal durchlebte.[3] Doch umgekehrt: Welcher andere Bankrechtler und Autor eines gro-

---

[*] Prof. Dr. iur. Dr. phil. Stefan Grundmann LL.M., Lehrstuhl für Bürgerliches Recht, Deutsches, Europäisches und Internationales Privat- und Wirtschaftsrecht an der Humboldt-Universität zu Berlin, seit 2013 Professur am European University Institute in Florenz; Prof. Dr. Florian Möslein, LL.M. (London), Professur für Bürgerliches Recht, Deutsches und Europäisches Wirtschaftsrecht, Institut für Handels- und Wirtschaftsrecht an der Philipps-Universität Marburg.

[1] *Schwintowski/F. A. Schäfer*, Bankrecht, 1. Aufl., 1997; 4. Aufl. (ohne Koautor) 2014.

[2] Zu diesen Beispielen vgl. bereits *Grundmann*, Regulierung und Privatrecht, Festschrift Canaris II 2017, S. 907 (907 f., auch 923 f.); vor allem für das bestehende Vertragsnetz: *Möschel*, AcP 186 (1986), 187; und für die Rückabwicklung bei Nichtigkeit eines oder mehrerer der Rechtsbeziehungen im Vertragsnetz des Zahlungsverkehrs: *Canaris*, WM 1980, 354; *ders.*, Bankvertragsrecht = Großkommentar HGB, Bankvertragsrecht, Bd. 3 u. 4, 1975/1988 (ab Rn 1163 – Effektenrecht – Investment Banking: 2. Aufl. 1981), Rn. 425-430.

[3] *Schwintowski*, Juristische Methodenlehre, 2005. Hiergegen wurde Plagiatsvorwurf erhoben durch: *Lahusen*, in: Kritische Justiz 2006, 398. Die insoweit – nach der Universitätsverfassung zuständige – Kommission zur Überprüfung wissenschaftlichen Fehlverhaltens der Humboldt-Universität stellte fest, „dass es sich nicht um

ßen Lehrbuchs widmete sich vor 2008 einem Bankenskandal in der Tiefe?[4] Der Jubilar ist ein neugieriger – dem Innovativen geneigter – Mensch nicht nur in den Rechtsgebieten, die ihn beschäftigen, und nicht nur in seiner Beschäftigung – immer wieder – mit Grundlagenthemen.[5] Er ist auch ein neugieriger Mensch darin, dass er das Europäische schätzt – nicht als Erster, doch deutlich mehr als die meisten Kollegen seiner Generation, natürlich auch dazu durch die von ihm vorrangig erforschten Rechtsgebiete (das Bank-, Versicherungs- und Wettbewerbsrecht) inspiriert.[6] An der Humboldt-Universität hat er mit der Einführung und dem tatkräftigen Betreiben des sog. fremdsprachigen Rechtsstudiums eine der zentralen Grundlagen für eine breite Internationalität – vor allem auch in der Lehre – geschaffen.

Wenn dem Jubilar daher vorliegende Überlegungen zum Thema Innovation und Recht gewidmet werden, so kann es sich nur um einen bestimmten Ausschnitt handeln und selbst hierfür nur um eine skizzenhafte Darstellung. Das Thema Innovation und Recht ist ein allgemeines, das international an Bedeutung gewinnt, sicherlich aufgrund der technologischen Entwicklung, namentlich auch einer immer stärker gefühlten Omni-

---

ein Plagiat im Sinne von Paragraph 9 der Satzung über Grundsätze der Humboldt-Universität zu Berlin zur Sicherung guter wissenschaftlicher Praxis und über den Umgang mit den Vorwürfen wissenschaftlichen Fehlverhaltens handelt, sondern um eine Verletzung der Zitiernorm, d.h. jedes wörtliche Zitat zu kennzeichnen." (im Internet, soweit ersichtlich, nicht mehr verfügbar, aber damals eingesehen; zitiert auch – leicht abgekürzt – von *Frankenberg*, in: FAZ Nr. 246, 23.10.2007, S. 45). Das Buch wurde schließlich vom Markt genommen, vgl. näher *Kaube*, in: FAZ Nr. 111, 14.5.2007, S. 40 (dort auch zu den weiteren Stellungnahmen, einschließlich derer des Präsidenten der Humboldt-Universität, die dem Urteil der genannten Kommission widersprachen).

4 *Schwintowski*, Berliner Bankenskandal – Ursachen und was wir daraus lernen könnten, in: Humboldt Forum Recht 2005, S. 60.
5 Neben dem oben genannten, vom Markt genommenen Lehrbuch zur Methodenlehre, vgl. auch *Schwintowski*, Recht und Gerechtigkeit. Eine Einführung in Grundfragen des Rechts, 1996; aus jüngster Zeit *ders.*, Promovieren für Juristen, 2015; *ders.*, Ohn-Macht – Werte und Prinzipien einer (scheinbar) ohnmächtigen Generation, 2015.
6 Vgl. etwa schon früh *Schwintowski*, Die Abwägungsklausel in der Fusionskontrolle. Eine rechtsvergleichende und analytische Untersuchung von § 24 Abs. 1 Halbs. 2 GWB unter Einbeziehung der gesamten Fallpraxis des Bundeskartellamtes, 1983; *ders.*, Der private Versicherungsvertrag zwischen Recht und Markt. Zugleich eine Analyse der Konstruktionsprinzipien des privaten Versicherungsvertrages unter Berücksichtigung des Wettbewerbsrechts und des Europäischen Rechts, 1987.

präsenz des Digitalen (auch die letzten beiden Bücher des Jubilars, oben Fn. 5, veröffentlicht als Printversion und parallel als E-Book). Wohl kein anderer Rechtswissenschaftler in Deutschland hat dieses Thema als ein allgemeines ähnlich stark zu einem Kerninhalt seiner Forschung über Jahrzehnte gemacht wie *Wolfgang Hoffmann-Riem*.[7] Bei dem Thema handelt sich jedoch zugleich um eines, das auch sehr fruchtbar für einzelne Rechtsgebiete erörtert werden kann, nicht nur das öffentliche Recht und (klassisch) das Immaterialgüterrecht, sondern auch für andere Rechtsgebiete – gerade im kleineren Format eines Festschriftbeitrages.

In diesem Falle ist das *Vertragsrecht* besonders interessant und für das Thema „Innovation" besonders passend, weil es bisher nicht im Zentrum der rechtlichen Innovationsforschung stand.[8] Besonders interessant erscheint das Vertragsrecht in der rechtswissenschaftlichen Innovationsforschung freilich nicht nur wegen der bisher eher schwachen wissenschaftlichen Durchdringung gerade dieses Bereiches, sondern weil das Vertragsrecht umgekehrt aus theoretischer Sicht geradezu prädestiniert für Innovationsforschung erscheint, das geringe Maß an Forschung also gerade in diesem Bereich besonders erstaunt. Die besondere Prädestination dieses Rechtsgebiets ist – theoretisch – darin begründet, dass die hervorragenden Innovationsgrundlagen – Informationsdynamik, Wahlmöglichkeiten, jedoch auch großes Wechselpotential in den maßgeblichen Akteuren – sämt-

---

[7] Vgl. etwa schon früh *Hoffmann-Riem/Schmidt-Aßmann* (Hrsg.), Innovation und Flexibilität des Verwaltungshandelns, 1994; *Hoffmann-Riem/Schneider* (Hrsg.), Rechtswissenschaftliche Innovationsforschung, 1998; jüngst mit der monumentalen Veröffentlichung: *Hoffmann-Riem*, Innovation und Recht – Recht und Innovation – Recht im Ensemble seiner Kontexte, 2016.

[8] Aus der Feder der Autoren bisher *Grundmann/Möslein*, ZfPW 2015, 435; *Möslein*, Legal Innovation in European Contract Law, in: Micklitz/Cafaggi (Hrsg.), European Private Law after the Common Frame of Reference, Cheltenham 2010, S. 173; letztlich schon wichtige Teile in *Möslein*, Dispositives Recht – Zwecke, Strukturen und Methoden, 2011; und Nachw. unten Fn. 14; jüngst auch die von beiden Autoren an der Humboldt-Universität veranstaltete Konferenz zu diesem Thema, die unter dem Titel „Innovation und Vertragsrecht" Ende 2017 veröffentlicht werden soll. Besonders originell in der internationalen Literatur die Aufsatzserie von drei Kollegen der Columbia-Universität: *Gilson/Sabel/Scott*, Contracting for Innovation – Vertical Disintegration and Interfirm Collaboration, Columbia Law Review 109 (2009), 431; *dies.*, Braiding – The Interaction of Formal and Informal Contracting in Theory, Practice and Doctrine, Columbia Law Review 110 (2010), 1377; *dies.*, Contract and Innovation: The Limited Role of Generalist Courts in the Evolution of Novel Contractual Forms, NYU L. Rev. 88 (2013), 170.

lich im Vertragsrecht geradezu paradigmatisch ausgeprägt erscheinen. Wenn (spätestens) seit *v. Hayek* dezentrale Informationsallokation und -generierung und die damit einhergehende Vervielfältigung von Informationen und ihrer Verwendung als der Hauptgrund dafür gesehen wird, dass sich eine Volkswirtschaft innovativer fortentwickelt und damit die Gesamtwohlfahrt besser steigert,[9] so stehen von den insoweit eingesetzten rechtlichen Gestaltungsinstrumenten hierfür Vertrag und Gesellschaft sicherlich im Vordergrund. Der Vertrag steht auch in der Frage der Wahlmöglichkeiten und vor allem der Wechselmöglichkeiten bei den Partnern – bei gleichzeitig bestehender Basisverlässlichkeit der bestehenden Zusammenarbeit – ganz im Vordergrund, bei den Wechselmöglichkeiten sogar nochmals im Vordergrund vor der Gesellschaft. Die besondere Flexibilität des Vertrages – oder Vertragsnetzes – wird daher in der Organisationstheorie auch teils als Grund dafür gesehen, dass diese Gestaltungsform in besonders innovativen Industrien noch Vorteile gegenüber der hierarchischen Verfassung in einer Firma haben könnte.[10] Recht eigentlich sind Wertschöpfungsketten jedoch idR sogar als ein Netz aus beidem zu verstehen.[11]

---

9 Vgl. vor allem *v. Hayek*, The use of knowledge in society, AER 35 (1945), 519; in den Rechtswissenschaften früh auch zu den zentralen Vertragsfunktionen gerechnet: vgl. L. *Raiser*, Vertragsfunktion und Vertragsfreiheit, Festschrift Deutscher Juristentag 1960, 101, bes. 103 f. und 119. Zu beidem und den jeweils davon ausgehenden Theoriesträngen (Informationsökonomik und Auffächerung der Vertragsfunktionen) vgl. *Grundmann*, in: Grundmann/Micklitz/Renner (Hrsg.), Privatrechtstheorie, 2015, S. 968-984 und 875-902.
10 Vgl. namentlich *Powell*, Neither Market nor Hierarchy – Network Forms of Organization, Research in Organizational Behaviour 12 (1990), 295; auch *Goldberg*, Relational Exchange – Economics and Complex Contracts, American Behavioral Scientist 23 (1980), 337. Hierzu und zu den hierzu hinführenden und davon ausgehenden Theoriesträngen (vor allem in Organisationstheorie und neuer Wirtschaftssoziologie) vgl. *Grundmann*, in: Grundmann/Micklitz/Renner (Hrsg.), Privatrechtstheorie, S. 1293-1307.
11 Vgl. zu Wechselwirkung zwischen Gesellschaft und Vertrag (einschließlich Zwischenformen, insbesondere Langzeit- und Organisationsverträgen): grundlegend *Coase*, The Nature of the Firm, Economica 4 (1937), 386; *Grundmann*, Welche Einheit des Privatrechts? – Von einer formalen zu einer gestaltungsorientierten Konzeption des Privatrechts, Festschrift Klaus Hopt 2010, S. 61 = On the Unity of Private Law – From a Formal to a Substance Based Concept of Private Law, ERPL 2010, 1055; breiter Überblick in *Grundmann/Cafaggi/Vettor*i (Hrsg.), The Organizational Contract – From Exchange to Long-Term Network Cooperation in

Das Thema Innovation und Vertragsrecht kann in verschiedene Dimensionen aufgefächert werden. Wir gehen in den verschiedenen Beiträgen zum Themenkreis bisher davon aus, dass *vier Dimensionen besonders hervorstechen*. Die ersten beiden können dahingehend zusammengefasst werden, dass außerrechtliche Innovation für das Recht – etwa das Vertragsrecht – Chancen bedeuten kann, aber auch Risiken, die rechtlich (etwa durch Vertragsrecht) bewältigt werden müssen. Dabei kann außerrechtliche Innovation manches bedeuten, besonders wichtig ist jedoch die technologische Innovation, die daher stellvertretend für außerrechtliche Innovation stehen mag. Die ersten beiden Dimensionen sind in dieser Perspektive: 1. der Einfluss von (außerrechtlicher, hier technologischer) Innovation auf das Recht (Vertragsrecht), genauer die Chance, dass solche Innovation zur Bewältigung derjenigen Funktionen und Aufgaben beiträgt, die (Vertrags-)Recht zu erfüllen hat, und 2. der Beitrag, den Recht, hier Vertragsrecht, zur Bewältigung der mit Innovation verbundenen Probleme erbringt. In einer innovations- und technologiekritischen Sicht steht das zweite eher im Vordergrund, die Gefahren von Fortschritt einzudämmen, wird als klassische Aufgabe von Recht und Regulierung gesehen. Es ist jedoch wichtig, beide Richtungen – Chancen und Risiken – gleichermaßen zu sehen, auch in ihren Wechselbezügen. Dieses Paar von Dimensionen kann hier nur benannt, nicht aber vertieft aufgegriffen werden.[12] Es kommen freilich mindestens zwei weitere Dimensionen hinzu, von den eine nachfolgend den Schwerpunkt bilden wird: 3. kann nämlich gefragt werden, ob und inwieweit Vertragsrecht einschließlich der Vertragsfreiheit und der Grundstrukturen von Kautelarjurisprudenz geeignet ist, die notwendigen Instrumente für Innovation (oder jedenfalls einen bestimmten Kreis dieser Instrumente) bereitzuhalten, also als (eine, vielleicht sogar eine vorrangige) Infrastruktur für Innovation zu fungieren.[13] Schließlich kann, und dies bildet den Gegenstand der nachfolgenden Skizze, 4. gefragt werden, ob sich Innovationsschritte im Vertragsrecht – im hoheitlich geschaffenen wie auch in den privat geschaffenen Regelwerken – konstatie-

---

European Contract Law, 2013, darin *dies.*, The Contractual Basis of Long-Term Organization – The Overall Architecture, S. 1.

12 Näher jedoch: *Grundmann*, Technische Innovation und Vertragsrecht – Eine Skizze, demnächst in: Vieweg (Hrsg.), Recht und Technik, in Vorbereitung (online abrufbar unter http://www.irut.jura.uni-erlangen.de/Forschung/Tagungen/Beitraege_I RuT_2011/Grundmann.pdf).

13 Ausführlich *Grundmann/Möslein*, ZfPW 2015, 435.

ren lassen und auch hier, ob der vertragsrechtliche Rahmen selbst, etwa das AGB-Recht, solche Innovationen im Vertragsrecht, namentlich der Kauteljurisprudenz, eher unterstützt oder nicht.[14] Während die anderen drei Themenfelder die Wechselwirkung von (technischer) Innovation und Vertragsrecht betreffen, diese beiden also als zweierlei unterschiedliche, klar voneinander abgrenzbare Parameter begreifen, geht hier nun beides ineinander über. In der Tat zeigen viele Beispiele in Dienstleistungs- und Finanzinnovationen, dass die Trennlinie zunehmend verwischt – namentlich im bargeldlosen Zahlungsverkehr, der nicht nur die Technologie von Zahlungsterminals, sondern auch die rechtliche Konstruktion eines Vertragsnetzes zwischen den Beteiligten voraussetzt. „Rechtsprodukte" gewinnen in einer Dienstleistungsgesellschaft allgemein an Bedeutung.[15] Das Generalthema Innovation und Vertragsrecht bliebe deshalb unvollständig, würde man nicht auch Vertragsrechtsinnovation diskutieren und Innovation damit in einem umfassenderen, nicht mehr nur „technischen" Sinne verstehen. Da spezifisch rechtliche Innovationen gegenüber den anderen drei Themenfeldern jedoch auch eine gewisse Eigenständigkeit aufweisen, lassen sie sich zugleich in einer kürzeren Abhandlung zumindest skizzenhaft diskutieren. Insgesamt bilden diese vier Dimensionen ein Grundgerüst, das Skelett, sie erschöpfen freilich den Gegenstand, den Körper, keineswegs. Die ganze Breite der Einzelthemen und -gestaltungsformen – gesetzgeberisch oder kautelarjuristisch – ist nicht Thema eines Festschriftbeitrages, sondern breite Forschungsagenda für eine ganze Disziplin (ein erster Schritt in diese Richtung der in Fn. 8 genannte, geplante Sammelband). Und nicht zuletzt kann vertragsrechtliche Innovationsforschung auch verglichen und in den Kontext anderer Disziplinen gestellt werden – innerhalb der Rechtswissenschaften und über diese hinaus.[16]

---

14 Dazu etwa schon *Möslein* (Hrsg.), Finanzinnovation und Rechtsordnung – Gestaltung, unternehmerischer Einsatz und Marktregulierung, Zürich 2014; *Möslein*, in: Pinkel/Schmidt/Falke (Hrsg.), Funktionalität und Legitimität des Gemeinsamen Europäischen Kaufrechts, 2014, S. 191.
15 Begriffsprägend *Dreher*, Die Versicherung als Rechtsprodukt, 1991.
16 Das Erstgenannte ist Gegenstand von Teil 1 der oben Fn. 8 genannten (geplanten) Publikation bei Mohr-Siebeck, das Zweitgenannte unseres Übersichts- und Einleitungsbeitrages zu dieser Publikation.

II. Vertragsrecht als (innovative) Dienstleistung

Der Gedanke, dass das Vertragsrecht selbst Gegenstand von Innovation sein kann, mag zunächst irritieren. Er scheint zwei Grundannahmen über das Vertragsrecht – und das Recht insgesamt – zu widersprechen, nämlich einerseits dem Verständnis des Rechts als Ausdruck staatlicher Gewalt, das den äußeren Ordnungsrahmen für den Produkt- und Dienstleistungsaustausch setzt, ohne jedoch selbst ein handelbares Gut zu sein,[17] und andererseits der Leitidee der Rechtssicherheit, die eine gewisse Stabilität und Unveränderlichkeit der Rechtsordnung voraussetzt.[18] Trotz dieser möglichen Einwände setzt sich in einem globalisierten Umfeld, in dem Regelgeber immer stärker miteinander in Wettbewerb treten, zunehmend die Einsicht durch, dass sich Recht (auch) als Produkt oder noch treffender als Dienstleistung verstehen lässt.[19] Angesichts seiner spezifischen Eigenheiten sind beide Spannungsfelder im Vertragsrecht jedenfalls deutlich weniger konfliktgeladen als in anderen Rechtsgebieten.[20] Vor allem die Ermöglichungsfunktion, die dem Vertragsrecht innewohnt, macht innovative Vertragsrechtsdienstleistungen stattdessen zu einem relevanten Untersuchungsgegenstand, dessen Bearbeitung eine Zusammenführung rechts- und innovationstheoretischer Einsichten voraussetzt.

Eine zentrale Funktion des Vertragsrechts besteht nämlich darin, Privaten den Abschluss von Verträgen und damit die Ausübung ihrer Privatautonomie zu ermöglichen und zu erleichtern. Weil vertragsrechtliche Regeln Tausch- und Kooperationsaktivitäten auf dem Markt durch Senkung

---

17 Ähnliche Bedenken klingen einleitend an bei *Eidenmüller*, JZ 2009, 641, 641.

18 Dazu monographisch etwa *v. Arnauld*, Rechtssicherheit: Perspektivische Annäherungen an eine idée directrice des Rechts, 2006.

19 Vgl. einerseits *Grundmann*, ZGR 2001, 783; *Kieninger*, Wettbewerb der Privatrechtsordnungen im Europäischen Binnenmarkt, 2002, bes. S. 11 („gesetzgeberische[n] Produkte"); *Eidenmüller*, JZ 2009, 641; *Bachmann*, Private Ordnung, 2006, S. 50-52; sowie bereits *Romano*, Law as a Product: Some Pieces of the Incorporation Puzzle, JLEO 1 (1985), 225; andererseits *Möslein*, in: Eidenmüller (Hrsg.), Regulatory Competition in Contract Law and Dispute Resolution, 2013, S. 147, 151 f.; *K. Möslein/Leimeister/F. Möslein/Reichwald* (Hrsg.), Recht als Dienstleistung – Strategischer Produktivitätsfaktor unternehmerischer Innovation?, 2012; *Taeger* (Hrsg.), Law as a Service (LaaS) – Recht im Internet- und Cloud-Zeitalter, 2013.

20 Gleichwohl lässt sich Rechtsinnovation durchaus auch in anderen („stabileren") Rechtsgebieten diskutieren, so zuletzt etwa monographisch *Hornung*, Grundrechtsinnovationen, 2015.

von Transaktionskosten vereinfachen, bezeichnen Rechtsökonomen sie gleichsinnig als *enabling* bzw. *facilitative rules*[21] – oder etwas plakativ als das „Schmiermittel der Wirtschaft".[22] Auch wenn das Vertragsrecht zweifelsohne noch weitere Funktionen erfüllen kann (etwa soweit es durch zwingende Regeln die Vertragsfreiheit beschränkt und regulierend wirkt), hat es somit einen vornehmlich dienenden Charakter, der nicht nur darin Ausdruck findet, dass das Vertragsrecht mit seinen dispositiven Regeln eine Reserveordnung für typische Vertragsgestaltungen bereitstellt, die den Privaten Verhandlungskosten erspart, sondern auch darin, dass es durch sein ausdifferenziertes System von Primär- und Sekundäransprüchen Vertragsverletzungen sanktioniert und Verträgen dadurch zur Durchsetzung verhilft.[23] Nimmt man das Beispiel der staatlichen Musterregeln, so ähneln diese den Vertragsentwürfen, die Anwälte für ihre Mandanten erstellen – und die der Gesetzgeber selbst als „Rechtsdienstleistung" qualifiziert.[24] Die Mechanismen der Streitentscheidung und Rechtsdurchsetzung, die ebenfalls sowohl vom Staat als auch von Privaten angeboten werden, kann man gleichermaßen als (Justiz-)Dienstleistungen bezeichnen.[25] Pauschaler lässt sich das Vertragsrecht deshalb insgesamt als Dienstleistung begreifen, nicht nur als Rahmenordnung und Begrenzung.[26]

Sobald (und erst wenn) man diese dienende Funktion des Vertragsrechts anerkennt, macht es Sinn, über Vertragsrechtsinnovation nachzudenken. Denn der Begriff der Innovation setzt aus ökonomischer Perspektive nicht nur Neuheit, sondern wirtschaftliche Verwertbarkeit voraus; Innovation erfordert insofern einen gewissen Mehrwert oder Nutzenvorteil gegenüber

---

21 Vgl. nur *Ayres/Gertner,* Filling Gaps in Incomplete Contracts: An Economic Theory of Default Rules, Yale Law Journal 99 (1989), 87, 91; *Schwartz/Scott,* Contract Theory and the Limits of Contract Law, Yale Law Journal 113 (2003), 541, 544.
22 *Schäfer/Ott,* Lehrbuch der ökonomischen Analyse des Zivilrechts, 5. Auflage, 2012, S. 428; vgl. dazu *Oechsler*, Gerechtigkeit im modernen Austauschvertrag, 1997, S. 135.
23 Ähnlich etwa *Kerber*, in: Leipold/Wentzel (Hrsg.), Ordnungsökonomik als aktuelle Herausforderung, 2005, S. 371, 374; vgl. außerdem *Cziupka,* Dispositives Vertragsrecht, 2010, S. 68-89.
24 Vgl. § 2 Abs. 1 RDG; dazu etwa *Römermann,* NJW 2008, 1249, 1250 f. In ähnlichem Sinne: *Cziupka*, S. 3, 11 und 339-429 („Dienstleistung des Gesetzgebers"); *Fleischer,* ZHR 168 (2004), 673, 692; *Maultzsch,* Die Grenzen des Erfüllungsanspruchs aus dogmatischer und ökonomischer Sicht, AcP 207 (2007), 530, 547 („eine Art ‚Service' für die Vertragsparteien").
25 So titeln bspw. *Calliess/Hoffmann,* ZRP 2009, 1; *Hoffmann-Riem*, JZ 1999, 421.
26 Näher *Möslein*, in: Eidenmüller, S. 147, 151 f.

dem *status quo*.²⁷ Sofern neue Regeln nicht ausschließlich zwingenden oder beschränkenden Charakter haben, sondern den Regelungsadressaten zu dienen bestimmt sind, ihnen also Nutzen bringen sollen, lassen sie sich innovationstheoretisch sinnvoll untersuchen. Innovation hängt überdies eng mit der Möglichkeit von Wettbewerb zusammen. So sieht die evolutorische Wettbewerbstheorie in der „innovativen Suche nach neuen, besseren Problemlösungen die zentrale Strategie für erfolgreiches Handeln in einer sich schnell verändernden Welt" und fasst Wettbewerb daher „als zentrales Mittel der Schaffung und Verbreitung neuen Wissens (Innovation)" auf.²⁸ Nur wo eine gewisse Wahlfreiheit der Marktgegenseite besteht, können sich innovative Angebote gegenüber den bestehenden durchsetzen. Im Vertragsrecht, das seit jeher besonders stark vom Gedanken der Privatautonomie geprägt ist und aufgrund seines weitgehend dispositiven Charakters private, von der gesetzlichen Vorgabe abweichende Gestaltungen zulässt, besteht eine solche Freiheit ungleich stärker als in vielen anderen Rechtsgebieten.²⁹ Aus dem gleichen Grund spielt der Wettbewerb der Regelgeber im Vertragsrecht eine besonders wichtige Rolle und wird ähnlich intensiv diskutiert wie ansonsten wohl nur im Gesellschaftsrecht.³⁰ Rechtsinnovation erfordert schließlich ein signifikantes Maß an Entwicklungsoffenheit, weil sie denknotwendig die Möglichkeit neuartiger Regeln voraussetzt. Das Konfliktpotential mit der Rechtssicherheit, die umgekehrt eine gewisse, allerdings keineswegs absolute Stabilität des Rechts verlangt,³¹ erscheint im Vertragsrecht wiederum besonders gering, und zwar ebenfalls auf Grund des weitgehend dispositiven Charakters dieses

---

27 Prägnant etwa *Reichwald/Piller*, Interaktive Wertschöpfung – Open Innovation, Individualisierung und neue Formen der Arbeitsteilung, 2. Auflage, 2009, S. 120: „Von einer Innovation soll nur dann gesprochen werden, wenn sich die Neuartigkeit einer Erfindung im innerbetrieblichen Einsatz bewährt oder im Markt verwerten lässt".
28 *Kerber*, in: Grundmann (Hrsg.), Systembildung und Systemlücken in Kerngebieten des Europäischen Privatrechts, 2000, S. 67, 68, mit Verweis auf die beiden grundlegenden Werke von *Schumpeter*, Theorie der wirtschaftlichen Entwicklung, 5. Auflage, 1952 u. *v. Hayek*, Der Wettbewerb als Entdeckungsverfahren, 1968.
29 Vgl. *Möslein*, Dispositives Recht, S. 24-28 und 49-57.
30 S. einerseits das in Fn. 19 zitierte, von *Eidenmüller* herausgegebene Werk sowie *Kieninger*, Wettbewerb der Privatrechtsordnungen im Europäischen Binnenmarkt, 2002, S. 275-332; *Rühl*, Regulatory Competition in Contract Law, ERCL 9 (2013), 61; andererseits etwa *Grundmann* ZGR 2001, 783.
31 Zu den Einschränkungen: *Leisner*, Kontinuität als Verfassungsprinzip, 2002, S. 119-126; *Künzler*, Effizienz oder Wettbewerbsfreiheit?, 2008, S. 222.

Rechtsgebiets. Denn selbst wenn dispositives Vertragsrecht als solches völlig unverändert und stabil bliebe, erlaubte es dennoch inhaltliche abweichende, neuartige Vertragsgestaltungen, die dann freilich nicht auf gesetzlicher, sondern auf privatautonomer Gestaltung beruhten. Denkt man die – mit dem Gedanken der Rechtssicherheit durchaus zu vereinbarende – Möglichkeit hinzu, dass sich das staatliche Vertragsrecht auf lange Sicht ebenfalls verändern kann, sei es aufgrund gesetzgeberischer Initiative, sei es aufgrund gerichtlicher Rechtsfortbildung, so erkennt man dispositives Recht als Institution, die dynamische Rechtsevolution fördert:[32] Abbedingung erlaubt die Innovation alternativer Regelungen, ermöglicht dadurch eine Adaption an konkrete Regelungsbedürfnisse und führt zugleich zu einer Selektion konkurrierender Regelungsangebote, teils auch zur Imitation privater Lösungen durch den Gesetzgeber.[33] Die Möglichkeit der Abbedingung eröffnet insofern einen Wettbewerb um Vertragsgestaltungen, an dem sowohl private als auch staatliche Regelgeber beteiligt sind.[34] Dieses Zusammenspiel vermag neue, möglicherweise bessere Lösungen zu generieren, die private oder staatliche Regelgeber aufgrund ihres begrenzten Wissens jeweils für sich nicht würden finden können.[35] Der dispositive Charakter des Vertragsrechts ermöglicht insofern ein innovationsförderndes Entdeckungsverfahren zwischen Markt und Staat: „A highly enabling law provides a fertile ground for legal innovation".[36]

III. Pluralität der Akteure, Ebenen und Prozesse

Die Pluralität der Akteure, Ebenen und Prozesse, die zu Vertragsrechtsinnovation beisteuern, ist damit bereits angedeutet, lässt sich jedoch noch

---

32 Allgemein zu Evolution und Innovation rechtlicher Regeln *Romano,* The States as a Laboratory: Legal Innovation and State Competition for Corporate Charters, Yale J. on Reg. 23 (2006), 209; *Ulen/Garoupa,* The Market for Legal Innovation, Alabama L.R. 60 (2008), 1555.
33 *Möslein,* „Governance by Default" - Innovation und Koordination durch dispositives Recht, Festschrift für Klaus J. Hopt, 2010, S. 2861, 2872.
34 S. dazu auch *Möslein,* in: Eidenmüller, S. 147, 148-150.
35 Näher zu dieser „konstitutionellen Unwissenheit": *Kerber,* in: Engel/Morlok (Hrsg.) Öffentliches Recht als ein Gegenstand ökonomischer Forschung, 1998, S. 207, 211 f.
36 *Pistor/ Keinan/ Kleinheisterkamp/ West,* Innovation in Corporate Law, Journal of Comparative Economics 31 (2003), 676, 681.

weiter auffächern. Insgesamt erscheint diese Vielfalt erheblich breiter als in manch anderen Rechtsgebieten, vor allem (wiederum) wegen des weitgehend dispositiven Charakters des Vertragsrechts.

Einerseits können aus diesem Grund nämlich auch private Akteure Vertrags(rechts-)innovation in einem weit verstandenen Sinne anstoßen. Sie können als schöpferische „Normunternehmer"[37] agieren und neuartige Vertragsgestaltungen entwerfen, die in Einzelfragen oder sogar grundlegend von den gesetzlich vorgesehenen Vertragstypen abweichen, weil und soweit das dispositive Vertragsrecht solche Abweichungen zulässt. Besteht der Regelungsrahmen vornehmlich aus dispositiven Regeln, können private Regelungsadressaten mit innovativen Lösungen experimentieren und diese in einer Art „Rechtslaboratorium" mit vergleichsweise geringem Risiko testen.[38] Rechtsregime, die Gestaltungsfreiheit gewähren, erlauben daher ungleich mehr Rechtsinnovation als Regime, die von verbindlichen, zwingenden Regeln geprägt sind. Dieser Effekt wird nochmals verstärkt, weil und soweit im Vertragsrecht Rechtswahlfreiheit besteht und private Akteure deshalb, noch bevor sie gesetzliche Musterregeln auf ihre individuellen Bedürfnisse anpassen, zunächst auf einer vorgelagerten Ebene zwischen verschiedenen gesetzlichen Regelungsangeboten wählen können.[39] Diese doppelte Gestaltungsfreiheit ermöglicht überdies die individuelle Kombination einzelner Regeln aus unterschiedlichen Regelungsangeboten, also den Entwurf hybrider Vertragsgestaltungen.[40] Gerade „neue Kombinationen" (von Produktionsfaktoren) vermögen, wie die Innovati-

---

[37] So mit Blick auf soziale Normen: *Sunstein*, On the Expressive Function of Law, Penn L. Rev. 144 (1996), 2021, 2030 („norm entrepreneurs"); *ders.*, Social Norms and Social Roles, Col. L. Rev. 196 (1996), 903, 909 und 929; E. *Posner*, Law and Social Norms, 2000, 29-32; ferner *Engert*, JJZ 2002, 31, 37.

[38] Begriff in Anlehnung an *Romano*, Yale J. on Reg. 23 (2006), 209 (mit freilich etwas anderer Perspektive); vgl. ferner *Möslein*, in: Pinkel/Schmidt/Falke (Hrsg.), S. 191, 226.

[39] Zur Unterscheidung beider Ebenen näher: *Möslein*, in: Calliess (Hrsg.), Transnationales Recht, 2014, S. 155, bes. 165 f.; *ders.*, Dispositives Recht, S. 46–57.

[40] Allgemein zu solchen Phänomenen zuletzt *Dethloff*, in: A. Paulus et al. (Hrsg.), Internationales, nationales und privates Recht: Hybridisierung der Rechtsordnungen?, Berichte der Deutschen Gesellschaft für Internationales Recht, 2014, S. 47; aus wettbewerbs- und innovationstheoretischer Perspektive, jedoch für das Gesellschaftsrecht, ferner: *Schaper*, Selektion und Kombination von Gesellschaftsformen im institutionellen Wettbewerb – Typenvermischung und hybride Rechtsformen im europäischen und US-amerikanischen Wettbewerb der Gesellschaftsrechte, 2012.

onstheorie seit *Joseph Schumpeter* betont, Prozesse schöpferischer Zerstörung auszulösen; sie bilden daher eine zentrale Triebkraft von Innovation.[41] Das Vertragsrecht liefert insofern eine Art Systembaukasten für Rechtsinnovation.[42] Entsprechende Innovationsprozesse können indessen nicht nur von den einzelnen Vertragspartnern – oder ihren Anwälten – angestoßen werden, sondern auch auf gleichsam kollektiveren Ebenen stattfinden,[43] etwa wenn neue Vertragspraktiken von Verbänden oder Standardsetzern entworfen werden oder sich als Handelsbrauch oder Verkehrssitte entwickeln.[44] Entsprechend unterschiedlich und vielfältig sind die Verfahren und somit auch die Dynamiken der Vertragsrechtsinnovation.

Andererseits können freilich auch staatliche Regelgeber Vertragsrechtsinnovation anstoßen, wobei sich Akteure, Ebenen und Prozesse wiederum facettenreich unterscheiden. Zunächst ist naturgemäß an den Gesetzgeber zu denken, und zwar sowohl auf nationalstaatlicher als auch auf europäischer Ebene, und mit jeweils unterschiedlichen Entstehungsprozessen und Wirkmechanismen. Mit Blick auf die Innovationsdynamik sind, ähnlich wie für die Analyse des Regulierungswettbewerbs, vielfältige Wechselwirkungen sowohl in horizontaler als auch in vertikaler Richtung zu bedenken, etwa Pfadabhängigkeiten oder Netzeffekte,[45] aber auch unterschiedliche Einflussintensitäten beispielsweise von Richtlinien oder einem optio-

---

41 Grundlegend *Schumpeter*, S. 99-110.
42 Ähnlich, jedoch für das Gesellschaftsrecht: *Frey*, NZG 2004, 169.
43 Von kollektiver Rechtserzeugung ist vor allem im arbeitsrechtlichen Schrifttum die Rede, vgl. vor allem *Bayreuther,* Tarifautonomie als kollektiv ausgeübte Privatautonomie, 2005; *Blanke*, Soziales Recht oder kollektive Privatautonomie?, 2005; *Richardi*, Kollektivgewalt und Individualwille bei der Gestaltung des Arbeitsverhältnisses, 1968; *Rieble*, ZfA 2000, 5; *Rüthers* (Hrsg.), Der Konflikt zwischen Kollektivautonomie und Privatautonomie im Arbeitsleben, 2002.
44 Für einen kompakten Überblick über entsprechende Mechanismen privater Rechtserzeugung vgl. nur *Köndgen*, AcP 206 (2006), 477, 479-508; Anwendungsbeispiele ferner bei *Möslein*, Dispositives Recht, S. 237-242.
45 Dazu einerseits etwa *Mitchell*, Contract Law and Contract Practice, 2013, S. 232-235; *Korobkin*, The Status Quo Bias and Contract Default Rules, Cornell L. Rev. 83 (1998), 608 sowie *Kahan/Klausner*, Path Dependence in Corporate Contracting: Increasing Returns, Herd Behavior and Cognitive Biases, Wash. U. L. Q. 74 (1996), 347; andererseits *Engert*, AcP 213 (2013), 321; *Kahan/Klausner,* Standardization and Innovation in Corporate Contracting, Va. L. Rev. 83 (1997), 713, 725-727; *Klausner,* Corporations, Corporate Law, and Networks of Contracts, Va. L. Rev. 81 (1995), 757, 772-825; vgl. ferner *Möslein*, Dispositives Recht, S. 322 f.

nalen Instrument.⁴⁶ Konkurrenz, hier der anderen Gesetzgeber, belebt nicht nur den Wettbewerb, sondern stimuliert auch Innovation. Zu bedenken ist allerdings auch, dass Gesetzgeber vertragsrechtliche Regelungen häufig nicht selbst erfinden, sondern dass sie stattdessen privatautonom entwickelte Vertragsgestaltungen lediglich imitieren. Ein solches „mimicking the market" erscheint ja auch folgerichtig, wenn man dispositives Vertragsrecht als Instrument versteht, um Transaktionskosten zu senken.⁴⁷ Neben dem bzw. den Gesetzgeber(n) können außerdem noch weitere staatliche Institutionen Vertragsrechtsinnovation betreiben, namentlich die Gerichte.⁴⁸ Soweit man deren Aufgabe alleine in der Gesetzesauslegung sieht, scheint der Innovationsspielraum der Gerichte zwar begrenzt. Offen gefasste, unbestimmte Rechtsbegriffe und besonders Generalklauseln, die erst durch Fallrecht ausgestaltet werden, ermöglichen aber durchaus eine gewisse, wenngleich stärker kanalisierte Vertragsrechtsinnovation durch die Gerichte, ebenso umgekehrt das Instrument das ergänzenden Vertragsauslegung.⁴⁹ Die Innovationsprozesse hängen maßgeblich von den Methoden richterlicher Rechtsfindung ab; sie können deshalb insbesondere in Fall- und in kodifizierten Rechtsordnungen ganz unterschiedlichen Gesetzmäßigkeiten folgen. Diesen Gedanken, den *Rupprecht Podszun* kürzlich für den Bereich der deregulierten Branchen mustergültig entfächert hat,⁵⁰ muss man im Hinterkopf behalten, wenn man die ungleich weiter

---

46 Vgl. einerseits *Grundmann*, ZGR 2001, 783, 797-799; *ders.*, AcP 212 (2012), 502; *ders.*, JZ 2013, 53, 60-65; andererseits *Möslein*, in: Pinkel/Schmidt/Falke (Hrsg.), S. 191, 225-238; ferner auch *Wulf*, Institutional competition of optional codes in European contract law, Eur. J. Law & Econ. 38 (2014), 139, bes. 147-149.
47 Dazu näher *Ayres/Gertner*, Majoritarian vs. Minoritarian Defaults, Stan. L. Rev. 51 (1999), 1591; *Posner*, Economic Analysis of Contract Law After Three Decades: Success or Failure?, Yale Law Journal 112 (2003), 829, 839; *Unberath/Cziupka*, Dispositives Recht welchen Inhalts?, AcP 209 (2009), 37, 48–63. Geprägt wurde der Begriff vor allem von *Ayres/Gertner*, Yale Law Journal 99 (1989), 87, 115.
48 Vgl. dazu *Eckardt*, Technischer Wandel und Rechtsevolution, 2001, S. 132-149; *Henke*, Über die Evolution des Rechts, 2010, S. 50-55 („Norminnovation durch den Richter"); mit Blick auf die geschichtliche Entwicklung des englischen Vertragsrechts außerdem: *Simpson*, Innovation in Nineteenth Century Contract Law, LQR 91, 1975, 247.
49 So etwa *Möslein*, in: Pinkel/Schmidt/Falke (Hrsg.), S. 191, 214; ausführlicher *Henke*, S. 182-187.
50 *Podszun*, Wirtschaftsordnung durch Zivilgerichte – Evolution und Legitimation der Rechtsprechung in deregulierten Branchen, 2014; rezensiert u.a. von *Möslein*, JZ 2017, 357.

entwickelte US-amerikanische Diskussion zu Vertrags(rechts-)innovation aufgreift.

IV. Dynamiken vertragsrechtlicher Innovation

Im nationalen, europäischen und vor allem transnationalen Recht wird zunehmend der Wettbewerb und damit auch die Konkurrenz zwischen staatlichen oder supranationalen Gesetzgebern und privaten Regelsetzern diskutiert.[51] Diese Konkurrenz ist nicht nur interessant etwa unter demokratietheoretischen Gesichtspunkten, namentlich mit der Frage nach angemessener Repräsentanz aller betroffener Beteiligtengruppen.[52] Sie ist ebenfalls interessant unter dem Gesichtspunkt der Innovationsoffenheit der jeweiligen Regelgeber und -regime: So mag die größere Sachnähe, aber auch die schnellere Reaktionsmöglichkeit bei privaten Regelsetzern dieser Form der Regelsetzung tendenziell eine größere Eignung dazu verleihen, technische Innovation von den rechtlichen Rahmenbedingungen her zu unterstützen oder zu befördern.[53] Interessant ist diese Konkurrenz schließlich jedoch auch deshalb, weil sie Innovationsdruck auf die Regelgeber selbst verursacht: In einem Wettbewerbsumfeld können Normunternehmer – ebenso wie jeder andere Unternehmer – langfristig nur bestehen, wenn sie entweder Kosten senken oder aber Innovation betreiben (und dadurch vorübergehend Monopolgewinne erzielen).[54] Besonders einleuchtend und strategisch bedeutsam ist diese Wahlentscheidung zwischen stati-

---

51 Etwa *Calliess* (Hrsg.), Transnationales Recht, 2014; *ders./Zumbansen*, Rough Consensus and Running Code: A Theory of Transnational Private Law, 2010; *Stein*, Lex mercatoria – Realität und Theorie, 1995; *Teubner*, in: ders. (Hrsg.), Global Law without a State, 1997, S. 3; auch *Backer*, Economic Globalization and the Rise of Efficient Systems of Global Private Law Making: Wal-Mart as Global Legislator, Connecticut Law Review 39 (2007), 1739.
52 Etwa *Teubner* (vorige Fn.); *ders.*, in: Joerges/Sand/Teubner (Hrsg.), Constitutionalism and Transnational Governance, 2004, S. 3; sowie (vor allem für den ausgelösten Wettbewerb der Regelgeber) *Bachmann*, in Festschrift Hommelhoff, 2012, 21; zum zugrunde gelegten Legitimationskomzept *ders.*, Private Ordnung, S. 159-226.
53 Dazu näher *Hoffmann-Riem*, Die Governance-Perspektive in der rechtswissenschaftlichen Innovationsforschung, 2011, S. 27f. und 35 f.; vgl. ferner ders., AöR 13 (2006), 255, 276.
54 Ausführlich etwa aus spieltheoretischer Perspektive: *Pfähler/Wiese*, Unternehmensstrategien im Wettbewerb, 3. Auflage, 2008, bes. S. 41-247; prägnanter Überblick bei *Albert*, Patente in der Fusionskontrolle, 2011, S. 5 f.

schem und dynamischem Wettbewerbsverhalten für vertragsgestaltende Anwaltskanzleien: In einem Rechtsmarkt, auf dem intensive Konkurrenz herrscht, sich durch Größenvorteile aber nur noch eingeschränkt Kosten reduzieren lassen,[55] sind vertragsgestaltende Innovationen überlebenswichtig: „If lawyers seek only to compete on price, then the survival of transactional legal practice as a distinct profession [...] will ultimately fail".[56] Der gleiche Grundgedanke lässt sich indessen auch auf alle weiteren Akteure übertragen, die bei der vertragsrechtlichen Regelsetzung miteinander konkurrieren. Wer im Vertragsrecht einen Wettbewerb der Regelgeber konstatiert, muss zwangsläufig auch über Vertragsrechtsinnovation und deren Dynamik nachdenken.

Um dieses Forschungsfeld vorläufig zu skizzieren, können hier lediglich drei exemplarische Fragenkreise herausgegriffen und ansatzweise skizziert werden.[57] Ein erster Fragenkreis betrifft den Einfluss exogener Faktoren, also gewissermaßen die äußeren Triebkräfte der Vertragsrechtsinnovation: Welche Marktstrukturen befördern oder behindern solche Innovation?[58] Welche Rolle spielt der Grad an Unsicherheit, unter dem die Parteien agieren? Erste empirische Untersuchungen lassen vermuten, dass die Marktteilnehmer innovative Vertragsgestaltungen gegenüber standardisierten Vertragsgestaltungen erst unter dem Eindruck externer Schocks präferieren, dass sich diese Gestaltungen anschließend jedoch schnell verbreiten und dass sich insofern verschiedene Innovationsphasen unterschei-

---

55 Zu dem daher möglicherweise drohenden „Death of Big Law" vgl. *Ribstein*, Wisc. L. Rev. 3 (2010), 749; ferner *Barton*, The Lawyer's Monopoly - What Goes and What Stays, Fordham L. Rev. 82 (2014), 3067; *Kobayashi/Ribstein*, Law's Information Revolution, Ariz. L. Rev. 53 (2011), 1169; *Susskind*, The End of Lawyers, 2008, bes. S. 28-33.
56 *Triantis*, Modularity and Innovation in Contract Design: A New Path for Transactional Legal Practice, Stanford Journal of Law, Business & Finance 18 (2013), 177, 177.
57 Einen breiteren Überblick vermitteln insbesondere die Beiträge, die auf der von Columbia Law School, NYU Law School und Kauffman Foundation im Mai 2012 gemeinsam veranstalteten „Conference on Contractual Innovation" präsentiert wurden; sie sind unter http://web.law.columbia.edu/contract-economic-organizatio n/conferences/conference-contractual-innovation abrufbar und größtenteils in Heft 1 der NYU L. Rev. 88 (2013), S. 1-285, veröffentlicht.
58 Vgl. dazu *A. Choi/ Triantis*, The Effect of Bargaining Power on Contract Design, Virginia L. Rev. 98 (2012), 1665.

den lassen.⁵⁹ Ein zweiter Fragenkreis betrifft das Zusammenspiel der einzelnen Akteure innerhalb ihres jeweiligen institutionellen Rahmens, also gewissermaßen die (rechts-)systemimmanenten Einflussfaktoren: Wer hat welche Anreize, Vertragsrechtsinnovation zu betreiben?⁶⁰ Folgt Vertragsrechtsinnovation in kodifizierten und in Fallrechtsordnungen unterschiedlichen Mustern?⁶¹ Wie beeinflussen unbestimmte Rechtsbegriffe die Vertragsrechtsinnovation?⁶² Wie reagieren Gerichte auf innovative Vertragsgestaltungen?⁶³ Der dritte Fragenkreis nimmt schließlich die (technischen) Instrumente, Hilfsmittel und Abläufe in den Blick, die den einzelnen Akteuren Vertragsrechtsinnovation erleichtern können: Welche organisatorischen Strukturen, etwa in Anwaltskanzleien, erweisen sich als besonders innovationsfördernd?⁶⁴ Wie kann die Informationstechnologie für Vertragsrechtsinnovation nutzbar gemacht werden?⁶⁵ Lassen sich vertragsrechtliche Regelwerke modularisieren und mit Hilfe von open-source-Netzwerken und kollaborativen Datenbanken stetig verbessern („Regelungs-Wikis" bzw. „contract wikis")?⁶⁶ Dieser letzte Fragenkreis zielt unmittelbar auf den dynamischen und neuerdings viel diskutierten Bereich

---

59 *S. Choi/ Gulati/ E. Posner*, The Dynamics of Contract Evolution, NYU L. Rev. 88 (2013), 1; vgl. ferner *A. Choi/ Triantis*, Market Conditions and Contract Design: Variations in Debt Contracting, NYU L. Rev. 88 (2013), 51.
60 Dazu *Davis*, Contracts as Technology, NYU L. Rev. 88 (2013), 83.
61 Erste Überlegungen hierzu bei *Möslein*, Dispositives Recht, S. 448 f.; vgl. außerdem *Grundmann*, Zukunft des Vertragsrechts, Festschrift 200 Jahre Juristische Fakultät der Humboldt-Universität zu Berlin, 2010, 1015, 1031-1035.
62 Dazu allgemein: *A. Choi/ Triantis*, Strategic Vagueness in Contract Design: The Case of Corporate Acquisitions, Yale L.J. 119 (2010), 848.
63 Vgl. *Gilson/ Sabel/ Scott*, NYU L. Rev. 88 (2013), 170.
64 Zur Innovationstätigkeit von Anwaltskanzleien vgl. die empirische Studie von *Habicht/ Heidemann/ Ross*, Service Productivity in Professional Service Firms, in: Bessant/Lehmann/K.Möslein (Hrsg.), Driving Service Productivity, 2014, S. 113.
65 Für zahlreiche Beispiele und Zukunftsperspektiven vgl. *McGinnis/ Pearce*, The Great Disruption: How Machine Intelligence Will Transform the Role of Lawyers in the Delivery of Legal Services, Fordham L. Rev. 82 (2014), 3041.
66 In diese Richtung *Triantis*, Improving Contract Quality: Modularity, Technology, and Innovation in Contract Design, Stanford Journal of Law, Business & Finance 18 (2013), 177, bes. 182 und 203 f. (mit Verweis auf ein entsprechendes Pilotprojekt der Harvard Law School, abrufbar unter http://ackwiki.com/drupal/ sowie auf das vergleichbare, kommerzielle Vorhaben http://www.docracy.com); ganz ähnlich mit Blick auf staatliche Gesetzgeber: *Möslein*, Dispositives Recht, S. 466-472; vgl. ferner *Cunningham*, Language, Deals, and Standards: The Future of XML Contracts, Wash. U. L. Rev. 84 (2006), 313.

der Software- und Online-Dienste, die rechtliche Arbeitsprozesse unterstützen oder ersetzen; das Schlagwort lautet bekanntlich „Legal Tech".[67] Auch auf dem Gebiet des Vertragsrechts werden Rechtsdienstleistungen zunehmend automatisiert und spielen smart contracts und künstliche Intelligenz zunehmend eine Rolle; immer neue Start-Ups treiben solche Innovationen kräftig voran.[68] Am Ende sind wir damit wieder beim Jubilar angekommen, der nämlich auch in dieser „Szene" präsent ist, nicht nur rechtswissenschaftlich, sondern auch unternehmerisch (wenngleich nicht auf dem Gebiet des Vertragsrechts, sondern um Verbraucher vor Messfehlern von Blitzern zu schützen).[69] In einem Umfeld, in dem nicht nur verschiedene Durchsetzungsmechanismen, sondern auch die einzelnen, staatlichen und privaten Regelgeber miteinander konkurrieren und Wettbewerbsvorteile nicht alleine durch Kostensenkungen erzielen können, werden solche Verbindungslinien zwischen technologischer und rechtlicher Innovation – und allgemein Antworten auf die soeben angesprochenen Fragenkreise – zunehmend elementar, um auf dem Gebiet des Vertragsrechts durch Innovation in jenem dynamischen Wettbewerb künftig bestehen zu können.

---

[67] Zuletzt etwa *Fries*, NJW 2016, 2860; *Grupp*, AnwBl. 2014, 660; *Kuhlmann*, Legal Tech in einer smarten Welt – Ermöglichungs- und Beschränkungspotential, DSRI-Tagungsband 2016, 1039; *Prior*, ZAP 2017, 575.
[68] Speziell hierzu *Degen/Krahmer*, GRURPrax 2016, 363; J. *Wagner*, BB 2017, 898, 900 f.; *Weberstaedt*, AnwBl. 2016, 535.
[69] *Schwintowski*, VuR 2015, 1 (Editorial); zum unternehmerischem Engagement vgl. außerdem *Neuhaus*, 15 Legaltech-Startups, die den Markt aufmischen, Gründerszene v. 13. März 2017, abrufbar unter https://www.gruenderszene.de/galerie/legal-tech-uebersicht?pid=11437.

Die digitale Wirtschaft, der Verbraucher und das Bürgerliche Gesetzbuch

Hans-W. Micklitz, Florenz[*,1]

I. Produktionsgesellschaft, Konsumgesellschaft, Digitale Gesellschaft – Auslagerungen

Dieser Beitrag ist *Hans-Peter Schwintowski* zu seinem 70. Geburtstag gewidmet. Uns verbinden gemeinsame Jahre in der Verbraucherforschung und als Herausgeber der Zeitschrift Verbraucher und Recht. Über die mehr als 20 Jahre unserer Bekanntschaft habe ich immer gern mit „Schwinto" zusammengearbeitet, habe seinen Rat gesucht und habe seine weitgefächerten wissenschaftlichen Arbeiten mit Verve studiert. Das soll noch lange so bleiben.

1. Produktionsgesellschaft, BGB und das Arbeitsrecht

Das Bürgerliche Gesetzbuch (BGB) wurde Ausgang des 19. Jahrhunderts entwickelt und trat am 1.1.1900 in Kraft. Konzipiert als eine abstrakte Grundordnung von der deutschen Professorenschaft für die bürgerlich-liberale Wirtschaft und Gesellschaft legte es die drei Säulen der Privatrechtsordnung fest: das allgemeine Rechtssubjekt, die private Eigentumsordnung und den Vertrag als Mittel und Form wirtschaftlicher Transaktion.[2] Wiewohl die Industrialisierung eine Umwälzung der Wirtschaft und der Gesellschaft nach sich zog, fand sie im BGB keinen Niederschlag. Ei-

---

[*] Prof. Dr. Hans-W. Micklitz, Professor für Wirtschaftsrecht am Europäischen Hochschulinstitut in Florenz.
[1] Das vorliegende Manuskript geht auf das Gutachten des Sachverständigenrates für Verbraucherfragen, Verbraucherrecht 2.0, 2016 (‚Gutachten Verbraucherrecht 2.0'), abrufbar unter http://www.svr-verbraucherfragen.de/wp-content/uploads/2017/01/Gutachten_SVRV.pdf, zurück, dessen Hauptautor der Verfasser dieses Beitrages ist. In der vorliegenden Veröffentlichung werden die Grundsatzfragen des Gutachtens weiter vertieft.
[2] *Brüggemeier/Schmidt*, Grundkurs Zivilrecht, 7. Auflage, 2006.

nige rudimentäre Regeln über den Dienstvertrag sollten ausreichen, um die Rechtsbeziehungen zwischen dem Dienstleistenden – in heutiger Sprache dem Arbeitnehmer – und dem Dienstleister – in heutiger Sprache – dem Arbeitgeber zu regeln.

Die rechtspolitischen Konsequenzen sind bekannt. Fortan entwickelten sich das individuelle und das kollektive Arbeitsrecht außerhalb des BGB. Die Geschichte des Arbeitsrechts des 20. Jahrhunderts ist eine Geschichte von Arbeitskämpfen und von sozialen Spannungen, in denen der Gesetzgeber in demokratischen wie undemokratischen Zeiten mit Hilfe des Rechts intervenierte. Versuche, das Arbeitsrecht in einem Arbeitsgesetzbuch zu kondensieren, sind nie zur demokratischen Reife gelangt. Eine Reintegration des Arbeitsrechts in das BGB ist nicht ernsthaft in Angriff genommen worden. Hätte sie doch der Einführung einer kollektiven Entität bedurft, die im krassen Gegensatz zum individualistischen Konzept des BGB stünde.

2. Konsumgesellschaft, BGB und das Verbraucherrecht

Die nächste Herausforderung ließ nicht lange auf sich warten. Auf die Industriegesellschaft folgte nach dem 2. Weltkrieg die Konsumgesellschaft, die zu einer rasanten bis heute andauernden Verschiebung in der Wirtschaft und Gesellschaft führt. Konsum ist im 21. Jahrhundert zur tragenden Säule der Wirtschaft geworden. Mehr als 50% des Bruttosozialprodukts Deutschlands resultieren aus dem Konsum, in den Vereinigten Staaten sind es bereits mehr als 70%. Diese Verschiebung spiegelt sich in der Rechtsordnung wider. Der rechtspolitische Impuls gelangte 1962 aus den Vereinigten Staaten mit der berühmten Erklärung von Präsident Kennedy über die OECD nach Deutschland. Die sozialliberale Brandt-Scheel Regierung griff die Zeitströmung auf und verabschiedete ein Verbraucherprogramm, das das verbraucherpolitische Credo aufnahm, ihm jedoch einen ganz eigenen zivilrechtlichen Ausdruck verlieh. In den Vereinigten Staaten ruht das Verbraucherrecht bis heute auf drei Säulen, der Federal Trade Commission, die auch eine Verbraucherschutzbehörde ist und sich mit Marktpraktiken befasst,[3] der *class action*, in die sukzessive Interessen der

---

[3] Reich, in: Keßler/Micklitz, Die Harmonisierung des Lauterkeitsrechts in den Mitgliedstaaten der Europäischen Gemeinschaft und die Reform des UWG, 2003, S. 417.

Verbraucher integriert wurden[4] und dem Verbraucherkredit, der nach amerikanischen Verständnis eine Form der Sozialpolitik darstellt.[5] Überspitzt formuliert dominiert in den USA der kollektive Rechtsschutz, der entweder von einer Behörde im Wege der Regulierung oder vom führenden Kläger (*lead plaintiff*) als Anwalt des öffentlich Interesses (*private attorney general*) für die „Klasse" (*class* im Sinne der US *class action*) der betroffenen Verbraucher durchgesetzt wird. Der Aus- und Umbau des materiellen Rechts beschränkte sich auf den Bereich der Finanzdienstleistungen, seiner Zeit des Verbraucherkredits.

Die deutsche Diskussion fokussierte sich auf zwei Vorhaben, die Kodifizierung der von deutschen Gerichten im 20 Jahrhundert entwickelten Kontrolle von Allgemeinen Geschäftsbedingungen und die Einführung eines Haustürwiderrufrechts entgegen dem *dictum* von *pacta sunt servanda*. In den 70er und den 80er Jahren stand zu keinem Zeitpunkt eine Integration des Rechts der Allgemeinen Geschäftsbedingungen (AGB-Rechts) oder des Haustürwiderrufsrechts zur Diskussion. Der einzig gangbare, politisch akzeptable Weg bildete die Auslagerung des Verbraucherrechts in Sondergesetzen. Auf das AGB-Gesetz 1976 und das Haustürwiderrufsgesetz 1986 folgte unter der von Kohl und Genscher geführten Regierung das Verbraucherkreditgesetz 1991. Die rechtspolitische und rechtstheoretische Diskussion kulminierte in der Debatte über die Legitimität eines Sonderprivatrechts neben dem BGB. Die schon Ende des 19. Jahrhunderts problematische Frage nach der theoretischen Verankerung eines Kollektivs neben dem individuellen Rechtssubjekt wurde scheinbar elegant gelöst, in dem die Verantwortung für die abstrakte Kontrolle von Allgemeinen Geschäftsbedingungen im Einklang mit der Regelung im Gesetz gegen den unlauteren Wettbewerb (UWG) den Verbänden der Wirtschaft und der Verbraucher übertragen wurde. Von da an beschränkte sich der deutsche Gesetzgeber darauf, die in Brüssel verabschiedeten Verbraucherrechts-Richtlinien in Sondergesetzen umzusetzen.

Um die Jahrtausendwende drehte sich die politische Stimmung. Die rot-grüne Regierung „schmuggelte" im Zuge der Umsetzung der Fernabsatzrichtlinie im Jahre 2000 den Verbraucherbegriff in das BGB. Gemessen an den Widerständen, denen sich das Verbraucherrecht in den 70er und 80er

---

4 *Handler*, Social Movement and the Legal System, A Theory of Law Reform and Social Change, Academic Press, 1978.
5 *Trumbull*, Consumer Lending in France and America, Credit and Welfare, Cambridge University Press, 2014.

Jahren ausgesetzt sah, wehte nur ein lauer Wind. Das Justizministerium hatte die Integration des Verbraucherrechts in das BGB geschickt und mit der seit 20 Jahren andauernden Schuldrechtsreform und der Umsetzung der Verbrauchsgüterkaufrichtlinie verknüpft,[6] die ein zeitlich schnelles Handeln verlangte, um einer Staatshaftung wegen nicht rechtzeitiger Umsetzung zu entgehen. Tatsächlich fand eine wirkliche rechtspolitische Diskussion nur in Bezug auf das AGB-Recht und das Kaufrecht statt. Das Haustürwiderrufs-, das Fernabsatz-, das Timesharing- und das Verbraucherkreditrecht wurden in einem Kraftakt en bloc in das BGB integriert, die kollektive Rechtsdurchsetzung vom materiellen AGB-Recht abgespalten und in das Unterlassungsklagengesetz (UKlaG) verschoben, das bis heute ein Torso geblieben ist. All dies geschah ohne eine wirkliche Auseinandersetzung mit den Inhalten und mit den Möglichkeiten einer stärkeren konzeptionellen Verzahnung mit den Regeln des BGB. Hierzu fehlten der politische Wille, die Zeit und wohl auch die Kraft des Ministeriums, das sich mit den Gegnern der Schuldrechtsform auseinandersetzen musste. Erforderlich gewesen wäre eine vertiefte Auseinandersetzung, die sich der Frage widmet, ob das Gemengelage aus öffentlichem und privaten Regeln, aus materiellen und prozessualen Regeln auseinandergerissen werden sollte, und falls ja, wie sich beide Ebenen, die privat-öffentlich-rechtliche und die materiell-prozessuale sinnvoll aufspalten und gleichwohl wieder verknüpfen ließen.

Seither bilden diese Teile des BGB einen Quell ständiger gesetzgeberischer Unruhe. Die Ursache liegt in den Aktivitäten der EU, die mit der politischen Mehrheit der Mitgliedstaaten im Rücken seit den 1990er Jahren zu dem zentralen Motor der Entwicklung des Verbraucherrechts geworden ist. Im DJT Gutachten 2012[7] hatte ich vorgeschlagen, das Verbraucherrecht aus dem BGB herauslösen und die einschlägigen Vorschriften in einem gesonderten Gesetzbuch zu kompilieren. Inzwischen mehren sich die Stimmen namhafter deutscher Rechtswissenschaftler, die diesen Vorschlag unterstützen.[8] Tatsächlich ist das BGB seit 2002 zu einer ständigen Baustelle geworden, weil EU-rechtliche Vorgaben zum Haustürgeschäft,

---

6 Wegen der Verlängerung der Verjährungsfrist von 6 Monaten auf 2 Jahre befürchtete die Bundesregierung Staatshaftungsklagen wegen nicht rechtzeitiger Umsetzung der Verbrauchsgüterkaufrichtlinie 99/44.
7 *Micklitz*, Brauchen Konsumenten und Unternehmen eine neue Architektur des Verbraucherrechts?, Gutachten A zum 69. Deutschen Juristentag, 2012, S. 129.
8 *Wagner*, ZEuP 2016, 87, 119.

zum Fernabsatz, zum Verbraucherkredit, zum Timesharing und nun zum Reiserecht nach der Jahrtausendwende grundlegend umgestaltet wurden. Derzeit ist die Rechtslage unübersichtlich. In das BGB können nur die zivilrechtlichen Teile des Verbraucherrechts integriert werden. Ein gutes Beispiel für die problematischen Konsequenzen ist die misslungene Integration des Verbraucherkredits in das BGB. Dieses Gesetz, dass allgemein als vernünftig und gelungen angesehen wurde, musste in seine zivilrechtlichen und seine öffentlich-rechtlichen Teile zerlegt werden. Andere verbraucherrelevante Regelungen, wie etwa das Produkthaftungsrecht und das Finanzdienstleistungsrecht jenseits des Verbraucherkredits, finden sich ausschließlich in Sondergesetzen. Die im Jahre 2000 politisch motivierte Integration ist sozusagen stecken geblieben. Das UKlaG ist zu einem Sammelbecken prozessualer Regeln des Verbraucherrechts geworden. Theoretisch könnte es zu einem Verbraucherprozessrecht ausgebaut werden.[9] Ein solches Vorhaben steht jedoch nicht auf der politischen Agenda. Wenn prozessuale Regeln erlassen werden, dann in Form eines weiteren Sondergesetzes, so etwa im Kapitalanleger-Musterverfahrensgesetz (KapMuG).

3. Die digitale Gesellschaft, das BGB und das digitale Recht

Mit der üblichen Zeitverschiebung von 10 Jahren hat die Diskussion um die digitale Gesellschaft und ihre Regulierbarkeit oder Regulierungsnotwendigkeit auch die deutsche Rechtswissenschaft erreicht. Dieses Mal spielt vor allem die Europäische Union eine entscheidende Rolle, die ihr politisches Augenmerk auf die Entwicklung der digitalen Wirtschaft gelegt hat. Der Deutsche Juristentag (DJT) des Jahres 2016 hatte sich die in der Tat brennende Frage gestellt, ob das BGB im Zeitalter der Digitalisierung ein „Update" benötigt. Der Gutachter *Faust*[10] hat kleinere Korrekturen im BGB vorgeschlagen, hält es jedoch grundsätzlich für möglich, Rechtsfragen der Digitalisierung[11] mit dem etablierten und bewährten In-

---

9 *Koch*, Verbraucherprozessrecht, 1990.
10 *Faust*, Digitale Wirtschaft – Analoges Recht: Braucht das BGB ein Update?, Gutachten A zum 71. Deutschen Juristentag, 2016.
11 *Balkin*, The Path of Robotics Law, The Circuit 72, 2015: "we should try not to think about characteristics of technology as if these features were independent of how people use technology in their lives and in their social relations with others. Because the use of technology in social life evolves, and because people continu-

strumentenkasten des BGB zu bewältigen. Damit soll nicht gesagt werden, es gäbe keine kritischen Stimmen.[12]

Die in der Bewältigung der Industriegesellschaft und der Konsumgesellschaft zutage tretende Erfahrung scheint sich in der aufbrandenden Diskussion um die Digitalisierung des BGB zu wiederholen. Vorschläge, soweit sie überhaupt eine Regelungsnotwendigkeit befürworten, zielen auf Änderungen der einschlägigen Regeln des BGB hin – etwa auf den Begriff des Verbrauchers, den Begriff des Eigentums, das Recht der AGB oder den Begriff der unerlaubten Handlung. Sie ziehen strukturlogisch die Notwendigkeit nach sich, das Recht der digitalen Dienstleistungen zu spalten. An sich Zusammengehörendes muss auseinandergenommen und in die Kategorien des BGB gepresst werden. Die Systematik des BGB genießt Vorrang vor der Rationalitätslogik des Sachgegenstandes. Diese Denkweise muss zu einer Verkürzung der Perspektive führen, weil das BGB mit seinem Kanon an Regeln die Möglichkeiten der rechtlichen Problembewältigung determiniert.

Eine bemerkenswerte Ausnahme bildet das Gutachten des Sachverständigenrates für Verbraucherfragen vom Dezember 2016, das sich um eine holistische Betrachtung bemüht.[13] Die Neugestaltung der vertraglichen Rechtsbeziehungen soll entlang der verschiedenen Phasen des Vertrages, der vorvertraglichen, der vertraglichen und der nachvertraglichen Phase sowie der Rechtsdurchsetzung erfolgen. Dementsprechend zielen die Vorschläge auf die Informationen vor Eingehen der Rechtsbeziehungen, auf die Koppelung von Diensten in der Vertragsschlussphase, auf den Umfang und die Rechtwirkungen der Einwilligung, auf den Gegenstand und die Rechte aus der Rechtsbeziehung, unter Einschluss der Online-Plattformen, sowie auf die Verbesserung des Rechtsschutzes im Zeitalter der digitalen Entterritorialisierung. Rechtssystematisch gesprochen vereint eine holistische Betrachtung eine Vielzahl von rechtlichen Regeln: das Lauterkeitsrecht, das Vertragsrecht des BGB, das AGB-Recht, den Verbraucherdatenschutz, das Recht der elektronischen Medien und das Verbraucher-Prozessrecht. Die absehbare Zukunft deutet in eine andere Richtung. Das

---

ally find new ways to employ technology for good or for ill, it may be unhelpful to freeze certain features of use at a particular moment and label them essential".
12 Für Kontinuität: *Dechamps*, AnwBl 2016, 628, 632; kritisch gegenüber einem „Weiter so" *v. Westphalen*, AnwBl 2016, 619; *Blocher*, AnwaltsBl 2016, 612.
13 Gutachten Verbraucherrecht 2.0, 2016, S. 19-55.

Recht des digitalen Zeitalters verteilt sich auf eine Vielzahl von Sondergesetzen, während dem BGB eine Auffangfunktion zukommt.

4. Ein neuer Impuls: BGB, Sondergesetze und Prozessrecht

Es hat den Anschein als ob in Deutschland der Anstoß zu einem Überdenken des Verhältnisses von BGB und Sondergesetzen der Produktions-, Konsum- und der digitalen Gesellschaft nicht über das materielle Recht, sondern das Prozessrecht erfolgt. Das gesamte deutsche Rechtsschutzsystem basiert zentral auf dem Gedanken des individuellen Rechtsschutzes, den das freie Rechtssubjekt vor Gericht und mit Hilfe des Gerichts durchsetzen muss. An dieser grundsätzlichen Ausrichtung hat sich im letzten Jahrhundert nicht wirklich etwas geändert, jedenfalls nicht von innen heraus, nicht aus einer innerdeutschen Reformdiskussion.

Nicht zuletzt auf Betreiben der EU haben sich über die letzten Jahre die Gewichte verschoben, im individuellen Rechtsschutz hin zu alternativen Formen der Streitbeilegung, im kollektiven Rechtsschutz hin zur größeren Beachtung von Beseitigungsansprüchen und Schadensersatzansprüchen jenseits der Unterlassungsklage und zur Stärkung behördlicher Kontrollkompetenzen. Geändert hat sich nicht nur die äußere Umwelt, in der Deutschland sich bewegt, geändert hat sich auch die Haltung innerhalb der Regierungspolitik. Verbraucherpolitik nimmt erneut eine Vorreiterrolle ein, nunmehr verknüpft mit den neuen Anforderungen, die sich für die Rechtsdurchsetzung in der digitalen Welt stellen. Das gilt nicht nur für die schwierige Diskussion um die Einführung eines kollektiven Schadensersatzanspruches, sondern auch für die Möglichkeit, neben der verbandlichen Kontrolle eine staatliche Kontrolle im wirtschaftlichen Verbraucherschutz zu etablieren. Die Anfänge mögen noch immer zaghaft sein, aber sie deuten mittelfristig eine Neuausrichtung an, weg von der rein individualrechtlichen gerichtlichen Kontrolle hin zu einer stärkeren Verantwortung für staatliche Behörden in der Durchsetzung des kollektiven Rechtsschutzes, neben dem Ausbau des gerichtlichen kollektiven Rechtsschutzes.

Der Vorschlag des BMJV zum Ausbau des kollektiven Rechtsschutzes bewegt sich noch in eingefahrenen Bahnen. Die Klagebefugnis der Verbände sollte ausgeweitet werden.[14] Ihnen soll neben der Unterlassungskla-

---

14 *Gesell/Meller-Hannich/Stadler*, NJW-Aktuell, 2016, 14.

ge auch die Möglichkeit einer kollektiv gebündelten Schadensersatzklage gegeben werden. Das mit dem UWG etablierte Verbandsmodell soll auch für den kollektiven Schadensersatzanspruch eingeführt werden,[15] ohne eine wirkliche Auseinandersetzung mit den Vorzügen und den Nachteilen einer verbandlichen Rechtsdurchsetzung. Das Denken in historischen Kontinuitäten dominiert und begrenzt die Suche nach tauglichen Lösungen, die der Effektivierung des Verbraucherschutzes dienen.

Die einseitige Ausrichtung auf die gerichtliche Kontrolle verbraucherschutzrechtlicher Regelungen, wie sie heute gegeben ist, ist nicht wirklich neu. Sie stand bereits in den Hochzeiten der deutschen Verbraucherpolitik auf der politischen Agenda, jedenfalls auf der der SPD. Die vom BMJV organisierten und finanzierten Verbraucherrechtstage 2016 haben sich mit der Notwendigkeit und der Machbarkeit einer administrativen Kontrolle verbraucherschutzrechtlicher Regeln befasst.[16] Schon die Tatsache an sich ist bemerkenswert, weil sie eine Bereitschaft signalisiert, sich mit den Defiziten des weitgehend individualistisch konzipierten Verbraucherrechts auseinanderzusetzen. Die Mehrzahl der Berichterstatter befürwortet einen administrativen Ausbau der Rechtsdurchsetzung im wirtschaftlichen Verbraucherschutz, ganz unabhängig von den Herausforderungen der Digitalisierung, wobei die Instrumente behördlicher Rechtsdurchsetzung nicht das privatrechtlich organisierte Verbandsmodell ersetzen, sondern ergänzen sollen.

Kollektiver Rechtsschutz durch eine Verbraucherbehörde, dies steht außer Frage, würde zu einer zentralen Verschiebung der Aufgabenverteilung zwischen Gerichten und der Exekutive führen. Dies wäre sinnvoll, wenn es gelänge, die bestehenden und eingespielten Formen der gerichtlichen Rechtsdurchsetzung mit der vorgeschlagenen behördlichen Kontrolle zu verbinden. Keinesfalls sollte die private gerichtliche gegen die behördliche Rechtsdurchsetzung ausgespielt werden. Auch wenn behördliche Kontrollentscheidungen gerichtlich überprüft werden können und müssen, so zeigt doch der Blick in diejenigen Mitgliedstaaten der EU, die eine Verbraucherschutzbehörde mit Klagebefugnissen etabliert haben, dass die be-

---

15 Unter Verbandsmodell wird verstanden, dass die Kontrolle von Allgemeinen Geschäftsbedingungen und der Werbung in den Händen der Verbraucherverbände und der Verbände der Wirtschaft liegt.
16 Unter anderem von *Brönneke, Micklitz* und *Rott*. Eine Veröffentlichung der Vorträge unter der Herausgeberschaft von H. Schulte-Nölke ist für 2017 in Vorbereitung.

hördliche Kontrolle mit einer gewissen Entjustizialisierung, also einer reduzierten gerichtlichen Kontrolle einhergeht.[17]

Die noch amtierende Große Koalition hat einen 40 Jahre alten Vorschlag der Sozialdemokraten reanimiert. Das Bundeskartellamt könnte, so die Überlegung, mit der Kontrolle des wirtschaftlichen Verbraucherschutzes, der unlauteren Geschäftspraktiken und der rechtwidrigen Allgemeinen Geschäftsbedingungen betraut werden. Dazu ist es im Ergebnis nicht gekommen, weil sich die Große Koalition nicht zu einer großen Lösung durchringen konnte. Im Zuge der 9. GWB-Novelle haben sich die Koalitionspartner auf eine Kompromisslösung verständigt. Diese beinhalt zum einen, dass dem Bundeskartellamt Befugnisse eingeräumt werden sollen, sich an Gerichtsverfahren schriftlich und mündlich direkt einzubringen, bei denen es um Streitigkeiten geht, die erhebliche, dauerhafte oder wiederholte Verstöße gegen verbraucherrechtliche Vorschriften zum Gegenstand haben und bei denen keine andere Bundesbehörde eine Zuständigkeit reklamiert. Zum anderen sollen dem Bundeskartellamt Rechte zur Durchführung von Sektoruntersuchungen bei Fällen, bei denen ein begründeter Verdacht erheblicher, dauerhafter oder wiederholter Verstöße gegen verbraucherrechtliche Vorschriften besteht, eingeräumt werden.[18] Diese Passage zielt indirekt auf die Herausforderungen der digitalen Gesellschaft und der Notwendigkeit, staatlich-behördliche Kompetenz aufzubauen.

Mit dieser vorsichtigen Öffnung ist die Diskussion um die Neugestaltung der Rechtsdurchsetzung nicht zu Ende. Verschiedene Ministerien haben Studien in Auftrag geben, die sich mit der Machbarkeit und der Sinnhaftigkeit einer Übertragung der Befugnisse auf das Bundeskartellamt auseinandersetzen. Ob sich die politischen Hindernisse mittelfristig überwinden lassen, steht in den Sternen. Doch ist zwischen den Herausforderungen der Konsumgesellschaft und den Herausforderungen der digitalen Gesellschaft zu unterscheiden. Die entscheidenden Impulse zu einer behördli-

---

17 *Rott*, Rechtsvergleichende Aspekte der behördlichen Durchsetzung von Verbraucherschutz, Gutachten für das BMJV Az. V B1-7008-3-3-52 24/2016. Der Rechtsvergleich der AGB- und Lauterkeitskontrolle zeigt, dass Deutschland eine Ausnahmestellung einnimmt. Nirgendwo sonst gibt es derart viele Gerichtsverfahren und gerichtliche Entscheidungen wie in Deutschland. Ob ein Mehr an gerichtlichen Verfahren mit einem höheren Verbraucherschutz gleichzusetzen ist, steht auf einem anderen Blatt.

18 *Brinker*, NZKart 2017, 142.

chen Lösung kommen von der Digitalisierung der Wirtschaft und der Gesellschaft, die das Bild der Konsumgesellschaft immer stärker prägen. Insofern sollte eine Neuordnung der Rechtsdurchsetzung im wirtschaftlichen Verbraucherschutz nicht von der Digitalisierung getrennt betrachtet werden. Konkret muss bei einer Übertragung des wirtschaftlichen Verbraucherschutzes auf das Bundeskartellamt mitbedacht werden, ob Rechtsfragen der Digitalisierung besser in einer eigenständigen Digitalagentur oder bei der Bundesnetzagentur angekoppelt werden sollten. Jedenfalls insoweit scheint in den einschlägigen Ministerien Einigkeit zu bestehen, wie noch zu zeigen sein wird.

II. Digitalisierung – Disruption oder Kontinuität – Neues oder altes BGB

Es ist zu kurz gegriffen, die Herausforderungen der digitalen Gesellschaft auf die Frage zu reduzieren, ob ein möglicher Reformbedarf im BGB oder außerhalb des BGB anzusiedeln wäre. Notwendig ist die Öffnung der Perspektive über das BGB und die Rechtsbeziehungen hinaus, von der *Mikro*-Perspektive hin zur *Makro*-Perspektive, zur Frage, ob die digitale Gesellschaft einen anderen Rechtsrahmen benötigt, einen, der sich den Herausforderungen stellt, bevor sich die möglichen Probleme in vertraglichen oder quasivertraglichen Fragestellungen konkretisieren. Gefordert ist ein Blick über das Recht hinweg zu den Grundfragen von Staat, Wirtschaft und Gesellschaft im Zeitalter der Digitalisierung. Die fachübergreifende wissenschaftliche Diskussion über alle relevanten Disziplinen hinweg, die sich mit der Digitalisierung beschäftigt, zerfällt in zwei Lager: auf der einen Seite stehen diejenigen, die die Phänomene der Digitalisierung *nicht* als gesellschaftlichen, wirtschaftlichen, politischen und philosophischen Umbruch beurteilen; denen treten diejenigen entgegen, die eine *Disruption* in der Entwicklung westlicher Industrie- und Dienstleistungsgesellschaften sehen.[19]

---

19 Außerordentlich hilfreich: *Brownsword*, The E-Commerce Directive, Consumer Transactions, and the Digital Single Market: Questions of Regulatory Fitness, Regulatory Disconnection and Rule Discretion, Vortrag v. 18.6.2016 auf der SECOLA-Konferenz, Tartu. Das Manuskript steht dem Autor zur Verfügung.

1. Kontinuität

Die Haltung des „Weiter so!" kommt in rechtlichen Stellungnahmen zum Ausdruck, die das sich verändernde gesellschaftliche Umfeld weitgehend ausblenden und die im Sinne klassischer Begriffsjurisprudenz die „digitalen Inhalte" definieren und sie anschließend auf die relevanten Rechtsfragen herunterbrechen, die da wären: Medienneutralität, Daten als Entgelt, Inhalt des Schuldverhältnisses, AGB-Rechts, Verbraucherverträge und besondere Schuldverhältnisse, Erfüllung des Vertrages über digitale Inhalte, Kauf- und Werkverträge, Mietverträge sowie Verträge über die Erstellung digitaler Inhalte. Weitere Themen bilden die Haftung bei Inanspruchnahme unentgeltlicher Leistungen und Schutz der Daten. Für jeden Komplex findet sich überbordende Literatur, die ständig weiter anschwillt und die sich in dem Für und Wider einer proklamierten oder zurückgewiesenen Regelungsnotwendigkeit erschöpft.

Der DJT 2016 hatte sich eine große Frage vorgenommen, sozusagen eine Jahrhundertfrage – wenn nicht angesichts des 21. Jahrhunderts und der Reichweite der Digitalisierung gar eine Jahrtausendfrage: Sind die aus dem 19. Jahrhundert stammenden Rechtsregeln für den Wirtschaftsverkehr prinzipiell geeignet, nach der industriellen Revolution in der 2. Hälfte des 19. Jahrhunderts und dem Wandel von der Produktions- zur Konsum- und Dienstleistungsgesellschlaft im 20. Jahrhundert nun auch die Herausforderungen der digitalen Gesellschaft im 21. Jahrhundert zu bewältigen?

Der DJT versteht sich als Sprachrohr aller deutschen, wenn nicht aller deutschsprachigen Juristen, Praktiker, Anwälte, Richter und Wissenschaftler. Die Teilnehmerzahl beim DJT 2016 im Bereich Zivilrecht blieb jedoch erschreckend hinter den hohen inhaltlichen Ansprüchen zurück. Je nach Standpunkt mag man die Bedeutung des DJT herunterspielen oder nach den Gründen für die geringe Teilnehmerzahl forschen. Tatsache ist, dass der DJT in seinem langen Bestehen die Grundeinstellung, wenn nicht gar die Grundstimmung der Juristen gut einzufangen gewusst hat, jedenfalls die „herrschende" Grundeinstellung. Deshalb verdient es das Fazit des Gutachtens von *Faust* für den DJT 2016 herausgestellt zu werden, auch weil es von den Anwesenden mehrheitlich für gutgeheißen wurde:

> These 13: Neue Vertragstypen sollten für Verträge im Hinblick auf digitale Inhalte nicht geschaffen werden.

These 17: Ein „Recht auf eigenen Datenbestand" würde sich nicht in § 823 Abs. 1 BGB einfügen. (stattdessen Neuregelung in § 303a StGB als Schutzgesetz im Sinne des § 823 Abs. 2 BGB)[20]

Keinesfalls ist damit das Ende der Diskussion erreicht. 2017 werden sich die Zivilrechtslehrer mit der identischen Thematik befassen. Man darf gespannt sein, wie die Vorträge und die Diskussionen ausfallen werden.[21]

Im Rahmen der skizzierten „„Grundsatzentscheidung" geht es um die Frage, ob sich die gesellschaftlichen, wirtschaftlichen und technologischen Umstände so verändert haben oder verändern werden, dass ein politischer Handlungsbedarf über bloße Randkorrekturen hinaus besteht. Eine ähnliche Zurückhaltung wie bei *Faust* findet sich bei *Purnhagen/Wahlen*,[22] *Wendehorst*[23] und *Spindler*.[24] Die Vorschläge, soweit solche vorgelegt werden, beschränken sich auf mögliche Ergänzungen der einschlägigen Passagen des BGB, des Verbraucherbegriffs, des AGB-Rechts und des Eigentumsbegriffs. Das gilt selbst dann, wenn der analytische Befund etwas anderes erwarten lässt. So diagnostiziert *Wendehorst*:

> „Das Internet der Dinge führt zweifellos zu einer *strukturellen* Erosion von Eigentum und Besitz" (Hervorhebung vom Verfasser).

Auf derselben Seite heißt es nur wenig später:

> „Insgesamt verliert der Verbraucher durch diese Entwicklung die Freiheit, die ihm Eigentum eigentlich vermitteln soll, und bringt ihn stattdessen wegen des gleichwohl bei Erwerb des IoT zu entrichtenden Kaufpreises in ein *noch stärkeres Abhängigkeitsverhältnis als wenn das gesamte Produkt nur gemietet gewesen wäre*" (Hervorhebung im Original).[25]

---

20 Das ist dann nachgerade ein klassischer Fall, wie das BGB formal in Takt bleibt, es keine Änderungen gibt, die relevanten Fragen aber in andere Regelungsbestände ausgelagert werden.
21 Diese werden im Archiv für Civilistische Praxis veröffentlicht werden.
22 *Purnhagen/Wahlen*, Der Verbraucherbegriff im 21. Jahrhundert, 2016, abrufbar http://www.svr-verbraucherfragen.de/wp-content/uploads/Gutachten-PurnhagenWahlen.pdf (abgerufen am 12.7.2017).
23 Verbraucherrelevante Problemstellungen zu Besitz- und Eigentumsverhältnissen beim Internet der Dinge, 2016, abrufbar unter http://www.svr-verbraucherfragen.de/wp-content/uploads/Wendehorst-Gutachten.pdf (abgerufen am 12.7.2017).
24 *Spindler*, Regulierung durch Technik, 2016, abrufbar unter http://www.svr-verbraucherfragen.de/wp-content/uploads/Spindler-Gutachten.pdf (abgerufen am 12.7.2017).
25 Gutachten Verbraucherrecht 2.0, S. 13

Post[26] hat eine solche Haltung als „unexceptionalist" bezeichnet und ihre Befürworter als *Nicht-Exzeptionalisten* bezeichnet. Danach sind online und offline Transaktionen möglichst gleich zu behandeln. Sie bedürfen im Prinzip keiner speziellen Regeln. Man denke nur an die EU Richtlinie 2001/83 über die Rechte des Verbrauchers, in der Direkt- (Haustür-) und Distanzgeschäfte (Fernabsatz) so weit als irgend möglich angeglichen werden — sowie an die Schwierigkeiten, die diese Gleichstellung in der dogmatischen Feinabstimmung nach sich zieht.

Der Leitgedanke der Gleichbehandlung von online und offline Unternehmen durchzieht auch das „Grünbuch bzw. Weißbuch Digitale Plattformen" des Bundeswirtschaftsministeriums[27] (BMWi) wie ein roter Faden. Dagegen wäre nichts einzuwenden, wenn die Gretchenfrage eine eindeutige Antwort erlaubte: Können offline und online Transaktionen gleichgestellt werden oder besteht zwischen beiden ein grundsätzlicher Unterschied, der eine Ungleichbehandlung nicht nur rechtfertigt, sondern geradezu erfordert? Braucht es unterschiedliche Säulen in der digitalen Gesellschaft? Allzu oft wird die Notwendigkeit einer Gleichbehandlung ohne nähere Diskussion unterstellt, nicht zuletzt getragen von dem Leitgedanken eines einheitlichen Rechts, das für alle gleichermaßen gilt – eine bis heute mit guten Gründen prägende Maxime der französischen Revolution.

Die Nicht-Exzeptionalistien sind auch so genannte „Kontraktualisten". Sie suchen die Bewältigung der Herausforderungen der Technik im Modell des Vertrages, der durch zwei Menschen einvernehmlich und autonom geschlossen wird. Die entscheidende Maxime ist Selbstverantwortung und Vertragsfreiheit, also Selbstregulierung an Stelle staatlicher Regulierung. Was für das Vertragsrecht gilt, muss im Prinzip auch in allen anderen einschlägigen Rechtsgebieten gelten. Damit geraten sektorale Regeln für das Internet, die Telekommunikation und die Energie ins Visier, die von der Europäischen Union in den letzten 30 Jahren so machtvoll vorangetrieben wurden. So wie sich die Grundregeln des Vertragsrechts erst über die Einbeziehung der Regeln zum Verbrauchsgüterkauf erschließen, verdeckt der Blick auf die horizontale Bedeutung des Kartellrechts oder des Lauter-

---

26 *Post*, In Search of Jefferson's Moose, Oxford University Press, 2015, S. 186.
27 BMWi, Grünbuch Digitale Plattformen, 2016, abrufbar unter https://www.bmwi.de/Redaktion/DE/Publikationen/Digitale-Welt/gruenbuch-digitale-plattformen.html; BMWi, Weißbuch Digitale Plattformen, 2017, abrufbar unter https://www.bmwi.de/Redaktion/DE/Publikationen/Digitale-Welt/weissbuch-digitale-plattformen.html (abgerufen am 12.7.2017).

keitsrechts die Vielfalt der Sonderregeln für regulierte Märkte und/oder die Verbraucher. Die Kraft des Allgemeinheitsanspruchs liegt in seiner Rationalität. Jede Abweichung ist der Rechtfertigung unterworfen. Gerade das Telekommunikationsrecht führt im Zuge der Digitalisierung zu Verwerfungen, weil von den sektoralen Sonderregeln zentrale digitale Dienstleistungen ausgespart bleiben.[28]

Die alles entscheidende Frage ist, ob die Digitalisierung eine neue Sichtweise erfordert, die ganz auf die Besonderheiten der digitalen Welt abstellt und die Veränderungen gegenüber der alten Welt und dem alten Recht in den Vordergrund stellt. Anders formuliert: Was ist, wenn das „Besondere" das neue „Allgemeine" wird oder wenn sich das Sonderrecht immer weiter ausbreitet und zu einer Fragmentierung des Rechts führt, die für das Allgemeine nur noch eine Auffangfunktion bereithält?[29] Was bedeutete es für das Recht, die Wirtschaft und die Gesellschaft, wenn das BGB über die die Funktion einer bloßen Reserveordnung nicht mehr hinausreicht und wenn es seinen bestimmenden Charakter für die Privatrechtsgesellschaft verlöre? Befinden wir uns bereits in einer Phase des schleichenden Übergangs, weil immer weitere Teile der Wirtschaftsordnung im BGB keinen Platz finden – erst das Arbeitsrecht, dann jedenfalls teilweise das Verbraucherrecht – nun das Recht der digitalen Gesellschaft?

2. Disruption

Gibt es eine Disruption? Wird es eine geben? Wie wird sie sich präsentieren, als Evolution oder als Revolution? Diejenigen, die einen Bruch proklamieren, argumentieren, dass sich das Phänomen der Digitalisierung am besten in der Formel einfangen lässt: „from atoms to bits".[30] Vor der Digitalisierung bestand das Universum aus zwei Ebenen oder Schichten: einer physikalischen und einer sozialen. Die physikalische besteht aus Atomen und umfasst alle materialen Dinge, Häuser, Autors, Menschen und Tiere. Die soziale Schicht umfasst all die Phänomene, die das Recht als immate-

---

28 Überzeugend BMWi, Grünbuch Digitale Plattformen, 2016, Kapitel 4, S. 38.
29 *Luhmann* und, ihm folgend, *Teubner* heben immer wieder die Unumkehrbarkeit der Ausdifferenzierung der Gesellschaft hervor, die sich in einem fragmentierten Recht niederschlägt. *Teubner* macht darüber hinaus deutlich, dass immer neue Spaltungen entstehen, s. 61 Modern Law Review, 1998, S. 11.
30 *Searle*, The Construction of Social Reality, The Penguin Press, 1995.

riell bezeichnet wie Rechte, Unternehmen oder statusbezogene Regeln. Die Digitalisierung fügt eine dritte Ebene hinzu. In den Worten von *Murray*:[31]

> „Much as atoms can be used in the physical world to construct everything from the human liver to an Airbus 380, bits are the basic building blocks of the information society."

Hildebrandt spricht von „new animism",[32] der die „Onlife"-Welt charakterisiert.[33] Sie schreibt:

> „… our life world is increasingly populated with things that are trained to foresee our behaviours and pre-empt our intent. These things are no longer stand-alone devices; they are progressively becoming interconnected via the cloud, which enables them to share their 'experience' of us to improve their functionality. We are in fact surrounded by adaptive systems that display a new kind of mindless agency….The environment is thus becoming ever more animated. At the same time we are learning slowly but steadily to foresee that we are being foreseen, accepting that things know our moods, our purchasing habits, our mobility patterns, our political and sexual preferences and our sweet spots. We are on the verge of shifting from using technologies to interacting with them, negotiating their defaults, pre-empting their intent while they do the same to us."[34]

In dieser *Onlife-* (nicht Online-) Welt wird die Konsumtion von Produkten personalisiert, antizipatorisch und automatisiert. Sicherlich steht am Beginn der neuen Konsumwelt ein Vertrag oder zumindest die Aufnahme einer Rechtsbeziehung, der/die von einem Menschen über einen Service geschlossen/eingegangen wird. Von dem Moment des Eintritts in die digitale Welt übernimmt smarte Technologie das Geschehen. In *onlife* verwischen die Grenzen zwischen off-line und on-line, stärker noch die Unterscheidung zwischen Verbrauchertransaktionen, die von Menschen verhandelt werden und solchen, die von Softwareagenten gemanagt und durchgesetzt werden.

Man kann und muss sehr viel weitergehen und die Frage aufwerfen, ob in der *Onlife*-Welt rechtliche Regulierung des Verbraucherschutzes durch smarte Technologien abgelöst werden wird. Statt Verbraucherschutz durch

---

31 *Murray*, Information Technology Law: The Law and Society, Oxford University Press, 2. Auflage, 2013, S. 5.
32 *Hildebrandt*, Smart Technologies and the End(s) of Law, Edward Elgar Publishing, 2015, viii.
33 *Hildebrandt*, S. 8.
34 *Hildebrandt,* viii-ix.

Recht und Gesetz, Verbraucherschutz durch Technik und Selbstregulierung oder noch prägnanter: Regulierung durch Technik. Hier verschieben sich die Perspektiven erneut. In den Vordergrund rücken Technologien wie *block chain, bitcoin* oder *smart contracts,* die sich außer in Randbereichen der Wirtschaft (speed trading) noch nicht wirklich etabliert haben und schon gar nicht im Verbraucherrecht Einzug gehalten haben. Die Einschätzungen über die Möglichkeiten, Recht durch Technik zu ersetzen, laufen weit auseinander. *Spindler* gibt eine vorsichtig skeptische Einschätzung, weil sich Recht nicht in die Schwarz-Weiß Logik der Software übersetzen lasse.[35] *Blocher* dagegen äußert sich geradezu euphorisch über die Perspektiven der Regulierung durch Technik, nicht zuletzt im Sinne der (Wieder)-Gewinnung von Autonomie bzw. von einer Umkehr der Rechtsbeziehungen – statt *business-to-consumer* (*b2c*) nun *consumer-to-business* (*c2b*).[36]

Diejenigen, die grundlegende technologische und gesellschaftliche Veränderungen herannahen sehen, sind folgerichtig als *Exzeptionalisten* zu bezeichnen. Sie suchen das „Neue" und sehen eine veränderte Welt, in der Mensch und Technik in einem völlig andersartigen Verhältnis zueinander stehen. Sie fordern einen *Digitalen Code* „zur Sicherung der bürgerlichen Freiheiten im Internetkapitalismus".[37] Der im Jahre 2000 noch utopisch klingende *Cyberbutler,*[38] der uns als ständige Hilfe zur Seite steht, ist längst Wirklichkeit geworden. Sowohl Google als auch Amazon haben ihn bereits im Programm. Der Vertrag mit dem jeweiligen Service Provider ist ein Vertrag für Dekaden. Das Rechtssystem ist auf diese Dimension von Zeit nicht eingerichtet. Um sich die Konsequenzen vor Augen zu führen, muss man nicht die Zukunft bemühen. Die meisten von uns rufen Google seit Jahren täglich auf, das gleiche gilt für Facebook. Google und Facebook verfügen über Daten unseres Lebens, die die Grundlage ihres Geschäftsmodells bilden. Verträge über digitale Dienstleistungen, soweit es Verträge im Sinne eines zweiseitigen Rechtsgeschäfts sind, begründen

---

35 *Spindler* (Fn. 24); ebenso *Idelberger,* Connected Contracts Reloaded – Blockchains as Contractual Networks, Vortrag gehalten auf der Secola Konferenz in Tartu 2016, Veröffentlichung in Vorbereitung.
36 *Blocher,* AnwaltsBl 2016, 612.
37 *v. Westphalen,* AnwBl 2016, 619, 626, allerdings sehr stark von den Gefahren ausgehend, die die Digitalisierung für die Menschen heraufbeschwören (vor allem unter Bezugnahme auf *Schirrmacher,* Technologischer Totalitarismus, 2014).
38 *Ford,* 52 Stanford Law Review, 2000, S. 1573.

ein Dauerschuldverhältnis, das neben den etablierten Formen Miete, Kredit und Energie steht.[39] Anders als die drei genannten Formen durchzieht das digitale Dauerschuldverhältnis quasi horizontal das gesamte Feld möglicher wirtschaftlicher Aktivitäten und ihrer rechtlichen Ausprägung. Das digitale Dauerschuldverhältnis und die dahinterstehenden selbst geschaffenen Regeln der Wirtschaft schieben sich zwischen das BGB und die einschlägigen sektoralen Sonderregeln.

III. Konsequenzen aus der Debatte um Kontinuität vs. Disruption

Welche Konsequenzen ergeben sich aus diesem Spannungsverhältnis zwischen Alt und Neu, zwischen Kontinuität und Disruption für die Wirtschaft, für die Gesellschaft und für den Gesetzgeber in der Regelung des Verhältnisses von BGB und Sondergesetzen? Braucht es rechtliche Regelungen für den Vertrag, den der Verbraucher mit seinem Cyberbutler schließt? Braucht es mehr und tiefere Eingriffe des Gesetzgebers, um die Selbstregulierung oder die sich verselbständigende Selbstregulierung *ex ante* zu steuern? Wo sollen diese Regelungen angelandet werden? Welche Rolle spielt das BGB? Falls ja, erweisen sich die Befürworter als *Regulierer* unabhängig vom Ort der Regelung: Statt Vertragsfreiheit und Selbstregulierung geht es um Kontrolle und Aufsicht des Gesetzgebers *ex ante*, vielleicht gekoppelt an die Notwendigkeit, die Selbstregulierung *ex post* durch kompetente staatliche Agenturen zu korrigieren, soweit notwendig. Können all diese Fragen von den Grundfragen der Privatrechtsgesellschaft abgekoppelt werden, Fragen nach Rechtssubjekt, Eigentum und Vertrag, obwohl sie doch unsere Wirtschaftsordnung als Ganzes betreffen? Die rechtspolitische Diskussion national, europäisch wie international scheint stark auf kursorische Eingriffe in die digitale Vertragsgestaltung, auf die Regelung des Datenschutzes und auf die Möglichkeit oder Notwendigkeit der Errichtung einer digitalen Agentur fixiert zu sein. Langsam schiebt sich jedoch eine dritte weit grundsätzlichere Frage in den Vordergrund: die nach der Regulierung und Regulierbarkeit der omnipräsenten Algorithmen.

---

39 *Nogler/Reifner*, Life Time Contracts, 2014, abrufbar unter http://www.eusoco.eu/wp-content/uploads/2013/10/eusoco_book_outline.pdf (zuletzt abgerufen am 12.7.2017).

1. Rechtspolitik der EU und Deutschlands

Wo steht die Europäische Kommission, wo der deutsche Gesetzgeber in seinen Planungen und Überlegungen? Die Europäische Kommission prescht mit starken Worten in der notwendigen Weiterentwicklung des Vertragsrechts vor. In der Mitteilung vom Mai 2015 heißt es imperativ:[40]

> „Ein modernes Vertragsrecht für Europa. Das Potenzial des elektronischen Handels freisetzen."

Später:[41]

> „4. HANDELN, BEVOR ES ZU SPÄT IST Wir müssen jetzt die Online-Wirtschaft angehen...
> Der kommerzielle und technologische Wandel aufgrund der Digitalisierung schreitet nicht nur in der EU, sondern weltweit rasant voran. Die EU muss jetzt handeln, damit sichergestellt ist, dass die Wirtschaftsstandards und Verbraucherrechte dem allgemeinen EU-Recht entsprechen und damit ein hohes Maß an Verbraucherschutz gewährleistet ist und ein modernes, unternehmensfreundliches Umfeld entsteht. Es muss unbedingt ein Rahmen geschaffen werden, der die Nutzung der aus der Digitalisierung erwachsenden Vorteile ermöglicht und der sicherstellt, dass Unternehmen in der EU wettbewerbsfähiger werden und Verbraucher auf die hohen Verbraucherschutzstandards der EU vertrauen können. Wenn die EU jetzt handelt, kann sie die politische Entwicklung und die Standards mitbestimmen, nach denen sich dieser wichtige Teil der Digitalisierung vollziehen wird."

Die Kommission hat es nicht bei Ankündigungen belassen. Im Dezember 2015 hat sie zwei Vorschläge unterbreitet, einen zur Regelung der Digitalen Inhalte, einen weiteren über Online-Kaufverträge über bewegliche Sachen.[42] Beide Vorschläge zielen auf eine Vollharmonisierung, beide sind Gegenstand einer intensiven rechtspolitischen und wissenschaftlichen Dis-

---

40 Europäische Kommission, Mitteilung v. 9.12.2015, Ein modernes Vertragsrecht für Europa - Das Potenzial des elektronischen Handels freisetzen, COM (2015) 633 final.
41 COM (2015) 633 final.
42 Europäische Kommission, Vorschlag für eine Richtlinie des Europäischen Parlaments und des Rates über bestimmte vertragsrechtliche Aspekte der Bereitstellung digitaler Inhalte v. 9.12.2015, COM (2015) 634 final; Europäische Kommission, Vorschlag für eine Richtlinie des Europäischen Parlaments und des Rates über bestimmte vertragsrechtliche Aspekte des Online-Warenhandels und anderer Formen des Fernabsatzes von Waren v. 9.12.2017, COM (2015) 635 final. Im Mai 2017 hat die Kommission einen neuen Vorschlag vorgelegt, der jedoch noch nicht im Amtsblatt veröffentlicht ist.

kussion.⁴³ Sie bewegen sich im Kanon der Fragen, die auch der Deutsche Juristentag aufgeworfen hat und die sich um die Bewältigung der digitalen Herausforderung mit Hilfe des Vertragsrechts ranken. Was verbirgt sich hinter den starken Worten? Ruft die EU eine neue Rechtsordnung aus?

*Brownsword*⁴⁴ hat beide Vorschläge mit Blick auf die Unterscheidung von Nicht-Exzeptionalisten und Exzeptionalisten untersucht und ist zu dem Schluss gekommen, dass die Kommission zu den Nicht-Exzeptionalisten zu zählen ist. Aus verbraucherpolitischer Sicht wiegt schwerer, dass die Europäische Kommission mit Hilfe der beiden Vorschläge versucht, das bislang garantierte Verbraucherschutzniveau bei Online-Kaufverträgen im Interesse des (Internet)-Handels zurückzuschrauben. Konkret geht es um das Spannungsverhältnis zwischen der Verbrauchsgüterkauf-Richtlinie 99/44 und der Verbraucherrechte-Richtlinie 2011/83, die den Direkt- und Fernabsatz regeln. Die beiden Vorschläge verschränken beide Richtlinien. Einmal mehr dient die viel kritisierte Vollharmonisierung dazu, das Schutzniveau zu reduzieren; dieses Mal allerdings geht es um das in europäischen Richtlinien garantierte Maß. Der online Handel dient der Kommission als Vorwand, um das Verbraucherrecht für online und offline zu vereinheitlichen, zu Lasten der Verbraucher.

Der Verbraucherpolitische Bericht der Bundesregierung 2016⁴⁵ geht auf die Grundsatzfrage – die Regulierung der „Onlife" Welt – nicht ein. Der Bericht formuliert jedoch ganz im Stile und im Sinne der Europäischen Kommission:

> „Die Digitalisierung birgt unzweifelhaft auch wirtschaftliche Vorteile, sie stellt den Verbraucherschutz jedoch vor neue Herausforderungen. Es ist politische Gestaltungsaufgabe, durch Rahmenbedingungen für verbindliche und wirkungsvolle Verbraucherschutzstandards in der digitalen Welt zu sorgen. Dabei sind die Stärkung von Selbstbestimmung, die Gewährleistung von Wahlfreiheit und Transparenz, umfassende und verständliche Verbraucherinformationen und Sicherheit im Netz entscheidend. Das ist der Schlüssel zu

---

43 Die EUCML hat sich diesen Sachkomplex in einer Vielzahl von Beiträgen zu Eigen gemacht. Drei Bücher verdienen der besonderen Erwähnung: *Wendehorst/Zöching*, Ein neues Vertragsrecht für den digitalen Binnenmarkt, 2016; *de Franceschi*, European Contract Law and the Digital Single Market, The Implications of the Digital Revolution; *Schulze/Staudenmayer*, Digital Revolution: Challenges for Contract Law in Practice, 2016.
44 *Brownsword*, The E-Commerce Directive, Consumer Transactions, and the Digital Single Market: Questions of Regulatory Fitness, Regulatory Disconnection and Rule Redirection, Vortrag v. 18.6.2016 auf der SECOLA-Konferenz, Tartu.
45 BT-Dr. 18/9495, 10.

mehr Verbrauchervertrauen, das für den Erfolg neuer Geschäftsmodelle sowie digitaler Innnovationen erforderlich ist. Besondere Bedeutung besitzt dabei der Verbraucherdatenschutz."

Zu den beiden Vorschlägen der Europäischen Kommission nimmt der Bericht nicht Stellung. In den angekündigten Maßnahmen der Bundesregierung finden sich keinerlei Hinweise zur Frage, ob es besonderer Regelungen für die digitalen Rechtsbeziehungen bedarf, um nur dieses Beispiel aus dem Kontext möglicher Regelungsansätze herauszugreifen. Die Bundesregierung beschränkt sich auf Detailkorrekturen, ähnlich wie ganz überwiegende Teile der Rechtswissenschaft.

Grundsätzlicher, weil in der Sache offener, schien der Ansatz des Bundesministeriums für Wirtschaft und Energie im Grünbuch digitale Plattformen zu sein.[46] Das im März 2017 veröffentlichte Weißbuch[47] nimmt die Offenheit jedoch partiell zurück und spricht dezidiert von bloßer „Transformation", der die „Disruption" gegenübergestellt wird. Das liest sich eher als nicht-exzeptionalistisch. Auch das im Weißbuch avisierte Vertrauensdienstegesetz erweist sich bei näherem Hinsehen als Umsetzungsgesetz der eIDAS Verordnung.[48] Das unlängst verabschiedete Gesetz interveniert zumindest indirekt in die BGB-rechtlichen Bestimmungen zum Vertragsschluss.

Aus der Sicht des Verbraucherschutzes besonders relevant sind die Fragen zum Leitbild *„Datensouveränität" – Impulse für die Schaffung einer digitalen Privatautonomie* und das Petitum für die *Errichtung einer Digitalagentur*.[49] Was unter Datensouveränität und digitaler Privatautonomie zu verstehen ist bleibt vage. Wie unterscheidet sich Datensouveränität von Konsumentensouveränität, einer Verbraucherfigur, die doch politisch längst überholt und durch eine Differenzierung der Verbraucherleitbilder[50] ersetzt schien? Der Sachverständigenrat für Verbraucherfragen (SVRV) hat die Problematik aufgegriffen und eine Reihe von Gutachten vergeben, die sich um eine Konturierung des Schlagwortes bemühen. Statt Daten-

---

[46] Stand Mai 2016.
[47] BMWi, Weißbuch Digitale Plattformen, 2017.
[48] VO (EU) Nr. 910/2014 des Europäischen Parlaments und des Rates vom 23.7.2014 über elektronische Identifizierung und Vertrauensdienste für elektronische Transaktionen im Binnenmarkt und zur Aufhebung der Richtlinie 1999/93/EG, ABl. 2014 L 257/73.
[49] *Faust*, S. 66.
[50] *Micklitz*, Journal für Verbraucherschutz und Lebensmittelsicherheit, 2013, S. 241-245.

souveränität spricht der SVRV jedoch von Digitaler Souveränität, die weiterreicht als Datensouveränität. Die Ergebnisse wurden auf einer Veranstaltung am 29. Juni 2017 vorgestellt. In die Politik der noch amtierenden Großen Koalition werden sie kaum einfließen.

Den Anstoß für die Errichtung einer digitalen Agentur hatte das BMWi/BMJV-Maßnahmenprogramm „Mehr Sicherheit, Souveränität und Selbstbestimmung in der digitalen Wirtschaft - Herausforderungen und Handlungselemente für Gesellschaft, Wirtschaft und Verbraucher" vom Herbst 2015 gegeben.[51] Datensouveränität, digitale Autonomie und Digitalagentur könnten je nach Interpretation und Ausrichtung zu Marksteinen für die Entwicklung eines digitalen Verbraucherrechts werden. Das Weißbuch des BMWi hat sich dieser Forderung angeschlossen:[52]

> Diese soll den Digitalisierungsprozess in den einzelnen Politik- und Anwendungsbereichen unterstützen, eine konsequente, kontinuierliche Marktbeobachtung einzurichten und damit ein rasches Eingreifen insbesondere bei Wettbewerbs- oder Regulierungsverstößen durch die zuständige Behörde mit ermöglichen. Vorhandene obere Bundesbehörden können insbesondere die Think-Tank-Aufgaben nur begrenzt übernehmen und damit diese Kompetenzlücke nicht überwinden. Komplementär zu Aufgaben der Bundesnetzagentur oder des Bundeskartellamtes könnte die Digitalagentur auch mit spezifischen hoheitlichen Aufgaben beauftragt werden – und unter anderem Verstöße gegen das Lauterkeitsrecht (UWG) effektiv und zügig ahnden.

Eine Disruption lässt sich schwerlich erkennen. Die Gedankengänge sind in den für das Zivilrecht einschlägigen Passagen geprägt von den Vorgaben der Europäischen Union und den dort ergriffenen Maßnahmen zur Gestaltung der digitalen Wirtschaft und Gesellschaft. Wirklich neue und eigene Wege zeigen sich allein in der Rechtsdurchsetzung. Die Forderung nach einer Digitalagentur, die sich in den wirtschaftlichen Verbraucherschutz einschaltet – auch wenn nur das UWG und nicht das AGB-Recht genannt sind, – würde die rechtliche Landschaft in Deutschland erheblich

---

51 BMWi/BMJV, Grünbuch Digitale Plattformen, 2016, S. 66: „Eine Digitalagentur als hochleistungsfähiges und international vernetztes Kompetenzzentrum des Bundes könnte diese Aufgabenbereiche bearbeiten. Sie könnte andere Fachbehörden (wie Bundeskartellamt oder Verbraucherschutzstellen) im Digitalisierungsprozess begleitend unterstützen und auch Umsetzungshemmnisse für politische Strategien identifizieren und abbauen. So wie das Umweltbundesamt oder das Bundesamt für Migration und Flüchtlinge kann eine neu zu schaffende Digitalagentur helfen, eine der zentralen gesellschaftlichen Herausforderungen zu meistern." .
52 BMWi, Weißbuch Digitale Plattformen, 2017, S. 97 ff.

verändern und damit vermittelt über die Rechtsdurchsetzung auch das Verhältnis der Sondergesetze zum BGB. Die politische Realität sieht anders aus, wie sich am zaghaften Ausbau des Bundeskartellamtes verdeutlichen lässt.

2. ...und das BGB und die Privatrechtsordnung?

Ist dieses vorsichtige Handeln des Gesetzgebers und seine starke Fokussierung auf Europa wirklich ausreichend? Besteht Anlass zum Nachdenken über die von der Politik gesetzten Grenzen oder kann sich auch die Rechtswissenschaft auf ein beruhigendes „weiter so" verlassen und beschränken? Es scheint wenig hilfreich, das Lagerdenken überzustrapazieren.

Die Gefahr eines „weiter so" liegt in der möglichen Verkürzung der Perspektive. Übersehen wird dabei die Entwicklung, die das BGB in den letzten 100 Jahren durchlaufen hat. Die Ausgliederung von relevanten Teilen der Privatrechtsordnung in das Arbeitsrecht, das Verbraucherrecht und nun das Recht der digitalen Wirtschaft wirft die Frage nach dem Platz des BGB in der Wirtschafts- und Privatrechtsordnung auf. Genau genommen sind wir einmal mehr an einer Zeitenwende und sollten die Frage nach der „Zukunft des Privatrechts" aufnehmen, die *Raiser* uns vor gut 50 Jahren hinterlassen hat.[53] Sein Beitrag und die ihm gewidmete Festschrift zum „Funktionswandel des Privatrechts" ist in Frankfurt und Bremen auf fruchtbaren Boden gefallen und hat zu einem Verständnis des „Wirtschaftsrechts als Kritik des Privatrechts" geführt.[54] Die Europäische Union bedient sich des Wirtschaftsrechts, um die nationalen mitgliedstaatlichen Privatrechtsordnungen in den Europäischen Integrationsprozess einzubinden. Die Idee eines Europäischen Regulierungsprivatrechts liegt auf der Linie der von *Ludwig Raiser* angestoßenen Diskussion.[55] Seine Legitima-

---

53 *Raiser*, Die Zukunft des Privatrechts, 1971.
54 *Assmann/Brüggemeier/Joerges/Hart*, Wirtschaftsrecht als Kritik des Privatrechts. Beiträge zur Privat- und Wirtschaftsrechtstheorie, 1981.
55 *Micklitz*, Yearbook of European Law 2009, 28 (1), 3; Italienisch, in Collana „Studi storici e guiridici" diretta da Guido Alpa e Roberto Mazzei, Seminari del Consiglio Nazionale Foren-se, 2010, 125-192, ins Finnische, Lakimies 3/2010, 330-356, Japanisch, Hokkaido Journal of New Global Law and Policy, Vol. 12, 30. Juli 2011, Französische, La main vi-sible du droit privé réglementaire Européen, RIDE 2014, 5-57.

tion und Legitimität bezog ein so verstandenes Privatrecht aus der Verbindung der Privatautonomie mit der Sozialregulierung. Seit *Lehman Brothers* und der anhaltenden Eurokrise wächst die Kritik an einem Wirtschaftsrecht, das nicht mehr als „Kritik des Privatrechts" fungiert, im Sinne der von *Max Weber* diagnostizierten Materialisierung, sondern *Privatrecht als Kritik eines sozialen Wirtschaftsrechts* etabliert.[56]

Es mag an dieser Stelle dahinstehen, ob die Kritik an der neoliberalen Ausrichtung der EU zutreffend ist oder ob die EU selbst die Grundlagen eines sozialen Privatrechts schafft.[57] Nicht zu übersehen ist das Ineinanderwachsen von Wirtschaftsrecht und Privatrecht, vehement diskutiert im Zuge des Aufstiegs des Verbraucherrechts in den Zeiten der Konsumgesellschaft. Das AGB-Recht und das Recht unlauterer Geschäftspraktiken definieren eine horizontale Ordnung für wirtschaftliche Transaktionen, *b2c* und *c2b*, jedenfalls in Deutschland. Typischerweise werden beide Rechtsgebiete nicht nur sorgfältig voneinander getrennt, sondern auch vom gemeinsamen Bezugspunkt dem BGB abgespalten. Mit der Digitalisierung wird dieser Prozess des Inaneinanderwachsens beschleunigt. Allgemeine Geschäftsbedingungen lassen sich digital nicht von „individuellen Vereinbarungen" unterscheiden, mit der personalisierten Werbung verschwimmen die Grenzen hin zur invitatio und zum Vertragsangebot.[58]

Der Schwerpunkt liegt vorliegend jedoch nicht auf der Konsumgesellschaft, sondern auf den Auswirkungen der Digitalisierung auf die Grundfesten des BGB. Die Hypothese lautet, dass Digitalisierung die drei Säulen des BGB das Rechtssubjekt, das Eigentum und den Vertrag verändert und transformiert. Um diesem Prozess nachzuspüren, ist auf die beiden Rechtsgebiete Bezug zu nehmen, die die Grundlagen der digitalen Wirtschafts- und Privatrechtsordnung ausmachen: die europäische Datenschutzgrundverordnung (DSGVO) und „property rights", eine Begrifflichkeit, für die es in der deutschen Rechtssprache kein Pendant gibt. Die Datenschutzgrundverordnung (DSGVO) geht weit über ihren Vorgänger – die europäische Datenschutzrichtlinie – hinaus, in dem sie eine Rahmenordnung nicht nur für den Datenschutz, sondern für den Handel mit Daten be-

---

56 Vgl. die Beiträge in *Kochenov/de Búrca/Williams* (Hrsg.), Europe's Justice Deficit?, Hart Publishing 2015.
57 Zum Konzept der Zugangsgerechtigkeit, *Micklitz*, in: Micklitz (Hrsg.), The Many Concepts of Social Justice in European Private Law, Edward Elgar Publishing, 2011, S. 3; kritisch *Dagan*, ELJ 2016, 644; *Hesselink*, ELJ 2016, 684.
58 *Rott*, VuR 2015, 163.

reithält.[59] Sie gewährt dem Verbraucher das Recht, aus der eingewilligten Datenverarbeitung auszusteigen, die Daten mitzunehmen und sie auf sich selbst oder einen anderen Anbieter zu übertragen. Nicht von ungefähr hat die DSGVO der Diskussion um das „Eigentum an den Daten" und dem „Wert von Daten" Auftrieb verliehen.[60] Die Rechtswissenschaft hat sich mit großer Verve auf diese Thematik gestürzt und den ganzen Argumentationsbaukasten in Anschlag gebracht, um eine Antwort innerhalb des geltenden Rechtssystems zu finden, eine Neuregelung zu befürworten oder abzulehnen. Die zweite große Entwicklung rührt aus der Vertraglichung des Eigentums her, die im Zeitalter des Internet der Dinge über Softwareprogramme gesteuert wird. Beide Blöcke zusammengenommen, die DSGVO und die „property rights", legen sich bleischwer auf das BGB oder vielleicht ist es anschaulicher und auch zutreffender davon zu sprechen, dass die DSGVO und die „property rights" sich unter das BGB schieben und so die Anwendbarkeit und die Anwendung des BGB determinieren. Die Auswirkungen zeigen sich in der Umformung der Säulen des Privatrechts.

Das Arbeitsrecht und das Verbraucherrecht hatten eine neue Rechtsfigur geschaffen, den Arbeitnehmer und den Verbraucher. Die in Sondergesetzen und/oder im BGB vorfindlichen Schutzinstrumente sind an den rechtlichen Status des Arbeitnehmers bzw. des Verbrauchers geknüpft. Die Digitalisierung zielt auf die Bestimmung des Rechtssubjekts an sich, nicht nur mittels der Robotik, sondern über den Einsatz von selbstlernenden Algorithmen, mit der sich die Verantwortlichkeiten zwischen dem „principal" und dem „agent" verwischen. Die Diskutanten spalten sich erneut in zwei Lager, jene, die im Zeitalter der Algorithmen die Verantwortung bei demjenigen sehen, der die Software in Auftrag gegeben und denjenigen, die selbstlernenden Algorithmen mittelfristig oder bereits jetzt eine Eigenständigkeit zuschreiben, die die Frage nach dem verantwortlichen Rechts-

---

59 So *Schmechel*, Verbraucherdatenschutzrecht in der EU-Datenschutz-Grundverordnung, 2016, abrufbar unter http://www.svr-verbraucherfragen.de/wp-content/uploads/SVRV_WP04_Verbraucherdatenschutzrecht_EU-DSGVO.pdf (abgerufen am 12.7.2017).
60 Gutachten des SVRV zur Digitalen Souveränität, Juni 2017, abrufbar unter http://www.svr-verbraucherfragen.de/wp-content/uploads/Gutachten_Digitale_Souver%C3%A4nit%C3%A4t_.pdf (abgerufen am 19.9.2017).

subjekt plausibel erscheinen lässt. Hierher gehört auch die Frage, ob Netzwerke als Rechtssubjekte zu behandeln sind.[61]

Die zweite Säule „Eigentum" kommt von zwei Seiten unter Druck, über die Frage, ob es Eigentum an Daten geben kann und soll, sowie über die Aushöhlung des Sacheigentums durch die digitale Steuerung der Nutzungsrechte. Während die erste Frage rechtspolitisch kontrovers diskutiert wird, hat das Internet der Dinge in Bezug auf die zweite längst Fakten geschaffen. Das Sacheigentum an Geräten, die den Zugang zum Internet eröffnen, ob Mobiltelefon, Computer oder Cyberbutler, ist für sich gesehen nutzlos, wenn nicht gleichzeitig die Nutzung der Geräte mit den einschlägigen Softwareprogrammen garantiert wird.

Auch der Vertrag verändert sich. Schon das Verbraucherrecht hat die Grenzen zwischen Vertragsschluss und Werbung, bzw. zwischen Vertragsinhalt und nachvertraglichen Kundendienstleistungen verwischen lassen. In der digitalen Welt erscheint der Vertrag als ein „Kontinuum",[62] das von der Kontaktaufnahme bis zur Vertragsdurchführung reicht. In jeder Phase dieses Kontinuums verändert die Digitalisierung bestehende Orientierungsmuster und Ordnungsrahmen. In der ersten Kontaktphase zwischen dem Nutzer, der sich Zugang zum Netz verschaffen will, ist schon fraglich, ob überhaupt ein Vertrag zustande kommt oder ob es sich nicht um eine Rechtsbeziehung eigener Art handelt. Der Inhalt des Vertrages wird über allgemeine Geschäftsbedingungen bestimmt, die jederzeit digital veränderbar sind. Die Durchsetzung des Vertrages kann digital gesteuert und vollzogen werden (*smart contracts*).[63]

IV. Statt einer Schlussbemerkung

Die im bürgerlichen Recht kondensierte Privatrechtsordnung hat in ihren mehr als 100 Jahren eine rasante Veränderung erfahren. Zwei denkbare Betrachtungen sind möglich: die erste Variante wirkt beruhigend. Das BGB hat die Stürme der Zeit überdauert, die Industrialisierung, den Übergang zur Konsumgesellschaft. Das BGB wird die Digitalisierung „überleben". Die zweite Variante ist aufrührerisch. Hier geht es nicht darum, das

---

61 *Amstutz/Teubner* (Hrsg.), Networks, Legal Issues of Multilateral Co-operation, Hart Publishing 2009.
62 *Reich*, EuZW 1997, 581.
63 *Spindler* (Fn. 24).

Ende des BGB zu proklamieren. Vielmehr steht an, sich mit den Auswirkungen auf die tieferen Schichten des BGB auseinanderzusetzen, mit den elementaren Bausteinen, mit den Säulen des BGB: dem Rechtssubjekt, dem Eigentum und dem Vertrag. Der Beitrag will den Blick auf die tiefergehenden Veränderungen schärfen, die aus einer möglichen Disruption im Zuge der Digitalisierung resultieren.

„Verbraucher und Recht" – Zur Logik von Verbraucherrecht und Verbraucherschutz

Udo Reifner, Hamburg[*]

Mit dem Jubilar verbindet den Verfasser eine langjährige Mitherausgeberschaft der Zeitschrift *Verbraucher und Recht*. Einst an der Hochschule für Wirtschaft und Politik gegründet,[1] hat sie ihren Namen mit Bedacht erhalten. Es war ein Kompromiss. Während sich die angelsächsische Lesart vom *Verbraucherrecht* für das Zusammenspiel dieser beiden Komponenten durchgesetzt hat, verharren die französischsprachigen Schwesterzeitschriften beim *Verbrauchsrecht* i.S.v. „Konsumrecht". Nur Deutschland und Kolumbien bilden die Ausnahme und belassen es bei *Verbraucher und Recht*.[2] Damit stellt sich die Frage, ob alle dasselbe oder voneinander ge-

---

[*] Prof. Dr. jur. em. Udo Reifner, Dipl. Soziologe, Institut für Finanzdienstleistungen e.V. (iff) – Hamburg.
[1] Die Nullnummer erschien im September 1986 im Luchterhand Verlag. Initiatorin war Frau *Burghard-Falke* vom Luchterhand Verlag. Die Zeitschrift wollte damals „die Lücke in der veröffentlichten Meinung schließen" (VuR 0/1986 S. 4), die durch die Selektion der Urteile in den anbieterdominierten Zeitschriften sichtbar war. Der Erfolg war umwerfend kam allerdings VuR wirtschaftlich nicht zugute, weil die Wirtschaftsrechtszeitschriften ihre Selektion änderten. VuR sollte kein Monopol auf Verbraucherschutz erhalten. Drei Gründungsherausgeber, *Hans Micklitz, Udo Reifner* und *Klaus Tonner*, lehrten an der HWP. Von den Verbraucherverbänden kamen *Fritz Bultmann* Geschäftsführer des VSV, der später im vzbv aufging, sowie *Walter Stillner*, der Rechtsberater der VZ Baden-Württemberg. Im Beirat saßen Verbraucherverbände, Staatsanwälte, Rechtsanwälte, Wissenschaftler und Presse. Seit 1996 ist der Jubilar Mitherausgeber in einer verjüngten Mannschaft.
[2] *Verbraucherrecht*: Deutschland: Journal of European Consumer and Market Law (Beck); Brüssel: Journal of Consumer Policy (Springer); Österreich: Zeitschrift für Verbraucherrecht (Manz-Verlag); Australien: SSRN Consumer Law eJournal; Australian Journal of Competition and Consumer Law (AJCCL); Niederlande: Journal of European Consumer and Market Law (Kluwer); Tijdschrift voor Consumentenrecht & Handelspraktiken (Uitgeverij, Paris); Belgien: European journal of consumer law (R.E.D.C.) (Larcier); Brasilien: Revista de Direito do Consumidor; Indien: International Journal on Consumer Law and Practice. USA: Loyola Consumer Law Review.

trennt zu betrachtende Rechtsgegenstände beschreiben.[3] Vor allem aber: Ist eine Terminologie richtiger als die andere?

1. Der *Schutz der Verbraucher* wird in Art. 152 AEUG und anderen politischen Deklarationen, Parteiprogrammen bis hin zu den Benennungen von Ämtern und Ministerien[4] gefördert und gefordert. Dazu gibt es ein *Verbraucherrecht,* das bereits Lehrstühle[5] und Lehrbefähigungen charakterisiert. Wer aber ist der *Verbraucher?* Das BGB gibt die Antwort in § 13: Verbraucher ist ein Mensch, soweit er oder sie nicht (überwiegend) gewerblich oder freiberuflich tätig ist. Damit ist der Verbraucher jedenfalls ein Rechtssubjekt. Reicht das aber, um ihn benennen und dem „Verbraucherrecht" damit ein Fundament geben zu können?

Wer über den Beruf des Kunstmalers nur sagen kann, dass er kein Handwerker ist, bleibt die Antwort schuldig. Die Wissenschaft sollte diese Leerstelle füllen. Es existieren zwar inzwischen Zusammenstellungen des Verbraucherrechts,[6] die sich zumindest implizit an die Definition des Ver-

---

Verbrauchsrecht: Belgien: (frz. Ausgabe) Revue européenne de droit de la consommation (Larcier); Spanien: Revista de Derecho de Consumo – UCLM.
Verbrauch(er) und Recht: Deutschland: VuR; Kolumbien: Revista Derecho y Consumo.

3 Zur Theorie von Verbraucherschutz und Recht: vgl. *Reifner*, Das Geld 2. Soziologie des Geldes - Heuristik oder Mythos, 2017, S. 279 ff. und *ders.*, Das Geld 3. Recht des Geldes - Regulierung und Gerechtigkeit, 2017 S. 117 ff. Auf das dort entwickelte Konzept wird verwiesen.
4 Bundesministerium für Justiz und Verbraucherschutz; Behörde für Verbraucherschutz (ehemals Gewerbeaufsicht) Hamburg.
5 Center for Consumer Law, Houston University USA.
6 *Tamm u.a.* (Hrsg.), Verbraucherrecht. Rechtliches Umfeld, Vertragstypen, Rechtsdurchsetzung: Beratungshandbuch, 2016; *Micklitz*, Brauchen Konsumenten und Unternehmen eine neue Architektur des Verbraucherrechts?, 2012; *ders.*, Rechtsprechungsübersicht zum Europäischen Verbraucherrecht. Vertrags- und Deliktsrecht; *ders.*, in: Festschrift für Franz Jürgen Säcker zum 70. Geburtstag, 2011, 125-139; *Heiderhoff/Schulze* (Hrsg.), Verbraucherrecht und Verbraucherverhalten. Consumer Law and Consumer Behaviour, 2016; *Kolba/Leupold*, Das neue Verbraucherrecht. Verbraucherrechte-Richtlinie-Umsetzungsgesetz (VRUG), Fern- und Auswärtsgeschäfte-Gesetz (FAGG) und Neuerungen im Konsumentenschutz-Gesetz (KSchG), 2014; *Reich*, Individueller und kollektiver Rechtsschutz im EU-Verbraucherrecht. Von der „Nationalisierung" zur „Konstitutionalisierung" von Rechtsbehelfen, 2012; *Schütte*, Verbraucherrecht. Kauf – Leasing – Auftrag – Reklamation – Umtausch; [aus den Bereichen Privatinkauf, Bestellung, Dienstleistung, Handwerker, Reparatur, Geld leihen, Urlaub buchen]; *Weber-Stecher*, Internationales Konsumvertragsrecht. Grundbegriffe, Zuständigkeit, Anerkennung und

brauchers im BGB oder des Verbraucherschutzes[7] in den Deklarationen anlehnen. Nur wenige versuchen aus diesen Vorgaben einen generellen Sinn herauszudestillieren. Man überlässt es dem Gesetzgeber, rechtlich gefasste Handlungssituationen dem Verbraucherschutz zu unterstellen und die entsprechenden Normen durch die Nutzung des Verbraucherbegriffs als Verbraucherrecht zu markieren.[8]

Dies war im Arbeitsrecht am Ende des 19ten Jahrhunderts nicht anders. Auch dort wollte man nicht wissen, was ein Arbeiter ist. Der Jurist ist kein Soziologe. Allein der Gesetzgeber entscheidet über die Zuordnung, ersetzt aber mit seinen Begriffen dann auch keine sozialwissenschaftliche Theorie. Er muss dabei weder logisch noch konsistent handeln. Der Preis des Rechtsstaates besteht darin, dass „drei berichtigende Worte des Gesetzgebers ... ganze Bibliotheken ... zu Makulatur (werden lassen)".[9] Die *Auslegung* des Gesetzes wird so vor den Zumutungen juristischer Zweck- und Sinnfindung durch *Einlegungen* bewahrt.[10]

2. Besonders anfällig für Einlegungen ist die *teleologische Auslegung*.[11] In ihr erhob sich gerade in der jüngeren deutschen Rechtsgeschichte der vom

---

Vollstreckung sowie anwendbares Recht: (LugÜ, IPRG, EVÜ, EGBGB), 1997; *Reich/Micklitz*, Europäisches Verbraucherrecht, 2003.

7 Gsell, Beate; Lima Marques, Claudia; Artz, Markus; Harke, Jan Dirk; Meller-Hannich, Caroline (Hg.) (2017): Wer ist der Verbraucher? Verbraucherbegriffe, Verbraucherleitbilder und situative Differenzierungen im Verbraucherschutz. Nomos Verlagsgesellschaft. 1. Auflage. Baden-Baden: Nomos.; Micklitz, Hans-W (2017): Verhandlungsmodelle im Verbraucherschutz. Bamberg: Otto-Friedrich-Universität Bamberg.

8 Unter den mehr als 100 angekündigten Vorträgen auf dem 3-Jahrestreffen der Internationalen Vereinigung für Verbraucherrecht (IACL) im Juli 2017 in Porto Allegre möchten – wie schon in den Treffen der letzten 20 Jahre – kein Referent und keine Referentin mehr darüber sprechen, was ein Verbraucher ist.

9 Dies ist auch gut so. *Kirchmann*, der dies in seinem berühmten Vortrag äußerte, war ja ganz anderer Meinung als wie es der Titel suggeriert. Er plädierte schon 1848 als Staatsanwalt gegen die Entwicklungschancen für Demokratie für ein jenseits der Parlamente „dem ganzen Volk" zustehendes Rechtsschöpfungsmonopol, das durch die gelehrte Jurisprudenz als Volksrecht zum Ausdruck gebracht werden sollte; *Kirchmann*, Die Werthlosigkeit der Jurisprudenz als Wissenschaft. Ein Vortrag, 1848, S. 44.

10 Dazu *Rüthers*, Die unbegrenzte Auslegung. zum Wandel der Privatrechtsordnung im Nationalsozialismus, 2005.

11 Drastisches Beispiel war § 2 StGB in der Fassung vom 28.6.1935: „Bestraft wird, wer eine Tat begeht, …die nach dem Grundgedanken eines Strafgesetzes und nach gesundem Volksempfinden Bestrafung verdient." Besonders hervorzuheben inner-

Rechtsstab gefundene oder erdachte Zweck des Gesetzes über das Gesetz selber. Der *Verbraucher* scheint hierzu einzuladen. Schon der Begriff ist teleologisch. Zwar legt das BGB die verbrauchbaren Sachen in § 92 BGB objektiv fest und kategorisiert sie unabhängig vom Nutzungszweck. Doch damit lösten die römischen Juristen nur die Konflikte zwischen Darlehens- und Eigentumsrecht. Da das Eigentum der geliehenen Sache bestimmungsgemäß durch Gebrauch unterging, sollten Sachen gleicher Art und Güte zurückerstattet werden. Mit dem Verbraucherbegriff hat das nichts zu tun. Auch unverbrauchbare Sachen können Gegenstand eines gesetzlich geschützten *Verbrauchsgüter*kaufes sein. Doch der grammatische Sinn des Verbrauchers verlangt nach einer Erklärung, die nicht die Verbrauchbarkeit sondern das *Verbrauchen* durch den Verbraucher in den Mittelpunkt stellt. Anders als beim Käufer, Mieter oder Darlehensnehmer bietet das Gesetz dazu jedoch keine objektiv erfassbare, sondern nur eine subjektiv nachvollziehbare *funktionale* Definition.

3. Knüpft der Gesetzgeber bei einem Erwerbs- oder Nutzungsgeschäft am Zweck *Verbrauchen* an, so wird der Telos der Handlung bzw. ihr *Motiv*[12] zu dem, was die Handlung objektiv bestimmt. Damit nicht genug. Das Gesetz verfolgt noch einen weiteren Zweck: den *Schutz der Verbraucher*.

Im Verbraucher*schutz*recht werden daher zunächst diejenigen Marktteilnehmer hervorgehoben, die im Unterschied zu objektiv gleichartigen Geschäften einen bestimmten Zweck, den privaten Konsum, verfolgen. Anschließend wird für solche Geschäfte festgelegt, dass die Seite, die diese Zwecke verfolgt, schutzwürdig ist. Die zum Verbraucherschutz erlassenen „Vorschriften (sollen) nicht durch eine besondere Gestaltung der Verträge in einer Weise *umgangen* werden können, durch die Verbrauchern der

---

halb des BGB ist die teleologische Reduktion des § 439 BGB seit der Entscheidung des BGH (Urt. v. 21.12.2011 - VIII ZR 70/08, sog. Fliesen-Entscheidung), wonach im Ergebnis ein in diesen Fällen im Gesetz an sich nicht vorgesehener Kostenerstattungsanspruch an die Stelle des Nacherfüllungsanspruchs tritt, wenn die Kosten für den im Rahmen der Nacherfüllung geschuldeten Ein- und Ausbau einer Sache insgesamt als unverhältnismäßig gelten. Erst mit der Neufassung des § 439 Abs. 3 BGB mit Wirkung zum 1.1.2018 (vgl. Gesetz zur Reform des Bauvertragsrechts und zur Änderung der kaufrechtlichen Mängelhaftung, BT-Dr. 18/11437), also 6 Jahre später wird hier Gesetz, was Rechtsprechung war.

12 Dies bestätigt die durch den Marktwert objektivierte Ausnahme der wesentlichen Eigenschaft in § 119 Abs. 2 BGB. *Flume,* Das Rechtsgeschäft, 1992 § 25 (S. 491 ff, Fn 1).

durch diese Richtlinie gewährte Schutz entzogen wird".[13] Der EU-Richtliniengeber schreibt die Berücksichtigung des Schutzzwecks nur dem nationalen Gesetzgeber vor. Die Grundlagen nationaler Zivilrechtsdogmatik, die im Interesse der Rechtssicherheit anders als im richterbasierten Common Law Motive möglichst nur in objektiv nachvollziehbare Anknüpfungen umsetzen sollen, bleiben an sich unangetastet.[14] Die nationalen Gesetzgeber haben diese Aufgabe jedoch ignoriert, zumal der EuGH ohne Auseinandersetzung mit diesem Problem im Interesse schneller Markterweiterung ihre unmittelbare Wirkung im nationalen Recht anordnete.[15] So wurden die entsprechenden Passagen nicht umgesetzt, sondern entgegen ihrem Sinn nur wörtlich übernommen. Damit wurde die Dogmatik des Zivilrechts politisch opportun durch das EU-Verbraucherschutzrecht wesentlich verändert. Die Gerichte erhielten faktisch für die richtlinienkonforme Umsetzung eine Ko-Zuständigkeit. Die gesetzlichen Regelungen zum Verbraucherschutz treten daher bei der Umsetzung von Verbraucherschutzzielen mit einer rechtsstaatlich bedenklichen[16] Verwischung der Grenzen zwischen Gesetzesmotiven und Gesetz, zwischen objektiven und subjektiven Auslegungsmethoden in Erscheinung. Gilt dies auch für den Verbraucherbegriff?

4. Man findet sie tatsächlich, die gesetzlichen teleologisch aufgeladenen *Verbraucherdefinitionen*. Die Verbraucherschutz-Charta des Europarates von 1973[17] bestimmt: "A consumer is a physical or legal person to whom goods are supplied and services provided *for private use.*" Es ist hier nicht die Person, sondern der Nutzungszweck, der geschützt werden soll. Art. 9(b) Produkthaftungs-RL verlangt vom nationalen Gesetzgeber den *„persönlichen Verbrauch oder Gebrauch"* zu schützen. Eine weitere

---

13 Z.B. Art. 41 (b) RL 2014/17/EU (Immobiliardarlehen).
14 „Die Richtlinie ist für jeden Mitgliedstaat, an den sie gerichtet wird, hinsichtlich des zu erreichenden Ziels verbindlich, überlässt jedoch den innerstaatlichen Stellen die Wahl der Form und der Mittel." (Art. 288 Abs. 2 AEUV).
15 EuGH, Urt. v. 5. 2. 1963 – 26/62, Slg. 1963, S. 3 (grundsätzlich) – Van Gend & Loos; EuGH, Urt. v. 4.12.1974 - 41/74, Slg. 1974, 1337 – Van Duyn (Fristversäumung des nationalen Gesetzgebers).
16 Die dargestellten Regeln des Verbraucherrechts schränken immer die grundrechtlich geschützte Vertragsfreiheit der Anbieterseite ein. Trotz der weiten Schrankentrias in Art. 2 Abs. 1 GG sollte die Einschränkung aber in erster Linie dem Gesetzgeber vorbehalten bleiben.
17 Resolution 543 on a Consumer Protection Charter, May 17, 1973.

zweckorientierte Verbraucherdefinition findet sich in 15 U.S. Code § 1602: "The adjective ›consumer‹, used with reference to a credit transaction, characterizes the transaction as one in which the party to whom credit is offered or extended is a natural person, and the money, property, or services which are the subject of the transaction are primarily *for personal, family, or household purposes.*"

Das deutsche Zivilrecht schützt den Verbraucher indessen als Person, ohne den Konsum als Zweck anzusprechen. Verbraucher sind objektiv bestimmt. Es sind alle natürlichen Personen, es sei denn sie handeln überwiegend gewerblich oder freiberuflich. Die Diskussion, ob etwas dem persönlichen Verbrauch dient, wird dem Anwender erspart. Dies zeigt sich sogar in der Umsetzung der EU-Verbrauchsgüterkaufrichtlinie, die den *Verbrauch* begrifflich hervorhebt. In ihrer Umsetzung durch die §§ 474 ff. BGB sind Verbrauchsgüter jedoch nicht die dem Konsum dienenden oder verbrauchbaren Güter. Es sind Gegenstände in „Verträgen, durch die ein Verbraucher von einem Unternehmer eine bewegliche Sache kauft." Verbrauchen ist daher nur die juristische Form der Tätigkeit eines *Verbrauchers* i.S. des § 13 BGB.

Verbrauchen spielt also im gesetzlichen Verbraucherschutzrecht keine Rolle. Es ist nur das, was ein Verbraucher rechtsgeschäftlich vollbringt. Deshalb schützt auch die Eigenschaft, Verbraucher zu sein, ebenso wenig wie die Arbeitnehmereigenschaft in § 611a BGB (2017) einen automatischen Arbeitsschutz begründet. Schon die Kaufmannseigenschaft i.S.d. §§ 1 ff. HGB befreit nicht automatisch von den Restriktionen des BGB. Die Personendefinitionen bieten nur Anknüpfungspunkte für Regeln, die erst ihrerseits Schutz in speziellen Situationen oder Bereichen vermitteln.

5. Das hat Folgen. Rechtstechnisch gibt es *im Gesetz keinen Verbraucherschutzzweck* oder einen generell zu beachtenden Konsumzweck. Auch der Anhänger einer Interventionspflicht zugunsten der Verbraucher muss diese rechtsstaatliche Grenze beachten. Anders als der Mutter-, Jugend-, Minderjährigen- oder Schwerbehindertenschutz handelt es sich beim Verbraucher (ebenso wie beim Arbeitnehmer oder Mieter) nicht um eine aufgrund einer askriptiven Eigenschaft gebildete Gruppe, die einem Menschen persönlich und unabänderlich zukommt und aus der man seine Schutzwürdig-

keit ableiten könnte.[18] Konsumieren ist ein Handlungszweck und keine persönliche Eigenschaft.

Deshalb ist es problematisch im Begriff des *Verbraucherrechts* letztlich einen in dieser Weise teleologisch aufgeladenen Verbraucher vorauszusetzen. Unter Verbraucherrecht wird die Summe der Regeln verstanden, die sich auf Rechtsverhältnisse beziehen, in denen ein Verbraucher i.S.d. § 13 BGB als Partei teilnimmt. Festgestellt wird dies etwa in den französischen und italienischen Gesetzeswerken zum Schutz des Verbrauchs (code de la consommation/codice del coinsumo) dadurch, dass man solche Vorschriften gesondert sammelt.[19] Entsprechendes wird auch für Deutschland vorgeschlagen. Faktisch verfahren die *Verbraucherrechts*lehrbücher schon in dieser Weise.

6. Doch der *Verbraucherbegriff* stellt keine logische, sondern eine rechtspolitisch beeinflusste willkürliche Selektion von Rechtsvorschriften dar. Die Konzepte zur Markterweiterung diktierten die Regelungsbereiche wie auch die Regelungsinhalte, mit denen sich die EU-Institutionen über den Verbraucherschutz zivilrechtliche Kompetenzen aneigneten. Marktschutz füllte den Verbraucherschutz aus. Im Namen des Verbraucherschutzes versah sich die Kommission mit einer zivilrechtlichen Regelungskompetenz, eine Landnahme, die bis zum Vorschlag eines europäischen Vertragsgesetzbuches reichte.[20]

Doch Verbraucher sind lediglich als natürliche Personen, die nicht in *business-to-business*-Beziehungen *(B2B)* agieren, definiert. *Canaris*[21] zweifelt daher zu Recht an der Besonderheit des Verbraucherrechts. Am Verbraucher orientiert sei das ganze BGB Verbraucherrecht. Engel und Stark sehen daher auch keinen Verlust für den bestehenden gesetzlichen Verbraucherschutz, wenn der „Rollenfilter der §§ 13,14 BGB"[22] aufgegeben werde.

---

18 Vgl. etwa die Aufzählung solcher Merkmale in § 1 AGG.
19 Spezielle Gesetze haben zum Schutz von *Verbrauchern* Canada, zum Schutz des *Verbrauchs* Frankreich, Italien, Brasilien, Katalonien, Australien.
20 Siehe *von Bar u.a.*, Principles, Definitions and Model Rules of European Private Law. Draft Common Frame of Reference (DCFR*)*, 2009. Kritisch dazu *Zimmermann*, "A European Civil Code in all but name", in: The Cambridge law journal (2010), 98-112; *Antoniolli*, in: Nogler/Reifner (Hrsg.), Life Time Contracts. Social Longterm Contracts in labour, tenancy and consumer credit, 2014, 75-122.
21 *Canaris*, AcP 2000, 273.
22 *Engel/Stark*, ZEuP 2015, 32 ff.

Verbraucher i.S.d. gesetzlichen Definition kommen schließlich auch ohne entsprechende Benennung im Recht vor. Dabei muss gar nicht erst darauf verwiesen werden, dass der Gesetzgeber den Verbraucherbegriff nicht durchgehend für Verbraucher verwendet, sondern je nach Kultur eines Rechtsgebietes benennt. Im Versicherungsrecht etwa sucht man den Verbraucherbegriff vergeblich, obwohl der Versichertenschutz bei den Massenversicherungen zum Verbraucherschutz gezählt wird.[23] Hier dominiert der Versicherungsnehmer. Im Recht der Wohnraumnutzung ist es der (Wohnraum-)Mieter, im Wettbewerbsrecht erscheint der Verbraucher als Kunde und im Telemediengesetz wird er als Nutzer bezeichnet. Im Zahlungskontengesetz heißt er indessen Kontoinhaber, wobei Umsatzgrenzen ihn vom geschäftlichen Handeln absetzen sollen. Soweit es um Regelungen zu Kapitalanlagen geht, gehen die EU-Richtlinien davon aus, dass es sich bei Anlegern um eine Gruppe neben Verbrauchern handelt, was den EU-Gesetzgeber allerdings nicht daran gehindert hat, etwa im „behavioural finance"[24] den Anlegerschutz als Prototypen des Verbraucherschutzes anzusehen. Selbst im Verbraucherbeirat der BAFIN ist ein Platz für Vertreter des Anlegerschutzes reserviert.[25] Die Verbraucherzentralen nehmen diese Erweiterung gerne auf, geht es doch um einen Bereich, bei dem das Informationsmodell einsichtig wird. Anleger repräsentieren zudem eine Klientel, die politischen Einfluss, finanzielle Möglichkeiten für das Bera-

---

23 Vgl. die drei Beiträge von *Schwintowski*, in: Tamm /Tonner, Beratungshandbuch Verbraucherrecht, 2. Aufl. 2016, § 17 *Verbraucherschutz im Bereich der Versicherungsdienstleistungen* zu Lebens-, Berufsunfähigkeits- und Privathaftpflichtversicherung. Ferner *ders*., Lebensversicherung - Internationale Versicherungsverträge und Verbraucherschutz - Versicherungsvertrieb, VersWissStud Bd. 4, 1996; VVG-Reform, Lebens-, Kranken-, BU-Versicherung, Verbraucherschutz für Senioren, Bd. 33, 2008; *ders.*, Das Transparenzgebot im Privatversicherungsrecht – Kriterien und Beispiele für verständliche und transparente Verbraucherinformationen und Allgemeine Versicherungsbedingungen, VersWissStud, Bd. 15, 2000, S. 87-150; *ders.*, Pflichtversicherungen – aus Sicht der Verbraucher in: Pflichtversicherung – Segnung oder Sündenfall – Symposium am 28.–30. Oktober 2004; Veröffentlichungen der Hamburger Gesellschaft zur Förderung des Versicherungswesens Band 30, 2005, S. 47-71.
24 Das Forschungsfeld „behavioral finance" (verhaltensorientierte Finanzmarkttheorie) beschäftigt sich mit vermeintlich irrationalem Verhalten auf Finanz- und Kapitalmärkten.
25 § 8a Abs. 2 S. 2 FinDAG ist bereits grammatikalisch widersprüchlich: „Im Verbraucherbeirat sollen ... Verbraucher- und Anlegerschutzorganisationen ... vertreten sein." Damit stellt der Begriff des Verbrauchers zugleich eine allgemeine als auch eine partielle Bestimmung im Allgemeinen dar.

tungsentgelt und Lernwilligkeit vereinen. Doch die Tatsache, dass die EU- und nationalen Gesetzgeber neben dem Verbraucherschutz auch Anlegerschutzvorschriften kennen[26], weist eher daraufhin, dass Anlegerschutz weder zu dem Recht gehört, das Verbraucher betrifft, noch den Verbraucherschutz ausfüllt. In konsumaffinen Bereichen des Anlegerschutzes wie der privaten Altersvorsorge spricht das Gesetz daher im Übrigen vom „Vertragspartner", der „eine lebenslange (...) Altersversorgung" anstrebt.[27]

Wann der Gesetzgeber auf § 13 BGB verweist, ist eine Frage der bereichsspezifischen Opportunität und Übung, nicht aber des Prinzips. Gleichwohl zählt man die historischen Vorschriften zum Schutz des Schwächeren im Vertragsrecht nur deshalb nicht zum Verbraucherrecht, weil der Begriff dort (noch) nicht vorkommt und wegen seines späten Auftretens im Kapitalismus auch nicht vorkommen konnte.[28] Den Schutz aber gab es schon vorher. Das Zivilrecht hat für Nutzer von Gebrauchswerten auf der Seite der Käufer, Darlehensnehmer oder Mieter immer schon besondere Regeln gekannt, die einen Schutz gegenüber Verkäufern, Vermietern und Darlehensgebern vermittelten. Die Abgrenzung des Verbraucherrechts durch § 13 BGB erscheint vor diesem Hintergrund eher willkürlich.

7. Sie führt zu einem *Zirkelschluss* für den Verbraucherschutz. Handelt es sich bei dem über § 13 BGB bestimmten Verbraucherrecht nur um einen Teil des Verbraucherrechts, so sollen gleichwohl aus diesem Teil die Grundlinien für das gesamte Verbraucherrecht entwickelt werden. Der EU-Richtliniengeber hat jedoch den historischen Verbraucherschutz deswegen nicht zum Gegenstand seiner Vorgaben an die Mitgliedstaaten gemacht, weil ihm die Gesetzgebungskompetenz hierfür fehlte. Daraus ergab sich, dass die neuen Regeln den alten einen anderen Sinn gaben. Das Brüsseler Gepräge hatte nie rechtsdogmatische Ansprüche. Es wollte eben

---

26 In VO 1092/2010 wird in Erwägungsgrund 22 der Schutz von „Einlegern, Anlegern und Verbrauchern" zum Ziel erklärt. Für Deutschland vgl. die Begründung zum Kapitalanleger-Musterverfahrensgesetz (BT-Drs. 15/5091, 16 f.).
27 § 1 Ziff. 4 a) AltZertG.
28 So z.B. *Denkinger*, Der Verbraucherbegriff. Eine Analyse persönlicher Geltungsbereiche von verbraucherrechtlichen Schutzvorschriften in Europa, 2007; *Engel/Stark*, ZEuP 2015, 32 ff.; anders *Tamm et al.,* in: Tamm u.a. (Hrsg,), Verbraucherrecht. Rechtliches Umfeld, Vertragstypen, Rechtsdurchsetzung: Beratungshandbuch, 2016, Rdn. 1, 3, die allerdings Verbraucherrecht aus dem Blickwinkel des Verbraucherschutzes abgrenzen; *Hippel*, Verbraucherschutz, 1986.

nur „Richtlinien" für nationale Gesetzgeber setzen. Die Einpassung ins Zivilrecht sollte den Mitgliedstaaten überlassen bleiben. Dass der nationale Gesetzgeber an dieser (allein schon quantitativ bedeutenden) Aufgabe scheiterte, macht das EU-Recht noch nicht zu dem, was dem Zivilrecht seit Aristoteles als begriffliche Klarheit, Rechtssicherheit, Gerechtigkeit und objektiver Auslegbarkeit eigen sein sollte. In den Richtlinien und Verträgen findet man nur eine schnell zusammengefügte mühsam kaschierte politische Absicht. Zivilrecht ist das nicht. Der Kreis der EU-Verbraucherrechtler ist daher der Gefahr ausgesetzt, dass das Ziel des Verbraucherschutzes mit seinen aufgrund von Kompetenznormen zufälligen Gestaltungen in den EU-Richtlinien verwechselt wird.[29]

Verbraucherschutzrecht wird auf das reduziert, was dort als Verbraucherrecht ausgewählt wurde. Die Verbraucherrechtswissenschaft sieht den Verbraucherschutz als Folge der Europäisierung oder Amerikanisierung des Zivilrechts der Kennedy-Deklaration 1962.[30] Ähnlich verpflichtete dann Art. 169 Abs. 1 AEUV dazu, die „Interessen der Verbraucher" und ein „hohes Verbraucherschutzniveau" zu fördern. Der EuGH hat dies in den Kontext der vier Marktfreiheiten gestellt.[31] Der neue EU-Verbraucherschutz verdrängt in der Theorie den historischen nationalen Verbraucherschutz. Nationaler Schutz gerät zudem in den Verdacht des Protektionismus. Das bringt Verluste mit sich, weil dies nationale Kulturen des Schutzes auflöst. Als Ersatz gewerberechtlicher Nichtigkeit von Haustürgeschäften i.S.d. § 56 GewO und § 134 BGB für Kreditabschlüsse an der Haustür tauschte man z.B. den nationalen Verbraucherschutz gegen ein

---

29 *Brink u.a.* (Hrsg.), Münchener Kommentar zum Handelsgesetzbuch, 2014, *Schmidt*, Vorbem. zu § 1 Rdn 12 sieht in § 13 BGB „nicht den Verbraucher als ein vom Unternehmer zu unterscheidendes Rechtssubjekt, sondern das Verbrauchergeschäft als ein den Verbraucherschutz begründendes Rechtsgeschäft.".
30 Verbraucherzentrale Bundesverband e.V., *John F. Kennedy: Die Verbraucherrechte schützen*, http://www.vzbv.de/meldung/john-f-kennedy-die-verbraucherrechte-schuetzen, abgerufen am 2.8.2015. Auch die „Geschichte des Verbraucherschutzes" auf der Website der VZ Niedersachsen, http://www.verbraucherzentrale-niedersachsen.de/Geschichte-des-Verbraucherschutzes, beginnt den Verbraucherschutz mit der Industriegesellschaft. Vgl. dagegen *Abram*, NVersZ, 2001, 49.
31 Zur Geschichte von der Mindest- zur Maximalharmonisierung im EU-Verbraucherschutzrecht und der unrühmlichen Rolle, die der EUGH dabei gespielt hat vgl. *Reifner*, in: Blaschek/Reiffenstein (Hrsg.), Konsumentenpolitik im Spannungsfeld von Liberalisierung und sozialer Verantwortung. Festschrift für Gottfried Mayer, 2004, 159-178 m.w.N.

unwirksames Widerrufsrecht ein, das zudem noch durch eine notarielle Beurkundung umgangen werden konnte.

Die Verhaltens- und Produktregulierung der Anbieter wird durch eine Auswahlfiktion beim informierten Verbraucher ersetzt. Das marktkonforme Informationsmodell wird notdürftig mit situationsbezogenen Rechten unterfüttert. Das ist nach dem Gesetz Verbraucherschutz, auch wenn es den Verbrauchern jenseits des Wucher- und Ausbeutungsverbotes tatsächlich damit schlechter geht.

Die inzwischen recht kritische öffentliche Meinung zur sozialen Effektivität dieser Art der EU-Rechtsschöpfungen ist dabei weit näher an der Realität als eine Wissenschaft, die sich zwar nach dem Verbraucher benennt, tatsächlich aber nur das Konzept von Regeln vertritt, die die EU mit diesem Etikett versehen hat.[32] Als Teil einer historisch sozial orientierten Privatrechtswissenschaft, die Gerechtigkeit auch im Synallagma verlangte und die existenziell notwendige Kapitalnutzung in den Bereichen Arbeit, Wohnen und Geld[33] als schutzwürdig ansah, erscheint dieses Recht nicht mehr. In den sozialen Dauernutzungsverhältnissen erweist sich das kaufrechtliche Informationsmodell des EU-Verbraucherschutzes als weitgehend wirkungslos.

8. Abgesichert werden soll dies durch die *Rollentheorie*. Sie reduziert den Verbraucherschutz auf das Telos derjenigen EU-Richtlinien, die den Verbraucherbegriff benutzen. Die Rollentheorie soll diesen Zirkelschluss der Juristen mit wissenschaftlicher Autorität ausstatten. Man erklärt den Verbraucher zum Teilnehmer in einem Markttheater, das ihm seine Rolle vorschreibt. Die Soziologie als Wissenschaft wird dazu gar nicht erst bemüht. Sie eignet sich auch nicht als Kronzeuge. Mit dem Verbraucher hat sie sich insgesamt und erst Recht nicht im Bereich der umstrittenen Rollentheorie beschäftigt. Sie hat das Feld der Konsumforschung den gut finanzierten

---

32 Zu einem kritischen Beispiel an Hand der Konsumentenkreditrichtlinie 2008 vgl. *Reifner*, Kritische Justiz 2009, 132-148 sowie *Elena Pèrez Carillo/Fernando Gallardo Olmedo*, in: Nogler/ Reifner (Hrsg.), Life Time Contracts. Social Longterm Contracts in labour, tenancy and consumer credit, 2014, 321-339. Das Gutachten zur Implementation der Distance Marketing Directive of Consumer Financial Services 2002/65/EC (http://ec.europa.eu/consumers/financial_services/distance_marketing/index_en.htm) war aufgrund der einschränkenden Vorgaben der Auftraggeber indessen nur noch ein Kompromiss ohne Ergebnis.

33 Dazu ausführlich *Reifner*, Vom Kauf zur Miete. Zur Rechtsnatur von Arbeits-, Darlehens- und Wohnraummietvertrag, 2018 sowie *Reich*, Markt und Recht, 1977.

Udo Reifner

Marketinganstrengungen der Betriebswirtschaftslehre zur Erforschung des Nachfrageverhaltens überlassen, die dankbar die ihr von der Politik eröffnete Chance[34] ergriffen hat, ihre Studien zur Beeinflussung des Kundenverhaltens mit dem Begriff der Verbraucherforschung zu belegen.[35] Auf diese Weise verdrängten Marketingtheorien des behavioural finance und prosuming die Erforschung von Bedürfnissen und ihrer Befriedigung durch Nutzung ausschließlich marktmäßig verfügbarer Güter und Dienstleistungen. Soziologen haben demgegenüber den Konsum vor allem kulturkritisch aufbereitet und mit dem Begriff der Konsumgesellschaft oft gerade den Markt insgesamt statt als Chance eher als Zumutung für die Konsumtion angesehen.[36] Der dagegen immer wieder zitierte Aufsatz des So-

---

34 Vgl. dazu die Zusammensetzung und Arbeitsgebiete der Professoren im Netzwerk Verbraucherforschung des BMJV, das das Ziel der „Gewinnung und Kommunikation verbraucherwissenschaftlicher Erkenntnisse" verfolgt. (http://www.bmjv.de/DE/Ministerium/ForschungUndWissenschaft/NetzwerkVerbraucherforschung/NetzwerkVerbraucherforschung_node.html).
35 *Baur*, Der Verbraucher und die Rolle des Konsums auf modernen Massenmärkten (http://soziologie.de/blog/2013/04/der-verbraucher-und-die-rolle-des-konsums-auf-modernen-massenmarkten/); *Bianchi*, in: ibidem (Hrsg.): The Active Consumer: Novelty and Surprise in Consumer Choice, 1998, 64-86; *Engelhard*, Paradigmata des Konsumentenverhaltens, 1999; *Hellmann*; Soziologie der Marke, 2003; *Reisch*, in: Deutschmann (Hrsg.),Die gesellschaftliche Macht des Geldes, 2002, S. 226-248; *Veblen*, The Theory of the Leisure Class, 1899; *Wiswede*, Soziologie des Verbraucherverhaltens, 1972; *Wiswede*, in: Gräbe (Hrsg.), Privathaushalte im Umbau des Sozialstaats, 1997; sowie *Solomon/Buchanan*, Journal of Business Research 22 (2) 95-109.
36 Überblick bei *Wiswede*, in: Schneider (Hrsg.), Konsum. Soziologische, ökonomische und psychologische Perspektiven, 2000, S. 24 ff. Beispiele der Konsumsoziologie *Baudrillard*, La Société de Consommation, 1970; *Gallimard/Campell*, The Romantic Ethic and the Spirit of Modern Consumerism, 1987; *Douglas/Isherwood*, The World of Goods, 1978; Allen Lane/Routledge, Elias, Norbert (1939/1997): Über den Prozeß der Zivilisation.*Gronmo*, in: Otnes, (Hrsg.), The Sociology of Consumption, 1988, S.65-68; *Lüdtke, i*n: *Rosenkranz/Schneider* (Hrsg.), Konsum. Opladen, 2000, S. 117-132; *Goodman/Ritzer/Wiedenhoft,* in: Ritzer//Smart (Hrsg.), Handbook of Social Theory, 2001, S. 410-427; *Opaschowski*, in: Szallies/Wiswede (Hrsg.), Wertewandel und Konsum, 1990; *Klein*, in: Korte/Schäfers (Hrsg.), Einführung in die speziellen Soziologien, 1993, S. 141-166; *Zelizer*, in: Smelser/Swedberg (Hrsg.): The Handbook of Economic Sociology, 2005, S. 331-353.

zialökonomen Scherhorn,[37] der eine rollentheoretische Erklärung apodiktisch darstellte, hat sein Fundament in der Nationalökonomie. Der Verbraucher als Spieler, der seine vom Markt vorgegebene Rolle akzeptiert und spielt, war für Scherhorn eine ideale Ergänzung ordo-liberaler Marktkonzepte, die über den Verbraucher die Wirtschaft steuern wollen. Demgegenüber will die soziologische Rollentheorie gerade ein Modell für Abweichung und Distanz des Individuums gegenüber dem „Ärgernis der Gesellschaft"[38] sein.

Es ist zwar richtig, dass der Verbraucher nach den Marktgesetzen und ihrer rechtlichen Spiegelung in den Regeln zu Vertragsanbahnung und Vertragsschluss des BGB äußere Vorgaben der Gesellschaft für sein Verhalten erhalten hat, die er oder sie befolgen müssen. Insofern muss er genauso „seine Rolle spielen" wie der Anbieter. Daraus aber ergibt sich keine Schutzwürdigkeit. Die rechtlich verfasste Erwerberrolle begründet Rechte wie Pflichten. Die Rolle ist im rechtlichen Sollen definiert. Nach dem Prinzip rechtlicher Allgemeinheit und Generalität nimmt sie die Probleme des Seins in der Konsumtion nur dort auf, wo der Gesetzgeber sie in den Adelsstand rechtlichen Sollens gehoben hat.[39] Es ist daher nicht die Verbraucherrolle, sondern es sind die gesetzlichen Vorschriften, die situationsspezifisch Verhaltensregeln für Anbieter aufstellen, um deren Macht zu begrenzen. Ob dies aus einem eher feudalen Schutzgedanken oder aus dem bürgerlichen Ideal eines funktionierenden Marktes abgeleitet wird, ist zweitrangig.

---

37 *Scherhorn*, in: Bussmann/Irle (Hrsg.), Marktpsychologie als Sozialwissenschaft, 1983; Vgl. ferner seine Schriften *Scherhorn*, Verbraucherinteresse und Verbraucherpolitik, 1975; *Scherhorn*, Konsumperspektiven. Verhaltensaspekte und Infrastruktur, 1998; *Neuner* (Hrsg.), Gerhard Scherhorn zur Emeritierung, Beiträge zur Verhaltensforschung, 33, Berlin.
38 *Dahrendorf*, Homo Sociologicus. Ein Versuch zur Geschichte, Bedeutung und Kritik der Kategorie der sozialen Rolle, 10. Aufl. Universitätstaschenbücher. Zur Kritik: *Haug*, Kritik der Rollentheorie und ihrer Anwendung in der bürgerlichen deutschen Soziologie, 1972.
39 Schon *Hume*, A Treatise Of Human Nature. Being An Attempt to introduce the experimental Method Of Reasoning Into Moral Subjects, 1740, Online verfügbar unter http://nbn-resolving.de/urn:nbn:de:gbv:45:1-1226.Buch III, Teil 1, Kapitel I, meinte dazu, die Ableitung eines Sollens aus dem Sein sei unmittelbar nicht möglich. Das Sollen bedürfe einer gesonderten externen Begründung. Diese Theorie wurde für das Recht am deutlichsten von Kelsen vertreten (*ders.*, Reine Rechtslehre, 2000).

Die Rollentheorie beschreibt marktbezogenes Verhalten von Menschen, die subjektiv Konsumzwecke verfolgen, durchaus korrekt, hat aber für den Verbraucherschutz selber nur einen ähnlich bescheidenen Erkenntnisgewinn wie auch § 13 BGB. Wo Not herrscht ist es zudem zynisch, das Verhalten aus Rollenerwartungen anderer abzuleiten. Ferner bieten Eigentumserwerb und Nutzungsverträge deutlich unterschiedliche Bedingungsgeflechte. Die sozialen Zusammenhänge des Konsums werden in der Dienstleistungsgesellschaft schließlich stärker durch die Dauer des Prozesses als durch die Auswahl des Angebots bestimmt.

9. Das *Verbraucherdarlehensrecht* akzentuiert dies. Geld verbraucht man nicht. Man kann Brötchen mit einem *Verbrauchsgüterkauf* zum Verbrauch erstehen. Darlehen sind dagegen nur Mittel als Vorstufe zum Konsum, der sich erst im Erwerb realisiert. Der Gesetzgeber erklärt daher den Darlehensverbraucher nur als Partei in einem Verbraucherdarlehensvertrag der §§ 491 ff. BGB. Der historische Schutz von *Nicht-Kaufleuten* in § 8 Abzahlungsgesetz von 1894 wurde nicht ersetzt, sondern modernisiert.

Dass Rollentheorie und Verbraucherbegriff keine gültigen Modelle zum Verständnis des Verbraucherschutzes bei Krediten sind, zeigt sich auch an der Diversität der gesetzlichen Schutzregeln, die am Verbraucherbegriff anknüpfen. Da sind zunächst die vom Modell der EU-Richtlinien eingeführten Regeln zu vollständiger Information, Transparenz, Beratung und Überlegung.[40] Sie haben das Zivilrecht überschwemmt. Gleich fünf Mal soll der Darlehensnehmer über dieselben Dinge informiert werden. Diese Informationsfülle aber hat Kreditverträge letztlich entgegen dem propagierten Sinn und Zweck der Verbraucherinformation intransparent gemacht. Vertragsformulare sind von 1,5 auf 8 Seiten Kleingedrucktes angewachsen. Im Rahmen der Zivilrechtshygiene wurden sie zunächst in die BGB-Info-Verordnung ausgelagert und später im EGBGB versteckt, ein Gesetz das 1900 den Übergang zum BGB regulieren sollte und auch heute noch überwiegend dazu dient bei Gesetzesänderungen und -novationen zeitliche Übergangsregelungen festzulegen. Weitere Teile verbrachte man in die öffentlich-rechtliche Verordnung des § 6 Preisangabenverordnung, die der Zivilgesetzgeber für das BGB verbindlich macht, obwohl es im Gesetz zur Regelung der Preisangaben zu dieser zivilrechtlichen Nutzung

---

40 Erwägungsgrund (24) der RL 2008/48/EU lautet: „Der Verbraucher muss vor dem Abschluss des Kreditvertrags umfassend informiert werden".

keine Ermächtigung i.S.d. Art. 80 GG gibt. Im Kreditwesengesetz wurde zunächst auch die Pflicht zur verantwortlichen Kreditvergabe geparkt.

Das EU-Markterweiterungsrecht konnte das nationale Zivilrecht nicht ganz ignorieren. Der im Kredit historisch gewachsene Verbraucherschutz sollte daher den nationalen Gesetzgebern überlassen bleiben.[41] Im nationalen Recht stehen daher den umfangreichen Informationspflichten eine Vielzahl von Vorschriften gegenüber, die das rechtlich verfasste Produkt unmittelbar gestalten. Wuchergrenzen, Zinseszinsverbote, Verzugszinsvorschriften, Abrechnungsmodalitäten, Abwicklungsverfahren sind innerhalb und außerhalb der Grenzen der §§ 491 ff BGB geregelt.

Der Verbraucherschutz, der in den Programmsätzen, Erwägungsgründen und Gesetzesmotiven oft als Grund für die Regulierung angeführt wird, wird somit vom Gesetzgeber im Nebel verschiedenster Vorschriften gelassen. Jede Schutzregel verfolgt ihr eigenes bereichsspezifisches Konzept. Manchmal geht es um den Schutz des Marktes, manchmal um Teilhabe, Klagerechte und Berechtigungen zur Stärkung der Macht kollektiver Organisationen. In anderen Bereichen dominiert Produkt-und Verhaltensregulierung der Anbieter: Verträge werden für unwirksam erklärt, die Ausbeutung von Notlagen eingegrenzt, die Haftung für vermeidbare Schäden festgelegt. Wieder andere Regeln sichern nur das Mindestsicherheits- oder Nutzungsniveau.

Die Analyse dessen, was Verbraucherschutz ist, muss daher vom Kopf auf die Füße gestellt werden. § 13 BGB ist ein Mittel, Verbraucherschutz ist der Zweck. Weit mehr Vorschriften als diejenigen, die § 13 BGB in Bezug nehmen, dienen dem Verbraucherschutz. Es spiegelt zudem nur den EU-konformen Teil einer Markterweiterungsregulierung. In der Zivilrechtsdogmatik haben die Zulassung und Anerkennung von Produkten und Verträgen ebenso wie die materiellrechtlichen und sozialen Schutzrechte eine jahrtausendalte Geschichte. Wirtschaft diente schon immer der Nutzung durch die Menschen. Jedes System sorgt dafür, dass dies nicht pervertiert wird.

10. *Können wir nicht darauf verzichten, Verbraucherschutz als Rechtsbegriff zu definieren?* Die Dreiteilung der *Verbraucherpolitik* durch die Wuppertaler Schule in Verbraucherberatung, Verbraucherbildung und (rechtli-

---

41 RL 2008/48/EU Erwägungsgrund (30): „Diese Richtlinie regelt nicht Aspekte des Vertragsrechts, die die Wirksamkeit von Kreditverträgen betreffen.".

chen) Verbraucherschutz drückte eine Erwartung an die Juristen aus, ihren Teil zu verwalten.[42] Sie haben sich bisher der Aufgabe nicht gestellt, sondern sie verwaschen. Was als verbraucherschützende Regel anzusehen ist, bleibt hinter der Scheindiskussion eines wie immer definierten Verbraucherrechts verborgen.

Doch es ist eine Tatsache, dass der Gesetzgeber in bestimmten konsumaffinen Situationen eine Vertragspartei stärker einschränkt als die andere. Außerdem beruft er sich öffentlich dabei auf Verbraucherschutz, auch wenn das Wort im Gesetz selber dann nicht vorkommt. Mit den gesetzlichen Umgehungsverboten wird dann den Gerichten aufgetragen, zu prüfen, ob eine vertragliche Gestaltung dazu führt, dass der Zweck des Gesetzes nicht erreicht wird. Die Unzahl unbestimmter Rechtsbegriffe im EU-Verbraucherrecht lassen sich ohne Sinnverständnis kaum noch anwenden. *Esser*[43] hat aufgezeigt, dass es gefährlicher ist, die vom Richter bei der Auslegung benutzten subjektiven Leitlinien in einem Vorverständnis zu verstecken, weil es sich so der rechtsdogmatischen Kontrolle entzieht. Das gilt für das „Verbraucherschutz als Almosen"-Konzept, das sich oft im Tatbestand eines Urteils verbirgt, wenn dem durch Schrottimmobilien geschädigten Vorsorgesparer unterstellt wird, er habe in Wirklichkeit zu Zwecken der (anrüchigen) Steuerersparnis oder zur (glücksspielverdächtigen) Erzielung übermäßiger Renditen gehandelt. Die Renaissance eines historisch gründlich diskreditierten Richterrechts wie die freirechtliche Schranke des Rechtsmissbrauchs aus § 242 BGB bei Widerrufsrechten lässt solchen Vorstellungen freien Lauf. Damit werden Fristen ignoriert[44] und Verbraucherrechte wie etwa die Zinseszinsverbote verkürzt. Die Betonung der Freiwilligkeit bei Einwilligung in Koppelungsverträge, die die Ratenkredite wucherisch werden lassen, erklären, warum Aufsätze zum Schutz der Banken vor dem Verbraucherschutz[45] keine nur theoretische Bedeutung haben. Das Bild vom ungebildeten, leichtfertigen und sorglo-

---

42 *Biervert/Fischer-Winkelmann/Rock*, Grundlagen der Verbraucherpolitik. Eine gesamt- und einzelwirtschaftliche Analyse, 1977; *Biervert/Fischer-Winkelmann/Rock*, Verbraucherpolitik in der Marktwirtschaft, 1978.
43 *Esser*, Vorverständnis und Methodenwahl in der Rechtsfindung. Rationalitätsgrundlagen richterlicher Entscheidungspraxis, 1972.
44 Grundsätzlich BGH, Urt. v. 12.7.2016 - XI ZR 564/15 – Rdn. 43: „Das in § 242 BGB verankerte Prinzip von Treu und Glauben bildet eine allen Rechten immanente Inhaltsbegrenzung".
45 *Bungeroth*, in: Horn/ Lwowski/Nobbe (Hrsg.), Bankrecht. Schwerpunkte und Perspektiven: Festschrift für Herbert Schimanski, 1999, S. 279.

sen Verbraucher, der sich seinen Schutz erst verdienen muss, hält sich in den Vorverständnissen zum Darlehensrecht. Es konkurriert mit dem ebenso falschen Bild des Wohlstandsbürgers, dem das Recht zur Selbstschädigung auf dem Markt nicht genommen werden darf.

Trotz guter Absichten geht auch die soziologisch unpräzise Ausgrenzung „verwundbarer Verbraucher"[46] in die falsche Richtung. Sie befreit vom Gleichbehandlungsgebot und verlagert den Schutz Überschuldeter von den Gerichten zu den Sozialämtern, der Generaldirektion Sozialpolitik der EU oder den nationalen Sozialministerien.

11. *Recht ist der Gerechtigkeit verpflichtet.* Dazu gehört das Streben nach gleicher Freiheit für alle.[47] Herauszuarbeiten, was rechtlich als gleich anzusehen ist, ist die vornehmste Aufgabe der Rechtsdogmatik. Sie lebt von der Systembildung. Der Verbraucherschutz als gesetzgeberisches Ziel hat dagegen den Bereich der Rechtspolitik bisher nicht verlassen. Angesichts seiner konsenserheischenden Wahlwirksamkeit dürfte es sich bei ihm neben dem Umweltschutz zudem um das am meisten missbrauchte Etikett handeln.

Rechtswissenschaft darf sich darauf nicht einlassen. Sie hat es mit Vorschriften zu tun. Ob der Verbraucher schwach, dumm, einsam, ferngesteuert, irrational, verwundbar, unmündig, träge oder beratungsresistent ist, könnte von Soziologen untersucht werden, wenn sie, was nicht der Fall ist, darin nicht nur einen ideologischen, sondern auch einen systematischen Gewinn zur Realitätserkenntnis sehen wollten.[48] Für das Recht entscheidend ist, ob in der Vielzahl seiner Regelungen, die einseitig eine Partei eines Vertrags bevorzugen bzw. benachteiligen, ein gemeinsamer Telos erkennbar ist.

---

46 *Micklitz,* 2011 (Fn. 6); sowie z.B. EU-Parlament 2007/2189(INI), Ziff. 16. Ähnlich ordneten schon die Juristentage 1980: *Hadding,* Welche Maßnahmen empfehlen sich zum Schutz des Verbrauchers auf dem Gebiet des Konsumentenkredits? Gutachten zum 53. Deutschen Juristentag, 1980 und der Juristentage 1891 und 1892: *Heck* u.a. (Hrsg.), Wie ist den Mißständen, welche sich bei den Abzahlungsgeschäften herausgestellt haben, entgegenzuwirken? Verhandlungen des 22. DJT 1892, Bd. 1 Berlin 1892; Verhandlungen des 21. DJT, 1891, Bd. 2, 1891) den Verbraucherschutz ein.
47 *Reifner* (Fn. 3), S. 23 ff.
48 Zur soziologischen Diskussion der Theorien und Mythologien zum Verbraucherverhalten im Markt: vgl. *Reifner,* (Fn. 3), S. 91 ff und 279 ff.

Wir haben dies schon zu Beginn unserer Beschäftigung mit dem Verbraucherschutz[49] beantwortet. Vorschriften, die zugunsten persönlicher Kreditnehmer und Abzahlungskäufer erlassen wurden, konnten daraus abgeleitet werden, dass in der Marktwirtschaft die Menschen auf bestimmte Konsumangebote angewiesen sind. Das Gewinnprinzip erlaubt dagegen den Unternehmern, Konsumangebote zurückzunehmen und auszutauschen, soweit das finanzielle Ergebnis stimmt. Anbietern kann es gut gehen, auch wenn die Wirtschaft die Menschen nicht mehr mit dem Nötigsten versorgt.

Ob der Gesetzgeber eingreifen will entscheidet er situationsbezogen. Aus Gründen der Rechtssicherheit kann dies nicht mit einer teleologisch aufgeladenen Verbraucherschutzgesetzgebung erfolgen. Hier benutzt er objektive Kriterien: das Vorhandensein von AGB, die Zugehörigkeit zu einem Geschäftsbetrieb oder freien Beruf, finanzielle Obergrenzen, einseitige Erklärungen der Anbieterseite, erfolgte Kündigungen oder die Merkmale der vereinbarten Leistungen wie Preis, Zinsen, Gebühren oder Provision.

Daraus ein System entstehen zu lassen verlangt nach einer doppelten Umkehrung. Der Konsum ist kein Regelungszweck des Gesetzgebers aber eine typische Zwecksetzung im Vertrag. Der Schutz des Konsums bzw. des Konsumenten ist nur ein Reflex auf eine Ohnmacht, die schon begrifflich auf die Macht der Anbieterseite verweist. Vertrag und Gesetz müssen getrennt werden. Der Vertrag setzt den Zweck, das Gesetz reagiert darauf. Es reagiert, weil Macht und Markt einen prinzipiellen Konflikt vom Gesetz zum Vertrag, von der Ohnmacht der Verbraucher zur Macht der Anbieter haben, den die Vertragsfreiheit nicht ignorieren kann. Ob ein natürliches Monopol herrscht, das den Markt zur Fiktion erklärt, ob Kartelle oder Zusammenschlüsse den Wettbewerb ausschließen oder Not sowie zeitliche und örtliche Situationen eine vertikale Bindung erzwingen, Verbraucherschutz soll immer wirtschaftliche Macht zügeln.

12. Dies hat sich bei der wohl intensivsten *rechtsdogmatischen Diskussion* des Verbraucherschutzes bei der Einordnung des Einwendungsdurchgriffs im finanzierten Abzahlungsgeschäft (§ 359 BGB) gezeigt. Es lässt sich bewältigen, wenn man das gesetzliche Teleologieverbot nicht auf die Ver-

---

49 *Reifner*, Alternatives Wirtschaftsrecht am Beispiel der Verbraucherverschuldung. Realitätsverleugnung oder soziale Auslegung im Zivilrecht, 1979, S. 411ff.

tragsparteien ausdehnt, auch wo im Vertrag nichts explizit geregelt scheint. Der Gesetzgeber meidet die Begriffe Verbraucherrecht oder Verbrauchergesetz, nicht jedoch den Begriff „Verbrauchervertrag".[50] Das bedeutet aber auch, dass der formale Austauschzweck des genetischen Synallagmas keine Grenze für einen zulässigen Vertragsinhalt darstellt. Auch die sozialen Grundlagen der Herkunft der Leistungen[51] ebenso wie die sozialen Zwecke der Verwendung des durch Kredit erreichten Geldbetrages[52] können vereinbart sein. Der erkennbare „wirkliche Wille" der Verbraucher (§ 133 BGB) darf „nach Treu und Glauben mit Rücksicht auf die Verkehrssitte" (§ 157 BGB) nicht willkürlich ignoriert und durch AGB hinwegdefiniert werden. Dies ist die Kernbotschaft einer „sozialen Auslegung" von Verträgen, die nicht auf Gesetze erweitert werden darf.[53] Das Grundmuster des Sachmängelrechts bestätigt dies in § 434 BGB.[54] Danach ist „die vereinbarte Beschaffenheit" entscheidend. Ist nichts individuell vereinbart, so gelten kollektive Vermutungen. Entscheidend ist dann „die nach dem Vertrag vorausgesetzte Verwendung" oder die Eignung zur „gewöhnlichen Verwendung" und die „übliche Beschaffenheit", die der Käufer „erwarten kann". Sie erklärt der Gesetzgeber als vertraglich vereinbart. Der Richter ist daran gebunden. Doch dieser Zweck klebt immer seltener als zugesicherte Eigenschaften am erworbenen Gegenstand selber. Er vermittelt im Kauf nur indirekt das eigentliche Ziel, die Nutzung. Im angestrebten Gegenstand ist ihr Zweck verwoben.[55] Verbraucherschutz knüpft daher am vertraglich vereinbarten Nutzungszweck an. § 13 BGB ist nur eine Ausgrenzung nicht aber der Grund.

Mit dieser Klarstellung wird die in der juristischen Arbeitsteilung des 19. Jahrhunderts erfolgte Zersplitterung der locatio conductio (Miete) des

---

50 Vgl. §§ 305, 310, 312, 312a, 355 BGB; Art. 46b, 229, 246 EG-BGB; § 17 BeurkG; § 3 TMG, § 4 TDG.
51 Ebd. S. 323 ff. Ausführlicher noch in der Entgegnung zur Kritik von *Medicus*, AcP 1990, 489: *Reifner*, in: Micklitz u.a. (Hrsg.), Recht und diffuse Interessen, Festschrift N. Reich zum 60. Geburtstag, 1997.
52 *Reifner*, (wie Fn. 49) S. 233 ff.
53 Ebd. S. 91 ff.
54 Entsprechende Vorschriften finden sich im Miet- und Werkvertragsrecht in den §§ 536, 651c BGB.
55 So z.B. die Nutzung als Baugrundstück bei fehlender Baugenehmigung (BGH, Urt. v. 12.4.2013 – V ZR 266/11); Schutzrechte Dritte, die die Nutzung des Patentrechts verhindern (BGH, Urt. v. 24.10.2000 – X ZR 15/98); Nutzung eines Reitpferdes als Rennpferd (BGH, Urt. v. 7.2.2007 – VIII ZR 266/06).

römischen Rechts überwunden.[56] Aus einem einheitlichen Miet-/Werkvertrag über die sozialen Nutzungsverträge meist in Form von Dauerschuldverhältnissen wurden Prototypen in Arbeits- , Wohnraummiet- und Darlehensvertrag abgespalten, die ihren Zusammenhang verloren haben. Damit ging auch die rechtsdogmatische Kontrollmöglichkeit verloren. Außerdem wurde das Allgemeine Schuldrecht von der Integration des Sozialen entlastet.

Doch die Nutzung von Produktionsmitteln zur Erwirtschaftung der Existenzmittel, die Nutzung von Immobilien für Wohnbedürfnisse und die Nutzung von Kapital zum Erwerb von Konsumgütern und Dienstleistungen haben vieles rechtlich gemein. Immer wird Kapital genutzt, immer sind die Lebensverhältnisse der Menschen unmittelbar betroffen und immer spielt die Dauer der Nutzung eine wesentliche Rolle. Die Lebenszeit (Life Time) beeinflusst Arbeits-, Miet- und Verbraucherverträge, die nicht dem Missbrauch von Marktmacht ausgeliefert sein dürfen. Dies ist ein besonderes Problem gerade kapitalistischer Wirtschaftsweise. Sie berühmt sich, die für das „gute Leben" (Aristoteles) der Menschen erforderliche Produktion und Verteilung bedürfnisgerechter Güter und Dienstleistungen blind (invisible hand) zu erreichen. Gleichzeitig will sie dies nicht religiös vorgeben, sondern rational sich der Evaluation stellen. In vielerlei Hinsicht hat sie den Test bestanden aber nicht in jeder.

Indem der Verfügungsberechtigte über das Kapital seinen Gewinn erstrebt, werden Produktion, Verteilung und Konsumtion versachlicht, die Gleichheit aller denkbar und die Nachfrage von paternalistischen Bevormundungen der Bedürfnisse befreit. Diese großartige Leistung der Geldwirtschaft hat aber von jeher Grenzen gehabt. Zwar entscheidet nicht mehr der Status über den Zugang zu den Reproduktionsmitteln. Doch der Geldbesitz hat ihn teilweise ersetzt. Wer und in welchem Umfang an der Verteilung und Mitbestimmung über den Markt beteiligt ist, hängt von diesem Geldbesitz ab. Dem synallagmatischen Tauschdenken ganz oder teilweise entzogene reziprok bewirtschaftete Bereiche wie die Sozialversicherungen, Steuersysteme, Daseinsvorsorge, Bildung, Medien, Infrastruktur, Kindererziehung, Verteidigung und innere Sicherheit zeugen davon, dass der Markt und seine produktive Ignoranz gegenüber den Bedürfnissen und Gebrauchswerten der Menschen mit Gerechtigkeit und Allgemeinwohl in

---

56 *Reifner* (Fn. 33).

Konflikt geraten kann. Er wird daher vom Recht teilweise ausgeschlossen oder rechtlich gezügelt.

13. Die Vorschriften des Verbraucher- wie auch des Arbeits- und Mieterschutzes sind daher meistens *zwingend nur für die Anbieter* von Arbeitsplätzen, Konsumgütern und Kapital und an diese gerichtet. Dieses Recht ist für den Schutz des Schwächeren untypisch. Es nimmt die Schwäche der Schutzbefohlenen gerade nicht hin, um sie durch Wohltaten der Allgemeinheit zu kompensieren. Verbraucherschutz ist keine Sozialhilfe, sondern Systemstabilisierung. Es hat zwar nicht an Versuchen gefehlt, Arbeitnehmer- ebenso wie Mieterschutz mit einem Fürsorgeideal der Kapitaleigner zu erklären. Dasselbe hat man bei Überschuldeten im Darlehensrecht versucht, als man den Kündigungsschutz für in Not geratene Unternehmer aus Treupflichten ableitete.

Doch ganz überwiegend begründen diese „Schutz"rechte vor allem Pflichten für die Anbieterseite. Der Gesetzgeber erlegt sie der stärkeren Partei auf, indem er Eigentümer- und Gläubigerrechte beschneidet. Im Kündigungsschutz wird die Vertragsbeendigung hinausgezögert und konditioniert, bei Wucher, Mietpreishöhe und Mindestlohn wird der im Vertrag zum Ausdruck gekommene Wille der Kapitaleigner gesetzgeberisch korrigiert. Es geht somit in einer bürgerlichen Marktgesellschaft anders als in der feudalen Ständegesellschaft um Schutz vor dem Status, den das Eigentum als grundlegendes Wirtschaftsprinzip eher ungewollt vermittelt. Dass die Menschen nicht gleich sind, wird als Problem der Stärkeren und nicht der Schwächeren gesehen. Genau in dieser Weise hat es auch das Grundgesetz gesehen, das zwar den Umweltschutz nicht aber Arbeits-, Mieter- und Verbraucherschutz, sondern stattdessen die „Verhütung des Missbrauchs wirtschaftlicher Machtstellung" (Art. 74 Nr. 16 GG) der konkurrierenden Gesetzgebung anempfahl.[57]

Es geht also nicht um den Schutz von Schwächeren. Es geht aber auch nicht grundsätzlich um die Beschneidung von Macht. Die ratio legis des Verbraucherschutzes ist allein der „Missbrauch wirtschaftlicher Macht." Die Erläuterungen dazu stehen in Art. 14 GG, der den Besitz von Kapital und seine freie Verwertung ermöglicht, zugleich aber festlegt, dass diese

---

[57] Art. 36 Nr. 23 Fassung b) lautete noch: „Eingriffe in die Wirtschaft zur Sicherung der Erzeugung und zum Schutze der Verbraucher" und wurde ohne weitere Begründung durch die aktuelle Version ersetzt.

Freiheit in letzter Instanz kein Selbstzweck ist[58], wenn es darin komplementär zu Art. 74 Nr. 16 GG heißt: „Eigentum verpflichtet. Sein Gebrauch soll zugleich dem Wohle der Allgemeinheit dienen." Nach der Anerkennung des kollektiven Verbraucherschutzes als Aufsichtsziel in § 4 Abs. 1a Finanzdienstleistungsaufsichtsgesetz und seiner Definition durch die strukturellen Elemente zivilrechtlicher Verbraucherschutzvorschriften kann an der Zugehörigkeit des Verbraucherschutzes zu den Interessen der Allgemeinheit kein Zweifel mehr bestehen.

14. *Fassen wir zusammen.* Es gibt kein Verbraucherrecht. Die Definition des Verbrauchers im Gesetz ist nicht mehr als ein partielles technisches Regulierungsmittel. Gleichartige Regeln zu denjenigen, die den Verbraucherbegriff des § 13 BGB benutzen, gibt es seit Jahrtausenden im Recht, wobei man weit über das Zivilrecht hinauszugehen hat. Schuldnerschutz, Wucher- und Glücksspielverbote, Mindestlöhne, Höchstmieten, Kündigungsschutz, Schuldbefreiung, Nutzungsgarantien u.Ä.m. haben alle Rechtsgebiete.

Demgegenüber ist der Schutz der Nutzer seit Beginn rechtlicher Einschränkungen privater Verteilungsmechanismen ein zentrales Anliegen von Recht. Eine Beschränkung auf das vor allem durch die EU geprägte Recht des „Verbrauchers", allein weil es den Verbraucherbegriff benutzt, führt zu einer sachlichen vor allem aber auch ideologischen Verzerrung der Sichtweise auf den Verbraucherschutz. Eine Analyse der einseitig Anbietermacht begrenzenden Vorschriften führt zum Schutz der Nutzungsziele. Diese Ziele sind nicht im Gesetz, sondern bei einer an §§ 133, 157 BGB orientierten Auslegung in den Verträgen selber enthalten. Es gibt somit Verbraucherverträge, die den Nutzungszweck vereinbaren. Sie sind der Anknüpfungspunkt für den Verbraucherschutzgedanken.

Damit erweitert sich aber auch die Sichtweise auf den Verbraucherschutz. Arbeitnehmerschutz und Mieterschutz zeigen hier in ihrer langen Tradition und Verankerung in der Industrialisierung den eigentlichen Kern von Verbraucherschutz: die Verhinderung des Missbrauchs wirtschaftlicher Macht.

Verbraucherschutzregeln können daher von den rechtsdogmatischen Schwestern im Arbeits- und Wohnraummietrecht lernen. Dies gilt für die zu regelnden Phasen des Konsumtionsprozesses ebenso wie für die Art,

---

58 Vgl. zum Ganzen *Reifner* (Fn. 3), S. 55 ff.

inwieweit die Stärkung der Handlungsmöglichkeiten der Verbraucher und inwieweit die entsprechende Schwächung bei den Anbietern auf dem Markt diesem Ziel dient. Dabei gilt der Vorrang der Vertragsfreiheit im Rahmen dessen, was der Gesetzgeber für wünschenswert erklärt. Die aktuelle historische Phase des Kapitalismus hat den Verbraucherschutzgedanken im Gesetz mit einem Übergewicht neo-liberaler Marktvorstellungen geschädigt. Die unter der markterweiternden Europäisierung versteckte schrankenlose Globalisierung hat den Konsumsektor zum Paradebeispiel gesellschaftlicher Desintegration werden lassen. Soziale Schieflage, Anbieterübermacht und Europamüdigkeit der Bürger sollten Anlass sein, über das Verhältnis von Verbraucher und Recht neu nachzudenken. So gesehen wurde die Zeitschrift zutreffend benannt.

Verbraucherschutz in der „Sharing Economy"

*Peter Rott, Kassel**

I. Einleitung

Hans-Peter Schwintowski ist mir zuerst vor etwa 20 Jahren als Schriftleiter der VuR „begegnet", damals gemeinsam mit *Hans Micklitz, Udo Reifner* und *Klaus Tonner*. Der VuR ist er stets treu geblieben, und er ist auch heute mit seinem weit über seinen Schwerpunkt Versicherungsrecht hinausreichenden Sachverstand, seiner steten Bereitschaft zur Lieferung von Beiträgen und seiner unnachahmlichen Schnelligkeit dabei eine wesentliche Stütze dieser Zeitschrift. Einer seiner Interessenschwerpunkte galt seit jeher der Marktordnung, oder vielleicht eher der Ordnung von Märkten. Diese ist im Verbraucherbereich durch die sog. „Sharing Economy" oder auch Plattformökonomie nachhaltig verändert worden, und sie verändert sich weiter – Anlass genug, das Thema in dieser Festschrift aus der Perspektive des Verbraucherschutzes aufzugreifen.

„Sharing" heißt Teilen. Die ursprüngliche Idee der „Sharing Economy" war es denn auch, dass nicht jeder Mensch alles selbst sein eigen nennen oder besitzen muss, sondern dass man sich Dinge teilen kann. Dahinter standen typischerweise zwei Motivationen: eine soziale und eine (doppelt) ressourcenökonomische. Beide sind durchaus zu trennen. Carsharing etwa ist klar ressourcenökonomisch motiviert,[1] und zwar sowohl hinsichtlich der ökologischen Ressourcen als auch hinsichtlich der finanziellen Res-

---

* Professor für Bürgerliches Recht, Europäisches Privatrecht und Verbraucherrecht an der Universität Kassel. Der Beitrag greift Gedanken aus dem Gutachten des Autors zur Erschließung und Bewertung offener Fragen und Herausforderungen der deutschen Verbraucherrechtspolitik im 21. Jahrhundert für den Sachverständigenrat für Verbraucherfragen beim Bundesministerium der Justiz und für Verbraucherschutz, 2016, http://www.svr-verbraucherfragen.de/wp-content/uploads/2016/11/Rott-Gutachten.pdf, auf und entwickelt sie weiter.

[1] Vgl. *Leismann/Schmitt/Rohn/Baedeker*, Nutzen statt Besitzen. Auf dem Weg zu einer ressourcenschonenden Konsumkultur, 2012; *Loske*, in: Bala/Schuldzinski (Hrsg.), Presuming und Sharing – neuer sozialer Konsum, S. 31 ff.; *Tils/Rehag/Glatz*, Carsharing, in: Bala/Schuldzinski (Hrsg.), ibid., S. 85 ff.

sourcen der Teilnehmer, die in aller Regel davon ausgehen, mit der gelegentlichen kostenpflichtigen Nutzung eines (geteilten) Fahrzeugs besser zu fahren als mit dem Erwerb und Unterhalt eines solchen. Eine soziale Komponente hat Carsharing hingegen nur, wenn man sich ein Fahrzeug im Freundeskreis teilt. Auch der Weiterverkauf einer nicht mehr benötigten Sache über eBay oder Kleiderkreisel[2] lässt sich noch der Ressourcenschonung zuordnen, ist doch die Weitergabe der Produktion von Abfall und dem Verbrauch von Ressourcen für die Herstellung einer neuen Sache deutlich vorzuziehen. Couchsurfing hat natürlich ebenfalls eine (finanziell) ressourcenökonomische Komponente, aber auch eine starke soziale. Schließlich lässt man nicht jeden oder jede auf seiner Couch übernachten, und das auch noch kostenlos. In beiden Varianten scheint „Verbraucherschutz" unangebracht – der Nutzer erscheint als Gleicher unter Gleichen, das für den Verbraucherschutz typische Ungleichgewicht scheint nicht vorhanden.

Die „Sharing Economy" von heute hat mit dieser Ur-Idee freilich nur noch wenig gemeinsam.[3] Zwar werden Ressourcen noch immer gemeinsam genutzt, aber dies erfolgt über Plattformen, auf deren anderer Seite sich vormals Unbekannte und (geographisch) Unerreichbare befinden. Die eine Seite möchte regelmäßig am „Teilen" verdienen, wie etwa der Vermieter, der ein Zimmer oder eine Wohnung bei Airbnb einstellt. Vor allem aber lassen sich diejenigen, die die Teilenden zusammenbringen, ihre Dienstleistung auf die eine oder andere Weise vergüten, wobei sich die verschiedensten Modelle herausgebildet haben.[4] Nach der Mitteilung „Europäische Agenda für die kollaborative Wirtschaft" der Europäischen Kommission[5] wird der Umsatz kollaborativer Plattformen und Anbieter in der EU im Jahre 2015 auf 28 Mrd. Euro geschätzt.

Der Verbraucher steht damit zumindest *einem* Akteur gegenüber, zu dem ein erhebliches Ungleichgewicht besteht: dem Plattformbetreiber. Ob auch gegenüber dem Anbieter ein solches Ungleichgewicht besteht, wird ihm oft gar nicht klar sein, denn diesen bekommt er womöglich nie zu Gesicht – das gilt übrigens auch für die Mieter von Zimmern oder Wohnungen auf Airbnb.

---

2 https://www.kleiderkreisel.de.
3 Vgl. *Oberhuber*, Gutes Teilen, schlechtes Teilen, Zeit online v. 19.7.2016.
4 Vgl. zum Ganzen etwa *Hatzopoulos/Roma*, CMLRev. 54, 2017, 81 ff.
5 KOM(2016) 356 endg.

Für den Verbraucherschutz ergeben sich damit Herausforderungen, die zwar jeweils für sich genommen nicht ganz neu sind, aber doch in ihrer Kombination mit den technologischen Möglichkeiten der Digitalisierung zum Nachdenken über neue Regeln führen müssen. Einige dieser Herausforderungen sollen im Folgenden thematisiert werden: Sie beziehen sich auf das Mehr-Personen-Verhältnis ebenso wie auf die wenig geregelten Vertragstypen der Sharing Economy.

II. Das (mindestens) Drei-Personen-Verhältnis der „Sharing Economy"

Online-Plattformen oder Online-Marktplätze erleichtern es Anbietern und Nachfragern, zum Abschluss von Verträgen zusammenzufinden. Sie stehen insofern in der Tradition „realer" Marktplätze, wie ihr Name schon suggeriert, gehen aber quantitativ wie auch qualitativ mittlerweile weit über diese hinaus.[6] Online-Plattformen werfen Fragen in vielerlei Hinsicht und vielerlei Rechtsgebieten auf,[7] darunter das Wettbewerbsrecht bei entsprechender Marktmacht,[8] das Öffentliche Wirtschaftsrecht dort, wo öffentlich-rechtlicher Regulierung ausgewichen wird,[9] oder das Arbeitsrecht, wo Tätigkeiten Dritter vermittelt werden, auf die der Plattformbetreiber erheblichen Einfluss ausübt.[10] Die folgenden Ausführungen beschränken sich auf verbraucherrechtliche Fragestellungen.

Dabei gilt es zunächst, verschiedene Plattformtypen zu unterscheiden, die allerdings in der Praxis nicht nur in Reinform vorkommen.[11] Vorherrschend sind Plattformen wie eBay, Airbnb oder BlaBlaCar, die sich (ausschließlich) als Vermittler zwischen Anbietern und Verbrauchern verste-

---

6 Vgl. *Busch/Schulte-Nölke/Wiewiórowska-Domagalska/Zoll*, EuCML 2016, 3 f.
7 Vgl. nur den Überblick bei *Hatzopoulos/Roma*, CMLRev. 54 (2017), 81, 88 ff.
8 Vgl. nur *BMWi*, Grünbuch Digitale Plattformen, verfügbar unter http://www.bmwi.de/DE/Themen/Digitale-Welt/Netzpolitik/digitale-plattformen.html.
9 Etwa im Recht der Personenbeförderung (Uber), dazu OVG Hamburg, Beschl. v. 24.9.2014 – 3 Bs 175/14, NVwZ 2014, 1528; OVG Brandenburg, Beschl. v. 10.4.2015 – OVG 1 S 96/14, CR 2015, 376; KG Berlin, Urt. v. 11.12.2015 – 5 U 31/15, GRUR-RR 2016, 84; LG Frankfurt a.M., Urt. v. 18.3.2015 – 3-08 O 136/14, CR 2016, 126; *Terryn*, EuCML 2016, 45 ff.; im Telekommunikationsrecht, dazu *BMWi*, Grünbuch Digitale Plattformen, 2016; im Kreditrecht, vgl. *Colaert*, EuCML 2016, 182 ff.
10 Dazu *Lingemann/Otte*, NZA 2015, 1042 ff.; *Kocher/Hensel*, NZA 2016, 984 ff.
11 Dazu auch *Sénéchal*, EuCML 2016, 39, 40 ff.

hen und dies in ihrer Selbstdarstellung und in ihren AGB auch deutlich zum Ausdruck bringen.[12] Zu trennen sind dann das Verhältnis des Verbrauchers zum Vertragspartner und das zum Betreiber der Online-Plattform. Darüber hinaus besteht noch ein Rechtsverhältnis des Anbieters zum Betreiber der Online-Plattform, aufgrund dessen ersterer Zugang zur Plattform erhält.

Daneben gibt es Fälle, in denen der Plattformbetreiber selbst Anbieter ist, während die vermittelnden Leistungen von jemandem erbracht werden, der für den Anbieter tätig ist. Ein eindeutiges Beispiel für letztere Konstellation ist die Plattform Book-a-Tiger, über die Reinigungskräfte nach Hause bestellt werden können.[13]

Problematisch wird es dann, wenn nicht deutlich wird, wer eigentlich Vertragspartner werden soll. Dies wird der Ticket-Plattform Viagogo vorgeworfen, deren AGB in der Tat widersprüchlich scheinen.[14] Die Verbraucherzentrale Bayern will daher gegen Viagogo klagen,[15] wobei sich das noch zu behandelnde zusätzliche Problem ergibt, dass Viagogo seinen Sitz in der Schweiz hat.

Daneben gibt es Fälle, in denen der Verdacht besteht, dass sich Plattformbetreiber zu Unrecht als bloße Vermittler einstufen, um einer Regulierung zu entgehen. Insbesondere mit Blick auf den Fahrdienst"vermittler" Uber, dessen Fahrer einige Merkmale von Angestellten aufweisen, aller-

---

12 Vgl. etwa Nr. 1 der neuen AGB von Airbnb, https://www.Airbnb.de/terms?euid=9 ba213b5-6621-8bdf-ff54-e988f5322557, abgerufen am 8.7.2017.
13 Vgl. die Präambel der AGB von Book a Tiger: "Die BAT Household Services GmbH, Brückenstraße 5a, 10179 Berlin (im Folgenden „BAT") betreibt eine Onlineplattform – u.a. über die Website www.bookatiger.com – über die sie ihren Kunden (im Folgenden „KUNDE(N)") haushaltsnahe Dienstleistungen bzw. Reinigungsdienstleistungen anbietet. Die Dienstleistungen werden ausgeführt von bei BAT (bzw. mit BAT verbundenen oder von BAT beauftragten Unternehmen) angestellten und nur deren Weisungen unterliegenden Reinigungskräften. (...) Die Verträge kommen ausschließlich zwischen BAT und dem jeweiligen KUNDEN zustande. Die Reinigungskräfte werden bei der Erfüllung der vertraglichen Pflichten als Erfüllungsgehilfen von BAT tätig.".
14 Ausf. *Domurath*, in: Rott/Tonner (Hrsg.), Das Recht der Online-Vermittlungsplattformen, 2017, im Erscheinen.
15 Vgl. *Wienand*, Verbraucherzentrale reicht Klage gegen Viagogo ein, WAZ vom 24.5.2017, https://www.waz.de/wirtschaft/verbraucherzentrale-reicht-klage-gegen-viagogo-ein-id210678783.html. abgerufen am 8.7.2017.

dings über ihre Einsatzzeiten selbst bestimmen können,[16] hat die Rechtsprechung in zahlreichen Staaten Zweifel daran, dass die einzelnen Fahrer Anbieter der Fahrdienstleistungen sind und nicht Uber selbst, obwohl Uber seine Rolle wie folgt beschreibt:

„Uber bietet verschiedene Technologie-Plattformen an und stellt Ihnen über diese Vermittlungsdienstleistungen zur Verfügung. (...) Die Vermittlungsdienstleistungen umfassen das zur Verfügung stellen einer Technologie-Plattform, mit der Anfragen nach Beförderungs- oder Logistikdienstleistungen von Benutzern der mobilen Applikationen oder Webseiten von Uber (jeweils eine *„Applikation"*) an unabhängige und selbständige Drittanbieter, (...) übermittelt werden, sowie die Abrechnung der Beförderungs- oder Logistikdienstleistungen im Namen und für Rechnung des unabhängigen Leistungsanbieters."

In der derzeit beim EuGH anhängigen Rechtssache *Elite Taxi* hat sich auch GA Szpunar klar dahin gehend positioniert, dass die Tätigkeit von Uber in einer einzigen Leistung bestehe, nämlich der Beförderung in einem mittels der Smartphone-App ausfindig gemachten und bestellten Fahrzeug, und dass dieser Dienst aus wirtschaftlicher Sicht von Uber oder in ihrem Namen erbracht werde. Dieser Dienst werde den Nutzern auch auf diese Weise präsentiert und von ihnen wahrgenommen. Indem sie sich entschlössen, auf die Dienste von Uber zurückzugreifen, möchten diese Nutzer einen Beförderungsdienst in Anspruch nehmen, der bestimmte Funktionalitäten besitzt und einen bestimmten Qualitätsstandard aufweist. Diese Funktionalitäten und diese Qualität der Beförderung würden von Uber gewährleistet. GA Szpunar hielt es daher für ausgeschlossen, in Uber einen bloßen Vermittler zwischen Fahrern und Fahrgästen zu sehen.[17] Maßgeblich für eine Einstufung als Anbieter statt als Vermittler wird zweifellos das Ausmaß des Einflusses sein, den der Plattformbetreiber ausübt.[18]

Jenseits von derartigen Fällen möglicher Falschdeklaration wird nach deutschem Verständnis der objektive Empfängerhorizont des Verbrauchers

---

16 Vgl. *Sørensen*, EuCML 2016, 15, 16 f.; *Solmecke/Lengersdorf*, MMR 2015, 493, 496 f.
17 Schlussanträge des GA Szpunar, C-434/15, ECLI:EU:C:2017:364 – Elite Taxi.
18 Zu möglichen Kriterien (allerdings für eine gesamtschuldnerische Haftung von Anbieter und Plattformbetreiber) vgl. *Research Group on the Law of Digital Services*, EuCML 2016, 164, 168, mit Art. 18(2) des Draft Proposal. Zu restriktiv wohl die Kommission in ihrer Mitteilung „Europäische Agenda für die kollaborative Wirtschaft", KOM(2016) 356 endg., S. 7.

entscheidend, die richtige Einordnung der Stellung des Plattformbetreibers damit eine Frage der Transparenz sein; eine Wertung, die der EuGH in Bezug auf die analoge Welt in Bezug auf einen Gebrauchtwagenhändler zu teilen scheint.[19] Letzterer hatte erst, als die Käuferin des Wagens einen Mangel am Fahrzeug gelten machen wollte, mitgeteilt, dass gar nicht er, sondern ein Vorbesitzer Vertragspartner sei.

1. Verhältnis Anbieter - Verbraucher

Anbieter von Waren und Dienstleistungen auf Plattformen können Unternehmer oder Verbraucher sein. Auf eBay etwa findet man beide Typen von Anbietern. Bieten Unternehmer auf Online-Plattformen ihre Leistungen an, so finden unproblematisch die Vorschriften des Verbraucherrechts Anwendung.

Werden Verbraucher über Plattformen zusammengebracht, so werden über den tatsächlichen Vertragsgegenstand auch „nur" C2C Verträge geschlossen, so dass das Verbraucherschutzrecht keine Anwendung findet.[20] So vermitteln Übernachtungsportale wie Airbnb Übernachtungsmöglichkeiten zwischen Verbrauchern, auch wenn die vollständige Kommunikation und gegebenenfalls auch die Bezahlung über die Plattform ablaufen. Verbraucherschutzvorschriften und Regelungen des öffentlichen Wirtschaftsrecht, die an die Unternehmereigenschaft anknüpfen, können auf diese Weise vermieden werden; womöglich ist dies auch beabsichtigt.[21] Es bleiben natürlich die normalen vertraglichen Rechte und Pflichten, etwa Rückerstattungsansprüche bei Nichterbringen der vertraglichen Leistung, für die bereits eine Zahlung erfolgt ist.

Probleme ergeben sich dort, wo Unternehmer nicht offenlegen, dass sie Unternehmer sind, um Verbraucher über die Anwendbarkeit des Verbraucherrechts zu täuschen. Dieses Problem tauchte etwa anfangs bei eBay auf. Rechtlich ist die Situation eindeutig, denn selbstverständlich ist die objektiv vorliegende Unternehmereigenschaft maßgeblich.[22] Allerdings

---

19 EuGH, Urt. v. 9.11.2016 – C-149/15, NJW 2017, 874 – Wathelet.
20 *Meller-Hannich*, WM 2014, 2337, 2342; *Busch/Schulte-Nölke/Wiewiórowska-Domagalska/Zoll*, EuCML 2016, 3, 4; *Terryn*, EuCML 2016, 45, 50; *Colaert*, EuCML 2016, 182, 184.
21 Vgl. *Terryn*, EuCML 2016, 45, 48, zu Uber und Airbnb.
22 Vgl. etwa AG München, Urt. v. 23.4.2003 – 251 C 7612/03, DAR 2004, 158.

bleibt die Frage, wie der Verbraucher die Täuschung herausfinden soll. Hier könnten Pflichten des Plattformbetreibers vorliegen bzw. erforderlich sein (vgl. infra, 2.d).

Verbraucher, die regelmäßig Leistungen über Plattformen anbieten, können auch ihre Verbrauchereigenschaft verlieren und zu Unternehmern werden.[23] Lange bekannt ist dieses Phänomen bei sog. Powersellern auf eBay.[24] Auch dies ist eine Frage der objektiv vorzunehmenden Abgrenzung zwischen Verbrauchern und Unternehmern, bei der wiederum der Plattformbetreiber eine Rolle spielen kann (vgl. infra, 2.d). Anknüpfungspunkt wird die Häufigkeit der Tätigkeit sein,[25] eher nicht hingegen das Angebot an eine unbestimmte Zahl von Personen, aufgrund dessen *peer-to-peer lending* in Belgien als zulassungsbedürftige Tätigkeit verboten wurde.[26]

Zu diskutieren wäre, ob weitergehend Verbraucher, die ihre Leistungen über eine professionelle Plattform anbieten, insoweit als Unternehmer anzusehen sein sollten.[27] Dies ist nach dänischem Recht offenbar dann der Fall, wenn der professionelle Vermittler eine aktive Rolle einnimmt, indem er etwa die Vertragsbedingungen bestimmt oder die Zahlungen abwickelt.[28] Dies hätte zur Folge, dass die zahlreichen verbraucherrechtlichen Pflichten etwa auch den gelegentlichen Anbieter von Wohnraum treffen würden. Ein *chilling effect* für diese Art von Geschäftsmodell wäre unvermeidlich.

---

23 Ausf. *Domurath*, Verbraucher und Sachmängelgewährleistung in der Plattformökonomie, Working Paper des Sachverständigenrats für Verbraucherforschung, 2016, S. 11 ff. http://www.svr-verbraucherfragen.de/wp-content/uploads/SVRV_WP05_Verbraucher_Plattform%C3%B6konomie.pdf, abgerufen am 8.7.2017; ebenfalls *Mak*, EuCML 2016, 19, 23, zu Airbnb.
24 Vgl. OLG Frankfurt, Beschl. v. 4.7.2007 – 6 W 66/07, NJOZ 2008, 836; OLG Zweibrücken, Urt. v. 28.6.2007 – 4 U 210/06, MMR 2008, 135; zum Ganzen *Peter*, ITRB 2007, 18. Zum belgischen Recht vgl. *Terryn*, EuCML 2016, 45, 50 f.
25 Vgl. auch die Ausführungen der Europäischen Kommission (Fn. 18), S. 9 f.
26 Vgl. *Terryn*, EuCML 2016, 45, 50.
27 Vgl. *Terryn*, EuCML 2016, 45, 51.
28 Vgl. *Sørensen*, EuCML 2016, 15, 17 f.

2. Verhältnis Plattformbetreiber - Verbraucher

Die folgende Betrachtung geht von einem Plattformbetreiber aus, der tatsächlich Vermittler zwischen einem Leistungserbringer und einem Verbraucher ist, wobei es nicht notwendig darauf ankommt, ob der Leistungserbringer Unternehmer ist oder nicht. Interessant ist in beiden Fällen, gleich ob dem Verbraucher ein Unternehmer oder ein anderer Verbraucher gegenüber steht, die Rolle, die der Betreiber der Online-Plattform spielt bzw. zu spielen hat. Pflichten des Plattformbetreibers könnten sich einerseits aus verbraucherrechtlichen Vorschriften ergeben, andererseits aus dem Vermittlungsvertrag als solchem.

a) Die Nutzung der Plattform als Vertragsverhältnis

Für mögliche Pflichten des Plattformbetreibers wird zunächst relevant sein, ob neben dem Vertragsschluss mit dem Anbieter über die Plattform auch ein Vertragsschluss mit dem Plattformbetreiber selbst erforderlich ist.[29] Bei den großen kommerziellen Plattformen ist dies in aller Regel der Fall, wobei die Plattformen verschiedene Gestaltungen aufweisen. Zum Teil kann der Verbraucher die Plattform unentgeltlich nutzen, während der Verkäufer eine Benutzungsgebühr oder eine Provision entrichten muss, wie dies etwa bei eBay oder bei BlaBlaCar der Fall ist. Bei Airbnb muss der Verbraucher für eine erfolgreiche Buchung eine Servicegebühr entrichten. Bei Couchsurfing fällt ein jährlicher Mitgliedschaftsbeitrag an. In jedem Fall aber „bezahlt" der Verbraucher für die Nutzung der Plattform mit seinen Daten, und zwar unabhängig davon, ob die Nutzung eine Registrierung voraussetzt oder nicht.[30] Allein dies wurde vom LG München I für ausreichend angesehen, um einen Vertragsschluss anzunehmen.[31] Darauf, ob diese Daten als „Entgelt" anzusehen sind, kommt es deshalb an dieser Stelle nicht an.

---

[29] Vgl. auch *Colangelo/Zeno-Zencovich*, EuCML 2016, 75, 83 f.
[30] Vgl. etwa *Sénéchal*, EuCML 2016, 39, 43.
[31] LG München I, Urt. v. 25.10.2006 – 30 O 11973/05, CR 2007, 264. Ebenso *Wendehorst*, EuCML 2016, 30, 31.

b) Relevante Vertragstypen

Natürlich kennt das BGB keinen Plattformvertrag; vielmehr geht die Mehrheit der Zivilrechtler davon aus, dass besondere Regelungen für die Digitalisierung der Wirtschaft nicht erforderlich seien, weil das BGB mit seiner Offenheit gegenüber technischen Entwicklungen alle Fragen über die Auslegung existierender Normen lösen könne.[32] Dabei stellt sich bei neuartigen Vertragstypen stets die Frage der Zuordnung zu den Vertragstypen des BGB, häufig mit dem Ergebnis, dass ein typengemischter Vertrag vorliegt. Zusätzlich erschwert wird die Zuordnung, wenn die Anbieter ihre Rechte und Pflichten mithilfe von Allgemeinen Geschäftsbedingungen selbst definieren. Dann stellt sich die Frage, ob die Zuordnung zu einem Vertragstyp auf der Grundlage der so definierten Rechte und Pflichten erfolgen soll oder ob nicht vielmehr zunächst ein Grundtypus ausgemacht werden muss, anhand dessen dann die AGB zu messen sind. Nur Letzteres kann richtig sein, und in der Tat ist der BGH diesen Weg etwa im Zusammenhang mit dem Online-Erwerb von Software gegangen. Dort hatten die Anbieter argumentiert, es liege kein Kaufvertrag vor, weil die nach den (häufig „Lizenzbedingungen" oder „End-User License Agreement" genannten) AGB dem Verbraucher übertragenen Rechte sich fundamental von den Rechten eines Käufers unterschieden.[33] Der BGH hat den Online-Erwerb von Software dennoch als Kaufvertrag eingeordnet,[34] so dass dieser das AGB-rechtliche Leitbild darstellte, an dem die abweichenden AGB zu messen waren.

Welchem Vertragstyp des Besonderen Schuldrechts kommen Plattformverträge also am nächsten? Das wird davon abhängen, welche Rolle die Plattform einnimmt und wie sie die Entgeltvereinbarung ausgestaltet. Die Ermöglichung des Zugangs zur Plattform und die Pflege der Daten etc. lassen sich als Dienstleistung i.S.d. §§ 611 ff. BGB begreifen.[35] Die beim Dienstvertrag regelmäßig zu erbringende Gegenleistung kann in Geld und/

---

[32] Paradigmatisch *Faust*, Verh. des 71. Deutschen Juristentages 2016, Gutachten A 57 f.
[33] Vgl. *zur Megede*, NJW 1989, 2580, 2584.
[34] Vgl. BGH, Urt. v. 4.3.1997 – X ZR 141/96, CR 1997, 470, 472; BGH, Urt. v. 15.11.2006 – XII ZR 120/04, NJW 2007, 2394; AG Ansbach, Urt. v. 29.4.1994 – 3 C 295/93, CR 1995, 278, 279. Ebenso der österreichische OGH, Beschl. v. 23.5.2000 – 4 Ob 30/00, GRUR Int. 2000, 1028.
[35] Ausf. *Bräutigam*, MMR 2012, 635 ff. (str.).

oder in der Einwilligung zur Nutzung von Daten oder zur Zusendung von Werbung liegen. Liegt ein Modell vor, in dem die Plattform Kauf- oder Mietmöglichkeiten (regelmäßig gefiltert) anzeigt und im Erfolgsfall, also wenn der Verbraucher und der Anbieter einen Vertrag schließen, eine Provision oder sonstige Gebühr kassiert, wie dies bei Airbnb der Fall ist, so erinnert das stark an einen Maklervertrag i.S.d. §§ 652 ff. BGB, der allerdings selbst im BGB nur rudimentär geregelt ist. Allerdings gibt gerade Airbnb in seinen AGB ausdrücklich an, kein Immobilienmakler zu sein,[36] was aber natürlich für die rechtliche Bewertung nicht relevant ist, wenn die von Airbnb angebotene Leistung der eines Nachweismaklers vergleichbar ist.

c) Verbraucherrechtliche Pflichten des Plattformbetreibers

Welche Pflichten einen Plattformbetreiber, mit dem der Verbraucher ein vertragliches oder quasi-vertragliches Verhältnis eingeht, nach geltendem Verbraucherrecht treffen, ist unklar.

In Betracht kommen zunächst die Pflichten des Diensteanbieters i.S.d. E-Commerce-Richtlinie 2000/31/EG. Betreiber von Online-Plattformen sind als Erbringer von Dienstleistungen der Informationsgesellschaft einzustufen.[37] Dies gilt nach der Rechtsprechung des EuGH auch dann, wenn der Nutzer keine Geldleistung für die Nutzung der Plattform erbringen muss, sondern diese sich aus Einnahmen aus der auf ihrer Webseite verbreiteten Werbung finanziert.[38] Damit trifft den Plattformbetreiber zunächst die Impressumspflicht nach Art. 5 der Richtlinie 2000/31/EG, in Deutschland umgesetzt in § 5 TMG.

Weniger eindeutig ist, ob den Plattformbetreiber auch die vertragsschlussbezogenen Pflichten der Art. 10 und 11 der E-Commerce-Richtlinie treffen.[39] Legt man die Lesart des LG München I zugrunde, dass zwischen einem Plattformnutzer und dem Plattformbetreiber jedenfalls durch die Registrierung ein Vertragsverhältnis zustande kommt, so gilt dies zumindest für die allgemeinen Informationspflichten der § 312i BGB. Bei § 312j BGB scheint eine differenzierende Betrachtungsweise geboten. § 312j

---

36 Nr. 1.2 der AGB von Airbnb (Fn. 12).
37 Vgl. nur EuGH, Urt. v. 12.7.2011 – C-374/09, EuZW 2011, 754 – L'Oréal.
38 Vgl. EuGH, Urt. v. 11.9.2014 – C-291/13, MMR 2016, 63 – Papasavvas.
39 Ausf. *Wendehorst*, EuCML 2016, 30 ff.

BGB bezieht sich auf Lieferbeschränkungen und die Akzeptanz von Zahlungsmitteln (Abs. 1) sowie auf die Leistung des Unternehmers (Abs. 2), also auf die primären Leistungspflichten. Diese treffen den Plattformbetreiber, der lediglich vermittelt, (nur, vgl. infra) in Bezug auf den Plattformvertrag. „Lieferbeschränkungen" wären dabei als Zugangsbeschränkungen zu verstehen, Informationen zur Akzeptanz von Zahlungsmitteln kommen natürlich nur in Betracht, wenn eine Zahlung für die Nutzung der Plattform verlangt wird. Dasselbe gilt wohl für die zusätzlichen Informationspflichten nach § 312j Abs. 2 BGB, die bei einem „Verbrauchervertrag im elektronischen Geschäftsverkehr, der eine entgeltliche Leistung des Unternehmers zum Gegenstand hat", gelten. Hier könnte zwar ein Ansatzpunkt für die Diskussion darum bestehen, ob Daten ein „Entgelt" darstellen, allerdings bringt § 312j Abs. 3 BGB, der sich auf § 312j Abs. 2 BGB bezieht, zum Ausdruck, dass der Gesetzgeber nur an eine „Zahlung" gedacht hat.

Die Pflichten nach dem Fernabsatzrecht der Verbraucherrechte-Richtlinie 2011/83/EU können den Plattformbetreiber ebenfalls insoweit treffen, als sie seine eigene Leistung als Dienstleister, aber auch als Vermittler betreffen.[40] Der Vermittlervertrag wird in aller Regel im Wege des Fernabsatzes abgeschlossen, so dass die entsprechenden Informationspflichten und das fernabsatzrechtliche Widerrufsrecht nach § 312g BGB Anwendung finden können. Die zunächst umstrittene Anwendbarkeit dieser Regeln auf den Maklervertrag mit seiner erfolgsabhängigen Entgeltpflicht hat der BGH ausdrücklich bestätigt.[41] Interessant ist dies insbesondere, wenn der Makler nicht oder nicht ordnungsgemäß über das Widerrufsrecht belehrt hat. Dann entfällt nämlich nach § 357 Abs. 8 BGB nicht nur der Maklerlohn, sondern auch der Wertersatz für die erbrachte Dienstleistung. Freilich sind die Dimensionen bei einer Erfolgsprovision auf einer Online-Plattform mit denen bei der Vermittlung einer Immobilie nicht zu vergleichen.

Ob die Informationspflichten auch bei der Nutzung einer Plattform ohne direkte Zahlungsverpflichtung bestehen, ist strittig.[42] Jedenfalls könnte man hier damit argumentieren, dass die Einwilligung zur Nutzung von Da-

---

40 Vgl. auch *Možina*, EuCML 2016, 25 ff., der aber zusätzlich Informationspflichten in Bezug auf die angebotenen Waren und Dienstleistungen annimmt.
41 Vgl. BGH, Urt. 7.7.2016 – I ZR 30/15, NJW 2017, 1024; BGH, Urt. v. 12.1.2017 – I ZR 198/15, NJW 2017, 2337.
42 Vgl. *Schmidt-Kessel/Sorgenfrei*, GPR 2013, 242 Fn. 61.

ten oder zur Zusendung von Werbung Entgeltcharakter hat.[43] Der Wert von Daten für die Plattformbetreiber ist wohl unbestritten.[44] Richtig hat etwa das LG Berlin im Zusammenhang mit den Nutzungsbedingungen von Google argumentiert, bei der Zurverfügungstellung der Dienste handele es sich nicht etwa um Schenkungen i.S.d. § 516 BGB, denn die Beklagte (Google) wolle die aus der Zurverfügungstellung ihrer Dienste erlangten Informationen – insbesondere für Werbemaßnahmen – weiter verwenden. Insofern liege ein Gegenseitigkeitsverhältnis in der Weise vor, dass der Verbraucher sein Einverständnis mit der Nutzung der von ihm generierten Daten erklärt.[45] Vergleichbare Erwägungen finden sich im Vorschlag der Kommission für eine Richtlinie über bestimmte vertragsrechtliche Aspekte der Bereitstellung digitaler Inhalte,[46] dessen Erwägungsgrund (13) den mit Geld vergleichbaren Wert von Daten betont.

Zumindest einige Anbieter scheinen hier auf „Nummer sicher" zu gehen. So enthalten die Allgemeinen Geschäftsbedingungen für die Nutzung der deutschsprachigen eBay-Dienste[47] wie auch die Allgemeinen Nutzungsbedingungen für eBay Kleinanzeigen[48] Widerrufsbelehrungen, obwohl der Verbraucher selbst bei erfolgreichem Abschluss eines Kaufvertrags kein Entgelt zahlt; dieses wird vom Anbieter getragen. Hilfreich wäre aber eine gesetzgeberische Klarstellung, wie es sich mit Daten als Entgelt verhält.

d) Pflichten aus dem Plattformvertrag

Aus dem Plattformvertrag ergibt sich zunächst die Hauptleistungspflicht zur Bereitstellung und Pflege der Infrastruktur (Plattform) sowie zur Ermöglichung des Kontakts der zukünftigen Vertragsparteien.[49] Häufig wer-

---

43 So im Ergebnis auch *Gläser*, MMR 2015, 699, 701, zu Plattformverträgen mit sozialen Netzwerken.
44 Vgl. etwa *Langhanke/Schmidt-Kessel*, EuCML 2015, 218 ff.
45 LG Berlin, Urt. v. 19.11.2013 – 15 O 402/12, MMR 2014, 563, 564.
46 KOM(2015) 634 endg.
47 http://pages.ebay.de/help/policies/user-agreement.html (abgerufen am 8.7.2017).
48 https://www.ebay-kleinanzeigen.de/hilfe/artikel/nutzungsbedingungen (abgerufen am 8.7.2017).
49 Vgl. etwa Nr. 1 der AGB von BlaBlaCar, https://www.blablacar.de/ueber-uns/agb: (abgerufen am 8.7.2017). „Comuto SA (nachstehend bezeichnet als „BlaBlaCar") ist die Betreiberin einer Fahrgemeinschaftsplattform, die (...) dazu dient, Fahrer,

den weitere Leistungen angeboten, etwa die Bewerbung von Anzeigen, die Ausgestaltung der vertraglichen Beziehungen der Vertragspartner durch AGB, die Zahlungsabwicklung,[50] Versicherungen und Formen von Streitbeilegung.[51]

Aus einem Vermittlungsverhältnis können aber auch Sorgfaltspflichten entstehen. Diese sind aus dem Maklervertragsrecht bekannt und können auch den bloßen Nachweismakler treffen.[52] Der Makler ist zur sorgfältigen Wahrnehmung der Interessen seiner Kunden verpflichtet. Eine Pflichtverletzung kann zu einem Schadensersatzanspruch aus § 280 Abs. 1 BGB führen. Diese aus der Treuepflicht des Maklers abgeleiteten Schutzpflichten sind aber eingeschränkt. Insbesondere besteht ohne eine entsprechende Vereinbarung keine Pflicht zur Überprüfung der Angaben der Anbieter.[53] Dies entspricht auch der Eigensicht der Plattformbetreiber. So heißt es in Nr. 11 der AGB von Amazon.de:

> „Andere Personen als Amazon betreiben Läden, erbringen Dienstleistungen oder verkaufen Sortimente auf dieser Webseite. Ferner stellen wir Links zu Seiten von verbundenen Firmen und bestimmten anderen Unternehmen zur Verfügung. Wir sind nicht für eine Untersuchung und Bewertung dieser Angebote oder Seiten verantwortlich und wir leisten keine Gewähr für die Angebote dieser Unternehmen oder Einzelpersonen oder die Inhalte auf deren Webseiten. Amazon übernimmt keine Verantwortung oder Haftung für Handlungen, Produkte und Inhalte all dieser oder jeglicher dritter Personen."

Allerdings nimmt die Rechtsprechung zum Maklerrecht eine Warnpflicht dann an, wenn der Makler Kenntnis von gravierenden Zahlungsschwierigkeiten[54] oder davon, dass eine Immobilie in einem sozial problematischen Gebiet liegt, hat.[55]

Überträgt man dies auf Online-Plattformen, so könnte man sich durchaus – bei entsprechender Kenntnis der Plattformbetreiber – Warnpflichten hinsichtlich früherer minderer Qualität der Leistung des Anbieters (z.B.

---

die mit ihrem PKW zu einem bestimmten Ziel fahren, mit Mitfahrern in Kontakt zu bringen, die in dieselbe Richtung fahren, damit sie zusammen reisen und somit die mit der Fahrt verbundenen Betriebskosten teilen können (nachstehend bezeichnet als die „Plattform").".

50 Vgl. *Omlor*, in: Rott/Tonner (Fn. 14).
51 Zur Streitbeilegung vgl. *Fries*, NJW 2016, 2860, 2861.
52 Vgl. *Roth, in:* MüKo /BGB, § 652 BGB Rn. 258 ff.
53 Vgl. BGH, Urt. v. 18.1.2007 – III ZR 146/06, NJW-RR 2007, 711.
54 Vgl. OLG Dresden, Beschl. v. 22.3.2007 – 8 U 1994/06, NJOZ 2007, 2145.
55 Vgl. LG Heidelberg, Urt. v. 14.2.2006 – 2 S 46/05, MDR 2006, 859.

einer bei Airbnb angebotenen Unterkunft), hinsichtlich seines Vorverhaltens (Nichtlieferung bestellter Ware) oder hinsichtlich seiner Falsch-Selbstdeklarierung als Verbraucher vorstellen.

Weiterreichende Sorgfaltspflichten von Plattformbetreibern sind (wieder in Anlehnung an das Maklerrecht nach den §§ 652 ff. BGB) denkbar, wo dieser erkennbar bzw. nach dem objektiven Empfängerhorizont des Nutzers Einfluss auf den Anbieter nimmt, wie dies bei Uber der Fall ist (falls Uber nicht ohnehin als Vertragspartner anzusehen ist). Hier wäre schon *de lege lata* eine Überprüfungspflicht vorstellbar.

Faktisch haben Online-Plattformbetreiber jedenfalls die Möglichkeit, sowohl die Vertrauenswürdigkeit und Leistungsfähigkeit des Anbieters zu prüfen bzw. unzuverlässige Anbieter auszuschließen[56] als auch die Rechte des Verbrauchers gegenüber dem Anbieter durchzusetzen, indem sie etwa Zahlungen des Verbrauchers erst an den Anbieter weiterleiten, wenn die Leistung erfolgt ist. Dies zeigt sich nicht zuletzt in den umfangreichen Sanktionskatalogen für Fehlverhalten der Anbieter, die sich in den AGB der Plattformbetreiber finden.[57]

Kein Hindernis stellt insofern die E-Commerce-Richtlinie 2000/31/EG mit ihren Regelungen zur Haftung von Hosting Providern dar.[58] Diese haften bei Unkenntnis von Rechtsverstößen zunächst einmal nicht, ihre Haftung setzt aber ein, wenn sie Kenntnis erlangen und nicht unverzüglich tätig werden, um den Verstoß abzustellen. Entsprechend könnte von Plattformbetreibern, die von Problemen mit einem Vermieter (Airbnb) oder einem Fahrer (Uber) Kenntnis erlangen, verlangt werden, diesen entweder von der Plattform auszuschließen oder in anderer Form dafür zu sorgen, dass Verbraucher geschützt werden. Die Privilegierung des Art. 14 der Richtlinie 2000/31/EG greift allerdings nach der Rechtsprechung ohnehin nur ein, wenn die Rolle des Diensteanbieters (hier: des Plattformbetreibers) rein technischer, automatischer und passiver Art ist, was bedeutet, dass der Anbieter weder Kenntnis noch Kontrolle über die weitergeleitete oder gespeicherte Information besitzt. Leistet der Diensteanbieter dagegen Hilfestellung, die u.a. darin besteht, die Präsentation der betreffenden Verkaufsangebote zu optimieren oder diese Angebote zu bewerben, nimmt er

---

56 Zu unterschiedlichen Gestaltungen vgl. nur *Možina*, EuCML 2016, 25 ff.
57 Vgl. nur *Omlor*, jM 2017, 134 ff.
58 Ebenso *Research Group on the Law of Digital Services*, EuCML 2016, 164, 165. Für eine Anwendung dieses Haftungsprivilegs auf Online-Plattformen *Colangelo/Zeno-Zencovich*, EuCML 2016, 75, 85.

zwischen dem fraglichen als Verkäufer auftretenden Kunden und den potenziellen Käufern keine neutrale Stellung ein, sondern spielt eine aktive Rolle, die ihm eine Kenntnis der diese Angebote betreffenden Daten oder eine Kontrolle über sie verschaffen kann.[59] Eine aktive Rolle wird teilweise auch darin gesehen, dass der Vertragsschluss nur über die Plattform möglich ist und diese dafür eine Gebühr erhebt (wie dies bei Airbnb der Fall ist).[60] Eine Ausnahme von der grundsätzlichen Haftungsfreiheit sieht Art. 14 der E-Commerce-Richtlinie weiter für den Fall vor, dass der (rechtsverletzende) Nutzer „dem Diensteanbieter untersteht oder von ihm beaufsichtigt wird". Auch dieser Gedanke lässt sich auf Online-Plattformen übertragen, indem eine originäre Haftung des Plattformbetreibers besteht, wenn dieser den Anbieter kontrolliert, wie das im Fall von Uber diskutiert wird (immer vorausgesetzt, Uber ist nicht ohnehin als der wahre Vertragspartner zu behandeln und damit als Anbieter von Transportdienstleistungen vom Anwendungsbereich der E-Commerce-Richtlinie ausgeschlossen).[61] Im Ergebnis hängt die Anwendbarkeit von Art. 14 der E-Commerce-Richtlinie vom Einzelfall ab,[62] hindert aber keinesfalls eine Haftung bei Kenntnis von Rechtsverstößen.

Typischerweise schließen allerdings Plattformbetreiber in ihren AGB jegliche Haftung für die Richtigkeit der Angaben der Anbieter und für deren Verhalten aus. Die oben zitierte Klausel von Amazon ist dafür paradigmatisch.[63] Derartige Haftungsausschlüsse sind selbstverständlich am AGB-Recht zu messen. Sie könnten nach § 307 Abs. 2 Nr. 1 BGB unwirksam sein, wenn sie mit wesentlichen Grundgedanken der gesetzlichen Regelung, von der abgewichen wird, nicht zu vereinbaren wären. Bedauerlicherweise gibt es eine solche gesetzliche Regelung jedenfalls nicht explizit. In Bezug auf den hier als Vergleichsfolie herangezogenen Maklervertrag ist umstritten, ob die §§ 652 ff. BGB überhaupt Leitbildcharakter haben.[64] *Roth* konstatiert in seiner Kommentierung im Münchener Kommentar, die gesetzliche Regelung des BGB sei zu weitmaschig geraten, was die Prägung des Maklerrechts durch die weithin verwendeten AGB erklä-

---

59 Vgl. EuGH, Urt. v. 12.7.2011 – C-374/09, EuZW 2011, 754 – L'Oréal.
60 So *Hatzopoulos/Roma*, CMLRev. 54, 2017, 81, 104.
61 Vgl. auch *Terryn*, EuCML 2016, 45, 51.
62 So auch die Europäische Kommission (Fn. 18), S. 9.
63 Vgl. *Mak*, EuCML 2016, 19, 20 f., zu Airbnb.
64 Dafür *Roth, in:* MüKoBGB, § 652 BGB Rn. 6; dagegen *Thomale*, JZ 2012, 716, 722.

re.⁶⁵ Die Parteien haben einen erheblichen Spielraum bei der Ausgestaltung ihrer Beziehungen.

Schrankenlos kann dieser Spielraum dennoch nicht sein. Eine vollständige Freizeichnung von der Haftung selbst für den Fall, dass dem Plattformbetreiber erhebliche Missstände positiv bekannt sind, ist jedenfalls dann missbräuchlich, wenn der Plattformbetreiber gerade damit wirbt, dass er – über die reine Zurverfügungstellung einer Möglichkeit für Anbieter und Verbraucher, sich zu treffen, hinaus – den Zugang der Anbieter von Qualitätskriterien abhängig macht, die er auch kontrolliert, wie dies etwa bei Uber der Fall ist.⁶⁶ Dasselbe muss gelten, wenn er diesen Eindruck bei der Ausgestaltung der Plattform erweckt, z.B. durch umfangreiche Sanktionskataloge bei Fehlverhalten.

Rechtssicherheit wird durch eine solche verbraucherfreundliche Auslegung freilich nicht geschaffen, hierzu bedarf es eines klaren gesetzlichen Rahmens. Dies ist auch der Ansatz der *Research Group on the Law of Digital Services*, die einen Diskussionsentwurf für eine Richtlinie präsentiert hat. Dabei sollten originäre Pflichten dort vorgesehen werden, wo es dem Plattformbetreiber ohne weiteres technisch möglich ist, Kenntnis zu erlangen und transparent zu machen, nämlich bei der Frage des Ausmaßes der Aktivitäten des Anbieters im Wege der Nutzung der Plattform, die wiederum dafür maßgebend sein wird, ob der Anbieter als Unternehmer oder Verbraucher einzustufen ist. Wenn damit auch keine Pflicht des Plattformbetreibers zur Klassifizierung des Anbieters abzuleiten ist, lassen sich aus dieser Information doch zumindest Rückschlüsse ziehen. Im Übrigen sollten im Falle der Kenntnis bzw. des Kennenmüssens von Problemen mit dem Anbieter Warnpflichten festgelegt werden.

Diese müssten, wie stets im Verbraucherrecht, als zwingendes Recht ausgestaltet werden,⁶⁷ und zwar sowohl mit Blick auf das deutsche AGB-Recht als auch mit Blick auf das Internationale Privatrecht. Viele Online-Plattformen haben nämlich ihren Sitz im Ausland und unterstellen ihre Aktivitäten ausländischem Recht – im Falle von Airbnb etwa irischem Recht.⁶⁸ Nach Art. 6 der Rom I-Verordnung hilft eine deutsche Regelung

---

65 *Roth, in:* MüKoBGB, § 652 BGB Rn. 2.
66 In diese Richtung auch *Terryn*, EuCML 2016, 45, 51.
67 Vgl. auch *Research Group on the Law of Digital Services*, EuCML 2016, 164, 168, in Art. 18 des Draft Proposal.
68 Vgl. Nr. 21.3 der Nutzungsbedingungen von Airbnb.

dann natürlich nur weiter, wenn sie „zwingende Vorschriften" enthält.[69] Ausnahmsweise könnte im Falle von Airbnb allerdings etwas Anderes gelten, weil die entsprechende Klausel sehr ungewöhnlich formuliert ist: „Diese Rechtswahl hat keinen Einfluss auf Ihre Rechte als Verbraucher gemäß den Verbraucherschutzbestimmungen des Landes in dem Sie Ihren Wohnsitz haben." Das Wörtchen „zwingend" fehlt.

e) Pflichten in Bezug auf die Leistungserbringung?

Hingegen dürfte es zu weit gehen, den Plattformbetreiber selbst dann, wenn er aktiv, etwa durch Standardisierung der Vertragsbedingungen, Einfluss nimmt, wie einen Leistungserbringer haften zu lassen.[70] Aus Verbrauchersicht sollte zwar dafür gesorgt werden, dass der Anbieter, gleich ob er Unternehmer oder Verbraucher ist, die Plattform und damit die niedrige Barrieren des Markteintritts nicht ohne Weiteres nutzen kann, um mangelhafte Waren oder Dienstleistungen anzubieten, etwa den Transport mit nicht verkehrstauglichen Kraftfahrzeugen oder ohne Führerschein.[71] Der Plattformbetreiber sollte dafür aber nur unter den oben beschriebenen Umständen haftbar sein, es sei denn, er habe durch entsprechende Erklärungen den Anschein erweckt, eine solche Verantwortung zu übernehmen,[72] wobei Sternchenfußnoten gegenteiligen Inhalts eine solche Haftung nach allgemeinen Grundsätzen nicht ausschließen würden.[73]

III. Bewertungsportale – Hilfe oder Risiko?

Online-Plattformen haben häufig, aber nicht notwendig, zusätzlich die Funktion, durch das Setzen bestimmter Rahmenbedingungen den Verbrauchern Vertrauen in bis dahin unbekannte Anbieter zu vermitteln. Dies erfolgt z.B. durch die Veröffentlichung von Nutzerbewertungen. Daneben

---

69 Ausf. *Halfmeier*, in: Rott/Tonner (Fn. 14).
70 Vgl. auch *Busch/Schulte-Nölke/Wiewiórowska-Domagalska/Zoll*, EuCML 2016, 3, 7.
71 *Ranchordás*, Minnesota Journal of Law, Science & Technology 2015, 413, 475.
72 Vgl. auch *Pisuliński*, EuCML 2016, 62, 64.
73 Vgl. nur OLG Frankfurt, Urt. v. 4.12.2008 – 6 U 186/07, VuR 2009, 151.

haben sich reine Bewertungsportale entwickelt, die selbst keine Leistungen Dritter vermitteln.[74]

Von Seiten der Europäischen Kommission wird den Bewertungsportalen hohe Bedeutung beigemessen. In der Mitteilung „Europäische Agenda für die kollaborative Wirtschaft" heißt es dazu:

„Vertrauensbildende Maßnahmen wie Online-Systeme für die Bewertung und Beurteilung sowie Gütesiegel können entscheidend zur Beseitigung des Mangels an Informationen über einzelne Diensteanbieter beitragen. Solche Instrumente für die Bildung von Vertrauen in die kollaborative Wirtschaft sind entweder von den kollaborativen Plattformen selbst oder von spezialisierten Dritten geschaffen worden und können dort, wo das bestehende Verbraucherrecht nicht anwendbar ist, besonders wichtig sein (...)."[75]

In derselben Mitteilung wird allerdings auf das Problem gefälschter und irreführender Bewertung hingewiesen.[76] Dafür gibt es verschiedene Gründe. Zum einen droht einem Bewertungsportal bei falschen und persönlichkeitsverletzenden Bewertungen, die es nach Kenntniserlangung nicht entfernt, eine Haftung aus § 823 Abs. 1 BGB i.V.m. Art. 1 und 2 Abs. 1 GG, während sich niemand gegen positive Bewertungen wehren wird.[77] Hinzu kommt, dass mittlerweile Drittanbieter (gefälschte) positive Bewertungen zum Kauf anbieten und auch Unternehmen sich selbst oder ihren Kunden attraktive Gegenleistungen für eine (positive) Bewertung anbieten. Vorsichtige Schätzungen gehen von einem Anteil nicht-authentischer Bewertungen von 20 bis 30 % aus.[78]

Nun können natürlich Verbraucherverbände und Konkurrenten lauterkeitsrechtlich gegen derartige Praktiken vorgehen, wobei sich mangels eines Auskunftsanspruchs erhebliche Beweisprobleme stellen.[79] Zunächst einmal erscheint der Wert gezeigter Bewertungen als Entscheidungshilfe für den Verbraucher aber unsicher. Nicht umsonst wird schon der Ruf nach

---

74 Vgl. den Überblick bei *Specht*, in: Rott/Tonner (Fn. 14).
75 KOM(2016) 356 endg., S. 12.
76 ibid., S. 9. Ebenso schon die Mitteilung der Kommission „Online-Plattformen im digitalen Binnenmarkt – Chancen und Herausforderungen für Europa", KOM(2016) 288 endg., S. 12.
77 Vgl. dazu *Specht/Eickhoff*, CR 2016, 740.
78 Vgl. *Heermann*, WRP 2014, 509; *N.N.*, Firmen zahlen für positive Produktbewertungen, Spiegel online v. 30.4.2012, http://www.spiegel.de/wirtschaft/unternehmen/amazon-und-co-produktbewertungen-im-internet-sind-kaeuflich-a-830655.html (abgerufen am 8.7.2017).
79 Ausf. *Specht* (Fn. 74).

einer Kontrolle auf der Metaebene in Form einer Zertifizierung von Bewertungsportalen laut.

IV. Kaum Verbraucherschutz bei Miete

Ein vom Vertriebskanal unabhängiges Problem der „Sharing Economy" in der Form der Teilens, also der zeitweisen Überlassung zur Nutzung – in der Sprache des Gesetzes Miete[80] oder Leihe –, besteht darin, dass bei diesen Vertragstypen kaum Verbraucherschutz vorgesehen ist. Dieser ist seit Anbeginn des Verbraucherrechts auf den Kauf fokussiert, ergänzend auf Vertriebsmethoden, die alle Vertragstypen betreffen können, sowie – EU-rechtlich determiniert – auf das Kreditrecht und das Reiserecht. Im Mietrecht finden sich spezielle Schutzvorschriften nur im Wohnungsraummietrecht, für den Mieter besteht in den §§ 549 ff. BGB ein Netz von Schutzmechanismen, das in wichtigen Bereichen als zwingendes Recht ausgestaltet ist. Für die Miete beweglicher Sachen gilt dies nicht.

Auch für diese bietet das BGB immerhin Regeln an, die aber dispositiv sind und damit nur durch das Recht der Allgemeinen Geschäftsbedingungen abgesichert werden. Dieses sieht in den Listen der §§ 308 und 309 BGB immerhin einige wichtige Regelungen vor, so § 309 Nr. 7 BGB in Bezug auf den Haftungsausschluss bei Verletzung von Leben, Körper, Gesundheit und bei grobem Verschulden, wohingegen die wichtigen Regelungen zu Mängelrechten des § 309 Nr. 8 BGB dem Kauf- und Werkvertragsrecht vorbehalten sind.

Im Übrigen bleibt es bei der für den Verbraucher mit erheblicher Rechtsunsicherheit verbundenen Kontrolle anhand der Generalklausel des § 307 BGB. Die Erfahrungen mit den in allerlei Varianten vorkommenden Leasingverträgen, über deren rechtliche Einordnung man sich nach Jahrzehnten noch immer nicht einig ist,[81] sind dabei wenig ermutigend.[82]

---

80 Vgl. auch *v. Westphalen*, AnwBl. 2016, 619, 627: „Also: Miete statt Kauf."
81 Vgl. nur *v. Westphalen*, Vertragsrecht und Klauselwerke, Teil „Klauselwerke", Leasing Rn. 24 ff.
82 Zum Carsharing etwa liegen erste Entscheidungen vor, vgl. BGH, Urt. v. 23.2.2011 – XII ZR 101/09, NJW-RR 2011, 1144; vgl. auch *Schulze*, BB 2013, 195 ff.

Hier müssten auch für den Bereich der Miete von beweglichen Sachen zwingende Schutzvorschriften eingefügt werden.[83] Freilich wären diese in ihren Anwendungsbereich in aller Regel auf Mietverträge mit Unternehmers beschränkt und auch allenfalls in diesem Fall rechtswahlfest i.S.d. Art. 6 (2) der Rom I-Verordnung, so dass der Verbraucher eben doch auf den ergänzenden Schutz durch erweiterte Pflichten des Plattformbetreibers angewiesen bliebe.

V. Résumé: Rechtsunsicherheit und Lücken statt Verbraucherschutz

In der Sharing Economy fehlt es an fast allem, was Verbraucherschutz ausmacht, vor allem an Transparenz, Rechtssicherheit und Schutzstandards. Weder sorgt das Recht (durch explizite Informationspflichten) dafür, dass der Verbraucher Klarheit darüber hat, wer von mehreren Akteuren sein Vertragspartner ist, noch nimmt es – im Vermittlermodell – die Vermittler, die die tatsächliche Möglichkeit haben, in die Pflicht, den Verbraucher darüber zu informieren, mit welcher Art von Anbieter sie es zu tun haben und ob es mit dem konkreten Anbieter bereits Schwierigkeiten gab. Insofern auf die Selbstorganisation der „Community" in Form von Bewertungsportalen u.Ä. zu verweisen ist angesichts der Unzuverlässigkeit dieser Systeme keine Lösung. Vielmehr bedarf es eines zentral Verantwortlichen, wie er etwa aus dem Produkthaftungspflicht bekannt ist, und dies kann nur der Plattformbetreiber sein, der nicht nur als neutraler Vermittler agiert oder dem Missstände bekannt sind oder bekannt sein müssen.

Derzeit bleibt es den Verbraucherverbänden überlassen, durch langwierige Verfahren Stück für Stück Rechtsklarheit zu schaffen, verbunden mit der Problematik, dass bis dahin längst wieder andere Fragen aufgekommen sind. Man fühlt sich an das Märchen vom Hasen und dem Igel erinnert. Zu den Hasen gehören dann wohl auch die Autoren und die Herausgeber der VuR, auch wenn sie – anders als der Hase im Märchen – gelegentlich Erfolge feiern dürfen, wie nicht zuletzt die zahlreichen Verweise in gerichtlichen Entscheidungen auf Beiträge von *Hans-Peter Schwintowski* in der VuR zeigen.

---

83 Ebenso *Wendehorst*, NJW 2016, 2609, 2612, in Bezug auf den IT-Bereich, auf den die Rechtsprechung auch teilweise Mietrecht anwendet.

Die verkannte Rechtsprechung des BGH zum entgangenen Gewinn

Bettina Schleicher, Berlin[*]

I. Einleitung

Es ist nichts Neues: Wer zum Schadensersatz verpflichtet ist, hat den Zustand herzustellen, der bestehen würde, wenn der zum Ersatz verpflichtende Umstand nicht eingetreten wäre. So der erste Satz, seit 2002 erster Absatz, der seit über 117 Jahren das Schadensrecht einleitenden Norm, des § 249 BGB.[1] Und schon vor Erlass des BGB hatte man das Vermögensinteresse des Geschädigten definiert als „die Differenz zwischen dem Betrage des Vermögens einer Person, wie derselbe in einem gegebenen Zeitpunkte ist, und dem Betrage, welchen dieses Vermögens ohne die Dazwischenkunft eines bestimmten beschädigenden Ereignisses in dem zur Frage stehenden Zeitpunkt haben würde".[2] Die Herstellung dieses Zustandes, der ohne das schädigende Ereignis bestände, erfolgt durch Restitution, als Leistung in Natur oder durch Leistung des zur Herstellung erforderlichen Geldbetrages[3] oder aber durch Kompensation, wenn die Herstellung unmöglich oder ungenügend[4] oder dem Schädiger nicht zumutbar ist.[5] In beiden Fällen wird die Schadensermittlung durch die auf einen Gesamtvermögensvergleich zielende Differenzhypothese bestimmt. Die reale Vermögenslage des Geschädigten wird mit der hypothetischen Vermögenslage ohne schädigendes Ereignis verglichen, die Differenz ist zu ersetzten. Die aus § 249 BGB resultierende Pflicht umfasst daher, sich bereits aus dem

---

[*] Rechtsanwältin Dr. Bettina Schleicher, Partnerin der Jung & Schleicher Rechtsanwälte Partnergesellschaft mbB, Berlin.
[1] § 249 BGB, veröffentlicht am 18.08.1896, RGBl. S. 195, in Kraft getreten am 1.1.1900.
[2] *Mommsen*, Zur Lehre von dem Interesse, 1855, S. 3.
[3] §§ 249 Abs. 2, 250 BGB.
[4] § 251 Abs. 1 BGB.
[5] § 253 Abs. 1 BGB.

Inhalt der Norm ergebend und nochmals in § 252 BGB ausdrücklich klargestellt, auch den entgangenen Gewinn.

Auf dieser Grundlage können Anleger bei rückabzuwickelnden Kapitalanlagen gegenüber dem Schädiger nicht nur Schadensersatz in Geld in Höhe der getätigten Investition (abzüglich erzielter Erträge aus der Anlage) gegen Herausgabe der getätigten Anlage, sondern auch den entgangenen Anlagegewinn geltend machen. Die Entscheidungen des XI. Senats des BGH vom 24.04.2012 und vom 08.05.2012 haben jedoch vor den Instanzengerichten zu erheblichen Schwierigkeiten bei der Geltendmachung des bis dato relativ unproblematisch durchsetzbaren entgangenen Gewinns geführt.

II. Ersatz des entgangenen Anlagegewinnes

1. Gesetzlicher Ausgangspunkt

Nach der einleitend dargestellten Differenzhypothese ist die Vermögenslage zu ermitteln, die bestünde, wenn das schädigende Ereignis, nämlich die Pflichtverletzung nicht eingetreten wäre. Der Anleger hätte in diesem Fall sein Geld nicht in die Anlage investiert. Es stellt sich dann aber die Frage, was wäre mit den investierten Beträgen geschehen. Hätte er mit diesen einen vom Schädiger zu ersetzenden entgangenen Gewinn erwirtschaftet?

Gemäß § 252 Satz 1 BGB steht dem Geschädigten ein entgangener Gewinn zu, welcher nach Satz 2 vorgenannter Norm nach dem gewöhnlichen Lauf der Dinge oder nach den besonderen Umständen, insbesondere nach den getroffenen Anstalten und Vorkehrungen, mit Wahrscheinlichkeit erwartet werden konnte. Das Gesetz räumt dem Anspruchsinhaber mithin zwei Berechnungsmethoden ein, eine abstrakte, nach dem gewöhnlichen Lauf der Dinge, oder aber ein konkrete, nach den besonderen Umständen des Falles. Der geschädigte Anleger kann den entgangenen Anlagezins somit berechnen, indem er konkret darlegt, welchen Gewinn er bei pflichtgemäßem Verhalten des Schädigers erzielt hätte, oder er kann darauf abstellen, welcher Gewinn in der gegebenen Situation üblicherweise nach dem gewöhnlichen Lauf der Dinge zu erwarten gewesen wäre.[6]

---

6 *Oetker*, in MüKo-BGB, 7. Auflage 2016, § 252 Rn. 44.

§ 252 BGB enthält für beide Alternativen eine Beweiserleichterung, wobei für beide gilt, dass der Geschädigte die Ausgangssituation darlegen und beweisen muss, bei deren Vorliegen die Vermutung des § 252 Satz 2 BGB eingreift und auch die richterliche Schätzung gem. § 287 ZPO ermöglicht.

Auszugehen ist von den Grundsätzen, die der BGH vor längerer Zeit, so im Urteil vom 17.12.1963 – VZR 186/61[7] aufgestellt hat. Dabei wird keine volle Gewissheit der Gewinnerzielung gefordert, es genügt die bloße Wahrscheinlichkeit, welche nicht bereits im Zeitpunkt des schadensstiftenden Ereignisses vorzuliegen brauchte, es vielmehr auf den Standpunkt des nachträglichen Betrachters ankommt.[8] Um eine solche Wahrscheinlichkeitsprüfung durchführen zu können, sind als „Ausgangssituation" greifbare Tatsachen vorzutragen. Dies, da sich nur anhand eines bestimmten Sachverhaltes sagen lässt, wie die Dinge sich nach menschlicher Erfahrung weiterentwickelt haben würden wenn das als schadensstiftend bezeichnete Ereignis nicht eingetreten wäre. Der geschädigte Anleger muss demnach für den entgangenen Gewinn den Tatsachenstoff, aus dem er nach dem gewöhnlichen Verlauf der Dinge oder den besonderen Umständen des Falles die Gewinnerwartung herleitet, im Einzelnen darlegen und bei gegnerischem Bestreiten beweisen.[9] Was aber bedeutet dieses für die beiden Berechnungsmethoden?

2. Konkrete Schadensberechnung

Die konkrete Schadensberechnung des entgangenen Gewinns erfolgt nach den besonderen Umständen des Falles. Danach muss der Geschädigte darlegen und beweisen, welche Anlage er erworben und welchen Gewinn er daraus erzielt hätte, wenn er infolge der Pflichtverletzung nicht die Anlage getätigt hätte, für die er Schadensersatz verlangt.[10] Das bedeutet, dass der geschädigte Anleger vortragen muss, welche konkrete andere Anlage er

---

7 BGH, NJW1964, 661 [662].
8 BGHZ 29, 393 [398] = NJW 59,1079; *Larenz*, Lehrbuch des Schuldrechts, 6. Aufl. Bd I, § 14 III b, S. 162.
9 BGHZ 2, 10 = NJW 51, 918; BGHZ 30,7 [16] = NJW 59, 1269; BGH NJW 1964, 661, [662].
10 BGH, WM 1947, 128 [129]; BGH NJW-RR 2000, 1497; WM 2000, 1443 [1444]; BGH, NJW 2012, 2427 [2433].

alternativ getätigt hätte und welchen Gewinn er mit dieser erzielt hätte. Die konkrete Schadensberechnung kommt daher schon nicht in Betracht, wenn der geschädigte Anleger keine konkrete alternative Anlage in Betracht gezogen hatte und im Nachhinein auch nicht nachvollziehen und mithin nicht darlegen kann, für welche andere konkrete Anlage er sich sonst entschieden hätte. Kann er das, ergeben sich jedoch weitere Hürden. Für den Umstand, dass der Geschädigte diese andere Anlage getätigt hätte, gelten keine Darlegungs- und Beweiserleichterungen. Die Geltendmachung des entgangenen Gewinns nach dieser Berechnungsmethode scheitert daher in der Praxis in der Regel daran, dass der Anspruchsgegner bestreitet, dass der Anleger sich ohne das schädigende Ereignis für eben diese andere Anlage entschieden hätte. Nur in Fällen, in denen schwer bestreitbar diese andere konkrete Anlage bei der Anlageentscheidung in Betracht gezogen worden war, beispielsweise, indem für diese Unterlagen vorhanden waren und noch sind und die Entscheidung dann in Folge der Pflichtverletzung für die rückgängig zu machende Anlage ausfiel oder wenn der Anspruchsgegner die alternativ getätigte andere Anlage nicht bestreitet, kann es dem Geschädigten gelingen, mit der konkreten Schadensberechnung durchzudringen. Das aber ist die Ausnahme. Gelingen Darlegung und Beweis der alternativ getätigten anderen Anlage, steht die Höhe des mit dieser erzielten Gewinns regelmäßig fest.

3. Schadensberechnung nach der abstrakten Methode

In Folge der erheblichen Darlegungs- und Beweisprobleme der Berechnung des entgangenen Gewinns nach der konkreten Methode war und ist die abstrakte Methode in der Praxis vorrangig. Bei der abstrakten Berechnung ist der entgangene Gewinn nach dem gewöhnlichen Lauf der Dinge zu ermitteln. Was aber beinhaltet die Darstellung des entgangenen Gewinns nach dem gewöhnlichen Lauf der Dinge?

a) Bis zur Rechtsprechung des XI. Senates des BGH im Jahr 2012

Die abstrakte Berechnung war für den BGH Jahrzehntelang relativ einfach. So formulierte er dazu im Urteil vom 16.3.1959, III ZR 20/58 wie folgt:

> *„Danach ist die volle Gewissheit, dass der Gewinn gezogen worden wäre, nicht erforderlich; es genügt der Nachweis einer gewissen Wahrscheinlichkeit, die nicht schon beim Eintritt des zum Ersatz verpflichtenden Umstandes bestanden zu haben braucht (RG vom 29.4.1929-4 670 28 im Nachschlagwerk des RG Nr. 38 zu § 252 BGB). Es handelt sich also um eine im Rahmen des § 287 ZPO liegende Beweiserleichterung (RGZ 95, 220). Ist ersichtlich, dass der Gewinn nach dem gewöhnlichen Lauf der Dinge mit Wahrscheinlichkeit erwartet werden konnte, dann wird vermutet, dass er gemacht worden wäre".*

Mit Urteil vom 17.12.1963[11] führt der BGH zur abstrakten Berechnung aus, *„müssen gewisse unerlässliche Voraussetzungen erfüllt sein, die erforderlichenfalls vom Anspruchsteller darzulegen und zu beweisen sind."*[12] Zu klären ist somit, was die *„gewissen unerlässlichen Voraussetzungen"* sind, die der geschädigte Anleger darlegen muss, um einen entgangenen Anlagegewinn zu erhalten. Das sind vom Anspruchssteller darzulegende Anknüpfungstatsachen, anhand derer nach dem gewöhnlichen Verlauf der Dinge ein entgangener Anlagezins ermittelt werden kann. Wegen der Konkretisierung der vom Geschädigten darzulegenden Anknüpfungstatsachen bestanden diese im Fall der in Bezug genommenen Entscheidung des BGH vom 17.12.1963 für den entgangenen Gewinn aus einem Gewerbebetrieb darin, dass der Kläger darzulegen und ggf. zu beweisen hat, dass er über ein funktionsfähiges Handelsgewerbe verfüge. Dies bedeutet übertragen auf den Fall des entgangenen Gewinns aus einem anzulegenden Betrag die Darlegung und den Nachweis, dass der geschädigte Anleger den Betrag, auf dessen Grundlage er den entgangenen Gewinn geltend macht, auch tatsächlich zur Verfügung hatte.

So ging die Rechtsprechung davon aus, dass es ausreichend ist, wenn der geschädigte Anleger zunächst die Höhe des Betrages und den Zeitpunkt der Einzahlungen darlegt und somit vorträgt, ab wann er aus welchem Betrag entgangenen Gewinn geltend macht. Zu dieser Bemessungsgrundlage war sodann noch ein bestimmter Zinsbetrag anzugeben, der bei einer anderen Anlage hätte erzielt werden können. Dabei hatte es sich nicht um den Zinssatz einer anderen Anlage handeln müssen, die der Anspruchssteller tatsächlich in Erwägung gezogen hatte. Der Anspruchssteller hatte – im Gegensatz zur konkreten Berechnungsmethode - überhaupt keine andere Anlage zum Zeitpunkt des schädigenden Ereignisses in Erwägung gezogen haben müssen. Entscheidend war allein, dass er nach der

---

11 BGH, NJW 1964, 661 [662].
12 a.a.O.

allgemeinen Lebenserfahrung größere Geldbeträge nicht ungenutzt bleiben, sondern verzinslich angelegt werden, so dass die Vorenthaltung von Geld und damit der Entzug der Nutzungsmöglichkeit zu Zinsverlusten führt.[13] Dass der Anleger eine andere Anlage in Erwägung gezogen und getätigt hätte, wurde vermutet. Sodann ließ sich ermitteln, welcher entgangene Gewinn aus der anderweitigen Anlage zugeflossen wäre. Bis zur Rechtsprechung des BGH im Jahre 2012[14] war dies regelmäßig ausreichend für die abstrakte Berechnungsmethode.

In der 7. Auflage des Münchener Kommentars (2016) wird dem folgend ausgeführt, dass der geschädigte Anleger sogar infolge Anscheinsbeweises Anspruch auf entgangenen Gewinn in Form von Verzinsung hat.[15]

Im Urteil vom 30.5.2001, VIII ZR 70/00[16] betont der BGH, dass bereits eine „gewisse Wahrscheinlichkeit" für den gewöhnlichen Lauf der Dinge ausreicht, um dem Geschädigten den entgangenen Gewinn zuzusprechen. Er führt aus:

„Gemäß § 252 Satz 2 BGB gilt unter anderem der Gewinn als entgangen, welcher nach dem gewöhnlichen Laufe der Dinge mit Wahrscheinlichkeit erwartet werden kann. Danach ist die volle Gewissheit, dass der Gewinn gezogen worden wäre, nicht erforderlich; es genügt der Nachweis einer gewissen Wahrscheinlichkeit. Ist ersichtlich, dass der Gewinn nach dem gewöhnlichen Lauf der Dinge mit Wahrscheinlichkeit erwartet werden konnte, wird vermutet, dass er gemacht worden wäre; dem Ersatzpflichtigen obliegt dann der Beweis, dass er nach dem späteren Verlauf oder aus irgendwelchen anderen Gründen dennoch nicht erzielt worden wäre....Dabei dürfen keine zu strengen Anforderungen an die Darlegungs- und Beweislast des Geschädigten gestellt werden."[17]

Darüber hinaus stellt der BGH sodann darauf ab, ob die Erzielung des Gewinns wahrscheinlicher ist als dessen ausbleiben. So mit Urteil vom 27.9.2001, AZ: IX ZR 281/00[18]:

„Diese Voraussetzungen sind zu bejahen, wenn es nach den Umständen des Falls wahrscheinlicher ist, dass der Gewinn ohne das haftungsbegründende Ereignis erzielt worden wäre, als dass er ausgeblieben wäre (Senat NJW

---

13 BGH, VersR 74, 291.
14 BGH, NJW 2012, 2266 ; BGH, NJW 2012, 2427.
15 *Oetker*, in Münchener Kommentar, 7. Aufl. 2016, § 252 Rn. 36.
16 BGH NJW-RR 2001, 1542.
17 Mit Hinweis auf BGHZ 54, 45[56] = NJW 1970, 1411; BGH NJW-RR 1990, 171 m.w.N.
18 BGH NJW 2002, 825 [826].

1988, 2000 [2004]). Allerdings ist Voraussetzung für die Anwendung der dem Geschädigten günstigen Beweisregel, dass er zunächst die für eine Schätzung erforderlichen Anknüpfungstatsachen darlegt und nach § 287 ZPO beweist ([...]). Dabei dürfen jedoch an das Vorbringen des Klägers keine zu hohen Anforderungen gestellt werden. Insbesondere ist zu berücksichtigen, was ihm in Anbetracht des durch den Schädiger verursachten Geschehens billigerweise zugemutet werden kann."[19]

Im Urteil vom 26.7.2005, X ZR 134/04[20] schreibt der BGH

„das BerGer. durfte nach § 252 S. 2 BGB einen Schadensersatzanspruch nur dann verneinen, wenn ein Schadenseintritt nicht mit Wahrscheinlichkeit zu erwarten war." Diese Rechtsprechung bestätigt der BGH auch im Folgenden, so im Beschluss vom 10.6.2008, XI ZB 26/07, in dem er ausführt: „Die Anträge sind ihrem Wortlaut nach in einer abstrakt generellen Form dahingehend formuliert, dass im Rahmen des Schadensersatzanspruches als entgangener Gewinn eine Anlage in Bundeschatzbriefen herangezogen werden kann... Diese Fragen sind ... abstrakt und generell durch die höchstrichterliche Rechtsprechung geklärt (vgl. u. a. BGH, Urteil vom 2.12.1991-II ZR 141/90... und Senatsurteil vom 13.1.2004-IX ZR 355/02)."

Der BGH weist also noch im Jahr 2008 auf das Urteil vom 2.12.1991, AZ: II ZR 141/90 hin, in dem es mit Hinweis auf BGH WM 1974, 128 [129] und WM 1980, 85 heißt:

„Der Bekl. hat geltend gemacht, er hätte ... die Einlage ... zu einem durchschnittlichen Zinssatz von 7 % anderweitig angelegt... Mit diesem Vortrag ist der Zinsschaden hinreichend dargelegt; denn der geltend gemachte Schaden ergibt sich typischerweise daraus, dass das Eigenkapital in solcher Höhe erfahrungsgemäß nicht ungenutzt geblieben, sondern zu einem allgemein üblichen Zinssatz angelegt worden wäre."

Dies bezeichnet der BGH im Jahr 2008 als eine durch die höchstrichterliche Rechtsprechung geklärte Frage. Zudem verweist der XI. Senat des BGH in seinem Beschluss auf einen Aufsatz von *Ellenberger*, der selbst an dem Beschluss vom 10.6.2008 mitgewirkt hat. *Ellenberger* schreibt: „Hat der Anleger Eigenkapital aufgewendet, hat er Anspruch auf Ersatz des Gewinns, den er bei Anlage des Geldes zu einem allgemein üblichen Zinssatz erhalten hätte."[21]

19　BGH NJW 2002, 825 [826] mit Hinweis auf BGH NJW 1998, 1633; BGH NJW 1998, 1634.
20　BGH NJW 2005, 3348 [3349].
21　*Ellenberger*, WM 2001, Sonderbeilage 1, S. 9.

So sah auch der BGH über lange Zeit eine weitere für eine Wahrscheinlichkeitsprüfung nach § 252 S. 2 BGB erforderliche Tatsachengrundlage für entbehrlich, da der Beitritt des Anlegers als Kommanditist einer Anlagegesellschaft den Anlagewillen und das Anlageverhalten des Anlegers sowie sein Vermögen hinreichend belegen.[22] Der BGH schreibt im Urteil vom 12.2.1986: *„Das BerGer. durfte aber ohne Rechtsfehler davon ausgehen, der vorliegende Fall belege den Anlagewillen und das Anlageverhalten des Kl. sowie sein Vermögen dazu hinreichend."*

Anhand dieser Anknüpfungstatsachen hat das Gericht die weitere – hypothetische – Entwicklung unter dem Gesichtspunkt der Wahrscheinlichkeit zu prüfen.[23] Wenn der Richter sodann aufgrund dieses Sachverhaltes zu der Überzeugung gelangt ist, dass nach dem mutmaßlichen Geschehensablauf der Gewinn mit Wahrscheinlichkeit erwartet werden konnte, greift die Vermutung des § 252 S. 2 BGB ein, dass der erwartete Gewinn auch tatsächlich gemacht worden wäre. Eine Vermutung, die der Schädiger dann seinerseits mit dem Gegenbeweis entkräften kann, dass der Gewinn nach dem späteren Verlauf oder aus irgendwelchen anderen Gründen dennoch nicht gemacht worden wäre.[24]

Somit bliebe eigentlich nur zu klären, in welcher Höhe im Rahmen des § 287 ZPO bei der Ermittlung des entstandenen Schadens nach dem gewöhnlichen Lauf der Dinge ein Gewinn entgangen ist.

Hierbei wäre zu berücksichtigen, dass Anleger mit anderen denkbaren Formen einer Kapitalanlage mit überwiegender Wahrscheinlichkeit Gewinne erzielt hätten, da in der Vergangenheit nach wie vor über längere Zeiträume mit Geldanlagen Zinsen erzielt wurden. Dabei kann ohne weiteres auf allgemein anerkannte Statistiken zu Renditen bestimmter Anlagen, wie beispielsweise die der Deutschen Bundesbank, zurückgegriffen und verwiesen werden. Dies jedenfalls war sehr lange Zeit anerkannte Rechtsprechung der Instanzengerichte wie auch des BGH. Beispielsweise bezieht sich das OLG Düsseldorf im Urteil vom 30.3.1995, AZ: 6 U 41/94 auf die Umlaufrendite für inländische Rentenwerte, veröffentlicht durch die Deutsche Bundesbank, und nimmt dem Ergebnis eine Schadensschätzung von einer durchschnittlichen Rendite anhand dieser Werte vor.

Dementsprechend konnte bis in jüngste Zeit zurückreichend der klagende geschädigte Anleger als ausreichende Anknüpfungstatsachen vortragen,

---

22 BGH, NJW-RR 1986, 1102 ff.
23 BGH, NJW 1964, 661.
24 BGH, NJW 59, 1079; LM Nr. 5 zu § 252 BGB.

dass er für die beanstandete Anlage Eigenkapital in einer bestimmten Höhe und zu einem bestimmten Zeitpunkt aufgebracht und dieses aufgrund eines konkret darzustellenden Anlagewillens und Anlageverhaltens angelegt hatte. Dieser Vortrag war ausreichend, um dann aufgrund dieser Tatsachen eine Schätzung des entgangenen Gewinns anhand des gewöhnlichen Laufs der Dinge vorzunehmen. Für den gewöhnlichen Lauf der Dinge war es ausreichend, auf alternative Anlagen, wie beispielsweise Bundesschatzbriefe, Rentenwerte, Schuldverschreibungen, Aktien oder auch Fonds zu verweisen und deren Anlagezinsen mit Beweisantritten darzustellen.

b) Seit der Rechtsprechung des BGH im Jahr 2012

Die Entscheidungen des BGH vom 23.4.2012 und 8.5.2012[25] haben zu Rechtsprechungsänderungen vieler Instanzengerichte bei der Berechnung anhand der abstrakten Berechnungsmethode geführt.[26] Es soll daher zunächst untersucht werden, welche Ausführungen des BGH dafür Anlass gegeben haben, bevor darauf einzugehen sein wird, ob dieses berechtigt ist.

In seiner Entscheidung vom 24.4.2012 führt der BGH zunächst aus, dass dem klagenden Anleger bei der Geltendmachung des entgangenen Gewinns die Beweiserleichterung des § 252 S. 2 BGB zugutekommt und der geschädigte Anleger sich auf die allgemeine Lebenserfahrung berufen kann, dass Eigenkapital ab einer gewissen Höhe erfahrungsgemäß nicht ungenutzt liegen bleibt, sondern zu einem allgemein üblichen Zinssatz angelegt worden wäre.[27] Damit bestätigt er seine jahrzehntelange Rechtsprechung zunächst ohne irgendwelche Einschränkungen. Die klagende Anlegerin hatte vorab Geld in Sparbüchern, Festgeldanlagen und Sparkassenbriefen angelegt, als ihr ein Mitarbeiter der Beklagten die Beteiligung an einem Immobilienfonds empfahl und sie diesen zeichnete. Die Klägerin hatte infolge eines fehlerhaften Emissionsprospektes und auch einer unzureichenden Beratung hinsichtlich des Alters des Fondsobjekts erfolgreich

---

25 BGH, NJW 2012, 2266 ; BGH, NJW 2012, 2427.
26 Von vielen: LG München I, Urt. v. 1.6.2016 - 28 O 12884/15; LG München I, Urt. v. 8.7.2016 - 32 O 1323/15; LG München I, Urt. v. 14.3.2017 - 29 O 14338/15; OLG München, Urt. v. 22.5.2017 - 19 U 4455/16; LG Düsseldorf, Urt. v. 30.6.2017 - 8 O 425/16.
27 BGH, NJW 2012, 2266 mit Hinweis auf BGH, NJW 1999, 1233.

die Rückzahlung ihrer Einlage sowie des Agios abzüglich erhaltener Ausschüttungen zugesprochen erhalten. Der begehrte entgangene Gewinn war vom Berufungsgericht abgewiesen worden. Ein Vergleich mit Sparbriefen oder Bundeswertpapieren mit durchschnittlichen Renditen von 5,8 % p.a. bzw. 5,16 % p.a. schlug fehl, wie auch die Geltendmachung eines Gewinns von mindestens 4 % p.a. unter Rückgriff auf § 246 BGB. Aufgrund der durchgeführten Beweisaufnahme kam der Richter zu dem Ergebnis, dass die Klägerin sich bei gebotener Aufklärung nicht erneut für einen Sparbrief oder ein Bundeswertpapier entschieden hätte. Es sei vielmehr naheliegend, dass die Klägerin eine Anlage gewählt hätte, die die gleichen – von der Klägerin ausdrücklich gewünschten - Vorteile aufgewiesen hätte, wie der streitgegenständliche Fonds. Mangels ausreichender Anhaltspunkte dafür, um welche Art von Anlage es sich gehandelt und welchen Gewinn bzw. Verlust die Klägerin dabei erzielt hätte, erfolgte keine Schätzung des entgangenen Gewinns nach § 252 BGB, § 287 ZPO.

Die Klägerin hatte vorgetragen, dass sie sich bei ordnungsgemäßer Beratung nicht für einen Immobilienfonds, sondern – wie zuvor – für eine Geldanlage in Form eines festverzinslichen Sparbriefes bzw. eines Bundeswertpapieres entschieden hätte. Sie bezog sich dabei auf eine durchschnittliche Rendite von 5,8 % p.a. bzw. 5,16 % p.a. und darauf, dass nach dem gewöhnlichen Lauf der Dinge oder nach den besonderen Umständen des Einzelfalls ein solcher Gewinn oder aber ein Gewinn von mindestens 4 % p. a. zu erwarten gewesen sei. Die Klägerin hatte demnach einerseits eine Berechnung anhand der konkreten Berechnungsmethode vorgenommen und sich andererseits auch auf „den gewöhnlichen Verlauf der Dinge" bezogen und sich damit zugleich mit Bezug auf ihr früheres Anlageverhalten auf die abstrakte Berechnungsmethode mit der ergänzenden Behauptung, dass ein Gewinn zumindest von 4% p.a. zu erwarten gewesen sei, berufen. Das Berufungsgericht erhob daher für die in Anspruch genommene konkrete Schadensberechnung Beweis. Im Ergebnis sah das Berufungsgericht es nicht als bewiesen an, dass die Klägerin alternativ eine Geldanlage in Form eines festverzinslichen Sparbriefes oder eines Bundeswertpapieres getätigt hätte. Vielmehr sah es das Berufungsgericht aufgrund der Angaben des als Zeugen vernommenen Beraters der Beklagten als naheliegend an, dass die Klägerin eine andere Anlage gewählt hätte, die die gleichen Vorteile wie die Fondsbeteiligung geboten hätte, nämlich eine höhere Rendite und eine steuerrechtlich günstigere Übertragbarkeit. Diesem Ergebnis in Bezug auf die konkrete Schadensberechnung kann gefolgt werden, da der Geschädigte für die konkrete Schadensberechnung darlegungs- und beweispflichtig ist und nur die darauf basierende Schätzung des entgangenen Gewinns nach § 287 ZPO einer Beweiserleichterung unterliegt. Das Berufungsgericht zieht daraus den Schluss, es ließen sich keine ausreichenden Anhaltspunkte dafür feststellen, welche Art von Anlagen die Klägerin gegebenenfalls gewählt hätte und welche Gewinne oder Verluste sie dabei erzielt hätte, weshalb der entgangene Gewinn mangels Schätzungsgrundlage nicht in Betracht käme.

Diese Ansicht bestätigt der BGH und erteilt in diesem Fall nicht nur dem nach der konkreten Berechnungsmethode, sondern auch dem nach der abstrakten Berechnungsmethode geltend gemachten Gewinn, nämlich dem der nach dem gewöhnlichen Lauf der Dinge mit Wahrscheinlichkeit erwartet werden konnte, eine Absage. Dabei weicht der BGH jedoch nicht von seiner Rechtsprechung ab, dass der Geschädigte sich auf die Behauptung und den Nachweis von Anknüpfungstatsachen beschränken kann, bei deren Vorliegen die in § 252 S. 2 BGB geregelte Vermutung eingreift. Er knüpft an die vom Gesetzgeber gem. § 252 S. 2 letzter Halbsatz BGB geforderte Wahrscheinlichkeitserwartung an und lässt es an dieser scheitern. Dazu führt er aus: „Die Wahrscheinlichkeit einer Gewinnerzielung i.S. von § 252 BGB auf Grund einer zeitnahen alternativen Investitionsentscheidung des Geschädigten und deren Umfang kann jedoch nur anhand seines Tatsachenvortrags dazu beurteilt werden, für welche konkrete Form der Kapitalanlage er sich ohne das schädigende Ereignis entschieden hätte." Dabei bezieht sich der BGH auf *Braun/Lang/Loy* in: Ellenberger/Schäfer/Clouth/Lang, Praktikerhandbuch Wertpapier- und Derivategeschäft, 4. Aufl. Rn. 508. *Braun/Lang/Loy* aber schreiben dazu: „Als entgangener Gewinn wird der Vermögensvorteil bezeichnet, den der Anleger aus dem Geschäft erzielt hätte, das er (nachweisbar) anstelle der getätigten, »schädigenden« Anlage abgeschlossen hätte. In der Praxis wird ein geschädigter Anleger im Regelfall einen sog. Zinsschaden in Höhe der auf dem Kapitalmarkt allgemein üblichen Zinsen geltend machen. (Mit Hinweis in der Fußnote auf BGH WM 1992, 143, 144). Vergleichsmaßstab ist dabei die Rendite für eine für den Anleger geeignete, sichere Kapitalanlage." Damit aber sagen *Braun/Lang/Loy*, dass der entgangene Gewinn nicht nur anhand einer alternativen Anlage (gem. Satz eins des Zitates) ermittelt werden kann, sondern dass im Regelfall der Zinsschaden mit der abstrakten Methode (Satz zwei vorgenannten Zitates) in Höhe der auf dem Kapitalmarkt allgemein üblichen Zinsen geltend gemacht werden kann. Sowohl Satz zwei als auch Satz drei wären überflüssig gewesen, wenn es bei dem ersten Satz geblieben wäre. Die Äußerungen des BGH sind daher dahingehend zu untersuchen, ob diese grundsätzlich sowohl für die konkrete als auch für die abstrakte Berechnungsmethode anzuwenden sind.

In dem zu Grunde liegenden Fall hatte das Berufungsgericht nach der Beweisaufnahme den Vortrag der beweisbelasteten Klägerin, dass sie alternativ in sichere Anlagen, wie Sparbriefe oder in Bundeswertpapiere investiert hätte, aufgrund der Aussage des Beraters und Zeugen der Beklagten als nicht bewiesen und es stattdessen als naheliegend angesehen, dass die Klägerin eine andere Anlage gewählt hätte, die die gleichen Vorteile wie die Fondsbeteiligung geboten hätte, nämlich einen höhere Rendite und eine steuerrechtlich günstigere Übertragbarkeit. Gegen diese Beweiswürdigung hatte die Revision keine Einwände oder Bedenken erhoben, was auch für die weitere Annahme des Berufungsgerichtes galt, es ließen sich keine ausreichenden Anhaltspunkte dafür feststellen, welche Art von Anlage die Klägerin gegebenenfalls gewählt hätte und welche Gewinne oder Verluste sie dabei erzielt hätte. Damit aber waren diese Annahmen des Berufungsgerichtes nicht Gegenstand der Revision und der vom Berufungsgericht daraus gezogene Schluss, dass eine Schätzung des der Klägerin entgangenen Gewinns mangels Schätzgrundlage nicht in Betracht kommt, aus Rechtsgründen nicht zu beanstanden.

Da somit tatbestandlich feststand, dass die Klägerin eine andere Anlage als die bei der abstrakten Schadensberechnung in Bezug genommenen Anlage in Form eines festverzinslichen Sparbriefes bzw. eines Bundeswertpapieres getätigt hätte und dass sie eine andere Anlage getätigt hätte, die die gleichen Vorteile wie die Fondsbeteiligung geboten hätte, nämlich eine höhere Rendite mit höherem Risiko und eine steuerrechtlich günstigere Übertragbarkeit, war dieser konkrete, den Fall betreffende Tatbestand bei der Wahrscheinlichkeitsprüfung zu berücksichtigen. Die Zinssätze alternativer Anlagen in sichere Sparbriefe oder Bundeswertpapiere konnten in diesem Fall nicht für die richterliche Schätzung herangezogen werden, was auch nicht Gegenstand der Revision war. Gegenstand der Revision war lediglich die von der Klägerin vertretene Ansicht, dass bei der abstrakten Berechnungsmethode entgegen dem Berufungsgericht zumindest ein Gewinn in Höhe von 4% p. a. zugrunde zu legen sei.

Der BGH bestätigt die zutreffende Ansicht des Berufungsgerichts indes mit der Bemerkung:

> *„Wie der Senat aus zahlreichen Verfahren weiß, entspricht es schon nicht dem gewöhnlichen Lauf der Dinge, dass eine Geldanlage überhaupt Gewinn abwirft. Erst recht gilt das für eine Verzinsung von 4% p.a. In Übereinstimmung damit hat das BerGer. unangegriffen und rechtsfehlerfrei festgestellt, dass die*

> *Statistiken der Deutschen Bundesbank über Umlaufrenditen von Anleihen der öffentlichen Hand und verzinslichen Wertpapieren inländischer Bankschuldverschreibungen für die vorausgegangenen Monate selbst bei Laufzeiten von 15 bis 30 Jahren fast ausschließlich Werte von nur 2 bis 3 % p. a. ausweisen oder gerade bei solchen verlustsicheren Anlagen ein genereller und pauschaler wahrscheinlicher Mindestgewinn tatsächlich nicht angenommen werden kann."*[28]

Die Klägerin in dem Verfahren über das der BGH in seiner Revision zu entscheiden hatte, hat sich bezüglich der abstrakten Berechnungsmethode darauf berufen, dass nach dem gewöhnlichen Lauf der Dinge zu erwarten sei, dass sich ein Geldbetrag ausgehend von der Regelung des § 246 BGB mit einem Zinssatz von 4 % p. a. verzinst. Dem war nicht zu folgen, denn die sich immer an flexiblen Sätzen des Marktes orientierende Verzinsung gem. 252 BGB kann keinen festen Mindestzinssatz beinhalten. Lediglich diese Ansicht, nämlich dass es für die abstrakte Berechnung einen Mindestzinssatz von 4% p.a. geben müsste, hat der BGH in seiner Entscheidung abgelehnt und dies auch mit nachvollziehbaren Gründen. Die abstrakte Berechnungsmethode schwebt nicht im luftleeren Raum, sondern hat sich an dem gewöhnlichen Lauf der Dinge zu orientieren. Wie der gewöhnliche Lauf der Dinge aussieht, bestimmt sich jedoch nicht anhand einer gesetzlichen Bestimmung – dafür ist vielmehr die tatsächliche Entwicklung des Kapitalanlagemarktes zu berücksichtigen.

§ 246 BGB enthält nach seinem Normzweck hingegen eine dispositive (Reserve-)Regel, die eingreift, wenn eine wirksame Abrede zur Zinshöhe für einen privatautonomen oder gesetzlich begründeten Zinsanspruch fehlt. Die Höhe des Zinssatzes in § 246 BGB ist seit Einführung des BGB unverändert.

Soweit der BGH in seiner Entscheidung vom 24.4.2012, Az: XI ZR 360/11, erklärt, es entspreche nicht dem gewöhnlichen Lauf der Dinge, dass eine Geldanlage Gewinn abwerfe und diese Auffassung mit seiner Kenntnis aus zahlreichen Verfahren begründet, so übersieht er die sehr eingeschränkte Dimension seiner Kenntnis. Denn er bekommt es in seiner gerichtlichen Praxis nur mit den Fällen zu tun, die mit dem gewöhnlichen Lauf der Dinge nichts zu tun haben - der gewöhnliche Lauf der Dinge wird von Geldanlagen abgebildet, über die nicht vor Gericht gestritten wird.

---

28 BGH, NJW 2012, 2266, Rn. 18.

Kurzfristig bis mittelfristig mag darüber hinaus für eine gewisse Zahl der Geldanlagen gelten, dass diese auch negative Kursverläufe aufweisen können. Dies gilt zwar nicht für Fest- und Termingelder, jedoch für Aktien, börsennotierte Anleihen oder Fondsprodukte. Langfristig ist der gewöhnliche Lauf der Dinge jedoch, dass eine Geldanlage Gewinn abwirft.

Dass es dem gewöhnlichen Lauf der Dinge entspricht, dass eine Geldanlage einen Gewinn erzielt, zeigt sich auch bereits an der Entwicklung des Wohlstands in der Bundesrepublik Deutschland. Das stetige Wachstum der Wohlstandsindikatoren, wie das des BIP, des Bruttonationaleinkommens oder des Volkseinkommens belegen, dass getätigte Investitionen in Deutschland sowie von den Einwohnern Deutschlands insbesondere auf lange Sicht nach dem gewöhnlichen Lauf der Dinge einen Gewinn abwerfen.

Wenn es nicht dem gewöhnlichen Lauf der Dinge entspräche, dass Geldanlagen Gewinn abwerfen würden, würde der Wohlstand in Deutschland nicht stetig steigen, sondern stagnieren oder sinken, denn eine Geldanlage ist nichts weiter als Kapital, das der Anleger in einer bestimmten Form dem Wirtschaftskreislauf zur Verfügung stellt und mit dem üblicherweise Gewinne erzielt werden, die zu einer Verzinsung des eingesetzten Kapitals führen. Wenn aber der Wohlstand einer Gesellschaft steigt, dann bedeutet das nichts anderes als dass das in ihr eingesetzte Kapital sich verzinst und vermehrt.

Auch die Entscheidung des BGH vom 8.5.2012, AZ: XI ZR 262/10 lehnt einen entgangenen Gewinn nicht ab, sondern bestätigt die Schätzung des Tatrichters.

Gegenstand des dortigen Revisionsverfahrens war nämlich nicht nur die Revision der Beklagten, die der BGH zum Anlass nahm, seine Rechtsprechung zum Vorliegen der Kausalitätsvermutung neu zu fassen. Gegenstand des Revisionsverfahrens war außerdem die Anschlussrevision des geschädigten Anlegers, der sich gegen die aus seinen Augen zu niedrige Ausurteilung seines entgangenen Gewinns durch das OLG Frankfurt wandte. Der BGH führt aus:

> *„[64] a) Art und Höhe des Schadensersatzes aufgrund der Verletzung (vor-)vertraglicher Aufklärungspflichten richten sich nach den allgemeinen Regeln der §§ 249 ff. BGB. Der geschädigte Anleger kann somit auch Ersatz des entgangenen Gewinns gemäß § 252 BGB verlangen (vgl. Senatsurteil vom 9. Mai 2000 - XI ZR 159/99, WM 2000, 1441, 1443). Ihm kommt hierbei die Beweiserleichterung des § 252 Satz 2 BGB zugute. Der geschädigte Anleger kann sich auf die allgemeine Lebenserfahrung berufen, dass Eigenkapital ab einer gewissen Höhe erfahrungsgemäß nicht ungenutzt liegen bleibt, sondern*

> *zu einem allgemein üblichen Zinssatz angelegt wird (BGH, Urteile vom 2. Dezember 1991 - II ZR 141/90, WM 1992, 143, 144, vom 30. November 1979 - V ZR 23/78, WM 1980, 85 und vom 8. November 1973 - III ZR 161/71, WM 1974, 128, 129). Zur Feststellung der Höhe des allgemein üblichen Zinssatzes kann der Tatrichter von der Möglichkeit einer Schätzung nach § 287 Abs. 1 ZPO Gebrauch machen (vgl. BGH, Urteile vom 18. Februar 2002 - II ZR 355/00, WM 2002, 909, 911 und vom 30. November 1979 - V ZR 23/78, WM 1980, 85). Das rechtfertigt zwar nicht die Annahme eines (zu schätzenden) Mindestschadens unabhängig vom konkreten Parteivortrag (vgl. Senatsurteil vom 11. Oktober 1994 - XI ZR 238/93, WM 1994, 2073, 2075). Der Anleger muss jedoch nur darlegen, welcher Gewinn nach dem gewöhnlichen Lauf der Dinge mit einem anderen Anlagegeschäft erzielt worden wäre. An diese Darlegung sind keine strengen Anforderungen zu stellen, vielmehr genügt eine gewisse Wahrscheinlichkeit (BGH, Urteile vom 18. Februar 2002 - II ZR 355/00, WM 2002, 909, 911 und vom 30. Mai 2001 - VIII ZR 70/00, WM 2001, 2010, 2011).*
>
> *[65] Die Schadensschätzung, die der Tatrichter nach freiem Ermessen vorzunehmen hat, unterliegt nur einer beschränkten Nachprüfung durch das Revisionsgericht dahingehend, ob der Tatrichter erhebliches Vorbringen der Parteien unberücksichtigt gelassen, Rechtsgrundsätze der Schadensbemessung verkannt, wesentliche Bemessungsfaktoren außer Acht gelassen oder seiner Schätzung unrichtige Maßstäbe zugrunde gelegt hat (BGH, Urteile vom 17. Mai 2011 - VI ZR 142/10, NJW-RR 2011, 1109 Rn. 7 und vom 18. Februar 1993 - III ZR 23/92, NJW-RR 1993, 795, 796, jeweils mwN). Solche Rechtsfehler hat die Anschlussrevision nicht aufgezeigt und sind auch nicht ersichtlich. Insbesondere ist es rechtlich nicht zu beanstanden, dass das Berufungsgericht die Anlageziele des Klägers bei der Schätzung der erzielbaren Rendite berücksichtigt hat (vgl. BGH, Urteil vom 17. November 2005 - III ZR 350/04, WM 2006, 174, 175 f.; vgl. auch OLG Stuttgart, WM 2011, 360, 364; OLG Karlsruhe, WM 2010, 1264, 1270 f.)."*

Der BGH bekräftigt also erneut, dass er weiterhin an seiner früheren Rechtsprechung zu den Voraussetzungen des entgangenen Gewinns und den Anforderungen an den Vortrag des geschädigten Anlegers hinsichtlich der zu berücksichtigenden Anknüpfungstatsachen festhält. Sodann billigt er ausdrücklich die Schätzung des entgangenen Gewinns durch das OLG Frankfurt. Die Ausführungen des OLG Frankfurt in seinem Urteil vom 30.6.2010, Az.: 19 U 2/10, lauten:

> *„Der Kläger kann von der Beklagten Ausgleich seines Zinsschadens in Höhe eines entgangenen Kapitalertrages aus einer Alternativanlage von 2 % für die Zeit seit der Zeichnung der Anlage bis zum Eintritt der Rechtshängigkeit beanspruchen. Ein solcher Zinsschaden ist hinreichend dargelegt; er ergibt sich typischerweise daraus, dass das angelegte Eigenkapital nicht ungenutzt geblieben, sondern zu einem allgemein üblichen Zinssatz angelegt worden wäre (BGH, Urt. v. 4.12.1991, II ZR 141/90, Rn. 14, zitiert nach Juris). Diesen nach §§ 280 Abs. 1, 252 BGB zu erstehenden Zinssachen schätzt der Senat*

wie das Landgericht gemäß § 287 ZPO auf 2 % jährlich. Mit Rücksicht darauf, dass es dem Kläger bei der Anlage auf Steuerersparnisse und Sicherheit ankam, kann ein über 2 % hinausgehender entgangener Anlagezins nicht festgestellt werden (vgl. OLG Frankfurt, Urt. V. 20.10.2009, 14 U 98/08, RN. 31, zitiert nach Juris)."

Dieser Berufungsentscheidung des Oberlandesgerichtes Frankfurt lag das erstinstanzliche Urteil des Landgerichtes Frankfurt vom 19.11.2009, Az.: 2-26 O 100/09, zu Grunde, in dessen Tatbestand der Vortrag des geschädigten Anlegers zu Begründung des Anspruchs auf entgangenen Gewinn wie folgt dargestellt wird:

"Der Kläger meint, der ihm zu ersetzende Gewinn sei mit 4 % zu bemessen, die er erzielt hätte, hätte er in eine andere, sichere, Anlage investiert, wie sich etwa daraus ergebe, dass im Jahr 2004 die Hypo- und Vereinsbank AG einen Pfandbrief mit einer Laufzeit bis 2014 und einem Zinssatz von 4,5 % emittiert hätte."

Der Geschädigte hatte somit einen marktüblichen Zinssatz für eine sichere Anlage in Höhe von 4,5 % p. a. genannt. Da es diesem aber auch auf eine Steuerersparnis ankam, was allgemein mit einem höheren Risiko verbunden wird, erfolgte durch das Gericht im Rahmen der Schadensschätzung eine Reduzierung des geltend gemachten Zinssatzes von 4 % p.a. auf 2 % p.a.

Das Landgericht Frankfurt und das Oberlandesgericht Frankfurt erkennen also, dass die am Markt angebotenen und somit marktüblichen Zinssätze sehr wohl einen Anhaltspunkt für die Schätzung des entgangen Gewinns bieten. Wenn sich der Anleger darauf beschränkt, einen marktüblichen Zinssatz einer festverzinslichen Anlage zu benennen, kann einer abweichenden Risikostruktur der angenommenen Alternativanlage von der tatsächlich gezeichneten Anlage dadurch Rechnung getragen werden, dass das Gericht im Hinblick auf die Anlageziele des Anlegers einen angemessenen Abschlag vornimmt.

Auch der BGH erachtet die tatrichterliche Schätzung ausgehend von der angegebenen Rendite einer im vergleichbaren Zeitraum emittierten festverzinslichen Anlage unter Berücksichtigung eines pauschalen Abschlages im Hinblick auf die Natur der in Streit stehenden Fondsanlage als von Rechtswegen zutreffend.

Die mit § 252 BGB verbundenen Beweiserleichterungen gelten aber nach herrschender Meinung auch und gerade für die Anknüpfungstatsachen.[29] Das indes darf den Geschädigten nicht davon abhalten, die Anknüpfungstatsachen genauer vorzutragen, damit dies der erforderlichen Substantiierung seines Vortrages entspricht.[30]

Soweit dem Gericht keine ausreichenden Anknüpfungstatsachen dargelegt werden können, um es für das Gericht wahrscheinlich zu machen, dass eine alternative Anlageform, welche Zinsen erwirtschaftet, gewählt worden wäre, kommt die Schätzung eines Mindestschadens nach dem XI. Zivilsenat in seiner Entscheidung vom 8.5.2012, bestätigt durch die Entscheidung vom 26.2.2013, nicht in Betracht. Zwar hat der XI. Zivilsenat in seiner Entscheidung vom 8.5.2012 ein vom Berufungsgericht auf 2 % p. a. geschätzten entgangenen Gewinn unbeanstandet gelassen. Dem ist jedoch nicht zu entnehmen, dass ein Schaden in dieser Größenordnung stets angesetzt werden kann. Stattdessen hat der Senat in seiner Entscheidung vom 8.5.2012 auf die beschränkte Überprüfung einer Schadenschätzung des Tatrichters durch das Revisionsgericht hingewiesen.

Damit aber ergibt sich aus der Rechtsprechung des BGH seit 2012 vom Grundsatz her zunächst nichts Neues. Es bleibt bei den Anforderungen an die Darlegungs- und Beweislast für die Geltendmachung des entgangenen Gewinns. Allerdings hat die vom BGH in der Entscheidung vom 24.4.2012 geäußerte Auffassung, dass sich die Wahrscheinlichkeit einer Gewinnerzielung auf Grund einer zeitnahen alternativen Investitionsentscheidung des Geschädigten und deren Umfang nur anhand seines Tatsachenvortrags dazu beurteilt werden kann, für welche konkrete Form der Kapitalanlage er sich ohne das schädigende Ereignis entschieden hätte, dazu geführt, dass viele Instanzengerichte entgangenen Gewinn nach der abstrakten Berechnungsmethode nicht mehr zuerkennen.

Anstatt die aus der Rechtsprechung des BGH seit Jahrzehnten anerkannten darzulegenden Anknüpfungstatsachen (zur Verfügung stehender Betrag, Anlagezeitraum und Zinssatz einer theoretisch möglich gewesenen alternativen Anlage mit Zinsertrag) für den entgangenen Gewinn als ausreichend anzusehen, wird verlangt, dass bei der abstrakten Berechnungsmethode konkret dargelegt wird, welche andere Anlage stattdessen tatsächlich gezeichnet worden wäre. So beziehen sich Rechtsprechung und Literatur darauf, dass nunmehr bei der abstrakten Berechnungsmethode als

---

29 BGH, NJW 1970, 1411 zu II 1; BGH, NJW 1988, 200 zu 2f); *Oetker,* in: MüKo-BGB, § 252 Rn. 37; *Junglas,* Zur Erstattungsfähigkeit entgangener Anlagezinsen, BKR 2013, 360, 364 m.w.N.
30 BGH, IBRRS 2013, 1293, Rn. 44.

Anknüpfungstatsache auch darauf abzustellen sei, welche Anlageziele bei der in Folge des schädigenden Ereignisses getätigten Anlage verfolgt wurden und welche Anlageform dazu gepasst hätte.[31] So beispielsweise auch das OLG München in seiner Entscheidung vom 22.5.2017, 19 U 4455/16, welches bezüglich der in jenem Fall geltend gemachten abstrakten Schadensberechnung Folgendes ausführt:

„Die Wahrscheinlichkeit der Gewinnerzielung im Sinne des § 252 Satz 2 BGB und deren Umfang kann aber nur anhand des notfalls zu beweisenden Tatsachenvortrages beurteilt werden, für welche konkrete Form der Kapitalanlage sich der Geschädigte ohne das schädigende Ereignis entschieden hätte (vgl. BGH, Urteil vom 24. April 2012, aaO)."

Damit wird der Geschädigte gezwungen, eine konkrete Alternativanlage oder zumindest Anlageform darzulegen. Das tat der Geschädigte in jenem Fall, indem er vortrug, dass er den aufgewandten Betrag in Anleihen der Firma Bertelsmann oder Metro investiert hätte. Das Berufungsgericht sah dieses wiederum als nicht ausreichend an und schrieb dazu:

„Der Kläger hat neben den in dieser Zeit tatsächlich getätigten Unternehmensanleihen für Bertelsmann und Metro mit dem streitgegenständlichen Immobilienfonds ausdrücklich eine unternehmerische Beteiligung gewählt. Diese stellt eine vollkommen andere Form der Vermögensanlage dar und ist mit unterschiedlichen Risiken, aber auch steuerlichen Vorteilen verbunden. Der Kläger kann nicht darlegen, warum er, wenn er den streitgegenständlichen Fonds nicht gezeichnet hätte, doch wieder weitere Unternehmensanleihen und nicht etwa eine andere unternehmerische Beteiligung mit den entsprechenden steuerlichen Vorteilen gezeichnet hätte."[32]

Nach diesseitiger Ansicht kann sich die in Bezug genommene Äußerung des BGH jedoch nur auf solche Fälle beziehen, in denen tatsächliche Anhaltspunkte – die gerade nicht allein in der Zeichnung der streitgegenständlichen Anlage liegen können – bestehen, dass der Geschädigte tatsächlich alternativ nicht so investiert hätte, wie von ihm vorgetragen wurde, weil die Anlageziele des Anlegers mit der vorgetragenen Alternativanlage nicht vereinbar waren Die Entscheidung des BGH vom 24.4.2012 beinhaltet also gerade keine Verschärfung der Anforderungen an den Klägervortrag, vielmehr macht der BGH die vorzunehmende Wahrscheinlichkeitsprüfung an „einer zeitnahen alternativen Investitionsentscheidung des

---

31 so bspw. *Junglas*, Zur Erstattungsfähigkeit entgangener Anlagezinsen, BKR 2013, 362.
32 OLG München, Urt. v. 22.5.2017 - 19 U 4455/16, S. 5.

Geschädigten" fest. Dies erfolgt zutreffend, da sich die Klägerin jenes Falles auf eine konkrete alternative Anlage berufen hatte und der BGH die vom Berufungsgericht festgestellte Tatsache – dass eben nicht in die behaupteten sicheren Anlagen investiert worden wäre – nicht unberücksichtigt lassen konnte.

Wenn viele Instanzengerichte derzeit die Zuerkennung entgangenen Gewinns mit der Begründung verwehren, dass der geschädigte Anleger nicht vorgetragen hätte, für welche konkrete Form der Kapitalanlage er sich ohne das schädigende Ereignis entschieden hätte, so verkennen diese, dass die abstrakte Berechnungsmethode gerade nicht fordert, dass der Geschädigte vorträgt, welche alternative Investitionsentscheidung er getätigt hätte, wenn das schädigende Ereignis nicht eingetreten wäre.

Die abstrakte Berechnungsmethode wird insoweit ad absurdum geführt, wenn man diese zwar zulässt, dann aber ohne jeglichen Bezug zu den Tatsachen des zu entscheidenden Falles verlangt, dass der Geschädigte für die Wahrscheinlichkeitsprüfung darlegen muss, welche alternative Investitionsentscheidung er getätigt hätte, obwohl er gerade mangels einer anderen in Betracht gezogenen Anlage die abstrakte Berechnungsmethode gewählt hat. In der Praxis beruht diese Investitionsentscheidung zudem nicht selten auf der Beratungspraxis des Schädigers, der dem Anleger nur eine einzige Anlage als passend empfohlen hat.

Diesen (Irr-)Weg aber wählen zwischenzeitlich die Tatrichter, indem sie verlangen, dass auch bei der abstrakten Berechnungsmethode konkret vorzutragen ist, welche andere Alternativanlage tatsächlich getätigt worden wäre. Soweit Geschädigte sich aber nur auf die abstrakte Berechnungsmethode berufen, da sie keine andere Alternativanlage hatten, sind sie dazu gar nicht in der Lage. Wählen sie eine theoretisch möglich gewesene andere Anlage aus, wird diese nicht anerkannt, soweit sie nicht der Anlage entspricht, die man wegen des schädigenden Ereignisses gerade nicht gezeichnet hätte. Damit aber dreht man sich quasi im Kreis. Bei der abstrakten Berechnungsmethode wird somit in unzutreffender Weise implizit auch die konkrete Berechnungsmethode geprüft, für die der die abstrakte Berechnungsmethode wählende Geschädigte regelmäßig keinen ausreichenden Vortrag bringen kann und nach der Rechtsprechung des BGH auch nicht muss.

III. Fazit

Die Geltendmachung des entgangenen Gewinns anhand der konkreten Berechnungsmethode scheitert regelmäßig an der Beweislast, weshalb in der Praxis der Schadensberechnung nach der abstrakten Methode der Vorrang gegeben wird. Dabei hat der Geschädigte Anknüpfungstatsachen zum gewöhnlichen Lauf der Dinge vorzutragen, was bis zu den Entscheidungen des XI. Senats des BGH vom 24.04.2012 und 08.05.2012 regelmäßig zum Zuspruch des entgangenen Gewinns führte. Danach verkehrte sich die Regel zur Ausnahme. Die Entscheidungen des BGH aus 2012 werden von vielen Instanzgerichten verkannt.

Bei der Entscheidung vom 24.04.2012 hatte der BGH den seltenen Fall zu beurteilen, bei welchem sich der Geschädigte sowohl auf die konkrete als auch auf die abstrakte Berechnungsmethode stützte. Für die Wahrscheinlichkeitsprüfung der Gewinnerzielung der abstrakten Methode (nach dem gewöhnlichen Lauf der Dinge) zog der BGH dann die für die konkrete Berechnung vorgetragenen und mangels Beweises unberücksichtigt gebliebenen Sachverhalte heran, was Folge der vom Tatrichter nach einer Beweisaufnahme erfolgten und nicht der Revision unterlegenen Beweiswürdigung war.

Auf dieser Grundlage kam der BGH zu dem Ergebnis, dass die Klägerin die von ihr benannte alternative Anlagen zur Begründung der Berechnung nach der konkreten Methode gerade nicht gezeichnet hätte. Der BGH betonte daher in diesem zu entscheidenden Fall im Rahmen der Ausführungen zur konkreten Schadensberechnung, dass die Wahrscheinlichkeit der Gewinnerzielung nur anhand des Tatsachenvortrages, für welche konkrete Form der Kapitalanlage sich der Anspruchsinhaber ohne das schädigende Ereignis entschieden hätte, beurteilt werden könne.

Diese Ausführungen des BGH mit der in dieser Entscheidung zugleich geäußerten Ansicht, dass der Senat aus zahlreichen Verfahren wisse, dass es schon nicht dem gewöhnlichen Lauf der Dinge entspräche, dass eine Geldanlage überhaupt Gewinn abwerfe, führt dazu, dass die Instanzengerichte bei der abstrakten Berechnungsmethode nunmehr grundsätzlich im Rahmen der Wahrscheinlichkeitsprüfung Darlegungen fordern, die den Anforderungen an den Vortrag für eine konkrete Schadensberechnung entsprechen. Das aber geht fehl. Derartigen Vortrag kann der Geschädigte, soweit er keine alternative andere Anlage in Betracht gezogen hatte, gerade nicht halten. Er kann lediglich zu seinen Anlagezielen und ggf. zu seinem sonstigen Anlageverhalten vortragen und – da der BGH zu Recht die

Forderung nach einem pauschalen Mindestgewinn nicht als ausreichend erachtet – die Entwicklung von für den Anleger geeigneten Kapitalanlagen im streitgegenständlichen Zeitraum darstellen. Mehr ist dem Geschädigten nicht möglich, nach der Rechtsprechung des BGH ist dies für die abstrakte Schadensberechnung aber auch ausreichend. Dem schloss sich bspw. das OLG München[33] kürzlich wie folgt an:

> *„Der entgangene Gewinn ist ebenfalls zu ersetzen. Die Klägerin beruft sich zulässigerweise auf eine abstrakte Schadensberechnung und auf die Vermutung, dass Geld in dieser Höhe regelmäßig nicht ungenutzt liegen bleibt (BGH, Urt. v. 08.05.2012, XI ZR 262/10, Rn. 64; BGH, Urt. v. 15.07.2014, Az: XI ZR 418/13, Rn. 33). Da sie sich darauf beschränkt, den Zinssatz geltend zu machen, der nach Angaben der Deutschen Bundesbank für Einlagen privater Haushalte mit vereinbarter Kündigungsfrist von über 3 Monaten erzielt worden wäre, hat der Senat keine Bedenken, die von ihr geforderten 1.153,08 € als jedenfalls anzusetzenden entgangenen Gewinn anzusehen."*

Entgangenen Gewinn allein deshalb nicht zuzusprechen, weil die rückabzuwickelnde Anlage Risiken beinhaltete, die auch zu einem Verlust hätte führen können, obwohl der Geschädigte, diese Anlage ohne das schädigende Ereignis gerade nicht gezeichnet hätte, oder von einem geschädigten Anleger als conditio sine qua non zu fordern, dass dieser vortragen müsse, welche Form der Kapitalanlage er alternativ gewählt hätte, findet in der Rechtsprechung des BGH bei genauerer Betrachtung gleichfalls keine Grundlage. Es wird verkannt, dass die Rechtsprechung des BGH nur die Fälle betreffen kann, in denen der Geschädigte sich selbst auch auf die konkrete Berechnungsmethode beruft oder in denen die vorgetragenen Anlageziele und eine vorgetragene Alternativanlage nicht miteinander vereinbar sind. Beruft sich der Geschädigte dagegen (nur) auf die abstrakte Schadensberechnung, verbleibt es weiterhin bei den aufgestellten Anforderungen der Rechtsprechung des BGH bis zum Jahre 2012. Danach kann sich der geschädigte Anleger bei der abstrakten Berechnungsmethode auf die allgemeine Lebenserfahrung berufen, dass Eigenkapital ab einer gewissen Höhe erfahrungsgemäß nicht ungenutzt liegen bleibt, sondern zu einem allgemein üblichen Zinssatz angelegt wird. Zur Feststellung der Höhe des allgemein üblichen Zinssatzes hat der Tatrichter eine Schätzung anhand des gesamten Streitstoffes vorzunehmen. Auch wenn ein Mindestschaden unabhängig vom konkreten Parteivortrag nicht angenommen werden kann, hat der Anleger weiterhin nur darzulegen, welcher Gewinn nach

---

33 OLG München, Urt. v. 14.03.2017 - 5 U 3585/16.

dem gewöhnlichen Lauf der Dinge mit einer gewissen Wahrscheinlichkeit mit einem anderen Anlagegeschäft erzielt worden wäre.[34]

Im Ergebnis sollte auch nach der Rechtsprechung des BGH im Jahr 2012 regelmäßig das erreicht werden können, was der Gesetzgeber mit der Erstellung des Zustandes, der bestehen würde, wenn das schädigende Ereignis nicht eingetreten wäre, gemeint hat: Dass auch der dem Anleger entgangene Gewinn zu ersetzen ist, solange dieser hierzu schlüssig vorträgt und der Schädiger nicht nachweisen kann, dass der Anleger einen alternativen Gewinn nicht erzielt hätte.

---

34 BGH, NJW 2014, 2951 [2953].

Brauchen wir ein neues Verbrauchsgüterkaufrecht?

*Klaus Tonner, Rostock**

I. Einleitung

Im wissenschaftlichen Werk von *Hans-Peter Schwintowski* nimmt das Verbraucherrecht einen nicht unbedeutenden Platz ein. Er ist nicht nur einer der Herausgeber der Zeitschrift „Verbraucher und Recht" und betreut in dieser Zeitschrift das Versicherungsrecht, er hat die Zeitschrift auch als geschäftsführender Herausgeber in schwierigen Zeiten in ruhigeres Fahrwasser gesteuert. Der Verfasser dieser Zeilen, einer der Gründungsherausgeber der VuR, nimmt daher gern die Gelegenheit wahr, *Hans-Peter Schwintowski* aus Anlass seines 70. Geburtstags mit einem Beitrag zu einem verbraucherrechtlichen Thema zu ehren.

Ein neues europäisches Verbrauchsgüterkaufrecht steht vor der Tür. Die EU-Kommission verabschiedete im Dezember 2015 den Vorschlag einer Online-WarenhandelsRL, der derzeit von Parlament und Rat beraten wird.[1] Im sog. REFIT-Prozess[2] über grundlegende verbraucherrechtliche Richtlinien zeichnet sich ab, dass nach den Vorstellungen der Kommission über den Online-Handel hinaus das Verbrauchsgüterkaufrecht insgesamt durch eine neue Richtlinie abgelöst werden soll. Geht es dabei nur um eine Umstellung vom Minimalstandard der bisherigen Richtlinie auf Vollhar-

---

* Der Verfasser war bis 2012 Professor für Bürgerliches Recht und Europäisches Recht an der Universität Rostock und Richter am Oberlandesgericht Rostock im Nebenamt.

1 Europäische Kommission, Vorschlag einer Richtlinie des Europäischen Parlaments und des Rates über bestimmte vertragsrechtliche Aspekte des Online-Warenhandels und anderer Formen des Fernabsatzes von Waren, COM(2015) 635 final v. 9.12.2015.

2 Die Europäische Kommission unterzieht in regelmäßigen Abständen das geltende Sekundärrecht einer Überprüfung (REFIT), was häufig in einer Änderung der betreffenden Richtlinien ändert. Derzeit befinden sich sieben verbraucherrechtliche Richtlinien in einem derartigen Verfahren. Erste Ergebnisse legte die Kommission am 29.5.2017 der Öffentlichkeit vor. Report of the Fitness Check, SWD(2017) 208 und 209 final v. 23.5.2017.

monisierung, die sich bei anderen verbraucherrechtlichen Richtlinie weitgehend durchgesetzt hat und eine sehr vorsichtige Modernisierung, die Vorgaben der Rechtsprechung des EuGH in den Richtlinientext einbaut?

Zwei große Themen sprechen dafür, dass es dabei nicht sein Bewenden haben kann. Das digitale Zeitalter fordert seinen Tribut; die Kommission schlägt deshalb auch eine Richtlinie über digitale Inhalte vor.[3] Dieser Problembereich kann jedoch nicht im Rahmen des Verbrauchsgüterkaufrechts gelöst werden; er fordert eigenständige Regelungen, worauf hier nicht eingegangen werden kann. Dagegen steht eine Neufassung des Verbrauchsgüterkaufrechts vor den Herausforderungen eines nachhaltigen Konsums. Die Anpassung der Verbraucherrechte an das digitale Zeitalter und die Förderung eines nachhaltigen Wachstums ist eines der vier Ziele der laufenden Europäischen Verbraucheragenda.[4] Ein ressourcenschonender Umgang fordert langlebige Konsumgüter; das Zivilrecht kann nicht unerhebliche Anreize geben, um derartigen Forderungen zur Durchsetzung zu verhelfen. Dieser Aspekt steht im Mittelpunkt dieses Beitrags.

Zunächst wird der Weg von der Verbrauchsgüterkaufrechtsrichtlinie aus dem Jahre 1999 (im Folgenden: VerbrGK-RL)[5] über die gescheiterte Vollharmonisierung des Verbrauchsgüterkaufrechts durch die Verbraucherrechterichtlinie (im Folgenden: VRRL)[6] und das Gemeinsame Europäische Kaufrecht (im Folgenden: GEKR)[7] bis zum Vorschlag der Online-WarenhandelsRL und den aktuellen Diskussionen in Rat und Parlament nachvollzogen (dazu II). Es fragt sich, ob die Vollharmonisierung wirklich notwendig und angemessen ist (dazu III). Zu Recht will die Kommission

---

3 Europäische Kommission, Vorschlag einer Richtlinie des Europäischen Parlaments und des Rates über bestimmte vertragsrechtliche Aspekte der Bereitstellung digitaler Inhalte, COM(2015) 634 final v. 9.12.2015.
4 Mitteilung der Kommission, Europäische Verbraucheragenda für mehr Wachstum und mehr Vertrauen, COM(2012) 225 final v. 22.5.2012.
5 RL 1999/44/EG des Europäischen Parlaments und des Rates vom 25.5.1999 zu bestimmten Aspekten des Verbrauchsgüterkaufs und der Garantien für Verbrauchsgüter, ABl. Nr. L 171/12 v. 7.7.1999.
6 RL 2011/83/EU des Europäischen Parlaments und des Rates vom 25.10.2011 über die Rechte der Verbraucher, zur Abänderung der RL 93/13/EG des Rates und der RL 1999/44/EG des Europäischen Parlaments und des Rates sowie zur Aufhebung der RL 85/577/EWG des Rates und der RL 97/7/EG des Europäischen Parlaments und des Rates , ABL. Nr. L 304/64 v. 22.11.2011.
7 Europäische Kommission, Vorschlag für eine Verordnung des Europäischen Parlaments und des Rates über ein Gemeinsames Europäisches Kaufrecht, COM(2011) 635 final v. 11.10.2011.

ihren Vorschlag auf das Verbrauchgüterkaufrecht insgesamt erweitern und digitale Inhalte unabhängig davon regeln (dazu IV). Weiterhin fragt sich, wie sich VRRL und die künftige VerbrGK-RL zueinander verhalten sollen (dazu V). Um das Verbrauchsgüterkaufrecht nachhaltiger zu gestalten, bieten sich mehrere Instrumente an, namentlich eine Verlängerung der Gewährleistungsfrist, eine verpflichtende Garantieaussage von Herstellern über die Lebensdauer technischer Produkte und Verpflichtungen zur Verfügbarkeit von Ersatzteilen, um einem Recht auf Reparatur zur Durchsetzbarkeit zu verhelfen. Es wird erörtert, wie diese Instrumente näher ausgestaltet werden und in den derzeitigen Gesetzgebungsprozess auf Unionsebene aufgenommen werden könnten (dazu VI).

II. Von der Verbrauchsgüterkaufrichtlinie 1999 zum Vorschlag einer Online Warenhandels-Richtlinie

1. Die Verbrauchsgüterkaufrichtlinie 1999

Die VerbrGK-RL war der Schlussbaustein einer Serie von Richtlinien, mit denen der seinerzeitige Gemeinschaftsgesetzgeber das Verbrauchervertragsrecht umfassend regelte. Sie reichte von der Haustürwiderrufsrichtlinie aus dem Jahre 1985 über die Verbraucherkredit- und die Pauschalreiserichtlinie bis zur Richtlinie über missbräuchliche Vertragsklauseln und zur Fernabsatzrichtlinie.[8] Diese Richtlinien der ersten Generation hatten nicht primär den Verbraucherschutz als Zweck, sondern sollten der Beseitigung von Hindernissen für den Handel im Binnenmarkt dienen. Unterschiedliche Vorschriften der Mitgliedstaaten im Bereich des Verbrauchervertragsrechts wurden als ein derartiges Hindernis angesehen. Eine Rechtsangleichung sollte den Verbraucher ermuntern, grenzüberschreitend Waren und Dienstleistungen nachzufragen. Verbraucherschutz war gleichsam nur ein Nebenprodukt.[9] Alle einschlägigen Richtlinien wurden auf die Binnen-

---

[8] Zur Entwicklung des Verbraucherrechts in den 1980er und 1990er Jahren *Tonner*, in: Kannowski/Schmidt-Kessel (Hrsg.), Geschichte des Verbraucherrechts, 2017, S. 107, 119 ff.

[9] *Reich*, Förderung und Schutz diffuser Interessen durch die Europäischen Gemeinschaften, Baden-Baden 1987, S. 36 („Huckepackverfahren"); *Bourgoignie*, in: Bourgoignie/Trubek, Consumer Law, Common Markets in Europe and in the United States, 1987, S. 200 („by-product"); aus heutiger Sicht *Reich/Micklitz*, in: Reich, European Consumer Law, 2. Auflage, 2014, S. 17.

marktvorschrift des heutigen Art. 114 AEUV gestützt, obwohl seit dem Maastricht-Vertrag auch eine spezifische Norm für den Verbraucherschutz als Ermächtigungsgrundlage zur Verfügung gestanden hätte. Binnenmarktpolitik und Verbraucherschutzpolitik gerieten in ein gewisses Spannungsverhältnis, das die Mitgliedstaaten als Mütter und Väter des Maastricht-Vertrags durch das Erfordernis eines hohen Verbraucherschutzniveaus im heutigen Art. 114 AEUV auszugleichen versuchten.[10]

Inhaltlich orientierte sich die VerbrGK-RL am UN-Kaufrecht, wobei vor allem das Recht der zweiten Andienung des Verkäufers ins Auge springt. Der Regelungsbereich ist aber bei weitem nicht so umfassend wie der des UN-Kaufrechts. An Regeln über den Vertragsschuss wagte man sich nicht heran, und bei den Rechtsbehelfen fehlt vor allem der Schadensersatz. Über das UN-Kaufrecht hinausgehende, den Verbraucher stärker begünstigende Regelungen enthält die Richtlinie nicht. Die Zielsetzung des Verbraucherschutzes ist aber daran zu erkennen, dass die Richtlinie zwingend ist, in einem Verbrauchsgüterkaufvertrag von ihr also nicht abgewichen werden darf.

Wie alle Richtlinien der ersten Generation ist die VerbrGK-RL eine Minimalstandardrichtlinie, d.h. die Mitgliedstaaten durften Regelungen mit einem höheren Verbraucherschutzstandard beibehalten und auch neu einführen. Die Mitgliedstaaten waren in den 1980er und 1990er Jahren nicht bereit, einen eigenen Gestaltungsspielraum im Verbrauchervertragsrecht aufzugeben. Ergebnis war, dass die erste Richtliniengeneration lediglich zu einer Rechtsannäherung, aber nicht zu einer Rechtsvereinheitlichung führte. Das binnenmarktpolitisch begründete Ziel, Handelshemmnisse durch unterschiedliches Recht zu beseitigen, konnte auf diese Weise nicht erreicht werden. Es kann daher nicht überraschen, dass die EU-Kommission mit einer Minimalstandardharmonisierung nicht zufrieden sein konnte.

2. Die deutsche Umsetzung

Nachdem der deutsche Gesetzgeber in den 1990er Jahren verbraucherrechtliche Richtlinie immer sehr minimalistisch umgesetzt hatte, nahm er die VerbrGK-RL zur umfangreichsten Reform des Schuldrechts seit In-

---

10 Zu diesem Spannungsverhältnis *Tonner/Tamm*, in: Thévenoz/Reich (Hrsg.), Liber amicorum Bernd Stauder, 2006, S. 527, 549 ff.

krafttreten des BGB zum Anlass. Das Kaufrecht des BGB nahm Abschied von den römisch-rechtlichen Prinzipien seiner Ursprungsfassung, die dazu geführt hatten, dass es kein Nachbesserungsrecht gab. Stattdessen modifizierten AGB das Gesetzesrecht, was wiederum die AGB-Kontrolle des BGH auf den Plan rief.[11] Mit der Integration der verbraucherrechtlichen „Neben"-Gesetze ins BGB[12] verfolgte der deutsche Gesetzgeber den Zweck, ein vom allgemeinen Kaufrecht abweichendes besonderes Verbraucherkaufrecht zu verhindern. Die Einheit des Privatrechts sollte so weit wie möglich erhalten bleiben. Dafür wurde das Kaufrecht auch außerhalb des Anwendungsbereichs der VerbrGK-RL an die Vorgaben der Richtlinie angepasst. Angesichts des ohnehin bestehenden Modernisierungsdrucks war dies kein besonderes Opfer. Die Rechtswissenschaft hatte schon längst Schritte in diese Richtung empfohlen, die eine Annäherung an die Prinzipien des UN-Kaufrechts bedeuteten.[13] Jedoch griff die damalige Bundesregierung entsprechende Vorschläge in den 1990er Jahren nicht auf.

Der deutsche Umsetzungsgesetzgeber machte vom Minimalstandardprinzip nur insoweit Gebrauch, als er den Anwendungsbereich über den b 2 c -Bereich hinaus erweiterte. Inhaltlich ging er aber über die Richtlinie nicht hinaus. Bereits die Anpassung an den Minimalstandard bedeutete eine nicht unerhebliche Verbesserung des Verbraucherschutzes, insbesondere durch die Vervierfachung der Verjährungsfrist (zwei Jahre statt sechs Monate) und das Verbot des vollständigen Haftungsausschlusses für gebrauchte Waren. Der wesentliche Unterschied zu b 2 b-Kaufverträgen besteht darin, dass die gesetzlichen Vorschriften bei Verbrauchsgüterkaufverträgen nicht abdingbar sind. Der deutsche Verbraucher profitierte also von der Europäisierung des Verbrauchsgüterkaufrechts. Deutschland spielte auf diesem Gebiet keine führende Rolle, sondern musste sogar Anstrengungen unternehmen, um den Minimalstandard zu erreichen.

In anderen Mitgliedstaaten ging man anders vor. Die Integration der verbrauchervertragsrechtlichen Richtlinien in die allgemeine zivilrechtli-

---

11 Grundlegend für das Kaufrecht BGH, Urt. v. 29.10.1956 – II ZR 79/55, BGHZ 22, 90 (Wiederaufleben der gesetzlichen Gewährleistung bei Scheitern einer in AGB vorgesehenen Nachbesserung).
12 Dazu etwa *Schmidt-Räntsch*, in: Schulze/Schulte-Nölke (Hrsg.), Die Schuldrechtsreform vor dem Hintergrund des Gemeinschaftsrechts, 2001, S. 169 ff.
13 Vor allem Bundesminister der Justiz (Hrsg.), Abschlussbericht der Kommission zur Überarbeitung des Schuldrechts, 1992.

che Kodifikation ist eher die Ausnahme. So gibt es in Frankreich schon seit Langem einen Code de la Consommation, in den die Umsetzung der VerbrGK-RL aufgenommen wurde, und im Vereinigten Königreich wurde die Richtlinie als statutory instrument 1:1 umgesetzt, ohne dass das übrige Kaufrecht geändert wurde.[14] Inzwischen ist das Verbraucherrecht im Vereinigten Königreich im Consumer Rights Act 2015 zusammengefasst.

3. Gescheiterte Ansätze zur Vollharmonisierung des Verbrauchsgüterkaufrechts

a) Verbraucherrechterichtlinie

Da die eigentlichen binnenmarktorientierten Ziele des europäischen Gesetzgebers mit einer Minimalstandardharmonisierung nicht erreicht werden konnten, nahm die Kommission alsbald nach Verabschiedung der VerbrGK-RL die Umstellung der verbrauchervertragsrechtlichen Richtlinien auf Vollharmonisierung in Angriff. Erstmals wurde diese bereits in der Verbraucherpolitischen Strategie 2002-2006 erwähnt;[15] ein erster Versuchsballon war die Richtlinie über den Fernsatz von Finanzdienstleistungen.[16] Das entscheidende Dokument war die Verbraucherpolitische Strategie 2007-2013, in der die Umstellung von sieben verbrauchervertragsrechtlichen Richtlinien auf Vollharmonisierung zum Programm erhoben wurde.[17] Dabei unterschied die Kommission zwischen horizontalen und vertikalen Richtlinien. Horizontale Richtlinien sollten vertragstypenübergreifende Materien enthalten, wobei allerdings auch das Verbrauchsgüterkaufrecht den horizontalen Richtlinien zugeschlagen wurde, während

---

14 Vgl. dazu *Zerres*, Die Bedeutung der Verbrauchsgüterkaufrichtlinie für die Europäisierung des Vertragsrechts, 2006, S. 99 ff.
15 Mitteilung der Kommission an das Europäische Parlament, den Rat, den Wirtschafts- und Sozialausschuss und den Ausschuss der Regionen, Verbraucherpolitische Strategie 2002-2006, COM(2002) 208 final v. 7.5.2002.
16 RL 2002/65/EG des Europäischen Parlaments und des Rates vom 23.9.2002 über den Fernabsatz von Finanzdienstleistungen an Verbraucher und zur Änderung der RL 90/619/EWG des Rates und der RL 97/7/EG und 98/27/EG, ABl. Nr. L 271/16 v. 9.10.2002.
17 Mitteilung der Kommission an den Rat, das Europäische Parlament und den Wirtschafts- und Sozialausschuss, Verbraucherpolitische Strategie der EU (2007-2013), COM(2007) 99 final v. 13.3.2007.

die vertikalen Richtlinien abschließende sektorspezifische Regelungen enthalten sollten.

In Umsetzung dieses Programms legte die Kommission im Jahre 2008 den Vorschlag einer Verbraucherrechterichtlinie vor, in der die vier horizontalen Richtlinien, nämlich die HaustürwiderufsRL, die RL über missbräuchliche Vertragsklauseln, die FernabsatzRL und die VerbrGK-RL integriert werden sollten.[18] Die vier Richtlinien wurden zwar leicht modernisiert, aber nicht substantiell gegenüber den Vorgängerregelungen im Sinne einer Anhebung des Verbraucherschutzniveaus verbessert. Immerhin bedeutete der Vorschlag eine gewisse Vereinheitlichung de Widerrufsrechts. Es setzte sich der Gedanke durch, dass die Widerrufsfrist grundsätzlich 14 Tage betragen sollte. Für das Verbraucherkreditrecht war dies kurz zuvor eingeführt worden.[19]

Der Vorschlag der VRRL löste in den Mitgliedstaaten erheblichen Widerstand aus, und zwar sowohl auf politischer[20] wie auf wissenschaftlicher Ebene,[21] der gegen das Vollharmonisierungsprinzip gerichtet war. Die Mitgliedstaaten sahen ihren eigenen verbraucherpolitischen Gestaltungsspielraum bedroht. Während das Parlament den Vollharmonisierungsansatz unterstützte und hier und da das Verbraucherschutzniveau anheben wollte, scheiterte der Vorschlag letztlich am Rat. Man einigte sich schließlich auf einen Kompromiss. Die verabschiedete VRRL ersetzt nur noch die HaustürwiderufsRL und die FernabsatzRL. Infolgedessen gelten die Richtlinie über missbräuchliche Vertragsklauseln von 1993 und die VerbrGK-RL von 1999 bis heute als Minimalstandardrichtlinien weiter.

Die VRRL enthält aber einige Elemente, aus denen man erkennen kann, dass das Verbrauchsgüterkaufrecht aus ihr „herausgebrochen" ist. Dies betrifft die vorvertragsrechtlichen Informationspflichten, die auch für den stationären Handel gelten (Art. 5 VRRL) und die Vorschriften über den Lieferzeitpunkt (Art. 18) und den Gefahrübergang (Art. 20).

---

18 Kommission, Vorschlag für eine Richtlinie des Europäischen Parlaments und des Rates über Rechte der Verbraucher, COM (2008) 614 final v. 8.10.2008.
19 RL 2008/48/EG des Europäischen Parlaments und des Rates vom 23.4.2008 über Verbraucherkreditverträge und zur Aufhebung der RL 87/192/EWG des Rates, ABl. Nr. L 133/66 v. 22.5.2008.
20 Bundesjustizministerin *Zypries*, ZEuP 2009, 225.
21 *Micklitz/Reich*, Crónica de una muerta anunciada - Commission Proposal on a Directive of Consumer Rights, CML Rev. 2009, 471; *Rott/Terryn,* The Proposal for a Directive on Consumer Rights: No Single Set of Rules, ZEuP 2009, 456; *Tonner/Tamm,* JZ 2009, 277.

b) Vorschlag eines Gemeinsamen Europäischen Kaufrechts (GEKR)

Den nächsten Versuch, zu einer Vollharmonisierung des Verbrauchsgüterkaufrechts zu gelangen, unternahm die Kommission mit dem Vorschlag eines Gemeinsamen Europäischen Kaufrechts (GEKR). Genau genommen, handelte es sich dabei allerdings nicht um eine Vollharmonisierung, da das GEKR nur optional gelten sollte, d.h. dann, wenn die Parteien es ausdrücklich vereinbart hätten. Den Mitgliedstaaten wäre die Befugnis geblieben, weitergehende Regelungen beizubehalten oder zu erlassen. Es wurde jedoch die Befürchtung geäußert, dass durch die Existenz des GEKR faktischer Druck auf die Mitgliedstaaten ausgeübt worden wäre, ihr nationales Recht dem GEKR anzupassen, um eine Spaltung des Kaufrechts zu verhindern, so dass das GEKR in der Auswirkung an eine Vollharmonisierung herangekommen wäre.[22]

Inhaltlich war das GEKR wesentlich umfassender geregelt als die VerbrGK-RL. Es enthielt nicht nur Vertragsschlussregeln, sondern integrierte auch die anderen horizontalen verbrauchervertragsrechtlichen Richtlinien. Darüber hinaus enthielt es Regelungen zum Schadensersatz und hätte auch andere Lücken geschlossen, die die VerbrGK-RL zugunsten der Anwendbarkeit nicht harmonisierten mitgliedstaatlichen Kaufrechts gelassen hatte. Möglich war dieser weitreichende Ansatz nur durch die umfassende Beteiligung der Zivilrechtswissenschaft der Mitgliedstaaten, die von der Kommission in großem Stil – nicht zuletzt finanziell – betrieben wurde.

Gleichwohl scheiterte auch dieses Vorhaben. Es rief wegen des vollharmonierenden Effekts den gleichen Widerstand der Mitgliedstaaten hervor wie zuvor der Vorschlag der VRRL. Das Ende des GEKR war ungewöhnlich: Es fand nicht etwa im Rat keine Mehrheit, sondern wurde von der Kommission zurückgezogen, nachdem eine Reihe von Justizministern der Mitgliedstaaten, darunter der deutsche, an die Justizkommissarin einen Brief geschrieben hatten.[23]

4. Der Vorschlag einer Online-WarenhandelsRL

Trotz des Scheiterns des GEKR ließ die Kommission nicht davon ab, ein vollharmonisiertes Verbrauchsgüterkaufrecht zu schaffen. Im Dezember

---

22 Im Rückblick *Tamm/Tonner*, EWS 2015, 241.
23 Der Brief ist dokumentiert in ZEuP 2015, 433.

2015 legte sie zwei Richtlinienvorschläge vor, die der Digital Market Strategy (DGM) zugeordnet waren,[24] nämlich den Vorschlag einer Richtlinie für den Online-Warenhandel[25] und den Vorschlag einer Richtlinie über digitale Inhalte.[26] Der Vorschlag einer Richtlinie über den Online-Warenhandel sollte die VerbrGK-RL in einem Teilbereich ihres Anwendungsbereichs ersetzen, sie aber für stationär abgeschlossene Verbrauchsgüterkaufverträge weiterhin in Geltung lassen, während der Vorschlag einer Richtlinie für digitale Inhalte davon ausging, dass digitale Inhalt nicht oder zumindest nicht notwendigerweise zu Kaufverträgen führen und jedenfalls bei Vertragsstörungen andere Rechtsfolgen angemessen sind als bei Verbrauchsgüterkaufverträgen, so dass zwei Rechtsinstrumente erforderlich sind.

Sofort erhob sich Kritik daran, dass der Vorschlag der Online-WarenhandelsRL zu einer Zersplitterung des Verbrauchsgüterkaufrechts geführt hätte, weil es getrennte Regelungen für online und stationär abgeschlossene Verträge gegeben hätte.[27] Dies lag aber keineswegs in der Absicht in der Kommission, die allerdings nicht kurze Zeit nach dem Rückzug vom GEKR-Projekt einen vollharmonisierenden Ersatz für die VerbrGK-RL vorschlagen konnte. Ein genauerer Blick in den Vorschlag zeigt jedoch, dass die Kommission von vornherein erwog, dass die Ergebnisse des REFIT der verbraucherrechtlichen Richtlinien, darunter der VerbrGK-RL, – „sollte daraus hervorgehen, dass eine Initiative der Kommission zum klassischen Einzelhandel erforderlich ist" – in die weiteren Arbeiten der Gesetzgeber einfließen könnten.[28]

Konsequenterweise regte die Kommission informell beim Parlament eine Erweiterung des Anwendungsbereichs des Vorschlags auf den Anwendungsbereich der VerbrGK-RL an, was dieses auch aufgriff. Seit November 2016 liegt der Berichtsentwurf des Berichterstatters des Binnenmarktausschusses des Parlaments vor (*Pascal Arimont*),[29] zu dem bis zum 25. Januar 2017 411 Änderungsanträge eingingen.[30] Ferner gab die Be-

---

24 Mitteilung der Kommission an das Europäische Parlament, den Rat, den Wirtschafts- und Sozialausschuss und den Ausschuss der Regionen, Strategie für einen digitalen Binnenmarkt für Europa, COM(2015) 192 final v. 6.5.2015.
25 Kommission, COM(2015) 635.
26 Kommission, COM(2015) 634.
27 *Maultzsch*, JZ 2016, 236; *Wendland,* EuZW 2016, 126; *Ostendorf,* ZRP 2016, 69.
28 Kommission, COM(2015) 635 S. 3 unten.
29 PE 593.817v 02-00.
30 PE 597.434v 01-00 und PE 627v 01-00 v. 25.1.2017.

richterstatterin des Rechtsausschusses im November 2016 einen Berichtsentwurf ab,[31] den sie im März 2017 ergänzte und dabei die Vorschläge über eine Herstellergarantie zur Lebensdauer[32] aufgriff (*Heidi Haukala*).[33] Eine einheitliche Tendenz lässt sich den Anträgen zu den Berichten nicht entnehmen; es bleibt daher abzuwarten, welchen Einfluss sie auf die endgültigen Berichte und damit die Stellungnahme des Parlaments haben werden.

Inzwischen schloss die Kommission die erste Phase ihres REFIT der verbraucherrechtlichen Richtlinien ab und äußerte sich in diesem Zusammenhang auch zur VerbrGK-RL, nämlich in dem Sinne, dass die Eignungsprüfung ergeben habe, dass die Regelungen für Online- und Offline-Handel kohärent gehalten werden sollten und die Kommission Parlament und Rat dabei unterstütze, den Anwendungsbereich des Vorschlags auf sämtliche Vertriebswege zu erweitern.[34] Der Berichtsentwurf von *Pascal Arimont* schlägt die Erweiterung des Anwendungsbereichs vor, nimmt aber auch die vorgeschlagen Verlängerung der Frist für die Beweislastumkehr zurück. Der Berichtsentwurf von *Heidi Haukala* stimmt zwar ebenfalls der Erweiterung des Anwendungsbereichs zu, übt aber Kritik am Vorgehen der Kommission, weil die Kommission die Erweiterung in einem bereits angelaufenen Gesetzgebungsverfahren vornimmt, ohne den für jeden Vorschlag üblichen Impact Assessment Report für den vom Vorschlag der Online-WarenhandelsRL nicht abgedeckten Teil des Verbrauchsgüterkaufs vorzulegen. Es ist also durchaus möglich, dass der endgültige Bericht noch weiter auf sich warten lässt.

Der Rat hingegen hat bislang Schlussfolgerungen nur für den Vorschlag einer Richtlinie über digitale Inhalte erlassen.[35] Dabei spricht er sich dafür aus, auf eine Vollharmonisierung der Verjährung zu verzichten und lediglich eine Mindestfrist von zwei Jahren vorzusehen. Die Frist für eine Beweislastumkehr sollte ein Jahr betragen. Diese Erwägungen lassen sich natürlich auch auf den Vorschlag der Online-WarenhandelsRL übertragen, doch hat der Rat für diesen Vorschlag noch keine Schlussfolgerungen beschlossen. Hintergrund könnte sein, dass Zweifel an der Zulässigkeit des Verfahrens bestehen, kurzerhand den Anwendungsbereich zu erweitern.

---

31 PE 594.153v 01-00 v. 23.11.2016.
32 Dazu unten VI.1.
33 PE 600.965v 01-00 v. 6.3.2017.
34 Report of the Fitness Check, SWD (2017) 209 final v. 23.5.2017.
35 In der Sitzung vom 8.6.2017, Pressemitteilung 326/17.

Ob sich die Auffassung durchsetzt, die Kommission müsste ihren Vorschlag vom Dezember 2015 zurückziehen und durch einen neuen, auf den gesamten Anwendungsbereich der VerbrGK-RL bezogenen ersetzen, bleibt abzuwarten. Jedenfalls ist festzustellen, dass der Rat sich äußerst zögerlich mit dem Vorschlag befasst und nicht auszuschließen ist, dass der Vorschlag in seiner jetzigen Form am Rat scheitert.

In inhaltlicher Sicht besteht die wesentliche Änderung des Online-WarenhandelsRL-Vorschlags im Vergleich zur VerbrGK-RL im Übergang von der Mindeststandard- zur Vollharmonisierung. Dies bedeutet vor allem, dass die zweijährige Verjährungsfrist von den Mitgliedstaaten nicht mehr verlängert werden könnte. Im Übrigen nahm die Kommission die drei bedeutenden EuGH-Entscheidungen zum Verbrauchsgüterkauf in den Text des Vorschlags auf. Dabei handelt es sich um das Quelle-Urteil, wonach der Verkäufer keinen Nutzungsersatz verlangen kann, wenn der Verbraucher wegen einer Vertragswidrigkeit zurücktritt,[36] das Weber und Putz-Urteil, das die Aus- und Einbaukosten bei einer Nachlieferung grundsätzlich dem Verkäufer zuweist,[37] und das Faber-Urteil, das die Beweislastumkehr für das Vorliegen einer Vertragswidrigkeit zum Zeitpunkt der Übergabe verbraucherfreundlich regelt.[38] Der Kommissionsvorschlag will die Frist für die Beweislastumkehr von sechs Monaten auf zwei Jahre ausdehnen.

Es ist bemerkenswert, dass Gesetzgeber und Rechtsprechung in Deutschland äußerst minimalistisch reagierten. Auf das Quelle-Urteil hin fügte der Gesetzgeber den § 474 Abs. 5 ins BGB ein, der die Auswirkungen des Urteils auf die Rückgabe im Zuge eine Gewährleistungsfalles beschränkte und nicht, was nahe gelegen hätte, auch auf Widerrufsfälle erstreckte. Im Weber und Putz-Fall beschränkte der BGH die Auswirkung des Urteils auf Verbraucherverträge, so dass es nun zu einer gespaltenen Auslegung zwischen Verbrauchsgüter- und sonstigen Kaufverträgen kommt[39] – ein Ergebnis, das der BGH sonst immer zu vermeiden versucht. Der Faber-Fall schließlich, der auf eine niederländische Vorlage zurückging, zwang den BGH dazu, seine verfehlte Rechtsprechung zu § 476 BGB aufzugeben, wonach der Verbraucher nachweisen muss, dass ein

---

36 EuGH Urt. v. 17.4.2008 - C-404/06, EuZW 2008, 310 – Quelle.
37 EuGH Urt. v. 16.6.2011 – C-65/09 und C-87/09, EuZW 2011, 631 – Weber und Putz.
38 EuGH Urt. v. 4.6.2015 – C-497/13, EuZW 2015, 556 – Faber.
39 BGH, Urt. v. 21.12.2011 – VIII ZR 70/08, BGHZ 192, 148.

schon bei Übergabe vorhandener sog. Grundmangel ursächlich für den später in Erscheinung getretenen Mangel ist.[40]

III. Ist eine Vollharmonisierung erforderlich?

Würde der Vorschlag der Online-WarenhandelsRL in der erweiterten Form umgesetzt, wäre auch das Verbrauchsgüterkaufrecht auf Vollharmonisierung umgestellt. Als Minimalstandardrichtlinie bliebe dann nur noch die Richtlinie über missbräuchliche Vertragsklauseln. Jedoch ist auch hier als Ergebnis des REFIT-Prozesses mit Änderungen zu rechnen, obgleich in diesem Bereich wegen der Generalklausel und dem Charakter von Klauselverbotslisten als indikativ oder abschließend sich eine schematische Umstellung auf Vollharmonisierung verbietet. Erwogen wird eine nicht abschließende schwarze und/oder graue Liste.

Auch heute noch sprechen gute Gründe für das Minimalstandardprinzip, m.a.W. dafür, dass der von der Kommission und in ihrem Gefolge vom Unionsgesetzgeber seit 2001 eingeschlagene Weg falsch ist. Die Gründe müssen hier nicht erneut in voller Breite entfaltet werden.[41] Es genügen Stichworte. Das Minimalstandardprinzip erlaubt, dass eine gemeinsame Verantwortung von Union und Mitgliedstaaten für die Verbraucherpolitik bestehen bleibt. Das Subsidiaritätsprinzip verlangt eine möglichst bürgernahe Regelung von Problemen wie solchen verbraucherpolitischer Art, bei denen die Mitgestaltungsbefugnis der unteren Ebene nicht einfach ausgeschaltet werden darf. Das Demokratieprinzip verlangt eine föderale Gewaltenteilung. Auch hier geht es darum, dass kein schleichender Prozess der Aushöhlung der Kompetenzen der unteren Ebene stattfindet.

Diese Argumente sollten in Zeiten einer tiefen Vertrauenskrise der europäischen Institutionen besonderes Gehör finden. Es ist den europäischen Institutionen offenbar nicht gelungen, die Bürger „mitzunehmen."

---

40 BGH, Urt. v. 2.6.2004 – VIII ZR 329/03, BGHZ 159, 217; nach dem Faber-Urteil ausdrücklich aufgegeben, BGH, Urt. v. 12.10.2016 – VIII ZR 103/15, NJW 2017, 1093.
41 Zur Verteidigung des Minimalstandardprinzips *Tonner/Tamm*, JZ 2009, 277; *Tamm*, Verbraucherschutzrecht – Europäisierung und Materialisierung des deutschen Zivilrechts und die Herausbildung eines Verbraucherschutzprinzips, 2011, S. 241 ff.

Auch sinnvolle Regelungen werden als „Bürokratiemonster" abgetan, selbst wenn sie letztlich dem Bürger nützen, so zuletzt etwa die neue Pauschalreiserichtlinie und ihre Umsetzung.[42] Der Integrationsprozess kann diesen Vertrauensverlust nicht einfach ignorieren und „business as usual" in den Bereichen, in denen es wegen der institutionellen Rahmenbedingungen möglich ist – lediglich Mehrheitserfordernisse im Rat – betreiben.

Tatsächlich führt die Vollharmonisierung nicht zu einer wirklichen Vollharmonisierung, also zu identischen Regelungen in den Mitgliedstaaten. Wollte man dieses Ziel erreichen, müsste man auf das Rechtsinstrument der Verordnung zurückgreifen.[43] Bereits im Streit über den Vorschlag der VRRL hat sich eine eingeschränkte Vollharmonisierung durchgesetzt, die sog. targeted harmonisation, die die Vollharmonisierung auf den jeweiligen Regelungsbereich beschränkt und es den Mitgliedstaaten überlässt, ob sie den Regelungsbereich einer Richtlinie erweitern wollen oder nicht.[44] Der deutsche Gesetzgeber mit seiner Abneigung gegen spezifische Verbraucherschutzgesetze hat davon vielfach Gebrauch gemacht. So musste das UWG anlässlich der Anpassung an die vollharmonisierende UGP-RL nicht auf b 2 c-Beziehungen beschränkt werden, und es war anlässlich der Schuldrechtsmodernisierung möglich, die Einheit des Kaufrechts im BGB weitgehend zu bewahren. Andere Mitgliedstaaten verfügen, wie schon erwähnt, über ein separates Verbrauchsgüterkaufrecht. Aus der unterschiedlichen systematischen Stellung der Umsetzungsnormen im mitgliedstaatlichen Rechtssystem folgt naturgemäß eine unterschiedliche Auslegung, der der EuGH zwar nicht ohne Erfolg gegensteuert, aber doch unter Belassung nicht unerheblicher Spielräume für die mitgliedstaatliche Rechtsanwendung.

Weiterhin gibt es Mischformen zwischen Minimalstandard- und Vollharmonisierung. So können auch in einer Minimalstandard-Richtlinie einzelne Vorschriften als abschließende Regelungen ausgestaltet werden. Dies ist z.B. für Widerrufsfristen ein sinnvoller Weg. Umgekehrt können für einzelne Vorschriften einer vollharmonisierenden Richtlinie weiterge-

---

42 *Thöle*, Das Gesetz zur Umsetzung der EU-Pauschalreiserichtlinie – ein „Bürokratiemonster" erblickt das Licht der Welt, RRa 2017, 165.
43 Dafür bereits *Reich*, A European contract law or an EU contract law regulation for consumers?, JCP 2005, 383; heute *Reich/Micklitz*, in: Reich, European Consumer Law, S. 64.
44 Dazu *Reich*, ZEuP 2010, 7; *Micklitz/Reich*, in: Reich, European Consumer Law, S. 41.

hende Regelungen der Mitgliedstaaten zugelassen werden. Neuere Richtlinien machen davon immer wieder Gebrauch; es wird sogar in den Erwägungsgründen gelegentlich darauf hingewiesen, welche weitergehenden Regelungsmöglichkeiten dem mitgliedstaatlichen Gesetzgeber zur Verfügung stehen. Ein Beispiel ist die Pauschalreiserichtlinie,[45] die es in einem Erwägungsgrund ausdrücklich erlaubt, dass die Umsetzungsgesetzgeber Tagesreisen und veranstaltermäßig erbrachte Einzelleistungen (Ferienwohnungen) in den Anwendungsbereich einbeziehen, obwohl die Richtlinie selbst dies nicht vorsieht. Leider hat der deutsche Gesetzgeber von diesen Optionen letztlich keinen Gebrauch gemacht.[46]

Vollharmonisierung unter Beibehaltung des Prinzips der targeted harmonisation und mit zahlreichen Optionsklauseln scheint der geeignete Kompromiss zu sein, dem Anliegen des Minimalstandard-Prinzips Rechnung zu tragen. In den Zeiten der Vertrauenskrise der europäischen Institutionen wäre der Unionsgesetzgeber gut beraten, auf diese Möglichkeiten verstärkt zurückzugreifen. Sie wird im Rahmen des Vorschlags der Online-WarenhandelsRL für die Verjährungsfrist intensiv diskutiert, worauf noch einzugehen sein wird.

Die Antwort auf die gestellte Frage lautet daher, dass eine Vollharmonisierung eigentlich weder notwendig noch wünschenswert ist, die Aussicht auf ein Zurückdrehen auf den Stand vor 2001 aber unrealistisch ist, so dass sich als Ausweg die hier skizzierte stark eingeschränkte Vollharmonisierung anbietet, die den Mitgliedstaaten eine eigene politische Verantwortung bei der legislativen Ausgestaltung des Verbraucherschutzes belässt.

---

45 RL 2015/2302 des Europäischen Parlaments und des Rates vom 25.11.2015 über Pauschalreisen und verbundene Reiseleistungen, zur Änderung der VO (EG) Nr. 2006/2004 und der RL 2011/83/EU des Europäischen Parlaments und des Rates sowie zur Aufhebung der RL 90/314/EWG des Rates, ABl. Nr. L 326/1 v. 11.12.2015.

46 Drittes Gesetz zur Änderung reiserechtlicher Vorschriften, mit dem die Pauschalreiserichtlinie umgesetzt wurde, BGBl. I, S. 2394 v. 21.7.2017.

IV. Gleichbehandlung von Online und Offline Warenhandel und separate Regelung digitaler Inhalte?

1. Erstreckung des Vorschlags der Online-WarenhandelsRL auf alle Verbrauchsgüterkaufverträge

Es scheint keine Frage mehr zu sein, dass der Vorschlag der Online-WarenhandelsRL auf alle Verbrauchsgüterkaufverträge erweitert werden sollte. Offenbar war es nur eine Frage der politischen Strategie der Kommission, zunächst nur einen Vorschlag für eine Online-WarenhandelsRL vorzulegen, obwohl von vornherein die Absicht bestand, die VerbrGK-RL in Gänze durch eine Nachfolgeregelung abzulösen. Auch ansonsten scheint Einvernehmen darüber zu herrschen, dass eine getrennte Regelung des Online-Warenhandels nicht sinnvoll ist.[47]

Dabei ist allerdings zu berücksichtigen, dass der Vorschlag der Online-WarenhandelsRL nicht nur den Online-Warenhandel erfasst hätte, sondern alle nicht stationär („face to face") abgeschlossenen Verbrauchgüterkaufverträge, etwa telefonische oder briefliche Bestellungen, m.a.W., alle Verträge, die unter den klassischen Begriff des Fernabsatzes i.S.d. VRRL gefallen wären. Es ist kein Grund ersichtlich, warum online abgeschlossene Verbrauchsgüterkaufverträge anders geregelt werden sollten als sonstige Verbrauchsgüterkaufverträge. Dies wird auch an den Änderungen ersichtlich, die der Vorschlag der Online-WarenhandelsRL gegenüber der geltenden VerbrGK-RL vornimmt. Sie beziehen sich auf Fragestellungen, die in Verträgen, die im Fernabsatz oder stationär abgeschlossen werden, gleichermaßen bestehen, wie man etwa an der Einarbeitung der EuGH-Rechtsprechung erkennen kann. Die spezifischen Online-Fragen sind in der VRRL und in der E-Commerce-Richtlinie[48] geregelt und in Deutschland im Schuldrecht AT des BGB umgesetzt, also außerhalb des Kaufrechts. Dabei sollte es auch bleiben, denn der Online-Handel umfasst nicht nur Verbrauchsgüterkaufverträge, sondern auch Dienstleistungsverträge, die insoweit einheitlichen Regeln folgen sollten.

---

47 Vgl. die Nachw. oben Fn. 27.
48 RL 2000/31/EG des Europäischen Parlaments und des Rates vom 8.6.2000 über bestimmte rechtliche Aspekte der Dienste der Informationsgesellschaft, insbesondere des elektronischen Geschäftsverkehrs, im Binnenmarkt („Richtlinie über den elektronischen Geschäftsverkehr"), ABl. Nr. L 178/1 v. 17.7.2000.

Eine andere Frage ist, wie die Erweiterung des Anwendungsbereichs ohne Vorlage eines neuen Vorschlags umgesetzt werden soll. Aus deutscher Sicht erscheint dies unproblematisch, weil häufig als eilbedürftig angesehene Gesetzentwürfe von den Regierungsfraktionen und nicht von der Bundesregierung in den Bundestag eingebracht werden, um den ersten Durchgang im Bundesrat zu umgehen. Soll es noch schneller gehen, ist die Praxis des sog. Omnibus-Gesetzes verbreitet, d.h. in einen bereits in der parlamentarischen Beratung befindlichen Gesetzentwurf wird ein weiterer Artikel eingeschoben, der die beabsichtigte eilbedürftige Regelung enthält. Dies ist zwar alles praeter legem, jedoch verfassungsrechtlich bislang noch nicht beanstandet worden.

So dürften auch gegen das Vorgehen der Kommission keine letztlich durchgreifenden Bedenken bestehen, wenn sie den vermissten impact assessment report nachschiebt. Die Bedenken im Rat scheinen auch eher aus dem Unbehagen zu resultieren, eine weitere vollharmonisierende Richtlinie schlucken zu müssen und eine inhaltliche Auseinandersetzung mit dem Vorschlag auf diese Weise elegant umgehen zu können. Der Rat sollte stattdessen auf vermehrte Optionen zugunsten der Mitgliedstaaten drängen.

Im Rahmen des REFIT-Prozesses gab die Kommission zwei Studien über die VerbrGK-RL in Auftrag, die freilich einen Impact assessment report nicht ersetzen. In der einen Studie wurden die Folgen eines Übergangs von der Minimalstandard- zur Vollharmonisierung untersucht.[49] Erwartungsgemäß wurde die Vollharmonisierung dabei positiv bewertet, weil 42 % der befragten Händler in unterschiedlichen Regelungen in den Mitgliedstaaten ein Hindernis für den grenzüberschreitenden Handel sahen. Nicht berücksichtigt wurde dabei, dass andere Hindernisse wie kulturelle Unterschiede, Fragen der Rechtsdurchsetzung oder unterschiedliche Steuersysteme die Wirtschaft wesentlich stärker davon abhalten, grenzüberschreitend aktiv zu werden.[50] Der Einwand, dass durch die Vollhar-

---

49 Study on the costs and benefits of minimum harmonisation under the Consumer Sales and Guarantees Directive 1999/44/EC and of potential full harmonisation and alignment of EU rules for different sales channels (2017) aufrufbar unter ec.europa.eu/newsroom/just/item-detail.cfm?item_id=59332 (abgerufen am 3.7.2017).
50 Oxford Economic Research Association (OXERA), What is the impact of the proposed Consumer Credit Directive?, www.oxera.com/Latest-Thinking/Publications/Reports/2007 (abgerufen am 3.7.2017).

monisierung längere Verjährungsfristen abgeschnitten werden, wird mit dem Hinweis relativiert, dass 96 % der Verbraucher Mängel an den Produkten innerhalb der ersten zwei Jahre nach Übergabe entdeckten. Die Studie diskutiert im Übrigen die Aufhebung der optionalen Rügepflicht und ein freies Wahlrecht zwischen allen Rechtsbehelfen anstelle der derzeitigen Hierarchie. Für beides lässt sie keine große Sympathie erkennen.

In der zweiten Studie ging es um eine Einschätzung zusätzlicher Rechte, die bei einer Reform der VerbrGK-RL eingeführt werden könnten.[51] Diskutiert wird dabei eine Verlängerung der Verjährungsfrist, eine Differenzierung der Verjährungsfrist nach Lebensdauer, ein Recht auf Rücktritt, wenn eine Nachbesserung nicht innerhalb eines bestimmten Zeitraums erfüllt wird, eine Verpflichtung, Ersatzteile bereit zu halten sowie eine Pflicht, den Verbraucher über die Verfügbarkeit von Ersatzteilen zu informieren. Auch wenn die Studie nicht zu konkreten Handlungsempfehlungen führt, zeigen die ausgewählten Themen doch, dass in Brüssel intensiv darüber nachgedacht wird, Nachhaltigkeitsaspekte in das Verbrauchsgüterkaufrecht einzuführen.

2. Separate Regelung für digitale Inhalte[52]

Ebenso unstreitig scheint zu sein, dass es einer separaten Regelung für digitale Inhalte bedarf, dies schon deshalb, aber nicht nur, weil die Rechtsnatur eines Vertrags über digitale Inhalte im europäischen Raum ungeklärt ist. Dies zu klären, sieht der Unionsgesetzgeber zu Recht auch nicht als seine Aufgabe an. Aus deutscher Sicht kann man zwar argumentieren, dass der Vertrag über den Erwerb einer nicht verkörperten Standard-Software unstreitig ein Rechtskauf i.S.d. § 453 BGB ist mit der Folge, dass die normalen kaufrechtlichen Rechtsbehelfe zur Anwendung kommen, doch führt dies nicht weiter. Zum einen ist der Begriff der digitalen Inhalte nicht mit dem Begriff der Standard-Software identisch, und zum andern sind die kaufrechtlichen Rechtsbehelfe ohnehin unpassend. Eine Software kann

---

51 Study on the costs and benefits of extending certain rights under the Consumer Sales and Guarantee Directive 1999/44/EC (2017), aufrufbar unter ec.europa.eu/newsroom/just/item-detail.cfm?item_id=59332 (abgerufen am 3.7.2017).
52 Zum Vorschlag einer Richtlinie über digitale Inhalte *Staudenmayer*, NJW 2016, 2719; *Schmidt-Kessel/Erler/Grimm/Kramme*, GPR 2016, 2 und 54; *Spindler*, MMR 2016, 147 und 219.

nicht einfach zurückgegeben werde, d.h. man braucht Modifikationen des Rücktrittsrechts, und sie unterliegt auch keinem Verschleiß. Sie mag zwar technisch veralten, aber sie bleibt benutzbar, was abweichende Verjährungsregeln zur Folge haben könnte und vor allem Vorschriften, welche Verantwortung den Unternehmer für die Vereinbarkeit der digitalen Inhalte mit der Software-Umgebung im Bereich des Verbrauchers trifft – ein weites Feld, das hier nur als Stichpunkt genannt werden kann. Jedenfalls sollte deutlich geworden sein, dass der Vertrieb digitaler Inhalte nicht irgendwie an das Kaufrecht angehängt werden kann, sondern einer separaten Regelung bedarf. Der Ansatz der Kommission ist daher im Prinzip richtig. Die Auffassung, es bedürfe keiner spezifischen Regelung wie des Richtlinienvorschlags, weil das BGB ausreiche, ist zu eng.[53]

Eine andere Frage ist, wie der deutsche Umsetzungsgesetzgeber damit umgeht, wenn der Vorschlag verabschiedet ist. Wenn er seiner Vorliebe treu bleibt, alles, was mit Verbrauchervertragsrecht zusammenhängt, weiterhin im BGB umzusetzen, obwohl dieses dadurch immer unübersichtlicher wird, wäre wohl das allgemeine Vertragsrecht der richtige Standort, denn „digitale Inhalte" konstituieren keinen neuen Vertragstyp.

Es gibt einen wichtigen Überschneidungsbereich zwischen den Vorschlägen über eine Online-WarenhandelsRL und einer Richtlinie über digitale Inhalte. Technische Produkte verfügen heute weitgehend über Software-Elemente, mit denen Funktionen gesteuert, die Benutzungsintensität kontrolliert oder auch Fehler aufgespürt werden können. Eine Reparatur beginnt z.B. nicht damit, dass das Produkt auseinandergebaut wird, sondern dass die entsprechende Software ausgelesen wird. Über die Software sind Updates des Gerätes möglich. Es ist daher eine Entscheidung notwendig, welche der beiden Richtlinienvorschläge bei Fällen derartiger „embedded software" anzuwenden ist. Die Richtlinienvorschläge selbst enthalten dazu keine Vorgaben. Die Gesetzgebungsorgane, Parlament und Rat, haben sich bislang gegensätzlich positioniert. Eine Entscheidung hängt von der endgültigen Ausgestaltung der beiden Vorschläge ab, insbesondere der Richtlinie über digitale Inhalte, weswegen hier keine Empfehlung abgegeben werden kann.

Zusammenfassend ist auf die gestellte Frage zu antworten, dass eine Neuregelung des Verbrauchsgüterkaufrechts die VerbrGK-RL in ihrem

---

[53] So aber *Faust*, Digitale Wirtschaft – analoges Recht: Braucht das BGB ein Update?, Gutachten A zum 71. Deutschen Juristentag, 2016; dazu zu Recht krit. *Spindler*, JZ 2016, 805.

vollständigen Anwendungsbereich ablösen sollte. Digitale Inhalte bedürfen daneben einer selbständigen Regelung.

V. Das Verhältnis zur VRRL

Nach den Vorstellungen der Kommission sollen sich die VRRL mit ihren Widerrufsrechten bei Fernabsatzgeschäften und Außergeschäftsraumgeschäften und die vorgeschlagenen Richtlinien ergänzen. Dies entspricht der Rechtslage zur geltenden VerbrGK-RL. Im Gegensatz dazu enthalten die sektoralen Richtlinien (Verbraucherkredit, Timesharing, Pauschalreisen)[54] abschließende Regelungen, was in ihren Neufassungen ausdrücklich geregelt ist. Widerrufsrechte und Informationspflichten ergeben sich daher aus den sektoralen Richtlinien selbst, nicht etwa aus einer ergänzenden Heranziehung der VRRL. Daraus erklärt sich auch die überaus komplexe Regelung der Widerrufsrechte im BGB, die zwar an einer Stelle im Schuldrecht AT zusammengezogen sind, dort aber besondere Vorschriften für den Widerruf von Verbraucherkreditverträgen und Timesharing-Verträgen aufweisen.

Wegen des fehlenden abschließenden Charakters der Regelungen der geplanten Online-WarenhandelsRL ist es auch nicht erforderlich, die kaufrechtlichen Vorschriften aus der VRRL, die wie erwähnt die vorvertraglichen Informationspflichten, den Lieferzeitpunkt und den Risikoübergang betreffen, in die neue Richtlinie hinüberzuziehen. Verbrauchsgüterkaufrecht wird als eine horizontale Materie angesehen. Ob dies sinnvoll ist, ist eine andere Frage. Die geltende VRRL geht jedenfalls über die Regelung von Fernabsatzgeschäften und Außergeschäftsraumverträgen hinaus.

Dies wird sich auch durch eine bevorstehende Neufassung der VRRL nicht ändern. Gemäß ihrem Art. 30 war die Kommission gehalten, einen Bericht zur Überprüfung der VRRL vorzulegen. Dieser Bericht wurde am 29.5.2017 zusammen mit dem REFIT-Bericht veröffentlicht.[55] Er enthält nur wenige Verbesserungsvorschläge für die VRRL, die sich eher auf digitale Inhalte beziehen. Im Bereich, der für Verbrauchsgüter relevant ist, werden vereinfachte Informationspflichten für die Kommunikation mit

---

54 RL 2008/48/EG, 2008/122/EG und 2015/2302/EU.
55 Bericht der Kommission an das Europäische Parlament und an den Rat über die Anwendung der Richtlinie 2011/83 des Europäischen Parlaments und des Rates v. 25.10.2011 über die Rechte der Verbraucher, COM(2017) 259 final v. 23.5.2017.

dem Unternehmer genannt sowie eine "Reduzierung der Belastung der Unternehmer", wenn Waren vor Ausübung eines Widerrufsrechts übermäßig benutzt werden. Schließlich wird eine Erhöhung der Transparenz der Informationen über Anbieter auf Online-Marktplätzen angesprochen. Probleme der Plattform-Ökonomie sind sicher regelungsbedürftig.[56] Es fragt sich aber, ob dies nebenbei anlässlich der Überarbeitung der VRRL geschehen und vor allem auf Transparenzfragen beschränkt werden kann.

Es wird also voraussichtlich bei dem Nebeneinander von überarbeiteter VRRL und einer neuen VerbrGK-RL bleiben. Dies mag systematisch nicht befriedigend sein; aus inhaltlichen Gründen ist dagegen aber nichts einzuwenden.

VI. Nachhaltigkeitsaspekte

1. Haftung für langlebige technische Gebrauchsgüter

In letzter Zeit hat es eine Diskussion darüber gegeben, ob zivilrechtliche Instrumente geeignet sein können, einen nachhaltigen Konsum zu fördern. Ein Aspekt dieser Diskussion ist die Frage, wie man einen Anreiz für den Konsum langlebiger Produkte geben kann. Die geltende nur zweijährige Verjährungsfrist führt dazu, dass die Haftung des Verkäufers lange vor dem Ende der Nutzungsdauer vieler technischer Produkte ausläuft, so dass eine längere Nutzungsdauer ohne Konsequenzen für die Gewährleistung des Verkäufers bleibt. Würde man dem Verbraucher dagegen Gewährleistungsansprüche für die gesamte versprochene oder zu erwartende Lebensdauer eines Produkts an die Hand geben, schüfe man einen Anreiz, dass der Verbraucher sich langlebige Produkte auch dann zulegt, wenn sie teurer sind als Produkte mit einer kürzeren Haltbarkeit.

Diese Überlegungen führen dazu, dass die zweijährige Verjährungsfrist für Verbrauchsgüter hinterfragt wird. Die Debatte wurde zunächst auf nationaler Ebene geführt, und es wurde sowohl im politischen Raum[57] wie

---

56 Dazu unter vielen *Busch/Schulte-Nölke/Wiewiórowska-Domagalska/Zoll*, The rise of the platform economy: A new challenge for EU consumer law?, EuMCL 2016, 3; *Rott/Tonner* (Hrsg.), Das Recht der Online-Vermittlerplattformen (i.E.).
57 Beschluss der Verbraucherschutzministerkonferenz vom 28.4.2017 zu TOP 54, www.verbraucherschutzministerkonferenz.de/documents/Protokoll_13_VSMK.pdf. (abgerufen am 3.7.2017).

von wissenschaftlicher Seite[58] gefordert, die Verjährungsfrist zu verlängern. Durch den Vorschlag einer Online-WarenhandelsRL wurde die Diskussion auf die Unionsebene verlagert. Der Vorschlag bleibt bei der zweijährigen Verjährungsfrist des geltenden Rechts, schneidet aber durch den Übergang von der Minimalstandard- zur Vollharmonisierung den Mitgliedstaaten die Möglichkeit ab, eine längere Verjährungsfrist beizubehalten oder neu einzuführen. Von dieser Möglichkeit haben eine Reihe von Mitgliedstaaten Gebrauch gemacht,[59] sei es durch eine einfache Verlängerung der Gewährleistungsfrist, sei es durch eine bestimmte Frist ab Kenntnis, sei es durch eine der zu erwartenden Lebensdauer entsprechende Frist. Die Verlängerung der Gewährleistungsfrist ist allerdings nur dann sinnvoll, wenn die Frist für die Beweislastumkehr entsprechend heraufgesetzt wird.

Die Diskussion spielte auch in den Beratungen des Parlaments über den Richtlinienvorschlag zum Online-Warenhandel eine Rolle. Das Parlament holte wiederholt Stellungnahmen zu der Frage ein.[60] In dem Berichtsentwurf von *Pascal Arimont* ist eine Verlängerung der Frist allerdings nicht vorgesehen. Denkbar wäre auch eine Option zugunsten der Mitgliedstaaten, wonach sie sich für eine längere Frist entscheiden können. In den Änderungsanträgen sind entsprechende Forderungen enthalten. Da das Thema politisch relativ stark pointiert wird, ist die Möglichkeit nicht ausgeschlossen, dass sich das Parlament zumindest für eine Optionsklausel entscheidet.

---

58 Vgl. dazu etwa *Brönneke*, in: Brönneke/Wechsler (Hrsg.), Obsoleszenz interdisziplinär, 2015, S. 185; *Gildeggen*, Vorzeitiger Verschleiß und die Verjährung von kaufrechtlichen Mängelgewährleistungsansprüchen, ebd. S. 269.
59 Rechtsvergleichender Überblick in Study on the costs and benefits of extending certain rights under the Consumer Sales and Guarantee Directive (Fn. 51).
60 A longer Lifetime for Products: Benefits for Consumers and Companies, 2016, PE 579.000 (Verfasser: *Montalvo/Peck/Rietfeld*), www.europarl.europa.eu/RegData/etudes/STUD/2016/57900/IPOL_STU%282016%29579000_EN.pdf (abgerufen am 3.7.2017); How an EU Lifespan Guarantee Model Could be Implemented across the European Union, 2017 PE583.121 (Verfasser: *Tonner/Malcolm*), www.europarl.europa.eu/thinktank/eu/document.html?reference=IPOL_STUD(2017)583121:EN.pdf (abgerufen am 3.7.2017).

Darüber hinaus schlug der Verfasser im Rahmen eines Gutachtens für das Umweltbundesamt vor, auch an den Hersteller heranzugehen.[61] Der Hersteller technischer Produkte soll danach zu einer Aussage über die Lebensdauer seiner Produkte verpflichtet sein, ohne eine bestimmte Lebensdauer angeben zu müssen. Er kann sich nach diesem Modell aber auch weigern, eine bestimmte Lebensdauer anzugeben, muss dies aber klar und deutlich zum Ausdruck bringen. Dadurch soll ein Anreiz für den Hersteller gegeben werden, eine bestimmte Lebensdauer zu garantieren. Als Sanktion bei Verletzung der Pflicht zur Angabe einer Lebensdauer wird vorgeschlagen, den Hersteller wie einen Verkäufer haften zu lassen. Das Modell sollte zunächst auf energieverbrauchsrelevante Produkte beschränkt bleiben und durch lauterkeitsrechtliche und vorvertragliche Informationspflichten flankiert werden.

Das Modell beruht darauf, dass gleichzeitig die Ökodesign-Richtlinie[62], in Deutschland umgesetzt durch das Energieverbrauchsrelevante-Produkte-Gesetz (EVPG), reformiert wird und im Rahmen der auf der Basis dieser Richtlinie zu erlassenden Verordnungen auch Fragen der Lebensdauer geregelt werden können.[63] Derartige Regelungen sollten dann sowohl zulasten des Herstellers (Garantiefrist) wie zulasten des Verkäufers (Gewährleistungsfrist) gelten, also ggf. länger sein als die Regel-Gewährleistungsfrist. Dies verspricht mehr Rechtssicherheit, als wenn man auf die aus der Sicht des Verbrauchers zu erwartende Lebensdauer abstellt, weil diese im Einzelfall ex post ermittelt werden müsste. Andererseits können Verordnungen nach der Ökodesign-Richtlinie nur produktgruppenspezifisch erlassen werden und setzen einen komplexen Beratungsprozess voraus, so dass man gewissermaßen zur Lückenfüllung auf die schneller umsetzbare zivilrechtliche Lösung setzen sollte. Dieser Vorschlag ist im Rechtsaus-

---

61 *Schlacke/Alt/Tonner/Gawel/Bretschneider*, Stärkung eines nachhaltigen Konsums im Bereich Produktnutzung durch Anpassungen im Zivil- und Öffentlichen Recht. Im Auftrag des Umweltbundesamtes, Dessau-Roßlau-Texte 72/2015, www.umweltbundesamt.de/publikationen/staerkung-eines-nachhaltigen-konsums-im bereich-produktnutzung_o.pdf.letzter (abgerufen am 3.7.2017). Zusammenfassende Darstellungen finden sich in *Schlacke/Tonner/Gawel*, JZ 2016, 1030, und *Tonner/Schlacke/ Gawel/Alt/Bretschneider*, VuR 2017, 3.
62 RL 2009/125/EG des Europäischen Parlaments und des Rates vom 21.10.2009 zur Schaffung eines Rahmens für die Festlegung von Anforderungen an die umweltgerechte Gestaltung energieverbrauchsrelevanter Produkte, ABl. Nr. L 285/10 v. 31.10.2009.
63 How an EU Lifespan Guarantee Model could be implemented (oben Fn. 49).

schuss des Parlaments vorgestellt[64] und von der Berichterstatterin aufgegriffen worden. Ob er sich durchsetzen wird, bleibt abzuwarten.[65]

2. Ein Recht auf Reparatur?

Aus Gründen eines sparsamen Ressourcenverbrauchs ist es vorzugswürdig, mangelhafte technische Gebrauchsgüter zu reparieren statt sie durch ein neues Gerät zu ersetzen. Aus diesem Grunde wird die Forderung nach einem „Recht auf Reparatur" erhoben.[66] Aus juristischer Sicht erstaunt dies zunächst, ist doch ein Anspruch auf Nachbesserung bereits im geltenden Recht enthalten. Darüber hinaus hat der Käufer ein Wahlrecht zwischen Nachbesserung und Nachlieferung; eine Nachlieferung kann ihm jedenfalls grundsätzlich nicht aufgedrängt werden, wenn er auf Nachbesserung besteht.

Ein zweiter Blick zeigt jedoch, dass die Dinge komplizierter liegen. Eine der von der EU-Kommission in Zusammenhang mit dem REFIT-Prozess in Auftrag gegebene Studie zeigt, dass nur 11 % der Verbraucher eine Nachbesserung geltend machen; die große Mehrheit (42 %) verlangt Nachlieferung.[67] Offenbar liegt es auch im Interesse der Verkäufer, durch Nachlieferung nachzuerfüllen. Die Gründe kann man nur vermuten. Eine Nachlieferung scheint in vielen Fällen kostengünstiger und schneller möglich zu sein als eine Nachbesserung. Ein Ersatzgerät ist vielfach sofort lieferbar, so dass der Verbraucher nicht auf eine Nachbesserung zu warten braucht und die Nutzbarkeit des Gerätes während der Reparaturzeit nicht entfällt. Das Design vieler Geräte ist offenbar auch nicht reparaturfreundlich, so dass die Nachbesserungskosten über den Nachlieferungskosten liegen. Weiterhin dürfte eine Rolle spielen, dass ein Ersatzprodukt zu den Lohnkosten im Land seiner Herstellung erhältlich ist, während bei einer Nachbesserung die in Deutschland üblichen Lohnkosten anfallen. Ein weiteres Problem ist die Vorrätigkeit von Ersatzteilen und deren Preise.

---

64 In der Sitzung am 28.11.2016.
65 PE 600.965v 01-00 v. 6.3.2017.
66 13. Verbraucherschutzministerkonferenz v. 28.4.2017 in Dresden, TOP 54 (Rechtsanspruch auf Reparaturfähigkeit).
67 Study on the costs and benefits of extending certain rights under the Consumer Sales and Guarantee Directive; zusammengefasst in Europäische Kommission, Report of the Fitness Check, SWD(2017) 209 final v. 23.5.2017, S. 100.

Alle diese Gründe zeigen, dass das in § 439 BGB entsprechend Art. 3 Abs. 2, 3 VerbrGK-RL enthaltene Wahlrecht weitgehend leerläuft, obwohl die in der Vorschrift enthaltene Zumutbarkeitsklausel die Zumutbarkeit nicht auf eine Kostenfrage reduziert. Man könnte daran denken, die Wahlfreiheit zwischen den Nacherfüllungsalternativen in § 439 BGB aufzuheben und den Verbraucher auf die vorrangige Geltendmachung eines Nachbesserungsanspruchs zu verweisen. Eine derartige Änderung der Rechtsfolgen würde aber vermutlich ihr Ziel verfehlen.[68] Da Verkäufer und Verbraucher in vielen Fällen gemeinsam daran interessiert sind, den Nacherfüllungsanspruch durch eine Nachlieferung zu bedienen, ist zu erwarten, dass sie sich über die Vorrangigkeit eines Nachbesserungsanspruchs hinwegsetzen. Das Zurückgreifen auf den Nachlieferungsanspruch kann ohnehin für den Fall nicht ausgeschlossen werden, dass die Nachbesserung nicht möglich oder nicht zumutbar ist.

Bevor man den Nacherfüllungsanspruch auf eine Vorrangigkeit des Nachbesserungsanspruchs umstellt, müssen also zunächst die Voraussetzungen dafür geschaffen werden, dass der Nachbesserungsanspruch effektiv ausgeübt werden kann. Man könnte z.B. einen Anreiz für eine angemessen kurze Reparaturzeit schaffen, indem man den Verkäufer verpflichtet, ein Ersatzgerät zur Verfügung zu stellen oder den Käufer zu entschädigen, wenn die Nachbesserung einen gesetzlich zu definierenden Zeitraum überschreitet. Eine weitere Möglichkeit besteht darin, den Zeitraum zu begrenzen, innerhalb dessen eine Nachbesserung durchgeführt werden muss.[69] Vor allem aber muss man das Problem der Ersatzteile lösen. Ersatzteile müssen zum einen überhaupt zur Verfügung stehen, und sie müssen zum andern zu Preisen angeboten werden, die nicht zu Nachbesserungskosten führen, die die Nachlieferungskosten erheblich übersteigen.

Man könnte daran denken, dass die oben ins Spiel gebrachte verpflichtende Herstelleraussage zur Lebensdauer des Produkts das verbindliche Versprechen umfasst, für diesen Zeitraum Ersatzteile vorrätig zu halten. Der Hersteller müsste allerdings das Recht haben, Ersatz für Verschleißteile nur kostenpflichtig zur Verfügung zu stellen. Dazu müsste er in seiner Garantieerklärung genau erklären, welche Teile Verschleißteile sind und wie lange welche Verschleißteile halten.

---

68 Vgl. dazu *Schlacke/Alt/Tonner/Gawel/Bretschneider*, Stärkung eines nachhaltigen Konsums, S. 210 ff.
69 Diskutiert in der Study on the costs and benefits of extending certain rights under the Consumer Sales and Guarantee Directive (Fn. 51).

Ersatzteile spielen aber auch außerhalb des Gewährleistungs- und Garantiezeitraums eine Rolle. Der Verbraucher muss dann für die Reparatur bezahlen. Es sollte ein Anreiz bestehen, dass er das Produkt über den Garantiezeitraum hinaus nutzt. Dies ist nur dann möglich, wenn eine Reparatur im Vergleich zu einer Ersatzbeschaffung nicht unwirtschaftlich ist.

Die Frage der Preise von Ersatzteilen muss über wettbewerbsrechtliche Maßnahmen gelöst werden. Dabei kommt es darauf an, dass die Hersteller der zu reparierenden Produkte die Herstellung von Ersatzteilen nicht monopolisieren, sondern dass es einen Wettbewerb auf dem Ersatzteilmarkt gibt. Ebenso wenig dürfen die Vertriebswege für Ersatzteile monopolisiert werden. Freie Werkstätten und unabhängige Reparaturbetriebe müssen die Möglichkeit eines diskriminierungsfreien Bezugs von Ersatzteilen haben. Die Fragen sind nicht neu; es gibt genügend Lösungsansätze im Kartellrecht. Diese müssten im Hinblick auf das „Recht auf Reparatur" aufgearbeitet werden. Möglicherweise machen Verbraucher unter günstigeren Rahmenbedingungen in wesentlich größerem Umfang als heute von ihrem Recht auf Nachbesserung Gebrauch, ohne dass es dazu einer Änderung der kaufrechtlichen Vorschriften bedarf.

VII. Schlussbemerkung

Die VerbrGK-RL hat sich bewährt. Eine Vollharmonisierung erscheint nicht notwendig. Sollte sie dennoch erfolgen, sollte sie so ausfallen, dass sie den mitgliedstaatlichen Gesetzgebern einen ausreichenden Spielraum für eine eigenständige Verbraucherschutzpolitik belässt. Dies kann durch die Einfügung von Optionen erreicht werden.

Es kommen jedoch zwei Herausforderungen auf das Verbrauchsgüterkaufrecht zu: Das eine ist die Digitalisierung, das andere ist der nachhaltige Konsum, der aus Gründen eines ressourcenschonenden Umgangs dringend durch rechtliche Instrumente unterstützt werden muss. Zu Recht will der Unionsgesetzgeber digitale Inhalte außerhalb des Verbrauchsgüterkaufrechts lösen. Dabei darf er jedoch nicht aus dem Auge verlieren, dass moderne technische Produkte vielfach mit „embedded software" arbeiten, so dass es einen Überschneidungsbereich zwischen Verbrauchsgütern und digitalen Inhalten gibt.

Um Anreize für einen nachhaltigen Konsum mit Mitteln des Verbrauchsgüterkaufrechts zu setzen, gibt es eine Reihe von Vorschlägen. Es geht nicht nur um die Anpassung der Verjährungsfrist für Gewährleistungsansprüche an die Lebensdauer der Produkte, sondern auch darum, den Hersteller mit in die Verantwortung zu nehmen. Zu diesem Zweck sollte er verpflichtet sein, im Rahmen einer Herstellergarantie eine Erklärung über die Lebensdauer seiner Produkte zu geben.

Die Ökodesign-RL ist so umzubauen, dass sie nicht nur wie heute einen Rahmen für Regelungen über den Energieverbrauch schafft, sondern auch für die Lebensdauer energieverbrauchsrelevanter Produkte. Innerhalb dieses Rahmens müssen produktgruppenspezifische Regelungen über die Lebensdauer geschaffen werden, die auch zivilrechtlich verbindlich sind. Der Hersteller muss für die in derartigen Verordnungen festgelegte Lebensdauer einstehen, und die Haftung des Verkäufers darf nicht durch eine kürzere Verjährungsfrist abgeschnitten werden.

Ein ressourcenschonender Konsum würde unterstützt, wenn die Verbraucher anders als heute in erster Linie Nachbesserungs- und nicht Nachlieferungsansprüche geltend machen würden. Dazu müssen jedoch rechtliche Rahmenbedingungen für eine angemessene Ersatzteilversorgung geschaffen werden. Die Hersteller müssen verpflichtet werden, mit der Garantie auch die Vorrätigkeit von Ersatzteilen zuzusagen, und die Ersatzteile müssen zu angemessenen Bedingungen zur Verfügung stehen. Letzteres ist eine Aufgabe des Wettbewerbsrechts.

Eine Reform des Verbrauchsgüterkaufrechts, die keine Anreize für einen ressourcensparenden nachhaltigen Konsum aufnimmt, wäre überflüssig.

IV.
Kartell-, Energie- und sonstiges Regulierungsrecht

Haftung für scheinbare Schäden? – Entwicklung des Anscheinsbeweises im Kartellschadensersatzprozess

Michael Bergmann, Berlin[*]

Beweisschwierigkeiten sind der Durchsetzung von Kartellschadensersatzansprüchen wesenseigen. Zum einen werden Kartellabsprachen im Verborgenen getroffen und treten allenfalls dann zutage, wenn Kartellbehörden die Verstöße aufdecken und Bußgeldbescheide erlassen. Zum anderen bemisst sich der Schaden nach der Differenzhypothese anhand eines Vergleichs der tatsächlichen, durch das Kartell beeinflussten Güterlage mit der hypothetischen Güterlage, die sich ohne das Kartell im komplexen Wettbewerbsgeschehen ergeben hätte[1]. Sowohl den schadensursächlichen Verstoß als auch Schadensverursachung nebst Schadenshöhe muss grundsätzlich der Kartellgeschädigte beweisen. Diese erhebliche Darlegungs- und Beweislast mildern richterrechtliche und gesetzliche Beweiserleichterungen, die Gegenstand des vorliegenden Beitrags sind.

Die Durchsetzung von Kartellschadensersatzansprüchen wird bereits durch die gesetzliche Tatbestandswirkung erheblich erleichtert, aufgrund derer die tatsächlichen Feststellungen der Wettbewerbsbehörden zum Kartellrechtsverstoß die über Schadensersatz entscheidenden Gerichte binden (§ 33b GWB). In den seltensten Fällen treffen die Kartellbehörden allerdings Feststellungen zur Betroffenheit konkreter Marktteilnehmer von einem Kartell, zu kartellbedingt überhöhten Preisen in einzelnen Lieferbeziehungen oder zu den Auswirkungen des Kartells auf die Marktpreise.

---

[*] Rechtsanwalt Dr. Michael Bergmann, Noerr LLP. Der Autor dankt dem Rechtsreferendar Johannes Rickler für seine Unterstützung bei der Erstellung des Manuskripts.
1 Siehe dazu die Mitteilung der Kommission zur Ermittlung des Schadensumfangs bei Schadensersatzklagen wegen Zuwiderhandlungen gegen Artikel 101 oder 102 AEUV, Abl. C 167 v. 13.06.2013, S. 19; Kommission, Praktischer Leitfaden zur Ermittlung des Schadensumfangs bei Schadensersatzklagen im Zusammenhang mit Zuwiderhandlungen gegen Artikel 101 oder 102 AEUV, Begleitunterlage zur o.g. Mitteilung; *Brömmelmeyer*, Die Ermittlung des Kartellschadens nach der RL 2014/104/EU, NZKart 2016, 2; *Inderst/Thomas*, Schadensersatz bei Kartellverstößen, 1. Auflage, Düsseldorf 2015, S. 138 ff.

Dem Anspruchsteller obliegt damit grundsätzlich weiterhin der Nachweis, dass er von den Kartellabsprachen konkret betroffen war und sich dadurch seine Güterlage tatsächlich verschlechtert hat.

Die Rechtsprechung hat diese Beweisnot frühzeitig erkannt und den Klägern mit unterschiedlich ausgeprägten Anscheinsbeweisen dabei geholfen, jedenfalls der Beweislast für eine grundsätzliche Schadensverursachung durch das streitgegenständliche Kartell gerecht zu werden.[2] Parallel hat die Europäische Kommission – die sich seit der Courage/Crehan-Entscheidung[3] um die private Kartellrechtsdurchsetzung bemüht[4] – mit der Richtlinie 2014/104/EU neue Schadensvermutungen für unmittelbare und mittelbare Abnehmer vorgegeben. Diese Vermutungen haben am 09.06.2017[5] mit der 9. GWB-Novelle Eingang in das deutsche Recht gefunden (§ 33a Abs. 2 S. 1, § 33c Abs. 2 GWB) und kommen allen Kartellschadensersatzansprüchen zugute, die nach dem 26. Dezember 2016 entstanden sind (§ 186 Abs. 3 GWB).

Im Spannungsfeld zwischen effektiver Rechtsdurchsetzung und antagonistischem Bereicherungsverbot[6] stellt sich die Frage, welche Anforderungen an die bis auf Weiteres relevante Erschütterung eines Anscheinsbeweis (I.) und die zukünftig erforderliche Widerlegung der neuen gesetzlichen Vermutungen zu stellen sind (II.). Die neue Gesetzeslage bietet dabei Anlass, die Grenzziehung zwischen wettbewerbspolitischer Zielstellung und dem jeweils maßgeblichen normativen Entscheidungsprogramm zu überprüfen. Erforderlich war und ist ein im Rahmen der Beweiswürdigung

---

2 Vgl. KG Berlin, Urt. v. 01.10.2009, 2 U 10/03 Kart, juris-Rn. 23, 38, 57; OLG Karlsruhe, Urt. v. 31.07.2013, 6 U 51/12, juris-Rn. 53 ff.; LG Berlin, Urt. v. 16.12.2014, 16 O 384/13 Kart, juris-Rn. 49 ff.; LG Frankfurt, Urt. v. 30.03.2016, 2-06 O 464/14, juris-Rn. 87 ff.; LG Hannover, Urt. v. 31.05.2016, 18 O 259/14, juris-Rn. 41 f.; LG Hannover, Urt. v. 05.07.2016, 18 O 405/14, juris-Rn. 66 f.; LG München I, Urt. v. 27.07.2016, 37 O 24526/14, juris-Rn. 69 ff.; OLG Karlsruhe, Urt. v. 09.11.2016, 6 U 204/15 Kart (2), juris-Rn. 62 ff.; LG Dortmund, Urt. v. 21.12.2016, 8 O 90/14 (Kart), juris-Rn. 99 ff.; Thüringer OLG, Urt. v. 22.02.2017, 2 U 583/15 Kart, juris-Rn. 64 ff.
3 EuGH, Urt. v. 20.09.2001, Rs. C-453/99, Slg. 2001, I-6297 – *Courage/Crehan*.
4 Siehe dazu Europäische Kommission, Grünbuch, Schadensersatzklagen wegen Verletzung des EU-Wettbewerbsrechts, 2005, KOM(2005) 672 endgültig; Weißbuch, Schadenersatzklagen wegen Verletzung des EG-Wettbewerbsrechts, 2008, KOM(2008) 165 endgültig.
5 Bundesgesetzblatt Teil I 2017 Nr. 33 v. 08.06.2017, S. 1416.
6 Zum Bereicherungsverbot im Anwendungsbereich der Richtlinie 2014/104/EG vgl. *Brömmelmeyer*, NZKart 2016, 2, 4 f.

zu gewährleistender Ausgleich, der die Beweiserleichterungen mit den allgemeinen Grundsätzen des Deliktsrechts und der ökonomischen Realität des streitgegenständlichen Kartells in Einklang bringt (III.).

I. Erster Anschein der Schadensursachlichkeit in Rechtsprechung und Literatur

Um aus einem Kartellrechtsverstoß einen Schadensersatzanspruch dem Grunde nach ableiten zu können, müssen jedenfalls zwei Voraussetzungen erfüllt sein. Zum einen ist erforderlich, dass das Kartell zu kartellbedingt überhöhten Preisen oder einem Rückgang der Absatzmöglichkeiten geführt hat. Zum anderen muss der Anspruchsteller durch diese Auswirkungen des Kartells Einbußen in Form überhöhter Zahlungen oder verpasster Absatzchancen erlitten haben, d. h. von den vorgenannten Kartelleffekten individuell betroffen worden sein.

Für beide Voraussetzungen sind in der Rechtsprechung Anscheinsbeweise in Ansatz gebracht worden.

Für die Schadensentstehung durch den Kartellrechtsverstoß begründet § 33a Abs. 2 S. 1 GWB nunmehr eine (widerlegliche) Vermutung. Hinzu tritt zu Gunsten der mittelbaren Abnehmer eine Vermutung, dass auf sie die kartellbedingten Preisaufschläge durch die direkt betroffenen Abnehmer der Kartellbeteiligten abgewälzt wurden (§ 33c Abs. 2 GWB).

Nach einer kurzen Verortung des Anscheinsbeweises im zivilprozessualen Entscheidungsprogramm (1.) wird ein Überblick der bisherigen Entscheidungspraxis gegeben (2.) und diese mit den wesentlichen Literaturstimmen abgeglichen (3.).

1. Grundsätze eines Anscheinsbeweises

Der Beweis des ersten Anscheins beruht auf der Typizität eines Vorgangs. Von einer Tatsache A kann auf das Vorliegen einer Tatsache B geschlossen werden, weil bei Vorliegen von Tatsache A typischerweise auch Tatsache B vorliegt.

Die dogmatische Einordnung des Anscheinsbeweises ist nach wie vor umstritten[7], kann aus Sicht des Rechtsanwenders allerdings offen bleiben, da die Voraussetzungen hinreichend unstreitig sind. Nach gefestigter Rechtsprechung ist jedenfalls davon auszugehen, dass der Anscheinsbeweis im Rahmen der Beweiswürdigung zum Tragen kommt.[8]

a) Begründung des Anscheinsbeweises

Die Annahme eines Anscheinsbeweises setzt zunächst einen typischen Geschehensablauf voraus. Die erforderliche Typizität wird dabei anhand von Wahrscheinlichkeiten bestimmt, die sich aus der Lebenserfahrung ableiten.[9]

Es ist gerade nicht erforderlich, dass Ursächlichkeit der Tatsache A für die Tatsache B in allen Fällen gegeben sein muss. Hinreichend ist vielmehr, dass eine Ursächlichkeit im Allgemeinen so häufig gegeben ist, dass die Wahrscheinlichkeit sehr groß ist, dass in einem gleichgelagerten Fall auch dieselbe Ursachlichkeit gegeben ist.[10] Es handelt sich mithin bei Anscheinsbeweisen im Kern um Wahrscheinlichkeitsaussagen.[11] Statistische Erhebungen oder andere empirische Befunde werden nicht gefordert. Es genügt die Auswertung von Wahrscheinlichkeiten, die aufgrund der Lebenserfahrung anzunehmen sind.[12] Eine Beweisnot der beweisbelasteten Partei ist für die Begründung eines Anscheinsbeweises ebenfalls nicht erforderlich.[13]

---

7 Vgl. dazu *Baumgärtel/Laumen*, Handbuch der Beweislast, 3. Auflage 2016, Band I, Kap. 17, Rn. 6 ff. m.w.N.
8 RG, Urt. v. 07.11.1931, IX 327/31, juris-Rn. 239-240; RG, Urt. v. 17.01.1940, II 82/39, juris-Rn. 27; BGH, Urt. v. 17.04.1951, I ZR 28/50, juris-Rn. 15 ff.; BGH, Urt. v. 05.02.1987, I ZR 210/84100, juris-Rn. 21 ff; BGH, Urt. v. 05.10.2004, XI ZR 210/03, juris-Rn. 21 ff., BGH, Urt. v. 15.06.1982, VI ZR 119/81; BGH, Urt. v. 17.06.1997, X ZR 119/94, juris-Rn. 12.
9 BGH, Urt. v. 17.02.1988, IVa ZR 277/86, juris-Rn. 13.
10 Vgl. BGH, Urt. v. 06.03.1991, IV ZR 82/90, juris-Rn. 24; BGH, Urt. v. 05.10.2004, XI ZR 210/03, juris-Rn. 22; BGH, Urt. v. 19.01.2010, VI ZR 33/09, juris-Rn. 8; BGH, Urt. v. 10.04.2014, VII ZR 254/13, juris-Rn. 9.
11 *MüKoZPO/Prütting*, 5. Auflage 2016, § 286 Rn. 56.
12 BGH, Urt. v. 05.10.2004, XI ZR 210/03, juris-Rn. 29.
13 *Baumgärtel/Laumen*, a.a.O., Kap. 17, Rn. 30; a.A. *Oberheim*, Erfolgreiche Taktik im Zivilprozess, Köln, 2014, Rn. 1611; Walter, ZZP 1990, 270.

Bei individuellen Willensentschlüssen ist die Rechtsprechung mit der Annahme von Anscheinsbeweisen grundsätzlich zurückhaltender. Diese werden erfahrungsgemäß von jedem Menschen nach verschiedenen, ihm eigenen Gesichtspunkten gefasst, was der erforderlichen Typizität regelmäßig entgegensteht.[14]

b) Maßstab für die Erschütterung des ersten Anscheins

Sind die Voraussetzungen eines Anscheinsbeweises erfüllt, obliegt es der Gegenseite (den beklagten Kartellbeteiligten), diesen ersten Anschein zu erschüttern. Dazu muss ein Gegenbeweis – nicht aber der Beweis des Gegenteils – zur vollen Überzeugung des Gerichts geführt werden.[15]

Ein Anscheinsbeweis ist dann durch Gegenbeweis erschüttert, wenn die konkrete und ernsthafte Möglichkeit eines von der Lebenserfahrung abweichenden Geschehensablaufs bewiesen wird.[16] Lediglich die Behauptung eines möglichen anderen Geschehensablauf genügt hingegen nicht. Sofern die Erschütterung des Anscheinsbeweises gelingt, ist die Partei, die sich bis dahin auf den Anscheinsbeweis berufen konnte, wieder in vollem Umfang beweisbelastet.

2. Entwicklung der Rechtsprechung zum Anscheinsbeweis im Kartellschadensersatzprozess

Die Auswirkungen von Kartellen auf die Marktgegenseite sind so vielgestaltig wie die Kartellabsprachen selbst. Dessen ungeachtet werden Schadensersatzklagen überwiegend auf kartellbedingte Preissteigerungen gestützt, die Folge von Preis- oder Quotenkartellen sind.

---

14 BGH, Urt. v. 13.05.1957, II ZR 56/56, NJW 1957, 988, 988 f.; BGH, Urt. v. 16.12.1959, IV ZR 206/59, juris-Rn. 37; BGH, Urt. v. 19.07.2004, II ZR 218/03, juris-Rn. 42.
15 BGH, Urt. v. 17.04.1951, I ZR 28/50, juris-Rn. 17; BGH, Urt. v. 18.12.1952, VI ZR 54/52, juris-Rn. 19; BGH, Urt. v. 05.02.1987, I ZR 210/84, juris-Rn. 22; *Prütting*, a.a.O., § 286 Rn. 65; *Baumgärtel/Laumen*, a.a.O., Kap. 17, Rn. 63.
16 RG, Urt. v. 07.11.1931, IX 327/31, juris-Rn. 239; BGH, Urt. v. 17.04.1951, I ZR 28/50, juris-Rn. 17; BGH, Urteil vom 18. Dezember 1952 – VI ZR 54/52, juris-Rn. 14; BGH, Urt. v. 03.07.1990, VI ZR 239/89, juris Rn. 16; *Prütting*, a.a.O., § 286 Rn. 65.

Unmittelbar Betroffene eines Preis- oder Quotenkartells sind alle Abnehmer, die zu kartellbedingt überhöhten Preisen bei Kartellbeteiligten gekauft haben (sog. *Overcharge*). Auch die (mittelbaren) Abnehmer der unmittelbar betroffenen Kunden von Kartellbeteiligten können durch einen kartellbedingten Preisaufschlag einen Schaden erleiden, wenn nämlich die unmittelbaren Abnehmer die Preissteigerungen auf die nachgelagerte Marktstufe abwälzen (sog. *Pass-on*). Schließlich können auch die Preise von nicht am Kartell Beteiligten deshalb kartellbedingt überhöht sein, weil diese ihre Preise – ungeachtet der Kartellabsprachen – am kartellbedingt überhöhten Marktpreisniveau ausgerichtet haben (sog. *Umbrella Effect*; auch Preisschirmeffekt). Hinzu kommen schädigende Auswirkungen auf den Absatz, bedingt durch den Nachfragerückgang infolge eines kartellbedingten Preisanstiegs (sog. Mengeneffekt). Außerdem werden die Nachwirkungen eines Kartells als schadensursächlich diskutiert, da selbst nach Beendigung der Kartellabsprachen noch Preissteigerungen vom Kartell ausgehen können, bis sich im freien Spiel der Wettbewerbskräfte wieder eine Situation des unverfälschten Wettbewerbs eingestellt hat (sog. *After Effects*; auch Schatten-, Nachkartell- oder Nachlaufeffekte).

Die Mehrzahl der gegenwärtig anhängigen Prozesse wird – soweit ersichtlich – im Wesentlichen um den kartellbedingten Preisaufschlag geführt, auf den sich auch die folgenden Ausführungen beschränken.[17] Dabei wird zwischen unmittelbaren (a)) und mittelbaren Abnehmer unterschieden (b)) sowie gesondert auf den Anschein für Preisschirm- und Nachlaufeffekte eingegangen (c)).

a) Anscheinsbeweis zugunsten unmittelbarer Abnehmer

Die Frage, ob Kartelle stets zu höheren Preisen gegenüber den unmittelbaren Abnehmern führen, ist hoch umstritten und bildet den materiellen Ausgangspunkt nahezu aller gerichtlichen Auseinandersetzungen.

Es liegen zwar empirische Analysen zu den Auswirkungen von Kartellen auf die Preisstellung der Kartellbeteiligten vor.[18] Diese Meta-Studien, in denen mehrere ökonomische Analysen unterschiedlicher Kartelle aus-

---

17 Zu Mengeneffekten vgl. *Haucap/Stühmeier*, WuW 2008, 413; *Schwalbe*, NZKart 2017, 157.
18 *Oxera*, Quantifying antitrust damages — Towards non-binding guidance for courts, December 2009, abrufbar unter: http://ec.europa.eu/competition/antitrust/

gewertet werden, bescheinigen aber gerade nicht allen Kartellen eine preistreibende Wirkung. Die häufig zitierte Studie des Beratungsunternehmens Oxera zeigt etwa, dass in immerhin 7% der Fälle die untersuchten Kartelle gar keinen Preisaufschlag verursacht hat.[19] Es kommt hinzu, dass in Meta-Studien regelmäßig vor allem solche Analysen Eingang finden, in denen Auswirkungen von Kartellen nachgewiesen werden konnten, wodurch die Kartelleffekte in der Gesamtschau überschätzt werden. Zudem stehen als Ausgangsbasis für die Schadensschätzung immer nur Annäherungen an die ökonomische Wirklichkeit zur Verfügung, was die immanente Gefahr begründet, dass Studien die Kartelleffekte falsch abbilden.[20]

Dessen ungeachtet ist die Rechtsprechung tendenziell eher davon ausgegangen, dass Kartellabsprachen den Anschein von Preiserhöhungen begründen, welche zumindest auch die unmittelbaren Abnehmer typischer Weise betroffen haben (aa). Die Voraussetzungen für die Erschütterung des Anscheinsbeweises werden dabei so hoch angesetzt, dass der Vortrag der Beklagten diesen Maßstäben regelmäßig nicht genügt (bb).

aa) Entwicklung eines Anscheinsbeweises in der Entscheidungspraxis

Die Rechtsprechung nimmt für die Frage, ob ein Kartell einen Schaden verursacht hat, bei Preis- und Quotenkartellen überwiegend einen Beweis des ersten Anscheins an.

- Das LG Dortmund gilt mit seiner Vitaminkartell-Entscheidung aus dem Jahr 2004 als Vorreiter. Nach der Lebenserfahrung sei davon auszugehen, dass ein im Wettbewerb gefundener Preis niedriger sei als ein

---

actionsdamages/quantification_study.pdf; *Connor*, Price-fixing Overcharges: Legal and Economic Evidence, Revised 3rd Edition, 2014; *OECD* Nature and Impact of Hard Core Cartels and Sanctions against Cartels under National Competition Laws, 2002; *Werden*, Economic Analysis Group Discussion Paper 2003, *Levenstein/Suslow*, What Determines Cartel Success, Journal of Economic Literature 2006, 43; *Connor/Bolotva*, Cartel Overcharges: Survey and meta-analysis, International Journal of Industrial Organization 2006, S. 1109; *Smuda*, Cartel Overcharges and the Deterrent Effect of EU Competition Law, ZEW Discussion Paper No. 12-050; vgl. auch die Meta-Analysen von *Boyer/Kytchoni*, The Econometrics of Cartel Overcharges, CIRANO Working Papers 2011; How Much Do Cartels Typically Overcharge, CIRANO Working Papers 2012.

19 *Oxera*, a. a. O., S. 91.
20 Zur Kritik der Studien vgl. *Inderst/Thomas*, a.a.O., S. 97 ff.

Preis, der Gegenstand von Kartellabsprachen war. Die Gründe, weshalb dies im konkreten Fall anders gewesen sein soll, habe die Beklagte darzutun und erforderlichenfalls zu beweisen.[21] Auch wenn das LG Dortmund seinerzeit nicht den Begriff des Anscheinsbeweises verwendet hat, war die Beweiswürdigung an dessen Voraussetzungen und Rechtsfolgen ausgerichtet.
- Mit seiner Transportbetonkartell-Entscheidung aus dem Jahr 2005 hat der Kartellsenat des Bundesgerichtshofs – allerdings in einem Kartellbußgeldverfahren – den bis heute auch im deliktsrechtlichen Zusammenhang vielzitierten Erfahrungssatz geprägt, dass die Gründung eines Kartells grundsätzlich der Steigerung des Gewinns der Kartellteilnehmer diene.[22] Es liege nach der Lebenserfahrung zudem nahe, dass die im Rahmen eines Kartells erzielten Preise höher lägen als die im Wettbewerb erzielbaren Preise. Zwar sei es möglich, dass ein Kartell nicht zu Mehrerlösen der Kartellbeteiligten geführt habe. Dies sei aber umso unwahrscheinlicher, je nachhaltiger und flächendeckender ein Kartell umgesetzt worden sei.[23] Inwieweit sich diese Grundsätze auf den Zivilprozess übertragen lassen, ist allerdings fraglich angesichts der Unterschiede zwischen Mehrerlös und Schaden sowie Bußgeldverfahren und Zivilprozess.
- Nach der (zivilprozessualen) Transportbeton-Entscheidung des Kammergerichts aus dem Jahr 2009 hat ein Quotenkartell typischerweise wettbewerbsbeschränkende Wirkungen, weil ein Anbieter wegen des verringerten Wettbewerbs geringere Anreize habe, seine Preise zu senken, und größere Möglichkeiten, seine Preise ohne Verlust von Marktanteilen zu erhöhen. Dies lasse sich auch mit der Ratio eines „typischen Unternehmers" begründen, der seine Preise nicht ohne Grund verringere, da er maximale Profite erzielen wolle.[24]
- Das OLG Karlsruhe hat in einer Entscheidung zum Feuerwehrfahrzeugkartell aus dem Jahr 2013 erstmals – im zu Eingang angeführten Sinne – unterschieden zwischen einem Anschein für kartellbedingte Preisaufschläge und einem Anschein für die Betroffenheit der Klägerin, die ein vom Kartell umfasstes Löschgruppenfahrzeug bezogen hatte. Zunächst stützte der Kartellsenat seine Entscheidung auf einen An-

---

21 LG Dortmund, Urt. v. 01.04.2004, 13 O 55/02 Kart., juris-Rn. 19.
22 BGH, B. v. 28.06.2005, KRB 2/05, juris-Rn. 20.
23 BGH, B. v. 28.06.2005, KRB 2/05, juris-Rn. 21.
24 KG Berlin, Urt. v. 01.10.2009, 2 U 10/03 Kart, juris-Rn. 38 ff.

scheinsbeweis dafür, dass sich ein Quotenkartell allgemein preissteigernd auswirke.[25] Aufgrund eines weiteren Anscheinsbeweises sei davon auszugehen, dass im konkreten Verhältnis zwischen den Parteien die Preise kartellbedingt überhöht waren. Denn bei einem Quotenkartell sei das Preisgefüge typischer Weise insgesamt höher, was dazu führe, dass auch die Preise eines nicht am Kartell beteiligten Unternehmens kartellbedingt überhöht seien.[26] Diesen grundsätzlichen Bewertungen schlossen sich im Folgenden weitere Gerichte an.[27]

- Die jüngere Rechtsprechung verzichtet vereinzelt auf eine gesonderte Prüfung der Kartellbetroffenheit. Ein entsprechender Nachweis der Kartellbetroffenheit könne von unmittelbaren Abnehmern nicht gefordert werden, da mittelbare Abnehmer einen solchen Nachweis schon nicht erbringen könnten und gleichwohl Anspruch auf Schadensersatz hätten.[28] Zudem begebe sich ein Kartellteilnehmer, der bestimmte Geschäftsvorgänge von den Kartellabsprachen ausnehme, in die Rolle von Kartellaußenseiter; Lieferungen von Kartellaußenseitern seien nach den Grundsätzen über Preisschirmeffekte aber gleichermaßen schadensursächlich.[29] Mit ähnlicher Argumentation – aber unter Aufrechterhaltung eines gesonderten Prüfungspunkts – haben andere Gerichte die Betroffenheit von Kartellabsprachen damit bejaht, dass es einen grundsätzlichen Preisanstieg im Markt gegeben habe, womit ein Anschein für die Betroffenheit gesetzt sei.[30]

Von Teilen der Rechtsprechung ist die Annahme haftungsbegründender Anscheinsbeweise allerdings auch mit unterschiedlicher Begründung abgelehnt worden.[31]

---

25 OLG Karlsruhe, Urt. v. 31.07.2013, 6 U 51/12 (Kart), juris-Rn. 55.
26 OLG Karlsruhe, Urt. v. 31.07.2013, 6 U 51/12 (Kart), juris-Rn. 56 ff.
27 LG Dortmund, Urt. v. 21.12.2016, 8 O 90/14 (Kart), juris-Rn. 100 ff.; Thüringer Oberlandesgericht, Urt. v. 22.02.2017 – 2 U 583/15 Kart, juris-Rn. 64 ff.
28 LG Dortmund, Urt. v. 21.12.2016, 8 O 90/14 (Kart), juris-Rn. 113 ff.
29 LG Dortmund, Urt. v. 21.12.2016, 8 O 90/14 (Kart), juris-Rn. 108.
30 OLG Karlsruhe, Urt. v. 09.11.2016, 6 U 204/15 Kart (2), juris-Rn. 64 f.; LG Frankfurt, Urt. v. 30.03.2016, 2-06 O 464-14, juris-Rn. 86 ff.
31 LG Potsdam, Urt. v. 13.04.2016, 2 O 23/15, juris-Rn. 27, 31; OLG München, Urt. v. 21.02.2013, U 5006/11 Kart, juris-Rn. 90; LG Stuttgart, Urt. v. 31.01.2013, 41 O 39/12 KfH, juris-Rn. 50.

bb) Voraussetzungen für die Erschütterung des Anscheinsbeweises

Die Anforderungen der Rechtsprechung an die Erschütterung dieser Anscheinsbeweise sind hoch und wurden bislang – soweit ersichtlich – noch in keinen Verfahren erfüllt.[32] Diverse Argumentationsversuche wurden von den Instanz- und Berufungsgerichten zurückgewiesen.

- Nach Auffassung des LG Berlin und des LG Hannover ist der Einwand, eigene interne Ermittlungen der Beklagten hätten keine Anzeichen für einen kartellbedingten Preisaufschlag ergeben, gänzlich ungeeignet den Anschein eines Schadens zu erschüttern. Erforderlich wäre, inhaltlich zur tatsächlichen Reichweite des Kartells vorzutragen, denn allein dadurch könne festgestellt werden, welche Beschaffungsvorgänge nicht vom Kartell betroffen gewesen seien. Zwar laufe ein Beklagter dann Gefahr, sich durch diesen Vortrag Schadensersatzansprüchen Dritter auszusetzen. Dies müsse er aber hinnehmen, um den ersten Anschein zu widerlegen.[33]
- Orientiert an der Transportbetonkartell-Entscheidung des BGH[34] hat das Kammergericht den Einwand zurückgewiesen, ein Kartellschaden sei nicht entstanden, weil die Preisbildung maßgeblich durch die Kapazitätsauslastung bedingt worden sein. Nach Auffassung des Berliner Kartellsenats hätte es des Nachweises bedurft, dass die Kapazitäten sämtlicher Kartellbeteiligter vollständig ausgelastet waren, nicht nur die Kapazitäten der Beklagten.[35]
- Ökonomische Gutachten sollen zu Erschütterung eines Anscheinsbeweises nicht genügen, wenn sie allgemeine Durchschnittspreise statt der konkreten Beschaffungsvorgänge bewerten.[36]
- Der Hinweis auf mangelnde Kartelldisziplin genüge ebenfalls nicht für eine Erschütterung des Anscheins, es wäre vielmehr erforderlich, nachzuweisen, dass das Kartell nicht durchgeführt wurde.[37]

---

32 So auch *Galle*, NZKart 2016, 214.
33 LG Berlin, Urt. v. 16.2014, 16 O 384/13 Kart, juris-Rn. 54; LG Hannover, Urt. v. 31.05.2016, 18 O 259/14, juris-Rn. 44.
34 Vgl. BGH, B. v. 28.06.2005, KRB 2/05, juris-Rn. 26.
35 KG Berlin, Urt. v. 01.10.2009, 2 U 10/03 Kart, juris-Rn. 46.
36 LG Frankfurt, Urt. v. 30.03.2016, 2-06 O 464-14, juris-Rn. 130; LG Hannover, Urt. v. 31.05.2016, 18 O 259/14, juris-Rn. 46.
37 KG Berlin, Urt. v. 01.10.2009, 2 U 10/03 Kart, juris-Rn. 48 f.

- Schließlich böten allgemeine wirtschaftstheoretische Studien, in denen die unterschiedlichen Folgen von Kartellen dokumentiert werden, ebenfalls keinen tauglichen Anknüpfungspunkt für die Erschütterung eines Anscheinsbeweises.[38]

b) Kein Anscheinsbeweis zugunsten mittelbare Abnehmer

Auch wenn der BGH in seiner vielzitierten ORWI-Entscheidung die Vorfrage einer Anspruchsberechtigung der mittelbar durch ein Kartell Geschädigten bejaht hat, sind seine Annahmen im Hinblick auf eine ursächliche Schädigung mittelbarer Abnehmer zurückhaltend.

Es streite keine Vermutung dafür, dass eine im zeitlichen Zusammenhang mit einem Kartell auftretende Preiserhöhung auf den Anschlussmärkten kausal auf das Kartell zurückzuführen sei. Dies gelte auch im Handel und beruhe auf der ökonomischen Komplexität der Preisbildung und des unterschiedlichen Wettbewerbsdrucks auf den jeweiligen nachgelagerten Märkten. Die Kausalität müsse vielmehr im Einzelfall nachgewiesen werden.[39]

c) Anschein von Preisschirm- und Nachlaufeffekten

Sowohl das LG Dortmund als auch das OLG Karlsruhe sind im Fall von Quoten- bzw. Stammkundenabsprachen davon ausgegangen, dass das Marktpreisniveau aufgrund der Einflüsse eines Kartells typischerweise ansteige. In der Folge spreche ein Beweis des ersten Anscheins dafür, dass nicht nur die Preise der Kartellbeteiligten, sondern auch die Preise von Kartellaußenseiter kartellbedingt angehoben worden seien. Jedenfalls sei es eine lebensferne Annahme, dass in Anbetracht kartellbedingt gestiegener Preise der Kartellbeteiligten die mit diesen in Wettbewerb stehenden Kartellaußenseiter ohne Not auf eine höhere am Markt erzielbare Marge verzichten würden.[40] Daraus ergebe sich zugleich, dass der jeweilige Beschaffungsvorgang bei Kartellaußenseitern die Kartellbetroffenheit des

---

38 LG Düsseldorf, Urt. v. 19.11.2015, 14d O 4/14, juris-Rn. 206.
39 BGH, Urt. v. 28.06.2011, KZR 75/10, juris-Rn. 45 ff..
40 LG Dortmund, Urt. v. 21.12.2016, 8 O 90/14 (Kart), juris-Rn. 100; OLG Karlsruhe, Urt. v. 09.11.2016, 6 U 204/15 Kart (2), juris-Rn. 67.

Abnehmers begründe, ohne dass es eines gesonderten Nachweises der Betroffenheit vom Kartell bedürfe. Denn es folge aus der Natur der Sache, dass ein Geschäft mit einem Kartellaußenseiter nicht Gegenstand einer Kartellabsprache gewesen sei.

Des Weiteren spreche die Lebenserfahrung auch dafür, dass im Zeitraum nach Beendigung der Kartellabsprachen der Preisschirmeffekt erst mit der Zeit seine Wirkung verliere, bis die Marktkräfte wieder ein unbeeinträchtigtes Marktpreisniveau hergestellt hätten. Dies gelte jedenfalls dann, wenn die Zuwiderhandlung eine gewisse Dauer gehabt habe.[41] Die Entscheidung des EuGH in der Rechtssache *Kone* stehe diesen Ansätzen nicht entgegen. Zwar fordere der EuGH, dass der Preisschirmeffekt „bewiesen" werde.[42] Anforderungen an das Beweismaß sollten dadurch allerdings nicht aufgestellt werden. Die Entscheidung sei vielmehr vor dem Hintergrund der – vom EuGH verneinten – Vorlagefrage zu verstehen, ob ein nationales Gesetz den Ersatz von Umbrella-Schäden gänzlich ausschließen könne.[43]

Entgegen der vorgenannten Entscheidungspraxis hat das LG München I einen Anscheinsbeweis für Preisschirmeffekte verneint, weil es an hinreichendem Vortrag zu den Marktbedingungen und insbesondere dem Nachweis eines Ausweichens auf Kartellaußenseiter und eines damit verbundenen Preisanstiegs fehlte.[44]

3. Rezeption der Rechtsprechung zum Anscheinsbeweis im Schrifttum

a) Unmittelbare Abnehmer

Einige Literaturstimmen haben sich der Auffassung angeschlossen, ein Kartell setze stets einen ersten Anschein für Preisanhebungen. Eine Aussage zur jeweiligen Höhe des Schadens sei damit zwar noch nicht getroffen. Ökonomische Untersuchungen belegten jedoch, dass horizontale Wettbewerbsbeschränkungen in der Regel zu einem Preisaufschlag führen

---

41 LG Dortmund, Urt. v. 21.12.2016, 8 O 90/14 (Kart), juris-Rn. 119; OLG Karlsruhe, Urt. v. 09.11.2016, 6 U 204/15 Kart (2), juris- Rn. 67.
42 EuGH, Urt. v. 05.06.2014, Rs. C-557/12, - *Kone*, Rn. 34.
43 OLG Karlsruhe, Urt. v. 09.11.2016, 6 U 204/15 Kart (2), juris-Rn. 67.
44 LG München I, Urt. v. 27.07.2016, 37 O 24526/14, juris-Rn. 144 f.

würden, woraus sich ein Beweis des ersten Anscheins ableite.[45] Zwischen einem kartellbedingten Preisanstieg für die kartellbetroffenen Waren und der konkreten Betroffenheit des jeweiligen Vertragsschlusses sei allerdings weiterhin zu differenzieren. Nur soweit das Kartell eine Erfassung auch des konkreten Anspruchstellers erkennen lasse, komme auch insoweit ein Anscheinsbeweis in Betracht.[46]

Nach dieser Ansicht seien auch die Anforderungen hoch, die an die Erschütterung des Anscheinsbeweises zu stellen sind. In Betracht käme zwar der Nachweis eines Nachfrageanstiegs im Kartellzeitraum, der letztlich ursächlich für den beobachteten Preisanstieg geworden sei. Ein möglicher Mehrerlös wäre dann nicht mehr kartellbedingt. Ein solcher Nachweis setze allerdings eine ökonomische Analyse voraus und könne nicht durch einen pauschalen Hinweis erbracht werden.[47]

In Abrede gestellt wird allerdings der Ansatz des BGH, nach dem in Ergänzung zu einer anderweitigen Erklärung für einen Preisanstieg jedenfalls auch eine zeitliche Vergleichsmarktanalyse gefordert wird.[48] Zum einen sei der zeitliche Vergleichsmarktansatz nur eine von mehreren Möglichkeiten, um kartellbedingte Preisanstiege festzustellen. Zum anderen begründe diese Betrachtung die Gefahr eines Zirkelschlusses, da die Abweichungen in der Preisstellung im Zeitverlauf gerade anderweitig sachlich erklärlich seien. Dann lasse die Differenz zwischen dem Preisniveau während des Kartells und außerhalb dieses Zeitraums aber gerade keinen Schluss mehr auf einen kartellbedingten Preisanstieg zu.[49]

Nach noch weitergehender Ansicht wird den Kartellbeteiligten die Möglichkeit, die Entstehung eines Schadens durch ein Kartell zu bestreiten, von vornherein versagt. Jedenfalls im Fall von Preis- und Quotenkartellen würde eine solche Verteidigung die Wirkungsmechanismen eines Kartells und damit den Verbotsgrund insgesamt in Frage stellen.[50] Dementsprechend werden auch die Richtlinienvorgaben der Europäischen Kommission dahingehend verstanden, dass das Eintreten eines Schadens

---

45 *Inderst/Thomas*, a. a. O., S. 125; *Rauh/Zuchandke/Reddemann*, WRP 2012, 173.
46 *Inderst/Thomas*, a. a. O., S. 127; zustimmend wohl auch *Hüschelrath/Leheyeda/Müller*, Schadensermittlung und Schadensersatz bei Hardcore-Kartellen, 1. Auflage 2012, S. 54.
47 *Inderst/Thomas*, a. a. O., S. 127; *Galle*, NZKart 2016, 214, 216.
48 Vgl. BGH, B. v. 28.06.2005, KRB 2/05, juris-Rn. 28.
49 *Inderst/Thomas*, a. a. O., S. 127 f..
50 *Wiedemann/Topel* Hdb. KartellR, 3. Aufl. 2016, § 50, Rn. 95.

von vornherein nicht widerlegbar sei (Art. 17 Abs. 2 Satz 1 RL 2014/104/ EU).[51]

b) Mittelbare Abnehmer

Von Teilen der Literatur wird die Auffassung vertreten, auch für die Betroffenheit mittelbarer Abnehmer streite ein Beweis des ersten Anscheins.[52] Ein Abwälzen kartellbedingter Preisaufschläge auf die eigenen Kunden entspräche der überwiegenden Wahrscheinlichkeit. Lediglich dann, wenn das Kartell eng begrenzt sei, kämen auch Preisschirmeffekte eher nicht in Betracht.[53]

Dieser Auffassung wird von anderen Literaturstimmen entgegengehalten, bisherige ökonomische Studien hätten den behaupteten Effekt einer regelmäßigen Weitergabe kartellbedingter Preisaufschläge bisher nicht belegt, so dass auch nicht von einer hinreichenden Typizität ausgegangen werden könne.[54]

c) Preisschirmeffekte

Die Literatur ist im Hinblick auf Preisschirmeffekte ähnlich gespalten wie die Rechtsprechung. Ein Teil der Literaturstimmen will einen Beweis des ersten Anscheins – teilweise in Abhängigkeit von der jeweiligen Marktabdeckung des Kartells – grundsätzlich annehmen,[55] ein anderer Teil lehnt ihn grundlegend ab.[56]

---

51 *Topel*, a. a. O., § 50, Rn. 96.
52 *Bulst*, Schadensersatzansprüche der Marktgegenseite im Kartellrecht, 2006, S. 347; *Thomas/Inderst*, a. a. O., S. 261 ff.
53 *Thomas/Inderst*, a. a. O., S. 261.
54 *Galle* NZKart 2016, 214, 217; *Jüntgen*, Die prozessuale Durchsetzung privater Ansprüche im Kartellrecht, 2006, S. 127; *Meeßen*, Der Anspruch auf Schadensersatz bei Verstößen gegen das EU-Kartellrecht, 2011, S. 519.
55 *Logemann*, Der kartellrechtliche Schadensersatz, 2009, 455 f; *Inderst/Thomas*, a. a. O., S. 333.
56 *Coppik/Haucap*, WuW 2016, 55; *Galle* NZKart 2016, 214, 217.

II. Schadensvermutung der 9. GWB-Novelle

Mit der 9. GWB-Novelle ist die sog. „Schadensersatz"-Richtlinie 2014/104/EU umgesetzt worden. Vorgabe für die Mitgliedstaaten war, dass zu Gunsten vermeintlich Kartellgeschädigter eine widerlegliche Vermutung dafür gelten müsse, dass Zuwiderhandlungen in Form von Kartellen einen Schaden verursachen (Art. 17 Abs. 2 RL 104/2014/EU). Der deutsche Gesetzgeber hat sich bei der Umsetzung dafür entschieden, im Grunde die bestehende Rechtsprechung zum Anscheinsbeweis in Gestalt einer gesetzlichen Vermutung zu kodifizieren.[57] Ein Beklagter muss zukünftig nicht mehr nur den Anschein einer Schädigung des Klägers erschüttern, sondern vielmehr beweisen, dass dem Kläger kein kartellbedingter Schaden entstanden ist.

Umgesetzt wurde diese Vorgabe in der neuen Vorschrift des § 33a Abs. 2 GWB, nach der widerleglich vermutet wird, dass ein Kartell einen Schaden verursacht. Der in diesem Zusammenhang ebenfalls neu eingeführte Begriff des „Kartells" wird als horizontale Absprache oder abgestimmte Verhaltensweise definiert, wobei insbesondere Hardcore-Kartellabsprachen erfasst sein sollen (Preiskoordinierung, Quotenabsprachen, Marktaufteilungen und gegen andere Wettbewerber gerichtete konzertierte Maßnahmen).

1. Vermutung eines Schadens, nicht der Kartellbetroffenheit unmittelbarer Abnehmer

Die Vermutung des § 33a Abs. 2 Satz 1 GWB n.F. bezieht sich nur darauf, dass das Kartell überhaupt einen Schaden verursacht hat, nicht auch darauf, dass ein unmittelbarer Abnehmer tatsächlich vom Kartell betroffen ist und deshalb einen Schaden erlitten hat. Für die eigene Betroffenheit bleibt der Anspruchsteller weiterhin beweisbelastet. Ausdrücklich hat der Gesetzgeber in der Gesetzesbegründung aber darauf hingewiesen, dass die Gerichte dem Kläger durch eine vom Grundsatz abweichende Darlegungs- und Beweislast bei der Durchsetzung von Kartellschadensersatzansprüchen helfen können.[58]

---

[57] BT-Drs. 18/10207, S. 61; so auch *Kahlenberg/Heim*, BB 2016, 1863, 1866; *Klumpe/Thiede*, BB 2016, 3011, 3012; *Lettl*, WM 2016, 1961.
[58] BT-Drs. 18/10207, S. 61.

Damit ist auch weiterhin – entgegen der jüngeren Auffassung des LG Dortmund noch zur alten Rechtslage[59] – von einer grundsätzlich zweistufigen Prüfung auszugehen. Ein Anscheinsbeweis bleibt zwar grundsätzlich weiterhin möglich[60]. Es erscheint auch naheliegend, die bisherige Rechtsprechung zum Anscheinsbeweis auf dieser zweiten Stufe weiterhin heranzuziehen.[61] Ein Anscheinsbeweis kommt allerdings allenfalls für die Betroffenheit bestimmter Lieferungen vom Kartell in Betracht, nicht auch für den tatsächlichen Empfang dieser Lieferungen durch den Kläger. Für die streitgegenständlichen Bezugsvorgänge bleibt der Kläger vielmehr, wie auch bisher, in vollem Umfang beweisbelastet.

2. Keine Vermutung für Preisschirmeffekte trotz des offenen Wortlauts

Erste Literaturstimmen sehen die in § 33a Abs. 2 GWB formulierte Vermutung kritisch, da der Wortlaut über die bisherige Rechtsprechung deutlich hinausgehe und neben mittelbaren Abnehmern insbesondere auch Abnehmer von Kartellaußenseitern erfasse.[62]

Es hänge indes von zu vielen, einer Vermutung nicht zugänglichen Faktoren ab, ob ein Kartell tatsächlich auch Preiserhöhungen bei Kartellaußenseitern bewirke und damit Preisschirmeffekte habe. Zunächst müsste die Marktgegenseite überhaupt geneigt sein, wegen der kartellbedingten Preisanstiege auf andere Anbieter auszuweichen. Dafür seien die Substituierbarkeit des jeweiligen Produkts sowie etwaige Wechselkosten entscheidend. Sodann könne zwischen den verbleibenden Kartellaußenseiter trotz des Kartells auch weiterhin Restwettbewerb bestehen. Weiterhin könnte ein Kartellaußenseiter auf eine kartellbedingt erhöhte Nachfrage auch anders als durch Preiserhöhungen reagieren, z. B. durch die Ausweitung seiner Angebotsmenge. Schließlich könnten auch verhaltensökonomische Aspekte, die sich nicht vollständig mit ökonomisch-rationalem Verhalten erklären lassen, eine Preiserhöhung des Kartellaußenseiters verhindern.[63]

Zuzustimmen ist dieser Auffassung darin, dass sich eine Vermutung von Preisschirmeffekten eines jeden Kartells kaum mit den empirisch-

---

59 LG Dortmund, Urt. v. 21.12.2016, 8 O 90/14 (Kart), juris-Rn. 114 ff.
60 BT-Drs. 18/10207, S. 61.
61 *Kahlenberg/Heim*, BB 2016, 1863.
62 *Kahlenberg/Heim*, BB 2016, 1863, 1866; *Inderst/Thomas*, a. a. O., S. 239.
63 *Coppik/Haucap*, WuW 2016, 50, 54.

ökonomischen Erkenntnissen über die Auswirkungen von Kartellen in Einklang bringen lässt.[64] Allerdings ist bereits fraglich, ob die Vorschrift tatsächlich in dem angeführt weiten Wortsinne zu verstehen ist und nicht vielmehr bereits der Wortlaut eine Erstreckung der Vermutung auf Preisschirmeffekte ausschließt. Denn die Vermutung gilt – sofern nicht die Abstimmung des Wettbewerbsverhaltens der Beteiligten auf dem betroffenen Markt bezweckt ist – ausdrücklich nur für Absprachen und abgestimmte Verhaltensweisen, die eine Beeinflussung der relevanten Wettbewerbsparameter bezwecken. Dann kann umgekehrt die Vermutungswirkung nicht auch auf solches – außerhalb des Wettbewerbsverhaltens der Beteiligten liegendes – Wettbewerbsgeschehen erstreckt werden, auf welches die Kartellbeteiligte keinen relevanten Einfluss nehmen können. Außerhalb des Einflussbereichs der Kartellbeteiligten liegt nach den vorstehenden Überlegungen jedenfalls das Verhalten Dritter.

3. Vermutung für die Schädigung mittelbarer Abnehmer

§ 33c Abs. 2 GWB enthält – zugunsten kartellgeschädigter mittelbarer Abnehmer – eine eigenständige Vermutung dafür, dass kartellbedingte Preisaufschläge auf die nachfolgende Marktstufe abgewälzt wurden. Voraussetzung ist, dass der mittelbar Geschädigte den Verstoß, die Schädigung der unmittelbaren Abnehmer sowie den Bezug der entsprechend kartellbetroffenen Waren oder Dienstleistungen belegt. Mit dieser Vorschrift ist der Gesetzgeber deutlich über die bisherige Entscheidungspraxis hinausgegangen, die – mangels Typizität der Sachverhalte – einen Anscheinsbeweis für mittelbare Kartellschäden gerade nicht zugelassen hatte.[65]

Der Beklagte kann diese Vermutung widerlegen, indem er glaubhaft macht, dass der Preisaufschlag nicht weitergegeben wurde, d. h. dass auf der nachgelagerten Marktstufe kein Schaden entstanden sei. Das Erfordernis einer Glaubhaftmachung wird in der Literatur als systemwidrig erachtet, da ein (vermuteter) Vollbeweis durch eine Glaubhaftmachung ausgehebelt werde.[66] Die gemeinschaftsrechtliche Vorgabe in Art. 17 Abs. 4 Abs. 2 RL 2014/104/EU spreche zwar auch von „glaubhaft machen". Dieser unionsrechtliche Begriff könne aber nicht mit dem Begriff der Glaub-

---

64 Vgl. auch *Coppik/Haucap*, WuW 2016, 55; *Galle*, NZKart 2016, 214.
65 So auch *Galle*, NZKart 2016, 214, 220 (zur RL 2014/104/EU).
66 *Klumpe/Thiede*, BB 2016, 3011.

haftmachung im deutschen Recht gleichgesetzt werden.[67] Dennoch wird der Begriff der Glaubhaftmachung im Rahmen des § 33a Abs. 3 GWB nicht anders als nach den allgemeinen zivilprozessualen Grundsätzen auszulegen sein. Dafür sprechen sowohl der eindeutige Wortlaut als auch der in der Gesetzesbegründung zum Ausdruck gebrachte der Wille des Gesetzgebers.[68]

III. Abgleich mit gesetzlichen und ökonomischen Gegebenheiten

Die 9. GWB-Novelle bietet Anlass, die bisherige Entwicklung von Anscheinsbeweisen im Kartelldeliktsrecht noch einmal kritisch zu hinterfragen. Der Eindruck lässt sich jedenfalls nur schwer von der Hand weisen, dass die gerichtlichen Entscheidungen vor allem von der Zielsetzung getrieben waren, die Klage nicht an Beweisschwierigkeiten des Klägers im Hinblick auf seine grundsätzliche Schädigung scheitern zu lassen. Die Europäische Kommission hat diese Beweisschwierigkeiten zutreffend erkannt und begründet die Einführung von Vermutungsregeln mit ihrer Richtlinie 2014/104/EU mit der Informationsasymmetrie – allerdings nicht mit typischen Geschehensabläufen.[69] Die Möglichkeit, eine fehlende Typizität der konkret zu beurteilenden Geschehensabläufe durch das allgemeine wettbewerbspolitische Interesse an effektiver privater Kartellrechtsdurchsetzung zu ersetzen, hat grundsätzlich allerdings nur der Gesetzgeber und nicht das rechtsanwendende Gericht. Ungeachtet der Beweisnot der von einem Kartell Geschädigten bleiben die Gericht an die Gesetze einschließlich der zivilprozessualen Beweislastregeln gebunden.

Vor diesem Hintergrund stellt sich die Frage, ob die vorgenannten Entscheidungen, die Kartellschadensersatzansprüche durch Anscheinsbeweise begründen, in vollem Umfang den ökonomischen Realitäten und rechtlichen Anforderungen an die Entscheidungsfindung auf Grundlage eines Anscheinsbeweises gerecht werden.

---

67 *Galle,* NZKart 2016, 214, 220; *Klumpe/Thiede* BB 2016, 3011, 3013.
68 BT-Drs. 18/10207, S. 63; so i. Erg. auch *Lettl,* WM 2016, 1961, 1963; *Kahlenberg/Heim,* BB 2016, 1863 noch zum insoweit identischen Referentenentwurf.
69 Richtlinie 2014/104/EU, Erwägungsgrund 47.

1. Fehlende Berücksichtigung individueller Willensentschlüsse im Wettbewerbsgeschehen

Die vorstehend zitierte Rechtsprechung lässt eine Auseinandersetzung mit der Frage missen, ob die das Wettbewerbsgeschehen prägenden individuellen Willensentschlüsse der Wettbewerbsteilnehmer – einschließlich der Kartellbeteiligten – überhaupt einen Anscheinsbeweis zulassen (zu den Voraussetzungen vorstehend, s. o., I.1.a).

Die Annahme des stets wirtschaftlich sinnvoll handelnden Marktteilnehmers ist in der Wirtschaftswissenschaft jedenfalls nicht unumstritten.[70] Ökonomische Studien belegen, dass Menschen selbst bei vollständiger Transparenz aller für die Entscheidung notwendigen Information mitunter nicht in der Lage oder willens sind, daraus die optimalen rationalen Schlüsse zu ziehen.[71] Sofern man anerkennt, dass Kartellsachverhalten im Hinblick auf die von zahlreichen Willensentschlüssen abhängige Preisentwicklung die hinreichende Typizität fehlt, wäre es – auch aus prozessökonomischen Gründen – erwägenswert, schon zur Begründung der Haftung dem Grunde nach einen Nachweis der Schädigung durch ein ökonomisches Gutachten zu verlangen. Damit könnten Anspruchsteller zugleich die für eine Schadensschätzung nach § 287 ZPO erforderliche Schätzgrundlage in den Prozess einführen. Der Erlass von Grundurteilen gestützt auf Anscheinsbeweise – wozu Instanzgerichte in jüngster Zeit vermehrt neigen – ist demgegenüber weder dem Rechtsfrieden zuträglich, noch erspart er den Prozessbeteiligten im Ergebnis die sachverständig unterstützte Aufbereitung des Prozessstoffes in Form einer ökonometrischen Schadensschätzungen.

---

70 Vgl. etwa *Zintl*, Der Homo Oeconomicus: Ausnahmeerscheinung in jeder Situation oder Jedermann in Ausnahmesituationen? in: Analyse & Kritik, ISSN (Online) 2365-9858; *Falk,* Homo Oeconomicus versus Homo Reciprocans: Ansätze für ein neues Wirtschaftspolitisches Leitbild, PWP 2003, 141.

71 Vgl. *Tversky/Kahnemann*, Judgment under Uncertainty: Heuristics and Biases, Science, 1974, 1124; *Tversky/Kahnemann*, Rational Choice and the Framing of Decisions, The Journal of Business, 1986, 251; *Goree/Holt*, Ten Little Treasures of Game Theory and Ten Intuitive Contradictions, American Economic Review, 2001, 1402.

2. Unrechtsbewusstsein begründet keine Typizität für Schäden

Ebenfalls wenig zu überzeugen vermag die Annahme, ein Kartell führe typischer Weise deshalb zu Schäden, weil es aus dem Grund begründet und aufrechterhalten werde, um den Kartellbeteiligten die Erzielung höherer Gewinne zu ermöglichen. Selbst wenn eine entsprechende Gesinnung ausschlaggebend für Kartellabsprachen gewesen sein mag, bedarf es immer noch einer Umsetzung höherer Preise am Markt. Eine Schlussfolgerung von der Intention auf einen Schaden ist jedenfalls aus ökonomischer Sicht äußerst fraglich und entspricht im Kern der gleichermaßen fraglichen Annahme, jede unternehmerische Betätigung sei gewinnbringend.

3. Unzureichende Berücksichtigung ökonomischer Zusammenhänge

Aus ökonomischer Sicht können Preissteigerung – auch unter dem Einfluss eines Kartells – vielfältige Ursachen haben. Dies gilt nicht nur für Märkte, die den kartellbetroffenen Märkten nachgelagert sind (dazu vorstehend, I.2.b), sondern grundsätzlich auch für die kartellbetroffenen Märkte. Zwei zentrale, vorstehend bereits angesprochene ökonomische Argumente verdienen besondere Beachtung, da sie – jedenfalls nach ökonomischen Maßstäben – geeignet sind, die Annahme eines typischer Weise anzunehmenden Kartellschadens zu widerlegen.

a) Wettbewerbsintensität

Zentraler Einflussfaktor für die Preisbildung im Markt ist die Wettbewerbsintensität. Je geringer die Bedeutung der Kartellbeteiligten gegenüber Abnehmern und Wettbewerber, je größer die Ausweichmöglichkeiten und Wechselbereitschaft der Abnehmer (Preiselastizität der Nachfrage) und je stärker das Interesse der Kartellaußenseitern am Zugewinn von Marktanteilen, desto geringer werden die Auswirkungen eines Kartells auf die Marktpreise sein. Eine kartellbedingte Preiserhöhung hängt dementsprechend entscheidend von der vorherrschenden Wettbewerbsintensität ohne Kartell ab.[72]

---

72 *Haucap/Stühmeier*, WuW 2008, 413.

b) Kapazitätsauslastung und Nachfrageüberhang

Übersteigt die Nachfrage das Angebot (Nachfrageüberhang), so wird sich die Kartellabsprache regelmäßig nicht auf die Preisbildung auswirken.[73] Ein solcher Nachfrageüberhang entsteht etwa dann, wenn die Unternehmen an ihrer Kapazitätsgrenzen arbeiten. Zusätzliche Nachfrage, die wegen begrenzter Kapazitäten nicht mehr bedient werden kann, ist aus unternehmerischer Sicht uninteressant. In diesem Fall wird das voll ausgelastete Unternehmen – rationales Verhalten unterstellt – seine Preise solange erhöhen, wie dies der Markt zulässt.

Preise oberhalb des Marktpreisniveaus würde das voll ausgelastete Unternehmen hingegen nicht setzen, weil es dann Marktanteile verlieren würde und die bereits margenoptimierte Auslastung nicht halten könnte. Selbst wenn es in einer solchen Situation Kartellabsprachen geben sollte, widerspräche es ökonomisch sinnvollem Verhalten, die Preise des voll ausgelasteten Unternehmens allein wegen des Kartells noch weiter zu erhöhen.

IV. Fazit und Ausblick

Die gesetzliche Vermutung des § 33a Abs. 2 Satz 2 GWB n.F. führt auf den ersten Blick dazu, dass die Anforderungen, die an eine Widerlegung zu stellen sind, gegenüber den Anforderungen an die Entkräftung eines Anscheinsbeweises erheblich gestiegen sind.[74] Denn nach § 292 ZPO kann eine gesetzliche Vermutung nur durch den Beweis des Gegenteils widerlegt werden. Dies ist mehr als ein einfacher Gegenbeweis, der für die Entkräftung eines Anscheinsbeweis grundsätzlich ausreicht. Es genügt nicht mehr nur der Nachweis, dass ein vom vermuteten Geschehensablauf abweichender Geschehensablauf grundsätzlich möglich ist. Erforderlich ist vielmehr der Nachweis, dass durch die Kartellabsprache kein Schaden entstanden ist. Es wäre also in aller Regel zu beweisen, dass der tatsächlich gezahlte Preis mit der hypothetischen Preisentwicklung übereinstimmt (s. o., I.1.b).

Ein solcher Beweisantritt entspricht allerdings weitgehend dem bereits in den bisherigen Verfahren zu beobachtenden Vortrag der Beklagten zur

---

73 So im Grunde schon BGH WuW/E DE-R 1567, 1570.
74 So auch *Kahlenberg/Heim*, BB 2016, 1863, 1866.

Entkräftung der von den Instanzgerichten angenommenen Anscheinsbeweise. Auch bisher wurde in den meisten Kartellschadensersatzprozessen – zumeist unter Vorlage entsprechender ökonomischer Gutachten – vorgetragen, dass im jeweiligen Einzelfall der tatsächliche Preis mit der hypothetischen Preisentwicklung übereinstimmte. Damit dürfte sich bei der Verteidigung in Kartellschadensersatzprozess in nächster Zeit praktisch wenig ändern, auch wenn zukünftig neues Recht zu Anwendung kommen sollte.

Abriss zur Änderung von Festlegungen und Genehmigungen nach dem Energiewirtschaftsgesetz

Martin Geipel, Berlin[*]

A. Einleitung

Gemäß § 29 Abs. 1 Satz 1 EnWG trifft die Regulierungsbehörde Entscheidungen über Bedingungen und Methoden für den Netzanschluss oder den Netzzugang durch Festlegung gegenüber einem Netzbetreiber, einer Gruppe von oder allen Netzbetreibern oder den sonstigen in der jeweiligen Vorschrift Verpflichteten oder durch Genehmigung gegenüber dem Antragsteller.

Angesichts dieser Regelung herrscht in der Literatur Einigkeit, dass Entscheidungen der Regulierungsbehörden, die auf Antrag hin erfolgen, Genehmigungen sind, und solche, die von Amts wegen zu den in § 29 Abs. 1 Satz 1 EnWG benannten regulatorischen Themen ergehen, Festlegungen.

Zum Teil umstritten war die Frage, ob bestimmte Festlegungen Verwaltungsakte gemäß § 35 Satz 1 VwVfG bzw. Allgemeinverfügungen § 35 Satz 2 VwVfG sind.[1] Nach ganz herrschender Ansicht handelt es sich bei Festlegungen um Verwaltungsakte,[2] was auch der höchstrichterlichen Rechtsprechung entspricht.[3] Indem der Gesetzgeber in § 60a Abs. 2 Satz 1 EnWG, der die Aufgaben des Länderausschusses bei der Bundesnetzagentur regelt, Festlegungen als Regelbeispiel für Allgemeinverfügungen der Bundesnetzagentur benannt hat, hat er verdeutlicht, dass er Festlegungen als Allgemeinverfügungen betrachtet.[4] In diesem Kontext ist auch § 29

---

[*] Rechtsanwalt Dr. Martin Geipel, Noerr LLP.
[1] Vgl. zum Streitstand die Darstellung bei *Wahlhäuser*, in: Kment (Hrsg.), Energiewirtschaftsgesetz, 1. Auflage, 2015, § 29 EnWG Rn. 21 ff.
[2] *Salje*, Energiewirtschaftsatzgesetz, 2006, § 29 EnWG Rn. 13 ff.; *Wahlhäuser*, in: Kment, § 29 EnWG Rn. 21 ff.
[3] BGH, Beschl. v. 29.4.2008 – KVR 28/07, juris-Rn. 8 ff.; OLG Düsseldorf, Beschl. v. 14.3.2007 – VI-3 Kart 408/06 (V), juris-Rn. 37 ff.
[4] Wobei einer gesonderten Untersuchung bedürfte, ob eine solche gesetzgeberische Subsumtion, einer Festlegung, die – hypothetisch unterstellt – nicht die Vorausset-

Abs. 2 Satz 2 EnWG zu sehen, wonach für Änderungen von Festlegungen die Anwendung der §§ 48, 49 VwVfG unberührt bleiben soll, was deren Rechtsnatur als Verwaltungsakte voraussetzt. Da sowohl Genehmigungen als auch Festlegungen regelmäßig die materiellen Voraussetzungen eines Verwaltungsaktes bzw. einer Allgemeinverfügung erfüllen, wird deren Verwaltungsaktqualität vorliegend für die weitere Betrachtung unterstellt. Soweit im Einzelfall kritisiert wird, manche Festlegung treffe abstrakte Regelungen gegenüber einem generell bestimmten Adressatenkreis und sei daher Rechtsvorschrift anstatt Allgemeinverfügung, so ist dies eine Frage der Wahl des richtigen Rechtsinstruments im Einzelfall und nicht geeignet, den generellen Charakter von Festlegungen als Verwaltungsakte bzw. Allgemeinverfügungen in Frage zu stellen.

B. Rechtsrahmen für die Änderung von Festlegungen und Genehmigungen

Die Änderung von Festlegungen und Genehmigungen nach § 29 Abs. 1 EnWG richtet sich im Grundsatz nach dem für die jeweilige Regulierungsbehörde anwendbaren Verwaltungsverfahrensgesetz,[5] im Bund nach den §§ 48, 49 VwVfG, sowie ergänzend nach § 29 Abs. 2 EnWG, der folgende Spezialvorschrift enthält:

> „Die Regulierungsbehörde ist befugt, die nach Absatz 1 von ihr festgelegten oder genehmigten Bedingungen und Methoden nachträglich zu ändern, soweit dies erforderlich ist, um sicherzustellen, dass sie weiterhin den Voraussetzungen für eine Festlegung oder Genehmigung genügen. Die §§ 48 und 49 des Verwaltungsverfahrensgesetzes bleiben unberührt."

---

zungen des § 35 VwVfG erfüllt, Verwaltungsaktcharakter verleihen könnte, als Rechtsfolgenverweisung zu verstehen wäre, ein Gebot der entsprechenden Anwendung der Regelungen über Verwaltungsakte enthielte oder als bloße gesetzgeberische Annahme und Meinungsäußerung irrelevant wäre. Vgl. hierzu auch *Franke*, in: Schneider/Theobald, Recht der Energiewirtschaft, 4. Auflage, 2013, § 19, S. 1197, Rn. 56 f.

5 Der Einfachheit halber soll nachfolgend nur noch auf die Bundesnetzagentur abgestellt werden, soweit sie als Regulierungsbehörde des Bundes und nicht im Wege der Organleihe als Landesregulierungsbehörde handelt.

Dem Unionsrecht, speziell Artikel 37 der Strom-Richtlinie[6], lassen sich insofern nur recht abstrakte weitere Vorgaben entnehmen. So zum einen das Gebot nach Artikel 37 Abs. 4 Satz 1 der Strom-Richtlinie, wonach die Mitgliedstaaten sicherzustellen haben, dass ihre Regulierungsbehörden mit den erforderlichen Befugnissen ausgestattet werden, um ihre Aufgaben effizient und schnell zu erfüllen. Aus diesem Gebot wird man auch die Befugnis zur Änderung von Entscheidungen und nicht nur die Befugnis zu deren erstmaligem Erlass ableiten können. Mit Blick auf Netzbetreiber und deren Vertragsbedingungen, einschließlich der Tarife oder Methoden, ist in Artikel 37 Abs. 10 der Strom-Richtlinie ausdrücklich auch von der Befugnis der Regulierungsbehörde die Rede, Änderungen zu verlangen. Diese Regelung wollte der Gesetzgeber mit § 29 Abs. 2 EnWG in nationales Recht umsetzen.[7]

Die Regelung in § 29 Abs. 2 EnWG hat seit ihrem Erlass inhaltlich keine Änderung erfahren. Jedoch wurde ihr Anwendungsbereich durch Änderung des § 29 Abs. 1 EnWG, den § 29 Abs. 2 EnWG in Bezug nimmt, mittelbar geändert. Mit Wirkung ab dem 4.8.2011 wurde nicht nur der Katalog der Entscheidungen, die gemäß § 29 Abs. 1 EnWG durch Festlegung getroffen werden können, ergänzt, sondern auch der Adressatenkreis neben Netzbetreibern und Antragstellern auf die „sonstigen in der jeweiligen Vorschrift Verpflichteten" erweitert.

C. Auslegung des § 29 Abs. 2 EnWG durch die Rechtsprechung

Die Rechtsprechung hat sich nach Einführung des § 29 EnWG im Jahr 2005 erst recht spät mit dieser Vorschrift tiefer beschäftigt. Eine Landmarke bildet insofern der Beschluss des OLG Düsseldorf vom 29.05.2013 – die erste bei Juris nachgewiesene Gerichtsentscheidung zur Auslegung des § 29 Abs. 2 EnWG.[8] Gegenstand der Entscheidung war ein in einer Festlegung enthaltender Widerrufsvorbehalt, wonach die Festlegung mit Blick auf zukünftige Änderungen der Sach- und Rechtslage widerrufen werden

---

6 Richtlinie 2009/72/EG des Europäischen Parlaments und des Rates vom 13.7.2009 über gemeinsame Vorschriften für den Elektrizitätsbinnenmarkt und zur Aufhebung der Richtlinie 2003/54/EG (ABl. L 211 v. 14.8.2009, S. 55).
7 Gesetzentwurf der Bundesregierung zum Zweiten Gesetz zur Neuregelung des Energiewirtschaftsrechtes, BT-Dr. 15/3917, 62.
8 OLG Düsseldorf, Beschl. v. 29.5.2013 – VI-3 Kart 462/11 (V).

konnte. Das OLG Düsseldorf stellte fest, dass dieser Widerruf lediglich deklaratorisch sei, da eine solche Widerrufsmöglichkeit – auch wenn sie im Gesetz nicht so benannt sei – bereits aus § 29 Abs. 2 EnWG folge.[9] Die Vorschrift diene dazu, der Regulierungsbehörde die notwendige Flexibilität einzuräumen, um die getroffenen Entscheidungen an veränderte tatsächliche oder rechtliche Umstände anzupassen und so die Effektivität der Regulierung zu sichern.[10] Im Übrigen stellte das OLG Düsseldorf unter Bezugnahme auf Satz 2 des § 29 Abs. 2 EnWG fest, dass die Änderungsbefugnis der Regulierungsbehörde nach § 29 Abs. 2 Satz 1 EnWG nicht abschließend geregelt sei, sondern durch die §§ 48, 49 VwVfG ergänzt werde. Diese Feststellungen hat das Gericht in einer Reihe von Folgeentscheidungen wiederholt.[11]

In einer Entscheidung vom 14.1.2015 hat das OLG Düsseldorf festgestellt, dass die Änderungsbefugnis in § 29 Abs. 2 EnWG die Umsetzung notwendiger Änderungen erleichtern solle, aber die Regulierungsbehörde nicht verpflichte, bestandskräftige Festlegungen – sei deren Rechtswidrigkeit auch indiziert – permanent einer erneuten Rechtmäßigkeitskontrolle zu unterziehen.[12] Bei der Ausübung des Rücknahmeermessens komme dem Grundsatz materieller Gerechtigkeit prinzipiell kein größeres Gewicht zu als dem Grundsatz der Rechtssicherheit, solange ein Festhalten an einer rechtswidrigen Entscheidung nicht schlechthin unerträglich sei.[13]

Weiter konkretisiert hat das OLG Düsseldorf die Anwendung des § 29 Abs. 2 EnWG mit seiner Entscheidung vom 4.2.2015.[14] Es hat bestätigt, dass sich die Änderungsbefugnis auch auf bestandskräftige Entscheidungen erstrecke.[15] Aus dem Verhältnis von Satz 1 und Satz 2 des § 29 Abs. 2

---

9 Insbesondere OLG Düsseldorf, Beschl. v. 29.5.2013 – VI-3 Kart 462/11 (V), juris-Rn. 22; insofern bestätigt durch BGH, Beschl. v. 3.3.2015 – EnVR 44/13, juris-Rn. 14.
10 OLG Düsseldorf, Beschl. v. 29.5.2013 – VI-3 Kart 462/11 (V), juris-Rn. 23.
11 OLG Düsseldorf, Beschl. v. 5.8.2013 – VI-3 Kart 280/11 (V); Beschl. v. 5.8.2013 – VI-3 Kart 284/11 (V); Beschl. v. 5.8.2013 – VI-3 Kart 285/11 (V); Beschl. v. 5.8.2013 – VI-3 Kart 288/11 (V); Beschl. v. 5.8.2013 – VI-3 Kart 295/11 (V); Beschl. v. 5.8.2013 – VI-3 Kart 381/11 (V); Beschl. v. 5.8.2013 – VI-3 Kart 382/11 (V); Beschl. v. 5.8.2013 – VI-3 Kart 385/11 (V); Beschl. v. 5.8.2013 – VI-3 Kart 389/11 (V).
12 OLG Düsseldorf, Beschl. v. 14.1.2015 – VI-3 Kart 11/14 (V), juris-Rn. 50.
13 OLG Düsseldorf, Beschl. v. 14.1.2015 – VI-3 Kart 11/14 (V), juris-Rn. 39.
14 OLG Düsseldorf, Beschl. v. 4.2.2015 – VI-3 Kart 96/13 (V).
15 OLG Düsseldorf, Beschl. v. 4.2.2015 – VI-3 Kart 96/13 (V), juris-Rn. 44.

EnWG schloss das Gericht, dass durch die Spezialregelung die allgemeinen Aufhebungstatbestände des Verwaltungsverfahrensgesetzes nicht verdrängt werden sollten, die Bezugnahme auf die allgemeinen Aufhebungstatbestände aber nicht die Funktion habe, die Änderungsbefugnis nach § 29 Abs. 2 Satz 1 EnWG um die (einengenden) tatbestandlichen Voraussetzungen der §§ 48, 49 VwVfG zu ergänzen.[16] Aus diesem Grund komme es auch nicht darauf an, ob der Verwaltungsakt begünstigend oder belastend sei, da dies eine lediglich im Rahmen der Voraussetzungen der §§ 48, 49 VwVfG maßgebliche Unterscheidung sei.[17]

Der Bundesgerichtshof hat in einer Entscheidung vom 12.7.2016 Stellung zu mehreren Grundsatzfragen der Auslegung des § 29 Abs. 2 EnWG genommen.[18] So hat er entschieden, dass eine Änderung gemäß § 29 Abs. 2 EnWG in der Regel nur mit Wirkung für die Zukunft angeordnet werden könne.[19] Ferner hat der Bundesgerichtshof festgestellt, dass eine Änderung gestützt auf § 29 Abs. 2 EnWG auch dann möglich ist, wenn die Rechtslage unverändert geblieben sei und sich lediglich neue Erkenntnisse ergeben hätten, die die bisherige Regelung als nicht mehr ausreichend erscheinen ließen.[20] Hingegen gab der Bundesgerichtshof zu bedenken, dass eine Änderung auf der Grundlage der bisherigen Erkenntnisse von § 29 Abs. 2 EnWG wohl nicht mehr gedeckt sei.[21] Schließlich entschied das Gericht, dass § 29 Abs. 2 EnWG nicht nur für die Änderung rechtmäßiger, sondern – um eine Privilegierung anfänglich rechtswidriger Entscheidungen zu vermeiden – auch für die Änderung rechtswidriger Entscheidungen anwendbar sei.[22]

Das OLG Düsseldorf ist mit seiner Entscheidung vom 6.10.2016 dem BGH in verschiedenen Punkten gefolgt.[23] Das Gericht bestätigt, dass § 29 Abs. 2 EnWG für Änderungen mit Wirkung für die Zukunft gelte und geht über die Feststellungen des BGH insofern hinaus, als es eine Anwendung

---

16 OLG Düsseldorf, Beschl. v. 4.2.2015 – VI-3 Kart 96/13 (V), juris-Rn. 45; insofern bestätigt durch BGH, Beschl. v. 12.7.2016 – EnVR 15/15, juris-Rn. 24.
17 OLG Düsseldorf, Beschl. v. 4.2.2015 – VI-3 Kart 96/13 (V), juris-Rn. 55.
18 BGH, Beschl. v. 12.7.2016 – EnVR 15/15.
19 BGH, Beschl. v. 12.7.2016 – EnVR 15/15, juris-Rn. 30, wobei er ausdrücklich offengelassen hat, ob § 29 Abs. 2 EnWG auch Änderungen mit Wirkung für die Vergangenheit ermöglichen könne, juris-Rn. 33.
20 BGH, Beschl. v. 12.7.2016 – EnVR 15/15, juris-Rn. 35.
21 BGH, Beschl. v. 12.7.2016 – EnVR 15/15, juris-Rn. 37.
22 BGH, Beschl. v. 12.7.2016 – EnVR 15/15, juris-Rn. 38 f.
23 OLG Düsseldorf, Beschl. v. 6.10.2016 – VI-5 Kart 13/15 (V).

der Änderungsbefugnis mit Wirkung für die Vergangenheit kategorisch ausschließt.[24] Konsequenterweise bestätigt das OLG Düsseldorf dann auch, dass Aufhebungen mit Wirkung für die Vergangenheit nur nach Maßgabe der §§ 48, 49 VwVfG möglich seien.[25] Im Übrigen stimmte das OLG Düsseldorf dem BGH zu, dass § 29 Abs. 2 EnWG auch auf rechtswidrige Entscheidungen anzuwenden sei.[26]

D. Auslegung des § 29 Abs. 2 EnWG in der Literatur

In Literatur zu § 29 Abs. 2 EnWG wurde von Beginn an die Reichweite der Änderungsbefugnis nach § 29 Abs. 2 Satz 1 EnWG diskutiert, insbesondere ob diese neben der Ermächtigung zu einer sog. substitutiven Änderung auch eine Aufhebungsbefugnis umfasse.[27] Zum Teil wird § 29 Abs. 2 EnWG nur für den Fall der substitutiven Änderung als Spezialvorschrift im Verhältnis zu den §§ 48, 49 VwVfG betrachtet.[28]

Überwiegend wird – im Einklang mit der Rechtsprechung – auch in der Literatur vertreten, dass § 29 Abs. 2 EnWG sowohl auf rechtmäßige als auch auf rechtswidrige Entscheidungen anzuwenden sei.[29] Anderer Ansicht nach ist die explizite gesetzgeberische Regelung zu akzeptieren, wonach die Änderung gemäß § 29 Abs. 2 Satz 1 EnWG nur sicherstellen soll, dass die Entscheidung „weiterhin" den gesetzlichen Voraussetzungen für eine Festlegung oder Genehmigung genüge.[30] *Schmidt-Preuß* will die Änderungsbefugnis des § 29 Abs. 2 Satz 1 EnWG jedoch auf rechtswidrig gewordene Entscheidungen, die anfänglich rechtmäßig waren, anwenden.[31] *Britz* schlägt eine Angleichung der Wertungen des § 29 Abs. 2 Satz 1

---

24 OLG Düsseldorf, Beschl. v. 6.10.2016– VI-5 Kart 13/15 (V), juris-Rn. 24 ff.; so auch OLG Düsseldorf, Beschl. 6.10.2106 – VI-5 Kart 21/14 (V), juris-Rn. 67 f.
25 OLG Düsseldorf, Beschl. v. 6.10.2016 – VI-5 Kart 13/15 (V), juris-Rn. 27.
26 OLG Düsseldorf, Beschl. v. 6.10.2016 – VI-5 Kart 13/15 (V), juris-Rn. 24.
27 *Schmidt-Preuß*, in: Säcker (Hrsg.), Energierecht, Band 1, 3. Auflage, 2013, § 29 EnWG Rn. 65 ff.; *Wahlhäuser*, in: Kment, § 29 EnWG Rn. 35, 40.
28 Ablehnend *Schmidt-Preuß*, in: Säcker, § 29 EnWG Rn. 65 ff.; wohl befürwortend *Britz/Herzmann*, in: Britz/Hellermann/Hermes, Energiewirtschaftsgesetz, 3. Auflage, 2008, § 29 EnWG Rn. 24; *Wahlhäuser*, in: Kment, § 29 EnWG Rn. 35.
29 *Britz/Herzmann*, in: Britz/Hellermann/Hermes, § 29 EnWG Rn. 21; *Wahlhäuser*, in: Kment, § 29 EnWG Rn. 36.
30 *Schmidt-Preuß*, in: Säcker, § 29 EnWG Rn. 71 f.; *Britz*, NUR 2006, 6, 8.
31 *Schmidt-Preuß*, in: Säcker, § 29 EnWG Rn. 73.

EnWG sowie der §§ 48, 49 VwVfG über das der Behörde zustehende Ermessen vor.[32]

Unterstützung findet die Rechtsprechung in der Literatur auch für die Feststellung, die allgemeinen Aufhebungsregelungen in den §§ 48, 49 VwVfG gälten lediglich ergänzend, ohne § 29 Abs. 1 Satz 1 EnWG mit zusätzlichen tatbestandlichen Voraussetzungen aufzuladen.[33] Jedoch wird zum Teil vertreten, dass die Regulierungsbehörde im Rahmen ihres Änderungsermessens nach § 29 Abs. 2 Satz 1 EnWG letztlich die Verhältnismäßigkeitserwägungen anzustellen habe, die bestimmten Vertrauensschutztatbeständen in den §§ 48, 49 VwVfG nahekämen.[34] Änderungen mit Wirkung für die Vergangenheit sollen auch nach Ansicht der Literatur von § 29 Abs. 2 Satz 1 EnWG nicht gedeckt sein, so dass insofern § 48 VwVfG eingreife.[35]

E. Bewertung der bisherigen Auslegungsergebnisse von Literatur und Rechtsprechung

Der Auslegung des § 29 Abs. 2 EnWG durch die Rechtsprechung und Literatur ist weitgehend zuzustimmen. Insbesondere die Rechtsprechung hat seit 2013 den Anforderungen und Grenzen der Änderungsbefugnis klare Konturen verliehen. Im Detail verbleibt dennoch Raum für Kritik. Dies betrifft die Frage, ob § 29 Abs. 2 EnWG auch auf anfänglich rechtswidrige Verwaltungsakte anzuwenden ist, die sich mit dem vom Bundesgerichtshof offengelassenen Punkt verbindet, ob eine Änderung nach § 29 Abs. 2 EnWG auch mit Wirkung für die Vergangenheit ergehen könne.

Auf den ersten Blick erscheint die Argumentation überzeugend, dass die Anwendung des § 29 Abs. 2 EnWG ausschließlich auf anfänglich rechtmäßige Entscheidungen zu einem Wertungswiderspruch im Vergleich zu der Aufhebbarkeit einer anfänglich rechtswidrigen Entscheidung nach § 48 VwVfG führe. Hierbei ist die Frage zu stellen, ob dieser Widerspruch

---

32 *Britz*, NUR 2006, 6, 8.
33 So ist wohl auch *Wahlhäuser*, in: Kment, § 29 EnWG Rn. 38 zu verstehen.
34 *Schmidt-Preuß*, in: Säcker, § 29 EnWG Rn. 75 f.; in diese Richtung auch *Wahlhäuser*, in: Kment, § 29 EnWG Rn. 39.
35 *Britz/Herzmann*, in: Britz/Hellermann/Hermes, § 29 EnWG Rn. 24; was die Wirkung nur für die Zukunft betrifft so auch *Wahlhäuser*, in: Kment, § 29 EnWG Rn. 40.

in dieser Form tatsächlich besteht und, wenn ja, ob ein solcher Widerspruch nicht in anderer Form als durch Auslegung wider den Wortlaut gelöst werden kann.

Der mögliche Wertungswiderspruch reduziert sich auf Fälle einer Änderung mit Wirkung für die Zukunft, wenn man die Änderungsbefugnis nach § 29 Abs. 2 Satz 1 EnWG auf eine *ex nunc*-Änderung beschränkt sieht. Für eine solche Sichtweise spricht, wie zutreffend vom OLG Düsseldorf herausgearbeitet, neben dem Wortlaut der Vorschrift als auch der Strom-Richtlinie vor allem Sinn und Zweck der Regelung.[36] Die Regulierungsbehörde soll weitgehende Freiheit bei der sachgerechten Ausgestaltung der Bedingungen und Methoden für den Netzzugang haben, ohne durch ein umfassendes Konzept des Vertrauensschutzes, wie es in § 49 VwVfG vorgesehen ist, gehindert zu sein. Dies erklärt im Übrigen auch, wieso der Gesetzgeber auf ausdrückliche Regelungen zum Vertrauensschutz meinte verzichten zu können.[37]

Hinsichtlich belastender Verwaltungsakte bestünde zudem kein Wertungswiderspruch, da diese gemäß § 48 Abs. 1 Satz 1 VwVfG ohne weiteres für die Zukunft zurückgenommen werden können. Der Wertungswiderspruch zwischen § 29 Abs. 2 Satz 1 EnWG und § 48 VwVfG beschränkt sich damit potentiell auf den Vertrauensschutz gemäß § 48 Abs. 2 und 3 VwVfG in Fällen rechtswidriger begünstigender Verwaltungsakte mit Wirkung für die Zukunft. Aber auch insofern löst sich der vermeintliche Wertungswiderspruch im Ergebnis auf, da ein umfassendes Rücknahmerecht besteht: Hierbei ist zu zunächst zu beachten, dass nach den Vertrauensschutzregelungen in § 48 Abs. 2 und 3 VwVfG eine Rücknahme für die Zukunft deutlich einfacher ist als für die Vergangenheit.[38] Ferner kommt ein Überwiegen des Individualinteresses am Fortbestand des rechtswidrigen Verwaltungsaktes im Verhältnis zum Allgemeininteresse an einer Wiederherstellung rechtmäßiger Zustände in Fällen der Festlegung oder Genehmigung von Bedingungen und Methoden für den Netzanschluss oder den Netzzugang nicht in Betracht: Das Interesse des Betroffenen kann dem Grunde nach nur dann als schutzwürdig angesehen werden, wenn der Betroffene die Rechtswidrigkeit der Entscheidung nicht erkannt hat. Geht der Betroffene jedoch von der Rechtmäßigkeit der Entscheidung

---

36 OLG Düsseldorf 6.10.2016 – VI-5 Kart 13/15 (V), juris-Rn. 24 ff.
37 So auch OLG Düsseldorf 6.10.2016 – VI-5 Kart 13/15 (V), juris-Rn. 26.
38 In diese Richtung auch *Müller*, in: BeckOK VwVfG, 35. Edition, Stand 1.1.2017, VwVfG § 48 Rn. 61.

aus, kennt er die umfassende – Vertrauensschutz ausschließende – Änderungsbefugnis nach § 29 Abs. 2 Satz 1 EnWG, die ein Entstehen schutzwürdigen Vertrauens bereits dem Grunde nach ausschließt. Auf eine Steigerung des öffentlichen Aufhebungsinteresses aufgrund der unionsrechtlichen Vorgaben in Artikel 37 Abs. 10 der Strom-Richtlinie, die eine umfassende Änderungsbefugnis bei der Festlegung oder Genehmigung von Bedingungen und Methoden für den Netzanschluss oder den Netzzugang vorsehen, kommt es insofern schon gar nicht mehr an.[39] Damit löst sich der in der Rechtsprechung und Literatur angenommene Wertungswiderspruch praktisch auf.

Aus alledem ableitbar ist somit folgendes System für die nachträgliche Änderung bzw. Aufhebung von Festlegungen und Genehmigung von Bedingungen und Methoden für den Netzanschluss oder den Netzzugang:

Bei rechtmäßigen Entscheidungen ist eine Änderung bzw. Aufhebung mit Wirkung für die Zukunft gemäß § 29 Abs. 2 Satz 1 EnWG ohne Beachtung von Vertrauensschutzaspekten möglich; mit Wirkung für die Vergangenheit gemäß § 29 Abs. 2 Satz 2 EnWG i.V.m. § 49 VwVfG sind Vertrauensschutzgesichtspunkte im Grundsatz zu berücksichtigen.

Bei rechtswidrigen Entscheidungen ist eine Änderung bzw. Aufhebung mit Wirkung für die Zukunft gemäß § 29 Abs. 2 Satz 2 EnWG i.V.m. § 48 VwVfG mangels schutzwürdigen Vertrauens des Betroffenen möglich; mit Wirkung für die Vergangenheit gemäß § 29 Abs. 2 Satz 2 EnWG i.V.m. § 48 VwVfG sind Vertrauensschutzgesichtspunkte im Grundsatz zu berücksichtigen.

---

39 Insofern wäre zu unterscheiden gewesen, hinsichtlich welcher Entscheidungen und Adressaten sich die Änderungsbefugnis auf Vorgaben der Strom-Richtlinie oder aber auf eine Entscheidung des nationalen Gesetzgebers zurückführen lässt (vgl. oben unter B. am Ende).

Verfassungswidrige Ungleichbehandlungen bei den Höchstsätzen nach der Konzessionsabgabenverordnung

Christian von Hammerstein und Hans Heller, Berlin[*]

I. Einleitung

Der Jubilar lässt dem Gesetzgeber wenig durchgehen. Gerade bei grundlegenden Änderungen des rechtlichen Rahmens wittert der Jubilar Verstöße gegen die Vorgaben des höherrangigen Rechts. Der Widerspruch zum höherrangigen Recht kann unterschiedliche Gründe haben: So stellt es eine nahezu unmögliche Aufgabe dar, das gesamte historisch gewachsene Recht auf einen Schlag an den neuen Ordnungsrahmen anzupassen. Oft ist der Gesetzgeber aber auch nachlässig, unvernünftig oder er kann den politischen Widerstand bestimmter Interessengruppen nicht überwinden. Eine solche Umbruchsituation gab es auch im Energierecht. Als Folge der europäischen Binnenmarktgesetzgebung, wurde der Energiesektor seit Anfang der 90er Jahre in allen EU-Mitgliedstaaten zunehmend wettbewerblich organisiert. Zu diesem Zeitpunkt hat auch der Jubilar das Energierecht – wie jeder weiß: nur einer von vielen Interessenschwerpunkten – für sich entdeckt. Gerade zu Beginn der Marktöffnung hat er sich intensiv mit dem Umbau der überkommenen Versorgungsmonopole beschäftigt und den Rechtsrahmen auf den Prüfstand der – europäischen – Wirtschaftsverfassung gestellt.[1] Er hat sich dabei ohne Zweifel als kreativer „Querdenker" bewiesen.

Aus diesem Grund hoffen wir, dass unser Beitrag zur Verfassungswidrigkeit der Konzessionsabgabenverordnung („KAV") sein Interesse findet. Die KAV gilt seit dem 1. Januar 1992.[2] Das Recht der Konzessionsabgaben war davor in der Konzessionsabgabenanordnung („KAE") vom 4. März 1941 geregelt. Danach galt ein Neueinführungsverbot, Konzessi-

---

[*] Rechtsanwalt Christian von Hammerstein und Rechtsanwalt Dr. Hans Heller, RAUE LLP (Berlin).
[1] Etwa *Schwintowski*, BB 1996, 1673 ff.; *ders.*, WuW 1997, 769 ff.; *ders.*, ZNER 1998, 69 ff.; *ders.*, WuW 1999, 842 ff.; *Schwintowski/Klaue*, BB 2000, 1931 ff.
[2] BGBl. I 1992, 12, 407.

onsabgaben sollten abgeschafft werden. Das Neueinführungsverbot wurde vom BVerwG für verfassungswidrig erklärt.[3] Konzessionsabgaben sind Entgelte für die Einräumung des Rechts zur Benutzung öffentlicher Verkehrswege für die Verlegung und den Betrieb von Leitungen, die der unmittelbaren Versorgung von Letztverbrauchern im Gemeindegebiet mit Strom und Gas dienen (§ 48 Abs. 1 EnWG i.V.m. § 1 Abs. 2 KAV). Nach der Rechtsprechung des BGH handelt es sich bei der KAV um Höchstpreisrecht.[4] Zweck der KAV ist, die Belastung der Verbraucher mit Konzessionsabgaben zu begrenzen und mit dem Interesse der Gemeinden an der Vermarktung ihres Wegeigentums in Einklang zu bringen.[5] Seit ihrem Inkrafttreten im Jahr 1992 wurde die KAV bis heute nur viermal geändert. Im Großen und Ganzen ist die KAV, insbesondere ihre Grundsystematik, deswegen unverändert geblieben.

§ 2 Abs. 2 u. 3 KAV legen seitdem sehr unterschiedliche Höchstsätze fest. Die Rechtmäßigkeit dieser KAV-Höchstsätze – und insbesondere die Konsistenz untereinander – wurde in der Rechtspraxis bislang nicht hinterfragt. Die Gerichte wenden die Vorschriften an. Bei näherer Betrachtung knüpfen die Regelungen jedoch in mehrfacher Hinsicht an Unterscheidungsmerkmale an, die eine Ungleichbehandlung sachlich nicht rechtfertigen können. Die Regelungen verstoßen deswegen gegen Art. 3 Abs. 1 GG und das rechtsstaatliche Willkürverbot. Das betrifft:

- die Ungleichbehandlung von Tarifkunden gemäß § 1 Abs. 3 KAV und Sondervertragskunden gemäß § 1 Abs. 4 KAV (II.),
- die Ungleichbehandlung von Schwachlaststrom nach der – bereits seit langem –außer Kraft getretenen Bundestarifordnung Elektrizität („BTOElt") und anderen Stromlieferungen nach § 2 Abs. 2 Nr. 1 lit. a) KAV (III.),
- die Ungleichbehandlung von Koch- und Warmwassergaskunden und sonstigen Kunden nach § 2 Abs. 2 Nr. 2 lit. a) KAV (IV.),
- die Anknüpfung an die Einwohnerzahl der Gemeinden (V.).

Die Regelungen sind zudem praktisch nicht umsetzbar und verstoßen gegen das Rechtsstaatsprinzip (VI.). Die Höchstsätze nach § 2 Abs. 2 u. 3 KAV sind aus allen diesen Gründen verfassungswidrig und gelten nicht mehr (VII.).

---

3 BVerwG, Urt. v. 20.11.1990 – 1 C 30/90; zuvor bereits *Kühne*, BB 1987, 2032.
4 BGH, Urt. v. 7.1.2014 – EnZR 86/13, juris-Rn. 39, „Stromnetz Olching".
5 BR-Dr. 686/91, 1.

II. Ungleichbehandlung von Tarif- und Sondervertragskunden

Die Ungleichbehandlung von Tarif- und Sondervertragskunden nach § 2 Abs. 2 u. 3 KAV verstößt gegen Art. 3 Abs. 1 GG. Nach ständiger Rechtsprechung des BVerfG verbietet es Art. 3 Abs. 1 GG, wesentlich Gleiches ungleich zu behandeln, wenn für die Ungleichbehandlung kein von der Rechtsordnung akzeptierter objektiver Sachgrund besteht.[6] Bei der Ungleichbehandlung von Personengruppen unterliegt der Gesetzgeber regelmäßig einer strengen Bindung. Das BVerfG prüft dann im Einzelnen, ob für die vorgesehene Differenzierung Gründe von solcher Art und solchem Gewicht bestehen, dass sie die ungleichen Rechtsfolgen rechtfertigen können.[7]

1. Vergleichbare Sachverhalte

Bei der Belieferung von Tarif- und Sondervertragskunden handelt es sich um zwei vergleichbare Sachverhalte.

Was die KAV unter Tarifkunden und Sondervertragskunden versteht, wird in § 1 Abs. 3 u. 4 KAV definiert. Nach § 1 Abs. 3 KAV sind Tarifkunden alle Kunden, die auf Grundlage von Verträgen nach § 36 EnWG (Grundversorgung) oder § 38 EnWG (Ersatzversorgung) beliefert werden. Alle anderen Kunden sind hingegen Sondervertragskunden (§ 1 Abs. 4 KAV). Grundversorger ist jeweils der Energieversorger, der in einem Netzgebiet der allgemeinen Versorgung die meisten Haushaltskunden beliefert (§ 36 Abs. 2 S. 1 EnWG). Haushaltskunden sind wiederum Letztverbraucher, die Energie überwiegend für den Eigenverbrauch im Haushalt oder für den einen Jahresverbrauch von 10 000 kWh nicht übersteigenden Eigenverbrauch für berufliche, landwirtschaftliche oder gewerbliche Zwecke kaufen (§ 3 Nr. 22 EnWG).

Auch dem Grundversorger steht es allerdings frei, mit Haushaltskunden Verträge nach § 41 EnWG außerhalb der Grundversorgung zu schließen. Für die Einordnung des Versorgungsvertrags kommt es nur darauf an, ob das Versorgungsunternehmen die Versorgung zu öffentlich bekannt gemachten Bedingungen und Preisen im Rahmen seiner Versorgungspflicht

---

[6] BVerfG, Beschl. v. 7.10.1980 – 1 BvL 50/79, juris-Rn. 47; BVerfG, Urt. v. 16.3.2004 – 1 BvR 1778/01, juris-Rn. 92.
[7] BVerfG, Urt. v. 20.4.2004 – 1 BvR 905/00, juris-Rn. 56.

nach § 36 Abs. 1 EnWG oder unabhängig davon im Rahmen der allgemeinen Vertragsfreiheit anbietet. Das hat der BGH in seiner Entscheidung „Gasversorgung Ahrensburg" im Jahr 2012 entschieden.[8] Dabei kann ein- und derselbe Tarif sowohl einen Grundversorgungstarif als auch einen Sondervertragskundentarif darstellen, da sowohl grundversorgte Kunden als auch Sondervertragskunden den gleichen Tarif wählen können.

Die grundlegende Weichenstellung zur Bestimmung der Höchstsätze nach der KAV ist somit die rechtliche Qualifikation des Versorgungsvertrages nach den Maßstäben des EnWG. Das ändert jedoch nichts daran, dass in beiden Fällen für das Recht zur Nutzung des öffentlichen Straßenlandes ein Entgelt an die zuständige Kommune gezahlt wird (§ 48 Abs. 1 S. 1 EnWG i.V.m. § 1 Abs. 2 KAV). Schuldner des Entgelts ist zwar der Konzessionär. Die Konzessionsabgabe wird aber auf die Letztverbraucher weitergewälzt (vgl. § 40 Abs. 2 Nr. 7 EnWG).[9] Aus Perspektive des Regelungskontextes – dem Konzessionsabgabenrecht – handelt es sich daher um zwei vergleichbare Sachverhalte: Es geht um die Höhe des Entgelts für die Nutzung der öffentlichen Straßen und Wege.

2. Ungleichbehandlung

Dennoch wird die Belieferung von Tarifkunden und Sondervertragskunden in § 2 KAV durch unterschiedliche Höchstsätze ungleich behandelt.

a) Unterschiedliche KAV-Höchstsätze

Nach § 2 Abs. 3 KAV gilt für Sondervertragskunden – unabhängig vom Verwendungszweck und der Einwohnerzahl in der Gemeinde – ein einheitlicher Höchstsatz. Dieser Höchstsatz beträgt bei der Belieferung mit Strom 0,11 ct/kWh und bei der Belieferung mit Gas nur 0,03 ct/kWh. Für die Belieferung von Tarifkunden gibt es dagegen keinen einheitlichen KAV-Höchstsatz. Die Höchstsätze für Tarifkunden sind deutlich höher und unterscheiden sich nach § 2 Abs. 2 KAV vor allem nach der Einwohnerzahl der jeweiligen Gemeinden (Gemeindegröße). Bei Stromlieferungen soll es weiterhin darauf ankommen, ob der Strom im Rahmen eines

---

8 BGH, Beschl. v. 6.11.2012 – KVR 54/11, juris-Rn. 25.
9 BR-Dr. 686/91, 8.

Schwachlasttarifs nach § 9 der Bundestarifordnung Elektrizität („BTO Elt") geliefert wird, während bei Gaslieferungen der Verwendungszweck – Kochen und Warmwasser oder Sonstiges – maßgeblich ist.

Für die Belieferung von Tarifkunden mit Strom gilt nach § 2 Abs. 2 Nr. 1 KAV:

- Bei Strom, der im Rahmen eines Schwachlasttarifs nach § 9 BTOElt a.F. oder der dem Schwachlasttarif entsprechenden Zone eines zeitvariablen Tarifs (Schwachlaststrom) geliefert wird: 0,61 ct/kWh (das 5,5-fache des Höchstsatzes für Sondervertragskunden).
- Bei Strom, der nicht als Schwachlaststrom geliefert wird:
  - Gemeinden bis 25.000 Einwohner: 1,32 ct/kWh (das 12-fache des Höchstsatzes für Sondervertragskunden).
  - Gemeinden bis 100.000 Einwohner: 1,59 ct/kWh (das 14,5-fache des Höchstsatzes für Sondervertragskunden).
  - Gemeinden bis 500.000 Einwohner: 1,99 ct/kWh (das 18,1-fache des Höchstsatzes für Sondervertragskunden).
  - Gemeinden über 500.000 Einwohner: 2,39 ct/kWh (das 27,1-fache des Höchstsatzes für Sondervertragskunden).

Nach § 2 Abs. 2 Nr. 2 lit. a) KAV dürfen bei Tarifkunden, die Gas ausschließlich für Kochen und Warmwasser verwenden, die folgenden Höchstsätze erhoben werden:

- Gemeinden bis 25.000 Einwohner: 0,51 ct/kWh (das 17-Fache des Höchstsatzes für Sondervertragskunden).
- Gemeinden bis 100.000 Einwohner: 0,61 ct/kWh (das 20,3-fache des Höchstsatzes für Sondervertragskunden).
- Gemeinden bis 500.000 Einwohner: 0,77 ct/kWh (das 25,6-fache des Höchstsatzes für Sondervertragskunden).
- Gemeinden über 500.000 Einwohner: 0,93 ct/kWh (das 31-fache des Höchstsatzes für Sondervertragskunden).

Bei sonstigen Tarifkunden sind die Höchstsätze nach § 2 Abs. 2 Nr. 2 lit. b) KAV wie folgt gestaffelt:

- Gemeinden bis 25.000 Einwohner: 0,22 ct/kWh (das 7,3-fache des Höchstsatzes für Sondervertragskunden).
- Gemeinden bis 100.000 Einwohner: 0,27 ct/kWh (das 9-fache des Höchstsatzes für Sondervertragskunden).

- Gemeinden bis 500.000 Einwohner: 0,33 ct/kWh (das 11-fache des Höchstsatzes für Sondervertragskunden).
- Gemeinden über 500.000 Einwohner: 0,40 ct/kWh (das 13,3-fache des Höchstsatzes für Sondervertragskunden).

Im Ergebnis gelten damit für Tarifkunden – unabhängig davon, ob Schwachlaststrom geliefert, Gas für Kochen und Warmwasser verwendet oder der Verbraucher in einer kleinen oder großen Gemeinde beliefert wird – um ein Vielfaches höhere Höchstsätze als für Sondervertragskunden. In der Summe macht dies ein Unterschied von vielen Millionen Euro.

Bei Gaslieferungen beträgt das Verhältnis zwischen dem Höchstsatz für Sondervertragskunden (0,03 ct/kWh) und dem höchsten Tarifkundenbetrag (0,93 ct/kWh für Kochen und Warmwasser) 1:31, zwischen dem Höchstbetrag für Sondervertragskunden und dem niedrigsten Höchstbetrag für Tariflieferungen (sonstige Tariflieferungen) immer noch 1:13. Bei der Belieferung mit Strom ist das Verhältnis zum höchsten KAV-Satz 1:27 und zum niedrigsten Höchstsatz für Schwachlaststrom 1:6.

Die Ungleichbehandlung fällt besonders stark bei Tarifkunden aus, die in großen Gemeinden – wie z.B. Berlin oder Hamburg – beliefert werden. Auch Kochgaskunden zahlen im Vergleich besonders hohe Konzessionsabgaben. Die grundversorgten Tarifkunden werden also nicht nur mit dem höheren Grundversorgungstarif, sondern auch mit einer höheren Konzessionsabgabe belastet.

b) Tarifkundenfiktion bei Stromlieferungen

An der Ungleichbehandlung ändert sich auch nichts durch die Tarifkundenfiktion nach § 2 Abs. 7 KAV. Die Vorschrift wurde 1999 eingefügt und 2005 bereits wieder geändert.[10] Nach § 2 Abs. 7 S. 1 KAV gelten Stromlieferungen aus dem Niederspannungsnetz (bis 1 kV) konzessionsabgabenrechtlich als Lieferungen an Tarifkunden, es sei denn, die gemessene Leistung des Kunden überschreitet in mindestens zwei Monaten des Abrechnungsjahres 30 kW und der Jahresverbrauch beträgt mehr als 30.000 kWh. Verfügt der Kunde über keine Leistungsmessung, soll er

---

10 Vgl. BR-Dr. 358/99, 5 u. BT-Dr. 15/3917, 96.

nach der Verordnungsbegründung als Tarifkunde gelten, auch wenn er die Leistungs- und Mengengrenzen überschreitet.[11]

Die Tarifkundenfiktion hebt die rechtliche Ungleichbehandlung zwischen Tarifkunden und Sondervertragskunden jedoch nicht auf. Stattdessen hat sie nur zur Folge, dass die von der Vorschrift betroffenen Sondervertragskunden die höheren KAV-Sätze für Tarifkunden zahlen müssen. Zweck der Regelung ist nicht, die Ungleichbehandlung zwischen Tarif- und Sondervertragskunden abzustellen, sondern den Gemeinden ihr Konzessionsabgabenaufkommen zu sichern. Dazu heißt es in der Verordnungsbegründung:

> „Der neue § 2 Absatz 7 führt eine Grenze ein, bis zu der unabhängig von der Ausgestaltung des Liefervertrages als Tarifabnehmer- oder Sonderabnehmervertrag die Tarifabnehmer-Konzessionsabgabe anzuwenden ist. Das Konzessionsabgabenaufkommen soll im Wettbewerb auch nicht dadurch gemindert werden, daß der bisherige Versorger seine Verträge trotz der wettbewerbsneutralen Ausgestaltung der Konzessionsabgaben zwischen den Lieferunternehmen im Interesse seiner Kunden an niedrigen Strompreisen in Sonderabnehmerverträge umwandelt."[12]

Für Gaslieferungen wurde auf eine entsprechende Regelung vom Verordnungsgeber bewusst verzichtet.[13] § 2 Abs. 7 S. 1 KAV gilt nach der Rechtsprechung des BGH mangels planwidriger Regelungslücke auch nicht im Wege der Analogie.[14] Überlegungen, im Rahmen der zweiten Novellierung des Energiewirtschaftsrechts eine ähnliche Bestimmung für den Gasbereich zu schaffen, sind vom Gesetzgeber nicht weiterverfolgt worden.[15]

3. Keine sachliche Rechtfertigung

Für diese Ungleichbehandlung gibt es keinen Sachgrund. Die Unterscheidung zwischen Tarif- und Sondervertragskunden ist spätestens seit der Öffnung der Energiemärkte als Anknüpfungspunkt für unterschiedliche Höchstsätze überholt. Auf den liberalisierten Energiemärkten hat jeder Strom- und Gaskunde – unabhängig von seinem Verbrauch oder dem Be-

---

11 BR-Dr. 358/99, 6.
12 BR-Dr. 358/99, 5.
13 BR-Dr. 358/99, 7.
14 BGH, Beschl. v. 6.11.2012 – KVR 54/11 –, juris-Rn. 28.
15 BR-Dr. 248/1/05 (neu), 13.

lieferungsort – das Recht, einen Sonderkundenvertrag abzuschließen. Aus diesem Grund hat die Einordnung als Tarifkunde oder Sondervertragskunde mittlerweile jeglichen Bezug zur Straßennutzung verloren und kann nicht als Differenzierungskriterium dienen. Auch die Netzentgelte differenzieren deshalb nicht nach der Art des Lieferverhältnisses.

a) Begründung des Verordnungsgebers

Der Verordnungsgeber hat die Ungleichbehandlung beim Erlass der KAV im Jahr 1992 wie folgt begründet:

> „In Absatz 3 sind [...] die Höchstsätze für Sondervertragskunden festgelegt. Insoweit bleibt der Status quo für Gemeinden und Sondervertragskunden erhalten; jedoch wird auch hier – wie bei Tarifkunden – der Höchstbetrag bundeseinheitlich festgelegt. Der Unterschied in den höchstzulässigen Abgabesätzen zwischen Tarif- und Sonderabnehmern bleibt also erhalten. Infolge der Umstellung auf Festbeträge wird sich dieser Abstand in absoluten Zahlen gerechnet aber nicht mehr vergrößern. Die Rechtfertigung der unterschiedlichen Abgabesätze folgt insbesondere daraus, daß die Sondervertragskunden typischerweise über Mittelspannungs- oder Hochspannungsnetze versorgt werden, für deren Verlegung die öffentlichen Verkehrswege weniger in Anspruch genommen werden als für das Niederspannungsnetz, über das vor allem die Tarifkunden versorgt werden."[16]

Die Erwägungen beziehen sich zwar auf den Stromsektor. Es ist jedoch nicht davon auszugehen, dass den Verordnungsgeber im Gassektor andere Gründe bewegt haben.[17] Im Kern war der Verordnungsgeber der Ansicht, dass es sich bei Sondervertragskunden um Großkunden handelt, die an einer höheren Spannungs- oder Druckstufe angeschlossen sind, für deren Verlegung das öffentliche Straßenland weniger stark in Anspruch genommen wird.

b) Einordnung als Tarif- oder Sondervertragskunde ist kein Sachgrund für unterschiedliche Höchstsätze

Die These von der verstärkten Straßennutzung durch Tarifkunden war bereits im Jahr 1992 sehr zweifelhaft, weil Tarif- und Sondervertragskunden

---

16 BR-Dr. 686/91, 16; *Cronenberg*, ET, 1992, 175.
17 BT-Dr. 13/7274, 21 f.

auch damals schon ganz überwiegend über die gleichen Leitungen versorgt wurden.[18] Jedenfalls nach der Liberalisierung der Strom- und Gasmärkte kann die Unterscheidung in Tarifkunden und Sondervertragskunden endgültig kein zulässiges Unterscheidungsmerkmal für unterschiedliche KAV-Höchstsätze mehr sein. Die Stellung als Tarifkunde oder Sondervertragskunde steht in keinerlei Zusammenhang zur Nutzung des öffentlichen Straßenlandes. Deswegen ist die Differenzierung willkürlich und auch nicht durch die Typisierungsbefugnis des Gesetzgebers gerechtfertigt.

Die KAV wurde noch zu Zeiten monopolistisch-zentralistischer Versorgungsstrukturen erlassen. Seit Abschaffung der Versorgungsmonopole (§ 103 GWB a.F.) können sämtliche Kunden – also Großkunden und Haushaltskunden – ihren Strom- oder Gasversorger frei im Wettbewerb wählen. Die Strom- und Gaspreise bilden sich im Wettbewerb. Die Kunden können sich weiterhin vom Grundversorger im nach den allgemeinen Bedingungen und Preisen beliefern lassen (§ 36 Abs. 1 EnWG). Alternativ steht es allen Kunden frei, entweder einen Sonderkundenvertrag mit dem Grundversorger oder einem anderen Energieversorgungsunternehmen zu schließen. Das bedeutet: Jeder Strom- oder Gaskunde hat es mittlerweile selbst in der Hand, ob er Sondervertragskunde wird.

Aus diesem Grund handelt es sich bei Sondervertragskunden auch nicht mehr zwingend um Großkunden. Im Gegenteil: Die Marktöffnung hat dazu geführt, dass alle Kunden in allen Netzgebieten eine Vielzahl von Anbietern zur Auswahl steht und die Mehrzahl der Haushaltskunden mittlerweile in Sonderkundenverträge gewechselt ist. Nach dem aktuellen Monitoringbericht der Bundesnetzagentur („BNetzA") und des Bundeskartellamtes („BKartA") aus dem Jahr 2016 hatten im Strombereich 68% und im Gasbereich 76% der Haushaltskunden Sonderkundenverträge.[19] Insgesamt wurden zum 31. Dezember 2015 folgende Vertragsstrukturen beobachtet:

- Grundversorgungsvertrag (Strom: 32,1%; Gas: 24%)
- Sonderkundenvertrag beim Grundversorger (Strom: 43,1%; Gas: 54%)
- Sonderkundenvertrag bei einem anderen Lieferanten (Strom: 24,9%; Gas: 22%).

---

18 *Salje*, EnWG, 2006, § 48 Rn. 53, 57.
19 BNetzA/BKartA, Monitoringbericht 2016, S. 192 u. 328.

Danach darf bei Gaslieferungen für die ganz überwiegende Anzahl der Haushaltskunden nur eine Konzessionsabgabe in Höhe von 0,03 ct/kWh erhoben werden, während für einen kleinen Teil der Haushaltskunden – die grundversorgten Tarifkunden – die höheren Sätze des § 2 Abs. 2 KAV anwendbar sind. In der Versorgungspraxis führt dies zum Beispiel dazu, dass in einem Mehrfamilienhaus vier Gaskunden mit einem Sonderkundenvertrag die niedrige Konzessionsabgabe von 0,03 ct/kWh zahlen, während für zwei grundversorgte Gaskunden, die Gas ausschließlich zum Kochen und für Warmwasser beziehen, der Höchstsatz von 0,93 ct/kWh anfällt. Der Monitoringbericht der BNetzA und des BKartA zeigt, dass das Problem flächendeckend auftritt.

Bei der Belieferung mit Strom ist davon auszugehen, dass die Auswirkungen der Liberalisierung der Energiemärkte wegen der Tarifkundenfiktion des § 2 Abs. 7 S. 1 KAV nicht so gravierend ausfallen. Für viele Haushaltskunden mit Sonderkundenverträgen gelten nach dieser Vorschrift weiterhin die höheren Höchstsätze für Tarifkunden. Das ändert jedoch nichts daran, dass es für die Unterscheidung in Tarif- und Sondervertragskunden auf liberalisierten Energiemärkten keinen Sachgrund gibt und die unterschiedlichen Höchstsätze gegen Art. 3 Abs. 1 GG verstoßen.

III. Ungleichbehandlung von Schwachlaststrom

Der Jubilar hat es bereits vorweggenommen.[20] Er hat sich jüngst zusammen mit *Sauer* in den Streit um die konzessionsabgabenrechtliche Behandlung von Schwachlaststrom nach § 2 Abs. 2 Nr. 1 lit. a) KAV eingeschaltet, der vor dem OLG Celle ausgetragen wurde.[21] In dem Beitrag weisen die beiden zu Recht darauf hin, dass die Preisbildung in wettbewerblich organisierten Energiemärkten der unternehmerischen Freiheit der Marktteilnehmer überlassen ist und deswegen nicht als energiewirtschaftsrechtlich akzeptabler Differenzierungsgrund bei der Bemessung der Konzessionsabgabenhöhe nach § 2 Abs. 2 Nr. 1 lit. a) KAV herangezogen werden kann.[22]

---

20 *Schwintowski/Sauer*, EWeRK 2016, 268, 276.
21 OLG Celle, Urt. v. 10.5.2016 – 13 U 21/16 (Kart); bestätigt durch BGH, Urt. v. 20.6.2017 – EnZR 32/16.
22 *Schwintowski/Sauer*, EWeRK 2016, 268, 276.

Das ist richtig, geht aber noch nicht weit genug. Unterschiedliche KAV-Höchstsätze für Schwachlasttarife sind mit Blick auf Art. 3 Abs. 1 GG überhaupt nicht zu rechtfertigen. Die Regelung des § 2 Abs. 2 Nr. 1 lit. a) KAV wurde im Jahr 1992 wie folgt begründet:

> „Der Arbeitspreis für Stromlieferungen im Rahmen des Schwachlasttarifs liegt heute bei etwa 12 Pfenning je Kilowattstunde. Die Umstellung der Konzessionsabgaben auf Festbeträge je Kilowattstunde würde bei undifferenzierter Erfassung aller Lieferungen den Schwachlaststrom weit überdurchschnittlich und deutlich mehr als bei den heutigen Konzessionsentgeltsätzen belasten.
> Die Wirtschaftlichkeitsschwelle für die Inspruchnahme des Schwachlasttarifes würde zu Lasten des Schwachlasttarifes verschoben. Die erhebliche Verteuerung des Schwachlaststromes würde den energie- und umweltpolitisch erwünschten Anreiz zur Verlagerung von Stromanwendungen in lastschwache Zeiten schwerwiegend behindern.
> Zur Vermeidung dieses unerwünschten Effektes ist die Festsetzung eines niedrigeren Abgabensatzes auf Schwachlastlieferungen geboten. [...]."[23]

Auch diese Begründung trägt – im Regelungskontext des Konzessionsvertragsrechts – keine unterschiedliche konzessionsabgabenrechtliche Behandlung von Schwachlaststromlieferungen. Ob sich ein Verbraucher im freien Wettbewerb der Stromlieferanten für einen Schwachlasttarif entscheidet, hat nichts mit der Nutzung der öffentlichen Verkehrswege zu tun. Die Verlagerung des Strombezugs in lastschwache Zeiten mag zwar energie- und umweltpolitisch gewünscht sein. Im Konzessionsabgabenrecht handelt es sich aber nicht um einen sachgerechten Unterscheidungsgrund. Konzessionsabgaben sind das Entgelt für die Nutzung öffentlicher Straßen und Wege.

IV. Ungleichbehandlung von Koch- und Warmwassergas und sonstigen Tarifkunden

Auch für die unterschiedlichen Höchstsätze von Tarifkunden, die Gas ausschließlich zum Kochen und für Warmwasser verwenden, und sonstigen Tarifkunden, gibt es keinen nachvollziehbaren Sachgrund (§ 2 Abs. 2 Nr. 2 KAV). Deswegen verstößt auch diese unterschiedliche Behandlung vergleichbarer Sachverhalte gegen Art. 3 Abs. 1 GG.

---

23 BR-Dr. 686/91 (Beschluss), 2.

Der Verordnungsgeber hat im Jahr 1992 ursprünglich zur Sonderbehandlung von Gas für Kochen und Warmwasser ausgeführt:

> „Bei Gas ist in Nr. 2 Buchstabe a) der Verbrauch für Kochen und Warmwasser erfaßt. Insoweit besteht ein Konkurrenzverhältnis zum Strom, so daß die Festlegung der Höchstsätze nach den gleichen Maßstäben wie bei den Stromtarifkunden folgerichtig ist."[24]

Obwohl auch diese Begründung sehr fragwürdig ist, folgt aus ihr jedenfalls kein Sachgrund für die Ungleichbehandlung von Tarifkunden, die Gas zum Kochen und für Warmwasser beziehen und sonstigen Tarifkunden. Auch der unterschiedliche Verwendungszweck hat keinerlei Bezug zur Nutzung des öffentlichen Straßenlandes.

V. Verstoß gegen das Willkürverbot durch Anknüpfung an die Einwohnerzahl

Darüber hinaus verstößt es gegen das rechtstaatliche Willkürverbot, dass für Tarifkunden unterschiedlicher Gemeinden – gestaffelt nach der Einwohnerwahl – unterschiedliche Höchstsätze gelten (§ 2 Abs. 2 KAV). Kleine Gemeinden werden ohne sachlich einleuchtenden Grund anders behandelt als größere Gemeinden.

Das rechtstaatliche Willkürverbot ist in der Rechtsprechung des BVerfG anerkannt.[25] Es ist verletzt, wenn für eine gesetzliche Unterscheidung keine sachlich einleuchtenden Gründe vorliegen, die Regelung also willkürlich ist. Das ist bei § 2 Abs. 2 S. 2 KAV der Fall, soweit er an die Einwohnerzahl der Gemeinden anknüpft. Der Verordnungsgeber hat zur Ungleichbehandlung der Gemeinden ausgeführt:

> „Die Differenzierung nach Gemeindegrößen spiegelt die Unterschiede im Wert der Wegerechte und der Ertragskraft wider."[26]

Diese Begründung ist willkürlich. Konzessionsabgabenrecht ist Höchstpreisrecht. Zweck dieses Höchstpreisrechts ist es, die Konzessionsabgaben – im Interesse einer preisgünstigen Energieversorgung (§ 1 Abs. 1 EnWG)

---

24 BR-Dr. 686/91, 16.
25 BVerfG, Beschl. v. 19.6.1973 – BvL 39/69, juris-Rn. 30, BVerwG, Urt. v. 20.11.1990 – 1 C 30/89, juris-Rn. 15; *Kühne*, BB 1987, 2032, 2034 m.w.N.; *Kirchhof*, in: Maunz/Dürig, GG, Stand: September 2015, Art. 3 GG Rn. 264 ff.
26 BR-Dr. 686/91, 16.

– durch Festlegung bestimmter Höchstsätze zu begrenzen.[27] Die Gemeinden sollen ihre Wegerechte – als Wegerechtsmonopolisten – nicht frei vermarkten dürfen. Das bedeutet, dass der Höchstsatz gerade nicht den Marktpreis widerspiegelt. Die Festlegung des Höchstsatzes soll vielmehr das finanzielle Interesse der Gemeinde einerseits und das Interesse der Letztverbraucher an einer preisgünstigen Energieversorgung andererseits zum Ausgleich bringen.[28] Aus diesem Grund darf es auf den Wert eines Wegerechts und seine Ertragskraft im Recht der Konzessionsabgaben nicht ankommen. Stattdessen müssen für alle Gemeinden die gleichen Höchstsätze gelten.

Zudem ist es mehr als zweifelhaft, dass das Wegeeigentum in Gemeinden mit mehr Einwohnern stets einen höheren Wert hat, als in kleinen Gemeinden. Dazu ein Beispiel: Die Gemeinde Grünwald ist eine der reichsten Gemeinden Deutschlands. Zum Ende des Jahres 2015 hatte Grünwald eine Einwohnerzahl von 11.342. Nach § 2 Abs. 2 KAV durften daher nur die niedrigsten KAV-Höchstsätze vereinbart werden. Es ist davon auszugehen, dass der Wert von Grundstückseigentum in Grünwald ein Vielfaches über den Grundstückspreisen in größeren Gemeinden beträgt, etwa Bielefeld. Bielefeld hatte zum Ende des Jahres 2015 333.090 Einwohner, für die *deswegen* deutlich höhere KAV-Höchstsätze galten.

Inkonsistent ist weiterhin, dass es bei Tarifkunden auf die Gemeindegröße ankommen soll, bei Sondervertragskunden hingegen nicht (§ 2 Abs. 3 KAV). Wenn die Gemeindegröße ein sachgerechter Differenzierungsgrund wäre, müsste – konsequent – auch bei den Sondervertragskunden entsprechend unterschieden werden. Es ist ferner nicht nachvollziehbar, wie und nach welchen Maßstäben der Verordnungsgeber die Staffelung der Einwohnerzahlen festgelegt hat. Selbst wenn eine Anknüpfung an den Wert der Wegerechte und deren Ertragskraft sachgerecht wäre, wurde die konkrete Staffelung zwischen den Gemeinden willkürlich vorgenommen. Hinzu kommt, dass sie bereits seit 25 Jahren Bestand hat, ohne jemals an aktuelle Entwicklungen angepasst worden zu sein. Allein dieser Umstand zieht die Vermutung nach sich, dass die Abstufung der Gemeindegrößen willkürlich ist.

---

27 BT-Dr. 13/7274, 21 f.
28 BR-Dr. 686/91, 11.

Aus Perspektive der betroffenen Gemeindeeinwohner, die unterschiedlich hohe KAV-Höchstsätze zahlen, verstößt die Ungleichbehandlung gegen Art. 3 Abs. 1 GG.

VI. Verstoß gegen das Rechtsstaatsprinzip (Art. 20 Abs. 3 GG)

Die Regelungen der KAV verstoßen ferner gegen das Rechtsstaatsprinzip (Art. 20 Abs. 3 GG). Danach müssen sämtliche Regelungen dem Grundsatz der Normenklarheit und Normenwahrheit standhalten. Nach der Rechtsprechung des BVerfG gilt:

> „Gesetzliche Regelungen müssen so gefasst sein, dass der Betroffene seine Normunterworfenheit und die Rechtslage so konkret erkennen kann, dass er sein Verhalten danach auszurichten vermag. [...]."[29]

Auch dies ist spätestens seit der Liberalisierung der Energiemärkte bei den Regelungen der KAV nicht mehr der Fall. Nach Abschaffung der Preisregulierung können sich Konzessionäre nicht mehr an den Tarifen orientieren. Als Folge der Entflechtung (§§ 6 ff. EnWG) werden die Konzessionsverträge zum einen zunehmend von reinen Netzbetreibern geschlossen. Diese liefern keine Energie und kennen die Tarife gar nicht, sollen sich für diese eigentlich auch nicht interessieren. Strom- und Gaskunden müssen zum anderen weder über sich selbst, ihren Belieferungsvertrag noch den Zweck des Gasbezuges Informationen preisgeben. Ohne diese Informationen kann der zulässige Höchstsatz nach der Normkonstruktion des § 2 Abs. 2 und 3 i.V.m. § 1 Abs. 3 und 4 KAV jedoch nicht rechtssicher ermittelt werden. Die Regelungen der KAV sind deswegen auf wettbewerblichen Strom- und Gasmärkten praktisch nicht umsetzbar. Der Verordnungsgeber verlangt von den Konzessionären – aber auch von allen anderen Normadressaten – etwas Unmögliches.

Das gilt im Besonderen für die Abgrenzung von Tarifkunden (§ 1 Abs. 3 KAV) und Sondervertragskunden (§ 1 Abs. 4 KAV). Tarifkunden sind nach § 1 Abs. 3 KAV insbesondere Kunden, die auf Grundlage von Grundversorgungsverträgen nach § 36 EnWG beliefert werden. Die Grundversorgungstarife stehen bei vielen Grundversorgern jedoch allen Kunden offen. Oftmals lässt sich aus der Bezeichnung – z.B. „ERDGAS Komfort" – auch nicht erkennen, dass es sich um den Grundversorgungs-

---

29 BVerfG, Beschl. v. 9.4.2003 – 1 BvL 1/01, juris-Rn. 61.

tarif handelt. Für die Einordnung als Tarifkunden i.S.d. § 1 Abs. 3 KAV kommt es daher maßgeblich darauf an, ob tatsächlich eine Grundversorgung erfolgt. Das setzt nach § 36 Abs. 1 EnWG voraus, dass die Letztverbraucher Haushaltskunden i.S.d. § 3 Nr. 22 EnWG sind.[30] Dies ist wiederum nur der Fall, wenn

> „Letztverbraucher, die Energie überwiegend für den Eigenverbrauch im Haushalt oder für den einen Jahresverbrauch von 10 000 Kilowattstunden nicht übersteigenden Eigenverbrauch für berufliche, landwirtschaftliche oder gewerbliche Zwecke kaufen."

Danach gehören zum Kreis der Haushaltskunden zum einen Privatkunden, ohne dass es auf den Verbrauch ankommt. Zum anderen fallen Gewerbekunden und Berufsausübende mit einem Energieverbrauch von maximal 10.000 kWh/a unter die Definition des Haushaltskunden nach § 3 Nr. 22 EnWG. Alle anderen Kunden fallen hingegen – obwohl sie nach dem Grundversorgungstarif beliefert werden – nicht in die Grundversorgung gemäß § 36 Abs. 1 EnWG. Diese Kunden sind dann keine Tarifkunden nach § 1 Abs. 3 KAV, sondern Sondervertragskunden (§ 1 Abs. 4 KAV). Für diese darf nur die eine Konzessionsabgabe von maximal 0,03 ct/kWh berechnet werden. Die Konzessionäre können jedoch überhaupt nicht feststellen, ob Strom und Gas „überwiegend" für den „Haushalt" oder für „berufliche, landwirtschaftliche oder gewerbliche Zwecke" gekauft wird. Sie können dieses Informationsdefizit auch nicht beheben. Auch dazu ein paar Beispiele:

- In vielen großen Städten gibt es eine hohe Zahl an Kleingewerbetreibenden, Freiberuflern und Dienstleistungsunternehmen. Der Name des Vertragspartners lässt in aller Regel keine Rückschlüsse darauf zu, ob sich hinter dem Kunden jemand verbirgt, der dort ein Gewerbe oder eine berufliche Tätigkeit ausübt oder dort nur seinen Haushalt führt.
- Sehr häufig wird Strom oder Gas sowohl für die Haushaltsführung als auch für berufliche oder gewerbliche Zwecke verwendet. In diesen Fällen ist es unmöglich festzustellen, ob das gelieferte Gas „überwiegend" für den Eigenverbrauch im Haushalt (dann Haushaltskunde im engeren Sinne) oder für den einen Jahresverbrauch von 10.000 kWh/a nicht übersteigenden Eigenverbrauch für berufliche oder gewerbliche Zwecke verwendet wird (dann Haushaltskunde im weiteren Sinne).

---

30 *Theobald/Templin*, in: Danner/Theobald, Stand: 72. EGL (Okt. 2011), § 1 KAV Rn. 144 ff.

- Auch die Feststellung, ob in einem eigentlich nur für Wohnzwecke genutzten Gebäude Energie überwiegend für den Eigenverbrauch im Haushalt oder etwa auch für „berufliche" Zwecke im Sinne von § 3 Nr. 22 EnWG genutzt wird, ist nicht möglich. Aufgrund von flexiblen Arbeitszeitmodellen üben eine große Zahl von Menschen ihre berufliche Tätigkeit ganz oder teilweise Zuhause aus („Homeoffice").

Praktisch nicht umsetzbar ist weiterhin die rechtliche Unterscheidung zwischen Tarifkunden, die Gas ausschließlich zum Kochen und für Warmwasser beziehen (§ 2 Abs. 2 Nr. 2 lit. a) KAV) und sonstigen Tarifkunden (§ 2 Abs. 2 Nr. 2 lit. b) KAV). Diese Unterscheidung hat ebenfalls erhebliche Auswirkungen auf den jeweils geltenden KAV-Höchstsatz (0,93 ct/kWh oder 0,40 ct/kWh). Die Konzessionäre können jedoch nicht feststellen, ob ein Letztverbraucher, Gas ausschließlich für Kochen und Warmwasser oder sonstige Zwecke (vor allem Heizzwecke) verwendet. Die Letztverbraucher sind auch nicht verpflichtet, der Beklagten diese Information zu erteilen, zumal sich Kochgas- und Warmwassergaskunden durch diese Auskunft wirtschaftlich selbst schädigen würden. Der Verwendungszweck kann sich im Zeitverlauf auch ändern. Beispielsweise werden vielerorts etwa alte Gasetagenheizungen durch Zentralheizungen ersetzt. Danach wird Gas nur noch für Kochen und Warmwasser bezogen. Wie soll ein Konzessionär diese Entwicklung nachvollziehen?

VII. Rechtsfolgen

§ 2 Abs. 2 u. 3 KAV sind verfassungswidrig und nichtig. Die KAV kann als Rechtsverordnungen i.S.d. Art. 80 Abs. 1 GG durch jedes mit ihnen befasste Gericht vollumfänglich überprüft werden und unangewendet bleiben. Diese Prüfung erstreckt sich nicht nur auf die Einhaltung der Ermächtigungsgrundlage, sondern auch auf die Verfassungsmäßigkeit der Verordnung selbst.[31] Eine Vorlagepflicht nach Art. 100 Abs. 1 GG besteht nicht. Eine Vorlage der KAV nach Art. 100 Abs. 1 GG wäre sogar unzulässig. Die Vorlagepflicht nach Art. 100 Abs. 1 GG gilt nur für „Gesetze". Dazu zählt die KAV als Verordnungsrecht (Art. 80 GG) nicht. Entsprechend hat

---

31 BVerfG, Beschl. v. 27.9.2005 – 2 BvL 11/02, juris-Rn. 41.

das BVerwG bereits für die Konzessionsabgabenanordnung von 1941 – dem Vorgänger der KAV – entschieden.[32]

Daran ändert es auch nichts, dass die KAV im Jahr 2001 durch das Neunte Euro-Einführungsgesetz[33] und im Jahr 2005 durch das Zweite Gesetz zur Neuregelung des Energiewirtschaftsrechts[34] geändert worden sind. Nach der Rechtsprechung des BVerfG folgt aus diesen Änderungen durch förmliche Gesetze nicht, dass die KAV den Verordnungsrang verliert.[35] Hinzu kommt, dass beide Gesetze sog. „Entsteinerungsklauseln" enthalten.[36] Darin stellt der Gesetzgeber in beiden Gesetzen klar, dass sämtliche Rechtsverordnungen weiterhin „auf Grund der einschlägigen Ermächtigungen durch Rechtsverordnung geändert" werden können und die Rechtsqualität der KAV als Verordnungsrecht i.S.d. Art. 80 Abs. 1 GG erhalten bleibt.

VIII. Zusammenfassung und Ausblick

Die unterschiedlichen KAV-Höchstsätze nach § 2 Abs. 2 u. 3 KAV verstoßen gegen Art. 3 Abs. 1 GG und das rechtsstaatliche Willkürverbot. Die Vorschriften knüpfen bei Festlegung der Höchstsätze in mehrfacher Hinsicht an Unterscheidungsmerkmale an, die eine Ungleichbehandlung sachlich nicht rechtfertigen können. Die Unterscheidungsmerkmale sind zudem für die Rechtsunterworfenen praktisch nicht umsetzbar. Das verstößt gegen das Rechtsstaatsprinzip (Art. 20 Abs. 3 GG). Die Regelungen sind verfassungswidrig und nichtig.

Welche Alternativen gibt es? Die Konzessionsabgaben können vollständig abgeschafft werden. Strom- und Gasverbraucher zahlen bereits Netzentgelte, Mehrwertsteuer und Strom- oder Energiesteuer. Stromverbraucher entrichten zusätzlich EEG- und KWK-Umlage sowie § 19 Abs. 2 StromNEV-Umlage, Offshore-Umlage und § 18 AbLaV-Umlage. Diese

---

32 BVerwG, Urt. v. 20.11.1990 – 1 C 30/89, juris-Rn. 22.
33 BGBl. I 2001, 2992, 3000.
34 BGBl. I 2005, 1970, 2015.
35 BVerfG, Beschl. v. 13.9.2005 – 2 BvF 2/03, juris-Rn. 205 „Beitragssicherungsgesetz"; BVerfG, Beschl. v. 27.9.2005 – 2 BvL 11/02, juris-Rn. 37; so auch *Pieroth*, in: Jarass/Pieroth, GG, 14. Aufl. 2016, Art. 100 Rn. 10; *Dederer*, in: Maunz/Dürig, GG, Stand: Dezember 2013, Art. 100 Rn. 92; *Detterbeck*, in: Sachs, GG, 6. Aufl. 2011, Art. 100 Rn. 7.
36 BGBl. I 2001, 2992, 3010; BGBl. I 2005, 1970, 2017.

Idee wäre nichts Neues. Konzessionsabgaben sollten bereits nach der KAE 1941 abgeschafft werden.[37] Die Monopolkommission hat diese Forderung in den 70er Jahre nochmal wiederholt Auch zur Verlegung von Telekommunikationslinien dürfen öffentliche Verkehrswege unentgeltlich benutzt werden (§ 68 Abs. 1 TKG). Konzessionsabgaben sind nicht zwingend.

Wenn die Konzessionsabgaben hingegen aus Rücksicht auf die Gemeindefinanzen erhalten bleiben sollen, muss es für unterschiedliche Höchstsätze sachliche Gründe geben. Diese Gründe müssen einen Zusammenhang zur Nutzung des öffentlichen Straßenlandes aufweisen.[38]

---

37 Hauptgutachten 1973/1975, „Mehr Wettbewerb ist möglich", Rn. 113 (S. 52) und Rn. 741 (S. 404).
38 Vgl. etwa *von Hammerstein/von Hoff*, Reform des Konzessionsabgabenrechts (Gutachten von RAUE LLP für Agora Energiewende). Danach steht es mit Art. 3 Abs. 1 GG im Einklang, auf eine leistungsbezogene Berechnung umzustellen.

Wann gilt Strom als von einer Person selbst verbraucht?

*Christian Hampel und Sandra Flemming, Berlin**

I. Einleitung

Die Höhe des Strompreises ist für viele Unternehmen von großer wirtschaftlicher Bedeutung. Einen immer größer werdenden Anteil nehmen dabei die administrativ verankerten Kostenbestandteile Steuern, Abgaben und Umlagen ein. Während der durch den Stromlieferanten beeinflussbare Preisbestandteil in den letzten Jahren gesunken ist, erhöhen sich die anderen Bestandteile. Insbesondere die Umlage nach dem Erneuerbare-Energien-Gesetz (EEG) ist mit über 20 % wesentlich für diese Erhöhung verantwortlich.[1] Die Möglichkeit der Begrenzung der nicht beeinflussbaren Kostenbestandteile ist daher für den einzelnen Stromkunden von besonderer Bedeutung. Die Möglichkeit hierzu knüpft an den Selbstverbrauch an.

So werden in einer Vielzahl von energierechtlichen Regelungen an den Selbstverbrauch von Strom gewisse Privilegierungen – auch hinsichtlich der Meldepflichten – im Hinblick auf diese staatlichen Kostenbestandteile geknüpft. Im EEG sind die Mengen des selbst verbrauchten Stroms bedeutsam für die Eigenversorgung und die Besondere Ausgleichsregelung, die zu einer Verringerung und teilweise sogar zum Ausschluss der EEG-Umlage führen. Nach dem Kraft-Wärme-Kopplungsgesetz (KWKG) ist die Menge des selbst verbrauchten Stroms für die Begrenzung der KWKG-Umlage bei stromkostenintensiven Unternehmen bedeutsam. Ebenfalls erfolgen abhängig vom Umfang des selbst verbrauchten Stroms Begrenzungen der Umlage nach der Stromnetzentgeltverordnung (StromNEV) und der Offshore-Umlage nach dem Energiewirtschaftsge-

---

* Dr. Christian Hampel und Dr. Sandra Flemming, Rechtsanwälte bei Ernst & Young Law GmbH Rechtsanwaltsgesellschaft Steuerberatungsgesellschaft, Berlin. Die Autoren bedanken sich bei ihren Kollegen Véronique Joly-Müller, Dr. Nils Graßmann und Dr. Tobias Lehberg für die Diskussion und die inhaltlichen Anregungen.
1 Vgl. BNetzA/Bundeskartellamt, Monitoringbericht 2016 - Monitoringbericht gemäß § 63 Abs. 3 i.V.m. § 35 EnWG und § 48 Abs. 3 i.V.m. § 53 Abs. 3 GWB, Stand: 30.11.2016, S. 217 ff.

setz (EnWG)[2]. Im Stromsteuergesetz (StromStG) findet sich gleich mehrfach der „Selbstverbrauch", wobei der zum Selbstverbrauch Erzeugende kleiner Anlagen von der Stromsteuer befreit ist.

Trotz ihrer Bedeutung werden Begriffe wie „selbst verbrauchter Strom", „selbst verbrauchte Strommengen" oder „Selbstverbrauch" in keinem der angesprochenen Gesetze legal definiert. Die Ermittlung des Selbstverbrauchs von Strom bereitet in der Praxis oftmals große Probleme, da jeder Einzelfall zur Abgrenzung zwischen selbst verbrauchten und weitergeleiteten und somit von Dritten verbrauchten Strommengen gesondert zu betrachten und der administrative Aufwand bei oft sehr kleinteiligen Sachverhalten sehr hoch ist. Viele Abgrenzungsfragen stellen sich gerade vor dem Hintergrund der Arbeitsteilung innerhalb eines Unternehmens mit verschiedenen rechtlichen Einheiten hinsichtlich einheitlicher Produktionsprozesse oder der Verlagerung von Services auf externe Dienstleister, die oftmals am Standort des Unternehmens selbst für Zwecke des Unternehmens tätig werden.

Die Begrenzung der staatlichen Kostenbestandteile wird dadurch erschwert, dass die für die Inanspruchnahme der Privilegierung relevanten Strommengen grundsätzlich durch mess- und eichrechtskonforme Messeinrichtungen zu erfassen sind. Dies wird besonders relevant, wenn eine Abgrenzung von an Dritte weitergeleiteten Strommengen vorzunehmen ist. Für die Eigenversorgung ist dies gesetzlich in § 61h Abs. 1 EEG verankert. Für die Besondere Ausgleichsregelung findet sich zwar keine vergleichbare Regelung im EEG, dies wird jedoch durch das Bundesamt für Wirtschaft und Ausfuhrkontrolle (BAFA) mit der Konsequenz vertreten, dass bei Nichterfüllung der zähltechnischen Anforderungen der Wegfall der Begrenzung der EEG-Umlage für die gesamte Strommenge droht.[3]

Da die EEG-Umlage eine besonders große finanzielle Bedeutung im Rahmen der Kostenbestandteile des Strompreises hat, wird sich dieser Beitrag vorrangig mit dem Begriff des Selbstverbrauchs im EEG befassen. Nach einer Bestandsaufnahme zum aktuellen Diskussionsstand zur Defini-

---

2 In § 17f EnWG wird allerdings nur vom „Letztverbraucher" und nicht vom „selbst verbrauchten Strom" gesprochen.
3 BAFA, Hinweisblatt Stromzähler für stromkostenintensive Unternehmen, Stand: 23.06.2017, S. 3; BAFA, Merkblatt für stromkostenintensive Unternehmen 2017 zu den gesetzlichen Regelungen nach §§ 63 ff. Erneuerbare-Energien-Gesetz 2017 einschließlich der Regelungen zur Zertifizierung des Energieverbrauchs und der Energieminderungspotenziale, S. 15 f.

tion eines Selbstverbrauchs (siehe II.) wird ein eigener praxistauglicher Lösungsansatz unterbreitet (siehe III.).

II. Bestandsaufnahme „Selbstverbrauch"

Nach dem allgemeinen Sprachgebrauch ist der Verbrauch insbesondere die Verwendung / der Verzehr von Gütern.[4] Im physikalischen Sinn kann Strom jedoch nicht „verbraucht" werden. Während ein „Erzeuger" von Strom Energie in Strom verwandelt, wird beim „Verbrauch" von Strom dieser wiederum in Energie umgewandelt. Die Energie kann der Welt aber weder genommen noch hinzugeführt werden.[5] Von daher ist der Verbrauch von Strom ausschließlich rechtlich zu verstehen. Der BGH hat die physikalischen Gesetzmäßigkeiten zumindest in seine Auslegung des Begriffs „Letztverbraucher" (im Sinne des § 3 Nr. 25 EnWG) mit einfließen lassen. So sind „Letztverbraucher" im Sinne des § 3 Nr. 25 EnWG natürliche oder juristische Personen, die Energie für den eigenen Verbrauch kaufen, während sie nach anderen Regelwerken jede natürlichen oder juristischen Personen sind, die Strom verbrauchen (z.B. § 3 Nr. 33 EEG, § 2 Nr. 17 KWKG). Nach dem BGH liegt ein Verbrauch schon dann vor, wenn lediglich eine Energieumwandlung erfolgt. Entscheidend sei, dass der entnommene Strom für eine bestimmte energieabhängige Funktion verwendet und hierfür aufgezehrt werde. Selbst wenn dadurch eine andere Energieform (im vorliegenden Fall eines Pumpspeicherkraftwerks: die Lageenergie des hochgepumpten Wassers) entstünde.[6]

Versteht man unter „Verbrauch" also auch Energieumwandlungen, ist immer noch nicht geklärt, wann der Verbrauch „selbst" durch eine natürliche oder juristische Person erfolgt. Wie erwähnt, findet sich keine Legaldefinition des Begriffs Selbstverbrauch.

---

4 Vgl. *Gabler*, Wirtschaftslexikon, 18. Aufl. 2013, Definition „Verbrauch".
5 *Schwintowski*, Einige Bemerkungen zum Begriff des Letztverbrauchers im Energierecht, EWeRK 2016, 369.
6 BGH, NVwZ-RR 2010, 431, 432; nach *Schwintowski*, Konfiguration und rechtliche Rahmenbedingungen für den modernen Batteriespeichermarkt, EWeRK 2015, 81, 96 f. sollte die bestehende rechtliche Rahmenordnung derart ergänzt und klargestellt werden, dass die Zwischenspeicherung von Energie jedweder Art keinen Letztverbrauch darstellt. Anderenfalls komme es zu diskriminierenden Doppelbelastungen.

1. Verständnis in der Rechtsprechung

In der Rechtsprechung steht der Selbstverbrauch als Begriff nicht im Mittelpunkt bei der Prüfung der relevanten Regelungen. Vielmehr wird der Selbstverbrauch im Zusammenhang mit dem Letztverbrauch diskutiert und als solcher oftmals synonym verstanden.

Zum ersten Mal etwas ausführlicher thematisiert wird der Letztverbrauch in Drittkonstellationen Ende 2009 im Zusammenhang mit Objektnetzen.[7] Dabei ging es vorrangig um die Frage, ob auch der Strom, der außerhalb eines der allgemeinen Versorgung dienenden Netzes erzeugt und an Letztverbraucher geliefert wird, in den Ausgleichsmechanismus des EEG einschließlich des Belastungsausgleichs zwischen den Elektrizitätsversorgungsunternehmen und den für sie regelverantwortlichen Übertragungsnetzbetreibern nach § 14 Abs. 3 EEG 2004 einzubeziehen ist. Dies bejahte der BGH und nahm auch dann eine EEG-pflichtige Belieferung von Letztverbrauchern an, wenn ein Elektrizitätsversorgungsunternehmen an verbundene Unternehmen außerhalb eines der allgemeinen Versorgung dienenden Netzes Strommengen liefert. Eine Lieferung an ein verbundenes Unternehmen könne nicht der Eigenversorgung gleichgestellt werden. Dies entspreche dem Ziel, die EEG-Kosten verursachergerecht auf alle Stromabnehmer zu verteilen.[8] Diese Aussage wird auch später regelmäßig – höchstrichterlich – bestätigt.[9] Übertragen auf die Thematik des Selbstverbrauchs kann man daher sagen, dass nach der Rechtsprechung einem Unternehmen der Verbrauch von Strom durch ein verbundenes Unternehmen nicht als selbst verbraucht zuzurechnen ist.[10]

Um als Letztverbraucher von Strom angesehen zu werden, sei es erforderlich, die entsprechenden Stromverbrauchseinrichtungen zu betreiben. Maßgeblich für das Betreiben der Verbrauchseinrichtungen sei vor allem, welche Person die tatsächliche Sachherrschaft über die Verbrauchseinrichtungen habe und das wirtschaftliche Risiko des Betriebs der Ver-

---

7 BGH, NVwZ-RR 2010, 315.
8 BGH, NVwZ-RR 2010, 315, 316; kritisch hierzu *Krafczyk/Heine*, EEG-Umlagepflicht für Contractoren – Zugleich Besprechung von BGH, Urteil vom 9.12.2009 - VIII ZR 35/09, CuR 2010, 8, 11.
9 Z.B. BGH, RdE 2015, 354, 356.
10 BDEW, Anwendungshilfe zum Kraft-Wärme-Kopplungsgesetz 2016, Teil 2: Belastungsausgleich und Umlagekategorien, 3. Aufl., 19.04.2017, S. 33.

brauchseinrichtungen trage.¹¹ An diesem Letztverbrauch ändere sich auch dann nichts, wenn ein durch die Verbrauchseinrichtungen gewonnenes Produkt Dritten zur Verfügung gestellt werde.¹² Wieder übertragen auf den Begriff des Selbstverbrauchs bedeutet dies, dass nach der Rechtsprechung derjenigen Person die Strommengen als selbst verbraucht zuzurechnen sind, die die Verbrauchsanlagen betreibt. Es spielt dabei keine Rolle, ob die in den Verbrauchseinrichtungen gewonnenen Produkte einer anderen Person zur Verfügung gestellt werden.

2. Verständnis in der Literatur

In der Kommentarliteratur zum EEG findet sich ebenfalls keine vertiefte Auseinandersetzung mit dem Begriff des Selbstverbrauchs von Strom. Vielmehr wird dieser oft als unproblematisch vorausgesetzt[13] und allenfalls kurz angesprochen[14]. Beispielsweise liegt im Rahmen der Eigenversorgung der Fokus auf anderen Merkmalen wie der Personenidentität zwischen Stromerzeuger und Stromverbraucher.[15] Begriffliche Annäherungen werden über den Begriff des Letztverbrauchers und eine Abgrenzung zur Weiterleitung erreicht. Selbst verbraucht sei daher Strom, der nicht an Dritte, zu denen auch Mutter-, Schwester- und Tochtergesellschaften gehörten, weitergeleitet werde. Dies gelte auch für an rechtlich selbständige Werkvertragsunternehmen weitergeleiteten Strom, selbst wenn diese Weiterleitung kostenlos erfolge.[16]

Auch in Aufsätzen erfolgt – soweit ersichtlich – keine generelle Definition des Selbstverbrauchs. Zum Großteil werden nur Einzelprobleme zu

---

11 OLG Hamburg, EnWZ 2014, 571, 574 und ZUR 2014, 567, 569; siehe auch BDEW, Anwendungshilfe zum Kraft-Wärme-Kopplungsgesetz 2016, Teil 2: Belastungsausgleich und Umlagekategorien, 3. Aufl., 19.4.2017, S. 33.
12 OLG Frankfurt, RdE 2012, 446.
13 Vgl. *Cosack*, in: Frenz/Müggenborg/Cosack/Ekardt, EEG, 4. Aufl. 2015, § 61 Rn. 23: Für die Eigenversorgung sei die *„Stellung als Letztverbraucher [...] grundsätzlich unproblematisch festzustellen"*; ferner Gabler/v. Hesler/*Gabler*, EL 05-16, §§ 61, 64 EEG; *Salje*, EEG 2014, 7. Aufl. 2015, §§ 61, 64; BerlKommEnR/ *Ahnsehl*, Sonderband zu Band 2, 3. Aufl. 2015, § 61.
14 Danner/Theobald/*Stein*, 92. EL März 2017, EEG 2014, § 61 Rn. 27.
15 Gabler/v. Hesler/*Gabler*, EL 05-16, § 61 EEG Rn. 52 ff.
16 *Posser/Altenschmidt*, in: Frenz/Müggenborg/Cosack/Ekardt, EEG, 4. Aufl. 2015, § 64 Rn. 27.

einzelnen Regelungen in diesem Zusammenhang diskutiert bzw. kurz angesprochen.[17] *Säcker*[18] will zumindest im Rahmen der Eigenversorgung und der Besonderen Ausgleichsregelung eine einheitliche Handhabe für Fälle, in denen auf dem Gelände einer EEG- bzw. KWK-Anlage Drittfirmen arbeiten und diese in den Produktionsprozess des Anlagenbetreibers mit eigenen stromverbrauchenden Maschinen eingegliedert sind. Der von diesen Maschinen und in den Hallen, in denen Fremdfirmenmitarbeiter mit diesen Maschinen arbeiten, verbrauchte Strom sei ein Drittbezug.

Faßbender/Riggert[19] wollen für die Abgrenzung von Selbstverbrauch und Drittverbrauch im Rahmen der Begrenzung der KWK-Umlage nach § 26 Abs. 2 KWKG 2016 (§ 36 Abs. 1 KWKG 2017) die Kriterien der Bundesnetzagentur (BNetzA) für die EEG-Eigenversorgung – siehe sogleich unten – anwenden: tatsächliche Sachherrschaft über die Verbrauchsgeräte, eigenverantwortliche Bestimmung der Arbeitsweise und Tragung des wirtschaftlichen Risikos. Diese Kriterien würden in den meisten Fällen zur Lösung der Abgrenzungsfrage führen. In Grenzfällen könnten zusätzlich Kriterien aus dem Stromsteuerrecht herangezogen werden, die unter anderem darauf abstellten, ob die Stromentnahme zeitweise oder dauerhaft erfolge.

3. Verständnis von Behörden

Will man sich dem Begriff des Selbstverbrauchs von Strom weiter nähern, sind die Auslegungen durch das BAFA und die BNetzA maßgeblich. Beide haben 2016 ihre Behördenpraxis veröffentlicht.

---

17 Vgl. *Hennig/Herz*, Ausgewählte Rechtsfragen dezentraler Energiekonzepte - Teil 1: Eigenversorgung und Energiespeicher, ZNER 2016, 30.
18 *Säcker*, Eigenversorgung im EEG 2014 – Die Neuregelungen zur Belastung von Eigenversorgungsanlagen mit der EEG-Umlage, EnWZ 2015, 260, 261.
19 *Faßbender/Riggert*, Die KWK-Umlage für privilegierte Letztverbraucher nach KWKG 2016 und KWKG 2017 (Teil 1), IR 2017, 50, 50 f.: Im Rahmen der KWK-Umlage wollen sie im Unterschied zur EEG-Umlage an konzernverbundene Unternehmen weitergeleiteten Strom als selbst verbrauchte Strommengen anerkennen.

a) BAFA zur Besonderen Ausgleichsregelung

Im Rahmen der Besonderen Ausgleichsregelung nach §§ 63 ff. EEG 2017 ist entscheidend, wie viel Strom ein Unternehmen selbst verbraucht. Um die selbst verbrauchte Strommenge an der jeweils zu begünstigenden Abnahmestelle zu ermitteln, sind von den gesamten Strommengen diejenigen Strommengen abzuziehen, die das Unternehmen an der zu begünstigenden Abnahmestelle an Dritte weitergeleitet hat.

Das BAFA stellt in seinem aktuellen Merkblatt für stromkostenintensive Unternehmen 2017[20] wiederholt klar, dass mithin auch an Mutter-, Schwester- oder Tochtergesellschaften weitergegebene Strommengen abzuziehen sind. Dies gelte unabhängig davon, zu welchem Zweck die Weiterleitung erfolgt sei.[21]

Das BAFA hat erstmals im Frühjahr 2016 ein Hinweisblatt Stromzähler[22] veröffentlicht, in dem es darüber hinaus das Erfordernis geeichter Stromzähler aus seiner Sicht darstellt. In diesem Zusammenhang nimmt das BAFA auch zu der Frage Stellung, welche Strommengen als selbst verbraucht gelten. Im Fall der Weiterleitung von Strommengen an dritte Rechtsträger unterscheidet es „zur Erleichterung der Nachweisführung" im Rahmen der Besonderen Ausgleichsregelung zwischen dem Stromverbrauch „für" das Unternehmen und „für" den Dritten.[23] Diese Unterscheidung hält das BAFA auch in der Neufassung des Hinweisblattes vom Sommer 2017 aufrecht.[24]

Beim Verbrauch eines Dritten „für" das Unternehmen – also für unternehmenseigene Zwecke – innerhalb der Abnahmestelle könnten die Strommengen als unternehmenseigener Stromverbrauch angesehen werden. Als Regelbeispiele zur Erleichterung der Nachweisführung für unternehmenseigenen Strom zählt das BAFA die folgenden Fälle auf:

---

20 Genauer Titel: BAFA, Merkblatt für stromkostenintensive Unternehmen 2017 zu den gesetzlichen Regelungen nach §§ 63 ff. Erneuerbare-Energien-Gesetz 2017 einschließlich der Regelungen zur Zertifizierung des Energieverbrauchs und der Energieminderungspotenziale.
21 BAFA, Merkblatt für stromkostenintensive Unternehmen 2017, S. 14.
22 Genauer Titel: „Hinweisblatt Stromzähler für den Nachweiszeitraum ab dem 31.03.2015 für stromkostenintensive Unternehmen, Stand: 28.04.2016".
23 BAFA, Hinweisblatt Stromzähler, Stand: 28.04.2016, S. 3.
24 Genauer Titel: „Hinweisblatt Stromzähler für stromkostenintensive Unternehmen, Stand: 23.06.2017".

- für unternehmenseigene Zwecke geleaste/gemietete Geräte (wie Getränkeautomaten),
- Handwerkerleistungen im Unternehmen,
- externes Reinigungspersonal,
- Hausmeisterwohnungen oder
- durch Dritte betriebene Kantinen,

soweit diese „für" das antragsstellende Unternehmen selbst verbraucht und aus diesem Grund bereitgestellt werden.

Als Verbrauch „für" Dritte sei anzusehen, wenn es sich gerade nicht um eine Bereitstellung im Rahmen einer Tätigkeit für das antragstellende Unternehmen handele, sondern der Dritte den weitergeleiteten Strom für eigene Zwecke verbrauche. Als Regelbeispiel wird hier genannt:

- die Zurverfügungstellung von Teilen von Betriebshallen an Dritte oder
- die Vermietung von Büroräumen auf dem Betriebsgelände an Dritte.

b) BNetzA zur Eigenversorgung

Die Eigenversorgung setzt nach § 3 Nr. 19 EEG 2017 unter anderem voraus, dass eine natürliche oder juristische Person, die eine Stromerzeugungsanlage selbst betreibt, den daraus erzeugten Strom „selbst verbraucht".

In ihrem Leitfaden zur Eigenversorgung vom Juli 2016 stellt die BNetzA heraus, dass ein Eigenversorger stets zugleich die Begriffsdefinition des Letztverbrauchers gemäß § 5 Nr. 24 EEG 2014 (§ 3 Nr. 33 EEG 2017) erfülle.[25] Ein „Letztverbraucher" ist jede natürliche oder juristische Person, die Strom verbraucht. Eine „Zurechnung" fremden Stromverbrauchs als eigener Letztverbrauch sei danach ausgeschlossen. Das gelte auch für den Fall, dass der Betreiber der Stromerzeugungsanlage und der Letztverbraucher des erzeugten Stroms zu demselben Konzern gehören.[26]

Für die Zuordnung eines Stromverbrauchs zu einem bestimmten Letztverbraucher komme es grundsätzlich auf die Zuordnung des tatsächlichen, physikalisch-technischen Verbrauchsvorgangs durch die Betätigung der elektrischen Verbrauchsgeräte an. Entscheidend seien die objektiven, tatsächlich vorliegenden Umstände, während davon abweichende subjektive

---

25 BNetzA, Leitfaden zur Eigenversorgung, Stand: Juli 2016, S. 23.
26 BNetzA, Leitfaden zur Eigenversorgung, Stand: Juli 2016, S. 23.

Ziele, rein vertragliche Zuordnungen, Fiktionen oder Umgehungsgeschäfte insoweit unbeachtlich seien. Letztverbraucher im Sinne der Eigenversorgung sei der jeweilige Betreiber der elektrischen Verbrauchsgeräte. Für die Bestimmung dieser Betreibereigenschaft komme es insbesondere darauf an,

- wer die tatsächliche Herrschaft über die elektrischen Verbrauchsgeräte ausübe,
- ihre Arbeitsweise eigenverantwortlich bestimme und
- das wirtschaftliche Risiko trage.[27]

Nach Auffassung der BNetzA ist die Zuordnung des Letztverbrauchs im Regelfall eindeutig. Abgrenzungsfragen können sich nach Darstellung der BNetzA insbesondere in Konstellationen ergeben, in denen mehrere Personen auf die Verbrauchsgeräte zugreifen können. Dies sind ausweislich des Leitfadens zur Eigenversorgung z.B. folgende Fallgruppen:[28]

- Der Betreiber der Stromerzeugungsanlage sei ebenfalls Letztverbraucher des Stroms von Gästen, Putzhilfen und Handwerkern, die zwischenzeitlich und in geringfügigem Umfang auf vorhandene oder mitgebrachte Verbrauchsgeräte in seiner Wohnung zugreifen können.
- Betreibt ein Eigentümer eines Hauses eine Stromerzeugungsanlage (z.B. ein BHKW im Keller) und stellt den erzeugten Strom seinem Mieter für seinen Verbrauch in der vermieteten Wohnung zur Verfügung, betreibe der dort wohnende Mieter die Verbrauchsgeräte in der Wohnung und sei insoweit Letztverbraucher des Stroms.[29]
- Auch in Wohnheimkonstellationen (z.B. Studentenwohnheim, Seniorenwohnheim, Schwesternwohnheim) werde typischer Weise der jeweilige Bewohner und nicht der Wohnheimbetreiber als Betreiber der Letztverbrauchseinrichtungen und somit als Letztverbraucher in seinem Wohnbereich anzusehen sein.

---

27 BNetzA, Leitfaden zur Eigenversorgung, Stand: Juli 2016, S. 24.
28 BNetzA, Leitfaden zur Eigenversorgung, Stand: Juli 2016, S. 24 ff.
29 Nach Ansicht des Deutschen Industrie- und Handelskammertags (DIHK) ist ein Untermieter Betreiber der in seinem Zimmer befindlichen Verbrauchsgeräte und insofern als Letztverbraucher des in diesen Geräten verwendeten Stroms anzusehen. Der Hauptmieter der Wohnung müsse sich daher als Stromlieferant nach der Marktstammdatenregisterverordnung registrieren lassen, DIHK, Merkblatt zum Marktstammdatenregister, 2017, S. 5.

- Allerdings sei bei Hotels und Krankenhäusern, bei denen auch eine – zumindest kurzfristige – Vermietung der Räumlichkeiten erfolgt, der Betreiber des Hotels oder Krankenhauses als Letztverbraucher der durch die Gäste bzw. Patienten verbrauchten Stroms anzusehen. In diesen Konstellationen liege das wirtschaftliche Risiko für die elektrischen Verbrauchsgeräte im Hotel- bzw. Krankenzimmer typischer Weise ganz überwiegend bei dem Hotel bzw. Krankenhaus. Durch die Zugriffsmöglichkeiten des Hotel- bzw. Krankenhauspersonals blieben die Verbrauchsgeräte in der Herrschaftssphäre des Hotels bzw. Krankenhauses. Die zeitweiligen Zugriffsmöglichkeiten während des vorübergehenden Aufenthalts und die untergeordneten Geringverbräuche der wechselnden Gäste oder Patienten durch die Benutzung externer Geräte stünden der Zuordnung des Gesamtverbrauchs nicht entgegen.
- Sind mehrere Unternehmen auf einem Betriebsgelände tätig, werde in der Regel jedes Unternehmen Letztverbraucher der Strommengen sein, die durch seine eigenen Tätigkeiten verbraucht werden. Dies gelte unabhängig davon, ob das rechtlich selbstständige Unternehmen im Auftrag eines anderen Unternehmens tätig werde, ob es mit diesem konzernrechtlich verbunden sei und ob der verbrauchte Strom beispielsweise vom Auftraggeber gestellt werde. Daher sei ein Unternehmen, dass auf seinem Gelände eine Kantine für die eigenen Mitarbeiter betreibe, auch Letztverbraucher der in der Kantine verbrauchten Strommengen. Werde die Kantine für die Mitarbeiter dagegen durch ein anderes Unternehmen auf eigene Rechnung und in eigenem Namen betrieben, so sei dieses Unternehmen unabhängig davon, ob es Eigentum an den Verbrauchsgeräten erlange und ob der in der Kantine verbrauchte Strom separat beschafft oder abgerechnet werde, Letztverbraucher dieses Stroms.
- Zeitweilig begrenzte Zugriffsmöglichkeiten von nicht unternehmenszugehörigen Personen, wie z.B. Gästen oder vom Unternehmen beauftragten Putzhilfen oder Handwerkern, auf vorhandene oder mitgebrachte Verbrauchsgeräte stünden einer Anerkennung der dadurch entstehenden Stromverbräuche als Letztverbrauch des Unternehmens grundsätzlich nicht entgegen. Es müsse sich dabei allerdings um unentgeltliche Geringverbräuche von untergeordneter Bedeutung handeln. Auch der Strombezug eines im Unternehmen aufgestellten Getränkeautomaten werde daher regelmäßig als Letztverbrauch des Unternehmens einzuordnen sein.

- Wird die durch elektrische Verbrauchsgeräte erzeugte Nutzenergie (z.B. in Form von Druckluft, Dampf oder Licht) nach den Anforderungen eines Dritten erzeugt und ihm zur Verfügung gestellt (Contracting-Modell), komme es ebenfalls für die Einordnung als Letztverbraucher darauf an, wer Betreiber der elektrischen Verbrauchsgeräte sei.

4. Konsequenzen

Die vorstehende Darstellung zeigt, dass in Rechtsprechung und Literatur zwar einzelne Beispiele in Bezug auf den Selbstverbrauch von Strom diskutiert werden, eine umfassende Auseinandersetzung zu den anwendbaren Abgrenzungskriterien jedoch nicht erfolgt. Von BAFA und BNetzA wurden im Jahr 2016 ausführliche Ansichten zum Selbstverbrauch von Strom in Abgrenzung zur Weiterleitung/Belieferung Dritter veröffentlicht. Es ist davon auszugehen, dass diese Ansichten bald von Rechtsprechung und Literatur[30] aufgegriffen und zur weiteren Diskussion gestellt werden. Dies erscheint auch erforderlich, da die Ansätze des BAFA und der BNetzA von einem teilweise unterschiedlichen Verständnis für die Bestimmung des Selbstverbrauchs von Strom ausgehen. Konsequenz ist, dass gleiche Sachverhalte, bei denen Dritte involviert sind, damit zum Teil unterschiedlich beurteilt werden. Dies betrifft z.B. folgende Konstellationen:

- Nach Auffassung des BAFA kann der Stromverbrauch einer durch Dritte betriebenen Kantine auf einem Werksgelände dem Eigentümer/Betreiber des auf dem Werksgelände ansässigen (Produktions-)Unternehmens zugerechnet werden. Entscheidend ist nach Auffassung des BAFA, dass die Kantine für das Unternehmen betrieben wird, demnach also die Mitarbeiter dieses Unternehmens in dieser Kantine speisen können.
Für die BNetzA ist dies allerdings nicht ausreichend, um dem Unternehmen dem Stromverbrauch des Dritten zuzurechnen. Die BNetzA fordert für einen Selbstverbrauch von Strom, der nicht nur als ein unentgeltlicher Geringverbrauch von untergeordneter Bedeutung einzustufen ist, dass die Verbrauchsgeräte (z.B. der Elektroherd oder die Beleuchtung) durch den Verbraucher betrieben werden. In der obigen

---

30 Vgl. bereits *Faßbender/Riggert*, IR 2017, 50, 50 f.

Konstellation würde die BNetzA nicht das Unternehmen, sondern den Betreiber der Kantine als (Letzt-)Verbraucher des Stroms einordnen.
- Im Hinblick auf Dienstleister, wie z.B. Putzleute oder Handwerker, die den Strom aus der Kundenanlage des Unternehmens oder in einer Wohnung für eigene Verbrauchsgeräte nutzen, ergeben sich auf den ersten Blick in der Regel keine Unterschiede. Nach beiden Ansichten kann der Verbrauch des Stroms dem Unternehmen als Betreiber der Kundenanlage oder dem Wohnungsinhaber zugerechnet werden. Nach Auffassung des BAFA ist allerdings erforderlich, dass die Nutzung des Stroms für Zwecke des Betreibers der Kundenanlage erfolgt. Dies werde beispielsweise bei Gebrauch von elektrischen Geräten der Dienstleister (z.B. Geräte für die Reinigung oder die Erbringung handwerklicher Leistungen) angenommen. Für die BNetzA ist hier unabhängig von der Frage der Betreibereigenschaft des Verbrauchsgeräts entscheidend, dass es sich um unentgeltliche Geringverbräuche von untergeordneter Bedeutung handelt, was im Fall von Reinigungsdienstleistungen oder Handwerksleistungen in der Regel der Fall sein sollte.

Lädt aber z.B. ein Mitarbeiter des Dienstleisters während der Tätigkeit vor Ort sein privates Handy auf, stellt sich die Frage, ob das BAFA und die BNetzA immer noch zu gleichen Ergebnissen gelangen. Das Aufladen eines nicht für die Zwecke der Dienstleistung erforderlichen Handys erfolgt nicht „für" den Betreiber der Kundenanlage oder den Wohnungsinhaber. Fraglich ist daher, ob nach Auffassung des BAFA in diesem Fall ein Verbrauch von Dritten vorliegt. Für die BNetzA handelt es sich unabhängig davon um einen unentgeltlichen Geringverbrauch von untergeordneter Bedeutung, der dem Betreiber der Kundenanlage oder dem Wohnungsinhaber zugerechnet werden kann.

Die Beispiele zeigen, dass je nach dem zum Ansatz gebrachten Kriterium (Zwecksetzung des Verbrauchs oder Betreiben der Verbrauchsgeräte mit Bagatellgrenze) das Vorliegen eines Selbstverbrauchs von Strom im Ergebnis unterschiedlich beurteilt wird.

III. Bewertung und eigene Auffassung

Positiv an den Auffassungen von BNetzA und BAFA ist, dass Konstellationen anerkannt sind, in denen der Stromverbrauch einem Unternehmen auch dann zugerechnet werden kann, wenn der Strom von diesem nicht unmittelbar selbst verbraucht wird. Dieser Grundansatz ermöglicht in den erfassten Konstellationen pragmatische Lösungen, die aufgrund der teilweise gegebenen Kleinteiligkeit von Stromverbrauchsfällen auch dringend erforderlich sind. BNetzA und BAFA tragen insoweit mit ihren Auffassungen der Lebenswirklichkeit einer arbeitsteiligen Wirtschaft Rechnung.

Nach der veröffentlichten Praxis von BNetzA und BAFA muss der Rechtsanwender jedoch schon innerhalb des EEG und damit innerhalb ein und desselben Gesetzes für die gleiche Rechtsfrage „Selbstverbrauch" danach unterscheiden, ob sich diese im Zusammenhang mit der Eigenversorgung oder der Besonderen Ausgleichsregelung stellt. Beispielsweise würde ein stromkostenintensives Unternehmen im Sinne des § 64 EEG, dass auch selbst Strom erzeugt und diesen für eine von Dritten betriebene Kantine für seine Mitarbeiter verbraucht, dem BAFA zum Zwecke der Antragstellung für die Besondere Ausgleichsregelung andere selbst verbrauchte und weitergeleitete Strommengen melden müssen als im Rahmen der Eigenversorgung den Netzbetreibern. In dem Antrag an das BAFA für die Besondere Ausgleichsregelung würde der durch die Kantine verbrauchte Strom als selbst verbrauchte Strommenge gemäß § 64 Abs. 3 Nr. 1 b) und c) bb) EEG gelten. Im Rahmen der Meldung an den Netzbetreiber nach § 74a Abs. 2 EEG würde der durch die Kantine verbrauchte Strom dagegen nicht als selbst verbrauchte Strommenge gewertet werden.

Schon aus Gründen der Praxistauglichkeit ist aber zu vermeiden, dass eine tatsächliche Verbrauchssituation unterschiedlich bewertet wird. Denn ohne eine einheitliche Bewertung ist für den Rechtsanwender die Beurteilung seines Stromverbrauchs für die verschiedenen administrativen Belastungen nur schwer voraussehbar und berechenbar. Dies widerspricht dem grundgesetzlich verankerten Prinzip der Rechtsklarheit und -sicherheit.

Darüber hinaus hat die Auffassung des BAFA auch eine wichtige Beschränkung: Sie gilt „nur für die Zwecke der Besonderen Ausgleichsregelung"[31] bzw. bei „Fragen der Nachweisführung für einen Antrag nach den §§ 63 ff. EEG 2017"[32]. Dies bedeutet, dass sich diese Auffassung auf die Antragstellung und den Befreiungsbescheid bezieht. Keine verbindliche Aussage hat das BAFA dagegen für die Fragen der Abwicklung (Melde- und Zahlungspflichten gegenüber Netzbetreibern) getroffen. Im oben genannten Beispiel der Kantine wäre deren Stromverbrauch im Rahmen der

---

31 BAFA, Hinweisblatt Stromzähler, Stand: 23.06.2017, S. 3.
32 BAFA, Merkblatt für stromkostenintensive Unternehmen 2017, S. 16.

Antragstellung als vom antragstellenden Unternehmen verbraucht einzustufen. Für die Frage der Abwicklung, d.h. ob die von der Kantine verbrauchten Strommengen von einer Begrenzung der EEG-Umlage (und damit z.B. auch der KWK-Umlage) profitieren, wäre gesondert (nach den Kriterien der BNetzA für die Eigenversorgung?) zu entscheiden, ob ein Selbstverbrauch von Strom oder eine Weiterlieferung vorliegt.

Um den Anforderungen der Rechtsklarheit und -sicherheit gerecht zu werden, sollen im Folgenden einheitliche Kriterien für die Abgrenzung des Selbstverbrauchs von Strom zur Weiterleitung von Strom an Dritte ermittelt werden.

1. Betreiber der Verbrauchsgeräte als Selbstverbraucher

Der von der BNetzA in Übereinstimmung mit der Rechtsprechung verfolgte Ansatz, dass es für die Feststellung des Selbstverbrauchs von Strom auf die Betreiberstellung im Hinblick auf die Verbrauchseinrichtung (Kriterien: tatsächliche Sachherrschaft, Steuerung des Einsatzes der Anlage, Tragung des wirtschaftlichen Risikos) ankommt, ist im Grundsatz zutreffend. Zunächst erfordert ein Stromverbrauch als solcher, dass überhaupt in einer Verbrauchseinrichtung Strom verwendet wird. Schon von daher ist die Zuordnung der Verbrauchseinrichtungen zu einem Betreiber sinnvoll. Zum anderen setzt die Eigenversorgung gemäß § 3 Nr. 19 EEG – für die die BNetzA ihre Ansicht entwickelt hat – neben dem Selbstverbrauch auch ein Selbstbetreiben der Stromerzeugungsanlage voraus. Selbstverbraucher und Selbstbetreiber müssen personenidentisch sein. Hierfür wendet die BNetzA die gleichen Kriterien sowohl bezüglich der Stromerzeugungsanlage als auch bezüglich der Verbrauchsgeräte an.

In Übereinstimmung mit dem OLG Hamburg sind die vorgenannten Kriterien und insbesondere das Kriterium der Sachherrschaft im Grundsatz nicht nur für den Bereich der Eigenversorgung, sondern auch für die sonstige Bestimmung der Person des Letztverbrauchers im EEG heranzuziehen.[33]

Mit dem alleinigen Abstellen auf die Betreiberstellung von Verbrauchsgeräten wird jedoch die arbeitsteilige Realität der Arbeitswelt nicht widergespiegelt und erscheint jedenfalls – allein – als kein sachgerechtes Merk-

---

33 OLG Hamburg, EnWZ 2014, 571, 574 und ZUR 2014, 567, 569.

mal für die Zuordnung des Stromverbrauchs. In vielen Fällen wird es z.B. nicht möglich sein, die Betreiberstellung anhand der drei vorgenannten Kriterien eindeutig einer Person zuzuweisen. Denkbar ist z.B., dass die tatsächliche Sachherrschaft, Einsatzsteuerung und das wirtschaftliche Risiko nicht bei einer Person zusammen vorliegen, sondern auseinanderfallen. Ausschlaggebend hierfür sind die jeweiligen Umstände des Einzelfalles, die eine eindeutige Zuordnung im Einzelnen auch nicht immer zulassen. Kleine Veränderungen der Umstände können insbesondere im Hinblick auf die Verteilung des wirtschaftlichen Risikos Grund für eine andere Beurteilung bieten. Beispielsweise stellt sich die Frage, ob ein Handwerker, der für ein Unternehmen auf dessen Werksgelände Arbeiten verrichtet und dafür Strom verbraucht, sowohl als Betreiber seiner eigenen mitgebrachten als auch der von dem Unternehmen zur Verfügung gestellten Elektrowerkzeuge ist.

2. Zurechnung des Stromverbrauchs Dritter bei wertender Betrachtung

Die Frage, ob und gegebenenfalls nach welchen Kriterien der – auf der Basis der Kriterien der Betreiberstellung – eigentlich einer dritten Person zuzurechnende Stromverbrauch doch als Selbstverbrauch gewertet werden kann, ist anhand des Wortlautes der gesetzlichen Regelungen und ihrer Auslegung nach Historie, Systematik sowie Sinn und Zweck zu beantworten.

a) „Selbst" verbraucht – kein Erfordernis eines „höchstpersönlichen" Stromverbrauchs

Weder aus Wortlaut, Historie, Systematik noch Sinn und Zweck der benannten Vorschriften lässt sich entnehmen, dass Strom nur als von einem Letztverbraucher selbst verbraucht angesehen werden kann, wenn dieser die Verbrauchseinrichtung nach allen Kriterien der Betreiberstellung höchstpersönlich selbst betreibt.

Die wesentlichen relevanten Vorschriften für den Selbstverbrauch im EEG lauten:

- § 3 Nr. 19 EEG:
  „Im Sinn dieses Gesetzes ist [...] „Eigenversorgung" der Verbrauch von Strom, den eine natürliche oder juristische Person im unmittelba-

ren räumlichen Zusammenhang mit der Stromerzeugungsanlage selbst verbraucht, wenn der Strom nicht durch ein Netz durchgeleitet wird und diese Person die Stromerzeugungsanlage selbst betreibt".
- § 3 Nr. 33 EEG:
„Im Sinn dieses Gesetzes ist [...] „Letztverbraucher" jede natürliche oder juristische Person, die Strom verbraucht".
- § 61c Abs. 1 Satz 1 Nr. 2 EEG:
„Der Anspruch nach § 61 Absatz 1 verringert sich auf null Prozent der EEG-Umlage für Strom aus Bestandsanlagen, [...] soweit der Letztverbraucher den Strom selbst verbraucht [...]."
- § 64 Abs. 1 Nr. 1 EEG:
„Bei einem Unternehmen, das einer Branche nach Anlage 4 zuzuordnen ist, erfolgt die Begrenzung nur, soweit es nachweist, dass und inwieweit [...] im letzten abgeschlossenen Geschäftsjahr die nach § 60 Absatz 1 oder § 61 voll oder anteilig umlagepflichtige und selbst verbrauchte Strommenge an einer Abnahmestelle, an der das Unternehmen einer Branche nach Anlage 4 zuzuordnen ist, mehr als 1 Gigawattstunde betragen hat [...]".

Die Vorschriften der Eigenversorgung beziehen sich ausdrücklich auf die Strommengen, die ein „Letztverbraucher [...] selbst verbraucht". Dies spricht zunächst dafür, dass der Strom durch den Letztverbraucher persönlich („selbst") verbraucht werden muss. Wird der Strom durch Dritte verbraucht, so spricht dies eher dagegen, dass der Letztverbraucher den Strom auch selbst verbraucht.

Im Hinblick auf den Wortlaut und systematisch ist aber auch darauf hinzuweisen, dass die Definition des Letztverbrauchers ausdrücklich die natürliche und juristische Person als (möglichen) Letztverbraucher benennt. Insbesondere mit Blick auf die juristische Person fällt auf, dass ein „persönlicher" Letztverbrauch nur schwer möglich ist. Etwas anderes würde nur gelten, wenn man einen Selbstverbrauch durch eine juristische Person nur annehmen wollte, soweit sie durch ihre Organe, z.B. Geschäftsführung, handelt und ihr dieses Verhalten nach § 31 BGB zugerechnet wird.

In diesem Zusammenhang ist zu betonen, dass nach allgemein anerkannten Rechtsgrundsätzen das Handeln Dritter einer Person unter bestimmten Voraussetzungen zugerechnet werden kann. Zu denken ist neben Organen beispielsweise auch an Vertreter oder Erfüllungsgehilfen (im geschäftlichen Bereich) oder an Verrichtungsgehilfen (im deliktischen Bereich).

Aus den Gesetzesbegründungen zu den oben zitierten Vorschriften ergibt sich nicht, dass es dem Gesetzgeber darauf ankam, dass nur der „(höchst-)persönlich" vom Letztverbraucher verbrauchte Strom als „selbst verbraucht" gelten sollte.[34] Es ist kein Wille des Gesetzgebers erkennbar, dass „selbst" verbrauchter Strom nur dann zu bejahen ist, wenn der Letztverbraucher auch das elektrische Gerät selbst betreibt/nutzt.

Auch Sinn und Zweck der Vorschriften, die gerade eine Begrenzung der EEG-Umlage für (stromkostenintensive, d.h. in der Regel „größere") Unternehmen zulassen, sprechen für eine Zurechnung von Stromverbräuchen Dritter. Denn insbesondere in größeren Unternehmen sind die Produktionsabläufe oftmals vielschichtig angelegt und arbeitsteilig unter Einbeziehung einer Vielzahl an natürlichen und auch juristischen Personen organisiert.

In der Gesamtschau sprechen jedenfalls Systematik sowie Sinn und Zweck der Norm für ein eher weites Begriffsverständnis des „Selbstverbrauchs", d.h. eine Möglichkeit der Zuordnung des Stromverbrauchs Dritter. Nach keiner der einschlägigen EEG-Regelungen muss ein höchstpersönlicher Verbrauch vorliegen. Die Prüfung der Zuordnung sollte daher in allen Konstellationen zusätzlich als Korrektur zum Betreiberbegriff erfolgen.

b) Kriterien der Zurechnung des Stromverbrauchs Dritter zum „Selbstverbrauch"

Für die Bestimmung, welche Mengen zum Selbstverbrauch eines Unternehmens zuzuordnen sind, ist eine sinnvolle Zurechnung erforderlich.

(aa) Keine Kriterien für Zurechnung im Allgemeinen

Denkbar erscheint, zunächst für die Bestimmung von Zuordnungskriterien auf die oben schon genannten zivilrechtlichen Normen der §§ 278, 831 BGB zurückzugreifen.

---

34 Vgl. zu § 3 Nr. 19: BT-Drs. 18/1891, S. 200; zu § 3 Nr. 33: BT-18/1304, S. 114 f.; zu § 61c Abs. 1 S. 1 Nr. 2: BT-Drs. 18/10209, S. 112 und zu § 64 Abs. 1 Nr. 1: BT-Drs. 18/1891, S. 209.

Die zivilrechtlichen Zurechnungsinstitute für Erfüllungsgehilfen gemäß § 278 BGB und für Verrichtungsgehilfen gemäß § 831 BGB regeln allgemein formuliert, wann das Handeln eines Dritten einer anderen Person (dem Schuldner) zuzurechnen ist. Von daher erscheint es grundsätzlich denkbar, die in diesen Vorschriften genannten Voraussetzungen als Zuordnungskriterien heranzuziehen. Bei genauerer Betrachtung erscheinen die in §§ 278/831 BGB genannten Kriterien für diesen Zweck jedoch als nicht geeignet.

Ein Erfüllungsgehilfe nach § 278 BGB ist, wer mit Wissen und Wollen des Schuldners bei Erfüllung einer dem Schuldner obliegenden Verbindlichkeit tätig wird.[35] Verrichtungshilfe nach § 831 BGB ist jeder, der von Weisungen des Geschäftsherrn abhängig ist.[36] Die Zurechnung über § 278 und § 831 BGB führt dazu, dass der Schuldner für fremdes (und zwar des Erfüllungsgehilfen) Verschulden bzw. eigens Verschulden bei der Auswahl oder Beaufsichtigung des Dritten (und zwar des Verrichtungsgehilfen) haftet.

Beide zivilrechtlichen Zurechnungsinstitute dienen vorrangig der Haftungsverteilung. Gegen die Anwendung der Kriterien aus § 831 BGB spricht schon, dass es sich um einen deliktischen Haftungstatbestand handelt, der nicht die Zurechnung des Handelns anderer regelt, sondern an das eigene Verschulden anknüpft.[37] Im Hinblick auf die Anwendbarkeit der Kriterien des Zurechnungsinstituts des Erfüllungsgehilfen stellt sich die Frage, auf welche Verbindlichkeit, sprich welches schon bestehende Schuldverhältnis, abzustellen ist. Stellt man auf das (gesetzliche) Schuldverhältnis des Letztverbrauchers als Schuldner der EEG-Umlage gegenüber dem Netzbetreiber ab, helfen die Kriterien des Instituts des Erfüllungsgehilfen nicht weiter. Denn es gilt ja gerade zu klären, wer als Letztverbraucher des Stroms in Konstellationen mit Dritten und damit als Schuldner der EEG-Umlage anzusehen ist und damit ob überhaupt ein derartiges Schuldverhältnis (schon) besteht.[38]

---

35 Palandt/*Grüneberg*, 76. Aufl. 2017, § 278 Rn. 7.
36 Palandt/*Sprau*, 76. Aufl. 2017, § 831 Rn. 5.
37 Palandt/*Sprau*, 76. Aufl. 2017, § 831 Rn. 1.
38 So auch *Mikešić/Thieme/Strauch*, Juristische Prüfung der Befreiung der Eigenerzeugung von der EEG-Umlage nach § 37 Absatz 1 und 3 EEG – Kurzgutachten für das Bundesministerium für Umwelt, Naturschutz und Reaktorsicherheit, 27.08.2012, S. 27.

(bb) Funktional-wirtschaftlicher Zusammenhang des Stromverbrauchs

Mangels der Übertragbarkeit gesetzlicher Regelungen aus dem allgemeinen Zivilrecht ist zu prüfen, ob es – unter Beachtung von Sinn und Zweck des Instituts des Selbstverbrauchs von Strom – andere Anhaltspunkte gibt, die für die Zuordnung von Stromverbräuchen herangezogen werden können.

Im Rahmen der Besonderen Ausgleichsregelung geht es darum, dass sich die Begrenzung der EEG-Umlage auf Unternehmen einer bestimmten Branche oder Schienenbahnen bezieht. Insofern liegt es für die Begrenzung nach §§ 63 ff. EEG nahe, dass die Ermittlung des Stromverbrauchs nach dem Zweck des Stromverbrauchs erfolgt. Danach kann dem antragstellenden Unternehmen der Stromverbrauch Dritter zugerechnet werden, wenn er für das Unternehmen erfolgte. Die gleiche Herangehensweise lässt sich auch auf die Eigenversorgung anwenden. Ebenfalls geht es darum, dass das Unternehmen, welches Betreiber einer Erzeugungsanlage ist und die sonstigen Voraussetzungen der Eigenversorgung nach §§ 61a ff. EEG erfüllt, (teilweise) von der EEG-Umlage befreit wird. Auch hier stellt sich somit die Frage, welche und wessen Tätigkeiten dem Betrieb des Unternehmens zuzuordnen sind.

Es liegt daher nahe, als Zuordnungskriterium danach zu fragen, für wen der Stromverbrauch erfolgt. Dies erscheint jedoch bei genauerer Betrachtung jedenfalls allein als ein zu enges Kriterium. Betrachtet man z.B. einen Handwerker, der mit seinen mitgebrachten elektrischen Arbeitsgeräten für ein Unternehmen Arbeiten verrichtet, wird man nicht abstreiten können, dass der Handwerker mit dem Einsatz dieser Geräte auch sein eigenes Ziel verfolgt: die Erfüllung seiner vertraglichen Verpflichtungen und damit die Erzielung seines Lebensunterhalts. Schwieriger ist die Beurteilung von Fällen, in denen der Stromverbrauch nur bei Gelegenheit erfolgt, z.B. wenn Mitarbeiter des Unternehmens oder für ein Unternehmen tätige Dienstleister ihr Mobiltelefon anschließen, um damit private oder jedenfalls nicht unternehmensbezogene Telefonate zu führen.

Den vorgenannten Fällen ist gemein, warum es überhaupt zu einem Stromverbrauch kommt. Ursache dafür ist, dass der Aufenthalt z.B. von Mitarbeitern oder Dienstleistern auf dem Gelände des Unternehmens im Interesse dieses Unternehmens liegt und von diesem veranlasst oder jedenfalls zugelassen worden ist. In diesem weiten, funktionalen Sinne sollte der „Zweckbezug" auch verstanden werden: Zusammenhang des Stromverbrauchs durch Dritte mit ihrer Tätigkeit für das Unternehmen.

Für eine Zurechnung des Stromverbrauchs Dritter sollte dieses funktionale Erfordernis durch einen wirtschaftlichen Aspekt konkretisiert werden. Ein wesentliches Kriterium in diesem Zusammenhang ist, wer für die Zurverfügungstellung des Stroms und mithin auch für einen Ausfall der Stromzufuhr verantwortlich sein soll. Ist beispielsweise (stillschweigend) vereinbart, dass dem auf dem Unternehmensgelände tätigen Handwerker der erforderliche Strom beigestellt wird, kann angenommen werden, dass der Handwerker nicht für die Stromzufuhr verantwortlich ist. Kann der Handwerker mangels Stromzufuhr auf dem Gelände des Unternehmens den Auftrag nicht ausführen, wird das Unternehmen ihm gegenüber im Grundsatz keinen Schadensersatzanspruch geltend machen können.

Obwohl dieser funktional-wirtschaftliche Ansatz einen unternehmensbezogenen Hintergrund hat, eignet er sich nicht nur für unternehmensbezogene Stromverbräuche durch Dritte auf einem Werksgelände, sondern gleichfalls auch für die Zuordnung von Stromverbräuchen im privaten Bereich/in Wohnungen.

c) Grenzen der Zurechnung

Die funktional-wirtschaftliche Zuordnung von Stromverbräuchen auf einem Betriebsgelände/in Privaträumen hat jedoch ihre Grenzen.

Anhaltspunkte hierfür können die mit der Stromlieferung vereinbarten Regelungen zur Risikoverteilung und zur Vergütung sein. So spricht viel dafür, dass die Grenze der Zurechnung des Stromverbrauchs Dritter als Selbstverbrauch erreicht ist, wenn Dritten die verbrauchten Strommengen entgeltlich zur Verfügung gestellt werden. Das Abrechnen von Strom stellt ein typisches Indiz für eine Stromlieferung dar. Damit wird vermieden, dass ein „Selbstverbraucher" den „selbst verbrauchten" Strom bei einer anderen Person/einem anderen Unternehmen als gelieferten Strom abrechnet. Es kommt demnach nicht dazu, dass Strommengen im Hinblick auf die EEG-Umlage als selbst verbraucht eingestuft werden, aber für Abrechnungszwecke als an Dritte geliefert bewertet werden. Insofern wird ein einheitlicher Sachverhalt gleich behandelt.

Das Kriterium entgeltlich/unentgeltlich entspricht auch der Wertung in anderen vergleichbaren Regelungen, gerade auch für die Energieversorgung. So definiert z.B. § 17b Abs. 4 Stromsteuerverordnung (StromStV) im Rahmen von Stromsteuerentlastungen für Unternehmen, das vom antragstellenden Unternehmen erzeugter oder bezogener Strom auch dann als für „betriebliche Zwecke" entnommen gilt, wenn unter anderem solcher Strom üblicherweise nicht gesondert abgerechnet wird. Ein ähnlicher Ansatzpunkt gilt im Rahmen der Netzregulierung nach dem EnWG. Die daraus resultierenden Verpflichtungen finden ganz überwiegend keine Anwendung im Fall von Infrastrukturen, die als Kundenanlagen nach § 3 Nr. 24a, 24b EnWG einzustufen sind. Selbst wenn alle anderen gesetzlichen Voraussetzungen vorliegen sollten, scheidet eine entsprechende Einordnung aus, wenn die Nutzung der Infrastruktur entgeltlich zur Verfügung gestellt wird. In diesem Fall geht der EnWG-Gesetzgeber davon aus, dass sich der Betreiber der Infrastruktur als Netzbetreiber geriert und daher auch die entsprechenden Verpflichtungen zu tragen hat. Übertragen auf den Selbstverbrauch von Strom bedeutet dies, wer sich wie ein Stromlieferant verhält, indem er Stromlieferungen auf der Basis des Stromverbrauchs gegen Entgelt durchführt, kann sich nicht darauf berufen, dass diese Mengen von ihm selbst verbraucht werden.

IV. Fazit

Nach der Gesetzgebung knüpft eine Vielzahl von energierechtlichen Regelungen an den Selbstverbrauch von Strom im Hinblick auf mögliche Begrenzungen von staatlich veranlassten Kostenbestandteilen des Strompreises. Dies gilt insbesondere auch für eine Begrenzung der EEG-Umlage für den selbst verbrauchten Strom nach den Regelungen der Besonderen Ausgleichsregelung und der Eigenversorgung. Gerade vor dem Hintergrund der wirtschaftlichen Bedeutung der Begrenzung der EEG-Umlage ist jedoch bisher nicht ausreichend klar geregelt, welche Strommengen als selbst verbraucht gelten. Dies gilt insbesondere in Konstellationen, wo Dritte wie Dienstleister oder Gäste auf dem Firmengelände oder in Privaträumen Strom verbrauchen, d.h. für eine bestimmte energieabhängige Funktion verwenden.

Aus Rechtsprechung und Literatur können für die beschriebenen Konstellationen nur wenig konkrete Anhaltspunkte entnommen werden. Die im Jahr 2016 durch das BAFA und die BNetzA jeweils veröffentlichte Behördenpraxis liefert konkretere Anhaltspunkte. Diese sind aber zumindest zum Teil unbefriedigend. Da die Behörden für gleiche Sachverhalte zum Teil zu unterschiedlichen Auffassungen gelangen, muss der Rechtsanwender innerhalb desselben Gesetzes für die gleiche Rechtsfrage „Selbstverbrauch" danach unterscheiden, ob sich diese im Zusammenhang mit der

Eigenversorgung oder der Besonderen Ausgleichsregelung stellt. Im Übrigen gilt die Auffassung des BAFA nach dem Hinweisblatt Stromzähler wohl nur für die Zwecke der Antragstellung der Besonderen Ausgleichsregelung.

Um den verfassungsrechtlichen Anforderungen der Rechtsklarheit und -sicherheit gerecht zu werden, ist es daher erforderlich, dass jedenfalls für Zwecke des EEG, idealerweise aber für alle Regelungen, die an den Selbstverbrauch von Strom im Zusammenhang mit Privilegierungen anknüpfen, einheitliche Kriterien für die Abgrenzung des Selbstverbrauchs von Strom zur Weiterleitung von Strom an Dritte gelten.

Richtiger Ausgangspunkt für die Betrachtung ist der von der BNetzA in Übereinstimmung mit der Rechtsprechung verfolgte Ansatz, dass es für die Feststellung des Selbstverbrauchs von Strom auf die Betreiberstellung im Hinblick auf die Verbrauchseinrichtung ankommt. Mit dem alleinigen Abstellen auf die Betreiberstellung von Verbrauchsgeräten wird jedoch die arbeitsteilige Realität der Lebens- und Arbeitswelt nicht ausreichend widergespiegelt. Für die Bestimmung, welche durch Dritte (nach den Maßstäben des Betreiberbegriffs) verbrauchten Mengen dem Selbstverbrauch eines Unternehmens zuzuordnen sind, ist eine Zurechnung nach wertenden Kriterien erforderlich. Hierfür bietet sich eine funktional-wirtschaftliche Betrachtung (Zusammenhang des Stromverbrauchs durch Dritte mit ihrer Tätigkeit für das Unternehmen und Verteilung des mit dem Strombezug verbundenen wirtschaftlichen Risikos) an. Eine Zurechnung des Stromverbrauchs Dritter hat aber natürlich auch ihre Grenzen. Es spricht viel dafür, dass diese erreicht sind, wenn Dritten die verbrauchten Strommengen entgeltlich zur Verfügung gestellt werden.

Im Sinne von Rechtsklarheit und -sicherheit ist außerdem geboten, dass entsprechend vorgenommene Zuordnungen universell, d.h. zumindest im Rahmen eines Gesetzes unterschiedslos gelten. Wünschenswert wäre, wenn sich BNetzA und BAFA der vorgeschlagenen stufenweisen Beurteilung des Vorliegens von Selbstverbrauch im Rahmen von Eigenversorgung und Besonderer Ausgleichsregelung anschließen würden. Dies sollte auch in Bezug auf die Meldepflichten gegenüber Netzbetreibern gelten. Die stufenweise Beurteilung wird dem Umstand gerecht, dass eine Zurechnung des Stromverbrauchs nicht immer nur nach dem Betreiberbegriff erfolgen kann, sondern darüber hinaus auch wertende Kriterien erforderlich sind.

Einige Bemerkungen zur europäischen Energieunion

*Siegfried Klaue, Berlin**

Erzeugung und Verwendung von Energie ist Gegenstand einer breiten und inzwischen langanhaltenden Diskussion in der Europäischen Union und ihren Mitgliedstaaten. Diese Diskussion bezieht sich nicht nur wie zu ihrem Beginn im letzten Jahrzehnt des 20. Jahrhunderts auf die Frage, ob und welchen Ordnungsrahmen eine leitungsgebundene Energiewirtschaft erhalten soll und welche Rolle der Wettbewerb in ihr zu spielen hat. Die Diskussion hat den Bereich der Politik längst verlassen, bei dem es sich nur um die Fragen nach der Zukunft der traditionellen Primärenergien wie Kohle, Gas, Öl und Kernenergie in ihrem Verhältnis zu den erneuerbaren Energien wie Sonne und Wind handelte. Mit der Verknüpfung mit dem Klimaschutz hat nunmehr die Zukunft der Energiewirtschaft eine völlig neue politische Dimension erhalten.

Klimaschutz ist ein gesamtpolitisches Problem, das nicht nur die gesamte Wirtschaft betrifft, sondern eine gesamtgesellschaftliche Dimension hat. Detailfragen für einzelne Wirtschaftsbereiche können zwar unterschiedliche Bedeutung und Gewichtung für die Gesamtpolitik haben, bleiben aber untergeordnet.

So hat die Bundesrepublik in der ersten Phase die Fragen des Wettbewerbs in den Vordergrund gestellt und mit einer Fülle von regulatorischen und legislativen Maßnahmen versucht, einen wettbewerblich vorbestimmten Ordnungsrahmen für die Zukunft der Energiegewinnung und -verwendung zu gestalten. Das Ergebnis ist eine kaum noch zu überblickende Flut von Einzeleingriffen und Detailregelungen bis in die jüngste Zeit, wie zum Beispiel die neue Marktstammdatenregisterverordnung. Dabei ist eine fatale Entwicklung zu beobachten: Es werden über eine Flut von Regulierungen durch Gesetze und Verordnungen im Ergebnis dem Verbraucher Preise abverlangt, die mit der Herstellung von Elektrizität nichts mehr zu tun haben und ganz wesentlich nur noch der Finanzierung anderer mehr

---

* Prof. Dr. Siegfried Klaue, Freie Universität Berlin.

oder weniger im Zusammenhang mit der sogenannten Energiewende stehenden Politiken dienen.

Das zeigen mit aller Deutlichkeit der letzte Monitoring-Bericht der Bundesregierung „Die Energie der Zukunft" einschließlich der Stellungnahme der dazu von der Bundesregierung eingesetzten Expertenkommission vom Dezember 2016[1] und der Klimaschutzbericht der Bundesregierung vom Dezember 2016,[2] die in der 10-Punkte-Agenda (ZPA) des Bundeswirtschaftsministeriums[3] gipfeln, mit der für die Bundesregierung diejenigen zentralen Vorhaben beschrieben werden, die nach Auffassung der Bundesregierung für die Energiewende verwirklicht werden müssen.

Die ZPA (2. Fortschreibung) enthält dabei im Kern die zentralen nationalen Vorhaben der Energiewende. Es sind neben der Neugestaltung des Strommarktdesigns die Effizienzstrategie, die Gebäudestrategie, die Gasversorgungsstrategie und der Ausbau der Übertragungs- und Verteilnetze als Voraussetzung für nationalen und internationalen Ausgleich bei Erzeugung und Verbrauch und Ausbau der erneuerbaren Energien.

Dabei wird seitens der Bundesregierung betont, dass diese Einzelmaßnahmen der Erfüllung der Beschlüsse des Europäischen Rates vom Oktober 2014 zum europäischen Klima- und Energierahmen 2030 und zur Reform des europäischen Emissionshandels dienen sollen. Insbesondere der europäische Emissionshandel bilde einen Grundpfeiler der europäischen Energie- und Klimapolitik, mit der die internationale Wettbewerbsfähigkeit der Industrie gesichert und fortentwickelt werde. Hier wird die Einordnung und letztlich auch Unterordnung der nationalen Energiepolitik in die allgemeine Wirtschafts- und Gesellschaftspolitik sichtbar. Die Energiewende wird zum Fundament dieser allgemeinen Wirtschafts- und Gesellschaftspolitik, weil ohne Versorgungssicherheit, gleich auf welcher Basis, kein wirtschaften und kein Wohlstand möglich ist.

Im November 2016 hat die Kommission das insgesamt etwa 1.000 Seiten umfassende Winterpaket „Saubere Energie für alle Europäer" vorge-

---

1 Fünfter Monitoring-Bericht zur Energiewende „Die Energie der Zukunft", herausgegeben vom Bundesministerium für Wirtschaft und Energie (BMWi), abrufbar unter http://www.bmwi.de/Redaktion/DE/Publikationen/Energie/fuenfter-monitoring-bericht-energie-der-zukunft.html (abgerufen am 10.7.2017).
2 Abrufbar unter http://www.bmub.bund.de/service/publikationen/downloads/details/artikel/klimaschutzbericht-2016/ (abgerufen am 10.7.2017).
3 BMWi, Zentrale Vorhaben Energiewende für die 18. Legislaturperiode, 2. Fortschreibung der 10-Punkte-Energie-Agenda des BMWi, Januar 2016.

legt,⁴ mit dem über die Rahmenstrategie für die Einführung einer europäischen Energieunion hinaus konkrete legislative und nicht legislative Initiativen eingeleitet wurden. Erinnern wir uns: Die Energieunion ist ein vorrangiges Projekt der EU, das zu den zehn politischen Prioritäten der Juncker-Kommission gehört, in dem fünf Dimensionen miteinander verknüpft sind:

- Sicherheit der Energieversorgung
- Solidarität und Vertrauen
- ein vollständig integrierter europäischer Energiemarkt
- Energieeffizienz als Beitrag zur Senkung der Nachfrage
- Dekarbonisierung der Wirtschaft sowie Forschung, Innovation und Wettbewerbsfähigkeit.

Damit beinhaltet der Vorschlag zur Gründung einer Energieunion mehr als nur einen Vorschlag für die Einführung einer gemeinsamen europäischen Energiepolitik auf der Basis einer gemeinsamen europäischen energierechtlichen Rahmenordnung, sondern in wesentlichen Teilen einer gemeinsamen Klimapolitik. Es geht letztlich der Kommission um die Modernisierung der gesamten europäischen Wirtschaft für die zukünftigen Anforderungen, mit der auf eine sozial ausgewogene Weise eine Reduzierung der CO2-Emissionen und eine effiziente Nutzung von Energie und Ressourcen mit ihren erklärten positiven Ergebnissen auf die zukünftigen Klimaverhältnisse erreicht werden soll.⁵

Der Energie-Ministerrat hat am 27. Februar 2017 in Brüssel getagt. Das Winterpaket war und ist Gegenstand von durchaus kontroversen Diskussionen, Dabei waren nicht nur Einzelheiten Gegenstand der Diskussionen, sondern auch die prinzipielle Frage, ob nicht die Einführung der Energieunion mit allen bisher Seitens der Kommission vorgeschlagenen Einzelheiten ein Eingriff in die Souveränität der Mitgliedstaaten bei der Gestaltung des nationalen Energiemixes sei.

So hat der Bundesrat zum Winterpaket in einer Stellungnahme am 31. 3. 2017 zwar ausdrücklich begrüßt, dass die Kommission die Erhöhung der Effizienzziele, des Anteils der erneuerbaren Energien am Gesamtverbrauch und der Einsparverpflichtungen in den Vordergrund gestellt hat. Der Bundesrat stellt jedoch fest, dass die gesetzten Zielmarken insgesamt

---

4 COM (2016) 860 final.
5 Bericht über die Lage der Energieunion, COM (2017) 53 final, S. 2.

zuwenig ambitioniert sind, um die völkerrechtlichen Verpflichtungen zum Schutze des Klimas aus dem Pariser Abkommen zu erfüllen". Der Bundesrat lehnt zudem „alle Vorschläge und Maßnahmen ab, die in Umsetzung der Kommissionsmitteilung das Recht der Mitgliedstaaten beeinträchtigen, die allgemeine Struktur der Energieversorgung oder die Bedingungen für die Nutzung ihrer Energieressourcen selbst zu bestimmen."

In Verfolg ihrer eigenen Zielsetzung hatte die Kommission am 1.2.2017 den zweiten Bericht über die Lage der Energieunion[6] dem Europäischen Parlament, dem Rat, dem Europäischen Wirtschafts- und Sozialausschuss, dem Ausschuss der Regionen und der Europäischen Investitionsbank nebst Anhängen vorgelegt. Von besonderer Bedeutung ist dabei der aktualisierte Fahrplan für die Energieunion,[7] der Auskunft über den Stand der Arbeiten der Kommission an der Energieunion gibt. Dabei ist erkennbar, dass weit über die Hälfte der aufgeführten Einzelmaßnahmen dem Klimaschutz mindestens indirekt dienen sollen. Ob und inwieweit im Zusammenhang mit den Vorschlägen für eine europäische Energieunion legislative Maßnahmen notwendig sind, die den energierechtlichen Ordnungsrahmen selbst betreffen und damit direkt in die Energiewirtschaft der Mitgliedstaaten eingreifen würden, ist nicht auszuschließen und im Einzelfall zu prüfen.

Im Ergebnis wird dabei gegebenenfalls nach Prüfung durch den Europäischen Gerichtshofs zu entscheiden sein, wer für den Erlass solcher legislativer Maßnahmen nach Art. 194 AEUV überhaupt zuständig ist, denn nach Absatz 2 dieser Vorschrift bleibt das Recht eines Mitgliedstaates bestehen, die Bedingungen für die Nutzung seiner Energieressourcen, seine Wahl zwischen verschiedenen Energiequellen und die allgemeine Struktur seiner Energieversorgung zu bestimmen.

Wenn man von der oben zitierten Meinungsäußerung des Bundesrates absieht, hat diese Diskussion bisher nur eingeschränkt und in anderem Zusammenhang stattgefunden. So hat Schwintowski[8] in Zusammenhang mit der Aland-Entscheidung des EuGH[9] die Frage gestellt, ob der EuGH zu Recht entschieden habe, dass es auf der Ebene des Unionsrechts keine

---

6 COM (2017) 53 final.
7 S. a. vom gleichen Datum den Bericht über das Funktionieren des CO2-Marktes (COM (2017) 48 final) und den Fortschrittsbericht „Erneuerbare Energiequellen" (COM (2017) 57 final).
8 *Schwintowski*, EWeRK, 2016, 85.
9 EuGH, Urt. v. 1.7.2014 –C 573/12, ECLI:EU:C:2014:2037 - Ålands Vindkraft.

Harmonisierung der Regelungen zur Förderung grünen Stromes geben dürfe. Schwintowski stellt die bisher nicht eindeutig entschiedene Frage, ob die mangelnde Binnenmarktkompetenz der Kommission im Energiesektor nach Art. 194 Abs. 2 AEUV über das primärrechtliche Beihilferecht einerseits, aber auch über die primärrechtliche Warenverkehrsfreiheit im Sinne von Art. 34 AEUV andererseits und die abgabenorientierten Art. 30 und 110 AEUV[10] tendenziell überwunden werden darf.

> *„Grundsätzlich gilt, dass sich primärrechtliche Verbote deshalb durchsetzen, weil sie die Funktionsfähigkeit des europäischen Binnenmarktes sicherstellen. Hiervon ausgehend stehen die sektorspezifischen Kompetenzen, zu denen auch die Energiemärkte rechnen, unter dem Primat der eindeutig im Vertrag angelegten Verbote, sodass jedenfalls Beihilfen, die geeignet sind den Handel zwischen den Mitgliedstaaten zu beeinträchtigen, auch dann verboten sind und bleiben, wenn sie einen Sektor betreffen, für den die Binnenmarktkompetenz der Europäischen Kommission nur als Rahmenkompetenz (Art. 194 AEUV) besteht. Jede andere Betrachtungsweise würde dazu führen, dass die alle Lebensbereiche erfassenden primärrechtlichen Verbote des AEUV unter Einschränkung der sektorspezifischen Kompetenzgrenzen stünden, wofür weder der Wortlaut noch der Sinn und Zweck der primärrechtlichen Verbote irgendeinen sachlich begründeten Hinweis geben."*

Grundsätzlich gibt es keinen Zweifel, dass im Ergebnis die notwendige Kompetenzabgrenzung zwischen Mitgliedstaaten und Union im Einzelfall durch den EuGH vorzunehmen ist, wenn zwischen Union und einzelnen Mitgliedstaaten Streit über diese Kompetenzabgrenzung herrschen sollte. Ob und wie generelle Grundsätze sich herausbilden können, muss an dieser Stelle unentschieden bleiben und der Kumulation entschiedener Einzelfälle vorbehalten bleiben. Es scheint sich jedoch eine nicht unbestrittene aber für die Praxis verwertbare Generallinie aus der Rechtsprechung des EuGH herauszubilden: Die sog. Schwerpunkt-Theorie.[11] Es soll nach dem Hauptziel und dem hauptsächlichen Regelungsgegenstand gefragt werden.

Dabei wird man erst einmal feststellen müssen, dass es zwischen den Vorstellungen der Bundesrepublik und der Union über die Zukunft der Energie und ihre Bedeutung für alle im Kern keine großen Unterschiede gibt. Diese Vorstellungen sind von der Tatsache geprägt, dass alle Politik heute vom Klimaschutz und damit von der Umweltpolitik geprägt ist.

---

10 *Schwintowski*, EWeRK, 2016, 85.
11 *Nettesheim*, in: Grabitz/Hilf/Nettesheim (Hrsg.), Das Recht der Europäischen Union, Art. 194 AEUV Rn. 35.

Die vom Klimaschutz erzwungene Energiewende ist nicht mehr wie zu Beginn der Liberalisierung nur dem Ziel unterworfen, einen wettbewerblichen Ordnungsrahmen für die leitungsgebundene Energie zu schaffen, damit der Wettbewerb die zukünftige Rolle der Energiearten bestimmt. Die den Mitgliedstaaten der Union und man kann sagen weit darüber hinaus gemeinsame Auffassung ist heute, dass für die allgemeine Umweltpolitik die Energiepolitik zwar eine absolut notwendige und wichtige Rolle von den wirtschaftlichen Fakten her betrachtet spielen muss. Art und Weise von Erzeugung und Verbrauch welcher Energieart haben direkten Einfluss auf den Umfang des Klimaschutzes und die Umwelt und im Ergebnis auf die gesamte Wirtschaft und die gemeinsame menschliche Zukunft. Energiepolitik erhält aber trotzdem nur den Rang einer zwar notwendigen aber Hilfsfunktion für die Gestaltung von Klima und Umwelt

Man wird deshalb in diesem Zusammenhang die Frage stellen müssen, ob die umweltpolitischen Ziele der Union als wesentlicher Teil der primärrechtlichen Warenverkehrsfreiheit im Sinne von Art. 34 AEUV, die in Art. 191 Abs. 1 AEUV wie folgt beschrieben sind

- Erhaltung und Schutz der Umwelt sowie Verbesserung ihrer Qualität;
- Schutz der menschlichen Gesundheit;
- umsichtige und rationelle Verwendung der natürlichen Ressourcen;
- Förderung von Maßnahmen auf internationaler Ebene zur Bewältigung regionaler und globaler Umweltprobleme und insbesondere zu Bekämpfung des Klimawandels;

durch Einzelmaßnahmen im Energiesektor, die durch Art. 194 Abs. 1 AEUV beschrieben und von Abs. 2 dieser Vorschrift zum Teil in der Kompetenz der Mitgliedstaaten zu verbleiben haben oder der alleinigen Zuständigkeit der Union angehören sollten.

Diese Wertungsfrage, bei der die Veränderung und Bedeutung von heutiger Klima- und Umweltpolitik die entscheidende Rolle spielen wird, hat der EuGH letztlich zu entscheiden, wobei wegen der möglichen Veränderung von wirtschaftlichen und allgemeinen politischen Tatsachen es fraglich erscheint, ob eine endgültige Antwort auf alle zukünftigen Konstellationen gefunden werden kann, und wenn ja, zu welchem Zeitpunkt vom EuGH diese Entscheidung abverlangt wird.

Das wird sich und muss sich in der Rechtsprechung des EuGH niederschlagen. Es ist zwar heute nur eine Vermutung, aber es erscheint nahe einer Gewissheit, dass der EuGH die mitgliedstaatlichen Kompetenzen des Art. 194 AEUV nicht vergrößern wird.

Auch wenn es in der Literatur noch streitig ist, ob damals mit dem Lissabon-Vertrag und der Einführung des Art 194 AEUV eine und welche Kompetenzverteilung zwischen den Mitgliedstaaten und der Union stattgefunden hat[12] wird man die Schwerpunkt-Theorie für die Abgrenzung der Kompetenzen zwischen den Mitgliedstaaten und der Union um einen zeitlichen Aspekt ergänzen müssen: Die Rolle der Klimapolitik muss sich und wird sich verändern. Das wird sich und muss sich in der Rechtsprechung des EuGH niederschlagen. Es ist zwar heute nur eine Vermutung, aber es erscheint nahe einer Gewissheit, dass der EuGH die mitgliedstaatlichen Kompetenzen des Art. 194 AEUV nicht vergrößern wird.

---

12 S. die bei *Nettesheim,* in: Grabitz/Hilf/Nettesheim, I und II zu Art. 194 AEUV aufgeführte Literatur.

Zur neuen Entgeltgenehmigung im Eisenbahnrecht

Johann Klinge, Berlin[*]

Mit dem Thema der rechtlichen Kontrolle von Infrastrukturnutzungsentgelten befasst sich der Jubilar bekanntlich regelmäßig und leidenschaftlich. Erwähnt sei in diesem Zusammenhang nur ein Aufsatz aus dem Jahr 2005, in dem er sich mit der zivilrechtlichen Kontrolle von Netznutzungsentgelten im Energiesektor und Frage nach der Anwendbarkeit des § 315 BGB auf die Bestimmung der Stromnetznutzungsentgelte befasst.[1] Auf Grundlage der damaligen Rechtslage kommt *Schwintowski* darin zu dem Ergebnis, dass Netznutzungsentgelte nach § 315 BGB zu kontrollieren seien, weil dem Netzbetreiber ein einseitiges Leistungsbestimmungsrecht vertraglich zugewiesen sei. Der BGH hat sich in der Folgezeit mit der Thematik allein im Stromsektor in mehreren Urteilen befasst.[2] Die wachsende Bedeutung der Bundesnetzagentur bei der Regulierung der Stromnetznutzungsentgelte und die Einführung einer Entgeltgenehmigung im EnWG haben dabei zunehmend eine Rolle gespielt und erheblichen Einfluss auf die Rechtsprechung genommen.[3]

Das Thema ist im Laufe der Zeit auch für den Eisenbahnsektor virulent geworden. Anders als im Energiebereich ist die Frage der Anwendbarkeit von § 315 BGB hier aber bis heute nicht geklärt, was unter anderem daran liegt, dass die europarechtlichen Grundlagen für die Regulierung der Eisenbahninfrastrukturentgelte andere sind als im Energiesektor und die Frage nach der europarechtlichen Zulässigkeit der parallelen Anwendbarkeit der zivilrechtlichen Kontrolle von Eisenbahninfrastrukturentgelten aufwerfen.[4]

---

[*] Dr. Johann Klinge ist Syndikusrechtsanwalt in der Rechtsabteilung der Deutschen Bahn AG in Berlin. Der Beitrag gibt seine persönliche Auffassung wieder.
[1] Schwintowski, die Frage der Anwendbarkeit der §§ 315, 316 BGB auf die Bestimmung von Netznutzungsentgelten, N&R 2005, 90 ff.
[2] Vgl. grundlegend BGH *Stromnetznutzungsentgelt I*, NJW 2006, 684 sowie die nachfolgenden Urteile des BGH *Stromnetznutzungsentgelt II bis VII*.
[3] Vgl. hierzu BGH *Stromnetznutzungsentgelt V*, EnWZ 2012, 34.
[4] Vgl. das derzeit anhängige Vorabentscheidungsverfahren vor dem EuGH, Az. C-489/15; siehe dazu unten unter IV.

Davon unabhängig wurde nunmehr mit Inkrafttreten des Eisenbahnregulierungsgesetzes (ERegG) am 2.9.2016 im Bereich des Eisenbahnregulierungsrechts eine formelle Entgeltgenehmigung ohne Abweichungsmöglichkeit für das regulierte Unternehmen eingeführt und ausdrücklich klargestellt, dass die nachträgliche Überprüfung der genehmigten Entgelte durch Zivilgerichte ausgeschlossen ist. Ziel ist die Vermeidung einer „Doppel- bzw. Mehrfachregulierung" durch die Rechtsprechung von Zivilgerichten zusätzlich zur Regulierung durch die Bundesnetzagentur und deren Überprüfung durch die Verwaltungsgerichte und die Vermeidung von sich hieraus ergebenden widersprechenden Ergebnissen.

Die Neuerungen und Rechtsfolgen, die mit der Entgeltgenehmigung verbunden sind, werden im Folgenden erörtert.

I. Die formelle Entgeltgenehmigung für Betreiber der Schienenwege und Betreiber der Personenbahnhöfe

Die Eisenbahninfrastrukturnutzungsentgelte der Betreiber der Schienenwege sowie der Betreiber der Personenbahnhöfe müssen künftig von der BNetzA formell nach einem entsprechenden Antrag und einem sich daran anknüpfenden Prüfungsverfahren genehmigt werden. Erst dann können (und müssen) sie Bestandteil der Infrastrukturnutzungsverträge zwischen Eisenbahninfrastrukturunternehmen und dem zugangsberechtigten Nutzer, i.d.R. einem Eisenbahnverkehrsunternehmen, werden.[5]

Die Entgeltgenehmigung gilt für die Trassenentgelte der Betreiber der Schienenwege sowie die Nutzungsentgelte der Betreiber von Personenbahnhöfen. Damit wird im Eisenbahnregulierungsrecht nunmehr auch formal ein Rechtsinstitut eingeführt, das bereits aus den anderen regulierten Sektoren (Energie, Telekommunikation und Post) bekannt ist. Die formelle Entgeltgenehmigung ersetzt insoweit das bisherige Vorabprüfungsverfahren von Entgelten, das allerdings für die Betreiber von Serviceeinrichtungen (z.B. Güterterminals oder Abstellgleise) weiterhin gültig bleibt.

Für die Trassenentgelte der Betreiber der Schienenwege sowie für die Nutzungsentgelte der Betreiber der Personenbahnhöfe ergibt sich das Erfordernis der Entgeltgenehmigung aus § 33 Abs. 1 bzw. § 45 Abs. 1 ER-

---

[5] Neben den Eisenbahnverkehrsunternehmen sind u.a. auch Aufgabenträger oder Spediteure Zugangsberechtigte, vgl. § 1, Nr. 12 ERegG.

egG. Dieses findet erstmals für die Trassen- und Stationsentgelte für das Jahr 2018 Anwendung.[6]

1. Die Entgeltgenehmigung für Betreiber der Schienenwege

Umfasst sind von dem Genehmigungserfordernis gemäß § 45 Abs. 1, S. 1 ERegG die Entgelte eines Betreibers der Schienenwege für die „Erbringung des Mindestzugangspakets". Das Mindestzugangspaket ist in der Anlage 2, Nr. 1 zum ERegG definiert. Es umfasst die Bearbeitung von Anträgen auf Zuweisung von Schienenwegkapazität der Eisenbahn, das Recht zur Nutzung der zugewiesenen Schienenwegkapazität, die Nutzung der Eisenbahnanlagen einschließlich Weichen und Abzweigungen, die Zugsteuerung einschließlich der Signalisierung, Regelung, Abfertigung und der Übermittlung und Bereitstellung von Informationen über Zugbewegungen, die Nutzung von Anlagen zur streckenbezogenen Versorgung mit Fahrstrom (damit ist die Oberleitung gemeint) und alle anderen Informationen, die zur Durchführung oder zum Betrieb des Verkehrsdienstes, für den Kapazität zugewiesen wurde, erforderlich sind. Mit den Entgelten für das Mindestzugangspaket sind also alle Leistungen abgegolten, die unmittelbar mit der Nutzung der Schienenwege verbunden sind.

Die Genehmigung ist von der Regulierungsbehörde zu erteilen, soweit die Ermittlung der Entgelte und Entgeltgrundsätze den Anforderungen der Entgeltvorschriften entspricht. Die Entgeltvorschriften für den Betreiber der Schienenwege wurden im Vergleich zur bisherigen Rechtslage grundlegend geändert. So wurde für die Betreiber der Schienenwege in den §§ 23 ff. ERegG eine Anreizregulierung eingeführt, die eine Festlegung der Obergrenze der Gesamtkosten durch die Regulierungsbehörde als Grundlage für die Begrenzung der zu genehmigenden Entgelte beinhaltet.[7]

Die Entgeltgenehmigung nach § 45 ERegG findet auf sämtliche Betreiber der Schienenwege Anwendung, die den Entgeltbildungsvorschriften für Betreiber der Schienenwege unterfallen. Der wichtigste hier zu nennende Adressat von § 45 ERegG ist die DB Netz AG, die > 90 % des Schienennetzes in Deutschland betreibt. Neben der Entgeltgenehmigung

---

[6] Vgl. Beschlüsse der BNetzA BK10-16-0008_E; BK10-17-0087_E und BK10-17-0268_E.

[7] Zu den materiellen Entgeltvorschriften vgl. *Staebe*, DVBl 2016, 1564, 1569 f.

nach § 45 ERegG existiert die Entgeltgenehmigung nach § 33 ERegG, die aber nur für bestimmte Betreiber von Schienenwegen gilt. Während die Entgeltgenehmigung nach § 45 ERegG generell für die Betreiber der Schienenwege gilt, bezieht sich die Entgeltgenehmigung gemäß § 33 Abs. 1, Nr. 1 ERegG auf die Entgelte derjenigen „Betreiber der Schienenwege, die von den Vorschriften zur Entgeltbildung für Schienenwege ausgenommen sind".

Mit den Betreibern der Schienenwege nach § 33 Abs. 1, Nr. 1 ERegG sind die Betreiber von örtlichen Schienennetzen i.S.d. § 2 Abs. 7 ERegG gemeint, deren Infrastrukturen für das Funktionieren des Schienenverkehrsmarkts nicht von strategischer Bedeutung sind. Diese können gemäß § 2 Abs. 7 EReG einen Antrag auf Ausnahme u.a. von den Vorschriften zur Anreizregulierung stellen. Für die Betreiber der Schienenwege, die für das Funktionieren des Schienenverkehrsmarkts nicht von strategischer Bedeutung sind, gilt damit allein der sog. „Cost-Plus-Maßstab" (Entgelte in Höhe der Kosten zzgl. eines angemessenen Gewinns) gemäß § 32 ERegG. Das heißt, die Genehmigung ist hier zu erteilen, wenn die Entgelte dieser Betreiber der Schienenwege die Kosten für die Erbringung der Leistung zuzüglich eines angemessenen Gewinns nicht übersteigen und die Entgelte die Vorgaben des § 32 Abs. 2 ERegG erfüllen, also angemessen, nichtdiskriminierend und transparent sind.

Erfasst von der Genehmigung nach § 33 Abs. 1 ERegG dürften wohl auch die Betreiber der Schienenwege gemäß § 2 Abs. 9 ERegG sein, auf deren Netzen weder Schienenpersonenfernverkehr noch Schienengüterverkehr in erheblichem Umfang stattfindet. Die Betreiber dieser Netze können auf Antrag von der Entgeltbildungsvorschrift des § 37 ERegG (sog. „Trassenpreisbremse") ausgenommen werden, also ebenfalls von einer Entgeltbildungsvorschrift, die für Betreiber der Schienenwege gilt.

Da sich § 33 und § 45 ERegG inhaltlich im Wesentlichen gleichen, spielt die Unterscheidung zwischen diesen beiden Entgeltgenehmigungen in der Praxis bislang jedoch keine Rolle:

Ein Unterschied zwischen § 33 und 45 ERegG liegt in der Anwendung der Entgeltgenehmigung auf die Entgelt*grundsätze*. So unterliegen nach § 45 Abs. 1 ERegG sowohl die Entgelte als auch die Entgeltgrundsätze der Betreiber der Schienenwege der Entgeltgenehmigung. Hingegen umfasst die Entgeltgenehmigung nach § 33 ERegG nur die Entgelte, nicht hingegen die Entgeltgrundsätze, die in den Nutzungsbedingungen der Eisenbahninfrastrukturbetreiber geregelt sind.[8] Die Entgeltgrundsätze der Betreiber der Schienenwege nach § 33 Abs. 1 Nr. 1 ERegG sowie der Betreiber der Personenbahnhöfe unterliegen wie nach der bisherigen Rechtslage auch weiterhin einem Vorabprüfungsverfahren (§ 72, Nr. 5 ERegG), an dessen Ende keine formelle Entgeltgenehmigung steht, die jedoch gleichfalls verbindlich wirken, wenn die Regulierungsbehörde diesen Entgeltgrundsätzen nicht widerspricht.[9]

Ein weiterer Unterschied zwischen der Entgeltgenehmigung nach § 33 ERegG und derjenigen nach § 45 ERegG kann in der Ausgestaltung des Genehmigungsverfahrens gesehen werden: Während für die Entgeltgenehmigung nach § 45 ERegG die Regelungen in § 46 ERegG gelten, gibt es für die Entgeltgenehmigung nach § 33 ERegG keine vergleichbaren speziellen Verfahrensvorschriften im ERegG. Eine entsprechende Anwendung der Verfahrensvorschriften nach § 46 ERegG auch auf die Genehmigung nach § 33 ERegG erscheint jedoch mit guten Gründen vertretbar.[10] so dass es im Ergebnis auch insoweit kaum Unterschiede im Genehmigungsverfahren gibt.

2. Die Entgeltgenehmigung für Betreiber der Personenbahnhöfe

Die Entgelte der Betreiber von Personenbahnhöfen werden gemäß § 33 Abs. 1, Nr. 2 ERegG genehmigt. Die Entgelte der Betreiber der Personenbahnhöfe umfassen typischerweise die Entgelte für das Halten von Zügen an den Personenbahnhöfen zum Ein- und Aussteigen von Personen. Die Leistung, die für das Entgelt erbracht wird, besteht im Wesentlichen in der Zurverfügungstellung des Personenbahnhofes, der Bahnsteige und der dazugehörigen Infrastruktur, um das Halten von Zügen zum Ein- und Aussteigen der Personen zu ermöglichen. Stehen die Leistungen hingegen nicht in einem unmittelbaren Zusammenhang mit der Nutzung des Personenbahnhofes zum Halten von Zügen, so können dafür auch keine Entgelte nach dem ERegG gebildet werden. In der Praxis relevant ist hierbei die

---

8 So auch BNetzA, Beschluss BK10-17-0087_E, S. 18.
9 Vgl. zum Vorabprüfungsverfahren unten unter VI.
10 So BNetzA, Information für nichtbundeseigene Betreiber von Personenbahnhöfen über Vorschriften und Handhabung der Entgeltgenehmigung nach dem Eisenbahnregulierungsgesetz (ERegG), S. 2; vgl. dazu auch *Bühlmeier*, N&R 2017, 93 ff., 95.

Abgrenzung von Kosten zum Betrieb des Personenbahnhofes und anderen Kosten (und Erlösen), die z.B. im Zusammenhang mit der Vermarktung von Gewerbemietflächen an Bahnhöfen stehen. Letztere fallen unabhängig vom Betrieb des Personenbahnhofes zur Nutzung durch Zugangsberechtigte an und sind nicht Bestandteil der eisenbahnrechtlichen Entgeltgenehmigung.

Dies gilt auch für Kosten der „Örtlichkeiten für den Fahrscheinverkauf". Denn diese Örtlichkeiten sind ebenfalls zum Vermarktungsbereich an den Personenbahnhöfen zu zählen. Allerdings besteht zu diesen Örtlichkeiten, soweit vorhanden, ein eisenbahnrechtlicher Zugangsanspruch, da die Örtlichkeiten für den Fahrscheinverkauf ausdrücklich in Anlage 2, Nr. 2 ERegG genannt sind. Hier ist jedoch zwischen dem Zugangsanspruch zu trennen, der unzweifelhaft besteht, und der Frage, ob und inwieweit Kosten und Erlöse der Vermietung dieser Flächen im Rahmen der Entgeltgenehmigung berücksichtigt werden müssen. Gegen eine Berücksichtigung dieser Örtlichkeiten im Rahmen der Entgeltgenehmigung spricht, dass die Örtlichkeiten für den Fahrscheinverkauf nicht zur Eisenbahninfrastruktur gehören, die zur Nutzung der Personenbahnhöfe durch die zugangsberechtigten Eisenbahnverkehrsunternehmen erforderlich ist. Dabei ist ebenfalls zu berücksichtigen, dass der personenbediente Fahrscheinverkauf an den Personenbahnhöfen aufgrund anderer Vertriebsmöglichkeiten, insbesondere im Internet, in der Praxis immer weniger eine Rolle spielt.

II. Genehmigungspflicht und Genehmigungsanspruch

Die Pflicht zur Beantragung einer Entgeltgenehmigung korrespondiert mit einem Genehmigungsanspruch der Betreiber der Schienenwege sowie der Betreiber der Personenbahnhöfe, wenn und soweit die beantragten Entgelte den materiellen Entgeltvorgaben entsprechen. Erfüllen die Entgelte die Vorgaben des ERegG, so hat die Regulierungsbehörde die Genehmigung zu erteilen. Es handelt sich bei der Entgeltgenehmigung, so wie in anderen regulierten Sektoren auch, demgemäß um eine sog. gebundene Entscheidung der Regulierungsbehörde.

Hinsichtlich der Entgeltgenehmigung für die Betreiber der Schienenwege gemäß § 45 Abs. 1 ERegG gilt, wie gezeigt, dass die Genehmigung zu erteilen ist, „soweit" die Ermittlung der Entgelte den Anforderungen der Entgeltvorschriften entspricht. Dies bedeutet, dass die Entgelte bis zur beantragten Höhe genehmigt werden können, aber nur insoweit genehmigt werden müssen, wie sie den Anforderungen entsprechen. Die Regulierungsbehörde kann also auch niedrigere Entgelte als die Beantragten genehmigen. Zweifelhaft ist jedoch, ob die Behörde über den Antrag hinausgehen kann. Dagegen spricht der Wortlaut von § 45 Abs. 1 ERegG, wonach ein Genehmigungsanspruch besteht, „soweit" die Anforderungen erfüllt werden. Dies lässt nur eine Genehmigung bis zur beantragten Höhe zu. Dagegen spricht auch die Ausgestaltung des Entgeltgenehmigungsverfahrens als Verfahren auf Antrag, für das grundsätzlich die Dispositionsmaxime gilt. Die Frage ist allerdings umstritten und derzeit Gegenstand der gerichtlichen Klärung.[11]

III. Privatrechtsgestaltende Wirkung der Entgeltgenehmigung

Rechtsfolge der Entgeltgenehmigung ist gemäß § 33 Abs. 2, S. 1 und gemäß § 45 Abs. 2, S. 1, dass andere als die genehmigten Entgelte nicht vereinbart werden dürfen. Die Entgeltgenehmigung hat damit privatrechtsgestaltende Wirkung. Denn die den Vorschriften zur Entgeltgenehmigung unterliegenden Betreiber der Schienenwege und Personenbahnhöfe dürfen ausschließlich die genehmigten Entgelte verlangen. Wird in einem Infrastrukturnutzungsvertrag entgegen der Entgeltgenehmigung ein anderes Entgelt vereinbart, so gilt gemäß § 33 Abs. 2, S. 2 bzw. gemäß § 45 Abs. 2, S. 2 ERegG das jeweils genehmigte Entgelt als vereinbart. Die Genehmigung nimmt also Einfluss auf die privatautonome Vereinbarung der Vertragspartner des Infrastrukturnutzungsvertrages bzw. gibt diese Vereinbarung in Bezug auf die Entgelte vor.[12] Insoweit sind die Regelungen mit den Vorschriften im Postsektor vergleichbar (dort § 23 Abs. 1 und 2 PostG). Sie unterscheiden sich insoweit aber z.B. von den Regelungen zur Entgeltgenehmigung im Energiesektor. Denn bei den genehmigten Netzentgelten im Energiesektor handelt es sich gemäß § 23a Abs. 2, S. 2 EnWG um Höchstpreise, die der Netzbetreiber theoretisch auch unterschreiten darf.[13]

---

11 Vgl. VG Köln, Beschl. v. 24.5.2017 - 18 L 980/17.
12 Vgl. Rechtsprechung zu § 23 PostG: BVerwG, Urt. v. 5.8.2015 - 6 C 8/14, Rn. 12.
13 Vgl. dazu *Britz/Herzmann*, in: Britz/Hellermann/Hermes (Hrsg.), EnWG, 3. Auflage, 2015, § 23a, Rn. 8.

Zwar kann auch der Betreiber der Schienenwege Entgeltnachlässe gewähren. Sie sind jedoch nur in eng gesetzten Grenzen zulässig und müssen, wenn sie gewährt werden, gemäß § 34 Abs. 2 ERegG auf die Höhe der tatsächlich vom Betreiber der Schienenwege eingesparten Verwaltungskosten begrenzt werden. Eine generelle Unterschreitung der genehmigten Entgelte ist hingegen nicht zulässig.

IV. Ausschluss einer zivilrechtlichen Parallelkontrolle gemäß § 315 BGB

Die eisenbahnrechtlichen Regelungen zur Entgeltgenehmigung in §§ 33 Abs. 2, 45 Abs. 2 ERegG enthalten die ausdrückliche Regelung, dass das genehmigte Entgelt als „billiges Entgelt i.S.d. § 315 BGB" gilt. Damit wird klargestellt, dass die von der Regulierungsbehörde genehmigten Nutzungsentgelte nicht im Nachhinein zivilrechtlich unter Berufung auf § 315 BGB zur Disposition gestellt und nochmals von Zivilgerichten am Maßstab des § 315 BGB überprüft werden können. Aufgrund der privatrechtsgestaltenden Wirkung der Entgeltgenehmigung hätte es dieser ausdrücklichen Klarstellung der Billigkeit nach § 315 BGB strenggenommen nicht bedurft. Denn bereits nach der bestehenden Rechtsprechung können solche Nutzungsentgelte nicht nachträglich gemäß § 315 BGB überprüft werden können, die behördlich genehmigt sind und von denen der Infrastrukturbetreiber nicht abweichen darf.[14]

Das ERegG klärt insoweit für die Zukunft die bislang streitige Frage, ob die parallele zivilrechtliche Kontrolle von Trassen- und Stationsentgelten nach § 315 BGB zulässig ist. So hatte der BGH unter Geltung der Rechtslage vor dem ERegG im Urteil *Stornierungsentgelte* die Ansicht vertreten, dass die Eisenbahninfrastrukturentgelte der Billigkeitskontrolle nach § 315 BGB unterliegen.[15] Dem hatten sich zunächst auch die Instanzgerichte angeschlossen.[16] Das BVerfG hatte jedoch erhebliche Zweifel an der europarechtlichen Zulässigkeit dieser Rechtsprechung. Es gab inso-

---

14 Vgl. dazu *Gerstner*, N&R 2016, S. 211 ff., 217.
15 BGH, Urt. v. 18.10.2011 - KZR 18/10.
16 Vgl. z.B. KG Berlin, Urt. v. 31.1.2013 - 2 U 1/11 Kart; LG Berlin, Urt. 28.2.2012 - 16 O 29/11 Kart oder LG Berlin, Urt. v. 13.9.2012 - 90 O 56/11, sämtliche Urteile nicht rechtskräftig.

weit den Verfassungsbeschwerden mehrerer Eisenbahninfrastrukturunternehmen statt und regte die Vorlage an den EuGH an.[17]

Es spricht nach dem höherrangigen Richtlinienrecht einiges dafür, dass der europäische Gesetzgeber den mitgliedstaatlichen Regulierungsbehörden die alleinige Prüfungskompetenz zugeordnet hat. Denn gemäß Art. 30 Abs. 1 der RL 2001/14/EG (die Vorgängerrichtlinie zur RL 2012/34/EU) sind die Mitgliedstaaten dazu verpflichtet, eine unabhängige Regulierungsstelle einzurichten, die allein zur Überprüfung der Entgeltregelungen befugt und gemäß Art. 30 Abs. 5 der RL 2001/14/EG dazu berechtigt ist, über Beschwerden von Zugangsberechtigten zu entscheiden und Abhilfemaßnahmen zu treffen. Auch ordnet die RL 2001/14/EG in Art. 30 Abs. 6 die Verbindlichkeit der Entscheidungen der Regulierungsbehörde für alle Betroffenen an. Gemäß Art. 30 Abs. 6 der RL 2001/14/EG haben die Mitgliedstaaten lediglich die erforderlichen Maßnahmen zu treffen, um die gerichtliche Nachprüfbarkeit von Entscheidungen *der Regulierungsbehörde* zu gewährleisten. Dies schließt jedoch eine zivilrechtliche Parallelkontrolle strenggenommen aus, da mit dieser gerade nicht die Entscheidungen der Regulierungsbehörde überprüft (und ggf. korrigiert) werden. Vielmehr werden mit der zivilrechtlichen Parallelkontrolle die Entscheidungen der Eisenbahninfrastrukturbetreiber überprüft, und dies unabhängig von der Entscheidung der Regulierungsbehörde. Dies hat aufgrund der bislang ungeklärten Rechtslage in der Praxis zu einem Auseinanderfallen von behördlichen Regulierungsentscheidungen und deren zivilrechtlicher Geltung geführt. Im Ergebnis wurde dadurch der Regulierungsbehörde die ihr nach dem Europarecht zugewiesene Entscheidungskompetenz in Hinsicht auf die Eisenbahninfrastrukturentgelte weitestgehend genommen.

Unabhängig von der alten Rechtslage bis zum Inkrafttreten des ERegG, gilt zumindest für die zukünftigen genehmigten Entgelte, dass diese allein von der Regulierungsbehörde geprüft werden und nicht nachträglich nach dem Maßstab des § 315 BGB vor den Zivilgerichten nochmals überprüft werden können.

Dies steht auch im Einklang mit der nunmehr gültigen RL 2012/34/EU (Recast). Danach ist der Regulierungsstelle (=Regulierungsbehörde), wie bereits nach Art. 30 der Vorgängerrichtlinie 2001/14/EG die Kompetenz zur Kontrolle der Entgeltregelungen zugewiesen. Und zwar sowohl von

---

17 BVerfG, Beschl. v. 8.10.2015 - 1 BvR 3509/13; vgl. Vorabentscheidungsverfahren EuGH – C-489/15.

Amts wegen, Art. 56 Abs. 6 Recast, als auch anlassbezogen, auf Antrag eines Zugangsberechtigten, Art. 56 Abs. 1, d und e) Recast. Dass die Regulierungsbehörde auch die alleinige Prüfungs- und Entscheidungskompetenz hat, wird durch Art. 56 Abs. 9 Recast klargestellt. Danach sind die Entscheidungen der Regulierungsbehörde für alle davon Betroffenen verbindlich und unterliegen keiner Kontrolle durch eine andere Verwaltungsinstanz. Nach Art. 56 Abs. 10 Recast gewährleisten die Mitgliedstaaten die gerichtliche Nachprüfbarkeit von Entscheidungen der Regulierungsbehörde, was wie auch bereits nach der RL 2001/14/EG wohl eine (verwaltungs)gerichtliche Überprüfung der Entscheidungen der Regulierungsbehörde meint und nicht die zivilrechtliche Parallelkontrolle von Entgeltentscheidungen der Eisenbahninfrastrukturbetreiber.

V. Kartellrechtliche Überprüfung von genehmigten Nutzungsentgelten im Eisenbahnrecht?

Wie gezeigt, schließen die Billigkeitsfiktion und die privatrechtsgestaltende Wirkung der Entgeltgenehmigung künftig eine parallele Überprüfung dieser Entgelte durch Zivilgerichte am Maßstab von § 315 BGB aus.

Ergänzend hierzu besteht die Frage, inwieweit die Entgeltgenehmigung auch Auswirkungen auf eine parallele kartellrechtliche Überprüfung der genehmigten Eisenbahninfrastrukturentgelte haben wird. Die Frage stellt sich sowohl für das deutsche als auch das europäische Kartellrecht und sie stellt sich sowohl für das behördliche Verfahren wie auch die private Durchsetzung vor den Zivilgerichten.

Zu der alten Rechtslage im AEG ist es umstritten, inwieweit die Entgeltregulierung eine parallele kartellrechtliche Kontrolle nach deutschem Recht ausschließt. In Teilen der Literatur wird eine parallele Anwendbarkeit der Vorschriften des deutschen und europäischen Kartellrechts auf die nach dem AEG a.F. regulierten Eisenbahninfrastrukturentgelte bejaht. Dies geschieht im Wesentlichen unter Berufung auf Wortlaut und Systematik der gesetzlichen Regelung in § 14b Abs. 2, S. 1 AEG a.F., wonach bestimmt war, dass die Aufgaben und Zuständigkeiten der Kartellbehörden nach dem GWB unberührt bleiben.[18] Nach der Gegenauffassung zur

---

18 Vgl. *Wachinger/Herrmann/Kreis*, in: Loewenheim/Meessen/Riesenkampff u.a. (Hrsg.), Kartellrecht, 3. Auflage, 2016, A. Landverkehr und Binnenschifffahrt, Rn. 24.

alten Rechtslage handelt es sich bei den eisenbahnrechtlichen Vorschriften zur Entgeltregulierung hingegen um eine abschließende, das Kartellrecht verdrängende Sonderregelung, soweit das Eisenbahnrecht einen materiellen Entgeltmaßstab enthält. Mit der Folge, dass eine regulierungskonforme Preissetzung nicht als kartellrechtlich missbräuchlich angesehen werden könne.[19] Dies wird generell auch für andere regulierte Sektoren so vertreten.[20]

Diese bislang streitige Frage dürfte sich zumindest in Hinsicht auf die Anwendung des deutschen Kartellrechts auf die nach dem ERegG regulierten Eisenbahninfrastrukturentgelte nicht mehr stellen. Zunächst enthält das ERegG selbst keine dem § 14b Abs. 2, S. 1 AEG a.F. entsprechende Regelung mehr, wonach die Zuständigkeiten der Kartellbehörden nach dem GWB unberührt bleiben. Eine dem § 14b Abs. 2, S. 1 AEG a.F. entsprechende Zuständigkeitsregelung findet sich nunmehr lediglich in § 6 Abs. 3 BEVVG. Das BEVVG trifft aber keine Aussagen, welches Recht materiell auf bestimmte Sachverhalte anwendbar ist, sondern beschreibt lediglich die Aufgaben und die Zusammenarbeit der verschiedenen Behörden im Eisenbahnbereich. Das legt den Schluss nahe, dass das Eisenbahnregulierungsrecht *lex specialis* im Verhältnis zum allgemeinen Kartellrecht ist.

Zum anderen, und das ist für die Frage der privaten Kartellrechtsdurchsetzung entscheidend, verbleibt den regulierten Eisenbahninfrastrukturunternehmen hinsichtlich der genehmigten Entgelte kein eigener Entscheidungsspielraum. Sie sind dazu verpflichtet, die genehmigten Entgelte zu vereinbaren. Selbst wenn die regulierten Unternehmen davon abweichen, hat dies nach § 33 Abs. 2 und § 45 Abs. 2 ERegG keine Wirkung, da dennoch die genehmigten Entgelte als vereinbart gelten. Fehlt dem regulierten Unternehmen jedoch der eigene privatautonome Preissetzungs- und Entscheidungsspielraum, so kann es sich, bereits mangels eigenen Verhaltens, selbst nicht missbräuchlich und im Widerspruch zu den kartellrechtlichen Vorschriften verhalten.

---

19 Vgl. *Gersdorf*, Entgeltregulierung im Eisenbahnsektor, 2014, S. 125; *Gerstner*, in: Beck'scher AEG-Kommentar, 2. Auflage, 2014, § 14b, Rn. 29.
20 *Bechtold*, in: Bechtold, GWB, 7. Auflage, 2013, § 19, Rn. 82.

Ein mangelnder Entscheidungsspielraum des regulierten Unternehmens hat grundsätzlich auch Auswirkungen auf die Anwendbarkeit des europäischen Kartellrechts.[21]

So hat der EuGH in seiner *Telekom*-Entscheidung für die Frage der Anwendbarkeit des Kartellrechts auf regulierte Telekommunikationsentgelte darauf abgestellt, inwieweit dem regulierten Unternehmen ein Entscheidungsspielraum bei der Gestaltung seiner Entgelte verbleibt.[22] Der EuGH hat zwar festgestellt, dass die EU-Kommission nicht an Entscheidungen gebunden sei, die eine nationale Behörde in Anwendung des Art. 102 AEUV trifft.[23] Allerdings hat der Gerichtshof keinesfalls eine generelle Überprüfbarkeit regulierter Entgelte am Maßstab des Art. 102 AEUV bejaht. Vielmehr hat der EuGH sein Urteil auf den im konkreten Fall verbleibenden Handlungsspielraum des gegen Art. 102 EUV verstoßenden Unternehmens bei Entgelten gestützt, die das Unternehmen hätte anheben können, um einen Verstoß gegen Art. 102 AEUV zu vermeiden.[24] Denn in dem zugrundeliegenden Fall ging es nicht allein um die zulässige Höhe der regulierten Entgelte, sondern um die Höhe der Spanne zwischen Entgelten auf zwei verschiedenen Marktstufen: Die Spanne zwischen den regulierten Zwischenabnehmerentgelten für sog. Vorleistungszugangsdienste und den Entgelten für sog. Endkundenzugangsdienste. Der Vorwurf der EU-Kommission gegen das regulierte Unternehmen stützte sich in diesem Fall auf eine Margenbeschneidung der Wettbewerber. Diese resultierte aus der geringen Spanne zwischen den Zwischenabnehmerentgelten, die das regulierte Unternehmen ihren Wettbewerbern in Rechnung stellte und den Entgelten für Endkundenzugangsdienste, die das auf beiden Marktstufen tätige regulierte Unternehmen selbst ihren Kunden in Rechnung stellte und bei denen es im Wettbewerb mit anderen Telekommunikationsunternehmen stand. Der EuGH stellte entscheidend darauf ab, dass das regulierte Unternehmen, sofern es über einen Handlungsspielraum verfügte, die Margenbeschneidung durch Anhebung ihrer Endkundenentgelte hätte be-

---

21 Vgl. *Körber*, in: Immenga/Mestmäcker (Hrsg.), Wettbewerbsrecht, 5. Auflage, 2016, Rn. 70.
22 EuGH, Urt. v. 14.10.2010 – C-280/08 P, ECLI:EU:C:2010:603 Rn. 80 – Deutsche Telekom./. Kommission.
23 EuGH, Urt. v. 14.10.2010 – C-280/08 P, ECLI:EU:C:2010:603 Rn. 90 – Deutsche Telekom./. Kommission.
24 EuGH, Urt. v. 14.10.2010 – C-280/08 P, ECLI:EU:C:2010:603 Rn. 183 – Deutsche Telekom./. Kommission.

seitigen können.[25] Dass dieser Handlungsspielraum für das regulierte Unternehmen im konkreten Fall bestand, hatte das Europäische Gericht erster Instanz festgestellt.[26]

Eine Überprüfung von genehmigten Entgelten am Maßstab des Europäischen Kartellrechts ist also nur in Extremfällen wie einer missbräuchlichen Margenbeschneidung denkbar und nur dann, wenn das regulierte Unternehmen über einen Handlungsspielraum verfügt, um eine solche missbräuchliche Verhaltensweise zu beenden.

Nach einem Urteil des BGH, ebenfalls zum Telekommunikationssektor, kann zudem dann die Anwendbarkeit des Art. 102 AEUV eröffnet sein, wenn ein Unternehmen in missbräuchlicher Weise eine Entgeltgenehmigung bei der Regulierungsbehörde erwirkt.[27] Allerdings hat der BGH auch für einen solchen Ausnahmefall offen gelassen, inwieweit die bestandskräftige Entgeltgenehmigung eine Bindungswirkung auch für die Frage des Bestehens eines Schadensersatzanspruches entfaltet.

Unter Berücksichtigung dieser Rechtsprechung und der Tatsache, dass für das regulierte Eisenbahninfrastrukturunternehmen keine Möglichkeit besteht, von den genehmigten Entgelten abzuweichen, dürfte künftig eine parallele Überprüfung der eisenbahnrechtlichen Entgeltgenehmigung nach kartellrechtlichen Maßstäben praktisch keine Rolle spielen.

VI. Das Vorabprüfungsverfahren für die Entgelte der Betreiber von Serviceeinrichtungen

Die eisenbahnrechtliche Entgeltgenehmigung, die die Trassenentgelte und Entgelte des Betreibers der Personenbahnhöfe umfasst, gilt für den weitaus größten Teil der Eisenbahninfrastruktur in Deutschland, nicht jedoch für sämtliche Nutzungsentgelte, die die Eisenbahninfrastrukturunternehmen erheben dürfen. Nicht erfasst von der Entgeltgenehmigung sind nämlich die Entgelte der Betreiber aller übrigen Serviceeinrichtungen. Dazu gehören z.B. Güterterminals, Rangierbahnhöfe, Abstellgleise oder Verladeeinrichtungen für Autozugverkehre.

---

25 EuGH, Urt. v. 14.10.2010 – C-280/08 P, ECLI:EU:C:2010:603 Rn. 77 ff. - Deutsche Telekom./. Kommission.
26 EuG, Urt. v. 10.4.2008 – T-271/03, ECLI:EU:T:2008:101 Rn. 91 ff, 97 - Deutsche Telekom./. Kommission.
27 BGH, Urt. v. 10.2.2004 - KZR 6/02 u. KZR 7/02, MMR 2004, S. 470 ff. (471).

Für diesen Teil der Eisenbahninfrastruktur bleibt es beim Vorabprüfungsverfahren der Entgelte, welches in § 72 Nr. 5 ERegG geregelt ist. Die Entgelte dieser Serviceeinrichtungen werden nicht formell genehmigt, sondern im Wege einer Mitteilung nach § 72 Nr. 5 ERegG der Regulierungsbehörde zur Kenntnis gebracht. Die Regulierungsbehörde kann den Entgelten widersprechen, soweit diese nicht den Vorgaben des ERegG entsprechen. Widerspricht die Regulierungsbehörde den Entgelten nicht, treten sie in Kraft.

Die Regelungen zur Vorabprüfung entsprechen im Wesentlichen der bisherigen Rechtslage, die bis zum Inkrafttreten des ERegG auch für die Entgelte und Entgeltgrundsätze der Betreiber der Schienenwege und der Betreiber der Personenbahnhöfe galt.[28] Dazu hatte die verwaltungsgerichtliche Rechtsprechung bereits nach der alten Rechtslage entschieden, dass die Eisenbahninfrastrukturunternehmen von dergestalt vorabgeprüften Entgelten und Entgeltgrundsätzen nicht abweichen dürfen.[29] Zwar bezog sich die Rechtsprechung dabei auch auf Grundsätze in der Eisenbahninfrastrukturnutzungsverordnung (EIBV), die mit dem Inkrafttreten des ERegG aufgehoben wurde. Eine andere Interpretation der vorabgeprüften Entgelte und Entgeltgrundsätze dürfte sich aber auch nach der neuen Rechtslage nicht ergeben, da andernfalls das „Inkrafttreten" der Entgelte und Entgeltgrundsätze gemäß § 72 Abs. 2, Nr. 2 ERegG praktisch gegenstandslos würde. Damit ist auch nach der neuen Rechtslage davon auszugehen, dass die vorabgeprüften Entgelte und Entgeltgrundsätze rechtlich verbindlich sind.

Inwieweit eine zivilgerichtliche Billigkeitskontrolle dieser derart geprüften Entgelte künftig zulässig ist, ist noch ungeklärt. Anders als bei der Entgeltgenehmigung nach § 33 und § 45 ERegG enthalten die Regelungen zur Vorabprüfung nach § 72 ERegG keine Billigkeitsfiktion.

Gegen die Möglichkeit einer zivilrechtlichen Billigkeitskontrolle spricht allerdings, dass materiell die Vorabprüfung von Entgelten und Entgeltgrundsätzen im Wesentlichen mit der Entgeltgenehmigung vergleichbar ist.

Der Unterschied zum Entgeltgenehmigungsverfahren ist im Wesentlichen formaler Natur. Anders als beim Entgeltgenehmigungsverfahren endet das Vorabprüfungsverfahren formell nicht mit einer Entgeltgenehmi-

---

28 §§ 14d, 14e AEG a.F.
29 Vgl. OVG Nordrhein-Westfalen, Urt. v. 29.4.2015 - 13 A 941/14.

gung, sondern mit oder ohne Widerspruch der Regulierungsbehörde. Insoweit die Regulierungsbehörde den mitgeteilten Entgelten nicht widerspricht, sind diese gültig. Denn gemäß § 72 Abs. 2 Nr. 5 ERegG treten die Entgeltgrundsätze und die Festlegung der Entgelthöhen vor Ablauf der Prüfungsfrist der BNetzA nicht „in Kraft". Das heißt im Umkehrschluss, dass sie nach Ablauf der Frist bei einem unterbliebenen Widerspruch der BNetzA in Kraft treten. Folglich müssen die Entgelte von dem Betreiber der Serviceeinrichtung angewendet werden. Soweit Entgelte nicht mitgeteilt werden, können diese hingegen nicht in Kraft treten und damit auch nicht wirksam Inhalt eines Nutzungsvertrages zwischen dem Betreiber der Serviceeinrichtung und dem Zugangsberechtigten werden. Im Vorabprüfungsverfahren nach § 72 Abs. 2 Nr. 5 ERegG wird die Genehmigung also durch den Abschluss des Verfahrens ohne Widerspruch ersetzt. Weitere wesentliche Unterschiede zwischen Vorabprüfungsverfahren und Entgeltgenehmigungsverfahren bestehen nicht.

Die Regulierungsbehörde hat bei der Vorabprüfung im Kern zudem dieselben Befugnisse wie im Rahmen der Entgeltgenehmigung. So darf die Regulierungsbehörde gemäß § 67 Abs. 4 ERegG die Erteilung von Auskünften verlangen, Unterlagen einsehen und verlangen, dass Nachweise erbracht werden. Unterschiede bei der zulässigen Prüfungstiefe durch die Regulierungsbehörde sind gesetzlich nicht vorgegeben.

Zudem ergehen genauso wie im Entgeltgenehmigungsverfahren nach §§ 33, 45 ERegG auch im Vorabprüfungsverfahren die Entscheidungen durch die Beschlusskammern, § 77 ERegG.

Wenn beide Verfahren, die Entgeltgenehmigung sowie das Vorabprüfungsverfahren, weitestgehend vergleichbar ausgestaltet sind und auch die Rechtsfolge der Genehmigung mit derjenigen des Abschlusses der Vorabprüfung vergleichbar ist, spricht dies dafür, dass auch dieselben Rechtsfolgen mit dem Vorabprüfungsverfahren verbunden sind und auch insoweit der Regulierungsbehörde künftig die ausschließliche Prüfungskompetenz zugewiesen ist.

VII. Beteiligung der Zugangsberechtigten an den Entgeltgenehmigungs- und Vorabprüfungsverfahren

Auch wenn die Entgeltgenehmigung zunächst das der Regulierung unterworfene Eisenbahninfrastrukturunternehmen betrifft, hat sie wirtschaftliche Auswirkungen auf die Zugangsberechtigten, insbesondere die Eisenbahnverkehrsunternehmen und Aufgabenträger, die die Nutzungsentgelte zu tragen haben. Das ERegG enthält deshalb, wie bereits auch das AEG a.F., weitreichende Beteiligungsrechte.

Diese beziehen sich zunächst auf das Entgeltgenehmigungsverfahren. Gemäß § 77 Abs. 3, Nr. 1 ERegG sind an dem Entgeltgenehmigungsverfahren die Zugangsberechtigten beteiligt, z.B. die Eisenbahnverkehrsunternehmen und Aufgabenträger. Die Beteiligung besteht grundsätzlich unabhängig davon, ob die Zugangsberechtigten von der Entscheidung der Regulierungsbehörde im Entgeltgenehmigungsverfahren betroffen sind oder nicht.

Auf Antrag können gemäß § 77 Abs. 3, Nr. 3 ERegG zudem Personen oder Personenvereinigungen, deren Interessen durch die Entscheidung der Regulierungsbehörde erheblich berührt werden, hinzugezogen werden. Hierfür ist, anders als nach § 13 Abs. 2 VwVfG, nicht Voraussetzung, dass rechtliche Interessen berührt werden, sondern es reicht aus, dass wirtschaftliche Interessen berührt werden.

Die Beteiligten haben im Entgeltgenehmigungsverfahren die Gelegenheit Stellung zu nehmen. Zudem haben sie die Möglichkeit, an mündlichen Verhandlungen im Entgeltgenehmigungsverfahren teilzunehmen.

Für die Zugangsberechtigten besteht schließlich die Möglichkeit, gegen erteilte Entgeltgenehmigungen im Wege des Drittschutzes verwaltungsgerichtlich vorzugehen, soweit jeweils die notwendigen Voraussetzungen (Klagebefugnis, Rechtsschutzbedürfnis) vorliegen.

Unabhängig vom Entgeltgenehmigungsverfahren haben Zugangsberechtigte gemäß § 66 Abs. 1 ERegG das Recht, die Regulierungsbehörde anzurufen, wenn sie der Auffassung sind, durch Entscheidungen eines Eisenbahninfrastrukturunternehmens diskriminiert oder in anderer Weise in ihren Rechten verletzt worden zu sein. Gemäß 66 Abs. 4 ERegG können auf Antrag u.a. die Nutzungsbedingungen der Eisenbahninfrastrukturunternehmen überprüft werden, die darin festgelegten Kriterien, das Zuweisungsverfahren und dessen Ergebnis, die Entgeltregelungen, die Höhe und Struktur der Wegeentgelte und sonstiger Entgelte, die der Zugangsberechtigte zu zahlen hat oder hätte. Die Regulierungsbehörde hat gemäß §§ 67, 68 ERegG weitreichende Prüfungs- und Entscheidungsbefugnisse. So kann sie gemäß § 67 Abs. 4 und 5 ERegG von den Eisenbahninfrastrukturunternehmen Auskünfte und Nachweise verlangen, die sämtliche Informationen umfassen, die die Regulierungsbehörde als Beschwerdeinstanz und für die Überwachung des Wettbewerbs in den Schienenverkehrsmärkten benötigt. Zudem kann die Regulierungsbehörde Unterlagen einsehen und verlangen, dass Hilfsmittel gestellt und Hilfsdienste geleistet werden.

Auf eine Beschwerde hin muss die Regulierungsbehörde rasch handeln. Sie muss gemäß § 68 Abs. 1 ERegG binnen eines Monats die Beschwerde prüfen und binnen sechs Wochen nach Erhalt aller erforderlichen Informationen über die Beschwerde entscheiden, Abhilfemaßnahmen treffen und die Betroffenen in Kenntnis setzen. Die Regulierungsbehörde kann gemäß § 68 Abs. 2 ERegG zudem die Eisenbahninfrastrukturunternehmen zur Änderung von Entscheidungen verpflichten, über die Geltung von Verträgen und Entgelten entscheiden und Vertragsbedingungen und Entgelte festsetzen. Da die Entscheidungen der Regulierungsbehörde sofort vollziehbar sind, entfalten sie unmittelbare Wirkung.

Insgesamt haben die Zugangsberechtigten damit weitreichende Beteiligungs-, Beschwerde- und Rechtsschutzmöglichkeiten, die, zusammen mit den Befugnissen der Regulierungsbehörde, einen ausreichenden Hebel darstellen, um wirksamen Wettbewerb im Eisenbahnsektor sicherzustellen.

VIII. Fazit

Durch die Einführung der Entgeltgenehmigung im Eisenbahnsektor und der damit verbundenen Rechtsfolgen wie der Billigkeitsfiktion der Eisenbahninfrastrukturnutzungsentgelte hat der Gesetzgeber die Stellung der Regulierungsbehörde bei der Entgeltregulierung gestärkt. Damit ist die Regulierung der Eisenbahninfrastrukturentgelte nunmehr klar bei der Regulierungsbehörde verortet. Dies wird flankiert durch die Prüfungs- und Untersuchungsbefugnisse der Regulierungsbehörde sowie durch die Rechtsschutz- und Beschwerdemöglichkeiten für die Zugangsberechtigten. Es ist deshalb zu erwarten, dass die Fragen der eisenbahnrechtlichen Entgeltregulierung künftig verstärkt im regulierungsrechtlichen Verwaltungsverfahren geklärt und weniger Gegenstand zivilgerichtlicher Verfahren sein werden.

Vom Abnehmer zum Prosumer? – Zur Rolle des Verbrauchers in Zeiten von Energiewende und Digitalisierung

Torsten Körber, Köln[*]

Es ist schon über 30 Jahre her, dass der Jubilar und der Autor dieses Beitrags sich zum ersten Mal begegnet sind. 1986 war *Hans-Peter Schwintowski* wissenschaftlicher Assistent am Lehrstuhl unseres gemeinsamen Lehrers *Ulrich Immenga* in Göttingen und ich Student. Schon damals, am Anfang seiner wissenschaftlichen Karriere, zeichnete sich *Hans-Peter Schwintowski* durch eine große Vielfalt an Kompetenzen und eine weit über das Gebiet der Rechtswissenschaften hinausreichende Kreativität aus. Dieser bis heute ungebrochene Ideen- und Facettenreichtum macht es nicht einfach, ein angemessenes Thema für einen geboten kurzen Festschriftenbeitrag zu finden. Ein Schwerpunkt des Jubilars war und ist der Verbraucherschutz, insbesondere auf dem Gebiet der Finanzdienstleistungen und Versicherungen.[1] Ein weiterer Schwerpunkt ist das Energierecht, dem *Hans-Peter Schwintowski* auch nach seiner Emeritierung als Direktor des Instituts für Energie- und Wettbewerbsrecht in der kommunalen Wirtschaft e.V. (EWeRK) und als Herausgeber der gleichnamigen Zeitschrift treu geblieben ist. Der nachfolgende Beitrag unternimmt daher den Versuch, diese beiden Themenfelder zu kombinieren. Anhand der sich stetig wandelnden Rolle des Verbrauchers soll die Entwicklung des Energierechts von den 80er Jahren des letzten Jahrhunderts bis hin zum „Gesetz zur Digitalisierung des Energierechts" aus dem Jahre 2016 und zum Winterpaket der Kommission vom Anfang 2017 nachgezeichnet und bewertet werden.

---

[*] Prof. Dr. Torsten Körber, LL.M. (Berkeley), Lehrstuhl für Bürgerliches Recht, Kartell- und Regulierungsrecht, Recht der digitalen Wirtschaft und Institut für Energiewirtschaftsrecht, Universität zu Köln.
[1] Vgl. etwa (als ein Beispiel unter vielen interessanten Beiträgen des Jubilars zu dieser Thematik) *Schwintowski*, VUR 2014, 370.

A. Traditionelle Energiewirtschaft: Versorger und Abnehmer

1986 war die Welt der Energiewirtschaft und des Energierechts noch sehr überschaubar. Das EnWG 1935 war seit über 50 Jahren im Wesentlichen unverändert in Kraft.[2] Es enthielt weniger als 20 Paragraphen und erklärte es in seiner Präambel zu einem seiner Ziele „volkswirtschaftlich schädliche Wirkungen des Wettbewerbs zu verhindern". Die Energieversorgung wurde damals samt und sondern als „natürliches Monopol" angesehen und die durch Konzessions- und Demarkationsverträge abgesicherten Monopole auf dem Gebiet der Energiewirtschaft wurden durch umfassende kartellrechtliche Bereichsausnahmen gegen den Wettbewerb abgesichert.[3] Der Schutz sowohl der Versorgungssicherheit als auch die Sicherstellung angemessener Endverbraucherpreise wurden als Staatsaufgaben angesehen, die durch Wettbewerb eher bedroht als gefördert würden.

Auch die Energiewirtschaft war vergleichsweise einfach strukturiert. Elektrische Energie wurde zum großen Teil zentral durch an die Übertragungsnetze angeschlossene Großkraftwerke auf der Basis von Kohle oder Kernkraft erzeugt und über verschiedene Verteilnetzebenen an die privaten und gewerblichen Verbraucher geleitet. Die Rolle der Verbraucher war in diesem System letztlich auf diejenige reiner „Abnehmer" im wahrsten Sinne des Wortes beschränkt. Die Verbraucher hatten einen Anspruch auf Anschluss und Belieferung durch den (einen) für sie zuständigen Energieversorger und durften Strom konsumieren und bezahlen. Eine echte Wahl hatten sie nicht. Weder konnten sie zwischen verschiedenen Energieversorgungsunternehmen wählen, noch standen ihnen unterschiedliche Verträge zur Wahl. Die Kontrolle der Energiepreise erfolgte dementsprechend auch nicht durch den Markt, sondern in Gestalt einer staatlichen Preisaufsicht. Wettbewerb gab es praktisch nicht.

B. Liberalisierung der Energiemärkte: Anbieter und Nachfrager

Dies änderte sich erst als die EU-Kommission Ende der 1980er Jahre auf den Energiesektor aufmerksam wurde. Auf der einen Seite war offensichtlich, dass ein europäischer Energiebinnenmarkt nicht entstehen konnte, so-

---

2 Gesetz zur Förderung der Energiewirtschaft, RGBl. 1935 I, 1451.
3 Vgl. §§ 103, 103a GWB auf dem Stand der 4. GWB-Novelle 1980, BGBl. 1980 I, 458.

lange regionale oder nationale Energieversorgungsmonopole existierten.[4] Auf der anderen Seite setzte sich die Erkenntnis durch, dass nicht die Energieversorgung als solche ein natürliches Monopol darstellt, sondern dass dies allenfalls für die Energieversorgungsnetze gilt. Vor allem aber kam es zu einem Paradigmenwechsel mit Blick auf das Verhältnis von Energieversorgung, Verbraucherschutz und Wettbewerb. Hatte das EnWG 1935 dem Wettbewerb noch Einhalt gebieten wollen um Versorgungssicherheit und angemessene Preise sicherzustellen, so wurde ein Wettbewerb nunmehr (wie in anderen Wirtschaftsbereichen auch) als ein Instrument erkannt, das weder der Versorgungssicherheit noch angemessenen Energiepreisen abträglich war, sondern im Gegenteil das Zusammenwachsen zu einem europäischen Energiebinnenmarkt ermöglichte und Chancen für Fortschritt und niedrigere Verbraucherpreise bot.[5] Nach ersten, noch weniger durchschlagenden Ansätzen seit 1990[6] wurde mit dem 1. Energiebinnenmarktpaket Mitte der 1990er Jahre eine umfassende Liberalisierung der Energiewirtschaft angestoßen.[7] In Umsetzung der Elektrizitätsbinnenmarktrichtlinie 1996[8] und der Gasbinnenmarktrichtlinie 1998[9] fiel der frühere Monopolschutz mit der 6. GWB-Novelle 1998 auch im deutschen Kartellrecht.[10] Mit dem neuen EnWG 1998 wurde u.a. ein Anspruch auf (verhandelten) Zugang zu den Energieversorgungsnetzen für Wettbewerber etabliert.[11] Dieser Zugang wurde dann mit Umsetzung des 2. Energiebinnenmarktpakets 2003 im (bereits deutlich umfangreicher gewordenen)

---

4 Zur Entwicklung *Gundel*, in: Danner/Theobald, Energierecht, Europäisches Energierecht, 92. EL März 2017, Rn. 7 ff.; s. auch COM (1988) 238 final; COM (1989) 336 final; zur Fortentwicklung nach der Jahrtausendwende *Schwintowski*, ZNER 2000, 93.
5 Dazu, dass auch Umweltschutz und Wettbewerb keineswegs Gegensätze sind, vgl. *Schwintowski*, ZNER 2001, 82.
6 Z.B. Richtlinie 90/547/EWG des Rates über den Transit von Elektrizitätslieferungen über große Netze, ABl. 1990 L 313, 30.
7 Überblick über die Richtlinien(generationen) auf www.ls-koerber.de → Datenbanken → Energierecht.
8 Richtlinie 96/92/EG des Europäischen Parlaments und des Rates betreffend gemeinsame Vorschriften für den Elektrizitätsbinnenmarkt, ABl. 1996 L 27, 20.
9 Richtlinie 98/30/EG des Europäischen Parlaments und des Rates betreffend gemeinsame Vorschriften für den Erdgasbinnenmarkt, ABl. 1998 L 204, 1.
10 6. GWB-Novelle 1998, BGBl. 1998 I, 2521; vgl. dazu *Schwintowski*, WuW 1997, 769; *ders.*, ZNER 1998, 9.
11 Gesetz zur Neuregelung des Energiewirtschaftsrechts, BGBl. 1998 I, 730.

EnWG 2005 durch Etablierung eines durch die Bundesnetzagentur regulierten Netzzugangs effektuiert.[12]

Auf dieser Basis änderte sich auch die Rolle des Verbrauchers vor gut 10 Jahren grundlegend. Aus dem bloßen Abnehmer wurde ein Nachfrager, der die Möglichkeit erhielt und – wenn auch anfangs schleppend – nutzte, die Grundversorgung zu verlassen, sich als Sondervertragskunde seinen Energieversorger selbst auszusuchen und damit die Chancen des sich entwickelnden Wettbewerbs wahrzunehmen. Zugleich mussten sich die früher auf die Rolle des Erzeugers und Versorgers beschränkten Energieunternehmen jetzt als Energieanbieter dem Wettbewerb stellen. An der „linearen" Grundstruktur der Energieversorgung („vom Kraftwerk zum Verbraucher") und daran, dass vergleichsweise einfache Produkte (Lieferung von elektrischem Strom bzw. Gas) auf der Basis vergleichsweise einfacher Vertragsmodelle angeboten wurden, änderte sich allerdings jedenfalls für private Haushalte und kleine Gewerbetreibende, die nach Standardlastprofilen bilanziert wurden, erst einmal nichts. Die Verträge wurden nach wie vor mindestens auf Jahresbasis geschlossen, der Preis je Kilowattstunde war nicht variabel, sondern wurde für das Jahr im Voraus festgelegt, und die analogen, nicht vernetzten Strom- und Gaszähler wurden einmal im Jahr im Wege der sog. „Turnschuhablesung" abgelesen. Die Auswahlmöglichkeiten der Nachfrager blieben damit – ebenso wie ihre Einsparmöglichkeiten – sehr begrenzt. Insbesondere war (und ist) es für private Endverbraucher (abgesehen von Heizstromtarifen für Nachtspeicherheizungen) nicht möglich, von Schwankungen des Strompreises im Jahres- oder Tageslauf, geschweige denn von den Preisschwankungen an den Energiebörsen zu profitieren. Es ist ihnen nicht möglich, ihr Verbrauchsverhalten aktiv und „in Echtzeit" dem börslichen Energiepreis anzupassen und auf diese Weise z.B. Strom immer dann zu beziehen, wenn er am günstigsten ist.

C. Energiewende und Digitalisierung: Energiedienstleister und Prosumer

Hatte sich das Energierecht in den ersten 100 Jahren der Stromwirtschaft vergleichsweise langsam entwickelt und sogar über Jahrzehnte weitgehend

---

12 Gesetz über die Elektrizitäts- und Gasversorgung (Energiewirtschaftsgesetz) BGBl. 2005 I, 1970/3621.

stagniert, so hat es in den vergangenen 10 Jahren eine Dynamik entwickelt, wie sie ansonsten wohl nur im Steuerrecht anzutreffen ist. Die Zahl energierechtlicher Normen wird heute auf über 10.000 geschätzt.[13] Diese Entwicklung hat ihren Grund in erster Linie im (staatlich verordneten und vorangetriebenen) Siegeszug der erneuerbaren Energien, der in Deutschland unter den Stichworten „Energiewende" und „Atomausstieg" in besonderem Maße forciert wird und dem der frühere BDI-Chef *Grillo* 2013 bescheinigt hat, eine „neue Architektur der Energieversorgung ohne Architekt, ohne Bauplan und ohne Bauleitung"[14] zu sein. Kurzgefasst: Auf dem Gebiet der erneuerbaren Energien herrschte lange Zeit eine eher durch politisches Kalkül als durch ökonomische Vernunft getriebene „Planwirtschaft ohne Plan", die erst in jüngster Zeit zögerlich bereinigt und wieder in eine Marktwirtschaft und damit auf den Boden der Tatsachen zurückgeführt wird.[15] Den Hintergrund dieser Entwicklung kann man mit den Stichworten „Dekarbonisierung, „Dezentralisierung" und „Digitalisierung" beschreiben.

I. Dekarbonisierung

Im Mittelpunkt der politischen Agenda in Deutschland und Europa steht seit geraumer Zeit die Dekarbonisierung der Energieerzeugung, also die Verringerung des CO_2-Ausstoßes mit dem Ziel des Klimaschutzes. Die Umweltverträglichkeit scheint für viele Politiker zum wichtigsten Ziel des Energierechts geworden zu sein, obwohl sie das selbstverständlich nicht ist. Ohne Versorgungssicherheit sind alle anderen energierechtlichen Ziele Makulatur. Die Ziele „preisgünstiger" und „verbraucherfreundlicher" Energieversorgung finden sich zwar ebenfalls im Katalog des § 1 Abs. 1 EnwG, doch hat es der Gesetzgeber damit in den vergangenen Jahren nicht so genau genommen. Dass die Strompreise trotz aufkommenden Wettbewerbs nach einer anfänglichen Delle stetig gestiegen sind und zu den höchsten auf der Welt zählen, hatte seinen Grund ganz überwiegend

---

13 Vgl. http://www.beckerbuettnerheld.de/de/article/neues-handbuch-fuehrt-energierecht-und-energiewirklichkeit-zusammen/ (abgerufen am 12.7.2017).
14 S. http://www.tagesspiegel.de/wirtschaft/energiewende-ohne-plan/8722646.html (abgerufen am 12.7.2017).
15 Dazu *Körber*, in: Körber. (Hrsg.), Wettbewerbsbeschränkungen auf staatlich gelenkten Märkten, 2015, S. 37 ff.; vgl. auch *Schwintowski*, EWeRK 2016, 73.

im Aufwuchs der Abgaben und Steuern, die 2017 zusammen sage und schreibe 57,1 % des Strompreises ausmachen,[16] gefolgt von den Netzentgelten mit 25,6 %, während die wettbewerbsgesteuerten Faktoren Erzeugung, Vertrieb und Marge nur noch 17,3 % zum Strompreis beitragen.[17]

Im Lichte der Klimaschutzziele wird insbesondere der Ausbau von Photovoltaik und Windenergie seit der Jahrtausendwende massiv subventioniert – anfangs mit geradezu astronomischen Fördersätzen von über 50 cents/kWh,[18] während jüngste Ausschreibungen auf dem Gebiet der Offshore-Windparks zeigen, dass jedenfalls Windenergie heute auch ganz ohne Subventionen wettbewerbsfähig ist.[19] Es ist – auch wenn dies vonseiten der Politik gern anders dargestellt wird – ein Allgemeinplatz, dass der Ausbau erneuerbarer Energien in Deutschland die Ziele der Dekarbonisierung und des Klimaschutzes nicht wirklich fördern kann, solange er nicht mit dem Emissionshandel abgestimmt ist und EU-weit oder besser global koordiniert erfolgt. In Deutschland vermiedenes CO_2 wird im Ausland aufgrund günstiger Zertifikate zusätzlich produziert. Doch ist die Dekarbonisierung der Energieversorgung trotz dieses politischen „Etikettenschwindels" schon mit Blick auf die Endlichkeit fossiler Energieträger langfristig positiv zu bewerten. Vor allem aber – und damit wird der Bezug zum hier untersuchten Thema deutlich – ist die Dekarbonisierung ein wesentlicher Antrieb für einen weiteren Paradigmenwechsel und für eine potentiell neue, aktivere Rolle des Verbrauchers in der Energiewirtschaft.

II. Dezentralisierung

Mit der Dekarbonisierung war und ist eine Dezentralisierung der Energieerzeugung verbunden. Zentrale, verbrauchsnah positionierte Kohle- und Atomkraftwerke werden zunehmend stillgelegt. Stattdessen erfolgt die Stromerzeugung zunehmend durch Wind- und Photovoltaikanlagen, die nicht dort errichtet werden, wo Strom gebraucht wird, sondern dort, wo

---

16 Den Löwenanteil macht dabei die EEG-Umlage aus; zu dieser auch *Schwintowski*, EWeRK 2014, 277.
17 Vgl. http://www.verivox.de/themen/strompreiszusammensetzung/ (abgerufen am 12.7.2017).
18 *Wirth*, Fraunhofer ISE, Aktuelle Fakten zur Photovoltaik in Deutschland, 2017, S. 11.
19 S. http://www.faz.net/-gqe-8wvsz (abgerufen am 12.7.2017).

besonders viel Sonne scheint oder Wind weht. Dabei handelt es sich zudem oft um sehr kleine, weit verstreute Anlagen. Die Zahl großer konventioneller Stromerzeugungsanlagen war und ist überschaubar. Nach der im Internet abrufbaren Kraftwerkliste der Bundesnetzagentur waren Ende 2015 noch acht Kernkraftwerke und 250 auf fossilen Brennstoffen basierende Großkraftwerke mit einer Netto-Nennleistung von 100 MW oder mehr im Betrieb. Die Zahl der Anlagen, die „Grünstrom" aus erneuerbaren Energien erzeugen, ist deutlich größer. Ihre Zahl wird in Deutschland auf etwa 1,5 Millionen geschätzt, wobei die zahlenmäßig bei weitem meisten Anlagen PV-Dachanlagen sind.[20] 98 % dieser Anlagen sind dezentral auf der Niederspannungsebene an die Verteilnetze angeschlossen.[21] Mithilfe dieser PV-Anlagen decken private Haushalte und Betriebe (insbesondere in der Landwirtschaft) nicht nur Teile ihres Strombedarfs, sondern erzeugen oft auch Stromüberschüsse, die sie ins Stromnetz einspeisen. Aus diesen Konsumenten sind „Prosumenten" („Prosumer") geworden, die nicht nur Strom nachfragen und verbrauchen, sondern auch produzieren und anbieten.

Eine flexible, sich an den Börsenpreisen für Strom orientierende Marktteilnahme ist allerdings bisher weder reinen Verbrauchern (als Nachfragern) noch Prosumern (als Nachfragern und Anbietern) möglich. Die Verbraucher schließen, wenn sie sich überhaupt aktiv um Alternativen bemühen und nicht einfach weiter die Grundversorgung in Anspruch nehmen, in aller Regel immer noch auf Jahresbasis abgerechnete Sonderverträge. Die kleineren PV-Anlagenbetreiber können ihren Strom aufgrund des Einspeisevorrangs zugunsten erneuerbarer Energien und der Abnahmepflicht der Netzbetreiber (§§ 11, 19, 21 EEG) nach dem Prinzip „Produce and Forget" erzeugen und in das Netz einspeisen, ohne sich um die Nachfrage auf den Strommärkten kümmern zu müssen. Sie erhalten dafür eine garantierte Einspeisevergütung.

Eine aktivere eigene Marktteilnahme würde eine intelligente Messung der Produktion und des Verbrauchs im Stunden- oder sogar Viertelstundentakt voraussetzen, welche bei privaten Haushalten und kleineren Anlagen in der Regel noch nicht möglich ist. In den bei weitem meisten der über 40 Mio. deutschen Privathaushalte sind analoge Ferrariszähler instal-

---

20 *Wirth*, Fraunhofer ISE, Aktuelle Fakten zur Photovoltaik in Deutschland, 2017, S. 6.
21 *Wirth*, Fraunhofer ISE, Aktuelle Fakten zur Photovoltaik in Deutschland, 2017, S. 32.

liert, und 75 % der kleinen PV-Anlagen lassen sich nicht intelligent steuern, sondern sind nur mit einer Spitzenkappung ausgestattet.[22] Haushaltskunden und kleinere Gewerbekunden können daher derzeit weder als Verbraucher noch als Prosumer von kurzfristigen Preisschwankungen an den Strombörsen profitieren, geschweige denn „in Echtzeit" darauf reagieren.

III. Digitalisierung

An dieser Stelle setzen nun die aktuellen Bestrebungen zur (weiteren) Digitalisierung des Energiesektors an. In Deutschland wurde im Dezember 2016 das „Gesetz zur Digitalisierung der Energiewende"[23] verabschiedet. Dieses Gesetz soll nach dem Willen des Gesetzgebers so etwas wie das „Stammgesetz der Digitalisierung im Energiebereich" werden. Der Titel verspricht allerdings mehr als das Gesetz hält, denn das Gesetz beschäftigt sich keineswegs mit der Digitalisierung insgesamt, sondern im Wesentlichen erst einmal mit dem Messwesen als einem wichtigen ersten Schritt. Kern des Gesetzes ist das Messstellenbetriebsgesetz (MsbG), das einen mittelfristig umfassenden „Rollout" intelligenter oder jedenfalls moderner Messeinrichtungen und Datenverarbeitungseinrichtungen (sog. „Smart Meter Gateways") vorsieht. Durch diese sowohl bei Erzeugern als auch bei Verbrauchern installierten digitalen Einrichtungen soll es möglich werden, Erzeugung und Lasten flächendeckend und umfassend in Echtzeit zu erfassen und damit die Grundlage für ein digital gesteuertes Energiesystem sowohl auf der Ebene der Netze (Smart Grids) als auch und vor allem der Märkte (Smart Markets) zu schaffen.

Grundlage dafür sind – wie in allen Bereichen der Digitalisierung der Wirtschaft – *erstens* eine hinreichend leistungsfähige IT-Struktur, *zweitens* eine in Echtzeit verfügbare Datengrundlage und *drittens* die Fähigkeit und Bereitschaft der Akteure, einschließlich der Verbraucher, das in der Digitalisierung liegende Potential zu erkennen und zu nutzen. Dabei spielt *viertens* auch der Datenschutz eine große Rolle und, last but not least, ist *fünftens* gerade im Bereich der Energieversorgung die IT-Sicherheit von hoher Bedeutung, da jede Vernetzung auch Angriffspunkte für Hacker oder „Cyberkriege" liefert.

---

22 BMWi, 5. Monitoringbericht, S. 107; s. auch § 9 Abs. 2 Nr. 2b EEG.
23 BGBl. 2016 I, 2034.

Die Bundesregierung hat zur Begründung für den mit dem MsbG angestrebten Smart-Metering-Rollout unterstrichen, dass sich die Verbraucher immer mehr zu Prosumern entwickelten und dass ein modernes, digital vernetztes Messwesen dem Verbraucher präzise Informationen liefern und die Umsetzung variabler Tarife ermöglichen solle.[24] Damit befindet sich der deutsche Gesetzgeber im Einklang mit der EU-Kommission, die ganz ähnliche Vorstellungen im Vorschlag für eine 4. Eletrizitätsbinnenmarktrichtlinie vom 23. Februar 2017 geäußert hat. Das MsbG nimmt die Inhalte dieser Richtlinie – jedenfalls was das Messwesen angeht – in weiten Teilen bereits vorweg. Die Kommission betont in der Begründung zu ihrem Vorschlag, dass ein digitales Messwesen die Verbraucher befähige, durch Nutzung neuer technischer Möglichkeiten ihre Stromrechnung zu senken, indem sie ihre Nachfrage der Produktion folgend flexibel anpassen. Sie strebt sogar vollmundig an, den Konsumenten „in das Zentrum des Energiemarktes zu rücken" und ihn als Prosumer in die Produktion einzubinden. Das setze voraus, dass die Konsumenten „in Echtzeit" auf Preissignale der Strombörsen reagieren und – z.B. durch Nutzung smarter Haushaltsgeräte, Heiz- und Kühlgeräte, Speicher[25] und der Elektromobilität – davon profitieren könnten.[26]

Eine umfassende Vermessung der deutschen Energielandschaft ist natürlich nicht ohne erhebliche Investitionen in die Messgeräte, Gateways und sonstige Informations- und Telekommunikationsinfrastruktur und deren Unterhaltung zu leisten. Die Kosten für die Digitalisierung auf der Ebene kleinerer Verbraucher und Produzenten und für die Anpassung bereits existierender digitaler Messeinrichtungen an die neuen Standards sind erheblich. Ein analoger Ferrariszähler kostet nach einer aktuellen Studie rund 25 Euro, die Installation einer intelligenten Messeinrichtung mit Smart Metering-Gateway etwa das Zehnfache. Geht man von 45 bis 47 Millionen Zählpunkten in Deutschland aus, die digitalisiert werden müssen, so dürfte allein die flächendeckende Installation der Zähler und Gateways in Deutschland etwa 15 Milliarden Euro kosten.[27]

---

24 BT-Drs. 18/7555, S. 1, 62.
25 Zur Rolle und Regulierung von Batteriespeichern vgl. auch *Schwintowski*, EWeRK 2015, 81.
26 COM (2016) 864 final, 4 f.
27 Vgl. Ernst&Young, Kosten-Nutzen-Analyse für einen flächendeckenden Einsatz intelligenter Zähler, 2013, S. 145.

Dies wirft die Frage nach der Wirtschaftlichkeit – auch und gerade für die Verbraucher – auf, zumal auch die 3. Strom- und Gasrichtlinie, die dem deutschen MsbG zugrunde liegen, ein Wirtschaftlichkeitsjunktim für einen Smart Metering Rollout aufgestellt haben.[28] Ob sich eine umfassende Digitalisierung des Zählwesens vor diesem Hintergrund für die Verbraucher überhaupt rechnet, war und ist umstritten.

Die Bundesregierung hat daher vor Erlass des MsbG umfassende Wirtschaftlichkeitsanalysen erstellen lassen. Um die Bürger nicht über Gebühr zu belasten, wurde basierend auf diesen Studien eine Preisregulierung Gesetz, nach welcher der verpflichtende Einbau intelligenter Messsysteme gemäß § 29 Abs. 1 Nr. 1 MsbG nur bei Letztverbrauchern mit einem Jahresverbrauch über 6.000 kWh erfolgen muss und dann diese Verbraucher grds. nicht mehr als 100 Euro p.a. kosten darf. Die 6.000 kWh-Grenze für den Pflichteinbau wurde aus dem früheren § 21c EnWG übernommen. Bei einem Jahresverbrauch bis 6.000 kWh kann der Messstellenbetreiber (also in der Regel der Verteilnetzbetreiber), dem insoweit die Entscheidung obliegt, sich freiwillig für den Einbau entscheiden (§ 29 Abs. 1 Nr. 2 MsbG). Er darf dann aber nach § 31 Abs. 3 MsbG nur max. 23 Euro (Verbrauch bis 2.000 kWh), 30 Euro (bis 3.000 kWh), 40 Euro (bis 4.000 kWh) oder 60 Euro (bis 6.000 kWh) im Jahr dafür berechnen. Der durchschnittliche deutsche Haushalt erreicht die 6.000 kWh-Grenze derzeit nicht, sondern verbraucht nach einer Studie des BDEW nur etwa 2.050 kWh (Single-Haushalt) bzw. 4.750 kWh (4-Personen-Haushalt) im Jahr.[29] Für einen durchschnittlichen 4-Personen-Haushalt geht das MsbG also von einer maximal zulässigen Kostenbelastung von 60 Euro im Jahr aus. Rechnet man die „Sowieso-Kosten" (d.h. die sich aus dem Messstellenbetrieb für Ablesung etc. ohnehin ergebenden Kosten) von 20 Euro p.a. aus diesem Betrag heraus, so folgt daraus, dass der Gesetzgeber das Einsparpotential für einen 4-Personen-Haushalt bei lediglich 40 Euro im Jahr sieht.

Zwar sind auch die Endverbraucher in den vergangenen Jahren durchaus preissensibler geworden, was sich auch daraus ablesen lässt, dass heute nur noch weniger als 1/3 der Haushaltskunden Grundversorgungstarife kontrahiert hat,[30] doch setzt der Wechsel von der Grundversorgung in

---

28 Vgl. jeweils Anhang zur 3. Stromrichtlinie 2009/72/EG (Abl. 2009 L 211 55) und zur 3. Gasrichtlinie 2009/73/EG (Abl. 2009 L 211 94).
29 BDEW, Stromverbrauch im Haushalt, 2016, S. 6.
30 S. https://www.stromauskunft.de/blog/verbraucher/deutsche-stromkunden-verlassen-die-grundversorgung/ (abgerufen am 12.7.2017).

einen Sondertarif nur einen einmaligen Anbieterwechsel und keine dauerhafte Verhaltensanpassung voraus. Ob ein geringes Einsparpotential von nur 40 Euro im Jahr ausreicht, um die Verbraucher dazu zu motivieren, ihr Verbrauchsverhalten dauerhaft zu ändern (und immer wieder zu überprüfen) und z.B. in Zukunft nachts statt am Tage zu waschen, erscheint mehr als zweifelhaft, denn dies würde ihnen selbst bei Zugrundelegung eines Nachtstromtarifs nur eine Ersparnis von 15 Euro im Jahr oder 4 Cents pro Tag ermöglichen. Hinzu kommt, dass sich bestimmte Verbrauchstatbestände weder in die späte Nachtzeit verlegen noch vollständig automatisieren lassen (z.B. Hausbeleuchtung, Fernsehen, Kochen). Nicht zuletzt wären für „intelligente Haushaltsgeräte" wie Waschmaschinen oder Kühlschränke, die mithilfe von bidirektionalen Smart Metering-Gateways erkennen könnten, wann der Strom am billigsten ist, erhebliche Investitionen erforderlich – ganz abgesehen davon, dass es auch aus Datenschutz- und IT-Sicherheitsgründen nichts jedermanns Sache ist, die Steuerung seiner Haushaltselektrik in dieser Weise zu automatisieren. Die vollmundigen Versprechen des deutschen wie europäischen Gesetzgebers, den Smart Metering-Rollout zu forcieren, um den Verbrauchern Einsparungen und eine aktive Marktteilnahme zu ermöglichen, bestehen vor diesem Hintergrund jedenfalls für den Durchschnittsverbraucher einen „Faktencheck" (noch) nicht.

Bei den „Prosumern", die Strom nicht nur verbrauchen, sondern über ihre PV-Anlagen auch selbst produzieren, mag das Einsparpotential größer sein – insbesondere dann, wenn sie die PV-Anlage mit einer Hausstrombatterie kombinieren und dadurch sowohl bei Abgabe wie Bezug von Strom die Kosten und Erlöse optimieren können. Solange kleine PV-Produzenten allerdings nach dem EEG vom Zwang zur Direktvermarktung befreit sind und komfortabel auf eine Einspeisevergütung nach §§ 19, 21 EEG setzen können, dürften die Anreize dazu nicht allzu hoch sein.

Ergänzend sei angemerkt, dass ein umfassender Smart Metering-Rollout bis in die über 40 Mio. Privathaushalte hinein auch aus Gründen der Netzsicherheit derzeit nicht erforderlich ist. Für die Lösung der Probleme, die sich aus der Dezentralisierung der Energieerzeugung und aus ihrer räumlichen Trennung von den industriellen Verbrauchszentren ergeben, reicht es, wie die Bundesnetzagentur schon 2011 hervorgehoben hat, aus, die Ortsnetzstationen und einige (potentiell) neuralgische Punkte im Netz digital zu ertüchtigen.[31]

Ob durch ein intelligentes Messwesen letztlich Strom (und damit ggf. auch CO_2-Ausstoß) in größerem Umfang eingespart werden kann, erscheint derzeit ebenfalls fraglich, denn – abgesehen davon, dass die dem Wettbewerb zugänglichen Strompreisbestandteile, wie oben gezeigt wurde, weniger als 20 % ausmachen, macht der private Stromverbrauch nur gut 5 % des deutschen Gesamtenergieverbrauchs aus.[32] Außerdem korrelierte die im vergangenen Jahrzehnt deutlich gesteigerte Effizienz von Haushaltsgeräten wie Kühlschränken oder Trocknern nicht mit einem entsprechenden Absinken des Haushalts-Stromverbrauchs. Vielmehr ist der Gesamt-Stromverbrauch in den deutschen Haushalten seit 1991 weitgehend konstant geblieben.[33] Dies dürfte (neben der zunehmenden Verbreitung von Wärmepumpen) auch auf Rebound-Effekte zurückzuführen sein: Die einzelnen Geräte werden sparsamer, aber es werden auch wegen dieser Einsparungen mehr Geräte gekauft und genutzt als zuvor.

Berücksichtigt man den effektiv noch sehr geringen ökonomischen Nutzen eines Smart-Metering Rollouts für Haushaltskunden und kleine Gewerbetreibende, so hat der Gesetzgeber gut daran getan, keine zwingende Installation intelligenter Messtechnik auch unterhalb eines Jahresverbrauchs bis 6.000 kWh bzw. einer installierten Leistung bis 7 kW bei Erzeugungsanlagen (§ 29 Abs. 1) anzuordnen und es insoweit den Messstellenbetreibern zu überlassen, ob intelligente, vernetzte Messtechnik installiert werden soll oder nicht. Richtig ist auch, dass die „Renovierungsklausel" des früheren § 21c Abs. 3a EnWG, durch welche ein Einbau neuer Messeinrichtungen bei einer größeren Renovierung unabhängig vom Jahresverbrauch erforderlich werden konnte, ersatzlos gestrichen wurde.

Damit wurde ein Smart Metering-Rollout unterhalb der gesetzlichen Grenzwerte dem Markt überlassen. Das erscheint sinnvoll, denn auch

---

31 BNetzA, „Smart Grid" und „Smart Market", Eckpunktepapier, 2011, S. 8 f.: „Daten, die für den sicheren Netzbetrieb benötigt werden, lassen sich jedoch auch ohne im Haushaltskundenbereich installierte Smart Meter erheben, z.B. indem auf Daten an Ortsnetzstationen zurückgegriffen wird und an "neuralgischen" oder „potenziell neuralgischen" Punkten im Netz Messgeräte für die Erfassung netzspezifischer Daten installiert werden. Die hierzu erforderliche Anzahl an Messpunkten ist relativ gering".
32 S. http://www.umweltbundesamt.de/daten/energiebereitstellung-verbrauch/energie verbrauch-nach-energietraegern-sektoren (abgerufen am 12.7.2017).
33 S. BDEW, Entwicklung des Stromverbrauchs in Deutschland, 2015, S. 15.

wenn das intelligente Messwesen privaten Haushalten derzeit kaum einen nennenswerten Vorteil bringt, handelt es sich dabei möglicherweise – wie beim ganzen Projekt „Energiewende" – um eine Investition in die Zukunft, die sich auf mittlere oder längerer Frist durchaus als sowohl ökonomisch als auch ökologisch sinnvoll erweisen kann.

Dies gilt zum einen mit Blick darauf, dass elektrische Energie nur einen Teil des Gesamtenergiebedarfs deckt. So wird für die (noch ganz überwiegend auf fossilen Brennstoffen basierende) Heizung heute von deutschen Privathaushalten dreimal so viel Energie verbraucht wie für Beleuchtung und elektrische Geräte. Im Heizbereich machen daher Smart Home-Lösungen – sowohl für die Verbraucher als auch gesamtwirtschaftlich – deutlich mehr Sinn als etwa im Bereich der Beleuchtung oder bei Waschmaschinen. Zudem wird die aktive Teilnahme am Strommarkt für die Bürger als Verbraucher wie Prosumer umso interessanter, je mehr das derzeit noch ganz überwiegend brennstoffbasierte Energiesystem auf ein EE-strombasiertes System umgestellt wird.

Für Haushaltskunden sind insoweit besonders Wärmepumpen und Elektromobilität interessant. Eine Wärmepumpe verbraucht je ihrer Art und der Größe und Energieeffizienz der Wohnung etwa 5.000 bis 10.000 kWh im Jahr, d.h. mit der Installation einer Wärmepumpe wird der Bedarf an Haushaltsstrom verdoppelt bis verdreifacht. Zugleich lässt sich der zusätzliche Strombedarf besonders gut intelligent verwalten und die Last auf Zeiten verschieben, in denen Strom besonders billig ist. Der im März 2017 vorerst zurückgestellte Entwurf für ein „Gebäudeenergiegesetz" (GEG)[34] hätte jedenfalls für Neubauten erheblichen Druck in Richtung Installation von Wärmepumpen ausgeübt. Der neue Bundestag wird diesen Ansatz 2018 sicher wieder aufgreifen.

In Zukunft wird zudem auch die Elektromobilität eine größere Rolle spielen. Realistisch betrachtet liegt der Stromverbrauch von Elektroautos derzeit etwa 20 bis 30 kWh/100 km. Bei einer durchschnittlichen deutschen Kilometerleistung von 14.259 km/Jahr[35] kommt man damit auf weitere rund 3.000 bis 4.000 kWh Strombedarf. Damit würde sich der Durchschnittsstromverbrauch für einen 4-Personen-Haushalt mit Wärmepum-

---

[34] Vgl. Referentenentwurf des BMWi vom 23.1.2017, http://www.enev-online.eu/geg/referentenentwurf/text/17.01.23_GEG_Entwurf_fuer_Verbaendeanhoerung.pdf (abgerufen am 12.7.2017).

[35] S. http://www.auto-motor-und-sport.de/news/pkw-fahrleistung-in-deutschland-2013-9730895.html?block=1 (abgerufen am 12.7.2017).

penheizung und Elektromobil vervielfachen und folglich auch das Einsparpotential deutlich steigen. Dies gilt umso mehr als auch bei Nutzung von Elektromobilen nicht nur ein Laden in der Nacht möglich wäre, wenn der Strompreis am niedrigsten ist. Sie könnten ihren Strom auch tagsüber, wenn der Preis höher ist und sie ungenutzt auf dem Firmenparkplatz stehen, vorübergehend wieder in das Netz einspeisen (und verkaufen), sofern die dafür erforderliche intelligente Steuerelektronik in Autos und Ladestationen vorhanden ist.

Der letztgenannte Aspekt wirft ein Schlaglicht auf weitere Vorteile, die längerfristig auch für die Verbraucher aus einem Smart Metering-Rollout oder allgemeiner: aus einer Digitalisierung der Energiewirtschaft erwachsen könnten. Wer sich Gedanken über die Digitalisierung der Energiewirtschaft macht, darf angesichts der Dynamik, die dieses Feld kennzeichnet, nicht beim technischen Status quo von heute stehen bleiben. Wie in anderen Wirtschaftsbereichen, die schon früher von einer umfassenden Digitalisierung erfasst wurden (etwa Online-Handel oder Medien), lässt sich das Potential einer umfassenden digitalen Vernetzung heute noch gar nicht ermessen. Als vor sechs Jahren über den Breitbandausbau im Telekommunikationsbereich diskutiert wurde, war kaum ein Verbraucher bereit, einen nennenswerten Mehrpreis für Internetverbindungen jenseits der 16 Mbit/s zu bezahlen, weil dafür angesichts der damals verfügbaren Internetdienste noch kein wirklicher Bedarf bestand.[36] Heute ist man froh darüber, dass ein Ausbau mit 50, 100 oder mehr Mbit/s erfolgt ist, weil sich – nachdem eine ausreichend hohe Anzahl von Hochgeschwindigkeitsanschlüssen installiert worden war – Dienste wie 4K-Videostreaming entwickelt haben, die über die alten ADSL-Netze mit 16 Mbit/s nicht realisierbar gewesen wären. Kurzum: Die Digitalisierung schafft die Infrastruktur und bereitet damit den Boden, auf dem dann neue Dienste wachsen können. Das gilt auch für den Energiesektor.

Hinzu kommt, dass auch die Ansprüche der Verbraucher an die Servicequalität mit der Digitalisierung gestiegen sind. Innovative Unternehmen wie Apple, Google, Facebook oder Amazon schlagen hier den Takt und dringen in immer neue Wirtschaftsbereiche vor. Entsprechendes ist auch im Energiebereich zu erwarten, wo sich die Energieversorger zunehmend zu umfassenden Energiedienstleistungsunternehmen entwickeln, die neben

---

36 Vgl. https://www.teltarif.de/deutsche-telekom-glasfaser-ftth-herausforderung-zahlungsbereitschaft-preiskampf/news/42540.html (abgerufen am 12.7.2017).

der reinen Energielieferung auch andere Dienste anbieten (etwa Smart Home-Dienste, Sicherheitsdienste oder umfassende, über den Energiebereich hinausreichende Beratungsdienstleistungen). Das Potential für solche Dienstleistungen wird in Zukunft sicher steigen. Innovative Dienste werden Bedarfe wecken, an die heute noch niemand denkt. Anbieter auf diesen Energiedienstleistungsmärkten werden zudem nicht nur die traditionellen Energieversorger sein. Es werden auch etablierte Unternehmen aus anderen Sektoren und komplette Newcomer auf die Märkte drängen, die dafür nicht zwingend eigene Produktionskapazitäten benötigen – so wie Airbnb ohne eigene Hotels den Beherbergungsmarkt oder Uber ohne eigene Fahrzeugflotte den Personenbeförderungsmarkt revolutioniert hat. Google hat mit dem Erwerb des Smart Home-Anbieters Nest bereits erste Schritte in diese Richtung getan.

Von diesen Entwicklungen und dem sich auf der Basis digitaler Vernetzung weiter steigernden Wettbewerb werden sicherlich auch die Verbraucher nicht nur als Konsumenten, sondern auch als Prosumer profitieren. So gibt es schon heute Plattformunternehmen, welche viele kleinere Energieerzeuger als Aggregatoren bündeln, die gebündelte Effizienz durch Skaleneffekte erhöhen und ihnen dadurch Zugang zu Märkten verschaffen, die den einzelnen mangels hinreichender Größe verschlossen blieben (ähnlich wie z.B. Next Kraftwerke in Bezug auf die Regelenergiemärkte).

Denkt man noch einen Schritt weiter, so könnten solche Plattformunternehmen vielleicht nur ein Zwischenschritt auf dem Weg zu einer noch weiterreichenden, direkten „Sharing Economy" sein, die weitgehend ohne Intermediäre auskommt und – z.B. auf der Basis von Blockchain-Technologien und Smart Contracts – sichere „peer-to-peer"-Transaktionen unmittelbar zwischen den Bürgerinnen und Bürgern erlauben. Solche Modelle sind bereits in der Erprobung. So findet seit 2016 z.B. in Brooklyn, New York, mit dem Brooklyn Microgrid ein Modellversuch statt, bei denen Hauseigentümer mit PV-Dachanlagen erzeugte, überschüssige Energie bei der Basis der Blockchain-Software Ethereum automatisiert und direkt – ohne den „Umweg" über ein Energieversorgungsunternehmen, einen Großhändler oder eine Strombörse – an benachbarte Hauseigentümer verkaufen.[37] Im März 2017 hat Innogy die ersten 1.000 Ladesäulen für Elektroautos auf die Blockchain-Technologie umgestellt.[38]

Für den Gesetzgeber, der gerade erst angefangen hat, Plattformunternehmen mehr[39] oder auch weniger[40] zu begreifen, werden diese Zukunftstechnologien, in denen „Smart Contracts", also letztlich Algorithmen auf der Basis von Blockchain-Modellen Entscheidungen treffen, die sich bisher weitgehend einer Regulierung entziehen, sicherlich eine „noch härtere Nuss" werden. Für die Wissenschaft sind die vielfältigen Entwicklungen im Schnittfeld von Energierecht, Digitalisierung und Verbraucherschutz aber in jedem Fall eine willkommene intellektuelle Herausforderung.

Es ist zu hoffen und zu erwarten, dass *Hans-Peter Schwintowski*, der in seiner langen wissenschaftlichen Karriere stets vor- und gern auch einmal etwa „quer" gedacht hat, sich dieser Herausforderung noch lange in vorderster Linie stellen und die wissenschaftliche Diskussion auch in Zukunft noch lange kundig bereichern wird.

---

37 Vgl. http://brooklynmicrogrid.com/ sowie https://www.newscientist.com/article/2079334-blockchain-based-microgrid-gives-power-to-consumers-in-new-york/ (abgerufen am 12.7.2017).

38 Vgl. http://www.wiwo.de/unternehmen/energie/elektromobilitaet-innogy-ruestet-1000-ladesaeulen-auf-blockchain-technologie-um/19525166.html sowie https://bitcoinblog.de/2016/02/26/rwe-und-slock-it-wollen-ethereum-fuer-elektroautos-nutzen/ (abgerufen am 12.7.2017).

39 Für ein gelungenes Beispiel vgl. etwa die – in Bezug auf digitale Märkte zurückhaltende und gründlich durchdachte – 9. GWB-Novelle, https://www.bmwi.de/Redaktion/DE/Artikel/Wirtschaft/gwb-novelle.html (abgerufen am 12.7.2017).

40 Für ein Beispiel von gesetzgeberischem Aktionismus auf diesem Gebiet vgl. etwa den Regierungsentwurf für das sog. „Netzdurchsetzungsgesetz", https://www.bmjv.de/SharedDocs/Gesetzgebungsverfahren/DE/NetzDG.html (abgerufen am 12.7.2017).

Die Integration von Stromspeicheranlagen in den Netzbetrieb – Juristische Bestandsanalyse und aktuelle Reformbestrebungen

Mirko Sauer, Berlin*

Hans-Peter Schwintowski hat auch eine ausgeprägte Leidenschaft dafür, neue Erkenntnisse aus anderen Wissenschaftsbereichen in Fragestellungen des bestehenden Rechtsrahmens zu übersetzen und zu integrieren. Sein Interesse für innovative Fragen und entsprechende Lösungsansätze ist unbegrenzt. So verwundert es auch nicht, dass sich der Jubilar jüngst auch mit der Einordnung moderner Stromspeichertechnologien in den bestehenden Rahmen des Energie- und Wettbewerbsrechts beschäftigt hat.[1] Der folgende Beitrag greift einen Teilaspekt aus diesem Fragenkreis heraus.

A. Einleitung

Stromspeicher können netzbetriebsdienlich eingesetzt werden.[2] Der Stromspeicherung wird attestiert, einen wichtigen Beitrag zur Lösung der energiewendebedingten Herausforderungen des Netzbetriebs leisten zu können. Sie ist geeignet, auch bei zunehmender volatiler Einspeisung von Strom aus regenerativen Energiequellen die Systemstabilität zu gewährleisten. Über dezentrale oder zentrale Speicherdienstleistungen können Lastflüsse gesteuert (vergleichmäßigt) und insoweit möglicherweise auch der Netzausbaubedarf verringert werden.[3] Klassische Systemdienstleistun-

---

* Dr. Mirko Sauer, wissenschaftlicher Assistent am EWeRK e.V. und Habilitand bei Hans-Peter Schwintowski.
1 *Schwintowski*, EWeRK 2014, 271; *ders.*, EWeRK 2016, 94; *ders.*, EWeRK 2016, 248; *ders.*, EWeRK 2016, 369.
2 Vgl. hierzu die dena-Studie, Systemdienstleistungen 2030; dena, Netzflexstudie - Optimierter Einsatz von Speichern für Netz- und Marktanwendungen in der Stromversorgung, März 2017; AGORA Energiewende, Stromspeicher in der Energiewende, September 2014.
3 Vgl. *Doetsch (et al.),* Netzintegrierte Stromspeicher zur Integration fluktuierender Energie – Technische Anforderungen, ökonomischer Nutzen, reale Einsatzszenari-

gen[4] könnten mithilfe von Stromspeichern erbracht oder zumindest optimiert werden.[5] Zum Teil werden Stromspeicher auch als zentrales Element intelligenter Energieversorgungsnetze identifiziert.[6]

Geht man einmal davon aus, dass diese Annahmen tatsächlich so zutreffen, so drängt sich doch die Frage auf, ob und inwieweit die Netzbetreiber von dieser technischen Option Gebrauch machen können. Etwas konkreter stellt sich die Frage, ob Stromspeicher von den Netzbetreibern selbst angeschafft und eingesetzt werden dürfen oder ob der Speicherbetrieb ausschließlich in einem eigenständigen Markt zu erfolgen hat, auf dem dann Speicherkapazitäten (z.B. in Gestalt von Systemdienstleistungen) von externen Anbietern angeboten und dort eben auch von Netzbetreibern „eingekauft" werden können.

B. Netzbetreiberseitiger Einkauf externer Speicherdienstleistungen

Erfüllt ein Stromspeicher die netzanschlussrelevanten oder sonstigen energietechnischen Anforderungen, steht einem netzgekoppelten Einsatz nichts im Wege. Speicherbetreiber können ihre Dienste auch unter Nutzung des öffentlichen Netzes vermarkten. Erfolgt die Speicheranschaffung und -vermarktung durch ein eigenständiges, das heißt ein vom Netzbetrei-

---

en, 2011, S. 53 ff; VKU, Positionspapier: Energiespeicher zur Stabilisierung und Flexibilisierung des Energiesystems, 2014, S. 2.

4 Laut TransmissionCode 2007, Ziff. 5 und DistributionCode 2007 Ziff. 4 gehören zu den Systemdienstleistungen: Frequenzhaltung (Beschaffung und Inanspruchnahme von Primär-, Sekundär- und Minutenreserveleistung bzw. -arbeit); Spannungshaltung (Blindleistungsregelung, d.h. Steuerung von Erzeugungsanlagen sowie Schaltung von Kompensationsmitteln, Kurzschlussleistung, Transformatorstufung und Umschaltungen); Versorgungswiederaufbau (Schwarzstart- und Inselnetzfähigkeit, Inbetriebnahme mit/ohne Spannungsvorschaltung, netzebenenübergreifende Koordinierung) und System- bzw. Betriebsführung (Einspeisemanagement, Anforderung von zu-/abschaltbarem Lasten, Betriebsplanung/Ausschaltplanung, Redispatch/Engpassmanagement, Reservekraftwerke, Datenaustausch (Energieinformationsgesetz). Allerdings werden nicht alle diese Dienstleistungen von den VNB selbst erbracht.

5 Vgl. die EFZN-Studie, Eignung von Speichertechnologien zum Erhalt der Systemsicherheit, Abschlussbericht FA 43/12 v. 8.3.2013, S. 9 ff., S. 116 und S. 127 ff.; SRU-Sondergutachten: Den Strommarkt der Zukunft gestalten, 2013, S. 48.

6 *Wieser*, ZUR 2011, S. 240 ff.

ber verschiedenes Unternehmen[7], wäre dies entflechtungsrechtlich unproblematisch. Solche externen Speicherbetreiber können auch Systemdienstleistungen[8] oder andere netzbetriebsdienliche Dienstleistungen (z.B. kapazitätsrelevante Zwischenspeicherung) anbieten. Die Netzbetreiber können diese Dienste zur Erfüllung ihrer Aufgaben einkaufen.

C. Netzeigener Betrieb von Stromspeicheranlagen

Zum Teil wird bereits aus der Möglichkeit der wettbewerblichen Erbringung netzbetriebsdienlicher Speicherleistungen darauf geschlossen, dass es Netzbetreibern untersagt wäre, eigene Stromspeicher anzuschaffen und selbst einzusetzen.[9] In der Tat fordert ein solches Anliegen auch eine Auseinandersetzung mit den Entflechtungsregelungen heraus.

I. Gegenwärtige Rechtslage

Die geltenden Entflechtungsvorschriften (§§ 6 ff. EnWG, Artt. 9 ff., 26 EltRl 09[10]) enthalten keine speziellen und ausdrücklichen Vorgaben zum Betrieb von Stromspeicheranlagen.[11] Die Regelungen sind nur ganz allgemein an vertikal integrierte EVU i.S.d. § 3 Nr. 38 EnWG adressiert. Betroffen sind insoweit EVU, die im Elektrizitätsbereich neben der Funktion des Netzbetriebs („*Übertragung* oder *Verteilung*") auch in anderen Berei-

---

7   Bzw. beim Betrieb kleinerer Verteilernetze durch eine buchhalterisch und informatorisch vom Netzbetrieb entflochtene Unternehmenssparte.
8   Fn. 5.
9   Der netzdienliche Betrieb von Stromspeichern durch Netzbetreiber wird im Lichte der Entflechtungsvorgaben unterschiedlich bewertet. Vorwiegend kritisch: Studie von KEMA Consulting „Energiespeicher in der Schweiz", 2 13, S. 181; *Doetsch (et al.)*, S. 38. Differenzierend: EFZN-Studie, S. 139 ff.; Rechtliche wie wirtschaftliche Vorbehalte: BNetzA, Eckpunktepapier „Smart Grid" und „Smart Market", 2011, S. 32. Einen netzdienlichen Speicherbetrieb durch Netzbetreiber befürwortend: *Wieser*, EurUP 2011, 182; *Welter*, Photon 10/2012, S. 20 f.; In der Tendenz auch: *Thomas/Altrock*, ZUR 2013, 579; Umfassend dazu *Weyer/Lietz*, ZNER 2014, 241; *dies.*, ZNER 2014, 356.
10 RL 2009/72/EG des Europäischen Parlaments und des Rates vom 13.7.2009 über gemeinsame Vorschriften für den Elektrizitätsbinnenmarkt und zur Aufhebung der Richtlinie 2003/54/EG.
11 EFZN-Studie, S. 139.

chen der Elektrizitätsversorgung tätig sind. Als diese anderen Tätigkeitsbereiche werden in § 3 Nr. 38 EnWG (Art. 2 Nr. 21 EltRl 09) ausdrücklich nur die „*Erzeugung*" und der „*Vertrieb von Elektrizität*" genannt. Erweist sich ein Speichereinsatz in diesem Sinne also als Erzeugung (dazu unter 1.) oder als Vertriebstätigkeit (dazu unter 2.) und/oder liegt der Speichereinsatz außerhalb der gesetzlichen Aufgaben der Übertragung oder Verteilung (dazu unter 3.), würden die Entflechtungsregeln eine netzbetriebseigene Speicheranschaffung und -nutzung beschränken.[12] Netzbetreibern bliebe dann in der Tat nur die Möglichkeit, netzbetriebsdienliche Speicherdienstleistungen von externen Anbietern einzukaufen.

1. Speicherbetrieb als netzbetriebsfremde Stromerzeugung

Technisch und mit Blick auf den Anlagenbegriff im EEG (§ 3 Nr. 1 EEG) werden Stromspeicheranlagen als Erzeugungsanlagen betrachtet. Ob dies allerdings auch i.S.d. Entflechtungsregelungen (§§ 6 ff. EnWG i.V.m. § 3 Nr. 38 EnWG) angenommen werden muss, ist bislang nicht geklärt.

a) Rückschlüsse aus den Spezialvorschriften zur Stromspeicherung

Aus den Spezialregelungen zur Stromspeicherung ergeben sich nur einige wenige und zudem noch indifferente Anhaltspunkte. Hinter den verstreuten Vorschriften steht kein einheitliches Regelungskonzept, das einen Rückschluss auf die Unbundlingfrage erlauben würde.[13] Eine allgemeingültige Aussage zur entflechtungsrelevanten Erzeugungseigenschaft gibt es nicht. Auch die Feststellung der Letztverbrauchereigenschaft von Pumpspeicherkraftwerken durch den BGH[14] kann nicht zur Annahme ver-

---

12 Auf Verteilernetzebene müsste der Betrieb des Stromspeichers dann buchhalterisch, informationell sowie u.U. gesellschaftsrechtlich und operationell vom Netzbetrieb entflochten werden. Bei der Netzentgeltbildung wäre eine Anerkennung der Anschaffungskosten für Stromspeicher von vornherein ausgeschlossen.
13 Dazu *Riewe/Sauer*, EWeRK 2014, 79, 81 ff.
14 BGH, Beschl. v. 17.11.2009 - EnVR 56/08, NVwZ-RR 2010, 431; bestätigt durch BGH, Beschl. v. 9.10.2012 - EnVR 47/11, NVwZ-RR 2013, 408.

leiten, damit sei (spiegelbildlich) auch die entflechtungsrechtliche Erzeugereigenschaft sämtlicher Speicheranlagen entschieden.[15]

b) Sinn und Zweck der Entflechtungsvorschriften

In Ermangelung spezialgesetzlicher Vorgaben müssen die für die Bestimmung der Erzeugereigenschaft maßgeblichen Kriterien aus dem allgemeinen Regelungszweck der Entflechtungsvorschriften entwickelt werden.

Ziel dieser Regelungen ist es, ausgehend von der Monopoleigenschaft des Netzbetriebs einen für die vor- und nachgelagerten Marktstufen der Energieerzeugung und des Energievertriebs essentiellen, transparenten und diskriminierungsfreien Netzbetrieb zu gewährleisten sowie etwaige Quersubventionierungen innerhalb vertikal integrierter EVU zu vermeiden.[16] Die *„Unabhängigkeit der Netzbetreiber von anderen Tätigkeitsbereichen der Energieversorgung"* soll sichergestellt werden (§ 6 Abs. 1 Satz 1 EnWG). Das theoretische Idealmodell ist insoweit dann erfüllt, wenn ein Netzbetreiber über keine eigene (Ur-)Produktion elektrischer Energie verfügt und sich ausschließlich auf die Erzielung von angemessenen Nutzungsentgelten und dementsprechend auf eine möglichst hohe Fremdnutzung seines Netzes konzentriert.[17]

Die §§ 6 ff. (i.V.m. § 3 Nr. 38) EnWG verfolgen allerdings keinen Selbstzweck, sondern sind unter dem Aspekt auszulegen, dass die Kernziele der Transparenz und Diskriminierungsfreiheit beim Netzzugang erreicht werden.[18] Im EnWG wird eine strikte Trennung und Abschirmung der unterschiedlichen Wertschöpfungsstufen daher auch nicht verfolgt; was die Regelungen zur Netzreserve (§ 13d EnWG i.V.m. NetzResVO)

---

15 Diese Entscheidungen in Fn. 14 sind auf die Einzelfrage der netzentgeltrelevanten Letztverbrauchereigenschaft von Pumpspeicherkraftwerken i.S.d. § 14 Abs. 1 Satz 1 (i.V.m. § 17 Abs. 1 Satz 1, § 15 Abs. 1 Satz 3) StromNEV beschränkt und lassen keine allgemeinen Aussagen zu Stromspeichertechnologien (weder zur Letztverbrauchereigenschaft in anderen Regelungszusammenhängen noch zur entflechtungsrechtlichen Erzeugereigenschaft) zu. Vgl. *Sauer*, EWeRK 2015, 176, 178.
16 *Säcker/Schönborn*, in: Säcker, Berliner Kommentar zum Energierecht, 3. Auflage, 2014, § 6 Rn. 2; *Dannischewski*, Unbundling im Energierecht, 2003, S. 46 f.
17 So *Lecheler/Gundel*, EuZW 2003, 626.
18 *Schmutzer/Schoon/Stolzenburg*, in: EnWG-Praxiskommentar, Stand: August 2016, § 6 EnWG, Rn. 56.

und im Besonderen zu den Netzstabilitätsanlagen (§ 13k EnWG) unter Beweis stellen. Damit werden den Netzbetreibern nicht nur funktionale Übergriffe in den Erzeugungsbereich ermöglicht. Ihnen wird sogar die Errichtung von Erzeugungsanlagen als „netztechnisches Betriebsmittel" ermöglicht.
Mit Blick auf den Regelungszweck und die Reichweite der Entflechtungsvorschriften darf festgehalten werden, dass der dort relevante Begriff der Erzeugung an drei Voraussetzungen geknüpft ist: Um den gesetzlichen Entflechtungsbefehl auszulösen, muss eine Energieerzeugung (1) im technischen Sinne vorliegen, die (2) auch dem Zweck des späteren eigenen Stromabsatzes dient und (3) nicht darin besteht, Netzbetreiberaufgaben wahrzunehmen[19]. Nur dann, wenn Netzbetreiber solche Geschäftsaktivitäten entfalten, entsteht für Stromerzeuger die Gefahr, beim Netzzugang in ihren wettbewerblichen Absatzbemühungen behindert zu werden.

aa) Technische Erzeugereigenschaft von Stromspeichern

Unter physikalischem Blickwinkel handelt es sich bei jeder Stromerzeugung um eine Umwandlung verschiedener Primärenergieträger in elektrische Energie.[20] Dies vor Augen kann die technische Erzeugereigenschaft von Stromspeichern beim Prozessschritt der „Stromausspeicherung" wohl regelmäßig[21] nicht bestritten werden.

bb) Funktionale Zuordnung der Stromspeicherung

Mit der technischen Erzeugereigenschaft ist allerdings noch nicht entschieden, dass der Betrieb von Stromspeichern stets auch dem Marktsegment der Elektrizitätserzeugung i.S.d. § 3 Nr. 38 EnWG zugeordnet werden muss. Die Stromspeicherung kann auf jeder Stufe der energiewirtschaftlichen Wertschöpfungskette Funktionen erfüllen und daher entweder

---

19 Also nicht zur Übertragung oder Verteilung gehört.
20 *Koenig/Kühling/Rasbach*, Energierecht, 3. Aufl. 2013, S. 39.
21 Bei der Batteriespeicherung bspw. lässt sich aber möglicherweise anderes vertreten. Hier liegt die Bewertung nahe, dass es dabei im eigentlichen Sinne zur (Zwischen-)Speicherung der eingesetzten Energie kommt. Dazu *Sauer*, EWeRK 2015, 176, 180.

dem Bereich der Stromerzeugung oder dem des Netzbetriebs (oder beiden Bereichen) zugeordnet werden. Eine Zwischenspeicherung kann als absatzdienlicher Annex zur Stromerzeugung oder als netzbetriebsdienlicher Annex zur Netzbewirtschaftung eingesetzt werden (oder für beides). Diese Möglichkeit der unterschiedlichen Zuordenbarkeit (Speicherfunktionen) wird ausdrücklich von den Regelungen für Gasspeicheranlagen[22] i.S.d. § 3 Nr. 31 EnWG aufgegriffen (vgl. unter 3.a)cc). Im Elektrizitätsbereich ist Entsprechendes denkbar.

Auch im Elektrizitätsbereich könnte die Funktion der Zwischenspeicherung noch im gesetzlichen Aufgabenfeld des Netzbetriebs liegen (dazu später ausführlich unter 3.). Entscheidend für die entflechtungsrechtlich zu fordernde Abgrenzung eines solchermaßen (rein) netzbetriebsdienlichen Speichereinsatzes zum wettbewerblichen Erzeugungsmarkt wäre, dass die Zwischenspeicherung dann nicht dazu führen darf, dass Netzbetreiber damit eigene Absatzinteressen verfolgen und insoweit geneigt sein könnten, im Wege unzureichender Netzzugangsgewährung ihr natürliches Netzmonopol auf den vorgelagerten Markt der „Erzeugung" auszuweiten.

Der Stromspeicher darf in diesen Fällen lediglich als ein netztechnisches Betriebsmittel, das heißt strikt außerhalb des wettbewerblichen Erzeugungsmarktes eingesetzt werden. Netzbetreiber dürfen (durch einen netzbetriebsintegrierten Stromspeichereinsatz) nicht zu Playern im Marktsegment der Stromerzeugung werden. Mit Blick auf eine Vielzahl von Systemdienstleistungen dürfte dies aber auch gar nicht der Fall sein. Die Zwischenspeicherung stellt im Übrigen auch keine Urproduktion von Strom dar. Es wird nur der von den vorhandenen Erzeugern eingespeiste Strom aufgenommen und lediglich zeitversetzt wieder abgegeben. Prima facie sorgt die Zwischenspeicherung insofern also für keinen (zusätzlichen) Konkurrenzstrom, der die Absatzinteressen der übrigen Erzeuger unberechtigterweise stören würde. Denn selbst vor dem Hintergrund der geübten Viertelstundenbilanzierung (§ 4 Abs. 2 Satz 2 StromNZV) ist nicht erkennbar, dass Erzeuger einen Anspruch darauf hätten, dass ihre veräußerten Strommengen zeitgleich (und nicht später) einer netzbetriebsdienlichen Verwertung zugeführt werden müssen.

---

22 Vgl. *von Lewinski/Bews*, N&R 2013, 244.

c) Europäische Kommission

Die Fragen von Erzeugungseigenschaft von Stromspeichern und insbesondere der Vereinbarkeit mit dem Regelungsgehalt der Entflechtungsvorgaben aus der derzeit geltenden Elektrizitätsbinnenmarktrichtlinie[23] werden auch in der EU diskutiert.[24] Bislang wurden dabei zwei unterschiedliche Auffassungen sichtbar.

Eine Ansicht misst die Speichertechnologie an den traditionellen energiewirtschaftlichen Kategorien Erzeugung, Handel und Letztverbrauch und sieht in einem netzbetriebsseitigen Speicherbetrieb einen Verstoß gegen den Geist der Binnenmarktrichtlinie 2009/72/EG.[25] Ein neutraler, diskriminierungsfreier Netzbetrieb sei nur möglich, wenn der Speicherbetrieb ausschließlich durch Marktakteure im Wettbewerb erbracht werde.

Die Europäische Kommission verfolgte bislang[26] ein eher funktional geprägtes Speicherverständnis.[27]

d) Zwischenergebnis

Setzen Netzbetreiber eine Zwischenspeicherung zum Zwecke des späteren Stromabsatzes ein und entfalten insofern wettbewerbliche Aktivitäten auf dem Erzeugungsmarkt, nehmen sie die Funktion der *„Erzeugung"* i.S.d.

---

23 Artt. 9 ff. und Artt. 26 ff. RiLi 2009/72/EG.
24 Vgl. THINK, Electricity Storage: How to Facilitate its Deployment and Operation in the EU, 2012, S. 42; stoRE, European Regulatory and Market Framework for Electricity Storage Infrastructure, 2013, S. 27 ff.
25 Vgl. den Brief von EURELECTRIC an die Europäische Kommission vom 12.3.2013, S. 1.
26 Zu den Reformvorschlägen: vgl. unter D.
27 Europäische Kommission - GD Energie, Antwortbrief von Philip Lowe an EURELECTRIC vom 31.5.2013, S. 2 (Übersetzung aus dem Englischen): *„Speicherung ist, kraft seiner Definition, keine Erzeugung; Speicherung verursacht einen Wirkungsverlust und Kosten (...). Während des Be- und Entladevorganges einer Batterie gehen z.B. 10 bis 25% der Energie verloren. Deswegen kann Speicherung nicht als Erzeugung qualifiziert werden, und zwar ungeachtet der zum Einsatz kommenden Speichertechnologie, Speicherkapazität oder dem konkreten Speicherstandort. Aus demselben Grunde kann Speicherung nicht zunächst ein Letztverbraucher sein und wenige Minuten später ein Erzeuger von Energie werden. Demzufolge kann Speicherung von allen Marktakteuren inklusive den Netzbetreibern genutzt werden, solange sie mit der gespeicherten Energie im Erzeugungsmarkt keine wettbewerblichen Aktivitäten ausüben."*.

Entflechtungsregeln wahr. Ein solcher Speichereinsatz wäre ihnen durch die Entflechtungsvorschriften verwehrt. In diesem Sinne nicht der Funktion *„Erzeugung"* zuzuordnen, sind demgegenüber netzbetriebsintegrierte und auch allein netzbetriebsdienlich, das heißt im gesetzlichen Aufgabenkreis der Netzbetreiber eingesetzte Stromspeicher (unter 3.).

2. Speicherbetrieb als netzbetriebsfremder Stromvertrieb

Ein netzeigener Speicherbetrieb sieht sich bisweilen auch dem Vorwurf ausgesetzt, damit würden unzulässige Aktivitäten auf dem Stromvertriebsmarkt ausgeübt werden.[28] Bei näherer Betrachtung ist diese Annahme aber nicht zwingend; jedenfalls nicht in ihrer Pauschalität. Im Stromhandel sind Unternehmen tätig, die elektrische Energie zum Zwecke des Weiterverkaufs kaufen (§ 3 Nr. 21 EnWG). Lieferanten sind Unternehmen, dessen Geschäftätigkeit auf den Vertrieb (Verkauf) von Elektrizität an Letztverbraucher gerichtet ist (§ 2 Nr. 5 StromNZV). Davon ausgehend üben Netzbetreiber erst dann wettbewerbliche Vertriebsaktivitäten aus, wenn sie Speicherkapazitäten nutzen, um unter Verfolgung eigener Absatzzwecke Strommengen nach der Zwischenspeicherung zu vermarkten. Eine solche Geschäftätigkeit würde die Neutralität des Netzbetriebes gefährden. Die Entflechtungsregeln wären berührt.[29] Nicht der entflechtungsrelevanten Tätigkeit *„Vertrieb von Elektrizität"* zuzuordnen, wären hingegen netzbetriebsintegrierte Zwischenspeicherungen, die allein netzbetriebsdienlich, das heißt zur Erfüllung der gesetzlichen Netzbetreiberaufgaben eingesetzt werden (dazu unter 3.).

---

28 So die BNetzA, Eckpunktepapier „Smart Grid" und „Smart Market", 2011, S. 34.
29 Die Pflicht der ÜNB zur Vermarktung von EE-Strom gem. § 59 EEG i.V.m. § 2 AusglMechV wird man allerdings als gesetzliche Ausnahme der Entflechtung von Vertriebsaktivitäten zu behandeln haben. Es liegt nicht vollkommen fern, dass die ÜNB, die zur bestmöglichen Vermarktung die Sorgfalt eines „ordentlichen und gewissenhaften Händlers" anzuwenden haben, hierbei auch Stromspeicher einsetzen dürfen.

3. Speicherbetrieb als mögliche Netzbetreiberaufgabe

Solange damit keine eigenen Stromabsatzaktivitäten entfaltet werden, ist ein zur Zwischenspeicherung eingesetzter Stromspeicher im entflechtungsrechtlichen Sinne weder dem Tätigkeitsbereich der „*Erzeugung*" noch dem des „*Vertriebs von Elektrizität*" zuzuordnen. Damit ist aber noch nicht gesagt, ob dieser Speichereinsatz auch zur Aufgabe des Netzbetriebs gehört, das heißt als zur Funktion „*Übertragung*" oder „*Verteilung*" zugehörig betrachten werden kann. Wäre dies nicht der Fall, müsste dieser Tätigkeitsbereich vom Monopol des Netzbetriebs entflochten werden.

a) Allgemeine Funktion des Netzbetriebs

Kern der gesetzlich vorgesehenen Netzbetreiberaufgaben ist die *Übertragung* und *Verteilung*[30] von Elektrizität. Hinzutritt noch die Pflicht zur kaufmännisch-physikalischen Abnahme von EE- und KWK-Strom.[31] Es fragt sich nun, ob diese Aufgaben darauf beschränkt sind, nur räumliche Distanzen zwischen Einspeisung und Entnahme zu überbrücken. Verschiedentlich werden daran Zweifel geäußert: „*Netze dienen dem räumlichen, Speicher dem zeitlichen Ausgleich von Energieangebot und -nachfrage.*"[32]

aa) Normativität der Zeitgleichheit zwischen Einspeisung und Entnahme

Die StromNZV konkretisiert die Ausgestaltung und Abwicklung des Netzzugangs. Der Wortlaut des § 1 StromNZV scheint bei erstem Blick dafür zu sprechen, dass die den Netzbetreibern gesetzlich zugewiesene Aufgabe der Netzzugangsgewährung allein darin besteht, die Überbrückung von räumlichen Unterschieden zwischen Einspeisung und Entnahme zu gewährleisten. Die Sicherstellung der Zeitgleichheit und Mengenkongruenz

---

30 Vgl. § 3 Nrn. 3, 10, 32 und 37 EnWG.
31 § 11 Abs. 1 Satz 1 und 2 EEG bzw. § 4 Abs. 2 KWKG.
32 So Karsten Bourwieg, Vorsitzender Beschlusskammer 8 der BNetzA beim EWeRK-Fachseminar „Speichertechnologien im gegenwärtigen Rechtsrahmen: Diskriminierung oder Level playing field?" am 26.6.2015 (Folie 16).

der zu transportierenden Strommengen[33] wäre dann als eine allein von den Netznutzern sicherzustellende Bedingung des Netzzugangs zu betrachten. Dafür spräche auch § 20 Abs. 1a Satz 5 EnWG (§§ 4 ff. StromNZV).[34]

Ungeachtet der Frage, ob der Aufgabenkreis des Netzbetriebs (auch im entflechtungs-rechtlichen Sinne) durch eine Rechtsverordnung abschließend definiert und verengt werden kann, würde diese Sichtweise aber über den Regelungsgehalt von § 1 StromNZV sowie der StromNZV insgesamt hinausgehen: Denn § 1 StromNZV veranschaulicht nur das gesetzlich vorgegebene Netzzugangsmodell im Strombereich. Geschuldet ist der Zugang zum gesamten Elektrizitätsversorgungsnetz der Bundesrepublik Deutschland (§ 20 Abs. 1a Satz 3 EnWG). Dieser soll durch nur einen einzigen Netznutzungsvertrag mit dem Anschlussnetzbetreiber der Entnahme- bzw. Einspeisestelle abgewickelt werden. Es soll nicht (mehr) darauf ankommen, wie weit eine Entnahmestelle von der korrespondierenden Einspeisestelle entfernt ist und ob mehrere Netze und Netzebenen beim konkreten Transport beansprucht werden (sog. „Ein-Vertrag-Modell").[35] Mehr verdeutlicht § 1 StromNZV nicht.

Der in § 1 StromNZV erwähnte Begriff der Zeitgleichheit von Einspeisung und Entnahme legt auch keine rechtlichen Restriktionen bei der von den Netzbetreibern wahrzunehmenden Netzzugangsgewährung (Netzbetreibertätigkeit) fest. Es stellt kein normatives Tatbestandsmerkmal dar, das die mögliche Angebotspalette der Netzbetreiberleistungen bei der Netzzugangsgewährung beschränken würde. Die „Zeitgleichheit" beschreibt vielmehr nur die bis dato vorgefundenen physikalischen Grenzen des Netzzugangs (Aufrechterhaltung der Netzstabilität) im Strombereich.[36] Es wurde – im Grunde von Beginn der Elektrifizierung an – von der technisch-ökonomischen Prämisse ausgegangen, dass elektrische Energie nicht (oder nur begrenzt) sinnvoll speicherbar ist. Auf diese lange Zeit feststehenden Gegebenheiten hatten sich die Netznutzer wie auch die

---

33 Ausgleich von zeitlichen/mengenmäßigen Unterschieden zwischen Netzeinspeisung und Netzentnahme.
34 Wobei im Vorgriff schon darauf hingewiesen werden kann, dass diese Aufgabe der Netznutzer (Bilanzkreistreue) nur eine rein finanzielle Verantwortung impliziert (§ 8 Abs. 1 und 2 StromNZV). Physikalisch-technisch bleiben die Netzbetreiber für die Aufrechterhaltung der Netzstabilität verantwortlich.
35 Im Geltungsbereich der VV I (Strom) vom 22.5.1998 galt noch ein transaktionsabhängiges Kontraktpfad-modell, wonach mit sämtlichen vom physischen Stromtransport betroffenen Netzbetreibern Einzelverträge abzuschließen waren.
36 Im Gasbereich (GasNZV) findet sich der Begriff „zeitgleich" nicht.

Netzbetreiber eingestellt (einzustellen). Hieraus kann indes nicht der Schluss gezogen werden, dass die inzwischen technisch-ökonomisch sinnhafte (netzbetriebsrelevante) Stromspeicherung per se außerhalb der Transportfunktion der Netzbetreiber läge. Aus der Perspektive der Netznutzer ist ohnehin nur entscheidend, ob der Bedarf nach Netzeinspeisung einerseits und nach Netzentnahme andererseits gedeckt wird.

bb) Zeitlicher Ausgleich von Einspeisung und -entnahme

Auch sonst finden sich im energierechtlichen Ordnungsrahmen keine Anhaltspunkte, die zu der Annahme verleiten, der Aufgabe der *Übertragung* bzw. *Verteilung* (des Netzbetriebs) wohne ausschließlich nur die Überwindung räumlicher Distanzen inne. Vielmehr sprechen gewichtige Gründe dafür, auch die Zwischenspeicherung im Netz (temporäre Verlagerung von Energieflüssen) als eine Aufgabe des Netzbetriebs zu betrachten.

(1) Kaufmännisch-physikalische Abnahme von EE- und KWK-Strom

Die Netzbetreiber werden vor dem Hintergrund der Energiewende vor die Herausforderung gestellt, möglichst große Mengen von Strom aus erneuerbaren Energien und Kraft-Wärme-Kopplung unverzüglich vorrangig kaufmännisch-physikalisch abzunehmen.[37] Daraus folgt, dass der Vorgang der Stromeinspeisung (Erzeugung) von der Notwendigkeit der netznutzerseitigen Sicherstellung der zeitgleichen Stromentnahme (Verbrauch) entkoppelt ist. Außerhalb der Direktvermarktung braucht sich ein EE- oder KWK-Stromerzeuger keine Gedanken über die zeitgleiche Netzentnahme seiner abgegebenen Strommenge machen. Diese Koordinierung ist vielmehr eine Angelegenheit der Netzbetreiber (vgl. § 11 StromNZV). Folglich ist dabei auch der Ausgleich von zeitlichen Unterschieden zwischen Netzeinspeisung und -entnahme eine Aufgabe des Netzbetriebs; was durch eine Zwischenspeicherung im Netz bewerkstelligt oder zumindest unterstützt werden könnte.

---

37 Vgl. § 11 Abs. 1 Satz 1 und 2 EEG, § 4 Abs. 2 KWKG.

(2) Netz- und Systemsicherheitsmaßnahmen

Zwar wird davon ausgegangen, dass Netzfrequenzabweichungen, die durch Bilanzungleichgewichte zwischen den zeitgleichen Einspeisungen und Entnahmen entstehen, keinen strukturellen Netzengpass begründen, sondern gewissermaßen eine Erscheinung des gewöhnlichen Netzbetriebs darstellen. ÜNB oder VNB sollen daher bei netzstabilitätsgefährdenden Frequenzabweichungen zu einer entschädigungslosen Abregelung sowohl der Graustromanlagen als auch der der EE- und KWK-Anlagen nach § 13 Abs. 2 (i.V.m. § 14 Abs. 1 oder § 14 Abs. 1c) EnWG berechtigt sein.[38] Dies mag bei erstem Blick auch darauf hindeuten, dass die allgemeine Netzbetreiberaufgabe der *Übertragung* und *Verteilung* wie auch die spezielle Aufgabe der kaufmännisch-physikalischen EE- und KWK-Strom-Abnahme dann ihr Ende findet, wenn keine zeitgleiche Netzentnahme[39] (Verbrauch) dieser eingespeisten Strommengen erfolgt; mithin der physikalische Ausgleich nicht netznutzerseitig sichergestellt wird.

(a) Rangverhältnis der Sicherheitsmaßnahmen

Richtigerweise führt aber die Befugnis der Netzbetreiber zur Anpassung der Netzeinspeisung (und/oder der Netzentnahme) nicht dazu, die netzbetreiberseitige Selbstvornahme eines Ausgleichs von zeitlichen Unterschieden zwischen Einspeisung und Entnahme per se außerhalb der Netzbetreiberaufgabe zu verorten. Im Gegenteil. Das in § 13 Abs. 2 EnWG oder § 14 EEG verbürgte Recht der Netzbetreiber, die Stromeinspeisung bei nicht sichergestellter zeit- und mengengleicher Entnahme abzuregeln oder umgekehrt die Stromentnahme bei nicht sichergestellter zeit- und mengengleicher Einspeisung (oder Transport) zwangsweise anzupassen, ist als nachrangig zu betrachten.[40]

Bevor diese Zwangsmaßnahmen ergriffen werden dürfen, müssen die ÜNB oder VNB marktbezogene Maßnahmen nach § 13 Abs. 1 Nr. 2 EnWG (z.B. Anforderung von Regelenergie durch den regelverantwortli-

---

[38] *Sötebier*, in: Britz/Hellermann/Hermes, EnWG, 3. Aufl. 2015, § 13 Rn. 151.
[39] Im eigenen Netz oder in verbundenen Netzen.
[40] BT-Dr. 15/3917, 57; Zur Rangfolge der Systemsicherheitsmaßnahmen: *Sötebier*, in: Britz/Hellermann/ Hermes, EnWG, § 13 Rn. 16 ff.; vgl. auch *Weise/Hartmann/Wöldeke*, RdE 2012, 81, 183 f.

chen ÜNB; Anforderung vertraglicher zu-/abschaltbarer Lasten durch ÜNB oder VNB) ausschöpfen; soweit diese erfolgversprechend sind. Davor (vorrangig!) anzuwenden sind sogar noch sog. netzbezogene Maßnahmen i.S.d. § 13 Abs. 1 Nr. 1 EnWG.

Solange netzbezogene Maßnahmen zur Sicherstellung der Systemsicherheit ausreichen, sind marktbezogene Maßnahmen und erst Recht Zwangsmaßnahmen nach § 13 Abs. 2 EnWG oder § 14 EEG zu unterlassen. Die Rangfolge der Systemsicherheitsmaßnahmen ist nach dem Prinzip des geringstmöglichen Eingriffs für die Netznutzer auszurichten und hat im Besonderen den Einspeisevorrang von EE-Strom zu berücksichtigen (vgl. § 13 Abs. 3 EnWG).

(b) Zwischenspeicherung als netzbezogene Maßnahme

Die netzintegrierte Zwischenspeicherung kann im Einzelfall als eine derart vorrangige netzbezogene Maßnahme qualifiziert werden.

Netzbezogene Maßnahmen i.S.d. § 13 Abs. 1 Nr. 1 EnWG sind solche, die dem Netzbetreiber innerhalb des Netzbetriebs (auch in Kooperation mit anderen Netzbetreibern) zur Verfügung stehen.[41] Die Vorschrift führt als Beispiel („insbesondere") Netzschaltungen an, mittels derer die Lastflüsse im Netz besser verteilt werden können. Es sind auch andere netzbetriebs-interne Maßnahmen denkbar.[42]

Ebenfalls als netzbezogene Maßnahme wird die Nutzung sog. erzeugungsunabhängiger Netztechnik i.S.d. § 12 Abs. 3 Satz 2 (i.V.m. § 14 Abs. 1) EnWG angesehen.[43] Dabei handelt es sich um technische Anlagen, die keine Erzeugungsanlagen sind und die Eignung besitzen, die Fähigkeit des Netzes zur Befriedigung der Nachfrage nach Elektrizitätsübertragung oder -verteilung sicherzustellen. Derartige Anlagen sollen eingesetzt werden, um z.B. Systemdienstleistungen bereitzustellen.[44] § 12 Abs. 3 Satz 2 EnWG nennt als Beispiel („etwa") Anlagen zur Bereitstellung von Blind-

---

41 *Sötebier*, in: Britz/Hellermann/Hermes, EnWG, § 13 Rn. 23.
42 Im TransmissionCode 2007 (Anhang A.1.) und im DistributionCode 2007 (Ziff. 4 Abs. 2) wird neben Netzumschaltungen (Topologiemaßnahmen) noch die Ausnutzung betrieblich zulässiger Toleranzbänder benannt.
43 *Sötebier*, in: Britz/Hellermann/Hermes, EnWG, § 13 Rn. 24.
44 *Sötebier*, in: Britz/Hellermann/Hermes, EnWG, § 12 Rn. 43. BT-Dr. 17/6072, 66 („...*zur Gewährleistung der Netzstabilität*...").

und Kurzschlussleistung für die Erbringung der Systemdienstleistung Spannungshaltung (laut Gesetzesbegründung[45] sind dies z.B. Kondensatorenanlagen, Kompensationsspulen, FACTS[46] oder Phasenschiebergeneratoren ggf. in Kopplung mit Schwungradspeichern).

Erklärtes Ziel der Regelung (§ 12 Abs. 3 Satz 2 EnWG) ist es, im Interesse der Integration eines größeren Anteils erneuerbarer Energien und der damit einhergehenden Stilllegung konventioneller zentraler Großkraftwerke, Systemdienstleistungen auch erzeugungsunabhängig dort bereitzustellen, wo sie regional für ein sicheres Versorgungssystem benötigt werden.[47] Die Pflicht zur Nutzung derartiger erzeugungsunabhängiger Netztechnik beschränkt sich auf „geeignete" Anlagen, womit nicht allein die technische Eignung, sondern unter Berücksichtigung der Ziele des § 1 Abs. 1 EnWG auch die im Vergleich zur erzeugungsabhängigen Maßnahmen (Systemdienstleistungen) effizientere und preisgünstigere Lösung zu ergreifen ist. Für die Netzbetreiber ergeben sich diesbezüglich zumindest Prüfpflichten.[48] Bei gegebener Eignung sollen sie entsprechende Anlagen auch vorhalten und einsetzen.

Insgesamt prägend für die Annahme einer netzbezogenen Maßnahme soll der Umstand sein, dass sich die Maßnahme ausschließlich auf das Netz bezieht und die Rechte und Pflichten der Netznutzer damit nicht eingeschränkt werden.[49] Soweit Maßnahmen durchgeführt werden, um Stromeinspeisungen, Stromabnahmen oder Transite anzupassen, handelt es sich um marktbezogene Maßnahmen nach § 13 Abs. 1 Nr. 2 EnWG oder Zwangsmaßnahmen gemäß § 13 Abs. 2 EnWG (§ 14 EEG).[50]

(aa) Kaufmännisch-physikalische Abnahme von EE- und KWK-Strom

Hinsichtlich der netzbetreiberseitigen Aufgabe der kaufmännisch-physikalischen Abnahme von EE- und KWK-Strom (vgl. oben) erweist sich die

---

45 BT-Dr. 17/6072, 66.
46 Flexible-AC-Transmission-System, d.h. flexible Drehstromübertragungssystem.
47 *Sötebier*, in: Britz/Hellermann/Hermes, EnWG, § 12 Rn. 45; vgl. auch BT-Dr. 17/6072, 67.
48 *Sötebier*, in: Britz/Hellermann/Hermes, EnWG, § 12 Rn. 46.
49 *Sötebier*, in: Britz/Hellermann/Hermes, EnWG, § 13 Rn. 25.
50 *Sötebier*, in: Britz/Hellermann/Hermes, EnWG, § 13 Rn. 25.

netzintegrierte Zwischenspeicherung als eine solche netzinterne Maßnahme ohne Außenwirkung auf die Einspeiser.

Trotz bestehender oder bevorstehender Netzengpässe oder sonstiger Gefährdungen der Netz- bzw. Systemsicherheit, die einer Verteilung oder Übertragung dieser Strommengen im betreffenden oder vor- oder nachgelagerten Netz (sonst) entgegenstünden, kann mit Hilfe der Zwischenspeicherung eine kaufmännisch-physikalische Abnahme des erzeugten EE- oder KWK-Stroms erfolgen; das heißt bis zur Kapazitätsgrenze des Speichers. Insoweit kann mit Blick auf die angeschlossenen EE- oder KWK-Anlagen die Ergreifung von Einspeisemanagementmaßnahmen (§ 14 EEG) oder anderen Zwangsmaßnahmen i.S.d. § 13 Abs. 2 EnWG ausbleiben. Damit würde die Aufgabe des § 11 Abs. 1 Satz 1, 2 EEG und des § 4 Abs. 2 KWKG vollumfänglich erfüllt werden. Insofern kann auch die Zwischenspeicherung als dem Aufgabenbereich des Netzbetriebs zugehörig betrachtet werden.

(bb) Netzstabilisierende Zwischenspeicherung

Des Weiteren kann von einer netzbezogenen Maßnahme i.S.d. § 13 Abs. 1 Nr. 1 EnWG ausgegangen werden, wenn die Zwischenspeicherung netzstabilisierend, das heißt zum physikalischen Ausgleich von kurzfristigen zeitlichen Unterschieden zwischen Netz-einspeisung und Netzentnahme eingesetzt wird. Eine solche Zwischenspeicherung steht nicht außerhalb des Transportzwecks des Netzbetriebs, sondern stellt vielmehr ein Mittel zur Wahrnehmung der Aufgabe der *Übertragung, Verteilung* und/oder der größtmöglichen *EE- und KWK-Stromabnahme* dar. Das Netz wäre bei integrierter Zwischenspeicherung – bildlich gesprochen – ein „atmendes Netz" oder ein „Netzschwamm".

Rechte und Pflichten der Netznutzer würden durch diese Zwischenspeicherung schließlich auch nicht berührt: Praktisch würde die netzintegrierte Zwischenspeicherung durch einen permanenten Wechsel von Energieentnahme in den Speicher (Einspeicherung in Situationen überschüssiger Einspeisung) und Energieeinspeisung aus dem Speicher (Ausspeicherung in Situationen unterdeckter Einspeisung bzw. überhöhter Last) gekennzeichnet sein. Im Idealfall würde sich der einspeiseseitige Mehrbedarf (dann Einspeicherung) mit dem zeitlich versetzten entnahmeseitigen Mehrbedarf (dann Ausspeicherung) ausgleichen. Insoweit müsste auch keine zusätzliche Energie beschafft und abgesetzt werden.[51]

Bis zur Kapazitätsgrenze des Stromspeichers bliebe also trotz physikalischer Bilanzabweichungen zwischen Einspeisung und Entnahme die Möglichkeit der *Übertragung* und *Verteilung* im Netz erhalten; was wiederum eine große Ähnlichkeit mit der üblichen Ausnutzung betrieblich zulässiger Toleranzbänder aufweist.

Es liegt auch nicht fern, Stromspeicher (v.a. Batteriespeicher), die derart ins Netz bzw. den Netzbetrieb integriert werden, als eine erzeugungsunabhängige Netztechnik i.S.d. § 12 Abs. 3 Satz 2 EnWG zu behandeln. Batteriespeicher weisen in ihrer Wirkweise schließlich große Ähnlichkeiten mit den in der Gesetzesbegründung erwähnten Kondensatorenanlagen auf. Letztere besitzen die Fähigkeit, elektrische Ladung und die damit zusammenhängende Energie statisch in einem elektrischen Feld zu speichern (so im Gleichstromkreis) bzw. bauen im Wechselstromkreis einen Wechselstromwiderstand auf, der zu einer Verschiebung der Phasenlage zwischen Spannung und Strom führt. Die netzintegrierte Batteriezwischenspeicherung bewirkt eine insoweit vergleichbare Verzögerung der Übertragung bzw. Verteilung von ins Netz eingespeisten Strommengen, die für sich ebenfalls systemstabilisierend eingesetzt werden kann („Netzatmung"). Mit Blick auf die technische Funktionsweise des Batteriespeichers, in und aus dem sämtliche Energieflüsse unter kontrollierten Vorgaben ablaufen, erweist sich diese Zwischenspeicherung nicht nur beim Prozessschritt der Einspeicherung, sondern auch mit Blick auf die Ausspeicherung als erzeugungsunabhängig (vgl. bereits zur technischen Erzeugereigenschaft).

(c) Zwischenspeicherung als kapazitätsrelevante Maßnahme

Die netzintegrierte Zwischenspeicherung (als temporäre Verlagerung von Energieflüssen) kann auch ein kapazitätsrelevantes Instrument zur Entlastung oder Vermeidung von Netzüberlastungen bzw. -engpässen darstellen. Dies erweist sich als eine marktbezogene Systemsicherheitsmaßnahme

---

[51] Erst dann, wenn dies nicht (mehr) der Fall wäre – dies wird praktisch nur bei einem entnahmeseitigen Mehrbedarf virulent –, müsste der Netzbetreiber den Speicher (zuvor) von extern „füllen" lassen; was für sich eine marktbezogene Maßnahme i.S.d. § 13 Abs. 1 Nr. 2 EnWG darstellt.

i.S.d. § 13 Abs. 1 Nr. 2 EnWG und fällt demnach auch in den Aufgaben- und Verantwortungsbereich des Netzbetriebs.

Bestehen in einem Netz beschränkte Kapazitäten, können hieraus in Spitzenlastzeiten Netzengpässe bzw. Netzüberlastungssituationen entstehen, denen die Netzbetreiber konventionell entweder mit Kapazitätserweiterungsmaßnahmen (Netzausbau) oder mit einer Kapazitätsbewirtschaftung (marktbezogene Maßnahmen[52] oder Zwangsmaßnahmen[53]) begegnen, die im Ergebnis allesamt eine Anpassung der Einspeisung und/oder Entnahme zum Inhalt haben.

Auch eine netzintegrierte Zwischenspeicherung kann in diesem Zusammenhang zu einer Netzentlastung führen. Im Interesse der Netzstabilisierung würde die Übertragung bzw. Verteilung eines Teils der ins Netz eingespeisten Strommengen temporär (bis zur Entspannung netzkritischen Situation) ausgesetzt werden. Weil bereits auch diese zeitliche Aussetzung des Elektrizitätsflusses zwischen Einspeise- und Entnahmestellen Auswirkungen auf die Rechte und Pflichten der Netznutzer hat, wird man diese Form der Zwischenspeicherung als eine marktbezogene Maßnahme i.S.d. § 13 Abs. 1 Nr. 2 EnWG[54] oder als Zwangsmaßnahme gemäß § 13 Abs. 2 EnWG (§ 14 EEG) zu qualifizieren haben.[55]

Im Gegensatz zur konventionellen Kapazitätsbewirtschaftung würde allerdings bei der Zwischenspeicherung die Notwendigkeit der Anpassung der Netzeinspeisung und/oder der Netzentnahme in der Höhe entfallen können, wie im Stromspeicher Kapazitäten vorhanden sind. Anders gewendet: Selbst wenn wegen Netzkapazitätsengpässen die Übertragung oder Verteilung zwischen konkreten Einspeise- und Entnahmestellen im Netz gestört wäre, bliebe – jeweils für sich – die Möglichkeit der Einspeisung und die der Entnahme in und aus dem Netz erhalten. Die besagten Einspeise- und Entnahmestellen in einem Netz[56] könnten funktional weiter genutzt werden, obschon mangels ausreichender Übertragungs- oder Verteilungskapazität zwischen ihnen keine Übertragung bzw. Verteilung möglich ist. Insoweit kann mit Hilfe der Zwischenspeicherung der in

---

52 Z.B. Ausnutzung vertraglich vereinbarter zu- oder abschaltbarer Lasten.
53 Engpassmanagement- und Einspeisemanagementmaßnahmen.
54 Die Netzbetreiber müssten hierfür mit den Netznutzern vertragliche Absprachen über das Recht zur temporären Verlagerung des Energieflusses treffen.
55 *Sötebier*, in: Britz/Hellermann/Hermes, EnWG, § 13 Rn. 25.
56 Ebenso wie die Übergabepunkte zwischen den Netzen.

einem Netzgebiet vorhandene Bedarf nach Netzeinspeisung einerseits und/ oder nach Netzentnahme andererseits befriedigt werden.

Damit würde die originäre Aufgabe des Netzbetriebs zur Netzkapazitätsbereitstellung bzw. Kapazitätsbewirtschaftung auch nicht verlassen, sondern gerade erfüllt werden. Weil dieser Maßnahme im Vergleich zu den Maßnahmen der konventionellen Kapazitäts(engpass)bewirtschaftung eine geringere Eingriffsintensität innewohnt, ist diese netzentlastende (kapazitätsrelevante) Zwischenspeicherung grundsätzlich vorrangig zu erwägen.

cc) Regelungsvergleich (Gassektor)

Für die Annahme, auch die Zwischenspeicherung als Teil der zulässigen Aufgaben des Betriebs von Elektrizitätsversorgungsnetzen zu betrachten, spricht auch ein Vergleich zu den Regelungen über den Betrieb von Gasversorgungsnetzen. Entflechtungsrechtlich kann hier auch kein Unterschied bestehen.

(1) Netzzugehörige Gasspeicher

Während die gesetzlichen Regelungen zum Aufgabenbereich des Stromnetzbetriebs die Zwischenspeicherung nicht ausdrücklich benennen, sondern im Allgemeinen nur die Funktionen der *Übertragung* und *Verteilung* von Elektrizität ansprechen (vgl. § 3 Nrn. 2, 38 EnWG), sehen die Regelungen zum Betrieb von Gasnetzen auch ausdrücklich vor, dass zum Gasnetzbetrieb neben der *Fernleitung* oder *Verteilung* jeweils auch (zusätzlich) die Funktion der Speicherung gehören kann[57] (vgl. § 3 Nr. 31 letzter Hs. EnWG).

In welchen Fällen allerdings entsprechende Speichereinrichtungen den Gasversorgungsnetzen – gewissermaßen als integraler Netzbestandteil – zugerechnet werden können, wird im Gesetz nicht näher bestimmt.[58] Auch die Auslegungshinweise der BNetzA zu den Entflechtungsbestimmungen

---

57 *Hölscher*, in: Britz/Hellermann/Hermes, EnWG, § 6 Rn. 20.
58 *Schulte-Beckhausen*, in: Hempel/Franke, Recht der Energie- und Wasserversorgung, EnWG, § 6 Rn. 11.

(speziell zu § 6 Abs. 1 Satz 3 letzter Hs. EnWG a.F.[59]) lassen diese Frage ausdrücklich offen.[60] Die Legaldefinition der (Gas-)Speicheranlagen in § 3 Nr. 31 EnWG[61] hilft auch nicht weiter, sondern wirft den Blick nur auf die Frage zurück, welche Aufgaben dem Gasnetzbetrieb nun eigentlich überantwortet sind.

Literaturseitig wird unter Anlegung technisch-wirtschaftlicher Abgrenzungskriterien angenommen, dass ein Gasspeicher dann als integraler Bestandteil eines Netzes zu betrachten ist[62], wenn dieser zum Ausgleich kurzfristiger Schwankungen der Netzlast bzw. für die Erbringung der netzbezogenen (stündlichen[63]) Bilanzausgleichsdienstleistungen i.S.d. § 16 Abs. 1 Nr. 1 EnWG benutzt wird.[64] Dafür spricht auch § 27 Abs. 1 Satz 3

---

59 § 6 Abs. 1 Satz 3 EnWG a.F. lautete: *„Abweichend von Satz 2* [Anm.: rechtliche, operationelle, informationelle und buchhalterische Entflechtung] *gelten für die Unabhängigkeit der Betreiber von LNG-Anlagen und von Speicheranlagen in vertikal integrierten Energieversorgungsunternehmen, soweit die Anlagen nicht den Gasversorgungsnetzen zugerechnet werden müssen, nur die §§ 9 und 10* [Anm.: nur die informationelle und buchhalterische Entflechtung]*."*.
60 Gemeinsame Auslegungsgrundsätze der Regulierungsbehörden des Bundes und der Länder zu den Entflechtungsbestimmungen in §§ 6-10 EnWG vom 1.3.2006, Ziff. 2.4. (S. 11).
61 § 3 Nr. 31 EnWG sieht vor, dass solche Anlage zur Speicherung von Gas nicht den gesetzlichen Begriff der Speicheranlagen erfüllen und damit weder der speziellen Zugangsregulierung nach § 28 EnWG noch der Entflechtungsvorschrift des § 7b EnWG unterfallen, wenn diese ausschließlich Betreibern von Leitungsnetzen bei der Wahrnehmung ihrer Aufgaben vorbehalten sind; mithin von diesen ausschließlich für Netzbetreiberaufgaben verwendet werden.
62 Folglich auch keine Speicheranlagen i.S.d. § 3 Nr. 31 EnWG darstellen.
63 Mit der Tagesbilanzierung (im Gegensatz zur Viertelstunden- oder Stundenbilanzierung) werden die ökonomischen Risiken der Netznutzung (untertägige Ausgleichserfordernisse) und damit auch der Bedarf an individuellen Flexibilitätsprodukten der BKV (dazu gehören auch Speicherleistungen) reduziert und die Aufgabe der Schaffung von Flexibilitätsoptionen (z.B. Speicherleistungen) damit den Gasnetzbetreibern überantwortet (vgl. zur alten Rechtslage: BNetzA, BK7-08-002 (GABi Gas), S. 11). Dies hat positive Effekte den Wettbewerb bei der Gasbelieferung. So können mit deutlich geringerem Risiko kurzfristiger untertägiger Ausgleichserfordernisse (des BKV) am Spotmarkt Tagesbänder zur Kleinkundenversorgung eingekauft und eingespeist werden. Es lässt sich damit sagen, dass die Tagesbilanzierung (unter Einschluss der Nutzung netzzugehöriger Speicher) in ganz vorzüglicher Weise dem Anliegen eines effizienten Netzzugangs (§ 20 Abs. 1 EnWG entspricht.
64 *Schulte-Beckhausen*, in: Hempel/Franke, Recht der Energie- und Wasserversorgung, EnWG, § 6 Rn. 11; *Hölscher*, in: Britz/Hellermann/Hermes, EnWG, § 6 Rn. 24; *Theobald*, in: Danner/Theobald, 92. EL März 2017, EnWG, § 3 Rn. 241.

Nr. 2 GasNZV.[65] Demgegenüber soll der Ausgleich längerfristiger (jahreszeitlicher) Verbrauchsschwankungen den Aufgabenbereich des Gasnetzbetriebs verlassen und vielmehr als eine Angelegenheit des Gashandels bzw. -vertriebs zu betrachten sein.[66]

Ein weiteres Einsatzfeld netzzugehöriger Speicher liegt nach § 12 Abs. 1 lit. c KoV IX[67] darin, diesen als ein sog. kapazitätsrelevantes Instrument zur Reduzierung der Kapazitätsvorhaltung im vorgelagerten Netzen zu nutzen. Nachgelagerte Netzbetreiber (VNB) können damit also die interne Bestellung oder Anmeldung von Vorhalteleistungen beim vorgelagerten Netzbetreiber minimieren.

Als prägend für die Annahme einer Netzbetreiberaufgabe zum Speichereinsatz wird man richtigerweise auf den Umstand abzustellen haben, ob der Gasspeicher „ausschließlich"[68] zur Gewährleistung der Sicherheit oder Zuverlässigkeit des Gasversorgungssystems im Netz (Netzstabilität) oder als kapazitätsrelevantes Instrument zur Reduzierung der Vorhalteleistungen in vorgelagerten Netzen eingesetzt wird; mithin der Erfüllung der Aufgabenstellung der §§ 15 ff. EnWG dient. Diese Differenzierung entspräche auch der Sichtweise der BNetzA, die den Erdgasspeichern eine Doppelrolle attestierte.[69] Den letztgenannten Speichereinsatz stuft die BNetzA offenbar auch als netzbezogene Maßnahme i.S.d. § 16 Abs. 1 Nr. 1 EnWG ein.[70]

---

[65] Wobei dem Wortlaut nach scheinbar auch die Möglichkeit in den Blick genommen wird, dass lediglich ein Teil einer sonst marktgetriebenen Gasspeicheranlage als netzzugehörig betrachtet werden kann.

[66] *Hölscher*, in: Britz/Hellermann/Hermes, EnWG, § 6 Rn. 25; *Schulte-Beckhausen*, in: Hempel/Franke, Recht der Energie- und Wasserversorgung, EnWG, § 6 Rn. 11.

[67] 9. Änderungsfassung der Kooperationsvereinbarung zwischen Betreibern von in Deutschland gelegenen Gasversorgungsnetzen (KoV IX) vom 10.3.2017 (in Kraft seit 1.4.2017).

[68] § 3 Nr. 31 letzter Hs. EnWG.

[69] BNetzA, Bericht zum Zustand der leitungsgebundenen Energieversorgung im Winter 2012/13 vom 20.6.2013, Ziff. 13.2. (S. 47): *„Zum einen werden sie von unabhängigen Unternehmen im Handelsbereich vermarktet, also zur Strukturierung der schwankenden Lieferverpflichtungen an die Endkunden und zur preislichen Optimierung eingesetzt. Zum anderen sind sie für die Versorgungssicherheit der Erdgasnetze wichtig, da sie bei Höchstlast oder im Fall eines physischen Engpasses im Netz schnell und lokal größere Gasmengen zur Verfügung stellen können."*.

[70] Vgl. BNetzA, Bericht zum Zustand der leitungsgebundenen Energieversorgung im Winter 2011/12 vom 3.5.2012, Ziff. 10.1. (S. 86); so auch *Hölscher*, in: Britz/Hellermann/Hermes, EnWG, § 16 Rn. 6.

(2) Rückschlüsse für den Stromsektor

Im Strombereich gibt es zwar keine den § 3 Nr. 31 und § 27 Abs. 1 Satz 3 Nr. 2 EnWG entsprechenden Vorschriften. Die genannten Regelungen begründen für sich allerdings auch keine weitere – im Vergleich zu Stromnetzbetreibern besondere – Aufgabenstellung der Gasnetzbetreiber. Die besagten Regelungen setzen vielmehr eine (anderswo geregelte) Aufgabenstellung voraus. Bei näherem Blick läuft diese angesprochene Aufgabenstellung aber weitgehend mit derjenigen gleich, die auch an die Stromnetzbetreiber adressiert ist.[71]

Mit Blick auf den weitgehenden Gleichlauf der gesetzlich vorgesehenen Netzbetreiberaufgaben im Gas- und Stromsektor ist es ein Gebot der systematischen bzw. widerspruchsfreien Gesetzesauslegung, dass Stromnetzbetreiber ebenso wie Gasnetzbetreiber unter bestimmten Voraussetzungen berechtigt sind, Speicher in den Netzbetrieb zu integrieren und selbst zu betreiben. Davon ausgehend ist nicht nur die Gasspeicherung, sondern auch die Zwischenspeicherung elektrischer Energie zumindest dann als dem Netzbetrieb zugehörig zu betrachten, soweit damit netzbezogene Maßnahmen[72] zur Gewährleistung der Sicherheit oder Zuverlässigkeit des Elektrizitätsversorgungssystems im Netz ergriffen werden.

Schließlich gilt das Entflechtungsregime und der damit verfolgte Regelungszweck universell sowohl für den Strom- als auch für den Gassektor.

---

[71] Der im letzten Halbsatz des § 3 Nr. 31 EnWG definierte netzzugehörige Gasspeicher gibt nur einen allgemeinen Hinweis darauf, dass es Speicher geben kann, die unter der Voraussetzung der ausschließlichen Nutzung zur Wahrnehmung von Netzbetreiberaufgaben, in den Netzbetrieb integriert und damit integraler Netzbestandteil sein können. Die dafür maßgebliche gesetzliche Aufgabenstellung der Gasnetzbetreiber (§§ 15 ff. EnWG) unterscheidet sich im Grunde nicht von der im Stromsektor (dort §§ 12 ff. EnWG). Auch die Regelung des § 27 Abs. 1 Satz 3 Nr. 2 GasNZV, wonach netzzugehörige Speicher – soweit überhaupt im Netz vorhanden – beim Ausgleich von Netzlastschwankungen vorrangig einzusetzen sind, lässt für sich keine Aufgabe des Gasnetzbetriebs entstehen, sondern konkretisiert lediglich die in § 16 Abs. 1 Nr. 1 (i.V.m. § 16a) EnWG bereits vorgegebene Aufgabe, Gefährdungen oder Störungen der Sicherheit oder Zuverlässigkeit des Gasversorgungssystems in dem jeweiligen Netz durch *netzbezogene Maßnahmen* entgegenzuwirken. Dies wiederum entspricht aber weitestgehend der Aufgabenstellung für Stromnetzbetreiber in §§ 12, 13 Abs. 1 Nr. 1 (i.V.m. § 14 Abs. 1, Abs. 1c) EnWG.
[72] § 13 Abs. 1 Nr. 1 (ggf. i.V.m. § 14 Abs. 1 und Abs. 1c) EnWG.

Was im Gassektor entflechtungsrechtlich akzeptiert wird, kann daher im Stromsektor nicht unzulässig sein.

dd) Zwischenergebnis (Allgemeine Funktion des Netzbetriebs)

Der Netzbetrieb ist nicht nur auf den räumlichen Ausgleich zwischen Einspeisung (Erzeugung) und Entnahme (Verbrauch) beschränkt. Auch der zeitliche Ausgleich, das heißt die Zwischenspeicherung elektrischer Energie im Netz[73], kann prinzipiell als Bestandteil der Funktionen *Übertragung* bzw. *Verteilung* oder der Tätigkeit der physikalischen EE-/KWK-Stromabnahme betrachtet werden. Dies jedenfalls dann, wenn

1. mit der Zwischenspeicherung eine größtmögliche kaufmännisch-physikalische Abnahme von EE- und KWK-Strom gewährleistet werden soll (kapazitätserhöhender Speichereinsatz),
2. mit der Zwischenspeicherung im Interesse der Sicherheit und Zuverlässigkeit der Elektrizitätsversorgung im Netz Systemdienstleistungen angewandt bzw. optimiert beschafft werden (netzstabilisierender bzw. systemdienlicher Speichereinsatz) oder
3. die Zwischenspeicherung zur Netzentlastung bei bestehenden oder bevorstehenden Engpasssituationen eingesetzt wird (kapazitätsrelevanter Speichereinsatz).

Dies lässt sich aus den Aufgaben ableiten, die das Energiewirtschaftsrecht[74] an die Netzbetreiber selbst adressiert. Die genannten Aspekte entsprechen im Übrigen auch der rechtlichen Beurteilung netzzugehöriger Speicher in Gasversorgungsnetzen (§ 3 Nr. 31 letzter Hs. EnWG), die entflechtungsrechtlich schließlich auch akzeptiert werden.

b) Konkrete Aufgaben der verschiedenen Netzbetreiber

Mit dem Befund, dass auch die Zwischenspeicherung in den allgemeinen Aufgabenbereich des Netzbetriebs (Transportfunktion) fallen und dementsprechend ein Stromspeicher auch als integraler Netzbestandteil qualifi-

---

73 Die zeitliche Verschiebung der Strommengenübertragung bzw. -verteilung zwischen Netzeinspeisung und Netzentnahme.
74 V.a. die §§ 11 ff. EnWG sowie §§ 11 f. EEG, §§ 3 f. KWKG.

ziert werden könnte, ist allerdings noch nicht hinreichend beantwortet, ob und inwieweit dies im Einzelfall auch für einen konkreten Verteiler- oder Übertragungsnetzbetrieb gilt. Es gibt schließlich eine z.T. gesetzlich geregelte und im Übrigen in der Praxis geübte Verteilung der Aufgaben- und Verantwortungsbereiche zwischen den verschiedenen Netzbetreibern (Netzebenen).

aa) Abgrenzung der Aufgaben- und Verantwortungsbereiche der ÜNB und VNB

Die Aufgabe der Elektrizitätsverteilung lässt sich ebenso wie die der Elektrizitätsübertragung in drei Pflichtengruppen kategorisieren; wobei sich die Reichweite der Aufgaben und Verantwortung zwischen VNB und ÜNB z.T. deutlich unterscheiden kann.

- VNB/ÜNB haben die für den Elektrizitätstransport/-abnahme erforderliche Infrastruktur bzw. Kapazität bereitzustellen (Netzkapazitätsbereitstellung).
- VNB/ÜNB haben den Elektrizitätstransport technisch abzuwickeln und die dafür notwendigen technischen Dienstleistungen anzuwenden (technische Netzbewirtschaftung: u.a. Systemdienstleistungen[75]; Verlustenergieausgleich).[76]
- VNB/ÜNB sind für die organisatorische Abwicklung des Energietransports verantwortlich (z.B. Koordinierung oder sonstige Mitwirkung (Datenerfassung und -austausch) i.R.d. Bilanzkreissystems; Bewirtschaftung von EE-Bilanzkreisen nach § 11 StromNZV, etc.). Diese Aspekte werden aus Platzgründen vernachlässigt.

Die erwähnten Netzbetreiberleistungen (-pflichten) werden kooperativ in einem Netzverbund erbracht.[77] Dabei lassen sich bestimmte technische Herausforderungen, die sich in einem konkreten Netz stellen, auch durch

---

75 Vgl. Fn. 4.
76 Dabei hängt der erforderliche Umfang dieser technischen Dienstleistungen naturgemäß auch von der Qualität des bereitgestellten Netzes ab. Ebenso richtet sich ihr Umfang nach der Interaktion und wechselseitigen Beeinflussung der verbundenen Netzebenen.
77 Zusammenarbeitspflichten der Netzbetreiber untereinander ergeben sich zum einen aus ihrer gesetzlichen Aufgabenstellung (§§ 11 ff. EnWG), wonach die einzelnen Netzbetreiber bei der Regelung der Energieübertragung und -verteilung

Maßnahmen in vor- und/oder nachgelagerten Netzen lösen. Dies ergibt sich bereits aus der Netzarchitektur des deutschen Elektrizitätsversorgungssystems, nach der viele nachgelagerte Verteilernetze zu einem Übertragungsnetz und über dieses auch untereinander in einer technischen Wechselwirkung stehen. Darauf gründet schließlich auch die hervorgehobene Stellung der ÜNB bei der technischen Abwicklung des Elektrizitätsflusses.[78]

Damit wird bereits deutlich, dass es eine Aufgabenverteilung bzw. eine Zuweisung von Verantwortungsbereichen zwischen den ÜNB und ihren jeweils angeschlossenen VNB gibt. Diese Verteilung ist z.T. gesetzlich vorgezeichnet[79] und wird überdies noch etwas konkreter in den Verbandsregelwerken[80] fixiert. Für die Frage, welche konkreten Leistungen ein VNB selbst erbringen darf und muss, ist diese Aufgabenverteilung zu berücksichtigen. Vereinfacht gesagt liegt es prima facie im Interesse eines effizienten Netzbetriebs, dass das, was ein ÜNB für seine nachgelagerten Netze erbringen kann, grundsätzlich nicht auch noch auf Verteilernetzebene verrichtet werden muss. Dabei kann es sich allerdings nur um eine Momentaufnahme handeln. Auch die geübte Aufgabenverteilung zwischen den Netzebenen ist den energiewendebedingten Veränderungen der Versorgungsstruktur ausgesetzt.[81]

---

bzw. des Gastransports in ihren Netzen stets auch den sicheren und effizienten Betrieb der übrigen Verbundnetze zu berücksichtigen haben (dazu *Sötebier*, in: Britz/Hellermann/Hermes, EnWG, § 11 Rn. 18 ff.; vgl. auch § 12 Abs. 2 EnWG). Darüber hinaus begründet § 20 Abs. 1 Satz 3, Abs. 1a Satz 4, Abs. 1b Sätze 5 ff. EnWG eine Verpflichtung zur Zusammenarbeit konkret bezogen auf die Gewährung und Abwicklung eines effizienten Netzzugangs (vgl. BT-Dr. 15/3917, 59).

78 BT-Dr. 15/3917, 56 f. (zu § 13 EnWG).
79 Vgl. §§ 12, 13 sowie § 14 Abs. 1 Satz 1, § 14 Abs. 1c EnWG.
80 TransmissionCode 2007 und DistributionCode 2007.
81 Die zunehmende (volatile) Einspeisung von EE-Strom findet aber weit überwiegend in Verteilernetze statt; was zu einem erheblichen Bedeutungszuwachs dieser Netzebene für das gesamte Elektrizitätsversorgungssystem führt. Die hergebrachte Aufgabenteilung zwischen ÜNB und VNB wird sich daher praktisch in Richtung einer aktiven Mitwirkung der Verteilernetze verändern (müssen). Vorschläge in diese Richtung werden bereits unter dem Stichwort „Systemdienstleistungen 2.0." diskutiert (vgl. 10-Punkte-Programm der 110-kV-Verteilnetzbetreiber und des Übertragungsnetzbetreibers der Regelzone 50Hertz zur Weiterentwicklung der Systemdienstleistungen (SDL) mit Integration der Möglichkeiten von dezentralen Energieanlagen vom 9.9.2014). Auch im Winterpaket der EU-Kommission (Richtlinienvorschlag vom 23.2.2017, COM(2016)864 final; Verordnungsvorschlag vom

bb) Beispiele für mögliche Zwischenspeicherungen

Aus Platzgründen sollen im Folgenden nur einige Beispiele für denkbare Anwendungsfelder netzbetrieblicher Zwischenspeicherungen angedeutet werden. Sämtliche Anwendungsmöglichkeiten stehen allerdings unter dem Vorbehalt der Effizienz des Netzbetriebs.[82] Damit eine netzbetriebsintegrierte Zwischenspeicherung, das heißt ein Speicherzubau durch die Netzbetreiber, auch netzentgeltwirksam vorgenommen werden darf, müsste sich diese(r) im Vergleich zu den konventionellen Maßnahmen des Netzausbaus, der Kapazitätsbewirtschaftung und der Beschaffung von externen Systemdienstleistungen als effizienter erweisen. Das ist eine Frage des konkreten Einzelfalls, die aber von der Frage der entflechtungsrechtlichen Zulässigkeit zu trennen ist.

(1) Kapazitätsrelevante Zwischenspeicherung im Verteilernetz

Zweifelsohne liegt die Bereitstellung einer bedarfsgerechten Netzinfrastruktur (Netzkapazität) ebenso wie Kapazitätsbewirtschaftung bei etwaigen Engpässen im eigenen Aufgaben- und Verantwortungsbereich eines jeden VNB.[83] Es spricht damit auch entflechtungsrechtlich nichts dagegen, dass VNB eine Zwischenspeicherung als kapazitätsrelevantes Instrument einsetzen, um die Aufnahmefähigkeit des Verteilernetzes trotz bestehender Kapazitätsengpässe in ihren oder in vorgelagerten Netzen aufrechtzuhalten (oder gar zu erhöhen). Die Zwischenspeicherung in einem Verteilernetz könnte insoweit auch einen Beitrag zur Verringerung des konventionellen Netzausbaubedarfs (auch in vorgelagerten Netzen) leisten.[84]

23.2.2017, COM(2016)861 final) wird den Aufgaben der VNB für das Gesamtsystem eine größere Bedeutung beigemessen.
82 § 1 Abs. 1, § 12 Abs. 2 (i.V.m. § 14 Abs. 1), § 21 Abs. 2 EnWG.
83 § 11 Abs. 1 Satz 1 sowie § 12 Abs. 3 Satz 1, § 13 i.V.m. § 14 Abs. 1 Satz 1 EnWG; §§ 12, 14 EEG.
84 Die AGORA kommt in ihrer Studie „*Stromspeicher in der Energiewende*" zu dem Ergebnis, dass der Einsatz von Batteriespeichern in der Mittelspannungsebene keine kosteneffiziente Alternative zum konventionellen Netzausbau darstellt (AGORA, Stromspeicher in der Energiewende, 2014, S. 61, 68). Im Niederspannungsnetz böten Batteriespeicher jedoch eine ernstzunehmende Alternative zum konventionellen Netzausbau (ebd., S. 67).

(a) Kapazitätsbereitstellung und -bewirtschaftung

Bestehen innerhalb eines Verteilernetzes Kapazitätsrestriktion und eine daraus folgende Engpasssituation, ist es nach § 13 Abs. 1, 2 i.V.m. § 14 Abs. 1 EnWG, § 14 EEG eine Aufgabe des betreffenden VNB, eine entsprechende Kapazitätsbewirtschaftung durchzuführen. Hierzu wird man auch die Möglichkeit der Zwischenspeicherung im Netz zurechnen können, die als nur temporäre Aussetzung der Verteilung (zeitliche Verlagerung der Energieflüsse) eine eingriffsschwächere und daher sogar vorrangig zu erwägende Maßnahme darstellt.

Bestehen in vorgelagerten Netzen (z.B. in einem Übertragungsnetz) Kapazitätsrestriktion bzw. Engpasssituation, die die Elektrizitätsverteilung in einem nachgelagerten Verteilernetz stört[85], liegt es auch im Aufgabenbereich des betreffenden VNB, durch eine netzintegrierte Zwischenspeicherung eine aus der Kapazitätsrestriktion bzw. Engpasssituation im Übertragungsnetz sonst folgende Anpassungsbedürftigkeit der Ein- und Ausspeiseleistung im eigenen Verteilernetz zu verhindern. M.a.W. ist eine netzintegrierte Zwischenspeicherung als dem Aufgabenbereich eines VNB zugehörig zu betrachten, soweit diese dazu genutzt wird, eine Stromaufnahme oder -abgabe in und aus dem Verteilernetz auch dann noch zu gewährleisten, wenn bestehende Kapazitätsengpässe im vorgelagerten Netz einer Elektrizitätsübertragung (Abtransport oder Hintransport durch das Übertragungsnetz) entgegenstehen.[86]

Ähnlich verhält es sich auch mit Blick auf die Aufgabe der VNB zur physikalisch-kaufmännischen EE- und KWK-Stromabnahme (§ 11 Abs. 1 Satz 1, 2 EEG, § 4 KWKG), bei der die Fortleitung (Übertragung bzw. Verteilung) der abgenommenen Energie von vornherein eine Angelegenheit des Netzbetriebs ist (vgl. § 56 EEG bzw. § 59 EEG). Eine netzintegrierte Zwischenspeicherung, die wegen unzureichender Übertragungs- oder Verteilungskapazitäten bzw. zur Netzentlastung ergriffen wird, er-

---

85 Das heißt die Hochspeisung (Abtransport) von ins Verteilernetz eingespeisten Strommengen oder die entnahmeseitige Versorgung des Verteilernetzes durch das Übertragungsnetz (Hintransport) ist nicht vollständig möglich.

86 Im Ergebnis erweist sich die Zwischenspeicherung im Verteilernetz damit als ein Instrument, mit dem die für das nachgelagerte Netz zugeordnete Kapazitätsvorhaltung im vorgelagerten Netz reduziert werden kann. Dies deckt sich mit der Rechtslage im Gasbereich. Auch dort können netzzugehörige Speicher hierfür als sog. kapazitätsrelevante Instrumente eingesetzt werden (vgl. § 12 Abs. 1 lit. c KoV IX).

Die Integration von Stromspeicheranlagen in den Netzbetrieb

weist sich hier aber – mangels Eingriffs in die Rechte der Netznutzer bzw. Einspeiser – als netzbezogene Maßnahme i.S.d. § 13 Abs. 1 Nr. 1 EnWG, die gegenüber dem Einspeisemanagement grundsätzlich vorrangig zu erwägen ist.

(b) Kapazitätserweiterung im Verteilernetz

Konzeptionell sind die Maßnahmen der Kapazitäts(engpass)bewirtschaftung[87] nur Übergangslösungen.[88] Die netzbetreiberseitige Pflicht zur Optimierung, Verstärkung oder zum Ausbau des Netzes[89] bleibt davon unberührt. Behebbare Kapazitätsengpässe, die einer zeit- und mengengleichen *Übertragung* bzw. *Verteilung* und *physikalisch-kaufmännischen EE-/ KWK-Stromabnahme* im Wege stehen, können grundsätzlich auch nur eine vorübergehende Berechtigung der Netzbetreiber zur Verweigerung derselben (d.h. zur netzbetreiberseitig veranlassten Anpassung der Einspeise- und Entnahmeleistung, insbesondere zum Engpass- und Einspeisemanagement) begründen.[90] Kann der Bedarf nach Elektrizitätsübertragung bzw. -verteilung wegen unzureichender Netzkapazitäten nicht vollständig befriedigt werden, haben die Netzbetreiber die vorrangige Pflicht, diese Kapazitätsrestriktionen zu beheben.[91] Daraus ergibt sich Folgendes:

(aa) Erhöhung der physikalisch-kaufmännischen EE- und KWK-Stromabnahme

Mittels Zwischenspeicherung kann ein Netzbetreiber trotz bestehender oder bevorstehender Netzengpässe seine Aufgabe der *physikalisch-kaufmännischen EE- und KWK-Stromabnahme* nach § 11 Abs. 1 Satz 1, 2 EEG und § 4 Abs. 1 Satz 1 KWKG vollumfänglich erfüllen; das heißt bis zur Kapazitätsgrenze des Stromspeichers. Insoweit kann sich tatsächlich auch

---

87 § 13 Abs. 1 Nr. 2 oder Abs. 2 (i.V.m. § 14 Abs. 1, Abs. 1 c) EnWG, § 15 StromNZV (Engpassmanagement), § 14 EEG (Einspeisemanagement).
88 Vgl. insbesondere § 15 Abs. 3 StromNZV.
89 § 11 Abs. 1, § 12 Abs. 2, 3 (i.V.m. § 14 Abs. 1), § 14 Abs. 2 EnWG oder § 12 EEG.
90 *Hartmann*, in: Danner/Theobald, Energierecht/EnWG, 92. EL März 2017, § 20 Rn. 193 (bis zum Abschluss der Ausbaumaßnahmen).
91 § 11 Abs. 1, § 12 Abs. 2, 3 (i.V.m. § 14 Abs. 1), § 14 Abs. 2 EnWG oder § 12 EEG.

der Zubau von Speichern als eine Maßnahme zur Erhöhung der (Abnahme-)Kapazität des Netzes i.S.d. § 12 Abs. 1 EEG erweisen, die als Alternative zur konventionellen Kapazitätsbewirtschaftung[92] und -erweiterung zu erwägen wäre.

(bb) Temporäre Verlagerung des Elektrizitätsflusses zur Netzentlastung

Im Übrigen, das heißt mit Blick auf die Befriedigung der Nachfrage nach gewöhnlicher *Übertragung* bzw. *Verteilung* von Elektrizität, erweist sich die Zwischenspeicherung im Netz nur als eine Form der Kapazitätsengpassbewirtschaftung. Diese wäre gegenüber konventionellen Kapazitätserweiterungsmaßnahmen grundsätzlich als nachrangig zu betrachten.

Sind die elektrischen Installationen und Apparate (Leitungsquerschnitte, Transformatoren, Schaltapparate, etc.) nicht auf die maximal gleichzeitig benötigte Leistung (inkl. Reserven) ausgelegt und entstehen wegen dieser Kapazitätsrestriktionen Netzengpässe, ändert auch die Zwischenspeicherung im Netz nichts daran, dass ein Elektrizitätsfluss zwischen Einspeise- und räumlich entfernten Entnahmestellen (bzw. Übergabepunkten zu anderen Netzen) nicht stattfinden kann. Mit Hilfe der Zwischenspeicherung wird der Elektrizitätsfluss nur temporär verlagert, d.h. (z.B. bis zur Netzentlastung) zeitweise unterbrochen. Übertragungs- oder Verteilungskapazitäten lassen sich nur durch konventionelle Netzentwicklungsmaßnahmen erhöhen.

Der Vorrang der Ergreifung dieser konventionellen Kapazitätserweiterungsmaßnahmen gilt allerdings auch nicht uneingeschränkt. Die Pflicht zur Netzentwicklung (Kapazitätserweiterung) findet eine Grenze in der wirtschaftlichen Zumutbarkeit.[93] Wirtschaftlich unzumutbare Netzentwicklungsmaßnahmen begründen für Netzbetreiber ein insoweit dauerhaftes Recht, bei Engpässen den Netzzugang nach § 20 Abs. 2 EnWG, § 14 EEG oder die physikalische EE- bzw. KWK-Stromabnahme nach §§ 14, 15 EEG (i.V.m. § 4 Abs. 1 KWKG) ganz oder teilweise zu verweigern; das heißt ein Recht zur Ergreifung der eingangs geschilderten Zwangsmaß-

---

[92] Z.B. durch Vergrößerung bzw. Verstärkung der Leitungsquerschnitte, Transformatoren, Schaltapparate, etc.
[93] Mit je unterschiedlichen Anforderungen: § 11 Abs. 1 Satz 1 EnWG und § 12 Abs. 3 EEG.

nahmen (Engpass- bzw. Einspeisemanagement) oder sonstigen Kapazitätsbewirtschaftungsmaßnahmen.

Schließlich folgt auch aus der gesetzlichen Anforderung zur Vornahme eines effizienten Netzbetriebs,[94] dass die Maßnahmen der Netzentwicklung nicht außer Verhältnis zum realisierbaren Nutzen stehen dürfen.[95] Vergleichbares ergibt sich auch aus der Zielstellung des § 1 Abs. 1 (§ 2 Abs. 1) EnWG, wonach sich die Netzbetreiber i.R.d. Netzertüchtigung u.a. auch an den Interessen der Netznutzer sowie der Allgemeinheit an einer preisgünstigen Energieversorgung zu orientieren haben.[96] Insgesamt ist also nicht nur eine rein nachfrage-, sondern zugleich auch eine effizienz- und kostenorientierte Entwicklung der Netzinfrastruktur vorzunehmen.

(c) Konsequenzen – Effizienzprüfung

Bei bestehenden Kapazitätsrestriktionen im betreffenden Verteilernetz oder im vorgelagerten Übertragungsnetz, die der Befriedigung des gesamten Bedarfs nach Elektrizitätsübertragung oder -verteilung sowie physikalisch-kaufmännischer EE-/KWK-Stromabnahme entgegenstehen, gehört auch die netzintegrierte Zwischenspeicherung (temporäre Verlagerung von Energieflüssen) zum Aufgabenkreis bzw. Verantwortungsbereich des VNB.

Es ergibt sich letztlich nur aus einer positiven Kosten-Nutzen-Analyse (Effizienzprüfung), ob ein VNB (wegen Kapazitätsrestriktionen in seinem eigenen oder dem vorgelagerten Netz) konventionelle Kapazitätserweiterungsmaßnahmen vornehmen, es bei der gewöhnlichen Kapazitäts(engpass)bewirtschaftung[97] belassen sollte, externe Speicherdienstleistungen einkaufen[98] oder einen eigenen Stromspeicher[99] anschaffen und als kapa-

---

94 § 1 Abs. 1, § 12 Abs. 2 (i.V.m. § 14 Abs. 1), § 21 Abs. 2 EnWG.
95 Vgl. insbesondere BNetzA, „Smart Grid" und „Smart Market" - Eckpunktepapier der Bundesnetzagentur zu den Aspekten des sich verändernden Energieversorgungssystems, Dezember 2011, Ziff. 5.2. (S. 21); *Sötebier*, in: Britz/Hellermann/Hermes, EnWG, § 11 Rn. 32 ff.
96 *Sötebier*, in: Britz/Hellermann/Hermes, EnWG, § 11 Rn. 17, 32 ff.
97 Z.B. Vereinbarung zu/abschaltbarer Lasten, Engpass- und Einspeisemanagementmaßnahmen.
98 Dazu unter B.
99 In die Kosten-Nutzen-Analyse wäre ggf. noch der Umstand einzustellen, dass Stromspeicher neben der kapazitätsrelevanten Nutzung zugleich auch noch für an-

zitätsrelevantes Instrument einsetzen darf. Den Netzbetreibern obliegt eine dahingehende Prüfpflicht[100]. Sie sind verpflichtet, die gesamtwirtschaftlich günstigste Lösung vorzunehmen;[101] was im Einzelfall auch eine Pflicht zur Integration von Stromspeichern bedeuten kann.[102] Die Entflechtungsregeln stehen dem nicht entgegen.

Etwas anschaulicher mag dies vielleicht mit Blick auf die Aufgabe der Netzbetreiber sein, für eine größtmögliche Aufnahme von EE-Strom zu sorgen (§ 11 Abs. 1, § 12 Abs. 1 EEG). Kann dies nicht gewährleistet und muss ein Einspeisemanagement ergriffen werden, entsteht die Pflicht zur Härtefallentschädigung (§ 15 Abs. 1 EEG), deren Kosten unter den Voraussetzungen des § 15 Abs. 2 EEG in die Netzentgelte gewälzt werden. Die Anlagenbetreiber erhalten diese Entschädigung, obschon kein EE-Strom produziert und ins Netz gespeist wird. Diese Kosten dafür beliefen sich im Jahr 2015 auf rund 314,8 Mio. Euro (4.722 GWh[103]).[104] Die Ursache für die Abregelung (Einspeisemangement) im Verteilernetz ist dabei zu einem erheblichen Teil den eigenen Kapazitätsrestriktionen aber auch

---

dere Funktionen (z.B. zur Spannungshaltung, zum Verlustenergieausgleich, zur Sicherstellung der Schwarzstart- und Inselnetzfähigkeit) eingesetzt und insofern Synergieeffekte erzielt werden könnten.
100 *Schwintowski*, EWeRK 2015, 81, 86.
101 Zu beachten wäre dabei auch, dass sich die Anforderung der Effizienz und Preisgünstigkeit nicht nur auf das einzelne Netz, sondern auch auf das Gesamtnetz (Elektrizitätsversorgungssystem); zumindest insoweit als die Netze in einer technischen Wechselwirkung zueinanderstehen. Die Vorgabe eines effizienten Netzbetriebs bedingt daher, den Netzbetrieb samt Netzausbau auch im Netzverbund zu koordinieren (vgl. § 12 Abs. 2 EnWG; *Sötebier*, in: Britz/Hellermann/Hermes, EnWG, § 11 Rn. 32 ff., § 12 Rn. 39.). Unter mehreren geeigneten Möglichkeiten ist die für das Gesamtnetz effizienteste Lösung zu wählen; was eine gegenseitige Abstimmung (z.B. Information der Bedarfsprognosen und Ausbauplanung) der einzelnen Netzbetreiber voraussetzt (dazu § 12 Abs. 2, 4 EnWG). Kann z.B. ein Netzausbaubedarf durch Maßnahmen verschiedener (vor- oder nachgelagerter) Netzbetreiber befriedigt werden, so ist derjenige Netzbetreiber verpflichtet, dessen Maßnahme die gesamtwirtschaftlich günstigste Lösung darstellt (Sötebier, in: Britz/Hellermann/Hermes, EnWG, § 11 Rn. 33). Umgekehrt widerspricht es einem effizienten Netzbetrieb, wenn ein Netzbetreiber in Netzentwicklungsmaßnahmen investiert, obschon der Bedarf anderswo im Verbund sinnvoller befriedigt werden kann (Sötebier, in: Britz/Hellermann/Hermes, EnWG, § 12 Rn. 39).
102 *Schwintowski*, EWeRK 2015, 81, 86.
103 2014: 82,7 Mio. Euro (1.581 GWh); 2013: 43,7 Mio. Euro (555 GWh); Bis einschließlich 2015 belief sich die Gesamtsumme der seit 2009 gezahlten Entschädigungen auf 524,09 Mio. Euro.
104 BNetzA, EEG in Zahlen 2015; abrufbar unter www.bundesnetzagentur.de.

den Kapazitätsrestriktionen im vorgelagerten Übertragungsnetz geschuldet.[105] Zur Vermeidung dieser Zahlungen sind die Netzbetreiber angehalten, v.a. bei einem anstehenden und absehbaren Zubau weiterer EE-Anlagen zügig für eine Aufnahmebereitschaft ihres Netzes zu sorgen.[106] Hierzu könnte auch der Einsatz von Stromspeichern gehören.

(2) Optimierung bei der Beschaffung von Systemdienstleistungen

Systemdienstleistungen[107] werden von den Stromnetzbetreibern üblicherweise von externen Anbietern beschafft. Es stellt sich damit die Frage, ob diese Beschaffung durch den Einsatz netzeigener Stromspeicher (unter dem Vorbehalt der Effizienz des Netzbetriebs) optimiert werden darf. Es ist jedenfalls nicht erkennbar, dass externe Erzeuger (Systemdienstleister) einen Anspruch darauf haben, dass ihre an die Netzbetreiber veräußerten Strommengen zeitgleich (und nicht später) einer netzbetriebsdienlichen Verwertung zugeführt werden müssen.

(a) VNB

Mittels Zwischenspeicherung (z.B. durch Batteriegroßspeicher) könnten VNB beispielsweise die ihnen aufgetragene Spannungshaltung sowie die Sicherstellung der Schwarzstart- und Inselnetzfähigkeit verwirklichen und wenn nötig auch einen Verlustenergieausgleich vornehmen.

Dass diese (System-)Dienstleistungen auch von externen Anbietern (traditionellen Erzeugern oder externen Speicherbetreibern) erbracht und von den Netzbetreibern insofern auch marktgetrieben beschafft werden

---

105 Für das Jahr 2015: 341,4 GWh auf ÜNB-seitige Abregelungen wegen Engpässen im Übertragungsnetz; 3.854,3 GWh auf VNB-seitige Abregelungen wegen Engpässen im Übertragungsnetz; 526,6 GWh auf VNB-seitige Abregelungen wegen Engpässen im Verteilernetz. Für das Jahr 2014: 6,2 Mio. € (61,3 GWh) auf ÜNB-seitige Abregelungen wegen Engpässen im Übertragungsnetz; 34,4 Mio. € (860,2 GWh) auf VNB-seitige Abregelungen wegen Engpässen im Übertragungsnetz; 42,1 Mio. € (659,1 GWh) auf VNB-seitige Abregelungen wegen Engpässen im Verteilernetz.
106 Vgl. *Kunze/Funk*, EWeRK 2013, 254, die dafür plädieren, die Speicherung elektrischer Energie zu fördern, statt deren Nichteinspeisung zu vergüten.
107 Fn. 5.

können, ändert an der entflechtungsrechtlichen Befundung nichts;[108] jedenfalls nicht nach dem geltenden Rechtsrahmen. Aus den §§ 11 ff. EnWG folgt die Pflicht der Netzbetreiber, die Übertragung bzw. Verteilung von Elektrizität dauerhaft und mit gleichbleibender Qualität (z.B. Spannung) sicherzustellen. Dies schließt auch die Erbringung der hierfür notwendigen Dienste ein. Systemdienstleistungen liegen nicht nur im gesetzlichen Verantwortungsbereich der Netzbetreiber. Es handelt es sich um originäre Aufgaben des Netzbetriebs. Die allgemeinen Entflechtungsregeln der §§ 6 ff. EnWG können für sich daher die Netzbetreiber nicht darin beschränken, diese notwendige Systemdienstleistungen mithilfe von Speichern selbst zu verwirklichen.[109] Ähnlich sehen es offenbar auch der italienische Gesetzgeber und die italienische Regulierungsbehörde. Diese unterstützen ein Batteriespeicherprojekt des italienischen ÜNB *Terna S.p.A.*, der zum Ausgleich der volatilen EE-Einspeisung in Süditalien Batterieparks mit insgesamt 130 MW Speicherkapazität plant.[110]

Überdies würden sich die VNB diese Systemdienstleistungen auch nicht „sich selbst" zur Verfügung stellen und damit den Markteintritt von unabhängigen Anbietern verhindern. Mittels Zwischenspeicherung würde der von externen Anbietern eingespeiste Strom aufgenommen und lediglich zeitversetzt (dann, wenn nötig) einer systemdienlichen Verwertung zugeführt werden. M.a.W. würden Strommengen für einen systemdienlichen Einsatz bevorratet, die zuvor durch den Netzbetreiber auf einem Wettbewerbsmarkt[111] (dann aber möglicherweise zu Börsenpreisen!) be-

---

108 Diese Fremdangebote sind aber selbstverständlich bei der Beurteilung der Effizienz netzeigener Zwischenspeicherungen zu berücksichtigen. Zum Postulat eines effizienten Netzbetriebs: vgl. oben C.I.3.b.bb.(1.)(c.).
109 Eine so verstandene Entflechtung würde im Übrigen auch zu einer Erschwerung eines versorgungssicheren und effizienten Netzbetriebs (z.B. durch den Aufbau von effizienzhemmenden Organisations- und Kommunikationshindernissen) führen. Vgl. hierzu: EFZN-Studie, S. 156 (die Studie kommt mit Blick auf die Beschaffung von Systemdienstleistungen gleichwohl zu einem anderen rechtlichen Befund).
110 Vgl. Decreto Legislativo 1 giugno 2011, n. 93, Attuazione delle Direttive 2009/72/CE, 2009/73/CE e 2008/92/CE, Gazzetta Ufficiale n. 148, Supplemento Ordinario n.157, Roma, 28 giugno 2011, Art. 36.4. Vgl. auch den Vortrag des Vorsitzenden der Nationalen Regulierungsbehörde Bortoni (Autorità per l'energia elettrica e il gas) anlässlich des „Workshop on electricity storage" an der Florence School of Regulation, am 23.9.2011.
111 In Entsprechung von § 22 EnWG (Art. 25 Abs. 5 EltRl 09) sowie § 10 Abs. 1 StromNZV.

schafft wurden. Ein Marktzutritt von externen Anbietern wird damit nicht verhindert. Im Gegenteil. Die Zwischenspeicherung könnte sogar zu einer höheren Akteursvielfalt und somit zur Wettbewerbsbelebung führen.

(b) ÜNB

Eine unterbrechungsfreie Elektrizitätsübertragung ist nur dann möglich, wenn sich die Gesamtheit der Einspeisungen und Entnahmen in und aus dem Netz zu jeder Zeit in Waage halten. Maßstab für diesen Gleichgewichtszustand ist die Netzfrequenz (50 Hertz). Kommt es im Netz zu einer Frequenzabweichung, muss dies durch den Einsatz von positiver oder negativer Regelenergie ausgeglichen werden. Diese Regelenergie wird von den ÜNB auf einem Regelenergiemarkt beschafft, an dem allerdings nur solche Anbieter zugelassen sind, die die sog. Präqualifikationsvoraussetzungen[112] erfüllen. Diese technisch wohl begründbare Marktzutrittsschranke[113] trägt dazu bei, dass die Regelenergiebeschaffung sehr kostenintensiv ist.[114] Regelenergiepreise liegen weit über Börsenpreis.[115] Mittels netzbetriebsintegrierter Zwischenspeicherung könnten die ÜNB diese Beschaffung optimieren; freilich zulasten der Einnahmemöglichkeiten der bisherigen Regelenergieanbieter (i.d.R. den konventionellen Kraftwerken).

Nach der wohl herrschenden Auffassung soll dies hingegen nicht möglich sein.[116] Die ÜNB verstießen gegen das Entflechtungsregime (§§ 8 ff. EnWG), weil sie dann selbst Energie erzeugen und vertreiben würden.

---

112 Dazu *Schwintowski*, EWeRK 2016, 248 ff.
113 Zahl der präqualifizierten Anbieter gegenwärtig: 23 für PRL, 37 für SRL und 53 für MRL. Abrufbar unter: www.regelleistung.net.
114 Die Kosten für die Vorhaltung von Regelleistung betrugen im Jahr 2015 insgesamt 316 Mio. Euro (Jahr 2014: 437 Mio. Euro; Jahr 2013: 594 Mio. Euro) und machen für gewöhnlich ca. ein Drittel des gesamten Übertragungsnetzentgelts aus. Vgl. BNetzA/BKartA, Monitoringbericht 2016, Abschnitt D, S. 121 ff.
115 EEX-Spotmarktpreis vom 29.5.2017: Phelix-Base 36,91 Euro/MWh, Phelix-Peak 40,54 Euro/MWh; Preise für Primärregelleistung am 29.5.2017: 2.570,17 MW (mittlerer Leistungspreis); Arbeitspreise für Sekundärregelung am 29.5.2017: Pos.HT bis zu 7.990 Euro/MWh (Extremfall: 39.500,000 Euro/MWh), Pos.NT bis zu 9.999 Euro/MWh. Ausschreibungsergebnisse abrufbar unter: www.regelleistung.net/ext/.
116 EFZN-Studie, S. 156 ff.

Schließlich gäbe § 22 EnWG (i.V.m. StromNZV)[117] vor, dass Regelenergie auf dem Regelenergiemarkt zu beschaffen sei und nicht durch die ÜNB selbst bereitgestellt werden könne.[118]

Dem lässt sich allerdings argumentativ entgegentreten. Zumindest erlaubt die gegenwärtige Rechtslage noch einen entsprechenden Argumentationsspielraum. Soweit die eingespeicherte (später als Regelenergie eingesetzte) Energie zuvor in einem transparenten, diskriminierungsfreien und marktorientierten Verfahren beschafft wurde, sprechen weder das Entflechtungsregime noch die gegenwärtigen Regeln zur Beschaffung von Regelenergie gegen eine solche Zwischenspeicherung.

(aa) Aufgabe der Ausregelung der Netzfrequenz

Die Regelung der Gesamtleistungsbilanz obliegt nach § 12 Abs. 1 EnWG den ÜNB. Diese tragen in seiner Regelzone die Systemverantwortung und sind dabei insbesondere für die Beschaffung und den Einsatz von Regelenergie verantwortlich.[119]

Der Einsatz von Regelenergie wird zwar in § 13 Abs. 1 Nr. 2 EnWG als sog. marktbezogene Maßnahme beschrieben. Dies heißt aber nicht, dass die ÜNB daran gehindert wären, netzstabilitätsgefährdende Frequenzabweichungen nicht auch durch eigene netzinterne Maßnahmen (§ 13 Abs. 1 Nr. 1 EnWG), zu denen auch eine Zwischenspeicherung gehören könnte[120], zu beseitigen. Stromspeicher würden sich als netzinternes Mittel (Netzbestandteil) zur Erfüllung ihrer Systemverantwortung (hier der Aufgabe des Ausgleichs von Differenzen zwischen Ein- und Ausspeisungen) erweisen. Entscheidend ist jedenfalls, dass eine Zwischenspeicherung nicht den gesetzlichen Aufgabenbereich der ÜNB (Ausgleich der Gesamtleistungsbilanz der Regelzone) verlässt.

---

117 Art. 15 Abs. 6 und 7, Art. 37 Abs. 6 Buchst. b sowie Erwägungsgrund 35 der Elt-Rl 09.
118 So auch Vgl. ACER, Ref: FG-2012-E-009 – Framework Guidelines on Electricity Balancing: „*each TSO is responsible for procuring the required balancing services from BSPs and is not allowed to offer the balancing services itself except, subject to NRA's approval, if system security is threatened due to insufficient bids from BSPs.*".
119 Vgl. auch TransmissionCode 2007, Ziff. 5.
120 Vgl. schon oben unter C.I.3.a.bb.(2.)(b.)(bb.).

(bb) Beschaffung am Regelenergiemarkt

Der Regelungsgehalt der §§ 22 ff. EnWG und §§ 6 ff. StromNZV bzw. der entsprechenden europäischen Richtlinienbestimmung[121] besteht darin, die etwaige Nachfrage des Netzmonopols (ÜNB) nach Regelenergie einem vergaberechtsähnlichen Regelungsregime zu unterwerfen, mithin einen entsprechenden Wettbewerb zu eröffnen.[122] Dem wäre allerdings schon Genüge getan, wenn der ÜNB den Bedarf an Regelenergie, der in einem netzeigenen Stromspeicher für den Bedarfsfall nur vorrätig gehalten werden soll,[123] zuvor in einem transparenten, diskriminierungsfreien und marktorientierten Wettbewerbsverfahren von extern beschafft.[124] Zu einer verbotenen Diskriminierung zwischen den Marktteilnehmern kann es dann gar nicht kommen. Denn die benötigte Regelenergie wurde ja nicht aus der Erzeugungsparte (z.B. innerhalb des integrierten EVU) unter Außer-

---

121 Vgl. Art. 15 Abs. 6 und 7, Art. 37 Abs. 6 Buchst. b sowie Erwägungsgrund 35 der EltRl 09.
122 Damit ist freilich noch nicht gesagt, dass die ÜNB Regelenergie kontinuierlich nachfragen müssen, sondern eben nur dann, wenn diese benötigt wird. Hält ein Netzbetreiber nun unter Zuhilfenahme seines Speichers die nötige (zuvor beschaffte) Regelenergie selbst vorrätig, die er bei Bedarf zum Ausgleich von Differenzen zwischen Ein- und Ausspeisung verwenden kann, so bedarf es keiner erneuten Beschaffung mehr.
123 Es ist nicht erkennbar, dass externe Erzeuger (Systemdienstleister) einen Anspruch darauf haben, dass ihre an die Netzbetreiber veräußerten Strommengen zeitgleich (und nicht später) einer netzbetriebsdienlichen Verwertung zugeführt werden müssen.
124 Dies betrifft ohne weiteres die Beschaffung von (zusätzlich benötigter) positiver Regelenergiearbeit, die im Speicher vorrätig gehalten werden soll. Mit Blick auf den Bedarf an negativer Regelenergiearbeit lässt sich argumentieren, dass diese durch eine Netzentnahme (bzw. einen Stromverbrauch) realisiert werden kann, was für sich keine Funktion der Energieversorgung i.S.d. § 3 Nr. 38 EnWG darstellt. M.a.W. ist nicht erkennbar, dass der Netzbetrieb vom Bereich des Stromverbrauchs (Netzentnahme) entflochten werden müsste. Davon ausgehend, ist auch die Annahme gerechtfertigt, dass eine Netzentnahme (negative Regelenergiearbeit) durch einen netzeigenen Stromspeicher entflechtungsrechtlich irrelevant ist. Geht man nun davon aus, dass die Netzbetreiber bei Frequenzabweichungen eigene Speicher einsetzen dürfen, die dem Netz negative oder (von extern beschaffte) positive Regelenergiearbeit physikalisch zuführen, betrifft dies notwendigerweise auch die Vorhaltung von Regelleistung durch den netzeigenen (z.T. von extern beladenen) Stromspeicher. Diese Regelleistungsvorhaltung kann auch als netzinterne Maßnahme i.S.d. § 13 Abs. 1 Nr. 1 EnWG qualifiziert werden.

achtlassung der übrigen Erzeuger bezogen, sondern vielmehr auf einem Wettbewerbsmarkt eingekauft.

Mit Hilfe des netzintegrierten Speichereinsatzes verringern sich auch die Präqualifikationsanforderungen für die externen Energieanbieter.[125] Dies dürfte zu einer Erhöhung der Anbieterzahl auf dem Regelenergiemarkt[126] und damit zu einer Wettbewerbsbelebung führen. Im Idealfall könnte die im netzintegrierten Stromspeicher bevorratete Regelenergie dann zu Börsenpreisen beschafft werden.

(cc) Interne Regelenergie im Gassektor

Schließlich spricht auch der Vergleich zum Gastransport für einen solchen Speichereinsatz. Ohne Verstoß gegen das im Gasbereich genauso geltende deutsche und europäische Entflechtungsregime und die ebenfalls anzuwendenden Regeln zur Beschaffung von Ausgleichsenergie (§ 22 EnWG) können Gasspeicher als Netzbestandteil integriert (vgl. § 3 Nr. 31 a.E. EnWG) und gem. § 27 Abs. 1 Nr. 2 GasNZV auch zum Ausgleich von Schwankungen der Netzlast eingesetzt werden (sog. interne Regelenergie). Dies kann auf den Strombereich übertragen werden.[127]

4. Zwischenfazit

Nach dem geltenden Rechtsrahmen können bestimmte Fälle von Zwischenspeicherungen auch als zum gesetzlichen Aufgabenkreis der Netzbetreiber zugehörig betrachtet werden. Folglich könnten Netzbetreiber auch selbst Stromspeicher anschaffen und zu diesen Zwecken in den Netzbetrieb integrieren. Eine solche netzbetriebsintegrierte Zwischenspeicherung (Speicherzubau) und v.a. ihre regulatorische Kostenanerkennung steht allein unter dem Vorbehalt der Effizienz des Netzbetriebs. Die Zwischenspeicherung (Speicherzubau) müsste sich also im Vergleich zu den kon-

---

125 Die extern beschaffte Regelenergie wird für den Bedarfsfall im Stromspeicher vorgehalten. Nicht der Regelenergieanbieter, sondern der Stromspeicher muss deshalb „präqualifiziert" werden.
126 Kleinere Erzeuger und auch solche mit volatiler Einspeisung könnten dem Netzspeicher mit elektrischer Energie beliefern.
127 Dazu oben: C.I.3.a.cc.

ventionellen Maßnahmen des Netzausbaus, der Kapazitätsbewirtschaftung und der konventionellen Beschaffung von externen Systemdienstleistungen als effizienter erweisen.[128]

II. Reformvorschläge der Kommission

1. Winterpaket

Am 30. November 2016 hat die Europäische Kommission den Entwurf des Vierten Energiebinnenmarktpakets „*Clean Energy for all*" (sog. Winterpaket) vorgelegt, mit dem insbesondere die bestehende Elektrizitätsbinnenmarktrichtlinie (EltRl 09) und die StromhandelsVO 09 neugefasst werden sollen.[129] Parallel dazu ist auch ein Arbeitspapier („*Energy storage – the role of electricity*") veröffentlicht worden.[130] Mit Blick auf die Rolle der Energiespeicherung[131] wird ein Regel-Ausnahme-Verhältnis vorgeschlagen.

Im Grundsatz soll es den VNB und ÜNB untersagt werden, Eigentümer von Energiespeicheranlagen zu sein, diese zu errichten, zu verwalten oder zu betreiben (Art. 36 Abs. 1, Art. 54 Abs. 1 EltRl-E). ÜNB ist überdies zu untersagen, Vermögenswerte zu halten oder indirekt zu kontrollieren, die Hilfsdienste[132] bereitstellen. Speicherdienste (auch speicherbasierte Systemdienstleistungen) sollen also ebenso wie andere Flexibilitätsoptionen im Grundsatz nur von externen Marktakteuren erbracht werden. Bei Be-

---

128 Vgl. Fn. 100.
129 U.a. Vorschlag für eine Richtlinie des Europäischen Parlaments und des Rates mit gemeinsamen Vorschriften für den Elektrizitätsbinnenmarkt, Neufassung vom 23.2.2017, COM(2016)864 final (i.F. EltRl-E); Vorschlag für eine Verordnung des Europäischen Parlaments und des Rates über den Elektrizitätsbinnenmarkt, Neufassung vom 23.2.2017, COM(2016)861 final (i.F. VO-E).
130 Commission Staff Working Document, Energy storage – the role of electricity, SWD(2017)61 final.
131 Legaldefiniert in Art. 2 Nr. 47 EltRl-E als „*...auf das Elektrizitätsnetz bezogen das Speichern einer erzeugten*
Strommenge zur späteren Nutzung, entweder als Endenergie oder umgewandelt in eine andere Energieform.".
132 Art. 2 Nr. 37 EltRl-E: „*... ein zum Betrieb eines Übertragungs- oder Verteilernetzes erforderlichen Dienst, einschließlich Ausgleichsleistungen und nicht frequenzgebundener Hilfsdienste, jedoch unter Ausnahme des Engpassmanagements.*".

darf können sich die Netzbetreiber dann entsprechende Leistungen beschaffen und die dafür aufgewandten Kosten netzentgeltwirksam geltend machen.[133]

Nur ausnahmsweise und nach vorheriger Prüfung und Zustimmung der nationalen Regulierungsbehörde darf den Netzbetreibern gestattet werden, eigene Speicher zu errichten, zu verwalten, zu betreiben und/oder Eigentümer derselben zu sein (Art. 36 Abs. 2, Art. 54 Abs. 2 EltRl-E).[134] Dies dann, wenn (1.) die Netzbetreiber solche Anlagen benötigen, um ihre Verpflichtungen zur Gewährleistung eines leistungsfähigen, zuverlässigen und sicheren Netzbetriebs zu erfüllen[135] und (2.) andere Parteien nach Abschluss eines offenen und transparenten Ausschreibungsverfahrens kein Interesse an diesen Diensten bekundet haben. Ebenso verhält es sich bei den ÜNB hinsichtlich der Selbstvornahme von Hilfsdiensten; wobei ein Dispens von vornherein nur für die Bereitstellung nichtfrequenzgebundener Hilfsdienste[136] erteilt werden darf. Die Regelenergiebereitstellung soll also in jedem Fall nur durch Marktakteure erfolgen. Den bisherigen Anbietern (i.d.R. die Betreiber konventioneller Kraftwerke) blieben damit bestehende Verdienstmöglichkeiten erhalten; was offenbar auch ein Anliegen der Kommission zu sein scheint.

Darüber hinaus soll in regelmäßigen Abständen (mindestens alle fünf Jahre) eine öffentliche Konsultation durchgeführt werden, um das mögliche Interesse der Marktteilnehmer an Investitionen in solche Speicheranlagen und deren Errichtung, Betrieb oder Verwaltung erneut zu prüfen. Soweit sich andeutet, dass Dritte hierzu in der Lage sind, sollen die Netzbetreiber ihre eigenen Speicheraktivitäten wieder einstellen (Art. 36 Abs. 4, Art. 54 Abs. 4 EltRl-E). Bei den ÜNB soll die Rückzugspflicht allerdings

---

[133] Art. 31 Abs. 5, Art. 32 Abs. 1 und 2, Art. 40 Abs. 1 Buchst. i und Abs. 4 EltRl sowie Art. 5 Abs. 2, Art. 12 Abs. 2, Art. 16 Abs. 8 VO-E (Fn. 130). Die Netzbetreiber werden sogar dazu angehalten, die Inanspruchnahme von Speicherdiensten als Alternative zur konventionellen Netzausbauplanung und für Systemdienstleistungen zu erwägen.

[134] Bei den ÜNB muss die Entscheidung und entsprechende Informationen der ACER und der Kommission mitgeteilt werden.

[135] Wobei die Anlagen und Dienste nicht verwendet werden dürfen, um Strom auf dem Markt zu verkaufen.

[136] Art. 2 Nr. 38 EltRl-E: „...einen von Übertragungs- oder Verteilernetzbetreibern *genutzten Dienst für statische Spannungsregelung, die Einspeisung von dynamischem Blindstrom, Trägheit und Schwarzstartfähigkeit.*".

unter der Bedingung stehen, dass Dritte diesen Dienst „*kosteneffizient*" bereitstellen können.

2. Bewertung

Auffällig ist zunächst, dass die Kommission konzeptionell annimmt, dass die Stromspeicherung einen wichtigen Beitrag zur Lösung der energiewendebedingten Herausforderungen im Netz leisten kann.[137] Davon ausgehend ist es dann schon einigermaßen bemerkenswert, dass die Frage, wie diese Speicheranlagen und ihre Dienste nun in den Netzbetrieb integriert und nutzbar gemacht werden können, nicht im Wege eines Effizienzvergleichs entschieden werden soll. Anders als sich aus dem geltenden Rechtsrahmen herauslesen lässt, soll es (künftig) irrelevant sein, ob eine netzeigene Zwischenspeicherung (netzeigener Speicherzubau) im Vergleich zu den konventionellen Maßnahmen des Netzausbaus, der Kapazitätsbewirtschaftung und der konventionellen Beschaffung von externen Systemdienstleistungen kosteneffizienter ist. Selbst wenn dies deutliche Effizienzvorteile verspräche, sollen Netzbetreiber Speicheranlagen nicht selbst errichten und betreiben (etc.), sobald externe Marktakteure ein dahingehendes Interesse bekunden. In den vorgeschlagenen Vorrangregeln fehlt eine ausdrückliche Bezugnahme zum Effizienzprinzip.[138]

Klarstellungsbedarf besteht auch bei den Rückzugsklauseln (Art. 36 Abs. 4, Art. 54 Abs. 4 EltRl-E). Errichtet (betreibt, verwaltet und/oder erwirbt) ein VNB Speicheranlagen, soll er diese Tätigkeiten einstellen, wenn Dritte Interesse bekunden und in der Lage sind, Eigentümer solcher Anlagen zu sein oder solche zu errichten, zu betreiben oder zu verwalten. ÜNB haben eine öffentliche Konsultation zu den erforderlichen Speicherdiensten durchzuführen, um das mögliche Interesse der Marktteilnehmer an Investitionen in solche Anlagen zu prüfen, und sollen ihre eigenen Speichertätigkeiten einstellen, falls Dritte diesen Dienst kosteneffizient bereitstellen können. Es darf vermutet werden, dass diese Rückzugspflichten für

---

137 Vgl. auch Erwägungsgrund 5 und 9 des VO-E (Fn. 130).
138 Die Rückzugsklausel für ÜNB in Art. 54 Abs. 4 EltRl-E greift zwar nur, wenn Dritte die bislang netzbetreiberseitig ausgeübten Speicherdienste „kosteneffizient" bereitstellen können. Bei der Frage des ÜNB-seitigen Einstiegs in Speichertätigkeiten (Art. 54 Abs. 2 EltRl-E) soll indes ein strenges Subsidiaritätsprinzip zugunsten dritter Marktteilnehmer herrschen.

Netzbetreiber ein erhebliches Investitionshemmnis bewirken werden, solange unklar bleibt, ob und inwieweit die netzbetreiberseitigen Investitionskosten im Falle des Rückzugs erstattet werden. Überdies ist gegenwärtig unklar, ob die interessierten Dritten die vormals netzbetreiberseitig (selbst)erbrachten Speicherdienste nach Übernahme auch mindestens zum selben Preis anbieten müssen. Kann dies nicht zur Bedingung des Rückzugs gemacht werden, dürfte dies die Investitionsbereitschaft der Netzbetreiber noch weiter senken.

D. Fazit

Gegenwärtig existiert kein konsistentes Regelungskonzept (Marktdesign) für moderne Stromspeicher. Die allgemeinen Entflechtungsvorschriften enthalten ebenso wenig wie die gesetzlich definierten Aufgaben der Netzbetreiber ausdrückliche Vorgaben zum Umgang mit (netzbetriebsrelevanten) Zwischenspeicherungen. Den geltenden Marktvorschriften liegen die vorherrschenden Erzeugungstechnologien der letzten Jahrzehnte zugrunde. Für die Frage der Zulässigkeit netzeigener Speicheranlagen bleiben damit noch gewisse Argumentationsspielräume. Insoweit kann gezeigt werden, dass bestimmte Zwischenspeicherungen auch als zum gegenwärtigen gesetzlichen Aufgabenkreis der Netzbetreiber zugehörig betrachtet werden können. Dies z.B. dann, wenn (1.) mit der Zwischenspeicherung eine größtmögliche kaufmännisch-physikalische Abnahme von EE- und KWK-Strom gewährleistet werden soll (kapazitätserhöhender Speichereinsatz), (2.) mittels Zwischenspeicherung die Beschaffung von Systemdienstleistungen optimiert (netzstabilisierender bzw. systemdienlicher Speichereinsatz) oder (3.) die Zwischenspeicherung zur Netzentlastung bei bestehenden oder bevorstehenden Engpasssituationen eingesetzt wird (kapazitätsrelevanter Speichereinsatz). Damit gehört auch die Zwischenspeicherung neben anderen technischen Maßnahmen und Dienstleistungen zum möglichen „Werkzeugkasten" der Netzbetreiber. Es ist die für den Netzbetrieb effizienteste Lösung anzuwenden. Erfüllt der Betrieb und die Anschaffung von Speichern diese Bedingung, können Netzbetreiber entsprechende Maßnahmen ergreifen. Der Vorbehalt der Effizienz, die zu prüfen den Regulierungsbehörden obliegt, erweist sich als allein entscheidendes Korrektiv. Entflechtungsrechtlich wäre die besagte Speicherintegration möglich.

Diese Argumentationsspielräume werden künftig erheblich eingeengt. Nach den aktuellen Reformvorschlägen der Kommission soll die Frage der

Zulässigkeit des netzbetreiberseitigen Eigentums, der Errichtung, der Verwaltung und des Betriebs von Stromspeichern ausdrücklich geregelt werden. Netzbetreiber dürfen entsprechende Speicherdienste nachfragen. Selbst erbringen sollen sie diese aber grundsätzlich nicht. Den bisherigen Anbietern von Systemdienstleistungen (i.d.R. die Betreiber konventioneller Kraftwerke) blieben damit die bestehenden Verdienstmöglichkeiten erhalten. Die Frage der Effizienz des Netzbetriebs rückt in den Hintergrund. Ob die technische Option der Zwischenspeicherung, die (so wie andere Flexibilitätsquellen und Systemdienstleistungen) nun primär von externen Marktteilnehmern erbracht werden soll, dann auch wirklich noch zu Effizienzvorteilen bei der Lösung der energiewendebedingten Herausforderungen der Netzwirtschaft führen wird, bleibt abzuwarten.

Aspekte des Kartellschadensersatzes nach der 9. GWB-Novelle

*Andreas Weitbrecht, Bonn**

Die Umsetzung der Unionsrichtlinie über Kartellschadensersatzdurch die 9. GWB-Novelle gibt Anlass zu einer großen Anzahl von Fragen, sowohl im materiellen als auch im Verfahrensrecht. Die folgenden Zeilen beschränken sich auf einige der wichtigsten Aspekte. Sie sind dem Jubilar in lange zurückreichender[1] und herzlicher Verbundenheit zugeeignet.

I. Die Richtlinie[2]

1. Geburt des Schadensersatzanspruchs in der Rechtsprechung des Gerichtshofs[3]

Seit dem Urteil des Gerichtshof aus dem Jahre 2001 in der Sache Courage/Crehan[4] steht fest, dass jedermann, der durch einen Verstoß gegen Vorschriften des europäischen Kartellrechts geschädigt ist, vom Rechtsverletzer hierfür Schadensersatz verlangen kann; Ziel ist dabei nicht nur Gerechtigkeit zwischen Privaten sondern auch Verhaltenssteuerung, indem die Durchsetzungskraft des Wettbewerbsrechts im öffentlichen Interesse

---

* Prof. Dr. Andreas Weitbrecht, LL.M. (Berkeley), ist Rechtsanwalt in Bonn und Honorarprofessor an der Universität Trier.
1 *Immenga/Schwintowski/Weitbrecht (Hrsg.)*, Airlines und Flughäfen: Liberalisierung und Privatisierung im Luftverkehr, Internationale Berliner Wirtschaftsrechtsgespräche, Bd. 2, 1999.
2 RL 2014/104/EU des Europäischen Parlaments und des Rates vom 26.11.2014 über bestimmte Vorschriften für Schadensersatzklagen nach nationalem Recht wegen Zuwiderhandlungen gegen wettbewerbsrechtliche Bestimmungen der Mitgliedstaaten der Europäischen Union, ABl. 2014 L 349/1 (im Folgenden *Richtlinie*). Hierzu und zu den begleitenden Veröffentlichungen der Kommission *Vollrath*, NZKart 2013, 434.
3 Vgl. zum Folgenden auch *Weitbrecht*, NJW 2017, 1574.
4 EuGH, Urt. v. 20.9.2001 – C-453/99, ECLI:EU:C:2001:465 – Courage and Crehan.

gestärkt wird.⁵ Das nationale Recht muss einen solchen Anspruch gewähren. Dabei sind die Grundsätze der Effektivität des Schadensersatzanspruches und der Äquivalenz zu den Vorschriften, die für die Zuwiderhandlung gegen nationales Kartellrecht gelten, zu beachten.⁶

2. Entstehung der Richtlinie

Die nationalen Vorschriften über diese Schadensersatzansprüche und ihre prozessuale Geltendmachung sind sehr unterschiedlich ausgestaltet. Angesichts dieser Divergenzen lag eine Harmonisierung dieser Vorschriften nahe.

a) Vorarbeiten der Kommission

Die Kommission hat diesen Prozess daher sehr bald nach dem Courage-Urteil eingeleitet und mit einem Grünbuch (2005)⁷ und Weißbuch (2008)⁸ wie üblich fortgesetzt. Kurz danach lag ein verabschiedungsreifer Richtlinienvorschlag der Kommission vor. Darin war eine Verpflichtung der Mitgliedstaaten vorgesehen, Grundlagen für sog. Opt-Out Sammelklagen⁹ zur flächendeckenden Geltendmachung von Streuschäden zu schaffen. Deutschland und Frankreich machten seinerzeit eine Wiederwahl von Manuel Barroso als Kommissionspräsident davon abhängig, dass dieser Entwurf wieder von der Tagesordnung der Kommissionssitzung, an welcher er verabschiedet werden sollte, heruntergenommen wurde. So geschah es. Das Projekt geriet daraufhin ins Stocken.

---

5 EuGH, Urt. v. 20.9.2001 – C-453/99, ECLI:EU:C:2001:465 Rn. 27 - Courage/Crehan.
6 EuGH, Urt. v. 13.7.2006 – C-295/04 u. 298/04, ECLI:EU:C:2006:461– Manfredi.
7 COM (2005) 672 final.
8 Schadensersatzklagen wegen Verletzung des EU-Wettbewerbsrechts, 2.4.2008, COM (2008) 165 final.
9 Hier müssen die von der Sammelklage vertretenen Geschädigten nicht namentlich identifiziert sein; dies führt dazu, dass eine sehr große Anzahl von Klägern durch die Sammelklage repräsentiert werden kann; die hohe Anzahl der Kläger wiederum treibt die Schadensersatzsummen nach oben. Diese Beträge können jedoch nicht an die Gläubiger ausgekehrt werden, da die Gläubigern namentlich nicht bekannt sind.

b) Zielkonflikt mit öffentlicher Rechtsdurchsetzung

In der Zwischenzeit war es vor allem in England, den Niederlanden und in Deutschland, vermehrt zu Schadensersatzklagen wegen Kartellverstößen gekommen.[10] Die Kläger dieser Verfahren machten Ansprüche auf Einsicht in die Akten der Kommission und nationaler Kartellbehörden geltend, die sich auch auf Kronzeugenanträge erstreckten. Eine derartige Akteneinsicht in Kronzeugenanträge war nach der Rechtsprechung des Gerichtshofs nicht ausgeschlossen.[11]

Vor diesem Hintergrund setzte sich bei der Kommission und anderen Kartellbehörden die Erkenntnis durch, dass es nicht unbedingt im Interesse der Behörden liegen kann, die Geltendmachung und Befriedigung privater Schadensersatzansprüche zu fördern: Wenn kartellbeteiligte Unternehmen damit rechnen müssen, dass Dokumente, in denen sie ihre Beteiligung am Kartell teilweise detailliert beschreiben und/oder zugeben, in die Hände von Geschädigten geraten, dann könnte dies Unternehmen davon abhalten, Kronzeugenanträge zu stellen und in Settlement-Verhandlungen einzutreten. Diese Sorge wiederum ließ die Verabschiedung einer Richtlinie, in der Kronzeugenerklärungen und Vergleichsausführungen gegen Offenlegung geschützt werden, als dringlich erscheinen.

3. Doppelte Zielsetzung und Verabschiedung der Richtlinie

Ab dem Jahr 2012 wurde das Projekt mit erweiterter Zielsetzung wieder aufgenommen und energisch vorangetrieben: Die Richtlinie soll zwar nach wie vor private Schadensersatzklagen erleichtern;[12] mit mindestens demselben Nachdruck[13] dient sie dem Schutz einer wirksamen öffentlichen Rechtsdurchsetzung.[14] Obwohl mit der Richtlinie, wenngleich begrenzt auf eine Spezialmaterie, erhebliche Eingriffe in das nationale Zivil- und Zivilprozessrecht verbunden sind, wurde über den im Juni 2013 vor-

---

10 Zur Rechtslage in Deutschland *Weitbrecht*, NJW 2012, 881.
11 EuGH, Urt. v. 14.6.2011 - C-360/09, ECLI:EU:C:2011:389 – Pfleiderer; EuGH, Urt. v. 6.6.2013 - C-536/11, ECLI:EU:C:2013:366 – Donau Chemie.
12 Erwägungsgrund 4 der Richtlinie; vgl. auch Regierungsbegründung BT-Dr. 18/10207, 41.
13 Instruktiv *Bien*, NZKart 2013, 481.
14 Erwägungsgrund 6 der Richtlinie.

gelegten Richtlinienvorschlag der Kommission[15] bereits im März 2014 eine politische Einigung erzielt.

4. Umsetzung in Deutschland

Bei der Umsetzung der Richtlinie in Deutschland[16] machte insbesondere das Bundesministerium für Justiz und Verbraucherschutz von vornherein die Vorgabe, dass die neuen und in vielerlei Hinsicht für Deutschland eher ungewöhnlichen Vorschriften ausschließlich im GWB umzusetzen sind. Dieser konservative Ansatz hat sich auch insoweit als sinnvoll erwiesen als auf diese Weise sämtliche Vorschriften über Kartellschadensersatz konzentriert in einem einzigen Gesetz zu finden sind.

Im Einklang mit der Richtlinie erfasst die Umsetzung durch die 9. GWB-Novelle sämtliche Schadensersatzansprüche wegen Verletzung kartellrechtlicher Vorschriften. In der Richtlinie und in der Praxis steht der Schadensersatz für sog. Hard-Core Kartelle,[17] die von einer Kartellbehörde bereits mit einem Bußgeld geahndet worden sind, ganz im Vordergrund.

II. Der Schadensersatzanspruch

Die Gefahren, die aus der Geltendmachung kartellrechtlicher Schadensersatzansprüche gegenüber der öffentlichen Rechtsdurchsetzung drohten, konnten durch absolute Offenlegungsverbote für Kronzeugenerklärungen und Vergleichsausführungen relativ leicht neutralisiert werden.[18] Hinsichtlich des ursprünglichen Ziels der Richtlinie, die Durchsetzbarkeit derartiger Ansprüche zu harmonisieren und womöglich zu erleichtern, haben sich bei der Kommission in entscheidenden Punkten die Ökonomen durchgesetzt: Was das zentrale Thema des Schadensersatzanspruches angeht, so

---

15 COM (2013) 404.
16 Neuntes Gesetz zur Änderung des Gesetzes gegen Wettbewerbsbeschränkungen vom 1.6.2017, BGBl. I, 1416.
17 § 33a Abs. 2 GWB übernimmt hier die Definition der Richtlinie.
18 Hinzu kam eine Privilegierung des ersten Kronzeugen hinsichtlich des Schadensersatzanspruches: gemäß Art. 11 Abs. 4 der Richtlinie haftet er primär nur gegenüber seinen eigenen Abnehmern und nur subsidiär als Gesamtschuldner.

verfolgt die Richtlinie das anspruchsvolle Ziel, den Schaden jeweils an der Stelle zu kompensieren, wo er entsteht. Im Zusammenhang mit dieser Zielsetzung steht die zeitgleich mit dem Richtlinienvorschlag verabschiedete Kommissionsempfehlung zur Erleichterung der kollektiven Geltendmachung von unionsrechtlich begründeten Schadensersatzansprüchen.[19] Im Einzelnen:

1. Aktivlegitimation

a) Unmittelbare Abnehmer

Nach Art. 17 Abs. 2 der Richtlinie gibt es die ökonomisch begründete Vermutung, dass Kartelle zu einem Schaden führen; § 33a Abs. 2 Satz 1 GWB setzt dies als materiellrechtliche Vermutung um, die widerlegbar ist.[20] Dieser Schaden besteht einmal in der zu vermutenden Erhöhung des Preises, zu dem der unmittelbare Abnehmer die kartellbefangene Ware einkauft; darüber hinaus entsteht möglicherweise auch ein Schaden aus entgangenem Gewinn, der daraus resultiert, dass sich durch die kartellbedingte Preiserhöhung der Input für die die vom unmittelbaren Abnehmer produzierte bzw. weitergehandelte Ware verteuert; dies kann zu einem Rückgang der Nachfrage und/oder dazu führen, dass der unmittelbare Abnehmer auf dem Absatzmarkt für seine Waren eine geringere Marge erzielt.[21]

Da die Wettbewerber des unmittelbaren Abnehmers in der Regel ebenfalls zu Kartellpreisen einkaufen, ist eine Weitergabe der Preiserhöhung häufig möglich Auf diese Weise kann sich der Schaden des unmittelbaren

---

19 Empfehlung der Kommission vom 11.6.2013: Gemeinsame Grundsätze für kollektive Unterlassung-und Schadensersatzverfahren in den Mitgliedsstaaten bei Verletzung von durch Unionsrecht garantierten Rechten (2013/396/EU), ABl. vom 26.7.2013, L 201/60.

20 Diese materiellrechtliche Vermutung weicht konzeptionell von dem bisher in der Rechtsprechung angenommenen (erschütterbaren) Anscheinsbeweis ab, dies dürfte aber in der Praxis eher einen graduellen Unterschied machen; vgl. *Müller-Graff*, ZHR 2015, 691, 698.

21 Hinzu kommen Schäden, die dadurch entstehen, dass Waren, die zum selben Produktmarkt gehören, von Lieferanten bezogen werden, die nicht am Kartell beteiligt sind: auch diese Waren können im Windschatten des Kartells höhere Preise erzielen als es ohne das Bestehen des Kartells der Fall wäre; vgl. EuGH, Urt. v. 5.6.2014 – C-557/12, ECLI:EU:C:2014:1317 - Kone.

Abnehmers verringern oder ganz entfallen. Ökonomen berechnen die Höhe dieses Schadens,[22] wobei sie allerdings höchst unterschiedliche Ergebnisse erzielen; Gerichte können den Schaden gemäß § 287 ZPO schätzen.[23]

b) Mittelbare Abnehmer

Gelingt es dem unmittelbaren Abnehmer, den Schaden weiterzuwälzen, dann entsteht ein Preiserhöhungsschaden auf der nachgelagerten Marktstufe. Dieser Schaden kann möglicherweise wiederum an die nächste Marktstufe weitergegeben werden. In jedem Falle ist er für den einzelnen mittelbaren Abnehmer um ein Vielfaches geringer als der Preiserhöhungsschaden des unmittelbaren Abnehmers, u.a. deshalb, weil die kartellierte Ware oft nur einen sehr kleinen Prozentsatz der Gesamtkosten des mittelbaren Abnehmers darstellt. Der bei dem einzelnen mittelbaren Abnehmer entstehende Schaden kann daher im Ergebnis sehr klein sein (sog. Streuschaden). Am kleinsten ist der Schaden da, wo er nicht weitergegeben werden kann, beim Endverbraucher.

Die Richtlinie trägt dieser Realität mit der zusätzlichen Vermutung einer Weiterwälzung des Schadens Rechnung.[24] Diese Vermutung wirkt nur zu Gunsten der mittelbaren Abnehmer, nicht zu Lasten des unmittelbaren Abnehmers. Dieses Konzept weicht deutlich ab von dem Modell, das der BGH im Fall ORWI[25] vorgezeichnet hat und das von einem Gleichlauf der Beweisanforderungen an die Weiterwälzung der Preiserhöhung geprägt war, unabhängig davon, ob der Kartellbeteiligte sie als Einwendung oder der mittelbare Abnehmer als anspruchsbegründend vorbrachte.[26]

---

22 Zur Schadenshöhe vgl. umfassend *Brömmelmeyer*, NZKart 2016, 2.
23 § 33a Abs. 3 GWB stellt dies nochmals ausdrücklich klar; gleiches gilt gemäß § 33c Abs. 5 GWB für die Frage nach dem Umfang der Schadensabwälzung.
24 Art. 14 Abs. 2 der Richtlinie.
25 BGH, Urt. v. 28.6.2011 – KZR 75/10, BGHZ 190, 145.
26 *Kirchhoff*, WuW 2015, 952, 954.

c) Wahrscheinlichkeit unerwünschter Ergebnisse

Im Ergebnis ist es deshalb gut denkbar, dass der Kartellbeteiligte, der mit der Widerlegung beider Vermutungen scheitert, Schadensersatz in einer Höhe bezahlen muss, die den tatsächlich entstandenen Schaden übersteigt. Wahrscheinlicher ist allerdings das umgekehrte Szenario einer Unterkompensation: Dieses realisiert sich, wenn dem Kartellbeteiligten der Nachweis gelingt, dass der unmittelbare Abnehmer die Preiserhöhung ganz oder teilweise weitergewälzt hat, die mittelbaren Abnehmer jedoch ihre Schäden nicht geltend machen. Die Richtlinie will mit den Art. 12 Abs. 2 und 15 diesen unerwünschten Ergebnissen entgegenwirken. Der deutsche Gesetzgeber hat bisher davon abgesehen, diese Vorschriften umzusetzen (vgl. hierzu unten IV. 2.).

d) Bewertung

Ob mittelbare Abnehmer mit der Vermutung der Schadensweiterleitung über einen ausreichenden Anreiz verfügen, ihre Schäden geltend zu machen, darf angesichts der relativ geringen Schadensersatzsummen, die hier in Rede stehen, nach wie vor bezweifelt werden. Im Übrigen sind auch die mittelbaren Abnehmer ihrerseits dem Weiterwälzungseinwand ausgesetzt. Gleichzeitig wird den kartellbeteiligten Unternehmen erstmals ein expliziter Anspruch gegen die unmittelbaren Abnehmer auf Information eingeräumt, der insbesondere Bedeutung gewinnen wird für die Beweisführung über die Weiterleitung des Schadens (zu den Ansprüchen auf Offenlegung vgl. unten III.).[27]

Im Ergebnis erschwert der Perfektionsanspruch der Richtlinie die Durchsetzung der Ansprüche unmittelbarer Abnehmer,[28] deren Rechtsstellung durch die Richtlinie verschlechtert wird. Die darin liegende Tendenz zur Unterkompensation des Gesamtschadens wird vor allem derjenige bedauern, der in der Verpflichtung zum Schadensersatz einen wesentlichen Beitrag zur Abschreckung sieht.

---

27 § 33g Abs. 2 GWB.
28 *Schweitzer*, NZKart 2014, 335, 339 und 345; kritisch auch *Makatsch/Mir*, EuZW 2015, 7, 12.

Das nicht unbedingt überzeugende Gesamtkonzept der Richtlinie spiegelt sich notwendigerweise auch in der Regelung der 9. GWB-Novelle,[29] da der deutsche Gesetzgeber insoweit keinen Umsetzungsspielraum besaß.

2. *Passivlegitimation*

a) Bußgeldrecht

Im Bußgeldrecht hat der Gerichtshof aus dem Effektivitätsprinzip hergeleitet, dass die von einer nationalen Behörde oder einem nationalen Gericht wegen Zuwiderhandlung gegen Art. 101 oder 102 AEUV verhängten Sanktionen nicht schwächer ausfallen dürfen als diejenigen, die bei einer Sanktionierung durch die europäischen Organe verhängt werden.[30] Dennoch hat sich der BGH *de lege lata* wegen des im Ordnungswidrigkeitenrecht geltenden Grundsatzes *nulla poena sine lege* nicht in der Lage gesehen, über den Wortlaut des § 30 OWiG hinaus den Weg zu einem unionsrechtlichen Unternehmensbegriff zu gehen[31].

Da das OWiG in § 30 OWiG die Bußgeldverantwortlichkeit für das Handeln natürlicher Personen an den Rechtsträger anknüpft, besteht nach wie vor die Möglichkeit, durch Umstrukturierung eines Konzerns diesen Rechtsträger vermögenslos werden zu lassen oder ganz zum Verschwinden zu bringen. Dies steht im Gegensatz zum europäischen Recht, wo die Verantwortung für Verstöße das Unternehmen als Ganzes und damit in der Regel auch die Konzernmutter trifft.[32] Im Vorfeld und während des Ge-

---

29 §§ 33a Abs. 2, 33c GWB.
30 EuGH, Urt. v. 18.6.2013 - C-681/11, ECLI:EU:C:2013:404 – Schenker; m. Anm. *Weitbrecht*, NJW 2013, 3085.
31 BGH, Beschl. v. 16.12.2014, KRB 47/13, BGHSt 59, insbes. Rn. 17 ff.
32 St. Rspr. des Gerichtshofs spätestens seit EuGH, Urt. v. 10.9.2009 – C-97/08 P, ECLI:EU:C:2009:536 - Akzo.

setzgebungsverfahrens zur 9. GWB-Novelle hat die Schließung der sogenannten Wurstlücke[33] die heftigsten Diskussionen ausgelöst.[34]

Der Regierungsentwurf, der nunmehr Gesetz geworden ist, hat hier eine Regelung gefunden, welche der Sache nach den europäischen Unternehmensbegriff für die kartellrechtliche Verantwortlichkeit nach dem OWiG einführt und gleichzeitig am Rechtsträgerprinzip festhält.[35]

b) Zivilrecht

Nahezu ebenso umstritten war die zivilrechtliche Seite, also die Passivlegitimation bei Konzernsachverhalten. Auch hier hatte sich eine intensive Diskussion darüber entwickelt, ob der im europäischen Bußgeldrecht entwickelte Unternehmensbegriff, wonach Konzernmütter auch dann Adressaten eines Bußgeldbescheids sein können, wenn sie an dem Verstoß einer Konzerngesellschaft in keiner Weise beteiligt waren, in ähnlicher Weise für Schadensersatzansprüche wegen Verletzung der Art. 101 und 102 AEUV gilt.

Wer diese Frage bejaht, kann in jedem Fall die Effektivität des Unionsrechts ins Feld führen, gründend auf der Rechtsprechung des Gerichtshofs, wonach das nationale Recht der Mitgliedstaaten verpflichtet ist, für Zuwiderhandlungen gegen Art. 101 und 102 AEUV einen effektiven Schadensersatzanspruch zu gewähren. Soweit dem Schadensersatzanspruch eine Kommissionsentscheidung zu Grunde liegt, kann auch auf die Bindungs-

---

33 Die Möglichkeit, ein Unternehmen durch Umstrukturierung der Haftung für vom Bundeskartellamt verhängte Bußgelder in Höhe von 128 Mio. EUR zu entziehen, war von einem prominenten Fleisch- und Wurstwarenhersteller erfolgreich genutzt worden (vgl. Pressemitteilung des Bundeskartellamts vom 19. 10. 2016, abrufbar unter: http://www.bundeskartellamt.de/SharedDocs/Meldung/DE/ Pressemitteilungen/2016/19_10_2016_ClemensTönnies_Gruppe_Wurst.html (abgerufen am 9.7.2017).
34 Vgl. gegen die Gesetzesänderung *Brettel/Thomas*, Compliance und Unternehmensverantwortlichkeit im Kartellrecht, 2016, passim und die Stellungnahmen des Deutschen Anwaltsvereins und des BDI; für die Reform *Ost/Kalfass/Roesen*, NZKart 2016, 447 und *Podszun/Kreifels/Schmieder*, WuW 2017, 114.
35 § 81 Abs. 3a-3e GWB.

wirkung der Art. 16 Abs. 1 VO Nr. 1/2003, § 33b GWB verwiesen werden.[36]

Teilweise wird die zivilrechtliche Haftung der Konzernmutter auch aus Art. 1 der Richtlinie hergeleitet, wonach für das zivilrechtliche Sanktionensystem der europäische Unternehmensbegriff zugrunde zu legen sei.[37] Die Monopolkommission betont in diesem Zusammenhang, dass es sich hier um eine Frage des materiellen Rechts (Tatbestandsseite) und nicht lediglich um eine Frage der Rechtsfolge handele.[38]

Die Vertreter der Gegenansicht halten ein derartiges Ergebnis für unionsrechtlich nicht zwingend und sehen stattdessen in der Übernahme des unionsrechtlichen Unternehmensbegriffs in das deutsche Schadensersatzrecht einen Dammbruch, der tragende Grundsätze des deutschen Konzernrechts in Gefahr bringt. Die Trennung der Vermögenssphären von Aktionär und Unternehmen sei vom Gesetzgeber gewollt und notwendig, um im System der juristischen Person eine Delegation von Leitungsverantwortung zu ermöglichen und zugleich Investitionsanreize aufrechtzuerhalten.[39]

Es bestehe keine Veranlassung für den Gesetzgeber, die Interessen des Klägers bei Kartellschäden höher zu bewerten als bei sonstigen Schadensfällen, etwa im Produzenten- oder Umwelthaftungsrecht. Stattdessen wird in Parallele zum Vorschlag zum Bußgeldrecht eine konzernweite Aufsichtspflicht der Muttergesellschaft über verbundene Tochtergesellschaften vorgeschlagen, die sowohl das Bußgeldrecht als auch das Schadensersatzrecht umfasst und an deren Verletzung entsprechende Rechtsfolgen angeknüpft werden können.

Der Handlungsdruck für den Gesetzgeber war in dieser Frage deutlich geringer als hinsichtlich der Schließung der Wurstlücke. Angesichts des starken Gegenwindes aus weiten Kreisen der deutschen Industrie hat er deshalb diese Frage – anders als im Bußgeldrecht – im Ergebnis nicht ge-

---

36 *Weitbrecht,* WuW 2015, 959; nach dieser Ansicht darf wegen des Äquivalenzgrundsatzes für Bußgeldentscheidungen des Bundeskartellamts, die Art. 101 oder 102 AEUV anwenden, nichts anderes gelten.
37 Insbes. *Kersting,* WuW 2014, 564, 565 f.; *Makatsch/Mir,* EuZW 2015, 7 f.
38 So Monopolkommission, Hauptgutachten XX (2014), Rn. 951 (deutlich weniger dezidiert im Hauptgutachten XXI (2016), Rn. 95 ff.); in der Konsequenz dieser Ansicht liegt es, dass der europäische Unternehmensbegriff zu Grunde zu legen ist, unabhängig davon, welche Kartellbehörde die bußgeldrechtliche Sanktion ausspricht.
39 Vgl. für alle *Thomas/Legner,* NZKart 2016, 155.

regelt und so der Rechtsprechung überlassen. Bisher liegen, soweit ersichtlich, erst zwei Entscheidungen auf der Ebene der Eingangsinstanz vor, die übereinstimmend eine Haftung der Muttergesellschaft ablehnen, obwohl diese Muttergesellschaften jeweils Adressaten einer Bußgeldentscheidung der europäischen Kommission waren.[40] Das letzte Wort ist hier sicherlich noch nicht gesprochen.

III. Zugang zu Beweismitteln

1. Schutz von Kronzeugenerklärungen und Vergleichsausführungen

Das besondere Augenmerk der Richtlinie gilt, wie erwähnt, dem Schutz von Kronzeugenerklärungen und Vergleichsausführungen.[41] Sie sind umfassend gegenüber jedweder Preisgabe an potentielle Geschädigte geschützt, unabhängig davon, ob sie sich im Besitz von Unternehmen befinden, die diese Erklärungen abgegeben haben, im Besitz der Anwälte der Unternehmen oder im Besitz der Kartellbehörde. Die Mitgliedstaaten sind nach Art. 8 der Richtlinie verpflichtet, Sanktionen gegen Offenlegung einzuführen.

Vielfach wird die Frage gestellt, ob dieser pauschale und keinerlei Abwägung zugängliche Schutz von Kronzeugenerklärungen und Vergleichsausführungen mit den primärrechtlich (Art. 101 AEUV) geschützten Interessen des Schadensersatzgläubigers vereinbar ist.[42] Die Rechtsprechung des Gerichtshofs, die hier eine Abwägung forderte,[43] bezog sich jedoch auf nationale Regelungen zur Akteneinsicht, ohne dass eine unionsrechtliche Regelung vorlag. Schon deshalb spricht vieles dafür, dass die Richtlinie eine vertretbare Abwägung des Unionsgesetzgebers zwischen den Rechten der Parteien und dem Schutz des behördlichen Verfahrens darstellt.[44]

---

40 LG Berlin, Urt. v. 6.8.2013 - 16 O 193/11 Kart, WuW 2014, 1240, 1250 f.; LG Düsseldorf, Urt. v. 8.9.2016 - 37 O 27/11 Kart, WuW 2017, 106, 108 f., beide zum Aufzugskartell.
41 Art. 6 Abs. 6 der Richtlinie.
42 Vgl. z.B. *Schweitzer*, NZKart 2014, 335, 342 f.
43 EuGH, Urt. v. 14.6.2011 - C-360/09, ECLI:EU:C:2011:389 – Pfleiderer; EuGH, Urt. v. 6.6.2013 – C-536/11, ECLI:EU:C:2013:366 – Donau Chemie.
44 So auch Monopolkommission, Hauptgutachten XXI (2016), Rn. 68. Ähnlich W.-H. Roth, ZHR 2015, 668, 688.

In dieselbe Richtung weist das Urteil des Gerichtshofs in der Sache *Evonik Degussa*. Der Gerichtshof hat dort eine Veröffentlichung wörtlicher Zitate aus Kronzeugenerklärungen durch die Kommission pauschal für unzulässig erklärt.[45] Die Überlassung von umfassenden Kronzeugenerklärungen an einzelne Unternehmen stellt einen ähnlich intensiven Eingriff in die Vertraulichkeit dieser Dokumente dar wie die Veröffentlichung einzelner Zitate. Vor diesem Hintergrund und angesichts des Vorliegens einer sekundärrechtlichen Regelung des Unionsrechts erscheint es unwahrscheinlich, dass der Gerichtshof in der Frage der Überlassung dieser Dokumente an potenziell Geschädigte anders entscheiden wird.

2. Vorbilder für die Richtlinie

Ausgangspunkt für die Art. 5-8 der Richtlinie war die bestehende Informationsasymmetrie zwischen potenziell geschädigten Unternehmen und den Kartellbeteiligten. Diese Regelungen der Richtlinie sind ersichtlich inspiriert vom englischen Modell einer *disclosure of documents*, das unter enger richterlicher Begleitung einen Austausch von Dokumenten in der ersten Phase eines Rechtsstreits vorsieht.[46]

Im allgemeinen Zivilprozessrecht anderer Mitgliedstaaten existieren ebenfalls Regelungen, die explizit den Zugang zu Informationen regeln.[47] Sie sind anders angelegt als die englische *disclosure*, sind aber ebenfalls ausnahmslos im Prozessrecht angesiedelt und gehen von der aktiven Mitwirkung des Gerichts aus.

Zur internationalen Verbreitung des englischen Modells tragen auch die im internationalen Wirtschaftsverkehr häufig zur Anwendung gelangenden Schiedsordnungen bei, etwa der Internationalen Handelskammer oder die IBA Rules of Evidence, aber auch die Regeln der Deutschen Institution für Schiedsgerichtsbarkeit.[48]

---

45 EuGH, Urt. v. 14.3.2017 – C-162/15 P, ECLI:EU:C:2017:205 insbes. Rn. 86 f. – Evonik Degussa.
46 Vgl. zum Folgenden auch *Weitbrecht*, WuW 2015, 959, 962 ff.
47 Hierzu *Beckhaus*, Die Bewältigung von Informationsdefiziten bei der Sachverhaltsaufklärung, 2010, S. 232 ff (zu Frankreich, Italien, Spanien).
48 Ziffer 27.1 der DIS-Schiedsordnung. Danach kann das Schiedsgericht die Vorlage von Dokumenten anordnen; eine Verpflichtung der die Vorlage anregenden Partei, die Dokumente genau zu bezeichnen, besteht nicht.

3. Der traditionelle deutsche Ansatz

Was den Zugang der Parteien zu Informationen angeht, ist das deutsche Recht traditionell besonders zurückhaltend. Es existieren zwar sowohl im materiellen Recht[49] als auch im Zivilprozessrecht[50] Normen, die z.B. eine Verpflichtung zur Vorlage von Dokumenten statuieren oder die Anordnung einer Dokumentenvorlage ins Ermessen des Gerichts stellen; sie erfordern aber in der Regel von der beweisbelasteten Partei die konkrete Bezeichnung eines konkreten Dokuments, was oft nicht möglich ist.

Hintergrund ist die Philosophie des deutschen Zivilprozesses, wonach es nicht Ziel des Verfahrens ist, die ganze, objektive Wahrheit, soweit sie überhaupt feststellbar ist, ans Licht zu bringen. Grundlage der richterlichen Entscheidung sollen vielmehr die entsprechend der Prozessordnung und gemäß dem Beibringungsgrundsatz dem Gericht von den Parteien zugänglich gemachten Beweismittel sein.[51] Durchbrechungen dieses Grundsatzes werden als Ausnahmeregelungen eher eng gehandhabt.

Es hat in der Vergangenheit nicht an Versuchen gemangelt, dieses von vielen, insbesondere der Wissenschaft, identifizierte Defizit des deutschen Zivilprozessrechts zu korrigieren.[52] Abgesehen von der halbherzigen Erweiterung der richterlichen Anordnungsbefugnis in § 142 ZPO (Erstreckung auf Dritte),[53] die bisher in der Praxis keine wesentlichen Spuren hinterlassen hat, sind derartige Bestrebungen weitgehend im Sande verlaufen.

---

49 Insbes. § 810 BGB, ergänzt durch den im Wege der richterlichen Rechtsfortbildung aus § 242 BGB hergeleiteten Auskunftsanspruch. Auch bei der Umsetzung der Durchsetzungsrichtlinie auf dem Gebiet geistigen Eigentums (RL 2004/48/EG vom 29.4.2004 zur Durchsetzung der Rechte des geistigen Eigentums, ABl. 2004 L 195/16) wurde ein Ansatz gewählt, der den Beteiligten materiellrechtliche Ansprüche gewährt, s. Gesetz zur Verbesserung der Durchsetzung von Rechten des geistigen Eigentums, BGBl. I 2008, 1191 (vgl. die Gesetzesbegründung BT-Dr. 16/5048, 27).
50 §§ 142 f., 421 ff. ZPO.
51 *Prütting*, in: Münchener Kommentar zur ZPO, 5. Auflage, 2016, § 284 Rn. 8, identifiziert als Ziel der Beweiserhebung die „prozessordnungsgemäß gewonnene Wahrheit".
52 Umfassend dargestellt bei *Beckhaus,* S. 258 ff.
53 Hierzu *Zekoll/Bolt*, NJW 2002, 3129.

4. Die Umsetzung mittels materiellrechtlicher Ansprüche

Vor diesem Hintergrund gab es bei der Auswahl des Konzeptes für die Einfügung der durch Art. 5-8 der Richtlinie gewährten Informationsrechte in das nationale Rechtsgefüge für den nationalen Gesetzgeber einen großen Spielraum. Der Gesetzgeber der 9. GWB-Novelle hat sich – wenig überraschend -- entschieden, hier kein Neuland zu betreten, sondern eine Umsetzung im Rahmen des materiellen Rechts entsprechend der Umsetzung vergleichbarer auf Vorgaben aus der sogenannten Enforcement Richtlinie[54] gewählt.

a) Offenlegung aus der Behördenakte

Was die Offenlegung von Dokumenten, die in der Akte der Kartellbehörde enthalten sind, angeht, so verfolgt die Umsetzung in Deutschland das Ziel, die Arbeit der Kartellbehörden möglichst freizuhalten von der Inanspruchnahme durch potentiell Geschädigte; dies steht in gewissem Gegensatz zum ursprünglichen Ziel der Richtlinie, die Rechtsverfolgung durch potentiell Geschädigte zu erleichtern. Im Gegensatz zum bisherigen Recht und zur Praxis werden Bundeskartellamt und die europäische Kommission in Zukunft weitgehend davon entlastet, über Akteneinsichtsanträge potentiell Geschädigter entscheiden zu müssen. Der Anspruch auf Information aus der Behördenakte ist subsidiär: Er setzt voraus, dass diese Information nicht von Dritten, insbesondere Kartellbeteiligten, mit zumutbarem Aufwand beschafft werden kann.[55]

Akteneinsicht nach §§ 406e und 475 StPO, die bisher bei vorausgegangener Bußgeldentscheidung des Bundeskartellamts die wichtigste Informationsquelle für potenziell geschädigte Unternehmen darstellten, wird daher ausgeschlossen;[56] eine Ausnahme bildet der Bußgeldbescheid.[57] In diesen Zusammenhang gehört auch die neu eingeführte Vorschrift des § 53

---

54 RL 2004/48/EG des Europäischen Parlaments und des Rates vom 29.4.2004 zur Durchsetzung der Rechte des geistigen Eigentums, ABl. L 195/16 vom 2.6.2004.
55 § 89c Abs. 1 Nr. 2. GWB.
56 § 89c Abs. 5 S. 1 GWB.
57 § 89c Abs. 5 S. 2 GWB. Dies entspricht insoweit der bisherigen Rechtsprechung des OLG Düsseldorf, Beschl. v. 22.8.2012 – V- – V-4 Kart 5+6/11 (OWi), NZKart 2013, 39.

Abs. 5 GWB, die bei der Feststellung von Verstößen durch die Behörde ein Minimum an Information zugunsten der Öffentlichkeit sicherstellt.

b) Informationen im Besitz von Privaten

§ 33g gewährt einen materiellrechtlichen Anspruch auf Zugang zu relevanten Informationen gegen die andere Partei oder Dritte. Nach Rechtshängigkeit – sie kann auch durch eine negative Feststellungsklage des kartellbeteiligten Unternehmens herbeigeführt werden – steht dieser Anspruch auch den kartellbeteiligten Unternehmen zu. Dies dürfte besondere Bedeutung erhalten im Zusammenhang mit dem Nachweis der Weiterwälzung des Schadens.

Zum Schutz vor Ausforschung und zum Schutz von Geschäftsgeheimnissen dient ein umfangreicher Katalog von Gesichtspunkten, die der Richter im Wege einer umfassenden Interessenabwägung bei der Entscheidung über die Verhältnismäßigkeit geltend gemachter Informationsansprüche zu berücksichtigen hat.[58]

c) Schutz von Geschäftsgeheimnissen – Düsseldorfer Verfahren

Wendet eine Partei ein, dass die Dokumente, in die Einsicht begehrt wird, Geschäfts- oder Betriebsgeheimnisse enthalten, so muss diese Behauptung überprüft werden, ohne dass damit diese Informationen bereits dem Offenlegungsgläubiger zur Kenntnis kommen. Gemäß § 89b Abs. 7 GWB trifft das Gericht die erforderlichen Maßnahmen, um den im Einzelfall gebotenen Schutz von Betriebs- und Geschäftsgeheimnissen und anderen vertraulichen Informationen zu gewährleisten. Damit zielt der Gesetzgeber auf eine Übertragung des Düsseldorfer Verfahrens, das bisher im Patentrecht etabliert und bewährt ist, auf kartellrechtliche Informationsansprüche nach § 33g GWB.[59]

Das Düsseldorfer Verfahren hat sich im Patentrecht, wo sich regelmäßig eine vergleichbare Fragestellung ergibt, aus der Praxis entwickelt:[60] Be-

---

58 § 33g Abs. 3 GWB.
59 Regierungsbegründung zur 9. GWB-Novelle, BT-Dr. 18/10207, 118; vgl. zum Folgenden ausführlich *Bach/Wolf*, NZKart 2017, 285, 289 f.
60 Grundlegend *Kühnen*, GRUR 2005, 185.

hauptet ein Patentinhaber, ein bestimmter Gegenstand verletze sein Ausschließlichkeitsrecht, so wird (meist im selbstständigen Beweisverfahren nach § 485 ZPO) ein Sachverständiger bestimmt, der über die Frage der möglichen Patentverletzung ein Gutachten erstellt. Dieses Gutachten enthält in aller Regel Geschäfts- bzw. Betriebsgeheimnisse des angeblichen Patentverletzers und kann deshalb nicht ohne weiteres dem Patentinhaber ausgehändigt werden. In diesem Falle wird das vollständige Gutachten den anwaltlichen Vertretern des Patentinhabers mit der Auflage überlassen, dass sie den Inhalt ihren Mandanten (und selbstverständlich auch Dritten) nicht offenbaren dürfen. Der angebliche Patentverletzer kann seine Geschäfts- und Betriebsgeheimnisse gelten machen und das Gericht entscheidet nach Gewährung rechtlichen Gehörs gegenüber den Anwälten des Offenlegungsgläubigers darüber, in welcher – gegebenenfalls um Geschäftsgeheimnisse bereinigten Form – das Gutachten dem Patentinhaber selbst zur Kenntnis gegeben wird.

Die übernommene anwaltliche Verpflichtung zur Verschwiegenheit bezieht sich in diesem Fall nicht auf den Regelfall, also auf Informationen, die dem Anwalt von seinem Mandanten anvertraut worden sind, sondern auf Geschäfts- und Betriebsgeheimnisse Dritter. Der BGH hat dieses Verfahren dennoch ausdrücklich gebilligt, soweit es durch einen entsprechenden Antrag des Offenlegungsgläubigers/Patentinhabers in Gang gesetzt wird.[61] Bei einem Verstoß gegen die Geheimhaltungsverpflichtung droht eine Strafbarkeit des Anwalts gemäß § 203 Abs. 1 StGB.[62]

d) Bewertung

Die Regelungen der 9. GWB-Novelle zur Offenlegung von Informationen haben von den verschiedensten Seiten Kritik erfahren: Aus der richterlichen Praxis wird vorgetragen, dass diese Ansprüche wenig praktikabel sind und schwere handwerkliche Mängel aufweisen;[63] umgekehrt wird von Seiten der Wissenschaft vorgebracht, die Einräumung materiellrechtlicher Ansprüche zugunsten der potentiell Geschädigten gehe zu weit und

---

61 BGH, Beschl. v. 16.11.2009 – X ZB 37/08, BGHZ 183, 153.
62 BGH, Beschl. v. 16.11.2009 – X ZB 37/08, BGHZ 183, 153 Rn. 29 ff.
63 *Klumpe/Thiede*, BB 2016, 3011, 3013-3017.

erlaube eine Ausforschung;[64] demgegenüber fielen die Stellungnahmen aus der Anwaltschaft ausgewogener aus.[65] Bedauerlich ist, dass über den Zugang zum Bußgeldbescheid hinaus[66] keinerlei vorprozessuale Möglichkeiten der Informationsbeschaffung mehr existieren, es sei denn, ein Kartellbeteiligter gibt diese Informationen freiwillig heraus.

Es erscheint wahrscheinlich, dass das Verfahren auf jeden Fall von den kartellbeteiligten Unternehmen genutzt werden wird mit dem Ziel, eine Weiterwälzung des Schadens nachzuweisen. Wie weit das Verfahren demgegenüber den potentiell geschädigten Unternehmen nutzen wird, hängt unter anderem davon ab, ob praktikable Verfahrensweisen, die innerhalb relativ kurzer Zeit abgewickelt werden können, etabliert werden; das Düsseldorfer Verfahren kann hier wichtige Impulse geben. Bis sich Standards für das in vielerlei Hinsicht neue Verfahren über diese Ansprüche, in der sich die privaten Parteien direkt gegenüberstehen, herausgebildet haben, werden sicher noch mehrere Jahre vergehen.[67]

IV. Fehlen flankierender Maßnahmen

Im Hinblick auf eine Reihe von Punkten hat es der Gesetzgeber unterlassen, Vorgaben der Richtlinie umzusetzen bzw. flankierende Maßnahmen zur Förderung des Rechtsstandorts Deutschland zu implementieren.[68] Insoweit erweist sich die Umsetzung als unvollständig; entsprechende gesetzgeberische Maßnahmen können jedoch auch in der laufenden Legislaturperiode noch nachgeholt werden.

---

64 *Podszun/Kreifels/Schmieder*, WuW 2017, 114, 116 sprechen von einem „Gold Plating des Informationsanspruchs".
65 Vgl. *Hellmann/Steinbrück*, NZKart 2017, 164 und *Rosenfeld/Brand*, WuW 2017, 247.
66 Gemäß § 89b Abs. 5 GWB kann der Bußgeldbescheid des Bundeskartellamts bzw. der europäischen Kommission auch vom am Kartell beteiligten Unternehmen im Wege des einstweiligen Rechtsschutzes herausverlangt werden.
67 So auch die Prognose von *Mallmann/Lübbig*, NZKart 2016, 518, 522; ähnlich *Rosenfeld/Brand*, WuW 2017, 247, 252.
68 Vgl. hierzu umfassend *Weitbrecht*, WuW 2015, 959.

1. Kommissionsempfehlung zum kollektiven Rechtsschutz

Zeitgleich mit dem Richtlinienvorschlag hat die Kommission eine Empfehlung verabschiedet für eine erleichterte kollektive Geltendmachung von Schadensersatzansprüchen (Opt-in Verfahren) bei Verletzung von Rechten, die vom Unionsrecht garantiert werden.[69] Diese nicht auf das Kartellrecht beschränkte Empfehlung ist in Deutschland erwartungsgemäß ohne Folgen geblieben; die vom zuständigen Ministerium der Justiz und für Verbraucherschutz eher halbherzig betriebenen Vorarbeiten für ein Gesetz zur Einführung einer Musterfeststellungsklage sind der Diskontinuität der Legislaturperiode zum Opfer gefallen. Im Gefolge der öffentlichen Diskussion um Dieselgate und das sogenannte Autokartell wird das Thema einer Sammelklage jedoch mit Sicherheit in der laufenden Legislaturperiode wieder aufgegriffen werden.

2. Ansprüche verschiedener Abnehmerstufen - Fehlende Umsetzung der Art. 12 Abs. 2, 15 der Richtlinie

Wesentlich problematischer ist die Tatsache, dass der Gesetzgeber Art. 12 Abs. 2 und 15 der Richtlinie nicht umgesetzt hat. Als Teil der komplizierten und schwer praktikablen Regeln über die Ansprüche mittelbarer Abnehmer fordert die Richtlinie von nationalen Gerichten die „gebührende Berücksichtigung" anderweitig anhängiger Klagen bzw. ergangener Urteile betreffend dieselbe Zuwiderhandlung sowie sonstiger relevanter und öffentlich zugänglicher Informationen.

Eine solche Regelung im Prozessrecht ist angesichts der gegenläufigen und teilweise widersprüchlichen Vermutungen des materiellen Rechts hinsichtlich der Entstehung und Weiterwälzung von Schäden (vgl. oben II. 1) unumgänglich, um zu erreichen, dass Schadensersatzklagen von Klägern verschiedener Vertriebsstufen einheitlich und kohärent entschieden werden.

---

[69] Empfehlung der Kommission vom 11. Juni 2013: Gemeinsame Grundsätze für kollektive Unterlassung-und Schadensersatzverfahren in den Mitgliedsstaaten bei Verletzung von durch Unionsrecht garantierten Rechten (2013/396/EU), ABl. vom 26.7.2013 L 201/60.

a) Streitverkündung?

Im Rahmen des geltenden Rechts kreist diese Diskussion in erster Linie um die Frage, ob die Streitverkündung (§§ 72, 74, 68 ZPO) ein taugliches Instrument darstellt, um einander widersprechende Entscheidungen im Hinblick auf verschiedene Abnehmerstufen zu vermeiden.

aa) BGH in ORWI

Ohne die praktischen Schwierigkeiten des Beklagten bei der Ermittlung der mittelbaren Abnehmer des Klägers zu verkennen, war der BGH im Fall ORWI der Ansicht, dass eine Streitverkündung widersprüchliche Entscheidungen zulasten des kartellbeteiligten Unternehmens oder der verschiedenen Abnehmerstufen vermeiden könne.[70] Dies setzt zunächst voraus, dass § 72 ZPO analog anzuwenden ist, also unabhängig davon, ob der Erstprozess zugunsten oder zulasten des Streitverkünders ausgeht; dies hat die Rechtsprechung bejaht, denn Sinn und Zweck der Streitverkündung sei es, im Interesse des Streitverkünders unterschiedliche Beurteilungen desselben Tatbestandes zu vermeiden und so der Gefahr entgegenzuwirken, dass er beide Prozesse verliert, obwohl er einen gewinnen müsste.[71]

bb) Informationen hinsichtlich der Identität der Abnehmer des unmittelbaren Abnehmers

Die dem BGH seinerzeit sehr bewussten Probleme bei der Ermittlung der mittelbaren Abnehmer des Streitverkünders können möglicherweise nunmehr dadurch gelöst werden, dass der beklagte Kartellbeteiligte einen Anspruch gegen den klagenden unmittelbaren Abnehmer aus § 33g Abs. 2 GWB auf Information über die Namen der Abnehmer des unmittelbaren Abnehmers hat, deren Kenntnis ihm erst den Weg der Streitverkündung eröffnet.

---

70 BGH, Urt. v. 28.6.2011 – KZR 75/10, BGHZ 190, 145 Rn. 73.
71 BGH, Urt. v. 28.6.2011 – KZR 75/10, BGHZ 190, 145 Rn. 73 m.w.N.

cc) Problematik der Weiterwälzungsvermutung

Kirchhoff, der als Mitglied des Kartellsenats auch an der ORWI-Entscheidung mitgewirkt hat, ist vor dem Hintergrund der Richtlinie nunmehr der Auffassung, dass nach einem für den Kartellbeteiligten ungünstigen Ausgang des Erstprozesses (kein Nachweis der Weiterwälzung) die Interventionswirkung des § 68 ZPO nicht ausreiche, um die zugunsten des mittelbaren Abnehmers streitende Weiterwälzungsvermutung des Art. 14 Abs. 2 der Richtlinie, umgesetzt in § 33c GWB, zu widerlegen.[72]

dd) Konzeptionelle Untauglichkeit der Streitverkündung

Die entscheidende Schwäche der Streitverkündungslösung besteht jedoch darin, dass die Streitverkündung im Ermessen des kartellbeteiligten Beklagten liegt. Der kartellbeteiligte Beklagte hat jedoch nur in den seltensten Fällen ein Interesse, die mittelbaren Abnehmer in den Prozess hineinzuziehen, nämlich allenfalls dann, wenn sich seine Verteidigung darauf beschränkt, das Vorliegen einer kartellbedingten Preiserhöhung zu bestreiten; dringt er damit durch, dann hat er mit einer Streitverkündung die Ansprüche nicht nur der unmittelbaren sondern auch der mittelbaren Abnehmer erfolgreich abgewehrt.

Zumeist gründet er seine Verteidigung jedoch zumindest hilfsweise darauf, dass der unmittelbare Abnehmer/Kläger die kartellbedingte Preiserhöhung, so sie denn vorgelegen haben sollte, weitergegeben habe. In diesem Falle ist eine Streitverkündung kontraproduktiv: zum einen würden mit einer Streitverkündung die mittelbaren Abnehmer darüber informiert, dass ihnen möglicherweise Ansprüche gegen den Streitverkünder zustehen; zum zweiten würde der Streitverkünder mit der Streitverkündung dahin wirken, dass er das Thema der Schadensweiterleitung, wenn es darauf ankommen sollte, entweder gegen eine der beiden beteiligten Abnehmerstufen verliert oder dass er beiden Abnehmerstufen anteilig Schadensersatz leisten muss.

---

72 *Kirchhoff*, WuW 2015, 952, 956.

b) Verfahrenskonzentration

Eine Lösung muss de lege ferenda daher in einer anderen Richtung gesucht werden:[73]

aa) Eigene Initiative der mittelbaren Abnehmer

Es muss daher den mittelbaren Abnehmern ermöglicht werden, sich aus eigener Initiative in den Prozess zwischen dem unmittelbaren Abnehmer und einem oder mehreren Kartellbeteiligten einzuschalten und gegebenenfalls darauf hinzuwirken, dass beide Verfahren verbunden werden und zeitgleich vor dem selben Spruchkörper verhandelt und entschieden werden.[74] Die Frontstellungen in einem derartigen Verfahren sind allerdings komplex: Unmittelbare und mittelbare Abnehmer finden sich auf derselben Seite, wenn es darum geht, eine hohe kartellbedingte Preiserhöhung nachzuweisen; sie kämpfen gegeneinander, wenn es um die Aufteilung dieses Preiserhöhungsschadens geht.

bb) Verfahrensverbindung

Hier kommt zunächst die Verfahrensverbindung (§ 147 ZPO) in Betracht. Dies setzt allerdings voraus, dass beide Verfahren zeitgleich bei demselben Gericht anhängig sind.[75] Würde man es ermöglichen, entsprechend dem englischen Vorbild des Competition Appeals Tribunal (CAT) alle der-

---

73 *Kirchhoff*, WuW 2015, 952, 956-958 spricht sich de lege ferenda vorsichtig für eine weitergehende Verfahrenskonzentration oder eine Erweiterung des Anwendungsbereichs des § 75 ZPO (Gläubigerstreit) aus; *Kersting/Preuß*, Umsetzung der Kartell Schadensersatzrichtlinie (2014/104/EU), 2015, machen in Rn. 273 ff. teilweise ausformulierte Gesetzgebungsvorschläge; vgl. zu diesem Themenkreis auch die Vorschläge von *Hoffmann*, NZKart 2016, 9; *Stomper*, WuW 2016, 410 und *Winter/Thürk*, WuW 2016, 221.
74 Teilweise wird unter dem geltenden Recht versucht, eine ähnliche Lösung zu erreichen, in dem der mittelbare Abnehmer seine Ansprüche an den unmittelbaren Abnehmer abtritt und die beiden Abnehmerstufen den Erlös aus dem Prozess einvernehmlich unter sich aufteilen.
75 In Betracht kommt auch, die Verfahren nicht nach § 147 ZPO zu einem einzigen Verfahren zu verbinden, sondern sie lediglich zu gemeinsamer Verhandlung und Beweisaufnahme zusammenzuführen; vgl. MüKoZPO/*Fritsche* § 147 Rn. 15.

artigen Prozesse bei einem einzigen Gericht in Deutschland anhängig zu machen, wäre dieses Problem gelöst. Angesichts des deutschen Föderalismus erscheint diese Lösung, so sinnvoll sie für die Sicherstellung kohärenter Entscheidungen und für die Förderung des Rechtsstandorts Deutschland wäre, jedoch utopisch. Zumindest sollte daher eine besondere örtliche Zuständigkeit für diese Fälle begründet werden.

cc) Öffentlich zugängliches Register

Außerdem setzt eine derartige Verfahrenskonzentration voraus, dass die mittelbaren Abnehmer von dem Erstprozess Kenntnis erlangen. Hierzu bietet es sich an, auf der Webseite des Bundesamts für Justiz oder einer anderen geeigneten Institution ein öffentlich zugängliches Register einzurichten, bei dem Klagen, die auf § 33 GWB gestützt sind, verzeichnet sind. Soweit dabei lediglich die Parteien und die zugrundeliegende Behördenentscheidung (falls vorhanden) angegeben werden, sollten Gesichtspunkte des Daten- und Persönlichkeitsschutzes kein Hindernis darstellen, zumal die Regelung durch ein Bundesgesetz eingeführt würde.

V. Zusammenfassung und Ausblick

Das ursprünglich mit der EU-Schadensersatzrichtlinie verfolgte Ziel, die Verfolgung von Ansprüchen geschädigter Unternehmen, insbesondere unmittelbarer Abnehmer, zu erleichtern, ist im Laufe des Gesetzgebungsprozesses immer mehr aus dem Blickfeld geraten; stattdessen sichert die Richtlinie die behördliche Kartellverfolgung konsequent gegenüber störenden Einflüssen privater Schadensersatzkläger ab. Insoweit besaß der deutsche Gesetzgeber keinerlei Umsetzungsspielräume.

Der ökonomisch getriebene Perfektionismus der Richtlinie hinsichtlich der Kompensation mittelbarer Abnehmer kann letztendlich dazu führen, dass die Verfolgung von Ansprüchen unmittelbarer Abnehmer erschwert wird, ohne dass mittelbare Abnehmer ihre Ansprüchen entsprechend leichter geltend machen können; diese Entwicklung ist in der Richtlinie angelegt und dem deutschen Gesetzgeber nicht anzulasten.

Ob sich die vom Gesetzgeber bei der Umsetzung der Art. 5-8 der Richtlinie gewählte Lösung materiellrechtlicher Ansprüche als praktikabel erweisen wird, ist derzeit offen; es erscheint aber denkbar, dass sich in den kommenden Jahren eine Praxis herausbildet, die den berechtigten Interessen aller Beteiligten gerecht wird und so auch international eine Werbung für den Rechtsstandort Deutschland bedeutet.

In der 18. Legislaturperiode unerledigt geblieben ist der Auftrag der Richtlinie an den deutschen Gesetzgeber, praktikable Lösungen zu finden, mit denen widersprüchliche Entscheidungen gegenüber verschiedenen Abnehmerstufen vermieden werden können. Hier sind innovative Lösungen gefragt; ob der im Zivilprozessrecht traditionell konservative deutsche Gesetzgeber hierzu fähig sein wird, kann nur die Zukunft zeigen.

V.
Deutsches und Europäisches Wirtschaftsrecht

Die Vertretung eines Stimmrechtspools durch Organmitglieder in der Hauptversammlung

*Gregor Bachmann, Berlin**

Zu den breit gefächerten Interessen des Jubilars gehört neben dem Wettbewerbs-, dem Versicherungs- und dem Energierecht auch das Gesellschaftsrecht. Namentlich zur Rolle des Aufsichtsrats hat *Hans-Peter Schwintowski* Beiträge vorgelegt, mit denen er z.T. kontroverse Debatten angestoßen hat und in denen er bisweilen über das engere Thema hinaus ins Grundsätzliche greift.[1] Diesem Beispiel folgend soll hier eine praxisrelevante Ausgangssituation den Anlass liefern, um ein aktienrechtliches Thema zu beleuchten, das gleichfalls Grundsatzfragen berührt. Es geht um die Stimmrechtsvertretung durch Organmitglieder in der Hauptversammlung. Die damit angeschnittenen Fragen der aktienrechtlichen Gewaltenteilung liegen dem Jubilar am Herzen, weshalb ich hoffen darf, dass sie seine geschätzte Aufmerksamkeit finden.

A. Stimmrechtsvertretung und Poolbildung in der AG

Die Stimmrechtsvertretung in der Hauptversammlung gehört zu den Dauerbrennern der Corporate Governance-Debatte. Während die US-amerikanische Sicht durch das Phänomen des sog. Proxy-Fights geprägt ist (der inzwischen auch diesseits des Atlantiks den Instrumentenkasten des aktivistischen Aktionärs bereichert[2]), war in Deutschland über Jahrzehnte das sog. Depotstimmrecht der Banken prägend. Eine Bevollmächtigung von Verwaltungsmitgliedern selbst galt dagegen als Teufelszeug. Ihr gegenüber erschien das Depotstimmrecht als kleineres Übel. Mit dem Rückzug

---

* Prof. Dr. iur. Gregor Bachmann, LL.M. (Michigan), Humboldt-Universität zu Berlin.
1 Vgl. *Schwintowski*, ZIP 2015, 617; *ders.*, NJW 1995, 1316; *ders.*, NJW 1990, 1009; ferner *ders.*, NZG 2013, 1406.
2 Vgl. *Schockenhoff*, NZG 2015, 657, 662 ff.; zu den Spielregeln s. *Bachmann*, WM 1999, 2100, 2103 ff.

der Banken aus der Stimmrechtsvertretung in den neunziger Jahren entstand allerdings ein Vakuum, das die Forderung provozierte, auch in Deutschland die Verwaltungsvollmacht zuzulassen.[3] Durchaus überraschend griff der Rechtsausschuss des Deutschen Bundestags diese Forderung im Namensaktiengesetz (NaStraG) auf, und das AktG erklärt die Verwaltungsvollmacht seit dem Jahr 2001 in einem Nebensatz für zulässig.[4]

Mit diesem Coup waren indes nicht alle Fesseln für eine effektive Stimmrechtsvertretung beseitigt. Zwar übernahm der im gleichen Jahr verabschiedete Deutsche Corporate Governance Kodex die vom NaStraG eröffnete Option, indem er dem Vorstand empfiehlt, „für die Bestellung eines Vertreters für die weisungsgebundene Ausübung des Stimmrechts zu sorgen" (Zif. 2.3.2 Satz 2 DCGK). Die Literatur steht der Verwaltungsvollmacht aber weiterhin skeptisch gegenüber. Dies zeigt sich nicht nur daran, dass die h.M. die Verwaltungsvollmacht durch ein – im Gesetz nicht vorgesehenes – Weisungserfordernis beschränken will,[5] sondern auch daran, dass sie nur die Bevollmächtigung von Mitarbeitern der Gesellschaft akzeptiert, nicht hingegen diejenige von Vorstand oder Aufsichtsrat.[6] Beide Beschränkungen werden im Kodex reflektiert, der in der zitierten Ziffer explizit die weisungsgebundene Vertretung empfiehlt und weiter stillschweigend davon ausgeht, dass Organmitglieder selbst nicht als Bevollmächtigte in Betracht kommen.[7]

Was für die große, börsennotierte AG passen mag, kann kleinere Aktiengesellschaften – zu denken ist an Familiengesellschaften oder den korporativen Zusammenschluss von Freiberuflern – in gestalterische Schwierigkeiten bringen. Nicht selten werden in solchen Gesellschaften die Akti-

---

3 Dafür namentlich *Bachmann*, WM 1999, 2100, 2103 ff., 2107 f.
4 Vgl. § 134 Abs. 3 Satz 5 AktG: „Werden *von der Gesellschaft benannte* Stimmrechtsvertreter bevollmächtigt, so ist die Vollmachterklärung für drei Jahre nachprüfbar festzuhalten" (Hervorhebung durch den Verfasser).
5 Vgl. nur Hüffer/*Koch*, AktG, 12. Auflage, 2016, § 134 Rn. 26b m.w.N. Kritisch *Bachmann*, AG 2001, 635, 638 f.; ablehnend u.a. auch *Grundmann*, in: Großkomm AktG, 4. Auflage, 2008, § 136 Rn. 122 sowie jüngst *Schockenhoff*, NZG 2015, 657, 662 f.
6 Vgl. Hüffer/*Koch*, § 136 Rn. 25 u. § 134 Rn. 26b; *Spindler*, in: Schmidt/Lutter, AktG, 3. Auflage, 2015, § 136 Rn. 45; *Holzborn*, in: Bürgers/Körber, AktG, 4. Auflage, 2017, § 134 Rn. 21; lediglich referierend MüKoAktG/*Schroer*, 3. Auflage, 2013, § 136 Rn. 84.
7 Vgl. *Kremer*, in: Kremer/Bachmann/Lutter/v.Werder (Hrsg.), Deutscher Corporate Governance Kodex, 6. Auflage, 2016, Rn. 410: Mitarbeiter, Rechtsanwälte, Wirtschaftsprüfer.

en der Familienmitglieder oder der beteiligten Berufsträger vertraglich gepoolt, was u.a. dem Ziel der Vor-Abstimmung und der einheitlichen Wahrnehmung der Stimmrechte in der Hauptversammlung dient.[8] Die Poolbildung kann zudem steuerlich motiviert sein. Denn um die gem. § 13b Abs. 1 Nr. 3 ErbStG begünstigte Mindestbeteiligung von mehr als 25 Prozent am Nennkapital einer Kapitalgesellschaft zu erreichen, müssen sich Gesellschafter, die für sich genommen diese Schwelle nicht überschreiten, wechselseitig verpflichten, ihr Stimmrecht einheitlich auszuüben, was praktisch durch Poolbildung geschieht.[9]

Rechtlich nimmt ein derartiger Pool i.d.R. die Form einer (nicht rechtsfähigen) Innen-GbR an.[10] Um die einheitliche Stimmrechtsausübung in der Hauptversammlung zu gewährleisten, werden die gepoolten Aktien auf der Hauptversammlung bisweilen durch einen einzigen der am Pool Beteiligten repräsentiert, dem zu diesem Zwecke entsprechende Vollmachten erteilt werden.[11] Ist der Betreffende zugleich als Mitglied des Vorstands oder Aufsichtsrats vorgesehen oder in einem dieser Gremien bereits vertreten, stellt sich die Frage, ob er rechtlich als Stimmrechtsvertreter in Betracht kommt.

Dieser Frage soll im Folgenden nachgegangen werden. Dabei ist zunächst zu erörtern, ob Organmitglieder generell als Stimmrechtsvertreter ausgeschlossen sind (unten II.). Soweit dies zu verneinen ist, wird weiter zu untersuchen sein, unter welchen Voraussetzungen eine Bevollmächtigung durch Mitglieder eines Aktionärspools ausgesprochen werden darf (unten III.).

---

8 Muster u.a. bei *Blaum/Scholz*, in Beck'sches Formularbuch Bürgerliches, Handels- und Wirtschaftsrecht, 12. Auflage, 2016, VIII. A. 4.
9 Näher *Dutta*, ZGR 2016, 581 ff.; *Wälzholz*, MittBayNot 2013, 281 ff. (mit Formulierungsvorschlägen).
10 BGH, Urt. v. 24.11.2008 – II ZR 116/08, NJW 2009, 669, 670; BGH, Urt. v. 13.6.1994 – II ZR 38/93, NJW 1994, 2536. Ist der Pool ausnahmsweise als rechtsfähige Einheit strukturiert und hält diese selbst die Aktien, stellt sich das hier diskutierte Problem nicht, weil die Aktionärin dann aus eigenen Aktien abstimmt.
11 Klauselvorschlag bei *Wälzholz*, MittBayNot 2013, 281, 287. Für einen entsprechenden Sachverhalt s. auch BGH, Urt. v. 13.1.2003 – II ZR 227/00, NJW 2003, 2314.

Gregor Bachmann

B. Die Zulässigkeit der Stimmrechtsvertretung durch Organmitglieder

I. Gespaltenes Meinungsbild im Schrifttum

Die jahrzehntelang ungeklärte Frage, ob ein Aktionär auch solche Vertreter bevollmächtigen darf, die aus dem Lager der Gesellschaft selbst stammen („Proxy-Voting"), ist seit dem erwähnten Federstrich des Gesetzgebers von 2001 Makulatur. § 134 Abs. 3 Satz 5 AktG setzt die Zulässigkeit einer derartigen Gestaltung zweifellos voraus. Offen lässt das Gesetz die Frage, ob dieser Form der Stimmrechtsvertretung (ungeschriebene) sachliche oder personelle Schranken gezogen sind. Sie ist umstritten, ohne dass sich im Schrifttum ein klares Meinungsbild ausmachen lässt:

Zum Teil wird die Auffassung vertreten, dass die Gesellschaft zwar eigene Stimmrechtsvertreter benennen darf, die Organe und Organmitglieder jedoch wegen ihrer strukturellen Befangenheit „derart ungeeignet" seien, dass sie als Stimmrechtsvertreter nicht in Betracht kommen.[12] Abgeleitet wird dies insbesondere aus § 136 Abs. 2 AktG, der Stimmbindungsverträge zugunsten der AG oder ihrer Organe für nichtig erklärt, und dem über seinen eigentlichen Anwendungsbereich hinaus ein generelles Verbot der Bevollmächtigung der Gesellschaft und ihrer Organe entnommen wird. Während eine strenge Lesart dieses Verbot ohne Rücksicht darauf anwendet, ob das gesamte Organ oder die Organmitglieder bevollmächtigt werden,[13] wollen manche Autoren Ausnahmen für die Bevollmächtigung einzelner Organmitglieder zulassen, jedenfalls solange diese das Organ nicht beherrschen und/oder die Bevollmächtigung im Einzelfall erfolgt und vom Aktionär ausgeht.[14] Ohne diese Einschränkung halten andere die

---

12 So Hüffer/*Koch*, § 136 Rn. 25, § 134 Rn. 26b; *Spindler,* in: Schmidt/Lutter, § 136 Rn. 45; *Holzborn,* in: Bürgers/Körber, § 134 Rn. 21; *Kindler*, NJW 2001, 1678, 1687; grundsätzlich auch *Zöllner*, in: Lutter/Sigle/Scholz (Hrsg.), Festschrift Peltzer, 2001, S. 661, 663 ff.; lediglich referierend MüKoAktG/*Schroer,* § 136 Rn. 84.

13 In diesem Sinne *Spindler,* in: Schmidt/Lutter, § 136 Rn. 45; *Kindler*, NJW 2001, 1678, 1687; tendenziell auch *Müller,* in: Heidel, Aktienrecht, 4. Auflage, 2014, § 134 Rn. 32 (Vertreter müsse einen „ausreichenden Abstand zum Vorstand haben"); *Singhof,* NZG 1998, 670, 672 f.; *von Randow*, ZIP 1998, 1564 ff.

14 So Hüffer/*Koch*, § 134 Rn. 26b; ferner *Tröger,* in: KölnKommAktG, 3. Auflage, 2017, § 134 Rn. 171; *Holzborn,* in: Bürgers/Körber, § 134 Rn. 21; aus dem älteren Schrifttum *Möhring,* in: Ballerstedt/Hefermehl (Hrsg.), Festschrift Geßler, 1971, S. 127, 134 (Vertretung durch einzelne Organmitglieder „nicht schlechthin ausgeschlossen"); s. auch *Zöllner*, in: Lutter/Sigle/Scholz (Hrsg.), Festschrift Peltzer,

Bevollmächtigung einzelner Organmitglieder generell für zulässig.[15] Sie verweisen darauf, dass weder der Wortlaut des § 134 Abs. 3 Satz 5 AktG noch die Materialien etwas für eine personelle Beschränkung hergeben. Auch sei es nicht systemgerecht, Kreditinstituten in der Rechtsform der AG eine Stimmabgabe in der eigenen Hauptversammlung generell zu gestatten (vgl. § 135 Abs. 3 Satz 3 AktG), anderen Unternehmen dies jedoch zu versagen. Überwiegend wird diese Meinung mit der Einschränkung versehen, dass die Stimmrechtsvollmacht zu Gunsten von Organmitgliedern weisungsgebunden erfolgen müsse, um einen potenziellen Interessenkonflikt auszugleichen.[16] Dies entspricht der zitierten Regel für Kreditinstitute (§ 135 Abs. 3 Satz 3 AktG).

II. Spärliche Präjudizien

Die Rechtsprechung hat die Frage bislang nicht abschließend geklärt. Dokumentiert sind lediglich zwei Fälle, in denen sich Gerichte mit der Frage beschäftigen mussten, ob die Bevollmächtigung der Gesellschaft oder ihr nahestehender Personen zulässig ist:

Im ersten, vom *Landgericht Stuttgart* 1973 entschiedenen Fall ging es um die Bevollmächtigung eines Kreditinstituts zur weisungsgebundenen Ausübung von Stimmrechten in der eigenen Hauptversammlung. Im Rahmen der Auslegung von § 135 Abs. 1 Satz 2 AktG (jetzt: § 135 Abs. 3 Satz 3 AktG), der diesen Fall ausdrücklich regelt, ging das Gericht auch auf den Einwand der Kläger ein, dass die Vollmachterteilung an eine Gesellschaft zur Stimmrechtsausübung in der eigenen Hauptversammlung außerhalb der von § 135 Abs. 1 Satz 2 AktG a.F. erfassten Fälle analog § 136 Abs. 3 AktG (heute: § 136 Abs. 2 AktG) unzulässig sei. Das Land-

---

S. 661, 664, 665 (Vertretung möglich, „solange sie ihren Grund in außergesellschaftlichen Verhältnissen hat").

15 So *Grundmann,* in: Großkomm AktG, § 134 Rn. 122; *Herrler,* in: Grigoleit, AktG, 1. Auflage, 2013, § 134 Rn. 36; *Hanloser,* NZG 2001, 355, 356; *Marsch-Barner,* in: Festschrift Peltzer, S. 261, 271 f.; ohne explizite Erwähnung der Vollmacht für einzelne Organmitglieder auch *Riegger,* ZHR 165 (2001), 204, 213; *Wiebe,* ZHR 166 (2002), 182, 190 f.

16 So Spindler/Stilz/*Rieckers,* AktG, 3. Auflage, 2015, § 134 Rn. 54; *Herrler,* in: Grigoleit, § 134 Rn. 35; *Bunke,* AG 2002, 57, 59 f.; für Weisungsbindung gesellschaftsnaher Stimmrechtsvertretung (ohne explizites Eingehen auf Organmitglieder) u.a. auch *Habersack,* ZHR 165 (2001), 172, 187 f. m.w.N.

gericht verneinte dies, weil es an der erforderlichen Rechtsähnlichkeit des zu entscheidenden mit dem von § 136 Abs. 3 AktG (a.F.) erfassten Fall fehle: Dort erteile die Gesellschaft Weisungen oder mache Vorschläge, die zu befolgen die *Aktionäre* sich verpflichten. Hier erteile umgekehrt der Aktionär Weisungen, die die *Gesellschaft* zu befolgen verpflichtet sei.[17] Damit erweise sich die Regelung des § 135 Abs. 1 Satz 2 AktG (a.F.) nicht als Ausnahme zu einem allgemeinen Verbot der Stimmrechtsvertretung durch die Gesellschaften in der eigenen Hauptversammlung, sondern stelle lediglich ein zusätzliches Erfordernis auf.

Im zweiten Fall musste sich das *Landgericht Baden-Baden* 1998 in einer wettbewerbsrechtlichen Sache inzident mit der Frage auseinandersetzen, ob die Beauftragung einer Wirtschaftsprüfungsgesellschaft durch die Deutsche Telekom AG zur Wahrnehmung von Stimmrechtsvollmachten durch Telekom-Aktionäre gegen das Aktienrecht verstößt. Das Gericht befand, dass dies wegen Verletzung des „aktienrechtlichen Neutralitätsgebots" dann der Fall sei, wenn der Stimmrechtstreuhänder auch ohne ausdrücklich erteilte Anweisung von der Vollmacht Gebrauch machen dürfe. Sei die unbeeinflusste Stimmabgabe des einzelnen Aktionärs dagegen dadurch sichergestellt, dass der Treuhänder nur aufgrund ausdrücklicher Weisung von der Vollmacht Gebrauch machen könne, sei dies aktienrechtlich zulässig.[18] Wie zuvor das LG Stuttgart stellte auch das LG Baden-Baden dazu auf den Rechtsgedanken des § 135 Abs. 1 Satz 2 AktG (jetzt: § 135 Abs. 3 Satz 3 AktG) ab. Im Schrifttum stieß die Entscheidung des LG Baden-Baden auf ein geteiltes Echo.[19] In der Berufungsinstanz bestätigte das *OLG Karlsruhe* sie mit dem Hinweis, dass die weisungsgebundene Ausübung des Stimmrechts durch eine Wirtschaftsprüfungsgesellschaft im Auftrag der AG mit der Vertretung durch die AG selbst nicht vergleichbar sei.[20] Dabei zitierte es die Gesetzesbegründung zum KonTraG (1998), wo es beiläufig heißt: „Vertreter kann sogar ein Angestellter oder ein Organmitglied der Gesellschaft sein".[21]

---

17 LG Stuttgart, Urt. v. 30.11.1973, AG 1974, 260, 261 (Hervorhebung im Original).
18 LG Baden-Baden, Urt. v. 29.4.1998 – 4 O 137/98, ZIP 1998, 1308, 1310 f.
19 Zustimmend *Dreher/Schnorbus*, EWiR 1998, 675, 676; ablehnend *von Randow*, ZIP 1998, 1564, 1565 ff.; *Singhof*, NZG 1998, 670, 672 ff.
20 OLG Karlsruhe, Urt. v. 24.2.1999 – 6 U 142/98, ZIP 1999, 750, 752 f.
21 BT-Dr. 13/9712, 17.

III. Orientierung am strengsten Standard als „best practice"

Eine zuverlässige Aussage über Zulässigkeit oder Unzulässigkeit der Bevollmächtigung von Organen der Aktiengesellschaft oder ihrer Mitglieder lässt sich aufgrund des dargestellten Meinungsbildes nicht treffen. Angesichts dessen verwundert es nicht, dass sich die Praxis der großen Gesellschaften vorsorglich am strengsten Standard orientiert und dazu das der Entscheidung des LG Baden-Baden zugrundeliegende „Telekom-Modell" imitiert. Als Stimmrechtsbevollmächtigte werden ausschließlich Personen benannt, die nicht Mitglied des Vorstands oder des Aufsichtsrats und z.T. nicht einmal Mitarbeiter der Gesellschaft sind. Zusätzlich wird die Bevollmächtigung durch ein Weisungserfordernis eingeschränkt. Mit dieser „doppelten Naht" wird die Konformität mit allen in Schrifttum und Rechtsprechung vertretenen Ansichten gewährleistet. Gleichzeitig kann ohne Scham die Befolgung der einschlägigen Kodexempfehlung (Zif. 2.3.2 Satz 2 DCGK) erklärt werden.

Angesichts dieser „best practice" wird der Streit um die Zulässigkeit der Bevollmächtigung von Organmitgliedern bisweilen als theoretisches Problem angesehen.[22] Ausweichen sollte man ihm dennoch nicht. Zum einen kann das (vermeintliche) Weisungserfordernis dazu führen, dass sich bestimmte Aktionäre gar nicht erst die Mühe einer Bevollmächtigung machen. Vor allem aber passt das, was sich als „gute Praxis" in der börsennotierten AG umsetzen lässt, nicht ohne Weiteres als Standard für die kleine AG. Findet man sich vorschnell mit dem strengsten Standard ab, verfestigt sich dieser leicht zur „herrschenden Meinung" und wird dadurch faktisch für alle verbindlich. Wie die hier interessierende Frage der Bevollmächtigung durch Poolmitglieder zeigt, werden auf diesem Wege möglicherweise Gestaltungsmöglichkeiten abgeschnitten, die dann bei Bedarf erst wieder vom Gesetzgeber eröffnet werden müssen. Die Zulässigkeit der Organvollmacht soll daher hier nicht auf sich beruhen, sondern genauer betrachtet werden.

---

22 So *Schockenhoff*, NZG 2015, 657, 663; für große Publikumsgesellschaften auch *Tröger*, in: KölnKommAktG, § 134 Rn. 206.

IV. Stellungnahme: Kein kategorisches Verbot der Organbevollmächtigung

1. Ausgangspunkt: Generelle Zulässigkeit der Stimmrechtsvertretung

Das AktG lässt die Stimmrechtsvertretung in der Hauptversammlung ausdrücklich zu, wenn es darin wörtlich heißt, dass das Stimmrecht des Aktionärs „durch einen Bevollmächtigten ausgeübt werden [kann]" (§ 134 Abs. 3 Satz 1 AktG). Einschränkungen des Kreises der zu Bevollmächtigenden sieht die Norm nicht vor, lediglich für den Nachweis der Vollmacht und für die Ausübung derselben werden bestimmte Kautelen aufgestellt (vgl. § 134 Abs. 3 Satz 3-5 i.V.m. § 135 Abs. 5 AktG). Angesichts dieser liberalen Grundhaltung ist erklärungsbedürftig, warum Organmitglieder nicht zum Kreis der Vollmachtempfänger gehören sollen.

2. Normative Anhaltspunkte für einen Ausschluss der Organvollmacht

Werfen wir einen Blick auf die Argumente, welche im Schrifttum gegen die Zulässigkeit der Organbevollmächtigung ins Feld geführt werden:

Zum Teil wird auf § 71b AktG verwiesen.[23] Nach dieser Norm stehen der Gesellschaft aus eigenen Aktien (§ 71 AktG) keine Rechte, mithin auch keine Stimmrechte, zu. Vergleichbar sind die Fälle indes nur bedingt. Denn anders als bei der Bevollmächtigung fehlt es im Falle des Erwerbs eigener Aktien an einer konkreten Ermächtigung zur Stimmrechtsausübung durch die Aktionäre. Die Verwaltung verschafft sich vielmehr die – durch § 71b AktG wieder neutralisierte – Machtposition selbst. Abgesehen davon will § 71b AktG zwar einen Machtzuwachs der Verwaltung unterbinden, doch dient die Norm, wie der gesamte Komplex der §§ 71 ff. AktG, in erster Linie der Kapitalerhaltung.[24]

Auch der gerne zitierte § 135 Abs. 3 Satz 3 AktG (früher: § 135 Abs. 1 Satz 2 AktG) vermag die hier diskutierte Frage nicht verlässlich zu beantworten. Nach der Norm darf ein Kreditinstitut (bzw. ein professioneller Stimmrechtsvertreter, s. Absatz 7) das Stimmrecht aufgrund Vollmacht in

---

23 So z.B. *Singhof,* NZG 1998, 670, 672; *Kindler,* NJW 2001, 1678, 1687; *Lutter/Drygala,* in: KölnKommAktG, § 71b Rn. 11 f.; *Tröger,* in: KölnKommAktG, § 134 Rn. 171.
24 *von Randow,* ZIP 1998, 1564, 1566; *Hanloser,* NZG 2001, 355, 356.

der eigenen Hauptversammlung nur ausüben, soweit der bevollmächtigende Aktionär eine ausdrückliche Weisung zu den einzelnen Gegenständen der Tagesordnung erteilt hat. Daraus hat man im Umkehrschluss gefolgert, dass andere Unternehmen (und folglich auch deren Organmitglieder) gar nicht zur Abstimmung in der eigenen Hauptversammlung bevollmächtigt werden dürfen.[25] Denkbar ist aber auch der Analogieschluss, dass eine Bevollmächtigung der Gesellschaft oder ihrer Organe dann zulässig ist, wenn die Vollmacht nur weisungsgebunden ausgeübt werden darf.[26] Weitergehend könnte die Norm als bewusst nur auf Kreditinstitute zugeschnittene Einschränkung der Stimmrechtsvertretung gelesen werden, mit der Folge, dass bei anderen Gesellschaften das Verwaltungsstimmrecht auch ohne Weisung zulässig ist.[27]

Alle drei Schlussfolgerungen sind logisch korrekt. Daher kommt es darauf an, was das Gesetz mit § 135 Abs. 3 Satz 3 AktG bezweckt, und warum die darin enthaltene Vorgabe zwar auf professionelle Stimmrechtsvertreter (Absatz 7), nicht jedoch – was nahe gelegen hätte – auf von der Gesellschaft benannte Stimmrechtsvertreter (i.S.v. § 134 Abs. 3 Satz 5 AktG) erstreckt wird. Diese Frage ist nicht eindeutig zu beantworten, da § 135 Abs. 3 Satz 3 AktG aus einer Zeit stammt, in der die Zähmung des Depotstimmrechts auf der rechtspolitischen Agenda stand, während die später erfolgte Anerkennung der Verwaltungsvollmacht in § 134 Abs. 3 Satz 5 AktG das gegenteilige Anliegen, nämlich die Mobilisierung der Aktionäre, verfolgt. Der Gesetzgeber hat es unterlassen, die beiden Normaussagen zu synchronisieren, und der Normanwender ist mangels aussagekräftiger Materialien mit dieser Aufgabe überfordert. Mögen gute Gründe dafür sprechen, das in § 135 Abs. 3 Satz 3 AktG erwähnte Weisungserfordernis nicht auf jedwede Form der Verwaltungsvollmacht anzuwenden, so lässt sich der Norm doch verlässlich nur die Aussage entnehmen, dass die Bevollmächtigung der Gesellschaft bzw. ihrer Organe *jedenfalls dann* zulässig ist, wenn die Vollmacht nur weisungsbezogen ausgeübt werden darf.

Nicht wirklich weiter führt auch der „Grundsatz der Gewaltenteilung", welcher von Teilen des Schrifttums zur Begründung des Verbots einer Be-

---

25 So z.B. *Zöllner*, in: Hefermehl/Gmür/Brox (Hrsg.), Festschrift Westermann, 1974, S. 603, 612 f.; *ders.*, in: Festschrift Peltzer, S. 665 f.
26 So z.B. Spindler/Stilz/*Rieckers,* § 134 Rn. 54; *Herrler*, in: Grigoleit, § 134 Rn. 35.
27 In diesem Sinne LG Stuttgart, Urt. v. 30.11.1973, AG 1974, 260, 261.

vollmächtigung von Organen oder Organmitgliedern herangezogen wird.[28] Zwar liegt dem aktienrechtlichen System von Checks and Balances sicherlich der Gedanke einer Gewaltenteilung zugrunde. Allerdings gibt es mannigfache Verschränkungen der Organzuständigkeiten, sodass sich aus dem vage gehaltenen Grundsatz allein keine klare Schlussfolgerung ziehen lässt.

Auch die Gesetzgebungsmaterialien sind am Ende unergiebig. Losgelöst von der Frage, welchen Wert man ihnen generell bei der Interpretation einräumen darf,[29] erweisen sie sich in diesem Fall als wenig konsistent. Heißt es in der vom OLG Karlsruhe zitierten KonTraG-Passage noch beiläufig, dass auch Organmitglieder bevollmächtigt werden können,[30] so verhält sich die Begründung zum NaStraG gar nicht zu dieser Frage, während man in der Begründung zum ARUG liest, dass „dem Gesellschaftsvertreter nur Vollmacht mit Einzelweisungen erteilt werden kann".[31] Verlässliche Auslegungshilfen sind dem nicht zu entnehmen.

Überwiegend wird das Bevollmächtigungsverbot aus dem Rechtsgedanken des § 136 Abs. 2 AktG abgeleitet, welcher den Zweck verfolge, eine Selbstkontrolle der Verwaltung auszuschließen.[32] Es soll, so heißt es in den Materialien, verhindert werden, dass die Verwaltung in der Hauptversammlung für ihr genehme Abstimmungsergebnisse sorgt.[33] Versteht man die Norm in diesem allgemein gehaltenen Sinn, liegt ein Ausschluss der Verwaltungsvollmacht durchaus nahe. Da der Wortlaut des § 136 Abs. 2 AktG, welcher eben nur ganz bestimmte Formen von Stimmbindungsverträgen erfasst und zudem nur das Organ, nicht dessen Mitglieder anspricht, damit aber eindeutig überschritten wird, ist bei der Anwendung

---

28 So *v. Randow*, ZIP 1998, 1564, 1566; *Zöllner*, in: Festschrift Peltzer, S. 661, 664; *ders.*, in: Festschrift Westermann, S. 603, 606; *Tröger*, in: KölnKommAktG, § 134 Rn. 171; ausführlich *Möhring*, in: Festschrift Geßler, S. 127, 133 ff.
29 Dazu *Seibert*, in: Fleischer (Hrsg.), Mysterium „Gesetzesmaterialien", 2013, S. 111.
30 BT-Dr. 13/9712, 17.
31 BT-Dr. 16/11642, 32 (in Übereinstimmung mit der Rechtsauffassung des zuständigen Referenten, s. *Seibert*, ZIP 2001, 53).
32 *Hüffer/Koch*, § 136 Rn. 26 (kein „sich selbst stabilisierendes System"); *Tröger*, in: KölnKommAktG, § 134 Rn. 171; *Kindler*, NJW 2001, 1678, 1687 (Vorstellung, dass der Vorstand kraft Vollmacht über seine eigenen Beschlussvorschläge abstimmt, sei wegen des damit zwangsläufig einhergehenden Interessenkonflikts unerträglich).
33 *Kropff*, Aktiengesetz, 1965, S. 201.

dieses Rechtsgedankens Obacht geboten. Kann damit wirklich *jede* Form der Organbevollmächtigung „gekippt" werden? Die nachfolgenden Überlegungen zeigen, dass diese Frage zu verneinen ist.

3. Das Verbot der Selbstentmündigung und seine Grenzen

§ 136 Abs. 2 AktG ist eine paternalistische Regelung. Sie hindert den Aktionär daran, sich zugunsten der Verwaltung „seiner" AG einer Stimmrechtsbindung zu unterwerfen, und zwar auch dann, wenn dies aus freien Stücken und in der festen Überzeugung geschieht, Vorstand und Aufsichtsrat könne bedingungslos vertraut werden. Dahinter steht die Einsicht, dass eine mit erheblichen Machtkompetenzen ausgestattete Instanz der regelmäßigen Kontrolle bedarf, und dass die zur Kontrolle Berufenen – in diesem Fall die Aktionäre – sich ihrer Kontrollbefugnis nicht blind und pauschal im Vorhinein begeben dürfen. Denn, das lehren historische Erfahrung und Verhaltenswissenschaft, die sich selbst kontrollierende Macht reizt, im öffentlichen wie im privaten Raum, zu Missbrauch und Misswirtschaft an.[34]

Aus diesem berechtigten Anliegen ein Totalverbot der Verwaltungsvollmacht abzuleiten, schösse jedoch aus verschiedenen Gründen über das Ziel hinaus:

Der erste Grund liegt im *gewandelten Normumfeld.* § 136 Abs. 2 AktG entstammt einer Zeit, in der das sog. Proxy-Voting angelsächsischer Prägung überwiegend kritisch und als mit der deutschen Unternehmensverfassung unvereinbar angesehen wurde.[35] Dieser Blickwinkel hat sich mit dem NaStraG verändert, das die Zulässigkeit einer Stimmrechtsvertretung durch von der Gesellschaft benannte Vertreter ausdrücklich bejaht, obwohl dem Gesetzgeber die Bedenken, die gegen eine Verwaltungsvollmacht artikuliert wurden (und die in § 136 Abs. 2 AktG partiell zum Ausdruck kommen), bekannt waren. Es leuchtet auch nicht ein, dass der 2001 neu gefasste § 134 Abs. 3 Satz 5 AktG zwar die Bevollmächtigung von Mitarbeitern oder vom Vorstand beauftragter Dienstleister gestatten soll, nicht jedoch diejenige von Organmitgliedern: Kann ernsthaft erwartet werden, dass die Betreffenden ohne weitere Vorkehrungen (die das Gesetz nicht

---

34 Vgl. *Schwintowski*, NZG 2013, 1406, 1411; s. auch *Engert* und *Hoffmann,* in: Möslein (Hrsg.), Private Macht, 2016, S. 382 ff. bzw. S. 354 ff.
35 Anschaulich *Möhring*, in: Festschrift Geßler, S. 127, 129 ff.

verlangt) gegen die Vorschläge ihrer „Brötchengeber" votieren?[36] Lässt man mit der überwiegenden Ansicht nur die weisungsgebundene Bevollmächtigung gesellschaftsbenannter Vertreter zu, spielt es wiederum keine Rolle, wer bevollmächtigt wird, weil die Weisung den Machtzuwachs der Verwaltung gerade ausbremst, womit die Wertung des § 136 Abs. 2 AktG nicht mehr einschlägig ist. Daher spricht viel dafür, eine solche Bevollmächtigung mindestens dann zu akzeptieren, wenn sie weisungsgebunden erteilt wird.[37]

Ein weiteres Argument, die Organbevollmächtigung nicht kategorisch zu verbieten, folgt daraus, dass diejenigen Autoren, die eine solche Bevollmächtigung selbst bei Weisungsgebundenheit für unzulässig halten, erkennbar die Situation der *großen, anonymen Publikumsgesellschaft* mit Streubesitz vor Augen haben, bei der die Verwaltung sich durch das Einwerben von Vollmachten selbst ermächtigt. Mag hier ein – auch im öffentlichen Interesse begründetes – Anliegen bestehen, für eine strenge Gewaltenteilung zu sorgen, so lässt sich diese Überlegung nicht ohne Weiteres auf die kleine oder geschlossene AG übertragen. Für eine liberale Lesart des Gesetzes spricht vielmehr in diesem Zusammenhang, dass der Kodex, der zur Zeit der Verabschiedung des NaStraG bereits „in Arbeit" war und der durch die Novelle seine gesetzliche Grundlage erhielt, für die börsennotierten AGs eine angemessene Regelung der Verwaltungsvollmacht enthält, die der oben skizzierten „best practice" entspricht.[38] Diese ist zwar nicht verbindlich, für die Praxis aber allgemein beachtete Richtschnur. Deshalb besteht kein Anlass, im Wege der Rechtsfortbildung ein flächendeckendes Verbot der Organbevollmächtigung zu postulieren, von dem möglicherweise auch Gesellschaften betroffen sind, für die dieses Verbot unpassend wäre.

Generell ist darauf aufmerksam zu machen, dass von einer blinden und pauschalen Selbstentmündigung, wie sie § 136 Abs. 2 AktG im Blick hat, bei der Vollmachterteilung auch deshalb nicht die Rede sein kann, weil die Vollmacht – im Unterschied zur vertraglichen Bindung, die § 136 Abs. 2 AktG anspricht – grundsätzlich widerruflich ist und die eigene Rechtsaus-

---

36 Skeptisch auch *Schockenhoff*, NZG 2015, 657, 663 f.; *Grundmann,* in: Großkomm AktG, § 134 Rn. 122.
37 So auch Spindler/Stilz/*Rieckers,* § 134 Rn. 54; *Bunke,* AG 2002, 57, 59 sowie die in der vorhergehenden Fn. Genannten.
38 S.o., II.3.

übung nicht verdrängt.[39] Schließlich ist zu erwähnen, dass die Vertreter der strengen Auffassung in erster Linie das Einwerben von Stimmrechtsvollmachten durch den *Vorstand* vor Augen haben.[40] Zwar erklärt § 136 Abs. 2 AktG auch Stimmbindungsverträge zugunsten des Aufsichtsrats für nichtig, doch ist augenscheinlich, dass das Gesetz diesem aus Aktionärssicht weniger misstraut, wie sich etwa an § 124 Abs. 3 Satz 1 AktG zeigt. Das spricht dafür, zumindest bei der Bevollmächtigung von Aufsichtsratsmitgliedern u.U. einen weniger strengen Maßstab anzulegen.

C. Die Poolvertretung durch Organmitglieder

Nach dem Vorgesagten schießt ein Totalverbot der Stimmrechtsvollmacht zugunsten von Organmitgliedern über das Ziel hinaus und lässt sich auch nicht verlässlich mit Normen des Aktienrechts begründen. Daraus folgt nicht, dass jedwede Form der Vertretung eines Aktionärspools durch Organmitglieder in der Hauptversammlung zulässig ist. Vielmehr sind die betreffenden Konstellationen an der Wertung der maßgebenden Norm, nämlich an § 136 Abs. 2 AktG, zu messen. Das soll im letzten Schritt geschehen. Dabei ist zwischen der Konstellation, in welcher die betreffenden Organmitglieder den Pool kontrollieren und derjenigen, in der das nicht der Fall ist, zu unterscheiden.

I. Kontrolle des Pools durch Organmitglieder

Nach § 136 Abs. 2 Satz 1 AktG ist ein Vertrag nichtig, durch den sich ein Aktionär verpflichtet, nach Weisung der Gesellschaft, des Vorstands oder des Aufsichtsrats abzustimmen. Das Gleiche gilt für einen Vertrag, durch den sich ein Aktionär verpflichtet, für die jeweiligen Vorschläge des Vorstands oder des Aufsichtsrats zu stimmen (§ 136 Abs. 2 Satz 2 AktG). Vom Wortlaut der Norm sind die in der Praxis üblichen Poolverträge nicht erfasst, da sich die einzelnen Aktionäre darin weder verpflichten, nach

---

39 Zur Möglichkeit einer verdrängenden Vollmacht *Bachmann*, Private Ordnung, 2006, S. 274 ff.
40 Vgl. Hüffer/*Koch*, § 134 Rn. 26b („besonders *Vorstands*mitglieder"); *von Randow*, ZIP 1998, 1564, 1566 („Gewaltenteilung zwischen *Vorstand* und Hauptversammlung"); *Müller*, in: Heidel, § 134 Rn. 32 („ausreichend Abstand zum *Vorstand*").

Weisung der Verwaltung zu stimmen noch für deren jeweilige Vorschläge.[41] Insofern erscheint es unproblematisch, wenn die Stimmen aus den gepoolten Aktien einheitlich durch den Poolvorsitzenden abgegeben werden und dieser zugleich Mitglied des Vorstands oder des Aufsichtsrats ist.

Wie oben dargelegt, kann dieses Ergebnis nicht dadurch überspielt werden, dass § 136 Abs. 2 AktG zum Totalverbot der Bevollmächtigung von Organmitgliedern überhöht wird. Ganz beiseitegelassen werden kann die Wertung des § 136 Abs. 2 AktG freilich auch nicht. Als prinzipiell analogiefähige Norm ist sie auf solche Fallgestaltungen zu übertragen, die von der Interessenlage her so stark vergleichbar sind, dass eine entsprechende Anwendung geboten erscheint. Eine derartige Analogie wird in der Literatur u.a. für den Fall befürwortet, dass die Mitglieder des Vorstands oder des Aufsichtsrats ihre Aktien in einen Stimmpool einbringen, wenn sie das Abstimmverhalten des Pools aufgrund einer besonderen Vereinbarung maßgeblich beeinflussen können.[42] Indem sich die Aktionäre durch die Poolvereinbarung zur einheitlichen Stimmausübung in der Hauptversammlung verpflichten, unterwerfen sie sich mittelbar den Wünschen der den Pool dominierenden Verwaltung.

Voraussetzung ist indes, dass die Poolvorsitzenden als Vorstands- oder Aufsichtsratsmitglieder aufgrund der Regelungen im Poolvertrag das Abstimmverhalten im Pool maßgeblich beeinflussen können. Eine solche Gestaltung ist in der Praxis eher selten. Die Poolvorsitzenden gestalten zwar i.d.R. die Agenda der Poolversammlung und leiten diese zumeist auch. Auf die eigentliche Abstimmung und deren Ergebnis haben sie aber keinen besonderen Einfluss. Anders mag es liegen, wenn Mitgliedern des Vorstands oder Aufsichtsrats bei Pattsituationen ein Stichentscheid eingeräumt wird.[43] Dann lässt sich § 136 Abs. 2 AktG neutralisieren, indem den Beteiligten das Recht eingeräumt wird, den Stichentscheid des Verwaltungsmitglieds zurückzuweisen und die Entscheidung eines Dritten zu verlangen.[44]

Weitergehend wollen manche § 136 Abs. 2 AktG auch dann analog anwenden, wenn den Mitgliedern von Vorstand oder Aufsichtsrat zwar im

---

41 Für einen entsprechenden Sachverhalt aber OLG Oldenburg, Urt. v. 16.3.2006 – 1 U 12/05, AG 2006, 724.
42 Hüffer/*Koch*, § 136 Rn. 28 a.E.; Spindler/Stilz/*Rieckers*, § 136 Rn. 57; MüKoAktG/*Schroer*, § 136 Rn. 80; Holzborn, in: Bürgers/Körber, § 136 Rn. 25.
43 Vgl. MüKoAktG/*Schroer*, § 136 Rn. 83.
44 Dies billigend OLG Stuttgart, Urt. v. 28.10.1985 – 5 U 202/84, JZ 1987, 570.

Poolvertrag keine besonderen Rechte eingeräumt werden, sie jedoch über eine Kapitalmehrheit im Pool verfügen.[45] Die Gegenmeinung teilt diese Ansicht nicht, sondern lässt derartige Gestaltungen zu, solange die Poolmitgliedschaft nur an die Aktionärseigenschaft und nicht an die Mitgliedschaft in Verwaltungsorganen anknüpft.[46] Der BGH hat sich zu dieser Frage bislang nicht positioniert, sondern nur allgemein befunden, dass die Stimmrechtsbindung zugunsten von Mitgesellschaftern nicht dem Verdikt des § 136 Abs. 2 AktG unterfällt.[47]

Für die erste Ansicht spricht, dass die Aktionäre sich durch den Poolbeitritt faktisch den Wünschen der Verwaltungsmitglieder unterwerfen, die den Pool und damit auch dessen Abstimmungsergebnisse kraft ihrer Stimmenmehrheit dominieren. Gleichwohl sollte eine solche Gestaltung nicht pauschal verworfen werden, denn sie würde die Poolbildung, die insbesondere in Familiengesellschaften ein probates und vom Gesetz auch grundsätzlich akzeptiertes Mittel der Koordination ist, in vielen Fällen unmöglich machen.[48] Stattdessen sollte darauf abgestellt werden, ob der Verwaltung durch die jeweilige Gestaltung ein derart unkontrollierter Machtzuwachs beschert wird, dass die Anwendung von § 136 Abs. 2 AktG mit ihrer strengen Nichtigkeitsfolge geboten ist. Dabei ist zu bedenken, dass das Verbot des § 136 Abs. 2 AktG kein Selbstzweck ist, sondern die Richtigkeitsgewähr des Hauptversammlungsbeschlusses gewährleisten will, und dass die Norm auf dem Leitbild der Trennung von Eigentum und Kontrolle basiert.[49] Werden die im Pool selbst vertretenen Organmitglieder kraft ihres Anteilsbesitzes aber von den Entscheidungen des Pools genauso getroffen wie die übrigen Aktionäre, ist die Richtigkeitsgewähr der Stimmrechtsausübung nicht in einer Weise tangiert, dass die von § 136

---

45 So MüKoAktG/*Schroer*, § 136 Rn. 83; Spindler/Stilz/*Rieckers,* § 136 Rn. 57; *Tröger,* in: KölnKommAktG, § 136 Rn. 135.
46 Vgl. OLG Stuttgart, Urt. v. 28.10.1985 – 5 U 202/84, JZ 1987, 570; *Holzborn,* in: Bürgers/Körber, § 136 Rn. 25; *Bauer/Garbe,* ZEV 2014, 61, 64 f.
47 S. BGH, Urt. v. 17.12.2008 – VIII ZR 92/08, NJW 2009, 669, 670; mangels Entscheidungserheblichkeit unerörtert gelassen auch bei BGH, Urt. v. 25.9.1986 – II ZR 272/85, JZ 1987, 566 (Revision zu OLG Stuttgart, Urt. v. 28.10.1985 – 5 U 202/84, JZ 1987, 570).
48 Ebenso OLG Stuttgart, Urt. v. 28.10.1985 – 5 U 202/84, JZ 1987, 570; *Bauer/Garbe,* ZEV 2014, 61, 65.
49 *Garbe,* Stimmbindungsvereinbarungen gegenüber dem Verband und seinen Organen, 2011, S. 64 f. u. S. 70 f.

Abs. 2 AktG angeordnete Nichtigkeitsfolge berechtigt wäre.[50] Jedenfalls solange das Pooling lediglich die Machtverhältnisse in der Gesellschaft widerspiegelt und/oder eine einheitliche Abstimmung der Verwaltungsmitglieder im jeweiligen Pool nicht (z.B. durch zusätzliche Stimmbindungsverträge) garantiert ist, sollte dies tendenziell verneint werden. Selbiges gilt, wenn die im Pool mehrheitlich vertretenen oder von diesem bevollmächtigten Organmitglieder das Organ nicht dominieren.[51]

Zu beachten ist, dass die analoge Anwendung von § 136 Abs. 2 AktG, soweit man sie bejaht, zunächst nur zur Nichtigkeit des Poolvertrags führt. Eine darin etwa enthaltene Stimmrechtsvollmacht wird nach § 139 BGB dann von der Nichtigkeit erfasst, wenn die Bevollmächtigung mit der Wirksamkeit des Poolvertrags stehen und fallen soll.[52] Ansonsten bleibt die Vollmacht von der Nichtigkeit der Poolabrede unberührt.[53] Geht man von der grundsätzlichen Möglichkeit aus, Organmitglieder zu bevollmächtigen (s.o., B.IV.3.), bleibt es dem Aktionär bei Unwirksamkeit der Poolabrede im Übrigen unbenommen, für seine – dann ungebundene – Stimmabgabe ein Mitglied der Verwaltung gesondert zu bevollmächtigen. Will er sich in jedem Fall (d.h. auch für den Fall der Nichtigkeit der Poolabrede) von einem Verwaltungsmitglied vertreten lassen, sollte dies vorab klargestellt werden.

II. Keine Kontrolle des Pools durch Organmitglieder

Dem Problem einer potenziellen Nichtigkeit der Poolabrede lässt sich ausweichen, wenn ein separater Pool für diejenigen Aktien gebildet wird, die

---

50 *Garbe*, S. 71 unter zusätzlichem Hinweis auf den RefE eines GmbHG von 1969, der wegen der regelmäßigen Kapitalbeteiligung von Organmitgliedern keine dem § 136 Abs. 2 AktG entsprechende Regelung in das GmbHG übernehmen wollte. Zur Richtigkeitsgewähr der Stimmrechtsausübung durch Selbstbetroffenheit s. auch *Bachmann*, ZHR 173 (2009), 596, 611 ff.
51 *Garbe*, S. 62; für diesen Fall auch *Tröger*, in: KölnKommAktG, § 136 Rn. 138.
52 Vgl. allgemein *Ellenberger*, in: Palandt, BGB, 76. Auflage, 2017, § 139 Rn. 5. Für zurückhaltende Anwendung von § 139 BGB bei Poolverträgen auch OLG Stuttgart, Urt. v. 28.10.1985 – 5 U 202/84, JZ 1987, 570: Vorkaufsrecht auch bei Nichtigkeit der Stimmbindung wirksam; bestätigend BGH, Urt. v. 25.9.1986 – II ZR 272/89, JZ 1987, 566, 567 f. (unter Hinweis auf eine salvatorische Klausel im Poolvertrag).
53 Vgl. allgemein *Ellenberger*, in: Palandt, BGB, § 167 Rn. 4.

von Organmitgliedern gehalten werden, so dass diese den Pool der (übrigen) Aktionäre nicht mehr dominieren. § 136 Abs. 2 AktG ist für die Vertretung eines reinen Verwaltungspools nicht einschlägig. Denn das darin zum Ausdruck gelangende Manipulationsverbot ist seinem Sinn nach nicht betroffen, wenn die Verwaltungsmitglieder sich lediglich selbst „manipulieren" können.

Wird ein Aktionärspool nicht von Verwaltungsmitgliedern dominiert, bestehen auch keine Bedenken hinsichtlich einer Bevollmächtigung derselben zur einheitlichen Stimmabgabe in der Hauptversammlung. Bei der Einbringung von Aktien in einen stimmrechtsgebundenen Pool, der von den Organmitgliedern nicht beherrscht wird, unterwerfen sich die Poolmitglieder nicht nur keinen Weisungen der Organe, sondern sie bestimmen *umgekehrt*, dass die Organe (in ihrer Eigenschaft als Stimmrechtsbevollmächtigte) nur nach Weisungen der Aktionäre abzustimmen haben. Die oben zitierte Argumentation des LG Stuttgart, welches aus eben diesem Grund eine Analogie zu § 136 Abs. 2 AktG verneint hatte, bleibt insofern schlagend. Um auf der „sicheren Seite" zu sein, sollte die Poolvereinbarung festhalten, dass der Poolvorsitzende nur nach Weisung der Vollmachtgeber, d.h. nach Maßgabe der Beschlüsse in der Poolversammlung, abstimmen darf. Eine weitere Sicherung kann darin bestehen, statt der Mitglieder des Vorstands solche des Aufsichtsrats mit der Vertretung der gepoolten Stimmen zu betrauen, denn diesen gegenüber bringt das AktG insgesamt weniger Misstrauen zum Ausdruck.[54]

Soweit im Schrifttum selbst gegen die weisungsgebundene Bevollmächtigung von Organmitgliedern noch Bedenken vorgebracht werden, sollten diese in der vorliegenden Konstellation nicht verschlagen. Die Bedenken nähren sich aus der – auch hier wieder vom Bild der großen Publikumsgesellschaft inspirierten – Manipulationsgefahr bei der Verwendung vorformulierter Weisungsformulare. Die bevollmächtigenden Aktionäre, so die Sorge, könnten blindlings ein Kästchen ankreuzen, mit dem sie mehr oder weniger unbesehen für die Vorschläge der Verwaltung votieren.[55] Im Aktionärspool ist es dagegen so, dass die Aktionäre ihre Weisungen gerade nicht auf von der Verwaltung vorbereiteten Formularen erteilen, sondern dass über die Frage, in welchem Sinne die bevollmächtigten Organmitglieder abzustimmen haben, auf einer eigenen Poolversammlung

---

54 S.o., B.IV.3. (am Ende).
55 Vgl. *Spindler*, in: Schmidt/Lutter, § 134 Rn. 63; *Singhof*, NZG 1998, 670, 673; *von Randow*, ZIP 1998, 1564, 1567; *Zöllner*, in: Festschrift Peltzer, S. 667.

diskutiert und beschlossen wird. Die Gefahr der Manipulation der Weisungserteilung durch Organmitglieder ist damit ausgeschlossen oder zumindest wesentlich gemindert. Eine blinde Unterwerfung, wie sie § 136 Abs. 2 AktG mit der Verpflichtung zur Abstimmung nach den „jeweiligen" Wünschen der Verwaltung vor Augen hat, liegt nicht vor.

III. Grenze: Stimmrechtsausschluss (§ 136 Abs. 1 AktG)

Nach § 136 Abs. 1 AktG kann ein Aktionär das Stimmrecht dann nicht ausüben, wenn darüber Beschluss gefasst wird, ob er zu entlasten oder von einer Verbindlichkeit zu befreien ist oder ob die Gesellschaft gegen ihn einen Anspruch geltend machen soll. Nach dem ausdrücklichen Wortlaut der Norm („oder für einen anderen") ist der Betreffende in diesen Fällen nicht nur mit seinem eigenen Stimmrecht, sondern auch als Stimmrechtsvertreter anderer Aktionäre ausgeschlossen. Ist einer der in § 136 Abs. 1 AktG genannten Fälle einschlägig, kann ein Organmitglied also *nicht* als Vertreter der anderen Poolmitglieder in der Hauptversammlung agieren. Betroffen sind die – praktisch eher seltenen – Fälle der Befreiung von einer Verbindlichkeit oder der Geltendmachung von Ansprüchen (z.B. aus § 93 Abs. 2 AktG) sowie der Entlastung. Weil über letztere „alljährlich" abgestimmt werden muss (§ 120 Abs. 1 Satz 1 AktG), gibt es mindestens einen Tagesordnungspunkt der ordentlichen Hauptversammlung, bei dem die Stimmrechtsvertretung durch Organmitglieder nicht in Betracht kommt.

Wird dieser Umstand nicht bedacht, kann der Hauptversammlung, bei der nur Organmitglieder als Vertreter des Aktionärspools präsent sind, die Beschlussunfähigkeit für den TOP „Entlastung" drohen. Vermieden wird dies, wenn der Weg der Einzelentlastung gewählt wird, also über die Entlastung der einzelnen Mitglieder des Vorstands bzw. Aufsichtsrats getrennt abgestimmt wird. Das ist, wie § 120 Abs. 1 Satz 2 AktG zu erkennen gibt, zulässig.[56] Anders liegt es, wenn ein Aktionär von der Entscheidung über die Entlastung eines anderen Verwaltungsmitglieds in gleicher Weise betroffen ist – etwa, weil er an einem Vorgang beteiligt war, der dem Organmitglied, um dessen Entlastung es geht, als Pflichtverletzung vorzuwerfen

---

[56] Vgl. nur BGH, Urt. v. 21.9.2009 – II ZR 174/08, BGHZ 182, 272, 278 ff., Rn. 11 ff.; Hüffer/*Koch*, § 136 Rn. 20.

ist. In diesem Fall erstreckt sich das Stimmverbot auch bei Einzelentlastung auf die Entscheidung über die Entlastung des jeweils anderen Verwaltungsmitglieds.[57] Dann müssen die Stimmen durch eine Person abgegeben werden, welche nicht Mitglied des jeweiligen Verwaltungsorgans ist. Die Poolung mit einem Befangenen als solche führt dagegen nicht zum Stimmrechtsausschluss.[58]

Mag das Stimmverbot bei der Entlastung es insgesamt unpraktisch machen, Organmitglieder mit der Wahrnehmung der Stimmrechtsvertretung zu betrauen, folgt daraus doch kein generelles Verbot der Stimmrechtsvertretung durch Organmitglieder. § 136 Abs. 1 AktG erfasst, im Unterschied zu § 181 BGB, Formen der Befangenheit nicht in generalklauselhafter Manier, sondern regelt nur punktuelle Stimmverbote, weshalb eine Ausdehnung auf andere Formen der Interessenkollision nur ausnahmsweise in Betracht kommt.[59] Zulässig ist daher etwa die Stimmrechtsausübung bei der eigenen Wahl in den Aufsichtsrat,[60] bei der der Betreffende folglich als Vertreter anderer Aktionäre agieren darf.

D. Rechtsfolgen einer unzulässigen Bevollmächtigung

Geht man entgegen der hier vertretenen Ansicht davon aus, dass eine Bevollmächtigung von Personen, die zugleich Organmitglieder der AG sind, generell – d.h. auch in Pool-Konstellationen – unzulässig ist, stellt sich die Frage nach den Rechtsfolgen. Da das Aktiengesetz die Unzulässigkeit einer solchen Vollmacht nicht ausdrücklich ausspricht, verhält es sich auch nicht zu den rechtlichen Konsequenzen. Rechtsfolge des § 136 Abs. 2 AktG, auf dessen entsprechende Anwendung das Verbot der Organvollmacht überwiegend gestützt wird, ist die Nichtigkeit des Stimmbindungsvertrags. Der Aktionär ist danach in der Abgabe seiner Stimme frei. Stimmt er auch ohne rechtliche Bindung im Sinne der Stimmrechtsbin-

---

[57] Vgl. BGH, Urt. v. 21.9.2009 – II ZR 174/08, BGHZ 182, 272, 279 f., Rn. 15; BGH, Urt. v. 20.1.1986 – II ZR 73/85, BGHZ 97, 28, 33.
[58] Vgl. BGH, Urt. v. 13.1.2003 – II ZR 227/00, NJW 2003, 2314 (Leitsatz 3 – betr. Ausschluss aus der GmbH).
[59] Vgl. nur Hüffer/*Koch*, § 136 Rn. 3; *Herrler*, in: Grigoleit, § 136 Rn. 10.
[60] Unstr., vgl. nur Hüffer/*Koch*, § 136 Rn. 18 i.V.m. § 108 Rn. 9.

dung ab, bleibt seine Stimme aber nach allgemeiner Auffassung wirksam.[61]

Übertragen auf den Fall der Bevollmächtigung eines Organmitglieds muss § 136 Abs. 2 AktG so verstanden werden, dass die darin angeordnete Rechtsfolge der Nichtigkeit die Vollmacht trifft.[62] Der Bevollmächtigte handelt dann als Vertreter ohne Vertretungsmacht. Dies ist nach allgemeiner Ansicht in der Hauptversammlung unzulässig; eine nachträgliche Zustimmung (Genehmigung) kommt nicht in Betracht.[63] Damit wäre die Stimmabgabe des vollmachtlos handelnden Organmitglieds unwirksam. Die Stimme darf nicht mitgezählt werden. Geschieht dies doch und war die Stimme für das Ergebnis ausschlaggebend, ist der Beschluss anfechtbar gem. § 243 AktG.[64]

E. Zusammenfassung

1. Ob eine Stimmrechtsvollmacht zugunsten von Organmitgliedern der AG zulässig ist, ist höchstrichterlich ungeklärt und im Schrifttum streitig. Zum Teil wird eine solche Bevollmächtigung generell für unzulässig gehalten. Andere wollen die Vollmacht jedenfalls dann zulassen, wenn Weisungsbindung gegeben ist. Die besseren Gründe sprechen dafür, der zweiten Ansicht zu folgen. Darüber hinaus sollte eine Organbevollmächtigung immer dann zugelassen werden, wenn es dafür gute sachliche Gründe gibt und die von § 136 Abs. 2 AktG typisierte Manipulationsgefahr ausgeschlossen oder zu vernachlässigen ist.
2. Zulässig ist die Bevollmächtigung von Vorsitzenden eines Aktionärspools, die zugleich Organmitglieder sind, jedenfalls dann, wenn die Organmitglieder den Pool nicht kraft vertraglicher Abrede oder aufgrund einer Kapitalmehrheit dominieren. Denn das Stimmrecht wird dann nicht nach den Weisungen oder den Wünschen der Verwaltung, sondern nach denjenigen der gepoolten Aktionärsmehrheit ausgeübt. Vorsorglich sollte das in der Poolvereinbarung klargestellt und die

---

61 Vgl. nur Spindler/Stilz/*Rieckers,* § 136 Rn. 59.
62 Folgerichtig *Singhof,* NZG 1998, 670, 673.
63 Vgl. nur Hüffer/*Koch,* § 135 Rn. 22; *Singhof,* NZG 1998, 670, 673 f.
64 So schlüssig *Singhof,* NZG 1998, 670, 674; *Zöllner,* in: Festschrift Westermann, S. 613 (unter Ablehnung einer Analogie zu § 135 Abs. 6 AktG – jetzt: § 136 Abs. 7 AktG).

Vertretung des Pools im Zweifel einem Mitglied des Aufsichtsrats übertragen werden. Wird der Aktionärspool durch Verwaltungsmitglieder dominiert, kann auch diese Gestaltung zulässig sein, wenn sie – wie in Familiengesellschaften üblich – ein sachlich berechtigtes Koordinationsinteresse verfolgt. Dann muss auch die Stimmabgabe für die gepoolten Aktien durch Organmitglieder zulässig sein.
3. Hält man entgegen der hier vertretenen Ansicht die Organvollmacht für aktienrechtlich unzulässig, ist die Rechtsfolge die Nichtigkeit der Vollmacht. Eine Genehmigung kommt nicht in Betracht, so dass die gleichwohl erfolgte Stimmrechtsabgabe unwirksam bleibt. War die Stimme entscheidungserheblich, kann der darauf beruhende Hauptversammlungsbeschluss angefochten werden.

Planung statt Wettbewerb?

*Ulrich Battis, Berlin**

I. Unionsrechtswidriges deutsches Raumordnungs- und Bauplanungsrecht

Der Jubilar zählt zu den Koryphäen des Wirtschaftsrechts und insbesondere des Wettbewerbsrechts. Legendär ist seine Aufgeschlossenheit gegenüber neuartigen Fragestellungen, sogar im Verwaltungsrecht wie etwa seine kritische Auseinandersetzung mit der Daseinsvorsorge Forsthoffscher Prägung zeigt. Dessen eingedenk sei vor dem Hintergrund der seit mehreren Jahren von der Europäischen Kommission betriebenen Einleitung eines Vertragsverletzungsverfahrens gegen die Bundesrepublik Deutschland das Verhältnis von deutschem Raumplanungsrecht und unionalem Wettbewerbsrecht erörtert.[1]

Kritisch untersucht wird das Dogma der wettbewerblichen Neutralität der Raumordnungsplanung, der Landesplanung, der Regionalplanung und der Bauleitplanung, also der vier Stufen der Gesamtplanung, die gekennzeichnet sind durch den Raumbezug und spezifische Koordinations-, Integrations- und Entwicklungsfunktionen.[2] Exemplarisch für die herrschende Meinung ist die Formulierung eines erfahrenen Akteurs und Autors: „Die Plangeber und die Rechtsprechung haben immer wieder unterstrichen, dass unser Raumordnungs- und Städtebausystem wettbewerbsneutral und diskriminierungsfrei formuliert ist und praktiziert wird."[3] Bemerkenswert ist das Resümee: „Die Messe in Luxemburg über unser Raumplanungs-

---

* Prof. em. Dr. Dr. h.c. Ulrich Battis, Emeritus der Juristischen Fakultät, Humboldt-Universität zu Berlin, RA, Of Counsel GSK Stockmann, Berlin.
1 Anknüpfend an *Battis*, ZRP 2016, 107.
2 Dazu statt aller: *Battis*, Öffentliches Baurecht und Raumordnungsrecht, 7. Auflage 2017, Rn. 40.
3 *Hager*, Baurecht 2011, 1093, 1100; siehe auch *ders.* ZRP 2016, 211, *ders.* BauR 2017, 194; *Bunzel/Janning*, ZfBR 2017, 425.

recht ist noch nicht gelesen, das Dogma von der Wettbewerbsneutralität könnte dort eine entscheidende Rolle spielen."[4]

Vorangestellt seien drei Thesen:

1. Das Dogma der Neutralität des deutschen Raumplanungsrechts gegenüber wettbewerblichen Beeinträchtigungen ignoriert, dass nach Unionsrecht Zielkonflikte zwischen wettbewerblicher Freiheit und staatlicher Planung abzuwägen sind.
2. Die deutsche Planungspraxis steuert mit Billigung der Rechtsprechung den Wettbewerb im Einzelhandel gezielt und führt zu prinzipiell gleichen Ergebnissen wie die vom EuGH beanstandete spanische Praxis.
3. Bei Standortentscheidungen sind die wettbewerblichen Auswirkungen der Planung in strikter Beachtung des Grundsatzes der Verhältnismäßigkeit in die Abwägung einzustellen.

II. Das Dogma der wettbewerblichen Neutralität

Das Bundesverwaltungsgericht hat bereits 1968 die wettbewerbliche Neutralität der raumbezogenen Gesamtplanung am Beispiel der Bauleitplanung konstatiert.[5] Anlässlich der Prüfung der damaligen Fassung von § 11 Abs. 3 BauNVO anhand von Art. 14 Abs. 1 Satz 2 GG stellte das Gericht fest, dass § 11 Abs. 3 BauNVO weder eine den Wettbewerb noch die Berufsausübung betreffende Regelung sei. Es handele sich vielmehr um eine *mittelbare* Einflussnahme auf die Wettbewerbssituation, die *jeder* Planung eigen sei.[6] Dieselbe Aussage verwendet das Bundesverwaltungsgericht auch anlässlich der Prüfung betriebsbezogener Verkaufsflächenbeschränkungen für ein Sondergebiet in einer Entscheidung aus dem Jahre 2008.[7]

---

4 *Hager*, ZRP 2016, 211, 212; s.a. DSSW/DV Studie Langzeitanalyse großflächiger Einzelhandelsbetriebe 2017; Deutscher Städtetag, Zukunft der Stadt und Handel 2016; Jahresversammlung Deutscher Städtetag Nürnberg 2017, Stadt und Handel.
5 BVerwG, Urt. v. 3.2.1984 – 4 C 54/80, BVerwGE 68, 342/350; s.a. *Weck*, Baurecht 2015, 1261, 1266.
6 Ebenso *Hager*, ZRP 2017, 2011, 2005 These 13; demgegenüber klar zur Unterscheidung von unmittelbar und mittelbar als „Ausdruck einer dogmatischen und sachlichen Verlegenheit" *Nipperdey/Säcker*, NJW 1967, 1985, 1990.
7 BVerwG, Urt. v. 3.4.2008 – 4 CN 3/07, BVerwGE 131, 86 Rn. 22, s. *Weck*, BauR 2015, 1261, 1266; zur Rechtsprechung s.a. *Reidt*, DVBl. 2016, 1364; sowie *Kümper*; Baurecht, 2017, 821.

Das Gericht fährt fort, diese jeder Planung eigene mittelbare Einflussnahme sei als legitime *Nebenwirkung* hinzunehmen.

Dem Bundesverwaltungsgericht ist insoweit zuzustimmen, dass das Raumplanungsrecht anders als das Kartellrecht und das gesamte Regulierungsrecht einschließlich des Vergaberechts nicht das Primärziel verfolgt, gemeinwohlorientierten Wettbewerb herzustellen, zu erhalten und zu fördern – „optimierter bzw. regulierter Wettbewerb".[8] Anzuerkennen ist die kategoriale Unterscheidung von staatlicher Planung und staatlicher Regulierung,[9] wenn auch Gemeinsamkeiten bestehen hinsichtlich der Gemeinwohlorientierung, des gestalterischen Zugriffs und im Falle der Bauleitplanung die Ausgestaltung durch eine unabhängige Behörde, nämlich die durch Art. 28 II GG geschützte Gemeinde.[10] Diese Unterscheidung hat das Bundesverwaltungsgericht aber nicht davon abgehalten, wegen des finalen Charakters von Planungs- und Regulierungsrecht für die Kontrolle des Regulierungsermessens durch die Verwaltungsgerichte, die dogmatischen Figuren der planungsrechtlichen Abwägungslehre zu übernehmen.[11]

Auf diese Auseinandersetzung ist an dieser Stelle nicht näher einzugehen. Die Transformation der planungsrechtlichen Abwägungslehre auf die gerichtliche Kontrolle des Regulierungsermessens belegt aber, dass die regulierungsrechtliche Rechtsprechung des Bundesverwaltungsgerichts das Verhältnis von staatlicher Planung und freiheitsverbürgendem Wettbewerb differenzierter beurteilt als die apodiktische Judikatur desselben Gerichts zur wettbewerblichen Neutralität des Planungsrechts.

Diese differenziertere Sicht liegt auch der Literatur zum Regulierungsrecht zugrunde. Zwar ist Wettbewerbsneutralität selbst für das den Wettbe-

---

8 *Kersten*, VVDStRL 69, 288, 290 u. 216; *Burgi*, Festschrift Battis 2014, S. 329, 336 f.; *Kirchhof u.a.*, in: Kirchhof/Korte/Magen (Hrsg.), Öffentliches Wettbewerbsrecht, 2014, § 4 Rn. 14 ff.; *Kirchhof*, in: Kirchhof/Korte/Magen, § 1 Rn. 14 ff.; s.a. *Kment*, in: Schmidt-Preuß/Körber (Hrsg.), Regulierung und Gemeinwohl, S. 271; *Mohr*, Sicherung der Vertragsfreiheit durch Wettbewerbs- und Regulierungsrecht, 2015, S. 547; *Sennekamp*, Der Diskurs um die Abgrenzung von Kartell- und Regulierungsrecht, 2016.
9 *Kersten*, aaO S. 327, 359; s.a. *Burgi*, Festschrift Battis, 2014, S. 329 und *Kirchhof* ebd. S. 349.
10 S.a. *Burgi*, S. 337 f.
11 BVerwG, Urt. v. 2.4.2008 – 6 C 15/07, NVwZ 2008, 1359, 1364; BVerwG, Urt. v. 28.11.2007 – 6 A 2/07, BVerwGE 130 39, 48; dazu krit. m.w.N. auch der zustimmenden Literatur *Kersten* aaO Seite 826 f.; anders *Wissmann* VVDStRL 69, 354.

werb sichernde, ermöglichende, lenkende und schaffende Regulierungsrecht ein leitender Grundsatz.[12] Festzuhalten ist auch, dass das raumbezogene Planungsrecht umfassender strukturiert ist als das enger fokussierte Regulierungsrecht.[13] Aber das Regulierungsrecht blendet anders als das Dogma von der wettbewerblichen Neutralität des Planungsrechts nicht die Folgen der Regulierung auf den Wettbewerb aus. So betont Gärditz zu Recht, dass Regulierungsrecht durchaus auch in unmittelbaren Konflikt mit dem Wettbewerbsprinzip geraten kann, namentlich dann, wenn der Erhalt der bestehenden Infrastruktur, die Abschirmung von Wettbewerbsdruck angestrebt wird.[14]

Anders als das Kartell- und Regulierungsrecht zielt das Raumplanungsrecht nicht primär auf die Herstellung und Förderung von Wettbewerb. Das schließt aber nicht aus, dass das Raumplanungsrecht den Wettbewerb beeinflusst und zwar positiv oder negativ und in der Praxis auch beeinflussen soll.

Exemplarisch zeigt sich dies im § 11 Abs. 3 Nr. 2 BauNVO. Das Tatbestandsmerkmal „großflächige Einzelhandelsbetriebe, die sich nicht nur unwesentlich auswirken können", zielt auf die Ziele der Raumordnung und Landesplanung und auf die städtebauliche Entwicklung und Ordnung. Diese Auswirkungen auf Ziele der Raumordnung und Landesplanung und die städtebauliche Entwicklung und Ordnung setzen voraus und treten gerade deshalb ein, weil großflächige Einzelhandelsbetriebe andere Wettbewerber beeinträchtigen können und es deshalb zu raumordnerisch und städtebaulich unerwünschten Folgen kommen kann. An diesen Kausalverlauf knüpft § 11 Abs. 3 Nr. 2 BauNVO an. Diese notwendigen und gezielten Einwirkungen auf den Wettbewerb thematisieren Planer, Kommunen und Gerichte unumwunden.

So folgt in der Entscheidung des Bundesverwaltungsgerichts zum Ausschluss eines weiteren SB-Warenhauses unmittelbar auf die Propagierung des Dogmas der wettbewerblichen Neutralität[15] die dezidiert wettbewerbsbezogene Aussage: Durch die Zulassung eines weiteren SB-Waren-

---

12 *Kirchhof u.a.*, in: Kirchhof/Korte/Magen, § 4 Rn. 35, 39; *Kirchhof*, in: Kirchhof/Korte/Magen, § 1 Rn. 35 ff.; *Thiele*, in: Kirchhof/Korte/Magen, § 5 Rn. 1; *Gärditz*, in: Kirchhof/Korte/Magen, § 11 Rn. 4.
13 *Gärditz*, NVwZ 2009, 1005, 1008; *ders.* Europäisches Planungsrecht, 2009, S. 75; zustimmend *Kersten*, aaO, Seite 327.
14 *Gärditz*, in: Kirchhof/Korte/Magen, § 11 Rn. 5.
15 BVerwG, Urt. v. 3.4.2008 – 4 CN 3/07, BVerwGE 131, 86 Rn. 22.

hauses werde die *angestrebte* Magnetwirkung des SB-Warenhauses als zentrales Element des kommunalen Einzelhandelskonzepts schwächen und die städtebauliche Zielstärkung der Zentralität beeinträchtigen.

Die Auswirkungen auf den Wettbewerb sind also auch nach der Rechtsprechung gerade keine unbeabsichtigten Nebenfolgen der Raumplanung. Sie sind vielmehr zentraler und unverzichtbarer Gegenstand der Planung. Die Auswirkungen auf den Wettbewerb sollen gezielt durch die Raumplanung kanalisiert und vermieden werden. Das zeigt sich auch in den anschließenden Ausführungen des Gerichts zu der von der Gemeinde vollzogenen planerischen Abwägung.

Selbst wenn ein zweites SB-Warenhaus die Magnetwirkung des zu schützenden SB-Warenhauses tatsächlich nicht geschwächt sondern in Folge der Agglomerationswirkung und von Synergieeffekten verstärkt hätte, hätte sich nach Meinung des Bundesverwaltungsgerichts eine Ausweisung verboten, weil das der Einzelhandel in der Innenstadt und in den Stadtteilen vermeintlich *nicht vertragen* hätte.[16]

Die weitere Prüfung der Abwägung durch das Gericht verdeutlicht die gezielte Einwirkung der Bauleitplanung auf den Wettbewerb:

> „Die Festsetzungen für das Sondergebiet $_{EH\,2}$ sind auch nicht mit einem Abwägungsfehler behaftet. Art. 3 Abs. 1 GG, der der Gemeinde bei ihrer Abwägung Grenzen setzt (BVerfG, Beschluss vom 19. Dezember 2002 – 1 BvR 1402/01 – BRS 65 Nr. 6), verpflichtet die Gemeinde nicht, für alle Teilbereiche eines Bebauungsplans dieselben Festsetzungen zu treffen. Die Antragsgegnerin war deshalb nicht gehalten, zur Vermeidung eines Verstoßes gegen den Gleichheitssatz das Kontingent an Fachmärkten, das sie dem Sondergebiet $SO_{EH\,1}$ vorbehalten hat – Fachmarkt (-märkte) der Branche Haushalts- und Unterhaltungselektronik, Fachmarkt (-märkte) für Tiernahrung, Kleintierbedarf und Reitartikel sowie lebende Tiere, Fachmarkt (-märkte) für Bau- und Heimwerkerbedarf, für Fliesen, Sanitärobjekte und –bedarf, für Pflanzen- und Gartenbedarf und Betriebe für den Handel mit Baustoffen -, durch Zulassung auch im Sondergebiet $SO_{EH\,2}$ zu verdoppeln. Allerdings musste sie erwägen, die Fachmärkte, die sie dem Sondergebiet $SO_{EH\,1}$ vorbehalten hat, alternativ im Sondergebiet $SO_{EH\,2}$ zuzulassen oder auf beide Sondergebiete zu verteilen. Das hat das Oberverwaltungsgericht zutreffend erkannt und die Entscheidung der Antragsgegnerin zu Recht gebilligt. Maßgeblich für die planerische Ansiedlung des Einkauf- und Fachmarktzentrums im Sondergebiet $SO_{EH\,1}$ und nicht im Sondergebiet $SO_{EH\,2}$, so ist im Urteil dargelegt, sei nach der Planbegründung, dass der Bereich des Sondergebiets $SO_{EH\,1}$ bereits durch zum Teil großflächige Einzelhandelsbetriebe (Baumarkt und Baustoffhandel, Fachmarkt für Unterhaltungselektronik, Fachmarkt für Gartenbedarf und Pflanzen)

---

[16] BVerwG, Urt. v. 3.4.2008 – 4 CN 3/07, BVerwGE 131, 86 Rn. 23.

geprägt gewesen sei. Diese Vorprägung, die am vorhandenen Standort weiterentwickelt und durch weitere Fachmärkte habe ergänzt werden können, sowie eine freie bzw. frei werdende Fläche, die zur Ansiedlung der weiteren Fachmärkte und insbesondere des SB-Warenhauses zur Verfügung gestanden habe, machten die Standortentscheidung der Antragsgegnerin plausibel und nachvollziehbar; denn eine solche Vorprägung, auf der man hätte aufbauen können, und solche Gegebenheiten seien im jetzigen Sondergebiet $SO_{EH\,2}$ nicht vorhanden gewesen. An diese Würdigung ist der Senat ebenfalls gebunden."[17]

Kurz: Standortentscheidungen zur Ansiedlung oder Weiterentwicklung von Warenhäusern und Fachmärkten treffen nicht die dem Wettbewerb unterworfenen Unternehmen, sondern mit Billigung der Gerichte die Gemeinden anhand selbst gesetzter oder in der Regionalplanung verbindlich festgelegter minutiöser Standort- und Sortimentsvorgaben.

J. Kühne bezeichnet daher in seiner Monographie die deutsche bauplanungsrechtliche Steuerung des Einzelhandels als einen Fall von Staatsversagen.[18] In der Tat dürfte von Hayek einmal mehr seine These von der Arroganz der Hoheitsträger gegenüber den Kräften des Marktes bestätigt sehen.

Die Empfehlungen der DSSW-Studie „Langzeitwirkungen großflächiger Einzelhandelsbetriebe" hält am bisherigen Regime des § 11 Abs. 3 BauNVO fest, sichern es ab, indem sie im Einzelfall eine flexiblere Handhabung befürworten. Immerhin wird vorgeschlagen, einzelne Betriebstypenbezeichnungen und den Umfang eines Sortiments auf den Prüfstand zu stellen.[19]

III. Kritik des Dogmas der wettbewerblichen Neutralität

Das vorstehende Urteilszitat ist typischer Niederschlag der der Raumplanung vorangehenden und diese vorbereitenden Begutachtung durch spezialisierte Beratungsfirmen die mehr oder weniger überzeugend vorhandene Kaufkraft, Käuferströme, Kaufkraftabflüsse etc. bewerten und prognostizieren im Hinblick etwa auf zentrenrelevante Sortimente bzw. Randsortimente. Der planerischen Abwägung gehen voraus und in diese fließen not-

---

17 BVerwG, Urt. v. 3.4.2008 – 4 CN 3/07, BVerwGE 131, 86 Rn. 23.
18 Bau- und planungsrechtliche Einzelhandelssteuerung im Licht der Rechtsphilosophie F.A.v. *Hajek*, 2017, S. 251.
19 Siehe Kurzfassung 2017; DSSW = Deutsches Seminar für Stadtbau und Wirtschaft im Deutschen Verband für Wohnungsraum, Stadtbau und Raumordnung e.V.

wendigerweise ein die prognostizierten Auswirkungen auf den Wettbewerb, und zwar auf allen Ebenen der Raumplanung.

Dies zeigt sich besonders bei der Anwendung des Konzentrationsgebots, wie es etwa in Abschnitt 3.3.7.1 LEP BW[20] in Text und Abschnitt 2.4.3.2.2 des Regionalplans Stuttgart[21] hinsichtlich zentrenrelevanter und nicht zentrenrelevanter Warensortimente geregelt ist. Bei der Anwendung des Kongruenzgebots spielen Kaufkraftabflüsse – also eine typische Folge von Wettbewerb[22] – eine zentrale Rolle. Die Landesplanung verknüpft den Verflechtungsbereich eines Ansiedlungsortes eines Einzelhandelsvorhabens mit seinem betriebswirtschaftlich angestrebten Einzugsbereich.[23]

Das Kongruenzgebot der Landesplanung verbietet die Ansiedlung von Einzelhandelsunternehmen einer bestimmten Größe für Mittel- oder Unterzentren, selbst wenn die betroffene Gemeinde im Innenbereich ihres Gemeindegebietes ein solches ansiedeln will. Die DSSW-Studie weist zu Recht darauf hin, dass Möbelvollsortimenter in kleinen Mittelzentren schnell an die Grenzen des Kongruenzgebots stoßen, selbst wenn sie einen entsprechenden Versorgungsauftrag haben. Gleiches gilt für Städte am Rande von Ballungszentren oder angrenzenden Oberzentren.[24]

Mögliche Auswirkungen auf den Wettbewerb hinsichtlich zentrenrelevanter und nicht zentrenrelevanter Warensortimente stehen auch im Zentrum des Integrationsgebots etwa gem. Abschnitt 3.3.7.2 LEP BW.

Ganz unverblümt wird die gezielte wettbewerbs*rechtliche* Steuerung des Handels durch Einzelhandelskonzepte,[25] die es auf kommunaler, aber auch regionaler Ebene gibt[26], in der die kommunale Praxis wiedergebenden und zugleich leitenden Literatur propagiert:

> „Solche Konzepte *ermöglichen* vorausschauende Gesamtplanung, die Entwicklungsperspektive und Spielraum für einen *fairen Wettbewerb*[27] aufzeigt

---

20 m.w.N *Hager*, in: Hager (Hrsg.), Landesplanungsrecht Baden-Württemberg, 2015, § 11 Rn. 53 f.
21 Insgesamt gibt es in 12 Ländern der Bundesrepublik Deutschland 107 Planungsregionen der Regionalplanung; s. *Hangst*, Regionalplanung im Bundesstaat, 2015.
22 *Weck*, aaO, S. 1267.
23 So *Hager*, ZRP 2016, 211.
24 DSSW-Kurzfassung Seite 8; Vorbehalte gegen die Praxis des Kongruenzverbotes äußern jetzt auch *Bunzel/Janning*, ZfBR 2017, 425, 431.
25 Dazu *Battis*, NVwZ 2015, 1422.
26 *Hager*, a.a.O., § 11 Rn. 57.
27 Kennzeichnung durch den Verfasser.

und die Nachteile einer hektischen Einzelfallplanung vermeidet. Sie fördern die politische Konsensbildung, entlasten den Rat von Einzelfallentscheidungen und ermöglichen durch ihre klaren Zielvorgaben einen effizienten Verwaltungseinsatz. Sie [...] schaffen [...] Planungs- und Investitionssicherheit auch für die privaten Akteure, insbesondere für den Einzelhandel in den Zentren."[28]

Mit anderen Worten: Gesamtplanung soll entgegen dem Dogma der Wettbewerbsneutralität des Planungsrechts fairen Wettbewerb schaffen und dem vorhandenen Einzelhandel in den Zentren Planungs- und Investitionssicherheit geben.

Diese offensive Einzelhandelssteuerung bedient sich tief gestaffelter ortsspezifischer Sortimentslisten.[29] Deutlich heißt es beim Co-Autor der in der Praxis führenden ausführlichsten Studie zur „Erhaltung und Steuerung zentraler Versorgungsbereiche[30]:

„Die größeren Einzelhandelsbetriebe mit nahversorgungsrelevanten Hauptsortimenten müssen im Interesse einer qualifizierten Nahversorgung grundsätzlich in zentralen Versorgungsbereichen untergebracht werden. Sie müssen insoweit in die ‚städtebauliche Pflicht genommen' und als grundsätzlich zentrenpflichtig angesehen werden."[31]

Jannings Co-Autor der angeführten Studie zur „Erhaltung" und Entwicklung zentraler Versorgungsbereiche sekundiert: „Ob auch kleinere Läden wie zum Beispiel Versorgungshandwerker (Bäckerei, Fleischerei), sogenannte Ethnoläden oder Obst- und Gemüseläden in die Ausschlussregelung einbezogen werden sollen, soweit sie zentrenrelevante Kernsortimente ausweisen, ist eine Frage der städtebaulichen Zielsetzung im Einzelfall."[32]

In bewusstem Gegensatz zum Dogma von der wettbewerblichen Neutralität des Raumplanungsrechts hat die Monopolkommission in ihrem 19. Hauptgutachten[33] Spannungen aufgezeigt, die sich daraus ergeben, dass das Planungsrecht ausgehend von der bestehenden Situation künftige Entwicklungen einleiten und gestalten soll, während der Wettbewerb grundsätzlich ein ergebnisoffener Prozess ist. Ausgehend von der jeweiligen ört-

---

28 Siehe *Janning*, ZfBR 2014, 220, 225.
29 Dazu *Janning*, ZfBR 2009, 437, 438.
30 *Bunzel/Janning/Kruse/Kühn*, 2009.
31 *Janning*, ZfBR 2014, 220.
32 *Bunzel*, KommJur 2009, 249, 255.
33 2010/2011, Rn. 1231; dazu und zum Folgenden *Weck*, Baurecht 2015, 1261, 1264 f.

lichen Situation stützt die Bauleitplanung vorhandene Handelsbetriebe,[34] was den Status quo stärkt und die Markteintrittschancen externer Bewerber erhöht. In den Worten der Monopolkommission:

> „Planungsrechtliche Vorgaben steuern die Standorte und zunehmend die Sortimente von Einzelhandelsansiedlungen. Auf Grund des baurechtlichen Bestandsschutzes werden nur Markteintritte bzw. Erweiterungen limitiert. Dadurch werden in der Tendenz die lokale Marktmacht und damit die Preissetzungsspielräume geschützt ... Vor allem wenn innerhalb zentraler Versorgungsbereiche keine geeigneten Grundstücke verfügbar sind, kann es zu ‚Closed-Shop'-Situationen kommen, in denen die bestehenden Einzelhandelsunternehmen vor Wettbewerb durch neue und innovative Unternehmen geschützt sind."[35]

Zudem kritisiert die Monopolkommission die strengen Flächenangaben in § 11 Abs. 3 BauNVO, die richterrechtlich entwickelten unbestimmten Rechtsbegriffe sowie die teilweise zu schematischen, unflexiblen und teilweise vagen rechtlichen Kriterien des deutschen Planungsrechts.[36] Schließlich rügt die Kommission, dass eine Regelung in Bezug auf die abwägungsrelevanten wirtschaftlichen Aspekte im BauGB fehle.

Nur Letzterem ist zu widersprechen. Sowohl § 1 Abs. 6 BauGB wie auch § 2 ROG enthalten keine abschließenden Kataloge der in der umfassenden Abwägung nach § 1 Abs. 7 BauGB beziehungsweise § 7 Abs. 2 ROG zu berücksichtigenden öffentlichen und privaten Belange. Die Auswirkungen auf den Wettbewerb sind entgegen dem Dogma der wettbewerblichen Neutralität sehr wohl zu beachten und werden tatsächlich durchaus berücksichtigt, allerdings nur in beeinträchtigender Art und Weise. Diesem Befund widerspricht auch nicht die These Hagers: „Entgegen der Auffassung der Monopolkommission blenden Raumpläne ihre wirtschaftlichen Folgen in der Abwägung nicht vollständig aus, sondern binden diese entsprechend ihres Gewichts im Einzelfall mit ein. Allerdings agieren sie wettbewerbsneutral, da sie verzichten auf wettbewerbliche Interventionen."[37]

Bemerkenswert ist, dass die Bundesregierung in ihrer Stellungnahme zum 19. Hauptgutachten der Monopolkommission immerhin eingeräumt hat, dass eine „Grundspannung zwischen planerischer Beeinflussung und

---

34 Monopolkommission, aaO, Rn. 1239, 1258.
35 19. Bericht der Monopolkommission, 2010/2011, BT-Dr. 17/10365, Rn. 1257.
36 Monopolkommission, Rn. 1148, 1257.
37 ZRP 2016, 211.

wettbewerblicher Ordnung" besteht.[38] Diese Grundspannung zu beheben, sah sich die Bundesregierung allerdings bisher nicht veranlasst. Auf fehlende Gesetzgebungskompetenz könnte sie sich nicht zurückziehen. Weder hinsichtlich des Wettbewerbsrechts noch hinsichtlich des Raumplanungsrechts, dessen Abwägungsgebote ohnehin den Einbezug der wettbewerblichen Auswirkungen ermöglichen und erfordern.

Anlässlich einer Sektorenuntersuchung zu Oligopolentwicklungen im Lebensmitteleinzelhandel hat das Bundeskartellamt darauf hingewiesen, dass die Praxis bei der Verfolgung städtebaulicher Ziele durch die Kommunen ein beachtliches Diskriminierungspotential enthalte.[39] Die oben aufgeführten programmatischen geradezu selbstherrlichen Ausführungen aus der die Planungspraxis wiedergebenden Literatur bestätigen eindrucksvoll das Monitum des Bundeskartellamtes, eines Monitums, das ebenfalls den Gesetzgeber zum Handeln veranlassen sollte. Art. 14 GG garantiert Gewerbetreibenden nicht, dass eine für sie wirtschaftlich vorteilhafte Wettbewerbssituation bestehen bleibt. Art. 14 GG gewährt auch keinen Schutz gegen Wettbewerber.[40] Prozessual gewendet: Mit dem objektiv rechtlichen Belang der Erhaltung und Entwicklung zentraler Versorgungsbereiche korrespondiert kein rechtlich schützenswertes subjektives Interesse eines Handelstreibender, der der sein Gewerbe in einem zentralen Versorgungsbereich ausübt. Beides ist richtig, ändert aber nichts daran, dass aus § 1 Abs. 7 BauGB, wie vom Bundesverwaltungsgericht mehrfach ausdrücklich festgestellt, ein Recht auf gerechte Abwägung folgt, also nicht ein Recht auf Bestand oder auf einen bestimmten Plan, wohl aber die Einstellung der Auswirkungen des Wettbewerbs in die Abwägung.[41]

Für Art. 12 I GG gilt entsprechendes. Art. 12 I GG verbietet keine staatlichen Regulierungen der Berufsausübung, verlangt aber eine Prüfung anhand des Grundsatzes der Verhältnismäßigkeit. Planungsrechtlich gewendet heißt dies, die Belange der Gewerbetreibenden aus Art. 12 I GG sind in die Abwägung einzustellen.

---

38 BT-Dr. 17/12940, Rn. 109.
39 Bundeskartellamt, Sektorenuntersuchung Lebensmitteleinzelhandel, September 2014, S. 19; kritisch zur Praxis auch *Weck*, a.a.O., S. 1267.
40 Dazu OVG Münster, DVBl 2016, 687; ebenso OVG Bremen, Urt. v 3.5.2016 - 1 D 260/14; s.a. *Hager*, ZRP 2016, 2011 These 5; *ders.* BauR 2017, 194.
41 BVerwG, Urt. v. 24.9.1998 – 4 CN 2/98, BVerwGE 107, 215; BVerwG, Urt. v. 5.11.1999 – 4 CN 3/99, BVerwGE 110, 36; s.a. *Bunzel/Janning*, ZfBR 2017, 425, 429.

IV. Unionsrechtliche Prüfung

Das Dogma der wettbewerblichen Neutralität der Raumplanung und das damit beabsichtigte Ausblenden der Beeinträchtigung des Markteintritts von Wettbewerbern ist zu überprüfen anhand des Unionsrechts, wie es insbesondere die Katalonien-Entscheidung des EuGH konkretisiert hat.[42]

In der Katalonien-Entscheidung hat der EuGH festgestellt, dass die spanischen Regelungen zur Steuerung des Einzelhandels gegen die Niederlassungsfreiheit in mehreren Punkten verstoßen. Unionsrechtswidrig ist das Verbot der Ansiedlung großer Einzelhandelseinrichtungen außerhalb von konsolidierten städtischen Gebieten und in kleineren, nicht zentralen Gemeinden, soweit ein Überangebot von Verbrauchermärkten prognostiziert wird. Unionsrechtswidrig sind auch Obergrenzen bei der Abschöpfungsquote der Verbraucherausgaben, bei bestimmten Produktgruppen kombiniert mit einer absoluten Verkaufsflächenobergrenze. Eine Bedürfnisklausel und eine Verkaufsflächenobergrenze als Hürden für die Erteilung einer Gewerbeerlaubnis für einen Einzelhandelsbetrieb sind ebenfalls als rein wirtschaftliche Überlegungen, die keine zwingenden Gründe des Allgemeinwohls sein können, verworfen worden. Schließlich hat der EuGH den katalanischen „Ausschuss für Einrichtungen des Handels" verworfen, weil dieser nur ansässige Unternehmen in die Entscheidungsfindung einbeziehe.

In Auseinandersetzung mit der Entscheidung des EuGH räumt Hager ein, dass der spanische Fall einen verwandten Streitgegenstand habe zum Vertragsverletzungsverfahren der Kommission gegen die Bundesrepublik Deutschland.[43] Ganz im Sinne des Dogmas von der wettbewerblichen Neutralität schränkt er aber diese Aussage dadurch ein, dass er den deutschen Regelungen attestiert, sie wirkten nur mittelbar auf die Niederlassungsfreiheit ein.[44]

---

[42] EuGH, Urt. v. 24.3.2011 – C-400/08, EuZW 2011, 557, dazu *Hager*, BauR 2011, 1093, 1101; *ders.* BauR 2017, 194; *Uechtritz*, ZfBR 2011, 648, 653; *Bunzel/ Janning*, ZfBR 2017, 425, 427; siehe auch *Michallik*, Instrumentarium zur Steuerung des Einzelhandels in Deutschland und Spanien, 2010; *Kment*, in: Jarass (Hrsg.), S. 103; unkritisch *Spannowsky*, EurUP 2012, 2016.
[43] *Hager*, BauR 2011, 1093, 1101.
[44] *Hager*, BauR 2011, 1093, 1101.

Darüber hinaus konstatiert Hager eine enge Verwandtschaft der spanischen Regelung zum raumordnerischen Beeinträchtigungsverbot.[45] Er verweist zudem zu Recht darauf hin, dass das Verbot der Ansiedlung außerhalb von konsolidierten Gebieten in Städten bestimmter Größe und Zentralität viele Gemeinsamkeiten mit den raumordnerischen Konzentrations- und Integrationsgeboten habe. Auch die in Spanien und in Deutschland verfolgten Allgemeinwohlbelange ähnelten sich sehr.[46] Zur Abgrenzung zu der vom EuGH verworfenen „sehr ähnlichen", „verwandten" katalanischen Rechtslage zieht sich der Autor als führender Regionalplaner und wissenschaftlicher Publizist darauf zurück, dass sich in Deutschland die Regelungen nur „mittelbar" über die kommunale Bauleitplanung auf die Vorhabenszulassung auswirkten.

Einmal mehr wird durch diese Einschränkung die materielle einheitliche Steuerung des Einzelhandels auf den vier Stufen der Raumplanung unter Rückgriff auf die das Problem nur kaschierende Unterscheidung von mittelbar und unmittelbar verdeckt. Der Kommentar zum Landesplanungsrecht Baden-Württemberg verdeutlicht hingegen zu Recht anhand des engen Ineinandergreifens der vier Stufen der Raumplanung die materielle Einheit der Einzelhandelssteuerung.[47] Stichworte sind die in den Regionalplänen enthaltenen gemeindescharfen, gemeindeteilsbezogenen, bereichsscharfen, ausnahmsweise auch parzellenscharfen Festlegung. Die Baugenehmigung ist der Schlusspunkt im deutschen System der Einzelhandelssteuerung. Sie ist zugleich eine Niederlassungserlaubnis im Sinne von Art. 9 ff. der Dienstleistungsrichtlinie, die durch die umfassenden raumordnungsrechtlichen Vorgaben bewusst determiniert wird. § 1 Abs. 4 BauGB lässt an Deutlichkeit nichts zu wünschen übrig.

Richtig ist, dass es in Deutschland keine gesetzlich vorgeschriebenen Ausschüsse für Einrichtungen des Handels gibt, die die Regionalregierung beraten. Aber die Praxis für die Erstellung von Einzelhandelskonzepten ist strukturell durchaus gleichartig, da in der Regel nur die ansässigen Einzelhändler und Grundstückseigentümer an der Erstellung der Einzelhandelskonzepte teilnehmen.

Die resümierende Bemerkung, die IKEA-Entscheidung des Bundesverwaltungsgerichts[48] habe in einigen Grundfragen der Raumordnung Klar-

---

45 *Hager*, BauR 2011, 1093, 1102.
46 *Hager*, BauR 2011, 1093, 1101.
47 *Hager*, BauR 2011, 1093, 1101, Fn. 34, *Hager*, aaO, § 11 Rn. 23 und Rn. 52 f.
48 BVerwG, Urt. v. 16.12.2010 – 4 C 8/10, BVerwGE 138, 301.

heit gebracht,[49] kann nicht überzeugen, angesichts des oben reflektierten Festhaltens am Dogma der wettbewerblichen Neutralität des Raumplanungsrechts anlässlich der apodiktischen Prüfung von Konzentrations-, Integrations- und Beeinträchtigungsgebots durch das Bundesverwaltungsgericht.[50] Interessanter ist der Schlusssatz der Abhandlung: „Wir werden sehen, ob sich (die Steuerung von Einzelhandelsausweisungen)[51] nahtlos in das Europäische Haus einfügen." Der schon zitierte spätere Hinweis auf die noch nicht gelesene Messe in Luxemburg[52] klingt deutlich zurückhaltender.

Zieht man den Schleier des Dogmas von der wettbewerblichen Neutralität des Raumplanungsrechts beiseite, so zeigt sich, dass im Kern in Spanien und Deutschland die beanstandeten Beeinträchtigungen des Wettbewerbs gleichartig sind. Die Unterschiede im Einzelnen sind gradueller nicht prinzipieller Natur. Von daher ist es konsequent, wenn die Europäische Kommission ihr Vertragsverletzungsverfahren gegen Deutschland in Sachen Steuerung des Einzelhandels weiter verfolgt.

Damit stellt sich im Einzelfall wie im Fall Spaniens die Frage, ob und wie die Beeinträchtigung des Wettbewerbs gerechtfertigt werden können. Der EuGH hat unter Rückgriff auf Umweltschutz und Verbraucherschutz im Einklang mit den Anträgen der Generalanwältin Sharpstone[53] entschieden, dass planerische Einwirkungen auf die Einzelhandelssteuerung gerechtfertigt sein können. Aber anders als nach dem deutschen Dogma der Neutralität müssen mögliche Beeinträchtigungen gewichtet und in die Abwägung eingestellt werden. Ein generelles Wegwägen wie es dem Neutralitätsdogma entspräche, ist unzulässig. Zu Recht verfolgt die Europäische Kommission weiterhin eine sorgfältige Prüfung des deutschen Systems der Steuerung des Einzelhandels durch Raumplanung. Es liegt auf der Hand, dass mit der Aufgabe des Neutralitätsdogmas das Gewicht der wettbewerblichen Belange deutlich zunähme. Die bisherige Planungspraxis und auch die Praxis der gerichtlichen Kontrolle verletzt die Niederlassungsfreiheit und bei gehöriger Prüfung auch die Dienstleistungsrichtlinie 2006/123/EG. Sie ist daher unionsrechtswidrig.

---

49 Unter Berufung auf *Bischopink*, BauR 2009, 1688.
50 *Hager*, BauR 2011, 1093, 1103.
51 Einfügung des Verfassers.
52 *Hager*, ZRP 2016, 211, 212.
53 Dazu auch *Uechtritz*, (Fn 42), S. 654.

Wie auf der Ebene des Unionsrechts sind Zielkonflikte zwischen wettbewerblicher Freiheit und Finalisierung durch Planung Gegenstand zwingend notwendiger Abwägungsentscheidungen.[54] „Das allgemeine Wettbewerbsprinzip setzt der planerischen Gestaltung Grenzen."[55] Dabei ist jeweils zu prüfen, ob die städtebaulichen Ziele in der Abwägungsentscheidung gegenüber wettbewerblichen Auswirkungen insbesondere für Marktneulinge zurückzustehen haben und damit Vorrang vor anderen städtebaulichen Kriterien haben.

Zusätzlich ist zu prüfen, ob die zum Teil vagen rechtlichen Vorgaben und die darauf gestützten rigiden Zulassungskriterien zu unbestimmt und insbesondere unverhältnismäßig sind.[56] Die dem Neutralitätsdogma verpflichtete Rechtsprechung, dass die gesetzlichen Ziele des Raumplanungsrechts dem allgemeinem Interesse dienen und deshalb gegenüber Wettbewerbsüberlegungen und individuellen Belangen der Planungsbetroffenen regelmäßig Vorrang haben,[57] ist unionsrechtswidrig.

Die Entwicklung spezifischer Kriterien für die Berücksichtigung der wettbewerblichen Belange in der Abwägung ist notwendig. Eine bloße Adaption der Kontrolle des Regulierungsermessens genügt nicht.

V. Ausblick

In einem europäischen Binnenmarkt, der auf Wettbewerb, Niederlassungs- und Dienstleistungsfreiheit setzt, wirkt die deutsche Planungspraxis wie aus der Zeit gefallen. Das wird besonders auch darin deutlich, dass der rasante Wandel des Marktes durch den in Zeiten von Big Data ungebremst wachsenden Internethandel völlig ausgeblendet wird.[58] Es geht nicht nur um große Verkaufsflächen an bestehenden geschützten Standorten, sondern um neue Distributionsformen, neue ausgreifende überregionale Logistikzentren, aber auch um Minifilialen zum Abholen oder zur Rückgabe ggf. auch zum haptischen Begreifen, um Click und Collect Service, um Packstationen und städtebauliche Steuerung des kleinteiligen Lieferverkehrs. Gegenwärtig wird die eine Vertriebsform – die stationäre – detail-

---

54 *Gärditz*, Europäisches Planungsrecht, 2009, S. 75.
55 *Gärditz*, S. 75.
56 S.a. *GA Szpunar*, Schlussanträge v. 18.5.2017 – C 360/15 u. C 31/107.
57 So krit. *Weck*, AO, S. 1266.
58 S.a. *Reidt*, DVBl 2016, 1364, 1369.

liert und intensiv überplant, die andere – der Internethandel – hingegen vom Städtebaurecht und vom Raumordnungsrecht ignoriert. Dies wird der Wirklichkeit nicht gerecht. Denn diese ist dadurch gekennzeichnet, dass beide Vertriebsformen zusammenwachsen, also nicht nur miteinander konkurrieren, sondern sich auch ergänzen, etwa im Zuge der Expansion ehemals reiner Online-Händler in den stationären Einzelhandel, der zugleich etwa in bestehenden Warenhäusern verschiedene Online-Plattformen integriert.[59] Dieses Zusammenwachsen in den Blick zu nehmen, ist Aufgabe des Gesetzgebers, der sich der wettbewerbssteuernden Funktion des Raumordnungsrechts bewusst sein muss und nicht darauf warten sollte, bis ihn ein Weckruf aus Luxemburg erreicht.

Schließlich sei daran erinnert, dass die EU zwar keine Kompetenz für Raumordnung und Städtebau besitzt, aber seit langem und immer intensiver qua Umwelt (Art. 3 II [1 Satz 2 EUV]) und die Gesetzgebungskompetenz gemäß Art. 3 III (3), also über die Kohäsionspolitik in das deutsche Städtebaurecht und Raumordnungsrecht eingreift wie die jüngsten Novellen des Jahres 2017 zum BauGB und ROG erneut belegen.[60]

---

[59] S.a. BBSR-Analysen 02/2017; *Günthner*, Neue digitale Bequemlichkeiten und die europäische Stadt, 2017, S. 13, abrufbar unter http://www.bbsr.bund.de/BBSR/DE/Veroeffentlichungen/ AnalysenKompakt/2017/ak-02-2017.html?nn=1363384 (abgerufen am 12.7.2017).

[60] Dazu *Battis/Mitschang/Reidt*, NVwZ 2017, 817.

Die Grundfreiheiten als Marktzugangsrechte.
Versuch einer subjektiv-rechtlichen Rekonstruktion der
Grundfreiheiten durch Einführung eines Spürbarkeitstests

Martin Ebers, Frankfurt (Oder) [*]

I. Einleitung

Die im AEUV verankerten Grundfreiheiten werden im Schrifttum – entsprechend ihrer ursprünglichen Intention[1] – immer noch als *objektiv-rechtliche* Normen verstanden, die vorrangig an die Mitgliedstaaten gerichtet sind und dem institutionellen Schutz des Binnenmarkts dienen. Der Einzelne soll durch die Grundfreiheiten demgegenüber nur reflexartig und dem Binnenmarktgedanken nachgeordnet geschützt werden.[2] Demzufolge soll es bei unterschiedslos anwendbaren Maßnahmen nicht darauf ankommen, ob ein Marktteilnehmer „spürbar" in seinen Marktzugangsrechten beeinträchtigt wird. Entscheidend seien letztlich nicht die Auswirkungen der betreffenden Maßnahme auf den Einzelnen, sondern vielmehr auf den Binnenmarkt – eine These, die auch von *Hans-Peter Schwintowski*, dem diese Zeilen zu seinem 70. Geburtstag in Dankbarkeit gewidmet sind, in seiner „Fundamentalkritik" an der *Keck*-Rechtsprechung geteilt wird.[3]

Der nachstehende Beitrag versucht demgegenüber, die bislang eher vernachlässigte *subjektiv-rechtliche* Dimension der Grundfreiheiten unter Rückgriff auf die EuGH-Rechtsprechung stärker in den Blick zu rücken. Behauptet wird dabei nicht, dass das in Art. 26 Abs. 2 AEUV verankerte Binnenmarktziel zugunsten einer subjektiv-rechtlichen Betrachtungsweise

---

[*] PD Dr. Martin Ebers, Lehrstuhl für Bürgerliches Recht und Zivilverfahrensrecht – Lehrstuhlvertretung – Europa-Universität Viadrina Frankfurt (Oder).
[1] Die Grundfreiheiten waren nach dem EWG-Vertrag vorrangig an die Mitgliedstaaten gerichtet, ohne dem Einzelnen explizit Rechte zu verleihen. Dies kam in zahlreichen Vertragsbestimmungen des EWGV von 1958 zum Ausdruck, so insb. in den sog. *stand still*-Regelungen; vgl. W.-H. *Roth*, EWS 2013, 16.
[2] Vgl. nur *Körber*, Grundfreiheiten und Privatrecht, 2004, S. 824; *Englisch*, Wettbewerbsgleichheit im grenzüberschreitenden Handel, 2008, S. 257.
[3] *Schwintowski*, RabelsZ 2000, 38, 47 ff.

vollständig zurücktreten soll. Wesentliches Anliegen ist vielmehr der Versuch einer kritischen Rekonstruktion der Grundfreiheiten, verbunden mit dem Petitum, dass das Marktzugangskriterium stärker als bislang subjektiv-rechtlich verstanden und anhand eines Spürbarkeitstests konkretisiert werden sollte. Auf diese Weise könnte nicht zuletzt eine bessere Anschlussfähigkeit des nationalen Rechts an den EuGH gewährleistet werden, der gerade in seiner neueren Rechtsprechung den Marktzugang als eigenständiges Kriterium begreift, um den weiten Beschränkungsbegriff zu präzisieren.

Die folgenden Überlegungen werfen zunächst einen Blick auf das vom EuGH entwickelte Beschränkungsverbot und das neuerdings favorisierte Marktzugangskriterium (II.). Im Anschluss daran wird in Auseinandersetzung mit der im Schrifttum geäußerten Kritik (III.) der Frage nachgegangen, wie das diffuse Kriterium des Marktzugangs in subjektiv-rechtlicher Hinsicht sowohl bei staatlichen Beschränkungen (IV.) als auch bei Handeln Privater (V.) näher konkretisiert werden könnte. In einem Schlussteil werden die Ergebnisse sodann thesenartig zusammengefasst (VI.).

II. EuGH-Rechtsprechung

1. Vom Diskriminierungs- zum Beschränkungsverbot

Die Grundfreiheiten sollen allen in der Union ansässigen Wirtschaftsteilnehmern die Möglichkeit eröffnen, auf sämtlichen Märkten der Union zu den dort geltenden Bedingungen konkurrieren zu können. Sie verbieten daher als Diskriminierungsverbote umfassend jede offene oder versteckte, unmittelbare oder mittelbare Diskriminierung, die an die Staatsangehörigkeit oder Ansässigkeit von Personen bzw. an den Ursprung oder die Herkunft von Produkten oder Kapital knüpft.[4]

Behinderungen für den grenzüberschreitenden Wirtschaftsverkehr können nicht nur von diskriminierenden, sondern auch von unterschiedslos anwendbaren Vorschriften ausgehen. Mit dem Binnenmarktziel (Art. 26 Abs. 2 AEUV) wäre es unvereinbar, wenn die Mitgliedstaaten willkürlich errichtete Hindernisse für den zwischenstaatlichen Handel allein deswegen

---

4 Vgl. nur *Craig/de Búrca*, EU Law, 6. Aufl., 2015, S. 668 ff.; *Körber*, S. 95 ff.

aufrechterhalten könnten, weil das gleiche Hindernis auch für reine Inlandssachverhalte gilt.[5] Insoweit war es nur konsequent, dass der EuGH in zunehmend konvergenter Weise sämtliche Grundfreiheiten zu Beschränkungsverboten weiterentwickelt hat. Nach der im Jahre 1974 entwickelten, nach wie vor gültigen, wenngleich durch die *Keck*-Rechtsprechung relativierten *Dassonville*-Formel ist „jede Handelsregelung der Mitgliedstaaten, die geeignet ist, den innergemeinschaftlichen Handel unmittelbar oder mittelbar, tatsächlich oder potentiell zu behindern", als Maßnahme gleicher Wirkung nach Art. 34 AEUV anzusehen.[6] Hierunter fallen, wie aus der Entscheidung *Cassis de Dijon*[7] hervorgeht, auch Regelungen, die unterschiedslos auf im EU-Ausland in Verkehr gebrachte wie im Inland hergestellte Waren anwendbar sind. Diesen weiten Beschränkungsbegriff hat der Gerichtshof bekanntlich im Laufe der Zeit auf sämtliche Grundfreiheiten übertragen.

Die Grundfreiheiten gewährleisten damit nicht nur Marktgleichheit, sondern in ihrer Funktion als Beschränkungsverbote zugleich den freien Zugang zu den mitgliedstaatlichen Märkten.

2. Marktzugang als entscheidendes Kriterium

Die Formel vom Marktzugang wird vom Gerichtshof in vielen Entscheidungen nicht nur als Begründung dafür verwendet, warum bestimmte Maßnahmen am Maßstab der Grundfreiheiten zu messen sind, sondern zugleich als *Kriterium* herangezogen, um den weiten Beschränkungsbegriff auszufüllen.

a) Niederlassungs- und Dienstleistungsfreiheit

Besonders augenfällig ist diese Vorgehensweise bei der Niederlassungs- und Dienstleistungsfreiheit. Nach ständiger Rechtsprechung umfasst der

---

5 So bereits Schlussanträge des GA Jacobs, C-412/93, ECLI:EU:C:1994:393 Rn. 39 – Leclerc-Siplec.
6 EuGH, Urt. v. 11.7.1974 – C-8/74, ECLI:EU:C:1974:82 Rn. 5 – Dassonville Scotch Whisky.
7 EuGH, Urt. v. 20.2.1979 – C-120/78, ECLI:EU:C:1979:42 Rn. 8 f. – Rewe-Zentral („*Cassis de Dijon*").

Begriff der „Beschränkung" i.S.v. Art. 49, 56 AEUV „die von einem Mitgliedstaat getroffenen Maßnahmen, die, obwohl sie unterschiedslos anwendbar sind, den Marktzugang von Unternehmen aus anderen Mitgliedstaaten betreffen und somit den innergemeinschaftlichen Handel behindern."[8]

In diesem Sinne urteilte der Gerichtshof beispielsweise im Fall *Caixa-Bank France*,[9] dass das im französischen Recht unterschiedslos geltende Verbot der Verzinsung von Sichteinlagen den Marktzugang für ausländische Kreditinstitute erschwert und eine Beschränkung der Niederlassungsfreiheit darstellt, da gerade der Wettbewerb mit Hilfe des Zinssatzes auf Sichteinlagen eine der wirksamsten Methoden darstellt, auf dem Markt eines Mitgliedstaats Fuß zu fassen und mit ansässigen Unternehmen konkurrieren zu können.[10]

In der Rechtssache *Cipolla*[11] maß der Gerichtshof das im italienischen Recht für Rechtsanwälte geltende Verbot, durch Vereinbarung von den durch die Gebührenordnung festgesetzten Mindesthonoraren abzuweichen, ebenfalls am Kriterium des Marktzugangs. Die Regelung stellt nach Ansicht des EuGH eine Beschränkung der Dienstleistungsfreiheit dar, da sie geeignet ist, ausländischen Rechtsanwälten den Zugang zum italienischen Markt zu erschweren, indem sie ihnen die Möglichkeit nimmt, durch geringere Honorarforderungen den bereits niedergelassenen Rechtsanwälten Konkurrenz zu machen.[12]

Ganz ähnlich stellte der Gerichtshof im Fall *Kommission/Italien*[13] fest, dass ein im italienischen Recht vorgesehener Kontrahierungszwang für KfZ-Haftpflichtversicherer eine Beschränkung der Art. 49, 56 AEUV dar-

---

8 EuGH, Urt. v. 28.4.2009 – C-518/06, ECLI:EU:C:2009:270 Rn. 64 – Kommission/Italien.
9 EuGH, Urt. v. 5.10.2004 – C-442/02, ECLI:EU:C:2004:586 Rn. 13 f – CaixaBank France.
10 Das Verzinsungsverbot konnte nach Auffassung des EuGH auch nicht durch zwingende Gründe des Allgemeininteresses gerechtfertigt werden; EuGH, Urt. v. 5.10.2004 – C-442/02, ECLI:EU:C:2004:586 Rn. 21 ff. – CaixaBank France.
11 EuGH, Urt. v. 5.12.2006 – C-94/04, ECLI:EU:C:2006:758 Rn. 58 f. – Cipolla u.a.
12 Hinsichtlich der Rechtfertigungsmöglichkeiten wies der EuGH darauf hin, dass das vorlegende Gericht prüfen müsse, ob die Regelung zum Schutz einer geordneten Rechtspflege geeignet und erforderlich sei; EuGH, Urt. v. 5.12.2006 – C-94/04, ECLI:EU:C:2006:758 Rn. 64 ff. –Cipolla u.a.
13 EuGH, Urt. v. 28.4.2009 – C-518/06, ECLI:EU:C:2009:270 Rn. 70 – Kommission/Italien.

Die Grundfreiheiten als Marktzugangsrechte

stellt, da eine solche Regelung für ausländische Versicherungsunternehmen einen zusätzlichen Anpassungsbedarf und Kosten von solchem Umfang nach sich zieht, die geeignet sind, den Zugang zum italienischen Markt weniger attraktiv zu machen und die Möglichkeit der betroffenen Unternehmen verringert, ohne Weiteres mit den traditionell in Italien ansässigen Unternehmen wirksam in Wettbewerb zu treten.[14]

b) Arbeitnehmerfreizügigkeit

Das Marktzugangskriterium wird vom Gerichtshof auch bei den anderen Grundfreiheiten herangezogen. So urteilte der EuGH in *Bosman*,[15] dass unterschiedslos geltende Transferregeln eines nationalen Fußballverbandes gegen die Arbeitnehmerfreizügigkeit (Art. 45 AEUV) verstoßen, da diese Regeln „den Zugang der Spieler zum Arbeitsmarkt in den anderen Mitgliedstaaten unmittelbar beeinflussen und somit geeignet sind, die Freizügigkeit der Arbeitnehmer zu beeinträchtigen." Auch im Fall *Graf*[16] betonte der Gerichtshof, dass unterschiedslos anwendbare Bestimmungen, die einen Staatsangehörigen eines Mitgliedstaats daran hindern oder davon abhalten, sein Herkunftsland zu verlassen, eine Beeinträchtigung dieser Freiheit darstellen. Dies sei jedoch nur dann der Fall, wenn sie den Zugang der Arbeitnehmer zum Arbeitsmarkt beeinflussen.

c) Kapitalverkehrsfreiheit

Für die Kapitalverkehrsfreiheit gilt entsprechend, dass Art. 56 Abs. 1 AEUV auf unterschiedslos anwendbare Maßnahmen anwendbar ist, wenn diese geeignet sind, Anleger aus anderen Mitgliedstaaten von Investitionen abzuhalten und damit den Marktzugang zu beeinflussen.[17] Dies ist

---

14 Im Ergebnis hielt der Gerichtshof den Kontrahierungszwang dennoch aus zwingenden Gründen des Allgemeininteresses (sozialer Schutz von Verkehrsunfallopfern) für gerechtfertigt; EuGH, Urt. v. 28.4.2009 – C-518/06, ECLI:EU:C:2009:270 Rn. 74 ff. – Kommission/Italien.
15 EuGH, Urt. v. 15.12.1995 – C-415/93, ECLI:EU:C:1995:463 Rn. 103 – Bosman.
16 EuGH, Urt. v. 27.1.2000 – C-190/98, ECLI:EU:C:2000:49 Rn. 23 – Graf.
17 EuGH, Urt. v. 13.5.2003 – C-98/01, ECLI:EU:C:2003:273 Rn. 46 f. – Kommission/Vereinigtes Königreich; EuGH, Urt. v. 10.11.2011 – C-212/09, ECLI:EU:C:2011:717 Rn. 65 – Kommission/Portugal.

beispielsweise der Fall, wenn die von den Mitgliedstaaten an ehemals öffentlichen Unternehmen gehaltenen Anteile mit Sonderrechten ausgestattet werden (*golden shares*), denn in diesen Konstellationen besteht die Gefahr, dass der Mitgliedstaat seine Sonderrechte zur Wahrnehmung von Interessen ausübt, die nicht mit den wirtschaftlichen Interessen der betreffenden Gesellschaft in Einklang stehen. Derartige Regelungen sind daher geeignet, Investoren von Direkt- oder Portfolioinvestitionen in diese Gesellschaft abzuhalten.[18]

d) Warenverkehrsfreiheit

aa) Keck-Rechtsprechung

Einen Sonderweg hat demgegenüber die Judikatur zur Warenverkehrsfreiheit eingeschlagen. Nach der *Keck*-Rechtsprechung werden bestimmte Verkaufsmodalitäten vom Anwendungsbereich des Art. 34 AEUV ausgenommen, „sofern diese Bestimmungen für alle betroffenen Wirtschaftsteilnehmer gelten, die ihre Tätigkeit im Inland ausüben, und sofern sie den Absatz der inländischen Erzeugnisse und der Erzeugnisse aus anderen Mitgliedstaaten rechtlich wie tatsächlich in der gleichen Weise berühren".[19] Nicht unter die *Keck*-Ausnahme fallen demgegenüber sogenannte produktbezogene Regelungen, die die Merkmale von Erzeugnissen betreffen. Diese werden nach wie vor von Art. 34 AEUV erfasst, selbst wenn die betreffenden Vorschriften unterschiedslos für alle inländischen und eingeführten Erzeugnisse gelten.[20]

Auch die *Keck*-Formel bleibt freilich dem Modell des Marktzugangs verhaftet. Die Unterscheidung zwischen den zwei Regelungstypen beruht auf der Annahme, dass beide Kategorien unterschiedliche Auswirkungen auf den Marktzugang haben. Während produktbezogene Anforderungen in

---

[18] EuGH, Urt. v. 28.9.2006 – C-282-283/04, ECLI:EU:C:2005:712 Rn. 28 – Kommission/Niederlande.
[19] EuGH, Urt. v. 24.11.1993 – C-267-268/91, ECLI:EU:C:1993:905 Rn. 16 – Keck und Mithouard.
[20] EuGH, Urt. v. 24.11.1993 – C-267-268/91, ECLI:EU:C:1993:905 Rn. 15 – Keck und Mithouard; EuGH, Urt. v. 9.8.1994 – C-51/93, ECLI:EU:C:1994:312 Rn. 10 – Meyhui/Schott Zwiesel Glaswerke; EuGH, Urt. v. 6.7.1995 – C-470/93, ECLI:EU:C:1995:224 Rn. 13 – Mars; EuGH, Urt. v. 26.6.1997, ECLI:EU:C:1997:325 Rn. 11 – Familiapress.

der Regel verhindern, dass ein bestimmtes Produkt überhaupt auf einen nationalen Markt gelangt, wenn es nicht den entsprechenden Standards angepasst wird, sollen Verkaufsmodalitäten nach Ansicht des EuGH *prima facie* nicht geeignet sein, den Marktzugang für eingeführte Erzeugnisse zu versperren oder zu behindern.[21] Sie betreffen nämlich üblicherweise die Situation nach erfolgtem Zutritt zum Markt und sind damit unabhängig von einem Grenzübertritt auf die Marktteilnehmer gleichermaßen anwendbar.[22]

Diese Aussagen sind sowohl im Schrifttum als auch bei vielen Generalanwälten auf berechtigte Kritik gestoßen. Die *Keck*-Rechtsprechung vernachlässigt nicht nur, dass sich produktbezogene Maßnahmen und Verkaufsmodalitäten in vielen Fällen nicht voneinander abgrenzen lassen, sie missachtet vielmehr zugleich, dass Verkaufsmodalitäten die Einfuhr in gleicher Weise und unter Umständen sogar in stärkerem Maße beschränken können, als Produktregelungen.[23] Entscheidend für die Frage, ob eine bestimmte Maßnahme beschränkend wirkt, kann daher nicht ihre formale Einordnung als Verkaufsmodalität oder Produktregelung sein. Maßgeblich müssen vielmehr die tatsächlichen Auswirkungen auf den Marktzugang sein.

Der Gerichtshof ist denn auch in vielen Entscheidungen dazu übergegangen, dem Kriterium des Marktzugangs im Rahmen von Art. 34 AEUV verstärkt Rechnung zu tragen, indem er den Begriff der Diskriminierung immer weiter ausdehnte und Verkaufsmodalitäten weiterhin für kontrollfähig erachtete, wenn diese aufgrund ihrer bloß faktischen Wirkung seiner Auffassung nach geeignet waren, den Marktzugang für Erzeugnisse aus einem anderen Mitgliedstaat zu versperren oder stärker zu behindern als für inländische Erzeugnisse.[24]

---

21 Vgl. EuGH, Urt. v. 24.11.1993 – C-267-268/91, ECLI:EU:C:1993:905 Rn. 17 – Keck und Mithouard; EuGH, Urt. v. 10.5.1995 – C-384/93, ECLI:EU:C:1995:126 Rn. 37 – Alpine Investments; EuGH, Urt. v. 18.9.2003 – C-416/00, ECLI:EU:C:2003:475 Rn. 31 – Morellato; EuGH, Urt. v. 13.5.2003 – C-98/01, ECLI:EU:C:2003:273 Rn. 46 – Kommission/Vereinigtes Königreich.
22 GA Kokott, C-142/05, ECLI:EU:C:2006:782 Rn. 53 – Mickelsson und Roos.
23 GA Jacobs, C-412/93, ECLI:EU:C:1994:393 Rn. 38 – Leclerc-Siplec. Aus dem umfangreichen Schrifttum vgl. nur *Schwintowski*, RabelsZ 2000, 38, 47 ff.; *Weatherill*, CMLR 1996, 885 ff.
24 Vgl. EuGH, Urt. v. 13.1.2000 – C-254/98, ECLI:EU:C:2000:12 Rn. 27, 30 – TK-Heimdienst; EuGH, Urt. V. 8.3.2001 – C-405/98, ECLI:EU:C:2001:135 Rn. 21 – Gourmet International Products; EuGH, Urt. v. 18.9.2003 – C-416/00,

bb) Neuere Judikatur

In seiner neueren Judikatur ist der Gerichtshof noch einen Schritt weitergegangen. In den Rechtssachen *Kommission/Italien* (Anhänger für Kradfahrzeuge),[25] *Mickelsson & Roos,*[26] und *Ker-Optika*[27] hebt das Gericht hervor, dass Art. 34 AEUV drei Kategorien von Maßnahmen umfasst: (i) Maßnahmen, die bezwecken oder bewirken, dass Importwaren weniger günstig als nationale Waren behandelt werden (Diskriminierungsverbot), (ii) Maßnahmen, die der Verkehrsfähigkeit einer im Herkunftsstaat rechtmäßig hergestellten oder in den Verkehr gebrachten Waren entgegenstehen (Prinzip der gegenseitigen Anerkennung), sowie (iii) jede sonstige Maßnahme, die den Zugang zum Markt eines Mitgliedstaats für Erzeugnisse aus anderen Mitgliedstaaten behindert (Beschränkungsverbot).

Diese Ausführungen legen den Schluss nahe, dass der Gerichtshof bereit ist, die *Keck*-Formel zugunsten eines Marktzugangskriteriums aufzugeben.[28] Verkaufsmodalitäten wären nach dieser Lesart vom Anwendungsbereich des Art. 34 AEUV grundsätzlich erfasst; sie stellen lediglich einen typischen Anwendungsfall dar, in dem die marktzugangsbeschränkenden Wirkungen einer Maßnahme genauer geprüft werden müssen.

Im Fall *Ker-Optika* hat die 3. Kammer des Gerichtshofs die in *Keck* aufgestellte Vermutung, dass Vertriebsmodalitäten *prima facie* nicht von Art. 34 AEUV erfasst werden, sogar in ihr Gegenteil verkehrt: Hiernach ist die „Anwendung nationaler Bestimmungen, die bestimmte Verkaufsmodalitäten beschränken oder verbieten, auf Erzeugnisse aus anderen Mitgliedstaaten geeignet, den Handel zwischen den Mitgliedstaaten im Sinne der aus dem Urteil Dassonville hervorgegangenen Rechtsprechung unmit-

---

ECLI:EU:C:2003:475 Rn. 37 – Morellato; EuGH, Urt. v. 11.12.2003 – C-322/01, ECLI:EU:C:2003:664 Rn. 73 ff. – Deutscher Apothekerverband/DocMorris.

25 EuGH, Urt. v. 10.2.2009 – C-110/05, ECLI:EU:C:2009:66 Rn. 34, 37 – Kommission/Italien.

26 EuGH, Urt. v. 4.6.2009 – C-142/05, ECLI:EU:C:2009:336 Rn. 24 – Mickelsson und Roos.

27 EuGH, Urt. v. 2.12.2010 – C-108/09, ECLI:EU:C:2010:725 Rn. 48 ff. – Ker-Optika.

28 So auch die Einschätzung von *Barnard*, CLJ 2009, 288 ff.; *Horsley*, CMLR 2009, 2001 ff.; *Pecho*, LIEI 2009, 257, 262 ff.; *Snell*, CMLR 2010, 437, 455-460; *Spaventa*, ELRev. 2009, 914 ff. Vorsichtiger *Classen*, EuR 2009, 555, 559. Nach a.A. betrifft die neuere Rspr. nur die Fallgruppe der sog. Nutzungs- bzw. Verwendungsbeschränkungen; *Epiney*, NVwZ 2010, 1065 f.; *Wenneras/Boe Moen*, ELRev. 2010, 387 ff.

telbar oder mittelbar, tatsächlich oder potenziell zu behindern, *es sei denn*, diese Bestimmungen gelten für alle betroffenen Wirtschaftsteilnehmer, die ihre Tätigkeit im Inland ausüben, und berühren den Absatz der inländischen Erzeugnisse und der Erzeugnisse aus anderen Mitgliedstaaten rechtlich wie tatsächlich in der gleichen Weise."[29]

e) Zwischenergebnis

Die vom EuGH vorgenommene Rückführung der Warenverkehrsfreiheit auf ihren Kerngehalt als Marktzugangsfreiheit ist im Ergebnis zu begrüßen. Sie beseitigt nicht nur die schwierigen und wenig nachvollziehbaren Versuche, verkaufs- und produktbezogene Regelungen voneinander abzugrenzen, sondern stellt zugleich einen wichtigen Schritt hin zu einer größeren Konvergenz der Grundfreiheiten dar.

III. Gleichheits- oder freiheitsrechtliche Interpretation des Marktzugangs?

1. Marktzugang als „Slogan"?

Teile des Schrifttums[30] stehen dieser Judikatur äußerst kritisch gegenüber: Dem EuGH sei es in seiner Rechtsprechung nicht gelungen, ein klares Konzept zu entwickeln, unter welchen Voraussetzungen rein faktische Behinderungen des grenzüberschreitenden Handels den Marktzugang in grundfreiheitswidriger Weise beschränken. Der Gerichtshof stelle in seinen Urteilen häufig undifferenziert auf den Marktzugang ab, ohne konkret zu prüfen, ob die betreffende Maßnahme ausländische Marktteilnehmer härter treffe als inländische Marktteilnehmer. Der „Slogan" vom Marktzugang fördere nicht das Verständnis der Grundfreiheiten und berge die Gefahr, dass die Grundfreiheiten zu allgemeinen Marktgestaltungsrechten mutierten, die auf eine Abwehr gegen jegliche Beschränkung der wirtschaftlichen Betätigung gerichtet seien.

---

29 EuGH, Urt. v. 2.12.2010 – C-108/09, ECLI:EU:C:2010:725 Rn. 51 – Ker-Optika; Herv. hinzugefügt.
30 Besonders pointiert *Snell*, CMLR 2010, 437, 468 f. Kritisch auch *Spaventa*, ELRev. 2009, 914, 929.

Hinter dieser Kritik steht die zutreffende Beobachtung, dass sich das Kriterium des Marktzugangs sowohl gleichheitsrechtlich als auch freiheitsrechtlich interpretieren lässt.[31]

Es lässt sich zum einen *gleichheitsrechtlich* dahingehend verstehen, dass die Grundfreiheiten jedem Wirtschaftsteilnehmer die Möglichkeit einräumen, seine Waren, Dienstleistungen, seine Arbeitskraft oder sein Kapital in jedem Mitgliedstaat unter Wettbewerbsbedingungen anzubieten, die ihn weder rechtlich noch tatsächlich stärker behindern als seine dort niedergelassenen Konkurrenten. Die Grundfreiheiten gewährleisten nach dieser Interpretation lediglich ein Recht auf einen diskriminierungsfreien Marktzugang.

Das Kriterium des Marktzugangs lässt sich zum anderen aber auch *freiheitsrechtlich* interpretieren. Nach dieser Lesart hätte jeder in einem Mitgliedstaat niedergelassene Wirtschaftsteilnehmer das Recht, seine Waren oder Dienstleistungen, seine Arbeitskraft oder sein Kapital in jedem Mitgliedstaat ungehindert von hoheitlichen Beschränkungen anbieten zu können. Unter Zugrundelegung dieses Verständnisses wären die Grundfreiheiten als allgemeine Freiheitsrechte auf den Abbau staatlicher Beschränkungen gerichtet.

2. Schutz vor spezifischen Hemmnissen des zwischenstaatlichen Wirtschaftsverkehrs

Vom Grundsatz her besteht indessen Einigkeit, dass nicht jedwede Maßnahme, die den Zugang zu einem anderen nationalen Teilmarkt der Union weniger attraktiv machen könnte, vom Schutzbereich der Grundfreiheiten erfasst werden darf.[32]

Ein solches Verständnis stünde im Widerspruch zum Grundanliegen des Binnenmarkts, die Freiheit grenzüberschreitender Wirtschaftstätigkeit gegen *spezifische* Hemmnisse des zwischenstaatlichen Wirtschaftsverkehrs zu schützen. Bei einer rein freiheitlichen Interpretation der Grundfreiheiten ginge es nicht mehr um die marktzutrittssichernde Funktion der Grundfreiheiten, sondern um die Errichtung eines Marktes, in dem Regeln

---

31 Hierzu *Englisch*, S. 227 f. Vgl. auch *Horsley*, CMLR 2009, 2001, 2014.
32 *T. Ackermann*, RIW 1994, 189, 192 f.; *Classen*, EWS 1995, 97, 104 f.; *Eilmansberger*, JBl. 1999, 345, 355 ff., 452; *Kingreen*, Die Struktur der Grundfreiheiten des Europäischen Gemeinschaftsrechts, 1999, S. 84 ff.; *Möstl*, EuR 2002, 318, 328 ff.

grundsätzlich verboten sind, soweit sie nicht erforderlich und angemessen sind, um zwingenden Interessen des Gemeinwohls zu genügen.[33] Eine solche Auslegung würde zu einer allgemeinen Deregulierung und zu einem faktischen Harmonisierungszwang führen. Es kann nicht Aufgabe des Gerichtshofs sein, systematisch die Ausrichtung der Wirtschaftspolitik der Mitgliedstaaten in Frage zu stellen.[34]

Nationale Regelungen sind daher nicht allein deshalb schon am Maßstab der Grundfreiheiten zu prüfen, weil sie sich auf das Angebot auswirken und/oder die Nachfrage und damit – ohne dass ein spezifisches Hindernis für den gemeinschaftlichen Verkehr besteht – das Verkaufsvolumen beeinflussen.

3. Reduktion der Grundfreiheiten auf Diskriminierungsverbote?

Vor diesem Hintergrund möchte eine starke Mindermeinung im Schrifttum die Grundfreiheiten auf – allerdings weit verstandene – Diskriminierungsverbote reduzieren, die über das Inländergleichbehandlungsgebot hinaus lediglich eine Schlechterstellung transnationaler Sachverhalte gegenüber rein inländischen Sachverhalten verbieten.[35]

Ein solcher Ansatz sieht sich jedoch einer Reihe von Einwänden ausgesetzt. Abgesehen davon, dass sich diese Auffassung nicht mit der Rechtsprechung des EuGH vereinbaren lässt, führt eine solche Sichtweise zu einem materiellen Diskriminierungsbegriff, dessen Konturen kaum noch zu erkennen sind.[36] Vor allem aber wird ein rein gleichheitsrechtliches Verständnis nicht dem Ziel des Binnenmarktes gerecht, einen Raum ohne Binnengrenzen zu gewährleisten, in dem der freie Verkehr von Waren, Personen, Dienstleistungen und Kapital gewährleistet ist (Art. 26 Abs. 2 AEUV). Denn im Ergebnis besteht kein Zweifel, dass nicht nur diskriminierende, sondern auch unterschiedslos anwendbare Maßnahmen ausländischen Wirtschaftsteilnehmern den Zugang zu den Teilmärkten anderer Mitgliedstaaten versperren können.

---

33 Schlussanträge des GA Tizzano, C-442/02, ECLI:EU:C:2004:187 Rn. 63 – Caixa-Bank France.
34 Schlussanträge des GA Maduro, C-158-159/04, ECLI:EU:C:2006:212 Rn. 41 – Alfa Vita Vassilopoulos.
35 *Kingreen*, S. 115 ff.; *Englisch*, S. 237, 242 f. (EuGH judiziert „ultra vires").
36 *Mühl*, Diskriminierung und Beschränkung, 2004, S. 231 f.

Die bereits diskutierten Fälle *CaixaBank France*, *Cipolla* und *Kommission/Italien*, aber auch die vom Gerichtshof zur Warenverkehrsfreiheit entschiedenen Rechtssachen *DocMorris*[37] und *Ker-Optika*,[38] in denen der Vertrieb bestimmter Produkte (Arzneimittel, Kontaktlinsen) über das Internet durch mitgliedstaatliche Maßnahmen untersagt wurde, belegen dies auf eindrucksvolle Weise. Zwar waren die einschlägigen Verbote allesamt unterschiedslos anwendbar. Dementsprechend wurden nicht nur ausländische Anbieter gegenüber den bereits niedergelassenen Inländern benachteiligt. Vielmehr sahen sich inländische Newcomer, die noch nicht am Markt agierten und Marktzugang erhalten wollten, genau denselben Nachteilen ausgesetzt wie ausländische Anbieter. Dennoch kam der Gerichtshof in den genannten Rechtssachen zu dem Ergebnis, dass die beschränkenden Maßnahmen einen Eingriff in den Schutzbereich der Grundfreiheiten darstellen. Entscheidend war insoweit der Gedanke, dass ausländischen Anbietern ein besonders effektiver Zugang zum Kunden verwehrt wird, wenn wirksame Formen der Absatzförderung (Werbung),[39] essentielle Vertriebswege (Internet),[40] der Wettbewerb um bestimmte Produkte (Zinssatz auf Sichteinlagen,[41] Versicherungstarife[42]) oder Preise (Mindestgebühren für Rechtsanwaltshonorare)[43] durch staatliche Maßnahmen beschränkend reguliert bzw. gänzlich verboten werden.

4. Berücksichtigung der subjektiv-rechtlichen Dimension der Grundfreiheiten

Eine solche Sichtweise ist konsequent, wenn man die Grundfreiheiten als *subjektive Rechte* interpretiert. Vermitteln die Grundfreiheiten ausländi-

---

37 EuGH, Urt. v. 11.12.2003 – C-322/01, ECLI:EU:C:2003:664 – Deutscher Apothekerverband/DocMorris.
38 EuGH, Urt. v. 2.12.2010 – C-108/09, ECLI:EU:C:2010:725 – Ker-Optika.
39 Vgl. EuGH, Urt. v. 9.7.1997 – C-34-36/95, ECLI:EU:C:1997:344 – De Agostini und TV-Shop; EuGH, Urt. v. 8.3.2001 – C-405/98, ECLI:EU:C:2001:135 – Gourmet International Products.
40 EuGH, Urt. v. 11.12.2003 – C-322/01, ECLI:EU:C:2003:664 – Deutscher Apothekerverband/DocMorris; EuGH, Urt. v. 2.12.2010 – C-108/09, ECLI:EU:C:2010:725 – Ker-Optika.
41 EuGH, Urt. v. 5.10.2004 – C-442/02, ECLI:EU:C:2004:586 – CaixaBank France.
42 EuGH, Urt. v. 28.4.2009 – C-518/06, ECLI:EU:C:2009:270 – Kommission/Italien.
43 EuGH, Urt. v. 5.12.2006 – C-94/04, ECLI:EU:C:2006:758 – Cipolla u.a.

schen Wirtschaftsteilnehmern ein Recht auf Marktzugang, kann es nicht allein auf die makroökonomischen Effekte ankommen, also darauf, ob der Wettbewerb zwischen aus- und inländischen Wirtschaftsteilnehmern im Binnenmarkt *insgesamt* verzerrt wird und ob die nachteiligen Folgen „in erster Linie",[44] „im Wesentlichen",[45] „besonders",[46] in der „großen Mehrzahl" der Fälle[47] oder „meistens" bzw. „hauptsächlich"[48] EU-Ausländer oder ausländische Produkte treffen. Vielmehr sind unter einer subjektivrechtlichen Perspektive auch die einzelwirtschaftlichen Auswirkungen für ausländische Anbieter in Betracht zu ziehen.[49]

Gelingt einem ausländischen Unternehmen der Nachweis, dass die fragliche Maßnahme seine Wettbewerbsposition im Vergleich zu den bereits am Markt aktiven inländischen Wirtschaftsteilnehmern verschlechtert, ist es daher ohne Belang, in welchem Ausmaß zugleich sonstige inländische Wirtschaftsteilnehmer betroffen sind.[50] Es ist dementsprechend nur folgerichtig, dass der Gerichtshof auf das Beschränkungsverbot gerade dann zurückgreift, wenn sich auf tatsächlicher Ebene nicht aufklären lässt, wie viele In- und Ausländer von der Maßnahme betroffen sind.[51]

---

44 Vgl. EuGH, Urt. v. 29.10.1980 – C-22/80, ECLI:EU:C:1980:251 Rn. 10 – Boussac/Gerstenmeier.
45 Vgl. EuGH, Urt. v. 7.6.1988 – C-20/85, ECLI:EU:C:1988:283 Rn. 15 – Roviello; EuGH, Urt. v. 30.5.1989 – C-33/88, ECLI:EU:C:1989:222 Rn. 12 – Allué u.a.
46 Vgl. EuGH, Urt. v. 8.5.1990 – C-175/88, ECLI:EU:C:1990:186 Rn. 14 – Biehl.
47 Vgl. EuGH, Urt. v. 10.2.1994 – C-398/92, ECLI:EU:C:1994:52 Rn. 16 – Mund & Fester.
48 Vgl. EuGH, Urt. v. 25.7.1991 – C-221/89, ECLI:EU:C:1991:320 Rn. 32 – Factortame II; EuGH, Urt. v. 13.7.1993 – C-330/91, ECLI:EU:C:1993:303 Rn. 15 – Commerzbank; EuGH, Urt. v. 14.2.1995 – C-279/93, ECLI:EU:C:1995:31 Rn. 28 – Schumacker; EuGH, Urt. 29.4.1999 – C-224/97, ECLI:EU:C:1999:212 Rn. 14 – Ciola.
49 Wie hier *G. Davies*, German Law Journal 2010, 671, 690.
50 In diese Richtung auch EuGH, Urt. v. 13.12.2007 – C-250/06, ECLI:EU:C:2007:783 Rn. 37 – United Pan-Europe Communications Belgium u.a.
51 Vgl. etwa EuGH, Urt. v. 26.1.1999 – C-18/95, ECLI:EU:C:1999:22 Rn. 41 – Terhoeve; EuGH, Urt. v. 24.3.2011 – C-400/08, ECLI:EU:C:2011:172 Rn. 63 – Kommission/Spanien.

IV. Präzisierung des Marktzugangskriteriums bei staatlichem Handeln

Steht nach dem zuvor Gesagten fest, dass ein rein gleichheitsrechtliches Verständnis den Grundfreiheiten nicht gerecht wird, so stellt sich weitergehend die Frage, wie der weite Begriff der Marktzugangsbeschränkung anderweitig präziser gefasst werden kann. Sowohl im Schrifttum als auch in der Rechtsprechung des EuGH findet sich eine Reihe von Vorschlägen, wie die Formel vom Marktzugang in tatbestandlicher Hinsicht konkretisiert und eingegrenzt werden kann.

1. Bestimmung des relevanten Markts

Kennzeichnend für eine Marktzugangsbeschränkung ist zunächst ihre Selektivität. Marktzugangsbeschränkungen behindern oder erschweren (ausländischen) Unternehmen den Zugang zu einem bestimmten Markt, indem sie Wettbewerbsvorteile für bereits am Markt aktive Wirtschaftsteilnehmer schaffen.[52]

Dementsprechend ist in einem ersten Schritt der relevante Markt zu ermitteln. Dabei bietet es sich an, den relevanten Markt in seiner räumlichen, sachlichen und zeitlichen Dimension unter Rückgriff auf die zu Art. 101, 102 AEUV entwickelten Kriterien zu bestimmen.[53] Für die Abgrenzung des sachlich relevanten Markts ist demgemäß entscheidend, ob die betreffenden Erzeugnisse bzw. Dienstleistungen von den Verbrauchern hinsichtlich ihrer Eigenschaften, ihrer Preise und ihres vorgesehenen Verwendungszwecks als austauschbar bzw. als substituierbar angesehen werden.[54] In diesem Sinne fordert der Gerichtshof auch für einen Verstoß ge-

---

[52] Vgl. Europäische Kommission, Glossar der Wettbewerbspolitik der EU, 2004, S. 54 (Definition „Zutrittsschranke"); *Jones/Sufrin*, EC Competition Law, 3. Aufl., 2008, S. 84 ff.; *G. Monti*, EC Competition Law, 2007, S. 144 ff., jeweils mwN zu den ökonomischen Theorien.

[53] So auch *G. Davies*, German Law Journal 2010, 671, 678 f; *Dietz/T. Streinz*, EuR 2015, 50, 60 ff., mit dem zutreffenden Hinweis, dass die für das Kartellrecht gültige Marktdefinition insoweit angepasst werden müsse, als ein fiktiver, hypothetischer Markt zugrunde zu legen ist, der bestünde, wenn die staatliche Regelung nicht existierte.

[54] EuGH, Urt. v. 85/76 – C-85/76, ECLI:EU:C:1979:36 Rn. 28 – Hoffmann-La Roche (zu Art. 101 AEUV); EuGH, Urt. v. 9.11.1983 – C-322/81, ECLI:EU:C:1983:313 Rn. 37 – Michelin (zu Art. 102 AEUV).

gen das steuerliche Diskriminierungsverbot (Art. 110 Abs. 1 AEUV), dass die fraglichen Waren ähnliche Eigenschaften haben und den gleichen Bedürfnissen der Verbraucher dienen.[55]

2. Marktzugangshindernisse durch unmittelbare Diskriminierungen und Mehrfachbelastungen

In einem zweiten Schritt ist sodann danach zu fragen, ob die in Rede stehende Maßnahme geeignet ist, den Marktzugang zu versperren oder zu behindern. Regelungen, die nach der Staatsangehörigkeit oder Ansässigkeit des Wirtschaftsteilnehmers, nach der Herkunft von Waren, Dienstleistungen oder Kapital differenzieren oder sonst in ihrem Tatbestand an ein grenzüberschreitendes Element des geregelten Vorgangs anknüpfen, wirken sich aufgrund ihrer unmittelbar diskriminierenden Wirkungen bereits *per se* auf den Marktzugang aus. Denn sie verhindern, dass ausländische Marktteilnehmer und ausländische Produkte auf dem betreffenden Markt zu den gleichen Bedingungen wie Inländer und inländische Produkte konkurrieren können.

In den Schutzbereich der Grundfreiheiten fallen darüber hinaus Nachteile, die sich für den *free mover* aus der Kumulation mehrerer Rechtsordnungen ergeben, wie beispielsweise Mehrfachbelastungen bei Warenproben, abgabenrechtliche Doppelregulierungen, Befähigungsnachweise, die bei Ausübung einer bestimmten Tätigkeit zu erbringen sind, sowie ganz allgemein Verkehrsverbote und allgemeine Tätigkeitsverbote, sofern die Produkte im Herkunftsland verkehrsfähig bzw. die Tätigkeit erlaubnisfähig ist (Prinzip der gegenseitigen Anerkennung). Derartige Maßnahmen lassen sich bei einem weiten Verständnis bereits unter das Diskriminierungsverbot subsumieren, da sie sich nur zu Lasten des grenzüberschreitend Tätigen auswirken.[56] Der „free mover" muss seine Waren an die im Vermarktungsstaat geltenden Vorschriften anpassen, seinen Wohnsitz oder seine Produktionsstätte verlegen oder eine weitere, vom Bestimmungsland

---

55 Vgl. EuGH, Urt. v. 20.2.1979 – C-120/78, ECLI:EU:C:1979:42 Rn. 12. – Rewe-Zentral („*Cassis de Dijon*"); EuGH, Urt. v. 11.8.1995 – C-367-377/93, ECLI:EU:C:1995:261 Rn. 27 – Roders u.a.; EuGH, Urt. v. 27.2.2002 – C-302/00, ECLI:EU:C:2002:123 Rn. 23 – Kommission/Frankreich; EuGH, Urt. v. 19.9.2002 – C-101/00, ECLI:EU:C:2002:505 Rn. 56 – Tulliasiamies und Siilin.
56 In diesem Sinne *Mühl*, 2004, S. 223 f.

anerkannte Ausbildung absolvieren, während Wirtschaftsteilnehmer, die sich nur innerhalb ein und derselben Rechtsordnung bewegen, einen derartigen zusätzlichen Aufwand nicht tragen müssen.

3. Unterschiedslos anwendbare Maßnahmen unterhalb der Schwelle einer absoluten Marktzugangsschranke

Bei unterschiedslos anwendbaren Maßnahmen, die unterhalb der Schwelle einer absoluten Marktzugangsschranke liegen, sind die belastenden Auswirkungen für ausländische Wirtschaftsteilnehmer demgegenüber genauer zu untersuchen.[57]

Vom Ausgangspunkt gilt dabei, dass die bloße Unterschiedlichkeit nationaler Rechtsordnungen nicht per se zu einer Beeinträchtigung der Grundfreiheiten führt.[58] Eine Beschränkung im Sinne des AEUV liegt nicht allein schon deshalb vor, „weil andere Mitgliedstaaten in ihrem Gebiet ansässige Erbringer gleichartiger Dienstleistungen weniger strengen oder wirtschaftlich interessanteren Vorschriften" unterwerfen.[59] Auch der bloße Rückgang des Absatzvolumens ist für sich genommen noch kein Indiz dafür, dass ein Verstoß gegen die Grundfreiheiten vorliegt, soweit sämtliche Wirtschaftsteilnehmer hiervon betroffen sind.[60] Notwendig ist vielmehr, dass der Marktzugang für ausländische Anbieter in *spezifischer* Weise erschwert wird.

a) Differenzierung zwischen Marktzugangs- und Marktausübungsregeln?

Im Rahmen dieser Prüfung kann es nach dem zuvor Gesagten nicht auf rein formale Unterscheidungen – wie etwa die Differenzierung zwischen produkt- und vertriebsbezogenen Regelungen – ankommen. Abzulehnen

---

57 In diese Richtung auch GA van Gerven, C-145/88, ECLI:EU:C:1989:279 Rn. 23 f. – Torfaen Borough Council.
58 EuGH, Urt. v. 1.2.1996 – C-177/94, ECLI:EU:C:1996:24 Rn. 17 – Perfili.
59 EuGH, Urt. v. 28.4.2009 – C-518/06, ECLI:EU:C:2009:270 Rn. 63 – Kommission/Italien.
60 EuGH, Urt. v. 24.11.1993 – C-267-268/91, ECLI:EU:C:1993:905 Rn. 13 – Keck und Mithouard; EuGH, Urt. v. 23.2.2006 – C-441/04, ECLI:EU:C:2006:141 Rn. 21 – A-Punkt Schmuckhandel.

ist insbesondere der von einigen Generalanwälten[61] und teils im Schrifttum[62] favorisierte Vorschlag, die *Keck*-Rechtsprechung auf andere Grundfreiheiten zu übertragen und zwischen dem „ob" und dem „wie" der wirtschaftlichen Betätigung zu differenzieren. Hiernach sollen allein Marktzugangsregeln am Maßstab der Grundfreiheiten gemessen werden. Dagegen sollen Marktausübungsregelungen, die nach erfolgtem Markteintritt die Art und Weise der Berufsausübung, die Modalitäten der Dienstleistungserbringung oder des Kapital- und Zahlungsverkehrs regeln, nicht mehr vom Schutzbereich erfasst sein.

Diese Differenzierung überzeugt nicht. Abgesehen davon, dass die Abgrenzung zwischen Marktzugangs- und Marktausübungsregeln im Einzelfall schwierig ist, und einige Grundfreiheiten bereits ihrem Wortlaut nach sowohl Zugangs- als auch Ausübungsregeln umfassen,[63] lässt eine solche Sichtweise die Schwere der jeweiligen Beeinträchtigung außer Betracht.[64] Sie verkennt, dass auch stark belastende Ausübungsregeln geeignet sein können, Wirtschaftsteilnehmer vom Marktzugang abzuhalten. Entscheidend ist daher nicht, in welcher Form oder zu welchem Zeitpunkt die Beschränkung erfolgt, sondern ob die betreffende Maßnahme von ihren Auswirkungen her hinreichend intensiv ist, um den Marktzugang für ausländische Wirtschaftsteilnehmer zu verhindern oder zu erschweren.

b) Unmittelbare oder direkte Beeinträchtigung als Kriterium?

Vereinzelt hat der Gerichtshof argumentiert, dass unterschiedslos anwendbare Maßnahmen dann vom Schutzbereich der Grundfreiheiten erfasst werden, wenn diese „unmittelbar" den Zugang zum Markt in anderen Mit-

---

61 GA Gulmann, C-275/92, ECLI:EU:C:1993:944 Rn. 56, 61 – Schindler; GA Lenz, C-415/93, ECLI:EU:C:1995:293 Rn. 203 – Bosman; GA Fennelly, C-190/98, ECLI:EU:C:1999:423 Rn. 33 – Graf.
62 *Ehlers*, Jura 2001, 482, 485; *Mühl*, 2004, S. 340; *Schroeder*, JZ 1996, 254, 255 f.
63 So spricht etwa Art. 49 Abs. 2 AEUV ausdrücklich davon, dass die Niederlassungsfreiheit gleichermaßen „die Aufnahme und Ausübung selbständiger Erwerbstätigkeiten" umfasst.
64 Im Ergebnis auch *Barnard*, ELRev. 2001, 35, 58; *Snell*, CMLR 2010, 437, 445 f.; *Spaventa*, CMLR 2004, 743, 760 ff.; *Wollenschläger*, Grundfreiheit ohne Markt, 2007, S. 56 f.

gliedstaaten beeinflussen.⁶⁵ Auch im Schrifttum wird zum Teil dafür plädiert, nicht nur auf die Schwere des Eingriffs abzustellen, sondern darüber hinaus danach zu fragen, ob ein „unmittelbarer" oder „direkter" Eingriff vorliegt.⁶⁶

Ein solches Kriterium stößt ebenfalls auf Bedenken.⁶⁷ Inwieweit eine Maßnahme „unmittelbar" bzw. „direkt" wirkt, ist häufig eine Wertungsfrage.⁶⁸ Daneben erweist sich dieses Merkmal auch deswegen als ungeeignet, weil damit keine Aussage über die Intensität der Marktzugangsbehinderung getroffen wird. Werden ausländische Marktteilnehmer mit spürbaren Nachteilen belastet, so kann es nicht darauf ankommen, ob diese unmittelbar aufgebürdet werden oder ob sie das Resultat einer Kette von Konsequenzen sind, die durch die Maßnahme adäquat kausal hervorgerufen werden. Umgekehrt kann es nicht angehen, dass eine nicht spürbare Maßnahme allein deshalb an den Grundfreiheiten gemessen wird, weil sie auf die Beteiligten direkt wirkt. Auch der Gerichtshof erkennt dementsprechend in neueren Entscheidungen an, dass es letztlich nicht auf die Unmittelbarkeit, sondern allein auf die Schwere des Eingriffs ankommt.⁶⁹

c) Spürbarkeitstest in der Rechtsprechung des EuGH

Obwohl sich der EuGH niemals ausdrücklich zu einem Spürbarkeitstest bekannt hat, zeigt eine nähere Rechtsprechungsanalyse, dass der Gerichtshof einen solchen Test gerade bei unterschiedslos anwendbaren Maßnahmen zugrunde legt. Der EuGH hat in einer Reihe von Entscheidungen hervorgehoben, dass nichtdiskriminierende Beschränkungen nur dann an den Grundfreiheiten zu messen sind, wenn diese den Marktzugang „erheb-

---

65 EuGH, Urt. v. 10.5.1995 – C-384/93, ECLI:EU:C:1995:126 Rn. 38 – Alpine Investments; EuGH, Urt. v. 15.12.1995 – C-415/93, ECLI:EU:C:1995:463 Rn. 103 – Bosman.
66 Vgl. *Weatherill*, CMLR 1996, 885, 896-901; *Toner*, YEL 2004, 275, 283 ff.; *Wollenschläger*, S. 57 f.
67 Im Ergebnis ablehnend auch *G. Davies*, German Law Journal 2010, 671, 687; *Snell*, CMLR 2010, 452-455.
68 Vgl. die von *Snell*, CMLR 2010, 437, 452 f., angeführten Beispiele; sowie *Deckert/Schroeder*, JZ 2001, 88, 89.
69 Vgl. z.B. EuGH, Urt. v. 5.10.2004 – C-442/02, ECLI:EU:C:2004:586 Rn. 12 ff. – CaixaBank France; EuGH, Urt. v. 16.3.2010 – C-325/08, ECLI:EU:C:2010:143 Rn. 36 – Olympique Lyonnais.

lich"[70] bzw. „ernsthaft"[71] behindern. Dies ist etwa der Fall, wenn die Mitgliedstaaten in gravierender Weise in die Vertragsfreiheit der Wirtschaftsteilnehmer eingreifen,[72] wenn den betroffenen Unternehmen „zusätzliche" Kosten von „erheblichem" Umfang aufgebürdet werden[73] oder wenn die Beschränkung nach ihrer Tragweite „erheblichen Einfluss auf das Verhalten der Verbraucher hat, das sich wiederum auf den Zugang des Erzeugnisses zum Markt des Mitgliedstaats auswirkt."[74]

Sind die negativen Auswirkungen der fraglichen Maßnahme nach Einschätzung des EuGH „zu ungewiss und zu mittelbar", „zu unbedeutend und zufällig" oder kann der Gerichtshof anhand der ihm vorliegenden Angaben nicht feststellen, in welchem Maße ausländische Anbieter durch die staatliche Regelung beeinträchtigt werden, lehnt er das Vorliegen einer Beschränkung ab, so z.B. bei unterschiedslos anwendbaren Ladenöff-

---

70 Zur Warenverkehrsfreiheit EuGH, Urt. v. 2.12.2010 – C-108/09, ECLI:EU:C:2010:725 Rn. 54 – Ker-Optika; zuvor EuGH, Urt. v. 10.2.2009 – C-110/05, ECLI:EU:C:2009:66 Rn. 56 – Kommission/Italien; EuGH, Urt. v. 4.6.2009 – C-142/05, ECLI:EU:C:2009:336 Rn. 26 – Mickelsson und Roos. Zur Niederlassungs- und Dienstleistungsfreiheit EuGH, Urt. v. 28.4.2009 – C-518/06, ECLI:EU:C:2009:270 Rn. 66-70 – Kommission/Italien. Zur Kapitalverkehrsfreiheit vgl. EuGH, Urt. v. 28.9.2006 – C-282-283/04, ECLI:EU:C:2005:712 Rn. 29 – Kommission/Niederlande; EuGH, Urt. v. 16.6.2011 – C-10/10, ECLI:EU:C:2011:399 Rn. 26 – Kommission/Österreich. Zur Unionsbürgerfreizügigkeit (Art. 21 AEUV) vgl. EuGH, Urt. v. 2.10.2003 – C-148/02, ECLI:EU:C:2003:539 Rn. 36 – Garcia Avello; EuGH, Urt. v. 14.10.2008 – C-353/06, ECLI:EU:C:2008:559 Rn. 23 ff. – Grunkin und Paul; EuGH, Urt. v. 5.5.2011 – C-434/09, ECLI:EU:C:2011:277 Rn. 51 ff. – McCarthy: „schwerwiegende Nachteile".
71 EuGH, Urt. v. 5.10.2004 – C-442/02, ECLI:EU:C:2004:586 Rn. 12 – CaixaBank France.
72 EuGH, Urt. v. 28.4.2009 – C-518/06, ECLI:EU:C:2009:270 Rn. 66 – Kommission/Italien.
73 EuGH, Urt. v. 28.4.2009 – C-518/06, ECLI:EU:C:2009:270 Rn. 69 f. – Kommission/Italien; vgl. auch EuGH, Urt. v. 17.2.2005 – C-134/03, ECLI:EU:C:2005:94 Rn. 38 – Viacom Outdoor.
74 EuGH, Urt. v. 10.2.2009 – C-110/05, ECLI:EU:C:2009:66 Rn. 56 – Kommission/Italien; EuGH, Urt. v. 4.6.2009 – C-142/05, ECLI:EU:C:2009:336 Rn. 26 – Mickelsson und Roos.

nungszeiten,[75] Steuerregelungen,[76] Umweltstandards[77] sowie bei nicht diskriminierenden zivilrechtlichen und zivilprozessualen Regelungen.[78] In anderen Fällen verlangte der EuGH von den vorlegenden Gerichten demgegenüber eine weitere Sachverhaltsaufklärung, um die konkreten Auswirkungen der staatlichen Maßnahme auf den Marktzugang beurteilen zu können.[79]

Trotz dieser Ausführungen weist der Gerichtshof in ständiger Rechtsprechung darauf hin, dass die Grundfreiheiten nicht „nach dem Grad der Beeinträchtigung des Handels zwischen den Mitgliedstaaten unterscheiden".[80] Eine „spürbare Beeinträchtigung des innergemeinschaftlichen Handels" sei nicht erforderlich,[81] die Grundfreiheiten differenzierten „nicht nach der Intensität ihrer Auswirkungen auf den Handel".[82] Daher sei „jede Beeinträchtigung dieser Freiheit, mag sie auch noch so unbedeutend sein, verboten".[83] Hieraus wird überwiegend der Schluss gezogen,

---

75 EuGH, Urt. v. 20.6.1996 – C-418-421/93 u.a., ECLI:EU:C:1996:242 Rn. 32 – Semeraro Casa Uno.
76 EuGH, Urt. v. 17.2.2005 – C-134/03, ECLI:EU:C:2005:94 Rn. 37 f. – Viacom Outdoor.
77 EuGH, Urt. V. 14.7.1994 – C-379/92, ECLI:EU:C:1994:296 Rn. 24 – Peralta.
78 EuGH, Urt. v. 7.3.1990 – C-69/88, ECLI:EU:C:1990:97 Rn. 11 – Krantz; EuGH, Urt. v. 13.10.1993 – C-93/92, ECLI:EU:C:1993:838 Rn. 11 f. – CMC Motorradcenter.; EuGH, Urt. v. 1.2.1996 – C-177/94, ECLI:EU:C:1996:24 Rn. 17, 19 – Perfili; EuGH, Urt. v. 22.6.1999 – C-412/97, ECLI:EU:C:1999:324 Rn. 11 – ED/Italo Fenocchio; EuGH, Urt. v. 21.9.1999 – C-44/98, ECLI:EU:C:1999:440 Rn. 21 – BASF; EuGH, Urt. v. 27.1.2000 – C-190/98, ECLI:EU:C:2000:49 Rn. 25 – Graf; EuGH, Urt. v. 7.4.2011 – C-291/09, ECLI:EU:C:2011:217 Rn. 17 – Francesco Guarnieri & Cie.
79 EuGH, Urt. 26.5.2005 – C-20/03, ECLI:EU:C:2005:307 Rn. 31 f. – Burmanjer u.a.; EuGH, Urt. v. 23.2.2006 – C-441/04, ECLI:EU:C:2006:141 Rn. 25 – A-Punkt Schmuckhandel; EuGH, Urt. v. 4.6.2009 – C-142/05, ECLI:EU:C:2009:336 Rn. 28 – Mickelsson und Roos.
80 EuGH, Urt. v. 5.4.1984 – C-177-178/82, ECLI:EU:C:1984:144 Rn. 13 – van de Haar (zur Warenverkehrsfreiheit).
81 EuGH, Urt. v. 13.3.1984 – C-16/83, ECLI:EU:C:1984:101 Rn. 20 – Prantl (zur Warenverkehrsfreiheit).
82 EuGH, Urt. v. 18.5.1993 – C-126/91, ECLI:EU:C:1993:191 Rn. 21 – Yves Rocher (zur Warenverkehrsfreiheit).
83 So für sämtliche Grundfreiheiten EuGH, Urt. v. 1.4.2008 – C-212/06, ECLI:EU:C:2008:178 Rn. 52 – Gouvernement de la Communauté française und Gouvernement wallon.

dass der Gerichtshof einen Spürbarkeitstest ablehne.[84] Eine solche Deutung lässt indessen unberücksichtigt, dass sich die zitierten Aussagen des EuGH vornehmlich auf Sachverhalte bezogen, in denen eine unmittelbare Diskriminierung vorlag, also auf Konstellationen, bei denen die staatliche Maßnahme bereits *per se* rechtfertigungsbedürftig war, ohne dass es auf die Spürbarkeit der Maßnahme angekommen wäre.[85] Zum anderen will der Gerichtshof häufig nur zum Ausdruck bringen, dass die Grundfreiheiten auch dann greifen, wenn sich die Maßnahme nur auf einen räumlich begrenzten Teil eines Mitgliedstaats auswirkt.[86] Im Übrigen belegen die bereits diskutierten Rechtssachen, dass der Gerichtshof bei unterschiedslos anwendbaren Maßnahmen eben doch vielfach Überlegungen zur Spürbarkeit der Handelsbeeinträchtigung anstellt und im Zweifel die nationalen Gerichte dazu verpflichtet, das Ausmaß der Beeinträchtigung aufzuklären.

In einigen Judikaten prüfte der EuGH die tatsächlichen Auswirkungen der fraglichen Maßnahme sogar selbst anhand konkreter Daten. So judizierte der Gerichtshof etwa im Fall *Corsica Ferries*,[87] dass eine unterschiedslos auf alle in- und ausländischen Schiffe anwendbare Hafennutzungsgebühr „zu ungewiss und zu indirekt" sei, da die Kosten für die Inanspruchnahme dieser Dienstleistung nur etwa 0,5 ‰ der gesamten Transportkosten ausmachten. Ganz ähnlich urteilte das Gericht im Fall *Kommission/Niederlande*,[88] dass eine von der Kfz-Zulassungsbehörde vorzunehmende Identifizierungsprüfung nicht die Einfuhr von ausländischen Fahrzeugen behindere, da die Prüfung mühelos durchgeführt werden könne und nur geringe Kosten (45 EUR) verursache. Und im Fall *Viacom Outdoor*[89] entschied der Gerichtshof, dass eine kommunale Abgabe für Außenwerbung und öffentliche Plakatanschläge keine Beschränkung der Dienstleistungsfreiheit darstelle, da ihr Betrag auf eine Höhe festgesetzt

---

84 Die Formel von den „ungewissen" Auswirkungen wird dementsprechend ganz unterschiedlich gedeutet; vgl. *Thomas*, NVwZ 2009, 1202 ff.
85 Wie hier *Wollenschläger*, NVwZ 2008, 506, 512.
86 So etwa in EuGH, Urt. v. 3.12.1998 – C-67/97, ECLI:EU:C:1998:584 Rn. 20 ff. – Bluhme.
87 EuGH, Urt. v. 18.6.1998 – C-266/96, ECLI:EU:C:1998:306 Rn. 30 f. – Corsica Ferries II.
88 EuGH, Urt. v. 20.9.2007 – C-297/05, ECLI:EU:C:2007:531 Rn. 60 ff. – Kommission/Niederlande.
89 EuGH, Urt. v. 17.2.2005 – C-134/03, ECLI:EU:C:2005:94 Rn. 38 – Viacom Outdoor.

werde, die im Vergleich zum Wert der Dienstleistungen, die ihr unterworfen sind, als niedrig angesehen werden könne.

Dies alles lässt nur den Schluss zu, dass der Gerichtshof bei unterschiedslos anwendbaren Maßnahmen unausgesprochen einen Spürbarkeitstest zugrunde legt.

d) Konkretisierung des Spürbarkeitskriteriums

Die Anwendung eines Spürbarkeitskriteriums hat bislang nur vereinzelt Anhänger gefunden.[90] Die herrschende Auffassung im Schrifttum[91] und eine Reihe von Generalanwälten[92] lehnen einen Spürbarkeitstest bei staatlichen Maßnahmen[93] demgegenüber mit der Begründung ab, dass das Kriterium der Spürbarkeit bei den Grundfreiheiten kaum handhabbar sei. Angesichts der Vielgestaltigkeit potenziell relevanter Maßnahmen wäre es ein praktisch aussichtsloses Unterfangen, allgemeingültige Maßstäbe für einen solchen Test entwickeln zu wollen.

Die praktischen Schwierigkeiten sprechen für sich genommen allerdings nicht gegen einen Spürbarkeitstest. Auch in anderen Bereichen sind der EuGH und die einzelstaatlichen Gerichte darauf angewiesen, unbestimmte Rechtsbegriffe zu konkretisieren. Würde sich der Gerichtshof offen zu einem Spürbarkeitstest bekennen, müsste er zugleich die relevanten Kriterien für einen solchen Test entwickeln. Eine solche Vorgehensweise

---

90 GA van Gerven, C-145/88, ECLI:EU:C:1989:279 Rn. 23 f. – Torfaen Borough Council; GA Jacobs, C-412/93, ECLI:EU:C:1994:393 Rn. 42 ff. – Leclerc-Siplec. Aus dem Schrifttum *Fezer*, JZ 1994, 317, 324; *Jestaedt/Kästle*, EWS 1994, 26, 28; *Sack*, EWS 1994, 37, 45; *Ranacher*, ZfRV 2001, 95 ff.; *Weatherill*, CMLR 1996, 885, 896 ff.; *Wollenschläger*, S. 57 f.; sowie in anderem Kontext (bei nachteiliger Ungleichbehandlung nicht austauschbarer Güter) *Englisch*, S. 322 ff.
91 *Albin/Valentin*, EWS 2007, 533, 537; *G. Davies*, German Law Journal 2010, 671, 687; *Kieninger*, Mobiliarsicherheiten im Europäischen Binnenmarkt, 1996, S. 151; *Mühl*, S. 322 ff.; *Snell*, CMLR 2010, 437, 458-460; *Thomas*, NVwZ 2009, 1202, 1204 f.
92 GA Tesauro, C-292/92, ECLI:EU:C:1993:863 Rn. 21 – Hünermund u.a.; GA Lenz, C-391/92, ECLI:EU:C:1995:94 Rn. 17 f. – Kommission/Griechenland („Milch für Säuglinge"); GA Fennelly, C-67/97, ECLI:EU:C:1998:294 Rn. 19 – Bluhme; GA Kokott, C-142/05, ECLI:EU:C:2006:782 Rn. 46 – Mickelsson und Roos.
93 Anders ist das Meinungsspektrum, wenn das Handeln Privater in Rede steht; vgl. V.

wäre gegenüber der bisherigen Rechtsprechung, die für das Vorliegen einer Beschränkung häufig keinen Nachweis verlangt, sondern die bloße Möglichkeit einer Benachteiligung ausreichen lässt, weitaus transparenter. Auch die einzelstaatlichen Gerichte könnten dann eher beurteilen, unter welchen Voraussetzungen eine staatliche Maßnahme den Marktzugang „erheblich" erschwert.

aa) Produktverkehrsfreiheiten

Für die produktbezogenen Grundfreiheiten empfiehlt sich – ähnlich wie bei Art. 101, 102 AEUV – ein *quantitativer* Spürbarkeitstest, mit dessen Hilfe das tatsächliche Ausmaß der Marktzugangsbeschränkung anhand empirischer Daten oder Erfahrungswerten gemessen wird. In diesem Rahmen dürften die zum Kartell- und Missbrauchsverbot entwickelten Kriterien allerdings nicht unbesehen auf die Grundfreiheiten übertragen werden.[94] Die im Wettbewerbsrecht geltende *de-minimis*-Regel besagt, dass das Kartell- und das Missbrauchsverbot erst dann greifen, wenn die betreffende Verhaltensweise den Wettbewerb und den zwischenstaatlichen Handel in spürbarer Weise beschränkt.[95] Um die Breitenwirkung der wettbewerbswidrigen Verhaltensweise auf dem relevanten Markt zu ermessen, wird dabei in erster Linie auf die Marktanteile der kollaborierenden Unternehmen und die Marktstellung der Konkurrenten abgestellt. Einer solchen Analyse bedarf es im Kontext der Grundfreiheiten zum einen schon deswegen nicht, weil gesetzgeberische Maßnahmen bereits aufgrund ihrer allgemeinen Geltung über ein beträchtliches Potenzial verfügen, um das ordnungsgemäße Funktionieren des Binnenmarkts zu stören.[96] Zum anderen wäre es aber auch angesichts der subjektiv-rechtlichen Dimension der Grundfreiheiten verfehlt, auf die Größe des betroffenen Markts im Verhältnis zum Gesamtmarkt, auf Marktanteile oder auf den Umsatz der betroffenen Unternehmen abzustellen. Da die Grundfreiheiten jedem Wirt-

---

94 So jedoch *Fezer*, JZ 1994, 317, 324.
95 Vgl. EuGH, Urt. v. 9.7.1969 – C-5/69, ECLI:EU:C:1969:35 Rn. 5, 7 – Völk; EuGH, Urt. v. 25.11.1971 – C-22/71, ECLI:EU:C:1971:113 Rn. 16 ff. – Béguelin; sowie die Bagatell-Bekanntmachung der Kommission, ABl. 2001 C 368/13; *Frenz*, Europäisches Kartellrecht, 2006 Rn. 493 ff.
96 Wie hier GA Fennelly, C-67/97, ECLI:EU:C:1998:294 Rn. 18 – Bluhme; GA Poiares Maduro, C-438/05, ECLI:EU:C:2007:292 Rn. 41 – Viking.

schaftsteilnehmer ein Recht auf (transnationalen) Marktzugang verleihen, kann ihr Schutz nicht davon abhängen, in welchem Umfang sie am innergemeinschaftlichen Handel teilnehmen.[97] Die Grundfreiheiten schützen nicht nur marktstarke Unternehmen, sondern auch einzelne Anbieter, die ihre Waren, Dienstleistungen oder ihre Arbeitskraft grenzüberschreitend erbringen möchten. Der Gerichtshof kam daher im Fall *Bluhme*[98] zu Recht zu dem Ergebnis, dass eine Beschränkung auch dann vorliegen kann, wenn sie in geografischer Hinsicht nur 0,3% des Staatsgebiets eines Mitgliedslandes betrifft.

Entscheidend müssen vielmehr die Auswirkungen der Maßnahme auf den jeweils betroffenen Markt sein. Der Spürbarkeitstest wäre dementsprechend auf die Frage zu beziehen, ob die staatliche Maßnahme die betroffenen „free mover" bzw. ausländischen Produkte im Vergleich zu den bereits am Markt tätigen Wirtschaftsteilnehmern bzw. konkurrierenden Produkten in spürbarer Weise benachteiligt. Eine solche, an der individuellen Schutzrichtung der Grundfreiheiten ausgerichtete Prüfung würde zugleich die im Schrifttum beschworenen Nachweisprobleme abmildern. Der von der Maßnahme betroffene ausländische Wirtschaftsteilnehmer müsste nicht allgemein nachweisen, dass die Maßnahme den Binnenmarkt insgesamt verzerrt oder in erster Linie ausländische Anbieter benachteiligt. Ausreichend wäre vielmehr der Nachweis, dass die Maßnahme zu spürbaren Wettbewerbsnachteilen der betroffenen „free mover" führt.

Dabei könnte der Nachweis einer Verminderung von Marktanteilen nach Einführung der betreffenden staatlichen Maßnahme als Indiz für eine relevante Wettbewerbsverzerrung gewertet werden; umgekehrt könnten unveränderte Marktanteile eine – widerlegbare – Vermutung gegen eine spürbare Wettbewerbsbeeinflussung begründen. Der Rekurs auf Marktanteile ist freilich angesichts der vielfältigen Faktoren, die die Entwicklung des Handels im Binnenmarkt bestimmen, mit großen Unsicherheiten belastet; er versagt zudem, wenn ausländische Marktteilnehmer zum Zeitpunkt der Einführung der Regelung noch gar nicht auf dem betreffenden Markt agierten. Entscheidend ist daher vor allem danach zu fragen, ob die fragliche Maßnahme das Nachfrageverhalten der Verbraucher spürbar zu Lasten des „free movers" beeinträchtigt. Ein solcher Test wird vom Gerichtshof bereits bei Anwendung des Protektionsverbots (Art. 100 Abs. 2

---

97 So zu Recht *Grundmann*, JZ 1996, 274, 281.
98 EuGH, Urt. v. 3.12.1998 – C-67/97, ECLI:EU:C:1998:584 Rn. 20 ff. – Bluhme.

AEUV) durchgeführt, wenn es um die Frage geht, ob eine inländische Abgabe auf ausländische Erzeugnisse geeignet ist, andere einheimische Produktionen mittelbar zu schützen. Hier stellt der EuGH schon seit langem darauf ab, ob die fragliche Belastung geeignet ist, den betreffenden Markt durch eine Verminderung des potentiellen Verbrauchs der eingeführten Erzeugnisse zugunsten der mit ihnen im Wettbewerb stehenden inländischen Erzeugnisse zu beeinflussen.[99] Maßgeblich ist insoweit der Unterschied zwischen den Verkaufspreisen der fraglichen Erzeugnisse und der Einfluss dieses Unterschieds auf die Entscheidung des Verbrauchers sowie die Entwicklung des Verbrauchs dieser Erzeugnisse.[100] Dieser Test könnte entsprechend auf die Grundfreiheiten übertragen werden.

Der hier nur grob skizzierte Ansatz, der im Einzelnen noch verfeinert werden müsste, könnte zugleich dazu beitragen, nach Aufgabe der *Keck*-Doktrin ein sachgerechtes Gleichgewicht zwischen den Erfordernissen des ordnungsgemäßen Funktionierens des Binnenmarkts und der gebotenen Achtung der hoheitlichen Befugnisse der Mitgliedstaaten sicherzustellen. Regelungen, die ausländische Marktteilnehmer weder in offensichtlicher Weise diskriminieren noch den Marktzugang für diese vollständig versperren, wären nur dann am Maßstab der Grundfreiheiten zu messen, wenn die betroffenen Wirtschaftsteilnehmer bzw. – bei einem Vertragsverletzungsverfahren – die Kommission anhand konkreter Daten bzw. durch Erfahrungswerte glaubhaft machen, dass sich die Regelung spürbar auf das Nachfrageverhalten auswirkt. Im Unterschied zur *Dassonville*-Formel käme es dementsprechend auch nicht mehr auf das Vorliegen einer *potentiellen* Marktzutrittsschranke an. Von den Grundfreiheiten wären vielmehr nur Maßnahmen erfasst, die geeignet sind, eine *konkrete* Beschränkung herbeizuführen.[101]

---

99 EuGH, Urt. v. 9.7.1987 – C-356/85, ECLI:EU:C:1987:353 Rn. 15 – Kommission/Belgien; EuGH, Urt. v. 11.8.1995 – C-367-377/93, ECLI:EU:C:1995:261 Rn. 39 – Roders u.a.; EuGH, Urt. v. 8.4.2008 – C-167/05, ECLI:EU:C:2008:202 Rn. 51 – Kommission/Schweden.

100 EuGH, Urt. v. 11.8.1995 – C-367-377/93, ECLI:EU:C:1995:261 Rn. 39 – Roders u.a.; EuGH, Urt. v. 8.4.2008 – C-167/05, ECLI:EU:C:2008:202 Rn. 53 – Kommission/Schweden.

101 Für das Vorliegen einer konkreten Beschränkung auch *Schwintowski*, RabelsZ 2000, 38, 50; *Pecho*, LIEI 2009, 257, 264.

bb) Personenverkehrsfreiheiten

Für die *personenbezogenen* Grundfreiheiten sind Besonderheiten zu beachten. Sie schützen im Unterschied zu den produktbezogenen Grundfreiheiten nicht den grenzüberschreitenden Waren-, Dienstleistungs- und Kapitalfluss, sondern die Mobilität von Personen, die in einem anderen Staat einer unselbständigen Beschäftigung nachgehen oder sich als Selbständige dauerhaft niederlassen wollen. Der Gerichtshof hat dieser personellen Dimension von Anfang an Rechnung getragen, indem er den Gewährleistungsgehalt dieser Freiheiten erweiterte und Begleitrechte (insbesondere Zugangs- und Aufenthaltsrechte) anerkannte, die zur Arbeitsaufnahme und Niederlassung erforderlich sind.[102] Unterschiede ergeben sich auch mit Blick auf die Motive, die zu einem Grenzübertritt führen. Bei den Produktverkehrsfreiheiten sind in erster Linie ökonomische Faktoren ausschlaggebend dafür, ob Waren, Korrespondenzdienstleistungen oder Kapital die zwischenstaatlichen Grenzen überschreiten. Bei den Personenverkehrsfreiheiten spielen dagegen auch Erwägungen eine Rolle, die sich nicht monetarisieren lassen und die ein quantitativer Spürbarkeitstest schwerlich erfassen könnte.

Eine sachgerechte Konkretisierung des weiten Beschränkungsbegriffs lässt sich daher nur dann erreichen, wenn nicht nur auf die Intensität der zugangsbeschränkenden Maßnahme abgestellt wird, sondern zugleich ein qualitativer Spürbarkeitstest angewendet wird, der mit Fallgruppen arbeitet[103] und danach fragt, ob die betreffende Maßnahme in einen von den Personenverkehrsfreiheiten geschützten Kernbereich eingreift.[104] Zu diesem Kernbereich zählen insbesondere Normen, die die Ein- und Ausreise, das Aufenthaltsrecht im Aufnahmemitgliedstaat, den Zu- und Wegzug sowie die Tätigkeitsverlagerung (Zugang zum Arbeitsmarkt) regeln. Vorschriften, die nur allgemein Rahmenbedingungen des Arbeitsmarkts festlegen oder das Lebensumfeld im Aufnahmemitgliedstaat betreffen (wie etwa Vorschriften des Arbeits- und Sozialschutzes, des Steuerrechts oder

---

102 Vertiefend *O'Leary*, Y.E.L. 2008, 167, 174.
103 Für eine Fallgruppenbildung auch *Forsthoff*, in: Grabitz/Hilf/Nettesheim, Das Recht der Europäischen Union, 58. EL, 2016, Art. 45 AEUV Rn. 227.
104 Für die Unionsbürgerschaft (Art. 20 AEUV) hat der Gerichtshof bereits einen solchen Standard entwickelt; vgl. EuGH, Urt. v. 8.3.2011 – C-34/09, ECLI:EU:C:2011:124 Rn. 42 – Ruiz Zambrano. Vertiefend *Nettesheim*, JZ 2011, 1030, 1033 f.

des Umweltschutzes), sind daher in aller Regel nicht einer Grundfreiheitenkontrolle unterworfen, da sie weder einen Kernbereich erfassen, noch von hinreichendem Gewicht sein dürften.

V. Präzisierung des Marktzugangskriteriums bei Handeln Privater

Nach umstrittener Rechtsprechung des EuGH entfalten die Grundfreiheiten auch gegenüber Privaten eine unmittelbare Wirkung und verleihen dem Einzelnen, der in der Ausübung seiner Grundfreiheiten gehindert wird, zugleich subjektiv-private Rechte.[105] Folgt man dieser Ansicht, so stellt sich die Frage, wie der weite Beschränkungsbegriff konkretisiert werden kann, in noch dringendem Maße als bei staatlichem Handeln. Private Wirtschaftsteilnehmer haben nämlich im Unterschied zu Staaten vielfach nicht genug Einflussmöglichkeiten, um Dritte erfolgreich daran zu hindern, ihre Verkehrsfreiheiten auszuüben. Demzufolge fordern selbst diejenigen, die ein Spürbarkeitserfordernis bei staatlichen Maßnahmen ablehnen, einen *de minimis*-Vorbehalt zumindest bei privatem Handeln.[106]

Wendet man die zuvor entwickelten Kriterien auf das Handeln Privater an, so lässt sich mit Generalanwalt Poiares Maduro zunächst festhalten, dass die Grundfreiheiten nur für solche privaten Verhaltensweisen greifen können, „die aufgrund ihrer *allgemeinen Wirkung* auf die Inhaber der Verkehrsfreiheiten geeignet sind, für diese Personen Beschränkungen bei der Ausübung dieser Freiheiten dadurch aufzustellen, dass ein Hindernis ge-

---

105 EuGH, Urt. v. 14.7.1976 – C-13/76, ECLI:EU:C:1976:115 Rn. 20 – Donà; EuGH, Urt. v. 15.12.1995 – C-415/93, ECLI:EU:C:1995:463 Rn. 81, 96 – Bosman; EuGH, Urt. v. 6.6.2000 – C-281/98, ECLI:EU:C:2000:296 Rn. 34 – Angonese; EuGH, Urt. v. 11.12.2007 – C-438/05, ECLI:EU:C:2007:772 Rn. 66 – Viking; EuGH, Urt. v. 18.12.2007 – C-341/05, ECLI:EU:C:2007:809 Rn. 97 – Laval.
106 Für die Einführung eines Spürbarkeitstests insb. *Schaefer*, Die unmittelbare Wirkung des Verbotes der nichttarifären Handelshemmnisse (Art. 30 EWG) in den Rechtsbeziehungen zwischen Privaten, 1987, S. 206; *Möllers*, EuR 1998, 20, 36 f.; *Schindler*, Die Kollision von Grundfreiheiten und Gemeinschaftsgrundrechten, 2001, S. 182 ff.; *Wernicke*, Die Privatwirkung im Europäischen Gemeinschaftsrecht, 2002, S. 221, 264; *W.-H. Roth*, in: Volker Beuthien (Hrsg.), Perspektiven des Privatrechts am Anfang des 21. Jahrhunderts: Festschrift für Dieter Medicus zum 80. Geburtstag am 9. Mai 2009, 2009, S. 393, 411 ff.; im Ergebnis auch *Jaensch*, Die unmittelbare Drittwirkung der Grundfreiheiten, 1997, S. 146, und *Körber*, S. 764, die sich allerdings beide gegen eine horizontale Direktwirkung aussprechen.

schaffen wird, das die Betreffenden nicht in zumutbarer Weise umgehen können."[107] Legt man diesen Maßstab zugrunde, sind in erster Linie kollektive Eingriffe Dritter in das Marktgeschehen an den Grundfreiheiten zu messen. Isoliertes Handeln einzelner Unternehmen oder Verbraucher, insbesondere Handlungen, die Ausdruck einer individuellen Nachfragepräferenz sind, wie etwa der Entschluss, nur inländische Produkte zu kaufen, unterliegen demgegenüber mangels spürbaren Eingriffs nicht dem Zugriff der Grundfreiheiten.

Überprüft man die EuGH-Rechtsprechung anhand dieser Maßstäbe, so ergibt sich, dass der Gerichtshof diesen Kriterien im Großen und Ganzen Rechnung trägt. Der EuGH hat eine Bindung Privater an die Grundfreiheiten vor allem dann bejaht, wenn Organisationen oder sonstige kollektiv handelnden Personengruppen aufgrund ihrer normativen oder sozioökonomischen Macht Dritte davon abhalten, ihre Verkehrsfreiheiten auszuüben, etwa durch Sportverbandssatzungen,[108] standesrechtliche Regelungen,[109] Tarifverträge oder Arbeitskampfmaßnahmen.[110] Die betreffenden Maßnahmen wirkten sich dabei ohne Zweifel spürbar auf die Betroffenen sowie auf den Binnenmarkt aus.

Als problematisch erweist sich allein die Rechtsprechung zur Arbeitnehmerfreizügigkeit. Im Urteil *Angonese* verwarf der EuGH die Einstellungsentscheidung eines privaten Bankunternehmens als grundfreiheitswidrig, obwohl das Unternehmen weder mit Rechtssetzungsbefugnissen ausgestattet war noch eine besondere Marktmacht innehatte. GA Poiares Maduro rechtfertigt diese Entscheidung mit dem Hinweis, dass Arbeitnehmer ihre berufliche Qualifikationen nicht so einfach ändern oder eine alternative Beschäftigung finden könnten, wie Kaufleute ihre Produktpalette ändern oder alternative Wege für deren Vermarktung finden könnten.[111]

---

107 GA Poiares Maduro, C-438/05, ECLI:EU:C:2007:292 Rn. 48 – Viking; Herv. hinzugefügt.
108 EuGH, Urt. v. 12.12.1974 – C-36/74, ECLI:EU:C:1974:140 – Walrave; EuGH, Urt. v. 15.12.1995 – C-415/93, ECLI:EU:C:1995:463 Rn. 81, 96 – Bosman; EuGH, Urt. v. 11.4.2000 – C-51/96 & C-191/97, ECLI:EU:C:2000:199 – Deliége; EuGH, Urt. v. 13.4.2000 – C-176/96, ECLI:EU:C:2000:201 – Lethonen; EuGH, Urt. v. 16.3.2010 – C-325/08, ECLI:EU:C:2010:143 – Olympique Lyonnais.
109 EuGH, Urt. v. 19.2.2002 – C-309/99 – Wouters u.a.
110 EuGH, Urt. v. 11.12.2007 – C-438/05, ECLI:EU:C:2007:772 – Viking.
111 GA Poiares Maduro, C-438/05, ECLI:EU:C:2007:292 Rn. 47 – Viking.

Das diskriminierende Auswahlverfahren der Bank sei zudem „Teil einer gefestigten regionalen Praxis" gewesen.[112]

Die Besonderheiten des zugrundeliegenden Falls deuten tatsächlich darauf hin, dass es dem EuGH gar nicht um die individuelle Entscheidung des Arbeitgebers gegangen ist, sondern vielmehr um die marktabschottende Praxis in der betreffenden Region.[113] Entscheidend für die Sonderstellung der Arbeitnehmerfreizügigkeit dürfte schließlich sein, dass Art. 45 AEUV als Personenverkehrsfreiheit die Mobilität von Personen schützt. Eingriffe Privater in die Arbeitnehmerfreizügigkeit lassen sich daher nicht durch einen quantitativen Spürbarkeitstest erfassen. Nach dem zuvor Gesagten[114] kommt es vielmehr darauf an, ob die betreffende Maßnahme in den von Art. 45 AEUV geschützten Kernbereich eingreift. Dieser ist bei einer diskriminierenden Einstellungspraxis unmittelbar berührt. Unter dieser Perspektive ist es nur folgerichtig, dass der EuGH auch einen einzelnen Arbeitgeber an das Diskriminierungsverbot der Arbeitnehmerfreizügigkeit bindet.

VI. Thesen

1. Die Grundfreiheiten lassen sich unter Zugrundelegung einer subjektivrechtlichen Perspektive als transnationale Wirtschaftsrechte verstehen, die als Marktzutrittsrechte einen Zugang zu den mitgliedstaatlichen Märkten gewährleisten sollen. Der EuGH zieht das Marktzugangskriterium in seiner jüngeren Judikatur nunmehr bei sämtlichen Grundfreiheiten heran, um den Schutzbereich der Grundfreiheiten zu konkretisieren.
2. Die Grundfreiheiten wenden sich nicht nur gegen diskriminierende Maßnahmen, sondern zudem gegen spezifische Hemmnisse des zwischenstaatlichen Wirtschaftsverkehrs, ohne dass es darauf ankäme, ob die nachteiligen Folgen in erster Linie EU-Ausländer oder ausländische Produkte treffen.
3. Die Formel vom Marktzugang wirft die Frage auf, wie dieses unbestimmte Kriterium in tatbestandlicher Hinsicht näher eingegrenzt wer-

---

112 Ibid.
113 So auch *Forsthoff*, EWS 2000, 389, 394; *Riesenhuber*, System und Prinzipien des Europäischen Vertragsrechts, 2003, S. 118; *Bachmann*, AcP 2010, 424, 476.
114 Vgl. *supra*, IV.3.d.bb.

den kann. Der EuGH hat bislang keine brauchbaren Definitionen entwickelt. Die analysierten Entscheidungen zeigen jedoch, dass der Gerichtshof unausgesprochen einen *Spürbarkeitstest* zugrundelegt.
4. Diesen Ansatz gilt es fortzuentwickeln: Für die *produktbezogenen Grundfreiheiten* empfiehlt sich ein quantitativer Spürbarkeitstest, mit dessen Hilfe das tatsächliche Ausmaß der Marktzugangsbeschränkung anhand empirischer Daten oder Erfahrungswerten gemessen wird. Bei den *personenbezogenen Grundfreiheiten* ist demgegenüber nicht nur nach der Intensität der zugangsbeschränkenden Maßnahme, sondern zugleich danach zu fragen, ob die betreffende Maßnahme in einen von den Personenverkehrsfreiheiten geschützten Kernbereich eingreift.
5. Entsprechendes gilt für Beschränkungen der Grundfreiheiten durch das Handeln Privater.

Der Schutz von Betriebs- und Geschäftsgeheimnissen im Spannungsverhältnis mit Arbeitnehmerrechten

Reinhard Singer und Friedrich Preetz, Berlin[*, **]

A. Einleitung

Zu den allgemein anerkannten arbeitsvertraglichen Nebenpflichten des Arbeitnehmers gehört seine Verpflichtung, die ihm bekannt gewordenen Betriebs- und Geschäftsgeheimnisse zu wahren. Sofern keine wirksame Geheimhaltungsvereinbarung getroffen wurde, ist nach wie vor nicht abschließend geklärt, in welchem Umfang Betriebs- und Geschäftsgeheimnisse des Arbeitgebers geschützt sind. Dem Interesse des Arbeitgebers an der Wahrung seiner Betriebs- und Geschäftsgeheimnisse steht das Interesse des Arbeitnehmers, seine persönliche und berufliche Freiheit zu entfalten und dabei seine im Rahmen des Beschäftigungsverhältnisses erworbenen Kenntnisse und Erfahrungen verwerten zu können, gegenüber. Insofern ist es eine der wesentlichen Aufgaben der folgenden Untersuchung, Umfang und Reichweite des Schutzes der Betriebs- und Geschäftsgeheimnisse auszuloten. Dazu gehört auch die Frage, in welchem Umfang Arbeitnehmer berechtigt sind, die Öffentlichkeit über Rechtsverstöße und Missstände in einem Unternehmen zu informieren („Whistleblowing"). Besondere Brisanz gewinnt die Fragestellung durch die im April 2016 verabschiedete Richtlinie der EU über den „Schutz von Geschäftsgeheimnis-

---

[*] Prof. Dr. Reinhard Singer, Lehrstuhl für Bürgerliches Recht, Arbeitsrecht, Anwaltsrecht, Familienrecht und Rechtssoziologie, Humboldt-Universität zu Berlin; Friedrich Preetz, LL.M. (King's College London), Wissenschaftlicher Mitarbeiter am genannten Lehrstuhl.

[**] Der Beitrag beruht auf einem Vortrag, den der Erstautor am 21.10.2016 im Rahmen eines deutsch-chinesischen Workshops zum Thema „Der Schutz von Betriebs- und Geschäftsgeheimnissen in einem wettbewerbsorientieren globalen Markt – Aspekte des deutschen und chinesischen Rechts" an der Universität Konstanz gehalten hat.

sen vor rechtswidrigem Erwerb sowie rechtswidriger Nutzung und Offenlegung" (RL 2016/943)[1].

B. Pflicht zur Wahrung der Betriebs- und Geschäftsgeheimnisse

I. Verschwiegenheitspflicht als vertragliche Nebenpflicht gem. § 241 Abs. 2 BGB

Grundsätzlich trifft den Arbeitnehmer die Verpflichtung, Geschäfts- und Betriebsgeheimnisse[2] nicht zu offenbaren. Diese Pflicht hat ihre Grundlage in der allgemeinen Rücksichtnahmepflicht des Arbeitnehmers gegenüber seinem Arbeitgeber, die seit der Schuldrechtsreform in § 241 Abs. 2 BGB gesetzlich verankert ist und den Arbeitnehmer während der gesamten Laufzeit des Arbeitsverhältnisses bindet.[3]

Die Verschwiegenheitspflicht besteht nach einer geläufigen Definition, wenn „Tatsachen im Zusammenhang mit einem Geschäftsbetrieb, die nur einem eng begrenzten Personenkreis bekannt und nicht offenkundig sind, nach dem Willen des Arbeitgebers und im Rahmen eines berechtigten wirtschaftlichen Interesses geheim gehalten werden sollen"[4]. Darunter fallen beispielsweise Kundenlisten, technisches *Know-How*, interne Kalkulationsgrundlagen, Löhne und Gehälter (als Teil der Kalkulation) und nicht veröffentlichte Jahresabschlüsse.[5] Der Geheimhaltungspflicht unterliegen freilich nur Informationen, an deren Geheimhaltung ein *berechtigtes* wirtschaftliches Interesse besteht. Dabei ist ein objektiver Maßstab anzulegen.[6] So ist es etwa nicht gerechtfertigt, Arbeitnehmern zu untersagen,

---

[1] Richtlinie (EU) 2016/943 des Europäischen Parlaments und des Rates vom 8. Juni 2016 über den Schutz vertraulichen Know-hows und vertraulicher Geschäftsinformationen (Geschäftsgeheimnisse) vor rechtswidrigem Erwerb sowie rechtswidriger Nutzung und Offenlegung, ABl. Nr. L 157 S. 1.
[2] Die Unterscheidung von Betriebsgeheimnissen (Tatsachen, die sich eher auf technische Sachverhalte beziehen) und Geschäftsgeheimnissen (Tatsachen wirtschaftlicher Natur) ist im Ergebnis bedeutungslos.
[3] BeckOK ArbR/*Joussen* § 611 BGB Rn. 404, 411.
[4] BAG, Urt. v. 16.3.1982 – 3 AZR 83/79, BAGE 41, 21, 29.
[5] *Reinfeld*, in: Moll, MAH ArbR, 4. Auflage, 2017, § 30 Rn. 9; *Linck*, in: Schaub, ArbR-Hdb, 17. Auflage, 2017, § 53 Rn. 48.
[6] *Linck*, in: Schaub, ArbR-Hdb, § 53 Rn. 51; LAG Hamm, Urt. v. 5.10.1988 – 15 Sa 1403/88, DB 1989, 783.

Familienangehörige darüber zu unterrichten, dass sie am Samstag auf Anordnung des Arbeitgebers Mehrarbeit leisten müssten. Das gegenteilige Ansinnen eines Bielefelder Arbeitgebers, der seinen Arbeitnehmern abverlangte, auch diese Information geheim zu halten, fand bei den Instanzgerichten wegen des offensichtlich fehlenden berechtigten Interesses des Arbeitgebers an der Geheimhaltung dieses Vorgangs mit Recht kein Gehör.[7]

Nach der Geschäftsgeheimnis-RL 2016/943[8] kommt es zwar nicht darauf an, ob der Unternehmer ein berechtigtes Interesse an der Geheimhaltung hat. Aber Art. 2 der Richtlinie verlangt, dass die Informationen „von kommerziellem Wert" und Gegenstand von „angemessenen Geheimhaltungsmaßnahmen" des Rechtsträgers sind. Da der Geheimnisschutz nach nationalem Recht weiter reicht und die Richtlinie grundsätzlich nur Mindeststandards setzt (Art. 1 Abs. 1 Satz 2), ergibt sich für den deutschen Gesetzgeber insoweit zwar keine Notwendigkeit zur Anpassung, doch gebieten es die erforderliche Transparenz und Klarheit der Umsetzungsakte, dass sich die Reichweite des Geheimnisschutzes aus dem Gesetz ableiten lässt.[9]

II. Besondere Verschwiegenheitspflichten

§ 17 Abs. 1 UWG kodifiziert eine besondere, gesetzliche Verschwiegenheitspflicht.[10] Wer als Arbeitnehmer ein Geschäfts- oder Betriebsgeheimnis, das ihm im Rahmen des Dienstverhältnisses anvertraut worden oder zugänglich geworden ist, während der Geltungsdauer des Dienstverhältnisses unbefugt an jemand zu Zwecken des Wettbewerbs, aus Eigennutz, zugunsten eines Dritten oder in der Absicht, dem Inhaber des Unternehmens Schaden zuzufügen, mitteilt, wird mit Freiheitsstrafe bis zu drei Jahren oder mit Geldstrafe bestraft. Im Gegensatz zur allgemeinen vertraglichen Verschwiegenheitspflicht erfordert der Tatbestand des § 17 UWG in subjektiver Hinsicht eine besondere Absicht („zu Zwecken des Wettbewerbs", „aus Eigennutz", „zugunsten eines Dritten" oder um „dem Inhaber des Unternehmens Schaden zuzufügen") und hat insofern einen engeren

---

7 LAG Hamm, Urt. v. 5.10.1988 – 15 Sa 1403/88, DB 1989, 783.
8 Oben Fn. 1.
9 *Kalbfus*, GRUR 2016, 1009, 1011; für unnötig hält die Klarstellung *Lejeune*, CR 2016, 330, 333.
10 BeckOK ArbR/*Joussen* § 611 BGB Rn. 404.

Anwendungsbereich.[11] Auch in objektiver Hinsicht ist die aus § 17 Abs. 1 UWG fließende Pflicht enger, da die Vorschrift nur die Offenbarung von Betriebs- und Geschäftsgeheimnissen erfasst.[12] Demgegenüber bezieht sich die allgemeine, aus § 241 Abs. 2 BGB resultierende Verschwiegenheitspflicht auch auf solche Tatsachen, die der Arbeitgeber als vertraulich bezeichnet oder die aufgrund ihrer Natur als vertraulich zu erkennen sind, wie z.B. Inhalte der Kundenpost des Arbeitgebers.[13]

Im nachvertraglichen Stadium stellt § 17 Abs. 2 UWG insbesondere die Verwertung von Betriebs- und Geschäftsgeheimnissen unter Strafe, die sich der Arbeitnehmer oder ein Dritter durch Anwendung technischer Mittel, Herstellung einer verkörperten Wiedergabe des Geheimnisses oder Wegnahme einer Sache, in der das Geheimnis verkörpert ist, unbefugt verschafft hat. Weitergehende Verschwiegenheitspflichten können zwar im Arbeitsvertrag vereinbart werden, doch unterliegen solche Vereinbarungen Grenzen, da sie sich nicht wie – entschädigungsfreie – Wettbewerbsverbote auswirken und den Arbeitnehmer in seiner beruflichen Entfaltung unangemessen behindern dürfen.[14] Dies gilt insbesondere für Vereinbarungen für die Zeit nach dem Ausscheiden des Arbeitnehmers.[15]

Bestimmte Personengruppen treffen darüber hinaus spezifische Verschwiegenheitspflichten. So unterliegen beispielsweise Betriebsratsmitglieder während ihrer Mitgliedschaft im Betriebsrat und nach ihrem Ausscheiden der Geheimhaltungspflicht aus § 79 BetrVG.[16]

III. Whistleblowing im Konflikt zwischen Meinungsfreiheit und Verschwiegenheitspflicht

Ein berechtigtes Interesse an der Geheimhaltung von betriebsinternen Tatsachen besteht regelmäßig dann nicht, wenn es sich um Straftaten oder andere illegale Verhaltensweisen wie Verstöße gegen Vorschriften des Wettbewerbsrechts, Sozialversicherungs- und Steuerrechts oder Umweltrechts

---

11 *Linck*, in: Schaub, ArbR-Hdb, § 53 Rn. 47.
12 *Reinfeld*, in: Moll, MAH ArbR, § 30 Rn. 10.
13 *Reinfeld*, in: Moll, MAH ArbR, § 30 Rn. 12 f.; *Greßlin/Römermann*, BB 2016, 1461, 1464.
14 BeckOK ArbR/*Joussen* § 611 BGB Rn. 410.
15 *Linck*, in: Schaub, ArbR-Hdb, § 53 Rn. 50.
16 Vgl. ferner *Linck*, in: Schaub, ArbR-Hdb, § 53 Rn. 49.

geht.[17] Auf der anderen Seite besteht in den Fällen des *Whistleblowing* nicht nur die Gefahr, dass Betriebsinterna an die Öffentlichkeit gelangen, sondern auch, dass das betroffene Unternehmen, seinen guten Ruf verliert und wirtschaftliche Schäden erleidet, die verhindert werden könnten, wenn auf andere Weise als durch Information der Öffentlichkeit Abhilfe geschaffen werden kann. Die Loyalitätspflicht des Arbeitnehmers gebietet es grundsätzlich, auf diese Interessen des Arbeitgebers möglichst Rücksicht zu nehmen, auch wenn die Öffentlichkeit ein berechtigtes Interesse daran hat, über Missstände informiert zu werden.

Ein naheliegender, dem Prinzip praktischer Konkordanz entsprechender Ausgleich der widerstreitenden Interessen besteht darin, dass sich der Mitarbeiter in der Regel zunächst betriebsintern um eine Beseitigung des illegalen oder kritikwürdigen Zustands bemühen muss (sog. „internes *Whistleblowing*"[18]). Dies gebietet die Verpflichtung des Arbeitnehmers zur Rücksichtnahme und Loyalität gegenüber dem Arbeitgeber aus § 241 Abs. 2 BGB.[19] Entbehrlich ist dieses mildere Mittel jedoch, wenn sich der Arbeitnehmer durch die Nichtanzeige selbst der Gefahr der Strafverfolgung aussetzen würde oder schwerwiegende Straftaten im Raum stehen. Dann ist ihm das Recht zuzugestehen, die betreffenden Tatsachen unverzüglich nach außen tragen zu dürfen („externes *Whistleblowing*").[20]

1. Der Fall Heinisch

Von diesem Recht machte die Berliner Altenpflegerin *Heinisch* Gebrauch, die in einem Pflegeheim des Klinikkonzerns „*Vivantes*" angestellt war und sich nach vergeblichen internen Beschwerden gegenüber der Geschäftsführung über Missstände an die Öffentlichkeit wandte.[21] Dabei erstattete sie über ihren Anwalt eine Strafanzeige gegen ihren Arbeitgeber wegen Abrechnungsbetruges und machte mit Unterstützung der Gewerkschaft ver.di in Flugblättern auf die ihrer Ansicht nach inakzeptablen, die Versor-

---

17 BeckOK ArbR/*Joussen* § 611 BGB Rn. 407.
18 Zu den Begrifflichkeiten vergl. *Thüsing/Forst,* in: Thüsing, Beschäftigtendatenschutz und Compliance, 2. Aufl. 2014, § 6 Rn. 14 ff.
19 *Linck*, in: Schaub, ArbR-Hdb, § 53 Rn. 51.
20 BAG, Urt. v. 3.7.2003 – 2 AZR 235/02, BAGE 107, 36, 46.
21 EGMR (V. Sektion), Urt. v. 21.7.2011 – 28274/08, EGMR AP BGB § 626 Nr. 235 – Heinisch.

gung der Patienten und die Gesundheit der Mitarbeiter gefährdenden Zustände an ihrer Arbeitsstätte aufmerksam. Als ihr Arbeitgeber von den Flugblättern Kenntnis erlangte, kündigte er ihr fristlos. Während die Kündigungsschutzklage vor dem ArbG Berlin Erfolg hatte, hielt das LAG Berlin-Brandenburg die Kündigung für wirksam, weil der in der Anzeige geäußerte Betrugsverdacht von der Arbeitnehmerin „leichtfertig" verbreitet worden sei. Nachdem das BAG die Nichtzulassungsbeschwerde zurückgewiesen und das BVerfG eine Verfassungsbeschwerde nicht zur Entscheidung angenommen hatte, wandte sich die Altenpflegerin an den EGMR und rügte eine Verletzung ihres Rechts auf freie Meinungsäußerung aus Art. 10 EMRK.

Nach Auffassung der Straßburger Richter verlange die Pflichtenstellung des Arbeitnehmers, dass eine Benachrichtigung der Öffentlichkeit nur als *ultima ratio* in Betracht komme, wenn eine innerbetriebliche Lösung „eindeutig unmöglich" sei.[22] Auch seien das öffentliche Interesse an der Offenbarung, die Wahrheit der Informationen, der zu erwartende Schaden für den Arbeitgeber, die Schwere der Sanktion für den Arbeitnehmer und insbesondere die Motivation des Arbeitnehmers für die Offenbarung in die Abwägung miteinzubeziehen.[23] Im konkreten Fall kam der EGMR zu dem Ergebnis, dass im Widerstreit zwischen dem Interesse des Arbeitgebers an der Wahrung seines guten Rufes und dem Individualinteresse der Arbeitnehmerin das Interesse des Arbeitgebers an der Geheimhaltung zurücktreten müsse.[24] Der EGMR bekräftigte in seinem Urteil allerdings den grundsätzlichen Vorrang des internen *Whistleblowing*.[25]

Im Ergebnis verdient die Entscheidung Zustimmung, obwohl sich der Betrugsverdacht nicht erhärten ließ und die zuständige Staatsanwaltschaft die Einleitung eines Ermittlungsverfahrens ablehnte. Zutreffend wies der EGMR darauf hin, dass die behaupteten Missstände durch den Medizinischen Dienst der Krankenkassen bestätigt worden seien. Man könne der Arbeitnehmerin zwar eine – von der Meinungsfreiheit gedeckte – fehlerhafte Subsumtion vorwerfen, nicht aber eine falsche Tatsachenbehauptung. Im Ergebnis wurde die Bundesrepublik Deutschland zur Zahlung einer Entschädigung in Höhe von 15.000.- € verurteilt. Im anschließend wieder aufgenommenen Kündigungsschutzprozess einigten sich die Par-

---

22 EGMR (Fn. 21), Rn. 65 - Heinisch.
23 EGMR (Fn. 21), Rn. 66 – 70 - Heinisch.
24 EGMR (Fn. 21), Rn. 93 - Heinisch.
25 EGMR (Fn. 21), Rn. 73 f. - Heinisch.

teien über die Auflösung des Beschäftigungsverhältnisses gegen eine Abfindung in Höhe von 90.000.- €.[26]

2. Überlegungen zu einem deutschen Whistleblowing-System

Der Fall *Heinisch* rief unterschiedliche Reaktionen hervor. Einerseits sah man die in Deutschland bestehende Rechtslage bestätigt.[27] Andererseits wurde zumindest für eine Modifikation der im deutschen Recht anerkannten Abwägungskriterien plädiert.[28] Jedenfalls führte die Entscheidung dazu, dass das Thema in Deutschland wieder zum Gegenstand legislativer Initiativen wurde.[29] Das Urteil des EGMR forderte aufgrund der Feststellung, dass in Deutschland kein (gesetzlich geregeltes[30]) Verfahren existiere, das die Voraussetzungen des *Whistleblowing* regele, geradezu zu Überlegungen zu einer gesetzlichen Regelung heraus. Die Notwendigkeit, die Geschäftsgeheimnis-RL 2016/943 in nationales Recht umzusetzen, macht es nun endgültig erforderlich, dass sich der Gesetzgeber mit dem Thema befasst.

a) Zum Verhältnis von „internem" und „externem" Whistleblowing

Bei der Umsetzung der Richtlinie wird sich zwangsläufig die Frage stellen, ob am prinzipiellen Vorrang des internen *Whistleblowing* festgehalten werden soll. Im europäischen Rechtsraum besteht hier keineswegs Konsens. In Großbritannien erlaubt der *Public Interest Disclosure Act 1998* (*PIDA*) bereits dann das Herantreten an staatliche Stellen, wenn der Whistleblower in gutem Glauben handelt und vernünftigerweise davon

---

26 *Junker,* Arbeitsrecht, 16. Aufl. 2017, Rn. 31.
27 *Ulber,* NZA 2011, 962, 964; *von Busekist/Fahrig,* BB 2013, 119, 120.
28 *Schlachter,* RdA 2012, 108, 112.
29 Vgl. den Gesetzentwurf der Fraktion Bündnis 90/Die Grünen, BT-Dr. 18/3039, der wiederum auf gescheiterten Entwürfen aus den vorhergehenden Wahlperioden gründet.
30 EGMR (Fn. 22), Rn. 75 - Heinisch; die offizielle Fassung lautet wie folgt: „The Court also notes that German law does not provide for a particular enforcement mechanism for investigating a whistle-blower's complaint and seeking corrective action from the employer" (http://hudoc.echr.coe.int/eng?i=001-105777, abgerufen am 12.7.2017).

ausgehen darf, dass die ihm bekannten Tatsachen wahr und die staatliche Stelle zuständig ist.[31] Die in Frage kommenden staatlichen Stellen werden durch Ministerialorder, die die Zuständigkeiten der jeweiligen Stellen aufführt, festgelegt.[32] In gravierenden Ausnahmefällen ist es Arbeitnehmern auch gestattet, die weitere Öffentlichkeit (Presse, Gewerkschaften etc.) zu informieren.[33]

Für die Ermöglichung der Kontaktaufnahme zu staatlichen Stellen wird insbesondere ins Feld geführt, dass interne Strukturen nicht geeignet seien, die Anonymität des *Whistleblower* zu gewährleisten und sich der Arbeitnehmer daher der Gefahr interner Repressalien aussetze.[34] Grundsätzlich wird der Arbeitnehmer in Deutschland jedoch bereits durch das Maßregelungsverbot (§ 612a BGB) vor Repressalien geschützt. Zwar ist der Schutz unvollkommen, wenn die Maßregelung darin besteht, einen befristeten Arbeitsvertrag nicht zu verlängern, da das BAG insoweit § 15 Abs. 6 AGG analog anwendet und den Arbeitgeber nicht verpflichtet, den Arbeitnehmer weiterzubeschäftigen.[35] Aber wenn die Maßregelung in der Kündigung eines unbefristeten Arbeitsverhältnisses besteht, hat der Arbeitnehmer einen Schadensersatzanspruch gem. §§ 823 Abs. 2, 612a BGB bzw. §§ 280 Abs. 1, 241 Abs. 2 BGB, der auf die Beseitigung der pflichtwidrigen Kündigung gerichtet ist.

Soweit das Maßregelungsverbot keinen vollkommen Schutz bietet, folgt daraus jedoch nicht, dass dem externen *Whistleblowing* Vorrang einzuräumen ist. Denn bei öffentlicher Bloßstellung des Arbeitgebers ist der Arbeitnehmer eher noch stärker der Gefahr ausgesetzt, gemaßregelt zu werden, als bei internem *Whistleblowing*. Zum anderen ist zu beachten, dass eine Regelung, die sofortiges externes *Whistleblowing* erlaubt, nicht unerheblich die Rechtsposition des Arbeitgebers berührt. Solange mildere, gleich wirksame Mittel zur Verfügung stehen, die das Interesse des Arbeitgebers an der Wahrung seines Rufes und das Interesse des Arbeitnehmers an der Offenlegung von Missständen gleichermaßen wahren, sind diese vorzuziehen.

So kann die Anonymität eines *Whistleblowers* auch durch die Implementierung eines unternehmensinternen *Compliance*-Systems gewährleis-

---

31 Sect. 43F (1) Employment Rights Act 1996 (ERA 1996).
32 Sect. 43F (2) ERA 1996.
33 Sect. 43G & 43H ERA 1996.
34 *Király,* RdA 2012, 236, 240.
35 BAG, Urt. v. 21.9.2011 – 7 AZR 150/10, NZA 2012, 317, 322.

tet werden.[36] Der Vorrang interner *Whistleblowing*-Verfahren bedeutet im Übrigen nicht, dass im Falle erfolgloser Bemühungen um eine unternehmensinterne Abhilfe der Weg zur Information externer Stellen versperrt wäre. Gerade die sogenannte „Abgasaffäre" bei Volkswagen, die sich nur zu einem Skandal entwickeln konnte, weil die Entscheidungsträger auch nach einem Hinweis durch die zuständigen Ingenieure untätig blieben[37], zeigt, dass diese Möglichkeit stets als letztes Mittel zur Verfügung stehen muss. Wegen der gesteigerten Gefahr eines nicht wieder gutzumachenden Reputationsverlustes sollte die Information der allgemeinen Öffentlichkeit jedoch nur als letzter Schritt in Betracht kommen.[38] Auch kann die Rechtsposition des Arbeitnehmers dadurch gestärkt werden, dass § 612a BGB um eine Beweislastumkehr ergänzt und die Benachteiligung von *Whistleblowern* durch die Verhängung von Geldbußen sanktioniert wird.[39] Beide Maßnahmen zur Stärkung der Rechtsstellung des Arbeitnehmers wären im Rahmen der Verhältnismäßigkeit mildere Mittel als die voraussetzungslose Gestattung eines sofortigen externen *Whistleblowing*.

Eine Stärkung des internen *Whistleblowing* ist auch unter dem Aspekt der Rechtssicherheit vorteilhaft. Häufig wird ausgeführt, dass es Arbeitnehmern schwerfalle, die konkreten arbeitsrechtlichen Folgen einer Offenlegung von Missständen abzuschätzen. Ist jedoch ein innerbetriebliches System zur Entgegennahme von Hinweisen installiert, erfüllt der Arbeitnehmer seine Treuepflicht durch Inanspruchnahme dieses Systems und vermeidet eine Schädigung des Arbeitgebers bei Fehleinschätzungen der Sach- und Rechtslage. In rechtlicher Hinsicht ist der Arbeitnehmer dadurch geschützt, dass eine Kündigung durch den Arbeitgeber in einer sol-

---

36 *Thüsing/Forst,* in: Thüsing, Beschäftigtendatenschutz und Compliance, § 6 Rn. 13 weisen jedoch daraufhin, dass ein effektives internes Whistleblowing-System nur mit Hilfe einer internen Stelle möglich ist, der die Identität des Whistleblowers bekannt ist, selbst aber zur Wahrung der Anonymität verpflichtet ist.
37 Vgl. den Bericht auf http://www.faz.net/aktuell/wirtschaft/vw-abgasskandal/im-v w-dieselgate-gab-es-schon-2011-eine-warnung-13825485.html (abgerufen am 9.7.2017).
38 *Thüsing/Forst,* in: Thüsing, Beschäftigtendatenschutz und Compliance, § 6 Rn. 39.
39 *Thüsing/Forst,* in: Thüsing, Beschäftigtendatenschutz und Compliance, § 6 Rn. 44, 46; eine Beweislastumkehr sah im Übrigen auch der Gesetzesentwurf von Bündnis 90/Die Grünen vor, BT-Dr. 18/3039, 3.

chen Situation eine unzulässige Maßregelung gem. § 612a BGB darstellen würde.[40]

b) Zur Relevanz der Motivation des Whistleblowers

Der Motivation des *Whistleblowers* wird, gerade auch unter Hinweis auf die zwischen den Parteien bestehende vertragliche Beziehung, entscheidendes Gewicht beigemessen.[41] So postuliert sowohl die Rechtsprechung des EGMR als auch die des BAG, dass ein Arbeitnehmer keinen Schutz verdiene, wenn er aus Verbitterung oder in der Absicht, den Arbeitgeber zu schädigen, handle.[42]

Das Erfordernis einer redlichen Motivation führt jedoch zu einer Vielzahl von Unstimmigkeiten und Komplikationen, so dass es geradezu verwundert, dass es in der Rechtsprechung immer wieder betont wird. Als innere Motivation ist es praktisch nicht nachzuweisen und gereicht daher eher redlichen Arbeitnehmern zum Nachteil, da die Gegenseite regelrecht eingeladen wird, ihnen reflexhaft Unredlichkeit vorzuwerfen.[43] So überrascht es auch wenig, dass die Frage des Motivs im Fall *Heinisch* letztlich ungeklärt blieb. Der EGMR beschränkte sich im Ergebnis auf die Feststellung, dass die von der Altenpflegerin aufgestellten Behauptungen jedenfalls nicht vollkommen haltlos waren.[44]

c) Zum Wahrheitsgebot hinsichtlich der offenbarten Tatsachen

Anstelle der Motivation des *Whistleblower* sollte es auf dessen Redlichkeit in Bezug auf die offengelegten Tatsachen ankommen.[45] Dafür spricht auch Art. 5 lit. b) der Geschäftsgeheimnis-RL 2016/943, wonach der Arbeitneh-

---

40 Zur Rechtsfolge oben im Text bei Fn. 34. Für unwirksam halten die Kündigung *Wisskirchen/Körber/Bissels,* BB 2006, 1567, 1571; *Simonet,* RdA 2013, 236, 238; *Schlachter,* RdA 2012, 108, 112.
41 *Simonet,* RdA 2013, 236, 238.
42 BAG, Urt. v. 3.7.2003 – 2 AZR 235/02, BAGE 107, 36, 45; EGMR (Fn. 21), Rn. 69 – Heinisch.
43 *Király,* RdA 2012, 236, 239.
44 EGMR (Fn. 21), Rn. 85 – Heinisch.
45 *Thüsing/Forst,* in: Thüsing, Beschäftigtendatenschutz und Compliance, § 6 Rn. 36; *Király,* RdA 2012, 236, 239.

mer lediglich „in der Absicht gehandelt" haben muss, „das allgemeine öffentliche Interesse zu schützen". Dass die Behauptung frei erfundener Tatsachen keinen Schutz verdient, versteht sich von selbst. Auf der anderen Seite kann es einem Arbeitnehmer nicht zugemutet werden, dass er sich nur dann auf der Seite des Rechts befindet, wenn die von ihm vorgetragenen Tatsachen objektiv wahr sind.[46] Es muss möglich sein, sanktionslos einen bloßen Verdacht zu äußern, der sich im Falle eines Streits möglicherweise als falsch herausstellt, wenn der Whistleblower keine andere Möglichkeit hat, die von ihm behaupteten Missstände aufzuklären oder abzustellen.

Im Kern kommt es somit auf die Frage an, welcher Verdachtsgrad es rechtfertigt, dass der Arbeitgeber das Risiko der Äußerung einer objektiv falschen Tatsache trägt.[47] BVerfG und EGMR vertreten einhellig die Auffassung, dass ein Arbeitnehmer lediglich gehalten ist, nicht leichtfertig unrichtige oder nicht erweislich wahre Behauptungen aufzustellen.[48] Leichtfertigkeit kennzeichnet einen besonders groben Verstoß gegen die Pflicht, die erhobenen Vorwürfe einer sorgfältigen Prüfung zu unterziehen. M.a.W. der Arbeitnehmer darf nicht unbeachtet lassen, was jedem einleuchten muss.[49]

Von Bedeutung ist ferner, dass die Öffentlichkeit – wie der EGMR in der Rechtssache *Heinisch* ausdrücklich hervorhebt[50] – ein gesteigertes Interesse daran hat, über Missstände informiert zu werden. Dem korrespondiert, dass dem Arbeitgeber in solchen Fällen ein größeres Risiko irrtümlich falscher Tatsachenbehauptungen zugemutet wird als in Fällen fehlenden öffentlichen Interesses. Der erforderliche Verdachtsgrad ist demgemäß im Hinblick auf das öffentliche Interesse an der Offenlegung zu modifizieren.[51]

---

46 *Thüsing/Forst*, in: Thüsing, Beschäftigtendatenschutz und Compliance, § 6 Rn. 33.
47 *Thüsing/Forst*, in: Thüsing, Beschäftigtendatenschutz und Compliance, § 6 Rn. 33.
48 BVerfG, Beschl. v. 2.7.2001 – 1 BvR 2049/00, NJW 2001, 3474, 3475; EGMR (Fn. 21), Rn. 79 - Heinisch.
49 *Thüsing/Forst*, in: Thüsing, Beschäftigtendatenschutz und Compliance, § 6 Rn. 33.
50 EGMR (Fn. 21), Rn. 71 - Heinisch.
51 So auch *Schlachter*, RdA 2012, 108, 111 f.

3. Whistleblowing – quo vadis?

Das Florieren anonymisierter und weitgehend selbstregulierter Internetportale wie *Wikileaks*[52], die in der Öffentlichkeit regen Zuspruch erfahren und mit ihren Enthüllungen verdeutlichen, welches Druckpotential *Whistleblower* ausüben können, macht die Notwendigkeit einer gesetzlichen Regelung in Deutschland überdeutlich. Dies gebietet auch Art. 5 lit. b) der Geschäftsgeheimnis-RL 2016/943[53], der eine Enthüllung uneingeschränkt zulässt „zur Aufdeckung eines beruflichen oder sonstigen Fehlverhaltens oder einer illegalen Tätigkeit, sofern der Antragsgegner in der Absicht gehandelt hat, das allgemeine öffentliche Interesse zu schützen". Das von der Rechtsprechung des EGMR aufgestellte Erfordernis, dass öffentliche Enthüllungen „*ultima ratio*" sein müssen, wird also nicht explizit aufgestellt, ist aber schon aus Gründen des höherrangigen Rechts nicht obsolet. Für einen Vorrang des internen *Whistleblowing* streitet insbesondere der gem. Art. 15 Abs. 1 GrCh gegenüber europäischen Rechtsakten wirksame Schutz der Berufsfreiheit in Verbindung mit dem Prinzip der Verhältnismäßigkeit.[54]

Aus Gründen der Transparenz und Rechtssicherheit[55] empfiehlt sich eine gesetzliche Regelung der Voraussetzungen und Grenzen des *Whistleblowing*. Durch die Notwendigkeit, die Geschäftsgeheimnis-RL 2016/943 umzusetzen, werden zwangsläufig die – 2014 noch gescheiterten – legislativen Bemühungen erneut mobilisiert. Es ist dann zu hoffen, dass sich der Gesetzgeber für einen Vorrang des internen *Whistleblowing* entscheidet. Möglichst frühzeitige Hinweise auf Gesetzesverstöße sind auch im Interesse des Arbeitgebers, da dieser so Risiken, namentlich durch drohende

---

52 Die Website *Wikileaks* feierte im Jahr 2016 ihr zehnjähriges Bestehen. Das Portal hat vornehmlich mit der Enthüllung von Dokumenten staatlicher Stellen auf sich aufmerksam gemacht (z.B. der Veröffentlichung von sog. „Guantanamo Bay Handbüchern" und den Protokollen zu nicht-öffentlichen Sitzungen des NSA-Untersuchungsausschusses), ist aber auch offen für Whistleblower, die auf internes Fehlverhalten ihrer Arbeitgeber hinweisen möchten.
53 Oben Fn. 1.
54 Offen *Kalbfus*, GRUR 2016, 1009, 1015, der jedenfalls „Schranken-Schranken" für die Beschränkung der Meinungsäußerungsfreiheit für „nicht schlechthin ausgeschlossen" hält.
55 Vgl. auch in Bezug auf den Geheimnisbegriff *Kalbfus*, GRUR 2016, 1009, 1012, der darüber hinaus weiteren erheblichen Anpassungsbedarf im nationalen Recht reklamiert.

Schadensersatzforderungen oder Geldbußen, vermeiden oder mindern kann.[56]

C. Verschwiegenheitspflicht und Wettbewerbsverbote im Spannungsverhältnis mit der Arbeitnehmermobilität

Wettbewerbsverbote beschränken Arbeitnehmer in ihrer von Art. 12 Abs. 1 GG garantierten Berufsfreiheit. Auf der anderen Seite haben Arbeitgeber ein schutzwürdiges Interesse an der Verhinderung von Konkurrenzhandlungen ihrer Arbeitnehmer. Dieses Interesse genießt ebenfalls grundrechtlichen Schutz (Art. 14 Abs. 1 GG).[57] Aufgrund ihrer Schutzfunktion entfalten diese Grundrechte im Zivilrechtsverkehr Wirkung und sind bei der Auslegung der zivilrechtlichen Normen zu beachten.[58] Als grundrechtsverkürzende Eingriffe müssen Wettbewerbsverbote insbesondere dem Verhältnismäßigkeitsprinzip gerecht werden.[59] Dabei ist zwischen Wettbewerbsverboten während des Bestehens des Arbeitsverhältnisses und nach dessen Beendigung zu unterscheiden.

I. Während eines bestehenden Arbeitsverhältnisses

Grundsätzlich ist es möglich, ein Wettbewerbsverbot explizit im Arbeitsvertrag zu vereinbaren. Sofern eine derartige Vereinbarung nicht getroffen wird, ergibt sich ein Wettbewerbsverbot nach allgemeiner Meinung aus der analogen Anwendung des aus dem Recht der Handlungsgehilfen stammenden § 60 HGB.[60] Die Analogie wird zum einen aus der Verpflichtung des Arbeitnehmers zur Rücksichtnahme auf die Interessen des Arbeitgebers gem. § 241 Abs. 2 BGB abgeleitet[61], zum anderen aus der in § 110 GewO zum Ausdruck kommenden Entscheidung des Gesetzgebers für die

---

56 *Deiseroth/Derleder,* ZRP 2008, 248, 250.
57 *Vogelsang,* in: Schaub, ArbR-Hdb, § 55 Rn. 4.
58 *Canaris,* AcP 184 (1984) 201, 228; *ders.,* Grundrechte und Privatrecht, 1999, 37 ff.; *Singer,* ZfA 1995, 611, 623 ff.; *ders.,* in: Neuner (Hrsg.), Grundrechte und Privatrecht aus rechtsvergleichender Sicht, 2007, 245, 254 ff.
59 *Westhoff,* RdA 1976, 353, 363 f.
60 *Simonet,* RdA 2013, 236, 238.
61 BAG, Urt. v. 20.9.2006 – 10 AZR 439/05, NZA 2007, 977, 978; BAG, Urt. v. 24.3.2010 – 10 AZR 66/09, NZA 2010, 693, 694; BAG, Urt. v. 23.10.2014 – 2

Gleichbehandlung von Arbeitnehmern und Handlungsgehilfen.[62] Darüber hinaus wird angeführt, dass nur durch eine solche Gleichbehandlung dem Gleichheitssatz (Art. 3 Abs. 1 GG) entsprochen werden könne.[63]

1. Verbotene Tätigkeiten

Das Wettbewerbsverbot bezieht sich, entgegen dem Wortlaut des § 60 Abs. 1, 1. Alt HGB, nur auf ein Tätigwerden des Arbeitnehmers in der *Sparte* des Arbeitgebers. Eine andere Auslegung wäre mit der Berufsfreiheit des Arbeitnehmers (Art. 12 Abs. 1 GG) unvereinbar.[64] Es soll dem Arbeitnehmer nicht gestattet sein, mit dem im Rahmen des Arbeitsverhältnisses erworbenen Wissen *zum Nachteil* des Arbeitgebers tätig zu werden. Dabei ist es gleichgültig, ob der Arbeitnehmer als Einzelkaufmann oder als bestimmender Gesellschafter tätig wird.[65]

Entscheidend ist, ob eine Tätigkeit bei wirtschaftlicher Betrachtungsweise den Interessen des Arbeitgebers zuwiderläuft.[66] Dies ist beispielsweise dann nicht der Fall, wenn der Arbeitnehmer auf einer vor- oder nachgelagerten Marktstufe tätig wird.[67]

2. Reichweite des Wettbewerbsverbots

Umstritten ist jedoch, wie weit das Wettbewerbsverbot inhaltlich reicht. Ursprünglich vertrat das BAG die Ansicht, dass jedwede Konkurrenztätigkeit untersagt sei.[68] Das BAG hat jedoch in einem *obiter dictum* angedeutet, dass sich das Wettbewerbsverbot jedenfalls nicht auf „einfache Tätig-

---

AZR 644/13, NZA 2015, 429, 431; *Oetker*, in: ErfK ArbR, 17. Aufl. 2017, § 60 HGB Rn. 2.
62 *Oetker*, in: ErfK ArbR, § 60 Rn. 2 HGB; BAG, Urt. v. 26.9.2007 – 10 AZR 511/06, NZA 2007, 1436, 1437.
63 *Oetker*, in: ErfK ArbR, § 60 Rn. 2 HGB.
64 *Diller*, in: Henssler/Willemsen/Kalb (Hrsg.), ArbR Kommentar, 7. Aufl. 2016, § 60 HGB Rn. 13.
65 *Vogelsang*, in: Schaub, ArbR-Hdb, § 54 Rn. 4.
66 BAG, Urt. v. 3.5.1983 – 3 AZR 62/81, NJW 1984, 886, 887.
67 BeckOK ArbR/*Joussen* § 611 BGB Rn. 414; *Vogelsang*, in: Schaub, ArbR-Hdb, § 54 Rn. 10.
68 BAG, Urt. v. 16.8.1990 – 2 AZR 113/90, NJW 1991, 518, 519.

keiten [...], die allenfalls zu einer untergeordneten wirtschaftlichen Unterstützung des Konkurrenzunternehmens führen könn[ten]"[69], beziehen dürfe.

Dieser Betrachtungsweise ist zuzustimmen. Maßgeblich ist zwar eine an den Interessen des Arbeitgebers orientierte wirtschaftliche Betrachtungsweise, doch ist die durch Art. 12 Abs. 1 GG geschützte Berufsfreiheit des Arbeitnehmers ausreichend zu berücksichtigen.[70] Gerade in Anbetracht der sich wandelnden Strukturen der modernen Arbeitswelt ist es unter sozialen Gesichtspunkten nur schwer vermittelbar, dass gerade ungelernte Arbeitskräfte, die in gesteigertem Maße auf das Einkommen mehrerer ähnlich gelagerter Beschäftigungsverhältnisse angewiesen sind, benachteiligt werden.[71] Im Übrigen genießt der Arbeitgeber, gerade was den Schutz von Betriebs- und Geschäftsgeheimnissen angeht, auch ohne explizites Wettbewerbsverbot uneingeschränkt den Schutz der § 241 Abs. 2 BGB und § 17 Abs. 1 UWG, so dass seinen Interessen hinreichend Rechnung getragen wird.[72]

Zu ähnlichen Konflikten kommt es, wenn ein Arbeitnehmer plant, nach seinem Ausscheiden ein eigenes Handelsgewerbe zu betreiben. Auch in solchen Situationen muss der Berufsfreiheit des Arbeitnehmers gebührend Rechnung getragen werden. Entscheidend ist, ob der Arbeitnehmer im Hinblick auf seine beabsichtigte Tätigkeit schon werbend auftritt.[73] Nach diesem Maßstab sind zum Beispiel das Anmieten von Geschäftsräumen oder der Erwerb von Internetdomains und Marken erlaubt.[74] Selbst das Abschließen von Arbeitsverträgen mit anderen Arbeitnehmern des Arbeitgebers ist zulässig, solange diese nicht aktiv umworben werden.[75] Anders ist die Rechtslage jedoch, wenn im Arbeitsvertrag ein nachvertragliches Wettbewerbsverbot vereinbart ist. Dann sind dem Arbeitgeber jegliche Vorbereitungshandlungen für Tätigkeiten, die dem Wettbewerbsverbot unterliegen, untersagt.[76]

---

69 BAG, Urt. v. 24.3.2010 – 10 AZR 66/09, NZA 2010, 693, 694.
70 BAG, Urt. v. 24.3.2010 – 10 AZR 66/09, NZA 2010, 693, 694.
71 *Kempen/Kreuder*, AuR 1994, 214, 216 f.
72 *Oetker*, in: ErfK ArbR, § 60 Rn. 8 HGB.
73 BAG, Urt. v. 23.10.2014 – 2 AZR 644/13, NZA 2015, 429, 431; BAG, Urt. v. 26.6.2008 – 2 AZR 190/07, NZA 2008, 1415, 1416.
74 BAG, Urt. v. NJW 1963, 1420; LAG Köln NZA-RR 2005, 595, 596; *Oetker*, in: ErfK ArbR, § 60 Rn. 6 HGB.
75 BAG, Urt. v. Urt. v. 26.6.2008 – 2 AZR 190/07, NZA 2008, 1415, 1416.
76 BAG, Urt. v. Urt. v. 26.6.2008 – 2 AZR 190/07, NZA 2008, 1415, 1416.

II. Nach Beendigung des Arbeitsverhältnisses

Im nachvertraglichen Bereich postuliert § 110 GewO explizit, dass eine Tätigkeit des Arbeitnehmers grundsätzlich nur durch Vereinbarung beschränkt werden kann. Es ist zwar im Allgemeinen anerkannt, dass Wettbewerbsverbote auch in Tarifverträgen und Betriebsvereinbarungen wirksam vereinbart werden können; praktisch relevant sind jedoch nur individualvertragliche Vereinbarungen.[77]

Für die Grenzen nachvertraglicher Wettbewerbsvereinbarungen verweist § 110 Satz 2 GewO auf die §§ 74 bis 75f HGB aus dem Recht der Handlungsgehilfen. Diese stellen detaillierte Anforderungen für nachvertragliche Wettbewerbsverbote auf, was dazu geführt hat, dass in der Praxis häufig schlicht auf die gesetzliche Regelung verwiesen wird.[78]

1. Gestaltungsgrenzen

Die Gestaltungsfreiheit und das in § 74a Abs. 1, Satz 1 HGB anerkannte berechtigte Interesse des Arbeitgebers endet nach dem expliziten Wortlaut des § 74a Abs. 1, Satz 2 HGB dort, wo das Fortkommen des Arbeitnehmers bei einer Gesamtbetrachtung des Inhalts des Wettbewerbsverbots unbillig erschwert wird. Damit verweist die Regelung des § 74a Abs. 1 HGB explizit auf die im Rahmen des Grundrechtswiderstreits vorzunehmende Abwägung.[79] Hervorzuheben sind insbesondere die Beschränkungen hinsichtlich der Dauer des Wettbewerbsverbots und das Erfordernis einer sogenannten Karenzentschädigung.

Gemäß § 74a Abs. 1 Satz 3 HGB ist ein Wettbewerbsverbot, dass sich auf mehr als zwei Jahre nach Beendigung des Arbeitsverhältnisses erstreckt, *unverbindlich*. Dem liegt die Annahme zu Grunde, dass bei einer Erstreckung des Verbots über die gesetzlich legitimierten zwei Jahre hinaus das Fortkommen des Arbeitnehmers in jedem Falle unbillig erschwert wird.[80] Ebenso ist das Wettbewerbsverbot unverbindlich, wenn es keine Entschädigung in Höhe von mindestens 50 % der zuletzt gezahlten

---

77 *Bauer/Diller*, Wettbewerbsverbote: rechtliche und taktische Hinweise für Arbeitgeber, Arbeitnehmer und vertretungsberechtigte Organmitglieder, 2012, Rn. 16 ff.
78 *Bauer/Diller*, Rn. 24.
79 *Westhoff*, RdA 1976, 353, 364.
80 *Westhoff*, RdA 1976, 353, 358.

„vertragsmäßigen Leistungen" vorsieht, § 74 Abs. 2 HGB. Der Begriff der vertragsmäßigen Leistung ist weit zu verstehen und beinhaltet im Allgemeinen alle Vergütungsbestandteile.[81] Die im Rahmen des § 74a Abs. 1 Satz 2 HGB durchzuführende Gesamtbetrachtung kann es jedoch auch erforderlich machen, dass im Einzelfall ein höherer Betrag als Entschädigung zu zahlen ist.[82]

Ist im Vertrag gar keine Karenzentschädigung vorgesehen, so ist das Wettbewerbsverbot *nichtig*.[83] Der Unterschied zwischen Nichtigkeit und Unverbindlichkeit ist von grundlegender Bedeutung. Während die Nichtigkeit eines Wettbewerbsverbots zur Folge hat, dass sich keine der Parteien auf den Inhalt der Vereinbarung berufen kann, kommt dem Arbeitnehmer bei bloßer *Unverbindlichkeit* ein Wahlrecht zu, ob er sich an das Wettbewerbsverbot hält und im Gegenzug die Entschädigung verlangt oder ob er entgegen der Vereinbarung tätig wird und folgerichtig auf die Entschädigung verzichtet.[84] Der Arbeitnehmer muss seine Wahl nicht ausdrücklich erklären. Vielmehr genügt es, wenn der Arbeitnehmer eine Tätigkeit außerhalb der vom Wettbewerbsverbot erfassten Sparte aufnimmt.[85]

Auch das AGB-Recht, das gemäß § 310 Abs. 4 Satz 2 BGB auf Arbeitsverträge anzuwenden ist, findet grundsätzlich Anwendung auf nachvertragliche Wettbewerbsverbote. Zu beachten ist jedoch, dass nach herrschender Meinung der Inhaltskontrolle nach § 307 BGB neben der nach § 74a Abs. 1 HGB vorzunehmenden Interessenabwägung kein eigenständiges Gewicht zukommt.[86]

2. (Allgemeine) nachvertragliche Verschwiegenheitspflicht?

Schwierige Abgrenzungsfragen stellen sich, wenn der Arbeitnehmer Betriebs- und Geschäftsgeheimnisse des Arbeitgebers nach seinem Ausscheiden verwertet. Während § 17 Abs. 1 UWG die Weitergabe von Geschäftsgeheimnissen nur während der Geltungsdauer des Dienstverhältnisses ver-

---

81 BAG, Urt. v. 22.10.2008 – 10 AZR 360/08, NZA 2009, 962, 963 f.
82 *Bauer/Diller*, Rn. 373.
83 BAG, Urt. v. 15.1.2014 – 10 AZR 243/13, NZA 2014, 536, 538.
84 *Oetker*, in: ErfK ArbR, § 74 Rn. 18 f. HGB.
85 BAG, Urt. v. 22.5.1990 – 3 AZR 647/88, NZA 1991, 263, 264; BAG, Urt. v. 14.7.2010 – 10 AZR 291/09, NZA 2011, 413, 415 f.; auf dogmatische Schwächen dieser Rechtsprechung weisen *Bauer/Diller*, Rn. 162 ff. hin.
86 Dazu näher *Bauer/Diller*, Rn. 353 ff.

bietet, können vertragliche Vereinbarungen auch für die Zeit nach dem Ausscheiden die Nutzung von Geschäftsgeheimnissen untersagen. Allerdings dürfen solche Vereinbarungen nicht so weit gefasst sein, dass sie in ihrer Wirkung einem nachvertraglichen Wettbewerbsverbot gleichkommen, da sonst die Regelungen der §§ 74 ff. HGB – insbesondere die Verpflichtung zur Zahlung einer Karenzentschädigung – unterlaufen würden. Das traf z.B. auf die im Arbeitsvertrag festgeschriebene Verpflichtung des Arbeitnehmers zu, „über alle ihm während seiner Dienstzeit bei der Kl. (dem Arbeitgeber) bekannt gewordenen Geschäftsvorgänge, insbesondere technische Verfahrensabläufe, Rezepturen, Werkzeugkonzeptionen, Kunden, Preise und Produkte, bezogen auf die Produktion der Kl. von Kantenbändern, auch nach Beendigung des Arbeitsverhältnisses Stillschweigen zu bewahren".[87] Ein so weitreichendes Verbot verwehrt dem Arbeitnehmer jede berufliche Verwertung seiner in diesem Geschäftsbereich erworbenen Kenntnisse und kommt daher einem – entschädigungspflichtigen – Wettbewerbsverbot gleich.

Fraglich ist auch hier, ob diese Rechtsprechung mit der Geschäftsgeheimnis-RL 2016/943 zu vereinbaren ist, da Art. 4 Abs. 3b der Richtlinie die Nutzung oder Offenlegung eines Geschäftsgeheimnisses ohne Einschränkung verbietet, wenn diese „gegen eine Vertraulichkeitsvereinbarung oder eine sonstige Verpflichtung, das Geschäftsgeheimnis nicht offenzulegen", verstößt. Indessen wird man einen Verstoß gegen eine vertragliche Verschwiegenheitsverpflichtung nur dann annehmen können, wenn diese wirksam ist. Auch der europäische Gesetzgeber muss die durch die Grundrechtecharta geschützte Berufsfreiheit (Art. 15 GrCh) respektieren, so dass die in Art. 4 Abs. 3 lit. b) genannte Vertraulichkeitsvereinbarung bei grundrechtskonformer Auslegung eine wirksame – die Berufsfreiheit des Arbeitnehmers respektierende – Vereinbarung sein muss. Art. 1 Abs. 3 lit.b) der RL verbietet im Übrigen ausdrücklich eine Auslegung der Richtlinie, „die eine Grundlage dafür bietet, die Mobilität der Arbeitnehmer zu beschränken". Die Richtlinie bietet insbesondere „keinerlei Grund für die Beschränkung der Nutzung von Erfahrungen und Fähigkeiten, die Arbeitnehmer im normalen Verlauf ihrer Tätigkeit erworben haben".[88]

---

[87] BAG, Urt. v. 19.5.1998 – 9 AZR 394/97, NZA 1999, 200.
[88] Vgl. auch *Kalbfus,* GRUR 2016, 1009, 1014.

a) Nachvertragliche Verschwiegenheitspflicht in der arbeitsgerichtlichen Rechtsprechung des BAG

Davon abgesehen kommt auch ohne ausdrückliche Vereinbarung ein Schutz des Geschäftsgeheimnisses in Betracht, da und sofern die allgemeine Rücksichtnahmepflicht des Arbeitnehmers gem. § 241 Abs. 2 BGB nach Beendigung des Arbeitsverhältnisses fortwirkt.[89] Wie weit diese Verpflichtung reicht, ist allerdings wegen des gegenläufigen Interesses des Arbeitnehmers, sein berufliches Erfahrungswissen zu nutzen, nicht einfach zu beantworten.

Das BAG geht daher grundsätzlich davon aus, dass der Arbeitnehmer auch nach Beendigung des Arbeitsverhältnisses zur Wahrung der ihm anvertrauten Geschäfts- und Betriebsgeheimnisse verpflichtet sei. Er dürfe lediglich sogenanntes „Erfahrungswissen", das er im Rahmen der Tätigkeit erlangt hat, für sein weiteres berufliches Fortkommen nutzen.[90] Wer z.B. Kundenlisten oder Rezepturen im Gedächtnis behalten hat, darf dieses Fachwissen zu Wettbewerbszwecken verwenden. Dabei ging das BAG im Urteil vom 16.3.1982 davon aus, dass auch ohne explizite Vereinbarung eine nachwirkende Rücksichtnahmepflicht in Betracht komme, wenn das Interesse des Arbeitgebers dem des Arbeitnehmers an der Nutzung seiner Kenntnisse vorgehe.[91] In einer jüngeren Entscheidung stellt das BAG jedoch klar, dass es einer ausdrücklichen Vereinbarung bedürfe, um Betriebsgeheimnisse auch nach Beendigung eines Arbeitsverhältnisses vor der Verwertung durch den Arbeitnehmer zu schützen.[92] Grenzen der Berufsfreiheit ergeben sich im Übrigen aus den lauterkeitsrechtlichen Vor-

---

89 Eine ähnliche Problematik stellt sich bei Wettbewerbstätigkeiten des Arbeitnehmers während eines laufenden Kündigungsschutzprozesses. In derartigen Konstellationen wird eine Fortwirkung des § 60 HGB angenommen, wobei die dort geltenden Maßstäbe zu modifizieren sind (vgl. dazu *Fischer*, NJW 2009, 331).
90 BAG, Urt. v. 16.3.1982 – 3 AZR 83/79, NJW 1983, 134, 135; BAG, Urt. v. 15.12.1987 – 3 AZR 474/86, NJW 1988, 1686.
91 BAG, Urt. v. 16.3.1982 – 3 AZR 83/79, BAGE 41, 21, 32 f. und 35 f.; BAG, Urt. v. 15.12.1987 – 3 AZR 474/86, NJW 1988, 1686 f.; auch *Ohly*, in: Ohly/Sosnitza, UWG, § 17 Rn. 40 geht davon aus, dass keine Vereinbarung notwendig sei. In BAGE 41, 21 war allerdings eine explizite Vereinbarung Gegenstand des Verfahrens (vgl. dazu auch *Reinfeld*, in: Moll, MAH ArbR, § 30 Rn. 29 f.).
92 BAG, Urt. v. 19.5.1998 – 9 AZR 394/97, NZA 1999, 200, 201.

schriften des UWG – insbesondere der Generalklausel des § 3 Abs. 1 UWG – und aus den §§ 823, 826 BGB.[93]

b) Nachvertragliche Verschwiegenheitspflicht in der lauterkeitsrechtlichen Rechtsprechung des BGH

Die Rechtsprechung des BGH in lauterkeitsrechtlichen Streitigkeiten kommt auf den ersten Blick zu scheinbar anderen Ergebnissen. So dürfe ein ausgeschiedener Mitarbeiter die während der Beschäftigungszeit erworbenen Kenntnisse nach dem Ausscheiden unbeschränkt verwenden, sofern er keinem Wettbewerbsverbot unterliege. Denn § 17 Abs. 1 UWG verbiete lediglich den Verrat von Geschäftsgeheimnissen während eines bestehenden Beschäftigungsverhältnisses.[94] Allerdings gilt dies nur, wenn er die betreffenden Informationen in seinem Gedächtnis bewahrt hat. Falls dem ausgeschiedenen Mitarbeiter schriftliche oder auf Datenträgern verkörperte Unterlagen vorliegen, aus denen er ein Geschäftsgeheimnis entnimmt, verwirklicht er den Straftatbestand des § 17 Abs. 2 Nr. 2 UWG, so dass es nach Ansicht des BGH[95] durchaus einen Schutz des Geschäftsgeheimnisses auch nach dem Ausscheiden des Mitarbeiters gibt, der im Ergebnis der Rechtsprechung des BAG nahekommt. In die gleiche Richtung weist Art. 4 Abs. 2 lit. a) der Geschäftsgeheimnis-RL 2016/943[96], der den Erwerb eines Geschäftsgeheimnisses ohne Zustimmung des Inhabers des Geschäftsgeheimnisses für rechtswidrig erklärt, wenn er erfolgt „durch unbefugten Zugang zu, unbefugte Aneignung oder unbefugtes Kopieren von Dokumenten, Gegenständen, Materialien, Stoffen oder elektronischen Dateien, die der rechtmäßigen Kontrolle durch den Inhaber des Geschäftsgeheimnisses unterliegen und die das Geschäftsgeheimnis enthalten oder aus denen sich das Geschäftsgeheimnis ableiten lässt".

---

93 BAG, Urt. v. 19.5.1998 – 9 AZR 394/97, NZA 1999, 200, 201.
94 BGH, Urt. v. 27.4.2006 – I ZR 126/03, NJW 2006, 3424, 3425; *Ohly*, in: Ohly/Sosnitza, UWG, § 17 Rn. 40.
95 BGH, Urt. v. 3.5.2001 – I ZR 153/99, WM 2001, 1824, 1827; BGH, Urt. v. 27.4.2006 – I ZR 126/03, NJW 2006, 3424, 3425.
96 Oben Fn. 1.

c) Stellungnahme

In der Tat sollte das Bestehen nachvertraglicher Pflichten im Arbeitsrecht und Lauterkeitsrecht nicht unterschiedlich beurteilt werden.[97] Hier wie dort geht es um einen Ausgleich zwischen dem Interesse des Arbeitgebers am Schutz seiner geschäftlichen Investitionen und dem Interesse des Arbeitnehmers, die in redlicher Weise erworbenen beruflichen Erfahrungen für sein eigenes berufliches Fortkommen zu nutzen. Wettbewerbsrechtlich formuliert entspricht es den Grundsätzen des Leistungswettbewerbs, wenn ein ausgeschiedener Arbeitnehmer in Konkurrenz zu seinem früheren Geschäftsherrn tritt und dabei Kundenadressen verwertet, die er redlich erlangt hat, weil sie in seinem Gedächtnis geblieben sind.[98] Das unternehmerische Interesse an einem Schutz geschäftlicher Investitionen muss zum Schutze der Berufsfreiheit eines ausgeschiedenen Arbeitnehmers nur insoweit zurückstehen, als dieser in redlicher Weise seine beruflichen Erfahrungen ausnützt. Das ist bei einem Verstoß gegen § 17 Abs. 2 Nr. 2 UWG – Verwendung verkörperter Geschäftsgeheimnisse – nicht der Fall. Maßgebend ist daher nicht eine die Rechtssicherheit beeinträchtigende Interessenabwägung[99], sondern die Abgrenzung redlichen und unredlichen Verhaltens bei der Aneignung des Geschäftsgeheimnisses.

Unredliches Verhalten von Mitarbeitern, die sich Geschäftsgeheimnisse unter Verstoß gegen § 17 Abs. 2 Nr. 2 UWG angeeignet haben, sollte dem neuen Arbeitgeber, der früher ebenfalls bei dem Inhaber des Geheimnisses tätig war, wegen der Verletzung einer nachvertraglichen Treuepflicht gem. §§ 278, 241 Abs. 2 BGB zugerechnet werden. Es überzeugt daher nicht, dass das BAG im Urteil vom 19.5.1998[100] die Behauptung des ausgeschiedenen Arbeitnehmers, er habe keine Kenntnis von den Unterlagen gehabt, die bei einem seiner Mitarbeiter beschlagnahmt wurden, als Entlastung genügen ließ.

Die wegen § 17 Abs. 2 UWG und Art. 4 Abs. 2 lit. a) Geschäftsgeheimnis-RL 2016/943 erforderliche Grenzziehung zwischen unredlichem Erwerb verkörperter Geschäftsgeheimnisse und redlicher Aneignung von Fachwissen, das im Gedächtnis gespeichert ist, provoziert offensichtlich

---

97 *Ohly*, in: Ohly/Sosnitza, UWG, § 17 Rn. 40a.
98 BGH, Urt. v. 14.1.1999 – I ZR 2-97, NJW-RR 1999, 1131, 1132.
99 Dafür - unter weitgehender Akzeptanz der Rspr. - *Ohly*, in: Ohly/Sosnitza, UWG, § 17 Rn. 40a.
100 BAG, Urt. v. 19.5.1998 – 9 AZR 394/97, NZA 1999, 200, 201.

Missbräuche. Nicht immer hilft der Zufall wie in dem Fall BGH NJW 2006, 3424, als die Telefonrechnung mit Einzelgesprächsnachweisen, die haargenau der Kundenliste des früheren Arbeitgebers entsprach, nicht dem ausgeschiedenen Arbeitnehmer zugegangen war, sondern durch ein Versehen dem früheren Arbeitgeber. Davon abgesehen sollte und könnte Missbräuchen mit prozessualen Mitteln, aber auch mit dem Instrument der teleologischen Gesetzesinterpretation begegnet werden. So muss das Parteivorbringen, man habe das Geschäftsgeheimnis im Gedächtnis behalten, natürlich ein Mindestmaß an Plausibilität haben, um prozessual beachtet zu werden. Die in einem Urteil des BGH mit Recht anklingenden Zweifel, ob sich der ausgeschiedene Mitarbeiter mehrere hundert Kundenadressen wirklich merken konnte[101], hätten jedenfalls dem Tatrichter genügen müssen, um den Tatsachenvortrag mangels Substantiierung unberücksichtigt zu lassen. Darüber hinaus erscheint es schon materiellrechtlich nicht allzu kühn, eine künstliche, geradezu akrobatische Merkleistung des Gedächtnisses nicht mehr als – redliches – Nutzen beruflichen Erfahrungswissens zu qualifizieren, sondern im Wege der Analogie der – unredlichen – Verwendung verkörperter Geschäftsgeheimnisse gleichzustellen.[102]

Treuwidriges Verhalten des ausgeschiedenen Arbeitnehmers während des Beschäftigungsverhältnisses bildet ebenfalls einen ausreichenden Grund, um die Schutzwürdigkeit des beruflichen Interesses an der Verwertung des erlangten Wissens in Frage zu stellen. Unredlich handelte daher der Arbeitnehmer, der während des Beschäftigungsverhältnisses Erkenntnisse über die Weiterentwicklung eines Reagenzes zurückhielt, um diese später nach seinem Ausscheiden für ein Konkurrenzprodukt zu verwenden.[103] Von ausschlaggebender Bedeutung ist auch, wie stark der ausgeschiedene Arbeitnehmer auf die Nutzung des Geschäftsgeheimnisses für sein berufliches Fortkommen angewiesen ist. Falls das Verwertungsverbot einem Wettbewerbsverbot gleichkäme, ist er schutzwürdig. Wenn z.B. ein Arbeitnehmer langjährig mit der Produktion von Spritzgusswerkzeugen beschäftigt ist, würde es de facto einem Wettbewerbsverbot gleichkommen, wenn das Erfahrungswissen nicht verwendet werden kann.[104] Umgekehrt ist ein Arbeitnehmer nicht schutzwürdig, wenn er nur kurze Zeit

---

101 BGH, Urt. v. 14.1.1999 – I ZR 2-97, NJW-RR 1999, 1131, 1133.
102 Dies gilt natürlich nur für die zivilrechtliche Wertung, nicht für die dem Analogieverbot unterliegende Ausdehnung der Strafnorm des § 17 Abs. 2 UWG.
103 BAG, Urt. v. 16.3.1982 – 3 AZR 83/79, NJW 1983, 134.
104 BGH, Urt. v. 3.5.2001 – I ZR 153/99, GRUR 2002, 91.

beim Arbeitgeber beschäftigt war und dessen wesentliches Betriebsgeheimnis verwerten will.[105]

Will der Arbeitgeber vermeiden, dass der Arbeitnehmer in redlicher Weise von einem Betriebs- und Geschäftsgeheimnis Gebrauch macht, bleibt ihm nur die Vereinbarung einer Vertraulichkeitsvereinbarung. Diese muss die Grenzen beachten, die von der Rechtsprechung für solche Vereinbarungen aufgestellt worden sind, darf sich also nicht als allgemeines Wettbewerbsverbot auswirken oder muss eine Karenzentschädigung vorsehen, um eine Umgehung der §§ 74 ff. HGB zu vermeiden.[106] Wie ein Wettbewerbsverbot wirkt eine Vereinbarung, die sich pauschal auf ganze Geschäftsbereiche erstreckt.[107] Im Umkehrschluss bedeutet dies, dass Verschwiegenheitsvereinbarungen die betroffenen Betriebsgeheimnisse explizit benennen müssen. Aber selbst dann ist zu beachten, dass einzelne Betriebsgeheimnisse von solchem Gewicht für die Berufsausübung sein können, dass eine Verschwiegenheitsvereinbarung einem Wettbewerbsverbot gleichkäme. So kann z.B. die Untersagung, Kundennamen und -adressen mitzuteilen oder zu verwenden, bei Mitarbeitern des Vertriebs eine so essentielle Erschwernis ihrer anderweitigen beruflichen Tätigkeit darstellen, dass das Verbot als nachvertragliches Wettbewerbsverbot einzustufen ist.[108] Nach der hier vertretenen Auffassung ist diese Rechtsprechung ungeachtet der Geschäftsgeheimnis-RL 2016/943 weiterhin zu beachten, da auch der europäische Gesetzgeber die Berufsfreiheit des Arbeitnehmers respektieren muss und keine unverhältnismäßigen Einschränkungen vorsehen darf. Bei grundrechtskonformer Auslegung von Art. 4 Abs. 3b der Geschäftsgeheimnis-RL 2016/943 ist nur eine wirksame Vertraulichkeitsvereinbarung geeignet, den Arbeitgeber vor der Verwertung von Betriebs- und Geschäftsgeheimnissen durch ausgeschiedene Arbeitnehmer zu schützen.[109]

---

105 BGH, Urt. v. 21.12.1962 – I ZR 47/61, BGHZ 38, 391, 397.
106 Oben im Text unter C.II.1.
107 BAG, Urt. v. 19.5.1998 – 9 AZR 394/97, NZA 1999, 200, 201.
108 *Greßlin/Römermann*, BB 2016, 1461, 1464.
109 Oben im Text unter C II 2, vor a).

Reinhard Singer, Friedrich Preetz

Fazit

Die Rechtsprechung zur nachvertraglichen Verschwiegenheitspflicht zwingt zur Abwägung der widerstreitenden Interessen, die in Grenzfällen nicht immer überzeugt. Berufliches Erfahrungswissen darf mit Blick auf den Schutz der Berufsfreiheit auch nach dem Ausscheiden genutzt werden, wenn es auf redliche Weise erworben worden ist. Unredlich ist die Verwertung von Geschäftsgeheimnissen, die sich der Arbeitnehmer aus verkörperten Dokumenten oder Datenträgern verschafft hat. An die Substantiierung der Behauptung, dass der Arbeitnehmer Rezepte, Formeln oder Kundenlisten im Gedächtnis gespeichert hat, sind strenge Anforderungen zu stellen. Darüber hinaus sollten im Rahmen der gebotenen teleologischen Interpretation der lauterkeitsrechtlichen Verbotsnorm die Verwertung von Geschäftsgeheimnissen, die nur durch akrobatische Gedächtnisleistungen gewonnen werden können, der Aneignung von verkörperten Dokumenten gleichgestellt werden. Arbeitgeber können sich außerdem vor der nachvertraglichen Verwertung von Geschäftsgeheimnissen durch Vertraulichkeitsvereinbarungen schützen, müssen aber darauf achten, dass die Vereinbarung einem Wettbewerbsverbot nicht gleichkommen darf, oder eine Karenzentschädigung vorsehen.

Insgesamt sollte die Rechtsprechung dazu übergehen, das Verdikt einer Verschwiegenheitspflichtverletzung nicht mehr von Vermutungen über die innere Motivation des Handelnden abhängig zu machen, sondern sich auf die Feststellung objektiver Tatsachen beschränken. Das Problem des *Whistleblowing* verdeutlicht diese Notwendigkeit. Welche Motivation der Arbeitnehmer im Einzelfall hat, sollte keine entscheidende Rolle spielen, weil die innere Einstellung in den seltensten Fällen klar und eindeutig ermittelt werden kann. Wegen Art. 5 lit. b) der Geschäftsgeheimnis-RL 2016/943 und der gebotenen Transparenz und Klarheit der Richtlinienumsetzung muss die Problematik des *Whistleblowing* ohnehin kodifiziert werden. Dabei sollte am Vorrang des internen *Whistleblowing* aus Gründen der Verhältnismäßigkeit festgehalten werden. Externes *Whistleblowing* sollte *ultima ratio* sein und auf Fälle beschränkt bleiben, in denen interne Abhilfebemühungen erfolglos geblieben sind oder sich der Arbeitnehmer ohne Intervention strafbar machen würde.

Auftraggebereigenschaft im Konzern

*Bettina Tugendreich, Berlin**

Der Jubilar ist kein Freund zwingender Vorgaben für (öffentliche) Auftraggeber, ihre Beschaffungen nach bestimmten Regeln zu tätigen, sprich: er ist kein Freund des Vergaberechts. Nach seiner Einschätzung können die mit dem Vergaberecht verfolgten wettbewerblichen Zwecke ausreichend über das Instrument des Kartellrechts erfüllt werden. Mit dem vorliegenden Beitrag möchte die Verfasserin dem Jubilar anhand einiger Grundsätze des Vergaberechts zeigen, dass es durchaus in diversen Konstellationen – in sachgerechter Weise – Räume und Ausnahmen gibt, in denen das Vergaberecht keine Anwendung findet. Es geht um die Frage der Ausschreibungspflicht innerhalb eines Konzerns.

I. Grundsatz: Kein Konzerneinheitlicher Auftraggeberbegriff

1. Der Begriff des öffentlichen Auftraggebers gemäß § 98 GWB

Anknüpfungspunkt für die europaweite Ausschreibungspflicht ist in personeller Hinsicht der Begriff des Auftraggebers. § 98 GWB bestimmt den subjektiven Anwendungsbereich des Vergaberechts und differenziert zwischen öffentlichen Auftraggebern gemäß § 99 GWB, Sektorenauftraggebern gemäß § 100 GWB und Konzessionsgebern gemäß § 101 GWB. Den Besonderheiten der Auftraggebereigenschaft im Sektorenbereich ist ein extra Kapitel gewidmet, vgl. sub. III.. Gesonderte Ausführungen zum Konzessionsgeber erübrigen sich, weil der Begriff des Konzessionsgebers sich vom öffentlichen Auftraggeber und vom Sektorenauftraggeber allein dadurch unterscheidet, dass kein öffentlicher Auftrag, sondern eine Konzession vergeben wird, also lediglich im Hinblick auf den Vergabegegenstand, nicht aber auf die Person des Vergebenden. Die Ausführungen kon-

---

* Rechtsanwältin Dr. Bettina Tugendreich, Raue LLP (Berlin).

zentrieren sich deshalb zunächst einmal auf den Begriff des öffentlichen Auftraggebers gemäß § 99 GWB.

Öffentliche Auftraggeber gemäß § 99 GWB sind insbesondere

1. Gebietskörperschaften sowie deren Sondervermögen,
2. andere juristischen Personen des öffentlichen und des privaten Rechts, die zu dem besonderen Zweck gegründet wurden, im Allgemeininteresse liegende Aufgaben nichtgewerblicher Art zu erfüllen, sofern sie durch eine Person gemäß Ziffer 1 bzw. Ziffer 3 beherrscht wird,
3. Verbände, deren Mitglieder unter Ziffer 1 oder 2 fallen,
4. Natürliche oder juristische Personen des privaten Rechts sowie juristische Personen des öffentlichen Rechts (soweit sie nicht unter Ziffer 2 fallen) für bestimmte – näher definierte – Tiefbaumaßnahmen, wenn diese zu mehr als 50% durch Personen gemäß Ziffern 1, 2 oder 3 subventioniert werden.

Der Kreis jener, die der europaweiten Ausschreibungspflicht unterliegen, ist also nicht auf Bund, Länder und Gemeinden beschränkt, sondern sehr viel weiter gesteckt. Bund, Länder und Gemeinden sowie deren Sondervermögen sind als sog. klassische öffentliche Auftraggeber in § 99 Nr. 1 GWB normiert.

Infolge des allgemeinen Trends, sich durch eine jedenfalls förmliche Privatisierung bestimmten öffentlich-rechtlichen Zwängen zu entledigen, hat der EuGH – um dieser „Flucht ins Privatrecht" entgegenzuwirken – schon 1988 entschieden, dass der Begriff des Staates im Beschaffungswesen funktional zu verstehen ist[1]. Diesen Gedanken greift nun insbesondere § 99 Nr. 2 GWB auf. Allerdings wird hier nicht jede von einer Gebietskörperschaft beherrschte formell verselbständigte rechtliche Einheit – entweder in öffentlicher Rechtsform, z.B. einer Anstalt des öffentlichen Rechts, oder in privater Rechtsform, z.B. in einer GmbH – dem vergaberechtlichen Regulierungsregime unterstellt. Vielmehr sollen nur solche verselbständigten Einheiten den Zwängen des Vergaberechts unterliegen, die *„zu dem besonderen Zweck gegründet wurden, im Allgemeininteresse liegende Aufgaben nichtgewerblicher Art zu erfüllen."* Das Tatbestandsmerkmal der *„im Allgemeininteresse liegenden Aufgaben"* ist weit zu verstehen. Hiervon sind alle Tätigkeiten erfasst, die über private oder Einzelinteres-

---

[1] EuGH, Urt. v. 20.9.1988 - C-31/87, BeckEuRS 1988, 142348 Rn. 8 u. 11 – *Beentjes.*

sen hinausgehen und der Befriedigung kollektiver Bedürfnisse dienen.[2] Für die Beurteilung, ob ein Unternehmen eine nichtgewerbliche Tätigkeit ausübt, kommt es alternativ oder kumulativ auf folgende drei Kriterien an: Gewinnerzielungsabsicht, Vorliegen entwickelten Wettbewerbs und Übernahme eines wirtschaftlich und finanziellen Risikos.[3] Bei der gebotenen Einzelfallprüfung geht es letztlich darum, ob sich die zu beurteilende rechtliche Einheit bei ihren Beschaffungen von anderen als wirtschaftlichen Überlegungen leiten lassen könnte.[4] Nur, wenn dies der Fall ist, soll das Korrektiv des Vergaberechts zum Zuge kommen.

Damit werden den Gebietskörperschaften (Bund, Ländern und Gemeinden) enorme Spielräume zugebilligt, durch eine formelle Ausgliederung bestimmter Tätigkeiten der öffentlichen Hand das Korsett des Vergaberechts abzustreifen. Das wird konsequenterweise immer dann gelingen, wenn die formell ausgegliederte „Tochtergesellschaft" nicht zu dem Zweck gegründet wurde, im Allgemeininteresse liegende Aufgaben nichtgewerblicher Art zu erfüllen.

Wenn man eine Gebietskörperschaft – nur als Gedankenspiel – einmal als einen „Konzern" auffasst, so hat für diese Konstellation der Gesetzgeber, und zwar ausdrücklich der europäische Gesetzgeber und ihm folgend in der Implementierung der Vergaberichtlinien[5] der deutsche Gesetzgeber, durch die Regelungen in § 98 GWB ausdrücklich entschieden, dass es für die jeweilige Gebietskörperschaft und ihre „Tochtergesellschaften" keine konzerneinheitliche Beurteilung gibt im Hinblick auf die Frage, wer öffentlicher Auftraggeber ist und wer nicht. Vielmehr ist für jede rechtliche Einheit separat zu beurteilen, ob die Voraussetzungen eines öffentlichen Auftraggebers gemäß § 99 GWB erfüllt sind.

---

2 *Badenhausen-Fähnle,* in: Müller-Wrede (Hrsg.), GWB Vergaberecht Kommentar, 1. Auflage, 2016, GWB § 99 Rn. 44.
3 *Badenhausen-Fähnle*, in: Müller-Wrede (Hrsg.), GWB § 99 Rn. 52.
4 EUGH, Urt. v. 27.2.2003 - C-373/00, Rn. 42, EuZW 2003, 315 - *Adolf Truley*.
5 RL 2014/24/EU des Europäischen Parlaments und des Rates v. 26.2.2014 über die öffentliche Auftragsvergabe und zur Aufhebung der Richtlinie 2004/18/EG, Abl. L 94/65; RL 2014/23/EU des Europäischen Parlaments und des Rates v. 26.2.2013 über die Konzessionsvergabe, Abl. L 94/1; RL 2014/25/EU des Europäischen Parlaments und des Rates v. 26.2.2014 über die Vergabe von Aufträgen durch Auftraggeber im Bereich der Wasser-, Energie- und
Verkehrsversorgung sowie der Postdienste und zur Aufhebung der Richtlinie 2004/17/EG, Abl. L 94/243.

2. Keine Anwendung der Verbundklausel des § 36 Abs. 2 GWB

Nun stellt sich die Frage, ob diese Sichtweise einer stets getrennten Beurteilung – für Gebietskörperschaften und ihre rechtlich verselbständigten Einheiten – auch auf verbundene Unternehmen im Sinne der §§ 15 ff. AktG übertragen werden kann.

Seit dem 1. Januar 1999 ist mit der Schaffung des 4. Teils des GWB das Vergaberecht fester Bestandteil des deutschen Wettbewerbsrechts. Es liegt deshalb zunächst einmal nahe, für die Beurteilung verschiedener Gesellschaften eines Konzerns im Hinblick auf die Eigenschaft als öffentlicher Auftraggeber auf die Regelung in § 36 Abs. 2 GWB abzustellen. Nach dieser Regelung sind verbundene Unternehmen im Sinne der §§ 15 ff. AktG in der Fusionskontrolle als einheitliche Unternehmen anzusehen (sog. Verbundklausel). Im Bereich des Kartellrechts außerhalb der Fusionskontrolle – insbesondere für die Beurteilung wettbewerbsbeschränkender Vereinbarungen gemäß §§ 1 ff. GWB und für den Bereich der kartellrechtlichen Missbrauchskontrolle – wird die Verbundklausel ebenfalls angewendet.[6] Nichts läge deshalb näher, als diese Grundsätze auch im 4. Teil des GWB anzuwenden, zumal nach dem Willen des Gesetzgebers die Verbundklausel für den gesamten Anwendungsbereich des GWB gelten sollte[7]. Würde man allerdings die Verbundklausel des § 36 Abs. 2 GWB konsequent auch im 4. Teil des GWB anwenden, hätte dies zur Folge, dass die öffentliche Auftraggebereigenschaft auch nur eines Konzernunternehmens die Eigenschaft als öffentlicher Auftraggeber aller anderen Konzerngesellschaften nach sich ziehen würde. Eine derart strikte Auslegung des § 36 Abs. 2 GWB (eine Gesellschaft öffentlicher Auftraggeber = alle Konzerngesellschaften öffentliche Auftraggeber) wäre jedenfalls die logische Konsequenz der im Vergaberecht allgemein anerkannten sog. „Infizierungstheorie".[8] Nach der Infizierungstheorie gilt nämlich: Erfüllt eine Einrichtung oder ein Unternehmen, möglicherweise auch nur mit einem geringen Teil ihrer Tätigkeit, die Voraussetzungen für die Anwendung des Vergaberechts, unterliegt die betroffene Einrichtung bzw. das Unternehmen insge-

---

6 BGH, Urt. v. 23.6.2009 - KZR 21/08, juris-Rn. 15; *Thomas*, in: Immenga/Mestmäcker, Wettbewerbsrecht, 5. Auflage, 2014, § 36 Rn. 800, 802.
7 vgl. Regierungsbegründung 1997, BT-Dr. 13/9720, 56 f.
8 vgl. EuGH, Urt. v. 10.4.2008 - C-393/06, IBRRS 2008, 1138 Rn. 29 ff.– *Aigner*; *Badenhausen-Fähnle*, in: Müller-Wrede (Hrsg.), GWB § 99 Rn. 42.

samt, d.h. bei der Vergabe aller Aufträge ab dem EU-relevanten Schwellenwert, dem Vergaberechtsregime.

Die vergaberechtliche Rechtsprechung hat sich bereits mehrfach und in verschiedenen Konstellationen der Verbundklausel des § 36 Abs. 2 GWB bedient. So hat die Vergabekammer des Bundes kürzlich die Bildung einer Bietergemeinschaft nicht als Verstoß gegen das Kartellverbot gemäß § 1 GWB angesehen mit dem Argument, die Mitglieder der Bietergemeinschaft gehören jeweils ein und derselben wirtschaftlichen Einheit an bzw. bilden - unter ausdrücklicher Bezugnahme auf § 36 Abs. 2 GWB - ein einheitliches Unternehmen im Sinne des § 1 GWB bzw. Art. 101 AEUV, so dass das Kartellverbot tatbestandlich nicht greife.[9] Die Anwendung von § 36 Abs. 2 GWB in dieser Konstellation hat jedoch keinen originär vergaberechtlichen Hintergrund, auch wenn sie in eine vergaberechtliche Entscheidung eingebettet war. Die Anwendung der Verbundklausel bezieht sich auf eine rein kartellrechtliche Frage.

Dennoch gibt es auch – vereinzelt gebliebene – Entscheidungen, in denen rein vergaberechtliche Aspekte auf der Grundlage des § 36 Abs. 2 GWB entschieden wurde. So hat die Vergabekammer Hessen die Regelung in § 36 Abs. 2 GWB herangezogen, um die ausschreibungsfreie Auftragsvergabe eines Sektorenauftraggebers an eine Tochtergesellschaft zu begründen.[10] Das OLG Düsseldorf hat die Vergabebedingung einer Loslimitierung, wonach sich ein Unternehmen nur auf eine bestimmte Anzahl von Losen bewerben darf, durch die Beteiligung mehrerer Konzernunternehmen/verbundener Unternehmen als verletzt angesehen.[11]

In ähnlicher Weise ist ein „Durchgriff" der Eigenschaft als öffentlicher Auftraggeber einer beherrschenden Muttergesellschaft auf ihre Tochtergesellschaft teilweise in der Literatur[12] und vereinzelt auch in der älteren Rechtsprechung[13] bejaht worden. Begründet wurde diese Rechtsansicht mit dem Sinn und Zweck des deutschen und europäischen Vergaberechts. Ein öffentlicher Auftraggeber habe zwar bei der Erfüllung staatlicher Aufgaben weitgehende Wahlfreiheit zwischen öffentlich-rechtlichen und privatrechtlichen Formen, er soll sich durch diese Auswahlentscheidung je-

---

9 VK Bund, Beschl. v. 22.1.2015 - VI 1 – 112/14.
10 VK Hessen, Beschl. 28.2.2011 - 69 d VK – 47/2010.
11 OLG Düsseldorf, Beschl. v. 18.5.2000 - Verg 6/00, IBRRS 2003, 0947.
12 vgl. *Dreher*, DB 1998, 2579, 2581.
13 vgl. VÜA Bund „Abrissarbeiten" WuW/E Verg.AB 58 (62); VK Arnsberg, Beschl. v. 13. 6.2006 - VK 10/06.

doch nicht von den vorhandenen öffentlich-rechtlichen Bindungen befreien können.[14]

Weitgehend wird heute jedoch für die Beurteilung der Frage, ob ein Unternehmen als öffentlicher Auftraggeber zu qualifizieren ist, ein direkter „konzernrechtlicher Durchgriff" verneint. Maßgeblich ist hierfür insbesondere die Rechtsprechung des EuGH, nach der ausdrücklich alle Begriffsmerkmale eines öffentlichen Auftraggebers bei den jeweiligen Konzernunternehmen vorliegen müssen. Es könne nicht automatisch von der Auftraggebereigenschaft der Muttergesellschaft auf die Auftraggebereigenschaft der Tochter geschlossen werden[15]. Der EuGH hat insoweit ausdrücklich entschieden:

> „Umgekehrt genügt der Umstand, dass ein Unternehmen, das zu einer Gruppe oder zu einem Konzern gehört, eine Einrichtung des öffentlichen Recht ist, nicht, um alle Konzernunternehmen als öffentliche Auftraggeber anzusehen [...]"[16]

Diese grundsätzliche Beurteilung ist im Ergebnis richtig. Die Regelung in § 36 Abs. 2 GWB und die dahinterstehende Wertung führen im Bereich der Fusionskontrolle zu sachgerechten Ergebnissen. Für den Fall einer Kartellierung[17] sowie im Bereich des Missbrauchs einer marktbeherrschenden Stellung ist die Anwendung des Konzernprivilegs richtig. Anders muss jedoch die Beurteilung im Rahmen der Bestimmung der öffentlichen Auftraggebereigenschaft ausfallen. Die damit verbundene Pflicht zur Ausschreibung kann nämlich durchaus für jede rechtliche Einheit individuell entschieden werden. Ist eine rechtlich selbständige Einheit auf einem wettbewerblich strukturierten Markt tätig, dann bedarf es für ihre Beschaffungsvorgänge keines Korrektivs durch das Vergaberechts. Ist hingegen eine rechtlich selbständige Einheit nicht in einem Wettbewerbsumfeld tätig, so ist es sachgerecht, ihr Beschaffungsverhalten durch das Instrument des Vergaberechts zu disziplinieren.

---

14 Vgl. insbesondere hierzu *Dreher*, DB 1998, 2579, 2581.
15 vgl. *Eschenbruch*, in: Kulartz/Kuss/Portz/Prieß (Hrsg.), Kommentar zum GWB-Vergaberecht, 4. Auflage, 2016, GWB § 99, Rn. 92 ff.
16 vgl. EuGH, Urt. v. 10.11.1998 – C-360/96, BeckEuRS 1998, 230307, Rn. 57 - *Gemeente Arnhem*; EuGH, Urt. v. 15.1.1998 - C-44/96, BeckEuRS 1998, 230218 - *Mannesmann Anlagenbau Austria*.
17 vgl. hierzu Entscheidung der VK Bund, Beschl. v. 22.1.2015 - VK 112/14.

3. Zwischenergebnis: Ausschreibungsfreiheit verbundener Unternehmen

Als Zwischenergebnis lässt sich damit festhalten, dass i.S.v. §§ 15 ff. AktG verbundene Unternehmen jeweils separat im Hinblick daraufhin zu untersuchen sind, ob sie die Tatbestandsvoraussetzungen eines öffentlichen Auftraggebers gemäß § 99 GWB erfüllen und infolge dessen der europaweiten Ausschreibungspflicht unterliegen.

Diese – im Ergebnis richtige – Grundsatzentscheidung führt dazu, dass öffentliche Auftraggeber, soweit sie in Bereichen tätig sind, die für sich genommen, keine *„im Allgemeininteresse liegende Tätigkeiten nichtgewerblicher Art"* darstellen, also insbesondere soweit es um Tätigkeiten in wettbewerblich strukturierten Märkten geht, diese Bereiche ausgliedern und somit der europaweiten Ausschreibungspflicht entziehen können.[18]

II. Die verschiedenen Konstellationen von Konzerngesellschaften

Nun bedeutet die grundsätzlich separate Bestimmung für jedes Unternehmen nicht, dass die bei einem bestimmten Konzernunternehmen tatbestandlich bejahten Voraussetzungen nicht auch insoweit vermittelnder Natur sein und auf eine weitere Konzerngesellschaft überdurchgreifen können.[19]

1. Holdinggesellschaften / Muttergesellschaften

Ein solcher „Durchgriff" der bejahten öffentlichen Auftraggebereigenschaft auf eine weitere Konzerngesellschaft ist insbesondere bei Holdinggesellschaften im Konzern naheliegend.

Teilweise wird in der Literatur für eine Holdinggesellschaft bereits immer dann die öffentliche Auftraggebereigenschaft bejaht, wenn sie einerseits von einem öffentlichen Auftraggeber nach § 99 Nr. 1 GWB beherrscht ist und andererseits ihre Tochtergesellschaften ebenfalls die Tat-

---

18 Vgl. hierzu ausdrücklich EuGH, Urt. v. 15.1.1998 - C-44/96, BeckEuRS 1998, 230218, - *Mannesmann Anlagenbau Austria.*
19 Vgl. z.B. OLG Düsseldorf, Beschl. v. 30.1.2013 – VII-Verg 56/12, BeckRS 2013, 04226.

bestände des § 99 Nr. 2 GWB erfüllen.[20] Andernfalls, so wird diese sehr weitgehende Auffassung begründet, bestünde die Gefahr, dass das Vergaberecht unterlaufen würde. Dies könnte beispielsweise der Fall sein, wenn die Holdinggesellschaft zentrale Beschaffungsaufgaben für die Tochtergesellschaften übernimmt.[21] Bei einer konsequenten Anwendung dieser Auffassung wäre jedoch jede (kommunale) Zwischenholding automatisch als öffentlicher Auftraggeber zu qualifizieren, gänzlich unabhängig von ihrer tatsächlichen Betätigung.[22] Richtigerweise ist deshalb auch bei Holdinggesellschaften im Einzelfall zu prüfen, ob sie selbst aufgrund ihrer Tätigkeiten als öffentlicher Auftraggeber zu qualifizieren sind oder nicht. Eine automatische „Infizierung" als öffentlicher Auftraggeber der Holdinggesellschaft allein infolge der Tätigkeiten von Mutter- oder Tochterunternehmen ist weder sachgerecht noch erforderlich.

Ist eine Holdinggesellschaft rein privatrechtlich organisiert und hält sie eine auf den öffentlichen Sektor ausgerichtete Tochtergesellschaft – die die Tatbestandsvoraussetzungen eines öffentlichen Auftraggebers erfüllt – allein als Kapitalbeteiligung, dann besteht kein Bedürfnis dafür, auch die Holdinggesellschaft dem Vergaberechtsregime zu unterwerfen. Von einer solchen Konstellation wird immer dann auszugehen sein, wenn ein öffentlicher Auftraggeber einen Teil seiner Wirtschaftstätigkeit in ein wettbewerbliches Umfeld ausgliedert (z. B. auf eine Aktiengesellschaft), die im Wettbewerb Leistungen erbringt und diese wiederum eine privatrechtlich organisierte, aber im Allgemeininteresse tätige Tochtergesellschaft als reine Kapitalgesellschaft führt (z. B. auch mit dem Ziel der Desinvestition). Durch die Tochtergesellschaft, die die Voraussetzungen eines öffentlichen Auftraggebers erfüllt, wird die Tätigkeit der Aktiengesellschaft als Holdinggesellschaft nicht automatisch vergaberechtlich infiziert.[23]

Eine andere Beurteilung gebietet sich nur dann, wenn die Holdinggesellschaft nicht nur die Funktion einer reinen Kapitalbeteiligung hat. Übernimmt die Holdinggesellschaft zentrale Beschaffungsaufgaben, z.B. Reinigungsdienstleistungen, so handelt es sich hierbei um Beschaffungsvorgän-

---

20 *Zeiss*, in: Heiermann/Zeiss, juris PK-Vergaberecht, 4. Auflage, 2013, 98, Rn. 91; VK Brandenburg, Beschl. v. 28.1.2003 – VK 71/02.
21 *Zeiss*, in: Heiermann/Zeiss, juris PK-Vergaberecht, 4. Auflage, 2013, 98, Rn. 91; VK Brandenburg, Beschl. v. 28.1.2003 – VK 71/02.
22 So wohl auch *Eschenbruch*, in: Kulartz/Kuss/Portz/Prieß (Hrsg.), GWB § 99, Rn. 103.
23 *Eschenbruch*, in: Kulartz/Kuss/Portz/Prieß (Hrsg.), GWB § 99, Rn. 103.

ge, die – würde sie die Tochtergesellschaft tätigen – der Ausschreibungspflicht unterlägen. Die Ausschreibungspflicht der Holdinggesellschaft ergibt sich in diesem Fall jedoch nicht allein aus ihrer formalen Stellung als „Holdinggesellschaft", sondern allein aus der Tatsache, dass die Holdinggesellschaft selbst „*eine im Allgemeininteresse liegende Tätigkeit nichtgewerblicher Art*" ausübt. Die (zentralisierte) Beschaffung ist nämlich für sich genommen eine Dienstleistung, die – und sei es auch nur eine untergeordnete „Hilfstätigkeit" – für die Funktion der Tochtergesellschaft notwendig ist. Dasselbe gilt auch dann, wenn die Holdinggesellschaft ihre Tochtergesellschaft(en) mit Stabsfunktionen – z.B. einer zentralen IT-Abteilung oder einer zentralen Rechtsabteilung – bei der Wahrnehmung ihrer „*Tätigkeiten im Allgemeininteresse nichtgewerblicher Art*" unterstützt.[24] Auch in diesem Fall nimmt die Holdinggesellschaft selbst eine „*Tätigkeit im Allgemeininteresse nichtgewerblicher Art*" wahr und unterliegt deshalb - aber auch nur deshalb - der Ausschreibungspflicht.

2. *Tochtergesellschaften*

Bei Tochtergesellschaften gilt letztlich nicht anderes. So führt beispielsweise eine bloße Ausgliederung von im Allgemeininteresse liegenden Tätigkeiten nicht automatisch zu einem „Abstreifen" des Vergaberechts, wenn ein öffentlicher Auftraggeber (Muttergesellschaft) Pflichtaufgaben wahrzunehmen hat und *zur Erfüllung* dieser Pflichtaufgaben Tochtergesellschaften einsetzt. Dann muss der öffentliche Auftraggeber seine im Allgemeininteresse liegenden Aufgaben nämlich zwingend mit Hilfe der Tochtergesellschaften erbringen. In einem solchen Fall wird die Rechtsnatur der Tätigkeit der Tochtergesellschaft nicht anders beurteilt werden als die der Muttergesellschaft. Die Tochtergesellschaft nimmt in einer solchen Konstellation selbst eine im Allgemeininteresse liegende Aufgabe nichtgewerblicher Art wahr, wenn sie für die Tätigkeit der Mutter Beschaffungen „erledigt", was für sich genommen eine Hilfstätigkeit der Tätigkeit der Mutter darstellt.

Diese Auffassung ist durch eine Entscheidung des OLG Düsseldorf zum „Bekleidungsmanagement der Bundeswehr/Kampfstiefel" ausdrück-

---

[24] So ausdrücklich für den Sektorenbereich: *Opitz*, in: Kulartz/Kuss/Portz/Prieß (Hrsg.), GWB § 100, Rn. 35.

lich bestätigt worden.[25] Das Bundesministerium der Verteidigung und das Bundesamt für Wehrtechnik und Beschaffung hatten eine private GmbH unter Beteiligung von Investoren gegründet, welche Beschaffungen im Bekleidungswesen der Bundeswehr abwickeln sollten. Das OLG Düsseldorf hat für diese Gesellschaft in der Rechtsform einer GmbH die öffentliche Auftraggebereigenschaft wie folgt bejaht:

> *„Der bei der Gründung der Antragsgegnerin, einer juristischen Person des privaten Rechts (GmbH), verfolgte Zweck besteht darin, im Allgemeininteresse liegende Aufgaben zu erfüllen. Von Seiten des Bundes betrachtet, ist sie nämlich das Instrument, um eine im Grundgesetz verankerte eigene Aufgabe des Bundes – zu einem großen Anteil – zu erfüllen. Gemäß Art. 81b) GG ist die Bundeswehrverwaltung „in bundeseigener Verwaltung" zu führen. Sie hat (u. a.) die Aufgabe der unmittelbaren Deckung des Sachbedarfs der Streitkräfte. Dass diese Aufgabe bisher allein in der Hand der Bundeswehrverwaltung eine „im Allgemeininteresse liegende Aufgabe" [...] ist letztlich schlechterdings nicht zu bezweifeln. Sie verliert diesen Charakter nicht dadurch, dass sie nach dem Willen des Bundes im Zuge organisatorischer Maßnahmen zu einem großen Teil von einer staatlichen Behörde (BWB) auf eine juristische Person des privaten Rechts (AG) übertragen wird. (...). Diese besondere Eigenschaft der Aufgabe kann der Bund nicht dadurch verändern, dass er sie zur Erledigung auf eine juristische Person des privaten Rechts verlagert."*[26]

Im Ergebnis bleibt damit festzuhalten: Grundsätzlich ist auch für jede Tochtergesellschaft singulär zu ermitteln, ob sie selbst alle Tatbestandsmerkmale eines öffentlichen Auftraggebers erfüllt. Nur dann, wenn die jeweilige Tochtergesellschaft letztlich als verlängerter Arm ihrer Muttergesellschaft auf dem Markt Beschaffungen tätigt, die für die Tätigkeit (z. B. Pflichtaufgabe) der Muttergesellschaft als öffentlicher Auftraggeber erforderlich sind, erfüllt sie selbst eine im Allgemeininteresse liegende Tätigkeit nichtgewerblicher Art und ist als öffentlicher Auftraggeber/Sektorenauftraggeber zu qualifizieren.

3. Schwestergesellschaften

In größeren organisatorischen Einheiten ist es häufig der Fall, dass bestimmte Vorgänge, die in (fast) allen Konzernunternehmen anfallen, zen-

---

25 OLG Düsseldorf, Beschl. v. 30.4.2003 - Verg 67/02, juris-Rn. 24.
26 vgl. OLG Düsseldorf, Beschl. v. 30.4.2003 - Verg 67/02, juris-Rn. 24; Hervorhebung durch den Verfasser.

tral durch ein hierfür vorgesehenes konzernverbundenes Unternehmen erbracht werden. So muss nicht jedes einzelne Unternehmen die entsprechenden Ressourcen vorhalten. Typisch sind EDV-Aufgaben oder Reinigungsleistungen. Werden diese Aufgaben nicht zentral in einer Holdinggesellschaft[27] erbracht, sondern in parallelen Gesellschaften - zumeist in privater Rechtsform -, ist erstens zu klären, ob ein vergaberechtsfreier Erwerb dieser Leistungen von der Schwestergesellschaft möglich ist. Zweitens stellt sich die Frage, ob durch die Tätigkeit der spezialisierten Schwestergesellschaft diese selbst als öffentlicher Auftraggeber zu qualifizieren ist. Für den vergaberechtsfreien Erwerb von Leistungen einer Schwestergesellschaft durch die andere ist maßgeblich, ob die Voraussetzungen einer öffentlich-öffentlichen Zusammenarbeit gemäß § 108 Abs. 3 GWB erfüllt sind.[28] Nach der Neuregelung des § 108 Abs. 3 GWB ist die sog. Inhouse-Vergabe zwischen zwei – von derselben Muttergesellschaften kontrollierten – Schwestergesellschaften möglich, wenn die vergaberechtsfrei zu beauftragende Schwestergesellschaft (also z.B. die zentralisierte EDV-Gesellschaft) mehr als 80% ihrer Tätigkeiten für ihre (Konzern)Muttergesellschaft oder für weitere Schwestergesellschaften[29] im Konzern erbringt.[30] Die davon zu trennende Frage ist jedoch, ob die spezialisierte Schwestergesellschaft selbst als öffentlicher Auftraggeber zu qualifizieren ist. Anknüpfungspunkt wäre hier die Leistungserbringung für die Schwestergesellschaft, die eine im Allgemeininteresse liegende Aufgabe erbringt. Gegen eine solche „Infizierung" der spezialisierten Tochtergesellschaft könnte sprechen, dass ein externes Unternehmen auch nicht allein deshalb eine im Allgemeininteresse tätige Aufgabe nichtgewerblicher Art wahrnimmt, weil es durch ein im Allgemeininteresse tätiges Unternehmen auf der Grundlage eines entgeltlichen Vertrages beauftragt wird. Warum konzernintern insoweit eine andere Beurteilung maßgeblich sein sollte als im Konzern-Außenverhältnis, erschließt sich nicht auf den ersten Blick. Dennoch ist insoweit eine andere Beurteilung notwendig, und zwar

---

27 Dazu vgl. bereits sub. II.1.
28 Alternativ wäre eine vergaberechtsfreie Leistungserbringung auch dann denkbar, wenn die Schwestergesellschaft für die Leistungserbringung kein Entgelt zahlt. In diesem Fall wären die Tatbestandsvoraussetzungen eines entgeltlichen Auftrags gemäß § 103 GWB nicht erfüllt, der nämlich einen „entgeltlichen Vertrag" voraussetzt.
29 Hierzu zählen allerdings nur solche Schwestergesellschaften, die wiederum von der (Konzern)Muttergesellschaft kontrolliert werden.
30 Hierzu ausführlich: *Ziekow*, NZBau 2004, 181, 186f.

aus folgenden Gründen: Die Leistungserbringung zwischen den beiden Schwestergesellschaften ist aus den genannten Gründen als sog. Inhouse-Geschäft vergaberechtsfrei. Würde die Leistungserbringung für die im Allgemeininteresse tätige Schwestergesellschaft keinen Einfluss auf die spezialisierte Schwestergesellschaft haben im Hinblick auf die Frage der Auftraggebereigenschaft, so könnte die spezialisierte Schwestergesellschaft ausschreibungsfrei beschaffen. Die ausschreibungsfreien Beschaffungen würden – jedenfalls zum Teil – auch für die im Allgemeininteresse tätige Schwestergesellschaft getätigt. Würden diese Beschaffungen jedoch alternativ von der im Allgemeininteresse tätigen Schwestergesellschaft direkt getätigt, unterlägen sie der Ausschreibungspflicht. Damit wäre einer Umgehung des Vergaberechts Tür und Tor geöffnet. Richtig ist zwar die Prämisse, dass jeder Beschaffungsvorgang „vom Markt" für öffentliche Auftraggeber nur einmal er Ausschreibungspflicht unterliegen muss. Diese einmalige Ausschreibungspflicht muss jedoch gewährleistet sein. Genau deshalb ist es in der beschriebenen Konstellation geboten, die spezialisierte Schwestergesellschaft als öffentlichen Auftraggeber zu qualifizieren, erbringt sie für die im Allgemeininteresse tätige Schwestergesellschaft Leistungen. Dabei ist es letztlich unerheblich, ob sie diese Leistungen für ihre Schwestergesellschaft auf der Grundlage eines entgeltlichen Vertrages oder ohne Entgelt erbringt. Allein aufgrund der Leistungserbringung übernimmt die spezialisierte Tochtergesellschaft eine im Allgemeininteresse tätige Aufgabe nichtgewerblicher Art.

Diese Einschätzung hat weitreichende Konsequenzen: Da sich die öffentliche Auftraggebereigenschaft der spezialisierten Schwestergesellschaft nach der „Infizierungstheorie" nicht splitten lässt, hat die Tätigkeit der spezialisierten Schwestergesellschaft auch nur für einen öffentlichen Auftraggeber zur Folge, dass alle ihre Tätigkeiten – auch für nicht der Ausschreibungspflicht unterliegende Konzernunternehmen – der Ausschreibungspflicht unterliegen.[31] Das bedeutet, dass zentralisierte Beschaffungsgesellschaften, für alle Beschaffungsvorgänge als öffentliche Auftraggeber zu beurteilen sind, auch dann, wenn für andere Schwestergesellschaft im Konzern etwas beschafft wird, die nicht der Ausschreibungspflicht unterliegt.

---

31 vgl. dazu bereits I. 2.

4. Zwischenergebnis

Es bleibt dabei: Für jedes Unternehmen, dass mit anderen Unternehmen gemäß §§ 15ff. AktG verbunden ist, muss separat beurteilt werden, ob die Tatbestandsvoraussetzungen eines öffentlichen Auftraggebers vorliegen. Es gibt keine „Infizierung" der Auftraggebereigenschaft innerhalb eines Konzerns.[32] Eine Vervielfachung der Auftraggebereigenschaft eines konzernverbundenen Unternehmens zu Lasten anderer Unternehmen bedarf es auch nicht infolge des Effektivitätsgebots in Gestalt des Umgehungsverbots. Eine Umgehung kann ausreichend verhindert werden, indem die Tätigkeit der jeweiligen Konzerngesellschaft genau daraufhin analysiert wird, ob es sich um eine im Allgemeininteresse liegende Aufgabe nichtgewerblicher Art handelt. Darunter fallen auch Tätigkeiten, die eine Konzerngesellschaft für eine andere Konzerngesellschaft erbringt.

III. Besonderheiten im Sektorenbereich

1. Der Begriff des Sektorenauftraggebers

Sektorenauftraggeber sind gemäß § 100 Abs. 1 GWB

- Nr. 1: öffentlicher Auftraggeber gemäß § 99 Nr. 1 – 3 GWB, die eine Sektorentätigkeit gemäß § 102 GWB ausüben,
- Nr. 2: natürliche oder juristische Personen des privaten Rechts, die eine Sektorentätigkeit gemäß § 102 GWB ausüben, wenn
  - lit. a): diese Tätigkeit auf der Grundlage von besonderen oder ausschließlichen Rechten ausgeübt wird, die von einer zuständigen Behörde gewährt wurden oder
  - lit. b): öffentliche Auftraggeber gemäß § 99 Nr. 1 – 3 GWB auf diese Person einzeln oder gemeinsam einen beherrschenden Einfluss ausüben können.

Der Begriff des Sektorenauftraggebers gemäß § 100 Abs. 1 Nr. 1 GWB knüpft an den Begriff des öffentlichen Auftraggebers gemäß § 99 GWB an und setzt darüber hinaus eine Sektorentätigkeit voraus. Jeder öffentliche Auftraggeber, der eine Sektorentätigkeit ausübt, ist also insoweit (auch)

---

32 Im Ergebnis ebenso: *Ziekow*, NZBau 2004, 181, 187.

als Sektorenauftraggeber zu qualifizieren. Lange Zeit war streitig, welchem Vergaberechtsregime ein öffentlicher Auftraggeber unterliegt, der zugleich eine Sektorentätigkeit ausübt. Da das Vergaberechtsregime für öffentliche Auftraggeber insgesamt strenger ist als das für Sektorenauftraggeber, insbesondere der EU-Schwellenwert für die Ausschreibungspflicht niedriger ist als im Sektorenbereich,[33] gingen diverse Gerichte und auch viele Stimmen in der Literatur von einer vorrangigen Ausschreibungspflicht nach dem Regime für öffentliche Auftraggeber aus.[34] Der EuGH hat dieser Vorrangregelung jedoch eine Absage erteilt und entschieden, dass ein Auftraggeber dem Sektorenvergaberecht unterliegt, auch wenn er gleichzeitig die Tatbestandsvoraussetzungen eines öffentlichen Auftraggebers erfüllt.[35] Aus der Neuregelung des Sektorauftraggebers in § 100 GWB ergibt sich diese Vorrangregelung nun ausdrücklich, ebenso aus Art. 7 der RL 2014/24/EU.

Mit der Begriffsdefinition des Sektorenauftraggebers in § 100 Abs. 1 Nr. 2 GWB wird der Anwendungsbereich des Kartellvergaberechts erweitert. Ein Sektorenauftraggeber liegt danach bereits dann vor, wenn eine natürliche oder juristische Person des privaten Rechts, die eine Sektorentätigkeit – dazu sogleich – ausübt, diese Tätigkeit entweder auf der Grundlage von besonderen oder ausschließlichen Rechten ausübt oder von einem öffentlichen Auftraggeber gemäß § 99 Nr. 1 bis 3 GWB beherrscht wird.

Ein Sektorenauftraggeber muss also nicht eine *„im Allgemeininteresse liegende Tätigkeit nichtgewerblicher Art"* ausüben. Wenn ein Unternehmen, das eine Sektorentätigkeit ausübt, dies auf der Grundlage von besonderen oder ausschließlichen Rechten[36] tut, die ihm eine Behörde gewährt hat, wird zudem auf jegliches Beherrschungserfordernis durch die öffentli-

---

[33] Aktueller EU-Schwellenwert für öffentliche Auftraggeber 209.000,00 € und für Sektorenauftraggeber 418.000,00 €.

[34] Vgl. OLG München, Beschl. v. 20.4.2005 - Verg 8/05, BayObLG, Beschl. v. 5.11.2002 - Verg 22/02; VK Schleswig-Holstein, Beschl. v. 17.1.2006, Az. VK-SH 32/05; VK Brandenburg, Beschl. v. 28.1.2003, Az. VK 71/02.

[35] EuGH, Urt. v. 10.4.2008 - C-393/06, EuZW 2008, 342 Rn. 58f. – *Aigner.*; EuGH, Urt. v. 16.6.2005 - C-462/03 und C-463/03, EuZW 2005, 478 Rn. 37 – *Strabag.*

[36] Besondere oder ausschließliche Rechte sind solche Rechte, die dazu führen, dass die Ausübung dieser Tätigkeit einem oder mehreren Unternehmen vorbehalten wird und die Möglichkeit anderer Unternehmen, die diese Tätigkeit ausüben, erheblich beeinträchtigt wird. Beispiel hierfür ist z. B. die Genehmigung zum Betrieb eines Flughafens gemäß § 38 Abs. 2 Nr. 1 LuftVZO; vgl. insgesamt zur Ausschreibungspflicht von Flughafenunternehmen *Wagner*, ZfPW 2015, 489, 505 f.

che Hand verzichtet. In dieser Konstellation können also auch rein private Unternehmen in den Anwendungsbereich der europaweiten Ausschreibungspflicht fallen. Gemäß § 100 Abs. 2 GWB sind besonderen oder ausschließlichen Rechte solche, die dazu führen, dass die Ausübung dieser Tätigkeit einem oder mehreren Unternehmen vorbehalten wird und die Möglichkeit anderer Unternehmen, die diese Tätigkeit ausüben, erheblich beeinträchtigt. Beispiel hierfür ist z. B. die Genehmigung zum Betrieb eines Flughafens gemäß § 38 Abs. 2 Nr. 1 LuftVZO[37].

2. Sektorentätigkeit

Beide Tatbestandsalternativen des § 100 Abs. 1 GWB setzen eine Sektorentätigkeit voraus. Der in § 102 GWB geregelte Katalog an Sektorentätigkeiten ist abschließend.[38] Definiert werden hier die Sektorentätigkeiten in den Bereichen Wasser, Elektrizität, Gas und Wärme, Verkehr, Häfen und Flughäfen sowie fossile Brennstoffe.[39] Hintergrund und Ziel der Erstreckung des Anwendungsbereichs des Vergaberechts auf – auch private – Unternehmen in diesen Sektoren ist die Durchbrechung bestehender Monopole in den Versorgungssektoren, die insbesondere auf staatlich verliehenen besonderen oder ausschließlichen Rechten beruhen. Diejenigen Unternehmen, von denen vermutet wird, dass sie sich bei der Beschaffung von Waren, Bau- und Dienstleistungen auf Grund ihrer staatlich begründeten Vorzugsstellung in dem jeweiligen Versorgungssektor nicht ausschließlich von markt- oder betriebswirtschaftlichen Erwägungen leiten lassen, sollen zu einem eben solchen Einkaufsverhalten angehalten werden.[40] Keine besonderen oder ausschließlichen Rechte in diesem Sinne sind jedoch solche Rechte, die aufgrund eines Verfahrens nach den Vorschriften des 4. Teils des GWB oder aufgrund eines sonstigen Verfahrens gewährt wurden, das angemessen bekannt gemacht wurde und auf objektiven Kriterien beruht.[41]

---

37 Vgl. insgesamt zur Ausschreibungspflicht von Flughafenunternehmen *Wagner*, ZfPW 2015, 489, 505 f.
38 *Röbke*, in: Müller-Wrede (Hrsg.), GWB § 102, Rn. 3.
39 Der Bereich der Postdienste wurde bereits bei der Umsetzung der RL 2004/17/EG nicht mehr in den Katalog der Sektorentätigkeiten aufgenommen.
40 *Röbke*, in: Müller-Wrede (Hrsg.), GWB § 100, Rn. 2.
41 vgl. § 100 Abs. 2 Satz 2 GWB.

Grundsätzlich – bzw. gerade hier – gilt auch im Sektorenbereich, dass für jedes Unternehmen separat zu beurteilen ist, ob eine Sektorenauftraggebereigenschaft vorliegt oder nicht.[42] Ein gravierender Unterschied zur Bestimmung des öffentlichen Auftraggebers gemäß § 99 GWB besteht darin, dass die Qualifikation als Sektorenauftraggeber teilbar bzw. „relativ" ist: Die Qualifikation als Sektorenauftraggeber bestimmt sich nach den einzelnen Tätigkeitsbereichen des Auftraggebers; die oben beschriebene sogenannte „Infizierungstheorie" gilt im Bereich des Sektorenauftraggebers gerade nicht.[43] Das hat zur Folge, dass ein öffentlicher Auftraggeber gemäß § 99 GWB Aufträge, die anderen Zwecken als der Durchführung von Sektorentätigkeiten dienen (sektorenfremde Aufträge), dem allgemeinen Regelungsregime für öffentliche Auftraggeber unterliegen. Soweit dieselbe Rechtsperson Beschaffungen tätigt für ihre Sektorentätigkeit, unterliegt sie dem Sektorenvergaberecht.

Für konzernverbundene Unternehmen ist ausgehend von dem oben sub. I. beschriebenen Grundsatz der einzelunternehmerischen Beurteilung im Einzelfall zu prüfen, ob ein Unternehmen als Sektorenauftraggeber zu qualifizieren ist. Hierbei gilt wiederum Folgendes: Erbringt ein verbundenes Unternehmen für einen Sektorenauftraggeber Leistungen, die dieser für die Ausübung seiner Sektorentätigkeit benötigt (Sektorenhilfstätigkeiten), dann übt auch das verbundene Unternehmen eine Sektorentätigkeit (Hilfssektorentätigkeit) aus.

Ist für ein bestimmtes Unternehmen im Konzern (Holdinggesellschaft, Muttergesellschaft, Schwestergesellschaft oder Tochtergesellschaft) eine Sektorentätigkeit, auch unter Berücksichtigung der eben beschrieben Sektorenhilfstätigkeiten zu verneinen oder nur für bestimmte Tätigkeiten erfüllt, bleibt zu prüfen, ob das betreffende Konzernunternehmen für sich genommen die Tatbestandsvoraussetzungen eines öffentlichen Auftraggebers gemäß § 99 GWB erfüllt. Ist dies nicht der Fall, ist eine Ausschreibungspflicht insgesamt zu verneinen. Ausgehend von diesen Prämissen ist es also durchaus möglich, dass ein Sektorenauftraggeber einerseits Tochtergesellschaften hat, die dem insoweit strengeren Vergaberecht für öffentliche Auftraggeber gemäß § 99 GWB unterliegen, wenn nämlich das betreffende Tochterunternehmen eine im Allgemeininteresse liegende Tätigkeit nichtgewerblicher Art ausübt. Andererseits kann der Sektorenauftrag-

---

42 vgl. dazu sub. I.3.
43 EuGH, Urt. v. 10.4.2008 - C-393/06, EuZW 2008, 342, Rn. 29ff. (zur Ausübung der Sektorentätigkeit im Konzernverbund vgl. insbesondere Rn. 33 ff.) – *Aigner*.

geber mit Tochterunternehmen verbunden sein, die weder eine solche Tätigkeit noch eine Sektorentätigkeit ausüben und insoweit insgesamt nicht der Ausschreibungspflicht unterliegen.[44]

3. Projektgesellschaften im Sektorenbereich

Nun ist es gerade in größeren organisatorischen Einheiten üblich, dass – sei es für eine einzelne Bewerbung oder ein zukünftiges Projekt – eine Projektgesellschaft gegründet wird. Im Sektorenbereich stellt sich dann die Frage, ob von einer Sektorentätigkeit bereits dann auszugehen ist, wenn das in Frage stehende Unternehmen noch gar keine Sektorentätigkeit ausübt, sondern erst diverse Vorbereitungstätigkeiten unternimmt, um zukünftig im Sektorenbereich tätig zu sei. Die Situation ist im Sektorenbereich deshalb eine andere als im Bereich öffentlicher Auftraggeber gemäß § 99 GWB, weil es für den Begriff des öffentlichen Auftraggebers darauf ankommt, ob dieser *„zu dem Zweck gegründet wurde"*, eine im Allgemeininteresse liegende Tätigkeit auszuüben. Der Begriff des Sektorenauftraggebers hingegen setzt voraus, dass die Unternehmen *„eine Sektorentätigkeit gemäß § 102 ausüben"*.

Ein gutes Beispiel für diese Problematik ist die Gründung einer Projektgesellschaft, die später einen Windpark betreiben, Elektrizität erzeugen und in das Netz der allgemeinen Versorgung einspeisen soll. Ein Windparkbetreiber übt nämlich eine Sektorentätigkeit im Bereich Elektrizität gemäß § 102 Abs. 2 GWB aus (die weiteren Tatbestandsmerkmale des Sektorenauftraggebers einmal unterstellt). In § 102 Abs. 7 GWB heißt es insoweit klarstellend: *„Für die Zwecke der Absätze 1 bis 3 umfasst der Begriff „Einspeisung" die Erzeugung und Produktion sowie den Groß- und Einzelhandel."* Ob dennoch auch schon ein letztlich erst zukünftiger Sektorenauftraggeber für Beschaffungsmaßnahmen im Vorfeld seiner Sektorentätigkeit als Sektorenauftraggeber zu qualifizieren ist, ist umstritten. Das OLG Frankfurt hat eine Sektorentätigkeit zu diesem Zeitpunkt abgelehnt, allerdings im Zusammenhang mit dem Konzernprivileg für Sektorenauftraggeber. Nach Ansicht des OLG Frankfurt kommen die (privilegierenden) Regelungen für den Sektorenbereich nur dann zur Anwendung,

---

[44] Nur der Vollständigkeit halber ist zu erwähnen, dass dieses Ergebnis nicht nur für verschiedene Konzerngesellschaften relevant ist, sondern sogar für verschiedene Beschaffungsvorgänge ein und desselben Sektorenauftraggebers möglich ist.

wenn der Auftraggeber zum Zeitpunkt des Vertragsschluss bereits eine Sektorentätigkeit ausübt.[45]

Das OLG Düsseldorf hingegen hat – allerdings ohne jegliche Begründung - einen Auftraggeber bereits dann als Sektorenauftraggeber eingestuft, wenn er zukünftig im Sektorenbereich tätig werden will.[46]

In § 100 Abs. 1 GWB heißt es wörtlich: *„Sektorenauftraggeber sind (....), natürliche oder juristische Personen des privaten Rechts, die eine Sektorentätigkeit gemäß § 102 ausüben (...)."* Aufgrund der verwendeten Zeitform des Präsens (*„ausüben"*) sprechen gute Argumente dafür, dass Sektorenauftraggeber nur ist, wer bereits aktuell – also zum Zeitpunkt der Auftragsvergabe – eine Sektorentätigkeit ausübt.

Im Vergleich hierzu wird bei der Definition des klassischen öffentlichen Auftraggebers gemäß § 99 Nr. 2 GWB ausdrücklich auf den Gründungszweck der Gesellschaft und nicht auf die tatsächlich und aktuell ausgeübte Tätigkeit abgestellt, wenn es dort heißt: *„... andere juristische Personen des öffentlichen und privaten Rechts, die zu dem besonderen Zweck gegründet wurden, im Allgemeininteresse liegende Aufgaben nicht gewerblicher Art zu erfüllen, [...]."*

Der Gesetzgeber differenziert also zwischen einer (bereits) ausgeübten Sektorentätigkeit einerseits und dem Gründungszweck eines klassischen öffentlichen Auftraggebers andererseits. Für die Anwendung des Sektorenvergaberechts ist – nimmt man den Wortlaut des § 100 GWB ernst – eine bereits ausgeübte Sektorentätigkeit erforderlich. Auftragsvergaben, die im Vorfeld auf die Tätigkeit einer Sektorentätigkeit durchgeführt werden, unterlägen danach nicht der Ausschreibungspflicht des Regimes für Sektorenauftraggeber.

In der Literatur wird dies – unter Bezugnahme auf die oben zitierte Entscheidung des OLG Düsseldorf – richtigerweise anders beurteilt.[47] Dafür spricht insbesondere das anderenfalls vorliegende Missbrauchspotential. Ein öffentlicher Auftraggeber/Sektorenauftraggeber könnte durch die Gründung einer Projektgesellschaft das Vergaberecht umgehen, obwohl die späteren Tätigkeiten der Projektgesellschaft gerade nicht in einem wettbewerblich strukturierten Markt erbracht werden sollen, also die grundsätzlich disziplinierende Wirkung des Marktes in dieser Konstellati-

---

45 vgl. OLG Frankfurt, Beschl. v. 30.8.2011 - 11 Verg 3/11, juris-Rn. 51.
46 vgl. OLG Düsseldorf, Beschl. v. 9.1.2013 - VII-Verg 26/12, hier: geplanter Betrieb eines Energieversorgungsnetzes.
47 vgl. *Opitz,* in: Kulartz/Kus/Portz/Prieß (Hrsg.), GWB § 100, Rn. 32.

on nicht greift. Aus diesen Gründen sprechen die besseren Argumente dafür, dass auch schon Projektgesellschaften im Vorgriff auf die Ausübung einer späteren Sektorentätigkeit als Sektorenauftraggeber zu qualifizieren sind.[48]

IV. Fazit

Für eine Gebietskörperschaft und ihre rechtlich verselbständigten Einheiten (in privater und öffentlicher Rechtsform) hat bereits der Gesetzgeber festgelegt, dass es keine „konzerneinheitliche" Beurteilung gibt, wer der Ausschreibungspflicht unterliegt und wer nicht. Spiegelbildlich gilt dies auch für verbundene Unternehmen gemäß § 15 ff. GWB. Die Verbundklausel des § 36 Abs. 2 GWB findet bei der Ermittlung, ob ein Unternehmen Auftraggeber ist und somit der europaweiten Ausschreibungspflicht unterliegt, keine Anwendung. Vielmehrs ist stets für jedes Unternehmen eines Konzerns selbstständig zu bestimmen, ob die Voraussetzungen eines öffentlichen Auftraggebers gemäß § 99 GWB oder eines Sektorenauftraggebers gemäß § 100 GWB vorliegen. Für Holdinggesellschaften, Schwestergesellschaften, Mutter- und Tochtergesellschaften eines Konzerns bedarf es keiner Ausnahmen; auch das Effektivitätsgebot in Gestalt des Umgehungsverbots bedarf keiner Ausnahmen. Eine Umgehung kann ausreichend dadurch verhindert werden, dass die Tätigkeiten der jeweiligen Konzerngesellschaft genau daraufhin analysiert wird, ob es sich um eine im Allgemeininteresse liegende Aufgabe nichtgewerblicher Art bzw. eine Sektorentätigkeit handelt. Darunter fallen auch Tätigkeiten, die eine Konzerngesellschaft für eine andere Konzerngesellschaft erbringt (Hilfsgeschäfte).

Im Sektorenbereich besteht darüber hinaus die Besonderheit, dass für jeden Beschaffungsvorgang separat zu prüfen ist, ob er für eine Sektorentätigkeit erfolgt. Wird dies verneint, muss für die betreffende Konzerngesellschaft geprüft werden, ob sie – und sei es aufgrund einer auch nur geringer Tätigkeit („Infizierungstheorie") – die Voraussetzungen als öffentlicher Auftraggeber erfüllt. Ist das ebenfalls zu verneinen, kann das betreffende Konzernunternehmen ausschreibungsfrei beschaffen.

---

48 Vgl. dazu auch: OLG Brandenburg, Beschl. v. 3.8.1999 - 6 Verg 1/99, NZBau 2000, 39, 41; OLG Brandenburg, Beschl. v. 27.11.2008 - Verg W 15/08; *Opitz*, in: Eschenbruch/Opitz, Kommentar zur SektVO, 2012, § 1 SektVO, Rn. 153.

Eine Ausnahme – bzw. einschränkende Auslegung des Wortlauts – ist lediglich im Sektorenbereich bei Projektgesellschaften, die erst später eine Sektorentätigkeit übernehmen sollen, geboten. Obwohl der Wortlaut der Norm es nahelegt, dass eine Sektorentätigkeit zum Zeitpunkt der Beschaffung ausgeübt werden muss, sprechen die besseren Argumente dafür, auch schon Tätigkeiten in Vorbereitung einer späteren Sektorentätigkeit dem Sektorenvergaberecht zu unterwerfen.

VI.
Verschiedenes

Der Beitrag jüdischer Juristen zum Aufbau des Rechts- und Sozialstaats im 19. Jahrhundert

*Hans-Peter Benöhr, Berlin**

I. Acht Kurzbiographien

Die gesellschaftlichen und politischen, wissenschaftlichen und technischen Neuerungen des halben Jahrhunderts zwischen 1867 und 1914 gehören zum heutigen Fundament von Staat und Gesellschaft. An diesen Neuerungen haben Männer jüdischer Herkunft, treu gebliebene oder getaufte,[1] einen erheblichen Anteil. An die Leistungen der Juristen unter ihnen sollen die folgenden Notizen erinnern. Den Heutigen werden Friedrich Julius Stahl (1802 – 1861), Eduard von Simson (1810 - 1899) und Levin Goldschmidt (1829 – 1897) noch gegenwärtig sein; neben ihnen verdiente Eduard Lasker (1829 – 1884) weitergehendes Erinnern als bloß an die lex Lasker-Miquel. Für die vielen weniger bekannten, aber dennoch wichtigen Juristen jüdischer Herkunft sollen die folgenden acht Beispiele stehen.

II. Die Barriere der Religion und ihre individuelle Aufhebung

Savigny hatte sich nicht nur gegen die Professur von Eduard Gans (1797 – 1839) gewandt. 1840 lehnte er die Zulassung Heinrich Bernhard Oppen-

---

* Prof. Dr. Hans-Peter Benöhr, Humboldt-Universität zu Berlin.
1 In Übereinstimmung mit einschlägigen Veröffentlichungen (Jüd. Lexikon, Kaznelson, Hamburger) erörtern wir im folgenden treu gebliebende Juden und getaufte Personen aus jüdischen Familien in der gleichen Weise. – Kritik daran, dass „in verschiedenen Zusammenstellungen und literarischen Würdigungen bekannter jüdischer Juristen ... fast ausschließlich (!) Getaufte genannt werden", bei *Strenge*, Juden im preußischen Justizdienst 1812 – 1918, 1996, S. 187 – Notwendig ist es indessen, bei Zahlenangaben beide Gruppen auseinanderzuhalten.

heims (1819 – 1880) [2] zur Privatdozentur ab;[3] ein Jude solle und dürfe in Preußen nicht Privatdozent werden. Bettina von Arnim, die sich für ihn eingesetzt hatte, schrieb zurück: „Nicht einmal Privatdozent werden, nicht einmal verhungern dürfen die Juden in Preußen?" Er wurde dann Privatdozent, und zwar 1842 in Heidelberg, erreichte nicht die Professur, blieb aber seinem Glauben treu.

Die Ernennungen Julius Eduard Hitzigs (1780 – 1849) und vieler anderer zeigt, dass nach dem Gesetz in der damals verbreiteten Auslegung nur die gegenwärtige Religionszugehörigkeit, nicht die Herkunft oder gar die Rasse ein Hindernis für staatliche Anstellungen war. Eduard Gans (1797 – 1839) und der gleichaltrige Samuel Marun Mayer (1797 – 1862)[4], Friedrich Julius Stahl (1802 – 1861) und Eduard von Simson (1810 – 1899) konnten reüssieren, sobald sie konvertiert waren.

Dem heutigen Betrachter steht wohl kaum das Urteil zu, „dass bei den getauften Juden ... des Kaiserreichs der konformistische Charakter ihrer Persönlichkeit und ihres Wirkens stark hervortrat". Durch die Konversion hätten die Konvertiten oder ihre Eltern „ihre Neigung zu einem betonten Konformismus durch den Wechsel des Bekenntnisses dargetan" [5].

Eine von vielen anderen Motivationen könnte sich bei Julius Eduard Hitzig (1780 – 1849) dartun, der 1799 konvertierte. Er „wurde Christ, weil er in einer Zeit, da das Deutschtum von der Romantik seine poetische Verklärung empfing, da das alte Deutschland mit seinen Ritterburgen und Kapellen, mit den Bürgerhäusern der Dürer und Hans Sachs in der Dichtung wiedererwachte, sich von seinen gleichgesinnten Freunden in nichts mehr zu unterscheiden meinte". [6]

Die Kurzbiographien lassen nicht mit Sicherheit erkennen, welche Beziehungen gläubige oder getaufte Juden zum Judentum hatten. Man weiß auch nicht, welche Bedeutung es für die getauften gehabt haben kann, dass „keineswegs alle der so Vereinnahmten eine Bindung zum Judentum bewahren wollten"[7].

---

2 *Hamburger*, Juden im öffentlichen Leben Deutschlands, 1968, S. 54 f.
3 In demselben Jahr wurden Gabriel Riesser (1806 – 1863) und ein anderer Jude in Hamburg zu Notaren ernannt.
4 *Hamburger*, S. 54.
5 *Hamburger*, S. 95.
6 *Eloesser*, in: Kaznelson, Juden im deutschen Kulturbereich, 2. Aufl., 1959, S. 1, 6 f.
7 *Strenge*, S. 188, kritisch gegenüber der heutigen Gleichbehandlung der Personen aus früher jüdischen Familien mit den treu gebliebenen Juden, unter Hinweis auf

Der gelegentliche Hinweis, der eine oder andere habe christliche Kirchen gebaut, seine jüdische Herkunft „verschwiegen" oder „verschleiert", habe einen Huldigungsbrief an den Kaiser geschrieben oder habe als Minister Erhebungen über die Gesamtzahl jüdischer Referendare angeordnet[8] und jüdische Richter nicht befördern lassen, ist kein genügendes Indiz für die innere Haltung. Manchmal kommt es zum Ausdruck, meistens ist es natürlich, dass sie alle unter dem anfangs latenten, später immer offeneren Antisemitismus gelitten haben.

III. Gesetzliche Gleichstellung und ihre Barrieren

Die meisten, im folgenden genannten Juristen haben noch im Vormärz die Beschränkungen und die langsamen Schritte der Emanzipation erlebt: das preußische Emanzipationsedikt von 1812, das preußische Judengesetz von 1847, das Wahlrecht und die Wählbarkeit im Vorparlament, die Religionsfreiheit in der Verfassung von 1848 [9] und die Gleichberechtigung durch die preußische Verfassung von 1850.

Die endgültige gesetzliche Gleichstellung der Juden mit den nicht jüdischen Bürgern geht zurück auf die Petition von 39 jüdischen Gemeinden und wurde von dem nicht jüdischen mecklenburgischen Abgeordneten Moritz Wiggers (1816 – 1894) eingebracht. Der Reichstag des Norddeutschen Bundes nahm den Gesetzesvorschlag sogleich an, der Bundesrat hingegen ließ keine Reaktion erkennen. Daraufhin erfolgten 1869 eine zweite Annahme durch den Reichstag und die Zustimmung durch den Bundesrat. Das Gesetz des Norddeutschen Bundes „betreffend die Gleichberechtigung der Konfessionen in bürgerlicher und staatsbürgerlicher Beziehung" bestimmte in seinem „einzigen Artikel":

> „Alle noch bestehenden, aus der Verschiedenheit des religiösen Bekenntnisses hergeleiteten Beschränkungen der bürgerlichen und staatsbürgerlichen Rechte werden hierdurch aufgehoben. Insbesondere soll die Befähigung zur Teilnah-

---

Heinrich Dernburg (1829-1907), Emil Friedberg (1837 - 1910) und Paul Laband (1838 – 1918).
8 *Strenge*, S. 175 f.: 1883 wurden in Preußen 546 jüdische Referendare, 13, 4 Prozent der Gesamtzahl, gezählt.
9 *Misch*, in: Kaznelson, S. 530 – 589, S. 535 ; *Hamburger*, S. 121.

me an der Gemeinde- und Landesvertretung und zur Bekleidung öffentlicher Ämter vom religiösen Bekenntnis unabhängig sein" [10].

1871 wurde das Gesetz auf das neue Deutsche Reich ausgedehnt. Damit wurde die Möglichkeit für Juden eröffnet, Jura zu studieren, Examina zu machen und das Recht zu praktizieren.

Juden wurden aber fast nie in leitende Stellungen der Rechtsprechung berufen. Als Ausnahmen an Obergerichten sind Hitzig (1780 – 1849), Riesser (1806 – 1863), Simson (1810 – 1899), Goldschmidt (1829 – 1897), Jakob Friedrich Behrend (1833 – 1907)[11] und Mosse (1846 – 1925) bekannt.[12]

Nur zwei der acht in unserem Beitrag genannten Juristen konnten als Parlamentarier (Bamberger und Stadthagen) und nur einer als Richter (Mosse) bei ihrem Glauben bleiben. Albert Mosse (1846 – 1925) bat um seine Pensionierung als Oberlandesgerichtsrat, nachdem er nach 17 Jahren des Wartens keine Aussicht mehr auf Beförderung sah [13]. Georg Jellinek (1851 – 1911) demissionierte vom Extraordinariat in Wien und wurde nach einigem Warten in Basel, dann in Heidelberg zum Ordinarius berufen.[14]

IV. Erfolge

1910 zählte man in Deutschland 540 000 Juden, das sind 0,95 Prozent der Gesamtbevölkerung.[15] 415 000 lebten in Preußen.[16] Daher sind die meisten Leistungen der Juden, von denen die Rede ist, in Preußen erfolgt. Hingegen gibt es kaum Angaben über die Zahl getaufter Männern und Frauen mit jüdischer Herkunft; man spricht von knapp 0,1 Prozent der deutschen Bevölkerung.[17] Jüdische Kinder stellten 6 bis 8 Prozent der Schüler der höheren Lehranstalten Preußens, 7 bis 8 Prozent der Hochschulstuden-

---

10 *Huber*, Dokumente zur deutschen Verfassungsgeschichte, Bd. 2, 3. Aufl., 1961, S. 312.
11 *Hamburger*, S. 44.
12 Deutsche Juristen jüdischer Herkunft, 1993, pass.
13 *Hamburger*, S. 46.
14 *Sattler*, in: Deutsche Juristen jüdischer Herkunft, 1993, S. 355 – 368, S. 366.
15 Statistik der Juden, in: Jüdisches Lexikon, Band IV/2, Sp. 630 – 698, Sp. 633.
16 Statistik der Juden, in: Jüdisches Lexikon, Band IV/2, Sp. 630 – 698, Sp. 637.
17 *Hamburger*, S. 7.

ten.[18] 1909/1910 gab es acht jüdische Ordinarien und Extraordinarien an juristischen Fakultäten Deutschlands; jüdischer Herkunft waren 21.[19] Die Zahl jüdischer Richter schwankte in Preußen zwischen 3 und 4 Prozent.[20] Unter den Rechtsanwälten waren 14 Prozent Juden.[21] Die höchste Zahl jüdischer oder getaufter Reichstagsabgeordneter in einer Wahlperiode betrug 11 (1874).[22] 1907 gab es 1,93 Prozent höhere jüdische Beamte im Reich und in den Einzelstaaten, 244 unter 12 588.[23]

V. Leistungen

1. Richter: Hitzig

Zwei Hoffaktoren sind die Voreltern des Juristen Julius Eduard Hitzig (1780 – 1849) und der Juristen-Familie Eberty. In der Finanznot des Siebenjährigen Kriegs verpachtete Friedrich II. die Ausprägung minderwertiger Münzen zu einem höheren Nennwert an ein Konsortium jüdischer „Geldmänner", Daniel Itzig und Veitel Ephraim Söhne.[24] Diese stellten mittels erbeuteter und nachgeschnittener Stempel kursächsisches, aber minderwertiges Geld her.

Daniel Itzig war u. a. Lederfabrikant, Eisenhüttenbesitzer und Rittergutsbesitzer.[25] Er war auch Vorsteher der jüdischen Gemeinde Berlin und Landesältester der Judenschaften in den preußischen Provinzen. Friedrich Wilhelm II. erteilte ihm als erstem Juden für sich und seine Familie das preußische Naturalisationspatent. Daniel Itzigs Sohn, Elias Daniel Itzig, später Hitzig, wurde Lederfabrikant und Stadtrat in Potsdam. Dessen Sohn, also der Enkel Daniel Itzigs, war der Jurist Julius Eduard Hitzig (1780 – 1849).

Nach einem Dekret Friedrich Wilhelm III. von 1799 entfiel das Zulassungshindernis des jüdischen Bekenntnisses, sobald jemand zur christli-

---

18 *Hamburger,* S. 30.
19 *Strenge,* S. 186.
20 *Hamburger,* S. 44.
21 *Hamburger,* S. 67.
22 *Hamburger,* S. 250 – 260.
23 *Hamburger,* Juden S. 63.
24 *Hintze,* Die Hohenzollern und ihr Werk, 5. Auflage, 1915, S. 377.
25 Seite „Daniel Itzig". In: Wikipedia, Die freie Enzyklopädie, https://de.wikipedia.org/wiki/Daniel_Itzig (abgerufen am 10.7.2017).

chen Religion übergetreten war. Das galt auch für Julius Eduard Hitzig (1780 – 1849),[26] der 1799 vom Judentum zum Christentum konvertierte. Er war seit 1804 Auskultator in Warschau, in der damaligen Provinz Südpreußen. Die Gründung des Herzogtums Warschau 1807 beendete vorerst die Karriere. 1814 kehrte er an das Kammergericht zurück. Nach seinem Amt genannt der „Kriminalrat", war er Direktor des Inquisitoriats sowie Mitglied des Criminal-Senats des Kammergerichts. Zu seinen juristischen Schriften gehören ein Kommentar zum preußischen Gesetz von 1837 zum Schutz des Eigentums an Werken der Wissenschaft und Kunst und der mit Willibald Alexis herausgegebene Neue Pitaval. Man sieht in ihm „einen ersten und sehr sympathischen Typus jener jüdischen Vermittler, die, für die deutsche Literatur begeistert, … es sich zur Aufgabe gemacht haben, lebende Dichter zu fördern, … ihre Persönlichkeit der Verehrung zu übergeben" [27].

2. Strafrecht: Friedberg

Bismarck übertrug zwei besonders wichtige Ressorts Ministern jüdischer Herkunft: Heinrich von Friedberg und Karl Rudolf Friedenthal. Friedenthal (1827 – 1890), [28] 1832 evangelisch getauft, war 1874 bis 1879 preußischer Landwirtschaftsminister.

Heinrich von Friedberg (1813 – 1895) [29], 1829 evangelisch getauft, aus Märkisch-Friedland in Westpreußen, „war von dem Wunsch getrieben, die rückständigen Einrichtungen auf dem Gebiet der Justiz zu reformieren" [30]. Der Vater, Israel Abraham (später: August) Friedberg, war zunächst Kaufmann und Bankier in Märkisch-Friedland und kaufte dort das Gut Spechtsdorf. Die Mutter war ebenfalls israelitischen Bekenntnisses.

---

26 *Eloesser*, in: Kaznelson, S. 1 – 67, S. 6 f. ; *Hamburger*, S. 71; Seite „Julius Eduard Hitzig". In: Wikipedia, Die freie Enzyklopädie. https://de.wikipedia.org/wiki/Julius_Eduard_Hitzig, (abgerufen am 10.7.2017).
27 *Kaznelson,* in: Kaznelson, S. 131 – 146, 138.
28 *Hamburger,* S. 75.
29 *Misch,* in: Kaznelson, S. 549 ; *Hamburger,* S. 72-75, 80, 379; *Link*, in: Deutsche Juristen jüdischer Herkunft, 1993, S. 283 – 300; Seite „Heinrich von Friedberg". In: Wikipedia, Die freie Enzyklopädie, https://de.wikipedia.org/wiki/Heinrich_von_Friedberg (abgerufen am 10.7.2017).
30 *Hamburger,* S. 73.

Er war 1845 Hilfsarbeiter des Staatsanwalts beim Oberzensurgericht, 1848 Staatsanwalt am Kammergericht und 1850 Oberstaatsanwalt in Greifswald, wo er gleichzeitig als Privatdozent unterrichtete.

Seit 1846 war er unter Justizminister von Uhden an der Vorbereitung von Gesetzen beteiligt. „Uhden, ein Jurist von mäßiger Gelehrsamkeit, in der Politik ganz ebenso konservativ wie sein Lehrer Savginy, aber ein nüchterner Geschäftsmann, der ... auch seine Leute klug zu wählen verstand... Uhden berief sogleich in die erste Stelle des Departements den liberalen Bornemann... Er gewann sich ... an dem liberalen jungen Assessor Friedberg einen rüstigen Helfer für die Ausarbeitung seiner Entwürfe. Bald begann zwischen den beiden Justizministerien ein heftiger Streit, wie zwischen dem Handelsamte und dem Finanzministerium... Die handfesten Geschäftsmänner der Justizverwaltung bereiteten dem Minister der Gesetzgebung eine Niederlage nach der anderen; denn der König drängte vorwärts, er entschied fast immer zu Ungunsten seines gelehrten Freundes. Wenige Tage nach jenem folgenreichen Gesetze über das Strafverfahren, das die Öffentlichkeit der Polenprozesse ermöglichte,[31] am 21. Juli 1846, unterzeichnete Friedrich Wilhelm auch eine Verordnung über die Vereinfachung des Zivilverfahrens... Im April des nächsten Jahres folgte ein Gesetz über die Kompetenzkonflikte, das den Ansichten Savignys geradezu widersprach. Die Justizreform kam langsam in Gang, die altländischen Juristen näherten sich mehr und mehr den Gedanken des rheinischen Rechts."[32]

Seine Vorschläge - formuliert kurz vor der Revolution von 1848 und ein Vierteljahrhundert vor den Reichsjustizgesetzen - führten Öffentlichkeit und Mündlichkeit ein. Er konzipierte auch eine starke Staatsanwaltschaft, die alle Gesetzesverletzungen untersuchen, auch entlastende Tatsachen für einen Angeklagten erkunden und ein Weisungsrecht gegenüber der Polizeibehörde haben sollte. Damit „riss er das preußische Justizwesen aus der

---

[31] 1847 wurden 254 Angeklagte, die einen Aufstand in den polnischen Teilungsgebieten vorbereitet hatten, vor Gericht gestellt. Das öffentliche mündliche Verfahren fand nach der neuen Strafprozessordnung, in der auch die Staatsanwaltschaft als Vertretung der Anklage auftrat, durchgeführt. Die meisten Angeklagten wurden freigesprochen. In der Märzrevolution wurden alle amnestiert. – *v. Treitschke*, Deutsche Geschichte im 19. Jahrhundert, 5. Teil, 1927, S. 550-553; Seite „Polenprozess". In: Wikipedia, Die freie Enzyklopädie. https://de.wikipedia.org/wiki/Polenprozess (abgerufen am 10.7.2017)

[32] *v. Treitschke*, S. 588.

Starre," in die es durch Savigny geraten war.[33] Erst nach Abschluss der Arbeiten wurde Savigny über die fertigen Entwürfe unterrichtet.

Ab 1854 avancierte er im preußischen Justiministerium vom Geheimen Justizrat und Vortragender Rat über den Geheimen Oberjustizrat (1857) und den Wirklichen Geheimen Oberjustizrat (1872) bis zum Unterstaatssekretär (1873) unter Leonhardt. Als sein Hauptverdienst gilt es, dass er auf der Grundlage des preußischen Strafgesetzbuchs von 1855 innerhalb von zwei Jahren den Entwurf für das Strafgesetzbuch des Norddeutschen Bundes von 1870, die Grundlage des heutigen StGB, zustande gebracht hat. 1869 und 1870 leitete er den Justizausschus des Bundesrats des Norddeutschen Bundes und war damit an den Beratungen für das Militärstrafgesetzbuch von 1872 beteiligt. 1873 war er mit dem Entwurf der Strafprozess-Ordnung beschäftigt.

1870 wurde er außerdem zum Präsidenten der Justizprüfungskommission ernannt. 1872 wurde er Mitglied des Herrenhauses aus besonderem königlichen Vertrauen, 1875 Kronsyndikus und 1879 wurde er von Kaiser Friedrich III. in den erblichen Adelsstand erhoben.

Nach der Annahme der Reichsjustizgesetze 1876 wurde er in demselben Jahr der erste Staatssekretär des neu errichteten Reichsjustizamts. Er wurde auch selbst als Mitglied der Ersten BGB-Kommission ins Spiel gebracht, lehnte aber eine solche Wahl mehrfach ab. Auf Friedbergs Empfehlung geht die Wahl Gottlieb Plancks in die Erste Kommission zurück.[34] Mit Eduard von Simsons erörterte er Probleme der Einrichtung des neuen Reichsgerichts.[35] Er hat damit in seinem Amt Bismarcks Kurswechsel 1878/1879 überstanden, wurde aber 1889 von Kaiser Wilhelm II. entlassen.

Die beiden folgenden Generationen der Familie Friedberg dienten dem Staat und sich in bemerkenswerter Weise: Sein Sohn, Paul von Friedberg (1843 – 1910), wurde Wirklicher Geheimer Oberregierungsrat. Dessen Sohn, Heinrich von Friedberg (1881 – 1933), war zuerst ebenfalls in der preußischen Verwaltung tätig und wechselte dann in den Reichsdienst. Sein Schwiegersohn wurde preußischer Geheimer Oberregierungs- und Bergrat, ein Neffe wurde Landgerichtspräsident, ein anderer Neffe wurde preußischer Generalmajor, ein Enkel wurde Diplomat. Heinrich von Fried-

---

33 *Hamburger*, S. 73.
34 *Jahnel*, in: Schubert (Hrsg.), Materialien zur Entstehungsgeschichte des BGB, 1978, S. 37.
35 *Hamburger*, S. 80.

bergs Bruder, Adolf, wurde Amts- und Landrichter. Der Sohn des Bruders, Emil Friedberg (1837 – 1910), wurde der einflussreichste Professor für Kirchenrecht des 19. Jh., er gilt als einer der Theoretiker des Bismarck'schen Kulturkampfes.[36]

3. Gefängniswesen: Eberty

Der andere Hoffaktor, der sich und den König durch Münzfälschungen bereichert hat und der auch Kriegskontributionen eingetrieben hat, war Nathan Veitel Heine (Chaim) Ephraim.[37] Er besaß mehrere Gold- und Silber-Manufakturen. Auch er war Vorsitzender der Jüdischen Gemeinde zu Berlin. In seinem Testament verfügte er die Gründung einer „Klaus", einer jüdischen Lehranstalt, die bis zum zum Beginn des nationalsozialistischen Regimes bestand.

Sein Sohn Benjamin Veitel Ephraim stellte, wie sein Vater, für die neuen preußischen Teile Polens verfälschte Münzen her [38] und war ein erfolgreicher Heereslieferant für drei preußische Könige. Doch als Kritiker der preußischen Regierung und unter dem Verdacht, ein Spion des revolutionären Frankreichs zu sein, wurde er verhaftet und starb als geächteter und verarmter Mann.

1812 nahm die Familie Ephraim den Namen Eberty an. Einer der Nachkommen war Gustav Eberty (1806 – 1887).[39] Nach breit angelegten Studien der Theologie, Philosophie, Geschichte, Staatswissenschaften und Rechtswissenschaft wurde er zum Dr. iur. promoviert. Nach ausgedehnten Reisen war er in mehreren Städten Richter, bevor er 1861 zum Stadtrichter in Berlin ernannt wurde. Gustav Eberty war 1849 kurz Mitglied der preußischen Zweiten Kammer, dann wieder von 1862 bis 1879 Mitglied des Abgeordneten-Hauses, und außerdem von 1874 bis 1877 Mitglied des Reichstags. Innerhalb seiner Partei, Fortschritt, hat er keine große Rolle

---

36 *Hamburger,* S. 75-79, 86; *Link,* in: Deutsche Juristen jüdischer Herkunft, 1993, S. 283-300.
37 Seite „Veitel Heine Ephraim". In: Wikipedia, Die freie Enzyklopädie. https://de.wikipedia.org/wiki/Veitel_Heine_Ephraim (abgerufen am 10.7.2017).
38 Seite „Benjamin Veitel Ephraim". In: Wikipedia, Die freie Enzyklopädie. https://de.wikipedia.org/wiki/Benjamin_Veitel_Ephraim (abgerufen am 10.7.2017).
39 *Hamburger,* S. 173, 217, 228, 296, 324; Seite „Gustav Eberty". In: Wikipedia, Die freie Enzyklopädie. https://de.wikipedia.org/wiki/Gustav_Eberty (abgerufen am 10.7.2017).

gespielt. Seine zukunftsweisende Bedeutung liegt in seinem Eintreten für Gefängnisreformen. Mit gründlichen Kenntnissen des Gefängniswesens, die er sich auch auf seinen Reisen erworben hatte, setzte er sich im Parlament, schriftlich und auf internationalen Kongressen vor allem für einen humanen Strafvollzug ein. Er verlangte einen Generaldirektor der preußischen Gefängnisse, regelmäßige Berichte über das Gefängniswesen und Unterricht für Gefangene. Daneben veröffentlichte er Arbeiten über Schiedsgerichte, Wirtschaftsfragen und Literatur.

Sein Vetter Felix Eberty (1812 - 1884) [40] war kurze Zeit Richter, dann, nach der Habilitation, außerordentlicher Professor in Breslau. Er schrieb eine Geschichte des preußischen Staates in sieben Bänden. Felix Eberty war zwei Jahre lang Mitglied der preußischen Ersten Kammer.

Der Neffe Felix Ebertys, Eduard Gustav Eberty (1840 – 1894) [41] war Richter am Kammergericht, danach besoldeter Stadtrat und Stadtsyndikus in Berlin, Mitglied des Abgeordneten-Hauses und des Reichstags. Er machte sich verdient um die Stadtmodernisierung durch Viehhof und Markthallen und erhielt den Ehrentitel des Stadtältesten.

4. Arbeitsrecht: Stadthagen

Das Arbeitsrecht im umfassenden Sinne, ebenso wie das Sozialrecht, ist von Anfang an für die Masse der Bürger wie für die Politiker, weniger für die zivilrechtlichen Theoretiker, von der größten täglichen Bedeutung. Daher gehören die Ausbildung und Anwendung des Arbeitsrechts zu wichtigen Betätigungsfeldern der sozialdemokratischen Partei und der Gewerkschaften. Einer der Begründer im Parlament und ersten Anwender in der Praxis und gleichzeitig einer der aktivsten Teilnehmer an den BGB-Beratungen[42] war Arthur Stadthagen (1857 - 1917), [43] ebenso wie Lasker aus frommer jüdischer Familie. Er bezeichnete sich später als Dissident.

Er sah sich als „Anwalt der Armen und Opfer der preußischen Klassenjustiz". Er soll im Jahr durchschnittlich 120, insgesamt mehr als 1000 Pro-

---

40 *Hamburger,* S. 211.
41 Seite „Eduard Gustav Eberty". In: Wikipedia, Die freie Enzyklopädie. https://de.w ikipedia.org/wiki/Eduard_Gustav_Eberty (abgerufen am 10.7.2017).
42 Neben Karl Frohme, während August Bebel nur bei wenigen Fragen eingriff.
43 *Huber,* S. 111; *Jahnel,* in: Schubert,. 123 ; *Czitrich-Stahl,* Arthur Stadthagen, 2011, pass.

zesse geführt haben. Alsbald war er in ein Netz von Straf- und Ehrengerichtsverfahren insbesondere wegen Beleidigung der Staatsanwaltschaft, der Strafkammer und des Landgerichtspräsidenten und wegen Verletzung der Berufspflichten verstrickt, die zum Teil mit Geldstrafen und Gefängnisstrafen endeten. 1892 wird Stadthagen wegen „Mitwirkung beim Zustandekommen eines betrügerischen Reverses und zweitens wegen grober Gebührenüberschreitung" aus der Rechtsanwaltschaft ausgeschlossen. Die tatsächlichen und rechtlichen Einzelheiten lassen sich nicht mehr erhellen.

Er war seit 1889 sozialdemokratischer Stadtverordneter in Berlin. 1890 erringt er das Reichstagsmandat für den Wahlkreis Niederbarnim, am Rande Berlins, und verteidigt das Mandat bis zu seinem Tode 1917. Sieben Jahre lang war er der einzige Jurist in der Fraktion. Stadthagen nahm zu allem Stellung, was den Reichstag und besonders die Sozialdemokratie oder die Arbeiter beschäftigte, unter anderem zum Reichshaushalt, zur Sozialversicherung, zur Gewerbeordnung, zum Vereinsgesetz mit der Aufhebung des Organisationsverbots für Frauen, zu Gerichtsverfahren und -verfassung. Seine Reden zeichnen sich durch die Fülle tatsächlicher Alltagsfälle aus. Er galt als „redegewandter Abgeordneter, der zu polarisieren und zu provozieren wusste". 1917 forderte Stadthagen die Einrichtung eines Reichsarbeitsamtes als eigenständiger Behörde und prangerte die politische Justiz an. Das war seine letzte Reichstagsrede. Schon 1895 verfasste er: „Das Arbeiterrecht. Rechte und Pflichten des Arbeiters in Deutschland aus dem gewerblichen Arbeitsvertrag der Unfall-, Kranken-, Invaliditäts- und Altersversicherung. Mit Beispielen und Formularen für Klagen, Anträge, Beschwerden, Berufungen usw."

Die SPD brachte zum BGB vierundneunzig Änderungsanträge ein. Stadthagen warb in der Fraktion für die Annahme. Schließlich lehnte er mit der Fraktion das Gesetz ab, weil der Reichstag zu wenig auf ihre Vorschläge eingegangen sei und den Arbeitsvertrag nicht ausdrücklich geregelt habe. [44] 1904 brachte er einen „Führer durch das Bürgerliche Gesetz-

---

[44] Reichstagsverhandlungen 9. LP, Anlagen Nr. 465 und 471. - Stadthagen hatte in der Fraktion die Annahme empfohlen, weil die Rechtseinheit für die Arbeiter einen großen Fortschritt bedeute, das BGB weitere Verbesserungen enthalte und weil sich keine Bestimmung direkt gegen die Arbeiterklasse richte. Die Fraktionsmehrheit war zuerst ihm gefolgt, schwenkte aber nach energischer Intervention Bebels um; *Hamburger,* S. 482; *Martiny,* Integration oder Konfrontation?, Studien zur Geschichte der sozialdemokratischen Rechts- und Verfassungspolitik, 1976, S. 56 - 71; *Vormbaum,* Sozialdemokratie und Zivilrechtskodifikation, 1977, S. 34 u. ö.

buch", „mit Beispielen und Formularen", heraus. Als Kriegsgegner schloss er sich der USPD an. Trotz seinem rastlosen Einsatz, seinen Wahlerfolgen und seinen vielen Ämtern gehörte Stadthagen nicht zur Spitze der Partei.

Ein anderer Jude, der an der Herstellung des BGB beteiligt war, war Isaac Wolffson (1817 – 1895), [45] von 1859 bis 1889 Mitglied der hamburgischen Bürgerschaft und zwischen 1871 und 1881 nationalliberaler Reichstagsabgeordneter. 1875/76 war er Mitglied der Reichstagskommission für die Reichsjustizgesetze. 1890 wurde er als einziges ständiges Mitglied aus dem Anwaltsstande in die Kommission für die zweite Lesung des BGB berufen. [46]

5. Kommunale Fürsorge: Flesch

In den beiden letzten Friedensjahrzehnten waren rund 1400 Juden als Stadtverordnete und Stadträte tätig. Der weithin anerkannte Bürgermeister Nicolaus Ferdinand Haller (1805 – 1876) [47] stammte aus einer jüdischen, ursprünglich Wiener, Familie. Häufig standen die ehrenamtlichen oder besoldeten Lokalpolitiker an der Spitze der technischen Modernisierung (Wasser, Gas, Elektrizität, Nahverkehr), häufig an der Spitze der Armenverwaltung.[48]

Zu ihnen gehörte Karl Flesch (1853 – 1915),[49] aus einer in Frankfurt am Main seit 1634 ansässigen, früher jüdischen Familie. Sein Vater Jacob Gustav Adam Flesch (1819 - 1892) war Arzt, wirkte bei der Anlage der Frankfurter Fernwasserleitung und des Kanalisationssystems mit, machte zu sozialen Zwecken Stiftungen und war überzeugter Demokrat. Das alles kann auf Karl Flesch abgefärbt haben. Als Anwalt verteidigte Karl Flesch auch Arbeiter, die auf Grund des Sozialistengesetzes angeklagt waren.

---

45 *Jahnel,* in: Schubert, S. 69 – 125, S. 109 f.
46 *Jahnel,* in: Schubert, S. 69 – 125, S. 109 f.
47 *Hamburger,* S. 81.
48 *Heyen (Hrsg.),* Bürokratisierung und Professionalisierung der Sozialpolitik in Europa (1870 - 1918), 1993, pass.; *Fischer,* Kommunale Leistungsverwaltung im 19. Jahrhundert, 1995 pass.
49 *Sinzheimer,* in: Sinzheimer, Arbeitsrecht und Rechtssoziologie, Bd. 1, 1976, S. 378 - 387; *Flesch-Thebesius,* Der Frankfurter Sozialpolitiker Dr. Karl Flesch, Archiv für Frankfurts Geschichte und Kunst 47 (1960), S. 75 - 88; *Gniffke/Flesch,* in : Frankfurter Biographie, Bd.1, 1994, S. 211 f.

1884 wurde er als hauptamtlicher Stadtrat in den Magistrat berufen. Er baute die Armenpflege aus und organisierte Volkshochschule, Arbeiterwohnungsbau, gewerbliches Schiedsgericht, Arbeitsmöglichkeiten und, gegen Widerstände von Rechts und Links, Arbeitsvermittlung. Auch seine aus der Praxis erwachsenen Schriften sind bemerkenswert[50]. Miquels Vorschlag, Flesch als „Vertreter des Arbeiterstandes" in die Zweite BGB-Kommission aufzunehmen, wurde nicht weiterverfolgt, wahrscheinlich galt er als „Arbeiterführer und Demokrat" und als den Sozialdemokraten zu nahe stehend.[51] Von 1908 bis zu seinem Tode war er Mitglied des preußischen Abgeordneten-Hauses in der Fortschrittlichen Volkspartei. Karl Fleschs Bruder, der Arzt Maximilian Flesch (1859 - 1943), wurde zusammen mit seiner Ehefrau in Theresienstadt umgebracht.

Ebenso praktisch tätig, wissenschaftlich einflussreich und allgemein bekannter als Flesch war der gleichaltrige Emil Münsterberg (1855 – 1911) aus Danzig. Er war Amtsrichter in Menden, Bürgermeister in Iserlohn, beauftragt mit der Reorganisation des Hamburger Armenwesens und ab 1898 Leiter der Berliner Armenverwaltung. Er verfasste zahlreiche einschlägige Untersuchungen, gründete entsprechende Einrichtungen in Deutschland und knüpfte Beziehungen mit ausländischen Sozialreformern an.[52]

6. Goldwährung: Bamberger

Ludwig Bamberger (1823 - 1899) [53] wurde wegen Beteiligung an der Revolution 1849 in Abwesenheit zur Zuchthausstrafe und 1852 zum Tode verurteilt. In den zwanzig Jahren des Pariser Exils wurde er ein vermögender Bankier. Aber im Deutsch-Französischen Krieg wurde er einer der Berater Bismarcks. 1868 wurde Bamberger in das Zollparlament, und in demselben Jahr in den Reichstag des Norddeutschen Bundes gewählt, dem er, zuerst als Vertreter der Nationalliberalen, bis 1890 angehörte.

---

50 *Flesch/Hiller,* in: Holtzendorff-Kohlers Enzyklopoädie der Rechtswissenschaften, 7. Aufl., Bd.4, 1914, S. 316 - 364.
51 *Jahnel,* in: Schubert, S. 56, 341, 346.
52 *Ottenheimer,* in: Kaznelson, S. 824 - 857, S. 833 ff.
53 *Misch,* in: Kaznelson, S. 530 - 589, S. 541 ; *Hamburger,* S. 284 – 296 ; *Koehler,* Ludwig Bamberger, 1999 pass.

Auf Grund seiner gründlichen Erfahrungen und seinem engen Verhältnis zu Bismarck und zum Präsidenten des Reichskanzler-Amtes, Rudolf von Delbrück, gelang es ihm, den Widerstand der Einzelstaaten zu überwinden und Deutschland von der Silberwährung zum Goldstandard zu bekehren, die Mark als Einheitswährung einzuführen und die bisherige Preußische Bank als Reichsbank zu institutionalisieren. Ab 1869 war er an der Gründung der Deutschen Bank zur Finanzierung des Außenhandels beteiligt.

Man sieht indessen auch die Grenzen der Bemühungen der Parlamentarier: Bamberger befürwortete eine weitere Parlamentarisierung, sah den preußischen Volkswirtschaftsrat (1880 – 1887) als ein Unternehmen zur Schwächung des Parlaments an und bekämpfte den Föderalismus. Die innenpolitische Wende Bismarcks führte 1879 zum Bruch. Bamberger war gegen die Schutzzollpolitik, lehnte die Kolonialpolitik auch schon in ihren Anfängen ab und plädierte sogar für die Abrüstung Deutschlands.

Indessen soll man auch nicht Bambergers „Hass gegen alles, was er Sozialismus nannte" übersehen. Er galt als einer der Führer des Manchesterliberalismus. Daher bekämpfte er auch Bismarcks Alters- und Invalidenversicherung. Trotz seiner Affinität zu Frankreich hat Bamberger stets die Annexion Elsass-Lothringens zur Sicherung der deutschen Westgrenze verteidigt.[54]

Bamberger war befreundet mit dem wenig jüngeren badischen Minister Moritz Ellstätter (1827 – 1905)[55], Sohn eines Möbelhändlers, der sich in seinem Land um Steurreformen (Grundsteuer, Quellensteuer auf Zinserträge und progressive Einkommenssteuer) und im Bundesrat um das Münzgesetz von 1871 verdient gemacht hatte. Er gilt als der einzige jüdische Minister vor 1918.

7. Technischer Dienst: Eger

Wenn der Jurist an Juristen denkt, denkt er kaum an Beamte im technischen Dienst. Dass Juristen jüdischen Glaubens auch hier überproportional repräsentiert waren, Wichtiges leisteten und zu wichtigen Stellungen aufrücken konnten, zeigen zwei fast gleichaltrige Beamte der preußischen Ei-

---

54 *Hamburger*, S. 284 – 296, S. 292.
55 *Misch*, in: Kaznelson, S. 530 - 589, S. 541; *Hamburger,* S. 31.

senbahnverwaltung, Paul Meyer (1844 – 1925) [56] aus Berlin und Georg Eger (1848 – 1914).[57] Eger wurde 1876 Mitarbeiter im preußischen Ministerium für öffentliche Arbeiten und war 1880 Regierungsrat und Justitiar bei der Eisenbahndirektion Breslau, später in Berlin. Eger lehrte auch an der Berliner Handelshochschule, war ein angesehener Gutachter und Schiedsrichter und veröffentlichte zahlreiche Werke zum Haftpflicht-, Kraftfahrzeug- und vor allem Eisenbahnrecht. Bis zum stellvertretenden Präsidenten der Eisenbahndirektion von Frankfurt / Oder brachte es Paul Meyer (1844 – 1925).

8. Auslandsbeziehungen: Mosse

Bekanntlich blieb der Auswärtige Dienst jüdischen Juristen verschlossen. Eine nicht zu unterschätzende Einzelleistung im Ausland für Deutschland hat jedoch Albert Mosse (1846 – 1925),[58] ungetauft, aus Posen erbracht. Er wurde wegen dieser Leistung, und nicht etwa wegen seiner richterlichen Qualitäten, als erster jüdischer Richter in Preußen in eine Beförderungsstelle berufen:

Zurückgehend auf eine Empfehlung Rudolf von Gneists wurde er an die japanische Regierung abgeordnet. Von 1886 bis 1890 leistete er Vorarbeiten für die Verfassung von 1889 / 1890, wirkte an der Ausarbeitung der Gesetze der Selbstverwaltung im Territorium mit, war an der Vorbereitung der Vertragsrevision von 1899 beteiligt und leistete den Fachministerien juristische Unterstützung.

Japan hatte 1854 seine Häfen den USA und danach anderen Mächten, unter anderen auch Preußen, öffnen und weitere Zugeständnisse machen müssen. 1868 wurde unter dem Mikado die neue Periode Meiji, Aufklärung, ausgerufen.

Die Meiji-Verfassung von 1889 entstand in der Auseinandersetzung zwischen den Anhängern der britischen Ordnung und denen der preußischen und deutschen Verfassung. Dabei wollte eine starke radikale Opposition nach englischem Muster auf Grund einer parlamentarischen Majorität die Regierungsgewalt an sich bringen und die früheren Verhältnisse

---

56 *Hamburger,* S. 66.
57 *Hamburger,* S. 64-66; *Landau,* in: Deutsche Juristen jüdischer Herkunft, 1993, 133 – 213, S. 203.
58 *Hamburger,* S. 45 f.

wiederherstellen. Die endgültige Verfassung hat jedoch deutsche Vorbilder, ist aber noch autoritärer ausgestaltet.[59] Die Fertigstellung dieser ersten japanischen Verfassung, nur zwei Jahrzehnte nach Japans brüskem Ausbruch aus dem Mittelalter, war damit von größter politischer Bedeutung. Der deutsche Gesandte in Tokio, Theodor von Holleben, lobte denn auch Mosses Erfolge, „wie vielleicht keiner seiner Vorgänger oder Mitarbeiter deutscher oder anderer Nation sie aufzuweisen vermag" und „ist es nicht zu geringem Teil sein Verdienst, wenn da japanische Staatsleben in seinen Grundzügen nach deutschem Muster sich gestaltet und wenn Deutschland hier nach wie vor in höchstem Ansehen steht".[60] Die Meiji-Verfassung blieb bis zum Ende des Zweiten Weltkriegs in Kraft. Eine vergleichbare Leistung hat übrigens Hermann Rösler für das japanische Handeslgesetzbuch und ebenfalls die Verfassung erbracht.

Zur Umgestaltung des Staates gehörte weiter die Entmachtung der Fürsten und die Abschaffung der Fürstentümer sowie die Einteilung des Landes in Bezirke. Deswegen hatten die Gesetze betreffend die Selbstverwaltung mit gewählten Bezirksvertretungen eine so große innenpolitische Bedeutung und darum war die Mitarbeit Mosses auch an diesem Projekt so bedeutsam.

Schließlich wurde Mosse zur Vorbereitung der „Vertragsrevision", nämlich zur Änderung der seit 1854 unter Druck abgeschlossenen Verträge herangezogen.

Nach Deutschland zurückgekehrt, war Mosse Richter am Oberlandesgericht Königsberg und lehrte an der Universität als ordentlicher Honorarprofessor. Nach 17 Jahren des Wartens auf ein weiteres Avancement bat Mosse 1907 um seine Pensionierung, ging nach Berlin als unbesoldeter Stadtrat, wurde Stadtältester und war im Vorstand des Städtetages. Die japanische Botschaft rettete in der Nazizeit das Leben von Mosses Tochter.[61]

---

59 Seite „Meiji-Verfassung". In: Wikipedia, Die freie Enzyklopädie. Bearbeitungsstand: 5. Oktober 2016, 06:14 UTC. URL: https://de.wikipedia.org/w/index.php?title=Meiji-Verfassung&oldid=158485685.
60 *Hamburger*, S. 45 f.
61 *Hamburger*, S. 45 f.

VI. Das „Jüdische" der jüdischen Juristen?

1. Samuel Marun Mayer

Samuel Marun Mayer (1797 – 1862),[62] Professor und Rektor in Tübingen, wurde von der Regierung wiederholt in Judenfragen zu Rate berufen.

2. Wilhelm Eduard Wilda

Wilhelm Eduard Wilda (1800 – 1856)[63] behandelt 1847 in zwei Abhandlungen hauptsächlich das Verhältnis der christlichen Konfessionen und Sekten untereinander und im Verhältnis zum Staat. Nur sehr wenige Bemerkungen betreffen direkt das Judentum. Er führt im ersten Aufsatz aus, dass zur staatlichen Gewissensfreiheit auch die ungeschmälerte Rechtsfähigkeit gehöre. In dem folgenden Aufsatz, ebenfalls von 1847, erinnert Wilda kurz daran, dass die Juden durch das Edikt vom 14. März 1842 staatsbügerliche Recht erlangten.[64]

3. Mosse

Mosse (1846 – 1925)[65] war Mitglied des Vorstandes der jüdischen Gemeinde in Berlin, Vizepräsident des Verbands der deutschen Juden und Präsident des Kuratoriums der Hochschule für die Wissenschaft des Judentums.

4. David Hugo Mayer

David Hugo Mayer (1854 – 1931)[66] brachte es in Baden zum persönlichen Referenten des Innenministers und zum Geheimen Oberregierungsrat. Er

---

62 *Hamburger*, S. 54.
63 *Kern,* in: HRG 5, 1998, Sp. 1415 – 1418.
64 *Wilda,* Zeitschrift für deutsches Recht 11, 1847, 266.
65 *Hamburger,* S. 45.
66 *Hamburger,* S. 39.

ist daneben der Schöpfer der badischen Synodalverfassung und Leiter des Oberrats der badischen Israeliten.

5. Rosin

Zu den seltenen Rechtsprofessoren, die Fragen des jüdischen Rechts berührten, gehört Heinrich Rosin (1855 - 1927)[67] aus Breslau. Seine Studien zum Sozialversicherungsrecht gehen davon aus, dass die Religion ein tragendes Fundament des Staates sei und dass auch in den nichtchristlichen Glaubensgemeinschaften "das Gebot der Nächstenliebe, das Gebot der Wohltätigkeit" gelte.[68] Eine seiner Schriften betrifft die "Verwandtschaftsberechnung nach deutschem, österreichischem, jüdischem und kanonischem Recht".[69] Er regte auch eine Dissertation über "Das Recht der israelitischen Religionsgemeinschaft" an.[70] Rosin war aktiv in der jüdischen Gemeinde tätig und Mitglied des Oberrats der Israeliten in Baden.[71]

6. Staub

Hermann (Samuel) Staub (1856 – 1904)[72], „einer der bekanntesten und angesehensten deutschen Rechtsanwälte", von allen Juristengenerationen geradezu verehrt als Entdecker der positiven Vertragsverletzung, Verfasser mehrerer Kommentare, erklärte seine Methode in der folgenden Weise: „Man bewundert die eigenartige Neuheit meiner Kommentierungsmethode und weiß nicht, daß sie uralt ist. So, wie ich das deutsche Gesetz erklä-

---

[67] *Hollerbach*, in: Deutsche Juristen jüdischer Herkunft, 1993, S. 369 – 384.
[68] *Rosin*, Grundzüge einer allgemeinen Staatslehre nach den politischen Reden und Schriften des Fürsten Bismarck, 1897, zit. bei *Hollerbach*, in: Deutsche Juristen jüdischer Herkunft, 1993, S. 380 f.
[69] *Rosin*, Grünhuts Zeitschrift für das Privat- und Öffentliche Recht der Gegenwart 28, 1901, 341 - 404, zit. bei *Hollerbach*, in: Deutsche Juristen jüdischer Herkunft, 1993, S. 375.
[70] S. *Wolff*, Das Recht der israelitischen Religionsgemeinschaft des Großherzogtums Baden, 1913, zit. . bei *Hollerbach*, in: Deutsche Juristen jüdischer Herkunft, 1993, S. 373 Anm. 15.
[71] Er wurde dabei unvermeidbarerweise in die scharfen Auseinandersetzungen zwischen den liberalen Richtungen, den Orthodoxen und den Zionisten (in Baden aus Anlaß der Einführung eines neuen Gebetbuchs) hineingezogen.
[72] Henne/Schröder/Thiessen (Hrsg.), Festschrift Staub, 2006 pass.

re, haben die Juden ihre Lehren erläutert. Meine Darstellungsweise ist die talmudische. Ich werfe zu jedem Paragraphen die auftauchenden Probleme als Fragen oder Themen in Form einer Überschrift auf und beantworte sie."

Staub war Mitglied der jüdischen Loge Bne Briss, heute meistens in der englischen Version bekannt: B'nai B'rith. Von dort kamen 1932 als Erinnerung zwei Mitteilungen:[73] Er war „ein Freidenker in dem Sinne, daß er nicht an das Eingreifen eines persönlichen Gottes in das Einzelgeschick glaubte, und die offizielle Religion nur als ein Erziehungsmittel, als eine Übergangsstufe in der Entwicklung zur Humanität erachtete, daß er meinte, Religion sollte durch die freie sittliche Persönlichkeit überwunden werden, gleichwohl aber voller Begeisterung für den sittlichen Inhalt des Judentums, den göttlichen Funken seiner Lehre und voller Stolz auf die durch Jahrtausende geistig und moralisch geförderte Judenheit.

Er pflegte auch selbst die Tradition, indem er die Sederabende gern hielt – verstand er doch die Hagada lückenlos im Urtext – und indem er den Segensspruch bei jüdisch-religiösen Trauungen in seinem Verwandtenkreise selbst zu sprechen liebte."

VII. Ende

Ein kleiner Aufsatz kann nicht das Leben und die Leistungen der vielen bedeutenden Juristen jüdischer Herkunft ausmalen. Deswegen haben wir neben die berühmten, schon von Sinzheimer[74] und dann wieder Heinrichs [75] u. a. hervorgehobenen Juristen, andere gestellt, die trotz ihren wichtigen Leistungen weniger bekannt sind. Wir haben auch weniger von den Professoren, Richtern[76] und Rechtsanwälten,[77] sondern mehr von den Juristen gehandelt, die an der Gesetzgebung oder an der Exekutive, sei es als Minister, sei es als Stadtverordneter, beteiligt waren. Der enge Raum möge entschuldigen, dass wir auf das Verhalten und die Argumente der jü-

---

73 Erstmals in: Der Orden Bne Briss. Mitteilungen der Großloge für Deutschland VIII. U.O.B.B. 1932, S. 98–99, Festnummer zum Ordenstag 1932. - Jetzt in: FS Staub (vor. Anm.), S. 169 ff.
74 *Sinzheimer*, Jüdische Klassiker der deutschen Rechtswissenschaft, 2. Aufl., 1953 pass.
75 Deutsche Juristen jüdischer Herkunft, hersg. v. H. Heinrichs u. a., 1993 pass.
76 *Strenge,* pass.
77 *Krach,* Jüdische Rechtsanwälte in Preußen, 1991 pass.

dischen Abgeordneten im Parlament nicht eingegangen sind und das gesellschaftliche Umfeld nicht einbezogen haben. Desgleichen haben wir die früher viel diskutierte, heute weniger aktuelle Frage nach einer besonderen juristischen Intelligenz der Juden ausgelassen. Die Kurzbiographien lassen trotz ihrer Kargheit erkennen, dass man wegen der charakterlichen, politischen und gesellschaftlichen Unterschiede der Individuen und Verhältnisse nicht von „dem", von dem „typischen" jüdischen Juristen sprechen kann.

Rechtsschutz gegen selbst-vollziehende Rechts-Verordnungen

Alexander Blankenagel, Berlin[*]

A. Einleitung

Die staatliche Regulierung des Wirtschaftslebens geschieht durch Gesetze und durch die auf der Grundlage von Gesetzen erlassenen Rechtsverordnungen. In der Praxis sind es vor allem die Rechtsverordnungen, die durch ihre große Zahl und durch die in ihnen enthaltenen konkreten Regelungen für wirtschaftliches Handeln von unmittelbarer Bedeutung sind und den wirtschaftlichen Alltag bestimmen. Entsprechend wichtig sind effiziente Rechtsschutzmöglichkeiten gegen Rechtsverordnungen; verfassungsrechtlich sind diese effizienten Rechtsschutzmöglichkeiten von Art. 19 Abs. 4 GG gefordert und in der Regel auch gegeben. Direkte Rechtsschutzmöglichkeiten gegen Rechtsverordnungen gibt es freilich kaum. Wird auf der Grundlage einer solchen Rechtverordnung ein Verwaltungsakt erlassen oder ein beantragter Verwaltungsakt nicht erlassen, so kann dies mit einer Anfechtungs- oder Verpflichtungsklage angegriffen werden, § 42 Abs. 1 VwGO; im Rahmen der Begründetheit dieser Klagen wird die Rechtmäßigkeit der Rechtsverordnung inzident überprüft und, im Falle ihrer Rechtswidrigkeit, verworfen. Das Urteil wirkt nur inter partes, aber immerhin. Im übrigen ist es zumindest wahrscheinlich, dass sich andere Gerichte, auch wenn keine Bindungswirkung gegeben ist, sich an dem Urteil orientieren, zumal wenn es sich um ein Berufungs- oder gar Revisionsurteil handelt. Effizienter wäre natürlich ein Urteil mit Wirkung inter omnes; dies bietet aber nur die verwaltungsgerichtliche Normenkontrolle des § 47 VwGO. Bei genauer Betrachtung führt § 47 VwGO allerdings praktisch nicht sehr weit. Die Mehrzahl der wirtschaftsrelevanten Rechtsverordnungen sind solche des Bundes; Rechtsverordnungen des Bundes unterliegen aber in keinem Fall einer verwaltungsgerichtlichen Normenkontrolle, so

---

[*] Prof. Dr. em. Alexander Blankenagel, Humboldt-Universität zu Berlin.

Alexander Blankenagel

dass es auf die (zweite) Frage, ob im entsprechenden Bundesland § 47 VwGO für anwendbar erklärt worden ist,[1] gar nicht mehr ankommt.

Sieht man etwas genauer hin, so steht es allerdings nicht nur mit der Effizienz, sondern auch mit dem Rechtsschutz gegen Rechtsverordnungen als solchem nicht immer gut. Der inzidente Rechtsschutz der Anfechtungsklage setzt voraus, dass das in der Rechtsverordnung enthaltene Verhaltensgebot durch einen Verwaltungsakt gegenüber dem Normadressaten konkretisiert wird. Analog bedarf es der Ablehnung oder des Nichterlasses eines Verwaltungsaktes bei der Verpflichtungsklage: Kein Verwaltungsakt bedeutet „kein Rechtschutz". Rechtsverordnungen, deren Gebote unmittelbar gelten, die sich selbst vollziehen („self-executing norms"), unterlaufen die Struktur des Rechtsschutzsystems der VwGO: Die Anfechtungs- und Verpflichtungsklage scheidet mangels eines Verwaltungsaktes aus; die Normenkontrolle findet gegen Bundesrechtsverordnungen und im übrigen auch dort, wo § 47 VwGO umgesetzt worden ist, gegen selbst-vollziehende Rechtsverordnungen der Länder nicht statt, da solche Rechtsverordnungen nicht in „den Rahmen der Gerichtsbarkeit" der OVGs fallen. [2] Für

---

1 Keinen Gebrauch gemacht von der Möglichkeit des § 47 Abs. 1 Nr. 2 VwGO haben die Länder Berlin, Hamburg und Nordrhein-Westfalen; eine beschränkte Anwendbarkeit findet sich in Bayern gem. § 5 AGVwGO BY sowie in Rheinland-Pfalz, § 4 AGVwGO Rh-Pf. § 5 AG VwGO BY regelt Begrenzungen für die Überprüfbarkeit von Satzungen nach Art. 6 Abs. 7 und Art. 81 Abs. 1 Bayer. Bauordnung; § 4 AGVwGO Rh.-Pf. nimmt Rechtsverordnungen, die Handlungen eines Verfassungsorgans im Sinne des Artikels 130 Abs. 1 der Verfassung für Rheinland-Pfalz sind, von der Überprüfbarkeit aus.
2 Die Kontrolle von untergesetzlichen Rechtsnormen durch die Oberverwaltungsgerichte ist nur im Rahmen von deren Gerichtsbarkeit eröffnet, § 47 Abs. 1 1 Hs. VwGO. Die Rechtsprechung und hM legt dieses Tatbestandsmerkmal so aus, dass auf Grundlage der zur Überprüfung gestellten Rechtsvorschriften anfechtbare oder mit der Verpflichtungsklage erzwingbare Verwaltungsakte ergehen können oder aber sonstige öffentlich-rechtliche Streitigkeiten entstehen können, für die der Verwaltungsrechtsweg eröffnet ist. Ratio des Tatbestandsmerkmals ist, dass im Einzelfall ausschließlich zuständige andere Gerichte nicht präjudiziert werden sollen, weil sie so quasi der Verwaltungsgerichtsbarkeit untergeordnet würden. – S. dazu BVerwG, Beschl. v. 27.7.1995 – 7 NB 1/95, NVwZ 1996, 63, 65, unter Bestätigung der Rechtsprechung der OVG zu dieser Frage, s. etwa BayVGH, Beschl. v. 7.7.1972 – 17 V 72, NJW 1972, 2149; VGH BW, Beschl. v. 29.4.1983 – 1 S 1/83, NJW 1984, 507; VGH BW, Urt. v. 22.6.1987 – 1 S 1699/86, NVwZ 1988, 168; zur ratio legis s. *Gerhardt/Bier,* in: Schoch/Schmidt-Aßmann/Pietzner, VwGO Kommentar §. 47 Rn. 32; s. weitere Nachweise bei *Schenke,* in: Kopp/Schenke, VwGO Kommentar, 20. Aufl. 2014, § 47 Rn. 17 ff.

eine herkömmlich verstandene Feststellungsklage fehlt es an einem feststellungsfähigen Rechtsverhältnis, das in irgendeiner Form ein durch Annäherung konkretisiertes Rechtsverhältnis zwischen Bürger bzw. Wirtschaftssubjekt und Staat voraussetzt.[3] Mit anderen Worten: Bei selbst-vollziehenden Bundes- und Landes-Rechtsverordnungen existiert eine empfindliche und im Hinblick auf Art. 19 Abs. 4 GG problematische Rechtsschutzlücke.

Die praktische Dimension des Problems wird klar, wenn man sich vergegenwärtigt, daß etwa die Festlegung von Flugschneisen durch das Luftfahrtbundesamt oder die Rücknahmepflicht bei Einwegverpackungen durch Rechtsverordnungen des Bundes (auf gesetzlicher Grundlage) geregelt werden bzw. wurden; bei den Rechtsverordnungen der Länder sind etwa Sperrbezirks-Verordnungen, Hunde-Verordnungen oder auch mietrechtliche Verordnungen (Kappungsgrenzen-Verordnungen oder Mietpreisbremse-Verordnungen) selbst-vollziehend.

B. Keine Möglichkeit einer Verfassungsbeschwerde gegen eine selbstvollziehende Rechtsverordnung

Die Situation wird dadurch verschärft, dass es auch sonst keine Möglichkeit des Rechtsschutzes gegen selbst-vollziehende Rechtsverordnungen gibt. Zwar können diese als Akt öffentlicher Gewalt grundsätzlich mit der Verfassungsbeschwerde angegriffen werden.[4] Zulässigkeitsvoraussetzung einer solchen eventuellen Verfassungsbeschwerde gegen eine in Vollzug eines Gesetzes erlassene Rechtsverordnung ist allerdings nach § 90 Abs. 2 S. 1 BVerfGG die Rechtswegerschöpfung, die ihrerseits Ausdruck des

---

3 S. dazu die eingehende Darstellung unten bei Anm. 15 ff.
4 BVerfG, Beschl. v. 3.11.1982 – 1 BvR 900/78, BVerfGE 62, 117, 119, 153; BVerfG, Urt. v. 8.11.1983 – 1 BvR 1249/81, BVerfGE 65, 248, 249, 258 ff. – hier allerdings im Rahmen eines auf der Rechtsverordnung beruhenden Bußgeldverfahrens; das BVerfG hat die VO für nichtig erklärt; BVerfG-K, Beschl. v. 18.10.2004 – 1 BvR 2057/02, NVwZ 2005, 79, 79: Rechtsverordnung; des Bundes; BVerfG-K, Beschl. v. 24.2.1999 – 1 BvR 167/99, NJW 1999, 2031: Rechtsverordnung des Bundes; BVerfG-K, Beschl. v. 3.7.2001 – 1 BvR 1472/99, NVwZ-RR 2002, 1, 2; BVerfG-K, Beschl. v. 18.8.2000 – 1 BvR 1329/00, NVwZ 2000, 1407, 1408; s. auch *Schlaich/Korioth*, Das Bundesverfassungsgericht, 10. Aufl., 2015, 155 mit Fn. 74.

Grundsatzes der Subsidiarität der Verfassungsbeschwerde ist.[5] Entbehrlich ist die Rechtswegerschöpfung nach der gesetzlichen Regelung des § 90 Abs. 2 S. 2 BVerfGG nur, wenn der Rechtsstreit von allgemeiner Bedeutung ist bzw. dem Beschwerdeführer bei Verweisung auf den Rechtsweg ein schwerer und unabwendbarer Nachteil entstünde. Darüber hinaus hat das BVerfG die grundsätzliche Subsidiarität der Verfassungsbeschwerde in bestimmten Fällen als gegenstandslos betrachtet, etwa bei mangelnden Erfolgsaussichten eines Rechtsmittels zum Beispiel wegen dessen ungewisser Zulässigkeit.[6] All diese Varianten sind bei der Suche nach einer Rechtsschutzmöglichkeit gegen selbst-vollziehende Rechtsverordnungen im Regelfall irrelevant.

Ist also ein Beschwerdeführer wegen des Subsidiaritätsprinzips verpflichtet, vor Erhebung der Verfassungsbeschwerde einen (zweifelhaften) Klageweg zu den Verwaltungsgerichten zu beschreiten, also auf die Klärung durch die Fachgerichte verwiesen?[7] In Betracht kommt, da alle anderen Möglichkeiten zumindest bei Rechtsverordnungen des Bundes ausscheiden, nur die Feststellungsklage nach § 43 VwGO. Das Bundesverfassungsgericht (die 1. Kammer des 1. Senats) hat eben dies im Jahre 1999 anlässlich der Zurückweisung einer Verfassungsbeschwerde gegen § 17 Abs. 3 FeV entschieden;[8] diese Rechtsprechung ist dann in der Folge von

---

5 S. die Darstellung mit Nachweisen zu Rechtsprechung und Literatur bei *Schlaich/ Korioth*, S. 173 ff.
6 BVerfG, Urt. v. 12.3.2003 – 1 BvR 348/99, BVerfGE 107, 299, 309: Die berechtigte Ungewissheit über die Zulässigkeit eines Rechtsbehelfs dürfe nicht zu Lasten des Rechtsschutzsuchenden gehen, m.w.N..; BVerfG, Beschl. v. 19.7.2000 – 1 BvR 539/96, BVerfGE 102, 197, 208: offensichtliche Aussichtslosigkeit des Rechtsmittels/Spielbankenentscheidung; ebenso BVerfG, Beschl. v. 12.5.2009 – 2 BvR 890/06, BVerfGE 123, 148, 172 f.; BVerfG, Urt. v. 26.7.2005 – 1 BvR 782/94, BVerfGE 114, 1, 32: Gebot einer gewissen Verlässlichkeit des fachgerichtlichen Rechtschutzes;.
7 So schon früh BVerfG, Beschl. v. 8.1.1985 – 1 BvR 700/ 83, BVerfGE 68, 376, 381; der Verweis ebendort auf BVerfG, Beschl. v. 10.6.1964 – 1 BvR 37/63, BVerfGE 18, 85,92 f. ist allerdings unrichtig.
8 BVerfG-K, Beschl. v. 24.2.1999 – 1 BvR 167/99, NJW 1999, 2031, 2031; BVerfG-K, Beschl. v. 3.7.2001 – 1 BvR 1472/99, NVwZ-RR 2002, 1, 2; BVerfG-K, Beschl. v. 18.10.2004 – 1 BvR 2057/02, NVwZ 2005, 79, 80, unter ausdrücklichem Verweis auf BVerwG, Urt. v. 28.6.2000 – 11 C 13/99, BVerwGE 111, 276, 278; BVerfG-K, Beschl. v. 18.8.2000 – 1 BvR 1329/00, NVwZ 2000, 1407, 1408; die Entscheidung ist insofern verwunderlich, weil die Feststellungsklage wohl unzulässig wäre, weil der Kläger die Möglichkeit hat, eine Verpflichtungsklage auf eine ordnungsbehördliche Erlaubnis zum Halten eines Hundes zu erheben. Die Recht-

anderen Kammern zum Teil unter Berufung auf das BVerwG (nachdem dieses wohl auf die Kammer-Rechtsprechung zur Notwendigkeit der Erhebung einer Feststellungsklage reagiert hatte) übernommen worden, ohne sich im geringsten an der Zweckentfremdung der Feststellungsklage zu stören oder sich groß um die dadurch entstehenden verwaltungsprozessualen Probleme[9] zu kümmern. Verfassungsbeschwerden gegen untergesetzliche Normen, gegen die kein Rechtsweg nach § 47 VwGO eröffnet war, (und zum Teil auch gegen Gesetze) sind also wegen des Subsidiaritätsgrundsatzes nur zulässig, wenn der Beschwerdeführer vor Erhebung der Verfassungsbeschwerde gegen die Norm mit der Feststellungsklage vorgegangen ist.[10] Das BVerfG hat in diesem Zusammenhang oft mit einem irrelevanten „ceterum censeo" auf die grundsätzliche inzidente Überprüfung der untergesetzlichen Rechtsnorm im Rahmen von Verfahren gegen deren Anwendung im Einzelfall durch Verwaltungsakt verwiesen. Sei dies aber nicht möglich oder führe eine inzidente Überprüfung allein nicht zur Beseitigung der Grundrechtsverletzung, so komme eben die Feststellungsklage als Rechtsschutzmittel in Betracht.[11] Die Möglichkeit, die Gültigkeit

---

sprechung ist mittlerweile vom 1. Senat bestätigt, s. BVerfG-K, Beschl. v. 17.1.2006 – 1 BvR 541/92, NVwZ 2006, 922, 923 und 924: Die Rechtmäßigkeit der Norm werde als streitentscheidende Vorfrage aufgeworfen. – Noch weiter geht das Gericht in BVerfG-K, Beschl. v. 25.2.2004 – 1 BvR 2016/01, NVwZ 2004, 977, 979, wo es sogar im Hinblick auf ein Gesetz (VerfütterungsverbotsG) die vorherige Erhebung einer Feststellungsklage fordert, mit der der Beschwerdeführer die Feststellung einklagen solle, dass er weiterhin berechtigt sein, seine vor In-Kraft-Treten des VerfütterungsverbotsG ausgeübte unternehmerische Tätigkeit-Herstellung und Vertrieb von tierischem Futtermehl trotz BSE - fortzusetzen; das BVerfG verweist auf die Ermittlung von Tatsachen und die flexible Auslegung von Gesetzen durch die Fachgerichte.

9 S. dazu unten bei den Anm. 15 ff.
10 BVerfG, Beschl. v. 17.1.2006 – 1 BvR 541/02, BVerfGE 115, 81, 95 f.: § 47 VwGO werde durch die Zulässigkeit einer solchen Feststellungsklage nicht umgangen und entfalte gegenüber dieser auch keine Sperrwirkung, unter Bezugnahme auf BVerwG, Urt. v. 28.6.2000 - 11 C 13/99, BVerwGE 111, 276, 278; BVerfG-K, Beschl. v. 18.10.2004 – 1 BvR 2057/02, NVwZ 2005, 79, 79: Rechtsverordnung des Bundes; BVerfG-K, Beschl. v. 24.2.1999 – 1 BvR 167/99, NJW 1999, 2031: Rechtsverordnung des Bundes; BVerfG-K, Beschl. v. 3.7.2001 – 1 BvR 1472/99, NVwZ-RR 2002, 1, 2: Rechtsverordnung des Bundes, unter ausdrücklicher Erwähnung, dass sie self-executing sei; BVerfG-K, Beschl. v. 18.8.2000 – 1 BvR 1329/00, NVwZ 2000, 1407, 1408: Landesrechtsverordnung; BVerfG-K, Beschl. v. 25.2.2004 – 1 BvR 2016/01, NVwZ 2004, 977, 979: Gesetz.
11 BVerfG, Beschl. v. 17.1.2006 – 1 BvR 541/02, BVerfGE 115, 81, 92 f.

einer untergesetzlichen Rechtsnorm mit der Feststellungsklage zu überprüfen, schließt die Verfassungsbeschwerde direkt gegen diese untergesetzliche Rechtsnorm in der Regel aus.

C. Feststellungsklage nach § 43 Abs. 1 VwGO als von Art. 19 Abs. 4 GG geforderte Rechtsschutzmöglichkeit gegen untergesetzliche Normen?

Betrachten wir also die Feststellungsklage, an der ja kein Weg vorbeiführt, genauer. Aus verfassungsrechtlichen Gründen ist sie immer wieder als Möglichkeit der direkten Normenkontrolle diskutiert worden. Von den Voraussetzungen her passt sie für diese Funktion allerdings nicht, weil ein Rechtsverhältnis und nicht die Gültigkeit oder Ungültigkeit einer Norm festgestellt werden soll; die Metamorphose der Feststellungsklage zur „heimlichen Normenkontrolle"[12] erfordert also gewisse strukturelle Anpassungen.

I. Die Garantie effektiven Rechtsschutzes als Gebot der Existenz einer direkten Normenkontrolle

Außer dem nur auf landesrechtliche untergesetzliche Normen gerichteten § 47 VwGO enthält die Verwaltungsgerichtsordnung keine Klageart, die spezifisch darauf gerichtet wäre, die Recht- oder Verfassungsmäßigkeit eines untergesetzlichen Normativaktes zu überprüfen. Im Hinblick auf die Garantie effektiven Rechtsschutzes aus Art. 19 Abs. 4 GG wurde und wird – zunächst einmal ganz unabhängig von der Problematik selbst-vollziehender Rechtsverordnungen - daher diskutiert, ob die inzidente Überprüfung der untergesetzlichen Rechtsnorm im Hinblick auf das Gebot effektiven Rechtsschutzes ausreichend ist oder aber verfassungsrechtlich eine direkte Überprüfungsmöglichkeit geboten ist, dies sowohl, soweit § 47 VwGO landesrechtlich nicht umgesetzt ist, wie auch beim Rechtsschutz gegen Rechtsverordnungen des Bundes, die per se nicht dem § 47 VwGO unterfallen.[13] Vorgeschlagen wird als mögliche Klage hier die Feststel-

---

12 So *Hufen*, Verwaltungsprozessrecht, 10. Aufl. 2016, § 18 Rn. 8.
13 S. *Schoch*, in: Hoffmann-Riehm/Schmidt-Assmann/Voßkuhle (Hrsg.), Grundlagen des Verwaltungsrechts Bd. 3, 2 Aufl. 2013, § 50 „Gerichtliche Verwaltungskontrollen", Rn. 196 ff.; *Schulze-Fielitz*, in: Dreier (Hrsg.), Grundgesetz Kommentar,

lungsklage des § 43 Abs. 1 VwGO, wiewohl sie vom Streitgegenstand nicht passt: Festgestellt werden kann nur das Bestehen oder Nichtbestehen eines Rechtsverhältnisses zwischen Antragsteller und Antragsgegner; die Gültigkeit oder Nichtigkeit der Norm, auf der das Rechtsverhältnis beruht, ist nur eine mit zu entscheidende und mitentschiedene Vorfrage.[14] Nimmt man also die Zulässigkeitsvoraussetzungen und die ratio der Feststellungsklage ernst, so passt sie für die Überprüfung der Rechtmäßigkeit untergesetzlicher Normen nicht – was die Befürworter der Reservefunktion „Normenkontrolle" für die Feststellungsklage nicht zu stören scheint.

II. Das konkrete Rechtsverhältnis

Feststellungsfähig im Rahmen der Feststellungklage ist, wie eben gesehen, nur ein Rechtsverhältnis; dieses muss konkret sein. Nach der Rechtsprechung sind als Rechtsverhältnis i. S. von § 43 VwGO die rechtlichen Beziehungen anzusehen, die sich aus einem konkreten Sachverhalt aufgrund einer diesen Sachverhalt betreffenden öffentlich-rechtlichen Norm für das Verhältnis mehrerer Personen untereinander oder einer Person zu einer Sache ergeben.[15] Bei selbst-vollziehenden untergesetzlichen Rechtsnormen sind die Beteiligten des Rechtsverhältnisses die die Rechtsverordnung erlassende Behörde, der Adressat der Rechtsverordnung, der durch diese zu einem bestimmten Verhalten verpflichtet (oder auch berechtigt) wird, sowie Dritte, die (wie im Falle der Flugschneisen) verpflichtet sind, das Verhalten des Adressaten der Rechtsverordnung zu dulden. Ein Rechtsverhältnis ist nach Rechtsprechung und herrschender Meinung konkret, wenn die Anwendung einer Rechtsnorm auf einen bestimmten, bereits überschaubaren Sachverhalt in Frage steht.[16] Die Konkretheit des Rechtsverhältnisses kommt in der Regel dadurch zustande, dass Verwaltung und Bürger in irgendeiner Weise die normale Staat-Bürger-Distanz unterschreiten, etwa durch Hinweise, Informationen oder eine andere Handlung der Verwaltung

---

Bd. 3, 3. Aufl. 2013, Art. 19 IV Rn. 109, beide mit zahlreichen Nachweisen zu Literatur und Rechtsprechung.
14 *Schoch*, Rn. 197; *Pietzcker*, in: Schoch/Schmidt-Assmann/Pietzner, VwGO Kommentar, § 43 Rn. 25.
15 BVerwG, Beschl. v. 30.5.1990 – 9 B 223/89, NVwZ 1990, 1173, 1174; BVerwG, Urt. v. 28.1.2010 – 8 C 19/09, BVerwGE 136, 54, juris-Rn. 24 ff.
16 *Pietzcker*, in: Schoch/Schmidt-Aßmann/Pietzner, VwGO Kommentar, § 43 Rn. 17.

oder dadurch, dass der Bürger seinerseits in irgendeiner Form einen Kontakt zur Verwaltung herstellt.[17] In anderen Worten: Es muss eine vorprozessuale Berührung zwischen Behörde und Bürger gegeben haben. Bei selbst-vollziehenden Rechtsverordnungen ist dies gerade nicht der Fall. Ein irgendwie handelndes Staatsorgan (das ja als Antragsgegner Beteiligter des festzustellenden Rechtsverhältnisses ist) existiert nicht, weil ja die Rechtsverordnung ohne weitere Konkretisierung den Adressaten bzw. die Dritten verpflichtet. Es kommt gerade nicht zu jener besonderen Annäherung zwischen Staat und Bürger, die Zulässigkeitsvoraussetzung der Erhebung einer Feststellungsklage ist. Eine Feststellungsklage ist also – so sollte man meinen – unzulässig, da das allgemeine Staat-Bürger-Verhältnis nicht feststellungsfähig ist.

D. Die atypische Feststellungsklage

Nichtsdestotrotz hat die Rechtsprechung die Feststellungsklage für die Kontrolle von untergesetzlichen Normen geöffnet. Für die Feststellung solcher auf der Geltung untergesetzlicher Normen beruhender „Rechtsverhältnisse" gegenüber den normsetzenden Behörden, deren einzige Konkretheit darin liegt, dass der Bürger wissen möchte, ob die Verhaltensgebote der Norm für ihn verbindlich sind, schlägt die Rechtsprechung die sog. „atypische Feststellungsklage" vor, die im Wege der richterlichen

---

17 S. etwa BVerwG, Urt. v. 8.6.1962 – VII C 78/61, NJW 1962, 1690: Zulässigkeit der Feststellungsklage, soweit sie sich im Rahmen der allgemeinen Zweckbestimmung jeglicher Prozessverfahren hält, der Durchsetzung konkreter Rechte zu dienen; konkret hatte schon lange Streit zwischen den Prozessparteien bestanden; BVerwG, Urt. v. 7.5.1987 – 3 C 1/86, NJW 1988, 1534, 1534: Hinweise der zuständigen Behörde auf die Genehmigungsbedürftigkeit von Tierversuchen; sehr weitgehend BVerwG, Urt. v. 30.6.2005 – 7 C 26/04, NVwZ 2005, 1178, 1180: Bei Klageerhebung und danach fehle es an einem konkreten Rechtsverhältnis mangels einer vorprozessualen Auseinandersetzung zwischen Behörde und Antragsteller; das könne jedoch auf sich beruhen, weil sich die Behörde/Antragsgegnerin im gerichtlichen Verfahren auf den Streit inhaltlich eingelassen habe; s. aber VGH BW, Urt. v. 7.5.1991 – 9 S 2482/90, NJW 1991, 2365: trotz Anfrage des Bürgers und Antwort der Behörde kein feststellungsfähiges (konkretes?) Rechtsverhältnis, weil dem Bürger in der konkreten Angelegenheit – mögliche Strafbarkeit der Durchführung von Schwangerschaftsabbrüchen in einer Krankenanstalt – keine Rechte gegenüber der Behörde zustehen könnten, da diese bezüglich der Strafbarkeit keine Feststellungskompetenz hätten.

Rechtsfortbildung behutsam zu entwickeln sei.[18] Diese atypische Feststellungklage, die sich, soweit ersichtlich, nach der bisherigen Judikatur im wesentlichen gegen Rechtsverordnungen des Bundes richtet, die der prinzipalen Normenkontrolle des § 47 VwGO nicht unterliegen und daher nur inzident überprüft werden können, wird zum einen mit dem Postulat effektiven Rechtsschutzes sowohl aus Art. 19 Abs. 4 GG wie auch aus dem Gemeinschaftsrecht begründet.[19] Daneben wird die Prozessökonomie und die Einheit der Rechtsordnung angeführt: mit einer Klage gegen den Normgeber Bundesrepublik Deutschland könne eine Vielzahl von Klagen gegen unterschiedliche Ländervollzugsbehörden und die damit wahrscheinliche Rechtszersplitterung vermieden werden.[20]

Die Betonung des Rechtsschutzes gegen Rechtsverordnungen des Bundes ist allerdings irreführend, da ja, soweit im Vollzug dieser Rechtsverordnungen Verwaltungsakte erlassen werden, die inzidente Rechtsschutzmöglichkeit gegeben ist. In der Sache geht es nur um Rechtsverordnungen, die self-executing sind und bei denen es keine Behörden gibt, deren

---

18 VGH Kassel, Urt. v. 9.3.2006 – 6 UE 3281/02, NVwZ 2006, 1195, 1198; die Erwägungen des VGH Kassel sind freilich als obiter dictum anlässlich einer geänderten Rechtslage theoretischer Natur; die konkreten Klagen wurden wegen der Subsidiarität der Feststellungsklage abgewiesen; als Beispiele solcher „atypischer Feststellungsklagen" erwähnt das Gericht BVerwG, Urt. v. 30.6.2005 – 7 C 26/04, NVwZ 2005, 1178; BVerwG, Urt. v. 28.6.2000 - 11 C 13/99, BVerwGE 111, 276, 278 sowie BVerwG, Beschl. v. 19.12.2002 – 7 VR 1/02, AbfallR 2003, 44; zu der Entscheidung s. die Besprechung von *Fellenberg/Karpenstein*, NVwZ 2006, 1133: die Autoren vertraten in dem Verfahren vor dem VGH Kassel die Bundesrepublik Deutschland. In die gleiche Richtung einer Feststellungsklage gegen die Bundesrepublik, zu erheben beim VG Berlin, OVG Hamburg, Urt. v. 1.9.2006 – 1 Bf 171/05, NVwZ-RR 2007, 97, 100 f. mit Kritik an einigen Aspekten der Argumentation 99, 100; OVG Berlin-Brandenburg, Urt. v. 20.10.2005 – 12 B 3/05, BeckRS 2006, 20174, Entscheidungsgründe B. - S. weiter die sehr ausführlich die Problematik diskutierende Entscheidung BVerwG, Urt. v. 28.1.2010 – 8 C 19/09, BVerwGE 136, 54, juris-Rn. 25 ff, allerdings ohne offenzulegen, dass es um eine atypische Feststellungklage geht; das BVerwG versucht in einem eigentümliche Spagat, die Konkretheit und Streitigkeit des Rechtsverhältnisses nachzuweisen, ebd. Rn. 24 ff. S. weiter die Nachweise bei *Pietzcker*, in Schoch/Schmidt-Assmann/Pietzner, VwGO Kommentar, § 43 Rn. 25 sowie 25 a. – Auch das BSG hat diese atypische Feststellungsklage zugelassen, s. BSG, Urt. v. 13.1.1993 – 14 a/6 RKa 67/91, NZS 1993, 412, 413.
19 *Fellenberg/Karpenstein*, NVwZ 2006, 1133, 1134.
20 So etwa VGH Kassel, Urt. v. 9.3.2006 – 6 UE 3281/02, NVwZ 2006, 1195, 1198.

Funktion der Vollzug dieser Rechtsverordnungen ist.[21] Mit der Rechtsprechung des Bundesverfassungsgerichts, wonach der Grundsatz der Subsidiarität bei der Verfassungsbeschwerde die Erhebung einer verwaltungsgerichtlichen Feststellungsklage verlange oder zumindest verlangen könne,[22] überlappt sich diese atypische Feststellungsklage zum Teil: Das Bundesverfassungsgericht hat manchmal auch bei Gesetzen die vorherige Erhebung einer Feststellungsklage gefordert und sich andererseits, wie schon erwähnt, um die verwaltungsprozessualen Feinheiten wenig gekümmert.

Die atypische Feststellungsklage ist allerdings keineswegs und anders, als der VGH Mannheim meint,[23] schon allgemein akzeptiert: Die Literatur, allen voran Kopp/Schenke, und manche Gerichtsentscheidungen lehnen sie grundsätzlich ab (kommen freilich mit der „normalen" Feststellungsklage zu ganz ähnlichen Ergebnissen).[24] Die Gründe dieser Ablehnung sind nicht ganz von der Hand zu weisen: Dass eine solche atypische Feststellungklage de lege ferenda Sinn macht, bedeutet nicht, dass sie de lege lata als richterliche Rechtsfortbildung überzeugt: In der Sache geht es eben nicht um das Rechtsverhältnis, das auf der Norm beruht, sondern um die Wirksamkeit der Norm: Um diese Wirksamkeit gerichtlich überprüfen zu können, wird die Notwendigkeit eines konkreten Rechtsverhältnisses aufgegeben[25] und eine verwaltungsgerichtliche Normenkontrolle beim erstinstanzlichen Verwaltungsgericht geschaffen, dessen Urteil freilich nur inter partes wirkt.[26] Ob die vom VGH Kassel postulierte, freilich nicht nä-

---

21 So auch BVerwG, Urt. v. 28.1.2010 – 8 C 19/09, BVerwGE 136, 54, juris-Rn. 28 f.; *Schoch*, in: Hoffmann-Riehm/Schmidt-Assmann/Voßkuhle (Hrsg.), Grundlagen des Verwaltungsrechts Bd. 3, 2 Aufl. 2013, § 50 „Gerichtliche Verwaltungskontrollen", Rn. 199 sowie 202 mit kritischen Stimmen zu dieser verdeckten Normenkontrolle in Fn. 1148.
22 S. die Nachweise zur diesbezüglichen Rechtsprechung des BVerfG in den Anm. 8 ff.
23 VGH Mannheim, Beschl. v. 24.10.2002 – 8 S 2225/02, NVwZ-RR 2003, 737, 738.
24 *Schenke*, in: Kopp/Schenke, VwGO Kommentar, 20. Aufl. 2014, § 43 Rn. 8 g mit zahlreichen weiteren Nachweisen, die Autoren wollen das Problem mit der normalen Feststellungsklage lösen, geben dabei aber praktisch das Merkmal der Konkretheit des Rechtsverhältnisses auf und ersetzen es durch die "Absolutheit" der das Rechtsverhältnis konstituierenden Freiheitsrechte.
25 So zu Recht *Fellenberg/Karpenstein*, NVwZ 2006, 1133, 1135 im Hinblick auf BVerwG, Urt. v. 2.12.1960 – VII C 53.59, BVerwGE 11, 276, 278.
26 Das Problem wird durchaus gesehen und mit der Präsumtion rechtmäßigen Verhaltens des Staates gelöst: Auch bei inzidenter Unwirksamkeitserklärung durch ein

her substantiierte „Beschränkung auf ganz besondere Ausnahmefälle"[27] beachtet werden wird, muss sich erst noch zeigen. Auf jeden Fall: Von einer allgemeinen Anerkennung zu sprechen, ist angesichts manchmal noch schwankender Rechtsprechung und kritischer Stimmen in der Literatur vielleicht noch (?) etwas verfrüht.[28]

I. Das feststellungsfähige Rechtsverhältnis: Unterfallen bzw. Nicht-Unterfallen des Antragstellers unter die Rechtsverordnung

Wie wird nun die (atypische) Feststellungsklage ihrer neuen Funktion angepasst? Die atypische Feststellungklage ermöglicht die verwaltungsgerichtliche Kontrolle untergesetzlicher Rechtsnormen. Es darf allerdings, so betonen die Gerichte regelmäßig in ihren Entscheidungen, die Gültigkeit einer untergesetzlichen Norm nicht als abstrakte Rechtsfrage Gegenstand der atypischen Feststellungsklage sein; die Gültigkeit der Norm darf nur eine Vorfrage für den eigentlichen Feststellungsantrag, dass die Norm bei Anwendung auf den konkreten Sachverhalt die Rechte des Klägers verletze, sein. Bei dieser Kleinrederei der Frage der Gültigkeit der untergesetzlichen Norm auf eine Vorfrage ist dann die Rechtsprechung recht kreativ.[29]

Ein gutes Beispiel für das großzügige Verschließen der Augen davor, dass es, Rechtsverhältnis hin oder her, in der Sache um die Gültigkeit der

---

VG würden sich staatliche Stellen, die nicht Beteiligte des Verfahrens gewesen seien, an das Urteil halten, s. OVG Berlin-Brandenburg, Urt. v. 20.10.2005 – 12 B 3/05, BeckRS 2006, 20174, Entscheidungsgründe B.

27 VGH Kassel, Urt. v. 9.3.2006 – 6 UE 3281/02, NVwZ 2006, 1195, 1199.
28 *Rupp*, NVwZ 2002, 286, 288 u. 290. BVerwG, Urt. v. 23.8.2007 – 7 C 13/06, NVwZ 2007, 1311, 1313: Das Gericht hatte sich in einem freilich atypischen Fall etwas von der atypischen Feststellungsklage distanziert, dies jedoch 2010 bei der Problematik der Tarifvertragserstreckung wieder zurückgenommen, BVerwG, Urt. v. 28.1.2010 – 8 C 19/09, BVerwGE 136, 54; s. dazu *Möstl*, in: Posser/Wolff, BeckOK VwGO, § 43 Rn. 30.
29 Sehr deutlich etwa VGH Mannheim, Beschl. v. 24.10.2002 – 8 S 2225/02, NVwZ-RR 2003, 737, 738: Im eigentlichen Sinne bestehe kein Rechtsverhältnis, das einer (vorläufigen: es ging um einstweiligen Rechtsschutz) verwaltungsgerichtlichen Regelung zugänglich wäre. Wegen Art. 19 Abs. 4 GG könne aber mit einer Klage die Feststellung begehrt werden, dass eine Norm bei ihrer Anwendung auf einen konkreten Sachverhalt Rechte des Klägers verletze. Das Nichtvorliegen eines konkreten Rechtsverhältnisses betonen auch *Fellenberg/Karpenstein*, NVwZ 2006, 1133, 1134 u. 1135.

jeweiligen untergesetzlichen Rechtsnorm geht, ist die Entscheidung des BVerwG zum Emissionshandel:[30] Die Klägerin erstrebe eine Klärung der Pflichten, die sie als Betreiberin einer Anlage betreffen, und nicht die gerichtliche Begutachtung einer Rechtsfrage für einen gedachten Sachverhalt. Die „Konkretisierung des Rechtsverhältnisses" wird letztlich in der Klageerhebung gesehen. In anderem Zusammenhang konstatiert das BVerwG, dass es an einem feststellungsfähigen und streitigen Rechtsverhältnis fehle, „wenn nur abstrakte Rechtsfragen wie die Gültigkeit einer Norm zur Entscheidung gestellt werden."[31] Die Anwendung einer Rechtsnorm auf einen bestimmten, in der Wirklichkeit gegebenen Sachverhalt müsse streitig sein; im zu entscheidenden Fall sei die Rechtmäßigkeit der Rechtsnorm lediglich eine freilich streitentscheidende Vorfrage.[32] Ähnlich sybillinisch äußerte sich der VGH Mannheim:[33] Gegenstand der Klage sei nicht die Gültigkeit der RechtsVO als solcher, sondern die Frage, ob der Kläger durch diese in seinen Rechten verletzt werde. Die Anpassung der Feststellungklage an die für sie atypische Funktion der Normenkontrolle geschieht also mit einer unter einer protestatio facto contrario verborgenen Funktionsveränderung.

II. Unterfallen unter die Norm oder Rechtsgültigkeit der Norm als zwei Varianten der atypischen Feststellungsklage

Bei genauer Analyse gibt es die atypische Feststellungsklage in zwei unterschiedlichen Varianten. In einer Reihe von Entscheidungen wenden sich die Kläger nicht gegen die Verordnung als solche und bestreiten nicht deren Rechtmäßigkeit; sie bestreiten vielmehr, dass sie im Anwendungsbereich der Norm sind. Die Klagen gehen also auf die Feststellung, dass die – in ihrer Gültigkeit nicht angegriffene – Norm den Kläger nicht verpflich-

---

30 BVerwG Urt. v. 30.6.2005 – 7 C 26/04, NVwZ 2005, 1178, 1189; eine Kennzeichnung als atypische Feststellungsklage erfolgt in dieser Entscheidung nicht.
31 BVerwG, Urt. v. 28.1.2010 – 8 C 19/09, BVerwGE 136, 54, juris-Rn. 24.
32 Ebenso BVerwG, Urt. v. 28.6.2000 – 11 C 13/99, BVerwGE 111, 276, juris-Rn. 29; ebenso BVerwG, Urt. v. 28.1.2010 – 8 C 19/09, BVerwGE 136, 54, juris-Rn. 30. S. weiter BVerwG, Urt. v. 24.6.2004 – 4 C 11/03, BVerwGE 121, 152, juris-Rn. 18, sowie BVerwG, Urt. v. 26.11.2003 – 9 C 6/02, BVerwGE 119, 245, juris-Rn. 27.
33 VGH Mannheim, Urt. v. 22. 3. 2003 - 8 S 1271/01, juris-Rn. 50.

tet, da er nicht in den Anwendungsbereich der Norm fällt.[34] Zwar kommt es auch in diesen Verfahren zur Überprüfung der Rechtsgültigkeit der Norm, da ja das Begehren des Klägers, die Nichtrelevanz der Norm für ihn und seine Tätigkeit festgestellt zu haben, zunächst einmal die Existenz einer rechtsgültigen Norm voraussetzt; das Begehren des Klägers richtet sich aber in der Tat auf die Feststellung eines Rechtsverhältnisses, das mit dem der klassischen Feststellungsklage noch eine gewisse Verbindung hat.

Daneben gibt es aber auch die „andere" atypische Feststellungsklage, die in der Tat eine verdeckte direkte Normenkontrolle ist. Mit der Bejahung der Statthaftigkeit von Feststellungsklagen gegen die Flugrouten festlegenden (Bundes)Rechtsverordnungen hat das Bundesverwaltungsgericht die Gültigkeit von Rechtsverordnungen als solche zum Gegenstand von Feststellungsklagen gemacht, dies wohl nicht zuletzt deswegen, weil das BVerfG Verfassungsbeschwerden gegen Flugrouten-VO wegen Subsidiarität als unzulässig zurückgewiesen hatte und auf die Möglichkeit einer Überprüfung im Rahmen einer verwaltungsgerichtlichen Feststellungsklage verwiesen hatte.[35]

---

34 S. etwa BVerwG, Urt. v. 28.1.2010 – 8 C 19/09, BVerwGE 136, 54, juris-Rn. 25 ff., wo es um die Frage der Geltungserstreckung der Allgemeinverbindlich-Erklärung eines Tarifvertrags ging, konkret unter anderem dann um verfahrensrechtliche Fragen; wohl auch BVerwG, Urt. v. 30.6.2005 – 7 C 26/04, NVwZ 2005, 1178, 1180, wo es um die Frage ging, inwieweit beim Betrieb eines Zementwerkes die §§ 4, 5 und 6 Abs. 1 TEHG zu beachten waren; VGH Kassel, Urt. v. 9.3.2006 – 6 UE 3281/02, NVwZ 2006, 1195, 1196 f.: Unterfallen des Klägers unter die Pfandpflicht für Einwegverpackungen; die Feststellungsklage war allerdings wegen deren Subsidiarität unzulässig.

35 BVerwG, Urt. v. 28.6.2000 – 11 C 13/99, BVerwGE 111, 276, juris-Rn. 27 ff., 30 ff.; zu der Entscheidung s. den Kommentar von *Kukk*, NVwZ 2001, 408. Die die Zulässigkeit einer Verfassungsbeschwerde ablehnende Kammerentscheidung des BVerfG-K, Beschl. v. 2.4.1997 – 1 BvR 446/96, NVwZ 1998, 169, 170 erwähnt nicht, mit welcher Klageart der verwaltungsgerichtliche Rechtsschutz einzuklagen ist, sondern verweist nur darauf, dass bezüglich der Verfassungswidrigkeit von RechtsVO kein Verwerfungsmonopol des BVerfG bestehe. Gedanken zur Klageart macht sich auch nicht *Kilian*, NVwZ 1998, 142, in seiner Anmerkung zur Kammerentscheidung. – Die Rechtsprechung von BVerwG, Urt. v. 28.6.2000 – 11 C 13/99, BVerwGE 111, 276 wird dann kommentarlos in BVerwG, Urt. v. 26.11.2003 – 9 C 6/02, BVerwGE 119, 254, juris-Rn. 27, sowie BVerwG, Urt. v. 24.6.2004 – 4 C 11/03, BVerwGE 121, 152, juris-Rn. 18, aufgenommen. Sehr klar werden die beiden Varianten in BVerwG, Urt. v. 23.8.2007 – 7 C 13/06, NVwZ 2007, 1311, 1313: kein Rechtsverhältnis wegen Ungültigkeit oder Unanwendbarkeit der Norm.

III. Gebot des effektiven Rechtsschutzes revisited: Die Fokussierung auf „self-executing norms"

Begründet wird die atypische Feststellungklage in zwei Schritten: Zum einen muss eine untergesetzliche Rechtsnormen vorliegen, die keiner Anwendung durch VA oder eine andere Maßnahme im Einzelfall bedarf, sondern für die Adressaten unmittelbar Rechte und Pflichten begründet. Gibt es zudem, dies ist der zweite Schritt, keine andere zumutbare Rechtsschutzmöglichkeit, mit anderen Worten keine Möglichkeit der inzidenten Überprüfung, so fordere das verfassungsrechtliche Gebot effektiven Rechtsschutzes die Möglichkeit einer verwaltungsgerichtlichen Klage, konkret einer Feststellungsklage.[36] § 47 VwGO, soweit er von den Ländern umgesetzt sei, entfalte keine Sperrwirkung, [37] soweit der konkrete untergesetzliche Normativakt nicht der verwaltungsgerichtlichen Normenkontrolle nach § 47 VwGO unterliege; wir hatten gesehen, dass nur solche

---

36 VGH Mannheim, Beschl. v. 24.10.2002 – 8 S 2225/02, NVwZ-RR 2003, 737, 738: mit Hinweis darauf, dass nach der Rechtsprechung des BVerfG sich das Gebot effektiven Rechtsschutzes in erster Linie an die Fachgerichte wende; VGH Mannheim, Urt. v. 22. 3. 2003 - 8 S 1271/01, juris-Rn. 49; VGH Kassel, Urt. v. 9.3.2006 – 6 UE 3281/02, NVwZ 2006, 1195, 1198 unter besonderer Betonung der Tatsachen, dass jeweils kein Streit mit den vor Ort zuständigen Behörden bestehe; OVG Münster, Urt. v. 26.11.2010 - 1 A 1926/09, BeckRS 2011, 46709. S. auch BVerfG,-K Beschl. v. 2.4.1997 – 1 BvR 446/96, NVwZ 1998, 169, 170: Der Rechtsweg zu den Verwaltungsgerichten dürfe nicht mit der Erwägung abgeschnitten werden, dieser werde durch die Verfassungsbeschwerde gewährleistet. S. weiter die Betonung der Nicht-Vollzugsbedürftigkeit bei BVerfG,-K Beschl. v. 3.7.2001 – 1 BvR 1472/99, NVwZ-RR 2002, 1, 2. S. auch BVerwG, Urt. v. 28.6.2000 - 11 C 13/99, BVerwGE 111, 276, juris-Rn 30: Auch der Verordnungsgeber, habe er einmal von seinem normativem Ermessen Gebrauch gemacht, sei dem Gebot effektiven Rechtsschutzes unterworfen. Zustimmend zur Notwendigkeit der Gewährleistung effektiven Rechtsschutzes BVerfG-K, Beschl. v. 17.1.2006 – 1 BvR 541/92, NVwZ 2006, 922, 924.
37 Sehr ausführlich zu diesem Gesichtspunkt BVerwG, Urt. v. 28.1.2010 – 8 C 19/09, BVerwGE 136, 54, juris-Rn. 25: Eine Umgehung des § 47 VwGO liege nur dann vor, wenn es in einer anderen Verfahrensart um die Gültigkeit einer Rechtsnorm oder eine abstrakte Rechtfrage gehe, ohne dass dem ein bestimmter, in der Wirklichkeit vorliegender und streitiger Sachverhalt zugrunde liege; ebenso BVerwG, Urt. v. 28.6.2000 - 11 C 13/99, BVerwGE 111, 276, juris-Rn. 29. Zustimmend BVerfG-K, Beschl. v. 17.1.2006 – 1 BvR 541/92, NVwZ 2006, 922, 924; s. weiter OVG Münster, Urt. v. 26.11.2010 -1 A 1926/09, BeckRS 2011, 46709, mit zahlreichen Nachweisen; *Möstl*, in: Posser/Wolff, BeckOK VwGO, § 43 Rn. 31 mit ausführlicher Analyse des Problems.

untergesetzlichen Rechtsnormen der prinzipalen verwaltungsprozessualen Normenkontrolle durch die Oberverwaltungsgerichte unterliegen, in deren Vollzug verwaltungsgerichtliche Streitigkeiten entstehen können.[38]

IV. Atypische Feststellungsklage nur gegen Rechtsverordnungen des Bundes?

Die atypische Feststellungsklage hat nach dem Verständnis der Gerichte die Funktion, Rechtsverordnungen des Bundes, die der prinzipalen Normenkontrolle des § 47 VwGO nicht unterliegen, in jenen Fällen einer gerichtlichen Kontrolle zu unterwerfen, in denen eine inzidente Kontrolle im Rahmen einer Anfechtungs-, Verpflichtungs- oder allgemeinen Leistungsklage nicht möglich ist bzw. kein hinreichend effektives Mittel zur Gewährung von Rechtsschutz gegen die öffentliche Gewalt ist.[39] Wenn man sich diese Funktion der atypischen Feststellungsklage klarmacht, liegt auf der Hand, dass es nicht nur um Rechtsverordnungen des Bundes, sondern auch der Länder gehen muss; die verwaltungsgerichtliche Normenkontrolle greift ja bei selbst-vollziehenden Rechtsverordnungen der Länder nicht. Rechtfertigungen der atypischen Feststellungsklage sind die Effizienz des Rechtsschutzes und die Prozessökonomie. Die Effizienz des Rechtsschutzes rechtfertigt die atypische Feststellungsklage dort, wo der übliche Rechtsschutz nicht greift: Dies ist bei allen Rechtsverordnungen der Fall, die self-executing sind, seien es Bundes- oder Landesrechtsverordnungen.[40] Bei Landesrechtsverordnungen greift hier mangels Vollzugsakt we-

---

38 S. noch einmal Diskussion und Nachweise in Anm. 2.
39 Dass es sich um Rechtsverordnungen des Bundes handeln muss und die mangelnde Effizienz eines Rechtsschutzes gegen mögliche Vollzugsakte betont etwa der VGH Kassel, Urt. v. 9.3.2006 – 6 UE 3281/02, NVwZ 2006, 1195, 1199; die Erweiterung auf die Fälle eines nicht hinreichend effektiven Rechtsschutzes findet sich auch bei *Fellenberg/Karpenstein*, NVwZ 2006, 1133, 1134.
40 S. OVG Münster, Beschl. v. 26.3.2012 – 5 B 892/11, NVwZ-RR 2012, 516; bei nicht eröffneter Normenkontrolle sei die Möglichkeit einer Feststellungsklage gegen die VO wegen Art. 19 Abs. 4 GG unerlässlich; in der Sache ging es um den die Feststellungsklage begleitenden einstweiligen Rechtsschutz; zum Problem s. noch einmal *Schoch*, in: Hoffmann-Riehm/Schmidt-Assmann/Voßkuhle (Hrsg.), Grundlagen des Verwaltungsrechts Bd. 3, 2 Aufl. 2013, § 50 „Gerichtliche Verwaltungskontrollen", Rn. 196 ff.; *Schulze-Fielitz*, in: Dreier (Hrsg.), Grundgesetz Kommentar, , Bd. 3, 3. Aufl. 2013, Art. 19 IV Rn. 109, beide mit zahlreichen Nachweisen zu Literatur und Rechtsprechung.

der (wie auch bei Rechtsverordnungen des Bundes) die inzidente Kontrolle im Rahmen einer Anfechtungs- oder Verpflichtungsklage noch, soweit im konkreten Land umgesetzt, die Normenkontrolle des § 47 VwGO, da – mangels Vollzug durch Verwaltungsakt, wie gesehen[41] – eine Kontrolle der Verordnung nicht im Rahmen der Gerichtsbarkeit des OVG ist. Das hat auch das BVerfG in einer Kammerentscheidung nicht anders gesehen.[42] Soweit in manchen Bundesländern der § 47 VwGO nicht umgesetzt ist, fordert hier nach einer in Literatur und Rechtsprechung vertretenen Meinung das Gebot effektiven Rechtsschutzes des Art. 19 Abs. 4 GG im übrigen generell die Möglichkeit der Kontrolle untergesetzlicher Rechtsnormen (des Landes) im Rahmen einer Feststellungklage.

V. Abschied von der Subsidiarität der Feststellungsklage

Nach § 43 Abs. 2 S. 1 VwGO ist die Feststellungklage ausweislich der Formulierung des Gesetzes gegenüber Leistungs- und Gestaltungsklage subsidiär; die hM versteht dies weit und rechtswegübergreifend.[43] Die Regelung soll unnötige Feststellungklagen vermeiden, soweit für die Rechtsverfolgung eine andere sachnähere und wirksamere Klageart zur Verfügung steht.[44] Die so verstandene Subsidiarität besitzt bei der atypischen Feststellungsklage keine Funktion, da diese sich ja gerade über die Nichtexistenz irgendwelcher anderer Klagemöglichkeiten gegen untergesetzliche Rechtsnormen definiert und rechtfertigt.[45] Das Merkmal ist also entbehrlich; soweit wirklich einmal eine andere Rechtsschutzmöglichkeit besteht, lässt sich dieses Problem über das allgemeine Rechtsschutzbedürfnis lösen.

---

41 S. oben bei Anm. 2.
42 S. nur als ein Beispiel BVerfG-K, Beschl. v. 18.8.2000 – 1 BvR 1329/00, NVwZ 2000, 1407/1408: Landeshunde-Verordnung.
43 BVerwG, Urt. v. 7.9.1989 – 7 C 4/89, juris-Rn. 15, m.w.N.; BVerwG, Urt. v. 25.4.1996 – 3 C 8/95, juris-Rn. 32.
44 BVerwG, Urt. v. 7.9.1989 – 7 C 4/89, juris-Rn. 15, m.w.N.; BVerwG, Urt. v. 25.4.1996 – 3 C 8/95, juris-Rn. 32: der Kläger könne nur auf eine andere Klageart verwiesen werden, wenn der durch diese gewährte Rechtsschutz in Reichweite und Effektivität der Feststellungsklage mindestens gleichwertig sei.
45 So auch *Fellenberg/Karpenstein*, NVwZ 2006, 1133, 1134.

VI. Anpassung der weiteren Voraussetzungen einer Feststellungsklage an die atypische Feststellungsklage

Die besondere Funktion der atypischen Feststellungsklage modifiziert die weiteren Zulässigkeitsvoraussetzungen. Nach bisheriger Rechtsprechung und herrschender Meinung muss das Rechtsverhältnis streitig sein:[46] Mit der Aufgabe der Konkretheit des Rechtsverhältnisses und damit des besonderen Kontaktes zwischen Behörde und Bürger kann die Streitigkeit des Rechtsverhältnisses nicht mehr, wie bisher, in einem Bestreiten der Rechtsauffassung des Bürgers durch die Behörde bestehen,[47] sondern muss durch das spätestens durch die Klageerhebung gegenüber der normerlassenden Behörde dokumentierte Bestreiten der Rechtmäßigkeit der Rechtsverordnung durch den Bürger ersetzt werden.[48] Antragsgegner ist nicht, wie sonst, die die Rechtsverordnung vollziehende Behörde, sondern die normerlassende Behörde.[49] Im Falle der Rechtsverordnungen des Bundes wird das sei es die Bundesregierung, sei es auch ein Bundesministerium sein. Das hat die vielleicht zweifelhafte Konsequenz, dass sehr viele Streitigkeiten beim VG Berlin oder bei dem für den Sitz der jeweiligen Bundesoberbehörde zuständigem VG anhängig sein werden. In der Tat mutet das auf den ersten Blick etwas seltsam an; andererseits ist diese Massierung von Streitigkeiten auch da bekannt, wo Regulierungsbehörden, wie etwa im Telekommunikationsbereich, für das gesamte Bundesgebiet zuständig sind.

Auch bei den subjektiven Voraussetzungen einer Feststellungsklage kommt es bei der atypischen Feststellungsklage zu Neuerungen, die aller-

---

46 *Schoch*, in: Hoffmann-Riehm/Schmidt-Assmann/Voßkuhle (Hrsg.), Grundlagen des Verwaltungsrechts Bd. 3, 2 Aufl. 2013, § 50 „Gerichtliche Verwaltungskontrollen", Rn. 195, m.w.N.; *Pietzcker*, in: Schoch/Schmidt-Assmann/Pietzner, VwGO Kommentar, § 43 Rn. 20 m.w.N..
47 So die Beschreibung der Streitigkeit des Rechtsverhältnisses bei *Pietzcker*, in: Schoch/Schmidt-Assmann/Pietzner, VwGO Kommentar, § 43 Rn. 20.
48 Verwiesen sei noch einmal auf BVerwG, Urt. v. 30.6.2005 – 7 C 26/04, NVwZ 2005, 1178/1180, wo das „Rechtsverhältnis" durch Klageerhebung und das Sich-Einlassen der Behörde auf die Klage „feststellungsfähig" wurde,.
49 Dies wird mittlerweile auch von den Kritikern der atypischen Feststellungsklage akzeptiert, s. *Schenke*, in: Kopp/Schenke, VwGO Kommentar, 20. Aufl. 2014, § 43 Rn. 8 f; *Pietzcker*, in: Schoch/Schmidt-Assmann/Pietzner, VwGO Kommentar, § 43 Rn. 25 a; *Fellenberg/Karpenstein*, NVwZ 2006, 1133, 1135, gehen so weit, dann Feststellungsklagen gegen die Vollzugsbehörden für unzulässig zu halten: Vorrang der atypischen Feststellungsklage.

dings nur bei genauem Hinsehen Neuerungen sind. § 43 VwGO fordert ein „berechtigtes Interesse an der Feststellung". Das BVerwG hat diese subjektive Seite der Klagevoraussetzungen im Jahr 1991 um eine analoge Anwendung der Klagebefugnis des § 42 Abs. 2 VwGO ergänzt.[50] Verständlich war das für die normale Feststellungsklage damals nicht und ist es heute immer noch nicht: Das „festzustellende Rechtsverhältnis" besteht aus aufeinander bezogenen Rechten und Pflichten – sonst wäre es kein Rechtsverhältnis. Wenn man daher nach der Bejahung des Vorliegens eines Rechtsverhältnisses in analoger Anwendung dann noch prüft, ob ein subjektives Recht des Antragsteller verletzt ist, so stellt man fest, was man schon festgestellt hat. Dies ist freilich bei der atypischen Feststellungsklage anders: Da, wie gesehen, kein konkretes Rechtsverhältnis vorliegt, findet die analoge Anwendung des § 42 Abs. 2 VwGO hier plötzlich ihre Rechtfertigung.

E. Schluss

Was ist nun zu der Entwicklung der atypischen Feststellungsklage durch die Rechtsprechung zu sagen. Erfreulich ist ohne Zweifel, dass eine Rechtsschutzlücke geschlossen worden ist bzw., angesichts gewisser Widerstände in der Literatur und bei manchen Gerichten, dabei ist, geschlossen zu werden. Heimlicher Initiator scheint weniger die Verwaltungsgerichtsbarkeit als das Bundesverfassungsgericht gewesen zu sein; auf jeden Fall ist bei der dargestellten Auslegung des Subsidiaritätsgrundsatzes durch das BVerfG die atypische Feststellungklage für das System der verwaltungsgerichtlichen Klagen unerlässlich. Es ist im übrigen nicht das erste Beispiel der richterrechtlichen Entwicklung einer in der VwGO nicht geregelten eigenen Klageart, wie die kommunalverfassungsrechtliche

---

50 S. zB BVerwG, Beschl. v. 30.7.1990 – 7 B 71/90, NVwZ 1991, 470, 471 m.w.N.; das BVerwG benutzt die analoge Anwendung des § 42 Abs. 2 VwGO zur Korrektur des „berechtigten Interesses", dem nicht unbedingt ein Recht zugrundliegen müsse; das Gericht übersieht dabei, dass schon beim Rechtsverhältnis das Vorliegen eines subjektiven Rechts geprüft werden muss und geprüft worden sein sollte; BVerwG, Urt. v. 26.1.1996 – 8 C 19/94, BVerwGE 100, 262, 271; BVerwG, Urt. v. 29.6.1995 – 2 C 32/94, BVerwGE 99, 64; zu der Kausalvermutung s. *Rupp*, NVwZ 2002, 286, 288.

Streitigkeit zeigt.[51] Insofern mag man sich über die Handlungsfähigkeit der deutschen Gerichtsbarkeit, in diesem Fall der Verwaltungsgerichtsbarkeit, freuen.

Vorzugswürdig aus meiner Sicht wäre freilich dennoch, zumindest in Antwort auf diese Entwicklung, eine gesetzliche Regelung einer umfassenden verwaltungsgerichtlichen Normenkontrolle. Man könnte so etwa eine geeignetere Gerichtsinstanz mit der Aufgabe der verwaltungsgerichtlichen Kontrolle von untergesetzlichen Rechtsnormen betrauen, nämlich, im Falle von Rechtsverordnungen des Bundes, das BVerwG, und im Falle von Rechtsverordnungen der Länder die Oberverwaltungsgerichte, wie das § 47 VwGO ja auch regelt. Den Entscheidungen wäre weiter jener inter-omnes-Effekt zu geben, der bei Normenkontrollen funktionsadäquat ist: Mit gutem Grund wirken die Normenkontrollentscheidungen der Oberverwaltungsgerichte nach § 47 VwGO inter omnes! Gesetzgeberisch könnte auch die offene Frage beantwortet werden, ob für die Begründetheit einer solchen „Normenkontrolle" die Verletzung subjektiver Rechte des Antragstellers gegeben sein muss (analog § 113 Abs. 1 VwGO) oder aber ob, unter Betonung der objektiven Funktion, die schlichte Rechtswidrigkeit der überprüften Norm ausreicht, wie dies bei § 47 VwGO der Fall ist. Und schließlich: Es wäre aus rechtsstaatlicher Sicht angemessen, wenn auch der Laie bei einem Blick in die VwGO ohne größere Schwierigkeiten herausfinden könnte, dass es auch gegen Rechtsverordnungen des Bundes direkte Rechtsschutzmöglichkeiten gibt.

---

51 S. etwa die grundlegend Fragen der Klageart und Klagebefugnis diskutierende Entscheidung des OVG Saarlouis, Urt. v. 29.11.1985 – 2 R 155/85, NVwZ 1987, 914; s. weiter die sich auch mit der Entscheidung des OVG Saarlouis befassende Abhandlung von *Preusche*, NVwZ 1987, 854.

Die sog. Naturschutzfachliche Einschätzungsprärogative im Lichte von Art. 19 Abs. 4 Grundgesetz – Anmerkungen zur aktuellen Rechtsprechung des Bundesverwaltungsgerichts

Edmund Brandt, Braunschweig[*]

Einleitung

Wenn es um Art. 19 Abs. 4 GG geht, bekommt die im Allgemeinen durch Nüchternheit geprägte Juristensprache gewissermaßen lyrische Elemente: Früh machte die Charakterisierung der Vorschrift als „Krönung des Rechtsstaats" die Runde. Ihr „hoher Rang" soll nach Auffassung des Bundesverfassungsgerichts „kaum überschätzt werden" können.[1] An anderer Stelle ist von einer „Grundsatznorm für die gesamte Rechtsordnung" die Rede.[2]

Bei näherer Betrachtung erweist sich allerdings, dass die „Verheißung", Art. 19 Abs. 4 GG gewährleiste, uneingeschränkt vollständigen Rechtschutz, jedenfalls in dieser Absolutheit nicht Bestand hat und in einer Verfassungsordnung, in der stets aufs Neue kollidierende oder zumindest in einem Spannungsverhältnis zueinander stehende Gewährleistungen zum Ausgleich gebracht werden müssen, auch nicht Bestand haben kann. Dass die gerichtliche Überprüfung der Rechtmäßigkeit von Hoheitsakten limitiert sein muss, steht somit außer Frage. Hochproblematisch ist demgegenüber, nach welchen Kriterien die Begrenzungslinien zu ziehen sind und wo sie in concreto verlaufen. Hier ist nach wie vor vieles strittig, und nicht zuletzt die Rechtsprechung des Bundesverwaltungsgerichts lässt weniger eine verfassungsrechtsdogmatisch abgesicherte klare Linie erkennen als das Bemühen, gewissermaßen iterativ jeweils anstehende Fragen halbwegs zufriedenstellend zu beantworten. Reichhaltiges Anschauungsmaterial liefert in jüngster Zeit die Judikatur des Gerichts zur sog. Naturschutz-

---

[*] Prof. Dr. Edmund Brandt, Inhaber des Lehrstuhls Staats- und Verwaltungsrecht sowie Verwaltungswissenschaften im Institut für Rechtswissenschaften der Technischen Universität Braunschweig.
[1] BVerfG, Beschl. v. 28.10.1975 – 2 BvR 883/73, BVerfGE 40, 237, 251.
[2] BVerfG, Beschl. v. 23.6.1981 – 2 BvR 1107/77, BVerfGE 58, 1, 40.

fachlichen Einschätzungsprärogative im Zusammenhang mit der Planung und Genehmigung von Windenergieanlagen. Sie wird im Folgenden in ihren wesentlichen Ausprägungen nachgezeichnet (unter I) und sodann auf den Prüfstand des Art. 19 Abs. 4 Satz 1 GG gestellt (unter II und III). Die dabei gewonnenen Befunde lassen einige übergreifende Folgerungen zu (unter IV).

I. Zentrale Ausprägungen der Rechtsprechung des Bundesverwaltungsgerichts zur sog. Naturschutzfachlichen Einschätzungsprärogative

Um insoweit die spezifischen Anknüpfungspunkte benennen und diskutieren zu können, wird zunächst kurz die Normstruktur des § 44 Abs. 1 Nr. 1 BNatSchG erläutert (unter 1.). Daran schließt sich die Auslegung der zentralen Tatbestandsmerkmale der Bestimmung durch das Gericht an (unter 2.). Unter 3. wird dann speziell auf die sog. Naturschutzfachliche Einschätzungsprärogative mit ihren verschiedenen Facetten eingegangen. Den Abschnitt beschließt eine Stellungnahme (unter 4.).

1. Die Normstruktur des § 44 Abs. 1 Nr. 1 BNatSchG

Nach § 44 Abs. 1 Nr. 1 BNatSchG ist es u. a. verboten, wild lebende Tiere der besonders geschützten Arten zu töten. Daraus ergeben sich etliche Teilfragestellungen – insbesondere:

Was ist geschützt – Individuen- oder Populationsbezug? Die Tathandlung: Reicht insbesondere die Erhöhung des Tötungsrisikos aus, oder müssen weitere Faktoren hinzukommen? Falls die Erhöhung des Tötungsrisikos für ausreichend erachtet wird: Wie kann man zu einer Begrenzung gelangen – Stichwort Signifikanzerfordernis? Und schließlich – und hier im Mittelpunkt stehend: Wie weit gehen die Befugnisse der Genehmigungsbehörde, bzw. korrespondierend, wie weit geht die Überprüfung ihrer Entscheidung und zwar sowohl bezogen auf den Sachverhalt wie die rechtliche Deduktion?

2. Auslegung der zentralen Tatbestandsmerkmale von § 44 Abs. 1 Nr. 1 BNatSchG durch das Bundesverwaltungsgericht

Nach Auffassung des Bundesverwaltungsgerichts schützt § 44 Abs. 1 Nr. 1 BNatSchG das Individuum.[3] Folglich soll es danach bereits ausreichen, wenn ein Exemplar der geschützten Art durch das Vorhaben zu Tode kommt bzw. zu Tode kommen kann.

Die bloß mögliche Tötung soll auch im Rahmen von Planfeststellungs-[4] wie Genehmigungsverfahren[5] zur Anwendung kommen. Subjektive Komponenten bei der Verwirklichung des Verbotstatbestandes, die angesichts des Tatbestandsmerkmals „Töten" naheliege, sollen allenfalls eine untergeordnete Rolle spielen. Im Umkehrschluss bedeutet das, dass die bloß wissentliche Inkaufnahme der Tötung für ausreichend erachtet wird, und das auch dann, wenn es sich um ein im Übrigen rechtmäßiges Verhalten handelt.[6] Danach sind lediglich beiläufige, aber als unausweichliche Konsequenz einer Handlung herbeigeführte Tötungen grundsätzlich vom Tötungsverbot des § 44 Abs. 1 Nr. 1 BNatSchG erfasst.[7]

In Verbindung mit der Notwendigkeit, mit prognostischen Erwägungen operieren zu müssen, reicht damit bereits jedwede Erhöhung des Tötungsrisikos aus. Die – so auch vom Bundesverwaltungsgericht gesehene – Konsequenz einer derartigen Aufweichung des Tötungsmerkmals bestünde allerdings darin, dass größere Infrastrukturprojekte überhaupt nicht mehr genehmigt werden könnten, da das Risiko einer im Laufe der Betriebszeit verwirklichten unbeabsichtigten Tötung bei lebensnaher Betrachtung niemals ausgeschlossen werden könnte.[8]

Um zu verhindern, dass das Tötungsverbot des § 44 Abs. 1 Nr. 1 BNatSchG zu einem übermäßigen Planungs- und Genehmigungshindernis erstarkt,[9] hat das Gericht deshalb so etwas wie einen „Korrekturfaktor" entwickelt, nämlich das sog. Signifikanztheorem. Danach soll es nicht ausreichen, dass einzelne Exemplare besonders geschützter Arten durch

---

3 BVerwG, Urt. v. 09.7.2008 – 9 A 14/07, juris-Rn. 91; ebenso BVerwG, Urt. v. 27.6.2013 – 4 C 1/12, juris-Rn. 11.
4 BVerwG, Urt. v. 09.7.2008 – 9 A 14/07, NVwZ 2009, 302.
5 BVerwG, Urt. v. 27.6.2013 – 4 C 1/12, NVwZ 2013, 1411 ff.
6 BVerwG, Urt. v. 09.7.2008 – 9 A 14/07, NVwZ 2009, 302 311.
7 BVerwG, Urt. v. 09.7.2008 – 9 A 14/07, juris-Rn. 91.
8 BVerwG, Urt. v. 09.7.2008 – 9 A 14/07, ebenda.
9 Ebenda.

Kollisionen mit Windkraftanlagen bzw. deren Rotorblättern zu Schaden kommen könnten. Dergleichen sei bei lebensnaher Betrachtung nie völlig auszuschließen. Folglich soll der artenschutzrechtliche Tötungs- und Verletzungstatbestand dann nicht erfüllt sein, wenn das Vorhaben nach naturschutzfachlicher Einschätzung kein signifikant erhöhtes Risiko kollisionsbedingter Verluste von Einzelexemplaren verursacht, mithin unter der Gefahrenschwelle in einem Risikobereich bleibt, der mit dem Vorhaben im Naturraum immer verbunden sei, vergleichbar dem ebenfalls stets gegebenen Risiko, dass einzelne Exemplare einer Art im Rahmen des allgemeinen Naturgeschehens Opfer einer anderen Art würden. Solle das Tötungs- und Verletzungsverbot nicht zu einem unverhältnismäßigen Planungshindernis werden, müsse das Risiko des Erfolgseintritts in signifikanter Weise erhöht sein. Dabei seien auch Maßnahmen einzubeziehen, mittels derer solche Kollisionen vermieden oder dieses Risiko zumindest deutlich minimiert werde. Gemeint sei eine „deutliche" Steigerung des Tötungsrisikos. Dafür genüge es nicht, dass im Eingriffsbereich überhaupt Tiere der besonders geschützten Art angetroffen würden; erforderlich seien vielmehr Anhaltspunkte dafür, dass sich das Risiko eines Vogelschlags durch das Vorhaben deutlich und damit signifikant erhöhe.[10]

3. Speziell: die sog. Naturschutzfachliche Einschätzungsprärogative

Die Letztentscheidung darüber, ob eine signifikante Risikosteigerung anzunehmen ist, soll der jeweiligen Genehmigungs- bzw. Fachbehörde obliegen. Für die Annahme eines solchen Letztentscheidungsrechts führt das Gericht ins Feld, dass es sich um außerrechtliche Fragestellungen handle, für deren Beantwortung es an rechtlichen Maßstäben in Gestalt von Durchführungsverordnungen oder normkonkretisierenden Verwaltungsvorschriften fehle.[11] Auch habe es der Normgeber versäumt oder zumindest unterlassen, auf anderem Wege Vorgaben und Richtlinien zu erlassen, anhand derer eine gerichtliche Beurteilung zu einem fundierten Ergebnis

---

10 So die Formulierung, die sich mittlerweile in einer ganzen Reihe von VG- und OVG-Entscheidungen wiederfindet; siehe dazu *Willmann*, in: Brandt (Hrsg.), Jahrbuch Windenergierecht 2013, 2014, S. 79, 94 ff.; *ders.*, in: Brandt (Hrsg.), Jahrbuch Windenergierecht 2014, 2015, S. 127, 147 ff.; *ders.*, in: Brandt (Hrsg.), Jahrbuch Windenergierecht 2015, 2016, S. 107, 130 ff.
11 Exemplarisch BVerwG, Urt. v. 21.11.2013 – 7 C 40/11, NVwZ 2014, 524, 525.

gelangen könne.[12] Ein Ergebnis als richtig oder falsch einzuordnen, lasse sich daher nur über Methoden und Ansätze verwirklichen, die gerade keine normative Verortung erfahren hätten.[13] Wenn es jedoch an juristischem Handwerkszeug mangele, mittels dessen die Gerichte eine Bewertung vornehmen könnten, sei es nur folgerichtig, wenn derjenige Akteur die Entscheidung treffe, der über die erforderliche Fachkenntnis verfüge. Das gelte auch im Hinblick auf die Bestandserfassung der geschützten Arten.[14]

4. Stellungnahme

Bei einer sorgsamen, die juristischen Auslegungsregeln konsequent zur Anwendung kommenden, Interpretation der einzelnen Tatbestandsmerkmale des § 44 Abs. 1 Nr. 1 BNatSchG bestünde für wie auch immer geartete Hilfskonstruktionen, mit deren Hilfe eine „teleologische Reduktion" der Interpretation des Tötungsverbots herbeigeführt würde, kein Bedarf. Es würde sich vielmehr um eine absolut „normale" Auslegung eines unbestimmten Rechtsbegriffs handeln, von denen es selbstverständlich auch im Bundes-Naturschutzgesetz etliche gibt.

Tathandlung ist das „Töten".[15] Darunter versteht man die transitive Herbeiführung des Todes eines Lebewesens. Fraglich ist, wie die Intention beschaffen sein muss. Sicherlich einbezogen ist der Fall, in dem der Akteur mit Sicherheit davon ausgeht, dass seine Verhaltensweise zu dem Erfolg – hier dem Tod der Tiere – führt. Nicht klar ist demgegenüber, ob es ausreicht, wenn der Erfolgseintritt lediglich für möglich gehalten wird. Das gilt erst recht dann, wenn nicht ausgeschlossen wird, dass es zum Erfolgseintritt kommt, aber die Annahme bzw. Hoffnung besteht, dass es anders – nämlich ohne den Tod der Tiere – ausgehen möge. Die Wortsinninterpretation stößt hier an ihre Grenzen. Befunde lassen sich aber aus einer systematischen Interpretation gewinnen. Danach erweist sich, dass auf der subjektiven Ebene zumindest ein direkter Vorsatz erforderlich ist. Demgegenüber reicht die bloß billigende Inkaufnahme des Todes der wild lebenden Tiere der besonders geschützten Arten nicht aus.

---

12 BVerwG, Urt. v. 27.6.2013 – 4 C 1/12, NVwZ 2013, 1411, 1413.
13 BVerwG 9.7.2008 – 9 A 14/07, NVwZ 2009, 302, 308.
14 BVerwG 27.6.2013 – 4 C 1/12, NVwZ 2013, 1411, 1413.
15 Dazu bereits *Brandt*, in: Brandt (Hrsg.), Jahrbuch Windenergierecht 2012, 2013, S. 165, 176 ff.

Ein solches Ergebnis hält auch einer aus teleologischen Erwägungen resultierende Begleitkontrolle ergänzt um die Prüfung der Verfassungs- und Europarechtskonformität stand.[16]

Die vermeintlich bestehende Notwendigkeit, Korrektivmechanismen einzubauen, resultiert demzufolge ausschließlich daraus, dass es bei – wie dargelegt – mit einer präzisen Interpretation der Bestimmungen nicht vereinbarem Abstellen auf die bloße Erhöhung des Kollisionsrisikos zu ersichtlich völlig unsinnigen Ergebnissen kommen würde.

Für die Einführung des „restringierenden Theorems" signifikant erhöhtes Risiko gibt es keine rechtsdogmatischen Anknüpfungspunkte. Darüber hinaus dreht man sich, was sofort ohne Weiteres einleuchtet, mit dem Versuch, „signifikant" mit „deutlich" zu umschreiben, im Kreise bzw. erzeugt lediglich Missverständnisse. So können in der Statistik geringfügige Abweichungen durchaus signifikant sein; maßgeblich ist nicht das Ausmaß, sondern die Möglichkeit, die Abweichung eindeutig benennen zu können. Sollte aber „signifikant" ein Synonym für „deutlich" sein, wird letztlich „deutlich" mit „deutlich" umschrieben; ein wie auch immer gearteter Erkenntnisgewinn ist damit nicht verbunden.[17]

Um ermitteln zu können, ob und gegebenenfalls inwieweit die dargestellte Bundesverwaltungsgerichtsrechtsprechung in einem Spannungsverhältnis zu Art. 19 Abs. 4 GG stehen könnte, ist nunmehr kurz auf den Bedeutungsgehalt und die Reichweite dieser Verfassungsnorm einzugehen.

II. Bedeutungsgehalt und Reichweite von Art. 19 Abs. 4 GG

1. Zur Normstruktur von Art. 19 Abs. 4 GG

Wird jemand durch die öffentliche Gewalt in seinen Rechten verletzt, steht ihm gemäß Art. 19 Abs. 4 Satz 1 GG der Rechtsweg offen. Damit verfügt jeder über ein subjektives Recht auf Gewährleistung von Rechtsschutz. Dem wird mit einem bloß formalen Zugang zu den Gerichten nicht genüge getan. Verfassungsrechtlich gefordert ist vielmehr, dass gegenüber Eingrif-

---

16 Eingehend dazu noch einmal *Brandt*, in: Brandt (Hrsg.), Jahrbuch Windenergierecht 2012, 2013, S. 165, 178 ff.
17 Dazu bereits *Brandt*, NuR 2013, 482; *ders.*, ER 2013, 192.

fen in Rechtspositionen durch die deutsche hoheitliche Gewalt ein effektiver[18] und lückenloser gerichtlicher Schutz zur Verfügung steht.

Bei der zu schützenden Rechtsposition kann es sich um ein Tun oder Unterlassen handeln, welches durch die öffentliche Gewalt eingeschränkt oder unterbunden wird. Solche Rechte können sowohl verfassungs- wie einfachrechtlicher Natur sein; neben subjektiv öffentlich-rechtlichen[19] kommen auch Privatrechtspositionen in Betracht.[20]

Von einem Eingriff in eine geschützte Rechtsposition ist dann auszugehen, wenn die Rechtsposition selbst oder ihr Gebrauch eingeschränkt oder gänzlich unterbunden wird.

Der eröffnete Rechtsschutz muss – wie schon erwähnt – effektiv sein. Effektivität meint eine tatsächlich wirksame und möglichst wirkungsvolle[21] gerichtliche Kontrolle.[22] Über die bloße Erreichbarkeit der Gerichte hinaus geht es also um die Prüfung in rechtlicher und tatsächlicher Hinsicht;[23] gefordert ist zudem eine zeitnahe rechtsverbindliche gerichtliche Entscheidung.[24] Um diesen Anforderungen zu genügen, sind die Gerichte verpflichtet, eine umfassende Sachverhaltsermittlung entweder einzufordern oder bei deren Fehlen selbst vorzunehmen.

Anders formuliert: Die Effektivität eines Rechtsschutzbegehrens ist nur dann gewährleistet, wenn die Kontrollinstanz eine in der Breite wie in der Tiefe hinreichende Überprüfung der angefochtenen Entscheidung vornimmt. Damit grundsätzlich nicht vereinbar ist die generelle Freistellung der Beurteilung oder Auslegung unbestimmter Rechtsbegriffe.[25]

Der aus dem Anspruch auf Gewährung effektiven Rechtsschutzes erwachsende Grundsatz der richterlichen Überprüfung behördlicher Ent-

---

18 Ständige Rechtsprechung BVerfG, siehe etwa Beschl. v. 19.6.1973 – 1 BvL 39/69 und 14/72, NJW 1973, 1491, 1493; Beschl. v. 11.6.2010 - 2 BvR 1046/08, NJW 2010, 2864, 2865.
19 BVerwG, Urt. v. 28.6.2000 – 11 C 13/99, NJW 2000, 3584, 3585.
20 Dazu zusammenfassend *Enders*, in: Epping/Hillgruber (Hrsg.), BeckOK GG, 2017, GG Art. 19 Rn. 62.
21 BVerfG, Beschl. v. 9.9.2005 – 2 BvR 431/02, NJW 2006, 40; BVerfG, Beschl. v. 8.12.2011 – 1 BvR 1932/08, NVwZ 2012, 694.
22 Ausführlich dazu *Enders,* in: Epping/Hillgruber (Hrsg.), BeckOK GG, 2017, GG Art. 19 Rn. 74 m w. N.
23 BVerfG, Beschl. v. 18.7.2005 – 2 BvR 2236/04, NJW 2005, 2289.
24 BVerfG, Beschl. v. 16.12.1980 – 2 BvR 419/80, NJW 1981, 1499; BVerfG, Beschl. v. 4.11.2010 – 1 BvR 3389/08, NVwZ 2011, 486, 492.
25 BVerfG, Beschl. v. 21.12.1992 – 1 BvR 1295/90, NJW 1993, 917; BVerfG, Beschl. v. 21.12.1995 – 3 C 24/94, NVwZ 1997, 179, 180.

scheidungen wird allerdings bei Vorliegen bestimmter Voraussetzungen eingeschränkt. Insoweit besteht Übereinstimmung.[26] Fraglich ist, welche Voraussetzungen erfüllt sein müssen, um zu einer Einschränkung gerichtlicher Kontrollrechte zu gelangen und wie weit diese Einschränkung geht.

2. Einschränkungen der gerichtlichen Kontrolldichte

Grundsätzlich kann hier zwischen denkbaren Einschränkungen auf der Tatbestands- (dazu unter a)) und auf der Rechtsfolgenseite (dazu unter b)) unterschieden werden.

a) Einschränkungen der gerichtlichen Kontrolldichte auf der Tatbestandsseite

Eine Einschränkung gerichtlicher Kontrolle behördlicher Entscheidungen könnte auf der Tatbestandsseite durch die Schaffung von Beurteilungsspielräumen erfolgt sein. Ohne hier auf Einzelheiten der Lehre vom Beurteilungsspielraum[27] bzw. der Vertretbarkeitslehre[28] eingehen zu müssen, seien einige Konstellationen genannt, die insoweit jedenfalls gegeben sein müssen.

Um überhaupt vom (denkbaren) Bestehen eines Entscheidungsspielraums ausgehen zu können, ist die Verwendung eines unbestimmten Rechtsbegriffs nötig. Derartige Rechtsbegriffe verwendet der Gesetzgeber ständig. Er ist darauf auch angewiesen, denn die gesetzliche Erfassung weiter Bereiche der Lebenswirklichkeit ist nur dann möglich, wenn sich die Legislative einer abstrakt-generellen Gesetzessprache bedient, die es ermöglicht, vielfältige Konstellationen zu erfassen und dem Steuerungsauftrag nicht gerecht werdende Regelungen zu vermeiden.[29]

Ein unbestimmter Rechtsbegriff enthält regelmäßig eine weitgefasste Verständnis- und Interpretationsbandbreite. Sie bedarf der Operationalisierung, damit dem Adressaten die Anwendung auf den konkreten Einzelfall möglich ist. Allerdings reicht die bloße Verwendung eines solchen unbe-

---

26 Statt aller *Jarass/Pieroth*, GG-Kommentar, 2014, GG Art. 19 Rn. 67 ff.
27 Seinerzeit grundlegend *Bachof,* JZ 1955, 97; *ders.*, JZ 1972, 641 ff.
28 *Ul*e, VerwArch, 1985, 1, 9 ff.
29 BVerfG, Beschl. v. 8.8.1978 – 2 BvL 8/77, juris-Rn. 111.

stimmten Rechtsbegriffs für sich genommen noch nicht aus, um daraus behördliche Beurteilungsspielräume bei der Norminterpretation ableiten zu können. Vielmehr muss der Gesetzgeber deutlich machen, dass er einen lediglich eingeschränkt überprüfbaren behördlichen Beurteilungsspielraum will. Das Gesetz selbst bildet danach die Grundlage der in Betracht kommenden Beschränkungen gerichtlicher Überprüfungsmöglichkeiten.[30] Ob tatsächlich eine solche Beschränkung gegeben ist, muss entweder einer expliziten Verankerung in der Norm entnommen werden oder das Ergebnis einer darauf bezogenen Auslegung sein.[31]

Explizite normative Verankerungen eines Beurteilungsspielraums könnten etwa durch Formulierungen wie „nach Einschätzung der Behörde" lauten.[32] Fehlt eine ausdrückliche gesetzgeberische Aussage, dass der mit der Entscheidung befassten Behörde ein Beurteilungsspielraum zustehen soll, kann die Auslegung der einschlägigen Bestimmungen zur Einräumung eines Beurteilungsspielraums führen.[33]

Im hier interessierenden Zusammenhang stehen nicht die bereits früh diskutierten Prüfungsentscheidungen[34] sowie prüfungsähnliche Entscheidungen[35] im Vordergrund, weiterhin auch nicht Entscheidungen weisungsfreier Gremien wie zuletzt etwa der Kommission Lagerung hoch radioaktiver Abfallstoffe nach dem Standortauswahlgesetz[36], schließlich auch nicht verwaltungspolitische Strukturentscheidungen wie die Schaffung behördlicher oder ministerieller Planstellen.[37]

Etwas eingehender Betrachtung bedarf vielmehr der Bereich der insbesondere im Umwelt- und Wirtschaftsrecht anzutreffenden Prognoseent-

---

30 Zusammenfassend dazu: *Maurer*, Allgemeines Verwaltungsrecht, 18. Aufl. 2011, § 7 Rd. 34.
31 BVerfG, Beschl. v. 31.5.2011 – 1 BvR 857/07, juris-Rn. 72.
32 Ein Beispiel enthält etwa § 3c Abs. 1 Satz 1 UVPG.
33 Hier nicht weiter betrachtet wird die zweifelsfreie Überschreitung der Funktionsgrenzen der Rechtsprechung als Grundlage eines Beurteilungsspielraums, was bisher für Fragen im Bereich der auswärtigen Gewalt (BVerfG, Beschl. v. 7.7.1975 – 1 BvR 274/72 u. a., juris-Rn. 121) bzw. hinsichtlich verteidigungspolitischer Fragen (BVerfG, Urt. v. 18.12.1984 – 2 BvE 13/83, juris-Rn. 161, 171) anerkannt wurde.
34 BVerwG, Urt. v. 24.4.1959 – VII C 104/58, juris Rn. 18 ff., 23.
35 Siehe etwa BVerfG, Beschl. v. 16.12.1992 – 1 BvR 167/87, BVerfGE 88, 40, 56 ff.; bzw. BVerwG, Urt. v. 24.4.1959 – VII C 104.58, BVerwGE 8, 272.
36 Dort speziell in den §§ 3 ff. geregelt.
37 BVerwG, Urt. v. 25.1.1967 – V C 85.66, BVerwGE 26, 65; BVerwG, Urt. v. 09.2.1972 – VI C 20.69, BVerwGE 39, 291.

scheidungen und Risikobewertungen. Hier handelt es sich um zukunftsorientierte Fallgestaltungen, bei der künftige Entwicklungen in eine bestimmte Richtung gelenkt oder potentielle Ereignisse und deren Auswirkungen verringert bzw. gänzlich vermieden werden sollen. Vorausschauendes Handeln zum Zeitpunkt einer Planungs- oder Zulassungsentscheidung ist dabei mit der Schwierigkeit verbunden, dass das entsprechende Wissen um die künftigen Auswirkungen im Zeitpunkt der Behördenentscheidung überhaupt noch nicht oder nur rudimentär vorliegt und erst im Zusammenspiel der beteiligten Akteure – Behörden, Antragsteller und Sachverständige – ermittelt werden muss, damit es zu einer entsprechenden Wissensgenerierung kommen kann. An der Stelle sind fachspezifische Wertungen und Prognosen unabdingbar, die bereits aufgrund der sich stets verändernden oder auch atypischen Sachverhalte sowie fehlender rechtlicher Konkretisierungen im Rahmen einer gerichtlichen Überprüfung kaum nachvollzogen werden können. Allerdings reicht es nicht aus, dass es sich überhaupt um eine Prognoseentscheidung handelt, um insoweit zu einer Einschränkung der gerichtlichen Kontrolldichte zu gelangen; vielmehr muss eine Situation hoher Komplexität zu beurteilen sein, die eine nachvollziehende gerichtliche Überprüfung kaum möglich erscheinen lässt.[38] Nur dann wird man eine ausreichende normative Ermächtigung auch ohne explizite Nennung im Wortlaut annehmen können.[39]

Führt die Auslegung zu dem Ergebnis, dass von einem Beurteilungsspielraum auszugehen ist, ist in der Konsequenz die gerichtliche Kontrolle darauf beschränkt zu überprüfen, dass eine korrekte Sachverhaltsermittlung vorgenommen wird, die einschlägigen Normen und deren Inhalt erkannt, allgemeingültige Maßstäbe herangezogen und keine sachfremden Erwägungen angestellt wurden.[40] Die Behörden handeln also auch in einem solchen Fall keineswegs in einem rechtsfreien Raum. Der Beurteilungsspielraum erfasst insbesondere nicht die Beurteilung und Festlegung der jeweils herangezogenen Maßstäbe. Deren Auslegung und die Prüfung ihrer Rechtmäßigkeit bleibt nach wie vor Aufgabe der Gerichte.

---

38 Zusammenfassend dazu *Sachs*, in: Stelkens/Bonk/Sachs, VwVfG-Kommentar, 2014, § 40 Rn. 212.
39 Zur sog. normativen Ermächtigungslehre grundsätzlich BVerfG, Beschl. v. 31.5.2011 – 1 BvR 857/07, juris-Rn. 74 ff. m. w. N.
40 BVerfG, Beschl. v. 10.12.2009 – 1 BvR 3151/07, juris Rn. 59.

b) Einschränkungen auf der Rechtsfolgenseite

Eine Vorschrift kann unterschiedliche Rechtsfolgen vorsehen, von denen die Verwaltung Gebrauch machen kann. In dem Fall sind ihr verschiedene Handlungsmöglichkeiten eröffnet, verfügt sie über ein Ermessen. Typischerweise wird das durch die Verwendung von Begriffen wie „kann", „ist berechtigt" usw. zum Ausdruck gebracht. Das Ermessen kann sich darauf beziehen, ob überhaupt eine Maßnahme ergriffen, wem gegenüber gehandelt wird und wie die Maßnahme konkret ausgestaltet ist.[41]

Die (verwaltungs-)gerichtliche Überprüfung von Ermessensentscheidungen beschränkt sich darauf, ob das Ermessen rechtskonform ausgeübt wurde.[42] Denkbare Fehler sind etwa der Nichtgebrauch, der dann vorliegt, wenn die Verwaltung nicht zugrunde gelegt hat, dass sie über ein Ermessen verfügt, die Ermessensüberschreitung oder ein Ermessensfehlgebrauch.[43]

III. Folgerungen für die Beurteilung der Rechtsprechung des Bundesverwaltungsgerichts zu § 44 Abs. 1 Nr. 1 BNatSchG

Zu unterscheiden ist hier zwischen der Bestandserfassung (dazu unter 1.) und der Risikobewertung (dazu unter 2.)

1. Bestandserfassung und sog. Naturschutzfachliche Einschätzungsprärogative

Nach den soeben[44] entwickelten Grundätzen müsste es sich bei der Bestandserfassung um eine komplexe Prognoseentscheidung handeln, damit sich eine Rücknahme der gerichtlichen Kontrolldichte rechtfertigen ließe. Davon kann indes keine Rede sein. Letztlich spitzt sich die Frage nämlich darauf zu, ob ein geschütztes Tier in dem in Frage kommenden Zeitraum tatsächlich einer signifikanten Steigerung des Risikos einer anlagebedingten Tötungshandlung ausgesetzt ist. Um das herauszufinden, reicht es aus

---

41 Zusammenfassend dazu *Maurer*, § 7.
42 Siehe dazu *Erbguth*, Allgemeines Verwaltungsrecht, 6. Aufl. 2014, § 14 Rn. 41 ff.
43 Zusammenfassend dazu wiederum *Maurer*, § 7 Rn. 20 ff.
44 Unter II 2. a).

zu ermitteln, inwieweit betroffene Arten in dem maßgeblichen Einwirkungsbereich tatsächlich vorhanden sind. Das lässt sich etwa unschwer mit Hilfe von Kartierungen feststellen.[45] Ob es in dem fraglichen Einwirkungsbereich insoweit zu Veränderungen kommen kann, wird sich nicht immer abschließend beantworten lassen. Zwar mag es in dem Fall durchaus auch so sein, dass die Fachkenntnis von Naturschutzbehörden – geschweige denn der Genehmigungsbehörden – an ihre Grenzen stößt. Abhilfe lässt sich insoweit aber unschwer durch die Heranziehung von Sachverständigen oder sachkundigen Personen ermöglichen, was im Rahmen von § 24 Abs. 1 und 2 VwVfG auch ganz selbstverständlich vorausgesetzt wird.

Korrespondierend ergibt sich aus § 86 Abs. 1 Satz 1, 1. HS. VwGO, dass das Gericht dazu verpflichtet ist, alle vernünftigerweise und realistisch zur Verfügung stehenden Optionen, die zur Sachverhaltsaufklärung beitragen können, tatsächlich auch auszuschöpfen hat. Die Grenzen der Aufklärungspflicht liegen erst dort, wo die Zumutbarkeitsgrenze überschritten wird.[46] Prognostische Elemente, die an der Stelle zu einer Relativierung der gerichtlichen Aufklärungspflicht führen könnten, sind nach alledem nicht ersichtlich.

Eventuell würde etwas anderes gelten, wenn die eigentliche Bestandserfassung mit Einschätzungen hinsichtlich von Populationsentwicklungen in dem zu untersuchenden Raum miteinander verknüpft würden und damit ein dynamischer Prozess zu betrachten wäre, der sich womöglich Quantifizierungen entzöge. Letztlich führen derartige Überlegungen indes nicht weiter: Es geht um die Planung bzw. Genehmigung von Anlagen an einer ganz bestimmten Stelle in einer bestimmten Umgebung. Die geschützten Arten müssen konkret vorhanden sein, oder es muss Anhaltspunkte dafür geben, dass sie sich innerhalb eines relevanten Zeitraums dort ansiedeln könnten. Bloße Mutmaßungen, wie sich Arten entwickeln, ob es insbesondere zu Ansiedlungen bestimmter Vogelarten oder Fledermäuse kommen könnte, reichen deshalb nicht aus. Folglich kann die Bestandsaufnahme nicht Teil einer wie auch immer gearteten sog. naturschutzfachlichen Einschätzungsprärogative sein.

---

45 Dazu *Hinsc*h, ZUR 2011, 191, 192.
46 *Schenke*, in: Kopp/Schenke, VwGO Kommentar, § 86 Rn. 5, m. w. N.

2. Risikobewertung und sog. Naturschutzfachliche Einschätzungsprärogative

Wiederum bei Zugrundelegung des sog. Signifikanztheorems[47] müsste hier eine Prognoseentscheidung von erheblicher Komplexität daraus gespeist angenommen werden, dass die Einschätzung der signifikanten Steigerung des Risikos eines anlagebedingten Verlustes geschützter Individuen deshalb ausschließlich von der mit der Entscheidung betrauten Behörde getroffen werden könnte, weil a) es an klaren rechtlichen Maßstäben fehlt, b) der wissenschaftliche Erkenntnisstand keine zuverlässigen Aussagen ermöglicht und c) gegebenenfalls für sich genommen ohne Weiteres vertretbare wissenschaftliche Positionen einander gegenüberstünden. Darauf ist nunmehr im Einzelnen einzugehen.

Der Wortlaut von § 44 Abs. 1 Nr. 1 liefert zu den aufgeworfenen Fragen keine Hinweise, was auch nicht verwundert, stellt die sog. Naturschutzfachliche Einschätzungsprärogative doch ein Vehikel dar, um mit dem Konstrukt Signifikanztheorem adäquat umgehen zu können. Systematische Erwägungen lassen Anknüpfungspunkte, die in diese Richtung weisen, erwartungsgemäß ebenfalls nicht erkennen.

Fraglich ist, ob historisch-genetische Überlegungen weiterhelfen. Sich damit zu befassen, drängt sich umso mehr auf, als das Bundesverwaltungsgericht in seiner Entscheidung vom 22.11.2013[48] darauf ausdrücklich rekurriert. Zu dem Zweck geht das Gericht auf die Gesetzgebungsgeschichte ein und weist darauf hin, dass ursprünglich die Zulassungsakte von der Geltung der artenschutzrechtlichen Verbote weitgehend ausgenommen gewesen seien. Nach § 43 Abs. 4 BNatSchG 2002 hätten die Verbote des § 42 Abs. 1 und 1 BNatSchG für den Fall gegolten, dass die dem Verbotstatbestand unterfallenden Handlungen bei der Ausführung eines nach § 19 BNatSchG 2002 zugelassenen Eingriff vorgenommen worden seien, indes nur insoweit, als die Schutzgüter der Verbotstatbestände absichtlich beeinträchtigt würden.[49]

---

47 Wie oben – unter I 4. – dargestellt worden ist, stellt sich das Problem bei einer die juristischen Auslegungsregeln ausschöpfenden Interpretation von § 44 Abs. 1 Nr. 1 BNatSchG nicht.
48 BVerwG, Urt. v. 21.11.2013 – 7 – C 40.11, ZNER 2014, 112, 113.
49 Ebenda.

Unter dem Eindruck des Urteils des Europäischen Gerichtshofs vom 10.01.2006[50] habe der Gesetzgeber diese Ausnahmeregelung im Zuge der Novellierung des Bundesnaturschutzgesetzes durch das Änderungsgesetz vom 12.12.2007[51] mit der Folge aufgehoben, dass nunmehr die Zulassungsbehörden die Beachtung der Verbote bei der Verwirklichung zulassungsbedürftiger Vorhaben uneingeschränkt hätten gewährleisten müssen. Der Gesetzgeber habe dabei für die Prüfung, welche Anforderungen an die Art und den Umfang der artenschutzrechtlichen Bestandsaufnahme sowie die Erfassung und Bewertung der vorhabenbedingten Einwirkungen zu stellen seien, keine weiteren gesetzlichen Vorgaben festgelegt und erst recht kein den Anforderungen des Art. 6 Abs. 3 der Habitatrichtlinie bzw. des § 34 Abs. 1 BNatSchG vergleichbares formalisiertes Verfahren einer artenschutzrechtlichen Verträglichkeitsprüfung vorgesehen. An einer untergesetzlichen Maßstabsbildung, wie sie in anderen Bereichen des Umweltrechts mittels Durchführungsverordnungen oder normkonkretisierender Verwaltungsvorschriften erfolgt sei, fehle es ebenfalls. Damit verweise das Gesetz die Behörden gezielt auf die Erkenntnisse der ökologischen Wissenschaft und Praxis als Orientierungshilfe.

Vor dem Hintergrund dieser Argumentation sind die Gesetzgebungsmaterialien daraufhin zu untersuchen, ob sich dort tatsächlich Anhaltspunkte für eine Intention des Gesetzgebers finden lassen, der Behörde eine Einschätzungsprärogative – oder allgemeiner einen Beurteilungsspielraum – einräumen zu wollen.

Die Gesetzesbegründung zur aktuellen Fassung von § 44 Abs. 1 Nr. 1 BNatSchG enthält dazu jedoch keine Aussage.[52] Auch die Begründungen zu den vorangegangenen Normierungen[53] enthalten dazu keine Aussagen.

Weiterhin scheidet eine gewissermaßen mittelbare Bezugnahme aus: Soweit nämlich in der Gesetzesbegründung von 2009 auf Rechtsprechung Bezug genommen wird,[54] werden die dort angestellten Erwägungen nicht diskutiert geschweige denn rezipiert. Ähnliches gilt hinsichtlich der Be-

---

50 EuGH, Urt. v. 10.1.2006 – C-98/03, Slg. 2006, I-53.
51 BGBl. I S. 2673.
52 BT-Dr. 16/12274. Lediglich im Zusammenhang mit Ausgleichs- und Ersatzmaßnahmen nach den §§ 15 ff. BNatSchG findet sich der Begriff des Beurteilungsspielraums, anhand dessen Maßnahmen ermittelt werden sollen a. a. O. S. 58).
53 BT-Dr. 16/5100 sowie BT-Dr. 14/6378.
54 Dies geschieht explizit bezogen auf die Rechtsprechung des Europäischen Gerichtshofs (BT-Drucks. 16/12274, 65).

gründung zu § 38 BNatSchG, in der zwar – wiederum – auf die europarechtliche Rechtsprechung hingewiesen wird,[55] eine Verknüpfung mit der Konstruktion „Naturschutzfachliche Einschätzungsprärogative" aber gerade nicht erfolgt.

Von daher sind historisch-genetische Überlegungen nicht geeignet, im Bereich der Risikobewertung die Rechtsfigur der sog. Naturschutzfachlichen Einschätzungsprärogative abzusichern.

Unter den Umständen verbleiben letztlich lediglich teleologische Erwägungen, die in der Tat vom Bundesverwaltungsgericht vorrangig herangezogen werden. Der erste Begründungsstrang bezieht sich darauf, dass es sich bei Belangen des (allgemeinen) Artenschutzes um Erwägungen handle, die erhebliche Elemente einer planerisch abwägenden Entscheidung enthielten.[56] Der damit verbundene planerische Spielraum müsse in Bezug auf artenschutzrechtliche Einschätzungen Berücksichtigung finden.

Diese Argumentation lässt sich indes auf das Problemfeld des Besonderen Artenschutzes nicht übertragen, weil es bei § 44 Abs. 1 Nr. 1 BNatSchG eben nicht um Planungsentscheidungen geht.[57]

Der zweite Aspekt bezieht sich darauf, dass ökologische Fragestellungen noch in weitem Umfang keine eindeutigen, in den einschlägigen Fachkreisen allgemein anerkannte Antworten gefunden hätten. Das könne nur als Ermächtigung verstanden werden, die artenschutzrechtliche Prüfung in Würdigung des jeweiligen naturschutzfachlichen Meinungsstandes eigenverantwortlich(!) vorzunehmen.[58] Damit(!) habe der Gesetzgeber den Zulassungsbehörden, soweit anerkannte naturschutzfachliche Maßstäbe fehlten, eine sachlich gerechtfertigte Einschätzungsprärogative eingeräumt, der – mangels vollständig determinierender Handlungs- und Kontrollmaßstäbe – eine Beschränkung der gerichtlichen Kontrolle korrespondiere.[59] Einer solchen Auslegung könne nicht entgegengehalten werden, bei straf- oder bußgeldbewehrten Verboten sei kein Raum für eine behördliche Einschätzungsprärogative, weil sie dem besonderen Bestimmtheitserfordernis des Art. 103 Abs. 2 GG zuwiderlaufe. Die Verbote des § 44 Abs. 1 BNatSchG seien zwar gemäß § 69 Abs. 2 BNatSchG bußgeld- und nach

---

55 BT-Dr. 16/12274, 66.
56 BVerwG, Urt. v. 18.3.2009 – 9 A 40/07, juris-Rn. 28.
57 Anderer Auffassung wohl *Jacob/Lau,* NVwZ 2015, 241, 246, die diese Spezifika nicht berücksichtigen.
58 BVerwG, Urt. v. 21.11.2013 – 7 C 40.11, ZNER 2014, 112, 113.
59 Ebenda.

Maßgabe von § 71 BNatSchG strafbewehrt. Der vorgenannte Einwand verkenne aber den eingeschränkten Anwendungsbereich der Einschätzungsprärogative. Sie beziehe sich nicht auf die Funktion des § 44 Abs. 1 BNatSchG als Sanktionsnorm für Handlungen, die einen der Verbotstatbestände dieser Norm erfüllten, sondern auf dessen Funktion als Genehmigungs- bzw. Planfeststellungsvoraussetzung. Die Zulassungsbehörde habe bei der Prüfung der Verbotstatbestände eine vorausschauende Risikoermittlung und –bewertung zu leisten. Dabei würden ihr Einschätzungen und Beurteilungen auch zu Fragen abverlangt, die in der Fachwissenschaft ungeklärt oder umstritten seien. Nur für diese spezifische Verwaltungsaufgabe sei die Beurteilungsermächtigung eingeräumt, die dementsprechend nicht in § 44 Abs. 1 BNatSchG als solchem, sondern in § 44 Abs. 1 BNatSchG in Verbindung mit den Zulassungsregelungen des Planfeststellungs- und Genehmigungsrecht ihre Grundlage habe.[60]

Ein der Genehmigungsbehörde zugestandener naturschutzfachlicher Beurteilungsspielraum könne sich sowohl auf die Erfassung des Bestandes der geschützten Arten als auch auf die Bewertung der Risiken beziehen, denen sie bei Realisierung des zur Genehmigung stehenden Vorhabens ausgesetzt seien. Für eine Einschätzungsprärogative sei aber kein Raum, sofern sich für die Risikobewertung ein bestimmter Maßstab durchgesetzt habe und gegenteilige Meinungen nicht mehr als vertretbar angesehen werden könnten. Die Behörde müsse also im Genehmigungsverfahren stets den aktuellen Stand der ökologischen Wissenschaft – gegebenenfalls durch Einholung fachgutachtlicher Stellungnahmen – ermitteln und berücksichtigen. Ob sie diesem Erfordernis genüge, unterliege in einem sich anschließenden gerichtlichen Verfahren der Überprüfung.[61]

Die behördliche Einschätzungsprärogative beziehe sich mithin nicht generell auf das Artenschutzrecht als solches, sondern greife nur dort Platz, wo trotz fortschreitender wissenschaftlicher Erkenntnisse weiterhin ein gegensätzlicher Meinungsstand fortbestehe und es an eindeutigen ökologischen Erkenntnissen fehle.[62]

Daraus, dass eine interpretationsbedürftige Vorschrift gewisse Unwägbarkeiten oder Schwierigkeiten bei ihrer Operationalisierung aufweist, kann allerdings ein behördlicher Beurteilungsspielraum nicht abgeleitet werden – und in der Konsequenz auch nicht die Rücknahme der gerichtli-

---

60 Ebenda.
61 Ebenda.
62 Ebenda.

chen Kontrolldichte.⁶³ Die Ausformung von Rechtsbegriffen mit Hilfe der Operationalisierung naturwissenschaftlichen Erkenntnisse ist im Zusammenspiel von Legislative – Exekutive – Judikative normal und bietet keine Handhabe dafür, insoweit Verschiebungen zugunsten der Verwaltung und zulasten der Gerichte vorzunehmen.

Das gilt erst recht dann, wenn man die der Argumentation zugrunde liegende Prämisse mit in den Blick nimmt. Es lässt sich nämlich durchaus bestreiten, ob die Genehmigungsbehörde im Vergleich zu den Gerichten über das bessere Fachwissen verfügt. Hier wie dort ist gegebenenfalls der Rückgriff auf externen Sachverstand unabdingbar.⁶⁴

Es kann auch nicht darauf ankommen, ob sich eine bestimmte Methode durchgesetzt hat und gegenteilige Meinungen nicht mehr als vertretbar angesehen werden können. Der wissenschaftliche Diskurs lebt davon, dass ein breites Spektrum von Auffassungen vertreten werden kann (und das unter dem Schutz von Art. 5 Abs. 3 GG) – das gilt keineswegs nur für die Ökologie. Maßgeblich kann deshalb nur sein, ob es wissenschaftlichen Anforderungen genügende Methoden gibt, auf die zurückgegriffen werden kann – mehr nicht. Im normalen Zusammenspiel der beteiligten Akteure würde sich der Ablauf demzufolge so gestalten, dass die Genehmigungsbehörde auf vorhandene Methoden zurückgreift und im gerichtlichen Verfahren – gegebenenfalls abgesichert durch fachwissenschaftliche Gutachten – überprüft würde, ob die zugrunde gelegten Methoden prinzipiell valide sind und eine korrekte Subsumtion erfolgt ist.⁶⁵

Die zu leistende Aufgabe besteht folglich darin, den sich kontinuierlich weiterentwickelnden Stand der ökologischen Wissenschaft zu erfassen. Würde man es nicht bei der Behauptung bewenden lassen, man bewege sich insoweit noch in einem quasi vorwissenschaftlichen Bereich,⁶⁶ müssten selbstverständlich die einschlägigen wissenschaftlichen Aussagen angemessen eingeschätzt und funktional eingesetzt werden. Dafür bräuchte es wissenschaftlich geschultes Personal, das in der Lage wäre, die relevanten Andockstellen zu identifizieren und die jeweils erforderlichen Trans-

---

63 So aber *Jacob/Lau*, NVwZ 2015, 241, 247. Wie hier *Gellermann*, NuR 2014, 597, 598 f.
64 So auch *Gassner*, NuR 2013, 324, 325.
65 So bereits *Brandt*, ZNER 2014, 114.
66 Davon kann selbstverständlich nicht – mehr – die Rede sein. Siehe nur *Ratzbor*, in Brandt (Hrsg.), Das Spannungsfeld Windenergieanlagen – Naturschutz in Genehmigungs- und Gerichtsverfahren, 2015, S. 63 ff.

ferleistungen in Bezug auf die Ermittlung der zur Entscheidung relevanten Sachverhalte zu erbringen. Behördlich – lediglich – veranlasste Ermittlungen würden dann nicht ausreichen, auch nicht die bloße Behauptung, Einschätzungen könnten sich auf (irgendwelche) fachwissenschaftliche Untersuchungen stützen.[67] Unabdingbar wäre vielmehr, transparent und damit überprüfbar zu machen, worin die maßgeblichen wissenschaftlichen Standards gesehen werden, wie der jeweilige Erkenntnisstand beschaffen ist und welche Folgerungen daraus abgeleitet werden.

Dass es seitens der ökologischen Wissenschaft derzeit noch partiell an der wünschenswerten Transparenz fehlt und es keineswegs immer einfach ist, den aktuellen Erkenntnisstand angemessen zu rezipieren, dürfte zutreffen.[68] An der Notwendigkeit, ihn zu ermitteln und angemessen zu würdigen, ändert sich dadurch nichts. In besonderer Weise gilt das – wie dargelegt – logischerweise für die Bestandserfassung, bei der es nicht um komplexe Vorgänge geht.[69]

Selbst dann also, wenn man zugesteht, dass § 44 Abs. 1 Nr. 1 BNatSchG prognostische Elemente enthält, führen teleologische Erwägungen nicht dazu, den mit der Entscheidung befassten Behörden eine die gerichtliche Kontrolle beschränkende Letztentscheidungskompetenz einzuräumen.

IV. Fazit

Das mit der Einräumung der sog. Naturschutzfachlichen Einschätzungsprärogative verbundene Letztentscheidungsrecht der Behörden und die damit verbundene Aufweichung der gerichtlichen Überprüfung wird der in Art. 19 Abs. 4 verankerten Rechtsschutzgarantie, die als Ausgleich zum staatlichen Gewaltmonopol einen substantiellen Anspruch auf eine wirkungsvolle gerichtliche Kontrolle vorsieht, nicht gerecht. Selbstverständlich sind Limitierungen dieses Anspruchs zulässig, ja unvermeidlich. In-

---

67 So aber offensichtlich das Gericht.
68 Die Schwierigkeiten sollten andererseits auch nicht überschätzt werden: So ist es etwa ohne größere Mühe leistbar, die Ergebnisse von einschlägigen Forschungsvorhaben, die vom BMUB bzw. BfN in Auftrag gegeben worden sind, zu rezipieren. Weiterhin steht eine ganze Reihe von Foren zur Verfügung, die – wenn man das nur will – systematisch ausgewertet und genutzt werden können.
69 Dazu bereits *Brandt*, ZNER 2014, 114, 115.

nerhalb der verfassungsrechtlichen Vorgaben darf sich jedoch weder die Exekutive noch die Judikative selbst von Aufgaben dispensieren. Entsprechende Vorgaben können nur vom Gesetzgeber kommen. Er allein hat die Befugnis, letztverbindliche Entscheidungen der Verwaltung zuzuweisen. Das kann explizit oder implizit erfolgen.

Mit Blick auf die hier in Frage stehenden §§ 6 Abs. 1 BImSchG und 44 Abs. 1 BNatSchG gibt es für die Einräumung eines derartigen behördlichen Handlungsspielraums keine Anhaltspunkte. In § 44 Abs. 1 BNatSchG haben wir es mit der absolut nicht ungewöhnlichen Verknüpfung einiger unbestimmter Rechtsbegriffe zu tun („entgegenstehen", „Tiere der besonders geschützten Arten", „Töten"). Ihr Bedeutungsgehalt kann mit Hilfe der üblichen Auslegungsregeln erfasst werden. Anknüpfungspunkte dafür, dass ein Spielraum zur Konkretisierung einer wie auch immer gearteten Regulierungsstrategie und ihrer Umsetzung der Genehmigungs- (oder der Naturschutz-)Behörde zugewiesen werden soll, finden sich nicht.

Die Aussage des Bundesverwaltungsgerichts, aus der Entstehungsgeschichte der Vorschrift sei ein Options- und Konkretisierungsspielraum für die Behörden abzuleiten und dafür sprächen auch teleologische Erwägungen,[70] hält einer näheren Überprüfung nicht stand. Im Gegenteil: Wortlaut- und systematische Auslegung führen zu einem abschließenden Ergebnis. Es verbleibt kein Spielraum dafür, auf – vermeintliche – Motive des Gesetzgebers zu rekurrieren. Im Übrigen lassen sich derartige Motive auch nicht festmachen.

Daraus, dass der Gesetzgeber für die Prüfung, welche Anforderungen an die Art und den Umfang der artenschutzrechtlichen Bestandsaufnahme sowie die Erfassung und Bewertung der vorhabenbedingten Einwirkungen zu stellen sind, kein formalisiertes Verfahren vorgesehen hat, lässt sich ebenfalls nicht ableiten, dass der Behörde eine Letztentscheidungsbefugnis eingeräumt worden wäre. Ungleich näher liegt die Annahme, dass der Gesetzgeber von derartigen Festlegungen schlicht deshalb abgesehen hat, weil es dafür keine Veranlassung gab.

In der Summe ergibt sich daraus der folgende Befund: Die §§ 6 Abs. 1 BImSchG und 44 Abs. 1 Nr. 1 BNatSchG enthalten keine Anknüpfungspunkte für die Einräumung einer sog. Naturschutzfachlichen Einschätzungsprärogative. Um Genehmigungsverfahren angemessen bewältigen zu

---

70 BVerwG, Urt. v. 21.11.2013, – 7 C 40/11, ZNER 2014, 112.

können, bedarf es einer derartigen Konstruktion auch nicht. Sie steht zudem im Widerspruch zu der Rechtschutzgarantie des Art. 19 Abs. 4 GG.

Industrielle Rechtsdienstleistungen – Standardisierung von Recht auf hohem Niveau[1, 2]

*Stephan Breidenbach, Frankfurt (Oder)**

Rechtsberatung steht am Beginn einer Entwicklung, die sie grundlegend verändern wird. Die Digitalisierung kommt mit Verzögerung auch im Recht an. Legal Tech – lange eine Nischendiskussion – war sogar Thema des diesjährigen Anwaltstags.

Dabei soll hier Legal Tech im Kern für digitale Technologien oder technologiegestützte Methoden stehen, die die inhaltliche (!) Arbeit des Juristen unterstützen. Neben dem Einsatz von *Künstlicher Intelligenz* und den Möglichkeiten der *Blockchain* ist es die Industrialisierung von Recht, die bereits jetzt die größten Möglichkeiten bietet.

A. Industrielle Rechtsdienstleistungen

Juristische Arbeit ist bisher überwiegend Handarbeit. Individuell erstellte Texte, Schriftsätze, Verträge kennzeichnen die tägliche Arbeit. Wird etwas bisher individuell erstellt, heißt das jedoch nicht, dass diese „Fertigung" nicht durch digitale Werkzeuge unterstützt werden kann. So betonten z.B. in Workshops im Rahmen der Berlin Legal Tech 2017 einige, vor allem jüngere Teilnehmer: wenn sie ehrlich wären, würde ihre Arbeit in ihrer Großkanzlei ganz überwiegend aus repetitiver Tätigkeit bestehen. Solche wiederkehrende Tätigkeiten und Elemente in einem juristischen Arbeitsbereich lassen sich standardisieren. Die Arbeit eines Juristen verlangt, diese Standardisierung auf hohem Niveau zu verankern. Industrielle Rechtsdienstleistungen werden hier daher als *Standardisierung auf hohem Ni-*

---

1 Meinem Kollegen und Freund Hans-Peter Schwintowski herzlich zugeeignet.
2 Eine kürzere Version dieses Beitrages wurde bereits in der NJW Sonderbeilage zum Deutschen Anwaltstag 2017 veröffentlicht.
* Prof. Dr. Stephan Breidenbach, Lehrstuhl für Bürgerliches Recht, Zivilprozessrecht und Internationales Wirtschaftsrecht, Europa-Universität Viadrina Frankfurt (Oder).

veau verstanden.³ Der Begriff *Industrie* wirkt vielleicht ein wenig deplatziert. Anders sieht das aus, wenn man sich die Konsequenzen industrieller Produktion anschaut: Massenproduktion bei hoher Qualität zu einem günstigen Preis. Damit berühren wir zwei Kernherausforderungen des Rechtssystems: Zugang zum Recht und Qualität der juristischen Arbeit.

B. Bausteine statt Dokumente

Wie lassen sich also wiederkehrende Situationen oder Elemente effizienter in den Arbeitsprozess eines Anwalts oder Unternehmensjuristen integrieren? Der Ansatz ist zunächst einfach: Juristische Texte bestehen aus Bausteinen, z.b. einer einzelnen Vertragsklausel. Bisher besteht in aller Regel die Wissensorganisation von Juristen aus ganzen Dokumenten. Wissensmanagement, z.B. in Bezug auf Verträge, arbeitet in den allermeisten Fällen mit ganzen Vertragstexten und nicht auf Klauselebene. Die Atomisierung dieser Dokumente öffnet die Sicht darauf, dass sie aus einer Vielzahl von Bausteinen bestehen. Für die juristische Arbeit ist das, konsequent betrieben, ein fundamentaler Perspektivwechsel. So betrachtet, besteht jedes Dokument – Verträge, Schriftsätze usw. – aus einer Vielzahl von Bausteinen, die sich für den jeweils vorliegenden Sachverhalt buchstäblich zusammensetzen lassen. Und: das ist natürlich keine 100%ige Aussage. Je nach Fallkonstellation mögen sich auch sehr individuelle, im Sinne von ausschließlich auf diesen Fall zugeschnittene Ausführungen finden. Dann hilft eine Bausteinbasis eben nur bei z.B. 80 % des Textes. Auch das ist bereits ein großer Sprung in eine effizientere Arbeitsweise. Sie ist offen für den Blick auf das, was gleich ist, statt ausschließlich darauf zu fokussieren, was jeweils individuell und anders ist.

Gleichzeitig ist dieser Perspektivwechsel vom Dokument zum Baustein nicht wirklich neu. Formularbücher oder Vertragshandbücher enthalten auch bisher schon für Standardsituationen eine Vielzahl solcher Bausteine. Jeder Anwalt oder Notar hat seine eigenen Textbausteine. Gerade Notariate haben anspruchsvolle Systeme, die eine Vielzahl von Klauselvarianten erfassen. Selbst Gerichte – etwa im Sozialrecht oder Ausländerrecht – arbeiten gelegentlich mit Textbausteinen. Verbraucher finden im Internet ge-

---

3 Vgl. zu industriellen Rechtsdienstleistungen bereits *Breidenbach*, in: Schneider (Hrsg.), Festschrift Heussen, 2004, S. 34 ff.

gen geringes Entgelt Verträge mit Varianten – Bausteinen – für einzelne Regelungspunkte. Alles das sind „Vorläufer" dieser beginnenden Industrialisierung.[4] Standardisierung auf hohem Niveau heißt, hier konsequent weiter zu gehen. Dann besteht jeder Vertragstyp, z.B. ein Arbeitsvertrag, aus einer überschaubaren Zahl von möglichen Regelungspunkten – von der Arbeitszeit über die Rechte an Entwicklungen bis zur Haftung. Für jedes dieser Regelungsthemen gibt es eine endliche Zahl von Regelungsoptionen. Eine Einschränkung ist, dass diese Optionen jeweils auch zueinander passen müssen, sich vielleicht gegenseitig bedingen oder ausschließen.

Aus dieser Sicht bedienen sich Verträge aus einer großen Zahl möglicher Bausteine. Sie werden je nach Situation zusammengestellt, unter Berücksichtigung ihrer Wechselbeziehungen. Nicht die Existenz von Bausteinen in der juristischen Arbeit ist neu, der Schlüssel liegt in dem konsequenten Wechsel der Perspektive. Bisher werden Musterverträge aus Handbüchern, aus dem zentralen Wissensmanagement oder aus einer alten Akte - „da war doch mal was" - angepasst. Für erfahrene Anwälte scheint das kein Problem zu sein. Sie haben das Wissen im Kopf und wissen damit auch, wo und wie es etwas zu verändern gilt. In nicht ganz so vertrauten Gebieten oder für weniger erfahrene junge Kollegen sieht das anders aus. Diese müssen sich den Text erst erschließen. Denn nur dann können sie die möglichen Veränderungsoptionen identifizieren. Für eine Veränderung des Musters ist bereits vertieftes Wissen notwendig. Damit bleibt es Handwerk.

Industrielle Rechtsdienstleistung – Standardisierung auf hohem Niveau – beginnt dagegen beim Baustein. Es entstehen Systeme und Werkzeuge, die Situationen, Varianten und Erwägungen, die wiederkehren, in Baustein-Form systematisieren. Bereits an dieser Stelle ist es jedoch wichtig hervorzuheben:

- Die juristische Welt vom Baustein aus zu denken, heißt nicht, dass die ganze Welt aus Bausteinen besteht. Nur das was wiederkehrt, lässt sich so erfassen. Individuelle kunsthandwerkliche Expertise bleibt weiterhin gefragt. Nur: je genauer man hinsieht, umso mehr wird deutlich, wie weit juristische Texte, nicht nur Verträge, aus einzelnen, als Atom erfassbare Elemente bestehen. Der Perspektivwechsel ermöglicht, neu zu denken und mehr zu entdecken.

---

4 *Breidenbach*, in Festschrift Heussen, S. 41.

- Vom Baustein oder Element her zu denken heißt auch nicht jeden Arbeitsvorgang damit zu beginnen. Natürlich ergibt es häufig Sinn, mit einer bestimmten Aggregation, etwa einem Vertragstext im Interesse des Mehrheitsgesellschafters zu beginnen und nur die notwendigen Variationen zu ergänzen.

Das Gleiche gilt für Schriftsätze in wiederkehrenden Situationen. Vorgetragen wird zwar zum jeweiligen individuellen Sachverhalt, aber auch Sachverhalte lassen sich aus Bausteinen - wiederum für typische Situationen - zusammensetzen. Mit den sogenannten Massenverfahren, von Fluggastentschädigung über Kreditwiderruf bis zu Schadensersatz im Kapitalmarkt oder in der Automobilindustrie sieht man zur Zeit nur die Spitze des Eisbergs der Möglichkeiten industrieller Rechtsdienstleistungen. Die wiederkehrenden Situationen und Elemente lassen sich bis in die Tiefe aller Rechtsgebiete finden. Recht ist abstrakte Regel zur Anwendung in konkreten, jeweils individuellen Fällen. Gleichzeitig hat jeder individuelle Fall mit Blick auf die abstrakte Regel auch Abstrahierungsmöglichkeiten, die sich in Bausteinen abbilden lassen. Schon Schriftsätze in Massenverfahren enthalten mehr Varianten, als man zunächst annimmt. Und jede Stellungnahme und Argumentationsvariante der Gegenseite und die entstehende Rechtsprechung tragen dazu bei.

C. Fertigungstiefe

Im Internet verfügbare Vertragsgeneratoren ermöglichen es bereits, Verträge aus Varianten zu erstellen. Schriftsätze in Massenverfahren werden von Kanzleien, die sich frühzeitig mit Legal Tech auseinandergesetzt haben, bereits mit Schriftsatzgeneratoren erstellt. Die spannende Frage ist nun, ob das wirklich nur auf offensichtliche Standardfälle beschränkt ist? Ist mein spezialisiertes Arbeitsgebiet zu kompliziert, zu sehr von Erfahrung und Spezialwissen geprägt, dass sich das nicht in dieser Form abbilden lässt? Das ist die Frage nach der möglichen Fertigungstiefe. Und dahinter steht die Frage, wie weit sich die Arbeit des Juristen damit grundlegend ändern wird.

Je mehr sich unser Blick verändert, je mehr wir für sich wiederholende Strukturen sensibilisiert sind, desto mehr Möglichkeiten der Standardisierung entdecken wir. Und damit steigt bereits jetzt die Fertigungstiefe beinahe täglich. Zurzeit sind es innovative Anwälte, die so an ganz unterschiedliche Konstellationen herangehen, die aus einer Vielzahl ähnlich gelagerter Fälle bestehen: Vom Mietrecht über das Erbrecht bis zur Kostenerstattung einer Augenoperation, die von einer Krankenkasse verweigert wird. Experten haben bereits eine große Zahl der denkbaren Konstellationen in ihrem Bereich im Kopf. Betten sie mit Hilfe von Wissensarchitektur ihr tiefes Wissen in ein digitales Werkzeug, ermöglichen sie eine immer tiefer gehende Standardisierung auf hohem Niveau.

D. Wissensarchitektur

Eine Sammlung von Bausteinen macht noch keinen Vertrag. Noch sind diese Bausteine nur *Informationen* über Möglichkeiten der Gestaltung. Für ein taugliches – digitales - Werkzeug müssen sie in *Wissen* eingebettet werden. Wissen ist Information im Handlungszusammenhang. Dieses Wissen besteht, am Beispiel eines Vertrages, daraus, für welche Regelungspunkte welche Alternativen als Bausteine/Klauselelemente existieren. In welcher Situation ist welche Klausel sinnvoll? Und: Wie verhalten sich diese zueinander? Welche Klauselteile können kombiniert werden? Welche Regelungen schließen sich aus? Was sind notwendige oder sinnvolle Ergänzungen, wenn eine bestimmte Klausel verwendet wird? Um also diese Bausteine sinnvoll zusammenzusetzen, bedarf es einer *Wissensarchitektur*. Sie zeigt idealerweise alles gleichzeitig und nachvollziehbar: welche Optionen zu welchem Regelungspunkt – oder bei Schriftsätzen Streitgegenstand und Streitpunkt – verfügbar sind, in welchen Konstellationen welche Regelungs-/Vortragsvarianten sinnvoll sind und wie sie rechtlich einwandfrei zusammenpassen.

Eine solche Wissensarchitektur funktioniert in der Tiefe eigentlich nur dann, wenn sie visualisiert[5] und damit das Wissen intuitiv nutzbar macht. Der Nutzer wird buchstäblich durch die Abbildung und Verortung innerhalb der Architektur an die Hand genommen und gedanklich geführt: in *Möglichkeitsräume,* durch alternative *Wege,* oder durch *verschlossene Tü-*

---

[5] Zur Visualisierung von Recht mit „*KnowledgeTools*" und den daraus entstandenen Möglichkeiten vgl. *Breidenbach* in: Bachmann/Breidenbach/Coester-Waltjen/Heß/Nelle/Wolf (Hrsg.): Grenzüberschreitungen. Beiträge zum internationalen Verfahrensrecht und zur Schiedsgerichtsbarkeit, Festschrift für Professor Schlosser zum 70. Geburtstag, S. 83 ff.

ren – d.h. einen sichtbaren Hinweis darauf, dass, soweit man diesen Weg eingeschlagen hat, bestimmte Varianten eben nicht mehr möglich sind.

E. Digitale Fertigungsstraße

Die Möglichkeiten der Industrialisierung sind in einem Text jedoch noch nicht ausgeschöpft. Jede Texterstellung ist in einen internen Prozess eingebunden. Der Prozess kann und sollte zur Qualitätssicherung, zerlegt in einzelnen Schritte, ebenfalls visualisiert und am Arbeitsplatz interaktiv implementiert werden. Der Schriftsatz oder der Vertrag durchläuft dann einen festgelegten Prozess, von der Datenaufnahme über die Zusammensetzung der Bausteine bis zur Kontrolle, dem Versand und der Ablage in einer digitalen Akte. Soweit möglich sind die einzelnen Schritte automatisiert. Es entsteht so eine *digitale Fertigungsstraße*.

F. Notwendige Aspekte digitaler Fertigung

Werden die Möglichkeiten der Digitalisierung voll ausgeschöpft, sieht die – um im industriellen Bild zu bleiben – optimierte Fertigung so aus:

- *Atomisierung*: Kleine präzise Bausteine lassen sich zusammensetzen
- *Individualisierung:* Aus einmal eingegebenen Sachverhaltselementen – Namen, Orten, Werten, Daten etc. – werden die Textbausteine individualisiert.
- *Visualisierung:* eine intelligente Wissensarchitektur unterstützt darin, analytisch zu denken und über die adäquate Kombination von Optionen in der konkreten Situation zu entscheiden.
- *Flexibilisierung:* Alles muss sich jederzeit anpassen, ändern oder ergänzen lassen, so kurzfristig wie möglich, auch im laufenden Prozess.
- *Versionierung:* Änderungen lassen sich zu jedem Zeitpunkt nachvollziehen. Man sieht, in welcher Version, welche Dokumente erstellt wurden.
- *Einbettung in Prozesse:* ein interner Prozess kann durchlaufen werden.
- *Rollenkonzept:* Wer Änderungen vornehmen darf, muss durch eine Rollenverteilung festgelegt sein.
- *Ergebnis:* eine digitale Fertigungsstraße. Unter einer intuitiv bedienbaren Oberfläche werden Prozesse durchlaufen und darin Dokumente gestaltet, generiert, versendet, gespeichert.

Der Kopf des Juristen ist immer noch bei der inhaltlichen Auswahl und Entscheidung gefragt. Zugleich ist er dabei optimal unterstützt. Erfahrungen bei Schriftsätzen und Verträgen zeigen, dass wesentlich effektiver gearbeitet werden kann - bis zu einigen hundert Prozent.

G. Dokumentenmanagement auf Bausteinbasis

Werden alle Dokumente aus Bausteinen erstellt und zugleich jede Änderung des Systems als eigene Version festgehalten, erlaubt das eine neue Dimension von Vertrags- / Dokumenten- / Schriftsatzmanagement. Ein Cockpit kann jetzt zeigen, welcher Baustein in welchem Dokument und welcher Version zu welchem Zeitpunkt von wem in welchem Kontext verwendet wurde. Damit werden Inhalte nicht mehr in Ablagen und Dokumenten vergraben, sondern sichtbar und auswertbar. Eine Due Diligence ließe sich auf Knopfdruck erstellen.

H. Blick in die Zukunft

Welche Konsequenzen ergeben sich, wenn aus juristischem Spezialwissen digital Verträge, Schriftsätze etc. generiert und gemanagt werden? Zunächst lässt sich die Arbeit erheblich, teilweise dramatisch effizienter gestalten. Und vor allem wird die Qualität gesteigert. Qualitätsgesicherte Bausteine, durch die der Nutzer in einer Architektur intuitiv geführt wird, lassen bessere Produkte, bessere Texte entstehen. Es werden mehr Optionen, mehr Möglichkeiten einbezogen. Für immer speziellere Situationen stehen immer adäquatere Handlungsmöglichkeiten zur Verfügung. Sie vermeiden durch ihre Gestaltung und Wissensarchitektur Fehler und Denkfallen.

Dadurch wiederum sinken die Kosten. Unternehmen, die Mandate mit großen Fallzahlen im Massenverfahren vergeben, fragen bereits jetzt nach dem digitalen Konzept der Anwaltskanzleien. Der ständige Kostendruck verlangt, die bereits jetzt vorhandenen Möglichkeiten zu nutzen. Und es gibt einen weiteren Rückkopplungseffekt: Die Fertigungstiefe wird immer weiter ausgelotet. Immer mehr Rechtsbereiche werden auf mögliche industrielle Fertigung überprüft und die neuen Produkte in neue Geschäftsmodelle eingebettet. Flightright.de hat vorgezeichnet, wie ein internetbasiertes Konzept mehr Menschen zu ihrem Recht verhilft.

Die Arbeit des Juristen wird sich also stark verändern. Was bei aller digitalen Unterstützung bleibt – ohne juristischen Verstand geht es nicht. Der Kopf wird gebraucht. Er wird unterstützt, nicht ersetzt. Nur das juristische/anwaltliche Hirn prüft und gestaltet. Die Werkzeuge – Tools - allerdings verbessern sich. Und wie immer gilt: a fool with a tool remains a fool. Wir brauchen vor allem begabte junge Juristen, die so präzise denken, dass sie digitale Produkte entwickeln können. Arbeiten im Recht verlangt mehr denn je Vision und Kreativität. Digitalisierung öffnet einen Möglichkeitsraum, der mit Weitblick gestaltet werden will. Für mehr Qualität in rechtlicher Arbeit und für mehr Zugang zum Recht.

(Straf-)rechtliche Konsequenzen schwankender Zahlen – Eine Fallstudie zu § 120 OWiG und § 184f StGB

*Martin Heger, Berlin**

I. Zum Thema

Wenn man als Strafrechtler gebeten wird, einem langjährigen Kollegen aus dem Zivilrecht zu dessen 70. Geburtstag einen Beitrag für die Festschrift zu widmen, gibt es wohl drei Zugänge zur Themenfindung. Entweder man verbleibt in seinem eigenen wissenschaftlichen Beritt und hofft, dass der zu Ehrende als hoch qualifizierter Jurist jedenfalls innerhalb der Rechtswissenschaften im Geiste ein Universalist geblieben ist, so dass er auch die Lektüre strafrechtsdogmatischer Spitzfindigkeiten erbaulich finden könnte.[1] Oder aber man wagt sich selbst als gefühlter Universalist auf das inzwischen fremd gewordene Terrain eines anderen Rechtsgebiets; dies erscheint freilich noch weit problematischer, kann es doch hier ohne weiteres sein, dass trotz eigener Bemühungen der Beitrag wissenschaftlich nicht wirklich vor den Augen des geehrten Gelehrten zu bestehen vermag.[2] Vorliegend möchte ich daher einen dritten Weg einschlagen, indem ich für den Jubilar als Zivilrechtler einen von mir früher gutachterlich begleiteten Fall aus dem gewerblichen Mietrecht, einer klassisch-bürgerlich-rechtlichen Materie, vorführe, in dem es allerdings im Kern um den Inhalt und die Wirkungen von Strafnormen im weiteren Sinne – unter Einschluss der Ordnungswidrigkeiten – ging.

---

* Prof. Dr. Martin Heger, Lehrstuhl für Strafrecht, Strafprozessrecht, europäisches Strafrecht und neuere Rechtsgeschichte an der Humboldt-Universität zu Berlin.
1 Dies könnte man von Hans-Peter Schwintowski sicher mit Fug und Recht behaupten, wie seine jüngeren Publikationen deutlich machen (vgl. nur *Schwintowski*, ... denn sie wissen nicht, was sie tun! – Warum Politik und Gesetzgebung so oft irren, 2014).
2 So mag der Verfasser dieser Zeilen für sich anführen können, dass er seine eigene wissenschaftliche Ausbildung an einem kartellrechtlichen Lehrstuhl in Tübingen begonnen hat, muss dann aber realisieren, dass dies doch 20 Jahre zurückliegt und Hans-Peter Schwintowski allein zum Kartell- und Wettbewerbsrecht 29 Aufsätze und Monographien sowie 12 Urteilsanmerkungen veröffentlicht hat.

Da die zugrunde liegenden Straf- und Bußgeldnormen in §§ 120 OWiG, 184f StGB jeweils die Ausübung der landesrechtlich verbotenen Prostitution betreffen, die Landesregierungen aber ihrerseits durch Art. 297 Abs. 1 Nr. 1 EGStGB nur ermächtigt sind, in einer gesamten Gemeinde die Ausübung der Prostitution zu verbieten, wenn diese nicht mehr als 50.000 Einwohner zählt, geht es bei der nachfolgenden Diskussion, ob dies zur Tatzeit kurz nach der Jahrtausendwende auf die altehrwürdige kreisfreie Stadt Speyer zutrifft, auch ums schlichte Zählen. Insofern mag sich die nachfolgende Darstellung auch einbetten lassen in das jüngst von Hans-Peter Schwintowski ausgebreitete Konzept einer „Neuen analytischen Regelwirkungswissenschaft (NAWI)", welches er auf seiner Homepage wie folgt beschreibt: „Es wird gezeigt, dass die nachhaltige Messung und analytische Quantifizierung von Regeln möglich ist. Entwickelt werden erste Ansätze für Messmethoden und ergänzt um eine Vielzahl von Beispielen aus der uns umgegebenen Lebenswirklichkeit, in die die Regelwirkungsforschung segensreich wirken könnte." Der näher vorzuführende Fall zeigt nun aber, dass auch bei der bloßen Anknüpfung an „nackte Zahlen" das richtige Ergebnis – und damit die Antwort auf die Frage nach einer Strafbarkeit – manchmal gar nicht so leicht zu ermitteln ist.

Der konkrete Fall, der vor fünfzehn Jahren spielt und dessen rechtliche Aufarbeitung vor einem Jahrzehnt abgeschlossen werden konnte, ist auch deshalb aus meiner Sicht bis heute von bleibendem allgemeinpolitischen Interesse, weil hier implizit die vom Gesetzgeber mit dem Prostitutionsgesetz 2001 angestoßene, aber unvollkommen gebliebene Liberalisierung des Prostitutionsstrafrechts angesprochen ist, die erst jüngst – im Vorjahr – im Zuge der Diskussion um einen angemessenen Umgang vor allem mit sog. Zwangsprostitution wieder ins Gerede gekommen ist. Es folgte eine Novellierung der Strafbarkeit wegen Menschenhandels in § 232 StGB, welche auch die Ausbeutung von Zwangsprostituierten erfasst.[3] Auf diese Fragen möchte ich hier aber nicht eingehen, ebenso wenig auf die damals erfolgte rechtliche Normierung einer Kondompflicht für Freier, deren Missachtung allerdings nur eine Ordnungswidrigkeit darstellen soll.

---

[3] Dazu näher *Petzsche*, KJ 2017, 236; *Bürger*, ZIS 2017, 169; *F.-C. Schroeder*, NStZ 2017, 320.

II. Zum rechtlichen Rahmen

Auch wenn vor allem in der Zivilrechtswissenschaft in den ersten Jahren nach Inkrafttreten des Prostitutionsgesetzes vom 20.12.2001 (ProstG)[4] immer wieder vertreten worden ist, damit sei das letzte Wort über die Sittenwidrigkeit der Prostitutionsausübung als solcher entgegen der eindeutigen Intention des Gesetzgebers eben noch nicht gesprochen worden, sondern vielmehr nur – trotz fortbestehender Unsittlichkeit der zugrund liegenden Abrede – entgegen § 138 BGB deren rechtliche Verbindlichkeit festgestellt worden, hat doch jedenfalls die Rechtsprechung den eindeutigen Willen des Gesetzgebers erkannt und aufgenommen: Prostitution ist zwar nach wie vor kein Gewerbe wie jedes andere, soll aber auch nicht mehr in der Schmuddelecke der Sittenwidrigkeit existieren. Vielmehr können und sollen Prostituierte wie auch Bordellbetreiber als ihre Arbeitgeber legale und sittlich nicht bemakelte Rechtsgeschäfte rund um dieses Metier abschließen. Was auf der Ebene des Zivilrechts mit Art. 1 ProstG und auf der Ebene des Kriminalstrafrechts auf den ersten Blick mit den Änderungen der §§ 180a, 181a StGB im Zuge von Art. 2 ProstG erfolgt ist - zivilrechtliche Anerkennung und Entkriminalisierung – findet jedoch im Ordnungswidrigkeitenrecht keine Entsprechung. Die hierfür einschlägigen §§ 119, 120 OWiG gelten unverändert fort; und die auf § 120 Abs. 1 OWiG für beharrliche Sperrgebietsverstöße quasi qualifizierend aufbauende Strafnorm des § 184a StGB wurde erst 2004 – also zwei Jahre nach Inkrafttreten des ProstG – sowie 2015 umnummeriert (§ 184d StGB, inzwischen – ebenfalls inhaltsgleich – § 184f StGB), was verdeutlicht, dass der Gesetzgeber keinerlei Änderungsbedarf gesehen hat. Ansonsten wäre es nahe gelegen, die ohnehin neu zu nummerierende Vorschrift entweder gänzlich fallen zu lassen oder jedenfalls auch inhaltlich zu überarbeiten. Da dies damals und auch seither nicht geschehen ist, muss man davon ausgehen, dass der Gesetzgeber jedenfalls an § 184f StGB festhalten wollte und will.

---

4 Zu dessen Auswirkungen auf das Strafrecht grundlegend *Schroeder*, JR 2002, 408; *Heger*, StV 2003, 350; *von Galen*, Rechtsfragen der Prostitution, 2004. – Zu Geschichte und Kriminologie vgl. *Hochhaus*, Strafbare Formen der Zuhälterei, 2009.

III. Zum Fall

Mitte der 1990er Jahre hatte die Mieterin in Speyer aufgrund eines Mietvertrages eine Gebäude erhalten, in dem sie die einzelnen Räume an nur kurz in der Stadt weilende sog. Wander-Prostituierte weitervermieten wollte. In einem Schreiben von 1995 hatte die Stadtverwaltung mitgeteilt, dass aus Rechtsgründen dieser Betrieb geduldet werde. Daraufhin wurde 1998 eine Baugenehmigung für die Einrichtung von Erotikstudios erteilt. Nachdem – wie nachher näher ausgeführt wird – im Laufe des Jahres 2001 die Rechtslage sich verändert hat, verweigerte der Vermieter der Mieterin die weitere Nutzung der Räume, weil diese gegen das strafbewehrte Verbot der Ausübung der Prostitution verstoße. Erst im Herbst 2003 erlangte die Mieterin den Besitz der Räume zurück. Für die zwei Jahre der Nichtnutzbarkeit zu ihren Zwecken machte sie in einem Zivilrechtsstreit Schadensersatz wegen Nichterfüllung geltend. Dem hielt der Vermieter entgegen, dass erstens die Nutzung in Form der Weitergabe an die Prostituierten angesichts von §§ 120 OWiG, 184f StGB i.V.m. § 134 BGB gesetzeswidrig gewesen sei und daher daraus präsumtiv gezogene Einnahmen der Mieterin jedenfalls der Einziehung oder dem Verfall gemäß §§ 73 ff. StGB, 22, 29a OWiG unterliegen würden; wäre letzteres richtig, dürfte die Mieterin ihre als Schadensersatz geforderten ausgebliebenen Gewinne letztlich nicht behalten. Essentiell für das Bestehen des geltend gemachten Schadensersatzanspruchs war mithin die Frage, ob die Mieterin mit der Untervermietung von Zimmern an Prostituierte im Zeitraum vom November 2001 bis Oktober 2003 gegen die rheinland-pfälzische Sperrbezirksverordnung verstoßen und dadurch eine Ordnungswidrigkeit gem. § 120 OWiG oder sogar eine Straftat gemäß (heute) § 184f StGB verstoßen hätte. Auf deren Beantwortung zielen die folgenden Ausführungen.

IV. Die (straf-)rechtliche Würdigung

Das Prostitutionsgesetz vom 20.12.2001 (ProstG)[5] ließ beide Vorschriften zunächst unberührt,[6] wenngleich bereits im Zuge des Gesetzgebungsverfahrens im Bundestag ein Entschließungsantrag angenommen wurde, die Bundesregierung aufzufordern, „im Benehmen mit den Bundesländern zu

---

5 BGBl. 2001 I, 3983.
6 *Göhler*, OWiG, 17. Auflage, 2017, § 120 Rn. 1.

überprüfen, inwieweit die §§ 119, 120 OWiG im Lichte der Abschaffung der Sittenwidrigkeit der Prostitution notwendig sind".[7] Eine solche Überprüfung durch die Bundesregierung hat nicht stattgefunden; der Entschließungsantrag betrifft überdies „nur" die Bußgeld-, nicht auch die darauf aufbauenden Straftatbestände, obwohl eine Streichung des § 120 Abs. 1 OWiG im Zuge einer solchen Überprüfung auch der Strafnorm des § 184f StGB den Boden entziehen würde.[8] Bislang hat der Gesetzgeber mit der Umnummerierung des bisherigen § 184a StGB in § 184a StGB im Jahre 2015 erkennen lassen, dass er jedenfalls vorerst weiterhin von einem Fortbestand dieser Strafnorm ausgeht.

Darauf aufbauend stellt sich weiterhin die Frage, ob die Einnahmen der Mieterin aus der Zimmervermietung an Prostituierte Verfall und Einziehung nach §§ 73 ff. StGB bzw. §§ 22 ff. OWiG unterliegen können. Da allerdings beide Formen einer Gewinnabschöpfung jedenfalls ein objektiv und subjektiv tatbestandsmäßiges sowie rechtswidriges, teilweise auch schuldhaftes Verhalten voraussetzen, ist vorrangig die Tatbestandsmäßigkeit des Verhaltens der Mieterin gem. § 184f StGB bzw. § 120 Abs. 1 OWiG zu untersuchen.

Weil der Straftatbestand der „Ausübung der verbotenen Prostitution" in § 184f StGB tatbestandlich einen beharrlichen, d.h. wiederholten vorsätzlichen Verstoß gegen eine Sperrbezirksverordnung voraussetzt, stellt er strukturell eine Qualifikation zum Bußgeldtatbestand der „Verbotenen Ausübung der Prostitution" in § 120 Abs. 1 OWiG dar. Deshalb soll im Folgenden zunächst auf diesen „Grundtatbestand" eingegangen werden.

1. Ordnungswidrigkeit gemäß § 120 Abs. 1 Nr. 1 OWiG

Bereits im objektiven Tatbestand dieses Bußgeldtatbestandes ist vorausgesetzt, dass der Täter der Prostitution nachgeht; das mag man für die Mieterin bezweifeln, soweit sie in den fraglichen Räumlichkeiten nicht selbst der Prostitution nachgehen wollte, sondern diese nur an andere Personen zu diesem Zweck untervermietete. Allerdings sieht § 14 Abs. 1 Satz 1 OWiG für Bußgeldtatbestände das sog. Einheitstäterprinzip vor, wonach bereits eine Beteiligung an einer durch einen anderen begangenen Ord-

---

7 BT-Dr. 14/7174.
8 *Heger*, StV 2003, 350, 355.

nungswidrigkeit eine eigene Ordnungswidrigkeit – unabhängig von dem unten noch näher problematisierten und vorliegend kaum zu bejahenden Vorsatz der Prostituierten – darstellt.[9]

Da gemäß § 10 OWiG eine Ahndung wegen bloßer Fahrlässigkeit des Verstoßes gegen einen Bußgeldtatbestand (wie § 15 StGB) erfordert, dass im konkreten Tatbestand ausdrücklich eine Bußgeldbewehrung bereits bei bloßer Fahrlässigkeit vorgesehen ist, beschränkt sich § 120 Abs. 1 OWiG mangels Ausführungen zur subjektiven Tatseite auf vorsätzliche Verstöße gegen Sperrbezirksverordnungen; weil es sich dabei aber um einen Blanketttatbestand[10] handelt, muss der Täter mit Wissen und Wollen hinsichtlich eines Verstoßes gegen die zugrunde liegende Sperrbezirksverordnung gehandelt haben. Bedingter Vorsatz setzt nach der höchstrichterlichen Rechtsprechung[11] aber voraus, dass der Täter seinen Verstoß gegen die für ihn einschlägige Sperrbezirksverordnung billigend in Kauf genommen hat, d.h. sich mit der Möglichkeit eines solchen Verstoßes innerlich abgefunden zu haben.[12] Daher ist anerkannt, dass der Vorsatz für § 120 Abs. 1 OWiG sich darauf erstrecken muss, dass ein Verbot für den Ort oder die Zeit besteht.[13] Hält der Täter hingegen einen Verstoß gegen eine Sperrbezirksverordnung nicht einmal für möglich, fehlt ihm die für die Bejahung von wenigstens bedingtem Vorsatz erforderliche kognitive Mindestvoraussetzung,[14] ohne dass es auf die Einstellung des Täters – seine innere Billigung des Verstoßes – ankommen kann. Da Fahrlässigkeit hinsichtlich des gesperrten Ortes keinesfalls ausreicht,[15] kommt es nicht darauf an, ob die Mieterin Kenntnis davon haben konnte, dass im fraglichen Zeitraum jedenfalls zeitweise aufgrund einer Sperrbezirksverordnung in Speyer die Ausübung der Prostitution untersagt war.

Vorliegend sprechen zwei Umstände eindeutig gegen die Bejahung eines Vorsatzes der Mieterin, mit ihrer Untervermietung an Prostituierte gem. § 120 Abs. 1 OWiG einem durch Rechtsverordnung erlassenen Verbot zuwiderzuhandeln, der Prostitution an bestimmte Orten überhaupt oder

---

9 *Rebmann/Roth/Herrmann*, OWiG, Stand: 24. Aktualisierung 2016, § 120 Rn. 7.
10 Dazu grundlegend *Enderle*, Blankettstrafgesetze, 2000.
11 Grundlegend BGH, Urt. v. 4.11.1988 – 1 StR 262/88, BGHSt 36, 1.
12 *Kurz*, in: Karlsruher Kommentar zum OWiG, 4. Auflage, 2014, § 120 Rn. 17.
13 *Göhler*, OWiG, 17. Auflage, 2017, § 120 Rn. 8a; BGH, Urt. v. 18.11.1969 – 1 StR 361/69, BGHSt 23, 167 und OLG Braunschweig, Urt. v. 10.6.1966 – Ss86/66, NJW 1966, 1527 (jeweils zu § 361 Nr. 6c StGB a.F.).
14 Vgl. nur *Bohnert/Krenberger/Krumm*, OWiG, 4. Auflage, 2016, § 120 Rn. 6.
15 Vgl. nur *Rebmann/Roth/Herrmann*, OWiG, § 120 Rn. 8.

zu bestimmten Tageszeiten nachzugehen. So musste die Mieterin aufgrund der ihr seit 1995 von der Stadt Speyer zugestellten amtlichen Bescheide davon ausgehen, dass in der Stadt Speyer aufgrund ihrer Einwohnerzahl die Prostitutionsausübung nicht durch eine Sperrbezirksverordnung verboten ist. Bis zum 30.7.2001 sah eine Rechtsverordnung vom 14.8.1986[16] in § 2 vor, dass in Gemeinden bis zu 50.000 Einwohnern" es verboten ist, der Prostitution nachzugehen. Eine Regelung dahingehend, dass dabei nicht alle Einwohner, sondern nur die Einwohner mit ihrem Hauptwohnsitz gezählt werden sollten, gab es bis Ende Juli 2001 nicht; erst die am 30.7.2001 veröffentlichte Rechtsverordnung vom 17.7.2001[17] sah in § 1 Abs. 2 nunmehr vor, dass als Einwohner nur noch diejenigen Personen zu zählen sein sollten, die in der jeweiligen Gemeinde ihren Erstwohnsitz hatten. Allerdings klammerte diese Rechtsverordnung das Gebiet der kreisfreien Stadt Speyer aus, indem in § 1 Abs. 1 als Geltungsbereich zwar einerseits „das gesamte Gebiet des ehemaligen Regierungsbezirkes Rheinhessen-Pfalz" bezeichnet wurde, diese überholte Grenzziehung aber andererseits explizit durch die „bestehenden Landkreise" präzisiert worden ist; als kreisfreie Stadt war Speyer aber nicht territorialer Bestandteil eines der genannten Landkreise. Selbst wenn man die allgemeine Bezugnahme auf ein nicht mehr existentes Gebiet – hier den Regierungsbezirk – zulassen möchte, verstößt jedenfalls mit dessen Präzisierung durch existente Gebietskörperschaften wie die aufgezählten Landkreise eine Einbeziehung der nicht davon erfassten und ihrerseits nicht erwähnten Stadtkreise gegen das Bestimmtheitsgebot,[18] das auch für Bußgeldtatbestände wie § 120 Abs. 1 OWiG Geltung beansprucht.[19]

Daraus folgt, dass für die Mieterin bis 30.7.2001 nicht ersichtlich gewesen sein konnte, dass von den Einwohnern Speyers nur diejenigen mit Hauptwohnsitz für die Anwendung der Sperrbezirksverordnung maßgeblich sein sollten; ab dem 30.7.2001 war darüber hinaus nicht einmal mehr erkennbar, ob überhaupt das Gebiet der Stadt Speyer von einer Sperrbezirksverordnung erfasst sein sollte. Dass dies der Verordnungsgeber selbst

---

16 Staatsanzeiger für Rheinland-Pfalz vom 8.9.1986, S. 918.
17 Staatsanzeiger für Rheinland-Pfalz vom 30.7.2001, S. 1354.
18 zur Nichtigkeit einer Sperrbezirksverordnung wegen Unbestimmtheit bei der Festlegung der Grenzen des Sperrgebiets BVerwG, Urt. v. 28.11.1963 – I C 74/61, NJW 1964, 512; *Laufhütte/Roggenbuck*, in: Leipziger Kommentar zum StGB, 12. Auflage, 2010, § 184e Rn. 3.
19 Vgl. *Rebmann/Roth/Herrmann*, OWiG, § 120 Rn. 5.

so gesehen hat, zeigt einerseits seine explizite Differenzierung zwischen Einwohnern mit Haupt- und Nebenwohnsitz in der Rechtsverordnung vom 17.7.2001 sowie deren erneute Änderung durch Rechtsverordnung vom 23.8.2001, veröffentlicht am 17.9.2001,[20] in der nunmehr explizit als von der Sperrbezirksverordnung erfasstes Gebiet des ehemaligen Regierungsbezirks Rheinhessen-Pfalz auch einige darin gelegene kreisfreie Städte (darunter neben Speyer auch Worms und Neustadt an der Weinstraße) aufgezählt sind. Erst danach konnte die Mieterin überhaupt Kenntnis davon nehmen, dass auch für die kreisfreie Stadt Speyer die Sperrbezirksverordnung Geltung haben soll und überdies bei der Berechung der Einwohner nur die Personen mit Erstwohnsitz Berücksichtigung finden sollten.

Dass die Einbeziehung der kreisfreien Städte in die räumliche Beschreibung des Geltungsbereichs der Sperrbezirksverordnung nicht automatisch ein Verbot der Ausübung der Prostitution in allen aufgezählten Städten zum Inhalt haben kann, ergibt sich einerseits grammatisch-systematisch daraus, dass die Aufzählung der Landkreise und kreisfreien Städte nur der Präzisierung des Gebiets des nicht mehr existenten Regierungsbezirks ohne die Großstädte (Mainz, Kaiserslautern und Ludwigshafen) diente, und folgt andererseits auch aus der Aufnahme von kreisfreien Städten, die offensichtlich weit mehr als 50.000 Einwohner haben (z. B. zählte Worms nach Eigenauskunft im Internet kurz nach der Jahrtausendwende knapp 82.000 Einwohner, Neustadt an der Weinstraße hatte 2000 exakt 53.423 Einwohner mit Hauptwohnsitz[21]). Daher kann im Lichte der Ermächtigungsgrundlage des Art. 297 Abs. 1 Nr. 1 EGStGB die Sperrgebietsverordnung nur so verstanden werden, dass in den Territorien der Landkreise und kreisfreien Städte die Prostitution in Gemeinden mit nicht mehr als 50.000 Einwohnern untersagt ist. Dass dies auch die Stadt Speyer so sieht, zeigen ihre Bemühungen, Ende 2003 wegen der nunmehr eindeutigen Überschreitung der 50.000-Einwohner-Grenze für die Altstadt einen Sperrbezirk auszuweisen. Eine dementsprechende Sperrbezirksverordnung für die Speyerer Altstadt – die aber den Betrieb der Mieterin gerade nicht erfasst – wurde am 17.2.2004 erlassen und trat mit ihrer Veröffentlichung am 8.3.2004 in Kraft.[22]

Diese Sperrgebietsverordnung wurde durch die „Rechtsverordnung zum Schutze der Jugend und des öffentlichen Anstandes für Rheinland-Pfalz –

---

20 Staatsanzeiger für Rheinland-Pfalz vom 17.9.2001, S. 1717.
21 www.neustadt.pfalz.com unter Stadtgeschichte zuletzt aufgerufen am 12.7.2017.
22 Staatsanzeiger für Rheinland-Pfalz vom 8.3.2004, S. 292.

Prostitutionsverbote –" vom 19.4.2005 abgelöst, die inhaltsgleich in § 4 Abs. 5 für einzelne näher bezeichnete und abgegrenzte Gebiete der Stadt Speyer ein Prostitutionsverbot enthält, das den Betrieb der Mieterin allerdings ebenfalls räumlich nicht erfasst. Insofern änderte sich an der geltenden Rechtslage aus Sicht der Mieterin nichts. Bemerkenswert ist jedoch ein anderer Unterschied. Während noch in § 1 der Rechtsverordnung vom 17.2.2004 auch Städte mit eindeutig mehr als 50.000 Einwohnern mit Hauptwohnsitz (Worms, Neustadt/Weinstraße) als von dem umfassenden Prostitutionsverbot betroffene Gebietskörperschaften aufgeführt werden, zugleich jedoch – im Einklang mit Art. 297 EGStGB – dieses Verbot wiederum nur „für Gemeinden bis zu 50.000 Einwohnern" gelten sollte, enthält die neue Rechtsverordnung vom 19.4.2005 endlich eine eindeutige Klarstellung: Ein flächendeckendes Prostitutionsverbot gilt nach deren § 3 nur noch für die kreisfreien Städte, die tatsächlich und unstreitig nicht mehr als 50.000 Einwohner mit Hauptwohnsitz haben (Frankenthal, Landau i. d. Pfalz, Pirmasens, Zweibrücken). Die neben Speyer damals noch aufgezählten beiden einwohnermäßigen eindeutigen „Ausreißer" Worms und Neustadt/Weinstraße, deren Nennung die bisherige Sperrgebietsverordnung kaum verständlich gemacht hat, sind damit auch ausdrücklich von einem Prostitutionsverbot ausgenommen. Das zeigt aber andererseits im Rückblick, dass ein Blick auf § 1 der Rechtsverordnung von 23.8.2001 – wie sie im streitigen Zeitraum in Geltung war – eben nicht die Lesart nahe legen konnte, dass alle darin genannten kreisfreien Städte und Landkreise gleichermaßen einem umfassenden Prostitutionsverbot unterlegen sind. Vielmehr galt dieses Prostitutionsverbot stets nur unter der Einschränkung, dass jede einzelne der nachstehend aufgezählten Gemeinden nicht mehr als 50.000 Einwohner hat.

Selbst wenn die Mieterin mithin bereits kurz nach Inkrafttreten der Rechtsverordnung vom 23.8.2001 davon Kenntnis erlangt haben sollte, dass nunmehr – anders noch als in der Rechtsverordnung vom 17.7.2001 – darin auch die Stadt Speyer erwähnt wurde, hätte sie zugleich auch Kenntnis davon erlangt haben müssen, dass Speyer – was sich angesichts seiner Einwohnerzahl und der behördlichen Schreiben seit 1995 keineswegs von selbst versteht – nicht mehr als 50.000 Einwohner mit Hauptwohnsitz hatte.

Spätestens seit dem Bescheid der Stadt Speyer auf ihre Anfrage über die Ausübung der Prostitution in Speyer vom 21.9.1995 musste die Mieterin im Gegenteil davon ausgehen, dass in Speyer die Sperrbezirksverordnung schon deswegen keine Anwendung finden kann, weil diese Stadt zu viele Einwohner hat. Wörtlich heißt es in diesem Bescheid, „daß die Ausübung der Prostitution in Speyer derzeit zwar nicht begrüßt, gleichwohl jedoch in der Regel so lange geduldet wird, wie die Nutzung der entsprechenden Räume mit baurechtlichen Vorschriften im Einklang steht". Nur deshalb wurde den Beklagten als Vermietern auf Betreiben der Mieterin am 10.3.1998 von der Stadt Speyer eine Baugenehmigung für ein sog. Erotikstudio erteilt. Wäre die Stadt Speyer davon ausgegangen, dass in ihren Grenzen die Sperrbezirksverordnung eine Ausübung der Prostitution verbietet, hätte sie beide Bescheide von Rechtswegen nicht erlassen dürfen. Neben der sogar nach der expliziten Regelung in der Sperrbezirksverordnung vom 17.7.2001 umstrittenen Frage, ob auch die Einwohner mit Zweitwohnsitz bei der Berechnung der Stadtgröße heranzuziehen sind,[23] war für die Mieterin auch nicht erkennbar, dass es in Speyer weniger als 50.000 Personen mit Hauptwohnsitz geben sollte. So betrug die Zahl der Einwohner mit Hauptwohnsitz nach Feststellung des VG Neustadt/Weinstraße am 28.2.2001 immerhin bereits 49.836. Die Auskunft der Stadt Speyer lässt damit allein für den Zeitraum von zwei Monaten einen Zuwachs von 60 Einwohnern mit Hauptwohnsitz erkennen (Stand 31.12.2000: 49.776), so dass nach dem 17.9.2001 für Rechtsunterworfene keineswegs erkennbar war, ob nicht inzwischen bereits mehr als 50.000 Personen in Speyer ihren Hauptwohnsitz gemeldet haben sollten.[24] Tatsächlich sollte die Zahl der Personen mit Hauptwohnsitz in Speyer im Laufe des Jahres 2002 dauerhaft die 50.000-Marke übersteigen; am 31.12.2002 betrug die Zahl der Einwohner mit Hauptwohnsitz bereits 50.156 (2015: 50.284).

Da aber die Sperrbezirksverordnung vom 23.8.2001 nicht generell für die Stadt Speyer die Prostitutionsausübung untersagt hat, sondern nur für die Stadt Speyer, sofern diese (noch) nicht mehr als 50.000 Einwohner mit Hauptwohnsitz zählt – anderenfalls wäre die Verordnungsermächtigung des Art. 297 Abs. 1 Nr. 1 EGStGB überschritten worden[25] – muss sich der

---

23 Dagegen das Urteil v. 31.1.2002 des VG Neustadt/Weinstraße - 2 K 1762/01.NW.
24 Im Urteil des OVG Rheinland-Pfalz v. 17.7.2002 - 8 A 10692/02.OVG, S. 10 heißt es ausdrücklich: „Es kann insbesondere dahinstehen, ob in den Monaten Oktober und November 2001 eine Überschreitung der maßgeblichen Einwohnerhöchstzahl eingetreten ist". – Geht man im Lichte der Entwicklung zuvor von einem weiteren monatlichen Einwohnerwachstum von 30 aus, wäre sechs weitere Monate später, d.h. Ende August 2011 – und damit vor dem streitigen Zeitraum- bereits die Grenze von 50.000 Einwohnern überschritten gewesen.
25 Vgl. BGH, Beschl. v. 24.10.1957 – 4 StR 395/57, BGHSt 11, 31.

Vorsatz für einen bußgeldbewehrten Verstoß gegen § 120 Abs. 1 OWiG nicht nur darauf beziehen, dass dem Täter bewusst war, dass die Stadt Speyer überhaupt in einer Sperrbezirksverordnung aufgenommen war – was angesichts der wenige Wochen zuvor in der Verordnung vom 17.7.2001 erfolgten Nichtaufnahme sich nicht von selbst versteht –, sondern dass die Stadt Speyer überdies zum Tatzeitpunkt noch nicht mehr als 50.000 Einwohner mit Hauptwohnsitz zählte. Für den streitgegenständlichen Zeitraum ab 1.11.2001 bis 2003 lässt sich dies nach den vorliegenden Zahlen nicht mit Bestimmtheit sagen, denn theoretisch könnte etwa im November 2001 die Einwohnerzahl bereits über 50.000 gelegen haben[26] und danach wieder unter diese Marke gesunken sein. Klar ist nur, dass spätestens im Verlauf des Jahres 2002 diese Marke endgültig durchbrochen wurde, so dass seit diesem – derzeit nicht exakt festzustellenden Zeitpunkt – jedenfalls auch objektiv keine Ordnungswidrigkeit (mehr) vorliegen kann.

Diese Erwägungen sollen nur verdeutlichen, dass es aus Sicht der Mieterin faktisch unmöglich war, exakt die Einwohnerzahl der Stadt Speyer und damit die Einschlägigkeit der Sperrbezirksverordnung zu kennen.

Überdies hatte sie aufgrund der amtlichen Bescheide der Stadt Speyer aus den Jahren 1995 bis 1998 sowie auch aufgrund der nachfolgenden Untätigkeit städtischer Behörden in Bezug auf den Betrieb der Mieterin im Herbst 2001 keine Veranlassung, an der früheren Auskunft der Stadt Speyer, dass in ihren Grenzen die Prostitutionsausübung nicht durch die Sperrbezirksverordnung untersagt wäre, zu zweifeln. Damit befand sie sich jedenfalls in einem Irrtum über deren tatbestandliche Voraussetzungen – Speyer als Gebiet, für das die Sperrbezirksverordnung die Ausübung der Prostitution untersagt –, wobei das Nichtüberschreiten der 50.000-Einwohner-Marke als Geltungsvoraussetzung der Sperrbezirksverordnung negatives Tatbestandsmerkmal des darin enthaltenen und für Übertretungen in § 120 Abs. 1 OWiG bußgeldbewehrten Verbots der Prostitutionsausübung war. Als Irrtum über ein negatives Tatbestandsmerkmal schließt eine solche Fehlvorstellung gem. § 11 Abs. 1 S. 1 OWiG – wie in § 16 Abs. 1 Satz 1 StGB – den Vorsatz aus.[27]

---

26 Vgl. nur OVG Rheinland-Pfalz, Urt. v. 17.7.2002 – 8 A 10692/02.OVG.
27 Zu Irrtümern vgl. nur *Walter*, Der Kern des Strafrechts, 2006, S. 358 ff.

2. Straftat gemäß § 184f StGB

Anders als im Ordnungswidrigkeitenrecht gilt im Strafrecht das Einheitstäterprinzip nicht, so dass eine Beteiligung an einer Straftat eines anderen nach §§ 26, 27 StGB nur als Anstiftung oder Beihilfe strafbar ist. Wesentlich ist für eine strafbare Beteiligung danach, dass der Haupttäter in seiner Person den fraglichen Straftatbestand – hier: § 184f StGB (zur Tatzeit noch inhaltsgleich § 184a StGB) – gem. § 15 StGB vorsätzlich und auch rechtswidrig verwirklicht. Hatte die Mieterin im fraglichen Zeitraum nicht vor, selbst der Prostitution nachzugehen, sondern wollte sie mit ihrer Untervermietung nur anderen Prostituierten ermöglichen, in ihren Räumlichkeiten der Prostitution nachzugehen, dürfte darin lediglich eine Beihilfe i. S. von § 27 StGB zu sehen sein, die eine vorsätzliche Tatbegehung durch die in den Räumlichkeiten der Mieterin tätigen Prostituierten erfordert. Gegen eine solche Beihilfe-Strafbarkeit durch Überlassung von Wohnung, Unterkunft oder Aufenthalt wird darüber hinaus eingewandt, dass dadurch die Regelung des § 180a Abs. 2 StGB unterlaufen werde.[28]

Weiterhin ist umstritten, ob nicht bereits der objektive Tatbestand des § 184f StGB für einen „beharrlichen" Verstoß gegen eine Sperrbezirksverordnung verlangt, dass der Täter bereits zuvor einmal wegen eines Verstoßes gegen diese Verordnung abgemahnt worden ist.[29] Stimmt man dieser Rechtsauffassung zu, scheidet schon mangels einer Abmahnung auf Basis der im fraglichen Zeitraum geltenden Sperrbezirksverordnung vom 23.8.2001 eine Strafbarkeit wegen § 184f StGB aus.

Die obigen Ausführungen zum fehlenden Vorsatz der Mieterin, überhaupt gegen die einschlägige Sperrbezirksverordnung zu verstoßen, lassen sich überdies auf § 184f StGB sinngemäß übertragen, so dass der Mieterin

---

28 So etwa *Heger*, in: Lackner/Kühl, StGB, 28. Auflage, 2014, § 184e Rn. 7 gegen BayObLG 1981, 2766.
29 So etwa *Laufhütte/Roggenbuck*, in: Leipziger Kommentar, § 184e Rn. 4; *Wolters*, in: Systematischer Kommentar zum StGB, Band IV, 9. Auflage, 2017, § 184e Rn. 3; *Laubenthal*, Handbuch Sexualstraftaten, 2012, Rn. 567; offen gelassen in BGH, Urt. v. 25.2.1992 – 5 StR 528/91, NStZ 1992, 594, 595. – *Hörnle*, in: Münchener Kommentar zum StGB, Band 3, 3. Auflage, 2017, § 184e Rn. 5 verlangt sogar zwei vorherige Geldbußen; dagegen sieht etwa *Heger*, in: Lackner/Kühl, StGB, 28. Auflage, 2014, § 184f Rn. 5, in vorherigen Abmahnungen oder Bußgeldbescheiden nur Beweisanzeichen für die Bejahung von Beharrlichkeit, ebenso *Eisele*, in: Schönke/Schröder, StGB, 29. Auflage, 2014, § 184e Rn. 5 und *Fischer*, StGB, 64. Auflage, 2017, § 184f Rn. 5.

bereits der für § 184f StGB ebenfalls zwingend erforderliche Vorsatz eines Verstoßes gegen eine anwendbare Sperrbezirksverordnung fehlte.

Sollte überdies der Mieterin objektiv nur ein Beihilfe-Vorwurf gemacht werden können, weil sie nur anderen die Ausübung der Prostitution in Speyer erleichterte, müsste darüber hinaus auch für diese „aktiven" Prostituierten als Untermieterinnen und Haupttäterinnen ein beharrlicher und vorsätzlicher Verstoß gegen die Sperrbezirksverordnung angenommen werden. Das ist bei diesen umso unwahrscheinlicher, als sie immer nur kurzfristig in Speyer tätig waren, um dann wieder in anderen Bundesländern ihrem Gewerbe nachzugehen. Da nur ein Teil der Bundesländer überhaupt von der Verordnungsermächtigung des Art. 297 EGStGB Gebrauch gemacht hat und dabei wiederum einige Länder weit geringere Einwohnerzahlen als die in Art. 297 Abs. 1 Nr. 1 EGStGB als Maximalgrenze genannten 50.000 Einwohner bestimmt haben, lässt sich bei solchen Wanderprostituierten ohne konkrete Abmahnung vor Ort keinesfalls ein Vorsatz hinsichtlich von § 184f StGB bejahen.[30] Angesichts der limitierten Akzessorietät jeder Teilnahme zur Haupttat scheidet aber auch zwingend eine Beihilfe-Strafbarkeit für mögliche Unterstützungsleistungen aus.

3. *Verfall und Einziehung*

Da es sich bei den von der Mieterin für eine Untervermietung der Räume erzielten Mieterlösen weder um durch die Tat hervorgebrachte noch zu deren Begehung genutzte Gegenstände gehandelt haben kann, scheidet eine Einziehung gem. § 74 StGB aus; für eine Einziehung gemäß § 22 OWiG ist darüber hinaus erforderlich, dass die fragliche Bußgeldnorm – hier § 120 Abs. 1 OWiG – auf die Einziehungsmöglichkeit verweist, was aber gerade nicht der Fall ist (vgl. § 123 Abs. 1 OWiG).

Ein Verfall der präsumtiven Taterlöse gemäß § 73 StGB[31] setzt neben der hier ohnehin höchst fragwürdigen Tatbestandsmäßigkeit des Verhaltens der Mieterin auch nach § 184f bzw. bei bloßer Beihilfe §§ 184f, 27 StGB voraus, dass die zugrunde gelegte Tat angeklagt und vom Strafrich-

---

30 Vgl. BGH, Urt. v. 18.11.1969 – 1 StR 361/69, BGHSt 23, 167 (zu § 361 Nr. 6c StGB a.F.).
31 Die Regelungen zum Verfall in § 73 StGB und § 29a OWiG sind zum 1.7.2017 zwar grundlegend reformiert worden, doch ändert sich für die hier interessierenden Fragen inhaltlich nichts.

ter festgestellt worden ist.³² Da das im Jahre 2001 gegen die Mieterin und den heutigen Kläger eingeleitete Strafverfahren nicht auf eine Verurteilung wegen § 184f StGB zielte und es überdies aufgrund der Einstellung des Verfahrens gar nicht zu einer tatrichterlichen Feststellung des zugrunde liegenden Sachverhalts gekommen ist, scheidet ein strafrechtlicher Verfall des Mieterlöses aufgrund §§ 73 ff. StGB aus.

Abweichend von der strafrechtlichen Rechtslage sieht freilich § 29a Abs. 4 OWiG vor, dass auch unabhängig von der Einleitung eines Bußgeldverfahrens ein Verfall des aus einer bußgeldbewehrten Handlung Erlangten möglich sein soll; im Unterschied zu § 73 StGB ist die Verfallsanordnung bei § 29a Abs. 4 OWiG allerdings nur fakultativ („kann ... angeordnet werden"), so dass nicht jede ordnungswidrige Handlung – unabhängig von der Durchführung eines Bußgeldverfahrens – den Verfall des Erlangten zur Folge hat. Da § 120 Abs. 2 i.V.m. § 17 Abs. 1 OWiG für Sperrgebietsverstöße eine Geldbuße von höchstens 1000 Euro vorsieht, tritt grundsätzlich gemäß § 31 Abs. 2 Nr. 4 OWiG bereits nach sechs Monaten Verfolgungsverjährung ein;³³ diese kurze Verjährung hat aber zur Folge, dass nach ihrem Ablauf auch keine Nebenfolgen im selbständigen Verfahren mehr verhängt werden dürfen.³⁴ Überdies setzt auch der selbständige Verfall gemäß § 29a Abs. 4 OWiG voraus, dass die zugrunde liegende Handlung objektiv und subjektiv einen Bußgeldtatbestand verwirklicht.³⁵ Weil jedoch – wie oben ausgeführt – § 120 Abs. 1 i.V.m. § 10 OWiG vorsätzliches Handeln der Mieterin zwingend voraussetzt und ein solches vorliegend nicht erkennbar ist, scheidet auch die Anordnung eines selbständigen Verfalls deswegen aus.

4. Zwischenergebnis

1. Die Mieterin hätte – wenn sie im Zeitraum vom 1.11.2001 bis 8.10.2003 ihre Untervermietung weiter betrieben hätte – objektiv

---

32 BGH, Beschl. v. 28.3.1979 – 2 StR 700/78, BGHSt 28, 369; *Heger*, in: Lackner/ Kühl, StGB, § 73 Rn. 2.
33 *Göhler*, OWiG, § 120 Rn. 19.
34 *Graf*, in: Karlsruher Kommentar zum OWiG, § 31 Rn. 8; *Göhler*, OWiG, § 29a Rn. 14.
35 *Bohnert/Krenberger/Krumm*, OWiG, § 29a Rn. 9; *Mitsch*, in: Karlsruher Kommentar zum OWiG, § 29a Rn. 8.

nur in den Zeiträumen, in denen die Stadt Speyer nicht mehr als 50.000 Einwohner mit Hauptwohnsitz zählt, gegen das bußgeldbewehrte Verbot des § 120 Abs. 1 OWiG verstoßen.
2. Da jedoch § 120 Abs. 1 OWiG ebenso wie § 184f StGB nur vorsätzliche Verstöße gegen Sperrbezirksverordnungen erfasst, scheidet ein bußgeld- oder strafbewehrter Verstoß gegen beide Normen bereits deswegen aus, weil der Mieterin angesichts der Unklarheit über die Einwohnerzahl von Speyer sowie den vorherigen Erklärungen der Stadt, die alle erkennen lassen, dass die Stadt von einer Einwohnerzahl von mehr als 50.000 ausgeht, ein dahin gehender Vorsatz, Speyer habe trotz dieser Einschätzung der zuständigen Behörden, die auch über die Meldedaten und damit die Einwohnerzahlen verfügten, im fraglichen Zeitraum nicht mehr als 50.000 Einwohner, nicht unterstellt werden kann. Angesichts der städtischen Erklärungen sowie der danach tendenziell wachsenden Einwohnerzahl mit Hauptwohnsitz wäre selbst ein Fahrlässigkeitsvorwurf kaum zu erheben.
3. Da damit eine Straftat oder Ordnungswidrigkeit gem. § 184f StGB bzw. § 120 Abs. 1 OWiG ausscheidet, ist auch die Anordnung eines Verfalls hinsichtlich der Erträge eines weder strafbar noch ordnungswidrig betriebenen Objekts unmöglich.

VI. Fazit

Dieser Fall zeigt einerseits rein praktische Probleme bei der Anwendung einer (Straf-)Norm, die auf permanent änderbaren numerischen Grundlagen – wie hier der Einwohnerzahl – ruht. Schon deshalb sollte man wahrscheinlich generell darauf verzichten, die Zulässigkeit der Ausübung der Prostitution in einer Gemeinde allein von der Zahl ihrer Einwohner abhängig zu machen; viele Bundesländer üben diesen Verzicht bereits, ohne dass ein innerdeutscher Prostitutionstourismus signifikanten Ausmaßes erkennbar wäre. Hier gilt – gerade auch vor dem Hintergrund der sonst drohenden Strafbewehrung – wie auch sonst im Strafrecht immer wieder: Weniger ist mehr!

Obendrein sollte der Gesetzgeber ernst machen mit dem 2001 eingeschlagenen Weg und nach der Eliminierung der Prostitution aus der „Schmuddelecke" der Sittenwidrigkeit im Zivilrecht und der Streichung des Tatbestandes der Förderung der Prostitution (§ 180a Abs. 1 Nr. 2 StGB a.F.) auch – wie schon damals angedacht – die Bußgeldtatbestände der

§§ 119, 120 OWiG ebenso auf den Prüfstand stellen wie die darauf aufbauende Strafbarkeit gemäß § 184f StGB. Allerdings ist mit Blick auf das öffentliche Erregungspotenzial derzeit wohl nicht die Zeit reif für die Streichung von Strafnormen aus dem Bereich der Sexualdelikte der §§ 174 bis 184j StGB, obwohl dies eigentlich Ausdruck aufgeklärter Kriminalpolitik[36] sein sollte. Das zeigt sich auch deutlich an der jüngsten Änderung auch des § 120 OWiG, bei der die hier maßgebenden Voraussetzungen einer Ordnungswidrigkeit unverändert geblieben sind.[37]

Der einem Zivilrechtler zu Ehren vorgeführte Mietrechtsfall mag jedenfalls die Fallstricke belegen, in die man bei einer strikten Durchsetzung der Bußgeld- und Straftatbestände geraten kann, während man – das muss man sich vergegenwärtigen – in Fällen frei verantwortlicher Prostitutionsausübung kein Opfer vor Übergriffen auf seine sexuelle Integrität zu bewahren hat.

---

36 Zum heutigen Zustand der Kriminalpolitik in Deutschland vgl. nur *Heinrich*, KriPoZ 2017, 4 ff. (zum ProstG, S. 15).
37 Gesetz zur Regulierung des Prostitutionsgewerbes sowie zum Schutz von in der Prostitution tätigen Personen v. 21.10.2016 (BGBl. I S. 2372), in Kraft getreten am 1.7.2017.

Das „neue" Hinterbliebenengeld des § 844 Abs 3 BGB – Versuch einer ersten Einschätzung mit rechtsvergleichenden Bezügen zum österreichischen und schweizerischen Recht

*Christian Huber, Aachen**

A. Problem, bisherige Rechtsprechung und Anwendungsfelder

Eine Person wird schwer(st) verletzt oder getötet. Die engsten Bezugspersonen sind ge- bzw. betroffen, deren psychische Integrität ist beeinträchtigt:[1] Bei einer schwer(st)en Verletzung ist das bisherige Leben von heute auf morgen auf den Kopf gestellt.[2] Alles dreht sich ab sofort um die pflegebedürftige Person. Vieles von dem Lebensspektrum, das bisher selbstverständlich war, wird es nicht mehr geben. Der Ehepartner der verletzten Person ist nur noch damit beschäftigt, dass der Verletzte versorgt wird, bisher selbstverständliche lustvolle Aktivitäten sind schon aus Zeitgründen kaum mehr möglich; und auch das noch minderjährige Kind wird vernachlässigt, weil die Beanspruchung des gesunden Elternteils für die Pflege des kranken Elternteils nahezu das gesamte Zeitbudget absorbiert. Ist nicht ein Elternteil schwer(st) verletzt, sondern das Kind, gibt es zwar im Regelfall zwei Elternteile, die sich die Pflege aufteilen; aber auch in einem solchen Fall verläuft das Leben ab sofort in ganz anderen Bahnen: Die Eltern sind nachhaltig beeinträchtigt, aber auch die Geschwister, für die sehr viel weniger Zeit übrig bleibt.

Auch bei Tod eines Angehörigen verändern sich die Koordinaten. In jedem Fall gibt es eine erste Phase der Trauer und Niedergeschlagenheit, die

---

* Prof. Dr. Christian Huber, Lehrstuhl für Bürgerliches Recht, Wirtschaftsrecht und Arbeitsrecht, Rheinisch-Westfälische Technische Hochschule Aachen.
1 So die Begrifflichkeit bei *Landolt*, in: Ch. Huber/D. Jaeger/Luckey (Hrsg.), Festschrift Jaeger, 2014, S. 355, 356.
2 *Danzl*, in: Danzl/Gutiérrez-Lobos/Müller (Hrsg.), Das Schmerzengeld in medizinischer und juristischer Sicht[10] (2013), S. 216: Unter Bezugnahme auf das römische Kassationsgericht „Änderung des Gleichgewichts innerhalb der Familienverhältnisse". Drastischer noch *Schwintowski*, VuR 2016, 18, 20: Menschen haben „neben sich gestanden"; „verlieren den Boden unter den Füßen", funktionieren nur wie „Marionetten, die fremdbestimmt einem fremden Willen gehorchen".

typischerweise 6 bis 12 Monate dauert;[3] die allermeisten fassen dann aber Mut und beherzigen die Devise: Das Leben muss weitergehen, mag es auch nicht mehr so (schön) sein wie ohne die getötete Person. Die Witwe oder der Witwer finden – namentlich in jungen Jahren – einen neuen Partner und heiraten wieder. Mitunter gibt es aber Konstellationen, in denen die Auswirkungen für den überlebenden Angehörigen weiter in die Zukunft wirken. Wenn ein minderjähriges Kind ohne Vater oder Mutter aufwächst, dann geht ein Elternteil selbst dann ab, wenn der überlebende Elternteil wieder heiratet und der neue Partner den getöteten Elternteil – so gut es eben geht – substituiert. Dazu kommen Fälle, in denen ein – zumeist betagter – Ehegatte ganz auf den anderen fixiert ist, weil dieser ihn womöglich gepflegt, jedenfalls die Dinge des Alltags erledigt hat, die dieser allein oder doch viel besser konnte. Wenn dieser Partner getötet wird, bricht für den Überlebenden eine Welt zusammen; nicht selten vereinsamt der Überlebende dann[4] und seine Restlebenszeit ist dann häufig auch begrenzt.

In allen Fällen ist der Schicksalsschlag, ob schwer(st)e Verletzung oder Tötung an sich, schon bitter. Wenn dafür ein Schädiger verantwortlich ist, der vorsätzlich oder grob fahrlässig gehandelt hat, kommt zusätzlich Bitterkeit bei den Angehörigen dazu.[5] Es stellt sich die Frage, ob ein Schädiger, der für die schwer(st)e Verletzung oder den Tod verantwortlich ist, verpflichtet sein soll, für solche immateriellen Einbußen aufzukommen. Bisher hat das deutsche Recht einen Anspruch lediglich bejaht, wenn beim betroffenen Angehörigen nicht nur eine pathologisch fassbare Gesundheitsbeeinträchtigung gegeben war; zusätzlich wurde verlangt, dass diese über das übliche Maß des im Hinblick auf einen solchen Schicksalsschlag verständliche Unwohlseins hinausgehen müsse,[6] wobei offen blieb, ob

---

3 *Jaeger*, VersR 2017, 1041, 1045; *Danzl,* in: Danzl/Gutiérrez-Lobos/Müller (Hrsg.), S. 270 Fn 441.
4 So die zutreffende Einschätzung in der Stellungnahme des DAV 5. Sämtliche Stellungnahmen sind abrufbar unter https://www.bmjv.de/SharedDocs/Gesetzgebungsverfahren/DE/Hinterbliebenengeld.html (abgerufen am 24.7.2017).
5 Stellungnahme des DAV 5.
6 So die Leitentscheidungen BGH, Urt. v. 11.5.1971 - VI ZR 78/70, BGHZ 56, 163; BGH, Urt. v. 4.4.1989 - VI ZR 97/88, NJW 1989, 2317; zuletzt BGH, Urt. v. 10.2.2015 - VI ZR 8/14, NJW 2015, 2246 = NZV 2015, 281 (*Burmann*); BGH, Urt. v. 27.1.2015 - VI ZR 548/12, NJW 2015, 1451 (*Thora*) = DAR 2015, 200

dieser Umstand rechtstatsächlich, also statistisch, oder normativ zu beurteilen war.[7] Der Verweis auf die Verkehrsanschauung ist ein Indiz für eine normative Beurteilung. Unter Berücksichtigung des Umstands, dass namentlich jenseits von Süddeutschland die Anschauung verbreitet ist, dass man sich die Trauer möglichst nicht anmerken lassen soll,[8] ist nachvollziehbar, dass die Hürde für einen solchen Ersatzanspruch beträchtlich hoch ist.[9]

Wo spielen solche Fragen eine Rolle? Mit Abstand am häufigsten ereignen sich derartige Fälle bei Verkehrsunfällen, sei es mit dem Auto, der Bahn, dem Flugzeug oder einem Schiff.[10] Dazu kommen Verhaltensweisen, die das Strafrecht bei fahrlässiger oder vorsätzlicher Beeinträchtigung der körperlichen Integrität sanktioniert. Auch ärztliche Kunstfehler sowie die Haftung des Reiseveranstalters kommen öfter vor. Eine potentielle Ersatzpflicht eines Schädigers kann sich freilich aus jedem Grund der Vertrags- oder Deliktshaftung unter Einschluss der Gefährdungshaftung ergeben.

Die bloße Trauer, also eine immaterielle Einbuße ohne Nachweis einer das Maß des Alltäglichen in solchen Fällen übersteigenden medizinisch fassbaren, somit qualifiziert pathologischen Beeinträchtigung, war bisher nach deutschem Recht nicht ersatzpflichtig, weil es als allgemeines Lebensrisiko angesehen wurde. Die beiden deutschsprachigen Nachbarrechtsordnungen haben dazu schon seit einiger Zeit eine großzügigere Haltung eingenommen: Im Fall der Tötung gibt es in der Schweiz bereits

---

(*Watzlawik*) = BOLMK 2015, 367675 (*Schiemann*); Vgl auch *Müller*, VersR 2017, 321, 322: Beeinträchtigung müsse einen „echten" Krankheitswert haben; Man ist geneigt zu fragen: Gibt es auch einen „unechten"? Kritisch auch *Jaeger*, VersR 2017, 1041, 1044.

7 Vgl dazu *Danzl,* in: Danzl/Gutiérrez-Lobos/Müller, S. 172: 21% bis 24% erleiden – in Österreich – eine posttraumatische Belastungsstörung nach Erhalt der Mitteilung vom Tod eines Angehörigen. Ob die Menschen in Deutschland seelisch robuster sind, soll dahingestellt bleiben.
8 *Ch. Huber*, NZV 2012, 5.
9 *Diederichsen*, DAR 2011, 122, 123; dazu *Jaeger*, VersR 2017, 1041, 1048: Einführung eines Angehörigenschmerzengeldes durch den Gesetzgeber Reaktion auf „eigenwillige" Rechtsprechung des BGH.
10 Spektakulär die „Katastrophen" mit vielen Toten, aufgezählt bei *Jaeger*, VersR 2017, 1041, 1043 unter Hinweis darauf, dass die Entschädigungssummen für die Hinterbliebenen stark differierten und der zutreffenden Feststellung, dass das Leid der Angehörigen bei jedem Verkehrsunfall mit tödlichem Ausgang nicht minder groß ist; ebenso *Müller*, VersR 2017, 321.

seit 1875 eine in Art 47 OR geregelte „Hinterbliebenengenugtuung".[11] Seit einer BG-Entscheidung aus dem Jahr 1986,[12] die durchaus einfühlsam erkannte, dass die seelischen Belastungen bei schwer(st)en Verletzungen gravierender sind als bei Tötung, ist in der Schweiz auch im Fall einer schwer(st)en Verletzung[13] eine Angehörigengenugtuung, somit ein Anspruch auf den Ersatz von deren immateriellen Schäden anerkannt.

In Österreich hat der OGH[14] – wohl ausgelöst durch die Seilbahnkatastrophe von Kaprun[15] – immerhin bei grober Fahrlässigkeit die Ersatzfähigkeit eines „reinen" Trauerschadens anerkannt;[16] und auch wenn er bisher noch keinen Fall eines Trauerschadens bei schwer(st)er Verletzung zu beurteilen hatte, ist es folgerichtig, dass auch in solchen Fällen – wiewohl nur bei grober Fahrlässigkeit – die immaterielle Einbuße der Angehörigen ersatzfähig ist.[17]

B. Bezug des Themas zum Jubilar

Schwintowski ist keiner, der sich am akademischen Glasperlenspiel ergötzt; vielmehr verwendet er starke Worte und spricht Klartext, wenn er Missstände wahrgenommen hat. Ihm geht es um den großen Wurf, nicht um Randerscheinungen. Dabei schweift sein Blick über Grenzen in mehrfacher Hinsicht: Bei ihm bleibt es nicht bei der Nabelbeschau des BGB; seine Problemwahrnehmung erfolgt häufig unter Einbeziehung des Verfassungs- und Europarechts sowie des Sozialrechts. Er stellt rechtsvergleichende Bezüge her und zieht Erkenntnisse von Nachbardisziplinen heran.

---

11 *Landolt,* in: Hütte/Landolt, Genugtuungsrecht, Band II, Genugtuung bei Körperverletzung, 2013, Rn. 539.
12 Schweizer BG, Urt. v. 11.3.1986 - BGE 112 II 118.
13 Dazu *Landolt,* in: Hütte/Landolt, Band II, Rn. 571.
14 OGH, Urt. v. 16.5.2001 - 2 Ob 84/01v, SZ 74/90 = ZVR 2001/73 (*Karner*).
15 Dazu *Danzl,* in: Danzl/Gutiérrez-Lobos/Müller, S. 172 f, 191, Fn. 506.
16 Für eine Erweiterung auf Fälle leichter Fahrlässigkeit unter Einschluss der Gefährdungshaftung nahezu die gesamte österr Literatur; stellvertretend *Reischauer,* in: Rummel, ABGB³, § 1325 Rn. 5a sowie jüngst umfassend *Hinteregger,* in: Ch. Huber/Neumayr/Reisinger (Hrsg.), Festschrift Danzl, 2017, S. 69 ff.
17 *Karner,* in: Festschrift Danzl, S. 85, 96; *Hinghofer-Szalkay,* ZVR 2008, 444 ff. unter Hinweis auf OGH, Beschl. v. 2.2.2006 – 2 Ob 18/06w, ecolex 2007/144 (*Prisching*); Beschl. v. 14.6.2007 – 2 Ob 163/06v, Zak 2007/521 = JBl 2007, 791: Jeweils Abweisung (bloß) wegen Fehlens grober Fahrlässigkeit.

Jedenfalls im Privatversicherungs- und Schadenersatzrecht[18] ist er bereit, bei Bedarf mit kraftvollen Zügen auch gegen den Strom (der herrschenden Meinung) zu schwimmen. Pars pro toto seien genannt die Überschussbeteiligung des Versicherungsnehmers in der Lebensversicherung,[19] die Kapitalisierung von Schadenersatzrenten[20] sowie die Bemessung des Schmerzensgeldes[21] unter Einschluss von Berechtigung und Umfang des Angehörigenschmerzensgeldes,[22] das der Gesetzgeber nun mit der Bezeichnung „Hinterbliebenengeld" eingeführt hat.[23]

Dass die Einführung „überreif" war, hat der Jubilar eingemahnt;[24] dass dann ein Elementarereignis wie der Germanwings-Absturz auch den politischen Boden für eine Reform vor anstehenden Bundestagswahlen bereitet hat, mag die Gunst des Augenblicks gewesen sein; namentlich einem Österreicher drängt sich die Parallele zur Seilbahnkatastrophe von Kaprun in Österreich auf, wenngleich sich dort das Höchstgericht und nicht der Gesetzgeber bewegt hat.[25] Dazu kommt auf europäischer Ebene die Forderung des EGMR, dass nationale Rechtsordnungen jedenfalls bei staatlicher Mitverantwortung den nahen Angehörigen im Todesfall einen zivilrechtlichen Anspruch einräumen und dem Angehörigen eine angemessene Entschädigung zubilligen müssen.[26] Es gab somit viele Gründe, warum der Gesetzgeber – gerade jetzt – gehandelt hat.

---

18 Das ist der Bereich, den der Verfasser dieses Beitrags einigermaßen überblickt.
19 *Schwintowski*, VuR 1998, 219; diese Petita umsetzend BVerfG, Urt. v. 26.7.2005 - 1 BvR 80/95, VuR 2005, 302.
20 *Schwintowski*, VersR 2010, 149.
21 *Schwintowski*, in: Schwintowski/C. Schah Sedi/M. Schah Sedi, Handbuch Schmerzensgeld, 2013, Teil A § 1-15.
22 *Schwintowski/C. Schah Sedi/M. Schah Sedi*, zfs 2012, 6; *Schwintowski*, VuR 2016, 18.
23 Immer noch skeptisch *Müller*, VersR 2017, 321, 325: „In dieser Form *könnte* er (der Entwurf) *brauchbar sein*, um den eingangs erwähnten Forderungen nachzukommen, *wenn man sie denn für unabweisbar hält.*" Hervorhebungen durch den Verfasser dieses Beitrags. Ebenso Stellungnahme Deutscher Richterbund 2 und GDV 3: Schockschadenrechtsprechung eine gute und dem Einzelfall gerecht werdende Lösung, die in Fällen erheblichen Trauerschmerzes einen Anspruch verschafft; dass das fast nie der Fall ist, wird wohlweislich verschwiegen.
24 *Schwintowski/C. Schah Sedi/M. Schah Sedi,* zfs 2012, 6, 7.
25 *Danzl*, ZVR 2000, 398.
26 *Müller*, VersR 2017, 1041, 1048; *Jaeger*, VersR 2017, 1041, 1048: Die Dringlichkeit wurde dadurch erhöht.

Schwintowski hat seinen Angriff gegen die restriktive Position des BGH in mehreren Angriffswellen vorgetragen: Zunächst hat er vertreten, dass Primär- und Sekundäropfer,[27] verletzte bzw getötete Person und Angehöriger, zu einem sozialen Netzwerk verschmolzen seien, sodass es nach diesem Konzept auf eine qualifizierte pathologische Beeinträchtigung zusätzlich beim Angehörigen nicht mehr ankomme.[28] Sodann hat er Erkenntnisse der Neurobiologie ins Treffen geführt, dass die messbaren Gehirnströme im Rahmen der Schmerzverarbeitung beim Primär- und Sekundäropfer, wenn letzteres beim Unfall zuschaut, nahezu die gleiche Intensität haben.[29] Ob das beim Fernwirkungsschaden[30] ebenso ist, ist freilich eine andere Frage. Er hat sich auch nicht mit subtilen Zwischenlösungen begnügt. Sein Befund ist vielmehr eindeutig:

Die Rechtslage sei inakzeptabel und im Hinblick auf die Steuerungsfunktion des Schadenersatzrechts dysfunktional.[31] Ein punktuelles Herumdoktern durch Lockerung der Schockschadensrechtsprechung[32] bringe keine Abhilfe. Vielmehr habe das höchste Zivilgericht die als Unrecht empfundene und im Rechtssystem erkannte Lücke mit Mitteln der verfassungsrechtlichen Interpretation zivilrechtlicher Tatbestandsmerkmale zu füllen; es gehe nämlich nicht an, „höchstrichterlich empfundenes Unrecht am Nagel dogmatischer Lücken des Zivilrechts aufzuhängen und zu vergessen."[33]

Aus dem Befund, dass die Steuerungsfunktion des Schadensrechts insoweit leer laufe, zieht er den Schluss, dass die Verhaltenssteuerung nicht zur Disposition des einfachen Gesetzgebers stehe, was insbesondere bei besonders vorwerfbarem Verhalten nicht hinzunehmen sei;[34] ein Zuwarten auf eine Reaktion des Gesetzgebers sei entbehrlich.[35] Explizit heißt es, es sei an der Zeit, dass das BVerfG die Dinge zurechtrücke.[36] Wenn BGH

---

27 Zu dieser Terminologie *Fischer*, VersR 2016, 1155.
28 *Schwintowski/C. Schah Sedi/M. Schah Sedi*, zfs 2012, 6, 7.
29 *Schwintowski*, VuR 2016, 18, 19 f.
30 Beim Schockschaden erlebt ein Angehöriger das Unfallgeschehen mit, beim Fernwirkungsschaden tritt die psychische Beeinträchtigung bei diesem infolge der Nachricht über das Unfallereignis ein.
31 *Schwintowski/C. Schah Sedi/M. Schah Sedi*, zfs 2012, 6, 7.
32 Dafür *Diederichsen*, DAR 2011, 122 ff.
33 *Schwintowski/C. Schah Sedi/M. Schah Sedi*, zfs 2012, 6, 8.
34 *Schwintowski*, in: Schwintowski/C. Schah Sedi/M. Schah Sedi, § 4 Rn. 3 f.
35 *Schwintowski*, in: Schwintowski/C. Schah Sedi/M. Schah Sedi, § 5 Rn. 15.
36 *Schwintowski*, VuR 2016, 18, 20.

und Gesetzgeber nicht „funktionierten", müsste eben mit anderem Geschütz operiert werden.[37] Quasi als Flankenschutz beruft er sich auch noch auf Regelungen bei Miterleben eines traumatischen Ereignisses bei Soldaten sowie europarechtliche Normen, die diese Sichtweise unterstützen.

Nun hat der Gesetzgeber gehandelt, wobei der Jubilar als Sachverständiger im Bundestag (ausreichend?) gehört wurde.[38] Hat der deutsche Gesetzgeber damit den Standard der (deutschsprachigen) Nachbarrechtsordnungen erreicht? In welcher Größenordnung wird Ersatz zuerkannt werden? Da die Neuregelung des § 844 Abs 3 BGB durchaus Spielräume bei der Auslegung zulässt, stellt sich die Frage, ob der BGH dabei auf die reichhaltige höchstrichterliche Rechtsprechung der (deutschsprachigen) Nachbarrechtsordnungen Bezug nehmen wird.[39] *Landolt*[40] hat das in die Worte gefasst: Gibt es eine „unité de doctrine"?

Zu klären ist zudem: Wie wird sich das Hinterbliebenengeld auf die Schockschadenrechtsprechung auswirken? Gibt es noch Schwachstellen, die *Schwintowski* angeprangert hat bzw hätte die Reform noch weitergehen können? Da sein Lösungsansatz auf verfassungsrechtlichen Vorgaben beruhte, mag es reizvoll sein zu untersuchen, inwieweit der (einfache) Gesetzgeber nun seine Hausaufgaben gemacht hat und eine Bezugnahme auf das Verfassungsrecht damit entbehrlich geworden ist. Aus Platzgründen können in diesem Festschriftbeitrag nur einige ausgewählte Probleme erörtert werden.

C. Die „Frohbotschaft" vorweg: Durch § 844 Abs 3 BGB ist Deutschland nicht mehr der letzte Mohikaner

Deutschland hatte in Europa insofern ein Alleinstellungsmerkmal, als bei Tötung einer Person die bloße Trauer von Angehörigen – ohne Nachweis einer qualifizierten pathologischen seelischen Beeinträchtigung – entschädigungslos blieb. Das ist nunmehr weggefallen; durch die Reform[41] er-

---

37 Diametral entgegengesetzt die Stellungnahme des Deutschen Richterbunds 2: Rechtspolitische Entscheidung, die allein dem Gesetzgeber obliegt.
38 Becklink 2006479.
39 Zur Wahrnehmung der Entwicklung der Rechtslage der Schweiz in Österreich *Danzl*, in: Danzl/Gutiérrez-Lobos/Müller, S. 213 ff.
40 *Landolt*, in: Festschrift Jaeger, S. 355, 356.
41 Das Gesetz ist im Bundesgesetzblatt verkündet worden am 17.7.2017.

folgte ein Befreiungsschlag.[42] Es wird damit eine Gerechtigkeitslücke geschlossen.[43] Die Angehörigen müssen ihr Engagement nicht mehr in den Nachweis einer seelischen Krankheit investieren, was der Regulierungsatmosphäre förderlich ist.[44] Ersatz erhält nicht nur der wohl situierte Bürger, der sich auf die Couch des Psychiaters legt, durch seelische Wellnesseinrichtungen tingelt und Psychopharmaka schluckt,[45] sondern auch derjenige (aus der Unterschicht), der ebenso trauert, der solche Therapien aber nicht in Anspruch nimmt, weil er alle Hände voll zu tun hat, dass das Leben weitergeht.[46]

D. Bezeichnung Hinterbliebenengeld

In der Sache geht es um Inhalte, nicht um Bezeichnungen. Freilich steckt schon in der Wortwahl eine bestimmte Botschaft. Zunächst ist es der rechtsvergleichenden Diskussion nicht förderlich, wenn jede Rechtsordnung das jeweilige Phänomen unterschiedlich bezeichnet. In der Schweiz sind die Begriffe Hinterbliebenen- bzw Angehörigengenugtuung gebräuchlich, in Österreich Angehörigen- oder Trauerschmerzengeld; der deutsche Gesetzgeber hat sich für den Terminus „Hinterbliebenengeld" entschieden. *Müller*[47] verweist zutreffend darauf, dass das klingt wie Wohngeld oder Kindergeld, somit Assoziationen nach einer wiederkehrenden, pauschalen Transferleistung auslöst. Darum geht es allerdings gerade nicht. Vielmehr soll eine einmalige, nach richterlichem Ermessen individualisierte Entschädigung zuerkannt werden. Insoweit wäre der von *Müller*[48] vorgeschlagene Terminus „Hinterbliebenenentschädigung" gewiss passender (gewesen).

---

42 Dazu *Ch. Huber*, NZV 2012, 5 ff.
43 Nomos-Komm BGB³/*Ch. Huber*, § 253 Rn. 66.
44 *Kadner Graziano*, RIW 2015, 549, 553 ff.
45 Prototypisch OLG Köln, Urt. v. 18.12.2006 - 16 U 40/06, OLGR 2007, 363: Die Witwe lässt kaum eine in Betracht kommende Therapie aus und bekommt neben den Therapiekosten auch Schmerzensgeld für den Schockschaden.
46 Prototypisch OLG Naumburg, Beschl. v. 7.3.2005 - 12 W 118/04, NJW-RR 2005, 900 = VRR 2005, 268 (*Jaeger*): Von Rechtsradikalen zusammengeschlagener Sohn, der sich im Park noch blutverströmt zur Mutter schleppt und vor ihren Augen „verendet; Ablehnung des Antrags auf Prozesskostenhilfe.
47 *Müller*, VersR 2017, 321, 323.
48 *Müller*, VersR 2017, 321, 323.

Mit der Bezeichnung wird freilich eine Wertentscheidung dergestalt vorgenommen, dass lediglich Personen bei Tötung eines anderen anspruchsberechtigt sind, nicht aber im Fall einer – auch noch so schweren – Verletzung.[49] *Müller*[50] weist zudem darauf hin, dass der Begriff des Hinterbliebenen weiter sei als der des Angehörigen. Das hat mE kaum Bedeutung, wie die rechtsvergleichende Analyse mit dem schweizerischen und österreichischen Recht zeigen wird.

E. Ort der Positionierung des Hinterbliebenengeldes im BGB

Anders als das Schmerzensgeld, das im Zuge des 2. Schadenersatzrechtsänderungsgesetzes von § 847 aF BGB nach § 253 BGB verlagert wurde, um zu gewährleisten, dass ein solcher Anspruch bei jeder Anspruchsgrundlage besteht, hat sich der Gesetzgeber beim Hinterbliebenengeld für eine Regelung im Kontext des Unterhaltsersatzes entschieden. Er hat damit zum Ausdruck gebracht, dass ein Anspruch nur bei Vorliegen eines Deliktstatbestands besteht; darüber hinaus wurden Regelungen bei einzelnen Gefährdungshaftungen sowie gewissen Vertragsverhältnissen von Transportverträgen vorgesehen.[51]

Müller[52] konstatiert, dass der Anspruch weder bei § 253 BGB passe, weil es sich um kein Schmerzensgeld handle, noch bei § 844 BGB, weil es kein Vermögensschaden sei, billigt aber dem Gesetzgeber zu, dass er gleichwohl eine Regelung treffen könne. Den einen geht das zu weit,[53] den anderen zu wenig weit.[54] ME ist einzuräumen, dass schwer zu begründen wäre, weshalb das Hinterbliebenengeld auch bei einer Vertragsverlet-

---

49 Dazu sogleich unten unter Punkt F.
50 *Müller*, VersR 2017, 321, 323.
51 Kritisch die Stellungnahme des Verbands der Reeder 1 ff mit dem Hinweis, dass nicht einzusehen sei, dass ausgerechnet bei der Passagierschadenshaftung im Seeverkehr eine vertragliche Anspruchsgrundlage gegeben sei; internationale Normen würden das nicht erfordern.
52 *Müller*, VersR 2017, 321, 322.
53 Kritik an der Einbeziehung der Gefährdungshaftung Stellungnahme Deutscher Richterbund 2, anders freilich 3.
54 Stellungnahme DAV 9 f: Vertragliche Anspruchsgrundlage geboten. *Karner*, in: Festschrift Danzl, S. 85, 90: Die Begrenzung des Hinterbliebenengeldes auf deliktische Ansprüche und die Ablehnung vertraglicher Ansprüche ist im Hinblick auf die Platzierung des Schmerzensgeldes in § 253 BGB „überraschend".

zung zustehen soll, der Unterhaltsersatz jedoch nur bei deliktischer Schädigung. Das ist freilich ein „Webfehler" des Unterhaltsersatzanspruchs, der besser ebenfalls im Kontext der §§ 249 ff BGB geregelt werden sollte.[55] Sachlich sprechen die besseren Argumente für eine Zubilligung des Anspruchs auch bei einer vertraglichen Anspruchsgrundlage, wie das auch in der Schweiz[56] und Österreich[57] anerkannt ist. Weniger bedeutsam ist das im Verkehrsrecht, wo häufig eine Anspruchsgrundlage aus einem Gefährdungshaftungstatbestand besteht. Vor allem bei der Arzthaftung[58] und im Reiserecht spielt die Beweislastverteilung und die Zurechnung des Gehilfenverhaltens jedoch eine wichtige Rolle; der deliktische Anspruch, der in solchen Fällen durchaus besteht, ist mitunter anders als der vertragliche nicht durchsetzbar; insofern hat der Gesetzgeber die Rechtslage nicht richtig eingeschätzt.[59]

ME wäre eine Regelung dergestalt wünschenswert gewesen, dass die Hinterbliebenen immer dann einen Anspruch haben, wenn dem Getöteten für den Fall seines Überlebens ein Ersatzanspruch zugestanden wäre. Zu begründen wäre das damit gewesen, dass es sich auch sonst um einen vom Getöteten abgeleiteten Anspruch handelt.[60] Dann würde man auch nicht auf die Krücken der culpa in contrahendo und des Vertrags mit Schutzwirkung zugunsten Dritter zurückgreifen müssen, bei dem häufig fraglich ist, welche Dritten gerade – noch – einzubeziehen sind.[61] Eine Einbeziehung

---

55 *Ch. Huber*, Editorial NZV 2017 Heft 3.
56 *Hütte,* in: Hütte/Landolt, Genugtuungsrecht, Band I, Genugtuung als Folge von Tötung oder Sexualdelikten, 2013, Rn. 12 f.; *Landolt,* in: Festschrift Jaeger, S. 355, 357, jeweils unter Bezugnahme auf Schweizer BG, Urt. v. 23.10.1990 - BGE 116 II 519.
57 Die mangelnde Systembildung des im Vergleich zum BGB fast 100 Jahre älteren ABGB erweist sich insoweit als „Vorteil".
58 *Jaeger*, VersR 2017, 1041, 1051.
59 *Jaeger*, VersR 2017, 1041, 1051.
60 Näheres dazu unter Punkt H.
61 Illustrativ insoweit OGH, Beschl. v. 3.6.2010 - 9 Ob 83/09k, SZ 2010/79 = Zak 2010/613 (*Schmaranzer*): Bei einem Schockschaden wurde der ärztliche Behandlungsvertrag als solcher mit Schutzwirkungen zugunsten der Angehörigen qualifiziert; dazu *Ch. Huber*, in: Schwimann, TaKomm ABGB[4], § 1325 Rn. 134; *Karner*, in: Festschrift Danzl, S. 85, 91 f. Zu den Grenzen durchaus zutreffend *Schmaranzer* in der Anmerkung, der darauf verweist, dass diese Rechtsfigur jedenfalls bei einer Aufklärungspflichtverletzung nicht in Betracht kommt. Zudem werden wohl nicht alle potentiell anspruchsberechtigten Hinterbliebenen in die Schutzwirkungen eines solchen Vertrags einbezogen werden können.

der Gefährdungshaftung ist – wie im schweizerischen Recht[62] – mE deshalb sachlich berechtigt, um wie beim Schmerzensgeld zu vermeiden, dass wegen eines einzelnen Anspruchs um das Verschulden gestritten werden muss. Erwähnt sei, dass die vorgenommene Regelungstechnik insoweit „fehleranfällig" ist, als die enumerative Aufzählung in den Gefährdungshaftungsgesetzen stets das Risiko birgt, ein – entlegenes – Gefährdungshaftungsgesetz bzw bei Einführung eines neuen Gefährdungshaftungstatbestands das Hinterbliebenengeld zu übersehen; dieses Risiko wäre bei einer Positionierung bei § 253 BGB nicht gegeben gewesen.

F. Nur Tötung, nicht auch schwerste Verletzung

Schon durch die Bezeichnung „Hinterbliebenengeld" hat der Gesetzgeber zum Ausdruck gebracht, dass er lediglich Angehörigen von getöteten Personen eine Abgeltung für deren seelisches Leid zubilligen will, nicht aber solchen bei schwer(st)er Verletzung;[63] *Jaeger*[64] bezeichnet das zu Recht als „kleine Lösung". Man könnte das noch deutlicher als „kleinmütige Lösung" taxieren. Diejenigen, die der Einführung der neuen Regelung an sich skeptisch gegenüberstehen, billigen diese Einschränkung, weil es ansonsten zu einer „unabsehbaren Ausuferung des Anspruchs" käme und Abgrenzungsschwierigkeiten nicht zu bewältigen seien.[65] Zudem würden die betroffenen Angehörigen vom Schmerzensgeld des primär Verletzten profitieren.

Das Problem von Abgrenzungsschwierigkeiten ist durchaus gegeben, ist dem Zivilrecht aber so immanent wie das Amen in der Kirche. Konsens besteht darüber, dass das seelische Leid der Hinterbliebenen im Fall einer schwer(st)en Verletzung größer ist als im Tötungsfall.[66] Verwiesen wird auf die junge Witwe, die bei Tötung des Ehemanns geraume Zeit später wieder heiratet, während der Ehefrau, die den zum Krüppel gewordenen

---

62 *Landolt, in:* Hütte/Landolt, Band II, Rn. 546 unter Hinweis auf Art 58 SVG; *ders.,* HAVE 2009, 125, 133; Schweizer BG, Urt. v. 7.2.2012 - 4A_364/2011, BGE 138 III 276.
63 *Jaeger,* VersR 2017, 1041, 1043.
64 *Jaeger,* VersR 2017, 1041, 1049.
65 *Müller,* VersR 2017, 321, 323; Stellungnahme Deutscher Richterbund 4; Stellungnahme des GDV 6.
66 *Jaeger,* VersR 2017, 1041, 1050; *Karner,* in: Festschrift Danzl, S. 15; *Danzl,* in: Danzl/Gutiérrez-Lobos/Müller, S. 215.

Ehemann ein Leben lang pflegt, weil sie das Eheversprechen „bis der Tod uns scheidet" ernst nimmt, deutlich mehr entgeht.[67] Es sollte zu denken geben, dass das schweizerische Höchstgericht[68] die gesetzgeberische Regelung, die lediglich eine Hinterbliebenengenugtuung in Art 47 OR vorsah, auf Fälle einer Verletztengenugtuung unter Berufung auf Art 49 OR ergänzte. Dass die Verletztengenugtuung in der Schweiz – zu Recht – deutlich höher ausfällt als die Hinterbliebenengenugtuung,[69] ist Ausdruck dieses zutreffenden Befunds; hinzukommen entsprechende Ansprüche bei der Militärversicherung und im Opferhilferecht.[70] Auch der OGH[71] judiziert beim Schockschaden so. Beim Trauerschmerzengeld kann es nicht anders sein.[72]

Worauf die Befürworter der Begrenzung auf den Tötungsfall hinweisen, dass nämlich das Schmerzensgeld des Verletzten mittelbar auch den Angehörigen zugutekomme,[73] führt ebenso zu einer – bestenfalls – halben Lösung, wie der Verweis der Angehörigen auf das vererbte Schmerzensgeld im Tötungsfall, das zu einem Erbsenzählen nach der Überlebenszeit führt, ganz abgesehen davon, dass Erben und trauernde Angehörige nicht ident sein müssen und der Nachlass überschuldet sein kann.[74] Bei Einräumung eines eigenen Anspruchs an die Angehörigen im Verletzungsfall[75] wäre es deren seelisches Leid, das zu bemessen wäre.[76] Und genau darum geht es.

---

67 *Jaeger*, VersR 2017, 1041, 1050; *Landolt*, HAVE 2009, 125, 133; *Ch. Huber*, NZV Editorial NZV Heft 3.
68 Schweizer BG, Urt. v. 11.3.1986 - BGE 112 II 118.
69 *Landolt*, in: Hütte/Landolt, Band II, Rn. 598: Relation der Angehörigengenugtuung (Tötungsfall) zur Verletztengenugtuung: Ehegatten 20% bis 57%, Eltern 20% bis 50%, Kinder 17% bis 33 %, Geschwister 20% bis 25 %.
70 *Landolt*, in: Hütte/Landolt, Band II, Rn. 540.
71 OGH, Beschl. v. 13.6.2012 - 2 Ob 136/11f, ZVR 2012/204 (*Karner*).
72 *Karner*, in: Festschrift Danzl, S. 85, 96; *Hinghofer-Szalkay*, ZVR 2008, 444 unter Hinweis auf OGH, Beschl. v. 2.2.2006 – 2 Ob 18/06w, ecolex 2007/144 (*Prisching*); Beschl. v. 14.6.2007 – 2 Ob 163/06v, Zak 2007/521 = JBl 2007, 791: Jeweils Abweisung (bloß) wegen des Fehlens grober Fahrlässigkeit.
73 *Müller*, VersR 2017, 321, 323.
74 Nomos-Komm³/*Ch. Huber*, § 253 Rn 71.
75 Dafür *Bischoff*, MDR 2017, 739, 740; *Zwickel*, NZV 2015, 214, 217; Stellungnahme Weißer Ring 1. Nachdrücklich für eine rechtsgleiche Behandlung auch *Landolt*, in: Festschrift Jaeger, S. 355, 360: Ansonsten ungerechtfertigte Privilegierung des Getöteten, 368: Nicht nachvollziehbar bzw unbegreiflich, dass kein Anspruch bei schwerster Verletzung.
76 So auch der Befund von *Jaeger*, VersR 2017, 1041, 1050.

Plausibel könnte es insoweit sein, eine Begrenzung des Personenkreises auf die Haushaltsangehörigen vorzunehmen, die entweder den Verletzten pflegen oder von dessen schwer(st)er Verletzung besonders in Mitleidenschaft gezogen sind wie etwa minderjährige Kinder, denen dadurch im Rahmen der Erziehung weniger Aufmerksamkeit zuteil wird. Wenn das schweizerische Höchstgericht wegen der mit Händen zu greifenden Wertungsdisparität schlussendlich zu einer Ausweitung gekommen ist, ist nicht auszuschließen, dass sich auch der BGH oder das BVerfG dieser Erkenntnis eines Tages nicht verschließen werden; der Gleichheitsgrundsatz wäre dafür ein Anknüpfungskriterium. Die neue gesetzliche Regelung macht wegen der darin deutlich bekundeten Wertentscheidung der Begrenzung auf den Todesfall aber ein Überspringen dieser Hürde deutlich schwerer. Das schweizerische BG hat immerhin mehr als ein Jahrhundert dafür gebraucht.

Es wird de lege lata nach deutschem Recht daher bei einer schwer(st)en Verletzung des Primäropfers dabei zu bleiben haben, dass der betroffene Angehörige eine eigene (seelische) pathologische Veränderung nachweisen muss. Als ein im Mutterleib befindliches Kind wegen eines Schocks der Mutter nach einer Verletzung des Vaters, der unter Lebensgefahr drei Wochen bewusstlos war, mit einem Hirnschaden auf die Welt gekommen ist, hat der BGH[77] einen Ersatzanspruch bejaht. ME sind die Grenzwerte sowohl beim Primär- als auch Sekundäropfer deutlich tiefer anzusetzen.[78] ME ist zwischen zwei Fallgruppen zu unterscheiden, nämlich der durch die Nachricht über die Verletzung ausgelösten seelischen Beeinträchtigung und den immateriellen Einbußen der Angehörigen infolge einer lang andauernden Krankheit oder Behinderung des primär Verletzten.[79] *Karner*[80] hat zum österreichischen Recht mE zu Recht darauf hingewiesen, dass es insoweit lediglich auf eine ex-ante-Betrachtung ankommen kann.

Bei dauernden Beeinträchtigungen, namentlich den Auswirkungen der Impotenz des verletzten Ehemannes auf die Ehefrau, zeigt sich, dass die

---

77 BGH, Urt. v. 5.2.1985 - VI ZR 198/83, BGHZ 93, 351.
78 Für eine Abkehr von schwersten, einem Pflegefall gleichkommenden Verletzungen zu Recht *Karner*, in: Festschrift Danzl, S. 24.
79 Für eine solche Fallgruppenbildung *Hinghofer-Szalkay*, ZVR 2008, 444, 448.
80 *Karner*, in: Festschrift Danzl, S. 85, 104.

Schweiz[81] – zu Recht – lustbetonter ist als Deutschland[82] und auch Österreich[83] eine solche Beeinträchtigung als schwerwiegend ansieht. Abgesehen von diesem – jedenfalls für viele Lebensetappen nicht ganz unmaßgeblichen – Detailaspekt wäre mE zu erwägen, ob es bei einem Dauerzustand beim Anspruch des Sekundäropfers nicht so sehr auf die Schwere der Verletzung des Primäropfers ankommt, sondern auf die Dauer der Beeinträchtigung und deren Auswirkung für das Zusammenleben. So hat namentlich der OGH Kindern Ersatz von immateriellem Schaden zuerkannt, weil diese eine Zeit hindurch die Mutter[84] oder beide Eltern[85] entbehren mussten. Auch unter dem Gesichtspunkt der Vorhersehbarkeit einer solchen Schädigung ist die Dauer der Entbehrung der elterlichen Fürsorge mE das maßgebliche Kriterium.

G. Personenkreis

I. Einigkeit in der Sache

Losgelöst von der jeweiligen gesetzlichen Determinierung oder der Herausbildung von Kriterien durch die – höchstrichterliche – Rechtsprechung ist man sich in allen drei deutschsprachigen Rechtsordnungen der Sache

---

81 *Landolt,* in: Hütte/Landolt, Band II, Rn. 544 unter Hinweis auf Schweizer BG, Urt. v. 22.4.1986 – BGE 112 II 226.
82 LG Frankenthal, Urt. v. 19.12.1996 – 8 O 105/96, MedR 1998, 130; OLG Köln, Beschl. v. 22.12.2015 – 5 U 135/15, VersR 2016, 796; kritisch *Ziegler/Rektorschek,* Impotenz durch Behandlungsfehler – geht der Partner leer aus?, VersR 2009, 181 ff, die freilich in überzogener Form den immateriellen Schaden nach den – fiktiven – Kosten von Bordellbesuchen taxieren wollen, was je nach Alter und Häufigkeit zu exorbitanten Beträgen führen würde; insoweit kritisch Nomos-Komm³/*Ch. Huber,* § 253 Rn 62.
83 *Landolt,* in: Festschrift Jaeger, S. 355, 362 unter Einbeziehung Österreichs zur Fraktion der „Lustbetonten" unter Bezugnahme auf OLG Wien 15 R 213/04k; vgl. freilich die danach ergangene OGH, Beschl. v. 22.5.2014 – 2 Ob 70/14d, Zak 2014/511: Abweisung des Begehrens; kritisch dazu *Ch. Huber,* in: Schwimann, TaKomm⁴, § 1325 Rn. 146.
84 OGH, Urt. v. 16.6.1994 – 2 Ob 45/93, ZVR 1995/46: Kleinkind erlitt eine Trennungsneurose, weil die Mutter schwerstverletzt 2 Monate in einem Krankenhaus verbringen musste.
85 OGH, Urt. v. 12.06.2003 – 2 Ob 111/03t, ZVR 2004/26: Durch Überforderung ausgelöste Magersucht der Tochter, die wegen des Krankenhausaufenthalts der Eltern den Haushalt führen und die Geschwister betreuen musste.

nach einig, wer dem Grunde nach anspruchsberechtigt sein soll: Es sind dies die Personen, die zum Getöteten in einer intensiven Gefühlsbeziehung standen,[86] nicht die Mitglieder der Kegelrunde.[87] Da dieses Kriterium schwer ermittelbar bzw messbar ist, ist man darauf angewiesen, es mithilfe von Hilfstatsachen zu bejahen oder zu verneinen. Plausibel ist dabei mE ein zweistufiges Vorgehen: In einem ersten Schritt ist zu prüfen, ob eine Person an sich anspruchsberechtigt ist; in einem zweiten Schritt ist dann im Rahmen der Festlegung des Umfangs festzulegen, ob Zu- oder Abschläge bezogen auf einen Durchschnittswert vorzunehmen sind, der für die jeweilige familiäre Statusbeziehung angenommen wird.

Die Auswahl des anspruchsberechtigten Personenkreises steht im Spannungsverhältnis zwischen Rechtssicherheit und Sachgerechtigkeit im Einzelfall.[88] Als Anknüpfungspunkte kommen in Betracht eine formale familienrechtliche Statusbeziehung, nämlich Verwandtschaft sowie Ehe bzw Lebenspartnerschaft, oder das Bestehen einer Haushaltsgemeinschaft. Einigkeit besteht darin, dass diese Umstände jeweils noch einer Korrektur im Einzelfall bedürfen und nicht abschließend sind.[89] Besteht eine formale familienrechtliche Statusbeziehung nur noch auf dem Papier, sei es eine Ehe bzw Lebenspartnerschaft oder eine Eltern-Kind-Beziehung, ohne dass ein enger persönlicher Kontakt besteht, soll dem Hinterbliebenen kein unverdienter Glücksfall in den Schoß fallen.[90] Umgekehrt mag es Fälle geben, in denen eine Person, zu der weder eine familienrechtliche Statusbeziehung noch mit der ein gemeinsamer Haushalt besteht, als legitimerweise anspruchsberechtigt anzusehen ist. Insoweit wird es sich freilich um – rare – Einzelfälle handeln. Die relativ reichhaltige Judikatur in der Schweiz und Österreich kann deutschen Gerichten Anhaltspunkte für eine

---

86 *Landolt*, in: Hütte/Landolt, Band II, Rn. 55: Angehörigenkreis nicht gesetzlich geregelt, abgestellt wird auf tatsächliche Nähe und Intensität der Beziehungen des Anspruchstellers zum Verletzten (bzw Getöteten); ebenso *Danzl*, in: Danzl/Gutiérrez-Lobos/Müller, S. 175, Fn. 456; *Müller*, VersR 2017, 321, 323.
87 *Ch. Huber*, NZV 1998, 345, 352.
88 Für eine stärkere Betonung der Rechtssicherheit der Bundesrat, BRDS 127/1/17: Vorschlag einer abschließenden Fixierung des anspruchsberechtigten Personenkreises unter Einschluss von Geschwistern und Partnern einer nichtehelichen Lebensgemeinschaft, wobei bei Kindern erwogen wurde, auf deren Minderjährigkeit oder deren Zugehörigkeit zur Haushaltsgemeinschaft abzustellen.
89 *Karner*, in: Festschrift Danzl, S. 85, 97.
90 *Jaeger*, VersR 2017, 1041, 1052.

sachgerechte Abgrenzung bei der Auslegung von § 844 Abs 3 BGB liefern.

Letztlich stellt sich bloß – aber immerhin – die Frage nach dem passenden archimedischen Punkt. Zu bedenken ist, dass die Regulierung eines Haftpflichtschadens nicht dazu führen soll, dass einerseits die Anspruchsteller intimste Umstände der Privatsphäre preisgeben müssen,[91] andererseits aber der Ersatzpflichtige auch nicht mit ungebührlichem Regulierungsaufwand bei der Nachprüfung der Nahebeziehung belastet werden soll. Der für den Schädiger typischerweise einstandspflichtige Haftpflichtversicherer hat zudem keine Kenntnis von den Umständen aus der Sphäre des Getöteten und der potentiell Anspruchsberechtigten. Der deutsche Gesetzgeber hat sich in § 844 Abs 3 BGB für eine Anknüpfung an den Familienstatus entschieden,[92] während der OGH[93] primär an die Haushaltszugehörigkeit anknüpft.[94] In solchen Fällen wird die intensive Gefühlsgemeinschaft jeweils vermutet, in den anderen Fällen ist sie vom Anspruchsteller gesondert nachzuweisen. Mit einer derartigen Vermutungsregelung wird für die Ansprüche derart Privilegierter Regulierungsaufwand gespart, was mE zu begrüßen ist.[95]

Wie bei § 844 Abs 2 BGB ist auch bei § 844 Abs 3 BGB auf den Verletzungszeitpunkt abzustellen. Entsteht nach diesem Zeitpunkt erst eine enge Gefühlsgemeinschaft zu einer – später versterbenden – Person, ist keine Anspruchsberechtigung gegeben, so bei einem Ehepartner nach späterer Verehelichung oder bei später gezeugten Kindern.[96] Das ist rechtspolitisch durchaus diskutabel und begünstigt einseitig den Schädiger. Bestand nämlich im Zeitpunkt der Verletzung eine enge Gefühlsbeziehung zu einer bestimmten Person, ist diese aber im Fall des Todes nicht mehr gegeben, weil der Angehörige, zu dem diese gegeben war, nicht mehr lebt oder die Ehe geschieden wurde, besteht kein Anspruch. Für dieses Ergebnis spricht

---

91 Stellungnahme des ADAC 2.
92 Kritisch Stellungnahme Deutschen Richterbund 3; *Bischoff*, MDR 2017, 739, 740: Nahe Verwandte, die zum Getöteten in keinem persönlichen Naheverhältnis stehen, werden privilegiert, ohne dass dafür eine Rechtfertigung erkennbar ist.
93 OGH, Beschl. v. 1.7.2004 – 2 Ob 141/04f, ecolex 2005/06; weitere Nachweise bei *Ch. Huber*, in: Schwimann, TaKomm⁴, § 1325 Rn 142.
94 Im schweizerischen Recht spielen beide Kriterien eine maßgebliche Rolle.
95 Ebenso *Jaeger*, VersR 2017, 1041, 1052.
96 Zum nasciturus sogleich unter Punkt II.3.

indes der Gleichklang zum Unterhaltsersatzanspruch,[97] mag der Kreis der Anspruchsberechtigten auch nicht deckungsgleich sein.

II. Das Regel-Ausnahme-Verhältnis

1. Grundsätzlich Anspruch der in § 844 Abs 3 S 2 BGB genannten Personen: Ehegatte, Lebenspartner, Eltern, Kinder

Die in § 844 Abs 3 BGB getroffene Regelung stellt eine Vermutungsregelung auf, die für ein gewisses Maß an Rechtssicherheit und Begrenzung des Regulierungsaufwands bei Anspruchsberechtigung der privilegierten Hinterbliebenengruppe sorgt, andere Personen aber nicht ausschließt.[98] Auch der von *Schwintowski*[99] benannte besonders enge Freund, namentlich aus einem soldatischen Kameradschaftsverhältnis, ist dabei inkludiert.

Zunächst ist der Frage nachzugehen, unter welchen Voraussetzungen den „privilegierten" Hinterbliebenen, bei denen eine gesetzliche Vermutung besteht, ausnahmsweise kein Anspruch zusteht. Da der Ersatzpflichtige keine Kenntnisse aus der Sphäre des Getöteten und der Anspruchsberechtigten hat, trifft diese eine sekundäre Darlegungslast.[100] Maßstab der intensiven Gefühlsbeziehung ist eine intakte Familienbeziehung.[101] Diese wird wohl im höchsten Maß gegeben sein bei Bestehen einer Haushaltsgemeinschaft. Wird diese aufgehoben, ist auch das Zusammengehörigkeitsgefühl meist herabgesetzt.[102] Namentlich bei Ehepartnern ist das zu beobachten: Verlässt ein Ehepartner aus freien Stücken den gemeinsamen Wohnsitz nicht nur vorübergehend, ist die Scheidung häufig nicht mehr weit. Davon sind Fälle abzugrenzen, in denen ein getrennter Haushalt durch äußere Umstände bedingt ist, sei es, dass dies aus beruflichen Gründen erfolgt oder ein Ehepartner sich im Gefängnis befindet – berechtigt oder unberechtigt.[103]

---

97 *Jaeger*, VersR 2017, 1041, 1052.
98 Zustimmend Stellungnahme ADAC 1.
99 *Schwintowski/C. Schah Sedi/M. Schah Sedi,* zfs 2012, 6, 7. Nicht in Betracht genommen werden indes Geschwister.
100 *Jaeger*, VersR 2017, 1041, 1052.
101 *Fechner,* DRiZ 2017, 84, 85.
102 So auch *Hütte,* in: Hütte/Landolt, Band I, Rn. 52.
103 *Hütte,* in: Hütte/Landolt, Band I, Rn. 53.

Die österreichische Judikatur[104] hat aber zutreffend darauf hingewiesen, dass es Konstellationen gibt, in denen trotz gemeinsamen Haushalts der Familiensegen auch schon einmal schief hängt. Hingewiesen wird darauf, dass namentlich in der Pubertät das Verhältnis des Kindes zu den Eltern und umgekehrt gelegentlich eine Trübung erfährt. Auch in so mancher Ehe hängt der Himmel nicht permanent voller Geigen. Ein Anspruch wurde aber nur dann versagt, wenn es zu einer Entfremdung gekommen ist mit der Folge, dass schon längere Zeit und voraussichtlich auf Dauer keine Kommunikation gegeben ist. Begründet wird das durchaus einleuchtend damit, dass im Fall des Todes auch die Möglichkeit der Aussöhnung unwiederbringlich verloren gegangen ist, was für den Überlebenden bitter ist.[105] Das Abstellen auf die Entfremdung wäre mE auch für das deutsche Recht ein plausibles k.-o.-Kriterium. Das ist eine Spur strenger, als darauf abzustellen, dass nach § 1933 BGB bzw § 10 Abs 3 LPartG kein gesetzliches Erbrecht mehr besteht, weil die Voraussetzungen für die Scheidung bestehen, weil der Getötete bzw der Anspruchsteller die Scheidung beantragt oder ihr zugestimmt hat,[106] aber weniger streng, einen Anspruch schon bei jedem Getrenntleben von Ehegatten und Lebenspartnern zu versagen.[107] Eine non-liquet-Situation ginge dabei nach der gesetzlichen Vermutungsregel zu Lasten des Ersatzpflichtigen.

2. Nachweispflicht der in § 844 Abs 3 S 2 BGB nicht privilegierten Personengruppe

Die in § 844 Abs 3 S 2 BGB nicht privilegierte Personengruppe muss eine Gefühlsbeziehung von der Intensität nachweisen, wie sie in intakten Familienverhältnissen zwischen den dort genannten Personen angenommen wird.[108] Welche Personen kommen dabei in Betracht? Es handelt sich in

---

104 OGH, Urt. v. 22.2.2001 - 2 Ob 79/00g, SZ 74/24 = ZVR 2001/52 (*Karner*); OGH, Beschl. v. 1.7.2004 - 2 Ob 141/04f, ZVR 2004/86; ebenso *Karner*, in: Festschrift Danzl, S. 85, 98.
105 *Danzl*, in: Danzl/Gutiérrez-Lobos/Müller, S. 180 f; *Reischauer*, in: Rummel, ABGB³ § 1325 Rn. 5.
106 *Müller*, VersR 2017, 321, 323; *Jaeger*, VersR 2017, 1041, 1052 f.
107 Stellungnahme des DAV 7.
108 *Jaeger*, VersR 2017, 1041, 1052.

erster Linie um Lebensabschnittsgemeinschaften unterschiedlichen[109] oder gleichen Geschlechts[110] sowie Beziehungen von Kindern zu Stiefeltern in Patchworkfamilien während des Bestehens einer Haushaltsgemeinschaft. Dazu kommen Fälle von Pflegeeltern[111] oder auch einer Nanny, mag das auch eine Person sein, die vor 100 oder 150 Jahren in adeligen oder großbürgerlichen Haushalten noch häufiger vorkam, freilich in Kreisen der Oberschicht auch heute noch zu finden sein mag. Bei einem Au-pair-Mädchen fehlt es mE an der Dauerhaftigkeit der Familienbeziehung, ist deren Aufenthaltsdauer doch meist auf weniger als 1 Jahr begrenzt.

Die von mir benannten engen Bezugspersonen einer Klosterbruderschaft oder Kommune[112] dürften wahrscheinlich ebenso von bloß akademischem Interesse sein wie der von *Schwintowski*[113] apostrophierte Kamerad des Soldatenlebens.[114] Bezeichnend ist, dass es in der über 140-jährigen Geschichte des Art 47 OR keinen einzigen in der Literatur dokumentierten Fall in der schweizerischen Rechtsprechung gibt,[115] obwohl die gesetzliche Formulierung bzw Auslegung dieser Norm eine solche Subsumtion durchaus zuließen.[116] Womöglich handelt es sich um Schimären, die von fantasiebegabten Professoren ins Spiel gebracht werden und um die es zu fiktiven Spiegelfechtereien kommt. Gegen die praktische Bedeutsamkeit spricht schließlich noch, dass das Maß persönlicher Verbundenheit während eines soldatischen Einsatzes durchaus das Ausmaß einer familiären Nahebeziehung wie bei bestehender Haushaltsgemeinschaft in einer intakten Familie erreichen kann; nach Beendigung bleibt aber häufig nicht mehr als die verklärte Vergangenheit.[117]

---

109 Bejahend OGH, Beschl. v. 29.7.2002 - 8 Ob 127/02p, ZVR 2002/96 (*Karner*); OGH, Urt.v. 2.2.2006 - 2 Ob 212/04x, Zak 2006/235.
110 Für eine Gleichstellung zu Recht *Fucik/Hartl/Schlosser*, Verkehrsunfall VI² (2012), Rn. 627.
111 *Karner*, in: Festschrift Danzl, S. 85, 99: Entfernter Verwandter, der Kind an Stelle der Eltern aufgezogen hat, ohne es formal zu adoptieren.
112 Nomos-Komm³/*Ch. Huber*, § 253 Rn. 67.
113 *Schwintowski/C. Schah Sedi/M. Schah Sedi*, zfs 2012, 6, 7.
114 Vorsichtig *Müller*, VersR 2017, 321, 323: Ob auch andere (nämlich solche) Personen in Betracht kommen, muss die Rechtspraxis zeigen.
115 *Landolt,* in: Hütte/Landolt, Band II, Rn 565.
116 BernerKomm OR⁴/*Brehm,* Art 47 Rn. 160a: Fraglich, ob auch guter Freund zu den Angehörigen zählt.
117 Die Schweiz hatte so lange Frieden bzw schickte ihre Soldaten wegen ihrer Neutralität nicht in Auslandseinsätze, sodass unter Umständen deshalb dort ein solcher Fall (noch) nicht aufgetreten ist.

ME ist die gemeinsame Haushaltszugehörigkeit das stärkste und wegen des formalen Anknüpfungspunktes auch am leichtesten beweisbare Indiz für das Bestehen einer engen Gefühlsgemeinschaft im Sinn von § 844 Abs 3 S 1 BGB.[118] Wenn die Gefühlsgemeinschaft eine gewisse Intensität erreicht, ziehen Lebensabschnittsbegleiter häufig zusammen. Da es beim Nachweis der intensiven Gefühlsgemeinschaft auf die tatsächlichen Verhältnisse ankommt, kann es aber für die Anspruchsberechtigung nach § 844 Abs 3 BGB nicht maßgeblich sein, ob der Anspruchsteller und der Getötete unter einem Dach gelebt haben bzw ihre Wohnräume jeweils über einen eigenen oder getrennten Eingang zu betreten waren. Der OGH[119] hat einen Anspruch auch bei Tötung der 61-jährigen Mutter bejaht, die zwar nicht im gemeinsamen Haushalt des 40-jährigen Sohnes gelebt hat, sondern vis-a-vis, aber durch Einnahme gemeinsamer Mahlzeiten in das Familienleben des Sohnes wie ein Haushaltsangehöriger integriert war.

Dieser Fall macht freilich deutlich, dass der unterschiedliche archimedische Punkt im deutschen und österreichischen Recht, nämlich formaler Familienstatus bzw Bestehen einer Haushaltsgemeinschaft, im Einzelfall doch zu unterschiedlichen Ergebnissen führen kann. Während nach österreichischem Recht eine „de-facto-Haushaltsgemeinschaft" bzw ein an diese angenäherter Zustand nachgewiesen werden musste, hätte nach § 844 Abs 3 S 2 BGB die bloße Bezugnahme auf das Bestehen einer familienrechtlichen Statusbeziehung ausgereicht. Bei zwei Brüdern hat es der OGH[120] – ohne Bestehen einer Haushaltsgemeinschaft – für ausreichend angesehen, dass zwischen den Brüdern eine Nahebeziehung bestand, die der zwischen Vater und Sohn angenähert war. Bejaht wurde ein Anspruch auch einer Verlobten – die Vorwirkung zur Ehe war somit ausreichend.[121] Das überzeugt deshalb, ist doch gerade in dieser Lebensphase eine besonders enge Gefühlsgemeinschaft gegeben.

Da es auf die faktische Nähe der Gefühlsbeziehung ankommt, ist es nach schweizerischem Recht bei Bestehen einer nicht-ehelichen Lebensgemeinschaft nicht von Bedeutung, wie lange diese schon besteht.[122] Wird sie noch während des Bestehens einer aufrechten Ehe eines Partners ein-

---

118 So auch Stellungnahme des DAV 8.
119 OGH, Beschl. v. 1.7.2004 - 2 Ob 141/04f, ZVR 2004/86.
120 OGH, Urt. v. 21.4.2005 - 2 Ob 90/05g, ZVR 2005/73 S. 254 (*Karner*).
121 OGH, Urt.v. 2.2.2006 - OGH 2 Ob 212/04x, Zak 2006/235.
122 *Landolt*, in: Hütte/Landolt, Band II, Rn. 557.

gegangen, hat das BG[123] sowohl der Ehefrau als auch der Lebensabschnittsbegleiterin eine Genugtuung zuerkannt. ME stellt sich freilich die Frage, ob in einem solchen Fall die Ehefrau nicht nur noch eine intensive „wirtschaftliche" Nahebeziehung zum Ehemann hatte, weil sowohl der eheliche Unterhalt als auch die rentenrechtliche Absicherung in diesem Status gegenüber dem einer geschiedenen Ehefrau vorzugswürdig sein dürften. Zu verweisen ist indes darauf, dass es mitunter vorkommt, dass ein Mann mit zwei Frauen zusammenlebt, der Ehefrau und der Geliebten, wie das etwa beim österreichischen Nobelpreisträger *Erwin Schrödinger* der Fall war. Zu erwägen könnte sein, insoweit wegen des sogar durch den ordre public geschützten Prinzips der Einehe eine normative Korrektur vorzunehmen. Die besseren Gründe sprechen indes dafür, allein auf die intensive Gefühlsgemeinschaft abzustellen, ist doch für eine solche eine Geschlechtsgemeinschaft keine Voraussetzung.[124] Bei Geschwistern wird sowohl im schweizerischen als auch österreichischen Recht eine Anspruchsberechtigung grundsätzlich nur bei Bestehen einer Haushaltsgemeinschaft bejaht.[125] Auch Großeltern sind nur ausnahmsweise anspruchsberechtigt.[126]

Als Anhaltspunkt für das Bestehen einer intensiven Gefühlsgemeinschaft der durch § 844 Abs 3 S 2 BGB nicht privilegierten Personen könnte zudem hilfsweise auf die Haushaltszugehörigkeit im Sinn des § 86 Abs 3 VVG bzw den Kreis der Personen, deren Besuchskosten im Rahmen der Heilungskosten[127] ersatzfähig sind, abgestellt werden, mögen diese Normen auch unterschiedliche Ziele verfolgen, nämlich die Vermeidung der Vereitelung des Zwecks einer Versicherung für den Versicherungsnehmer

---

123 Schweizer BG, Urt. v. 2.2.2012 - 6B_368/2011, BGE 138 III 157; bloß referierend BernerKomm⁴/*Brehm*, Art 47 Rn 160b; zustimmend *Landolt,* in: Hütte/Landolt, Band II, Rn. 557.
124 Vgl dazu auch *Jaeger*, VersR 2017, 1041, 1052: Intensive Gefühlsgemeinschaft denkbar auch bei geschiedenen Personen.
125 *Landolt*, in: Hütte/Landolt, Band II, Rn. 563; Anders aber bei besonders enger Gefühlsgemeinschaft OGH, Urt. v. 21.4.2005 – 2 Ob 90/05g, ZVR 2005/73 S. 254 (*Karner*) = JBl 2005, 652 = ÖJZ 2005/165: Der nicht im gemeinsamen Haushalt lebende Bruder hatte eine einem Vater angenäherte Position.
126 BernerKomm⁴/*Brehm*, Art 47 Rn 133; *Landolt,* in: Hütte/Landolt, Band II, Rn. 562: Großeltern anspruchsberechtigt, sofern diese den leiblichen Eltern vergleichbare Beziehung zum Kind pflegen. OGH, Urt. v. 12.5.2005 – 2 Ob 41/03y ZVR 2005/88 (*Griesher*): Einem 7 Monate alten Enkel Anspruch bei Tod des Großvaters versagt.
127 *Ch. Huber*, in: Schwimann, TaKomm⁴, § 1325 Rn. 137.

bzw das Wohlergehen der verletzten Person. Wenig treffsicher ist hingegen, bei Geschwistern für das Bestehen einer intensiven Nahebeziehung für maßgeblich anzusehen, ob deren Erbquote mindestens die Hälfte ausmacht.[128] Zwischen dem einen und dem anderen auch nur irgendeinen Zusammenhang herzustellen, erscheint mE besonders weit hergeholt zu sein.

3. Besonderheit des nasciturus

Auch ein noch nicht geborenes Kind kann – unter der Voraussetzung der Lebendgeburt – Anspruch auf das durch die Tötung eines Elternteils bewirkte seelische Leid haben. Dabei sind besondere Bemessungsdeterminanten zu berücksichtigen, worauf im folgenden Punkt H einzugehen sein wird. Kürzlich hat der OGH[129] den umgekehrten Fall entschieden, ob bei Tötung eines Fötus die Eltern anspruchsberechtigt sind. Der OGH hat das – zu Recht – für den konkreten Fall zugunsten von Mutter und Vater bejaht, weil der Fötus zu dem Zeitpunkt, zu dem der ärztliche Kunstfehler zum Tod des Fötus geführt hat, dieser als Kind überlebensfähig gewesen wäre. ME sprechen bei einem Wunschkind aber gute Gründe dafür, dass bereits ab der Zeugung ein solcher Anspruch zu bejahen ist.[130] Durchaus in Entsprechung zur Kategorie der Entfremdung ist ein solcher Anspruch lediglich dann abzulehnen, wenn der Vater bzw beide Eltern eine Abtreibung vornehmen oder das Kind später zur Adoption freigeben wollten.[131]

H. Originärer oder abgeleiteter Anspruch

Der Anspruch auf Hinterbliebenengeld besteht, weil einerseits der Getötete einen Anspruch hätte, wenn er „bloß" verletzt und nicht getötet worden wäre und andererseits die Hinterbliebenen in einem qualifizierten Nahe-

---

128 So aber Stellungnahme des DAV 8.
129 OGH, Urt. v. 30.8.2016 - 1 Ob 114/16w, RdM 2017/63, S. 72 (*Karner*); dazu *Ch. Huber*, Zuspruch von Trauerschmerzengeld an beide Elternteile im Fall der Totgeburt – Bestandsaufnahme und weitergehende Überlegungen, Anmerkung zu OGH, Urt. v. 30.8.2016 - 1 Ob 114/16w, ÖJZ 2017/52 S. 383 ff sowie *Danzl*, ZVR 2016, 456, 457.
130 *Ch. Huber*, in: Schwimann, TaKomm⁴, § 1325 Rn. 108a; *Karner*, in: Festschrift Danzl, S. 85, 101.
131 *Karner*, in Festschrift Danzl, S. 85, 100.

verhältnis zum Getöteten stehen. Bei diesem Ausgangspunkt ist es mE allein folgerichtig, dass der Anspruch der Hinterbliebenen ein abgeleiteter Anspruch ist.[132] Das hat zur Folge, dass sie sich das Mitverschulden[133] sowie die Betriebsgefahr, die sich beim Getöteten ausgewirkt hätte, hätte er überlebt, anspruchsmindernd entgegenhalten lassen müssen.[134] Führt freilich das Mitverschulden des Getöteten zu seinem Tod und hätte er ohne dieses Mitverschulden überlebt, ist nach einer überzeugend begründeten neueren OGH-Entscheidung[135] eine Gegenrechnung dergestalt aufzumachen, dass der Hinterbliebene sich das Mitverschulden insoweit nicht entgegenhalten lassen muss, als die Belastung des Schädigers im Verletzungsfall höher gewesen wäre. Das wird so gut wie immer der Fall sein, weil schon das Schmerzensgeld des Verletzten typischerweise höher ist als das Schmerzensgeld oder Hinterbliebenengeld der sekundär Geschädigten; allenfalls bei einer hohen Zahl sekundär Geschädigter, einem Elternteil mit besonders vielen Kindern, mag es ausnahmsweise anders sein.

Da es nicht auf die sachliche Kongruenz einzelner Schadensposten, sondern den globalen rechnerischen Schaden ankommt, sind auch Vermögensschäden in diese Differenzrechnung einzubeziehen. Und dann ist kaum jemals vorstellbar, dass die Belastung des Schädigers im Tötungsfall höher ausfällt: Der Unterhaltsersatz ist gegenüber dem Erwerbsschaden immer geringer; dazu kommt dass es bei Tötung keine (weiteren) Heilungskosten und vermehrten Bedürfnisse gibt. In concreto ging es um eine verweigerte Blutkonserve einer Zeugin Jehovas, was nach einer bei einem Verkehrsunfall erlittenen Verletzung – einer erforderlichen Oberschenkelamputation – zu ihrem Tod geführt hat; bedeutsamer werden in der Praxis aber Fälle sein, in denen der Verunfallte gestorben ist und nicht bloß

---

[132] OGH, Beschl. v. 4.11.2004 - 2 Ob 233/04k; OGH, Beschl. v. 7.7.2005 - 2 Ob 62/05i, ZVR 2006/4 (*Kathrein*), OGH, Beschl. v. 11.5.2010 - 4 Ob 36/10p, Zak 2010/480 (*Kletecka*); *Karner*, in: Festschrift Danzl, S. 85, 106: Jeweils Berufung auf den juristischen Gleichgewichtssinn, wonach es nicht sein kann, dass ein und derselbe Umstand zwar als Belastungsnorm in die Betrachtung einzubeziehen ist, bei der Entlastung aber nicht zu berücksichtigen ist. Ebenso Schweizer BG, Urt. v. 12.3.1991 - BGE 117 II 50; kritisch *Landolt,* in: Hütte/Landolt, Band II, Rn. 623 ff, der nur ein Mitverschulden des Anspruchstellers berücksichtigen will.

[133] OGH, Beschl v. 23.9.2003 - 2 Ob 178/04x, ZVR 2004/105 (*Danzl*): Mitfahrender Ehemann in Auto eines Betrunkenen, Schockschaden der Ehefrau.

[134] *Jaeger*, VersR 2017, 1041, 1054.

[135] OGH, Urt. v. 31.8.2016 - 2 Ob 148/15a, ZVR 2017/92 (*Ch. Huber*).

verletzt wurde, weil er beim Lenken des Motorrads keinen Sturzhelm trug oder im Auto nicht angeschnallt war.

Neben einer Berücksichtigung von Zurechnungsgründen, die beim Getöteten zu einer Reduktion des Anspruchs geführt hätten, ist beim Schockschaden anerkannt, dass darüber hinaus auch Belastungsmomente in der Sphäre des Anspruchstellers zusätzlich in Anschlag zu bringen sind. Bei Tötung eines Kindes kommt etwa die Verletzung der Aufsichtspflicht der Eltern in Betracht.[136] Genannt wird auch das Unterlassen von zumutbaren Therapiemaßnahmen, wenn dadurch die seelische Erkrankung in ihrem Ausmaß oder ihrer zeitlichen Erstreckung begrenzt werden hätte können.[137] Dabei wurde mE bisher zu Unrecht nicht berücksichtigt, dass die Kosten einer solchen Therapie der Schädiger tragen hätte müssen, sodass insoweit ein Saldo zu bilden wäre. Dazu kommt, dass in Bezug auf die Annahme eines Verstoßes gegen die Schadensminderungspflicht Zurückhaltung geboten ist. Anders als bei physiologisch fassbaren Krankheiten ist es bei seelischen Beschwerden durchaus unwägbar, ob das Schlucken von Psychopharmaka bzw die Couch des Psychiaters tatsächlich eine Besserung bewirkt. Die Beweislast trifft insoweit den Schädiger. Die Privatautonomie des Betroffenen ist mE gebührend zu respektieren.

Der entscheidende Punkt ist aber der, dass es beim Hinterbliebenengeld nicht um die Abgeltung von Schmerzen bei pathologischen Zuständen geht, sondern um die Linderung von seelischem Leid. Dieses ist aber unabhängig von der Inanspruchnahme von Therapiemaßnahmen gegeben, sodass eine Unterlassung der Inanspruchnahme sich keinesfalls anspruchsmindernd auswirken kann. Beim Schockschaden wird die besondere Anfälligkeit des Geschädigten mitunter mindernd in Ansatz gebracht.[138] ME ist das schon für den Schockschaden unzutreffend, weil der Schädiger den Geschädigten so zu nehmen hat, wie er ist, und nicht verlangen kann, einen Gesunden geschädigt zu haben.[139] Jedenfalls unangebracht ist das aber beim Hinterbliebenengeld, bei dem es um die pauschale Abgeltung von seelischem Leid geht.

Bei Berücksichtigung des Mitverschuldens des Getöteten und eines zusätzlichen eigenen Mitverschuldens des jeweils Hinterbliebenen ist zu beachten, dass es zu keiner mechanischen Addition der beiden Mitverschul-

---

136 *Karner*, in: Festschrift Danzl, S. 85, 105.
137 *Danzl*, in: Danzl/Gutiérrez-Lobos/Müller, S. 184.
138 *Adelmann*, VersR 2009, 449, 453 f.
139 Nomos-Komm³/*Ch. Huber*, § 253 Rn. 69.

densanteile kommen darf. Ein argumentum ad absurdum soll das verdeutlichen: Wenn sowohl beim Getöteten als auch beim Hinterbliebenen 50% Mitverschulden angenommen wird, käme man bei schlichter Addition dazu, dass kein Anspruch gegeben wäre. Bei einem entsprechenden Belastungsmoment auf Seite des Schädigers kann das keinesfalls das richtige Ergebnis sein. Das zeigt, dass eine Gesamtbetrachtung geboten ist, in der die Belastungsmomente auf Seite des Getöteten und des jeweiligen Hinterbliebenen einerseits und des Schädigers andererseits gegenüber gestellt werden müssen. Dass eine solche Betrachtung für jeden einzelnen Hinterbliebenen zu einer unterschiedlichen Gewichtung führen kann, versteht sich von selbst.

Gesetzlich nicht ausdrücklich geregelt ist die Frage, ob die Haftungsersetzung der §§ 104 ff SGB VII bei einem Arbeitsunfall dazu führt, dass den Hinterbliebenen kein Schmerzensgeld im Rahmen des Schockschadens und in weiterer Folge auch kein Hinterbliebenengeld zusteht. Nach dem Konzept des vom Getöteten abgeleiteten Anspruchs wäre es folgerichtig, einen solchen Anspruch zu versagen.[140] Das hat der DAV[141] unter Berufung auf eine BGH-Entscheidung des 3. Senats[142] auch postuliert. Übersehen hat er freilich, dass es eine gegenteilige BGH-Entscheidung des 6. Senats[143] gibt.[144] Eine solche Judikaturdivergenz ist an sich misslich. Insoweit kann aber für das Hinterbliebenengeld nichts anderes gelten als für den Schockschaden. Und im Zweifel wird man sich insoweit an der BGH-Entscheidung des 6. Senats zu orientieren haben, hat dieser doch auf diesem Gebiet die höhere Sachkompetenz und damit auch die höhere Autorität.

---

140 So OGH, Urt. v. 21.4.2005 - 2 Ob 82/05f, ZVR 2005/110 (*Kathrein*); OGH, Urt. v. 28.1.2009 - 1 Ob 259/08g, SZ 2009/14; *Huber*, in: Schwimann, TaKomm⁴, § 1325 Rn. 145; *Karner*, in: Festschrift Danzl, S. 85, 107.
141 Stellungnahme des DAV 9.
142 BGH, Urt. v. 8.3.2012 - III ZR 191/11, NZS 2012, 546.
143 BGH, Urt. v. 6.2.2007 - VI ZR 55/06, NJW-RR 2007, 1395.
144 Ebenso die Rechtslage in der Schweiz, so *Landolt,* in: Hütte/Landolt, Band I, Rn. 151, 184.

I. Größenordnung des Ersatzes – Kriterien der Bemessung

1. Worum geht es nicht, worum schon

Einigkeit besteht darüber, dass das Hinterbliebenengeld nicht das Ziel verfolgt, den Wert des zerstörten Lebens zu ersetzen;[145] damit wäre die Rechtsordnung in der Tat überfordert. Wenn daraus gefolgert wird, dass es nur um ein symbolisches Zeichen der Anerkennung des seelischen Leids der Hinterbliebenen geht,[146] ist daraus einerseits kein wie immer gearteter Bemessungsansatz zu gewinnen, andererseits kann das dazu führen, dass über die gerichtliche Verurteilung des Täters[147] diese Funktion den Angehörigen gegenüber auch mit dem Beitrag eines einzigen symbolischen Euro erreicht sein könnte. Das lag aber ganz sicher nicht in der Intention des Gesetzgebers und kommt daher nicht in Betracht.

Hilfreich für die Bemessung könnte die Beschreibung der typischen Trauerverarbeitung sein:[148] Nach einer ersten meist wenige Tage dauernden Phase der Desorganisation schließt sich eine zweite zwischen einem halben und ganzen Jahr dauernde Phase der Trauerarbeit an, ehe in der Folge das Andenken an den Toten geformt und der Verlust akzeptiert wird. In der zweiten Phase der Trauerarbeit kann es hilfreich sein, wenn dem Hinterbliebenen ein bestimmter Geldbetrag zur Verfügung steht, um Aktivitäten entfalten zu können, mit denen er sich ablenken und auf andere Gedanken kommen kann. Prototypisch steht dafür das Unternehmen einer größeren Reise. Das liefert immerhin einen Anhaltspunkt für die Größenordnung. Folgerichtig ist es daher, dass beim Hinterbliebenengeld das Alter grundsätzlich keine Rolle spielt.[149]

Geht es im Regelfall um einen begrenzten Zeitraum nach dem Tod, ehe der Hinterbliebene wieder – einigermaßen – ins „normale" Leben zurückkehrt, gibt es ausnahmsweise Konstellationen, in denen die immateriellen Beeinträchtigungen darüber hinausgehen. Prototypisch ist das so bei Tod eines Elternteils bei minderjährigen Kindern; selbst wenn der überlebende

---

145 *Müller*, VersR 2017, 321, 323; *Fechner*, DRiZ 2017, 84; *Krämer*, zfs 2016, 421.
146 So *Müller*, VersR 2017, 321, 322.
147 Dazu *Danzl*, in: Danzl/Gutiérrez-Lobos/Müller, S. 172: Schon diese hilft den Hinterbliebenen, wie sich bei Großschäden wie Kaprun gezeigt hat.
148 *Danzl*, in: Danzl/Gutiérrez-Lobos/Müller, S. 169.
149 So für das schweizerische Recht in Bezug auf Eheleute BernerKomm⁴/*Brehm* Art 47 Rn. 138.

Elternteil sich besonders um das Kind annimmt oder auch wieder heiratet und der neue Partner bemüht ist, die Rolle des getöteten Elternteils zu übernehmen, ist insoweit von einer nachhaltigen immateriellen Beeinträchtigung des Kindes auszugehen. Folgerichtig ist es daher, auch noch nicht geborenen Kindern einen Anspruch einzuräumen.[150] Im schweizerischen Recht wird betont, dass das Fehlen eines Elternteils insbesondere in der Pubertät am schmerzlichsten empfunden wird;[151] Kleinkinder könnten sich demgegenüber eher an den veränderten Zustand gewöhnen; für erwachsene Kinder, namentlich wenn sie verheiratet sind und selbst Kinder haben, spielt der Verlust eines Elternteils hingegen nicht mehr eine so zentrale Rolle.

Diesem Fall gleich gelagert ist der, wenn bei einem älteren Paar ein Partner getötet wird, auf den der überlebende in besonderer Weise angewiesen war, sei es, dass er den Überlebenden gepflegt hat, sei es, dass er solche Dinge im Alltagsleben – für den nun überlebenden Partner – erledigt hat, die dieser besonders gut konnte und wozu der überlebende Partner kaum oder nicht in der Lage ist. Entsprechendes gilt, wenn ein solches Paar wenige Außenkontakte hatte, sodass der Verlust des einen für den anderen als besonders gravierend erlebt wird.[152] In solchen Fällen könnte auch eine Rente die passende Ersatzform sein.[153]

Bedeutsam ist zudem, ob der Aspekt der Verhaltenssteuerung eine Rolle spielt. Das wird namentlich von den Vertretern der ökonomischen Analyse ins Treffen geführt.[154] ME wird dieser Gesichtspunkt überschätzt. Von den relativ geringfügigen Beträgen, um die es in concreto geht, wird außerhalb der restriktiven Annahmen des mikroökonomischen Modells kaum eine wirkliche Verhaltensanpassung stattfinden. Und selbst wenn man das für plausibel hielte, wäre ein Globalbetrag je Schadensfall für alle Angehörigen zusammen besser geeignet, dieses Ziel zu verfolgen als ein Ersatzbetrag für den jeweiligen Hinterbliebenen.[155] Der Gesetzgeber hat sich zu Recht für letzteres Modell entschieden, wofür neben allen anderen Aspek-

---

150 BernerKomm⁴/*Brehm* Art 47 Rn. 151a und b: Ausgleichswirkung später.
151 BernerKomm⁴/*Brehm* OR Art 47 Rn. 151d.
152 Stellungnahme des DAV 5 unter Hinweis auf die Gefahr der Vereinsamung.
153 AA *Karner*, in: Festschrift Danzl, 85, 109: Niemals Rente bei Trauerschaden.
154 *Wagner*, in: Bruns/Kern/Münch/Piekenbrock/Stadler/Tsikrikas (Hrsg.), Festschrift Stürner, 2013, S. 231 ff.; *Schwintowski*, in: Schwintowski/C. Schah Sedi/M. Schah Sedi, § 4 Rn. 3 f.
155 So Stellungnahme des DAV 8: Alle Hinterbliebenen zusammen 50.000.- €.

ten folgender Gedanke spricht: Die Hinterbliebenen müssen ohnehin schon mit dem Tod eines ihnen nahe stehenden Menschen fertig werden. Was sie in einer solchen Situation am allerwenigsten gebrauchen können, das ist eine Streitaustragung zwischen ihnen, wem – infolge welcher Intensität des Naheverhältnisses – welche Portion am global bemessenen Hinterbliebenengeldkuchen zusteht. Dass sich das gleiche Problem beim Erbe stellt, trifft zwar zu. Das ist aber einerseits nicht zu vermeiden, andererseits gibt es – namentlich bei Kindern und Jugendlichen bzw jungen Erwachsenen – nicht immer eine ins Gewicht fallende Erbschaft.

Diskutiert wird auch die Bedeutung der Genugtuung für die Ermittlung des Ersatzumfangs. *Müller*[156] meint, den Zuspruch allein mit dem Genugtuungsgedanken begründen zu können.[157] Das ist schon deshalb unzutreffend, weil das Hinterbliebenengeld auch bei Verwirklichung eines Tatbestands der Gefährdungshaftung geschuldet wird, bei dem der Genugtuungsaspekt keine Rolle spielen kann. ME ist dem Ansatz zu folgen, dass grundsätzlich das Ausgleichsprinzip allein eine tragfähige Stütze für den Zuspruch darstellt.[158] Selbst bei qualifiziertem Verschulden des Täters kann ein darauf gestützter Zuschlag damit begründet werden, dass die Bitterkeit der Hinterbliebenen gerade deshalb besonders groß ist.[159] Sofern man das Genugtuungsprinzip überhaupt bemühen will,[160] sollte es in concreto auf Fälle der groben Fahrlässigkeit und des Vorsatzes bei Straftaten beschränkt werden.

Angenommen wird, dass das seelische Leid der Hinterbliebenen – anders als die psychische Beeinträchtigung bei einem Schockschaden – nicht messbar sei.[161] Wenn *Schwintowski*[162] darauf verweist, dass sich die Gehirnströme von Personen, die einen Unfall miterleben, in ähnlicher Weise verhalten wie die beim Opfer selbst, so erfasst das freilich nur die Fälle, in denen Angehörige den Unfall selbst miterleben. Beim Hinterbliebenengeld geht es aber in erster Linie um Fälle, in denen ein „Seelenschmerz" durch die Nachricht vom Tod eintritt. Mangels Messbarkeit des individu-

---

156 *Müller*, VersR 2017, 321, 325.
157 Für dessen Akzentuierung auch *Schwintowski* in: Schwintowski/C. Schah Sedi/M. Schah Sedi, § 5 Rn 11.
158 So auch *Jaeger*, VersR 2017, 1041, 1042.
159 Zutreffend Stellungnahme des DAV 5.
160 Zur Zurückdrängung in den letzten Jahrzehnten eindrucksvoll *Lepa*, in: Greiner/Gross/Nehm/Spickhoff (Hrsg.), Festschrift Müller, 2009, S. 113 ff.
161 *Karner*, in: Festschrift Danzl, S. 85, 108.
162 *Schwintowski*, VuR 2016, 18, 19 f.

ellen seelischen Leids ist man somit darauf angewiesen, an Hilfskriterien anzuknüpfen, mag das auch schematisch sein.[163] Es handelt sich aber immer noch um eine sachgerechtere Vorgangsweise als unter Hinweis auf Probleme der Bemessung jeglichen Ersatz zu versagen.[164] Dass die fürsorgliche und liebevolle Betreuung eines Kindes durch die eigene Mutter nach deren Tötung niemals durch eine fremde Ersatzkraft aufgefangen werden kann, steht außer Streit; gleichwohl ist noch niemand auf die Idee gekommen, insofern jeglichen Ersatz zu versagen.

In der Schweiz und Österreich wird die Intensität der Gefühlsbeziehung – ermittelt nach dem familiären Naheverhältnis – herangezogen als Maßstab für die Relation der den einzelnen Hinterbliebenen zustehenden Entschädigungshöhe. In der Schweiz wird die Entschädigung für den Ehegatten am höchsten taxiert, gefolgt vom Verlust eines minderjährigen Kindes, dem Verlust eines Elternteils bei einem minderjährigen Kind und schließlich von Geschwistern, wobei eine Abstufung erfolgt, ob eine gemeinsame Haushaltsgemeinschaft besteht.[165] In Österreich wurden die Höchstwerte zuerkannt für den Verlust eines – minderjährigen – Kindes.[166] Das ist keine in Stein gemeißelte Hierarchie, hat aber immerhin eine gewisse Plausibilität für sich. Wie dargelegt, gibt es mE gute Gründe wegen der Nachhaltigkeit der seelischen Störung minderjährigen Kindern bzw Ehe- bzw Lebenspartnern, die sich im Tötungszeitpunkt in einer Lebensetappe befanden, in der sie besonders aufeinander angewiesen waren, die höchste Entschädigung zuzubilligen.

---

163 So *Müller*, VersR 2017, 321, 325: Eine solche schematische Bemessung ist fragwürdig.
164 Nomos-Komm[3]/*Ch. Huber* § 253 Rn 71; ebenso *Karner*, in: Festschrift Danzl, S. 85, 109; *Jaeger*, VersR 2017, 1041, 1042: Bemessungsschwierigkeiten sollte es für Richter nicht geben. Wenn ein Gericht bei hirngschädigten Kindern die Vernichtung der Persönlichkeit bewerten kann, sollte es auch in der Lage sein, den höchstpersönlichen Verlust eines Angehörigen zu bewerten.
165 Nachweise bei *Hütte*, in: Hütte/Landolt, Band I, Rn. 56.
166 OGH, Urt. v. 12.7.2007 – 2 Ob 263/06z, ZVR 2007/239 (Danzl); Urt. v. 26.6.2008 – 2 Ob 55/08i, Zak 2008/579; *Ch. Huber*, in: Schwimann, Ta-Komm[4], § 1325 Rn. 144; *Karner*, in: Festschrift Danzl, S. 33; für eine solche Abstufung auch BernerKomm[4]/*Brehm* Art 47 Rn. 140b.

Einigkeit besteht, dass – anders als beim Anspruch wegen vermehrter Bedürfnisse[167] – die Einkommens- oder Vermögensverhältnisse der jeweiligen Hinterbliebenen – wie beim Schmerzensgeld – keine Rolle spielen sollen.[168] Davon ist freilich zu unterscheiden, dass eine Abstufung nach der Kaufkraftparität eines im Ausland lebenden Hinterbliebenen – wie beim Schmerzensgeld – sehr wohl vorzunehmen ist,[169] um insbesondere eine Überentschädigung zu vermeiden, gibt es doch auf der Welt nicht sehr viele Staaten, in denen der Lebensstandard höher ist als in Deutschland, indes besonders viele, in denen er wesentlich geringer ist.

Der Ersatz eines Schockschadens kommt im deutschen Recht nicht nur deshalb so selten vor, weil der BGH das Überspringen einer hohen Hürde verlangt.[170] Die vielfältigen Abweisungen haben auch damit zu tun, dass sich nicht alle potentiellen Anspruchsteller entsprechend zu inszenieren verstehen, sie weder Psychopharmaka schlucken noch sich auf die Couch des Psychiaters legen bzw durch sonstige seelische Wellnesseinrichtungen tingeln, eine entsprechende medizinische Dokumentation fehlt und schlussendlich sie selbst unter Einschluss des sie vertretenden Anwalts nicht in der Lage sind, ihr Begehren in der außergerichtlichen Regulierung oder im Ernstfall bei Gericht entsprechend substanziiert vorzutragen.[171]

---

167 Dazu *Ch. Huber*, NZV 2005, 620 ff.: Die behindertengerechte Ausgestaltung des Wohnsitzes eines Kleinbürgers wird – anders als in concreto der Zweitwohnsitz in der Schweiz der bei einem Segeltörn verunfallten Schlossfrau – für die behindertengerechte Ausgestaltung keine 6-stellige Summe erfordern.
168 Stellungnahme des DAV 4; *Jaeger*, VersR 2017, 1041, 1054 mit dem zusätzlichen Hinweis, dass diese auch beim Schädiger grundsätzlich keine Rolle spielen dürfen.
169 *Ch. Huber*, NZV 2006, 169 ff.
170 *Bischoff*, MDR 2017, 739, 741.
171 So auch die Einschätzung von *Müller*, VersR 2017, 321, 325: Fraglich, ob seelische Beeinträchtigungen von besonderer Komplexität in einem Rechtsstreit zudem von oft wenig wortgewandten Anspruchstellern bzw ihren Anwälten nachvollziehbar vorgetragen werden können. Ähnlich *Jaeger*, VersR 2017, 1041, 1047: Erforderlich ist „einige Phantasie des Verletzten und seines Anwaltes" bei Substanziierung des Begehrens. Prototypisch die Leitentscheidung zum Trauerschmerzensgeld in Österreich OGH, Urt. v. 16.5.2001 - 2 Ob 84/01v, SZ 74/90 = ZVR 2001/73 (*Karner*): Die zu Zwillingen schwangere Mutter wurde informiert, dass ihre 8-jährige Tochter von einem LKW überfahren wurde. Es ist mE kaum vorstellbar, dass man bei Konsultierung eines „wohlwollenden" Arztes nicht irgendeine Form von seelischer Krankheit – in dieser besonderen Lebensetappe der Mutter – diagnostizieren hätte können.

Auch insoweit will die Neuregelung Abhilfe schaffen.[172] Das spricht dafür, ein angemessenes Gleichgewicht zu finden zwischen den einzelnen an das Maß der Betroffenheit in Bezug auf die intensive Gefühlsgemeinschaft anknüpfenden Parametern und der daraus ableitbaren Pauschalentschädigung,[173] die bei entsprechendem Vortrag von Kläger oder Beklagtem noch einer Feinjustierung zugänglich ist. Im Sinn der vom Gesetzgeber verfolgten Intention ist der Akzent dabei stärker auf die pauschale Entschädigung als auf eine sublime Feinjustierung zu richten.

II. Bezugnahme auf die Entschädigungshöhe beim Schockschaden und Beachtung des Schmerzensgeldgefüges

Der springende Punkt ist freilich das Entschädigungsniveau sowie das Verhältnis zum Schockschaden. *Wagner*[174] weist zu Recht darauf hin, dass den Materialien nicht einmal die „Oktave" des Entschädigungsniveaus zu entnehmen ist. Bei der Taxierung der Belastung der Haftpflichtversicherer wird unter Bezugnahme auf den durchschnittlichen Ersatzbetrag bei Schockschäden von einer Belastung je Anspruchsteller von pauschal 10.000.- € ausgegangen. Diese Bezugnahme ist einerseits widersprüchlich, weil das tatsächliche Entschädigungsniveau viel geringer ist,[175] birgt aber andererseits den Keim für eine – wohl kaum gewollte – Unterentschädigung.

Außer Streit zu stellen ist, dass ein Hinterbliebener, der neben dem mit dem Tod eines Angehörigen verbundenen seelischen Leid noch zusätzlich eine pathologische Beeinträchtigung erleidet, nicht geringer entschädigt werden darf als eine Person, die nur das „übliche" Leid zu tragen hat.[176] Damit ist freilich nicht die Frage beantwortet, ob das Hinterbliebenengeld

---

172 *Fechner*, DRiZ 2017, 84, 85: Opfern soll erspart bleiben, komplizierte und lang andauernde Streitigkeiten um die Entschädigung zu führen.
173 So für das schweizerische Recht *Landolt*, in: Hütte/Landolt, Band II, Rn. 582: Egalitärer Betrag für Personen mit gleichem Angehörigenstatus, jedenfalls in Bezug auf die Basisangehörigengenugtuung.
174 *Wagner*, Editorial NJW 2017 Heft 5.
175 *Jaeger*, VersR 2017, 1041, 1053: Zwischen 5.000.- € und 10.000.- €; Stellungnahme des GDV 7: Zwischen 3.000.- € und 5.000.- €.; €; Nomos-Komm³/*Ch. Huber* § 253 Rn 68: Zwischen 500.- € und 3.000.- €.
176 *Müller*, VersR 2017, 321, 324; Stellungnahme des ADAC 3; Stellungnahme des GDV 2.

– deshalb – geringer ausfallen muss als die bisherigen Schockschäden[177] oder die angemessene Höhe der Schockschäden angesichts der vom Gesetzgeber angenommenen 10.000.- € für das Hinterbliebenengeld pro Anspruchsberechtigtem nach oben korrigiert werden muss.[178] In der Tat wäre es wünschenswert gewesen, wenn der Gesetzgeber seine Vorstellungen in den Materialien etwas deutlicher – und widerspruchsfreier – zum Ausdruck gebracht hätte. Womöglich war aber darüber kein Konsens zu erzielen,[179] sodass man den Schwarzen Peter der Rechtsprechung weitergereicht hat. Manche sind diesbezüglich optimistisch,[180] andere skeptisch,[181] namentlich für die erste Phase nach Einführung des § 844 Abs 3 BGB.[182] Wieder andere[183] verweisen darauf, dass das Schmerzensgeldgefüge in den Blick genommen werden müsse, um zu verhindern, dass für den Verlust eines Angehörigen einem Hinterbliebenen nicht ein höherer Ersatz zuerkannt wird als einem Verletzten für den Verlust eines (eigenen) Körperteils. *Wagner*[184] schließlich meint, dass am Ende der Anschluss an die internationale Entwicklung hergestellt werden müsse, wobei man die Frage stellen muss, an welche. Die Bandbreite des Entschädigungsniveaus in den einzelnen Rechtsordnungen weist eine beachtliche Spannbreite auf, die weit über eine Oktave hinausreicht.

ME ist plausibel eine Bezugnahme auf die Entschädigungshöhe im schweizerischen und österreichischen Schadenersatzrecht; und zwar nicht deshalb, weil es insoweit keine oder geringe Sprachbarrieren gibt, sondern weil diese Rechtsordnungen von ihrer Systematik der deutschen – bei allen Unterschiedlichkeiten – doch verwandt bzw ähnlich sind. Bei Bezugnahme auf die Schweiz mag man konzedieren, dass deren Lohn- und

---

177 So *Müller*, VersR 2017, 321, 324; Stellungnahme des GDV 7.
178 Dafür *Jaeger*, VersR 2017, 1041, 1056.
179 *Fechner*, DRiZ 2017, 84, 85: Vorstellbar wären gewesen Beträge von 30.000.- € bis 60.000.- €; das war aber nicht mehrheitsfähig.
180 Stellungnahme Deutscher Richterbund 3: Es bedarf keiner Angabe der Größenordnung, die Rechtsprechung schafft das von sich aus, jedenfalls auf längere Sicht.
181 *Jaeger*, VersR 2017, 1041, 1053: Die im Gesetzgebungsverfahren geäußerte Erwartung, die Gerichte würden es schon richten, ist blauäugig.
182 Stellungnahme des ADAC 2: Gefahr divergierender Rechtsprechung mit der Gefahr mangelnder Akzeptanz dieses Themas in der Öffentlichkeit.
183 *Jaeger*, VersR 2017, 1041, 1053; Stellungnahme des ADAC 3, *Bischoff*, MDR 2017, 739, 741.
184 Editorial NJW 2017 Heft 5.

Kaufkraftniveau in etwa beim Doppelten von Deutschland liegt, sodass die dort zuerkannten Beträge in einer ersten Annäherung zu halbieren wären.[185] Für Österreich ist hingegen eine Gleichheit beim Lohnniveau und der Kaufkraftparität gegeben.

Wenn in Deutschland Befürchtungen geäußert werden, dass bei Zuerkennung der kolportierten 15.000.- €,[186] 25.000.- €[187] oder gar 30.000.- € bis 50.000.- €[188] das Schmerzensgeldgefüge durcheinander gerate, sei folgender Hinweis gestattet: Das höchste in Deutschland zuerkannte Schmerzensgeld liegt bei über 700.000.- €,[189] in der Schweiz und Österreich hingegen deutlich unter 300.000.- €;[190] das Entschädigungsniveau bei Schock- und Trauerschäden liegt in beiden Rechtsordnungen aber deutlich über den deutschen Werten.[191] Bei aller Demut muss dann die Frage erlaubt sein, ob das – dem BGH – nicht zu denken geben sollte und es erforderlich sein könnte, dass das deutsche Höchstgericht seine Relationen überprüft.

Ein Abgleich müsste mE zu der Erkenntnis führen, dass eine geringfügige Körperverletzung, die alsbald wieder abheilt, eine wesentlich geringere immaterielle Unbill auslöst als der Verlust einer besonders engen Bezugsperson – und zwar für immer. Möglicherweise „stimmen" die Relationen eher in den Alpenrepubliken als in Germanien. Und dass eine punktuelle Änderung zu einer Korrektur der Koordinaten im gesamten System

---

185 *Hütte*, in: Hütte/Landolt, Band I, Rn. 56 f: Basisgenugtuung bei einem Ehegatten 30.000 SFR bis 50.000.- SFR; bei einem Kind je nach gemeinsamem Haushalt zwischen 25.000.- SFR bis 35.000.- SFR bzw 15.000.- SFR bis 25.000.- SFR; entsprechend bei einem Elternteil zwischen 20.000.- SFR und 30.000.- SFR bzw 10.000.- SFR und 15.000.- SFR, bei Geschwistern zwischen 5.000.- SFR und 8.000.- SFR, bei einem Lebensgefährten 20.000.- SFR bis 30.000.- SFR. Mittlerweile kann von einer annähernden Währungsparität zwischen € und SFR ausgegangen werden.
186 Nomos-Komm³/*Ch. Huber* § 253 Rn 71e; *Höke,* NZV 2014, 1, 7.
187 So Stellungnahme des DAV 4 f: 10.000.- € oder auch 25.000.- €.
188 In diesem Sinn *Kadner Graziano,* RIW 2015, 549, 563.
189 LG Aachen, Urt. v. 30.11.2011 - 11 O 478/09, zitiert bei *Jaeger,* ZVR 21013, 114 Fn. 30.
190 Schweizer BG, Urt. v. 8.1.2008 - 4A_373/2007, BGE 134 III 97: 221.600 SFR; OLG Linz, Entscheidung v. 21.10.2014 – 2 R 150/14p, ZVR 2015/94 (*Danzl*): 220.000.- €.
191 *Ch. Huber*, HAVE 2015, 258; *Landolt,* in: Festschrift Jaeger, 355, 358 f. Fn. 18 und 21: Die Rechtsprechung ist in Österreich viel großzügiger als in Deutschland.

zwingt, ist anderswo bereits vorgekommen. Nach der Vorgabe der 2-jährigen Sachmängelgewährleistungsfrist für bewegliche Sachen bei einem Kauf zwischen Unternehmer und Verbraucher durch die Verbrauchsgüterkaufrichtlinie, war – wertungsmäßig – klar, dass die 1-jährige Gewährleistungsfrist für unbewegliche Sachen in § 477 Abs 1 BGB aF nicht mehr zu halten war, wiewohl die Verbrauchsgüterkaufrichtlinie sich darauf gar nicht bezog.

Jaeger[192] weist schließlich zutreffend darauf hin, dass es sich beim Hinterbliebenengeld um kein Schmerzensgeld handelt, weil es um keine Abgeltung von Schmerzen für eine krankhafte seelische Störung geht.[193] *Fechner*[194] betont, dass mit § 844 Abs 3 BGB eine neue „klare" Anspruchsgrundlage für die Hinterbliebenen geschaffen wurde.[195] Zudem ist zu bedenken, dass es mithilfe von § 844 Abs 3 BGB eine Abgeltung für Leid, Trauer und Niedergeschlagenheit geben soll, die bisher gerade unentschädigt blieb.[196] Und schließlich ist zu bedenken, dass gerade auf diesem Gebiet die Übergänge fließend sind: Nicht jede psychische Störung wurde im Rahmen des Schockschadens für abgeltungswürdig qualifiziert; und bei so mancher an sich abgeltungswürdiger ist ein Zuspruch daran gescheitert, dass sich der Anspruchsberechtigte nicht entsprechend zu inszenieren vermochte bzw sein Anwalt zu entsprechender Substanziierung des Begehrens nicht in der Lage war.[197]

Damit die Ausführungen an dieser Stelle sich nicht in abstrakten Gedankengängen erschöpfen, soll versucht werden – ganz wie es dem Temperament des Jubilars entspricht – Nägel mit Köpfen zu machen und Beträge zu nennen: Die vom Gesetzgeber bei einer Belastungsrechnung der Haftpflichtversicherer zugrunde gelegten 10.000.- € sind mE die absolute Untergrenze,[198] nicht die für Schockschäden zuerkannten 5.000.- € die Obergrenze. Das Entschädigungsniveau in Österreich liegt für reine Trau-

---

192 *Jaeger,* VersR 2017, 1041, 1055.
193 Dazu die vermittelnde Terminologie im österreichischen Recht bei *Danzl,* in: Danzl/Gutiérrez-Lobos/Müller, S. 188: „Seelenschmerz", der zu keiner Gesundheitsbeeinträchtigung führt.
194 *Fechner,* DRiZ 2017, 84.
195 Zustimmend *Jaeger,* VersR 2017, 1041, 1056: Diese Sichtweise nicht „abwegig".
196 *Jaeger,* VersR 2017, 1041, 1055.
197 *Jaeger,* VersR 2017, 1041, 1053: Hinweis auf die Verantwortung des Anwaltes, den Streitstoff aufzubereiten.
198 Ähnlich *Schwintowski,* in: Schwintowski/C. Schah Sedi/M. Schah Sedi, § 4 Rn. 9 f unter Bezugnahme auf BGH, Urt. v. 12.5.1998 - VI ZR 182/97, MDR

erschäden zwischen 9.300.- € und 24.000.- €, in der Schweiz beim Doppelten.[199] In dieser Bandbreite sollte sich in der Einführungsphase das Entschädigungsniveau für das Hinterbliebenengeld bewegen. Zu beachten könnte auch die Forderung des EGMR sein, dass nationale Rechtsordnungen jedenfalls bei staatlicher Mitverantwortung den nahen Angehörigen im Todesfall einen zivilrechtlichen Anspruch einräumen und eine angemessene Entschädigung zubilligen müssen. Was in einem solchen Fall angemessen ist, wird ohne Beteiligung des Staates kaum geringer taxiert werden dürfen. Dass die Beträge mit dem Verbraucherpreis zu valorisieren sind, sei der Vollständigkeit halber erwähnt.[200] In Österreich ist darüber hinaus eine moderate Steigerung über der Inflationsrate zu beobachten.[201] Für die psychische Beeinträchtigung kommt ein Schockschaden hinzu, bei dem zu prüfen wäre, ob nicht insoweit die deutschen Werte viel zu gering sind.[202]

J. Resümee

Schwintowski[203] hat mit seinem Befund, dass die Zeit für ein Umdenken reif sei, Recht behalten. Er war diesbezüglich kein Rufer in der Wüste; vielmehr wurde er gehört – der Gesetzgeber hat viele seiner Petita umgesetzt. Eine Detailanalyse hat freilich ergeben, dass noch zahlreiche Fragen ungeklärt geblieben sind bzw durch die „kleine Lösung" der Beschränkung eines Ersatzanspruchs auf den Fall der Tötung und der Ausklammerung einer schwer(st)en Verletzung eine sachgerechte Lösung sogar noch erschwert haben. Es wird spannend sein, die Entwicklung gerade in der ersten Phase nach Inkrafttreten des neuen § 844 Abs 3 BGB zu beobachten, weil ein hohes Maß an Unwägbarkeit besteht, mit welchem Leben die

---

1998, 1029: Wenn bei 9 Tagen Koma 14.000.- € geschuldet sind, dann ist das die Untergrenze bei sofortigem Tod. Warum gerade 9 Tage die maßgebliche Bezugsgröße sein sollen, erschließt sich freilich nicht.

199 *Hütte,* in: Hütte/Landolt, Band I, Rn. 56 f.
200 So umgesetzt bei *Karner,* in: Festschrift Danzl, S. 85, 110 ff. sowie *Landolt,* in: Hütte/Landolt, Band II, Rn. 620.
201 *Huber,* in Schwimann, TaKomm⁴, § 1325 Rn. 144.
202 Instruktiv etwa BGE 112 II 118: Für bei Flugzeugabsturz getöteten Sohn Hinterbliebenengenugtuung an den Vater in Höhe von 40.000.- SFR, für dessen Schockschaden noch einmal 20.000.- SFR zusätzlich.
203 VuR 2016, 18.

Rechtsprechung diese Norm erfüllen wird – wird es ein Feuerwerk mit Strahlkraft oder ein Grablicht, das zudem unter den Scheffel gestellt wird? Auch mit dieser Etappe, aus der sich Deutschland aus der Isolation gelöst hat, sind noch viele Gerechtigkeitslücken offen geblieben. *Schwintowski* ist zu wünschen, dass er weiterhin – da und auch anderswo – solche aufspürt, seinen Finger in die Wunde legt und den Weg zu ihrer Schließung weist. Es begleiten ihn dabei die besten Wünsche, dass er dies weiterhin so emsig und kraftvoll tun möge sowie seine Äußerungen gehört werden und auf fruchtbaren Boden fallen mögen.

Das außenpluralistische Umweltrecht

Michael Kloepfer, Berlin[*]

Geht das Umweltrecht den – wissenschaftsethisch – nicht immer glanzvollen Weg des interessenzerklüfteten Arbeitsrechts? Dort kann heute von einem Arbeitgeber-Arbeitsrecht und von einem Arbeitnehmer-Arbeitsrecht gesprochen werden. Diese Situation zeichnet den fundamentalen Gegensatz von Arbeitgebern und Arbeitnehmern nach. Dieser Gegensatz hat dazu geführt, dass es Arbeitgeber- wie Arbeitnehmer-Arbeitsrechtler, aber auch Arbeitsrechtswissenschaftler gibt, deren Lagertreue und Klientelorientierung ihre Entscheidungen vorhersehbar macht. Hinzu kommen regelmäßig – jedenfalls informelle, aber auch formelle – Mandatsbeziehungen entweder zu den Arbeitgeberverbänden oder zu den Gewerkschaften. Neutralität ist dabei vielleicht noch von der Arbeitsgerichtsbarkeit und vielleicht von einigen neutralen Arbeitsrechtlehrstühlen zu erwarten.

Droht dem Umweltrecht ein vergleichbares Schicksal? Gibt es hier nicht auch Ansätze für ein Umweltschützer-Umweltrecht einerseits und ein Umweltbelaster-Umweltrecht andererseits, wiederum mit der Neutralitätsreserve Umweltrechtsprechung und einigen Institutionen und Vertretern der Umweltrechtswissenschaft?

Sind juristische Stellungnahmen von umweltschützenden Umweltrechtlern ebenso vorhersehbar wie umgekehrte Stellungnahmen von Umweltrechtlern, die für die Belastungsseite arbeiten?

Entscheidend vorangetrieben wurde diese Entwicklung wohl – in bester Absicht – insbesondere von den Öko-Verbänden und den Öko-Instituten. Sie betreiben – fast schon satzungsgebunden – umweltschutznahe Forschungen und arbeiten mit einschlägigen interessenorientierten Umweltjuristen zusammen. So ist ein Umweltschützer-Umweltrecht entstanden. Diese Umweltschutz-Umweltrechtler sind im eigenem Verständnis „Anwälte der Natur". Ihr primäres Ziel ist der Schutz der Umwelt. Dem dient auch ihre jeweilige Interpretation des Umweltrechts.

---

[*] Prof. em. Dr. Michael Kloepfer, Forschungsplattform Recht – Humboldt-Universität zu Berlin.

Das hat die „Wirtschaft" nicht ruhen lassen. Ihre Verbände und die mit ihr zusammenarbeitenden Anwälte sind dabei, ein Umweltbelaster-Umweltrecht der Anlagenbetreiber zu entwickeln. Mit ihrer Kapitalkraft ist die Belasterseite in der Lage, beste Anwälte für ihre Ziele zu gewinnen. Auch durch häufig enge Beziehungen zur Ministerialbürokratie haben diese Umweltbelaster-Umweltrechtler lange Zeit eine sehr einflussreiche Rolle in der Kommentar-Literatur und im Gutachterwesen gespielt.

Dass gesellschaftliche Interessengegensätze die Zweiteilung des Umweltrechts in eine umweltschutzorientierte und in eine umweltnutzende Variante noch befördern, macht die Sache noch problematischer, auch wenn es z. B. nicht nur Öko-Anwälte einerseits und Betreiber-Anwälte andererseits, sondern es eben auch Anwälte für beide Seiten gibt. So finden sich große Wirtschaftskanzleien auch einmal auf der Seite des Umweltschutzes wieder, wenn sie beispielsweise Kommunen im Kampf gegen Umweltbelastungen vertreten.

Mit dem Auseinanderfallen in ein Umweltschützer-Umweltrecht und ein Umweltbelaster-Umweltrecht ist erkennbar die Gefahr einer politischen Segmentierung des Umweltrechts verbunden. Natürlich ist es in einer Demokratie nicht nur sinnvoll, sondern auch geboten, dass politische Parteien um umweltpolitische Lösungen kämpfen. Problematisch wird dies erst, wenn bei der Auslegung des geltenden Umweltrechts die jeweiligen parteipolitische Präferenzen entscheidungslenkend wirken.

In einem interessenzerklüfteten und parteipolitisch dirigierten Umweltrecht geschieht die „Wahrheitsfindung" antithetisch. Das Umweltschützer-Umweltrecht stößt auf das Umweltbelaster-Umweltrecht und bisweilen kommen dann in der Synthese oder im Ausgleich inhaltliche Kompromisse insbesondere bei der Gerichtsentscheidung zustande. Es handelt sich also gewissermaßen um ein Modell außenpluralistischer Wahrheitsfindung.

Dabei wird eine Unterscheidung aus der Medienpolitik, und zwar zwischen Binnenpluralismus und Außenpluralismus, erkennbar. Die dort angestrebte Meinungsvielfalt lässt sich entweder durch binnenpluralistische Entscheidungsgremien in Rundfunkanstalten oder aber außenpluralistisch durch einen Meinungskampf zwischen unterschiedlichen Zeitungen etc. erreichen. Die angesprochene Zweiteilung in ein Umweltrecht der Umweltschützer und ein Umweltrecht der Umweltbelaster folgt dann diesem Leitbild des Außenpluralismus.

Die Streite zunächst um den Ausstieg aus der Atomkraft, um die Laufzeitverlängerungen bzw. später Laufzeitverkürzungen von Kernkraftwerken und dann um die Entschädigung für den Ausstieg etc. beleuchten diese Situation schlaglichtartig. Die meisten (aber keineswegs alle) Stimmen, die sich dabei zu Worte meldeten, waren in diesem Verfahren beteiligte Rechtsgutachter, die entweder für die Betreiberseite oder für die Atomkraftgegner i.w.S. tätig wurden. Das birgt im Übrigen auch bei „objektiven" interessenungebundenen Autoren das Risiko, wegen ihrer Ergebnisse – ungewollt – dem einen oder anderen Lager zugerechnet zu werden. Das kann aber zu Fehlschlüssen führen: In einem überwiegend, aber nicht ausnahmslos außenpluralistischen Umweltrecht lässt sich zwar von der Lagerangehörigkeit auf die Meinung, aber eben nicht immer von einer Meinung auf die vermeintliche Lagerangehörigkeit schließen.

Abhilfe von diesem Zerfallen des Umweltrechts in interessengebundene bzw. parteipolitische Lager ist nur schwer, jedenfalls nicht ohne Weiteres möglich. So schnell die Kritik an dem interessengeleiteten „Teil"-Umweltrecht und der damit verbundenen Parteilichkeit juristischer Argumentation erhoben wird, so unsicher sind die Erfolgsaussichten nach der Realisierung eines wirklich neutralen, nicht interessengebundenen Umweltrechts. Immerhin kann die Forderung nach einem unparteiischen Umweltrecht und der Appell an die Berufs- bzw. Wissenschaftsethik der beteiligten Umweltrechtler ein Nachdenken und vielleicht auch ein Umdenken einleiten. Bis es dazu kommt, sind außenpluralistische Strukturmaßnahmen (z. B. außenpluralistisch besetzte Tagungen und Umweltrechtsgesellschaften) sinnvolle Ersatzmaßnahmen. Das gelingt einer Reihe von Institutionen, z. B. der Gesellschaft für Umweltrecht und wohl auch den meisten Fachzeitschriften und umweltrechtlichen Schriftenreihen. Die – inhaltlich ansonsten sehr anspruchsvolle – Zeitschrift für Umweltrecht (ZUR) mit dem Verein für Umweltrecht geht freilich einen anderen Weg.

Die Umweltrechtswissenschaft bleibt aufgefordert, die Unparteilichkeit ihrer Arbeits- und Überlegungsweisen zu stärken. Das muss pointierte Ergebnisse nicht ausschließen. Es darf nur nicht zu parteilichen Vorfestlegungen und Erkenntnisbefangenheiten führen.

Schwer erträglich wird das Zerfallen des Umweltrechtes in interessengebundene bzw. parteipolitische Lager, wenn diese Tendenz Institutionen erfasst, die auf interessenungebundene Neutralität verpflichtet sind, wie z. B. Gerichte, Sachverständigengremien und Ministerien. Sie können nur sehr begrenzt durch das Prinzip antithetischer Willensbildung kanalisiert und korrigiert werden.

Immerhin ist es durchaus möglich, dass die von Ökologen oder aber auch von Anti-Ökologen „eroberten" verschiedenen Ministerien durch den politischen Prozess, durch mächtige Interessenverbände, aber auch durch die Opposition in Schach gehalten werden. Besonders wichtig kann hier aber auch die Konkurrenz zwischen Ministerien werden (z. B. Umweltministerium kontra Wirtschafts- und Verkehrsministerium), weil bisweilen solche Ressortkonkurrenzen wirksamere Ausgewogenheitskontrollen ermöglichen als die traditionelle Gewaltenteilung.

Bei den von Einzelinteressen dominierten Gerichtsverfahren kann als Korrektiv im Wesentlichen auf das hierarchische Prinzip der Eigenkorrektur der Rechtsprechung durch den Instanzenzug oder durch übergeordnete Gerichte (Verfassungsgerichte, europäische Gerichte) gesetzt werden. Im Übrigen ist durch eine kluge Personalpolitik bei der Richterbesetzung darauf zu achten, dass keine der Seiten (Umweltschützer oder Umweltbelaster) bzw. ihre jeweiligen parteipolitischen Unterstützer ein dominierendes und permanentes Übergewicht in den Kammern und Senaten erhalten, die sich mit dem Umweltrecht befassen.

Das sich damit andeutende Korrekturmittel der Binnenpluralität bei einem interessenzerklüfteten Umweltrecht ist vor allem auch bei der Besetzung von Sachverständigengremien in der Umwelt- und Wirtschaftspolitik das probate, wenn auch nicht immer sicher wirkende Mittel zur Gewährleistung interessenübergreifender Neutralität. Nur so werden unvoreingenommene Sachverständigenäußerungen – soweit möglich – auf Dauer zu sichern sein.

Ist denn alle Müh' vergeblich?
Warum trotz Risikomanagement so viele Krisen nicht verhindert werden

Andreas Schuler, Berlin[*]

I. Einführung

Blickt man auf prägende Ereignisse der letzten Dekade, so wird man als Risikomanager immer wieder mit grundlegenden Zweifeln an der Sinnhaftigkeit bzw. Wirksamkeit von Risikomanagement konfrontiert: Immobilienkrise und globale Auswirkungen,[1] Finanzkrise verschiedener Staaten,[2] sich daraus entwickelnde fundamentale Wirtschaftskrisen,[3] die wiederum politische Krisen begünstigen. Auch die geopolitischen Ereignisse können nicht aufmuntern: bewaffnete Konflikte und kriegerische Ereignisse, verschiedene ökologische Krisen sowie die alles andere in den Schatten stellende Klimakrise.

Allen diesen Ereignissen ist gemeinsam, dass sie sich in hoch komplexen, teilweise verzahnten und in ihrer Gesamtheit nicht regulierten Bereichen abspielen. Als Risikomanager könnte man sich also noch damit zu trösten versuchen, dass dies Bereiche sind, in denen gar kein explizites, übergeordnetes, wohl organisiertes Risikomanagement stattfindet.

Jedoch auch im unternehmerischen Umfeld, also dort, wo von funktionierenden Regularien ausgegangen werden kann, auch dort, wo die Interessen derer, die die Regularien aufstellen und derer, für die sie angewendet

---

[*] Dr. Andreas Schuler, Chief Risk Officer, Vattenfall.
[1] Vgl. z.B. *Fisher*, Die Ursachen der Immobilienkrise und ihre Auswirkungen auf den Finanzmarkt Deutschland, 2009; *Hänel*, Die Finanzkrise 2007-2009: Die Krise als nicht intendiertes Resultat unangemessener institutioneller Rahmenbedingungen, Aktuelle Fragen der Wirtschaftspolitik, 2016.
[2] Vgl. z.B. *Klemm/Schultheiß* (Hrsg.), Die Krise in Griechenland: Ursprünge, Verlauf, Folgen, 2015.
[3] Vgl. z.B. *Elschen/Lieven*, Der Werdegang der Krise: Von der Subprime- zur Systemkrise (German Edition), 2013.

werden, auf gewisse Weise zumindest partiell kongruent[4] sein dürften, oder auch dort, wo ein öffentliches Interesse an der Funktionsfähigkeit von Risikomanagement besteht,[5] gelingt es häufig nicht, gravierende, mitunter sogar bestandsgefährdende Risiken abzuwenden. Beispiele hierfür sind die Bankenkrise,[6] die langanhaltende Krise der Printmedien,[7] die Krise der Solarwirtschaft seit 2012,[8] die Krise der etablierten Energiewirtschaftsunternehmen[9] oder die Krise deutscher Automobilhersteller.[10]

Bevor man sich den Gründen für die Ursachen derartiger Krisen bzw. den Aspekten, wie Risikomanagement zur Krisenvorsorge beitragen kann, zuwendet, ist es sicherlich sinnvoll, sich den möglichen generellen Anspruch des Risikomanagements zu vergegenwärtigen: Risikomanagement kann nicht generell Krisen verhindern, sondern nur deren Auswirkungen auf einzelne Unternehmen dämpfen und es ist offensichtlich, dass diese Dämpfung nicht das Sterben von Branchen und Segmenten aufhalten kann. Insbesondere die gesamtwirtschaftliche Bewertung und die einzelwirtschaftliche Bewertung von Krisen sind sicherlich oft nicht kongruent. Unternehmenskrisen, selbst die Bereinigung des Marktes von bestimmten Unternehmen kann makro-ökonomisch durchaus als mitunter positiv angesehen werden. Aus gesamtwirtschaftlicher Sicht führen neue Produkte, Technologien, Bedürfnisse und das damit einhergehende Sterben von nicht

---

4 Zwar wird in den regulierten Marktsegmenten häufig über die Intensität und den Umfang der Regulierung geklagt, letztendlich muss es jedoch im eigenen Interesse vernünftig geführter Unternehmen liegen, gravierende Risiken rechtzeitig zu erkennen und Schaden vom Unternehmen abzuwenden.
5 Wie z.B. im Fall systemrelevanter Banken oder bei Unternehmen der Daseinsvorsorge; zum Risikomanagement der öffentlichen Hand vgl. *Scholz/Schuler/Schwintowski* (Hrsg.), Risikomanagement der öffentlichen Hand, 2006.
6 Vgl. Fn. 3.
7 Z.B. *Weichert/Kramp/Jakobs*, Wozu noch Zeitungen? Wie das Internet die Presse revolutioniert, 2009.
8 Z.B. *Hackhausen*: Solar-Pleitewelle vernichtet Milliarden, Handelsblatt 11.07.2012, abrufbar unter: http://www.handelsblatt.com/finanzen/maerkte/aktien/die-naechste-insolvenz-solar-pleitewelle- vernichtet-milliarden/6865816.html (abgerufen am 27.6.2017); *Reuters*, Solarworld files for insolvency, 10.5.2017, abrufbar unter: http://www.reuters.com/article/solarworld-bankruptcy-idUSASM000 BDH (abgerufen am 27.6.2017).
9 Vgl. *Becker*, Aufstieg und Krise der deutschen Stromkonzerne: Zugleich ein Beitrag zur Entwicklung des Energierechts, 2011; *Welsch et. al.*, Europe's Energy Transition: Insights for Policy Making, 2017.
10 Vgl. *Borgeest*, Manipulation von Abgaswerten: Technische, gesundheitliche, rechtliche und politische Hintergründe des Abgasskandals, 2017.

mehr wettbewerbsfähigen Branchen zu einer Verbesserung der wirtschaftlichen Situation, nicht notwendigerweise zu einer Verschlechterung. *Schumpeter* nennt dies die schöpferische Zerstörung des Wettbewerbs.[11]

Aus Sicht des Einzelunternehmens ist es allerdings nachvollziehbar, dass vom Risikomanagementprozess erwartet wird, einen Beitrag dazu zu leisten, dass dieses Einzelunternehmen Bestand hat und wirtschaftlich erfolgreich ist. Dies war sicherlich auch der Anspruch, den der Gesetzgeber hatte, als er Risikomanagement verbindlich für Unternehmen vorschrieb: In Deutschland ist das regulatorische Umfeld vor allem durch das Gesetz zur Kontrolle und Transparenz im Unternehmensbereich (KonTraG) und § 91 des AktG sowie durch den Prüfungsstandard IDW PS 340[12] bestimmt. Klar festgestellt kann dabei werden, dass der durch den Gesetzgeber mit Einführung des KonTraG bereits im Jahr 1998 formulierte Anspruch, generell ambitioniert ist. In § 91 Abs. 2 AktG wird formuliert: „Der Vorstand hat geeignete Maßnahmen zu treffen, insbesondere ein Überwachungssystem einzurichten, damit den Fortbestand der Gesellschaft gefährdende Entwicklungen früh erkannt werden." Da zu Beginn einer Risikoanalyse aber nicht sicher vorhersehbar ist ob ein gravierendes Risiko zu einem vom Gesetzgeber beschriebenen bestandsgefährdenden Risiko wird, kann aus dem Gesetzestext eindeutig geschlossen werden, dass das Überwachungssystem nicht nur gravierende Risiken frühzeitig erkennen muss, sondern dass die analysierten Risiken auch in ihrer Gesamtheit und ihrem Zusammenspiel hinsichtlich ihrer Wirkungsweise beurteilt werden müssen.[13]

Da der Gesetzgeber, wie leicht nachvollziehbar ist, nicht das Eintreten von bestandsgefährdenden Risiken unterbinden, sondern lediglich eine geeignete Vorsorge gegen diese vorschreiben kann, ist m.E. durch die Forderung, bestandsbedrohende Risiken frühzeitig zu erkennen, aus regulatorischer Sicht eine anspruchsvolle Krisenvorbeugung geschaffen worden. Auch dadurch, dass das KonTraG die Verantwortung explizit beim Vorstand des Unternehmens sieht, ist sichergestellt worden, dass dort, wo die

---

11 Vgl. Abdruck des Kapitels „Der Prozeß der schöpferischen Zerstörung" aus *Schumpeter*, Capitalism, Socialism and Democracy, in: *Herdzina*, Wettbewerbstheorie, 1975, S. 138.
12 *IDW* (Hrsg.), IDW Prüfungsstandard: Die Prüfung des Risikofrüherkennungssystems nach § 317 Abs. 4 HGB (IDW PS 340), o. J.
13 Vgl. *Gleißner*, WPg 2017, 158.

besten Möglichkeiten im Unternehmen wirkungsvoll zu handeln bestehen, auch gehandelt werden müsste.

Wenn aber nicht mangelnde oder unzureichende Regulierung als Grund für die Krisen angesehen wird, woran kann es dann liegen, dass die Auswirkungen von Krisen auf Unternehmen häufig nicht abgewendet werden können?

Immer wieder stößt man in der Unternehmenspraxis auf die Ansicht, dass die Aufgabe, bestandsbedrohende Risiken eines Unternehmens frühzeitig zu erkennen, eine relativ überschaubare ist, die zwar einigen Aufwand bedeutet, dafür jedoch relativ sicher bewältigt werden kann. Selbst Wirtschaftsprüfer stellen häufig nicht allzu kritische Fragen, was das Risikomanagementsystem von Unternehmen anbelangt, und sind teilweise bei der Prüfung von Risikomanagementprozessen mit einfachen Antworten zufrieden. Dies kann dazu führen, dass Risikomanagementbereiche nicht adäquat mit Kompetenz oder Ressourcen ausgestattet werden und dass sie nicht adäquat in der Organisation oder den Entscheidungsprozessen verankert sind. In Einzelfällen eine sicherlich ausreichende Erklärung für erfolglose Krisenvorsorge, ganz generell jedoch trifft dies bei weitem nicht immer und überall zu.

Im Folgenden wird daher analysiert, warum die zunächst recht einfach erscheinende Aufgabe, bestandsbedrohende Risiken für ein Unternehmen zu erkennen und geeignete Maßnahmen zu ergreifen, um sie abzuwenden, tatsächlich selbst im relativ überschaubaren Raum eines Industrieunternehmens – also in einem Umfeld, das sich als ein um ein Vielfaches weniger komplexes Problem darstellt als z.B. die Abwendung von Klimaerwärmung, kriegerischer Ereignisse oder Wirtschaftsräume umspannender Krisen – dennoch als äußerst schwierig, wenn nicht unmöglich, angesehen werden muss.

Ist es menschliches Versagen oder Organisationsversagen? Muss es eventuell einfach als der menschlichen Natur inhärent oder in Wirtschaftssystemen verankertes systemimmanentes Prinzip hingenommen werden, dass es zahlreiche Beispiele gibt, an denen wir beobachten können, wie Unternehmen oder sogar ganze Unternehmenszweige in bestandsbedrohende Lagen geraten oder vom Markt vollständig verschwinden?

Um sich diesen Fragen zu nähern, werden drei zugespitzte, in der unternehmerischen Praxis jedoch häufig anzutreffende, populistisch formulierte Erklärungshypothesen für das Fehlschlagen von unternehmerischem Risikomanagement untersucht:

- 1. Hypothese: „Errare humanum est" bzw. der Mensch ist eben wie er ist: er macht Fehler und manövriert sich daher zwingend immer wieder in Krisen.
- 2. Hypothese: „Der Fisch stinkt vom Kopf" bzw. die Unternehmensführung trägt die Verantwortung dafür, wenn bestandsgefährdende Risiken nicht erkannt und abgewendet werden.
- 3. Hypothese: „Die Anderen sind schuld" bzw. alles liegt außerhalb des Unternehmens, ergo an den wirtschaftlichen und nicht vorhersehbaren Rahmenbedingungen.

De facto sehen alle drei Hypothesen nach einer fatalistischen Verantwortungsverweigerung aus, die sich dort wo sie auftritt für den Risikomanagementprozess als hinderlich erweist. Daher sind diese Hypothesen für den Risikomanager (und die Geschäftsführung) generell interessant zu untersuchen.

Falls „errare human est" als Erklärung ausreichen sollte, d.h. der Mensch unabdingbar und unbeeinflussbar so fehlbar wäre, dass die Krisen zwingend als Teil menschlichen Verhaltens angesehen werden müssten, erübrigte sich die weitere Analyse. In diesem Fall wären Krisen für ein von Menschen gestaltetes System systemimmanent und unveränderbar; es könnte ausschließlich in bestmögliches Krisenmanagement investiert werden um damit die negativen Auswirkungen von Krisen zu minimieren. Zunächst wird also in Kapitel II auf diese einfachste Erklärungshypothese eingegangen.

Falls wir die Krisen oder deren Auswirkungen aber zumindest zum Teil als vermeidbar oder beeinflussbar ansehen, erscheint es sinnvoll ein Risikomanagement zu etablieren und damit besser als gar nicht vorzusorgen. Dann liegt es an jenen, die die Verantwortung dafür haben, geeignete Schritte umzusetzen. Verantwortlich ist in einem Unternehmen die Unternehmensführung.[14] Also wird in Kapitel III untersucht, ob bei einer Krise im Wesentlichen die Unternehmensführung die Verantwortung trägt, ob also wenn es schief geht „der Fisch vom Kopf stinkt" oder ob, bei gut etabliertem Risikomanagement und vorausschauendem Handeln der Unternehmensführung, Krisen in der Regel abgewendet werden können.

Für alle, die der Ansicht sind, dass nicht immer die menschliche Natur oder die Unternehmensführung für die Krise verantwortlich gemacht werden können, wird dann in Kapitel IV untersucht, ob nicht vielleicht tat-

---

14 § 93 AktG.

sächlich die „Anderen schuld sind", also die allgemeine nicht vorhersehbare Entwicklung des (Markt-)Umfeldes.
In Kapitel V wird dann ein kurzes Fazit gezogen.

II. „Errare humanum est" bzw. der Mensch ist eben unabänderlich fehlbar

1. Der Mensch im Mittelpunkt

Ganz offensichtlich ist es richtig, dass der Ausspruch „errare humanum est"[15] eine tiefe menschliche Wahrheit darstellt, der Mensch also irrt und daher auch leicht nachvollziehbar, die menschliche Geschichte durch zahlreiche Irrtümer gekennzeichnet ist, die in Krisen geführt haben. Für das Feld einer realistischen Einschätzung zukünftiger Entwicklungen, also einen Kernpunkt der Aufgaben des Risikomanagements, sind zahlreiche Eigenschaften menschlichen Verhaltens zu berücksichtigen, die dazu führen, dass die Entscheidungsträger im Unternehmen nicht optimal entscheiden. Beispielhaft werden hier einige dieser Eigenschaften in Anlehnung an die Systematik von *von Nitzsch*[16] aufgeführt:

Menschen verarbeiten Information unvollkommen, die Verfügbarkeit von Gedächtnisinhalten spielt für Entscheidungen eine große Rolle und verschiedene Heuristiken können die Entscheidungsträger in nicht ideale Entscheidungen führen. Zum Beispiel werden komplexe Informationen so vereinfacht, dass sie durch unser Gehirn ohne große Mühe verarbeitbar sind.[17] Informationen werden selektiv wahrgenommen, wobei interessant ist, „dass Menschen gerne das wahrnehmen, was sie erwarten bzw. wahrnehmen wollen."[18] Und „sie bewegen sich in ihren Gedanken nur in einem engen Umfeld um das, was ihnen mit wenig Ressourceneinsatz zur Verfü-

---

15 „Irren ist menschlich".
16 *von Nitzsch*, Entscheidungslehre, 8. Aufl., 2015. Das Buch bietet eine umfangreiche, gut verständliche Beschreibung der einzelnen Phänomene und kann nicht nur Risikomanagern als Vertiefung des hier nur ganz kurz angerissenen, für das Verständnis von Krisen jedoch zentralen Themenfeldes empfohlen werden.
17 *von Nitzsch*, S. 199.
18 *von Nitzsch*, S. 201. Bezüglich der praktischen Auswirkung dieses Phänomens auf das Risikomanagement im Konzern s. Kapitel III.

gung steht."[19] Das als „Narrow Thinking"[20] bezeichnete Phänomen umfasst auch verschiedene Heuristiken,[21] auf die wir bei Entscheidungen zurückgreifen und deren Kenntnis für das Risikomanagement wesentlich sind. Overreacting (d.h. es werden nur leicht verfügbare Informationen verwendet), Narrative Bias (je anschaulicher eine Sache erscheint, für umso glaubwürdiger wird sie gehalten), Primacy-Effect (die Reihenfolge von Information spielt einen Einfluss auf die Informationsverarbeitung) und Priming-Effect (Beeinflussung durch Assoziationen) und die Verankerungsheuristik[22] sind weitere Beispiele dieser Problematik.[23] Eine für das Verständnis des Verhaltens von Führungskräften weiterer wichtiger Aspekt ist die sogenannte "Overconfidence", die Eigenschaft „bestimmte eigene Fähigkeiten systematisch zu überschätzen."[24]

Neben den beschriebenen Effekten stellen auch alle generellen Probleme in der Interpretation und bei der Erstellung und Interpretation von Statistiken[25] und den darauf aufbauenden Modellen[26] eine erhebliche Quelle

---

19 *von Nitzsch*, S. 209.
20 Vgl. *Schwarz*, Zeitschrift für Sozialpsychologie, 1982, 343.
21 Von Heuristiken wird auch im Risikomanagement häufig Gebrauch gemacht, z.B. innerhalb des Enterprise wide Risk Management (ERM) Prozesses (*COSO*, Unternehmensweites Risikomanagement – Übergreifendes Rahmenwerk, 2014; neue Auflage voraussichtlich Mitte 2017; abrufbar unter: www.coso.org/Documents/News-COSO-ERM-Update-2017.pdf (abgerufen am 29.6.2017)). Dabei werden z.B. in Expertengruppen schwer quantifizierbare Risiken und deren Wechselwirkungen untereinander abgeschätzt, die dann wiederum eine wichtige Eingangsgröße in der Risikoaggregation darstellen. Heuristiken sind jedoch dann Problematisch, „wenn sie unbewusst initiiert werden bzw. ablaufen. Hier kann das Individuum nämlich nicht mehr abschätzen, ob die Vorteile der Heuristik (die geringe Inanspruchnahme von Ressourcen der Informationsverarbeitung) die Nachteile (Suboptimalitäten im Ergebnis) überkompensieren." (*von Nitzsch*, S. 209 f.).
22 „Menschen tendieren dazu, sich bei Schätzungen oder in der Verwertung von Informationen zunächst an einem ersten Ursprungs- oder Richtwert zu orientieren (Anchoring) und anschließend diesen Wert (Anker) unter Berücksichtigung weiterer Informationen oder mittels einer Verschiebung in Richtung des wahren Wertes anzupassen (Adjustment) ... Empirische Untersuchungen belegen..., dass der Anpassungsprozess regelmäßig zu knapp ausfällt, d. h. der Anker ein zu großes Gewicht erhält", *von Nitzsch*, S. 217.
23 Eine ausführliche Beschreibung befindet sich in *von Nitzsch*, S. 211-214.
24 *von Nitzsch*, S. 229.
25 Vgl. z.B. *Krämer*, Denkste! Trugschlüsse aus der Welt des Zufalls und der Zahlen, 1996; *von Randow*, Das Ziegenproblem: Denken in Wahrscheinlichkeiten, 1992.
26 Vgl. *Scholz/Schuler*, in: *Schwintowski (Hrsg.)*, Handbuch Energiehandel, 3. Aufl., 2014, Rn. 1248 u. 1281.

für Fehlentscheidungen dar. Letztendlich ist Gier nach Geld in Kombination mit krimineller Energie der Menschen in zahlreichen Krisen die entscheidende Erklärungsgröße.[27]

2. Gegenmaßnahmen: Modell der drei Verteidigungslinien und unabhängige Zweitmeinung

Obwohl alle diese in Kapitel II.1 beschriebenen Heuristiken, Wahrnehmungsverzerrungen und typische Fehleinschätzung und die Fehler bei der Statistikerstellung und Modellformulierung bei Entscheidungsfindungen eine große Rolle spielen, sind sie wohl analysiert und wissenschaftlich beschrieben und damit können Maßnahmen ergriffen werden, die Auswirkungen dieser Effekte menschlichen Verhaltens zu begrenzen. Dies trifft auch auf die kriminelle Energie das System zum eigenen Vorteil auszunutzen zu. Auch diese ist wohl bekannt und kann daher bei der Ausgestaltung des Risikomanagements berücksichtigt werden.

Die im Risikomanagementprozess hierfür eingeführten Prinzipien sind aufbau- und ablauforganisatorische Gestaltungsprinzipien, insbesondere die Funktionstrennung und das Vier-Augen-Prinzip, die als Modell der drei Verteidigungslinien (Three-Lines-of-Defense-Model)[28] formalisiert sind, und darüber hinaus eine systematische Einbindung des Risikomanagements in die wesentlichen Entscheidungen der Unternehmensführung mittels einer unabhängigen Zweitmeinung (independent second opinion).

---

27 Vgl. als Beispiele für besonders spektakuläre Fälle Enron (*Fusaro/Miller*, What went wrong at Enron: Everyone's Guide to the Largest Bankruptcy in U.S. History, 2002), Barings Bank (*Stevenson*, The Collapse of Barings: The Overview; Young Trader's $29 Billion Bet Brings Down a Venerable Firm, *The New York Times* 28.2.1995; abrufbar unter: http://www.nytimes.com/1995/02/28/us/collapse-barings-overview-young-trader-s-29-billion-bet-brings-down-venerable.html?pagewanted=all (abgerufen am 23.5.2017) und Société Générale (*Clark/Jollyjan*, Société Générale loses $7 billion in trading fraud, *The New York Times* 24.01.2008; abrufbar unter: http://www.nytimes.com/2008/01/24/business/worldbusiness/24iht-socgen.5.9486501.html (abgerufen am 1.6.2017).
28 *Institute of Internal Auditors*, IIA position paper: the three lines of defense in effective risk management and control, 2013, abrufbar unter: https://na.theiia.org/standards-guidance/Public%20Documents/PP%20The%20Three%20Lines%20of%20Defense%20in%20Effective%20Risk%20Management%20and%20Control.pdf (abgerufen am 26.6.2017).

Auf beide Prinzipien und darauf, wie sie das Unternehmen dabei unterstützen, dem Problem des menschlichen Irrens zu begegnen, wird hier kurz eingegangen: Nach dem *Modell der drei Verteidigungslinien* werden Tätigkeiten, die unvereinbar miteinander sind, organisatorisch und prozessual voneinander getrennt.[29] Unvereinbare Tätigkeiten sind Aktivitäten durch die unabhängige Transparenz geschaffen werden soll und Kontrolle ausgeübt werden soll, die also einen Interessenkonflikt bei den handelnden Personen erzeugen können. Demnach entsprechen das Management der Geschäfte und deren unmittelbare erste interne Kontrolle der ersten Verteidigungslinie. Finanzkontrolle, Security, Risikomanagement und andere Überwachungsfunktionen sind in der zweiten Verteidigungslinie angeordnet. Die dritte Linie stellt die Revision dar.

Die Erarbeitung einer *unabhängigen Zweitmeinung* (independent second opinion) durch das Risikomanagement stellt einen Prozess dar, in dem das Risikomanagement sich von der relevanten Geschäftseinheit alle wesentlichen Merkmale der vorgeschlagenen Geschäftsentscheidung en détail erläutern lässt und dann die Geschäftsidee auf „Herz und Nieren" überprüft. Bei dieser Überprüfung geht es um

- „handwerkliche" Fehler (z.B. im Berechnungsmodell oder bei der Anwendung von Daten),
- die Überprüfung auf in Kapitel II beschriebene typische menschliche Fehleinschätzungen,
- die Stimmigkeit des Geschäfts bzw. der Entscheidung mit Hinblick auf die Konzernstrategie und den vorgegebenen Risikoappetit,[30]
- die Stimmigkeit des Geschäftes mit Hinblick auf die Markteinschätzung des Unternehmens (auch unter Risikogesichtspunkten) und
- die Auswirkung des Geschäftes auf die Profitabilität und die Risikosituation des Gesamtportfolios des Unternehmens.[31]

---

29 Im Idealfall bis zur höchsten Berichtsebene.
30 Für eine Verfahrensweise vgl. *Gleißner*, M&A Review 4/2017, 90-95, bezüglich der Anforderungen bei M&A Entscheidungen, vgl. *Gleißner*, Der Aufsichtsrat 4/2017, 54.
31 Vor allem die risiko-rendite fokussierende Portfolioanalyse wird in Konzernen häufig ausschließlich durch die Risikofunktion wahrgenommen, da die Geschäftseinheiten üblicherweise am eigenen Erfolg und nicht am Konzernergebnis gemessen werden.

Das Risikomanagement holt dabei seinerseits häufig die Meinung weiterer Experten, z.B. des Rechtsbereichs (Rechtsrisiken) oder des Finanzbereichs (Finanzierungsrisiken, Bilanzrisiken usw.), ein. Unmittelbar einleuchtend ist, dass eine "independent second opinion" auch nur durch eine unabhängige Instanz, die Second-Line-of-Defense, in diesem Fall also das Risikomanagement, abgegeben werden kann.[32] Qualitätsmanagement kann zwar (und sollte auch) in der Geschäftseinheit stattfinden und voll der Verantwortung der Geschäftseinheit unterliegen, eine unabhängige Meinung über eine Geschäftsentscheidung jedoch kommt vom Risikomanagement.

Durch die konsequente Anwendung der beiden Prinzipien "Three-Lines-of-Defense" und "independent second opinion" können die typischen Einschränkungen menschlicher Wahrnehmung und menschlicher Fehlschlüsse,[33] zwar nicht sicher vollständig ausgeschlossen werden, aber doch zumindest wesentlich verringert werden.

Für manche Krisen mag also Erklärung gelten „errare humanum est"; als generelle Erklärung reicht dies in einem Unternehmen mit gut etabliertem Risikomanagementprozess jedoch nicht aus.

III. „Der Fisch stinkt vom Kopf" bzw. die Unternehmensführung trägt die Verantwortung

1. Der Einfluss der Unternehmensführung

Tatsächlich ist der wesentliche Faktor dafür, ob in einem Unternehmen ein funktionsfähiges Risikomanagement installiert ist und welche Auswirkungen dieses Risikomanagement auf die Unternehmensentscheidungen hat, das Top-Management. Ohne vollen Rückhalt des Aufsichtsgremiums und der Geschäftsführung, ist es sehr schwierig – wenn nicht unmöglich – den

---

32 Dem Chief Risk Officer (CRO) kommt hier eine mit der im Mittelalter gebräuchlichen Rolle des Narren vergleichbare Funktion zu, der die Geschäftsführung (dem „König"), in adäquater Form ein kritisches Bild der Zustände zeigen darf, für die der Regent selbst oder ein ihm nahestehender Funktionsträger verantwortlich ist (zu den verschiedenen Rollen einer Risikomanagementeinheit vgl. *Schuler*, Risk, Executive Management & Decision Making. Konferenzbeitrag bei: *RiskMinds Energy*, Amsterdam, 9.-12.6.2014).

33 Das Modell der drei Verteidigungslinien stellt darüber hinaus den wesentlichen Schutz des Unternehmens gegen Compliance-Verstöße dar, die in der Industriegeschichte zahlreiche Unternehmenskrisen ausgelöst haben (vgl. Fußnote 27).

gesetzlich geforderten Auftrag des Risikomanagements zu erfüllen. Eine funktionsfähige Aufbau- und Ablauforganisation[34] kann nur dann entwickelt werden, wenn die erforderlichen Ressourcen hierfür bereitgestellt werden und die Prozesse so gestaltet sind, dass sie den Grundzügen eines „Three-Lines-of-Defense-Models"[35] gerecht werden, d.h. eine von der Geschäftseinheit unabhängige Kontroll- und Überwachungsfunktion besteht. Auch eine wirkungsvolle Risikoanalyse (inklusive Risikoaggregation)[36] sowie der Prozess der Erstellung einer unabhängigen Zweitmeinung (independent second opinion)[37] kann nur mit der Unterstützung der Geschäftsführung aufgebaut werden.

Hier zeigen sich in der Unternehmenspraxis auch tatsächlich signifikante Unterschiede. Es gibt Geschäftsführungen bei denen das Risikomanagement als lästige Pflichtaufgabe auf einem Minimalniveau abgearbeitet wird. Selbst wenn auch in diesen Unternehmen in der Regel ein Risikomanagementprozess angetroffen wird, so handelt es sich dabei mitunter um ein reines Einsammeln von Daten, die die Unternehmenseinheiten irgendwie zusammengesucht haben. Es ergibt sich kein sinnvolles Gesamtbild, es erfolgt keine sinnvolle Risikoaggregation (z.B. mittels Monte-Carlo-Simulation),[38] die Funktionstrennung wird nicht ordentlich umgesetzt (Verwischung der zu trennenden Aufgaben nach dem Three-Lines-of-Defense-Model) und das Risikomanagement erstellt keine unabhängige Zweitmeinung bzw. diese fließt nicht adäquat in den Entscheidungsprozess ein. In diesen Fällen ist das Risikomanagement ein Kostenfaktor der über den Wert hinaus, die Wirtschaftsprüfer vom Vorhandensein eines (gesetzlich geforderten) Risikomanagementprozesses zu überzeugen, keinen wesentlichen Mehrwert bietet. In diesen Fällen kann wohl zurecht behauptet werden: „Der Fisch stinkt vom Kopf".

In einem gut aufgestellten Unternehmen sieht es anders aus: Hier ist das „Three-Lines-of-Defense-Model" unabhängig von der gesetzlichen Anforderung konsequent umgesetzt, die Unternehmensstrategie definiert einen klaren Risikoappetit, Risiko-Rendite-Verhältnisse spielen bei der Kapitalallokation eine wichtige Rolle, die Konzernrisikolage wird anhand einer

---

34 Zur Auf- und Ablauforganisation vgl. z.B. *Scholz/Schuler*, in: Schwintowski (Hrsg.), Handbuch Energiehandel, Rn. 1129 ff.
35 Vgl. Kapitel II.
36 *Gleißner*, Board 3/2017, 160.
37 Vgl. Kapitel II.
38 Vgl. z.B. *Gleißner*, WiSt 7, 2011, 348 f.

sinnvollen Risikoaggregation ermittelt und das Risikomanagement produziert zu wesentlichen Geschäftsentscheidungen eine unabhängige Zweitmeinung, die die Übereinstimmung der vorgeschlagenen Entscheidung mit der Strategie analysiert und neben dem Risiko-Rendite-Verhältnis der Einzelentscheidungsmöglichkeit auch die Auswirkung auf das Gesamtportfolio aufzeigt. Ein solche unabhängige Zweitmeinung sollte dann noch institutionalisiert, d.h. durch die Entscheidungsroutinen festgeschrieben, in den Entscheidungsprozess einfließen.

In solchen Unternehmen, in denen „vom Kopf" her alles sehr wohlgeordnet ist, können viele Krisen verhindert werden. Doch auch hier sollte ein weiterer Aspekt nicht unterschätzt werden: die Unternehmenskultur.

2. Der Einfluss der Unternehmenskultur

Unternehmenskulturen, und als Teil dieser auch die Risikokultur des Unternehmens, können – durch das Management verursacht – zwar sehr schnell in die negative Richtung erodieren, nicht jedoch sehr schnell zum Positiven gewendet werden. Dies kann dazu führen, dass obwohl die Geschäftsführung (z.B. nach einer Auswechslung) bereits auf eine funktionsfähige Aufbau- und Ablauforganisation zuarbeitet, die allgemeine Unternehmenskultur das Unternehmen jedoch dennoch so sehr lähmt bzw. ihm so schadet, dass es zur Unternehmenskrise kommt. Ein für die Fähigkeit von Unternehmen, Risiken zu bewältigen, maßgeblicher Punkt ist dabei die Kultur des Umgangs mit Fehlern und die generell ausgeprägte Kritikfähigkeit im Unternehmen. Werden Fehler nicht offen angesprochen und als Chance für die gesamte Organisation genutzt, daraus zu lernen, kann dies fatale Folgen haben.[39]

Zusammenfassend lässt sich folglich feststellen: „der Fisch stinkt vom Kopf" und/oder eine ungeeignete Unternehmenskultur (falscher Umgang mit Fehlern, mangelnde Kritikfähigkeit im Unternehmen, geringes Risikobewusstsein, Mängel in der Corporate Governance) können häufig Krisen erklären, reichen aber nicht aus, alle aufgetretenen Vorfälle nachzuvollziehen.

---

39 Als Beispiel hierfür dient der Flugzeugabsturz eines Air France Fluges (vgl. *Demir*, Der ideale Umgang mit Fehlern (in Organisationen) durch eine konstruktive Fehlerkultur und eine lernende Organisation, 2014; vgl. *Senge*, Die fünfte Disziplin. Kunst und Praxis der lernenden Organisation, 11. Auflage, 2011).

IV. „Die Anderen sind schuld" bzw. alles liegt an den Rahmenbedingungen

Sucht man die Verantwortung für die Krisen nicht innerhalb des Unternehmens, sondern außerhalb, so ist für ein in einem Markt agierendes Unternehmen eine erfolgsentscheidende Frage, ob es seine produzierten Waren und/oder Dienstleistungen in diesem Markt erfolgreich absetzen kann. Konnte es dies in der Vergangenheit, so ist in der Regel seine Anpassungsfähigkeit auf Veränderungen seines Umfeldes von entscheidender Bedeutung für seinen Fortbestand. Für die Anpassung an Veränderung sind die strategischen Entscheidungen der Unternehmensführung maßgeblich. Um diese Entscheidungen erfolgreich treffen zu können, müssen denkbare zukünftige Entwicklungen analysiert werden.

Aus zahlreichen Beispielen wird das grundsätzliche Problem bei der Analyse möglicher zukünftiger Entwicklungen deutlich: die Eingangsparameter, seien es harte statistische Fakten oder erfahrungsbasierte Heuristiken, basieren auf der Vergangenheit. Systemumbrüche, singuläre, unwahrscheinliche Ereignisse – wie z.B. Technologiesprünge, die Märkte fundamental verändern – sogenannte „schwarze Schwäne",[40] können nicht vorausgesagt werden und bleiben damit typischerweise in Modellen[41] und Entscheidungsvorgängen unberücksichtigt.

Doch selbst für den Fall, dass sich das Gesamtumfeld so entwickelt, dass bei unvoreingenommener Betrachtung[42] eine systemveränderte Entwicklung antizipiert werden kann, so ist der zeitliche Ablauf derselben noch weitaus schwieriger zu prognostizieren als die Entwicklung selbst.

Als Beispiel hierfür mag die Energiewirtschaft herangezogen werden: Seit mehreren Dekaden ist es offensichtlich, dass (unter anderem) das Energieversorgungssystem nicht nachhaltig ist, dass es früher oder später zu einem ökologischen Wandel kommen muss, wenn die negativen Auswirkungen einer nicht nachhaltigen Wirtschaftsweise begrenzt werden sollen

---

40 *Taleb*, Der schwarze Schwan: Die Macht höchst unwahrscheinlicher Ereignisse, 2008.
41 Zum Thema der Modellrisiken vgl. a. *Scholz/Schuler*, in: Schwintowski (Hrsg.), Handbuch Energiehandel, Rn. 1248 u. Rn. 1281; zum Problem, dass eigentlich alle Modelle mit zunehmender Komplexität ohnehin gegen 42 konvergieren müssten vgl. *Adams*, The Hitchhiker's Guide to the Galaxy, 1979, Kap. 27.
42 Zu den Problemen mit einer unvoreingenommenen Betrachtung s. Kapitel II.

und dass damit die Technologien sich von fossilerr zu regenerativer Erzeugung entwickeln werden.

Wann jedoch genau der Durchbruch erfolgen würde, war unklar und wurde letztendlich durch eine im Zeitpunkt unvorhersehbare Initiative des Gesetzgebers stark beschleunigt (EEG)[43] und im weiteren Verlauf durch absolut unvorhersehbare Ereignisse stark beeinflusst.[44] Der generelle Durchbruch erneuerbarer Erzeugungstechnologien war zu erwarten, der Zeitpunkt nicht vorhersehbar. So ließe sich auch heute wieder mit relativ hoher Wahrscheinlichkeit auf die Energieversorgung bezogen vermuten, dass der Klimawandel weiter zunehmend zu bedeutenden negativen Auswirkungen für zahlreiche Regionen und damit verbunden zu Migrationsbewegungen weltweit führen wird[45] und dass diese wiederum mit hoher Wahrscheinlichkeit die Energieproblematik weiter ins Zentrum des Bewusstseins und politischen Handelns rücken werden. Die Einsicht, dass die Energieversorgung langfristig nur dann funktionieren kann, wenn sie vollständig nachhaltig erfolgt, wird angesichts der immer offensichtlicher werdenden negativen Auswirkungen mutmaßlich wachsen. Vollständig nachhaltig könnte dabei bedeuten, dass alle Erzeugungstechnologien im weiteren Sinne mit Erneuerbaren Energien erzeugte erneuerbare Erzeugungstechnologien[46] sind. Wann dies jedoch tatsächlich umgesetzt werden wird, ist u.A. wegen der in Kapitel II dargestellten menschlichen Eigenschaften (z.B. selektive Wahrnehmung), kaum prognostizierbar.

Da der ökonomische Erfolg der zukünftigen Erzeugungstechnologien (z.B. zentrale versus dezentrale Erzeugung) jedoch ganz wesentlich davon abhängt, wann diese installiert wurden/werden (u.a. wegen des Technologiestandes und ggf. des Subventionsschemas unter dem investiert wurde), ist das Zutreffen der eigenen Zukunftshypothesen nicht nur über den finalen Zustand des Energiesystems sondern auch über den zeitlichen Ablauf

---

43 Vgl. z.B. *Zitzler*, Das Erneuerbare-Energien-Gesetz als Steuerungsinstrument der Energiewende – Ein problemlösungsorientiertes Policy-Design? Schriftenreihe des Instituts für Politikwissenschaft der Universität Duisburg-Essen, 2014.
44 Atomkonsens, mit dem Ziel des Ausstiegs aus der Kernenergie, seine nachfolgende politische Infragestellung und letztendlich der Beschluss zur beschleunigten Umsetzung vor dem Hintergrund einer Bundestagswahl in Kombination mit der Reaktorkatastrophe in Japan.
45 Beispielsweise: Aussage des ehemaligen US-Präsidenten *Obama* in der Dokumentation von *DiCaprio*: Before the flood.
46 Damit sind nicht nur die Erzeugung von Strom gemeint, sondern die Erzeugung sämtlicher Energiedienstleistungen.

seiner Entwicklung dafür notwendig, eine bestandsbedrohende Krise sicher vom Unternehmen abzuwenden.

Damit bleibt festzustellen: Auf den überwiegenden Teil von Veränderungen können sich Unternehmen durch gute Unternehmensführung und einen guten Risikomanagementprozess einstellen, final kann das überraschende Auftreten von bestandsbedrohenden Risiken durch die Ungewissheit der Veränderung des Unternehmensumfeldes jedoch niemals ausgeschlossen werden. „Die Anderen sind schuld", in diesem Fall das unternehmerische (Markt-)Umfeld,[47] kann also tatsächlich manchmal die schlüssige Erklärung für das Auftreten von Krisen sein.

V. Schlussfolgerungen

Der aus dem KonTraG ableitbare Anspruch des Gesetzgebers ist es, bestandsbedrohende Risiken frühzeitig zu erkennen. Dies ist ein geeigneter Ansatz, Unternehmenskrisen und damit Krisen auch bestmöglich abwenden zu können. Damit kann man den regulatorischen Rahmen des Risikomanagementprozesses nicht als wesentlichen Grund für Unternehmenskrisen ansehen.

Bezüglich der drei Ausgangshypothesen, „errare humanum est", „der Fisch stinkt vom Kopf" und „die Anderen sind schuld" können aus Vorangegangenem die folgenden drei Schlussfolgerungen gezogen werden:

FAZIT 1: Es ist richtig, „Irren ist menschlich", und daher sind auf menschlichen Fehlern beruhende Krisen und Unglücke teilweise systemimmanent. Nicht richtig ist jedoch, dass die bekannten menschlichen Fehleinschätzungen generell ein funktionales Risikomanagement ausschließen. Beim Aufbau eines solchen Risikomanagements sind die typischen menschlichen Fehleinschätzungen zu berücksichtigen. In der Regel ist das dafür adäquate Prinzip die Einrichtung des Modells der drei Verteidigungslinien sowie die Verankerung einer unabhängigen Zweitmeinung im Entscheidungsprozess.

FAZIT 2: Es ist richtig, wenn es schiefgeht gilt häufig: „der Fisch stinkt vom Kopf" bzw. bei der Unternehmensführung (zumeist wegen der langen Zeiträume eher den Unternehmensführungen) bestehen Probleme. Es kön-

---

[47] Dabei kann es sich – wie im Beispiel der Energiewirtschaft offensichtlich – selbstverständlich auch um ein regulatorisches Umfeld, das den Markt fundamental verändert, handeln.

nen den Unternehmensführungen in diesen Fällen in der Regel gravierende Fehleinschätzungen, ganz typisch in Kombination mit Ignoranz und Überschätzung der eigenen Fähigkeiten, Beratungsresistenz etc. (vgl. hierzu Kapitel II) vorgeworfen werden. Nicht richtig ist jedoch häufig auch, dass das Problem ausschließlich an der Unternehmensführung liegt. Neben der Unternehmensführung spielt die (von der Unternehmensführung häufig nur mittel- bis langfristig beeinflussbare) Unternehmenskultur eine entscheidende Rolle dafür, wie Risiken wahrgenommen und verarbeitet werden und welche Schlussfolgerungen dann zu tatsächlichen Mitigations-Maßnahmen führen. Die Unternehmenskultur ist zwar langfristig der Unternehmensführung anzulasten, kurzfristig für diese jedoch nur schwer zu beeinflussen.

FAZIT 3: Schließlich ist festzustellen, dass eine gut ausgestaltete Corporate Governance, umsichtige Unternehmensführung, gute Unternehmenskultur – d.h. bezüglich des Umgangs mit Fehlern, lernende Strukturen und damit eine gut entwickelte Risikokultur – zwar häufig bestandsbedrohende Risiken abwenden können, dass aber dennoch durch das Umfeld ausgelöste Risiken u. U. eine bestandsgefährdende Größenordnung entwickeln können und aus gesamtwirtschaftlicher Sicht kann dies unter Umständen sogar ein effizienter Vorgang sein.

Trotz dieser Einschränkungen lässt sich aber feststellen: Auch ohne dass immer alle „den Fortbestand der Gesellschaft gefährdende Entwicklungen früh erkannt werden"[48] – kann aktives Risikomanagement und die damit verbundene risikobewusste und offene Unternehmenskultur einen wesentlichen Beitrag zum Fortbestand eines Unternehmens leisten.

Damit ergibt sich auf die Ausgangsfrage „ist denn alle Müh' vergeblich?" bezogen: Richtig angegangen ist zumindest meistens „nicht alle Müh' vergeblich".

---

[48] § 92 AktG.

Der neue Auskunftsanspruch im Urheberrechtsgesetz – Traum oder Wirklichkeit?

Artur-Axel Wandtke, Berlin[*]

Ziel der Reform des Urhebervertragsrechts ist die faire Beteiligung der Urheber und ausübenden Künstler an den Erlösen der wirtschaftlichen Verwertung der Werke und künstlerischen Leistungen.[1] Die Reform hatte 2016 so viele Gegner und Befürworter auf den Platz gerufen.[2] Mit der erneuten Reform des Urhebervertragsrechts, die am 1. März 2017 in Kraft getreten ist,[3] versucht der Gesetzgeber die Vertragsasymmetrie zwischen Urhebern und Verwertern weiter aufzulösen, wie dies bereits vom BVerfG festgestellt wurde.[4] Ziel des neuen Gesetzes ist die Herstellung bzw. Besserung der Vertragsparität zwischen den Parteien.[5] Bereits im Rahmen der Reform des Urhebervertragsrechts 2002[6] nahm sich der Gesetzgeber vor, die vertragliche Stellung der Kreativen zu stärken, um das strukturelle Ungleichgewicht zwischen Urhebern und Verwertern zu korrigieren.[7] Da immer noch insbesondere durch „Total-Buy-Outs[8]" und „Blacklisting[9]" Defizite[10] festzustellen sind, wurde u. a. der neue Anspruch auf Auskunft und Rechenschaft für Urheber und ausübende Künstler hinsichtlich der Ver-

---

[*] Prof. em. Dr. Artur-Axel Wandtke, Emeritus für Bürgerliches Recht, Gewerblichen Rechtsschutz und Urheberrecht, Humboldt-Universität zu Berlin.
[1] *Lucas-Schloetter,* GRUR 2017, 235; *Ory,* NJW 2017, 753, 754.
[2] *Peifer,* Urhebervertragsrecht in der Reform, 2015; *Flechsig,* GRUR 2016, 1103; *Berger/Freyer,* GRUR 2016, 13; *Berger/Freyer,* ZUM 2016, 569; *Peifer,* GRUR 2016, 6; *Ory,* AfP 2015, 389.
[3] *Ory,* NJW 2017, 753.
[4] BVerfG, Beschl. v. 23.10.2013 – 1 BvR 1842/11, GRUR 2014, 169, 173.
[5] Schon zum Regierungsentwurf BT-Dr. 18/8625, 1.
[6] Vgl. BT-Dr. 14/7564 und 14/8058.
[7] BVerfG, Beschl. v. 23.10.2013 – 1 BvR 1842/11, GRUR 2014, 169, 173.
[8] Vertragsbedingungen, bei denen Rechteinhaber alle Rechte am Werk bzw. an der Leistung gegen eine unangemessene Einmalzahlung einräumen.
[9] Faktischer Boykott der Rechteinhaber, die versuchen ihren Anspruch auf angemessene Vergütung durchzusetzen.
[10] Zum Regierungsentwurf BT-Dr. 18/8625, 1 und 12, da BT-Dr. 18/10637 nicht auf die Hintergründe im Detail eingeht und im Übrigen bzgl. der unveränderten An-

wertung ihrer Leistungen kodifiziert. In der endgültigen Gesetzesfassung wurde zusätzlich[11] ein Anspruch auf Auskunft und Rechenschaft in der Lizenzkette verabschiedet.[12]

I. Auskunftsanspruch vor der Reform

Vor der neuen Reform des Urhebervertragsrechts war kein Auskunftsanspruch für Urheber und ausübende Künstler im Rahmen des Urhebervertragsrechts ausdrücklich geregelt. Die Rechtsprechung zog bisher für den akzessorischen Auskunftsanspruch § 242 BGB sowie für den Anspruch auf Rechnungslegung § 259 BGB heran.[13] Sofern ein entsprechender Anspruch im (Lizenz-)Vertragsverhältnis geregelt war, konnte der Auskunftsanspruch auch direkt aus diesem entnommen werden.[14] Insbesondere zur Durchsetzung eines Anspruchs auf Vertragsanpassung nach § 32a UrhG („Fairnessparagraph"), ist der Rechtsinhaber im Rahmen einer Stufenklage gemäß § 254 ZPO darauf angewiesen Auskunft und ggf. Rechnungslegung vom Verwerter zu verlangen. Dies gilt ebenso für einen Anspruch auf Vergütung für eine später bekannte Nutzungsart nach § 32c UrhG für Urheber und nach dem neuen § 79b UrhG für ausübende Künstler. So musste z.B. der Rechtsinhaber, um einen etwaigen Vertragsanpassungsanspruch nach § 32a UrhG mit sich daran anschließender weiterer angemessener Beteiligung an der Verwertung durchzusetzen, auf der ersten Stufe die Erteilung einer Auskunft, ggf. der zweiten Stufe die Abgabe einer eidesstattlichen Versicherung und letztlich auf der dritten Stufe die konkrete Leistung einklagen. Denn der Anspruch auf weitere Beteiligung aus § 32a UrhG ist eine erfolgreiche Auswertung des Werkes. Es muss ein auffälliges Missverhältnis zwischen der vereinbarten Vergütung und der später erfolgreichen Vermarktung des Werkes liegen. Es findet eine Ex-post-Be-

---

nahmen des Regierungsentwurfs auf die entsprechende Begründung in BT-Dr. 18/8625 verweist, S. 19.
11 Abweichend vom Gesetzentwurf der Bundesregierung ist § 32e UrhG erst mit den Beschlüssen des Ausschusses für Recht und Verbraucherschutz aufgenommen worden.
12 BT-Dr. 18/10637, 5 ff.
13 BGH, Urt. v. 22.9.2011 – I ZR 127/10, GRUR 2012, 496, 597; BGH, Urt. v. 13.12.2001 – I ZR 44/99, GRUR 2002, 602, 603.
14 OLG Hamburg, Urt. v. 23.3.2011 – 5 U 273/08, ZUM-RD 2011, 480, 488.

trachtung statt.¹⁵ Der Rechtsinhaber stellt lediglich die sehr erfolgreiche Auswertung seines Werkes fest, ohne weitere genaue Anhaltspunkte zu haben.¹⁶ Da er aber das Bestehen des Anspruchs konkret darlegen und beweisen muss, bevor er darauf aufbauend bestimmt, wie der Vertrag nach § 32a UrhG als konkrete Leistung angepasst werden kann, bestand ein Informationsdefizit. Er bedarf mithin zur Durchsetzung seines Anspruchs konkreter Informationen. Diese können nur durch Auskünfte des Verwerters bereitgestellt werden. Zur Ermittlung der Höhe eines bestehenden Anspruchs wurde im Rahmen des Auskunftsanspruchs nach § 242 BGB unter sorgfältiger Abwägung der beteiligten Interessen grundsätzlich der Auskunftsberechtigte als schutzwürdiger erachtet als der Verpflichtete, dessen Leistungspflicht dem Grunde nach feststeht. Anders ist es aber, wenn die Voraussetzungen eines Rechts durch die Auskunft erst festgestellt werden müssen. Das ist der Fall bei der Vorbereitung des Anspruchs aus § 32a UrhG. In der Regel wird dann der Auskunftsverpflichtete als schutzwürdiger eingeordnet. Der Anspruchsteller hat dann den Anspruch und die Gründe, warum ihm die weitere Spezifizierung der Anspruchsvoraussetzungen nicht möglich ist, darzulegen. Der Bundesgerichtshof hat dieses Abwägungsergebnis weiter präzisiert: So kann der Urheber im Grundsatz immer dann, wenn aufgrund nachprüfbarer Tatsachen klare Anhaltspunkte für den Vertragsanpassungsanspruch bestehen, Auskunft und ggf. Rechnungslegung verlangen, um im Einzelnen die weiteren Voraussetzungen dieses Anspruchs ermitteln und die zu zahlende Vergütung berechnen zu können.¹⁷ Unter diesen Voraussetzungen konnte ein Auskunftsanspruch in der Regel bei einer vertraglich vereinbarten Beteiligung des Urhebers am Absatzerfolg des Werkes geltend gemacht werden.¹⁸ Angesichts dieser Konkretisierungen durch die Rechtsprechung zum akzessorischen Auskunftsanspruch aus § 242 BGB im Urhebervertragsrecht, vornehmlich zur Vorbereitung von Ansprüchen aus § 32a UrhG, stellt sich die Frage: Wozu hat der Reformgesetzgeber die neuen §§ 32d und 32e UrhG geschaffen?

---

15 BGH, Urt. v. 7.10.2009 – I ZR 38/07, GRUR 2009, 1148, 1150.
16 *Schulze*, in: Dreier/Schulze, Urheberrechtsgesetz, 5. Auflage, 2015, § 32a, Rn. 63.
17 BGH, Urt. v. 10.5.2012 – I ZR 145/11, GRUR 2012, 1248, 1249.
18 BGH, Urt. v. 13.12.2001 – I ZR 44/99, GRUR 2002, 602, 603.

II. Der Auskunftsanspruch nach den §§ 32d und § 32e UrhG

1. Auskunftsanspruch nach § 32d UrhG

Im Laufe des Gesetzgebungsverfahrens wurde der Auskunftsanspruch innerhalb einer Lizenzkette immer wieder gefordert[19] und von Verwertern als Bürokratiemonster bezeichnet.[20] Im Entwurf der Richtlinie über das Urheberrecht im digitalen Binnenmarkt vom 14.9.2016 wird in Art. 14 ausdrücklich darauf hingewiesen, dass die Mitgliedstaaten eine Transparenzpflicht gewährleisten, damit die Urheber und ausübenden Künstler regelmäßig und unter Berücksichtigung der sektorspezifischen Besonderheiten, zeitnahe, angemessene und hinreichende Informationen über die Verwertung ihrer Werke und Darbietungen vor allem im Hinblick auf die Art der Verwertung, die erzielten Einnahmen und die fällige Vergütung von denjenigen erhalten, denen sie die Rechte erteilt oder übertragen haben. Eingeschränkt werden kann die Transparenzpflicht, wenn der Verwaltungsaufwand zu hoch oder der Beitrag im Verhältnis zum Gesamtwerk oder der Gesamtdarbietung zu gering ist.[21] Die Transparenzpflicht bzw. Auskunftspflicht ist als zwingende Regelung mit der jetzigen Reform ausgestaltet worden, von dem zum Nachteil des Urhebers nur dann abgewichen werden kann, wenn die gesetzlichen Ausschlussstatbestände vorliegen. Der neue Anspruch auf Auskunft und Rechenschaft hat gemäß § 32d Abs. 1 UrhG folgende Voraussetzungen: Anspruchsinhaber ist zunächst jeder Urheber sowie über § 79a Abs. 2a UrhG auch der ausübende Künstler. Es muss eine entgeltliche Einräumung oder Übertragung eines Nutzungsrechts vorliegen. Diese Formulierung stellt im Verhältnis zur „entgeltlichen Nutzung", die noch im Regierungsentwurf maßgeblich war, nach Ansicht des Gesetzgebers klar, dass es nicht auf die endgültige Nutzung des Werkes gegenüber dem Endkonsumenten bzw. Adressaten ankommt, sondern auf die Einräumung oder Übertragung eines Nutzungsrechts im Verhältnis zwischen Rechtsinhaber und Verwerter gegen Entgelt.[22] Denn der Auskunftsanspruch soll nicht bereits deshalb entfallen können, weil der Endnutzer unentgeltlich in den Genuss des Werkes kommt, etwa über

---

19 BR-Dr. 163/16, 2.
20 *Lucas-Schloetter,* GRUR 2017, 236.
21 Siehe COM (2016) 593 final, S. 32.
22 *Ory,* NJW 2017, 755.

eine werbefinanzierte Plattform.[23] Diese Korrektur ist zu begrüßen, zumal sie eine juristisch präzisere Formulierung darstellt. Als Anspruchsgegner wird in § 32d Abs. 1 UrhG lediglich der Vertragspartner genannt. In der Rechtsfolge wird einmal jährlich Auskunft und Rechenschaft über den Umfang der Werknutzung und die hieraus gezogenen Erträge und Vorteile auf Grundlage der im Rahmen eines ordnungsgemäßen Geschäftsbetriebes üblicherweise vorhandenen Informationen gewährt. Dies geschieht indes nur auf Verlangen des Anspruchsinhabers, womit ein sog. verhaltener Anspruch statuiert wird. Dieser entsteht erst, wenn er geltend gemacht wird. Der Verwerter bzw. Vertragspartner muss den Anspruch also nicht von selbst jährlich erfüllen. Die Beschränkung auf Informationen, die ohnehin im Rahmen eines ordnungsgemäßen Geschäftsbetriebes vorhanden sind, stellt eine Einschränkung zugunsten der Verwerter dar. Sie müssen nicht neue Kapazitäten schaffen, um Informationen zu finden, die nicht schon vorliegen. Die genaue Bedeutung dieses Anspruchsinhalts bleibt aber unklar. Ein Verlag wird beispielsweise die Auflagenzahl eines Buches problemlos beziffern, das Verbreitungsgebiet benennen, oder seinen Bruttoerlös offenlegen können. Allerdings bleibt offen, wie Verwerter konkret Auskunft und Rechenschaft schuldig sind. Können sie sich auf einen potentiell weiteren Aufwand zur Erfüllung dieser Pflichten berufen und damit der Auskunftserteilung entgehen, wenn sie etwa einen erhöhten Einsatz von bürokratischen und finanziellen Mitteln befürchten, um die Informationen zusammenzustellen?

Nach § 32d Abs. 2 Ziff. 1 UrhG ist der Anspruch ausgeschlossen, soweit ein lediglich nachrangiger Beitrag durch den Urheber erbracht wurde. Es wird der Versuch einer Legaldefinition unternommen. Danach wird ein Beitrag insbesondere als nachrangig eingeordnet, wenn er den Gesamteindruck eines Werkes oder die Beschaffenheit eines Produktes oder einer Dienstleistung wenig prägt, etwa weil er nicht zum typischen Inhalt eines Werkes, eines Produktes oder einer Dienstleistung gehört. Mit dem Ausschlussgrund wird der Rechtsprechung eine Richtschnur zur erleichterten Gesetzesanwendung gegeben und aus Sicht des Gesetzgebers zudem eine qualitative Wertung der Nachrangigkeit eines Beitrags angesprochen. Ob das durch die Formulierung des Begriffs „nachrangig" gelingt, ist zweifelhaft. Denn die Nachrangigkeit basierend auf der Prägewirkung des Beitrags im Gesamten kann im Einzelfall sehr wohl einer qualitativen Ein-

---

23 *Ory,* NJW 2017, 755.

schätzung unterliegen. Der Gesetzgeber hat in diesem Zusammenhang im Vergleich zum Regierungsentwurf die Formulierung „nachrangig" statt „untergeordnet" gewählt.[24] Allein damit verfehlt er aber seine Intention, eine qualitative Wertung auszuschließen. Denn bereits, wenn man nachrangig und untergeordnet einander gegenüberstellt, fällt auf: beide Adjektive werden mit der Bedeutung „weniger wichtig" geführt und „nachrangig" mit „im Rang untergeordnet" sowie „untergeordnet" mit „zweitrangig" erklärt. Damit sind diese Begriffe weitgehend deckungsgleich. Was ist aber als weniger wichtig in einem Werk zu beurteilen? Darüber hinweghelfen mag allein der letzte Halbsatz der Ziffer 1, der auf den typischen Inhalt eines Werkes abstellt. Hierzu zählt der Gesetzgeber in seiner Begründung beispielhaft auf: Zum typischen Inhalt einer Tageszeitung gehörten etwa journalistische Artikel und Fotos, zum Film oder Theaterstück die Auftritte von Schauspielern, während Komparsen oder Journalisten, die zum Beispiel lediglich einen geringfügigen Textbeitrag, Recherche o.Ä. zu einem Artikel zulieferten, keinen Auskunftsanspruch erhielten.[25] Trotz dieser versuchten Klarstellung können im Einzelfall Schwierigkeiten bei der Anwendung und Beurteilung der Nachrangigkeit eines Beitrags entstehen. Bei Komparsen mag der Anspruchsausschluss im Regelfall noch einleuchten. Wie ist es jedoch, wenn ein eher „untypisches" Werk inszeniert wird und der eigentliche Komparse in einem Theaterstück über die ganze Spieldauer hinweg im Hintergrund der Bühne zu sehen ist, seine permanente Anwesenheit im Stück also unterschwellig für den Gesamteindruck des Theaterbesuchers beeinflussend ist? Da Werke bzw. Kunst stets im Fluss sind und sich mit der Film-und Theaterproduktion entwickeln, erscheint die Bewertung anhand des Kriteriums der Nachrangigkeit unzulänglich. Es wird wieder den Gerichten überlassen bleiben, zu entscheiden, was nachrangig inhaltlich bedeutet. Wenn in der Begründung des Gesetzes Komparsen oder Journalisten genannt werden, die einen geringfügigen Textbeitrag, Recherche o.Ä. zu einem Artikel liefern,[26] wird deutlich, dass der Gesetzgeber nicht hilfreich in der Bewertung des Begriffs „nachrangig" ist. Wie wichtig die inhaltliche Bestimmung einer urheber- oder leistungsschutzrechtlichen Leistung sein kann, ist der Fall über einen Synchronschauspieler in dem Film „Fluch der Karibik", der die Hauptrolle synchronisiert hatte. Die Leistung wurde als wesentlich anerkannt und der

---

24 *Ory*, NJW 2017, 753, 755.
25 BT-Dr. 18/10637, 22.
26 BT-Dr. 18/10637, 22.

Anspruch auf Beteiligung nach § 32a UrhG bejaht.[27] Ein anderer Ausschlussgrund liegt nach § 32d Abs. 2 Nr. 2 UrhG dann vor, wenn der Aufwand für die Bereitstellung der entsprechenden Informationen für den Vertragspartner unzumutbar erscheint, eine entgegenstehende Rechtspflicht des Vertragspartners besteht, die Geltendmachung des Auskunftsanspruchs rechtsmissbräuchlich ist oder berechtigte Geheimhaltungsinteressen beeinträchtigt würden.[28] Die Ausschlusstatbestände in § 32d UrhG sind sicherlich auslegungsbedürftig und vor dem Hintergrund digitaler Geschäftsmodelle zu definieren. Allein der journalistische Bereich im Internet lässt viele Fragen hinsichtlich des Auskunftsanspruchs offen.

2. Auskunftsanspruch nach § 32e UrhG

Die Auskunfts- und Rechenschaftspflicht des Werknutzers bezieht sich zunächst nur auf den Vertragspartner. Die Beschränkung nur auf den Vertragspartner wurde mit Recht im Vorfeld der Reform von dem Kultur-und Wirtschaftsausschuss kritisiert, weil die Mitwirkenden in Auftragsproduktionen dieses Auskunftsrecht nicht nutzen können.[29] Mit § 32e ist eine Korrektur vorgenommen worden, der den Anspruch auf Auskunft und Rechenschaft in der Lizenzkette betrifft. § 32d umfasst sowohl ausschließliche als auch einfache Nutzungsrechte. Es sind nur bedingt bestimmte Erleichterungen mit der Anwendung des Auskunftsanspruchs zur Durchsetzung des Anspruchs auf angemessene Vergütung verbunden. Im Grunde wird mit der Neuregelung der bisherigen Praxis Rechnung getragen. Im Vorfeld der Reform wurde über Sinn und Zweck dieses Anspruchs diskutiert und vor allem von den Verwertern abgelehnt.[30] Die neue Vorschrift regelt den Anspruch auf Auskunft und Rechenschaftserteilung des Urhebers gegen den Vertragspartner über den Umfang der Werknutzung und die hieraus gezogenen Erträge und Vorteile. Ein solcher Anspruch besteht daher regelmäßig bei einer vertraglich vorgesehenen Beteiligung des Urhebers am Absatzerfolg des Werkes, nicht aber im Fall eines Pauschalho-

---

27 BGH, Urt. v. 10.5.2012 – I ZR 145/11, GRUR 2012, 1248, 1249; *Wandtke/Leinemann*, ZUM 2011, 746 f.
28 *Ory*, NJW 2017, 755.
29 BR-Drs. 163/16, 3.
30 *Lucas-Schloetter*, GRUR 2017, 236.

norars.[31] Der Anspruch besteht unabhängig vom Vertragstyp und kann nur durch eine gemeinsame Vergütungsregel oder durch Tarifvertrag abbedungen werden.[32] Erst der – unter Berücksichtigung der Interessen der Vertragsparteien – ungehinderte Zugang zu den notwendigen Informationen versetzt den Urheber in den Stand, sein Recht auf Auskunft wahrnehmen zu können. Im Einzelfall ist die konkrete Tragweite des Auskunftsanspruchs zu bestimmen. Der Anspruch auf Auskunft und Rechenschaft des Urhebers erfüllt gleichsam eine Informations-und Kontrollfunktion, die der Durchsetzung des Leitbildes des Urheberrechts i.S.d § 11 dienen. Der Gesetzgeber hat mit dem Anspruch auf Auskunft und Rechenschaft in der Lizenzkette die Rechtsstellung der Urheber und ausübenden Künstler durch die Neuregelung weiter gestärkt. Die Änderung bewirkt, dass der Auskunftsanspruch nicht nur gegen über dem Vertragspartner geltend gemacht werden kann, sondern auch gegen Dritte in der Lizenzkette. Mit dieser Regelung ist gleichzeitig die Lücke im Vergleich zur Durchgriffshaftung nach § 32a Abs. 2 S. 1 UrhG geschlossen. Während § 32a Abs. 2 S. 1 UrhG mit der Durchgriffshaftung der Urheber gegen den Dritten vorgehen kann, mit dem er keine Vertragsbeziehungen hat, lässt nunmehr § 32e gegen jeden Dritten in der Lizenzkette einen Auskunftsanspruch zu, soweit Indizien für Erträge und Vorteile aus der Nutzung iSv § 32a vorliegen. Der Auskunftsanspruch sollte ursprünglich nicht gegenüber weiteren Verwertern innerhalb einer Lizenzkette möglich sein. Ein derartiger Anspruch würde diese Verwerter in der Lizenzkette belasten. Ganze Wirtschaftsbranchen, z.B. Film-und Fernsehauftragsproduktionen, würden nicht darunter fallen, wenn sich die Ansprüche ausschließlich auf den Vertragspartner beziehen würden. Gegen den Sender könnten die Mitwirkenden im Falle von Auftragsproduktionen den Auskunfts- und Rechenschaftsanspruch nicht geltend machen, weil die Auftragsproduzenten nicht die Vertragspartner sind. Verschärft stellt sich das Problem des Auskunftsanspruchs gegenüber Verleihern, Fernsehsendern, Videovertrieb oder On Demand-Vertrieb. Sie sind keine Vertragspartner, aber innerhalb der Lizenzkette gehören sie zu den wirtschaftlich bedeutsamen Verwertern.[33] Gegen den Verleiher, z.B. Disney als Tochterunternehmen, kann verlangt werden, über die Anzahl der Kinobesucher und Erträge aus DVD und Streaming (z.B. Netflix, Amazon, iTunes) Auskunft zu verlangen, obwohl

---

31 *Lucas-Schloetter,* GRUR 2017, 237.
32 *Lucas-Schloetter,* GRUR 2017, 237.
33 *Lucas-Schloetter,* GRUR 2017, 237.

sie kein Vertragspartner der Synchronschauspieler sind, aber Nutzungsrechte übertragen. Im Synchronbereich ist üblich, dass eine amerikanische Filmfirma den Auftrag an einen Produzenten überträgt. Der Gesetzgeber hat mit der Forderung, dass der Dritte nur dann einem Auskunftsanspruch unterliegt, wenn er die Nutzungsvorgänge in der Lizenzkette wirtschaftlich wesentlich bestimmt, eine Einschränkung des Auskunftsanspruchs geregelt. Schließt z.B. ein Komponist mit ARD einen Lizenzvertrag über eine Komposition einer Krimiserie ab, in dem ARD einer anderen Sendeanstalt die Senderechte einräumt, ist davon auszugehen, dass die andere Sendeanstalt die Nutzungsvorgänge wesentlich bestimmt. Unerheblich ist, ob die Sendeanstalt sich bei der Fernsehproduktion eines anderen Werknutzers bedient. Hat der Unterlizenznehmer vorsätzlich oder grob fahrlässig dem Urheber die Auskunft falsch oder unvollständig erteilt, ist er zum Schadensersatz verpflichtet.[34] Es handelt sich um eine Pflichtverletzung des Dritten nach § 280 BGB. Eine Haftungsminderung ist dann anzunehmen, wenn es im Einzelfall, vor allem bei arbeitsteiligen und komplexen Werke, wie z.B. ein Filmwerk, schwierig sein kann, alle Daten über Erträge und Vorteile zu erfassen. Die Auskunftspflicht setzt voraus, dass der Unterlizenznehmer dem Auskunftsverlangen ohne unzumutbaren Aufwand und ohne Beeinträchtigung berechtigter Interessen nachkommen kann.[35] Das gilt auch für den Lizenznehmer innerhalb einer Lizenzkette als gesetzliches Schuldverhältnis (§ 280 BGB), mit dem der Urheber keine Vertragsbeziehungen hat. Ob damit tatsächlich das Kernanliegen der Besserstellung der Urheber und ausübenden Künstler realisiert wird, bleibt abzuwarten.

III. Unterschiede zwischen der alten und neuen auskunftsrechtlichen Situation im Urhebervertragsrecht

Entscheidender Unterschied zwischen der alten und neuen Rechtslage ist der nunmehr jährlich bestehende Anspruch auf Auskunft und Rechenschaft der Urheber und ausübenden Künstler, der im Wesentlichen ohne weitere Voraussetzungen besteht. Denn – abgesehen von den Ausschlussgründen – verlangt § 32d Abs. 1 UrhG nur eine entgeltliche Einräumung

---

34 BGH, Urt. v. 25.10.2012 – I ZR 162/11, GRUR 2013, 717, 722.
35 BGH, Urt. v. 13.12.2001 – I ZR 44/99, GRUR 2002, 602, 603.

oder Übertragung eines Nutzungsrechts. Dem Urhebervertragsrecht ist gerade immanent, dass der Rechtsinhaber einem Verwerter meist gegen Entgelt die Nutzungsrechtseinräumung gewährt. Mithin ist die im Grunde einzige Voraussetzung des neuen Auskunftsanspruchs problemlos erfüllt. Damit stellt die Kodifikation des Auskunftsanspruchs eine bedeutende Neuerung[36] im Urhebervertragsrecht dar. Durch die neue Vorschrift des § 32d UrhG wird vor allen Dingen das bislang geforderte Anforderungsniveau in Form der aufgrund Tatsachen bestehenden klaren Anhaltspunkte für das Vorliegen eines auffälligen Missverhältnisses im Sinne von § 32a UrhG weiter herabgesetzt, ja sogar eliminiert. Denn der Urheber muss die auf nachprüfbaren Tatsachen basierenden klaren Anhaltspunkte gar nicht mehr haben. Der Urheber und ausübende Künstler können jetzt unkompliziert jedes Jahr Auskunft und Rechenschaft verlangen und damit seinen ggf. bestehenden Nachvergütungsanspruch viel leichter verfolgen und durchsetzen. Bisher war ein Vorgehen im Rahmen des § 32a UrhG nämlich unsicher.[37] Bei Betrachtung der ergangenen Rechtsprechung erschien es geradezu aufwendig und risikoreich. Denn nur in den seltensten Fällen, bei Offenkundigkeit des überdurchschnittlichen wirtschaftlichen Erfolgs eines Werkes, hatte der vorbereitende Auskunftsanspruch auch Erfolg. Dies war bekanntlich bei „Kassenschlagern" wie den Spielfilmen „Das Boot"[38] oder „Fluch der Karibik"[39] sowie den Serien „Alarm für Cobra 11"[40] oder „Der Bulle von Tölz"[41] der Fall. Um aber auch nicht nur wirtschaftlich derart außerordentlich erfolgreichen Urhebern, bei denen die greifbaren Anhaltspunkte etwa aus der Presse[42] zu entnehmen waren, die Chance auf eine Nachvergütung zu eröffnen, ist für die breite Masse der Rechteinhaber in Zukunft der neue Auskunftsanspruch ein probates Hilfsmittel. In dieser Hinsicht ist die Reform des Urhebervertragsrechts definitiv urheberfreund-

---

36 *Peifer*, GRUR-Prax 2017, 1.
37 *Hoeren,* in: Festschrift Wandtke, 2013, S. 159, 169.
38 BGH, Urt. v. 22.9.2011 – I ZR 127/10, GRUR 2012, 496; OLG München, Urt. v. 21.3.2013 – 29 U 3312/09, GRUR-RR 2013, 276.
39 BGH, Urt. v. 10.5.2012 – I ZR 145/11, GRUR 2012, 1248, 1250.
40 OLG Köln; Urt. v. 17.1.2014 – 6 U 86/13, ZUM 2014, 411.
41 KG Berlin, Urt. v. 13.1.2010 – 24 U 88/09, ZUM 2010, 346, 347.
42 So etwa im Fall „Fluch der Karibik", wo eine breite Resonanz in lokalen und überregionalen Medien oder der Berichterstattung über Oscar-Nominierungen auf die überdurchschnittlich erfolgreiche Auswertung hinwiesen, BGH, Urt. v. 10.5.2012 – I ZR 145/11, GRUR 2012, 1248, 1250; unter Verweis darauf auch OLG Köln; Urt. v. 17.1.2014 – 6 U 86/13, ZUM 2014, 411, 412.

lich.[43] Allerdings wird im Rahmen von Lizenzketten das Erfordernis der aufgrund nachprüfbarer Tatsachen bestehenden klaren Anhaltspunkte gemäß § 32e Abs. 2 UrhG – jetzt sogar in Gesetzesform gegossen – aufrechterhalten. Nach Ansicht des Gesetzgebers ist kein Vollbeweis für die Voraussetzungen des Anspruchs erforderlich, weil der Urheber bei Verwertungen in Lizenzketten oft nur Indizien kenne. Dies sei bei § 32d UrhG anders, da dort die Auskunftspflicht des Vertragspartners dem Grunde nach in der Regel unstreitig sei.[44] Diese Differenzierung erschließt sich nicht. Auch gegenüber dem Vertragspartner sind dem Urheber oft nur Indizien bekannt. In diesem Rechtsverhältnis wird jetzt der – zuvor gelobte – Auskunftsanspruch aus § 32d UrhG gewährt, im Verhältnis zu Dritten in der Lizenzkette, die aber ebenso unmittelbar nach § 32a Abs. 2 UrhG in Anspruch genommen werden können, nicht. Die Argumentation des Gesetzgebers, bei § 32d UrhG sei die Auskunftspflicht dem Grunde nach regelmäßig unstreitig, überzeugt nicht. Im Gegenteil, die Auskunftspflicht besteht doch – jedenfalls bei Pauschalvergütungen – nur dem Grunde nach, weil sie so in § 32d Abs. 1 UrhG neu geregelt wird. Zuvor waren dafür bei Pauschalhonoraren auch klare Anhaltpunkte, die für das Vorliegen eines auffälligen Missverhältnisses sprechen, erforderlich. Der Ausschlussgrund des nachrangigen Beitrags gemäß § 32d Abs. 2 Nr. 1 UrhG erinnert an die ergangene Rechtsprechung[45] zu untergeordneten Beiträgen. In diesem Sinne wird die Norm auch gelesen werden. Damit ist die Rechtsprechung nun in das Gesetz eingegangen und kann so zu mehr Rechtssicherheit beitragen. Allerdings bleibt es bei den oben dargestellten Unzulänglichkeiten bei der Bewertung der Nachrangigkeit eines Beitrags. Wie der weit gefasste Ausschlussgrund der Unverhältnismäßigkeit zu interpretieren ist, wird im Einzelfall zu beurteilen sein und in der Praxis Unsicherheit mit sich bringen. Bei Geheimhaltungsinteressen könnte jedenfalls eine Auskunft nur unter Wirtschaftsprüfervorbehalt in Betracht zu ziehen sein.[46] Nach der alten Rechtslage war die Prüfung der Verhältnismäßigkeit im Rahmen des § 242 BGB durch die Abwägung der gegenüberstehenden Interessen

---

43 Im Bereich des Auskunftsanspruch bewertet es *Peifer* auch so, GRUR-Prax 2017, 1, 3.
44 BT-Drs. 18/10637, 22.
45 OLG München, Urt. v. 10.2.2011 – 29 U 2749/10, ZUM 2011, 422, 426.
46 Mit dogmatischer Einordnung als am Wortlaut orientierte „abgestufte" Unverhältnismäßigkeit oder teleologische Reduktion der Rechtsfolge, *Berger/Freyer*, ZUM 2016, 569, 573.

dem Auskunftsanspruch immanent. Im neuen Gesetz wird sie explizit mit dem Ausschlussgrund geregelt. Eine Verpflichtung zur eidesstattlichen Versicherung ist im Rahmen der neuen §§ 32d und 32e UrhG im Gegensatz zu § 259 Abs. 2 BGB nicht geregelt.[47] Verwerter befürchteten angesichts § 32d UrhG einen erhöhten Verwaltungsaufwand,[48] der aber durch die eingeschränkte Rechtsfolge auf bereits betriebsintern üblicherweise vorliegende Informationen abgemildert ist. Dies stellt ein Entgegenkommen gegenüber den Verwertern dar, das aber in der Praxis durch diese ausgenutzt werden könnte. Zu überlegen ist im Zusammenhang mit dem Auskunftsanspruch, ob nicht eine Abtretung des Anspruchs auf Auskunft und Rechenschaft an die Verwertungsgesellschaft, Berufsverbände und Gewerkschaft möglich wäre, um den einzelnen Urheber oder ausübenden Künstler in den sich verschärfenden Widersprüche in der Medienbranche zu stärken. Nur so wäre im Rahmen der Zurückdrängung der „Blacklist" und der „Total-Buy-Out-Verträge" ein Fortschritt zu erreichen. Ebenso wäre zu überlegen, ob nicht die §§ 32d und § 32e UrhG Schutzgesetze im Sinne des § 823 BGB darstellen. Denn die 3jährige Verjährungsfrist kann dadurch unterlaufen werden, dass die Informationen durch den Verwerter nicht oder unvollständig sein können und nach Ablauf der Frist der Kreative nicht mehr gegen den Verwerter vorgehen könnte. Mit einem Schadensersatzanspruch würde eine Frist von 10 Jahren nach § 199 BGB möglich sein.

IV. Ausblick

Der neue Auskunftsanspruch aus § 32d UrhG wird es Urhebern und ausübenden Künstlern erleichtern, ihre Ansprüche vor allem aus § 32a UrhG, bei ausübenden Künstlern i. V. m. § 79 Abs. 2a UrhG, aber auch aus § 32c und § 79b UrhG, geltend zu machen. Die Rechteinhaber konnten zwar schon nach der alten Rechtslage Auskunft und Rechnungslegung verlangen. Ihnen wird aber nun eine erhebliche Erleichterung mit dem jährlichen Anspruch auf Auskunft und Rechenschaft gegen Verwerter zur Seite gestellt, der früher bei Pauschalhonoraren[49] nicht ohne weiteres bestand. Die

---

47 *Berger/Freyer*, ZUM 2016, 569, 572.
48 Vgl. *Peifer*, GRUR 2016, 6, 8.
49 Unter Verweis auf BGH, Urt. v. 13.12.2001 – I ZR 44/99, GRUR 2002, 602, 603; BT-Dr. 18/8625, 26.

Schwierigkeit bei der Durchsetzung etwaiger Nachvergütungsansprüche ist mit der Reform im Urhebervertragsrecht durch den neu geregelten Auskunftsanspruch konsequent minimiert worden, wenn auch noch einige offene Fragen verbleiben. Für eine Gesetzesfolgenabschätzung muss allerdings noch Zeit verstreichen. Diese bedarf zudem einer Empirie. Besonders mit unangemessenen Pauschalhonoraren entlohnten Urhebern und ausübenden Künstlern wird zur Geltendmachung ihres neuen Auskunftsanspruchs zu raten sein. So wird eine jährliche Überprüfung der Nutzungserträge und -vorteile seitens der Verwerter möglich. Rechteinhaber können dadurch ihre Nachvergütungsansprüche besser abschätzen und in der Folge auch geltend machen. Allein dafür bringt der neue Auskunftsanspruch etwas: eine Besserung der rechtlichen Stellung der Rechteinhaber und im Idealfall tatsächlich die intendierte Stärkung der Situation der Kreativen.[50]

---

50 *Lucas-Schloetter,* GRUR 2017, 236.

Schriftenverzeichnis von Hans-Peter Schwintowski

1983
1. Die Abwägungsklausel in der Fusionskontrolle (Dissertation), Verlag Otto Schwartz & Co., Göttingen, 1983
2. Die verweigerte Belieferung - JA-Examensklausur 10/83: Kartellrecht, JA Oktober 1983 (zusammen mit Chr. v. Einem)
3. Wertsicherung durch Geldwertschulden, NJW 1983, S. 2841 (zusammen mit Ulrich Immenga)

1984
4. Die schwierige Firmierung einer GmbH & Co KG (Der praktische Fall), JuS 1984, S. 123
5. Zur Einführung einer Selbstbeteiligung von DM 300,- in der Fahrzeugteilversicherung gern. §§ 9a Abs. 1; 13 Abs. 9 AKB (Urteilsanmerkung), Zeitschrift Versicherungsrecht, 1984, S. 1042

1985
6. Die internationale Diskussion der Kartellproblematik. In: Kartelle und Gesetzgebung in Praxis und Rechtsprechung vom 19. Jahrhundert bis zur Gegenwart, Hrsg. von Hans Pohl; Franz Stemer Verlag, Wiesbaden/Stuttgart, 1985
7. Bauvertrag und Factoring (Der praktische Fall), JuS 1985, S. 43 (zusammen mit J. Wilken)

1987
8. Der private Versicherungsvertrag zwischen Recht und Markt (Habilitationsschrift), Nomos-Verlag, Hrsg. Prof. Dr. E.-J. Mestmäcker, 1987
9. Das Unternehmen im Bereicherungsausgleich (Habilitationsvortrag), JZ 1987, S. 588
10. Europäisierung der Versicherungsmärkte im Lichte der Rechtsprechung des EuGH, NJW 1987, S. 521
11. Prüfe dein Wissen (PdW), Wettbewerbsrecht (GWB/UWG), Beck-Verlag 1987

1988
12. Rezension des Handbuchs des Wettbewerbsrechts (Hrsg. Gloy), Beck-Verlag: MDR 1988, S. 351
13. Wirksamkeit der Übertragung von Gesamtgläubigerrechten bei Geschäftsunfähigkeit eines Gesamtgläubigers - BGH, NJW-RR 1987, 1260, JuS 1988, S. 605
14. Grundfragen des Kapitalgesellschaftsrechts, Die Aktiengesellschaft, JA, Heft 7, 1988.
15. Grundfragen des Kapitalgesellschaftsrechts, Die GmbH, JA, Heft 8/9, 1988
16. Grenzen der Anerkennung fehlerhafter Gesellschaften, NJW 1988, S. 937
17. Rezension des Buches von Marcus C. Kerber, Die Unternehmensentflechtung nach dem GWB, Studien zum Handels-, Arbeits- und Wirtschaftsrecht, Nomos-Verlag (1987) in: Zeitschrift für Wirtschafts- und Sozialwissenschaften, 1988, S. 473 f
18. Rezension der Festschrift für Robert Schwebler: Staat, Wirtschaft, Assekuranz und Wissenschaft, hrsg. von Rudolf Henn und Walter F. Schickinger, Verlag Versicherungswirtschaft (1986), Zeitschrift Recht der Arbeit 1988, S. 184
19. Rezension des Buches von Elke Kuhlmann, Versicherungsrecht und europäisches Kartellrecht, (1987), Verlag Duncker & Humblot. ZHR 152 (1988), 5.194
20. Möglichkeiten und Grenzen des Individualprinzips in der sozialen Marktwirtschaft: Zeitschrift für Rechtstheorie, 1988, S. 507
21. Zur wettbewerbsrechtlichen Bedeutung konzerninterner Vorgänge im Rahmen des § 26 Abs. 2 GWB, BB 1988, S. 1763
22. Das Optionsscheingeschäft: Naturalobligation oder vollkommene Verbindlichkeit?, ZIP 1988, S. 1021

1989
23. Einführung in das Liegenschaftsrecht, JA 1989, S. 221

24. Die wirtschaftliche Leistungsfähigkeit des Schuldners als Maßstab der Wirksamkeit von Verbraucherkreditverträgen, ZBB 1989, S. 91
25. Nochmals: Verletzen konzerninterne Vorgänge § 26 Abs. 2 GWB?, DB 1989, 1453
26. Haftung bei der Finanzierung von (atypisch) fehlgeschlagenen steuerbegünstigten Kapitalanlagen, NJW 1989, 2087
27. Europa 1992: Harmonisierung der rechtlichen Rahmenbedingungen - ökonomische Bedeutung für mittelständische Unternehmen, ZVg1RWiss 88 (1989), 221
28. Zu den wettbewerbsrechtlichen Grenzen des § 26 Abs. 2 GWB bei Bündelung der KFZ-Nachfrage durch Leasing-Anbieter, BB 1989, 2337
29. Ein Lernkonzept für ein erfolgreiches juristisches Studium, JA 1989, 129 ff.
30. Das sollten Sie wissen: Diverse Fragen und Antworten aus dem BGB erstmals JA 1989, 140 ff, seitdem häufiger (vgl. Schriftenverzeichnis nach Schwerpunkten)
31. Diverse Lernkarteikarten aus dem Bürgerlichen Recht, beginnend JA Heft 10, 1989 (vgl. Schriftenverzeichnis nach Schwerpunkten)
32. OLG Frankfurt EWiR § 26 GWB 12/89,1213

1990

33. Der praktische Fall. Bürgerliches Recht: Gutgläubiger Erwerb bei einer mehrstufig gesicherten Forderung, JuS 1990, 47 ff.
34. Ein Konzept zur Vorbereitung auf die Klausuren im Ersten Juristischen Staatsexamen, JA 1990 (gelbe Seiten) 1 ff.
35. Rezension: Versicherungsaufsichtsgesetz, Kommentar von Reimer Schmidt und Peter Frey, 10. Aufl. (Beck), NJW 1990, 173 f.
36. Anmerkung zu BGH v. 15.3.1989, JR 1990, 20 ff.
37. Verschwiegenheitspflicht für politisch legitimierte Mitglieder des Aufsichtsrats, NJW 1990, 1009
38. Das sollten Sie wissen: Diverse Fragen aus dem Recht des UWG, beginnend JA 1990, 63 ff (vgl. Schriftenverzeichnis nach Schwerpunkten)
39. Ein Konzept zur Vorbereitung auf die mündliche Prüfung im Ersten Juristischen Staatsexamen, JA 1990, 69 ff.
40. EUROPA 1992: Auf dem Wege zu einer - tragfähigen - europäischen Rechtsordnung; Zugleich ein Konzept zur Entwicklung optimaler rechtlicher Rahmenbedingungen in: Europäische Wirtschaft der 90er Jahre, Hrsg. Wolfgang
41. Lücke u.a., Gabler-Verlag, 1990, S. 313 ff., sowie JA 1990, 108 ff.,
42. Rezension der Festschrift für Werner Benisch, Heymanns Verlag, 1989. WM 1990, f.
43. Haftungsrisiken für Anleger und Banken, Brennpunkt Börse 6/90, S. 13 f.
44. Theorie der juristischen Argumentation, JA 1990, 189 ff.
45. Das sollten Sie wissen: 15 Fragen zum Recht der Unternehmensübernahme (Takeover) JA 90, 226
46. Das sollten Sie wissen: Diverse Fragen zum Bankrecht, beginnend JA 1990, 102 ff. (vgl. Schriftenverzeichnis nach Schwerpunkten)
47. Aktuelle wettbewerbsrechtliche Fragen des KFZ-Leasing, DB 1990, 2253

1991

48. BGH EWiR § 53 BörsG 1/91, 259
49. Rezension: Robert Knöpfle, Der Fehler beim Kauf, JA 1991, 31 f.
50. Gewerblicher Rechtsschutz nach dem Einigungsvertrag, in: Deutsche Rechtspraxis, Beck-Verlag, 1991, S. 596 ff.
51. Einführung in die Rechtsvergleichung, JA 1991, 241 ff.
52. Die Stiftung als Konzernspitze, NJW 1991, 2736.
53. OLG-Karlsruhe EWiR § 53 BörsG 2/91, 979
54. Auf die Plätze: Jura, stud iur. Heft 4, 1991, 18

1992

55. Alleinvertriebssysteme, Nomos, 1992
56. Das neue Verbraucherkreditgesetz - sozialpolitische Instrumentierung des Privatrechts?, JA 1/92
57. Ein Lernkonzept für ein erfolgreiches juristisches Studium, JA-Sonderheft 1992

58. New York Impressionen 4/91, JA-Sonderheft 1992
59. Wettbewerbsrechtliche Grenzen der Gewährung von Großkundenrabatten an Einkaufsgemeinschaften, BB 1992, 368
60. PdW-Wettbewerbsrecht, 2. Aufl., 1992
61. BGH EWiR § 765 BGB 1/92, 253
62. Das Konzept funktionaler Interdependenz zwischen Ökonomie und Recht, Zeitschrift für Rechtstheorie 1992, 35; sowie in Achtenhagen/John (Hrsg.), Mehrdimensionale Lehr-Lern-Arrangements, 1992, S. 280.
    - in englischer Sprache: The Concept of Functional Interdependence between Economics and Law; Sydney Law Review 1993, 317
    - in französischer Sprache : Interdependence Fonctionelle Entre L'Economie et le Droit: Conceptions et Limites; Revue de la Recherche Juridique Droit Prospectif, 1993, 757
63. BGH EWiR § 53 BörsG 2/92, 467.
64. Grundstrukturen optimaler Regelsysteme - ein Natur und Geisteswissenschaften verbindendes Konzept; Universitätsberichte und Nachrichten, Passau, 1992 5/92, S. 5.
65. BGH WuB VA. § 62 GWB 1.92.
66. KG WuB VC. § 1 ZugabeV0 3.92.
67. KG WuB VB. § 1 UWG 4.92.
68. Frühgeschichtliche Grundlagen der Idee des Geldes, Berichte und Nachrichten Universität Passau, Ausg. 11/92, S. 9.

1993

69. Rezension, Udo Wolter, Termingeschäftsfähigkeit kraft Information, ZNR 1993, 110.
70. BGH, WuB VB. § 3 UWG 2.93.
71. OLG-München, WuB VB. § 16 UWG 1.93.
72. Konzept, Funktion und Entwicklung des deutschen und europäischen Wettbewerbsrechts, ZVglRWiss 1993, 40.
    - in ungarisch: A Nilmet e az Európai Versenyjog Koncepciöja, Funkciöja, ds Fejlöddse, Schriften der Friedrich-Ebert-Stiftung, Budapest 1993.
73. Das Konzept des deutschen Gesellschaftsrechts, JA 1993, 97.
    - in ungarisch: A Nilmet Tärsasägi, Friedrich-Ebert-Stiftung, Budapest 1993; erneut in Magyar Jog 1993, 38.
74. OLG-Schleswig EWiR § 767 BGB 1/93.
75. BGH EWiR § 26 GWB 2/93,463.
76. Rezension, Cornelius Renken, Die Zusammenarbeit der Kreditinstitute nach deutschen und europäischen Kartellrecht, ZHR 157 (1993) 364.
77. OLG-Stuttgart, WuB V D. § 1 RabattG 4.93
78. Rezension, Hans Künzle, Dienstleistungsfreiheit und schweizerische Versicherungsunternehmen in der EG, Rabels Z 1993, 720
79. Absatzsichernde Alleinvertriebssysteme auf dem Prüfstand des europäischen Wettbewerbsrechts, DB 1993, 2417
80. Legitimatiön y Superaciön de la Prohibicion Conönica de los Intereses; Dereito; Revista Xuridica da Universidade de Santiago de Compostela, 1993, Volume II, N.02, 47.
81. Rezension, Gerd Sandkühler, Bankrecht, WM 1993, 487

1994

82. Annahmezwang und Tarifstruktur in der KFZ-H-Versicherung; in Schwintowski (Hrsg.) Deregulierung, Private Krankenversicherung, NOMOS, 1994, 122
83. BGH EWiR 1/94, S. 203
84. Konzernrecht, Lexikon des Rechts, 1994
85. Verbundene Unternehmen, Lexikon des Rechts, 1994
86. Staatlich veranlasste Wettbewerbsbeschränkungen auf europäischen und internationalen Märkten, RabelsZ 58 (1994), 232
87. Die Marktöffnung in der KFZ-Versicherung, VersR 1994, 646

88. Der Unternehmensbegriff im Europäischen Wettbewerbsrecht, ZEUP 1994, 294
89. Rezension: Thomas O. J. Burkert, Die Zulässigkeit von Kopplungsgeschäften aus wettbewerbsrechtlicher Sicht, Nomos-Verlag 1992, ZHR 138 (1994) 312
90. BGH EWiR 2/94, 769
91. Legitimation und Überwindung des Kanonischen Zinsverbots, Festschrift für Trusen 1994,
92. Bankrecht (PdW), Beck-Verlag, 1994
93. Anmerkung zu BGH v. 10.02.1994, JZ 1994, 967
94. Informationspflichten in der Lebensversicherung, Humboldt-Spektrum 1994, 31
95. Die Marktöffnung der Kfz-Versicherung, VersR 1994, 646-652

1995

96. BGH WuB VB. § 13 UWG 1.95
97. BGH EWiR § 1 VerbKrG 1/95, S. 201
98. Estructuras bàsica de sistemas de regulasiön optimales, Anuario de Filosofia del Derecho, 1994, 331-346
99. Informationspflichten in der Lebensversicherung, in: Basedow/Schwark/Schwintowski, z. Bd. Versicherungswissenschaftliche Studien, Nomos 1995, S. 1138
100. Rezension: Martin Henssler, Risiko als Vertragsgegenstand, ZHR 159 (1995) 248
101. Gesellschaftsrechtliche Bindungen für entsandte Aufsichtsratsmitglieder in öffentlichen Unternehmen, NJW 1995, 1316
102. Verteilungsdefizite durch Recht auf globalisierten Märkten, Öffentliche Vorlesungen der HUB, 1995
103. BGH WuB VB. § 14 UWG 1.95
104. Auslandsstudienführer Recht (Hrsg.), Luchterhand, 1995

1996

105. Recht und Gerechtigkeit, Springer Lehrbuch, 1996
106. Der Verantwortliche Aktuar im (Lebens-)Versicherungsrecht, VersWissStud, Bd. 4, 1996,11-36
107. Die sprachliche Struktur der juristischen Argumentation, in: Sprache und Wirtschaft in der europäischen Informationsgesellschaft, 1996
108. Informationspflichten in der Lebensversicherung, VuR 1996, 223
109. Die Rechtsnatur des Versicherungsvertrages, JZ 1996, 702
110. Konzept der Monopolpreiskontrolle am Beispiel eines Energieversorgungsunternehmens, BB 1996, 1673
111. Juristische Sprachkultur und Gerechtigkeit, Humboldt-Spektrum, 1996, 44
112. BGH EWiR § 53 BörsG 4/96, 791
113. Versicherungsrecht aktuell, VuR 10/96, 332
114. Anmerkung zu LG Düsseldorf vom 03.04.1996, VuR 10/96, 339
115. Anmerkung zu OLG Hamm vom 08.03.1996, VuR 11/96, 390
116. VuR 12/96, 411

1997

117. BGH EWiR § 53 BörsG 2/97, 71
118. LG Stuttgart WuB I B 6.-2.97
119. Zukunftsmarkt Telekommunikation, Humboldt-Spektrum, 1997, 36
120. Bankrecht, Heymanns Verlag, 1997 (zusammen mit Schäfer)
121. Anleger- und objektgerechte Beratung in der Lebensversicherung, VuR 1997, 83; ebenfalls veröffentlicht in ZfV, 1997, 174; erneut in Festschrift für Leonhard Männer, VersWissStud Bd. 7, 1997, 377
122. Rezension Christian H. A. Jung: Subsidiarität im Recht der Wettbewerbsbeschränkungen, ZEuP 1997, 198
123. Versicherungsrecht aktuell, VuR 1997, 128
124. Anmerkung zu LG Hamburg vom 08.11.1996, VuR 1997, 175
125. Rechtsnatur und ökonomische Funktionen des Versicherungsvertrages, VersWissStud, Bd. 6, 27-68
126. Versicherungsrecht aktuell, VuR 1997, 207

127. Europäisches Vertragsrecht (vorbereiteter Diskussionsbeitrag) in: Weyers (Hrsg.) Arbeiten zur Rechtsvergleichung, Bd. .182, 1997, 139
128. Tagungsbericht zur 7. Wissenschaftstagung des Bundes der Versicherten e.V., VersR 1997, 942
129. Recht und Institutionen langfristiger privater Versicherungsverhältnisse in: Langfristige Versicherungsverhältnisse (Hrsg. Männer) 1997, 77-111
130. Wettbewerb und Ordnung auf Energiemärkten nach Wegfall der §§ 103, 103a GWB, WuW 1997,769-781
131. EWiR § 242 BGB 6/97
132. WuB VB. § 3 UWG 2.97
133. Ordnung und Wettbewerb auf Telekommunikationsmärkten, CR 1997, 630

1998

134. Internationales Berliner Wirtschaftsrechtsgespräch Bd. 1, 1998 (Mitherausgeber): Telekommunikation: vom Monopol zum Wettbewerb, Nomos-Verlag
135. Lücken im Deckungsumfang der Allgemeinen Haftpflichtversicherung, VuR 1998, 35
136. Rezension: Ulrich Ehricke, Staatliche Eingriffe in den Wettbewerb - Kontrolle durch Gemeinschaftsrecht, RabelsZ 62 (1998) 180
137. Ordnung und Wettbewerb auf deregulierten Erdgasmärkten, Nomos-Verlag 1998
138. Unwirksamkeit einer Bedingungsanpassungsklausel in AVB, Anm. zu OLG Düsseldorf VuR 1998, 224
139. Ordnung und Wettbewerb auf Telekommunikationsmärkten, in: Immenga/Lübben/Schwintowski (Hrsg.), Telekommunikation: vom Monopol zum Wettbewerb, 1998, S. 11-45
140. Fallsammlung zum Privatversicherungsrecht (Hrsg.), Springer-Verlag 1998
141. BGH EWiR § 53 BörsG 2/98, 403
142. Anmerkung zu OLG Köln vom 12.11.1996, VuR 1998,191-193
143. Anmerkung zu BGH vom 19.11.1997, VuR 1998, 193-196
144. Rezension: Almendinger/Tilp, Börsentermin- und Differenzgeschäfte, 1998 (RWS-Skript 287)
145. Ökonomische Theorie des Rechts, JZ 1998; 581-588
146. Anmerkung zu BGH LM Nr. 20/21 zu § 23 GWB (Stadtwerke Garbsen/Stromversorgung Aggertal)
147. Anmerkung zu BGH vom 12.05.1998 in: LM (Nr. 50) BörsG §§ 53, 55
148. Die Versicherbarkeit von Langzeitrisiken, in: Die Bewältigung von Langzeitrisiken im Umwelt- und Technikrecht, 13. Trierer Kolloquium zum Umwelt- und Technikrecht, Bd. 43, S. 139-160
149. Kartellrechtliche Preismißbrauchsaufsicht über Energie- und Durchleitungsentgelte nach Wegfall der §§ 103, 103 a GWB, ZNER 1998, 9-16
150. Anmerkung zu BGH vom 17.12.1997, VuR 1998, 305-309
151. BGH EWiR 3/98,1067
152. Anmerkung BGH vom 09.07.1998, VuR 1998, 415-418
153. Transparenz und Verständlichkeit von allgemeinen Versicherungsbedingungen und Prämien NVersZ 1998, 97-102
154. Versicherungsrecht aktuell, VuR 1999, 13
155. Kontrolle von Versicherungsbedingungen durch das Bundesaufsichtsamt - das Urteil des Bundesverwaltungsgerichts vom 25.06.1998, VuR 1999, 44-47
156. Anmerkung zu BGH vom 14.07.1998, LM Nr. 54 BörsG
157. Anmerkung zu LG Düsseldorf vom 25.03.1998, VuR 1998, 413-415

1999

158. Berliner Kommentar zum VVG, Springer-Verlag, 1999 (Mitautor)
159. Anmerkung zu BGH WM 1999,15 in WuB I G 7.-5.99
160. Internationales Berliner Wirtschaftsrechtsgespräch Bd. 2, 1999 (Mitherausgeber): Airlines und Flughäfen: Liberalisierung und Privatisierung im Luftverkehr
161. Anmerkung zu LG Düsseldorf, VuR 1999, 165-167
162. Probleme langfristiger Versicherungsverhältnisse VersWissStud Bd. 13, 1999, S. 2956
163. Anmerkung zu OLG München, VuR 1999, 205-207
164. Kapitalanlage und Risikoüberwachung im werbenden Unternehmen, Festschrift für Schimansky, 1999, 761-780
165. Die Kapitallebensversicherung im Test, VuR 1999, 226-228

166. Versicherungsrecht aktuell, VuR 1999, 186-187
167. Anmerkung zu BGH vom 11.02.1999, EWiR § 249 BGB 3/99, S. 683
168. Der Zugang zu wesentlichen Einrichtungen, WuW 1999, 842-853
169. PdW-Wettbewerbsrecht (GWB/UWG), 3. Aufl., 1999
170. WuB V B. § 13 UWG 1.99
171. WuB V F. Art. 85 EGV 1.99
172. Aufklärungspflichten beim Discount Brokerage, ZBB 1999, 385
173. Die chemisch-neuronalen Grundlagen von Rechtssystemen, in: Festschrift für Horst Baumann, Herausgegeben vom Verein zur Förderung der Versicherungswissenschaft an den drei Berliner Universitäten, Verlag Versicherungswirtschaft, 1999, S. 335

2000

174. Anmerkung zu BGH vom 25.03.1999 LM § 1 UeG (Nr. 802)
175. Internationales Berliner Wirtschaftsrechtsgespräch Bd. 3, 2000 (Mitherausgeber): Internationale Wirtschaft des Internet, Nomos-Verlag
176. Freier Warenverkehr im europäischen Binnenmarkt, RabelsZ, 2000, 39-59 176. BVerfG vom 28.12.1999 Anm. VuR 2000, 108-110
177. Vertikale Beschränkungen im europäischen Wettbewerbsrecht -eine juristischökonomische Kritik des neuen Konzepts der Kommission, Festschrift für Otto Sandrock, 2000, S. 901-922
178. Anmerkung zu LG Dortmund vom 07.09.1999, VuR 2000, 177
179. Versicherungsrecht aktuell VuR 2000, 200-201 (zu OLG Hamburg, 15.02.2000)
180. Grundlinien eines zukünftigen europäischen Energierechts, ZNER 2000, 93-100 alen
181. Anmerkung zu OLG Düsseldorf, VuR 2000, 321-326
182. Anwendbarkeit des Kartellrechts auf Energielieferverträge - die deutsche und europäische Sicht, BB 2000, 1901-1905 (zusammen mit Siegfried Klaue)
183. Visionen für ein zukünftiges europäisches Energierecht, VuR 2000, 371-389
184. Anmerkung BGH vom 15.06.2000, WuB IV A. § 675 BGB 4.00
185. An Economic Theory of Law, Journal of Interdisziplinary Economics, VOL 12 NO 1 (2000), 1-16
186. Stromeinspeisung nach europäischem Recht (Kurzbeitrag), ZNER 2000, 204-205
187. Das Transparenzgebot im Privatversicherungsrecht - Kriterien und Beispiele für verständliche und transparente Verbraucherinformationen und Allgemeine Versicherungsbedingungen, Vers-WissStud, Bd. 15, 2000, S. 87-150

2001

188. Versicherungsrecht aktuell (Gentests), VuR 2001, 15-16
189. Anmerkung OLG Düsseldorf, VuR 2001, 31-34
190. Energierecht der Zukunft (Hrsg.), Schriftenreihe des EWeRK, Bd. 1, 2001
191. Das Kraft-Wärme-Koppelungs-Ausbaugesetz auf dem Prüfstand des europäischen Rechts, ZNER 2000,247-259
192. Rezension: Stefan Grundmann, Europäisches Schuldvertragsrecht; RabelsZ 2001, 300-304
193. Rechtliche Grenzen des geplanten Interbankenentgelts der deutschen Kreditwirtschaft, VuR 2001, 134 - 140
194. Anmerkung zu BGH vom 06.06.2000, LM Nr. 50 zu § 662 BGB
195. Anmerkung zu OLG Stuttgart vom 23.07.1999, VuR 2001, 188-191
196. Vertragsschluss für Waren und Dienstleistungen im europäischen Verbraucherrecht: Form- und Inhaltsbindungen kontra Privatautonomie, EWS 2001, 201-208
197. Corporate Governance im öffentlichen Unternehmen, NVwZ 2001, 607-612; erneut in: Wallerath (Hrsg.), Kommunen im Wettbewerb, 2001, S. 131-146 veröffentlicht in japanischer Sprache im Journal of Law and Politics of Osaka City University, Vol. 50, February 2004, No. 3 (Übersetzung von E. Takahashi & T. Sakamoto)
198. Marktabgrenzung und Marktbeherrschung im Telekommunikationssektor, EWeRK-Schriftenreihe Bd. 2, 2001 (zusammen mit Siegfried Klaue)
199. Anmerkung zu OLG Köln vom 23.06.1999, VuR 2001, 223 f.
200. Riesterplan und Altersvorsorge, VuR 2001, 211
201. Anmerkung zu BGH 09.05.2001, EWiR 2001, 649

202. Umweltschutz und Wettbewerb - zwei Seiten derselben Medaille - eine Erwiderung auf Paul Kirchhof, ZNER 2001, 82-84
203. Transparenz in der Lebensversicherung, NVersZ 2001, 337 sowie in VuR 2001, 297
204. Anmerkung zu OLG Düsseldorf, VuR 2001, 331
205. Riester-Plan und Altersvorsorge, VuR 2001, 211-214
206. Contractual Rules Concerning the Marketing of Goods and Services - Requirements of Form and Content versus Private Autonomy, in: Grundmann/Kerber/Weatherill, Party Autonomy and the Role of Information in the Internal Market, 2001.
207. Anmerkung zu OLG Brandenburg, VuR 2001, 379.
208. Der Netzverbundvertrag: Dogmatik und Leistungsfähigkeit eines Modells, ZNER 2001, 215
209. Anmerkung zu VerfGH Berlin (Teilprivatisierung der Berliner Wasserwerke), ZNER 2001, 245
210. Anmerkung zu BGH vom 27.06.2000, EWiR 2001, 87

2002

211. EWeRK. Institut für Energie- und Wettbewerbsrecht in der Kommunalen Wirtschaft e.V., Humboldt-Spektrum 2002, 54
212. Neurobiologie und Recht, Humboldt-Spektrum, 2002, 92
213. Auf dem Wege zu einem europäischen Zivilgesetzbuch, JZ 2002, 205 - 211
214. Rezension: 100 Jahre materielle Versicherungsaufsicht in Deutschland (1901-200.1), Festschrift zum hundertjährigen Bestehen der Versicherungsaufsicht in Deutschland, VW 2002, 369-372
215. Die Grundzüge eines europäischen Privatversicherungsrechts aus der Perspektive Deutschlands, in: VersWissStud, Bd. 19, 2002, S. 39-45
216. Rezension Ebenroth/Boujong/Joost, HGB, Bd. 1 u. 2, 2001 in: BKR, 2002, 334 - 335
217. Riester-Konzept und Schutzlücken für Verbraucher, VÜR 2002, 175-179
218. Anmerkung zu OLG Bamberg vom 05.02.2002 (§ 5 HWiG), EWiR 2002, 525
219. Anmerkung zu LG München vom 28.03.2002, VuR 2002, 251-255
220. 12. Wissenschaftstagung des Bundes der Versicherten e.V., NVersZ 2002, 299-301
221. Anmerkung zu BGH vom 14.05.2002, ZfR 2002, 532-536
222. Einwilligungsmodell versus Widerspruchsmodell - rechtliche Aspekte von Organtransplantationen, Transplantationsmedizin 2002, 120-124
223. Anmerkung zum Urteil des EuGH vom 05.03.02, VuR 2002, 293-296
224. Ausschluss krankhafter Störungen infolge psychischer Reaktionen in den AUB, NVersZ 2002, 395-397
225. Lebensversicherung - stille Reserven - Überschussbeteiligung (zusammen mit Martin Ebers), ZVersWiss 2002, 393-452
226. Kartellrechtlicher Länderbericht Germany, in: Limits and Control of Competition with a View to International Harmonisation, herausgegeben von Jürgen Basedow, Kluwer Law International 2002, S. 219-236
227. Gute fachliche Praxis oder "Verhexung des Denkens"? in: Säcker (Hrsg.), Reform des Energierechts, 2003, S. 77-80, und ZNER 2002, 205-206
228. Überwindung des Örtlichkeitsprinzips auf Energiemärkten, in: Festschrift für Jürgen F. Baur, 2002, 339-349
229. Brain Moral Judgement, Zeitschrift für Literaturwissenschaft und Linguistik, 2002, 114-125
230. Voraussetzungen und Grenzen der sektorspezifischen Regulierung in deutschen Postmärkten, EWS 2002, 552-555
231. The European Civil Code: A Framework Code Only in: Grundmann/Stuyck, An Academic Green Paper an European Contract Law, 2002, 235-248

2003

232. Risk Management im Energiehandel, ZNER 2002, 171-175; erneut veröffentlicht in: Die Liberalisierung der Energiemärkte in Europa, Internationale Berliner Wirtschaftsrechtsgespräche, Bd. 6, 2003, S. 81-95
233. Die Bedeutung interdisziplinären Arbeitens von Rechts- und Sprachwissenschaft, NJW 2003, 632-638; erneut erschienen in Muttersprache, Heft 1, 2003, S. 1-14 236.
234. Heininger und die Folgen, Festschrift für Kümpel, 2003, 501-518
235. Zugang zum deutschen Gasnetz, EWeRK-Schriftenreihe Bd. 5 (zusammen mit Siegfried Klaue)

236. Lieferansprüche gegen norwegische Gasproduzenten, EWeRK-Schriftenreihe Bd. 5 (zusammen mit Siegfried Klaue)
237. Systemlücken im deutschen und europäischen Haftungs- und Schadensrecht, ZVerWiss 2003, S. 305-338; erneut in der Schriftenreihe der Arbeitsgemeinschaften Verkehrsrecht und Versicherungsrecht im deutschen Anwaltsverein, 2003, S. 31-62
238. Gehirnstrukturen als Modell für soziale Regel- und Rechtssysteme, HumboldtSpektrum, 2003, 40 - 44
239. Deutsches und europäisches Energie- und Netzrecht (Textsammlung mit Nebengesetzen), EWeRK-Schriftenreihe Bd. 7 - herausgegeben zusammen mit Johannes Dannischewski, 2003, Nomos-Verlag
240. Informationspflichten und effet utile - auf der Suche nach einem effektiven und effizienten europäischen Sanktionensystem in: Schulze/Ebers/Grigoleit (Hrsg.), Informationspflichten und Vertragsschluss im Acquis Communautaire, Mohr Siebeck, 2003, 267-290
241. Anmerkung zu BGH vom 12.03.2003, VuR 2003, 270-276
242. An fMRI-Study of simple ethical decision-making, Cognitive Neuroscience and Neuropsychology, 2003, S. 1215-1219 (zusammen mit Heekeren, Wartenburger, Schmidt und Villringer)
243. EU-Kfz-Tarifprojekt, VersWissStud, Bd. 24, 2003, S. 199-207
244. Mindestrückkaufswert und Beispielrechnung zur Überschussbeteiligung in der Lebensversicherung in: Herrmann (Hrsg.), Reform des Versicherungsvertragsrecht, 1. Nürnberger Versicherungstag 2003, IF-Verlag, 2003, Schriftenreihe Wirtschaftsrecht, Bd. 5, S. 53-60
245. Äußerungen zur Kredit(un)würdigkeit in der Medienöffentlichkeit, NZG, S. 810-811
246. Schutzlücken in der betrieblichen Altersversorgung, VuR 2003, 327-332; erneut in: Betriebliche Altersversorgung, Heft 3 2004, 242-246; erneut (und erheblich erweitert) in VersWissStud, Bd. 26, 2004, S. 11-49
247. Anmerkung zu BGH vom 21.05.2003, LMK 9/2003, 167
248. Bankrecht, Heymanns Verlag, 2. Aufl., 2003 (zusammen mit Schäfer)
249. Gemeinwohl, öffentliche Daseinsvorsorge und Funktionen öffentlicher Unternehmen im europäischen Binnenmarkt, ZögU 2003, S. 283-310
250. Pflicht einer Privathaftpflichtversicherung für Schäden durch Kinder, ZfR 2003, 391 -395
251. Anmerkung zu BGH vom 20.05.2003, WuB I C l.-1.03
252. Chancen und rechtliche Grenzen bei der Vermittlung von Zusatzversicherungen, Die BKK 2003, 608-613
253. The Common Good, Public Subsistence and the Functions of Public Undertakings in the European Internal Market, EBOR 2003, 353-382
254. Gehirnstrukturen als Modell für soziale Regel- und Rechtssysteme, in: Humboldt-Spektrum 4/2003, S. 40-44

2004

255. Scheckrecht in: Derleder/Knops/Bamberger (Hrsg.), Handbuch zum deutschen und europäischen Bankrecht, 2004, S. 985-1008
256. Schlechte Vorzeichen für Kapitalanleger, VuR 2004, 90-92
257. Anmerkung zum BVerfG, WuB I G5.-1.04
258. Schutzlücken in der betrieblichen Altersversorgung - aufsichts- und arbeitsrechtliche Grenzen bei Tarifwahl und Tarifwechsel für die Entgeltumwandlung, VersWissStud 2004, S. 13-49
259. Grundsätze ordnungsgemäßer Anlage von Stiftungsvermögen, Festschrift für Hadding, 2004, 271-285
260. Risikoorientierte Prämiendifferenzierung in der Kfz-Haftpflichtversicherung, Berichte der Bundesanstalt für Straßenwesen, Heft M160 (zusammen mit Growitsch/Wein/Schwarze)
261. Alterssicherung aus rechtlicher und ökonomischer Sicht, Wolfgang Gerke/Hans-Peter Schwintowski, VersWissStud, Bd. 27, 2004
262. Rechtliche Grenzen der Datenweitergabeklausel in Versicherungsverträgen, VuR 2004, 242-250
263. Regulierung des Gas- und Strommarktes in Deutschland und Europa – Status quo und Perspektiven, in: Verbraucherschutz in netzgebundenen Märkten, Dokumentation der Tagung vom 18. November 2003 des vzbv, 2004, S. 31-37
264. Versicherungsrechtshandbuch, Hrsg. Beckmann/Matusche-Beckmann (§ 18 Aufklärungs- und Informationspflichten des Versicherers), S. 853-884, Beck Verlag, München, 2004

265. Sprachwissenschaftliche Kriterien für das Transparenzgebot, Die Bedeutung interdisziplinären Arbeitens von Rechts- und Sprachwissenschaft in: Kent D. Lerch (Hrsg.), Die Sprache des Rechts, Bd. 1, Walter de Gruyter, Berlin/New York 2004, S. 375-386
266. Briefpostmonopol trotz offener Marktwirtschaft, in: Fuchs/Schwintowski/Zimmer, Festschrift für Ulrich Immenga zum 70. Geburtstag, Beck-Verlag 2004, S. 363-376
267. Law as a decision making system for social conflicts – getting beyond positivism and natural law, Festschrift für Ernst A. Kramer (Privatrecht und Methode), 2004, S. 53-63
268. Die Verleitung des Anlegers zur Selbstschädigung – Grenzen zwischen Anlegerbevormundung und Anlegerschutz, VuR 2004, 314-322 (zusammen mit Damaris Nicodem)
269. Strategische Minderheitsbeteiligungen in der deutschen Energiewirtschaft, EWeRK-Schriftenreihe, Bd. 12, 2004 (zusammen mit Siegfried Klaue)
270. Anmerkung zu BGH vom 03.03.2004, VuR 2004, 229-232
271. Anmerkung zu LG Hildesheim vom 16.12.2004, VuR 2004, 182-186
272. Zu den Schlussanträgen des Generalanwalts Philippe Léger in Sachen Schrottimmobilien, NJW 2004, XVIII-XX
273. Anmerkung zu den Schlussanträgen des Generalanwalts Philippe Léger (Langfassung) VuR 2004, S. 440-442
274. Juris Praxiskommentar BGB Schuldrecht (Bd. 2.2), §§ 488-507, 607 - 609, 2. Aufl. 2004; 3. Aufl. 2006; 4. Aufl. 2008
275. Kartellrechtliche und Gesellschaftsrechtliche Konsequenzen des Systems der Legalausnahme für die Kooperationspraxis der Unternehmen – zugleich: Anforderungen an Vorstandshaftung und Corporate Governance, ZNER 2004, 342 - 348 (zusammen mit Siegfried Klaue)

2005

276. Vermittlung privater Zusatzversicherungen durch gesetzliche Krankenversicherer nach § 194 Abs. 1a SGB-V, in: Basedow/Meyer/Rückle/Schwintowski, VVG-Reform-Abschlussbericht; Rückzug des Staates aus sozialen Sicherungssystemen, Versicherungswissenschaftliche Studien, Bd. 29, 2005, S. 211 - 282
277. Konzept und Kritik am Vorschlag der VVG-Reformkommission zur Lebensversicherung, in: Basedow/Meyer/Rückle/Schwintowski, Rückzug des Staates aus sozialen Sicherungssystemen, VVG-Reform-Abschlussbericht, Versicherungswissenschaftliche Studien, Bd. 29, S. 77-92
278. Anmerkung zu BGH vom 16.06.2004 (IV ZR 257/03), VuR 2005, 25-26
279. Gesellschaftsrechtliche Anforderungen an Vorstandshaftung und Corporate Governance durch das neue System der kartellrechtlichen Legalausnahme, NZG 2005, 200-203
280. Grenzen staatlicher Haftung für Schulden öffentlicher Unternehmen – das Beispiel Berliner Bankgesellschaft, Festschrift für Peter Derleder, 2005, S. 509-524
281. Juristische Methodenlehre, UTB Basics, 2005
282. Die rechtlichen Rahmenbedingungen grenzüberschreitend tätiger Schweizer Vermögensverwalter, Aktuelle Juristische Praxis (AJP, Schweiz, 2005, 457 - 468)
283. Kapitalmaßnahmen in: Handbuch der Europäischen Aktiengesellschaft (Hrsg. Jannott/ Frodermann), 2005, 266 - 301
284. Konsequenzen des Systems der Legalausnahme für die Kooperationspraxis der Unternehmen, WuW 2005, 370-379 (zusammen mit Siegfried Klaue)
285. Tarifaufsicht und allgemeine Versorgung auf liberalisierten Strommärken in: verhandelter vs. regulierter Netzzugang, EWeRK-Schriftenreihe, Bd. 15, S. 51-56
286. Eigenkapitalersetzende Darlehen durch den gesellschaftergleichen Dritten nach § 32a Abs. 3 GmbHG, ZIP 2005, 840 – 846 (zusammen mit Johannes Dannischewski)
287. Der Anspruch auf angemessene Schadensregulierung, VuR 2005, 201 - 207
288. Die Frage der Anwendbarkeit der §§ 315, 316 BGB auf die Bestimmung von Netznutzungsentgelten, N&R 2005, 90-97
289. Urteil Bundesverfassungsgericht vom 26.07.2005 (Überschussbeteiligung in der LV), VuR 2005, 302-308
290. Paneuropäische Tarifstruktur in der Kfz-Haftpflichtversicherung, VersWissStud, Bd. 30, Nomos 2005

291. Grundlagen der Kfz-Haftpflichtversicherung, der Tarifierung sowie des Haftungs- und Schadensersatzrechts in der Europäischen Union, in: Basedow/Meyer/Rückle/Schwintowski (Hrsg.). Paneuropäische Tarifstruktur in der Kfz-Haftpflichtversicherung, 2005, S. 241-295
292. Die Rechte der Versicherten bei einer Bestandsübertragung, VuR 2005, 321-324
293. Möglichkeiten der Umstellung vom Eigenbetrieb der Zentralheizung auf gewerbliche Wärmelieferung bei laufendem Mietverhältnis, Euroheat & Power, Heft 10/20005, S. 10 – 19
294. Grundlagen der Kfz-Haftpflichtversicherung, der Tarifierung sowie des Haftungs- und Schadensersatzrechts in der Europäischen Union, in: Basedow/Meyer/Rückle/Schwintowski (Hrsg.). Paneuropäische Tarifstruktur in der Kfz-Haftpflichtversicherung, VersWissStud (30.Bd.), 2005, S. 241-284
295. Pflichtversicherungen – aus Sicht der Verbraucher in: Pflichtversicherung – Segnung oder Sündenfall – Symposium am 28. – 30. Oktober 2004; Veröffentlichungen der Hamburger Gesellschaft zur Förderung des Versicherungswesens, Band 30, 2005, 47 - 71
296. Konzept und Kritik am Vorschlag der VVG-Reformkommission zur Lebensversicherung in Micklitz (Hrsg.) Verbraucherrecht in Deutschland – Stand und Perspektiven, Nomos Verlag 2005, S. 233 - 252
297. PPP Zwischen Markt und Regulierung – ein Diskussionsbeitrag zum Grünbuch der Europäischen Kommission, in: Budäus (Hrgs.) Kooperationsformen zwischen Staat und Markt 2005, 189 - 214 (zusammen mit Birgit Ortlieb)
298. Konkurrenz der öffentlichen Hand für privatwirtschaftliche Unternehmen aus der Perspektive des Vergaberechts, Festschrift für Thomas Raiser, 2005, S. 751-768
299. Weniger Wettbewerb durch Fusionskontrolle, Klinikmarkt Inside 2005, S. 7-11
300. Alternative Finanzierungsmöglichkeiten der Abschlusskosten in der Lebensversicherung, ZfV 2005, 783-790
301. Anmerkung zu EuGH vom 25.10.2005 – C – 350/03, EuZW 2005, 724 – 726
302. Krankenhausmärkte zwischen Regulierung und Wettbewerb, Springer 2005 (zusammen mit Siegfried Klaue und Ernst Bruckenberger)
303. Die Haftung des Wirtschaftsprüfers – am Beispiel der Bankgesellschaft Berlin – Festschrift für Helmut Schirmer, 2005, 555-568
304. Neue europäische Rechtsprechung zum Vergaberecht, ZögU 2005, 399-409

2006

305. Schrottimmobilien – alles doch ungeklärt?, VuR 2006, 5
306. Lebensversicherung – quo vadis? (Teil I), DStR 2006, 429-433
307. Lebensversicherung – quo vadis? (Teil II), DStR 2006, 473-476
308. Das Wirtschaftlichkeitsgebot – die Rechtspflicht des Vermieters zur optimalen Wärmeversorgung, WuM 2006, 115-119
309. Grenzen zulässiger Versicherungsvermittlung im Rahmen der europäischen Dienstleistungsfreiheit, VersR 2006, 588-596
310. Anmerkung zu BGH vom 18.10.2005 – KZR 36/04, N&R 2006, 75-76
311. Rezension: Mestmäcker/Schweitzer, Europäisches Wettbewerbsrecht, 2., völlig erneuerte Aufl. – München: Beck 2004. LXIV, 1225 S.
312. Appelle an die Kapitalmarktmoral – unmoralisch?, 24. Forum Finanzpolitik und Steuerrecht – eine Dokumentation der am 18. November 2005 in Karlsruhe gehaltenen Referate (Veranstaltung der Steuerberaterkammer Nordbaden)
313. Neuerungen im Versicherungsvertragsrecht, ZRP 2006, 139-142
314. Anmerkung zu OLG Saarbrücken vom 26.01.05, VuR 2006, 271-273
315. Der Anspruch auf angemessene Schadensregulierung, VersWissStud, Bd. 32, S. 107-140
316. Konsumentenschutz im schweizerischen und deutschen Versicherungsmarkt, VersWissStud, Bd. 32, S. 309-324
317. Rechtsdurchsetzungsdefizite und aktuelle Probleme der Versicherungspraxis, Elementarschadenversicherung und Vermittlerrichtlinie, VersWissStud, Bd.32, 2006
318. Anmerkung zu Saarländisches OLG, Urteil vom 22.03.2006, VuR 2006, 313-317
319. Handbuch Energiehandel (Hrsg.), Erich Schmidt Verlag, 2006; 2. Aufl. 2010
320. Influence of bodily harm on neural correlates of semantic and moral decision-making, NeuroImage 2005, 887-897 (zusammen mit Heekeren, Wartenburger, Schmidt, Prehn und Villringer)

Schriftenverzeichnis von Hans-Peter Schwintowski

321. Ist der Kapitalmarkt unmoralisch? – Grundstrukturen funktionsfähiger Kapitalmärkte, Festschrift für Norbert Horn zum 70. Geb., 2006, S. 859-872
322. Berliner Bankenskandal – Ursachen und Konsequenzen, in: Festschrift für Dieter Rückle, 2006, S. 83-96
323. Das deutsche Handelssystem für Emissionszertifikate: rechtswidrig? (zusammen mit Ben Schlemmermeier), ZNER 2006, 195-199; erneut in: Festschrift für Bernhard Nagel zum 65. Geb. (zusammen mit Ben Schlemmermeier), 2007, S. 199-210
324. Rating für die kommunale Wirtschaft nach Basel II, Kommunale Wirtschaft im 21. Jahrhundert – Festschrift für Peter Becker zum 65. Geburtstag, 2006, S. 113-126
325. Die Verjährung von Ansprüchen auf Rückzahlung überhöhter Stromentgelte, ZIP 2006, 2302-2307
326. Gemeinwohl und Non-Profit-Organisationen im Spannungsfeld der Europäischen Marktwirtschaft, in: Sprengel (Hrsg.), Philanthropie und Zivilgesellschaft, Peter Lang Verlag 2007, S. 252
327. Zur Ausgestaltung tariflicher Öffnungsklauseln bei der Entgeltumwandlung nach §§ 17 Abs. 5, 1a BetrAVG, aba 2006, 717-724
328. Verständlichkeit von Allgemeinen Geschäftsbedingungen – eine empirische Studie, HAVE, 2006, 218-223
329. Code is Law – Law is Code?, Humboldt Spektrum 2006

2007

330. Anmerkung zu OLG Dresden vom 30.06.2005, VuR 2007, 23
331. Anmerkung zu OLG Saarbrücken vom 20.04.2006, VuR 2007, 28
332. Finanzierung von Prozesskosten – strategisches Instrument im Rahmen von Risikomanagement und Bilanzierung nach IFRS/IAS, ZRFG 2007, 15-22
333. Auswirkungen des Familienrechts im Versicherungsrecht, VuR 2007, 88-93
334. Die Verjährung von Ansprüchen aus Lebensversicherungsverträgen am Beispiel der Urteile des BGH vom 12. Oktober 2005, VuR 2007, S. 130-137
335. PPP – Inhouse und Ausschreibungswettbewerb, in: Immenga/Lübben/Schwintowski (Hrsg.), PPP – Moving ahead, Internationale Berliner Wirtschaftsrechtsgespräche, Bd. 10, 2007, S. 181-188
336. Bank- und Kapitalmarksrecht, PdW, 2. Aufl., 2007, Beck Verlag
337. Sachversicherung und Schadensersatzpflicht des Mieters, W & M S. 305 – 308
338. Rezension von dem Buch von Achim Tiffe, Die Struktur der Informationspflichten bei Finanzdienstleistungen, Nomos Verlag, VuR 2007, 239-240
339. Anmerkung zum Urteil des LAG München vom 15.03.2007, aba 2007, 444-445
340. Versicherungs- und Bankrecht, in: Willoweit (Hrsg.), Rechtswissenschaft und Rechtsliteratur im 20. Jahrhundert, Beck Verlag 2007, S. 503-527
341. Das Spannungsverhältnis zwischen Individuum und Kollektiv – aus juristischer Sicht, ZVersWiss 2007, 1-15

2008

342. Vom Alles-oder-Nichts-Prinzip zum Quotensystem, Nomos Verlag, VuR 2008, 1
343. Grenzen der Abtretbarkeit grundpfandrechtlich gesicherter Darlehensforderungen, NJW 2008, S. 472
344. Unternehmenszusammenschlüsse auf Krankenhausmärkten aus sozialrechtlicher und kartellrechtlicher Sicht, Jahrbücher vom Nationalökonomie und Statistik, 529-546
345. Praxiskommentar zum Versicherungsvertragsrecht, Verlag LexisNexis, 2008, herausgegeben zusammen mit Christoph Brömmelmeyer
346. Erste Erfahrungen mit Kostentransparenz und Produktinformationsblatt nach der VVG-InfoV, VuR 2008, S. 250-256
347. Praktische Rechtswissenschaft – entwurzelt, ZNR 2008, 289-293
348. Der Versicherungsnehmer als Vermittler, VuR 2008, 286-291
349. Der Rückkaufswert als Zeitwert – eine (scheinbar) überwundene Debatte, VersR 2008, 1425-1431

350. Preisregulierung durch Kartellrecht – Europarechtswidrigkeit von § 29 GWB auf dem Prüfstand des europäischen Rechts, EWeRK-Sonderheft 2008 (zusammen mit Siegfried Klaue)

2009

351. Scheckgeschäft in: Derleder/Knops/Bamberger (Hrsg.), Handbuch zum deutschen und europäischen Bankrecht, 2. Aufl., 2009, S. 1307-1331
352. Handbuch des Aktienrechts (Hrsg: Henn/Frodermann/Jannott) 8. Aufl., Bearbeitung von Kapitel 6: Finanzierung der Aktiengesellschaft, Kapitalaufbringung und Kapitalerhaltung, S. 263-323
353. Das deutsche Gesundheitswesen zukunftsfähig gestalten – Patientenseite stärken – Reformunfähigkeit überwinden, zus. mit Charles B. Blankart und Erik R. Fasten, Springer-Verlag, 2009
354. Versicherungsrechtshandbuch, 2. Aufl., 2009 – Bearbeiter von § 18 (Informationspflichten des Versicherers) und § 43 (Betriebliche Altersvorsorge)
355. Veräußerung (notleidender) Kredite, Rostocker Schriften zum Bankrecht, Heft 13, S. 13-35.
356. Aktuelle Verjährungsfragen aus dem Bank- und Kapitalmarktrecht, BKR 2009, 89-99
357. Die Kreditwirtschaft im Kampf gegen Drogenkriminalität und Terrorismus – Konzept und rechtsstaatliche Grenzen, Festschrift für Eberhard Schwark zum 70. Geburtstag, Beck, 2009, S. 623-640
358. Baukostenzuschüsse für Netzanschlüsse oberhalb der Niederspannung, EWeRK 2009, 23-24
359. Risikomanagement der öffentlichen Hand, Physica Verlag, 2009, zusammen mit Frank Scholz und Andreas Schuler (Hrsg.)
360. Kostentransparenz in der Lebensversicherung – eine empirisch-normative Analyse, VersR 2009, 728-733 (zusammen mit Mark Ortmann)
361. Der Geeignetheitstest nach § 31 Abs. 4 WpHG, BKR 2009, 217-220
362. Rechtliche Rahmenbedingungen in Deutschland für in der Schweiz tätige Banken, Festschrift Nobbe, 2009, S. 1027 ff.
363. Finanzmarktkrise: Ursachen, Grundsatzfragen, institutionelle Konsequenzen, in: Grundmann/Hofmann/Möslein, Finanzkrise und Wirtschaftsordnung, 2009, S. 41-53
364. Konzept und Erfahrungen mit der Kostentransparenz nach der VVG-InfoV, VersWissStud, Bd. 35, 2009, S. 211-232
365. Honorarberatung durch Versicherungsvermittler – Paradigmawechsel durch VVG und RDG, VersR 2009, 1333-1336
366. Baukostenzuschüsse für Netzanschlüsse oberhalb der Niederspannung, EWeRK 2009, 23 - 24
367. Reformkonzept für die nationalen und internationalen Finanzmärkte im Überblick, EWeRK 2009, 94 - 95
368. Preisanpassungsklauseln – Auf dem Weg zum Großen Senat des BGH?, EWeRK 2009, 102

2010

369. Bruck/Möller, VVG, 9. Aufl., Kommentierung von § 6 (Band 1), De Gruyter Verlag, 2008, sowie zu §§ 59-73 (Band 2), 2010
370. Der Einfluss der MiFID auf den Handel mit Hypothekenanleihen, in: Pino Sergio (Hrsg.), Einfach gut gemacht – so funktionieren deutsche Hypothekenanleihen, Finanzbuchverlag, 2010, S. 193-214
371. Die Deckungsstockfähigkeit von Hypothekenanleihen, in: Pino Sergio (Hrsg.), Einfach gut gemacht - so funktionieren deutsche Hypothekenanleihen, Finanzbuchverlag, 2010, S. 215-236
372. Schutzfunktion und wichtiger Grund in § 843 Abs. 3 BGB, VersR 2010, 149-155
373. Anmerkung zu LG Hamburg vom 20.03.2009 (Privatkliniken)
374. Marktdominanz durch Wachstum und Vernetzung in der Region – die kartellrechtliche Problematik, in: Sallwey/Mündel (Hrsg.), Festschrift für Eugen Münch: Stetig im Wandel – innovativer Wachstumspfad im Gesundheitsmarkt, 2010, S. 312-337
375. Der kapitalmarktinduzierte Stornoabzug bei Einmalzahlungen in der Lebensversicherung, VersR 2010, 1126-1132
376. Die Abgrenzung des räumlich-relevanten Marktes bei Strom und Gas nach deutschem und europäischem Kartellrecht, Betriebsberater, 2010 (Sonderbeilage zusammen mit Siegfried Klaue)
377. Laufzeitverlängerung deutscher Kernkraftwerke – das Konzept eines Laufzeitkonsenses, Kommunalwirtschaft 02/2010, S. 108-111
378. Die Mindestquote in der schweizerischen Überschussbeteiligung (Art. 147 AVO) im Vergleich zum Begriff des Überschusses im Deutschen Lebensversicherungsrecht, veröffentlicht in der

Festschrift der Schweizerischen Gesellschaft für Haftpflicht- und Versicherungsrecht zum 50-jährigen Bestehen, hrsg. Stephan Fuhrer, 2010, S. 531-550
379. Maklerdiskriminierung in der bAV, ZfV 2010, 581-582
380. Handbuch zum Energiehandel (Hrsg.), Erich Schmidt Verlag, 2. Aufl., 2010
381. Der kapitalmarktinduzierte Stornoabzug bei Einmalzahlungen in der Lebensversicherung, VersR 2010, 1126-1132
382. Betriebliche Altersversorgung für Arbeitnehmer öffentlicher Auftraggeber, BetrAV 2010, 522-528 (zusammen mit Birgit Ortlieb)
383. Die Grundsätze der anleger- und objektgerechten Beratung im Lichte des Geeignetheitstests (§ 31 Abs. 4 WpHG), Festschrift für Klaus J. Hopt zum 70. Geburtstag, 2010, Bd. 2, S. 2507 - 2523
384. Praxiskommentar zum Versicherungsvertragsrecht, 2. Aufl., 2011, zusammen mit Christoph Brömmelmeyer
385. Einige Bemerkungen zu den Marktgebieten in der Gaswirtschaft, N&R 2010, 204 – 207 (zusammen mit Siegfried Klaue)
386. Kartellrecht in regulierten Bereichen – Anmerkung zu Bechtold, WuW 2010, 1027-1028
387. Versicherer darf Courtagevereinbarung mit einem Makler aufkündigen, VuR 2010, 432-435
388. Das Recht der Alternden Gesellschaft in: Festschrift zum 200-jährigen Bestehen der Juristischen Fakultät der Humboldt-Universität, 2010, S. 1149-1171
389. Bieterbegriff – Suspensiveffekt und konkrete Stillhaltefrist im deutschen und europäischen Vergaberecht, Zeitschrift für das gesamte Vergaberecht, 2010, 877-890
390. Telefonisch vermittelte Versicherungsverträge, VuR 2010, 477
391. Rezension von Consbruch/Fischer, Kreditwesengesetz, BKR 2010, 527
392. Laufzeitverlängerung deutscher Kernkraftwerke – mögliche rechtliche Konsequenzen, EWeRK 2010, 25 - 27
393. Gesetz zur Revitalisierung des Gemeindewirtschaftsrechts NRW - Stellungnahme zum Gesetzentwurf, EWeRK 2010, 192 - 196
394. Die Grundsätze der anleger- und objektgerechten Beratung im Lichte des Geeignetheitstests (§ 31 Abs. 4 WpHG), Festschrift für Klaus J. Hopt zum 70. Geb., Bd. 2, S. 2507-2523

2011
395. Bankrecht, 3. Aufl. 2011
396. Geschlechtsdiskriminierung durch risikobasierte Versicherungstarife?, VersR 2011, 164-172
397. Grenzen zulässiger Trennung von Prämien und Kosten der Lebensversicherung nach § 165 Abs. 5 VVG, ZfV 2011, S. 96-99 (2. Teil in ZfV 4/11)
398. Grenzen zulässiger Trennung von Prämien und Kosten der Lebensversicherung nach § 165 Abs. 5 VVG – 2. Teil, ZfV 2011, S. 134 - 137
399. Haustürgeschäfte für Kapitalanleger - ohne Widerrufsrecht?, VuR 2011, 73 - 74
400. (Un-)Gleichbehandlung in der privaten Krankenversicherung, VuR 2011, 190 - 191
401. Ratenzahlungszuschläge und Effektivzinsangabe in Versicherungsverträgen, VuR 2011, 253-257
402. Rezension Benkel/Hirschberg, Lebens- und BU-V-Komm., 2. Aufl., VuR 2011, 278
403. Rezension Stephan Fuhrer, Schweizerisches Privatversicherungsrecht, VuR 2011, 279
404. Rezension Thume/de la Motte/Ehlers, Transportversicherungsrecht, Kommentar, 2. Aufl., 2011, VuR 2011, S. 2080
405. Bank- und Kapitalmarktrecht (PdW), 3. Aufl., 2011, Beck Verlag
406. Die missbrauchsunabhängige Entflechtung ist mit den Grundprinzipien des Wettbewerbsrechts doch vereinbar – Entgegnung auf Ehricke, EWeRK 2011, 35 - 36
407. Mit dem Reichtum der Sonne zum Reichtum der Weltgesellschaft, EWeRK-Sonderausgabe im Gedenken an Herrmann Scheer, 2011
408. Der Ausstieg aus der Atomenergie und europarechtliche Gedanken, EWeRK 2011, 56
409. Neuordnung des Abfallrechts, EWeRK 2011, 116 - 117
410. Corporate Governance für öffentliche Unternehmen optimieren, EWeRK 2011, 163
411. Die wirtschaftliche angemessene Vergütung bei der Überlassung von Strom- und Gasnetzen nach § 46 Abs. 2 EnWG, EWeRK 2011, 174 - 178
412. Die Berechnung des Kartellschadens, EWeRK 2011, 209 - 211
413. Erhebliche Lücken im Schutz der Arbeitnehmer durch BGH-Rechtsprechung, VuR 2011, 480

414. Wettbewerbsbeschränkungen durch Vergaberecht auf Arzneimittelmärkten, Pharma Recht, 2011, 469

2012

415. Public Corporate Governance öffentlicher Unternehmen für Stadtwerke in: Bräuning/Gottschalk (Hrsg.), Stadtwerke. Grundlagen, Rahmenbedingungen, Führung und Betrieb, Schriftenreihe Öffentliche Dienstleistungen, Nomos Verlag, Bd. 56, 2012, S. 319-342
416. Manche sind gleicher, VuR 2012, 45-46
417. Angehörigenschmerzensgeld – Überwindung eines zivilrechtlichen Dogmas, zfs 2012, 6-12 (zusammen mit Schah Sedi)
418. Die „wirtschaftlich angemessene Vergütung" bei der Überlassung von Strom- und Gasnetzen nach § 46 Abs. 2 EnWG, ZNER Zeitschrift für Neues Energierecht 16/1 2012
419. Wettbewerbs- und Kartellrecht (PdW), 5. Aufl., 2012, Beck-Verlag
420. Neues Recht für Vermögensanlagen und Finanzlagevermittler, NWB Steuer- und Wirtschaftsrecht Heft 12, S. 959-1003
421. Kundenanlagen – das unbekannte Wesen, EWeRK 2012, S. 43-49
422. Weisungsrechte in der kommunalen GmbH – das Urteil des BVerwG vom 31.08.2011 – Schlusspunkt oder alle Fragen offen?, EWeRK 2012, S. 56-59
423. Kartellrecht: § 29 und seine Verlängerung sind europarechtswidrig, EWeRK 2012, S. 66-67 (zusammen mit Siegfried Klaue)
424. Lebensversicherung in: Tamm/Tonner, Verbraucherrecht 2012, S. 936 -963
425. Berufsunfähigkeitsversicherung in: Tamm/Tonner, Verbraucherrecht 2012, S. 998 - 1035
426. Privathaftpflichtversicherung in: Tamm/Tonner, Verbraucherrecht 2012, S. 1035 – 1052
427. Zulässigkeit der Provisionsweitergabe an Versicherungskunden mit Anmerkung zum Urteil des VG Frankfurt a.M. vom 24.10.2011, Az.: 9 K 105/11.F, VuR 2012, S. 239 - 242
428. Energie- und Netzrecht, Textsammlung mit einer Einführung, Rechtsstand: 1.8.2012, Bundesanzeiger Verlag
429. Der Anspruch auf Schadensersatz und Einspeisevergütung bei der Abschaltung von Anlagen Erneuerbarer Energien, EWeRK 2012, S. 129-140
430. Yes, you can, Buch-Beitrag, Wie die Finanzbranche sich neu erfindet, FinanzBuch Verlag, S. 112-113
431. Versicherungswechsel: Beweislast über Schadenseintritt mit Anmerkung zum Urteil des OLG Celle, vom 10.05.2012, Az.: 8 U 213/11, VuR 2012 S. 373-375
432. Anwaltliches Datenschutzmanagement – Qualitätsstandards, VersR 31/2012, S. 1325-1332

2013

433. Grenzen nachträglicher Beratungspflichten des Versicherungsmaklers, Weitsicht in Versicherung und Wirtschaft, Gedächtnisschrift für Ulrich Hübner, S. 303-318
434. Juris Praxiskommentar, §§ 488-512; §§ 607-610, §§ 675a-674c, Juris GmbH
435. Plädoyer für mehr Pflicht-Haftpflicht-Versicherungen, VuR 2013, S. 52-56
436. Neue Vergütungsformen für Versicherungsmakler? (I), ZfV 2013, S. 176-179
437. Neue Vergütungsformen für Versicherungsmakler? (II), ZfV 2013, S. 221-225
438. Der Kampf um die Provision – wohin treiben die Vermittlermärkte, VuR 2013, S. 121-122
439. Urheberrechtsschutz für Allgemeine Versicherungsbedingungen, Festschrift für Artur-Axel Wandtke zum 70. Geburtstag, S. 297-318
440. Ratenzahlungszuschläge sind kein entgeltlicher Zahlungsaufschub, VuR 2013, S. 150-153
441. Buchbesprechung, Wolfgang Grimm, Unfallversicherung, Kommentar, 5. Aufl., VuR 2013, S. 198-200
442. Handbuch Schmerzensgeld, Bundesanzeiger Verlag, Köln, Teil A S. 1-198 (Teil B: C. Schah Sedi, M. Schah Sedi)
443. Kampf um die Provision, Cash 6/2013, S. 42
444. Die strenge Wiederaufbauklausel in der Feuerversichung – Unwirksamkeit wegen Intrasparenz und Vertragszweckgefährdung, VuR 2013, S. 291-297
445. Anspruch des Maklers auf die Nettopolice, August 2013, www.cash-online.de/versicherungen/2013/preisbindung/136580
446. Deckeln oder nicht Deckeln – das ist die falsche Frage, September 2013, www.cash-online.de/versicherungen/2013/vertriebskosten/139902

447. Marcumar (Antikoagulation): Leistungsmindernde Krankheit in der Unfallversicherung?, VuR 2013, S. 415-421 (zusammen mit Erhard W. Lang)

2014

448. Die „Opposition" – Fehlender Strukturbaustein im System der gesellschaftsrechtlichen Corporate Governance?, NZG 36/2013, S. 1406-1412 (Langversion erhältlich in der Zeitschrift für deutsch-japanische Rechtsvergleichung, 2014)
449. Unwirksamkeit einer Kostenausgleichsvereinbarung im Rahmen einer sogenannten Nettopolice mit Anmerkung zum Urteil des OLG Karlsruhe, vom 19.09.2013, Az.: 12 U 85/13, VersR 2014, S. 45-51
450. Handbuch Energiehandel, Erich Schmidt Verlag, 3. Auflage, Berlin 2014, Dritter Teil: Risikomanagement, B. Rechtliche Bewältigung des Risikomanagements im Energiehandel, S. 577-613
451. Tippgeber versus Vermittler – Erlaubnispflicht für beide oder aufsichtsrechtliche Funktionsvermischung?, in: Festschrift für Attila Fenyves, 2013, S. 765-779
452. Corporate Governance anerkannter internationaler Prüfungsstandards im Vergleich zu Art. 379 türkHGB, Bahcesehir Üniversitesi hukuk fakültesi dergisi, S. 131
453. TTK m. 397 ile Karsilastirmalu Olarak Sirket Yänetiminde Gecerli Olan Uluslararasi Denetim Standart, Bahcesehir Üniversitesi hukuk fakültesi dergisi, S. 149
454. Stromsteuer – Lenkungsziel (teilweise) erreicht?, EWeRK 2014, S. 3-5
455. Zur Legitimation öffentlicher Unternehmen auf Wettbewerbsmärkten. Zugleich eine funktionale Neubestimmung der „Angelegenheiten der örtlichen Gemeinschaft" (Art. 28 Abs. 2 GG), Festschrift zu Ehren von Christian Kirchner, S. 559
456. Die "Mathematik" des Rechts, Sachverhalt + Tatbestand ÷ Subsumtion = Rechtslage, Iurratio 2/2014, S. 41-44
457. Jura für Erstis, Iurratio Erstsemester-Ausgabe 1/2014, S. 20-24
458. Bankrecht, 4. Aufl., 2014
459. Unkündbare Kostenausgleichsvereinbarung neben Versicherungsvertrag, NJW 2014, S. 1658 – Anmerkung zum Urteil des BGH v. 12.03.2014 – IV ZR 295/13
460. Die AKB auf dem Prüfstand des Transparenzgebotes Teil 1, ZfV 11/14 S. 332; Die AKB auf dem Prüfstand des Transparenzgebotes Teil 2, ZfV 2014, S. 369
461. Standardisierung auf den Versicherungsmärkten – Zurück in die Zukunft?, VuR 2014, S. 251
462. Anwendung des Kartellrechts auf Kundenanlagen, Praxishandbuch geschlossene Verteilernetze und Kundenanlagen, Birgit Ortlieb, Erik Staebe (Hrsg.), S. 72
463. Bedingungsanpassung in der Lebensversicherung, Festschrift für Egon Lorenz, S. 475-485
464. Standardisation Prior to or Instead of Information – A Fundamental Criticism of the (European) Information Model for Financial and Insurance Products in Varieties of European Economic Law and Regulation Volume 3, Springer 2014, S. 549-567
465. Der Anspruch auf die Netto-Police, Zeitschrift für Versicherungswesen 15-16/2014, S. 467-469
466. Der Anspruch auf die Nettopolice, Zeitschrift für Versicherungswesen (II.) 17/2014, S. 508-511
467. OLG Düsseldorf, Urteil v. 26.3.2014, Az. VI-U (Kart) 43/13: Entschädigung für rechtswidrige Eingriffe der Kartellbehörden, EWeRK 2014, S. 239-244
468. Rezension: Die Netzanbindung von Offshore-Anlagen im europäischen Supergrid – Eine Untersuchung der §§ 17a ff. EnWG und ihrer völkerrechtlichen, europarechtlichen und verfassungsrechtlichen Einbettung, vorgelegt von Frederic Geber, Mohr Siebeck Verlag 2014 (Energierecht Band 9), EWeRK 2014, S. 260-262
469. Kapitalmaßnahmen, in: Jannott/Frodermann, Handbuch der Europäischen Aktiengesellschaft – Societas Europaea -, 2. Aufl. 2014, S. 361-407
470. ... denn sie wissen nicht, was sie tun! – Warum Politik und Gesetzgebung so oft irren, 1. Aufl. 2014
471. Provisionsabgabe: Zivilrechtlich erlaubt – verwaltungsrechtlich (zurzeit) auch, Zeitschrift für Versicherungswesen, 2014, S. 576-579
472. Versicherungsvermittlung über Internetportale, Mindestanforderungen – Haftung, Verbraucher und Recht, 10/2014, S. 370-376
473. Die Rolle von Stromspeichern im zukünftigen Marktdesign, EWeRK 2014, S. 271-273
474. EEG-Umlage – Preisbestandteil oder (verdeckte) Steuer, EWeRK 2014, S. 277-281
475. Ålands – War's das?, EWeRK 2014, S. 302-304

476. Unterscheidung zwischen Transparenz- und Unangemessenheitskontrolle im Recht der Allgemeinen Geschäftsbedingungen, EWeRK 2014, S. 338-339
477. Provisionsabgabe: Zivilrechtlich erlaubt – verwaltungsrechtlich (zurzeit) auch (II.), Zeitschrift für Versicherungswesen, 21/2014, S. 636-640
478. Die Kostendarstellung nach dem Lebensversicherungsreformgesetz, VersR 2014, 1401-1406 (zusammen mit Dr. Mark Ortmann)
479. Der Anspruch auf Ersatz des Schadens durch (verzögerte) Schadensregulierung, in: Festschrift für Lothar Jaeger zum 75. Geburtstag, S. 421-435
480. Vereinbarkeit des sog. Policenmodells mit der Zweiten und Dritten Lebensversicherungsrichtlinie; Verwehrung der Berufung des Versicherungsnehmers auf die Unwirksamkeit des Vertrages wegen der Grundsätze nach Treu und Glauben, BGH, Urt. v. 16.07.2014, Az.: IV ZR 73/13, VuR 2014, S. 467-474
481. Die Auswirkungen des Endress-Urteils auf die österreichische Lebensversicherung, Zeitschrift für Verbraucherrecht, 06/November 2014, S. 180-184
482. Geschäftsführer haften mit Privatvermögen für Kartellrechtsverstöße des Unternehmens, EWerk, 2014, S. 389-399
483. The recent developments in the German insurance law (2013-2014), Revue luxembourgeoise de bancassurfinance, 04/2014 S. 30-34 (zusammen mit Tino Glass)
484. Gesellschaftsrecht – Wie geht das denn?, Iurratio 3/2014, S. 84-89

2015

485. Keine Aufklärungspflichten der Banken über Provision bei Finanzierungsberatungen, BGH, Urt. 01.07.2014, Az.: XI ZR 247/12, VuR 2015, S. 23-25
486. Versicherungsvermittlung über Internetportale, Mindestanforderungen – Haftung, Versicherungsvermittlung 02/2015, S. 50-53
487. Promovieren für Juristen – Wie, warum und womit man sonst seine Zeit vergeuden kann, Verlag Wissen-Kompakt, 2015
488. Die Zurechnung des Wissens von Mitgliedern des Aufsichtsrats in einem oder mehreren Unternehmen, ZIP-Zeitschrift für Wirtschaftsrecht Nr. 13 (März 2015), S. 617-623
489. Versicherungsrechts-Handbuch, § 18. Informationspflicht des Versicherers, § 43. Betriebliche Altersvorsorge, C.H. Beck-Verlag, 3. Aufl. 2015
490. Das Gesundheitssystem der Zukunft – der Patient als Steuermann des Geschehens? In: Wettbewerbsbeschränkungen auf staatlich gelenkten Märkten, Reihe Kartell- und Regulierungsrecht, Band 11, Nomos-Verlag, 1. Aufl. 2015
491. Die optimale Rechtsform für den Versicherungsmakler, ZfV 2015, S. 318-323
492. Die optimale Rechtsform für den Versicherungsmakler (Schluss zu ZfV 2015), ZfV 2015 S. 351-354
493. Keine offensichtliche Europarechtskonformität des „Policenmodells" nach § 5a VVG a.F., Anmerkung zu BVerfG, Beschl. v. 02.12.2014, 2 BvR 655/14, VuR 2015 S. 184-187
494. Rücktritt vom Versicherungsvertrag wegen arglistiger Anzeigepflichtverletzung, Anmerkung zu BGH, Urt. vom 12.03.2014 IV ZR 306/13, VuR 2015 S. 188-191
495. Konfiguration und rechtliche Rahmenbedingungen für den modernen Batteriespeichermarkt, EWeRK 2015 S. 81-98
496. Korrektur von Schreib- oder Rechenfehlern im Gesetz am Beispiel Pooling, EWeRK 2015 S. 116-117
497. Grenzkosten als Preisbildungsmechanismus auf staatlich regulierten Energiemärkten, EWeRK 2015 S. 117-118
498. Rezension: Handlexikon der Europäischen Union, Prof. Dr. Jan Bergmann LL.M. eur (Hrsg.), EWeRK 2015 S. 124-125
499. Rezension: Handbuch Windenergie, herausgegeben von Thomas Schulz, Erich Schmidt Verlag, EWeRK 2015 S. 126-128
500. The recent developments in German Banking law (2013-2014), Revue luxembourgeoise de bancassurfinance 1/2015, S. 31-33 (zusammen mit Tino Glass)
501. Anforderungen an die Aufklärung eines Versicherungsmaklers bei Abschluss einer steuerlich geförderten Rentenversicherung (sog. Rürup-Rente) über die zwingenden Nachteile der Police, Anm. zu Saarländisches OLG, Urt. V. 26.02.2014, 5 U 63/13, VuR 2015, S. 262-264

502. Buchbesprechung: Weimann, Martin: Spruchverfahren nach Squeeze-Out, Handbuch, Walter de Gruyter Verlag 2015, VuR 2015, S. 319-320
503. Asymmetrische Kapitalmarktinformationen als Gegenstand des Kartell- und Wettbewerbsrechts, WuW 2015, S. 834-847
504. Rezension: Der Direktanspruch gegen Haftpflichtversicherer – eine rechtsvergleichende Untersuchung zwischen deutschem und skandinavischem Recht, Gunnar Franck, VersR 22/2015, S. 960-961
505. Internetplattformen im Spannungsfeld zwischen Versicherungsvermittlungs- und Lauterkeitsrecht, VersR 2015, S. 1062-1071
506. Ich will Jura – also bin ich – Das ultimative Lernkonzept, Iurratio 2/2015, S. 33-42
507. Ohnmacht – Werte und Prinzipien einer (scheinbar) ohnmächtigen Generation, 1. Aufl. 2015
508. Altverträge über eine fondsgebundene Lebensversicherung und eine fondsgebundene Rentenversicherung: Bereicherungsrechtliche Rückabwicklung nach (rechtzeitigem) Widerspruch, Anmerkung zu BGH v. 29.07.2015, IV ZR 384/14, VuR 2015, S. 471-474
509. VW-Abgasskandal – Regelverstöße naturnotwendig?, EWeRK 2015, 314-315
510. Rezension zu Frenz, Müggenborg, Cosack, Ekardt (Hrsg.), EEG-Kommentar, ESV, 2015, EWeRK 2015, S. 316-318

2016

511. Angehörigenschmerzensgeld – Zeit zum Umdenken!, VuR 2016 S. 18-20
512. AGB-Kontrolle eines darlehenssichernden Versicherungsvertrages, Anm. zu EuGH v. 23.04.2016 – Rs. C-96/14 (Van Hove/CNP Assurances), VuR 2016, S. 25-31
513. Rezension zu Veith, Gräfe, Gebert (Hrsg.), Der Versicherungsprozess – Ansprüche und Verfahren – Praxishandbuch, 3. Aufl. 2016, VersR 2016, S. 373-374
514. Das Fördersystem des Erneuerbare-Energien-Gesetz auf dem Prüfstand des Verfassungs- und Europarechts, EWeRK 2016, S. 73-93
515. Der Baukostenzuschuss bei der Netzintegration von Batteriegroßspeichern, EWeRK 2016, S. 94-99 (zusammen mit Mirko Sauer und Rico Wojanowski)
516. OVG Sachsen-Anhalt, Urteil vom 7.5.2015, Az. 4 L 163/14: Einordnung der Erzeugung von Strom mit einer Photovoltaikanlage als wirtschaftliche Tätigkeit i.S.d. GemO ST § 116, EWeRK 2016, S. 123-131
517. Die Pflicht zur chancen- und risikobasierten Geschäftsleitung am Beispiel von Krankenhäusern, Compliance-Berater 5/2016 S. 156-160
518. Zur Intransparenz zweier Teilklauseln in Allgemeinen Versicherungsbedingungen zu sogenannten Riester-Rentenversicherungen, betreffend die Beteiligung der Versicherungsnehmer an Kostenüberschüssen (Anm. zu BGH v. 13.01.2016 – IV ZR 38/14), VuR 2016, S. 145-150
519. The recent developments in German insurance law (2015), Revue Luxembourgeoise de Bancassurfinance 1/2016, S. 31-34
520. § 17 Verbraucherschutz im Bereich der Versicherungsdienstleistungen - Lebensversicherung, in: Tamm/Tonner, Beratungshandbuch Verbraucherrecht, 2. Aufl. 2016, S. 815-851
521. § 17 Verbraucherschutz im Bereich der Versicherungsdienstleistungen -Berufsunfähigkeitsversicherung, in: Tamm/Tonner, Beratungshandbuch Verbraucherrecht, 2. Aufl. 2016, 899-937
522. § 17 Verbraucherschutz im Bereich der Versicherungsdienstleistungen -Privathaftpflichtversicherung, in: Tamm/Tonner, Beratungshandbuch Verbraucherrecht, 2. Aufl. 2016, S. 937-957
523. Chancen- und risikobasierte Geschäftsführung in Kliniken – Haben Sie die Einnahmeoptimierung stets im Auge!, Health & Care Management 6/2016, S. 52-54
524. Verfassungs- und europarechtliche Grenzen zulässiger Präqualifikation auf Märkten für Regelenergie, EWeRK 2016, S. 248-267
525. OLG Celle, Urteil v. 10.5.2016, Az. 13 U 21/16 (Kart): Anforderungen an die Verringerung der Konzessionsabgabe für „Schachlaststrom", EWeRK 2016, S. 268-279 (zusammen mit Mirko Sauer)
526. … denn wir wissen nicht, was wir tun!, VuR 2016, S. 241-242
527. BGH, Urt. v. 14.01.2016, Schadensregulierung durch Versicherungsmakler, bearbeitet von Ass. Iur. Christine Ruttmann, Kassel, Anmerkung von Prof. Dr. Schwintowski, VuR 2016, S. 349-353
528. Ein neues Konzept der Zuwanderung für Deutschland und Europa, Iurratio 3/2016, 61-66

529. Examensrelevante Rechtsprechung und Probleme im Gespräch, Mobiliarsachenrecht, Jurakurs, 1. Aufl. 2016
530. Die Insurance Mediation Directive (IMD) 2 – wo stehen wir – wo sollten wir hin? In: Altersarmut trotz Altersicherung, Beiträge zur 23.Wissenschaftstagung des BdV und zum Workshop „Junge Versicherungswissenschaft", 2016, Bd.48
531. Prüfe dein Wissen, Bank- und Kapitalmarktrecht, 4. Aufl. 2016
532. Privathaftpflichtversicherungsverträge: Auslegung einer Klausel über mitversicherten Forderungsausfall durch Musterbedingungen, KG Berlin, Beschluss vom 08.03.2016, Az. 6 U 88/15, VuR 2016, S. 385-387
533. Angebots- und Vergleichsportale für Versicherungsvermittler auf dem Prüfstand des nationalen und europäischen Kartellrecht, NZKart 2016, 575-581
534. Berufsunfähigkeitsversicherung: Wege zu einem transparenten, risikobasierten Leistungsversprechen, Der Forschung – der Lehre – der Bildung, 2016, 633-643
535. Praxiskommentar zum Versicherungsvertragsrecht, 2016, 3. Aufl., ZAP-Verlag, Herausgegeben zusammen mit Christoph Brömmelmeyer, Beiträge Schwintowski: §§ 28-32, §§ 49-58
536. Der illegale Mensch- Ein virtuelles Streitgespräch, „Worüber reden wir eigentlich" Festgabe für Rosemarie Will, S. 679-690
537. Handbuch des Aktienrechts (Hrsg: Froderman/Jannott), 9. Aufl. Bearbeitung von Kapitel 6: Finanzierung der Aktiengesellschaft, Kapitalaufbringung und Kapitalerhaltung, S. 269-347
538. Strom 2030 und das Grünbuch Energieeffizienz, EWeRK 2016, S. 379-382
539. BMWI-Grünbuch Energieeffizenz und Impulspapier Strom 2030, EWeRK 2016, S. 365-369
540. Einige Bemerkungen zum Begriff des Letztverbrauchers im Energierecht, EWeRK 2016, S. 369-370
541. Missbräuchliche Zurückhaltung von Stromerzeugungskapazitäten, EWeRK 2016, S. 383-384

2017

542. Nachprüfungsverfahren in der Berufsunfähigkeitsversicherung, Anm. zu BGH Urt. v. 07.12.2016, NJW 2017, S. 731-733
543. Der Anspruch auf Kosten der Schadensregulierung, VuR 2017, S. 98-100
544. Die Nettopolice – Königsweg für den freien, unverfälschten Wettbewerb auf Versicherungsmärkten? Beiträge zur 24. Wissenschaftstagung des BdV und zum Workshop „Junge Versicherungswissenschaft", Staatliche Gewinngarantien für Lebensversicherer, 2017, Bd. 49, S. 53-82
545. Herausgabe: Staatliche Gewinngarantien für Lebensversicherer, Beiträge zur 24. Wissenschaftstagung des BdV und zum Workshop „Junge Versicherungswissenschaft", 2017, Bd. 49
546. Gemeinwohl, das unbekannte Wesen, EWeRK 2017, S. 4-6
547. Anspruch auf schriftliche Originalvollmacht bei Maklerwechsel: Die Grenzen der Leistungsfähigkeit bei Maklerwechsel, Zeitschrift für Versicherungswesen, 11/17, S. 353-354 (zusammen mit Stephan Michaelis)
548. Europarechtliche Voraussetzungen und Folgen nicht ordnungsgemäßer Belehrung über das Rücktrittsrecht für das österreichische Lebensversicherungsrecht, wirtschaftsrechtliche blätter:wbl, Zeitschrift für österreichisches und europäisches Wirtschaftsrecht, Heft 5, Mai 2017, S. 245-259
549. § 48 Scheckgeschäfte, Deutsches und europäisches Bank- und Kapitalmarktrecht, Band 1, 3. Aufl., 2017, S. 2083-2145

und dass damit die Technologien sich von fossilerr zu regenerativer Erzeugung entwickeln werden.

Wann jedoch genau der Durchbruch erfolgen würde, war unklar und wurde letztendlich durch eine im Zeitpunkt unvorhersehbare Initiative des Gesetzgebers stark beschleunigt (EEG)[43] und im weiteren Verlauf durch absolut unvorhersehbare Ereignisse stark beeinflusst.[44] Der generelle Durchbruch erneuerbarer Erzeugungstechnologien war zu erwarten, der Zeitpunkt nicht vorhersehbar. So ließe sich auch heute wieder mit relativ hoher Wahrscheinlichkeit auf die Energieversorgung bezogen vermuten, dass der Klimawandel weiter zunehmend zu bedeutenden negativen Auswirkungen für zahlreiche Regionen und damit verbunden zu Migrationsbewegungen weltweit führen wird[45] und dass diese wiederum mit hoher Wahrscheinlichkeit die Energieproblematik weiter ins Zentrum des Bewusstseins und politischen Handelns rücken werden. Die Einsicht, dass die Energieversorgung langfristig nur dann funktionieren kann, wenn sie vollständig nachhaltig erfolgt, wird angesichts der immer offensichtlicher werdenden negativen Auswirkungen mutmaßlich wachsen. Vollständig nachhaltig könnte dabei bedeuten, dass alle Erzeugungstechnologien im weiteren Sinne mit Erneuerbaren Energien erzeugte erneuerbare Erzeugungstechnologien[46] sind. Wann dies jedoch tatsächlich umgesetzt werden wird, ist u.A. wegen der in Kapitel II dargestellten menschlichen Eigenschaften (z.B. selektive Wahrnehmung), kaum prognostizierbar.

Da der ökonomische Erfolg der zukünftigen Erzeugungstechnologien (z.B. zentrale versus dezentrale Erzeugung) jedoch ganz wesentlich davon abhängt, wann diese installiert wurden/werden (u.a. wegen des Technologiestandes und ggf. des Subventionsschemas unter dem investiert wurde), ist das Zutreffen der eigenen Zukunftshypothesen nicht nur über den finalen Zustand des Energiesystems sondern auch über den zeitlichen Ablauf

---

43 Vgl. z.B. *Zitzler*, Das Erneuerbare-Energien-Gesetz als Steuerungsinstrument der Energiewende – Ein problemlösungsorientiertes Policy-Design? Schriftenreihe des Instituts für Politikwissenschaft der Universität Duisburg-Essen, 2014.
44 Atomkonsens, mit dem Ziel des Ausstiegs aus der Kernenergie, seine nachfolgende politische Infragestellung und letztendlich der Beschluss zur beschleunigten Umsetzung vor dem Hintergrund einer Bundestagswahl in Kombination mit der Reaktorkatastrophe in Japan.
45 Beispielsweise: Aussage des ehemaligen US-Präsidenten *Obama* in der Dokumentation von *DiCaprio*: Before the flood.
46 Damit sind nicht nur die Erzeugung von Strom gemeint, sondern die Erzeugung sämtlicher Energiedienstleistungen.